KB063691

고구려 유민 고선지와 토번 · 서역사

고구려 유민 고선지와 토번 · 서역사

지 배 선 지음

혜안

책 머리에

고구려 유민 출신의 당나라 장군 高仙芝는 동서 문명 교류사에서 커다란 발자취를 남겼다. 그러나 그 업적에 비해 우리나라에는 많이 알려져 있지 않다.

고선지 연구를 위해 1999년 미국 인디애나 대학으로 교환교수를 갔었는데, 그 계기는 민영규 선생의 「高仙芝-파미르 西쪽에 찍힌 한국인의 발자국」이라는 논문을 읽고 난 후였다. 연세대학교 재학시절부터 선생께 사사받았던 필자는 위 논문에 커다란 자극을 받았고, 이 자극은 필자의 학문적 더듬이를 고선지 연구 쪽으로 이끌었다. 더구나 고선지 장군에 대한 연구가 우리나라보다 유럽이나 미국에서 이루어졌다는 사실과 함께, 그것도 한 세기 전에 서양이 동양을 이해하는 과정에서 고선지에 대한 연구를 했다는 사실이 경이로움과 함께 필자를 흥분시켰다.

2002년 『유럽문명의 아버지 고선지 평전』을 쓰고 난 후, 토번과 서역 역사에 더욱 관심을 갖게 되었다. 고선지 행적에 대한 새로운 발견과 함께 그간 미진하게 생각됐던 부분들을 보완하면서 5~6년의 세월이 흘렀다.

실제로 2005년 여름 『중앙일보』와 공동으로 고선지 루트에 대한 답사를 하면서 새로운 책을 집필해야겠다는 결심이 섰다. 고선지 루트 추적은 2006년 여름 고구려연구재단(지금의 동북아역사재단)의 지원으로 관련 분야 여러 학자들과 공동으로 또 다시 할 수 있었고, 또한 그 해 KBS의 『산』 프로그램 촬영 때 필자가 동행하면서 카스에서 파키스탄 국경지대까지 가는 길목에서 멀리서나마 토번 연운보를 답사할 수 있었던 것은 고선지 연구에 대한 새로운 시각을 넓혀 갈 수 있게 해주었다.

필자가 고선지 연구에 전념하고 있을 때, 거의 동시에 키르기스스탄의 비슈케크에서 『탈라스 전투』라는 단행본이 출간되었다. 『탈라스 전투』 해제를 필자가 서술하였는데, 그 기회로 고선지의 키르기스스탄에서의 위상에 대한 더 넓은 시각을 가질 수 있었다. 이번에 출간하는 책에서는 고선지의 활동상황을 좀 더 구체적으로 밝히면서 동시대의 고선지 활동 무대인 토번과 중앙아시아 더 나아가 서아시아 역사를 조명하였다. 욕심을 부리다보니 출간하는 책이 본의 아니게 방대하게 되었다.

물론 고선지가 고구려 멸망 후 당의 포로였던 고사계의 아들로 당에서 활약했지만 이는 피할 수 없는 시대적 상황이었다. 경우야 어떻든 고선지는 우리 조상 가운데 중앙아시아는 물론이고 서아시아까지 제패했던 인물이라는 사실에 무게를 두고 싶다.

고구려 멸망은 연개소문 사후에 그의 아들들의 권력투쟁에서 빚어진 참극이 주원인이었지만, 고구려 멸망에 대해 필자가 아쉬워하는 점은 평양성에서 한 달 이상 당군과 대치하다가 승려 信誠이 당과 내통했다는 사실이다. 이것이 고구려 멸망의 결정적 원인이라고 생각되기 때문이다. 고대의 전쟁 승패는 돌발 변수에 의해 많이 좌우된다는 사실을 고려한다면 고구려 멸망은 적과 내통한 내부 세력 때문이라고 단정하고 싶다.

서양의 어떤 학자는 서역(중앙아시아)에서 중국의 영토 확장과 해당 지역의 안정에 큰 공을 세운 인물로 漢나라 班超와 함께 唐의 고선지 장군을 꼽는다.

또 20세기 초에 중앙아시아의 중심부를 답사한 고고학자 가운데 가장 유명한 영국의 오렐 스타인도 고선지의 업적을 극찬하였다. 즉, 유럽에서 알프스를 정복했던 명장 한니발에서 나폴레옹, 수보로우까지를 열거하면서, 이러한 인물보다도 파미르 고원과 탄구령을 정복한 고선지 장군이 더욱 위대하다고 표현했다. 필자는 고선지 장군이 이슬람을 위협했다는 사실을 주목하고 싶다.

서양 연구자들의 견해를 인용한 이유는 고선지 장군의 업적이 중국 역사를 통틀어 서역 평정에서 독보적이었다는 것을 설명하고 싶어서이다. 고선지는 당시 세계 제국이었던 당나라에서 제일의 공신으로 거론되었다. 이는 결코 운으로써 얻은 찬사가 아니라, 그 자신의 비상한 공적에 바쳐진 당연한 헌사였다.

이런 고선지 장군과 동시대의 토번과 서역사를 한권의 책으로 묶어 다시 세상에 내놓을 수 있게 되어 매우 기쁘다. 하지만 그 과정에서 본의 아니게 고선지 장군의 업적을 손상시킨 부분은 없었는지 걱정도 앞선다.

졸고를 다듬어 출간해 준 도서출판 혜안에 감사를 표시하고 싶다. 아울러 출간하는데 수고를 아끼지 않은 오일주 사장님, 김태규 님에게 고마움의 인사를 전하고 싶다. 원고를 읽고 교정을 해준 연세대학교 역사문화학부 대학원의 원재영, 이준성, 채관식, 이순용, 이현경, 구열회 선생에게도 감사의 말을 전하고 싶다.

2011년 5월 22일

삼가 지 배 선 씀

차 례

제1장 서론

고선지는 고구려 유민이다.[1] 그러나 고선지가 동서교섭사에 커다란 흔적을 남긴 사실에 대하여 우리의 역사기록은 거의 전무하다고 말하는 것이 옳을 정도이다. 고려시대에는 고선지의 이름조차 기록된 사료가 없다. 16세기 이후에야 『芝峯類說』에서 黑齒常之·王思禮·王毛仲 등과 더불어 이름만 소개된 것이 최초 기록이다.[2] 그 후 18세기 『신당서』「고선지열전」 일부를 두 서너 줄로 소개한 韓致奫(1765~1814)의 『海東繹史』가 있다.[3] 한치윤과 동시대 인물 成海應(1760~1839)의 『硏經齋全集』에서 고선지의 아버지 高舍鷄와 더불어 고선지가 密雲郡公에 봉해진 사실이 소개되었다.[4] 19세기 李裕元(1814~1888)은 『林下筆記』에서 『신당서』에 고선지 이름이 있다고만 언급할 정도로 그의 대한 기록은 초라하기 짝이 없다.[5]

필자가 고선지를 연구하기 위하여 미국까지 가게 된 것은 故 민영규 교수의 「高仙芝－파미르 서쪽에 찍힌 한국인의 발자국」[6]이라는 논문을 읽은 후였다. 필자는 선생의 제자로서 고선지의 행적을 접하면서 감동적인 충격을 받았다. 그런 이유로 선생의 논지를 조금이나마 자세하게 이해하고 싶은 심정으로

---

1) 池培善, 2000, 「고구려인 高仙芝(1)－對토번 정벌을 중심으로－」, 『東方學志』 110, 연세대 국학연구원, 221~327쪽 ; 田村實造, 1969, 「唐諸國の世界性」, 『史林』 52-1, 73쪽 ; 有高 巖, 1943, 「隋唐時代の支那」, 『支那民族』(東京 : 六盟館), 62쪽 ; 劉伯驥, 1954, 「對高麗之影響」, 『唐代政教史』(臺灣 : 中華書局), 382쪽.

2) 『芝峯類說』 권15, 人物部 「人才」 李唐時조.

3) 『海東繹史』 권제60, 人物考1 「高仙芝」(驪江出版社 영인본, 1987), 218쪽.

4) 『硏經齋全集』 外集 권39, 傳記類 「三國觀風錄」 高仙芝조(民族文化推進會, 2001), 138쪽.

5) 『林下筆記』 권30, 「春明逸史」의 '東人載記'(大同文化硏究院, 1961), 750쪽.

6) 閔泳珪, 1965, 「高仙芝－고선지 파미르 西쪽에 찍힌 韓國人의 발자국」, 『韓國의 人間像 2』, 신구문화사, 61~81쪽(原載, 『新天地』 1963, 8-7).

본 연구를 시작했다.

고선지 장군에 대한 연구가 동양보다 서양에서 많이 이루어진 사실이 필자를 더욱 흥분하게 하였다. 어떤 서양 학자는 중국사에서 중국 국경 확장과 서역 안정을 위해 큰 공을 세운 인물로 오직 두 장군만 꼽힌다고 주장했다. 즉 한 사람은 漢의 班超이며, 또 다른 인물이 바로 唐代의 고선지 장군이라고 칭송하였다. 이와 같이 중국의 전시대를 통해서 서역에서 큰 공을 세운 두 인물 가운데 하나가 고선지 장군으로 거론되는 것은 그 암시하는 바가 매우 크다. 고선지 장군이 아시아 역사에 남긴 발자취가 너무 선명해서 아무도 그 흔적을 지울 수 없다는 뜻이다.[7] 또 오렐 스타인(Aurel Stein)은 유럽에서 알프스를 정복한 위대한 지휘관 한니발(Hannibal), 나폴레옹(Napoleon), 수브로우(Suvorow)를 열거하면서, 이러한 인물들보다 파미르 고원(Pamirs)과 坦駒嶺(達爾庫特山口, Darkot Pass)을 정복한 고선지 장군이 더욱 위대하다고 극찬을 아끼지 않았다.[8] 앞서 두 연구자의 견해를 인용한 이유는 중국 전시대를 통해 서역 평정이라는 분야에서 고선지 장군보다 뛰어난 사람이 없다는 사실을 설명하기 위해서다. 이런 까닭에 盛唐시대 공신으로 고선지가 거론된[9] 사실은 어쩌면 당연하다고 본다.

7) Martin R. Norins, *Gateway to Asia : Sinkiang Frontier of the Chinese Far West* (New York : The John Day Company, 1944), p.102.

8) Aurel Stein, “Across the Hindukush to the Pamirs and K'un-Lun”, *On Ancient Central-Asian Tracks* (London : Macmillan and Co., Limited, 1933), p.44.

9) 池田 溫, 1979, 「唐朝處遇外族官制略考」, 『隋唐帝國と東アジア世界』, 汲古書院, 265쪽.

제2장 대당제국과 고선지 일가의 행적

1. 고사계 일가와 하서

고선지는 고구려 유민이다.[1] 이와 같은 사실은 『舊唐書』 「고선지전」의 맨 앞에 기록되어 있다.

> 고선지는 본디 고구려 사람이다. 그의 아버지 舍鷄는, 처음 河西節度군에 배속되었다가, 거듭된 전공으로 말미암아 四鎭十將·諸衛將軍이 되었다.[2]

베이징 북쪽으로 30여 km 떨어진 곳에 위치한 강제 이주 고구려인의 집단거주지였던 고려영진. 고구려인의 흔적은 사라지고 그 이름만 도로표지판에 뚜렷이 새겨져 있다.

그러나 위의 사실로는 고선지의 어린 시절에 관한 행적을 알 수 없다. 이는 고선지가 安西에 도착하기 전에 어디에서 생활했는가를 확인할 수 있는 사료이다. 따라서 당에서 고선지와 그의 아버지 고사계의

---

1) 邱添生, 1969, 「唐朝起用外族人士的研究」, 『大陸雜誌』, 38-4, 22쪽 ; 李大龍, 1998, 「從高句驪縣到安東都護府」, 『民族研究』 4, 84쪽 ; 郭紹林, 1987, 「安祿山與唐玄宗時期的政治」, 『河南大學學報』 4, 76쪽 ; 金子修一, 1996, 「唐代前期の國制と化」, 『中國史 2, 三國~唐』, 東京 : 山川出版社, 410쪽.

2) 『舊唐書』 권104, 「高仙芝傳」(北京 : 中華書局, 1975), 3203쪽, "高仙芝, 本高麗人也. 父舍鷄, 初從河西軍, 累勞至四鎭十將. 諸衛將軍".

압록강 철교. 668년 고구려가 멸망되면서 고선지 아버지 고사계를 비롯한 고구려 지배층 다수가 당에 의해 압록강을 건너 머나먼 장안 서북으로 강제 이주되었다.

최초 행적을 알 수 있는 자료라서 매우 중요하다. 해서 이를 몇 가지로 나누어 분석하고 싶다.

하나는 고선지가 고구려 후예였다는 사실이다.[3)] 고선지를 연구한 서양 학자들은 그를 아예 고구려인(Korean)이라 기록하였으며, 어떤 이는 고구려에서 태어났다고(born Korea) 주장했다. 만약 그렇다면 고선지가 고구려 어디서 출생한 인물이라고 밝혔으면 좋은데, 그런 사실에 대해서 연구한 학자는 아직 없다. 그러나 이에 관한 사실을 유추 해석할 수 있는 사료가 있다. 즉,

> 고구려의 백성 상당수가 (당에 대하여) 반란하였다. (이로 인해) 당은 조칙으로 고구려의 戶 38,200호를 江·淮의 남쪽과 山南·京西 諸州의 광활한 지역으로 이주시켰다.[4)] 고구려인들 가운데 빈약한 자들은 安東에 머물면서 그곳을 지키게 하였다.[5)]

이때는 고구려가 당에게 멸망된 이듬해 669년 4월경이다. 그런데 『구당서』는 강제이주 시기를 4월이 아닌 5월이라고 기록하였다.

『구당서』 기록이 매우 구체적이어서 이를 옮기면,

---

3) 『續通志』 권237, 「唐列傳」37 '高仙芝' 高仙芝高麗人조 (上海 : 商務印書館, 1935), 4667쪽 ; 章羣, 「唐代降胡安置考」, 『新亞學報』 1, 1955, 315쪽 ; 池田 溫, 앞의 논문, 268쪽.

4) 李弘稙, 1971, 「高句麗遺民에 관한 一·二의 史料－高句麗僧 丘德과 高麗史 地理志의 '有疾部曲'－」, 『韓國古代史의 硏究』, 신구문화사, 275쪽.

5) 『資治通鑑』 권201, 「唐紀」17 高宗 總章 2年 4月조, 6359쪽, "高麗之民多離叛者, 勅徙高麗戶三萬八千二百於江·淮之南, 及山南·京西諸州空曠之地, 留其貧弱者, 使守安東".

5월 庚子, 고구려 28,200戶, 수레 1,800乘, 牛 3,300頭, 馬 2,900匹, 낙타 60頭를 內地로 옮겼는데, 萊·營의 2州로도 보냈으며, 상당수는 江·淮이남과 山南·幷·涼州의 以西의 여러 州의 空閑處로 배치하였다.[6)]

당으로 끌려간 고구려인들을 기억하고 있는 백암성벽 위의 모습

『구당서』 내용을 보면 당이 고구려에서 강제로 끌고 간 것이 사람만이 아님을 알 수 있다. 그렇다고 위의 것이 당이 고구려에서 약탈한 것 전부라는 이야기는 아니다. 왜냐하면 당에 의해 멸망하기 직전까지 고구려는 고대 동북아에서 강력한 교역국가였기 때문에 많은 재화들을 보유하였다.

고구려가 동북아에서 강력한 교역국이었다는 사실을 증명할 만한 사료가 있다. 즉 隋煬帝 大業 초 營州를 침구하는 거란을 공격하기 위해 通事謁者 韋雲起에게 돌궐 啓民可汗의 2만 기를 거느리고 가서 거란을 공격하게 한 전략에서 고구려로 오간 교역단의 규모와 빈도수를 가늠할 수 있기 때문이다.[7)] 위운기가 거란 영내로 들어갈 때 고구려와 교역하는 것으로 위장하기 위해 1천 기 단위로 柳城郡으로 가려한다고 거란인에게 거짓으로 말한 데 대해, 거란이 아무런 의심을 하지 않았기 때문에 거란 영내를 지나는데 어려움이 없었다는 것은 암시하는 바가 크다.[8)] 이때 수의 위운기는 거란 본영까지

---

6) 『舊唐書』 권5, 「高宗紀」하(總章 2年)조, 92쪽, "五月庚子, 移高麗戶二萬八千二百, 車一千八百乘, 牛三千三百頭, 馬二千九百匹, 駝六十頭, 將入內地, 萊·營二州般次發遣, 量配於江·淮以南及山南·幷·涼以西諸州空閑處安置".

7) 『舊唐書』 권75, 「韋雲起傳」 大業初會조, 2631쪽.

8) 『舊唐書』 권75, 「韋雲起傳」 會契丹入抄營州조, 2631~2632쪽.

양직공도에 나타난 고구려인 모습. 대만고궁박물원 소장

깊숙이 들어간 후 거란 남녀 4만 명을 생포하는 전과를 올렸다. 이런 사실로 추단할 수 있는 것은 북아시아에서 거란을 통과하여 고구려로 오가는 교역단의 규모가 보통 천명 단위였을 것이라는 사실과 아울러 고구려로 왕래하는 대상들이 빈번했다는 사실이다. 다시 말해 수군이 말을 탄 천명 단위로 1리씩 떨어져 거란을 무수히 지나갔는데도 거란이 수의 침공이라는 사실을 눈치 채지 못한 것은[9] 거란을 지나 고구려로 가는 대상이 많았을 뿐만 아니라 대규모였다는 이야기와 통한다.

고구려가 강성했을 때의 영토. 장도빈의 『조선역사요령』에서

고구려는 고대 동북아에서 교역 중심국가일 뿐 아니라 부강한 국가였다. 그렇다면 고구려 멸망 후 669년에 당이 가져간 전리품의 일부 품목에 대한 것이 위에 나열된 것이라 짐작할 수 있다. 당나라 군사들이 고구려를 침공한 후에 가져간 엄청난 양의 금은 보화 외에 군량으로 먹어치운 말과 소 등의 수는 아예 계산에 들지 않았다. 또 위의 사실 가운데 주목되는 것은 당이 낙타 60두를 가져간 사실이다. 여기서 언급된 낙타 60두는 결코 많은 숫자는 아니나 고구려가 중앙아시아 제국과 교역을 하기 위해 운송수단으로 적지 않은 수의 낙타를 갖고 있다는 것을 증명하기 때문에 중요하다.

당이 고구려를 멸망시킨 그 다음해에도 압록수를 건너 환도성을 거쳐 고구려 유민을 강제로 소개시켰다는 사실에 주목하고 싶다. 그 이유는 고구려 유민들을 중국 내지의 사방에다 흩어놓았다는 것, 그것도 미개발지나 사막같이 황량한 지역으로 강제 소개시켰다는 것 때문이다. 그나마 조금 개발된 곳으로 보냈다 하더라도 그곳은 토번이나 돌궐의 침공이 잦은 지역이었다.

당은 많은 고구려인들을 오늘날 산동반도의 萊州와 거란의 침공이 잦은

9)『舊唐書』 권75, 「韋雲起傳」 雲起分爲二十營조, 2631쪽.

고구려 옛서울 환도성 아래의 고구려 장군들의 거대한 묘역으로 고구려의 강성함을 짐작할 수 있다.

營州로 이주시켰다.[10] 또 실위와 말갈을 막을 목적으로 고구려인을 영주로 강제이주하였다. 그 후 당으로 잡혀간 고구려인에 대한 소식은 『冊府元龜』에 다음과 같이 전한다.

> 고구려 포로를 (장안 서쪽) 사막의 서쪽에 배치하였으며, (한편) 고구려인들을 青州와 徐州의 지역에 흩어 놓았기 때문에, 이들에 대한 감시가 용이했을 뿐만 아니라 그들로 하여금 힘써 개간하도록 독려했다.[11]

당은 儀鳳 2년(677) 잡혀와 있던 조선군왕 보장왕이 말갈과 더불어 모반할 것을 우려하여, 고구려 반대 방향 지역인 河南과 隴右로 강제이주시켰다.[12]

---

10) 『舊唐書』 권38, 「地理志」 1 平盧軍節度使조, 1387쪽 ; 『舊唐書』 권5, 「高宗」下 總章 2年 5月 庚子, 萊營二州般次發遣조, 92쪽 ; 金鎮闕, 1984, 「唐代 淄靑藩鎮 李師道에 대하여」, 『史學論叢』, 757쪽.

11) 『冊府元龜』 권366, 「將帥部」 27 '機略'6 (北京 : 中華書局, 1982), 4358쪽, "高麗俘虜, 置之沙漠之西, 編甿散在青徐之右, 唯利是視, 務安疆埸".

12) 『新唐書』 권220, 「高麗傳」 儀鳳2年조, 6198쪽.

하남의 경우, 돌궐이 자주 공격하는 靈州절도부가 있는 영주지역에 貞觀 20년(646) 高麗州를 설치하였다는 사실도 의미심장한 조치라고 본다.[13] 당이 영주에 고려주를 설치한 의도는 글자 그대로 고구려 유민을 집단으로 강제 이주시켜, 돌궐의 침공에 대한 방어를 고구려 유민에게 맡기려 했던 것이 분명하다.

여기서 하남은 당이 설치한 영주지역의 고려주와 인접한 지역으로 오르도스(Ordos)사막이 망라된 지역이다. 농우는 영주 고려주의 서남방 지역으로 토번 방어를 전담하는 농우절도부가 있는 鄯州를 가리킨다. 이는 당이 고구려 유민으로 하여금 돌궐과 토번 침공의 방패막이로 사용하기 위한 강제 이주정책의 소산이다. 당은 고구려 유민들이 고구려 고지로 돌아가려는 생각을 아예 차단시킬 목적으로 고구려 고지에서 아주 먼 지역으로 강제 소개시켰다.[14] 이는 당이 고구려를 멸망시킨 후 고구려인들을 사방으로 분산시킴으로 당에 대한 반란 저지와 사람이 살지 않는 거친 황무지를 개간시킴으로써 당을 침략하는 이민족에 대한 방어 도구로 고구려 유민을 사용할 의도이기도 하다.[15] 그런데 정관 2년과[16] 5년 기록에 고구려·백제 왕실의 자제를 장안의 國學에 유학시켰던 사실을 고려하면[17] 그 당시 당의 대외정책은 지상 과제인 강력한 제국을 만들려는 욕망을 위해 주변국을 멸망보다는 길들이는 것이었다. 그러나 당이 서역에서 波斯國까지 영향력을 확대하게 되자,[18] 동쪽으로 방향을 틀어 영토 확장과 영향력 확대를 위해 백제와 고구려에 대한 멸망으로 정책을 급선회한 것이다.

위의 『책부원구』 기록처럼 고구려 포로를 고구려의 정반대라고 부를 정도로 머나먼 사막에 배치한 이유는 당에 대한 반란을 차단할 목적이었다. 이는 당 현종 개원 4년 돌궐 默啜可汗이 九姓에 의해 피살된[19] 후 투항한 자를

---

13) 『舊唐書』 권38, 「地理志」1 靈州大都督府 貞觀 20年조, 1415쪽.

14) 孫進己, 1987, 「濊貊諸族的源流」, 『東北民族源流』, 黑龍江人民出版社, 144쪽.

15) 黃輝陽, 1988, 「略論唐代熊津都督府及高麗故土」, 『中國歷史學會史學集刊』 24, 115쪽.

16) 『舊唐書』 권189상, 「儒學傳」상 (貞觀2年)俄而高麗及百濟·新羅·高昌·吐蕃等諸國酋長조, 4941쪽.

17) 『通典』 권53, 「吉禮」12 貞觀5年 無何조, 1467~1468쪽.

18) 『舊唐書』 권40, 「志」20 ‘安西大都護府’ 於是조, 1647쪽.

농우절도의 河曲으로 이주시켰으나 반란이 빈번하자, 이에 대한 王晙의 대책에서 그 이유가 언급되어 있다. 간단히 말하면 고구려 포로를 사막에 강제 이주시킨 것처럼, 서역의 이민족도 반란을 막기 위해 본거지와 상관없는 아주 먼 곳인 동쪽 靑州와 徐州로 강제 이주시켜야 한다는 내용의 상서였다.[20] 여기서 간과할 수 없는 사실은 고구려 유민 대다수를 당의 황량한 서역 사막으로 강제 이주시켜 당을 자주 공격하는 토번과 돌궐 방어를 시키겠다는 전략적 목적을 가졌다는 점이다. 여기서 후일 고선지가 서역에서 많은 전공을 세운 것이 고구려 유민의 절대적인 도움이 없이는 불가능했다는 사실에 기반했음은 두 말할 필요도 없다. 중국은 이런 방식으로 외적을 방어한 방법을 흔히 '以夷制夷'라고 떠벌린다.

고구려 유민을 당이 농우로 강제 이주시킨 목적도 이와 같다. 당은 고구려 유민이 반란을 계획할 수 없게 하기 위해 고구려에서 먼 곳으로 강제 이주시켰을 뿐 아니라, 고구려 유민으로 하여금 농우에 빈번히 침공하는 토번을 막겠다는 군사적 의도였다. 그런데 농우절도의 관할 주에 대한 첫 언급은 『자치통감』의 당 현종 개원 2년(714) 12월조에,

> 甲子에 隴右節度大使를 두어 鄯州·奉州·河州·渭州·蘭州·臨州·武州·洮州·岷州·郭州·疊州·宕州 등 12주를 함께 다스리도록 하였는데, 隴右防禦副使 郭知運에게 그 일을 맡기었다.[21]

이는 714년 12월에 농우절도가 처음 설치되었다는 것을 알리는 사료다. 이때 농우절도가 관할하는 12주는 오늘날 감숙성과 청해성에 걸친 지역이다.

농우절도의 역할·관할 지역·군사 수에 대하여는 『자치통감』의 天寶 원년(742)조에 자세하다.

---

19) 『舊唐書』 권8, 「玄宗紀」상 開元 4年 6月 癸酉조, 176쪽 ; 『舊唐書』 권194상, 「突厥傳」(開元)4年 默啜조, 5173쪽.

20) 『舊唐書』 권93, 「王晙傳」 則高麗俘虜置之沙漠之曲조, 2987쪽.

21) 『資治通鑑』 권211, 「唐紀」27 玄宗 開元 2年 12月조, 6706~6707쪽, "甲子, 置隴右節度大使, 須嗣鄯·奉·河·渭·蘭·臨·武·洮·岷·郭·疊·宕十二州, 以隴右防禦副使郭知運爲之".

隴右節度는 吐蕃을 대비해 막도록 했는데, 臨洮(칭하이성 낙도현)·河源(칭하이성 서녕)·白水(칭하이성 대통현)·安人(칭하이성 황원현 서북쪽)·振威(칭하이성 순화현 서남쪽)·威戎(칭하이성 귀덕현 북쪽)·漠門(감숙성 임담)·寧塞(칭하이성 화룡현)·積石(칭하이성 귀덕현)·鎭西(감숙성 임하) 10軍과 綏和(칭하이성 귀덕현 북쪽)·合川(칭하이성 화룡현 남쪽)·平夷(감숙성 임하 서남쪽)의 3守捉을 거느리며, 鄯州(칭하이성 낙도현)·廓州(칭하이성 화룡현)·洮州(감숙성 임담현)·河州(감숙성 임하)의 경계에 주둔하도록 하였고, 治所는 鄯州에 두었으며, 군사는 7만 5천명이었다.[22]

개원 2년 12월에 농우절도가 관할하는 지역은 鄯州와 廓州를 제외한다면 오늘날 감숙성 안에 있는 지역이다. 그러나 천보 원년 정월에 발표된 농우절도 관할지역은 오늘날 감숙성 지역 일부가 포함되면서 칭하이성의 많은 지역이 추가되었다. 이후 천보 원년 농우절도 관장 지역은 토번지역 가까운 곳으로 전진 배치되었다. 농우절도의 주된 임무는 토번 침공에 대한 방어다. 천보 원년 농우절도 휘하에 10군과 3守捉의 군사기지가 편제되었고, 그 관할지역은 鄯·廓·洮·河의 4주로 휘하 군사 수가 안서와 北庭보다 4~5배나 많은 134,000명이었다.[23]

하서절도와 마찬가지로 京師로 통하는 길목이라, 조정은 농우절도를 매우 중시하였다. 조정에서 농우절도에 매년 250만 疋段 옷감을 보낸 것은 토번 침공이 무서웠기 때문에 농우에 대한 조정의 특별한 배려이다.[24] 이는 당의 10절도 가운데 매년 조정에서 보낸 옷감 물량으로는 최대수치다. 농우절도 휘하에 배속된 군사 134,000명은[25] 하서절도보다도 800명이 많은 수다.[26] 당이 토번 침공을 막기 위해 하서절도보다 농우절도를 그만큼 중시했다는

22) 『資治通鑑』 권215, 「唐紀」31 玄宗 天寶 元年 是時조, 6849쪽, "隴右節度備禦吐蕃, 統臨洮·河源·白水·安人·振威·威戎·漠門·寧塞·積石·鎭西十軍, 綏和·合川·平夷三守捉, 屯鄯·廓·洮·河之境, 治鄯州, 兵七萬五千人".

23) 『舊唐書』 권38, 「地理志」1 隴右節度使조, 1388쪽, 隴右節度府의 치소인 鄯州 管兵이 『資治通鑑』보다 5천이 적은 7만 명으로 기록되었다.

24) 『資治通鑑』 권215, 「唐紀」31 玄宗 天寶 元年 是時조의 胡三省註, 6851쪽.

25) 『舊唐書』 권38, 「地理志」1 隴右節度使조, 1388쪽, 『舊唐書』에서는 隴右節度 휘하에 배속된 군사수를 75,000이 아닌 134,000명으로 기록하고 있다.

26) 『舊唐書』 권38, 「地理志」1 河西節度使조, 1386쪽, 하서절도 휘하에 배속된 군사의 총수는 133,200명이다.

증거다.

고구려 유민을 다시 하서와 농우로 강제 소개시킨 것은 747년 고구려 유민 출신 고선지 장군이 小勃律國 정벌 때 휘하 부대 구성원 가운데 상당수가 고구려 유민으로 구성되었다는 이야기와 일맥상통한다. 즉 위에서 언급된 고구려 포로 가운데 사막의 서쪽에 배치된 고구려 유민들이[27] 고사계 일가가 안서로 이주할 무렵 같이 강제 이주하였을 가능성은 매우 높다.

고구려 유민들이 고구려 부흥운동을 적극적으로 전개하자, 당은 황량한 사막이 끝없이 펼쳐진 지역으로 유민들을 계속해서 강제 이주시켰다. 그 수는 38,200호 이상이나 될 정도로 많았다. 그런데 이때 당이 강제 이주시킨 고구려 유민 수를 『통전』의 「고구려전」은 28,200호라고 기록하고 있는데,[28] 같은 『통전』의 「食貨」에서는 3만 명이라고 기록하고 있어[29] 總章 2년에 당이 여러 지방으로 강제 이주시킨 고구려 백성 숫자에 대한 기록이 제각각이다. 아무튼 당이 고구려 유민을 강제로 소개시킨 수가 많았다는 것은 분명하다.

처음 당 고종은 고구려를 멸망시킨 후 14주와 9도독부를 설치하여 安東都護府에 예속시켰다.[30] 그 이유는 천보 2년에 안동도호부를 요서의 옛 군성으로 옮긴 후, 14주(新城·遼城·哥勿·建安·南蘇·木底·蓋牟·大那·倉巖·磨米·積利·黎山·延津·安市)에 고구려 유민이 불과 5,718호, 18,156인에 불과했기 때문이다.[31] 이는 중국 내지로 고구려 유민 상당수를 강제 소개시켜 분산시켰다는 증거다.

그 이후에도 고구려인들에 대한 강제 이주는 여러 번 반복되었다.[32] 여기서 주목되는 것은 고구려인들을 山南·京西 제주의 광활한 지역으로 이주시켰다는 사실이다. 그렇다면 이들 고구려 유민들이 주축이 된 군사가 고선지 휘하의 특수부대원들로 활약하였을 개연성을 부인할 수 없다. 특수요원이란 결사대를 의미한다. 고선지 휘하의 군사들이 고구려 유민이라는 사실을 알리는

---

27) 『舊唐書』 권93, 「王晙傳」 則高麗俘虜置之沙漠之曲조, 2987쪽.

28) 『通典』 권186, 「邊防」2 '高句麗傳' (總章)2年조, 5019쪽.

29) 『通典』 권7, 「食貨」7 (總章) 二2, 徙高麗民三萬조, 148~149쪽.

30) 『新唐書』 권43下, 「地理志」7下 '河北道' 高麗降戶조, 1128~1129쪽.

31) 『舊唐書』 권39, 「地理志」2 安東都護府조, 1526~1527쪽.

32) 伊瀨仙太郞, 1968, 「唐朝對塞外系內徙民族之基本態度」, 『大陸雜誌』 36-11, 29쪽.

자료가 있다. 즉 『大唐六典』에 보이는 "秦·成·岷·渭·河·蘭의 六州에 있었던 고구려인과 羌族으로 구성된 부대가 있다"[33]는 것은[34] 고선지 휘하 부대원의 구성원이 누구였는지 짐작할 수 있는 사료다. 이들 관내 6주는 서역으로 통하는 하서회랑에 위치한 주로서 하서절도에 속한 지역들이다. 이 무렵 이곳 6주의 團結兵의[35] 대부분은 고구려 유민과 강족으로 구성되었다. 이때 단결병의 역할은 농번기는 농업에 종사하다 농한기에 전투훈련을 하면서, 주의 성과 진에 배치되어 그 지역 방위를 담당하였다. 필자 생각으로는 단결병은 근대 프랑스 외인부대의 병사 구성원 대부분이 프랑스인이 아닌 외인으로 구성된 것과 성격상 일맥상통 한다. 또한 이는 松井秀一의 주장처럼 단결병이 토착농민 장정만으로 구성된 게 아니라는 것이다.[36] 즉 어떤 경로로 위의 지역으로 왔던 간에 진·성·민·위·하·란의 육주에 거주하는 많은 고구려 유민들이 이곳의 단결병이었음은 틀림없다.

『구당서』 권5, 「고종하」에, 당이 총장 2년(669) 5월 고구려 38,200호가 아닌 28,200호를 강제 이주시켰을 때, 서역에 위치한 하서군의 치소 武威로 상당수의 고구려인들을 소개시켰다고 되어 있다.[37] 그런데 涼州가 바로 무위다.

육주가 위치한 곳은 오늘날 칭하이성 동남과 사천 서북이 만나는 고산지대로,[38] 이 하롱지구에 많은 수의 고구려유민들이 집단생활을 영위하였다.[39] 이들 고구려 유민들로 구성된 군사의 적지 않은 수가 고선지 장군의 지휘로 747년에 험준한 坦駒嶺을 통과했다. 한편 당으로 잡혀 온 고구려인 모두가

33) 『大唐六典』 권5, 秦成岷渭河蘭六州高麗羌兵(臺北 : 文海出版社, 1976), 117쪽.

34) 『舊唐書』 권43, 「職官」2 凡關內, 有團結兵, 秦,成,岷,渭,河,蘭六州, 有高麗羌兵조, 1834쪽.

35) 濱口重國, 1980, 「府兵制より新兵制へ」, 『秦漢隋唐史の硏究』, 東京大學出版會, 71쪽. 安史의 난 이후 團結兵의 실시 지역이 확장되었다. 또 團結兵은 대개 외국출신자들이었으며, 開元天寶년간에 그 수는 3, 4만 명이나 되었다. 또한 일반적으로 단결병은 唐代 지방에서 뽑은 壯丁들을 단련시킨 무장조직이었다.

36) 松井秀一, 1962, 「唐代前半期の四川 - 律令制支配と豪族層との關係を中心として -」, 『史學雜誌』 71-9, 12~13쪽.

37) 『舊唐書』 권5, 「高宗」下 (總章 2年) 5月 庚子조, 92쪽 ; 王永曾, 「唐前期河西經濟開發之不足」, 『西北師大學報』 6, 1991, 24쪽.

38) 嚴耕望, 1969, 「唐代岷山雪嶺地區交通圖考」, 『香港中文大學, 中國文化研究所學報』 2-1, 39~40쪽.

39) 章羣, 1986, 「客將與蕃將世家」, 『唐代蕃將硏究』, 聯經出版, 107쪽.

중국인의 노비로 전락된 사실을 간과할 수 없다.[40] 다시 말해 고선지의 아버지 고사계도[41] 고구려 멸망으로 당의 노예가 되었음은 물론이다.

송나라 유민 胡三省은 고선지를 고구려인이라고 말하면서 安祿山, 安思順, 哥舒翰처럼 胡人으로 분류했다.[42] 그 이유는 호삼성이 고구려인을 북방 유목기마민족의 한 범주로 생각했기 때문이다. 그렇다면 호삼성은 대개 유목민족 출신이 그러했던 것처럼 고선지가 후일 장군으로 탁월한 리더십과 전투능력을 보인 사실을 그런 시각에서 당연시한 것이라 할 수 있다.

고선지의 아버지 고사계는 처음에 장안 서북쪽의 하서군에 배속되었다. 이는 고사계가 장안 서북쪽의 하서회랑으로 강제 이주된 후 무인 생활을 하였음을 알리는 내용이다. 이때 고선지 나이를 추정할 만한 기록은 없다. 다만 하서에서 고선지의 나이가 20여 세였으리라는 추측만 가능하다. 이는 『신당서』의 「고선지전」의 '선지 나이 20여 세에, (아버지를 따라서) 안서에 도착하였다'[43]는 기사에서 확인이 가능하다. 고선지는 아버지 고사계가 하서군에서 활약하는 모습을 보면서 唐에서 무인으로 생활하는 것이 어떤 것인지에 대한 실체를 어느 정도 파악했다고 할 수 있다. 사족을 붙인다면 이때 고선지는 아버지로부터 기마와 궁술을 배웠을 것이다. 하서에서 고사계는 四鎭의 十將의 지위에 올랐을 뿐 아니라 諸衛將軍까지 오르며 유능한 장군으로 평가되었다.

『구당서』「고선지전」에서 고선지의 신상에 관한 구체적인 첫 기록이 나온다. 고선지는 무인으로서 기량이 출중하였기 때문에 불과 20여 세에 장군이 되었다.

> 高仙芝는 용모가 빼어나고 준수한데다가 기마와 궁술마저 뛰어나고, 용맹함과 더불어 과단성마저 두루 갖추었다. 젊어서는 아버지를 따라 安西(龜玆)에 이르렀는데, 그곳에서 아버지의 공로로 游擊將軍에 제수되었다. (이때 고선지는) 나이

---

40) 伊瀨仙太郎, 1966, 「塞外系內徙民の漢人との接觸交流について(二)－特に唐代を中心として－」, 『東京學藝大學硏究報告』 17-10, 17쪽.

41) 章羣, 앞의 「唐代蕃將表」, 61쪽.

42) 『資治通鑑』 권216, 「唐紀」32 玄宗 天寶 6載, 初 胡三省註 高仙芝, 皆胡人也조, 6889쪽.

43) 『新唐書』 권135, 「高仙芝傳」, 4576쪽, "仙芝年二十餘, 從至安西".

20여 세에 장군으로 제수되었기 때문에, 그는 아버지와 관품과 녹봉이 같았다.[44)]

고선지가 무인으로 걸출한 자질을 갖추었을 뿐 아니라 20여 세에 장군이 되었다는 내용이다. 이를 다시 나누어 분석하여 보자.

하나는 章羣이 고선지 父子가 안서출신이라는 주장[45)]은 아주 잘못된 것이다. 그렇다고 日野開三郎처럼 고선지가 營州에서 생활하였다는 주장도[46)] 쉽게 동의하기 어렵다. 물론 고선지 부자가 하서에서 안서로 옮긴 것은 사실이지만, 고선지 부자를 안서출신이라 할 수는 없다. 그렇지만 安東(고구려의 평양)에서 생활한 고구려인으로서 고사계가 총장 2년(669) 5월 량주로 이동하였다고 생각하기는 여러 정황상 어렵다. 그 이유는 안동도호부가 신라의 반발로 고구려가 멸망한 지 거의 10년이 지난 上元 3년(676)에 遼東으로 옮겼기 때문이다.[47)] 또 다른 이유는, 상원 3년(676) 경에 고사계가 나이 20세 전후에 안서로 옮기었다가, 나이 30에 고선지를 낳았다고 추측한다 해도 계산이 맞지 않는다. 만약 이런 식으로 추정한다면, 당 현종의 명령으로 고선지가 747년 소발률국을 정벌할 때[48)] 그의 나이는 60이 넘었다는 계산이 나온다. 또 고사계의 전공으로 안서에 와서 고선지가 20여 세에 유격장군이 되었다는 사실과 부합할 수도 없다. 그렇다면 장군의 고선지 부자가 안서출신이라는 주장은 단지 안서에서 살았다는 사실 만으로 나온 것이다.

2. 서역과 신라관계－충담의 「讚耆婆郎歌」와 鳩摩羅什

고사계와 고선지가 하서절도(량주)에서 안서절도로 이동할 때 그 루트는 高昌에서 天山산맥을 북에서 남으로 넘어 焉耆鎭(오늘날 쿠얼러)에 도착하는

44) 『舊唐書』 권104, 「高仙芝傳」, 3203쪽, "仙芝美姿容, 善騎射, 勇決驍果. 少隨父至安西, 以父有功授游擊將軍. 年二十餘卽拜將軍, 與父同班秩".

45) 章羣, 「客將與蕃將世家」, 107쪽.

46) 宋基豪, 1977, 「大祚榮의 出自와 建國 과정」, 『渤海政治史硏究』, 일조각, 26쪽 ; 日野開三郎, 1984, 「小高句麗の建國」, 『東洋史學論集』 8, 주)7, 77~78쪽.

47) 礪波 護, 「唐朝と周邊諸國家」, 『唐代政治社會史硏究』, 京都 : 同朋舍, 1986, 388쪽.

48) 楊銘, 1987, 「唐代吐蕃－勃律道考」, 『西北歷史硏究』, 西安 : 三秦出版社, 98쪽.

오늘날 쿠얼러(焉耆). 고선지가 호탄에 이어 두 번째 지역사령관을 역임하면서 동부 타림 분지와 천산 이남을 관할했던 곳. 필자 촬영

것이었다. 이렇게 단정하는 것은 고사계가 군인 신분이었기에 軍鎭을 따라 이동할 수밖에 없기 때문이다. 前漢시대 焉耆에서 焉耆國이라는 국명이 등장하였고, 後漢 때 반초에 의해 焉耆王이 살해당하면서 후한의 속국이 되었다. 唐代 정관년간에는 焉耆都督府가 설치되었다. 이것이 언기의 변천사다.

정관 2년(628) 장안을 출발한 玄奘은 『大唐西域記』에서 첫 기착지 고창에 1개월 정도 머물며 고창왕 麴文泰로부터 극진한 환대를 받은 후에 구법을 위해 언기로 향했다.[49] 현장보다 한 세기 뒤 고사계가 당의 군인으로서 하서에서 안서로 전속 명령을 받고 안서를 가기 위해 거쳐간 곳도 또한 고창이다. 현장이 고창을 출발하여 언기에 도착했을 때 阿耆尼國이 있었다. 현장이 쓴 『大唐西域記』의 첫 기록이 아기니국으로 그 내용이 소상해 아래에 소개한다. 즉,

> 阿耆尼國은 동서 6백여 리, 남북이 4백여 리다. 그 나라 서울의 성 주위가 6~7리, 사방은 산에 둘러싸여 길이 험해 지키기 쉬운 곳이다. 우물의 흐름이 서로 뒤섞이는데, 물을 끌어들여 밭에 댄다. 토양은 수수·보리·대추·포도·배·사과 등의 과일에 적합하며, 기후는 온화하고, 풍속은 소박하고 순직하다. 문자는 그 본을 인도에서 따서 약간 증감하였다. 의상은 목면과 모직물을 몸에 걸치며 머리는 짧게 깎고, 두건은 사용하지 않는다. 화폐는 금전·은전·소동전을 사용하고 있다. 왕은 이

49) 『大唐西域記』 권1, 玄奘於貞觀2年 조(『大唐西域記校注』, 中華書局, 1990), 48쪽.

> 나라 사람으로, 용감하기는 하나 兵略에 어두운데도 스스로 병란을 일으키기를 즐긴다. 나라에는 규율이 없고, 법도마저 정비되지 않았다. 가람은 십여 군데이며, 승려는 3천 명으로 소승교의 설 '一切有部'를 학습하고 있다. 교의의 규범이 되는 표준은 인도 것을 그대로 따르고 있으므로, 학습하는 자들은 인도 원문을 읽었다. 戒行의 규준은 청결과 근면이었지만, 식사는 세 가지 淨肉을 먹는 것을 허용하여 漸敎에 머물러 있다. 여기서 서남쪽으로 2백여 리를 지나, 한 작은 산을 넘고, 큰 강 둘을 건너가면, 서쪽은 평탄한 곳에 이르는데, 거기서 7백리를 더 가면 쿠차국(屈支國, 옛날은 龜玆國)에 이른다.[50)]

아기니국은 서역 남북로가 갈리는 교통요지라, 외국상인들의 왕래가 빈번하고 상업 활동이 왕성하여 금·은·동화가 통용되었다. 아기니국은 절이 10여 곳, 승려가 2천여 명이나 될 정도로 소승불교가 유행한 불교국가였다는 사실을 정관 2년(628) 겨울 현장이 기록한 것이다.[51)] 개원 15년(727)에 혜초가 쿠차국(龜玆國)에서 출발해 언기국(아기니국)에 도착하여 남긴[52)] 기록보다는 여러 가지로 자세하다. 특히 西域路의 요충지 아기니국의 상업 활동이 활발했다는 증거로 화폐유통을 들어 설명하였다. 자연환경을 제대로 이용한 농사에 관한 설명도 중요하지만, 무엇보다도 아기니국 문자가 인도에서 따다가 증감했다는 사실을 주목하고 싶다. 이와 연계되는 것은 아기니국이 인도 불경 원문을 읽었을 뿐 아니라 불교 교의의 규범마저 인도 것을 따르고 있었다는 사실이다. 아기니국에서 만약 인도 것을 제외한다면 주목될 만한 것이 아무것도 없다고 말해도 지나친 말이 아닐 것 같다. 현장이 아기니국을 답사하고 지날 때, 그곳을 지배한 것은 중국문화가 아닌 인도문화였다.

개원년간 언기는 安西四鎭 가운데 하나가 되었다. 또 언기진 휘하에 烏壘州,

---

50) 『大唐西域記』 권1, 「阿耆尼國」, 48~53쪽, "阿耆尼國東西六百餘里, 南北四百餘里. 國大都城周六七里, 四面據山, 道險易守. 泉流交帶, 引水爲田. 土宜糜·黍·宿麥·香棗·葡萄·梨·柰諸果. 氣序和暢, 風俗質直. 文字取則印度, 微有增損. 服飾氈褐, 斷髮無巾. 貨用金錢·銀錢·小銅錢, 王, 其國人也. 勇而寡略, 好自稱伐. 國無綱紀, 法不整肅. 伽藍十餘所, 僧徒二千餘人, 習學小乘教說一切有部. 經教律儀, 旣遵印度, 諸習學者, 卽其文而翫之. 戒行律儀, 潔淸勤勵, 然食雜三淨, 滯於漸教矣. 從此西南行二百餘里, 踰一小山, 越二大河, 西得平川, 行七百餘里, 至屈支國".

51) 『大唐西域記』 권1, 「阿耆尼國」 貨用金錢조, 48쪽.

52) 『往五天竺國傳』, 又從安西東行조, 76쪽.

渠犁都督府에 渠犁城, 輪臺縣에 輪臺城이 있었다. 清代는 언기를 哈喇沙爾라고 불렀다.[53]

쿠차국도 언기국과 같은 시기인 전한시대 사서에 등장한다. 전한시대 쿠차국의 戶가 6,970이며, 口는 81,317이고, 勝兵은 21,076인으로 쇠를 잘 다루었던 나라라고 한다.[54] 그렇다면 쿠차국은 1호당 대략 12인이었으며, 이는 후한시대 언기국의 戶當 口와 대략 같은 수치다. 그렇다면 전·후한시대 타림분지의 西域諸國이 대가족제였다는 것을 짐작할 수 있다. 후한 建武년간 沙車王 賢이 쿠차왕 弘을 공격하여 죽이고, 賢은 弘의 아들 則羅를 쿠차왕으로 세웠으나 쿠차국 사람이 다시 칙라를 죽였다. 그 후 흉노가 龜玆貴人 身毒을 쿠차왕으로 삼음으로써 흉노에게 복속되었다. 서역북로의 요지에 있던 쿠차국은 외국상인이 빈번히 왕래했지만 그만큼 외세로부터 끊임없는 침략으로 국왕이 자주 피살된 그런 불운한 나라였다.

西晉末·後趙시대 佛圖澄(232~348)의 本原은 帛(白)氏로[55] 쿠차인이었다.[56] 이는 쿠차국이 불교국가였다는 사실을 더욱 분명하게 설명해 준다. 불도징은 불과 9세에 烏萇國(인더스강 상류)으로 출가한 후에, 두 차례 罽賓에서 공부하여 서역에 그의 이름을 두루 알렸다. 晉 懷帝 永嘉 4년(310)에 洛陽에 왔을 때, 그의 나이는 79세나 되었다. 불도징은 後趙王 石勒·石虎와 결탁해 불교를 後趙에 크게 유행시켰던 장본인이다. 그의 문하에는 道安·法雅·法汰·法和 등 많은 인물이 있다. 또 불도징은 무려 117세에 죽어, 역사상 가장 오래 산 高僧으로 더욱 유명하다.[57] 이런 인물을 구체적으로 언급한 까닭은 쿠차국이 서역의 중심적인 불교국가였다는 사실을 밝히기 위함이다.

玄奘은 구법을 위해 長安을 출발하여 秦州→ 蘭州→ 涼州→ 瓜州→ 伊吾→ 高昌(정관 2년 초)→ 焉耆(아기니국)를 지나 쿠차에 도착하였다. 현장이 신라승

---

53) 『欽定大清一統志』 권418, 「哈喇沙爾」(『欽定四庫全書』 483, 臺灣商務印書館, 民國72), 623~626쪽.

54) 『漢書』 권96하, 「龜玆國傳」, 3911쪽.

55) 『晉書』 권95, 「佛圖澄傳」佛圖澄조, 2485쪽, 『晉書』는 佛圖澄을 天竺人이라 하였다.

56) 『晉書』 권95, 「佛圖澄傳」 佛圖澄조, 2485쪽, 佛圖澄의 本姓이 帛씨라 하면서 天竺人이라 하였는데, 이는 『晉書』의 잘못된 기록이다.

57) 張平, 2004, 『龜玆－歷史文化探秘－』, 烏魯木齊 : 新疆人民出版社, 125쪽.

혜초보다 거의 1세기 전 쿠차에 도착하였을 때, 그곳은 屈支國이었다. 그때 현장이 본 굴지국에 대한 소식을 기록한 『大唐西域記』를 옮겨 보겠다.

> 屈支國(龜玆, 지금의 庫車, Kucha)은 동서 1천여 리, 남북이 6백여 리다. 그 나라 서울의 성은 주위가 17~18리가 된다. 땅은 수수·보리를 심기에 적합하고 찹쌀도 난다. 포도·석류가 나며 배·사과·복숭아·살구가 많이 난다. 땅에서는 금·동·철·연·주석이 생산된다. 기후는 온화하고 풍속은 질박한 편이다. 문자는 인도에서 본뜬 것을 조금 개변시켰을 뿐이다. 管絃妓樂은 특히 여러 나라 가운데서 이름이 높다. 의상은 비단이나 모직물을 사용하며, 머리카락은 짧게 하고 두건을 쓴다. 화폐로는 금전·은전·소동전을 사용한다. 국왕은 쿠차(屈支) 종족인데, 지략이 부족해 강력한 신하들에게 눌려 지낸다. 그 습속으로는 아기를 낳으면 나무로 머리를 눌러 가늘고 길게 한다. 절은 1백여 군데, 승려는 5천여 명으로, 소승교의 설 '一切有部'를 학습하고 있다. 교의의 기준은 인도에서 따고, 그 읽는 것이 인도 문이다. 아직껏 점교에 머무르고 있으며, 식사는 세 가지 정육을 섞고 있다. 청결하려고 노력하는 가운데 사람들은 공덕 쌓기에 힘을 쏟았다.[58]

굴지국 영역은 아기니국보다 배 이상 컸다. 또 굴지국은 황금·동·철·연·석 등의 지하자원이 풍부하다는 사실은 北魏시대부터 익히 알려졌다.[59] 오늘날 중국 타림분지 일대의 다양하고 막대한 양의 지하자원 채취는 이미 정관년간 이전으로 거슬러 올라간다. 이런 사실을 종합하면 서역남북로가 갈리는 곳은 아기니국이지만, 타림분지 일대에서 가장 부유한 나라는 굴지국이다. 또 많은 과일이 생산되고 서역북로의 중심지역이 쿠차라서 외국 상인들의 활발한 교역이 이루어졌기 때문에 언기(아기니국) 이상으로 금화·은화·동화 등의 화폐가 활발하게 유통된 경제권을 형성했다. 이런 여러 가지 조건이 구비되어 쿠차의 '管絃伎樂'은 서역 여러 나라 가운데 으뜸이라 '龜玆樂'으로 그 명성을

58) 『大唐西域記』 권1, 「屈支國」, 54쪽, "屈支國東西千餘里, 南北六百餘里. 國大都城周十七八里. 宜糜麥·有粳稻, 出葡萄·石榴·多梨·柰·桃·杏. 土産黃金·銅·鐵·鉛錫. 氣序和, 風俗質. 文字取則印度, 粗有改變. 管絃伎樂, 特善諸國. 服飾錦褐, 斷髮巾帽. 貨用金錢·銀錢·小銅錢. 王, 屈支種也, 智謀寡昧, 迫於强臣. 其俗生子以木押頭, 欲其匾㔜也. 伽藍百餘所, 僧徒五千餘人, 學習小乘敎說一切有部. 經敎律儀, 取則印度, 其習讀者, 卽本文矣. 尙拘漸敎, 食雜三淨. 潔淸耽翫, 人以功競".

59) 『魏書』 권102, 「龜玆國傳」 又出細氈, 饒銅조, 2266쪽.

자랑하였다. 현장이 쿠차에 머물 때 굴지국은 아기니국처럼 소승불교가 유행하여 절이 100여 곳이나 되었고, 승려도 무려 5천 명이나 되는 불교국가였다.[60] 굴지국은 아기니국보다 절의 수가 무려 10배나 많고 승려 수도 배가 될 정도로 많았다. 소승불교의 교리서 '一切有部'를 학습하는 것은 아기니국(언기)과 동일하다. 그러나 굴지국왕이 강력한 리더십을 갖지 못했기 때문에 귀족연합체와 같은 형태로 정권이 유지되었다. 굴지국의 문자나 교의가 인도의 그것과 다르지 않다는 것도 아기니국과 동일하다. 이는 아기니국처럼 당시 굴지국도 인도문화권에 포함되었다는 증거다.

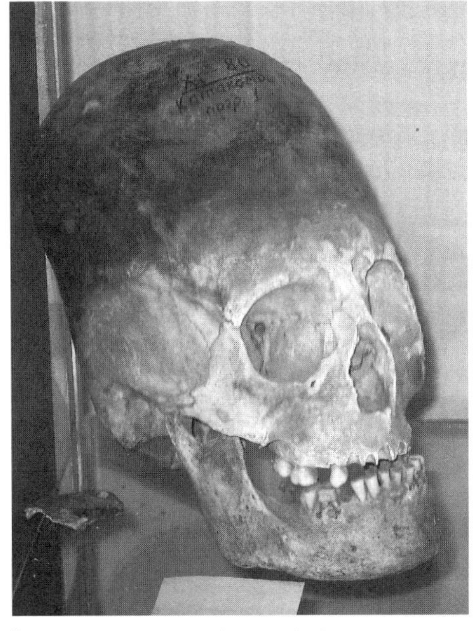

『대당서역기』에 龜玆와 疎勒에서 두개골을 길게 했음을 입증하는 자료. 사마르칸트 박물관. 필자 촬영

굴지국 습속에 아이가 태어나면 머리를 나무판으로 눌러 납작하고 길게 만들었다는 대목을 특히 주목하고 싶다. 이 같은 풍속은 타클라마칸 서북의 佉沙國(疏勒, Kashgar)에서도 아이가 태어나면 머리를 눌러 납작하고 길게 만들었다[61]는 사실과 같다. 신라 왕관이 성인남자가 쓸 정도로 크지 못해서 어린아이에게나 맞는 정도라는 사실에 대한 의문을 서역의 쿠차나 소륵에서 그 해답을 찾을 수 있다고 본다. 바꾸어 말하면 신라 왕실과 귀족들은 사내아이가 출생하면 굴지국 습속처럼 아이머리를 눌러 납작하고 길게 하여 왕관둘레가 작아도 사용할 수 있게 만들었다. 이는 서역과 신라의 풍습이 연계관계가 있음을 의미한다. 무엇보다 신라불교가 쿠차에서 비롯되었을 것이라는 생각이 필자의 뇌리에서 떠나지 않았다. 이에 대한 증거는 신라불교에서도 적지 않게 나타났다.

신라 경덕왕 24년 3월 3일 승려 충담이 경덕왕을 위해 「安民歌」를 지었다.

60) 『大唐西域記』 권1, 「屈支國」 屈支國東西千餘里조, 54~55쪽.

61) 『大唐西域記』 권12, 「佉沙國」 其俗生子조, 995쪽.

그런데 충담이 이보다 앞서 지어 경덕왕도 알고 있는 「讚耆婆郞歌」가 서역 쿠차와 연관이 있다는 사실을 아는 이는 아마 없을 것이다. 곧 「讚耆婆郞歌」는 서역의 불도징 이후 譯經家로 유명한 鳩摩羅什(344~413)과 관련이 있다. 구체적으로 말하면 구마라집의 父는 鳩摩羅炎으로 天竺인이고,[62] 구마라집의 어머니는 쿠차왕의 누이동생 耆婆다.[63] 그래서 기파의 아들 구마라집을 '耆婆郞'이라 부른다고 보아도 맞다. 이에 대한 구체적인 설명은 뒤에 다시 언급하겠다. 따라서 충담의 신라향가 「찬기파랑가」는 다름 아닌 구마라집을 찬미한 노래다.

『三國遺事』에 기록된 「讚耆婆郞歌」를 소개하면 다음과 같다.

흐느끼며 바라보매
이슬 밝힌 달이
흰 구름 따라 떠간 언저리에
모래 가른 물가에
耆郞의 모습이올시 수풀이여
逸烏내 자갈 벌에서
郞이 지니시던 마음의 갓을 좇고 있노라
아아, 잣나무 가지가 높아
눈이라도 덮지 못할 고깔이여[64]

위의 찬기파랑가가 구마라집을 찬미한 노래라고 단정하는 이유는 지극히 간단하다. 즉, 『삼국유사』의 기록대로 충담이 그 당시 신라의 대표적 '學僧'으로서 누구인지 분명하지 않은 인물을 막연히 찬미할 수는 없다. 이를 방증한 것은 『삼국유사』에서 경덕왕이 능력 있는 승려를 데려 오도록 명령하였을 때 威儀를 갖춘 자를 물리치고, 納衣를 걸치고 삼태기를 걸머진 충담을 보고 기뻐했다는 사실이다.[65] 전자의 인물은 불가의 '信僧'을 말한다고 볼 수 있겠고

62) 『晉書』 권95, 「鳩摩羅什傳」 鳩摩羅什조, 2499쪽.

63) 張平, 2004, 『龜玆－歷史文化探秘－』, 125쪽.

64) 『三國遺事』 권2, 「讚耆婆郞歌曰」(明文堂, 1986), 61~62쪽, "咽嗚爾處米, 露曉邪隱月羅理, 白雲音逐于浮去隱安支下, 沙是八陵隱訂理也中, 耆郞矣皃史是史藪邪, 逸烏川理叱磧惡希, 郞也持以支如賜烏隱, 心未際叱肹逐內良齊, 阿耶, 栢史叱枝次高支好, 雪是毛冬乃乎尸花判也" ; 金完鎭, 1980, 「讚耆婆郞歌」, 『鄕歌解讀法硏究』, 80~91쪽 참조.

후자는 '學僧'을 말하는 것이 분명하다. 이는 불가 교리에 해박한 인물이 충담이라는 뜻이다. 게다가 충담이 지은 「讚耆婆郎 詞腦歌」를 경덕왕이 알고 있었다는 사실이 매우 중요하다. 찬기파랑 사뇌가에 대해서 경덕왕이 충담에게 그 뜻이 매우 높다는데 과연 그러냐고 물었을 때 그렇다고 대답한 사실을 더욱 주목할 필요가 있다. 이는 耆婆郎이 화랑을 의미하는 것이 아니라 불교 자체와 관련 있다는 사실에 대한 충담의 시인이다. 이런 사실에 대해 梁柱東 선생이 기파가 '治病' 또는 '醫王'과 관련 있다는 주장도[66] 신라 화랑과 거리가 멀고 고대사회에서 승려들의 치병과 관련하여 설명한 대목이다. 실제 고대 승려들의 큰 일 가운데 하나는 治病에 관한 일이었다.

앞에서 언급한 것처럼 기파는 쿠차왕의 누이동생으로 천축인 구마라염의 처이다. 또한 구마라집의 어머니다. '기파랑'의 의미는 기파 아들에 대한 높임말이다. 그런데 구마라집은 『晉書』의 「鳩摩羅什傳」이라고, 독립된 열전으로 언급될 정도의 중요 인물이다.[67] 『晉書』 「鳩摩羅什傳」의 끝부분에 의하면 구마라집이 죽자, 姚興이 외국법대로 逍遙園에서 그 시신을 화장하였는데 나무 장작 형태는 모두 사라졌는데 유독 그의 혀만 불타지 않았다는 기록이 있다.[68] 아마 이는 구마라집의 설법이 대단하였음에 대한 표현 방법이 아닐까 본다.

개원(713~741)말 고선지가 四鎭都知兵馬使로 임명되기 10여 년 전(개원 15년 11월) 쿠차를 지났던 신라인 慧超가 쿠차국에 대해 설명하였다. 즉,

> (龜玆) 이곳이 安西大都護府이다. 중국군 총사령부가 있으며, 이곳에도 역시 절과 중이 있어 소승불교를 신봉하며, 그들은 육식을 하며 파와 마늘을 먹는다. 이곳에는 중국인 승려가 있어 대승불교를 섬기고 있다.[69]

---

65) 『三國遺事』 권2, 「景德王·忠談師·表訓大德」 誰能途中조, 61쪽.

66) 梁柱東, 1965, 『古歌硏究』, 319쪽.

67) 『晉書』 권95, 「鳩摩羅什傳」, 2499~2502쪽.

68) 『晉書』 권95, 「鳩摩羅什傳」 死於長安조, 2502쪽.

69) 『往五天竺國傳』(通文館, 1961), 75쪽, "卽是安西大都護府, 漢國兵馬大都集處. 此龜玆國, 足寺足僧, 行小乘法, 食肉及葱韮等也. 漢僧行大乘法".

혜초도 쿠차에 安西大都護府가 설치되어 당의 대규모 군사 주둔지라는 사실을 알고 있다. 그리고 혜초는 쿠차국이 절과 승려가 많은 불교국가라는 사실을 언급했다. 그런데 쿠차국은 소승불교를 신봉하는 나라며, 그들은 고기를 먹는다는 지적이 이채롭다. 특히 쿠차에서 유행한 불교가 당처럼 북방불교가 아닌 남방불교라는 사실에 대해서 주목하고 싶다. 이런 이유 때문인지 혜초는 쿠차의 먹을거리 중 육식을 제일 먼저 언급했다. 아무튼 혜초가 도착했을 때 쿠차국은 소승불교를 신봉한 나라였다.

앞서 언급한 것처럼 불도징 이후 역경가로 유명한 구마라집의 출생지도 쿠차다. 구마라집의 父는 구마라염으로 천축인이며,[70] 母는 쿠차왕의 누이동생 기파다.[71] 구마라집은 前秦 苻堅의 장군 呂光의 포로가 된 후[72] 여러 해 동안 량주의 西明閣과 逍遙園에서 국사 예우를 받으면서[73] 譯經 사업을 본격적으로 시작했다. 구마라집이 서명각과 소요원에서 역경하였던 사실은 신라 승 충담이 경덕왕을 위한 「安民歌」보다 앞서 「찬기파랑가」를 지었던 사실과 연결고리를 형성한다고 본다. Sanskrit어와 Pali어로 쓰인 불경을 한문으로 번역한 최초 인물이 구마라집이었기 때문에 학승 충담에게는 너무 귀한 인물이 구마라집이었다. 이와 관련해서 예를 들면 『維摩經』·『法華經』이 구마라집의 번역이다. 이런 까닭에 불경의 舊飜譯 大家로 구마라집을 말하고, 新飜譯의 대가로 현장을 말한다는 사실은 누구나 아는 바다. 그렇다면 신라 승 충담이 읽었던 불경 대부분은 구마라집이 번역한 중국어 번역본이다. 이로써 충담이 「찬기파랑가」를 지어 부르면서 구마라집을 왜 그토록 칭송했는지 알 수 있지 않을까 한다. 참고로 충담을 충담사로 부른 것은 경덕왕이 충담을 '국사'로 임명한 후부터였다. 이를 뒷받침하는 것은 경덕왕 재위시 석굴암 조성과 아울러 불국사를 개수하면서 탑과 석교를 만든 사실은 경덕왕과 불교가 어느 정도 긴밀한가를 입증한 사례이다.

70) 『晉書』 권95, 「鳩摩羅什傳」 鳩摩羅什조, 2499쪽.

71) 張平, 2004, 『龜玆－歷史文化探秘－』, 125쪽.

72) 『晉書』 권95, 「鳩摩羅什傳」 乃獲羅什조, 2500쪽.

73) 『晉書』 권122, 「呂光載記」 時始獲鳩摩羅什조, 3056쪽 ; 『晉書』 권95, 「鳩摩羅什傳」 乃迎羅什조, 2501쪽.

여광의 庶長子 呂纂에게 정치문제를 조언한 道士 句摩羅耆婆의 이름이 언급되고 있다.74) 물론 도사 구마라기파가 구마라집과 동일한 인물인지는 필자가 구별할 능력은 없다. 그런데 『晉書』의 「呂纂載記」에 '耆婆는 즉 羅什의 별명이다'75)라고 언급한 사실이 주목된다. 그렇다면 '라집'을 달리 표기할 때 기파라고 했다는 이야기다.

또 기파가 구마라집이라고 梁나라 僧 慧皎가 『高僧傳』에서 정확히 밝히고 있다. 즉,

> 처음에 什은 一名 鳩摩羅耆婆였다. 외국에서 이름을 지을 때는 대개 부모를 本으로 삼는다. 什의 아버지는 鳩摩炎이고, 어머니의 字는 耆婆였기 때문에 아울러 취해서 이름으로 하였다.76)

위의 기록은 왜 구마라집을 일명 구마라기파라고 했는지에 대한 명확한 해답이다. 간단히 말해 서역에서 자식의 이름을 지을 때 아버지의 성과 어머니의 字를 합성한다는 이야기다.

신라 학승 충담이 「찬기파랑가」에서 칭송한 耆婆는 불경의 대번역가 구마라집이었다. 혜교는 구마라집에 대해 書頭에 다음과 같이 기록하고 있다.

> 鳩摩羅什의 중국 이름은 童壽로 天竺人이다. 집안은 대대로 재상이었다. 羅什의 祖父 達多는 才氣가 매우 뛰어나, 그의 명성이 나라 안에 울렸다. 父 鳩摩炎은 총명하고 기상이 높은데다 節義를 갖고 있어, 재상의 위를 이을 수 있게 되었을 때, 이를 사양하고 피해 출가하여 동쪽으로 葱嶺을 넘어갔다. 龜兹왕은 그가 세속의 영예를 버렸다는 것을 듣고 경모하여, 스스로 성 밖까지 나가서 出迎하고, 國師가 되어 줄 것을 요청하였다.77)

---

74) 『晉書』 권122, 「呂纂載記」 道士句摩羅耆婆조, 3067쪽.

75) 『晉書』 권122, 「呂纂載記」, 3067쪽. "耆婆, 卽羅什之別名也".

76) 『高僧傳』 권2, 「晉長安鳩摩羅什傳」(北京 : 中華書局, 1992), 54쪽, "初什一名鳩摩羅耆婆. 外國製名, 多以父母爲本. 什父鳩摩炎, 母字耆婆, 故兼取爲名".

77) 『高僧傳』 권2, 「晉長安鳩摩羅什傳」, 45쪽, "鳩摩羅什, 此云 童壽, 天竺人也. 家世國相. 什祖父達多, 倜儻不羣, 名重於國. 父鳩摩炎, 聰明有懿節, 將嗣相位, 乃辭避出家, 東度葱嶺. 龜兹王聞其棄榮, 甚敬慕之, 自出郊迎, 請爲國師".

카자흐스탄 알마티 박물관에서 본 골호. 한국 고대의 골호와 같다.

이는 구마라집의 祖父 達多부터의 집안 내력과 父 구마염이 어떤 연유로 쿠차국에 오게 되었는지의 배경에 대한 기록이다. 이런 경로로 쿠차왕 여동생과 구마염이 결혼하는 과정을 엿볼 수 있다. 특히 주목되는 것은 구마라집의 아버지 구마염이 출가 후 쿠차왕 여동생과 결혼했다는 점이다. 혜교는 그의 『高僧傳』에서 모든 僧의 生沒年이 명확하지 않았던 것처럼 구마라집의 몰년을 弘始 7년(405), 弘始 8년(406), 弘始 11년(409) 가운데 하나라고 기록하였다.[78]

이상에서 신라 충담의 「찬기파랑가」가 서역의 구마라집을 찬미한 노래였다는 사실을 설명하였다. 그 뿐만 아니다. 신라시대 동서교섭사에서 서역북로의 중심 지역이었던 쿠차와 연계된 사실을 언급하였다. 이는 우리 고대사를 규명하는 데 있어 동서교섭사에서 해결해야할 부분이 많다는 암시라고 본다.

3. 서역 역사와 고선지 일가의 안서 이주

太元 7년(382) 전진 부견의 장군 여광이 7만 군사를 이끌고 서역을 정벌할 때, 쿠차왕 帛(白)純이 대항하자, 여광이 쿠차국을 토벌했다.[79] 이때 여광은 쿠차왕 白(帛)純을 공파하고, 白純의 아우 震을 쿠차왕으로 세웠다. 그 후 普通 2년(521) 쿠차왕 尼瑞摩珠那勝이 사신을 보내 梁나라에 조헌하였다.[80]

---

78) 『高僧傳』 권2, 「晉長安鳩摩羅什傳」 或云弘始七年조, 54쪽.
79) 『晉書』 권97, 「龜茲國傳」 苻堅時조, 2543쪽.
80) 『梁書』 권54, 「龜茲傳」 後漢光武時조, 813쪽.

이보다 4세기나 앞서 『後漢書』의 「焉耆國傳」을 보면 永平년간(58~75)말 언기가 쿠차와 함께 후한 도호 陳睦과 副校尉 郭恂을 공격하여 吏士 2천여 명을 죽였다.[81] 그런데 후한 光武帝 때 후한과 쿠차국에 관한 사실을 상고하기 위해서는 『後漢書』의 '龜玆國傳'을 보아야 마땅하다. 그런데 『後漢書』에는 '龜玆國傳'이라는 체제 자체가 없다. 그러나 『후한서』에 「焉耆國傳」은 있다. 『후한서』에 「언기국전」이 있게 된 배경은 서역에서 쿠차보다 언기가 주도적으로 후한 도호를 공격했던 것이 제일 큰 이유였다. 그리고 '쿠차국전'이 없던 까닭은 永元 6년(94) 도호 班超가 서역 제국의 군사를 동원하여 焉耆·危須·尉黎·山國 등을 토벌해 언기와 위려의 두 국왕 목을 京師에 바쳤던 사실에서 그 해답을 찾을 수 있을 것 같다. 뿐만 아니라 반초는 언기·위려·위수·산국 왕들을 모두 갈아치울 정도로 서역을 완전히 제압했다.[82] 이는 반초에 의한 서역 경영이다. 이런 까닭에 『後漢書』에 '쿠차국전'을 기록할 필요가 없게 된 것 같다.

아무튼 후한시대는 쿠차국에 대한 열전 형태의 기록마저 없을 정도로 소략했다. 물론 시기는 후대이지만 『梁書』에서 쿠차국에 관한 사실이 자세했던 것은 주목할 필요가 있다. 이는 북방기마민족에 의해 한족이 북중국에서 쫓겨난 후 남중국의 梁나라가 捲土重來를 위해 서역과 교류하면서, 北魏와 西魏·東魏에 대한 동향 파악에 주력했기 때문에 쿠차국에 대한 기록이 자세하였기 때문이다.

쿠차국 王姓이 白氏가 된 것은 五胡十六國시대 後凉 여광의 白(帛)震에서 연유한다.[83] 그러나 '白'과 '帛'은 분명 다른 글자이나 중국 音이 비슷한데서 후대에 白氏로 기록된 것 같다. 그밖에 『北史』와 『魏書』의 「龜玆國傳」에 의하면 쿠차국과 언기국의 풍습이 같다는 사실에 주목할 필요가 있다.[84] 이를 주목하는 까닭은 쿠차국은 자신의 문자에 대한 기록이 남아 있기 때문이다. 20세기

81) 『後漢書』 권88, 「焉耆國傳」 永平末조, 2928쪽.

82) 『後漢書』 권88, 「焉耆國傳」 至永元6年조, 2928쪽.

83) 『魏書』 권102, 「龜玆國」 其王姓白조, 2266쪽.

84) 『魏書』 권102, 「龜玆國」 風俗조, 2266쪽 ; 『北史』 권97, 「龜玆國」 風俗조, 3217쪽.

초 쿠차와 언기의 死文字에 대한 연구뿐만 아니라 발굴로 "龜玆文佛經殘卷"이 발견되었다. "쿠차문"은 대략 기원후 500~700년경의 龜玆文書가 출토된 것이다.[85] 그런 쿠차문은 '婆羅門語'로 옛 언기인과 통용된 문자와 같다.

保定 원년(561)에 쿠차왕이 사신을 보내 北周에 朝獻하였다. 대업년간에 쿠차왕 白蘇尼巫가 隋에 조공할 때 勝兵이 수천 인이었으며, 이때 서역 姑墨國·溫宿國·尉頭國이 쿠차국에 복속하였다.[86] 이는 이때 葱嶺以東과 천산산맥 이남에서 쿠차국이 맹주였다. 후한시대 쿠차국은 거의 소멸될 정도로 존재가 미미하였으나 隋나라 시대부터는 서역에서 주도적인 세력으로 성장하였다. 唐代에 쿠차국의 王姓은 白氏며 胡書와 파라문서를 배우는 불교국가로 정관년간까지 西突厥에 복속하였으나 당 태종이 쿠차국을 攻破한 후 안서도호부를 쿠차로 옮겼다.[87] 더 정확히 말해 정관 21년(647) 당의 崑丘道行軍大總管 阿史那社爾가 쿠차왕 訶黎布失畢을 사로잡음으로 말미암아 쿠차국이 실질적으로 막을 내리고 당이 안서도호부를 쿠차로 옮기면서 쿠차는 于闐·碎葉·疏勒과 함께 '安西四鎭'이라 불렀다.[88] 그 후 元·明시대 쿠차는 巴什伯里地라는 명칭으로 바뀌었다. 淸代는 쿠차를 庫車로 불렀다.[89]

신라인 혜초는『往五天竺國傳』을 집필하면서 그의 답사순서대로 소륵에 이어 쿠차에 관한 사실을 썼다. 뒤이어 쿠차를 쓰고 나서 于闐을 쓴 후 안서의 사정에 대해 비교적 자세하게 서술하였다. 그 이유는 혜초 여정이 소륵에서 쿠차 도착은 사실이나 필자 생각으로는 우전은 단지 耳聞한 사실을 썼던 같다. 그렇게 생각하는 까닭은 혜초가 타림분지 외곽지역에 관한 사실을 쓰면서 유독 우전에 관한 사실을 너무 소략하게 썼기 때문이다.

혜초는 쿠차에서 동쪽으로 20㎞정도 떨어진 안서도호부가 있는 오늘날

85) 張平, 2004,『龜玆－歷史文化探秘－』, 68~69쪽.

86)『北史』 권97,「龜玆國」龜玆國조, 3217~3218쪽.

87)『舊唐書』 권198,「龜玆國傳」其王姓白氏조, 5303~5304쪽.

88)『新唐書』 권221상,「龜玆傳」弟訶黎布失畢立조, 6230~6232쪽 ;『新唐書』 권43하,「地理志」7하 龜玆都督府조, 1134쪽.『新唐書』의「龜玆傳」과 달리「地理志」에서는 龜玆都督府가 설치된 해를 貞觀 20년이라고 다르게 기록하고 있다.

89)『欽定大淸一統志』 권418,「庫車」, 628~630쪽.

쿠차고성에 관한 사실도 구체적으로 언급했다. 이런 체재로 혜초가 쓴 이유는 안서가 서역불교의 중심은 물론, 당에서 매우 중시했던 전략적 지역이기 때문이라고 본다. 그런 이유 때문인지 혜초는 그가 여행한 다른 곳과 비교가 안 될 정도로 安西에 대해 매우 정확히 서술하였다. 혜초가 다른 지역보다 타림분지 주변 지역을 자세하게 쓸 수 있던 것은 앞에서 말한 것처럼 이들 지역이 당의 영역이나 다름없는 지역이라는 사실과 무관하지 않을 것 같다. 혜초의 『往五天竺國傳』에서 안서에 대한 언급을 들어보면,

> 開元 15년 11월 상순 安西에 왔는데, 이때 절도대사는 趙君이었다. 安西에 중국인 승려가 주지로 있는 절이 두 곳 있으며, 大乘法을 행하며 육식을 하지 않았다. 大雲寺 주지 秀行은 설법을 잘하는데, 원래 長安 七寶臺寺의 중이었으며, 大雲寺의 都維那인 義超는 律藏의 해석을 하는데, 원래 長安 庄嚴寺의 중이었다. 大雲寺 상좌 明惲은 행업을 크게 닦았으며 또한 장안의 명승이었다. 이들 중은 다 훌륭한 주지들이며, 매우 道心이 깊고, 공덕 높이기를 즐겨한다. 한 곳에 龍興寺가 있는데 이 절 주지의 이름은 法海라 하는 이가 있다. 본시 중국인이지만 安西에서 자랐고 그 학식과 행동거지는 중국인과 다른 바가 없다. 于闐에 龍興寺라 부르는 한 중국 절에 중국인 승려가 있는데 이름은……라고 부르는데 그가 이 절을 주관하여 훌륭한 주지가 되었다. 그는 河北의 冀州에서 건너왔다고 한다. 疏勒에 大雲寺라는 한 중국 절이 있는데, 거기에도 역시 중국인 고승이 있다. 그는 嶓州에서 왔다고 한다.[90]

위의 『往五天竺國傳』에서 개원 15년(727) 11월 상순(727년 12월 18일에서 27일)에 혜초가 안서에 도착했다는 사실은 의미가 크다. 그 이유는 혜초가 천축에서 서역으로 돌아오는 여정에서 안서에 도착했던 시기를 일러주는 중요한 자료이기 때문이다. 다시 말해 혜초의 『往五天竺國傳』에서 연월일이

90) 『往五天竺國傳』, 75~76쪽, "開元十五年十一月上旬, 至安西, 于時節度大使趙君, 且於安西, 有兩所漢僧住持, 行大乘法, 不食肉也. 大雲寺主秀行, 善能講說, 先是京中七寶臺寺僧, 大雲寺都維那, 名義超善解律藏, 舊是京中庄嚴寺僧也. 大雲寺上座, 名明惲, 大有行業, 亦是京中僧, 此等僧, 大好住持, 甚有道心, 樂崇功德, 龍興寺主, 名法海, 雖是漢兒生安西, 學識人風, 不殊華夏. 于闐有一漢寺, 名龍興寺, 有一漢僧, 名……是彼寺主, 大好住持, 彼僧是河北冀州人士. 疏勒有亦漢大雲寺, 有一漢僧住持, 卽是嶓州人士".

표시된 것은 이것이 유일하다. 그러니까 고선지 장군이 개원(713~741) 말 安西副都護[91]와 四鎭都知兵馬使를 역임했던 시기와 비교가 가능하다.[92] 이는 고선지 장군이 안서에서 활약하기 10여 년 전에 혜초는 여행 중에 안서를 지났을 것이라는 계산이 나온다. 어쩌면 고선지가 안서에 온 지 10년이 채 경과하지 않은 시점에 혜초가 안서를 지났을지 모른다. 그 이유는 고선지가 아버지 고사계와 함께 안서에 도착한 한 후, 고선지가 于闐使와 焉耆鎭守使를 차례로 역임한 뒤에야[93] 고선지가 안서부도호와 사진도지병마사를 역임했기 때문이다. 다시 말해 개원 말에 고사계와 함께 고선지가 안서에 도착했다고 그 시기가 좀 모호하게 기록되었기 때문에 고사계 부자의 안서 도착 시기를 좀 더 앞 당겨서 계산할 수 있기 때문이다.

앞서 언급한 쿠차와 안서는 거리상으로 얼마 떨어져 있지 않은데도 쿠차는 小乘法이 행하여지고 안서는 당의 大乘法이 행해졌다. 또 쿠차는 육식을 하였지만 안서에서는 육식을 하지 않았다. 쿠차는 서역인들의 삶의 터전이었고, 안서는 중국인들이 전략적으로 만든 군사기지라서, 그 둘의 차이가 클 수밖에 없는 것은 어쩌면 당연하지 않을까 싶다. 이런 이유로 안서는 당나라 사람이 주지인 절이 두 곳이나 되었다. 혜초는 大雲寺와 七寶臺寺가 그런 절이며, 전에 장안에 있던 절의 승려들이 안서에 있는 절의 주지와 상좌라고 구체적으로 밝혔다. 그 밖에 龍興寺 주지 法海도 비록 안서태생이나 중국인이라고 밝힌 사실로 보아 혜초가 언급한 안서 절의 주지는 모두 당나라 사람들이다. 그렇다면 쿠차와 안서불교 차이가 자연스럽게 밝혀진 셈이다. 고선지도 안서도호부에서 당나라 사람들이 주지인 절을 보았을 것이 분명하다. 어쩌면 안서에서 혜초가 만난 당나라 승려를 고선지가 만났을 것 같다.

언기부터 쿠차로 가는 루트에 대한 설명은 『新唐書』의 「地理志」에 자세하다. 즉,

91) 『玉海』 권191, 「唐安西副都護平小勃律國」 '高仙芝傳' 開元末爲安西副都護조(『景印文淵閣四庫全書』 948冊, 臺灣商務印書館, 1983), 71쪽.

92) 『舊唐書』 권104, 「高仙芝傳」 開元末조, 3203쪽.

93) 『新唐書』 권135, 「高仙芝傳」 既見조, 4577쪽.

> 焉耆에서 서쪽으로 50리에 鐵門關을 지나며, 또 20리를 가면 于術守捉城에 이르고, 또 2백리를 가면 楡林守捉에 이르며, 또 50리를 나아가면 龍泉守捉에 도달하며, 다시 60리를 더 가면 東夷僻守捉에 이르며, 또 70리를 가면 西夷僻守捉에 이르고, 다시 60리를 가면 赤岸守捉에 이르며, 다시 120리를 가면 安西도호부에 이른다.[94]

이는 唐代에 언기 서쪽에 있는 안서도호부 안서까지 가는 길목에 주둔한 군부대 명칭을 열거하고 있어 주목된다. 여기서 말하는 守捉은 軍鎭보다 주둔군 규모는 작아도 최소 수백 명 이상 주둔한 군 요새들이다. 언기에서 안서도호의 안서에 당도하려면, 1개의 關과 6개의 수착을 통과해야 한다. 한마디로 이들 關과 守捉은 언기에서 안서로 통하는 630里의 길목 안전 확보와 적의 동태를 미리 파악하기 위한 목적으로 설치된 부대들이다. 고사계 부자가 처음에 하서에서 안서로 갔을 때도 언기에서부터는 위의 길을 따라 이동하여 안서도호부의 안서에 도착하였다. 하서를 출발하면서도 그렇겠지만 안서도호부 관할 지역에 들어오면서 고선지 부자는 태고의 원시성이 깃든 높은 산과 거친 사막을 바라보면서 옛 고구려 산하와 멀어짐으로 말미암아 괴로운 마음을 달래는데 꽤나 힘들었을 것 같다. 필자가 이런 표현을 쓰는 까닭은 오늘날도 천산산맥 남쪽을 끼고 언기에서 안서를 향할 때 그런 마음이 매번 들었기 때문이다. 고선지가 옛 고구려 영토에서 출생하였다면 平壤이 아닌 요동이나 만주지역이었을 것 같다. 고선지의 아버지 고사계가[95] 고구려 멸망 이듬해인 669년 4월 京西의 諸州지역으로 이주했다는 증거도 없다. 그렇다면 고선지는 고구려가 아닌 長安에서 멀리 떨어진 서쪽 지역에서 출생하였다는 이야기다. 그렇지 않다면, 669년 4월이 아니고, 그 이후 고선지 부자가 營州에서 다시 하서로 강제 이주되어 상당기간 생활하다가 다시 안서로 이동했다고 보아야 옳다. 이는 『資治通鑑』에서 司馬光이 고선지가 안서(신강성 쿠차현)에서 종군하였다고 기록한 데서 추측할 수 있다.[96] 또한 이는 고선지가 당에서

94) 『新唐書』 권43하, 「地理志」7하, 1151쪽, “自焉耆西五十里過鐵門關, 又二十里至于術守捉城, 又二百里至楡林守捉, 又五十里龍泉守捉, 又六十里至東夷僻守捉, 又七十里西夷僻守捉, 又六十里至赤岸守捉, 又百二十里至安西都護府”.

95) 蘇慶彬, 1967, 『兩漢迄五代入居中國之蕃人氏族硏究』, 香港 : 新亞硏究所, 589쪽.

최초로 군대에서 복무한 곳이 안서였다는 의미와 통하는 이야기다. 그런데 안서도호부의 관할지역에 대해 『通典』에서 "東은 焉耆와 접했고, 西는 疏勒과 잇닿았고, 南은 吐蕃과 이웃하며, 北으로 突厥과 대치하였다"[97]라고 기록하고 있다. 이는 안서도호부의 관할 영역이 천산산맥 이남의 타클라마칸 사막과 그 주위지역을 모두 망라한다는 뜻이다. 뿐만 아니라, 안서도호부 관할 영역이 顯慶 2년(657)부터는 머나먼 서쪽의 波斯國(페르시아)까지 포함될 정도로 광대해졌다.[98]

정관 초 서역순례를 떠난 현장은 파사를 방문하지 못했다. 그 이유는 그때 당이 파사를 관장하지 못했기 때문이다. 그래서 현장은 페르시아의 동쪽 경계에 위치한 呾剌健國을 답사하고 그 나라에 대한 기록을 남겼다. 즉,

> 탈라칸국(呾剌健國, Talaqan)은 동서가 5백여 리이며, 남북으로는 50~60리다. 그 나라의 大都城은 주위가 10여 리이다. 서쪽은 페르시아국(波剌斯國)의 경계와 접하고 있고, 박트리아국(縛喝國, Bactria)에서 남으로 1백여 리 가면 가치국(揭職國, Karcik)에 이른다.[99]

이는 현장이 정관 초에 서쪽 경계에 있는 탈라칸국까지 도달하면서 주변국가와의 위치에 대해 간단히 기록한 내용이다. 탈라칸국은 『新唐書』의 多勒健國과 같은 나라다. 현장이 서역을 순례할 때는 당과 대적 관계였던 파사까지 들어갈 수 없기 때문에 다시 동남쪽으로 방향을 틀어 縛喝國→ 揭職國을 방문하였다.

안서대도호부의 첫 治所는 西州였고, 현경 2년 賀魯를 평정하고, 그곳에 濛池·崑陵 2都護府를 설치한 것이[100] 효시였다.

---

96) 『資治通鑑』 권215, 「唐紀」31 玄宗 天寶 6載 從軍安西조, 6884쪽.

97) 『通典』 권174, 「州郡」4 安西都護府조, 4559쪽, "東接焉耆, 西連疏勒, 南隣吐蕃, 北拒突厥".

98) 『舊唐書』 권40, 「志」20 '安西大都護府' 於是조, 1647쪽 ; 『新唐書』 권40, 「地理志」4 '安西大都護府' 西盡波斯國조, 1074쪽.

99) 『大唐西域記』 권1, 127쪽, "呾剌健國東西五百餘里, 南北五六十里. 國大都城周十餘里. 西接波剌斯國界. 從縛喝國南行百餘里, 至揭職國".

100) 『新唐書』 권40, 「地理志」4 '安西大都護府' 初治西州조, 1074쪽.

안서도호부의 관할 영역에 대해 『舊唐書』「地理志」에,

龍朔 元年, 西域 吐火羅가 塞으로 나옴으로 말미암아 于闐의 서쪽에서, 波斯의 동쪽에 이르는 16국 모두에다가 都督을 설치했으며, 관할하는 州가 80, 縣이 110, 軍府가 126이었으며, 이로 인해 吐火羅에 碑를 세워, 이를 알렸다.[101]

용삭 원년(661)에 천산산맥 남쪽 타클라마칸 사막 남쪽의 우전국에서 파사국(페르시아)에 이르는 16國 모두에 도독을 설치하여 당의 안서도호부가 그들 지역을 관장하였다. 이는 후일 안서도호 고선지의 관할 영역이 서아시아의 파사국까지라는 사실과 부합된다. 물론 천산산맥 이남 타클라마칸 사막 주위 지역 모두가 안서사진의 관할지역에 포함된다.[102] 또 이외의 嬀塞과 渠黎都督府도 안서도호부에 속하였다.[103] 안서도호 관할지는 州가 88, 縣이 110, 軍府가 126이나 되었다.

위에서 龍朔 원년에 파미르 고원의 서부이며, 오늘날 아프가니스탄 북부지역에 위치한 吐火羅(Bactria, 大夏)가 자청하여 唐으로 나온 배경은 토화라 주변 국제정세와 무관하지 않다. 그런데 토화라는 吐豁羅, 都貨邏라고도 부른다. 元魏시대는 吐呼羅라고 했으며, 그들은 葱嶺의 서쪽, 烏滸河의 남쪽에서 생활하였다.[104] 옛날 大夏의 땅으로, 挹怛(Ephthalite, 즉 白匈奴)과 섞여 살았으며 그곳에서는 神馬 또는 汗血馬가 생산되는 곳으로 유명하였으며, 그 왕을 葉護[105]라 불렀다. 그 후 100여 년이 지나 大月氏의 五部 가운데 하나인 貴霜翖侯가 통일해 스스로 왕이 되어서 貴霜이 시작되었다.[106] 토화라는 武德과 정관년간에 당에 入獻하였고, 永徽 원년(650)에 大鳥를 당에 바쳤던 나라다. 용삭 원년(661) 당은 阿緩城에 月氏都督府를 설치하고, 그곳에서 吐火羅葉護에게

101) 『舊唐書』 권40, 「地理志」4 '安西大都護府' 1647쪽, "龍朔元年, 西域吐火羅款塞, 乃於 于闐以西, 波斯以東十六國, 皆置都督, 督州八十, 縣一百一十, 軍府一百二十六, 仍立碑於吐火羅以志之".

102) 『舊唐書』 권40, 「地理志」4 '安西大都護府' 至長壽2年조, 1647~1649쪽.

103) 『新唐書』 권43하, 「地理志」7하 嬀塞都督府조, 1135쪽.

104) 張星烺, 1969, 『中西交通史料匯編』 5, 臺北 : 世界書局, 169쪽.

105) 『後漢書』 권88, 「西域傳」 '大月氏國' 2920~2921쪽, 葉護는 翖侯와 同音이다.

106) 『後漢書』 권88, 「西域傳」 '大月氏國' 後百餘歲조, 2921쪽.

B.C. 2세기 月氏로 향하기에 앞서 한무제를 알현하는 장건의 모습을 그린 돈황 벽화. 필자 촬영

25州를 다스리도록 하였다.[107]

咸亨 2년(671) 5월 波斯·康國·罽賓國이 사신을 보내어 당에 來朝했던 같은 해에 토화라도 당에 사신을 보내 조공하였다.[108] 그러나 그 후 토화라에서 사신을 당에 보냈다는 기록이 반세기 가량 전무할 정도로 소원하였다. 개원 6년(718) 11월에 토화라엽호의 아우 阿史特勒僕羅가 당에 입조해 上訴를 올렸다.[109] 이듬해 개원 7년 4월[110]과 6월[111]에 조공하는 등 빈번하게 사신을 파견할 정도로 토화라는 당과 긴밀하였다.

唐代의 『大秦景教流行中國碑』 碑文 후면에 기재된 토화라국 巴里黑城 僧 密理斯(Milis)의 아들 克姆丹(Kumdan)王城 大僧·總主教 葉俟布錫德(Yesbusid)이, 이 碑를 건립하였다고 쓰여 있다.[112] 그렇다면 토화라국에 기독교가 전파된 후 다시 중국으로 전래되었다고 볼 수 있다. 여기서 토화라국은 현장과 혜초가 다녀갔던 토화라(覩貨邏)와 같은 나라다. 그런데 景教 교리서가 당 현종 재위 시 천보 10載(751)에 탈라스 전투에서 고구려 유민 고선지 장군에게 사로잡힌 大食인을 통해 당에 소개되었다는 사실도 주목할 만하다.[113]

---

107) 『新唐書』 권43, 「地理志」하 月氏都督府조, 1135쪽.

108) 『冊府元龜』 권970, 「外臣部」 '朝貢' 咸亨 2年 5月조, 11402쪽.

109) 『冊府元龜』 권999, 「外臣部」 '請求' 開元 6年 11月 丁未조, 11721~11722쪽.

110) 『冊府元龜』 권971, 「外臣部」 '朝貢' 開元 7年 4月 吐火羅葉護조, 11406쪽.

111) 『冊府元龜』 권971, 「外臣部」 '朝貢' 開元 7年 6月 大食國吐火羅國조, 11406쪽.

112) 張星烺, 『中西交通史料滙篇』 5, 195쪽.

용삭 원년에 吐蕃과 대식의 묵계 하에, 대식은 파사와 토화라로 진격하였고, 토번은 烏滸水로 진격하여서. 그곳을 점령하였다.[114] 여기서 『新唐書』의 「護密國傳」에 '(護密國)의 땅은 (안서)사진에서 토화라로 들어가는 루트라, 예부터 토번에 귀속되었다'[115]는 사실에 주목할 필요가 있다. 이는 호밀국이 전략적 중요 요충지라서 唐이 호밀국의 摸逵城에 烏飛州都督府를 설치했다[116]는 이야기와 통한다. 호밀국은 『西域記』에 達摩悉鐵帝國으로 기록되었으며, 오늘날의 瓦漢(Wakhan)이 바로 그곳이다.[117] 唐이 호밀을 확보한 것으로 말미암아 전략적 요지인 토화라도 당에 귀속되면서 토화라는 토번과 대식의 공격 위협에서 벗어났다. 그 결과 唐 高宗 용삭 원년(661)에 호밀과 토화라 루트를 통해 타클라마칸 지역으로 진출을 시도하는 토번과 대식의 진출 루트 봉쇄로 당에 의한 서역 안정이 어느 정도 이루어졌다. 토화라는 罽賓國 북쪽으로 2백 리 떨어져 있다.[118] 참고로 호밀국은 調露 원년(679) 10월에 사신을 보내 당에 조공하였다.[119] 그렇다면 호밀과 당이 긴밀하게 관계를 가진 시점을 조로 원년으로 보아야 할 것

타림 분지에서 발견된 십자가 문양이 새겨진 검은 돌. 신강고고문물연구소 소장. 필자 촬영

113) 지배선, 1992, 「中國 唐代의 基督敎－景敎를 중심으로－」, 『人文科學』 68, 연세대, 253쪽.

114) 薛宗正, 1995, 『安西與北庭－唐代西陲邊政硏究』, 黑龍江敎育出版社, 103~104쪽.

115) 『新唐書』 권221하, 「護密國傳」, 6255쪽, "地當四鎭入吐火羅道, 故役屬吐蕃".

116) 『新唐書』 권43하, 「地理志」7하 烏飛州都督府조, 1137쪽.

117) 張星烺, 『中西交通史料匯編』 5, 164쪽.

118) 『新唐書』 권43하, 「地理志」7하, (罽賓國)北至吐火羅二百里조, 1155쪽.

119) 『冊府元龜』 권970, 「外臣部」 '朝貢' 調露元年 10月 護密國조, 11403쪽.

같다.

그런데 토화라가 당의 도독부가 된 시기가 용삭 원년 이전이라는 기록도 있다. 즉 『全唐文』의 「吐火羅葉護支汗那傳」에,

> 支汗那는 阿史那葉護의 아들이며, 그 나라는 葱嶺 서쪽에 있는데, 永徽 3년 (唐이) 그 땅을 月氏(都督)府로 삼아 다스리면서 阿史那를 都護로 임명하였다. 開元 7年에 支汗那가 嗣位하였다.[120]

唐은 영휘 3년(652)에 토화라에 月氏都督府를 설치하고, 吐火羅 葉護 阿史那烏濕波를 도독으로 임명하였다.[121] 그 후 안서도호부에 西域諸國을 예속시킬 때 다시 월씨도독부가 거론되었다. 즉

> 顯慶년간(656~661), (吐火羅의) 阿緩城을 月氏都督府로 삼으면서, 小城을 나누어 24州[122]로 만들고, 王 阿史那를 都督으로 제수했다.[123]

이는 당이 월씨도독부를 설치한 시기가 몇 년 뒤인 현경년간이라는 사실을 알 수 있는 대목이다. 토화라왕 아사나가 월씨도독으로 임명된 2년 후에 아사나왕은 아들을 당에 입조시키면서, 높이 3尺이나 되는 鐙樹와 瑪瑙를 바쳤다[124]는 기록이 있다. 이는 당이 토화라에 월씨도독부를 설치한 후부터 월씨도독부가 당의 영향력 아래 놓였을 때의 일이다. 그러나 그 후 반세기 가까이 토화라가 당으로 사신을 파견하였다는 기록이 없다.

그 후 神龍 원년(705)에 토화라왕 那都泥利가 아우 僕羅를 보내 入朝하면서 宿衛로 머물렀다.[125] 이는 705년 토화라가 唐에 대해 요청할 일이 발생했거나

---

120) 『全唐文』 권999, 「吐火羅葉護支汗那傳」(上海古蹟出版社, 1995), 4592쪽, "支汗那阿史那葉護子, 其國在葱嶺西. 永徽三年, 列其地爲月氏府, 以阿史那爲都護".

121) 『冊府元龜』 권966, 「外臣部」 '繼襲' 吐火羅國唐永徽3年조, 11365쪽.

122) 『新唐書』 권43하, 「地理志」7하, 1135쪽, 月氏都督府조에 의하면 領州가 24州가 아니라 25州임.

123) 『新唐書』 권221하, 「吐火羅傳」, 6252쪽, "顯慶中, 以其阿緩城爲月氏都督府, 析小城爲二十四州, 授王阿史那都督".

124) 『新唐書』 권221하, 「吐火羅傳」 後二年조, 6252쪽.

타슈켄트(석국)에서 발굴된 5천~6천년 전 암각화. 타슈켄트 박물관 소장. 필자 촬영

사죄할 일이 발생했음을 의미한다. 그런데 당에 입조한 僕羅의 '訴授官不當上書'의 내용은 石國과 쿠차 왕자는 三品將軍을 제수받았는데 복라 자신은 四品中郞을 제수받은 것이 억울하다는 내용의 上書였다.[126] 당이 충성심에 대한 기준으로 토화라왕의 아우 복라에게 석국과 쿠차 왕자보다 낮은 관품을 제수하였던 것 같다. 그렇다면 토화라왕의 아우 복라에게 석국과 쿠차 왕자보다 낮은 관직을 줌으로써 당에 대한 충성 경쟁을 유발시켰던 것 같다. 이런 예는 당에 입조한 신라 사신과 왜의 사신이 서로 윗자리에 앉으려는 문제로 다투었던 것과 성격상 비교될 수 있는 비슷한 사건이라고 본다.

토화라 엽호 아사나오습파의 아들 支汗那가 개원 7년 토화라왕이 되었다.[127] 그 이전 영휘 3년(652)에 당은 토화라에 월씨도독부를 설치하였고 아사나를 도호로 임명하면서부터 토화라에 대한 영향력을 적극적으로 행사했다. 그러나 토화라가 당에서 너무 먼 곳에 있었기 때문에 당의 영향력이 강력하게 작용된 시기에 대한 기준이 일정하지 않은 것 같다. 한 예로 당이 토화라에 둔 월씨도독부의 설치시기에 대하여 『新唐書』의 「地理志」와 「吐火羅傳」에는 영휘 3년과 용삭 원년(661)으로 각각 다르게 기록되었다.

당이 토화라에 설치한 월씨도독부는 당의 서역부의 16도독부 가운데 제일

125) 『新唐書』 권221하, 「吐火羅傳」 神龍 元年조, 6252쪽.

126) 『全唐文』 권999, 「訴授官不當上書」, 4592쪽.

127) 『冊府元龜』 권966, 「外臣部」 '繼襲' 吐火羅國의 開元 7年조, 11365쪽.

광대한 영역이었다. 구체적으로 용삭 원년 서역부의 총 72州 가운데 월씨도독부 관할 주가 무려 25州나 될 정도로 제일 컸다.[128] 그렇다면 토화라를 통해 안서사진으로 진출하려는 대식이 왜 토화라 정복을 위해 그토록 노력했는지 어느 정도는 그 이유를 알 수 있다. 그런데 서역에 16도독부와 72州를 설치하게 된 배경은 용삭 원년 당 고종이 농주 南由令 王名遠에게 토화라에 州縣 관리를 임명하게 하면서, 우전의 서쪽에서 파사 동쪽에 이르는 16國 王都를 도독부로 삼았고, 그 屬部는 주현으로 삼게 하였던 것이 그 시작이다. 그 결과 서역부에는 88州와 110縣, 126軍·府가 설치되었다.[129]

위와 같이 광활한 지역에서 아무리 출중한 리더십을 가진 고선지 장군이라 하더라도 적극적인 협력자 없이 고구려 유민 장수로, 그 한계를 극복한다는 것은 대단히 어려운 일이다. 이와 같은 광대한 지역에서 그 지역을 효과적으로 다스리기 위해서는 이를 적극적으로 도와주는 집단 세력이 없다면 안서사진절도사로서 그 직무를 감당하기란 불가능하다고 본다. 따라서 고구려 유민출신 안서도호 고선지 장군에게 안서사진에서 당의 서쪽 변방으로 잡혀 왔던 많은 고구려 유민들의 헌신적인 협조가 있었다는 사실은 당연하다. 이를 위해 고구려 유민들의 행적을 규명하는 것이 중앙아시아와 서아시아에서 탁월한 역량을 발휘한 안서도호 고선지 장군에 대한 연구에 있어서 제일 중요한 선결과제라 본다. 고선지 장군의 출중한 역량 하나만으로는 광활한 안서도호부 경영은 어쩌면 불가능할지 모른다. 고구려 유민들의 행적 규명 작업은 고선지의 리더십과 직접적인 연관성이 매우 크다.

당에 의해 고구려가 멸망할 때 많은 고구려인들이 생존하기 위해서 멀리 서돌궐 지역으로 이주하였다. 이런 사실을 유추할 수 있는 사료가 『資治通鑑』의 개원 3년 정월조에 실려 있다. 이를 보면,

> 돌궐 10姓 가운데 항복한 사람들이 전후로 1만여 帳이었다. 고구려 막리지였던 高文簡은 10姓의 사위인데, 2월에 혈돌都督 思泰 등과 더불어 역시 돌궐에서부터

128) 『新唐書』 권43下, 「地理志」7下 西域府十六조, 1135쪽.

129) 『新唐書』 권43下, 「地理志」7下 西域府十六조, 1135~1136쪽.

무리를 인솔하고 와서 항복하자, 제서를 내려 모두 河南의 땅에 그들을 거처하게 하였다.[130)]

돌궐 10姓은 서돌궐에 속한 부족으로 다른 姓을 가진 10부락이다. 개원 3년(715) 정월에 당으로 투항한 고구려 막리지출신 高文簡 휘하에 많은 고구려 유민이 있었다는 것을 쉽게 짐작할 수 있다. 그런데 다음 2월에 당으로 온 혈돌都督 思泰의 부락과 함께 당 조정이 하남 땅에 살게 하였다는 사실이 주목된다. 위에서 말하는 하남은 필자가 앞서 지적한 것처럼 정관 20년(646) 靈州도독부에 설치한 '고려주'가 있는 그곳이다. 이는 당 조정이 고문간과 함께 당으로 온 고구려 유민들을 살게 했던 곳이 '고려주'라는 의미다. 개원 3년 정월 서돌궐 十姓[131)] 가운데 萬餘 帳이 당에 투항할 때,[132)] 고구려 막리지 출신 고문간과[133)] 大酋 高拱毅이 거느리고 온 고구려 유민을 거느리고 당에 투항하였다는 사실로 고선지 휘하의 고구려 유민의 역할이 컸다는 것을 알 수 있다. 게다가 고문간은 서돌궐 10姓의 사위였다.[134)] 그런데 호삼성은 고문간이 돌궐可汗 默啜의 사위였다고[135)] 구체적으로 밝혔다. 또 고공의를 대추라고 표시한 것으로 보면 고구려 귀족출신이었던 것 같다.[136)]

江應梁은 주장하길 이때 당은 고구려 유민들을 遼西郡과 平城郡 일대에 거주시켰다[137)]고 하나 이는 잘못된 이야기다. 그 이유는 고문간에게 요서군왕이라는 작위를 준 것은 사실이나 요서에 있는 고구려 유민을 통제하기 위한

---

130) 『資治通鑑』 권211, 「唐紀」27 玄宗 開元 3年 正月조, 6709~6710쪽, "突厥十姓降者前後萬餘帳. 高麗莫離支文簡, 十姓之壻也, 二月, 與跌跌都督思泰等亦自突厥帥衆來降, 制皆以河南處之".

131) 『資治通鑑』 권211, 「唐紀」27 玄宗 開元 2年 10月 突厥十姓조의 胡三省註, 6706쪽, 突厥十姓은 西突厥이라고 밝혔다.

132) 『資治通鑑』 권211, 「唐紀」27 玄宗 開元 3年 正月조, 6709쪽.

133) 『舊唐書』 권8, 「玄宗紀」 (開元) 3年 2月 及高麗莫離支高文簡조, 175쪽 ; 『舊唐書』 권194상, 「突厥傳」상 (開元2年) 明年조, 5172~5173쪽 ; 『資治通鑑』 권211, 「唐紀」27 玄宗 開元 3年 正月조, 6709쪽 ; 周偉洲, 1987, 「唐代黨項的內徙與分布」, 『西北歷史研究』, 西安 : 三秦出版社, 46쪽.

134) 『資治通鑑』 권211, 「唐紀」27 玄宗 開元 3年 正月 高麗莫離支高文簡조, 6709쪽.

135) 『資治通鑑』 권211, 「唐紀」27 玄宗 開元 3年 2月조의 胡三省註, 6710쪽.

136) 『新唐書』 권215上, 「突厥傳」上 高麗大酋高拱毅조, 6048쪽.

137) 江應梁, 1990, 「突厥」, 『中國民族史』, 北京 : 民族出版社, 46쪽.

상징적 수단으로 그런 작위를 준 것이지 고문간 휘하 고구려 유민들이 거주했던 곳이 하남이기 때문이다. 이와 같은 예는 고선지 장군이 그의 말년에 밀운군공이라는 작위를 받았지만 그가 밀운군에서 일시라도 살았다는 기록이 없다. 다만 요서나 밀운 두 지역 모두 고구려 유민이 많았기 때문에 당이 그 지역을 상징적으로 관리하는 차원에서 그러한 작위를 준 것이다. 이는 당이 고구려 막리지 출신 고문간과 고공의에게 그들의 부락을 거느리고 당 서북 변경의 방어를 담당시키려는 목적으로 하남에 살게 했던 것이 분명하다.

고구려에서 막리지라는 벼슬은 왕 다음의 벼슬이었다. 한 예를 들면 乾封 원년(666) 淵蓋蘇文의 장남으로 고구려 國政을 장악한 男生이 동생 男建에 쫓겨 國內城에서 아들 獻誠을 당에 보내 구원병을 요청했을 때 남생의 벼슬이 막리지였다는 사실에서 입증된다.[138] 아무튼 이때 당은 북아시아에서 강력한 돌궐에서 생활한 묵철가한의 사위 고구려 유민 고문간을 左衛大將軍과 遼西郡王으로,[139] 또 고구려 대추 고공의를 左領軍衛將軍兼刺史·平城郡公에 각각 제수했다.[140] 당이 고구려 막리지 출신 고문간 등에게 많은 관작을 주었던 것은 갈라록을 혁파한 공로와 무관하지 않다.

葛邏祿(Qarluq·Karluk)은 7~12세기 중앙아시아에서 활약한 돌궐계 민족의 하나로 중국 사료에 葛邏祿·歌邏祿이란 이름으로 기록되었다. 후일 고선지 장군의 戰史에서 유일하게 패배한 탈라스 전투는 갈라록의 배반 때문이었다. 또 그들은 突厥·回紇·蒙古 등 많은 민족의 흥망에서 큰 역할을 담당하여서 많은 기록을 남긴 민족 가운데 하나다.[141]

고구려 유민 고공의에게 준 刺史직이 어느 곳이라는 언급은 없으나 그에게 평성군공이라는 작위가 주어진 사실을 감안하면 평성 부근이 분명하다. 또

---

138) 『舊唐書』 권67, 「李勣傳」乾封元年조, 2487쪽.

139) 『新唐書』 권215上, 「突厥傳」上 其婿高麗莫離支高文簡조, 6048쪽 ; 『文獻通考』 권343, 「四裔」20 '突厥'中, 授高文簡左衛員外大將軍조,(北京 : 中華書局, 1991), 2692쪽. 『文獻通考』는 高文簡이 당에서 받은 관직이 左衛員外大將軍이며 작위는 遼西郡公이었다고, 『新唐書』와 다르게 기록하였다.

140) 『新唐書』 권215上, 「突厥傳」上 拱毅左領軍衛將軍兼刺史조, 6048쪽.

141) 內田吟風, 1975, 「初期葛邏(Karluk)族史の研究」, 『北アジア史研究－鮮卑柔然突厥篇』 495, 京都 : 同朋舍.

고문간에게 요서군왕의 작위가 주어진 사실은 생각해볼 필요가 있다. 만약 고선지와 고사계가 하서로 가기 이전(715)까지 요서에서 생활했다면, 고사계와 고선지가 고문간 휘하에서 생활했을 가능성이 있을 것이다. 이런 가정이 성립한다면, 고선지가 일시 營州에 있었을 가능성에 대한 가설도 성립된다. 그런데 고구려인 모두가 포로 신분으로 당의 노예였던 사실을 주목할 필요가 있다.[142] 그러나 고구려 막리지 출신 고공의와 고문간을 통해서, 고구려가 멸망한 후 당의 노예가 되지 않으려고 고구려인들이 東突厥이 아닌 먼 중앙아시아 西突厥로 피신한 사실은 당과 북방 유목기마민족이 끊임없이 적대적이었기 때문에 고구려인들이 중앙아시아로 이주하였다는 것을 말해준다.

고구려 멸망 전에도 당과 고구려의 끊임없는 전쟁으로 말미암아 당에 잡혀간 고구려 유민의 수는 꽤 많았다. 정관 18년 10월에 唐 안서도호 郭孝恪이 타클라마칸 사막 서북에 있는 언기를 멸망시키고 그 왕 突騎支를 사로잡음으로 서역이 평정되자, 그 다음달(11월) 당 태종은 고구려 침공을 위해 군사 총동원령을 발표하였다.[143] 그 다음해(정관 19) 4월, 당 李勣이 고구려 개모성을 공파하였고, 5월에 당 태종과 이적이 다시 고구려 요동성을 함락하였고, 6월부터 9월까지 그 유명한 고구려 安市城에서 고구려군과 싸웠으나 도리어 당이 패하였다.[144] 그러나 그 해 6월까지 전투에서 고구려 군사를 죽이거나 생포한 수가 셀 수 없을 정도로 많았던 사실을 주목할 필요가 있다. 벌써 이때 당의 포로가 된 고구려인을 정관 20년에 河西回廊으로 강제 이주시켰기 때문이다. 이러한 사실은 『舊唐書』 권38, 「地理志」 靈州大都督府조에 나와 있다.

> (貞觀) 20년에 鐵勒이 歸附하자, 州의 경계에 皐蘭·高麗·祁連의 3州를 설치하여 함께 靈州都督府에 귀속시켰다.[145]

---

142) 內藤雋輔, 1961, 「唐代中國における朝鮮人の活動について」, 『朝鮮史研究』, 京都大, 483~484쪽.

143) 『舊唐書』 권3, 「太宗紀」하 貞觀 18年 11月 庚子조, 56~57쪽.

144) 『舊唐書』 권3, 「太宗紀」하 貞觀 19年 4月조, 57~58쪽.

145) 『舊唐書』 권38, 「地理志」1 靈州大都督府 貞觀 20年조, 1415쪽, "(貞觀)二十年, 鐵勒歸附, 於州界置皐蘭·高麗·祁連三州, 並屬靈州都督府".

이는 당에 의한 고구려 침공이 끝난 그 이듬해 당이 수많은 고구려 유민들을 강제로 어느 곳으로 이주시켰는지를 알려 주는 사료다. 간단히 말해 당의 遼東道行軍大總管 이적에게 잡힌 고구려인 포로가 얼마나 많았으면 皐蘭州와 祁連州 사이에 '고려주'를 신설하여 그곳에다 고구려인을 강제 수용하였겠는가. 새로운 州를 신설할 정도로 많은 고구려인이 靈州로 끌려갔던 것이다. 정관 19년(645) 고구려가 당을 상대로 한 싸움에서 안시성을 끝까지 지켰으나 헤아릴 수 없을 정도로 많은 고구려인이 당으로 잡혀가서, 당을 위해 서역의 길목에서 漢族이 감당하지 못하는 북방기마민족을 막는 고난의 군인 생활을 시작했다. 당은 이민족 침입에 고구려 유민을 적극 활용하기 위해 하서에 있던 고구려 유민들을 머나먼 서역으로 다시 강제 이주시켰다.

정관 21년 西受降城의 東北 40리에 燕然都護府를 설치하여 瀚海 등 6도독과 고란 등 7州를 귀속시켰다.[146] 이로 말미암아 정관 20년에 설치한 고려주는 靈州都督府에서 연연도호부로 소속이 바뀌었다. 그 3년 후, 영휘 원년(650)에 고란等 3州를 폐지하였다[147]고 한다. 이는 영휘 원년에 고구려 유민들을 중국 각지로 강제 이주시켜 고구려 유민들의 부흥운동을 막으려는 당의 고육지책이었던 것 같다. 그런데 고려주와 동시에 언급된 고란주에 대해서 천보 13載 3月 皐蘭府都督 渾惟明에 대한 기사가 있는 것으로[148] 보아 고려주도 천보년간까지 존치되었던 것이 아닌가 싶다.

고구려가 멸망한 지 거의 한 세기가 지날 무렵, 천보년간(742~756) 안동도호부의 14州(옛 고구려의 만주 영역 전부)에 고구려 유민이 5,718戶이고, 인구가 18,156명에 불과했다는 것은 암시하는 바가 매우 크다. 우리가 아는 것처럼 안동도호부의 14州는 고구려 옛 영토다.[149] 이는 당이 고구려를 멸망시키고 고구려 옛 영토의 고구려 유민들을 당의 각지로 강제 이주시켰기 때문에 천보년간 고구려 옛 영토 만주지역의 고구려 유민 수가 매우 적었다는 이야기

146) 『元和郡縣志』 권5, 「永豊縣」 貞觀 21年조,(『景印文淵閣四庫全書』 468冊, 臺灣商務印書館, 1983), 192쪽.

147) 『舊唐書』 권38, 「志」18 '地理'1 永徽 元年조, 1415쪽.

148) 『資治通鑑』 권217, 「唐紀」33 玄宗 天寶 13載 3月 皐蘭府都督조, 6926쪽.

149) 『舊唐書』 권39, 「志」19 '地理'2 安東都護府조, 1526~1527쪽.

다. 이는 중국이 이민족 공격을 이민족을 사용해서 이민족에 대한 방어를 맡긴다는 전략인 '以夷制夷'라는 식으로 고구려인을 강제 소개시켰던 결과다.

양귀비와 사랑에 빠져 실정한 당현종

고구려인이 당의 포로로 잡혀간 수는 당 태종 이전 시대에도 헤아리기 어려울 정도로 많다. 물론 고구려도 전쟁을 통해 수많은 한족과 북방 기마민족을 포로로 잡아갔다.

당에서 활약한 많은 고구려 사람들 가운데 유독 고선지에게 초점을 맞춘 이유는 간단하다. 물론 唐代에 고구려 사람으로 절도사나 副都護 지위에 오른 사람은 고선지 이외에도 있다. 그러나 앞서 지적한 것처럼 고선지가 동서교섭사상에서 차지한 위치가 너무나 절대적이었기 때문에 필자는 그를 주목하였다. 고선지의 아버지가 고사계였다는 사실은 그가 부친 姓을 그대로 이어받았다는 증거다. 이와 같이 사실을 주목하는 이유는 중국 사서에 등장하는 많은 인물들 가운데 賜姓을 받은 경우가 많았기 때문이다.

예를 들면 唐 현종 치세의 高力士는 본시 馮播州의[150] 막내아들로 廣東省 高州에서 태어났으나 장성해서 장안으로 진출하여 馮氏家 이름으로 환관이 되었다.[151] 그런데 그가 환관이 될 때는 환관 高延福[152]으로부터 姓을 받아 高氏가 되었던 경우다. 그렇다면 고연복은 고력사의 養父다.[153] 그런데 후일 고선지가 장군이 된 후, 환관 고력사와 오랫동안 친분관계를 유지했다.[154] 고력사와 고선지 장군이 유대관계를 형성하게 된 것은 고력사가 당 현종이 총애하는 양귀비를 받드는 환관이었기 때문이다. 다시 말해 사치스러운 양귀

150) J. K. Rideout, 1949, "The Rise of The Eunuchs During The T'ang Dynasty(Part One)", *Asia Major*, 1, London, p.55.

151) 岡崎敬, 1963, 「唐, 張九齡の墳墓とその墓地銘－廣東省韶關市近郊の唐代壁畵墓－」, 『史淵』 89, 58쪽.

152) J. K. Rideout, 1952, "The Rise of The Eunuchs During The T'ang Dynasty(Part 11)", *Asia Major*, 3-1, London, p.51.

153) 岡崎敬, 「唐, 張九齡の墳墓とその墓地銘－廣東省韶關市近郊の唐代壁畵墓－」, 76쪽.

154) 『舊唐書』 권184, 「高力士傳」高仙芝因之조, 4757~4758쪽 ; 『新唐書』 권207, 「高力士傳」 高仙芝等雖以才寵進조, 5858쪽 ; 陶治, 1987, 「唐玄宗的忠實家奴－宦官高力士」, 『文史知識』 3, 北京 : 中華書局, 76쪽.

비가 서역물품을 좋아했기 때문에 양귀비를 위해 고력사가 서역물품을 얻기 위해서 안서도호 고선지 장군과 사이가 가까웠다. 또 고력사는 고선지 장군 외에 李林甫·楊國忠·安祿山 등과도 긴밀한 관계를 맺었다.[155] 그렇다고 고력사가 고구려인이라는 이야기는 아니다. 또 당대 賜姓의 경우는 황실 姓과 같은 李氏 姓을 내리는 것이 거의 관례였다.

고선지 연구에서 중요한 주제는 고선지의 아버지 고사계가[156] 어디에서 성장하였는가이다. 물론 고사계는 고구려에서 성장하였다. 그러나 고구려가 당에 의해 멸망될 즈음(668)에 고사계가 당으로 와서 활약했다고 가정하더라도, 그의 나이가 장년이다. 왜냐하면 고사계가 현종 재위시의 개원년간(713~741)에 활약했기 때문이다. 바꾸어 말하면 고구려가 멸망하였을 때, 고사계가 20대 또는 30대라고 가정한다면 현종 재위 초 그의 나이는 60대 후반이라는 계산이다. 그렇다면 이는 틀린 가정이라고 볼 수 있다. 따라서 고사계가 고구려에서 당의 하서로 왔던 시기는 고구려 멸망 후 상당시간이 경과한 후라고 보아야 맞다. 그래야 고사계의 하서 활약시기가 현종 개원 초와 맞아 떨어진다. 고사계는 30대에 당으로 잡혀온 것 같다. 그 후 고사계가 하서군에 배속되었다가[157] 그곳에서 장군으로 발탁되었다.[158] 그런데 하서군은 앞에서 밝힌 것처럼 羌胡를 막기 위해 설치된 赤水[159]·大斗[160]·建康·寧寇·玉門·墨離[161]·新泉의 8軍과 張掖·交城·白亭의 3守捉으로 구성된 터라[162] 고사계가 앞의 8軍과 3守捉 가운데 하나에 배속되었다.

---

155) 山崎宏, 1939, 「唐代に於ける僧尼所隷の問題」, 『支那佛教史學』 3-1, 7~8쪽 ; 『欽定續通志』 권574, 「高力士傳」高仙芝等皆厚結조(上海人民出版社, 電子版).

156) 『續通志』 권237, 「唐列傳」37 '高仙芝' 父舍鷄조, 4667쪽.

157) 章羣, 앞의 「唐代降胡安置考」, 315쪽.

158) 『新唐書』 권135, 「高仙芝傳」(北京 : 中華書局, 1975), 4576쪽.

159) 『資治通鑑』 권215, 「唐紀」31 玄宗 天寶 6載 10月 河西·隴右節度使王忠嗣조, 6877쪽, 契丹출신 李光弼은 河西兵馬使와 赤水軍使로 동시에 임명되었다.

160) 『資治通鑑』 권215, 「唐紀」31 玄宗 天寶 6載 10月 河西·隴右節度使王忠嗣조, 6877쪽, 哥舒翰은 大斗軍副使에 임명되었다.

161) 『資治通鑑』 권215, 「唐紀」31 玄宗 天寶 5載 又討吐谷渾조, 6871쪽, 746년에 河西節度使 王忠嗣가 墨離軍에서 吐谷渾을 토벌하여 吐谷渾 전부를 포로로 잡아왔다고 한다. 이는 墨離軍이 주로 吐谷渾으로 구성되었음을 암시하는 내용이다.

162) 『舊唐書』 권38, 「地理志」1 河西節度使조, 1386쪽.

고선지의 아버지 고사계가 활약하였던 곳이 하서절도였기 때문에 하서절도에 관한 사실을 어느 정도 구체적으로 파악하는 것이 고선지 연구의 올바른 순서라고 본다. 즉, 개원 21년경 하서절도 治所의 량주의 管兵이 7만 3천, 말이 1만 9천 4백 필이었으며, 매년 옷감은 1백 80만 필을 공급받았다. 赤水軍도 량주 성안에 있으며, 관병이 3만 3천, 말이 3천 필이 있고, 大斗軍은 량주에서 서쪽으로 2백여 리 떨어져 있으며, 관병이 7천 5백, 말이 2천 4백 필을 보유하였다. 建康軍은 甘州에서 서쪽으로 2백 리 밖에 있고, 관병이 5천 3백, 말이 5백 필이었다. 寧寇軍은 량주의 동북으로 천여 리 떨어졌으며, 玉門軍은 肅州 서쪽 2백 리에 있으며, 관병이 5천 2백, 말이 6백 필이었다. 墨離軍은 瓜州의 서북으로 천리 밖에 있고, 관병이 5천, 말 4백 필이 있다. 新泉軍은 會州의 서북방향으로 2백여 리에 있고, 그 관병이 1천, 張掖守捉은 량주의 남쪽으로 2리 떨어졌으며, 관병이 5백이었다. 交城守捉은 량주의 서쪽으로 2백 리 떨어졌으며, 관병이 1천이었다. 그리고 白亭守捉은 량주 서북쪽으로 5백 리 떨어졌고, 관병이 1천 7백이었다.[163] 따라서 하서절도 휘하 관병 총수가 무려 133,200명이었으며, 그것도 寧寇軍의 관병 수가 기록되지 않아 그 수를 포함시키지 못했다, 또 하서절도 휘하의 말의 총수도 26,300필이었다.

한편 朔方절도 휘하 관병 總數가 129,400인이고, 말은 18,600필이었다.[164] 그렇다면 이는 삭방절도 관병과 말의 총수보다 하서절도 관병과 말의 총수가 3,800인이 많고, 말도 7,700필이 많다는 이야기다. 이는 당이 삭방절도보다 하서절도를 더 중시하였다고 볼 수 있다. 다시 말해 토번과 突騎施(서돌궐)의 침입을 막는 역할을 담당하는 하서절도가 장안으로 통하는 길목이라서 삭방절도보다 중요시했다는 근거로 제시할 수 있다.

고사계가 고구려에서 당으로 끌려온 후, 하서군을 자주 침공하는 토번과 돌궐을 상대로[165] 많은 전공을 세웠기 때문에 고사계가 하서군 四鎭十將과[166]

163) 『舊唐書』 권38, 「地理志」1, 河西節度使조, 1386쪽.
164) 『舊唐書』 권38, 「地理志」1, 朔方節度使조, 1386쪽.
165) 『資治通鑑』 권215, 「唐紀」31 玄宗 天寶 元年 河西節度斷隔吐蕃·突厥조, 6848쪽.
166) 諏訪義讓, 1942, 「高麗出身高仙芝事蹟攷」, 『大谷大學研究年報』 1, 185쪽.

자위관 안의 광화문(光化門) 현판. 고구려 유민들도 만리장성 서쪽 끝의 이 관문을 지나 하서와 안서로 강제 이주되었다. 필자 촬영

諸衛將軍으로 승진하였다. 그렇다면 고사계의 아들 고선지가 무인으로 명성을 떨칠 수 있던 계기는, 아버지 고사계로부터 보고 배운 바로 인한 것이었음은 두 말이 필요하지 않다. 그러나 여러 해 지나서 하서군의 遊擊장군 고사계는 서역으로 통하는 관문인 안서(治所는 쿠차)로[167] 배속되었다.[168] 그런데 쿠차는 천산산맥 남쪽 언기에서 다시 서쪽으로 타클라마칸 사막의 북방에 위치한 곳이다.[169] 고사계는 장군으로서 기량을 유감없이 발휘하면서 안서에서도 맡은바 소임을 충실히 완수하였다.

하서절도부에서 안서절도부로 고사계 일가가 옮겨가게 된 배경은, 토번과 서돌궐의 침공으로 인한 안서지역의 불안정과 직결된다. 이런 연유로 당 태종 때부터 '漢胡一家' 정신을 가지고 이민족에 대한 시책을 베풀었다고 주장하지만, 그보다는 고구려 유민들에 의한 고구려 부흥을 저지하기 위해 고구려 옛 영토에서 멀리 떨어진 안서 쿠차로 고사계를 보낸 것은 당나라가

---

167) 『舊唐書』 권38, 「地理志」1 安西都護府治所, 在龜玆國城內조, 1385쪽 ; 『通典』 권174, 「州郡」4 安西都護府조(北京 : 中華書局, 1988), 4559쪽. 安西都護府 治所는 貞觀 14년(640) 西州에 설치하였으나 顯慶 3년(658) 5월 龜玆로 옮겼다 ; 那波利貞, 1952, 「唐天寶時代の河西道邊防軍に關する經濟史料」, 『京都大學文學部硏究紀要』 1, 33쪽 ; Robert Des Rotours, 1928, "Les Grands Fonctionnaires Des Provinces En Chine Sous La Dynasties Des T'ang", *T'oung Pao*, 25, p.290.

168) 『續通志』 권237, 「唐列傳」37 '高仙芝' 仙芝年二十餘從至西安조, 4667쪽, 여기서 安西를 西安으로 잘못 기록하였다 ; 栗原益男, 임대희 역, 2001, 「수·당전기 통치체제의 파탄」, 『중국의 역사－수당오대』, 혜안, 228쪽.

169) 新疆大學圖書館編輯, 1987, 『龜玆史料』, 烏魯木齊市 : 新疆大學出版社, 34쪽.

지향하는 이민족에 대한 강제이주정책의 일환이다. 물론 이런 의미에서 고사계가 더 먼 서쪽으로 가게 되었지만 그보다는 고사계가 장군으로서의 훌륭한 리더십과 출중한 전투 역량이 크게 작용한 듯싶다. 서방으로 통하는 관문 안서지역을 당이 확고하게 지배하여야만 군사 목적 이외에도 동서 무역에서 얻어지는 이익을 독점적으로 차지할 수 있기 때문에, 당은 지속적으로 서역 경영을 위해 심혈을 경주하였다. 그래서 당은 전쟁 경험이 풍부한데다 탁월한 전략·전술을 갖고 있는 고사계를 서역의 요충지역인 안서에 배속시켰다. 그렇다면 고선지는 아버지 고사계를 따라 안서도호부 안서에서 소년기를 보낸 것 같다는 주장마저 있으나,[170] 이는 분명 틀린 견해다.

안서도호부의 시초는 정관 23년(649)에 당나라 장군 阿史那社爾가 쿠차를 쳐, 그 왕을 사로잡아 귀환하면서, 쿠차왕의 아들 素稽를 세워 쿠차가 당에 복속되면서부터였다.[171] 안서도호의 첫 治所는 西州였고, 그 후에는 高昌故地였다.[172] 이후 안서도호 치소는 顯慶 3년(658) 5월 쿠차로 옮겼다.[173] 마지막 안서도호부 치소는 쿠차에서 조금 떨어진 안서였다. 필자가 안서도호부 치소를 쿠차라 하지 않고 안서라고 말한 것은 오늘날 쿠차고성과 안서와는 거리가 떨어져 있기 때문에 정확히 말해 쿠차와 안서는 다른 지역이다. 그렇다고 쿠차국 밖에 안서가 있다는 주장은 아니다. 그런데 쿠차국을 정벌한 당 장군 아사나사이는 돌궐 處羅可汗의 둘째 아들로 불과 11세에 智勇이 두루 알려져서 拓設에 임명될 정도로 두각을 나타냈던 인물이다.[174]

고사계 일가가 하서에서 안서로 가는 길에 交河城과 務塗谷에서 고구려 후손을 만났을 가능성이 제기되어, 여기에 간단히 소개한다. 그 이유는 서역 車師 사람의 얼굴모양이 고구려인과 같은 사람들이라고 杜佑가 말했기 때문이

---

170) 정수일, 2001, 「씰크로드를 통한 인적 교류」, 『씰크로드학』, 창작과비평사, 435쪽.

171) 『通典』 권191, 「邊防」7 '龜玆傳' 大唐貞觀 23年조, 5207쪽,

172) 『新唐書』 권40, 「地理志」4 '安西大都護府' 又徙治高昌故地조, 1074쪽.

173) 『舊唐書』 권40, 「地理志」3 顯慶 3年 5月조, 1647쪽 ; 『新唐書』 권40, 「地理志」4 '安西大都護府' (顯慶)3年徙治조, 1074쪽.

174) 『舊唐書』 권109, 「阿史那社爾傳」 阿史那社爾조, 3288쪽 ; 『新唐書』 권110, 「阿史那社爾傳」 阿史那社爾조, 4114쪽.

사마르칸트 박물관 소장 토우. 아프라시압은 신라토우와 같은 유물이 많다.

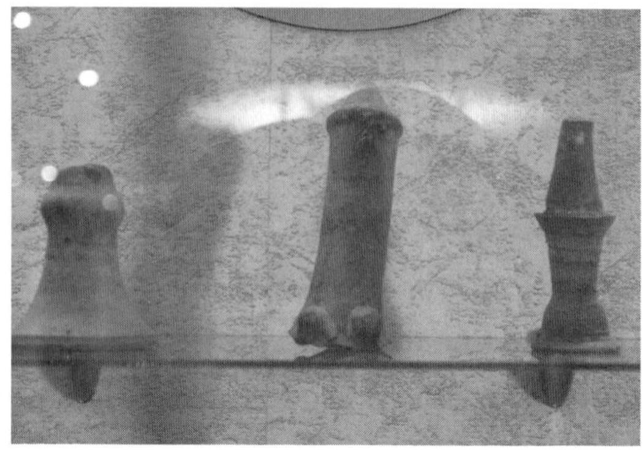

카자흐스탄 알마티 박물관 소장 남근. 신라에서 보는 남근과 같은 모양이다. 필자 촬영

다. 『通典』의 「車師傳」에 다음과 같이 기술되어 있다.

> (車師) 그 나라 사람들의 얼굴 모습이 고구려인과 같으며, 등까지 辮髮을 늘어뜨렸으며, 여자는 머리털을 땋아 늘어뜨렸다.175)

이는 고구려인의 얼굴 모습과 헤어스타일까지 파악할 수 있는 귀중한 자료다. 그렇다면 차사사람의 얼굴 모습만 같다는 이야기인지, 아니면 고구려인이 이곳으로 이주하여 살았는지 좀 더 연구해야할 과제라고 본다. 그러나 기록에서 고구려인을 닮았다는 표현이, 유사하다는 뜻으로 쓴 것 같지 않다는 사실을 주목하고 싶다. 정확히 말해 차사사람이 고구려인이라는 표현으로 해석해도 무방하다고 본다. 이는 『三國史記』「奈勿尼師今本紀」의 신라의 난잡한 결혼행태를 기록한 대목에서 "그렇지만 흉노처럼 어미와 정을 통하고 자식과 관계했던 것은 신라의 그것보다 더욱 심한 일이다"176)라고 했는데, 이는 이미 신라에 흉노가 들어와 흉노 습속이 유행된 것을 유학자 김부식은 부정하고 싶어서 이렇게 표현한 것 같다. 여기서 보는 바와 같이 흉노라는 표현을 쓴 것은 흉노와 직접 관련이 있다는 의미다. 실제로 신라의 습속이

175) 『通典』 권191, 「邊防」7 '車師傳'조, 5204쪽, "其人面貌類高麗, 辮髮施之於背, 女子頭髮辮而垂".
176) 『三國史記』 권3, 「奈勿尼師今本紀」, 25쪽, "若匈奴之烝母報子, 則又甚於此矣".

유목기마민족 흉노 습속과 같은 것은 한둘이 아니다.[177]

위에서 차사사람이 고구려인과 닮았고 머리모양까지 같다는 사실은 차사인이 고구려 유민이라는 해석이 가능하다. 게다가 차사인들은 고구려인처럼 배우기에 열심이었다. 즉 차사는 "(北魏) 孝明帝 正光년간(520~525)에, 嘉는 (北魏로) 사신을 파견하여 五經과 諸史를 빌려오도록 하였으며, 아울러 國子助敎 劉燮을 요청하여서, 그를 博士로 삼았다."[178] 이는 마치 고구려의 중앙과 지방에서 중국 고전을 열심히 공부하는 그런 모습을 연상할 수 있는 대목이다.

隋 文帝 開皇년간(581~600) 차사를 돌궐이 공파하자, 車師國人 2천 명이 隋에 투항했다. 이때 麴嘉의 손자 伯雅가 즉위하자, 돌궐은 자신의 풍속을 좇도록 명령하였으나 백아는 오랫동안 따르지 않아서 핍박을 받았다.[179] 그런 차사였는데 隋 煬帝 大業 5년(609)에 백아가 隋에 來朝하여, 隋를 따라 고구려를 공격했다.[180] 隋가 차사를 앞세워 고구려를 공격하였던 것은 차사가 고구려인이었기에 고구려를 너무 잘 아는 차사를 활용하여 고구려를 제압하겠다는 목적이었다고 본다. 아무튼 정관 14년 8월에 차사국은 戶가 8,046이며, 인구는 17,730명이고 말이 4,300필이었다.[181] 차사는 唐代의 高昌이다. 唐 武德 2년 북위시대 高昌王 국가의 6代孫 麴伯雅가 죽자, 그의 아들 麴文泰가 嗣位하면서 唐에 告哀使를 보냈다[182]는 기록이 있다. 몇 년 후 麴文泰가 唐에 拂菻國의 狗를 보냈다. 이에 대해 『舊唐書』의 「高昌傳」에

> (武德)7년 麴文泰는 또 狗 암수 각각 한 마리를 바쳤는데, 키가 6寸이고, 길이가 한자 남짓한데 성정이 매우 영리해, 말을 끌고 등불을 입에 물 수 있을 정도이었는데, 말하길 拂菻國이 원산지라 한다. 중국에 拂菻國 개가 있게 된 것이, 이때가 처음이다.

---

177) 지배선, 2001, 「신라의 교육제도 연구」, 『慶州文化硏究』 4, 33~34쪽, 신라 습속이 유목기마민족과 같다는 사실을 입증한 논문이다.

178) 『通典』 권191, 「邊防」7 '車師傳'조, 5205쪽, "孝明帝正光中, 嘉遣使求借五經·諸史, 并請國子助敎劉燮以爲博士".

179) 『通典』 권191, 「邊防」7 '車師傳' 隋文帝開皇中조, 5205쪽.

180) 『通典』 권191, 「邊防」7 '車師傳' 隋煬帝大業5年조, 5205쪽.

181) 『通典』 권191, 「邊防」7 '車師傳' (貞觀)14年8月조, 5205쪽,

182) 『舊唐書』 권198, 「高昌傳」 武德 2年조, 5294쪽.

> 太宗이 嗣位하게 되자, 다시 검은 여우 털로 만든 갓옷을 바치자, 이로 인해 (唐은 文泰의) 처 宇文氏에게 꽃모양 금비녀 一具를 주었다. 그랬더니 宇文氏가 다시 玉盤을 (당에) 바쳤다.[183)]

라고 기록되어 있다. 이는 唐初에 고창국과 당과의 교류와 관련된 이야기다. 무덕 7년 고창이 拂菻이 원산지인 개를 唐에 주었다. 그 개 크기는 오늘날 한국 가정에서 간혹 보는 매우 작은 애완견이다. 그런데 그 개가 영리하고 눈치 빠를 뿐만 아니라 커다란 말을 끌면서 등불마저 물어 옮길 수 있을 정도여서 唐 皇室이 이를 완상용으로 즐겼다. 이런 애완동물이 고창에서 唐으로 이때 처음 전해졌다. 그런데 그 이전 고창이 唐에게 주었던 것이 있었지만 불름국 개처럼 당 황실이 주목하지는 않았던 모양이다. 당과 고창이 본격적으로 교류한 지 4년 후, 현장은 구법을 위해 정관 2년 초 고창에 도착하여 1개월 동안이나 고창왕 국문태로부터 극진한 접대를 받았다는 사실을 그의 『大唐西域記』의 맨 앞에 기록하였다.[184)]

한편 불름국은 『新·舊唐書』에서 '大秦'으로 등장한 나라로 그 당시 동로마제국이 장악한 소아시아다.[185)] 불름국의 지리적인 상황은, 그 동남쪽은 파사와 맞닿았다. 오늘날 우리가 이해하는 서양 고대 로마제국에 대해 동양의 첫 기록은 후한시대 '大秦'으로 一名 '犂鞬' 또는 '海西國'이라고 기록하고 있다.[186)]

고창국은 당 太宗이 즉위하자, 검은여우 털옷을 唐에 조공하였다. 唐은 이에 대한 답례로 꽃무늬 금비녀 一具를 고창에게 주었다. 또 고창 妃가 다시 唐에 玉盤을 주었다. 이런 것들은 당이 처음 보는 것이라서 고창에서 오는 물품을 당 황실이 주목하였다. 이는 후일 고선지가 안서절도로 있는

---

183) 『舊唐書』 권198, 「高昌傳」, 5294쪽, "(武德)七年, 文泰又獻狗雄雌各一, 高六寸, 長尺餘, 性甚慧, 能曳馬銜燭, 云本出拂菻國. 中國有拂菻狗, 自此始也. 太宗嗣位, 復貢玄狐裘, 因賜其妻宇文氏花鈿一具. 宇文氏復貢玉盤".

184) 『大唐西域記』 권1, 玄奘於貞觀 2年조, 48쪽.

185) 『舊唐書』 권198, 「西戎傳」의 '拂菻國傳' 拂菻國조, 5313쪽 ; 『新唐書』 권221하, 「拂菻傳」 拂菻, 古大秦也조, 6260쪽 ; Kazuo Enoki, "Some Remarks on The Country of Ta-Ch'in as known to The Chinese under The Sung", Asia Major, 4-1, London, 1954, p.1.

186) 『後漢書』 권88, 「大秦國傳」 大秦國조, 2919쪽.

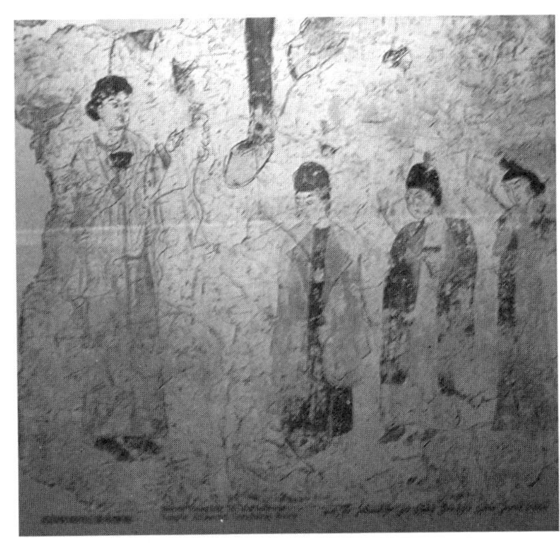

경교의 유월절 예배 장면. 성배를 든 목사와 종려나무 가지를 든 성도. 고창 출토. 신강고고문물연구소 소장

동안 현종의 애첩 양귀비의 기호를 맞추기 위해 서역 특산품을 계속적으로 장안으로 보낼 수밖에 없었다는 것을 암시한다.

고창은 안서절도 고선지와 직접 연관된 지역은 아니다. 그러나 여기서 언급하는 까닭은 당의 경사에서 출발해 하서를 통과하면 고창에 다다르게 되고, 다시 천산산맥을 남쪽으로 넘어가게 되면 안서사진 가운데 가장 동쪽에 위치한 언기에 도착하게 된다. 안서도호부의 치소 쿠차에서 東으로 8백 리 떨어졌다.[187] 언기는 고선지가 지역사령관 생활을 하였던 우전 다음에 부임하였던 곳이다. 곧 고선지가 于闐鎭守使 다음으로 임명된 관직이 焉耆鎭守使였다. 앞서 밝힌 것처럼 언기는 타클라마칸 사막 동북에 있는 오아시스지역이다. 이를 설명하기 위해 고창과 언기에 얽힌 사실을 언급하겠다.

> 처음, (隋) 大業의 亂 동안, 많은 중국인이 突厥에 투항했다. (돌궐) 頡利可汗이 패배하자, 일부가 高昌으로 도망하였는데, 文泰가 이들 모두 잡아가두고 보내지 않았다. 太宗은 조서로 명령하길 모두 돌려보내라고 하였으나, 文泰는 이를 오히려 은폐하였다. 또 얼마 지나 (麴文泰는) 西突厥 乙毗設可汗과 함께 焉耆의 三城을 격파하고, 그 (焉耆城) 남녀를 사로잡아갔다.[188]

이는 隋가 멸망할 때, 중국인들이 서돌궐과 고창에 투항하였다는 내용이다. 이때 고창왕 국문태는 도망해 온 중국인을 모두 억류하였고, 당 태종이 중국으

---

187) 『舊唐書』 권38, 「地理志」1 安西節度使조, 1385쪽.

188) 『舊唐書』 권198, 「高昌傳」, 5294쪽, "初, 大業之亂, 中國人多投於突厥. 及頡利敗, 或有奔高昌者, 文泰皆拘留不遣. 太宗詔令括送, 文泰尙隱蔽之. 又尋與西突厥乙毗設擊破焉耆三城, 虜其男女而去".

로 돌려보내도록 요구했으나 고창왕은 태종의 요구를 묵살했다. 도리어 얼마 후 국문태는 서돌궐 乙毗設可汗과 함께 언기국까지 공격하여 그 성안 남녀마저 사로잡아갔다. 隋末 전란 때 중국인들의 고창 투항 사실에 대해 변방민족을 연구한 쉐쭝쩡(薛宗正)은 고창이 流沙以西의 유일한 漢族 移民정권이라 표현하고 있다.[189] 쉐쭝쩡이 漢族의 移民정권이라 언급한 것은 고창(漢代 차사)인이 漢族은 물론이고 돌궐도 아니라는 것을 설명한 표현이다. 아무튼 여기서 주목하고 싶은 것은 고창이 천산산맥을 넘나들었다는 사실이다. 이는 실크로드 상에서는 언기와 고창이 그렇게 멀지 않기 때문이다. 그러나 고창과 언기 사이는 천산산맥이 가로놓여 있다. 게다가 앞서 말한 것처럼 고선지는 지역사령관으로 두 번째 임지가 언기였기 때문에 언기에서 고창루트에 대한 것을 구체적으로 언급하였다. 앞서 언급한 것처럼 고선지는 아버지 고사계를 따라 하서에서 안서로 이주할 때 고창을 경유하여 천산산맥을 넘어 언기를 통과해 안서에 도착하였다.

고선지는 나이 20여 세에 안서에서[190] 유격장군이 되었다. 『新唐書』「高仙芝傳」에는 "고선지 나이 20여 세에, 안서에 이르러서, 아버지 공로로 유격장군에 임명되었다"[191]고 기록되어 있다. 이는 하서에서 고사계가 장군으로서 큰 공을 세웠기 때문에, 그의 아들 고선지도 延賞 성격으로 유격장군이 되었다고 밝힌 대목이다.[192] 그러나 고선지가 蔭補성격으로 遊擊장군이 되었다고 단정한다면, 이는 큰 오산이다. 그 이유는 고사계가 당나라에서 漢族도 아닌데다가 당에 의해 멸망된 고구려 유민 신분인데 어찌 아버지 전공으로 그의 아들이 유격장군이 되었다는 것은 간단히 생각할 문제가 아니다. 물론 고사계가 토번이나 서돌궐을 격파하는데 큰 공을 세운 사실이 唐朝에 어느 정도 영향을 미쳤을 가능성을 배제할 수는 없다. 그보다 고선지가 나이 20여 세에 武將으로 적진에서 큰 공을 세웠기 때문에 고구려 사람인데도 불구하고 젊은 나이에

189) 薛宗正, 1995, 『安西與北庭－唐代西陲邊政硏究』, 34쪽.
190) 章羣, 「安祿山之叛」, 『唐代蕃將硏究』, 261쪽.
191) 『新唐書』 권135, 「高仙芝傳」, 4576쪽, "仙芝年二十餘, 從至安西, 以父功補遊擊將軍".
192) 『續通志』 권237, 「唐列傳」37 '高仙芝' 以父功補游擊將軍조, 4667쪽.

고속 승진하여 유격장군이 되었다고 말한다면 이는 어느 정도 이해된다. 이를 뒷받침하는 것은 나이 20대 후반에 고선지가 자신의 아버지와 관품이 같았다는 사실이다.193) 안서에서 고선지가 활약한 것은 20여 세부터였다. 그렇다면 적어도 고선지가 30세 때도 아버지 고사계가 장군으로서 고선지와 함께 활약하였다고 추정할 수 있지 않을까.

그런데 고선지의 출생연도를 설명해 줄 결정적 단서가 있다. 다시 말해 고선지가 안서에 왔던 시기와, 고선지가 섬긴 절도사의 이름을 알 수 있는 사실이 있다. 따라서 고선지가 섬겼던 안서사진 절도사들의 재직기간을 찾을 수만 있다면 고선지의 출생연도를 역산하는 것은 무리가 아니다. 이를 규명하기 위해 『新唐書』의 「高仙芝傳」을 인용하겠다.

> 仙芝 나이 20여 세에, (고사계를) 따라 安西에 와서, 아버지의 공로로 유격장군이 되었다. 여러 해 뒤, 아버지와 아들은 같은 반열이 되었다. (중략) (安西에 와서) 처음 절도사 田仁琬·蓋嘉運 등을 섬기었으나, (고선지는) 그다지 이름을 날리지 못하였다. 후에 夫蒙194)靈察을 섬겼는데, 그때 고선지는 능력에 맞게 대우를 받았다.195)

고선지가 20여 세에 아버지를 따라 하서에서 안서로 이주하였는데, 이때가 언제였는지 알 수 있다면 고선지의 나이 문제는 저절로 해결될 수 있다. 그런데 안서에 와서 아버지의 공로로 유격장군 생활을 시작하였다는 사실을 주목할 필요가 있다. 고선지가 유격장군이었을 때, 그는 위의 안서절도사들의 휘하 장군 가운데 한 사람이었다. 그런데 고선지가 안서에서 복무했을 때의 안서절도사 田仁琬·蓋嘉運·夫蒙靈察의 이름이 순서대로 언급되어 있어서, 이때 절도사들의 재직기간을 정확히 알 수 있다면 고선지의 나이도 어림잡아서 계산이 가능하다. 그런데 전인완·개가운 순서가 아니라 개가운·전인완 순서다.

---

193) 『續通志』 권237, 「唐列傳」37 '高仙芝' 數年父子竝班조, 4667쪽.

194) 夫蒙은 姓氏로 複姓이다.

195) 『新唐書』 권135, 「高仙芝傳」, 4576쪽, "仙芝年 二十餘, 從至安西, 以父功補遊擊將軍. 數年, 父子並班. (中略) 初事節度使田仁琬·蓋嘉運等, 不甚知名. 後事夫蒙靈察, 乃善遇之".

지붕 위의 벌집 같은 것은 통풍이 잘 되도록 하여 포도를 말리는 장소. 투르판 부근

이는『舊唐書』「高仙芝傳」의 오류를『新唐書』「高仙芝傳」에서 그대로 베낀 결과에서 온 같은 실수 같다. 아무튼 당시 안서절도사들의 재직 기간은 蓋嘉運(738~740), 田仁琬(740~741), 夫蒙靈察(741~747)의 순이다.[196)]

필자가 2005년 '고선지 루트 1만㎞'를 취재하려고 7월 한 달간 여행할 때였다. 정확히 7월 14일(목요일) 저녁 9시 40분 柳園역에서 투르판(吐魯番)으로 향하는 열차에서 밖을 바라보니 아직도 저녁놀이 남아있었다. 누구나 아는 것처럼 중국은 북경시간을 중심으로 단일 시간대라 그렇다. 그때 차창 밖은 황량한 사막이 펼쳐졌고, 그런 광경이 나의 시야에 들어왔으나 사람과 차량이 거의 보이지 않을 정도로 한적했다. 문득 청년 고선지가 아버지 고사계와 함께 식솔을 거느리고 伊州를 향해 이동했을 때 느낀 허전함을 생각하니, 내가 느낀 그 허전함과 어찌 비교할 수 있겠는가. 순간 1300여 년 전 그때 상황을 어찌 지금 그려볼 수 있을까 하는 생각이 들어 밖을 더 자세히 관찰하고

196) 薛宗正, 1995,『安西与北庭－唐代西陲边政研究』, 526쪽.

싶었다. 자정 지난 시간에 하미(伊州)역을 지나면서 「伊州의 노래, 첫째 수」가 생각났다. 이 노래는 고선지와 동시대에 살았던 절도사 개가운에게 바친 어느 西涼 여인의 노래로 소개되었다.

들리는 말에 국경 黃花戍에서는
여러 해 동안 병사를 집으로 돌려보내지 않는다고 하는데.
텅 빈 규방을 비추는 애처로운 저 달아,
유난히 우리 님 계신 병사 막사 위를 비춰 이 외로운 나의 마음을 전해다오.[197)]

이 시는 남편이 싸움터에 나간 뒤 홀로 빈 방을 지키는 아내가 남편을 그리워함을 노래로 표현한 것이다. 여기서 黃花戍는 오늘날 하미에 설치된 당나라 병영의 명칭이다. 당 시대에 하미가 토번과 돌궐 침입이 잦았던 전방이라, 이곳으로 징집된 남편이 좀처럼 돌아오지 못하자, 이를 기다리는 여인의 간절한 마음을 대신한 노래다. 필자는 달리는 열차에서나마 당나라 여인이 남편이 집으로 빨리 돌아오기를 바라는 심정을 조금은 이해할 것 같았다. 고선지 일가가 하서에서 안서로 배속되면서 이 길을 지날 때, 그 심정을 필자가 대변한다는 것 자체는 무리다. 그러나 고선지 일가가 당에서 고구려 유민으로 천대받은 그런 상황에서 생존 자체가 최우선적으로 중요하였을 것이라는 생각에 미치자, 별안간 필자는 '고선지 루트 1만㎞' 추적이 왠지 부끄러웠다.

고선지는 아버지 고사계의 공적으로 20여 세에 유격장군으로 제수된 사실에 주목할 필요가 있다. 한 예를 들면 정관 말 당태종이 요동을 공격할 때 薛仁貴의 공적이 너무 대단하였기 때문에 파격적으로 그에게 제수한 벼슬이 바로 유격장군이었다. 구체적으로 『舊唐書』의 「薛仁貴傳」을 보자.

(唐의) 大軍이 安地(安市)城을 공격하자, 고구려 莫離支는 장군 高延壽와 高惠眞에게 군사 25만을 거느리고 가서 대항하여 싸우게 하자, 산세를 이용해 진지를

197) 任昌淳, 2005, 「이주의 노래, 첫째 수」, 『唐詩精解』, 서울 : 소나무, 108~110쪽.

구축하니, 太宗은 諸將에게 四面에서 나누어 공격하도록 명령하였다. 그런데 薛仁貴는 자신이 용감하고 날쌘 것을 믿고 있는 터라서, 기이한 공적을 세우고 싶은 충동으로, 服色을 다르게 하여 눈에 띄게 흰옷을 입고, 창을 잡고, 허리와 등에 화살통과 큰 활을 메고는, 큰 소리를 지르며 앞으로 나아가자, 달려가는 곳마다 아무도 없었을 뿐만 아니라, 모든 적이 흩어지고 쓰러지거나 도망하였다. 大軍이 그 기세를 타니, 곧 적은 크게 무너졌다. 太宗이 멀리서 이 광경을 바라보고, 달려가 선봉에서 흰옷 입은 자가 누군지 묻도록 하였다. (薛仁貴를) 특별히 불러들여, 말 2필과 비단 40필을 下賜하며, 발탁해 遊擊장군으로 삼고, 雲泉府 果毅와 北門長上의 우두머리로 임명하면서, 生口 10인을 下賜했다.[198]

토번 기병의 모습(청아 제공)

이는 요동 공격 때 고구려 장군 高延壽와 高惠眞이 거느린 군사 25만을 상대로 혼자 적진으로 달려가 전세를 역전시킨 인물이 설인귀임을 드러낸 예이다. 설인귀의 그런 戰功이 없었다면 당군은 고구려군에 대패할 수밖에 없는 상황이었다. 이에 당 태종이 너무 기뻐 설인귀에게 준 최초의 장군호가 유격장군이었다. 설인귀의 예를 생각하면, 고선지가 처음 당에서 제수 받은 유격장군 지위가 어느 정도 높은 벼슬인지 가늠하는 것이 가능하다.

고선지가 20여 세에 유격장군에 제수된 것은 그 전에 토번과 돌궐을 물리치는데 큰 공을 세웠다는 이야기다. 물론 史書에서 고사계의 공적으로 고선지가 유격장군이 되었다고 하나, 고사계의 공적만으로는 고선지가 그 관직을 받을 수 없을 정도로 유격장군은 대단한 장군직이었다.

고선지가 고사계를 따라 하서에서 안서로 이동

198) 『舊唐書』 권83, 「薛仁貴傳」, 2780쪽, "及大軍攻安地城, 高麗莫離支遣將高延壽·高惠眞率兵二十五萬來拒戰, 依山結營, 太宗分命諸將四面擊之. 仁貴自恃驍勇, 欲立奇功, 乃異其服色, 著白衣, 握戟, 腰鞬張弓, 大呼先入, 所向無前, 賊盡披靡卻走. 大軍乘之, 賊乃大潰. 太宗遙望見之, 遣馳問先鋒白衣者爲誰, 特引見, 賜馬兩匹, 絹擢四十匹, 擢授遊擊將軍, 雲泉府果毅, 仍令北門長上, 并賜生口十人".

했을 때 나이 20여 세를 25세로 추정하고, 다시 수년 후 고선지가 아버지와 반열이 같게 된 때를 25+5로 계산한다면, 이때 고선지 나이 30세로 추정이 된다. 그 후 안서절도사 개가운(738~740), 전인완(740~741), 부몽영찰(741~747) 시기의 군인생활 기간을 합산하면, 고선지가 747년 行營節度使에 임명되어 토번 連雲堡를 향해 원정할 때 그의 나이는 40세라는 계산이 나온다. 이런 방식으로 고선지의 연보를 추정하면 그의 출생년도는 대략 707년경이다.

고선지는 외모가 수려하였을 뿐만 아니라 날래고 용감하고 말 위에서 활을 잘 쏘았다.[199] 이는 고사계의 재능을 그대로 물려받았기 때문에 고선지가 장군으로 갖추어야할 조건을 모두 구비하였다[200]는 이야기다. 그럼에도 불구하고 고사계는 고선지가 어릴 때 아들이 연약하고 민첩하지 못함을 늘 걱정하였다는 것은[201] 암시하는 바가 크다. 곧 고사계는 아들 고선지가 훌륭한 무인이 될 수 있도록 기량을 닦는데 절대적인 공로가 컸다. 아니 고사계가 아들 고선지를 훌륭한 장군으로 만든 장본인이라 표현하여야 옳다. 이와 같은 고사계의 노력 결과로 고선지는 유격장군이 되고 나서, 몇 년 후 아버지와 관품이 같을 정도로[202] 출세 가도를 달렸다. 고선지는 전투에 나가서 패배한 적이 없던 장군이었다. 그러나 고구려 유민이라는 질시 때문인지 그 전공의 대가만큼 대우를 받지는 못했다.

> 절도사 田仁琬, 蓋嘉運의 휘하에서 활동할 때는 重用되지 못하였다. 후에 夫蒙靈察에 의해 여러 차례 발탁되었다. 開元말에 安西副都護·四鎭都知兵馬使가 되었다.[203]

고선지가 안서절도사 부몽영찰 휘하에서 여러 번 발탁된 것은, 토번과

---

199) 『資治通鑑』 권215, 「唐紀」31 玄宗 天寶 6載 仙芝驍勇, 善騎射조, 6884쪽 ; 『續通志』 권237, 「唐列傳」37 '高仙芝' 仙芝美姿質善騎射조, 4667쪽.

200) 諏訪義讓, 「高麗出身高仙芝事蹟攷」, 185쪽.

201) 『新唐書』 권135, 「高仙芝傳」 仙芝美姿質조, 4576쪽.

202) 『新唐書』 권135, 「高仙芝傳」 仙芝年二十餘조, 4576쪽 ; 『續通志』 권237, 「唐列傳」37 '高仙芝' 數年父子竝班조, 4667쪽.

203) 『舊唐書』 권104, 「高仙芝傳」, 3203쪽, "事節度使田仁琬, 蓋嘉運, 未甚任用. 後事夫蒙靈察累拔擢之. 開元末, 爲安西副都護, 四鎭都知兵馬使".

서돌궐과 마주친 전투마다 개선했던 결과 때문이다. 그렇다고 고선지가 안서절도사 전인완이나 개가운 휘하에서 큰 공을 세우지 못했다는 이야기가 아니다. 구체적인 예를 든다면, 개가운 휘하에서 고선지가 突騎施의 黑姓可汗爾微 등을 생포했는데도 불구하고, 左丞相 裴耀卿의 상소로 개가운의 공적이 무산되어 고선지의 전공도 동시에 물거품이 되었던 적이 있다. 이에 관해서는 뒤에 구체적으로 설명하겠다.

고선지의 전투역량은 부몽영찰에 의해서 어느 정도 제대로 반영되었다고 본다.[204] 이보다 앞서 전인완, 개가운의 휘하에 있었을 때, 고선지는 주목받지 못했다. 그 이유는 안서절도사 전인완 휘하에서 고선지는 대규모 전투를 맡아 적과 싸울 상황이 아닌데다가 副將 자격으로 싸움터에 나가 그때마다 전승하였지만 여러 가지 여건상 그의 공적으로 사서에 기록되지 못했다. 그러나 안서절도사 부몽영찰 휘하에서 고선지가 전공을 세울 때마다 부몽영찰은 그의 관직을 조정에 천거해 주었기 때문에 대규모 전투 지휘관으로 참전할 때마다 그의 전공이 사서에 기록되었다.[205] 이런 사실로 인해 고선지가 동서교섭사상의 한 획을 장식할 수 있는 인물로 성장한 모습이 사서에 순차적으로 남게 되었다. 그러나 부몽영찰도 공명심이 많은 인간이었기 때문에 부하의 관직이 자신보다 높아갈 수 있다는 생각으로 초조감과 시기심에 휩싸이게 되면서, 이후 고선지를 죽이려는 인물로 바뀌었다.

당에 의해 패망한 고구려 유민 고선지가 파격 발탁된 역사적 배경은 吐蕃·突騎施·蘇祿·大食과 같은 강력한 서방세력의 공격에 당이 속수무책이었던 것이 단초였다. 정확히 말해 당의 재상 李林甫는 전투가 天性인 蕃將을 활용하는 것만이 이민족 공격에 대한 방어가 효과적이라는 방안을 조정에 제시하였다.[206] 이때 이임보는 뛰어난 蕃將들을 적극 추천하면서도 그들이 '不識文字'라 재상이 될 자격이 없다 하여 재상이 되는 길은 막는 조치를 취하였다.[207]

---

204)『資治通鑑』권215,「唐紀」31 玄宗 天寶 6載 節度使夫蒙靈察屢薦至安西副都護조, 6884쪽 ;『續通志』권237,「唐列傳」37 '高仙芝' 後事夫蒙靈察, 乃善遇之조, 4667쪽.

205) 諏訪義讓,「高麗出身高仙芝事蹟攷」, 186쪽.

206)『新唐書』권223상,「李林甫傳」卽說帝曰조, 6348쪽.

207)『新唐書』권223상,「李林甫傳」無入相之資조, 6348쪽.

이런 이유로 『新唐書』는 이임보를 「姦臣傳」에서 다루었다. 이임보의 안이 받아들여져 먼저 고선지·安思順·安祿山·哥舒翰이 '大將'으로 기용되었다.[208] 당은 토번과 河西九曲의 정치적 귀속문제와 大·小勃律國의 종주권 문제를 漢族 출신 장군들에게 맡겼으나 연전연패를 거듭하여 돌파구를 모색하기 위한 대안 찾기에 절치부심하였다. 이런 위기 상황을 타개하기 위해 당 현종은 연전연승만 거듭하는 고선지를 전격적으로 발탁하였다.[209]

당과 勃律의 첫 교통은 垂拱 9년 12월에 발률이 당에 사신을 파견하여 조공한 사실이 『冊府元龜』에 기록된 것부터다.[210] 그런데 垂拱년간은 4년(688)이 마지막 해였기 때문에 垂拱 9년이란 없다. 아무튼 垂拱년간(685~688)에 발률이 당에 조공하였던 일은 틀림없다. 그 후 萬歲通天 2년(697) 6월에 발률은 당에 大首領을 보냈다.[211] 당 현종 재위 시인 개원 4년 윤12월 발률국 大首領이 당에 來朝했다.[212] 개원 5년 5월에는 발률왕 蘇弗舍利支離泥를 당이 책봉해 주었다.[213] 개원 8년 6월에는 발률국왕 蘇麟陀逸之를 당이 책봉하였다.[214] 개원 16년 10월 丁丑에는 발률 대수령 吐毛檐沒師가 당에 來朝하였다.[215] 개원 19년 4월엔 발률왕 沒謹忙의 아들 難泥를 소발률국왕으로 당이 책봉했다.[216] 개원 21년(733) 윤3월에 발률왕 몰근망은 대수령 察卓那斯磨沒勝을 당에 파견하여 冊立에 대한 감사를 표시하였다.[217] 개원 23년 4월 甲午에 발률국의 대수령 拔含伽가 당에 來朝하자, 郎將 벼슬과 비단 50疋을 주어 돌려보냈다.[218] 개원 29년 2월 소발률국왕이 죽고 그의 형 麻號來가 嗣位하자,

---

208)『新唐書』 권223상,「李林甫傳」以擢安祿山·高仙芝조, 6348쪽.
209)『舊唐書』 권106,「李林甫傳」嘗奏曰조, 3240쪽.
210)『冊府元龜』 권970,「外臣部」'朝貢' 則天垂拱 9年 12月조, 11403쪽.
211)『冊府元龜』 권970,「外臣部」'朝貢' 萬歲通天 2年 10月조, 11403쪽.
212)『冊府元龜』 권971,「外臣部」'朝貢' 開元 4年 閏12月조, 11405쪽.
213)『冊府元龜』 권964,「外臣部」'封冊' 開元 5年 5月조, 11343쪽.
214)『冊府元龜』 권964,「外臣部」'冊封' 開元 5年 5月조, 11343쪽.
215)『冊府元龜』 권975,「外臣部」'褒異' 開元 16年 10月 丁丑조, 11451쪽.
216)『冊府元龜』 권964,「外臣部」'封冊' 開元 19年 4月조, 11344~11345쪽.
217)『冊府元龜』 권971,「外臣部」'朝貢' 開元 21年閏 3月조, 11409쪽.
218)『冊府元龜』 권975,「外臣部」'褒異' 開元 23年 4月 甲午조, 11455쪽.

당이 이를 책봉하였다.219)

이는 개원년간에 쉬지 않고 발률국이 당에 대해 조공과 책봉관계를 유지하였다는 사실을 의미한다. 다시 말해 개원년간 당과 소발률국이 긴밀하였다는 사실은 부인할 수 없다.

개원(713~741)말에 고선지가 安西副都護와 四鎭220)都知兵馬使가 된 것은 이후 동서교섭사상에서 그의 위상이 우뚝 서게 된 기초가 되었다.221) 우선 고구려 유민 고선지가 안서부도호가 된 사실은 도호의 경우가 대부분 漢族이 차지했던 관례에서 비추어 보면 이례적이다. 안서부도호는 당의 서북방에서 병권을 거머쥔 제2인자라는 매우 중요한 직책이다.222) 바꾸어 말하면 이때 고선지 기량은 안서도호가 되고 남았으나, 단지 당에 의해 멸망된 고구려 유민이라 안서부도호로 임명되었다고 해석할 수 있다. 부도호의 경우 간혹 소수민족 출신을 임명하였던 사실을 감안하면, 고선지가 오른 안서부도호는 고구려 유민으로서는 당에서 최고 관직이다. 또 고선지가 안서사진의 도지병마사였다는 사실은, 그가 안서도호에서 명실상부한 제2인자라는 것을 구체적으로 설명한다. 왜냐하면 安史의 난 이전까지 都知兵馬使가 都護府 兵權을 모두 장악했기 때문이다.223)

그런데 安西四鎭은 670년부터 한동안 토번이 점령하였던 사실을 주목하고 싶다.224) 왜냐하면 안서지역은 끊임없이 당과 토번이 각축하였던 곳이기 때문이다. 안서는 토번과 서돌궐이 연합해서 때때로 당을 공격하였던 곳이다. 토번이 당의 안서는 물론이고 하서와 河源까지 공격하였을 때, 그 지역 백성들

---

219) 『冊府元龜』 권964, 「外臣部」 '封冊' 開元 29年 2月조, 11347쪽.

220) 4鎭은 龜玆(신강성 고차현), 疏勒(신강성 객십시, Kashgar), 焉耆(신강성 언기현), 于闐(신강성 화전시)을 말한다.

221) 『新唐書』 권135, 「高仙芝傳」 後事夫蒙靈察조. 4576쪽 ; 『冊府元龜』 권358, 「將帥部」19 '立功'11 '高仙芝' 高仙芝爲安西副都護조, 4246쪽 ; 『資治通鑑』 권215, 「唐紀」31 玄宗 天寶 6載 節度使夫蒙靈察屢薦至安西副都護조, 6884쪽 ; 康樂, 1976, 「唐代前期的邊軍」, 『史原』 7, 58쪽.

222) 熊德基, 1982, 「唐代民族政策初探」, 『歷史研究』 6, 38쪽.

223) 嚴耕望, 1969, 「唐代方鎭使府僚佐考」, 『唐史研究叢稿』, 香港 : 新亞研究所, 212쪽.

224) Warren W. Smith, Jr., 1996, "Tibetan Empire", *Tibetan Nation : A History of Tibetan Nationalism and Sino-Tibetan Relations*, (Westview Press), p.66.

의 고통은 말로 표현하기 어려울 정도였다. 예를 들면 토번의 침입으로 敦煌에서 동서교역은 물론이고 오아시스 농업을 할 수 없게 되어 생계유지가 불가능하자, 돈황 생활이 너무 고통스러워 많은 여자들이 비구니가 되었다.[225] 이 무렵 唐이 하원과 서역에서 토번의 공격을 막으려고 설치한 것이 隴右·河西·安西節度府의 설치였다. 또한 이는 당에 대해 도전하는 새로운 東進세력 대식의 도전을 막기 위한 조치이기도 하다. 아무튼 개원(713~741)말 고선지가 안서부도호·사진도지병마사 외에 四鎭節度副使로 임명되었다는[226]사실은 동서교섭사에서 중요한 의미를 갖는다. 아무튼 개원말 고선지는 안서절도에서 명실공히 제2인자였다.

이보다 앞서 681년 농우는 백제유민 黑齒常之가 토번과의 전쟁에서 매번 승리함으로써 토번 변경을 무려 7년간이나 장악하고 있었다. 흑치상지의 업적으로 후일 당이 안서사진을 재탈환하는 발판을 마련해 주었다는 것에 대하여는 피츠제랄드(C. P. Fitzgerald)도 인정하였다.[227] 이렇게 토번과 인접한 당의 농우지역을 장악한 인물들은 모두 우리 고대 삼국의 유민들이었다. 천보 원년(742)부터 안서사진은 안서(쿠차)[228]·언기(Karsshahr, 카라샤르)·우전(호탄, Khotan)·소륵(카슈가르, Kashgar)을 관할하는 도독부였다.[229] 그런데 안서사진에 대하여 천축(인도)으로 求法하기 위해 가는 여정에서 쓴 기행문에서, 이런 사실을 최초로 언급한 신라인이 있다. 즉 개원 15년(727) 12월 하순 신라인 慧超가 언기에서 쿠차에 도착하면서 안서사진의 이름을 모두 기록했다.[230] 이때 혜초는 인도로 가는 도상이었다.

---

225) 古賀登, 1929,「敦煌戶籍の一男十女について」,『古代學』12-2·3, 123쪽.

226)『資治通鑑』권215,「唐紀」31 玄宗 天寶 6載 初 將軍高仙芝조, 6884쪽 ; 康樂, 1979,「邊防軍隊」,『唐代前期的邊防』, 臺北 : 臺灣大, 169쪽.

227) C. P. Fitzgerald, "Holy and Divine Emperor(690-695)", *The Empress Wu*(Melbourne : Australian National University), p.144.

228) Antonino Forte, 1992, *Chinese State Monasteries in the Seventh and Eight Centuries*(京都大), p.214.

229)『舊唐書』권38,「地理」1 安西節度使, 撫寧西域조, 1385쪽 ;『新唐書』권215上,「西域」上 焉耆國傳, 詔焉耆조, 6230쪽 ;『資治通鑑』권215,「唐紀」31 玄宗 天寶 元年 是時의 統龜玆조, 6847쪽 ; M. Aurel Stein, 1903, "The Ruins of Endere", *Sand-Buried Ruins of Khotan*(London : T. Fisher Unwin), p.418, 여기서 Aurel Stein이 말하는 四鎭(Kucha, Khotan, Karashahr, and Kashgar)이 그 지역이다. 張廣達, 1995,「碎葉城今地考」,『西域史地叢稿初編』, 上海古籍出版社, 2~3쪽.

여기서 안서도호부와 사진도독부는 똑 같은 곳이다.[231] 당에서 최초로 안서사진이라 했던 것은 정관 23년(649)이다.[232] 이때 안서사진은 龜玆·于闐·疏勒·碎葉(Tokmak)을 말한다. 그 후 당은 쇄엽을 빼앗겨 안서사진의 쇄엽을 언기로 대체하였다. 그런데 위에서 언급한 安西四鎭 가운데 하나인 焉耆 대신 碎葉으로 바뀐 때는 調露 원년(679)[233]~개원 7년(719) 사이다.[234] 그러나 서돌궐이 쇄엽을 장악한 때가 조로 원년(679)이라는 사실을 고려하면, 안서사진 중 쇄엽에서 언기로 바뀐 시기는 679년경인 듯싶다.[235] 그런데 碎葉城은 碎葉川(Chui River)의 남쪽에 위치하는 곳으로 현장의 『大唐西域記』와 杜環의 『經行記』에 등장한 쇄엽과 같은 지역이다.[236] 현장이 지났던 안서사진 가운데 하나인 쇄엽을 그는 素葉水城(지금의 Tokmok)이라고 기록하였다.[237] 현장은 소엽수성이 淸池(지금의 Issyk-kul)[238] 서북 5백여 리 거리에 있다고 설명하면서, 그곳에 여러 나라 상인들이 살고 있었다고 자세히 소개했다. 이는 소엽수성이 당시 동서무역로의 중간 기착지였기 때문에 서방 상인들이 그곳에 많이 살았다는 이야기다.

李白의 출생지로 유명한 쇄엽(소엽수성)은 跋祿迦(지금의 阿克蘇)에서 怛邏斯城으로 가는 길목이라고 杜環의 『經行記』에 소개되었다.[239] 오늘날 키르기

---

230) 松田壽男, 1956, 「碎葉と焉耆」, 『古代天山の歷史地理學的硏究』, 早稻田大學出版部, 358쪽 ; 桑山正進編, 1992, 『慧超往五天竺國傳硏究』, 京都大, 10쪽.

231) 大谷勝眞, 1925, 「安西四鎭の建置と其の異同に就いて」, 『白鳥博士還曆記念 東洋史論叢』, 東京 : 岩波書店, 286~287쪽.

232) 『舊唐書』 권198, 「龜玆傳」 先是조, 5304쪽 ; 『舊唐書』 권3, 「太宗紀」 貞觀 23年 2月 丙戌조, 62쪽.

233) 王小甫, 1991, 「唐初安西四鎭的棄置」, 『歷史硏究』 4, 123쪽, 王小甫는 焉耆가 碎葉으로 바뀐 시기를 調露 원년이라고 하였다.

234) 韓國磐, 1997, 「唐朝和邊境各族關係的進一步發展」, 『隋唐五代史綱』, 北京 : 人民出版社, 225쪽 ; 糸賀昌昭, 1971, 「長安とバグダード」, 『ペルシアと唐, 東西文明の交流, 2』, 東京 : 平凡社, 198~199쪽.

235) 金子修一, 2001, 「中國皇帝と周邊諸國の秩序」, 『隋唐の國際秩序と東アジア』, 東京 : 名著刊行會, 46쪽 ; 糸賀昌昭, 1980, 「長安とバグダード」, 『東西文明の交流 2, ペルシアと唐』, 平凡社, 198쪽.

236) 黃麟書, 1979, 「唐代碎葉城考」, 『邊塞硏究』, 臺北 : 造陽文學社, 31~32쪽.

237) 『大唐西域記』 권1, 「素葉水城」 淸池西北行五百餘里조, 71쪽.

238) 필자가 2006년 8월 5일 Issyk-kul(大淸池 또는 熱海)호에 대하여 들은 바는 호수 주위가 700㎞, 깊은 곳 수심이 792m이며, 티무르의 피서지였다.

239) 『古行記校錄』의 『杜環經行記』 碎葉國조(『海寧王靜安先生遺書』 37, 1940, 長沙 : 商務印書館),

중국에서 해발 3,500m 국경을 넘어 키르기스스탄에서 나른으로 향하는 길목의 유르탕 앞에서

스스탄의 이식쿨 호 서북쪽에 쇄엽이 있다. 안서도지병마사 고선지 시대에 안서사진은 천산산맥 이남의 타클라마칸 사막을 중심으로 한 그 일대 지역과 파미르 以西지역의 군사·행정권을 장악하는 것이 주요 임무였다.[240] 안서사진절도사의 책무를 더 구체적으로 언급한다면, 타림(Tarim) 분지 내의 각 지역 분쟁해결과 천산산맥 北麓의 유목민의 동정을 감독하고 살피는 것 외에, 서역지방을 왕래하는 胡商으로부터 통행세 징수와 서방에서 오는 사신과 그 조공품에 대한 호송이 중요 임무다.[241] 아무튼 안서사진절도사는 중국 서방을 관장하면서, 그 지역을 완전 장악함은 물론이고, 중국의 서방 세계에 관한 정보를 수집하여 안서지역의 안전을 확보하여야 하는 그런 관직이었다.

4. 안서부도호 고선지 장군과 達奚部 원정

개원 말 고선지 장군이 안서부도호와 사진도지병마사 재임 시 출정한 기록이 史書에 자세히 전한다. 이와 관련된 소식을 『舊唐書』의 「封常淸傳」에서는 다음과 같이 전한다.

開元 말에 達奚부락이 반란을 일으켜, 그 세력이 黑山에서 북으로 향하다가,

1a쪽 ; 饒宗頤, 1982, 「李白出生地－碎葉」, 『選堂集林史林,中冊』, 香港 : 中華書局, 616쪽.

240) 閔泳珪, 1995, 「高仙芝－파미르 西쪽에 찍힌 韓國人의 발자국」, 64쪽.

241) 『通典』 권33, 「職官」14 ‘都護’ 府置都護一人 註의 掌所統諸蕃慰撫조, 896쪽.

중국에서 키르기스스탄의 국경검문소를 통과한 후 현지 안내인과 함께. 왼쪽부터 최광식 교수, 필자, 안내인, 정수일 교수, 권영필 교수

서쪽의 碎葉까지 미치자, 현종이 조서를 내려 夫蒙靈察에게 이들을 격파하도록 명령하였다. 夫蒙靈察은 고선지에게 기병 2천을 거느리고 副城에서 북방으로 나아가다 綾嶺 아래서, 이때 적을 만나 격파하였다. 그런데 達奚가 너무 멀리 왔기 때문에, 사람과 말이 모두 지쳐있는 상황이라서 (고선지는) 그들 모두를 죽이거나 약탈했다.[242]

이는 개원 말 안서사진절도사 부몽영찰 휘하 고선지가 達奚部를 격파한 내용이다. 고선지가 達奚部를 원정한 때는 740년인데,[243] 이는 매우 중요한 연대기이다. 왜냐하면 고선지가 전투에서 활약했음을 알리는 구체적인 첫 기록이기 때문이다. 이를 근거로 어렴풋하게 추정한 고선지 출생시기에서 역산하면, 당시 그의 나이를 알 수 있다. 앞서 고선지의 출생연도를 707년으로 추정한 것에 따르면, 이때 고선지 나이는 33세다. 당시 달해부락이 당에 대해 반란을 일으키자, 현종은 부몽영찰에게 이를 토벌하도록 조서를 내렸다. 그런데 달해부락 반란이 현종이 직접 관심을 기울여 토벌 명령을 내릴 정도로 중대 사안임에도 부몽영찰은 자신이 출정하지 않고 고선지에게 토벌 출정을 시켰다.

당시 고선지는 안서사진절도사 부몽영찰 휘하의 도지병마사였는데,[244] 출정할 때마다 지휘관으로서 유감없는 기량을 발휘했다. 출정 때마다 그에게

242) 『舊唐書』 권104, 「封常淸傳」, 3207쪽, "開元末, 會達奚部落背叛, 自黑山北向, 西趣碎葉, 玄宗敕靈察邀擊之. 靈察使仙芝以二千騎自副城向北至綾嶺下, 遇賊擊之. 達奚行遠, 人馬皆疲, 斬殺略盡".

243) 『舊唐書』 권104, 「封常淸傳」, 3207쪽, 開元末, 會達奚部落背叛 ; 정수일, 「씰크로드를 통한 교류의 역사적 배경」, 119쪽.

244) 『資治通鑑』 권216, 「唐紀」32 玄宗 天寶 6載, 初, 仙芝爲都知兵馬使丞, 6887~6888쪽.

시중드는 30여 명이 따라 붙어 그 출정 모습이 장관이라 이를 바라보던 封常淸이 늘 부러워했다고 한다.[245] 이 무렵 봉상청의 나이는 고선지와 비슷한 30여 세였다.[246] 이때 안서사진절도사 부몽영찰은 고선지가 장군으로서의 역량이 대단하다는 것을 익히 알고 있었기 때문에 주저하지 않고, 고선지에게 달해부 반란 평정을 위한 출정을 명령하였다. 고선지는 불과 기병 2천을 거느리고 출정했는데, 그의 작전대로 綾嶺 아래 군사를 매복시켰다가 지친 達奚部 군사를 게릴라식으로 일망타진해서 대승을 거두었다.

고선지가 달해부와 석국을 공격할 때 이용한 루트. 현 키르기스스탄 안

고선지가 달해부와 석국을 정벌하기 위해 달린 그 길은 오늘날도 유목민의 생활터전이다. 필자 촬영

이때 고선지 부대는 달해부락 군사를 모두 다 죽이거나 생포했을 뿐 아니라 말 등을 전리품으로 모두 노획하는 개가를 올렸다.[247] 이때 달해부락

245) 『舊唐書』 권104, 「封常淸傳」 將軍高仙芝爲都知兵馬使조, 3207쪽.

246) 『東堂集』 권7, 「又上時相書」 封常淸조(1983, 『景印文淵閣四庫全書』 1123冊, 臺灣商務印書館), 780쪽.

군사로 사로잡힌 인물 가운데에는 천보 12載(753)에 당에서 禮部侍郞으로 벼슬한 達奚珣[248]과 그의 아들 達奚撫가 있었다.[249] 이들은 양국충의 아들 楊暄이 明經科 시험에 떨어진 것을 上第로 올려주어 楊國忠에게 아부하였다. 어쨌든 무엇보다도 중요한 것은 고선지가 불과 2천 기병으로 먼 쇄엽 부근까지 진격하여 달해부 반란을 평정하였다는 사실이다. 쇄엽은 당 태종 때까지 안서사진 가운데 하나였다. 그러나 현종 때는 안서사진에서 빠졌기 때문에 쇄엽은 당의 관할 밖의 먼 지역이었다. 앞서 말한 것처럼 碎葉은 오늘날 키르기스스탄의 북쪽 이식쿨(ISSYK KUL) 湖 서북쪽에 위치한다.

고선지는 전투를 효과적으로 수행하는 능력이 탁월한 장군이라서, 굳이 대군을 이끌고 遠征하지 않아도 적을 완전히 제압하는 인물이라는 사실을 달해부 원정에서 증명하였다. 고선지는 쇄엽 부근 전투에서 다시 한번 그런 사실을 증명했는데, 적은 수의 군사로 대군을 섬멸하는 게릴라전법으로 두각을 나타낸 것이 바로 이 달해부와의 전투였다.

고선지의 달해부 반란 진압에 대한 捷書는 봉상청이 작성하였다. 봉상청은 달해부의 반란 진압에 따라나섰다가 지시를 받지 않은 상태에서 幕下에서 첩서를 작성했는데, 그 모든 사실이 너무 정확하고 자세하게 기록했기 때문에[250] 고선지는 크게 놀라 그때부터 封常淸을 신임하였다.[251] 물론 이때 봉상청이 작성한 달해부 첩서를 당 현종에게 올렸다.[252] 이때 첩서를 정확하게 쓴 보상으로 봉상청은 傔人신분에서[253] 疊州戍主로 제수되면서 판관으로 임명되었다.[254] 그런 봉상청과 고선지가 인연을 맺게 된 사연이 『資治通鑑』에

---

247) 『資治通鑑』 권216, 「唐紀」32 玄宗 天寶 6載, 初 會達奚部叛조, 6888쪽 ; 諏訪義讓, 앞의 논문, 187쪽.

248) 『資治通鑑』 권217, 「唐紀」33 玄宗 天寶 14載 12月 河南尹達奚珣조, 6939쪽, 達奚珣은 天寶 14載 12월에 河南尹으로 있다가 안녹산에게 항복한 인물과 동일인이다.

249) 『資治通鑑』 권216, 「唐紀」32 玄宗 天寶 12載 10月 國忠子暄조, 6920쪽.

250) 『玉海』 권191, 「唐四鎭節度使克達奚諸部」 封常淸조(1983, 『景印文淵閣四庫全書』 948冊, 臺灣商務印書館), 70쪽.

251) 『新唐書』 권135, 「封常淸傳」 仙芝取讀之조, 4580쪽.

252) 『新唐書』 권135, 「封常淸傳」 常淸於幕下潛作捷布조, 4580쪽.

253) 『資治通鑑』 권216, 「唐紀」32 玄宗 天寶 6載, 初 常淸私作捷書以示仙芝조, 6888쪽.

254) 『新唐書』 권135, 「封常淸傳」 以功授疊州戍主조, 4580쪽.

자세하다. 즉,

> 처음에, 고선지가 都知兵馬使가 되었을 때, 猗氏(산서성 임의현)사람 封常淸은 어려서 부모를 잃어서 가난하고 가늘게 몸이 야윈데 눈마저 어그러졌을 뿐 아니라 한쪽 다리마저 짧았다. (그런 봉상청이) 고선지에게 심부름꾼이 되게 해달라고 요청했으나 받아들여지지 않았다. 봉상청은 매일같이 고선지가 들고 나는 것을 살피며, 문에서 떠나지 않길 대략 수 십일이 지나자, 고선지는 어쩔 수 없이 그를 머무르게 했다. 때마침 達奚部가 반란을 일으키니, 夫蒙靈察이 고선지로 하여금 뒤쫓도록 하여, 목을 베거나 사로잡아서 거의 다 없앴다. (이때) 封常淸은 사사로이 작성한 捷書를 고선지에게 보여주었는데, (그 첩서) 모두가 고선지가 마음으로 말하려고 하였던 바라서, 이로 말미암아 그 부대가 이를 기이하게 여겼다.[255]

봉상청이 고선지에게 발탁된 때는 고선지가 도지병마사였을 때다. 그런데 봉상청은 한마디로 볼품없는 외모였는데도 그의 끈질긴 일념 때문에 고선지가 그를 개인 몸종으로 거두었다. 그 후 봉상청은 고선지의 달해부 토벌에 따라갔다가 幕下에서 지시받지 않은 상태에서 첩서를 지었던 것이 계기가 되어 고선지의 신임을 얻어 발탁되었다. 달해부 원정 때 봉상청은 고선지를 따라다니면서 본 바를 정확하게 기록하는 재주가 남달랐던 것이다. 그 후 고선지는 안서도지병마사에서 안서사진절도사로 승진한 후에도 항상 봉상청을 留後로 임명할 정도로 대단히 신임하였다. 봉상청은 달해부 전투에서 벌어졌던 상황에 대한 설명을 첩서에 모두 다 정확하게 기록하였기 때문에 고선지뿐만 아니라 고선지 휘하 군사들마저 모두 놀랄 정도였다.

고사계가 당의 노예 신분에서 출발하였기 때문에 고선지는 글조차 배울 수 없어 無學이었던 고통은 그만 겪는 문제가 아니라 고구려 유민이면 모두 다 겪었다. 놀라운 사실은 고선지와 달해부 전투에 대한 승리 첩서를 幕下에서

255) 『資治通鑑』 권216, 「唐紀」32 玄宗 天寶 6載, 6887~6888쪽, "初, 仙芝爲都知兵馬使, 猗氏人封常淸, 少孤貧, 細瘦類目, 一足偏短, 求爲仙芝傔, 不納. 常淸日候仙芝出入, 不離其門, 凡數十日, 仙芝不得已留之. 會達奚部叛, 夫蒙靈察使仙芝追之, 斬獲略盡. 常淸私作捷書以示仙芝, 皆仙芝心所欲言者, 由是一府奇之".

작성한 봉상청은 적을 만났을 때의 상황 등, 고선지의 의중을 모두 꿰뚫을 정도로 그 전략전술을 매우 정확히 썼다.[256] 따라서 이때부터 봉상청은 고선지의 입 역할을 담당하는 운명이 되었다. 다시 말해 고선지와 봉상청 관계는 불가분의 관계, 同苦同樂하는 그런 관계로 발전하였다. 봉상청은 그의 외조부 밑에서 많은 독서를 하였기 때문에[257] 고선지의 달해부 토벌에 대한 정확한 첩서 작성이 가능하였고, 그로 인해 고선지의 몸종 겸인에서 일약 疊州地下戍主가 되었다.[258] 그런데 고선지가 달해부를 공파하는 데 봉상청의 공로가 있어 관직을 제수받은 것은, 捷書 외에도 전투에서 봉상청이 전공을 세웠기 때문인 것 같다.[259] 더욱이 고구려 멸망 후 다른 고구려 유민과 마찬가지로 고사계 일가도 당의 노예로 전락하였기에 고선지는 글을 제때 배울 수 있는 기회를 상실하여, '不識文字'였기 때문에 宰相 이임보에 의해 大將으로 추천된 경우였다.[260] 그런데 『東堂集』에 따르면 고선지가 平原君이었다는 기록이 있는데, 고선지가 어떤 경위로 평원군이 되었는지에 관한 설명이 없다. 그러나 『東堂集』에서 언급된 내용 가운데 고선지가 封常淸에게 자신의 두 아들을 門下로 받아줄 것을 요청했다는 대목이 매우 흥미롭다.[261] 물론 봉상청이 고선지의 두 아들을 문하로 받아달라는 요청을 어찌 거절할 수 있었겠는가. 뒤에 다시 언급하겠지만 고선지의 전공으로 말미암아 그의 한 아들에게 후일 당 현종이 5품관을 주었다는 기록이 있다. 그렇다면 고선지에게 두 아들이 있었다는 사실은 『東堂集』을 통해서 확인될 수 있는 사실이다.

달해부 반란을 진압했던 고선지에 대한 사실은 『新·舊唐書』의 「高仙芝傳」에 실려야 마땅하다. 그 사실들이 비록 漢族출신이나 고선지의 겸인에 불과했던 「封常淸傳」에 실린 것은 많은 것을 생각하게 만든다. 이는 고선지에 대한

---

256) 『山西通志』 권124, 「封常淸傳」 常淸於幕下조(上海人民出版社. 電子版).

257) 『欽定續通志』 권237, 「封常淸傳」 外祖敎之조(上海人民出版社. 電子版).

258) 『舊唐書』 권104, 「封常淸傳」 常淸於幕中潛昨捷書조, 3207~3208쪽.

259) 『冊府元龜』 권728, 「幕府部」 '辟署' 高仙芝傔人以破達奚조, 8668쪽.

260) 『舊唐書』 권106, 「李林甫傳」 自是高仙芝조, 3240쪽 ; 『欽定續通志』 권612, 「李林甫傳」 高仙芝哥舒翰等專爲大將조(上海人民出版社, 電子版).

261) 『東堂集』 권7, 「又上時相書」 封常淸조(1983, 『景印文淵閣四庫全書』 1123冊, 臺灣商務印書館), 780쪽.

기록이 당 조정에 매우 중요한 사항들만 「高仙芝傳」에 기록된 결과에서 생긴 문제라고 본다. 곧, 고구려 유민 고선지에 대한 「高仙芝傳」 기록을 가능한 축소시키려는 의도에서 생긴 결과인 것 같다. 달해부 전투에서 봉상청이 첩서 작성과 아울러 전투에서도 전공을 세워, 고선지의 겸인 신분에 불과하였는데도 불구하고 『新·舊唐書』의 「封常淸傳」에 고선지의 달해부 전투 상황을 소상하게 기록한 이유는 그가 漢族이었기 때문이라는 것과 결코 무관하지 않다.

고선지가 달해부 공격에 대한 지휘관으로서의 모든 일을 독자적으로 판단하고 지휘하였는데도 불구하고 달해부 격파 사실이 「高仙芝傳」 아닌 「封常淸傳」에 실리는 어이없는 일이 발생했다. 「封常淸傳」에 기록된 달해부 섬멸 사실이 「高仙芝傳」에서는 언급이 없었던 것은 고선지가 고구려 유민이라서 당의 史家들에 의해 의도적으로 삭제되었음이 분명하다. 말을 바꾸면 이것도 당나라의 고구려에 대한 역사왜곡이다. 물론 「高仙芝傳」에서 고선지 장군에 대한 모든 사실을 다 기록한다면 「高仙芝傳」의 기록이 방대하여질 것은 분명하다. 그러나 『新·舊唐書』의 「高仙芝傳」 기록은 그의 업적에 비하면 많은 분량으로 기록되어 있지 못하다. 고선지의 역사를 축소하려는 의도는, 고선지를 이용한 후, 막판에 그를 살해한 唐朝에 대한 죄과를 조금이라도 감추어 보려는 어리석은 사가들의 심리의 발로이다.

고선지는 부하를 거느릴 때 부하들의 능력에 따라서 적재적소에 기용을 잘했던 출중한 CEO였다. 漢族인 猗氏사람 봉상청은 신체조건으로 본다면 군인으로서는 부적격자이다. 그러나 封常淸은 고선지가 출입하는 문 앞에서 수십 일 동안이나 몸종으로 써달라고 애원하자, 고선지는 그를 자신의 휘하에 두었다는 사실을 주목할 필요가 있다.[262] 이는 고선지가 사람을 평가함에 있어서 외모로만 하지 않고 그 사람의 능력을 중시했다는 본보기다. 이와 관련된 이야기를 『資治通鑑』에서 들어보자.

---

262) 『資治通鑑』 권216, 「唐紀」32 玄宗 天寶 六載, 初, 仙芝爲都知兵馬使조, 6887~6888쪽.

고선지는 절도사가 되자, 바로 封常淸을 判官[263]으로 임명하였고, 고선지가 정벌하러 나가면 항상 留後[264]로 삼았다. 고선지의 유모 아들 鄭德詮은 낭장이었는데, 고선지는 그를 형제처럼 대해 집안의 일을 맡기니, 군대 안에서 위엄이 서 있었다.[265]

고선지는 절도사로 임명됨과 동시에 봉상청을 判官으로 임명하였다. 또한 출정할 때마다 봉상청을 留後로 임명할 정도로 신임하였다. 그런데 유후란, 절도사가 出征 또는 入朝하거나 죽었을 때 절도사 직무를 대신할 정도로 중요한 직책이다. 고선지는 안서절도사가 된 후, 慶王府에 봉상청을 판관으로 奏請한 후 이내 그를 다시 사진도지병마사로 上奏해 안서의 일을 맡길 정도로 신임하였다.[266] 따라서 고선지의 출정 시 절도부내의 일은 봉상청이 맡았고, 집안의 일은 鄭德詮이 맡았기 때문에 고선지는 안서도호부에서 주변 정벌 문제에 언제라도 전심전력할 수 있는 시스템을 구축하였다. 그런데 앞의 『東堂集』의 기록처럼 봉상청은 고선지의 두 아들 교육까지 맡았던 사실에서 봉상청을 신임한 것이 대단했음을 알 수 있다. 또한 이는 고선지의 아버지 고사계가 아들의 훈육에 힘썼던 것처럼 고선지도 자신의 두 아들 교육에 열의가 많았다는 것을 확인할 수 있는 대목이다. 고구려가 당에 의해 망하기 전에 교육열이 대단했던 고사계 가계의 전통이 계속 이어진 것이라고 본다.

그런데 고선지의 출타 중 봉상청과 정덕전의 충돌 사건이 발생하였다. 이는 고선지가 어떠한 CEO였는지를 가늠할 수 있는 자료라서, 이에 관한 장문의 사료를 소개한다.

封常淸이 일찍 출근하는데, 鄭德詮이 뒤에서부터 말 타고 달려가면서 부딪치고 지나갔다. 봉상청이 使院[267]에 이르자, 사람을 시켜 鄭德詮을 불러들이도록 하고,

263) 判官은 집행관을 말하며 여기서 그 지위는 節度副使와 거의 같다.

264) 留後는 절도사가 일이 있어 외부로 나갈 때 본 부서에서 절도사의 직무를 대리하는 관직이다.

265) 『資治通鑑』 권216, 「唐紀」32 玄宗 天寶 6載, 初조, 6888쪽, "仙芝爲節度使, 卽署常淸判官, 仙芝出征, 常爲留後. 仙芝乳母子鄭德詮爲郎將, 仙芝遇之如兄弟, 使典家事, 威行軍中".

266) 『冊府元龜』 권728, 「幕府部」 '辟署' 封常淸爲四鎭都知兵馬使조, 8668쪽.

267) 使院은 留後가 업무를 처리하는 장소다.

> 매번 문을 지날 때마다 번번이 문을 닫게 했고, 이미 그렇게 해서 도착하자, 봉상청이 자리에서 일어나면서 말하였다. "나 봉상청은 본래 가난하고 지체 낮은 출신인 것을, 郎將도 아는 바요. 오늘 中丞의 명령으로 (내가) 留後인데, 郎將은 어찌 여러 사람들이 있는 가운데 업신여겨서 부딪치는가!" 이어 큰소리로 책망하였다. "낭장을 잠시 죽여줌으로써, 군대 기강을 다스리고자 한다." 드디어 곤장 60대를 치니, 땅에 얼굴 댄 채로, 질질 끌려 나갔다. 고선지의 처와 유모가 문 밖에서 큰소리로 울부짖으며 그를 구원하려 하였으나, 미치지 못하였고, 이런 상황을 고선지에게 아뢰니, 그가 보고 놀라며 말했다. "이미 죽었단 말인가." 봉상청을 보게 되었는데도, 끝까지 다시 (이에 관한) 말이 없었으므로 봉상청도 또한 그에게 사과하지 않았다. 군대 안에서는 이 일로 두려워서 숨소리마저 죽였다.[268]

고선지 출타 중 留後직을 감당했던 봉상청이 출근할 때, 고선지의 유모 아들인 郎將 정덕전이 말을 타고 앞을 스쳐 달려 나감으로써 군대기강을 무너뜨렸다는 죄목으로 정덕전을 매질한 사건이다. 그런데 고선지는 유모 아들 정덕전을 형제처럼 대하였다. 고선지는 정덕전 사건을 보고 받은 후, 이에 대해 봉상청에게 아무 것도 묻지 않았다는 것이 특히 주목된다. 그 이유는 고선지가 公私가 너무 분명한 인물이라서, 사사로운 감정으로 봉상청을 문책하지 않았기 때문이다. 호삼성은 이런 사실을 설명하면서 고선지는 사사로운 감정으로 법을 어긴 일이 결코 없었던 사람이라고 단언하고, 공사를 분명하게 구분하여 부하를 다루었기 때문에 법을 다루는 데 귀감이 되었던 인물이 그라고 극찬하였다.[269]

268) 『資治通鑑』 권216, 「唐紀」32 玄宗 天寶 6載, 初조, 6888쪽, "常淸嘗出, 德詮自後走馬突之而過. 常淸至使院, 使召德詮, 每過一門, 輒闔之, 旣至, 常淸離席謂曰 '常淸本出寒微, 郎將所知. 今日中丞命爲留後, 郎將何得於衆中相陵突!' 因叱之曰 '郎將須蹔死以肅軍政'. 遂杖之六十, 面仆地, 曳出. 仙芝妻及乳母於門外號哭之, 不及, 因以狀白仙芝, 仙芝覽之, 驚曰 '已死邪?'及見常淸, 遂不復言, 常淸亦不之謝. 軍中畏之惕息".

269) 『資治通鑑』 권216, 「唐紀」32 玄宗 天寶 六載, 軍中畏之惕息조의 胡三省註, 6888쪽.

제3장 고선지 장군의 토번 정벌

1. 7~8세기 초 서역에서 토번과 서돌궐의 역학구도

당은 강력해진 大食세력의 東進을 막아야 할 위기에 몰렸다. 史國에서 서쪽으로 2천리나 떨어져 있는 대식이[1] 영휘년간(650~656) 당에 첫 조공사신을 파견하였다. 당과 대식의 첫 교류 소식은 『舊唐書』 권4 「高宗紀」에

> (永徽 2년) 8월 乙丑, 大食國이 처음으로 사자를 보내 朝獻하였다.[2]

罽賓國 서쪽으로 천리나 떨어진 대식이[3] 唐에 첫 사신을 보냈다. 대식이 당에 사자를 파견한 것은, 대식의 波斯점령 문제에 대해 당을 견제하기 위함이다. 이때 대식 사신이 했던 행동에 대해 『新唐書』의 「大食傳」이 더 구체적이다.

> 永徽 2년 大食왕 豃密莫末膩가 처음으로 사자를 보내 조공하면서, 왕 大食氏가 나라가 생긴 지 43년이고, 2세까지 전해졌다고 말했다.[4]

이는 대식이 隋 대업년간에 건국되었으며, 대식 豃密莫末膩 왕이 아랍이 세워진 후 두 번째 왕이라는 소식을 당이 들었다.[5] 651년에 당에 도착한

---

1) 『新唐書』 권43하, 「地理志」7하 (史國)西至大食國二千里조, 1155쪽.

2) 『舊唐書』 권4, 「高宗紀」 永徽 2年조, 69쪽, "八月乙丑, 大食國始遣使朝獻".

3) 『新唐書』 권43하, 「地理志」7하 (罽賓國)西至大食千里조, 1155쪽.

4) 『新唐書』 권221하, 「大食傳」, 6262쪽, "永徽二年, 大食王豃密莫膩始遣使者朝貢, 自言王大食氏, 有國四十三年, 傳二世".

5) 『舊唐書』 권198, 「大食國傳」 永徽 2年조, 5315쪽 ; 『冊府元龜』 권966, 「外臣部」 '繼襲' 大食國隋大業中조, 11365쪽, 『新唐書』 「大食傳」의 大食왕이 2세까지 전해졌다는 것과는 다르게 『舊唐書』와 『冊府元龜』는 3세라고 기록되었다.

대식 사신이 대식왕의 말을 인용해 대식 역사를 언급하였다. 그 후 영휘 6년(655) 6월 대식국왕 豳莫念이 사신을 보내 당에 조공하였다.[6] 永隆 2년(681) 5월 대식국이 당에 사신을 보내 말과 방물을 바쳤다.[7] 長安 3년(703) 3월 대식국이 사신을 보내 良馬를 바쳤다.[8] 景雲 3년 12월 대식이 사자를 당에 보내 방물을 바쳤다.[9] 이와 같이 대식은 당과 계속 통교하였다.

그런데 『通典』의 「大食傳」은 『新唐書』의 「大食傳」기록과 차이가 있다.

> 大食은 大唐 永徽년간에, (당에) 사신을 보내 조공했다고 한다. 그 나라는 波斯의 서쪽에 있다. 어떤 사람이 말하길, 처음에 波斯에 胡人이 있었는데, 신의 도움 같은 것이 있어서, 칼을 가지고 사람을 죽였다. 이로 인해서 여러 胡를 불러들였더니, 胡人 11인이 왔으며, 그 순서에 따라서 摩首가 왕이 되었다. 이후 무리가 점차 歸附하게 되자, 드디어 波斯를 멸망시켰고, 또 拂菻과 婆羅門城을 파괴하니, 가는 곳마다 상대할 적이 없게 되었다. 병사수가 42만이었다. (大食)나라가 생긴 지 34년의 일이다. 초대 왕이 죽자, 다음을 第一 摩首에게 전해졌으며, 지금 왕은 세 번째인데, 그 왕의 姓이 大食이다.[10]

이는 『通典』의 대식 건국 초기에 대한 정황 설명이다. 그런데 『新唐書』의 「大食傳」에서는 대식 건국 43년에 대식의 2대왕 재위 시에 당에 조공했다는 기록과 차이가 있다. 『通典』은 대식 건국 34년에 이미 3대왕 재위 시라고 다르게 기록하였다. 이는 이때 대식이 당에서 너무 먼 서방에 위치한데다가 별안간 등장한 국가였기 때문에, 이에 대한 정확한 정보를 당이 확보하지 못한데서 빚어진 기록의 차이라고 본다. 아무튼 이는 마호메트에 의해서

---

6) 『舊唐書』 권4, 「高宗紀」상 永徽 6年 6月조, 74쪽 ; 『冊府元龜』 권970, 「外臣部」 '朝貢' 永徽 6年 6月 大石國조, 11365쪽, 大石國은 大食國이다.

7) 『冊府元龜』 권970, 「外臣部」 '朝貢' 永隆 2年 5月 大食國조, 11403쪽.

8) 『冊府元龜』 권970, 「外臣部」 '朝貢' 長安 3年 3月 大食國조, 11403쪽.

9) 『舊唐書』 권198, 「大食國傳」 景雲 2年조, 5316쪽 ; 『冊府元龜』 권970, 「外臣部」 '朝貢' 景雲 2년 12월조, 11404쪽.

10) 『通典』 권193, 「大食傳」, 5279쪽, "大食, 大唐永徽中, 遣使朝貢云. 其國在 波斯之西. 或云, 若有神助, 得刀殺人. 因招附諸胡, 有胡人十一來, 據次第摩首受化爲王. 此後衆漸歸附, 遂滅波斯, 又破拂菻及婆羅門城, 所當無敵. 兵衆有四十二萬. 有國以來三十四年矣. 初王已死, 次傳第一摩首者, 今王卽是第三, 其王姓大食".

이슬람 시작을 알게 된 기록이다.

당과 대식의 교류 역사는 영휘 2년(651)이 첫 시작이다. 그러나 그 이전 정관 8년(634) 파사 伊嗣候(Yesdegard 3세) 때 대식이 파사를 침공한 사실부터 당의 기록에 대식이 등장한다. 또 그 후 정관 11년(637) 대식에 의해 파사 주력군이 대파되자, 정관 12년과 13년에 파사는 당에 사자를 보내 구원을 요청했다. 또 정관 21년에 파사국왕이 당에 사신을 보내 조공하였다.[11] 그 다음해 정관 22년(648) 정월 파사는 당에 사신을 파견했다.[12] 그러나 당과 파사 사이에 서돌궐이 버티고 있어 당은 구원병을 파사로 보내지 못했다. 설상가상으로 영휘 2년 파사왕 Yesdegard 3세가 죽자, 파사와 오랫동안 관계를 맺은 당에 대해 대식이 파사 점령에 대한 합법적 지위를 보장받으려는 속셈으로 당 조정에 사신을 파견하였다.[13] 그런데 648년 당이 쿠차를 정벌할 때 唐軍이 撥換城(오늘날 '喀依古'遺址)[14]까지 진격해서 쿠차왕과 그 신하를 사로잡음으로써 서역에서 새로운 대립이 본격화되었다. 안서에서 당과 突騎施의 쟁패가 그것이고, 그 후 안서에서 당과 토번의 힘겨루기로 이어져 천보 6載 고선지가 중앙아시아로 출정하게 된 이유다.[15]

龍朔 원년(661) 당이 파사왕 卑路斯를 파사도독으로 임명했으나 이때는 파사가 대식에 쫓기는 상황이었다.[16] 그렇다면『舊唐書』「高宗紀」의 기록처럼 대식이 당에 대해 '朝獻'할 목적으로 사신을 파견한 것이 아니다. 그런데 그 후에도 어찌된 영문인지 대식은 당에 계속하여 사신을 파견했다. 즉『冊府元龜』 권970,「外臣部」朝貢에 永隆 2년(681) 5월조와 永淳 원년(682) 5월조에 대식이 당에 사신을 보내면서 말과 방물을 바쳤다. 그 후 696년 3월에 대식이 당에 獅子를 바치겠다고 요청한 기록이 있다.[17] 이보다 앞서 정관 9년 4월에

11)『唐會要』 권100,「波斯國傳」貞觀 21年조(1990, 北京 : 中華書局), 1783쪽,

12)『冊府元龜』 권970,「外臣部」'朝貢'貞觀 22年 正月朔조, 11401쪽 ;『新唐書』 권40,「地理志」4 '安西大都護府' 西盡波斯國조, 1074쪽.

13) 薛宗正, 1995,『安西与北庭－唐代西陲辺政研究』, 89쪽.

14) 張平, 2004,『龜玆－歷史文化探秘－』, 156쪽.

15) 張平, 2004,『龜玆－歷史文化探秘－』, 155쪽.

16)『唐會要』 권100,「波斯國傳」龍朔 元年조. 1783쪽.

17)『資治通鑑』 권205,「唐紀」21 則天后 萬歲通天 元年 3月 大食請獻師子조, 6505쪽.

康國이 사자를 당에 바쳤다.[18] 그때 당이 사자를 처음 보았는지, 이에 관한 것을『舊唐書』의「本紀」에 기록했다. 아무튼 대식이 唐의 상황을 염탐할 목적이 었던 것 같다.

아무튼 용삭초 대식이 波斯·拂菻을 격파하고 南으로 婆羅門마저 격파함으로 말미암아 서아시아는 물론이고 동방의 파라문성까지 제압한 상황이었다.[19] 이때 大食은 군사를 42만이나 거느린 군사대국으로,[20] 대식은 당의 잠재적 적대세력이었다.『通典』에 의하면 대식이 파라문성을 격파했던 때가 대식 건국 34년 이전이다.[21] 이와 같이 당의 서방의 세력판도가 급변하자, 당은 磧西節度使를 부활시켰다. 湯嘉惠를 磧西절도사로 출정하였다. 中宗 景龍 4년(710) 東突厥을 북벌하도록 하게 한 '命呂休璟等北伐制'[22]에 그 내용이 보인다. 그런데 아라비아가 중국 사서에 등장하게 된 것은 波斯人들이 그들을 'Tazi'라고 부른 것에서 音譯되어 대식이 되었다.[23]

당 현종이 토번정벌을 구상하게 된 것은 대식과 두 차례에 걸친 전쟁의 패배로, 그 돌파구를 찾으려는 의도였다.[24] 현종에게 다른 도전 세력 등장은 서돌궐 돌기시의 別種 車鼻施蘇祿[25]이 흩어진 部衆 20여 만을 규합하여 서역의 헤게모니를 장악하면서부터였다.[26] 때는 개원 3~4년(715~716)이었다. 이에 대한 소식은『冊府元龜』에서 개원 5년 7월 郭知運이 토번을 大破하고 포로들을 장안성에 잡아 바쳤던 기사 뒤에,

> 전에 황제(당 현종)가 사자 阿史那를 보내어 北蕃主로 삼으려 했으나, 蘇祿이

---

18)『舊唐書』권3,「太宗紀」(貞觀 9年) 4月 壬寅조, 45쪽.

19)『舊唐書』권198,「大食國傳」龍朔初조, 5316쪽.

20)『通典』권193,「邊防」9 '大食傳' 大食조, 5279쪽.

21)『通典』권193,「邊防」9 '大食傳' 此後衆漸歸附조, 5279쪽.

22)『文苑英華』권459, 詔勅一「命呂休璟等北伐制」.

23) 薛宗正, 1995,『安西与北庭－唐代西陲辺政研究』, 88쪽.

24) 薛宗正, 1995,『安西与北庭－唐代西陲辺政研究』, 195쪽.

25) 薛宗正, 위의 책, 196쪽, 蘇祿은 인명이 아닌 軍事를 통괄하는 관직으로 突厥語로 suliq로 音譯된다. 그러나 車鼻施蘇祿은 처음 발흥할 때 이를 이름으로 내걸고 車鼻施를 國號로 사용하였다.

26)『新唐書』권215下,「突厥傳」突騎施別種車鼻施蘇祿조, 6067쪽.

이를 거절하고 받지 않았다.[27)]

이는 개원 5년 7월 이전 서돌궐에서 車鼻施蘇祿이 새로운 세력 등장을 알리는 사료다. 이즈음 蘇祿이 西突厥可汗으로 자립했다. 이와 관련된 기록은 돌궐 默棘連이 개원 4년에 毗伽可汗이 된 후의 사실 언급에서,

> 처음에 默啜이 죽자, 闕特勒은 그가 (默啜의) 신하들 모두를 죽였다. 다만 暾欲谷은 그의 딸 婆匐이 默棘連의 可敦이 되었기 때문에, 그는 죽음을 면하였으나, 삭탈관직되어 자신이 다스렸던 部로 돌아갔다. 후에 突騎施蘇祿이 스스로 可汗이 되어, 突厥 部種 크게 둘로 갈라졌다.[28)]

돌궐 묵철가한이 죽고 난 후, 骨咄祿(Qutlugh)의 아들 默棘連이 可汗이 된 후 돌궐이 둘로 나누어졌다. 골돌녹은 683년경 제2돌궐한국을 세웠다.[29)] 그런데 그는 687년에 백제 유민출신 당나라 장군 흑치상지에 의해 오늘날 북경의 서북방 40여㎞ 떨어진 昌平[30)]에서 격퇴 당한 경험이 있는 인물이다.[31)] 묵극련이 비가가한이 된 후 얼마 지나지 않아 돌기시소녹도 스스로 可汗이 되어 돌궐이 東西의 둘로 양분되었다. 이른바 東突厥과 西突厥시대가 열린 것이다. 그런 돌궐에 대해 개원 15년 이후에 혜초는 『往五天竺國傳』에서 돌궐 이해를 돕기 위한 것인 양 간결하고 알기 쉽게 썼다.

> 다시 이 胡國들의 북으로 가면 北海에 이르고, 서쪽으로 가면 서해에 도달하고,

27) 『冊府元龜』 권992, 「外臣部」 '備禦' 開元 5年 7月조,(1982, 北京 : 中華書局), 11651쪽, "初, 帝欲遣使阿史那爲北蕃主, 以蘇祿拒而不納".

28) 『新唐書』 권215下, 「突厥傳」, 6051쪽, "初, 默啜死, 闕特勒盡殺其用事臣, 惟暾欲谷者以女婆匐爲默棘連可敦, 獨免, 廢歸其部. 後突騎施蘇祿自爲可汗, 突厥部種多貳".

29) Pan Yihong, 1992, "Early Chinese Settlement Policies towards the Nomads", *Asia Major*, 5-2, Princetion Univ, 70쪽 ; 佐藤長, 2000, 「隨唐代の西北異民族」, 『中國古代史論考』, 京都 : 朋友書店, 472쪽.

30) 王小甫, 1996, 「服則懷柔, 叛則征伐－唐朝對東突厥(或突厥第二汗國)的戰爭－」, 『唐朝對突厥的戰爭』, 北京 : 華夏出版社, 96쪽 ; 『舊唐書』 권194上, 「突厥傳上」 附'骨咄祿傳', 5167쪽, "垂拱 三年, 骨咄祿及元珍又寇昌平".

31) 지배선, 2006, 「백제 장군 흑치상지의 토번·돌궐 토벌」, 『고구려·백제 유민 이야기』, 서울 : 혜안, 415~418쪽.

> 동쪽으로 나가면 또한 중국에 이르며, 그 이북 지역은 한결같이 돌궐(Turk)족과의 경계선인 것이다. 이들 돌궐 사람들은 불법을 모르고 절도 승려도 없다. 의상은 모직 외투와 모직 상의를 입고 있으며, 그들은 육식을 하며, 거처하는 곳이라곤 성곽도 주택도 없고, 다만 펠트 천막으로서 거처를 삼고 있으며, 물과 풀을 따라 어디든지 손쉽게 옮겨 간다. 남자들은 수염과 머리를 깎고 있으며, 여자들은 역시 머리를 기르고 있다. 언어는 다른 나라와 같지 않으며, 사람들은 살생을 좋아하며 선악을 구별하는데 민감하지 않다. 그곳에는 낙타, 노새, 양, 말 따위가 많이 난다.[32)]

위의 胡國은 오늘날 우즈베키스탄과 키르기스스탄 일대에 있었던 8세기 초 康國·曹國·安國·史國 등의 여러 나라다. 북해는 아랄 해이며, 서해는 지중해를 말한다. 혜초가 8세기 초에 알고 있는 돌궐은 북아시아와 중앙아시아는 물론이고 서아시아 일부까지 아우르는 광대한 영역에서 생활하였다. 혜초는 돌궐이 불교를 모를 뿐만 아니라 유목민족으로 사냥과 전쟁을 생업으로 삼아 생활하였기 때문에 선악에 대한 개념이 부족한 민족이라 평가하였다. 돌궐의 헤어스타일은 중앙아시아의 그것과 같았다. 그들은 가축을 따라서 물과 풀을 따라 이동생활을 하면서 사냥과 전쟁을 생업으로 한 전통적 유목기마민족이었다. 그러나 혜초는 그들이 8세기에는 이미 동·서 돌궐로 나누어진 사실을 언급하지 않았다.

소녹이 스스로 돌기시가한이 된 전후사정에 대해서는『新唐書』의「突厥傳」에 자세하다.

> 突騎施의 別種으로 車鼻施蘇祿은, 흩어진 무리를 규합하여, 스스로 可汗이 되었다. 蘇祿은 휘하 무리들을 잘 다스렸기 때문에 여러 부족을 규합하니, 그의 부중이 20만이나 되었다. 이로 인해 다시 西域의 세력으로 군림하였다. 開元 5년에 처음으로 (당에) 來朝했으며, (당이) 그에게 右武衛大將軍·突騎施都督을 제수하였으나, 그는 그것을 거절했다. 武衛中郎將 王惠가 節을 가지고 가서 蘇祿을 左羽林大將軍·順

32)『往五天竺國傳』74쪽, "又從此胡國已北, 北至北海, 西至西海. 東至漢國已北. 總是突厥所住境界. 此等突厥不識佛法, 無寺無僧. 衣著皮裘氎衫, 以宍爲食. 亦無城廓住處, 氎帳爲屋. 行住隨身, 隨逐水草. 男人並剪鬚髮, 女人在頭. 言音與諸國不同. 國人愛煞, 不識善惡. 土地足駝騾羊馬之屬".

國公에 임명하고, 비단으로 만든 상의와 황금으로 만든 허리띠·물고기 모양을 한 符契를 넣은 주머니 등 7가지를 하사하며, 金方道經略大使로 임명하였다.[33]

위의 내용은 돌기시의 한 부족에 불과한 車鼻施蘇祿이 개원 5년(717) 이전에 무리가 20만이나 되는 큰 세력으로 성장하였다. 당은 거비시소녹을 묶어둘 요량으로 그를 회유하려고 관직과 하사품을 주었으나 그가 거절함으로 목적을 이루지 못했다. 이는 거비시소녹이 당에 대해 대항 의사가 있음을 밝힌 행동이다. 거비시소녹을 회유하기 위해 당은 武衛中郎將 王惠를 서돌궐로 파견하여 관직과 하사품을 주었다고 하나 거비시소녹이 이를 받았다는 내용이 없다. 다시 말해 이는 거비시소녹이 서역 통합세력으로 등장했음을 알린 내용이다.

거비시소녹이 이끈 돌기시가 당과 첫 교류가 있었던 시기는 개원 5년이다. 그러나 이때 당에서 소녹에게 右武衛大將軍·突騎施都督의 관직을 제수하였는데도 받지 않은 것은 거비시가 당과 대적할 정도라는 암시다. 당은 거비시소녹을 회유할 의도로 武衛中郎將 王惠가 황제로부터 받은 符節을 갖고 가 거비시소녹에게 左羽林大將軍·順國公 관작을 주었을 뿐만 아니라 그에 걸맞는 물건과 관복을 주었다. 물론 당은 서역의 교통로를 안정적으로 확보할 목적으로 거비시소녹을 일방적으로 金方道經略大使로 임명하였다.

거비시소녹이 유목기마민족들이 그러했던 것처럼 서역의 통치자로 급성장하는 데는 많은 시간이 필요하지 않았다. 아무튼 당은 거비시소녹을 금방도경략대사로 임명하여 당에 대한 충성을 바랐다. 당의 금방도경략대사에 임명된 후, 거비시소녹은 당에 대해 충성하지 않았다. 즉,

(車鼻施蘇祿은) 교활하게 속이며, 충심으로 당을 섬길 생각이 없자, 천자는, 이를 당에 얽어매려는 목적으로, 號를 올려서 忠順可汗이라고 하였다. 그 후 1~2

33) 『新唐書』 권215下, 「突厥傳」, 6067쪽, "突騎施別種車鼻施啜蘇祿者, 裒拾餘衆, 自爲可汗. 蘇祿善撫循其下, 部種稍合, 衆至二十萬, 於是復雄西域. 開元五年, 始來朝, 授右武衛大將軍, 突騎施都督, 却所獻不受. 以武衛中郎將王惠持節拜蘇祿左羽林大將軍, 順國公, 賜錦袍, 鈿帶, 魚袋七事, 金方道經略大使".

> 년 동안은 (蘇祿에서의) 사자가 헌상물을 받쳤다. 당 황제는 阿史那懷道의 딸을 交河공주로 삼아 (車鼻施蘇祿의) 처로 삼게 하였다.[34]

당은 돌기시소녹을 금방도경략대사로 임명하였지만 당에 충성하지 않자, 당은 소녹에게 금방도경략대사와 차원이 다른 西突厥可汗으로 당에 충성을 다한다는 뜻의 忠順可汗이라는 호를 주어 회유를 시도했다. 그 결과 1, 2년 동안 소녹은 당에 조공하였다. 당은 소녹을 당에 묶어두려는 욕심으로 기미정책을 폈다. 즉 阿史那懷道의 딸을 交河공주로 삼아 蘇祿의 처로 삼게 하여 당은 소녹과 정략적 결혼관계라는 굴레로 묶어보려 시도했다.

당의 이런 의도와 다르게 소녹에게 시집간 교하공주의 행동이 당과 서돌궐과의 일을 꼬이게 만들었다. 돌기시소녹과 당의 충돌은 교하공주가 시집간 그 해에 발생하였다,

> 그 해, 突騎施는 安西에서 말 무역을 하였는데, (交河)공주 사자가 공주의 지시를 都護 杜暹에게 전하자, 杜暹이 화를 내며 '阿史那의 딸이, 어찌 나에게 감히 지시할 수 있단 말인가!'라고 말했다. 그 사자를 매질하고 나서 알리지 않자, 蘇祿이 화가 나, 비밀히 토번과 연합해 군대를 동원하여 四鎭을 약탈하고, 安西를 포위하였다. 바로 그때 杜暹은 귀국해 조정에 참여했으므로 趙頤貞이 대신해 都護가 되었다. 그는 오랫동안 성위에 머물러 있다가, 나와 싸웠으나 또 패배하였다. 蘇祿은 사람과 가축을 잡아갔을 뿐만 아니라 곡물창고의 곡물마저 탈취해 갔다. 그 후 얼마 있다가 杜暹이 이미 재상이 되었다는 소리를 듣고, 군을 이끌고 퇴각하였다.[35]

돌기시소녹의 처 교하공주의 편지를 갖고 安西에서 말 무역을 시작하려 할 때 벌어진 일이다. 이때 돌기시 사자가 안서도호 杜暹에게 건넨 편지에서 문제가 발생하였다. 마치 교하공주가 두섬에게 지시한 것과 같은 편지 내용을

---

34) 『新唐書』 권215下, 「突厥傳」, 6067쪽, "然詭猾, 不純臣于唐, 天子羈係之, 進號忠順可汗. 其後閱一二歲, 使者納贄, 帝以阿史那懷道女爲交河公主妻之".

35) 『新唐書』 권215下, 「突厥傳」, 6067쪽, "是歲, 突騎施鬻馬於安西, 使者致公主教於都護杜暹, 暹怒曰「阿史那女敢宣教邪?」笞其使, 不報. 蘇祿怒, 陰結吐蕃擧兵掠四鎭, 圍安西城. 暹方入當國, 而趙頤貞代爲都護, 乘城久之, 出戰又敗. 蘇祿略人畜, 發囷貯, 徐聞暹已宰相, 乃引去".

본 두섬이 분을 이기지 못하고 돌기시 사자를 매질한 일로 말미암아 서돌궐과 당의 관계가 악화되었다.

이때 돌기시소녹이 안서도호를 응징하기 위해 토번과 연합해 안서를 공격한 사실이 주목된다. 소녹은 토번과 함께 四鎭을 약탈하고 마지막으로 안서마저 포위할 정도로 안서도호부 존립 자체가 위험할 지경이었다. 간단히 말해 안서도호부의 쿠차를 돌기시와 토번이 포위하였다. 그런데 쿠차성을 지킨 안서도호 趙頤貞의 패배로 소녹과 토번에 의해, 그곳 사람만 아니라 가축과 곳간의 식량 모두를 빼앗길 정도로 安西四鎭이 유린되었다. 그렇다면 이는 이때 타림분지 주위 안서사진의 주인이 항상 당이 아니라, 수시로 서돌궐과 토번이 장악했다는 사실을 확인할 수 있는 중요한 내용이다.

돌기시소녹과 안서도호의 싸움 중에 두섬이 당의 재상이 되었다는 소식을 듣고서야 서돌궐과 토번은 대대적인 당의 반격을 피하기 위해 퇴각하였다. 그보다 서돌궐과 토번의 본영이 멀리 있는 데다 오래도록 비울 수 없어 각각 서둘러 귀환했을 가능성도 무시할 수 없다.

돌기시 역사를 설명한 까닭은 중앙아시아에서 중국과 대항하기 위해 서돌궐과 토번은 필요에 따라 수시로 제휴했기 때문에, 당의 서역경영의 제일 큰 문제가 토번과 서돌궐의 관계라는 사실을 부각시키기 위함이다.

주변민족을 기미정책으로 엮기 위한 당의 정략적 결혼은 돌궐과 맺었던 관계만 아니다. 토번·서돌궐·동돌궐의 3군주가 각기 군주의 딸들을 부인으로 맞아들인 경우도 허다했다. 이러한 사실은 위에서 인용한 『新唐書』의 「突厥傳」에 기록되어 있다.

> 처음에 蘇祿은 그 백성을 사랑으로 다스렸고, 또 성품이 근면한데다 검소하기까지 했기 때문에, 전투할 때마다 전리품이 있으면, 그것을 남기지 않고 부하들에게 나누어 주었다. 이 때문에 諸族들은 기뻐 따랐을 뿐 아니라, 온 힘을 다 바쳤다. (蘇祿은) 또 吐蕃·(東)突厥과 교통하였으며, 이들 두 나라(君主)의 딸들을 모두 부인으로 맞아들였다. 드디어 三國의 딸을 세워서 可敦으로 삼아, 여러 명의 자식을 葉護로 임명하였다. 그러다 보니 그들이 쓰는 비용이 날마다 많았는데도 불구하고

> 평소 저축하지는 않았다. 그래서 만년에 빈곤을 걱정 하게 되었다. 그 때문에 점차 노획한 것을 차지하고 분배하지 않게 되자, 그 때부터 부하들이 배반하였다.[36]

위의 첫 부분은 돌기시소녹이 어떤 방법으로 서돌궐의 맹주가 되었는가에 대한 설명이다. 소녹은 유목기마민족에서 통합군장으로 등장된 인물들의 속성과 그 궤적을 같이 한다. 즉 최초 통합군장들은 근면하고 검소하였을 뿐만 아니라 전쟁 전리품을 자신이 차지하지 않고 부하들에게 모두 나누어 주어 부하들의 절대적인 신임을 받았다. 그 결과 주변 諸族들이 소녹에게 內附하게 되어 소녹 部衆이 날로 늘어나는 것은 지극히 당연하였다.

서돌궐 돌기시가 토번과 동돌궐과 교통하면서 각각 맹주의 딸을 자신의 부인으로 삼았다. 이는 당이 阿史那懷道의 딸을 교하공주로 삼아 소녹의 처로 삼게 했던 것처럼, 그 당시 중앙아시아에서 보편적으로 행해진 정략결혼이다.

중앙아시아에서 정략적인 결혼으로 태어난 서돌궐 가한의 아들들이 葉護가 되어, 그 신분 유지를 위한 경비 지출이 날로 심각하게 커져갔다. 기마민족에서 강력한 국가를 만드는 제1조건은, 전쟁에서 획득한 전리품을 부하에게 고루 분배함으로써 전투공동체의 결속을 강화하는 것이다. 그런데 서돌궐칸 소녹이 노후에 빈곤을 염려하여 전리품을 독식함으로 말미암아 부하들이 각기 살 길을 모색했다는 것은 분열을 뜻한다.

서역에서는 토번·서돌궐·동돌궐이 정략결혼으로 그들 관계를 결속시켰다. 이들에 의한 정략결혼은, 당이 서방세계로 진출하려면 이들과 협력관계를 유지하거나 아니면 이들을 제압해야만 가능하다는 논리를 만들게 되었다. 이런 목적으로 당도 서역 諸國과 정략결혼을 적극적으로 추진하였다.

이와 같은 결혼 소식을 토번이 듣게 된 것은 정관 8년(635)이다.

---

36) 『新唐書』 권215下, 「突厥傳」, 6068쪽, "始, 蘇祿爱治其人, 性勤約, 每戰有所得, 盡以予下, 故諸族附悅, 爲盡力. 又交通吐蕃·突厥, 二國皆以女妻之, 遂立三國女並爲可敦, 以數子爲葉護. 費日廣而無素儲, 晩年愁窶不聊, 故鹵獲稍留不分, 下始貳矣".

> 태종 貞觀 8년, (토번은) 처음으로 (당) 조정에 사자를 파견하였다. 황제는 行人 馮德遐에게 편지를 내려 위무하게 하였다. 弄讚은, 突厥·吐谷渾이 모두 (당)공주와 혼인한 것을 알고, 사자에게 폐물을 들려가지고 가 혼인해 줄 것을 요청하였다. 그러나 황제는 허락하지 않았다.37)

토번은 당 태종 정관 8년 당으로 사신을 파견하여 조공하였다.38) 그때 답례로 당은 行人 馮德遐에게 황제 친서를 휴대하고 토번에 가서 위무하게 하였다. 당 공주가 돌궐과 吐谷渾에 시집갔다는 사실을 토번이 듣고, 토번 贊普(왕) 棄宗弄讚이 당에 사신을 파견해 자신도 당 공주와 결혼할 수 있도록 청원했다. 그러나 당 태종은 그런 요구를 거절했다. 아무튼 토번이 돌궐이나 토욕혼처럼 당 공주와 결혼하게 된 것은 훨씬 후의 일이다.

게다가 토번 사자가 당 조정에 머물 때 토욕혼 사신의 도착으로 말미암아 당이 토번 청혼을 거절한 것이라 생각했을지 모른다. 이런 판단 때문인지 토번은 羊同을 거느리고 토욕혼을 공격했다. 토번의 공격을 감당하지 못한 토욕혼은 靑海 남쪽 지역을 버리고 청해 북쪽으로 급히 도망하였다. 토번은 그 여세를 몰아 党項·白蘭羌을 계속해 攻破하더니 군사 20만을 거느리고 松州까지 침공하여 들어갔다. 이때 당 태종은 吏部尙書 侯君集을 當彌道行營大總管으로 임명하며 대반격작전을 전개하였다.39)

『新唐書』에 의하면 토번 왕 棄宗弄讚은 보내지도 않은 당 공주를 맞이하겠다는 해프닝마저 있었다. 또 토번이 여러 해에 걸쳐 당을 침공하자, 토번 사신 가운데 귀국할 수 없게 된 상황을 비관한 사신 8명이 자살하기도 했다. 그런데 이와 같은 내용이 『舊唐書』에는 없다. 다만 『新唐書』를 편찬하면서 토번 사신의 자살이, 그 당시 중요 사건이라 이를 추가한 것 같다.

토번에 의한 당 침공이 있은 후에 토번 왕 弄讚은 다시 당에 사자를 보내 사죄하며 청혼하자, 황제는 그제야 허락했다. 한마디로 토번의 당 침공은

---

37) 『新唐書』 권216上, 「吐蕃傳」, 6073쪽, "太宗貞觀八年, 始遣使者來朝, 帝遣行人馮德遐下書臨撫. 弄讚聞突厥·吐谷渾並得尙公主, 乃遣使齎幣求昏, 帝不許".

38) 『舊唐書』 권196上, 「吐蕃傳」 貞觀 8年조, 5221쪽.

39) 『舊唐書』 권196上, 「吐蕃傳」 遂進攻松州조, 5221쪽.

토번이 당을 협박하기 위한 수단이었다고 해석할 수밖에 없다. 그렇다면 이는 당에 대한 토번의 외교적인 승리라고 평가할 수 있다. 이때 토번은 大論(재상) 薛祿東贊을 보내 황금 5천 냥을 당에 바쳤다.[40] 정관 15년(641) 태종은 一族의 딸 文成공주를 松贊弄讚의 처로 삼게 하였다.[41]

그 후 토번 재상 薛祿東贊은 당 태종의 고구려 요동공격과 관련하여 축하 글을 올렸다는 사실이 주목된다.

> (토번 贊普가) 祿東贊에게 글을 올려 아뢰길 "폐하께서 사방을 평정하시어, 해와 달이 비추는 곳 모두를 신하로 다스리시게 되었습니다. 고구려가 멀리 있다는 것을 믿고, 예로 따르지 않자, 천자께서 몸소 遼河를 건너시고, (고구려) 城을 무너뜨려 진영을 함락시키시고, 미리 정한 기일에 개선하셨습니다. 기러기가 하늘을 나는 것이 빠르다고 하지만, 그 속도에는 미치지 못합니다. 거위는 기러기와 같은 것이 아닙니다. 신이 삼가 황금으로 만든 거위를 바치옵니다."[42]

토번 재상 祿東贊의 글 가운데 고구려를 언급한 사실은 의미가 크다. 그 당시 중국 서방의 토번마저 강력한 고구려의 실체를 파악하고 있기 때문이다. 게다가 이때 토번이 예로 대한 당에 대해 고구려는 그런 식으로 상대하지 않았다는 사실은 특기할 만하다. 이는 고구려가 당과 대등할 정도로 강력한 국가라는 사실을 토번마저 익히 알고 있다는 방증이다.

그러나 토번의 녹동찬은 당 태종이 요하를 넘어 고구려 성을 파과하고 고구려 진영을 함락시켰다고 잘못 알고 있는 것 같다. 물론 이때 당이 蓋牟城과 遼東城을 빼앗았던 것은 사실이다.[43] 그러나 당은 고구려 安市城 공격에서 실패하고 어쩔 수 없이 회군했다.[44] 따라서 당이 고구려 공격을 성공한 것처럼

---

40) 『新唐書』 권216上, 「吐蕃傳」 遣大論薛祿東贊조, 6074쪽. 薛祿東贊을 같은 「吐蕃傳」에서는 祿東贊으로도 기록하고 있다.

41) 『新唐書』 권216上, 「吐蕃傳」 (貞觀)15年, 妻以宗女文成公主조, 6074쪽.

42) 『新唐書』 권216上, 「吐蕃傳」, 6074쪽, "使祿東贊上書曰'陛下平定四方, 日月所照, 並臣治之. 高麗恃遠, 弗率於禮, 天子自將度遼, 隳城陷陣, 指日凱旋. 雖雁飛于天, 無是之速. 夫鵝猶雁也. 臣謹冶黃金爲鵝以獻'".

43) 『舊唐書』 권3, 「太宗紀」 貞觀 19年 4月 癸亥조 ; 5月 甲申조, 57쪽.

44) 『舊唐書』 권3, 「太宗紀」 貞觀 19年 秋7月조, 58쪽 ; 『新唐書』 권2, 「太宗紀」 貞觀 19年6月 己未조,

토번에게 거짓 정보를 흘린 것 같다.

이때 토번은 당에 대하여 '거위가 기러기에 비유될 수 없다'라 말하여 당 태종의 고구려 정벌의 신속함을 칭송하였다. 이때 당 태종의 기민함을 비유하며 비위를 맞추려고 토번은 황금으로 만든 높이 7尺이나 되는 큰 거위상을 태종에게 바쳤다.[45] 이것은 토번이 당 공주를 맞아들이는 폐물 성격으로 당에 바친 것이라 해석하는 것이 옳을 것 같다.

정관 15년(641)에 당의 宗女 문성공주를 토번 妃로 맞아들인 후 토번과 당의 관계는 얼마간 결속관계를 유지하였다. 토번과 당의 관계변화는 당과 천축과의 교류에도 그 여파가 미쳤다.

> (貞觀) 22년, 右衛率府長史 王玄策은 사신으로 西域으로 가다가 中天竺에서 약탈을 당하였다. 토번이 精兵을 출동시켜 王玄策과 함께 天竺을 쳐 크게 깨뜨렸다. 그리고 사자를 파견하여 승리한 사실을 알렸다.[46]

唐의 右衛率府長史 王玄策이 서역에서 천축으로 들어갈 때 중천축에서 약탈을 당하였다. 정확히 말해 왕현책은 인도의 마가다 왕국에 도착 시 왕이 죽었다는 이유로 입국이 저지되었다. 아무튼 이때 토번 精兵이 적지 않게 동원되어 중천축에 큰 피해를 주었다. 이런 승리 사실을 당 조정에 알리기 위해 토번은 사신을 파견했다. 이에 대해서는『通典』의「天竺傳」이 자세하다.

> 吐蕃은 정예군사 1,200명을 출정시켰고, 泥婆羅國은 7,000기병을 출정시켜 달려왔으며, 玄策은 副將 師仁 등과 함께 2國 병사를 거느리고, 진격해 茶鎛和羅城까지 진격해 갔는데, 그곳은 中天竺國 영내였다. 계속 싸워, 中天竺國을 크게 깨뜨려, 3,000餘級을 참수하였을 뿐 아니라, 또 물에 빠져 죽은 자가 萬人이나 되었으며, 그 나라 왕비와 왕자 등을 사로잡으면서 남녀 13,000인을 포로로 하며, 牛馬 30,000여 필을 획득했다.[47]

44쪽.

45)『新唐書』권216上,「吐蕃傳」其高七尺, 中 實酒三斛조, 6074쪽.

46)『舊唐書』권196上,「吐蕃傳」, 5222쪽, "二十二年, 右衛率府長史王玄策使往西域, 爲中天竺所掠, 吐蕃發精兵與玄策擊天竺, 大破之, 遣使來獻捷".

왕현책이 중천축에서 약탈당하자, 토번과 니파라국에서 달려온 병사들과 함께 중천축국을 향해 진격했다는 얘기다. 전투 결과 당은 中天竺國 왕비와 왕자를 사로잡았을 뿐 아니라 그 나라의 남녀 13,000인과 牛馬를 약탈했다.

왕현책은 장안으로 돌아올 때 당에 대항한 중천축의 왕자와 왕비를 사로잡아서 귀환했다.48) 왕현책이 개선할 수 있던 것은, 오로지 토번과 토번 휘하 泥婆羅國(오늘날 네팔) 精兵의 전투 결과였다.

당과 토번의 긴밀한 관계는 고종 즉위 후도 계속되었다. 『舊唐書』의 「吐蕃傳」을 보자.

> 고종은 嗣位하면서, (토번왕) 弄讚에게 駙馬都尉 관직을 제수하고, 西海郡王으로 봉하고, 직물 二千段을 하사했다. 그로 말미암아 弄讚은 서찰을 (당의) 司徒 長孫無忌 등에게 보내 말하길 '이제 천자께서 즉위하신 터라, 만약 신하 가운데 불충한 생각을 가진 자가 있다면, 제가 언제라도 군사를 거느리고 달려가서 토벌하여 제거하겠습니다.'고 했다. 아울러 金·銀·珠·寶 15종을 바치며, 태종 靈前에 두기를 간청하였다.49)

고종이 즉위하자, 당은 토번왕 농찬에게 駙馬都尉 관직과 西海郡王 작위와 이에 걸맞은 하사품을 주었다. 이때 토번이 당에 보인 충성심은 놀라울 뿐이다. 토번 왕은 당의 司徒 長孫無忌에게 편지를 보내 새 황제 고종에게 조금이라도 불충한 생각을 가진 자가 있다면 직접 군사를 거느리고 가서 제거하겠다고 했다. 이는 농찬이 토번 왕으로서가 아니라 당에 충성하는 신하가 고종에게 충성서약을 하는 것처럼 들릴 정도다. 또 금은 등 15종 보물을 태종 영전에 바쳐 달라는 요청은, 태종과 고종 2대에 걸친 토번왕의 충성 다짐이라고

---

47) 『通典』 권193, 「邊防」9 '天竺傳' 貞觀22年康조, 5262쪽, "吐蕃發精銳千二百人, 泥婆羅國發七千餘騎來赴, 玄策與其副將師仁率二國之兵, 進至茶鎛和羅城, 卽中天竺之所居也. 連戰, 大破之, 斬首三千餘級, 赴水溺死者且萬人, 獲其王妃及王子等, 虜男女萬三千人, 牛馬三萬餘疋".

48) 佐藤長, 1958, 『古代チベット史研究』上, 東洋史研究會, 275쪽.

49) 『舊唐書』 권196上, 「吐蕃傳」, 5222쪽, "高宗嗣位, 授弄讚爲駙馬都尉, 封西海郡王, 賜物二千段. 弄讚因致書于司徒長孫無忌等云, '天子初卽位, 若臣下有不忠之心者, 當勒兵以赴國除討.' 幷獻金·銀·珠·寶十五種, 請置太宗靈前之前".

표현하고 싶다. 당의 문성공주가 토번왕에게 시집온 것이 양국 관계를 얼마나 변화시켰는가를 확인하는 대목이다.

당 고종은 토번왕의 충성서약으로 꽤나 고무되었다. 고종은 그동안 토번이 당에 요청한 모든 요구를 들어 주었다. 이런 내용은 『舊唐書』의 「吐蕃傳」에,

> 고종이 가상히 여겨, (토번왕을) 賓王으로 進封하면서, 가지각색의 비단 三千段을 주었다. (토번이) 또 蠶種과 酒造하는 것, 碾磑(연애, 맷돌)·제지·먹을 만드는 장인을 요청하였는데, 이를 모두 허락하였다. 이런 것을 石像에 모습을 조각하여 昭陵(太宗陵)의 입구 아래에 가지런히 놓았다.[50]

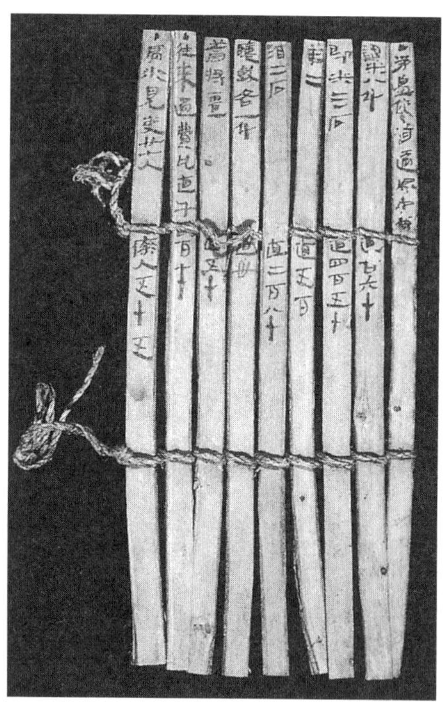

후한 채륜에 의해 종이가 발명되기 전에 사용되었던 목간

고종은 토번왕의 충성서약을 듣고 西海郡王에서 다시 賓王[51]으로 進封시켰다. 당은 토번에 2천단의 직물을 주었는데도 다시 여러 종류의 비단 3천단을 더 주었다. 이보다 중요한 것은 토번이 당의 선진기술 습득을 위해 요청한 당시 첨단기술자를 모두 다 토번에게 보냈다는 사실이다. 그간 토번은 당에 蠶種·酒造하는 사람, 맷돌과 水車를 만드는 사람, 제지·먹을 만드는 장인을 요청하였다. 이는 당시 중국만 소유하고 있던 하이테크 기술이었다. 그런 첨단기술을 토번이 원하자 고종은 이런 하이테크 기술자들을 일시에 모두 보내주었다. 이때 양국관계를 당과 토번의 밀월시기라고 표현해도 좋다.

여기서 비교되는 것은 우리 삼국시대에 신라가 당과 빈번한 교류하였는데도 蠶種 등의 하이테크 기술을 전수시켰다는 내용이 없다는 점이

50) 『舊唐書』 권196上, 「吐蕃傳」, 5222쪽, "高宗嘉之, 進封爲賓王, 賜雜綵三千段. 因請蠶種及造酒·碾磑·紙·墨之匠, 並許焉. 乃刊石像其形, 列昭陵玄闕之下".

51) 『新唐書』 권216上, 「吐蕃傳」, 6074쪽, 賓王이 아니라 賨王이라고 되었으나 賓王이 맞다.

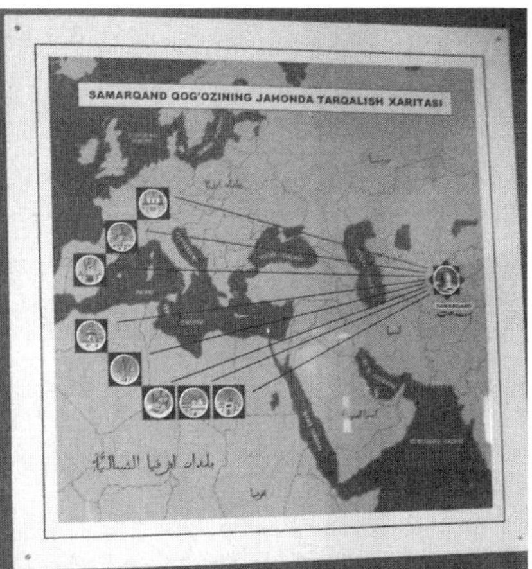

사마르칸트 박물관에 전시된 종이 전파 루트와 제지술에 관한 제작과정도

다. 물론 신라 잠종 경우는 唐 건국 이전부터 보급된 기술이다. 간단히 말해 신라와 당의 친선관계 유지는 서로 필요하였으나 당이 신라에게 첨단기술을 이전시킬 만큼 우호적이지는 않았다는 생각이 든다. 그 당시 첨단기술 이전에 대해 당이 폐쇄적인 것은 서방세계에 대하여도 마찬가지였다. 서방세계로 종이가 전파된 것은 8세기 중반 고구려 유민 고선지 장군의 탈라스 전투 패배로 말미암아, 그때 고선지 휘하 병사들 가운데 제지공이 포로가 되어, 서방세계로 제지술이 전파되었다고 알려져 있다.[52] 그렇다면 당에서 토번으로의 제지술 전파는 아랍세계의 그것보다 1세기 이상 앞섰다는 얘기다.

그러나 이때 당이 목화재배 기술자를 토번에 보낸 구체적 기록은 없다. 만약 동시에 이런 목화재배 기술자를 당이 토번으로 파견했다면, 이는 한국 목화재배 역사보다 무려 7세기나 앞선 일이다. 그러나 목화재배 기술자가 당에서 토번으로 보내졌을 가능성은 희박하다. 그 이유는 목화 원산지가 열대지방인데다 고산지대인 토번에서는 1년 가운데 목화를 재배할 수 있는 따뜻한 날씨가 매우 짧아 목화재배가 쉽지 않기 때문이다. 그런데 우리 역사에서 목화재배 기술은 고려말 문익점이 원나라에서 돌아올 때(1363) 붓대 속에

52) 지배선, 2002, 『유럽문명의 아버지 고선지 평전』, 서울 : 청아, 230~232쪽.

목화씨를 감추어 가져왔던 것이 단초였다. 최근 1996년 부여 능산리 절터에서 수습된 견직물 확인으로 이미 6세기경 우리나라에서 목화가 재배되었다는 주장이 있다. 그러나 필자 생각으로 이는 성급한 판단인 것 같다. 그 이유는 삼국시대 외국과의 교역품 가운데 적지 않은 양의 견직물이 수입될 수 있다고 보기 때문이다. 이는 삼국의 대외교역 연구에서 풀어야 할 문제다.

그 후 토번왕 농찬이 죽자, 당 고종은 애도를 표시하며 조문사절을 파견하였다. 『舊唐書』의 「吐蕃傳」을 보자.

> 永徽 원년(650) 弄讚이 죽었다. 고종은 이 때문에 애도의식을 거행하고, 右武候장군 鮮于臣濟에게 節과 璽書를 가지고 (토번으로)가서 조문하도록 하였다. 弄讚의 아들이 일찍 죽어서, 그의 손자가 뒤를 이었다. 다시 贊普라 불렀다. 그는 너무 어렸기 때문에, 나라의 일을 모두 祿東贊에게 맡겼다.[53]

토번왕 농찬이 죽었을 때 당 고종이 애도를 표할 정도로 양국관계는 계속 긴밀하였다. 고종은 右武候장군 鮮于臣濟에게 節과 璽書를 가지고 가서 조문하도록 명령할 정도였다. 그 후 농찬의 아들이 일찍 죽어 농찬의 어린 손자가 토번왕이 되었을 때도 토번과 당의 친선관계는 지속되었다. 토번의 어린 왕을 보좌한 재상 祿東贊이 죽은 왕의 유지를 받들어 토번과 당과의 긴밀한 관계가 변함이 없었다. 토번과 당이 선린관계를 유지할 수 있었던 계기는, 농찬이 당의 문성공주를 妃로 맞이했기 때문이다. 사료에서 찾지는 못하였으나 토번왕 농찬을 계승한 어린 손자는 문성공주의 친손자일 가능성이다. 게다가 토번 재상 녹동찬은 당에 사신으로 다녀왔을 뿐 아니라 당에 대해 호감을 가진 인물이라 양국 관계가 계속 우호적이었다고 본다.

---

53) 『舊唐書』 권196上, 「吐蕃傳」, 5222쪽, "永徽元年, 弄讚卒. 高宗爲之擧哀, 遣右武候將軍鮮于臣濟持節賫璽書弔祭, 弄讚子早死, 其孫繼立, 復號贊普, 時年幼, 國事皆委祿東贊".

2. 7세기 중엽 당의 安西·隴右를 침공한 토번

그러나 토번 재상 녹동찬이 죽은 후[54] 토번과 당의 유대관계는 변화되었다. 녹동찬이 죽은 그 해부터 토번은 당의 변경을 수시로 침입하여, 여러 강족들의 羈縻 12州를 공격하여 지배하였다.[55] 그 후 용삭·인덕년간에 토번과 토욕혼이 반목 대립하였다. 이때 토번과 토욕혼간 불화의 원인을 당은 알지 못했다. 용삭 3년(663) 5월 토번은 당을 원망하면서 군사를 일으켜 토욕혼을 공격하였다. 토욕혼은 토번에 대패당하여 토욕혼 河源王 慕容諾曷鉢과 弘化公主가 數千帳을 거느리고 량주로 황급히 도망하였다.[56] 이때 당은 涼州都督 鄭仁泰를 靑海道行軍大總管으로 임명해 토번 공격에 대비하도록 했다.[57]

그런데 용삭 3년은 대식이 본격적으로 東進을 시작한 때다. 이해 대식은 파사와 불름을 격파했다. 그뿐만 아니라 대식은 남으로 파라문을 침략하기까지 하여 그 주변의 많은 민족을 병합하였다. 이때 대식의 東進 속도는 매우 빨랐다. 앞의 지적처럼 대식은 군사를 40여 만이나 보유할 정도로 강대하였다.[58] 불름은 옛날 大秦이며 바로 동로마제국이다. 파라문은 토번의 속국으로, 罽賓國 남쪽으로 5백리 떨어진 곳에 婆羅門國이 있다고 했다.[59] 곧 파라문국(니파라국)은 오늘날의 네팔이다.[60]

토번은 토욕혼 영토를 무력으로 장악한 후부터 당에 대해 공세적인 태도로 바뀌었다.

> 咸亨 원년(670), (토번이) 쳐들어 와 羈縻 18州에 피해를 주었다. (토번이) 于闐을 거느리고 龜玆와 撥換城을 점령하여, 이때 安西四鎭을 모두 폐지했다. 그래서

---

54) 『舊唐書』 권196上, 「吐蕃傳」, 及東贊死조, 5223쪽 ; 『新唐書』 권216上, 「吐蕃傳」,祿東贊死조, 6075쪽.

55) 『新唐書』 권216上, 「吐蕃傳」 自是歲入邊조, 6075쪽.

56) 『舊唐書』 권198上, 「吐谷渾傳」 吐蕃大怒조, 5300쪽.

57) 『資治通鑑』 권201, 「唐紀」17 高宗龍朔 3年 5月조, 6336쪽.

58) 『資治通鑑』 권201, 「唐紀」17 高宗龍朔 3年 是歲조, 6339쪽.

59) 『新唐書』 권43하, 「地理志」7하 (罽賓國)南至婆羅門國五百里조, 1155쪽.

60) 佐藤長, 1958, 『古代チベット史研究』上, 399쪽, 泥婆羅門=泥婆羅+門, 門은 Mon yul(티베트의 네팔지방).

조서로 右威衛大將軍 薛仁貴를 邏娑道行軍大總管으로, 右衛員外大將軍 阿史那道眞과 左衛將軍 郭待封을 副로 삼아 토번을 토벌하도록 하였다. 동시에 吐谷渾이 자신의 나라로 돌아가도록 보호하였다. 대략 군사 10여 만이 大非川에 도착했지만 (토번 祿東贊의 둘째 아들) 欽陵이 대항하였기 때문에, 당군이 패배하여, 드디어 (토번이) 吐谷渾을 멸망시키고 그 땅 전부를 차지했다. (당은) 司戎太常伯·同東西臺三品 姜恪을 涼州道行軍大總管으로 삼아 토벌하도록 조치를 취하였으나, 그때 恪이 죽어 군대를 회군시켰다.[61]

그런데 670년 토번이 당의 기미 18주를 공격한 것은 토번에 의한 침공루트가 광범위하다는 것을 알린 자료다. 이때 토번은 타클라마칸 사막 남쪽에 있는 우전을 거느리고 타클라마칸 사막 북쪽의 쿠차와 撥換城(姑墨國)[62]마저 공격하여 빼앗는 개가를 올렸다. 우전은 오늘날 타림분지의 남쪽의 和田에서 남으로 40여㎞ 떨어진 곳에 있는 나라다. 아무튼 이때 토번은 당의 안서사진의 본영 쿠차와 아울러 쿠차 서쪽의 撥換城(姑墨州)[63]까지 점령했다. 이 사건은 토번이 당의 안서사진을 침공하여 점령한 것이다. 바꾸어 말해 토번의 천산산맥 남쪽 타림분지 전 지역에 대한 장악이다.

당은 안서사진 탈환을 위해 토번에 대한 반격작전을 폈다. 전에 고구려 공격에서 선봉장으로 두각은 나타낸 薛仁貴[64]를 邏娑道行軍大總管으로 삼아 10여 만이나 되는 대군으로 토번을 공격하였다. 그러나 청해 남쪽으로 흘러들어가는 大非川(青海 共和縣 서남쪽의 切吉평원)을 지키던 欽陵에 의해 당군이 도리어 대패 당하였다. 薛宗正은 이를 당나라 開國 이후 대외전쟁에서 최초 최대의 실패라고 평가할 정도로 당은 토번과의 전투에서 막대한 피해를 입었다.[65] 이때 당은 패전 책임을 물어 설인귀 등을 除名시켰다.[66] 토번에

61) 『新唐書』 권216上, 「吐蕃傳」, 6076쪽, "咸亨元年, 入殘羈縻十八州, 率于闐取龜玆撥換城, 於是安西四鎭並廢. 詔右威衛大將軍薛仁貴爲邏娑道行軍大總管, 左衛員外大將軍阿史那道眞, 左衛將軍郭待封自副, 出討吐蕃, 并護吐谷渾還國. 師凡十餘萬, 至大非川, 爲欽陵所拒, 王師敗績, 遂滅吐谷渾而盡有其地. 詔司戎太常伯·同東西帶三品姜恪爲涼州道行軍大總管出討, 會恪卒, 班師".

62) 『北史』 권97, 「龜玆國」 龜玆國조, 3218쪽.

63) 『新唐書』 권43하, 「地理志」7하 又 六十里至撥換城조, 1149쪽.

64) 지배선, 2006, 「연개소문의 맏아들 남생의 발자취와 고구려 멸망」, 『고구려·백제 유민 이야기』, 186쪽.

달리는 차 위로 구름처럼 눈 덮인 기련산맥이 보인다. 산맥 너머 지역이 흑치상지가 토번을 격퇴한 곳이다.

의한 토욕혼 강점에 대한 당의 반격 실패로 말미암아 청해 일대의 토욕혼이 역사에서 사라지게 되었다.

咸亨 원년(670) 4월 토번의 공격으로 안서도호부가 함락됨으로써[67] 당과 토번은 적대관계가 되었다. 안서사진을 잃은 당 조정은 토번을 격퇴하려고 지체하지 않고 후속 조치를 취했다. 당은 司戎太常伯·同東西臺三品 姜恪을 량주道行軍大總管으로 삼아 토번을 토벌하도록 군사조치를 취했다. 그러나 姜恪의 갑작스런 죽음으로 당군은 전투 한번 치루지 못하고 회군했다. 그런데 더욱 중요한 사실은 당이 토번에게 천산산맥 남쪽 타클라마칸 사막 안서사진을 모두 잃는 치욕을 당하였다는 점이다. 이후 당은 고작 하서회랑의 량주도 군사로 기련산맥 남쪽에 토번이 장악한 옛 토욕혼의 청해지역으로 진격할 계획을 세웠을 뿐이다. 당은 기련산맥 서쪽 끝자락에 대한 공격만 생각하였지, 천산산맥을 넘어 토번이 장악한 안서사진으로 진격할 계획조차 수립하지 못했다. 이는 서역의 종주국이 당에서 토번으로 바뀌었음을 알린 사건이다.

설인귀가 지휘한 唐軍은 토번에게 대파되었고, 그 후 강각이 지휘한 涼州道 군사는 토번과 전투 한번 못하고 퇴각했다. 당과의 전쟁에서 승리한 토번은 정탐목적으로 大臣 仲琮을 당에 파견하였다.[68] 그런데 중종은 어렸을 때

65) 薛宗正, 1995, 『安西與北庭－唐代西陲邊政硏究』, 107쪽.

66) 『舊唐書』 권196上, 「吐蕃傳」 仁貴等並坐除名조, 5223쪽.

67) 『舊唐書』 권40, 「地理志」3 咸亨 元年 4月조, 1647쪽 ; 『新唐書』 권40, 「地理志」4 '安西大都護府' 咸亨 元年조, 1074쪽.

68) 『新唐書』 권216上, 「吐蕃傳」 吐蕃遣大臣仲琮入朝조, 6076쪽.

당의 太學에 유학해 중국 문자에 통달하였을 뿐 아니라 중국 사정에도 매우 밝았다.[69] 이런 상황에서 당 고종은 중종이 토번 정치에 관여할 정도로 비중 있는 인물이 아니라는 것을 알고 중종을 박대하였다. 그러자 토번은 계속 다른 대신을 파견하면서 당의 정치적 상황을 염탐했다.

> 上元 2년(675) (토번은) 大臣 論吐渾彌를 파견해 화평을 요청하면서, 또 (靈州로 이주한) 吐谷渾과도 친선을 도모하는 일을 요청했다. (그러나) 황제가 이를 허락하지 않았다.[70]

토번은 大臣 중종을 파견한 후, 다시 대신 論吐渾彌를 파견하여, 당과 화평을 모색하였다. 또 토번 논토혼미는 당에서 보호 하에 있는 토욕혼과 선린관계를 맺도록 협조할 것을 당에 요구할 정도로 당에 대한 태도가 대담하였다. 당 고종이 토번 요청을 들어주지 않자 다음해 또 토번은 당의 변경을 침공하면서 당을 괴롭혔다.

> 다음 해(676) (토번은) 鄯·廓·河·芳등 4州를 공격하여, 그 지방의 당의 관리를 죽이고 약탈하였으며, 말과 소도 만여 마리나 빼앗아갔다.[71]

토번은 위의 농우도에 속한 4州 관리를 죽이거나 잡아갔을 뿐 아니라 牛馬마저 탈취하였다. 이는 토번이 함형 원년(670) 이후부터 당에 대한 공격의 고삐를 늦추지 않았다는 증거다. 그런데 토번이 홀로 당을 공격한 것이 아니다. 『新唐書』 권216上, 「吐蕃傳」에 '토번이 서돌궐과 연합해 안서를 공격하였다'[72]는 사실이었다. 이는 당이 계속되는 토번의 공격을 차단하지 못할 경우 당의 존립 기반마저 흔들리는 위험한 상황의 전개였다. 당 고종은 토번의 공격을

---

69) 『新唐書』 권216上, 「吐蕃傳」 仲琮少游太學조, 6076쪽.

70) 『新唐書』 권216上, 「吐蕃傳」, 6076쪽, "上元二年, 遣大臣論吐渾彌來請和, 且求與吐谷渾脩好, 帝不聽".

71) 『新唐書』 권216上, 「吐蕃傳」, 6076쪽, "明年, 攻鄯·廓·河·芳四州, 殺略吏及馬牛萬計" ; 『舊唐書』 권196上, 「吐蕃傳」 上元 3年조, 5223쪽.

72) 『新唐書』 권216上, 「吐蕃傳」, 6077쪽, "吐蕃與西突厥連兵攻安西".

저지하기 위해 대대적인 반격작전을 추진하였다.

> 儀鳳 3년(678), 또 中書令 李敬玄에게 鄯州都督을 겸임시켜 劉仁軌를 대신하게 하여 洮河로 가서 鎭守하도록 명령하였다. 계속해서 關內·河東 및 여러 州의 용감하고 날쌘 자를 소집하여, 이들을 猛士로 삼았기 때문에 그들의 일을 상관하지 않았다. 또 앞서 문무 관리로 임명된 자들을 궁정에 불러다 연회에 참석하게 한 후, 그들마저 보내 공격하게 하였다. 또 益州長史 李孝逸·嶲州都督 拓王 奉 등에게 劍南·山南의 군사를 모집하여 출동시켜, 방어하게 하였다.73)

함형 원년 4월에 邏娑道行軍大總管 劉仁軌가 大非川(青海 共和縣 서남쪽의 切吉평원)에서 토번 論欽陵에 의해 대패한 후 당의 대규모 토번 반격작전의 사례이다. 그런데 유인궤를 대신해 전투 경험이 없는 尙書令 李敬玄을 鄯州都督으로 임명한 것은 당 고종의 어리석은 인사 조치다. 그러나 고종은 토번 토벌이 너무 급한 나머지 關內·河東 및 여러 州의 용감한 자들은 물론이고 문무 관리에 뽑힌 자들도 토번 공격을 위해 모두 동원할 정도로 서둘렀다. 그밖에 劍南·山南의 군대도 토번을 막기 위해 동원하였다. 당은 토번공격을 위해 청해 북쪽과 동쪽지역에서 협공작전을 하려 했다. 한마디로 당은 토번공격에서 승리하기 위해 수단 방법을 가리지 않고 전력투구했다고 본다. 이와 같이 당은 토번에 반격하기 위해 반년이상 준비하였다.

그 해 가을 당의 이경현은 청해에서 토번군과 맞닥뜨렸다.

> 그 해 가을 李敬玄은 工部尙書 劉審禮와 함께 병을 거느리고 青海에서 토번과 싸웠다. 관군이 패배하면서 劉審禮마저 전장에서 죽었다. 그런데도 敬玄은 군대를 거느리고 구원할 생각조차 못했다. 급히 군을 거두어 퇴각하여, 承風嶺에 머물렀는데, 진흙 밭이 앞을 막아 움직일 수 없는데다, 적은 높은 산등성이에 주둔하면서 압박하여 왔다.74)

73) 『舊唐書』 권196上, 「吐蕃傳」, 5223쪽, "儀鳳三年, 又命中書令李敬玄兼鄯州都督, 往代仁軌於洮河鎭守. 仍召募關內·河東及諸州驍勇, 以爲猛士, 不簡色役. 亦有嘗任文武官者召入殿庭賜宴, 遣往擊之. 又令益州長史李孝逸·嶲州都督拓王奉等發劍南·山南兵募以防禦之".

74) 『舊唐書』 권196上, 「吐蕃傳」, 5223~5224쪽, "其年秋, 敬玄與工部尙書劉審禮率兵與吐蕃戰于青海,

함형 원년 유인궤가 大非川에서 패배한 위치만 다를 뿐 儀鳳 3년 가을 이경현이 承風嶺에서 진퇴양난의 위기에 빠진 것은 똑 같은 상황이다. 청해에서 당과 토번 싸움에서 劉審禮가 전사하였는데도 구출작전을 생각하지 못할 만큼 승풍령까지 쫓긴 당군은 살아 돌아가기 위해 도망가는 것조차 어려웠다. 승풍령의 지형조건상 후퇴가 불가능하여 당군에게 남은 것은 절망뿐이었다. 그때 난관을 타개한 인물이 바로 백제 유민 黑齒常之였다.

> (李敬玄의) 部將 左領軍員外將軍 黑齒常之는 결사대 5백인만 거느리고, 야밤에 적 진영을 깨자, 드디어 적은 스스로 궤멸되어 서로 밟혀 죽은 자가 3백여 명이나 되었다. 그래서 敬玄은 무리를 鄯州에 집결시킬 수 있었으나, 그 책임을 물어 衡州刺史로 좌천시켰다.[75]

이경현이 지휘한 18만[76]이나 되는 대군의 패퇴는 잘못된 후퇴작전으로 진흙밭에 빠진 결과였다. 게다가 토번이 유리하게 고지를 장악함으로써 당군이 갇힌 상황은 이경현의 작전부재 결과였다. 이때 흑치상지가 불과 500명의 결사대로 적 진영을 교란시켰다는 사실이 주목된다. 흑치상지의 활약으로 토번이 혼비백산한 상황에서 저들끼리 300여 명이나 밟혀 죽을 정도로 흑치상지의 작전은 대성공이었다.

이경현이 이끈 당군의 퇴로를 뚫은 인물은 이경현의 偏將 흑치상지였다.[77] 왜 절박한 위기 상황에서 이경현이 결사대 대장으로 흑치상지를 뽑았는지에 대한 설명은 없다. 만약 이것이 흑치상지의 당에서의 최초 전투라면, 그것도 게릴라전 대장으로 출정했다면 대답은 하나다. 흑치상지가 당에 오기 전 백제 임존성에서 여러 해 동안 백제 장군으로 당군을 상대로 한 전투에서 발휘한 장군으로서의 출중한 기량을 이경현이 잘 알고 있었기 때문에 상황타개

官軍敗績, 審禮沒于陣, 敬玄按軍不敢救. 俄而收軍却出, 頓于承風嶺, 阻泥溝不能動, 賊屯於高岡以壓之".

75) 『舊唐書』 권196上, 「吐蕃傳」, 5224쪽, "偏將左領軍員外將軍黑齒常之率敢死之士五百人, 夜斫賊營, 賊遂潰亂, 自相蹂踐, 死者三百餘人. 敬玄遂擁衆鄯州, 坐改爲衡州刺史".

76) 『新唐書』 권106, 「李敬玄傳」 統兵十八萬조, 4052쪽.

77) 『新唐書』 권106, 「李敬玄傳」 偏將黑齒常之조, 4053쪽.

책으로 흑치상지를 전격 발탁했다고 본다. 그렇지 않다면 이때 흑치상지가 지휘한 군대만 온전하였을 뿐 아니라 도리어 엄청난 戰果를 올렸기 때문에 이경현은 흑치상지를 결사대 대장으로 발탁하였던 것 같다. 아무튼 흑치상지의 게릴라식 전략으로 이경현은 군사를 이끌고 鄯州로 퇴각하는 것이 가능하였다.

백제 유민 흑치상지는 665년 부여융과 함께 長安으로 끌려갔다.[78] 그렇다면 장안에 온 지 13년이나 지난 후, 당의 장군으로서 자신의 출중한 전투기량을 토번과의 싸움에서 입증한 셈이다. 그렇다면 이경현이 절망적인 상황에서 무엇을 근거로 흑치상지에게 결사대를 맡겼나 하는 의문이 든다. 아마도 이는 흑치상지가 토번과의 전투에서 게릴라전으로 이겼던 사례를 이경현이 잘 알고 있었기 때문이라 본다. 그 밖의 사실로는 백제 부흥운동에서 흑치상지가 전투에서 보여준 뛰어난 전략·전술을 이경현이 알고 있었던 것도 그에게 결사대를 맡긴 이유가 아닌가 싶다.

토번과 당의 싸움에서 이경현의 무능도 큰 문제였으나, 이때 토번의 강성함은 절정이었다. 『舊唐書』 권196上 「吐蕃傳」을 계속해서 보자.

> 앞서 劍南에서 모집한 병사를, 茂州 서남쪽에 安戎城을 쌓으면서, (토번)국경을 압박하였다. 그런데 별안간 어떤 生羌이 토번 향도가 되어, 그 성을 공격하여 함락시키더니, 드디어 (토번이) 군사를 이끌고 와 이곳을 점령하였다. 그때 토번은 羊同·党項 및 모든 羌族 땅을 전부 차지하였고, 동으로 涼·松·茂·嶲州 등과 맞닿았고, 남으로 인도에 닿았으며, 서로는 또 龜玆·疏勒 등의 安西四鎭을 공격해 함락시켰으며, 북은 돌궐과 접하여서, (토번) 땅이 만여 리나 되었다. 漢·魏이래 西戎의 강성이, 이와 같은 적은 예전에도 없었다.[79]

비록 백제 유민 흑치상지의 게릴라전으로 이경현은 대군과 함께 퇴각할

78) 지배선, 2006, 「백제 장군 흑치상지의 토번·돌궐 토벌」, 『고구려·백제 유민이야기』, 372~373쪽.
79) 『舊唐書』 권196上, 「吐蕃傳」, 5224쪽, 往劍南兵募, 於茂州之西南築安戎城以壓其境. 俄有生羌爲吐蕃鄕導, 攻陷其城, 遂引兵守之. 時吐蕃盡守羊同·党項及諸羌之地, 東與涼·松·茂·嶲等州相接, 南至婆羅門, 西又攻陷龜玆·疏勒等四鎭, 北抵突厥, 地方萬餘里, 自漢·魏已來, 西戎之盛, 未之有也.

수 있었으나, 승풍령전투로 당은 토번의 거센 공격을 자초하였다. 이경현이 이끈 군사의 패퇴는 토번 영토가 최대로 확대되는 빌미가 되었다.

한편 당은 검남과 산남에서 모집된 병사 가운데 검남 군사를 동원하여 茂州 서남쪽에 安戎城을 쌓아 토번 공격을 차단했다. 그러나 안융성 일대의 지리에 밝은 生羌이 토번과 합류하여 공격하자, 안융성마저 토번이 장악하였다. 그 결과로 토번은 羊同·党項·羌族의 영역 모두를 토번 영토로 만들었다.

이때 토번의 강성함은 漢·魏 이래 절정이었다. 토번 영역이, 동쪽으로 涼·松·茂·巂州 등과 맞닿았고, 남쪽으로 인도에 이르렀고, 서로는 쿠차·소륵 등의 안서사진을 장악했으며, 북으로는 서돌궐과 접하였기 때문에 토번 영역이 무려 만 여 리나 될 정도로 강대하였다. 토번이 西로는 쿠차·소륵 등의 안서사진을 장악했다는 사실을 주목하고 싶다. 그 이유는 이때 기련산맥 서북 천산산맥 남부지역을 모두 토번이 장악했기 때문이다. 토번의 안서사진 점령으로 당은 서방세계와 인도로 통하는 천산남로를 상실하였다. 게다가 천산북로는 서돌궐 영역이라 천산북로마저 서돌궐의 허가 없이는 통행할 수 없어, 당에서 서방세계로 통하는 길은 차단되었다.

이때가 토번의 최전성기였다. 반대로 당은 토번과 서돌궐로부터 협공당하는 어려운 상황이었다. 당 고종은 이와 같은 구도에 대해 서방정책의 실패 원인을 동방원정 때문이라고 주장했다. 『新唐書』 권216上 「吐蕃傳」을 보자.

> 황제는 부드럽고 인자하였으나 먼 앞날을 내다 볼 계책이 없는데다, 여러 장수들이 자주 패배하는 것을 보고, 이에 널리 近臣들에게 물어, 방어할 수 있는 방책을 구했다. 황제가 말하길 "지금 짐이 갑옷을 입고, 출정할 때가 아니다. 앞서 고구려·백제를 멸망시켰을 때, 매년 군대를 동원했기 때문에, 중국이 어수선해졌다. 짐은 오늘까지 이를 후회하고 있다. 지금 토번이 쳐들어오고 있으니, 우리가 어찌 대처해야 한단 말인가!"[80]

당 고종은 토번 침공을 막기 위한 방어가 매번 실패하자 불안해하였다.

---

80) 『新唐書』 권216上, 「吐蕃傳」, 6077쪽, "帝旣儒仁無遠略, 見諸將數敗, 乃博咨近臣, 求所以禦之之術. 帝曰'朕未始擐甲履軍, 往者滅高麗·百濟, 比歲用師, 中國騷然, 朕至今悔之. 今吐蕃內侵, 盍爲我謀?'"

그런데 고종은 고구려와 백제를 멸망시키기 위해 매년 엄청난 군사를 동원한 일로 중국이 고통받고 있는 게 너무나 고통스러웠던 모양이다. 토번 침공이 그치지 않는 이 순간 과도한 동원으로 고구려와 백제를 멸망시킨 일을 더욱 후회하였다. 바꾸어 말하면 당이 동방 침공으로 말미암아 서방의 토번 침공에 대처할 힘을 잃었다. 당제국이 고구려와 백제를 멸망시켰다고 하나 그 대가도 엄청났다. 이때 당 고종은 토번 침공을 저지시킬 수 있는 대안을 찾지 못하자, 토번 침공에 대한 방안을 신하들에게 물을 정도였다. 한마디로 이때 토번 침공에 대하여 당은 글자 그대로 속수무책이었다.

3. 백제 유민 흑치상지의 토번 방어와 하원군 경영

당은 承風嶺에서 패퇴한 뒤, 토번 공격을 막기 위한 시도로 흑치상지의 게릴라전을 주목했다. 당군의 승풍령 패배 후에도 이경현은 토번 공격을 시도했으나 실패했다.[81] 당 고종이 토번에 대한 대책에 골몰하자, 太學生 宋城縣 사람 魏元忠은 토번에 대한 대책은 정벌전쟁에 참가한 장군들에 대한 신상필벌 논공 원칙을 고수하면서, 백성이 가진 말을 모두 징발해 토번을 공략하는 것이 최선이라는 글을 당 고종에게 올렸다.[82] 한마디로 당 서북변경에서 활동한 장군 가운데 貧賤한 출신이라도 특별한 공을 세운 유능한 인물들을 토번 방어에 충당시켜야 한다는 주장이다. 이는 당이 세계국가가 될 수 있도록 터전을 닦는 정책 제시였다. 魏元忠은 전쟁에서 적자생존 원칙의 구조 조정이 지켜져야만 토번 방어를 성공할 수 있다고 고종에게 건의한 것이다.[83] 이것이 당이 변방민족 출신의 유능한 인물들을 중요 직책의 장군으로 발탁하는 계기가 되어 흑치상지가 전격적으로 발탁되었다.[84]

고종 調露 원년(679) 2월 壬戌일에 토번왕[贊普]이[85] 죽자,[86] 고종은 裴行儉

81) 『資治通鑑』 권202, 「唐紀」18 高宗 儀鳳三年九月丙寅조, 6386쪽, "李敬玄之西征也".

82) 『資治通鑑』 권202, 「唐紀」18 高宗 儀鳳三年조, 6386~6388쪽, "太學生宋城魏元忠上封事".

83) 伊瀨仙太郎, 1967, 「唐代における異民族系內徙民の起用について」, 『山崎先生退官記念, 東洋史學論集』, 東京 : 大安, 52쪽.

84) 『舊唐書』 권196上, 「吐蕃傳」 詔以常之爲河源軍使以鎭禦之조, 5224쪽.

85) 林冠群, 1989, 「唐代吐蕃政治制度之硏究」, 『國立政治大學學報』 60, 51쪽, 贊普(btsanpo)는 吐蕃에서

에게 토번 공격에 대한 이해득실을 물었는데, 그는 지금은 때가 아니라고 반대했다.[87] 이때 당이 토번을 공격하려 하였던 이유는 贊普의 아들 나이가 불과 8세인 器弩悉弄이 토번왕으로 즉위했기 때문이다.[88]

앞서 밝힌 것처럼 토번왕 器弩悉弄이 즉위하기 이전부터 토번은 당과 적대적이었다.

> 永隆 원년(680) 文成공주가 죽자, (토번은) 사자를 보내 죽음을 알렸다. 또 우리 쪽 陳行焉의 시신을 돌려보냈다. 전에 行焉이 토번에 사자로 갔을 때, (그때) 論欽陵이 자신에게 절을 강요하면서, 무장 병사를 배치했다. 그런데도 (그가) 굴복하지 않자, 10년간 (토번에) 억류시켰다. 유해가 돌아오자, 睦州자사로 추증하였다.[89]

680년에 당에서 토번으로 시집간 문성공주가 죽자, 토번은 이 사실을 당에 알렸다. 그런데 이때 10년 전 당에서 토번으로 보낸 사신 陳行焉이 論欽陵에 절하지 않은 이유로 억류되었다가 10년 만에 죽자, 이때 그 시신을 당으로 돌려보냈다. 토번의 陳行焉 억류는 군사적으로 당을 제압했다는 방증이다.

그 해 7월 토번은 당을 공격하였다.[90] 이를 『舊唐書』의 「本紀」에서 들어보자.

> 가을 7월 토번이 河源에서 노략질하면서 良非川에 주둔하였다. 河西鎭撫大使 李敬玄과 토번 장군 贊婆가 湟中에서 싸웠는데, 관군이 패배하였다. 이때 左武衛將軍 흑치상지가 고군분투하였기 때문에 토번을 대파하였다. 드디어 (흑치상지를) 河源軍經略大使로 발탁하였다. 그리고 李敬玄은 鄯州에 머물면서 흑치상지를 지원하도록 명령하였다.[91]

군주를 지칭할 때 사용하는 명사이다.

86) 『舊唐書』 권196上, 「吐蕃傳」 儀鳳4年조, 5224쪽 ; 『新唐書』 권216上, 「吐蕃傳」儀鳳4年조, 6077쪽 ; 『資治通鑑』 권202, 「唐紀」18 高宗 調露元年二月壬戌조, 6389쪽, "贊普卒".

87) 『新唐書』 권108, 「裴行儉傳」, 4086쪽, "行儉議曰".

88) 『資治通鑑』 권202, 「唐紀」18, 高宗 調露元年二月壬戌조, 6389쪽, "子器弩悉弄立, 生八年矣".

89) 『新唐書』 권216上, 「吐蕃傳」, 6078쪽, "永隆元年, 文成公主薨, 遣使者弔詞, 又歸我陳行焉之喪. 初, 行焉使虜, 論欽陵欲拜己, 臨以兵, 不爲屈, 留之十年. 及是喪還, 贈睦州刺史".

90) 『資治通鑑』 권202, 「唐紀」18 高宗 永隆 元年 秋七月조, 6395쪽, "吐蕃寇河源".

이는 흑치상지와 관련된 기사로는『舊唐書』의「本紀」에서 처음 언급된 것이다. 이때 흑치상지가 左武衛將軍이었던 사실은 儀鳳 3년(678) 이경현의 偏將에 불과하였다는 사실과 사뭇 다르다. 흑치상지가 결사대 500명으로 承風嶺에 갇힌 18만 군을 구출한 공로로 左武衛將軍으로 임명된 것 같다. 湟中에서 흑치상지의 토번 격파사실은『新唐書』의「吐蕃傳」에도 있다.[92] 그런데 흑치상지의 전투에 관한 기록이「本紀」에 상세하다는 사실을 주목할 필요가 있다. 그 이유는 당의 토번 공격에서 일방적으로 당이 패퇴의 연속이었는데, 오직 흑치상지만이 토번을 제압했기 때문이다. 그러니 흑치상지의 개선에 당이 환호작약한 것은 당연하다. 또『資治通鑑』에도 "(680) 가을 7월 토번이 河源을 공격하자, 좌무위장군 흑치상지가 이를 격파해 물리쳤다"[93]라고 기록하고 있다. 이때 상황을『新唐書』권216上「吐蕃傳」은 토번 贊婆가 良非川으로 다시 침공하였으나 흑치상지가 격퇴하였다고 기록하였다. 또 儀鳳 3년(678)~4년 동안 당과 토번 관계를 묶어 흑치상지의「誌文」은 다음과 같이 기록하였다.

> 이때 中書令 李敬玄이 河源道經略大使가 되자, 군사들이 그의 절도라는 관직을 빼앗았고, 赤水軍大使 尙書 유심례가 이미 패하여 죽자, 장수들 중에 근심하고 두려워하지 않는 자가 없었다. 그러던 중 흑치상지가 홀로 높은 산마루와 같은 큰 공을 세워 그 고난을 극복한 공로로 左武衛將軍으로 직책이 바뀌더니, 이내 李敬玄을 대신하여 大使가 되었으니, 이는 그에 대한 풍문에 입각한 것이다.[94]

위의 사실은 대략 두 가지로 나눌 수 있다. 하나는 河源道經略大使 이경현이 거느린 당군이 토번에 의해 대패한 사실과 아울러 劉審禮가 토번에 의해

---

91)『舊唐書』권5,「高宗紀」調露 2年조, 106쪽, "秋七月, 吐蕃寇河源, 屯于良非川. 河源鎭撫大使李敬玄與吐蕃將贊婆戰于湟中, 官軍敗績. 時左武衛將軍黑齒常之力戰, 大破蕃軍, 遂擢爲河源軍經略大使, 令李敬玄鎭鄯州, 爲之援".

92)『新唐書』권216上,「吐蕃傳」明年 贊婆 素和貴率兵三萬攻河源조, 6077쪽.

93)『資治通鑑』권202,「唐紀」18 高宗 永隆 元年조, 6395쪽, "秋, 七月, 吐蕃寇河源, 左武衛將軍黑齒常之擊卻之".

94) 周紹良 主編, 앞의 책, 942쪽, "于時中書令李敬玄爲河源道經略大使, 諸軍取其節度. 赤水軍大使尙書劉審禮, 旣以敗沒, 諸將莫不憂懼. 府君獨立高岡之功. 以濟其難, 轉左武衛將軍, 代敬玄爲大使, 從風聽也".

죽음으로 인한 군심의 동요다. 다른 하나는 흑치상지가 게릴라전으로 토번을 물리쳤고, 그 결과 흑치상지가 이경현을 대신하여 하원도경략대사가 되었다는 것이다. 하원도경략대사 이경현 휘하 흑치상지가 토번 무리를 격파한 사실은 『舊唐書』의 「黑齒常之傳」에 자세히 나와 있다.

> 그때 토번의 贊婆 및 素和貴 등 적의 무리 3만여 명이 良非川에 주둔하고 있었다. 常之는 정예 기병 3천명을 거느리고 야밤에 적의 군영을 습격하여 적을 죽이거나 사로잡은 것이 2천여 명이었으며, 또 양과 말은 수만 마리나 노획하였다. 이때 贊婆 등은 單騎로 도망하였다.[95]

이런 내용은 『新唐書』의 「吐蕃傳」과 『冊府元龜』에도 있다.[96] 이는 흑치상지가 토번을 궤멸시켰던 전과다. 이에 대하여는 『舊唐書』의 「吐蕃傳」에 더 구체적으로 언급하고 있다.

> 이윽고 흑치상지는 토번의 대장 贊婆와 素和貴를 良非川에서 격파하면서, 이때 2천여 명을 죽이거나 사로잡자, 드디어 토번이 퇴각하였다. (그러자) 조서를 내려 상지를 河源軍使로 임명하며, 그곳에 주둔하여 방어를 담당하게 하였다.[97]

위의 세 사실은 모두 흑치상지가 良非川에서 토번을 크게 격파한 전황에 대한 기록이다.[98] 이를 종합하여 크게 네 가지로 나누어 분석하자.

첫 번째는 河源軍 副使 흑치상지 장군이 河源의 良非川에 주둔하고 있던 贊婆와 素和貴가 지휘하는 토번 침입을 막았을 뿐 아니라 그들을 대파시켰다는 것이다.[99] 고종 儀鳳 4년(679)으로 토번의 贊普가 죽자, 그의 어린 아들 器弩悉弄

---

95) 『舊唐書』 권109, 「黑齒常之傳」, 3295쪽, "時吐蕃贊婆及素和貴等賊徒三萬餘屯於良非川. 常之率精騎三千夜襲賊營, 殺獲二千級, 獲羊馬數萬, 贊婆等單騎而遁".

96) 『新唐書』 권216上, 「吐蕃傳」 明年, 贊婆·素和貴조, 6077쪽 ; 『冊府元龜』 권384, 「將帥部」45 '褒異'10, 4570쪽, "吐蕃贊婆及素和貴".

97) 『舊唐書』 권196上, 「吐蕃傳」, 5224쪽, "尋而黑齒常之破吐蕃大將贊婆及素和貴於良非川, 殺獲二千餘級, 吐蕃遂引退. 詔以常之爲河源軍使以鎭禦之".

98) Christopher I. Beckwith, *The Tibetan Empire in Central Asia* (Princeton Univ. Press, 1987), p.49.

99) 『舊唐書』 권196上, 「吐蕃傳」, 5224쪽, "尋而黑齒常之破吐蕃大將贊婆及素和貴於良非川" ; 『資治通鑑』

이 토번왕이 되어[100] 贊婆에게 당의 河源 침공을 명령하였는데,[101] 이는 실제 器弩悉弄의 명령이 아니라 贊婆 등이 欽陵의 명령을 받은 것이다. 이때 器弩悉弄의 나이가 불과 8세였기 때문에[102] 당시 토번 정치는 欽陵이 좌우하였다.[103] 당시 토번은 흑치상지의 결사대에 의해 당의 18만 대군이 구출된 사실을 벌서 잊었던 모양인지 흑치상지가 副使로 있는 河源을 공격하였다.

이때는 앞의 지적처럼 고종 調露 2년(680) 7월경이다. 그런데 『新唐書』의 「黑齒常之傳」에서는 고종 調露년간(679. 6~680. 7)이라고 하는데,[104] 調露 중에 李敬玄과 토번과는 또 다른 사건이 있다. 이에 대하여는 『資治通鑑』이 더 구체적이다. 이를 간단히 요약하면, 고종 儀鳳 3년(678) 9월에 이경현이 토번정벌을 시도하다가 실패하였고, 전일 전투 중에 전사한 劉審禮를 찾기 위하여[105] 監察御史 婁師德이 토번 장군 論贊婆와[106] 더불어 赤嶺에서 담판하였다.[107] 그렇다면 위의 사실과 고종 調露년간의 전투는 별개다. 이 시기를 고종 調露 2년(680)이 아니라 고종 永隆(680) 원년이라고 수정하여야 옳다. 따라서 『新唐書』의 調露라는 기록은 잘못된 것이다. 심지어 『舊唐書』의 「李敬玄傳」에는 고종 조로 2년(680)에 토번이 침입하였을 때 이경현을 洮河道大總管·安撫大使·檢校鄯州都督으로 임명하였다고 잘못 기록하였다.[108] 그리고 위에서 토번의 素和貴는 吐谷渾 諾曷鉢의 신하였던 素和貴로, 토번으로 망명한 인물이었다.[109] 후일 당은 諾曷鉢의 손자 吐谷渾 靑海王 宣超를 700년 3월에 烏地也拔勤

권202, 「唐紀」18 高宗 永隆 元年 秋七月조, 6395쪽, "吐蕃寇河源" ; 『冊府元龜』 권384, 「將帥部」45 '褒異'10, 4570쪽, "黑齒常之 吐蕃贊婆及素和貴等".

100) 『續通志』 권637, 「四夷傳」3 6731쪽, "吐蕃 儀鳳四年贊普死, 子器弩悉弄立".

101) 『續通志』 권637, 「四夷傳」3 6731쪽, "'吐蕃' 命贊婆率兵寇河源".

102) 『舊唐書』 권196上, 「吐蕃傳」 時年八歲조, 5224쪽.

103) 『舊唐書』 권196上, 「吐蕃傳」 國政復委於欽陵조, 5224쪽.

104) 『新唐書』 권110, 「黑齒常之傳」, 4121쪽, "調露中".

105) 『新唐書』 권108, 「婁師德傳」, 4092쪽, "劉審禮戰沒".

106) 『新唐書』 권108, 「婁師德傳」, 4091쪽, "其首領論贊婆". 여기서는 婁師德이 赤嶺에서 담판하였던 토번 수령을 論贊婆라고 다르게 기록하고 있는데, 이는 論贊과 동일인이다.

107) 『資治通鑑』 권202, 「唐紀」18 高宗 儀鳳 三年 九月조, 6386쪽, "李敬玄之西征也".

108) 『舊唐書』 권81, 「李敬玄傳」 調露 2年조, 2755쪽.

109) 『新唐書』 권216上, 「吐蕃傳」 顯慶三年조, 6075쪽 ; 『新唐書』 권221上, 「吐谷渾傳」 吐谷渾大臣素和貴奔吐蕃조, 6227쪽 ; 山口瑞鳳, 1983, 「吐谷渾の分裂と吐蕃による併合」, 『吐蕃王國成立史硏究』,

忠可汗으로 임명하였다.[110]

두 번째는 토번이 河源에서 그리 멀지 않은 良非川에 주둔한 사실이다.[111] 이 때문에 좌무위장군 흑치상치는 양비천에서 토번과 싸웠는데,[112] 이는 당의 영역 안으로 토번이 침공한 것이다. 이때 토번 우두머리는 贊婆와 素和貴 등이었다. 그렇다면 이후부터는 『신당서』의 기록이 맞다. 그 이유는 河源을 관할하는 관리가 바로 이경현이었기 때문이다. 이때 李敬玄의 관직은 中書令[113]·洮河道大總管 겸 安撫大使·檢校鄯州都督[114]이었다. 그런데 여기서 李敬玄에 대한 사실을 구체적으로 열거하는 이유는 간단하다. 즉 흑치상지가 河源의 安撫大使도 아닌데, 어떤 이유로 흑치상지가 토번과 싸웠는가를 설명하기 위해서다. 위의 良非川은 青海 남쪽의 강이다.

세 번째는 흑치상지가 고종 儀鳳 3년(678) 토번과 싸울 때 불과 결사대 5백으로 전세를 뒤집었던 것처럼 고종 永隆 원년(680)에는 정예 기병 3천을 거느리고 적진의 본영에 들어가 적을 궤멸시켰다는 점이다.[115] 두 전투의 차이점을 든다면, 전자의 경우는 토번 안에서 벌어졌던 것이고, 후자의 경우는 당의 영토 안에서 벌어진 전투였다는 점이다.[116] 그러나 두 전투의 공통점은 야음을 이용한 게릴라전으로 토번 본영 깊숙이 들어가 싸워 흑치상지가 모두 승리하였다는 점이다. 두 전투 모두 당에게는 매우 중요한 전투였다. 전자의 경우는 당의 18만 대군의 생환 문제였다면, 후자의 경우는 당의 영토가 토번에게 점령당하는 문제다. 여기서 흑치상지가 두 번 모두 게릴라전술을 사용했다는 사실을 주목하고 싶다. 왜냐하면 흑치상지가 수치상으로는 불가

東京：岩波書店, 686~687쪽.

110) 『資治通鑑』 권206, 「唐紀」22 則天后 久視元年 3月조, 6546쪽.

111) 『舊唐書』 권5, 「高宗」下, 106쪽, "調露 二年 七月 吐蕃寇河源, 屯于良非川" ; 『續通志』 권637, 「四夷傳」3 6731쪽, "'吐蕃' 屯良非川".

112) 毛漢光, 1994, 「唐代軍衛與軍府之關係」, 『國立中正大學學報』 5-1, 157쪽 ; 佐藤長, 1978, 「吐谷渾における諸根據地」, 『チベット歷史地理研究』, 東京：岩波書店, 236쪽.

113) 『資治通鑑』 권202, 「唐紀」18 高宗 儀鳳 元年 十一月庚寅조, 6382쪽.

114) 『資治通鑑』 권202, 「唐紀」18 高宗 儀鳳 三年 正月丙子조, 6384쪽.

115) 『新唐書』 권216上, 「吐蕃上」, 6077쪽, "左武衛將軍黑齒常之以精騎三千夜擣其營".

116) 『新唐書』 권216上, 「吐蕃上」, 6077쪽, "明年, 贊婆".

능한 전황을 게릴라전으로 유리하게 만들었기 때문이다. 흑치상지는 토번의 침공을 막는데 일등공신이었고, 후일 당 현종 때 흑치상지처럼 토번을 막아냈을 뿐 아니라 토번의 교통로마저 빼앗은 인물인 고구려 유민 고선지와 비교될 만한 인물이다.

네 번째는 흑치상지가 칠흑 같은 어둠을 틈타 적의 본영에 들어가 2천여 명을 죽였을 뿐만[117] 아니라 양과 말 수만 마리와 무기를 노획하였다는 점이다.[118] 흑치상지의 기습공격으로 토번은 전의를 상실하였다.[119] 이보다 중요한 사실은 토번대장 贊婆 등이 單騎로 혼자 급히 도망했다는 사실이다.[120] 이는 토번이 당의 河源을 공격하다가 도리어 참패했던 사실을 극명하게 설명하는 대목이다. 토번의 공세로 당군이 쫓기는 상황에서, 역으로 당이 토번을 추격하는 상황을 중복 연출한 인물이 흑치상지였다. 고종 儀鳳 3년(678)과 永隆 원년(680) 토번을 상대로 한 두 전투에서 흑치상지가 아니면 당은 그때마다 토번에게 참패할 수밖에 없었다.

일본의 토번사 연구자 佐藤長은 흑치상지의 개인적인 활동으로 말미암아 靑海 방면에서 토번 활동이 일시 소강상태로 접어들었다고 표현한다.[121] 이때 당의 서방에서 변경이 안정될 수 있도록 역할을 담당한 인물은 흑치상지가 유일하였다. 고종 의봉 2년(677) 토번이 서돌궐과 연합하여 당의 변경인 安西를 공략하자,[122] 당 고종은 너무 급박한 상황이라 황제 재위시의 마지막이자 4번째로 희생제사까지 올렸다.[123] 희생제사라는 초자연적인 힘을 빌려

117) 『舊唐書』 권196上, 「吐蕃傳上」, 5224쪽, "殺獲二千餘級" ; 『新唐書』 권110, 「黑齒常之傳」, 4121쪽, "李敬玄之敗" ; 『冊府元龜』 권384, 「將帥部」45 '褒異'10, 4570쪽, "'黑齒常之' 殺獲二千級" ; Paul Pelliot, "Notes Sur Quelques Artistes Des Six Dynasties Et Des Tang", *Toung Pao*, XXII, 1923, p.9.

118) 『冊府元龜』 권358, 「將帥部」19 '立功'11 4242쪽, "黑齒常之 常之進軍追討獲其羊馬甲仗而還" ; 『冊府元龜』 권420, 「將帥部」81 '掩襲', 5008쪽, "黑齒常之 獲羊馬數萬計".

119) 『舊唐書』 권196上, 「吐蕃傳」上, 5224쪽, "吐蕃遂引退".

120) 『新唐書』 권216上, 「吐蕃傳上」, 6077쪽, "贊婆懼, 引去" ; 『冊府元龜』 권384, 「將帥部」45 '褒異'10, 4570쪽, "黑齒常之 贊婆等單騎而遁".

121) 佐藤長, 「ガル一家の內外活動」, 330쪽.

122) 『新唐書』 권3, 「高宗本紀」, 73쪽, "是歲" ; 佐藤長, 위의 논문, 330~331쪽.

123) Howard J. Wechsler, 1985, "The Ancestral Cult and the Cult of Political Ancestors", *Offerings of Jade and Silk*(New Haven : Yale Univ, Press), p.135.

西突厥과 吐蕃 연합세력을 물리치려 할 정도로, 그들을 제압할 힘이 당에게는 없었다.

고종은 흑치상지가 良非川에서 토번 공격을 물리쳤다는[124] 소식을 듣고 그를 파격적으로 승진시켰다. 이것은 앞의 『舊唐書』「吐蕃傳」 내용의 말미와 중복된다. 그러나 『舊唐書』「黑齒常之傳」 내용이 더 자세하여 소개한다.

> (고종은) 常之를 大使로 발탁하면서, 또 물품 4백여 필을 하사하였다. 常之는 河源軍이 바로 적의 전방에 자리하고 있는 중요지역이라, 군사 수를 증가하여 鎭을 수비하고 싶었으나 군량 수송비용이 너무 많이 들기 때문에, 드디어 먼 곳까지 봉화대 70여 개소를 설치하고, 營田 5000여 경을 개간하여 매년 백여만 석의 곡식을 거두어들였다.[125]

흑치상치가 두 번째로 토번을 물리치고 난 다음, 조정에서 흑치상지의 관품을 높여주었다. 그런데 河源軍 大使가 된 후 흑치상지는 어떻게 河源軍을 경영하였는가를 알리는 사료다. 이를 몇 가지로 분석하고 싶다.

첫 번째는 고종이 흑치상지를 河源軍經略大使로 발탁하였다는 것이다.[126] 즉 左武衛將軍 흑치상지가 고종 永隆 원년(680) 7월 辛巳 河源道經略大使(河源軍經略大使[127])로 임명되었다.[128] 흑치상지의 상관이었던 李敬玄은 토번 정벌의

124) 『續通志』 권637, 「四夷傳」3, 6731쪽, "吐蕃 左武衛將軍黑齒常之擊走之" ; Christoper I. Beckwith, *op. cit.*, p.49.

125) 『舊唐書』 권109, 「黑齒常之傳」, 3295쪽, "擢常之爲大使, 右賞物四百匹. 常之以河源軍正當賊衝, 欲加兵鎭守, 恐有運轉之費, 遂遠置烽戍七十餘所, 度開營田五千餘頃, 歲收百餘萬石".

126) 『舊唐書』 권5, 「高宗下」, 106쪽, "調露 2年 7月 遂擢爲河源軍經略大使" ; 『舊唐書』 권196上, 「吐蕃傳」上, 5224쪽, "詔以常之爲河源軍使以鎭禦之" ; 『新唐書』 권216上, 「吐蕃傳」上, 6077쪽, "遂擢常之爲河源軍經略大使" ; 『冊府元龜』 권384, 「將帥部」45 '褒異'10 4570쪽, "黑齒常之 擢常之爲河源道經略大使" ; 『冊府元龜』 권420, 「將帥部」81 '掩襲' 5008쪽, "黑齒常之 爲河源軍大使" ; 『資治通鑑』 권202, 「唐紀」18 高宗 永隆元年秋七月조, 6395쪽, "擢常之爲河源軍經略大使".

127) 『新唐書』는 흑치상지가 河源道經略大使로, 『資治通鑑』은 河源軍經略大使로 임명되었다고 각기 다르게 기재하고 있는 것으로 보아 道와 軍이 혼용된 것 같다.

128) 『新唐書』 권3, 「高宗本紀」, 75쪽, "永隆 元年 7月 辛巳, 左武衛將軍黑齒常之爲河源軍經略大使" ; 『新唐書』 권110, 「黑齒常之傳」, 4121쪽, "卽拜河源道經略大使" ; 『資治通鑑』 권202, 「唐紀」18 高宗 永隆 元年 秋七月丙子조, 6395쪽 ; 『冊府元龜』 권390, 「將帥部」390 '警備' 4635쪽, "'黑齒常之' 擢爲河源軍經略大使" ; 『續通志』 권3, 「唐紀」3 3271쪽, "高宗 (永隆 元年 7月) 左武衛將軍黑齒常之爲河源軍經略大使" ; 康樂, 「版圖定型時期」, 99쪽.

잦은 실패로 衡州刺史로 좌천되면서,[129] 당은 토번에게 패배할 때마다 전세를 역전시킨 흑치상지를 河源의 토번방어 총사령관으로 임명하였다. 이때 흑치상지는 河源道副使가 아닌 河源道經略大使로 河源軍의 제1인자였다.[130] 아울러 당 고종은 흑치상지의 전공을 치하하기 위해 하사품으로 비단 4백 필을 주었다.[131] 그런데 이때『冊府元龜』기록은 흑치상지가 고종으로부터 상으로 받은 비단이 4백 필이 아니라 무려 3천 필이었다고 한다.[132] 그렇다고 鄯州 부근의 하원군사령관이 된 흑치상지 휘하에 많은 병사가 있던 것은 아니다. 즉 河源軍 병사는 4,000명이며, 말은 650필이 전부다.[133] 그러나 상비군 4천이라는 숫자는 그 당시 安西四鎭 가운데 焉耆·疏勒·于闐鎭을 지킨 병사수가 각각 3000명 정도라는 사실을 고려하면 결코 적은 수는 아니다. 이와 같은 상비군 수는 항상 고정된 것만은 아니다. 비상시에는 주변 관군이 추가로 배치되었다. 고종 永隆 원년(680)에 흑치상지가 정예기병만 3,000을 거느리고 토번과 싸운 사실에서 그 해답을 찾을 수 있다.[134]

두 번째는 흑치상지가 李敬玄의 토번 정벌 실패를 반복하지 않으려고 철저하게 계획을 수립한 사실이다. 河源軍 위치가 토번에서 중국으로 들어가는 루트라는 사실에 주목하여 흑치상지는 토번의 예봉을 꺾기 위해 상비군 증원을 주장했다. 그러나 河源軍으로 조달되는 물자 補給線이 너무 먼데다가 험한 곳이 많아[135] 막대한 군량을 중앙에 의존하는 것이 합리적이지 못하다고 판단했다. 이를 해결하기 위해 흑치상지는 하원군 내에서 그 해답을 찾았다. 그것은 하원군이 중앙의 보급 없이 물자를 자체 조달하는 방안이다.[136]

---

129)『新唐書』권61, 表第1「宰相上」, 1648쪽, "永隆 元年 八月 丁巳 敬玄";『資治通鑑』권202,「唐紀」18 高宗 永隆 元年 8月 丁未조, 6384쪽. 李敬玄은 토번과 전투를 할 때마다 패배하자 자신이 병이 있다는 것을 핑계로 임지를 벗어나게 해 달라고 당 고종에게 여러 번 청원하였다. 그러나 당 고종은 李敬玄이 무병하다는 사실을 알고 화가 나서 그를 衡州刺史로 좌천시켰다. 이때는 680년 8월의 일이었다. 築山治三郎,「官僚の選授·考課·俸祿」, 523쪽.

130)『新唐書』권3,「高宗本紀」, 75쪽, "永隆 元年 七月".

131)『冊府元龜』권384,「將帥部」45 '褒異'10, 4570쪽, "擢常之爲河源道經略大使".

132)『冊府元龜』권420,「將帥部」81 '掩襲' 5008쪽, "'黑齒常之' 賞帛三千段".

133)『舊唐書』권38,「地理」1, 1388쪽, "河源軍, 在鄯州西百二十里, 管兵四千人, 馬六白五十疋".

134)『新唐書』권216上,「吐蕃上」, 6077쪽, "明年, 贊婆".

135) 盧建榮, 1985,「唐代前期非常支出的籌措及其廻響」,『歷史語言硏究所集刊』56-1, 149쪽.

흑치상지는 주변 땅을 개간했다. 이때 흑치상지에 의해 屯田으로 개간된[137] 면적이 무려 5,000여 頃이었으며,[138] 새로 개간된 농토에서 매년 粟 백여만 석 수확으로,[139] 흑치상지는 자신이 거느린 사졸의 군량을 중앙으로부터의 공급 없이도 吐蕃과 독자적으로 전투를 수행할 수 있게 만들었다.[140] 흑치상지가 1년에 500여만 석을 수확한 것은 대규모 屯田 시행의 성공을 의미한다.[141] 한마디로 흑치상지는 당 고종 재위시 변방 방어의 제일 공신이었다. 이런 까닭에 鈕海燕은 唐 前期 河西에서 흑치상지가 屯田으로 5000여 頃을 개간한 사실을 주목했다.[142] 그러나 鈕海燕은 屯田으로 흑치상지가 개간한 營田이 주목 받아야 하는 이유에 대해 언급하지 못했다. 흑치상지가 개간한 營田에서 1년에 곡식 500만 석 수확은 현종 天寶 원년(742) 당의 十鎭 병사 49만의 반년 군량이 넘는 엄청난 양이다.[143] 물론 이는 흑치상지가 성공시킨 유례없는 대규모 屯田이다. 흑치상지의 이러한 군수경영전략은 그 뒤에도 營田을 관리하는 벼슬을 두는 형태로까지 발전하였다.[144] 흑치상지가 죽은 뒤에, 武則天이 婁師德을 河源等軍檢校營田大使로 임명할 정도로 변방 주둔군의 營田관리가 중요했다.[145]

唐代에 서북쪽 변경에 있는 수십 개 주에는 대부분이 많은 병사가 주둔하여 地租와 營田만으로는 지탱할 수가 없었다. 地租는 일반 농민이 경작해 수확한

---

136) 『資治通鑑』 권202, 「唐紀」18 高宗 永隆元年秋七月조, 6395쪽, "開屯田五千餘頃".

137) 『新唐書』 권216上, 「吐蕃上」, 6077쪽, "開屯田".

138) 『冊府元龜』 권390, 「將帥部」390 '警備', 4635쪽, "黑齒常之 開屯田五千餘頃".

139) 『新唐書』 권110, 「黑齒常之傳」, 4121~4122쪽, "乃斥地置烽七十所" ; 『續通志』 권217, 「唐列傳」17, 4553쪽, "黑齒常之 歲收粟百餘萬斛". 흑치상지가 개간한 농지에서 매년 백여만 石이 아니라 백여 만 斛을 거두어들였다고 기재하였다. ; 盧建榮, 「唐代前期非常支出的籌措及其廻響」, 149쪽.

140) 『冊府元龜』 권390, 「將帥部」390 '警備', 4635쪽, "'黑齒常之' 戰守有備." ; 嚴耕望, 앞의 논문, 「唐代篇」, 20쪽 ; 佐藤長, 앞의 논문, 「ガル一家の內外活動」, 334쪽.

141) 『資治通鑑』 권202, 「唐紀」18, 高宗 永隆元年秋七月조, 6395쪽, "歲收五百餘萬石."

142) 鈕海燕, 1985, 「唐代河西隴右的戰略地位」, 『歷史教學』 1, 9~10쪽.

143) 『唐鑑』 권9, 「玄宗中」, 79~80쪽, "天寶元年" ; 侯家駒, 1991, 「唐代每畝稻產量推估之商榷及實況」, 『大陸雜誌』 83-6, 25쪽.

144) 『舊唐書』 권93, 「婁師德傳」, 2975쪽, "高宗大悅". 당 고종은 토번을 방어하도록 婁師德을 殿中侍御史 겸 知營田事로 임명하였다.

145) 『資治通鑑』 권205, 「唐紀」21 則天后 延載 元年 二月조, 6493쪽.

농작물에 부과하는 소득세이며, 營田은 군대 주둔지에서 자체적으로 경작해 수확하는 농작물을 말한다. 당에서는 군량보급문제를 해결하기 위해 開元 25년에 和糴法을 만들었다.[146] 和糴法은 官府에서 민간 식량을 구매하여 군량을 조달하는 방법이다. 당 전기에는 地租와 營田만으로 군량을 공급하였지만, 당 후기에는 地租와 營田만으로 군량조달이 불가능하여 和糴法을 새롭게 만든 사실에서 미루어 본다면, 흑치상지만의 독특한 營田으로 군량은 물론이고 군수품마저 조달했던 것은 획기적이라고 평가된다.

세 번째는 흑치상지가 토번군의 동향을 신속하게 파악하기 위해 봉화대 70여 곳 신설과 순찰강화 체계를 구축하였다는 것이다.[147] 한마디로 흑치상지는 토번을 상대로 조기 경보체제를 갖추었다. 그런데 河源은 티베트 고원에 위치한 柏海 서쪽이다. 柏海에서 남쪽으로 200여㎞ 떨어진 Bayan Har Shan Kou(해발5267m)를 넘으면 티베트 수도 라싸로 통하는 루트다. 게다가 티베트는 해발 4,000여m가 넘는 고원지대다. 이와 같은 고원지대라 흑치상지처럼 출중한 전술전략가가 없이는 河源 경영이 불가능했다. 그런 河源軍 위치는 鄯州 안에 있다. 정확히 말해 河源軍은 鄯州의 治所에서 青海방향으로 70여㎞ 떨어진 지역이다. 물론 鄯州도 해발 4,000여m의 고원지대다.

흑치상지는 전투뿐 아니라 군수경영마저 출중하였다. 흑치상지는 河源 지방장관이 되자 바로 전임의 李敬玄과는 다르게 토번 대책에 대한 방안을 구체적으로 제시했다.[148]

『新唐書』는 흑치상지가 다스렸던 시기의 河源의 변화에 대해 다음과 같이 말하고 있다.

> 이로 말미암아 식량이 풍부하여져서 군사를 정예화 할 수 있었다. 따라서 경계는 물론이고 순찰까지 체계적으로 갖추었다.[149]

---

146) 『資治通鑑』 권214, 「唐紀」30 玄宗 開元 25年 7月 先是조, 6830쪽.

147) 『冊府元龜』 권390, 「將帥部」390 '警備' '黑齒常之' 常之始令遠置烽戍조, 4635쪽 ; 『新唐書』 권216上, 「吐蕃傳上」, 6077쪽, "乃嚴烽邏" ; 『續通志』 권217, 「唐列傳」17, 4553쪽, "'黑齒常之' 乃斥地, 置燧七十所".

148) 『新唐書』 권110, 「黑齒常之傳」, 4121쪽, "因建言河源當賊衝".

전일 河源에서 李敬玄이 실행한 토번 정벌 계획에 대한 구체적인 기록이 없다. 그러나 흑치상지는 토번 정벌에 대한 전략이 구체적일 뿐 아니라 실천 가능한 계획에 따라 행동하였다. 한마디로 흑치상지는 河源道經略大使가 된 후 하원을 물샐틈없이 방어하면서 넓은 지역 순찰을 강화했기 때문에 이경현의 무계획한 전략과는 차원이 달랐다.

흑치상지는 전투만 탁월하였던 것이 아니다. 그는 어느 곳이든 군사를 주둔시킬 때는 경계체계와 군량지원 등의 시스템을 모두 갖추었다. 이런 사실에 대하여 흑치상지의 「誌文」에서는 다음과 같이 말하고 있다.

> 흑치상지는 곁에 음악과 女色을 두지 않았을 뿐 아니라 평상시도 노리개를 가지고 즐기지 않았다. 經書를 베개 삼을 정도로 가까이 했기 때문에 祭遵처럼 예의를 중시하였다. 게다가 (흑치상지는) 뛰어난 지략을 배워서 杜預가 깃발을 많이 세워 적을 혼란에 빠뜨린 것과 같은 꾀를 가지고 있었다. 오랑캐의 티끌을 깨끗하게 치웠기 때문에 변방의 말이 살쪘으며, 중원의 달이 훤하게 비치게 되어, 하늘은 여우기운마저 사라졌다.[150]

흑치상지는 백제의 귀족출신답게 행동에서 자기통제가 대단한 인물이었다. 또 흑치상지는 杜預처럼 전장터에서 깃발을 많이 세워 적을 교란하는 전술을 잘 익혔기 때문에, 그는 후일 돌궐과의 전투에서도 이를 활용해 적을 물리쳤다. 그래서 흑치상지가 방어한 곳은 언제나 안정되었으며, 그가 출정한 전투는 늘 개선만 있었다. 흑치상지는 주둔지를 개간해 매년 백여만 석의 곡식을 수확한 것은, 그가 다스리는 변방 치안 확보는 물론이고 경영수완마저 탁월했다는 이야기다.[151] 흑치상지가 백제에서 행정장관 달솔로서 기량을 닦고 뛰어난 장군이었다는 사실이, 중국 서쪽 변방의 河源軍에서도 그대로 입증되었다.

---

149) 『新唐書』 권110, 「黑齒常之傳」, 4122쪽, "由是食衍士精, 戌邏有備".

150) 周紹良 主編, 앞의 책, 942쪽, "府君傍無聲色, 居絶玩好. 枕籍經書, 有祭遵之樽俎. 懷蘊明略, 同杜預之旌旗. 胡塵肅淸而邊馬肥, 漢月昭亮而天狐滅".

151) 『舊唐書』 권109, 「黑齒常之傳」, 3295쪽.

흑치상지의 토번 정벌은 李敬玄의 무계획과 다르게 오랫동안 준비를 철저히 한 후 기습 공격하는 방식으로, 이것이 그의 게릴라식 선제공격이다.

> 고종 開耀년간(681)에 贊婆 등이 靑海에 주둔하자, 常之는 정예기병 1만 기를 거느리고 습격해 (토번을) 격파하고, 그들의 군량 창고를 불사르고 돌아왔다. 常之가 河源軍에 있는 7년 동안 토번은 흑치상지를 매우 두려워해 감히 다시 변경에서 소란을 피우는 일이 없었다.[152]

이는 흑치상지가 토번과 접전한 3번째 전투다. 『資治通鑑』에서 "己丑, 河源道經略大使 흑치상지는 병사를 거느리고 토번 論贊婆를 良非川에서 공격하여 격파하고, 그들의 식량과 가축을 거두어 돌아왔다"[153]라고 기록하였다. 이것은 처음으로 흑치상지가 독자적 작전을 세워 토번 영내로 진격한 전투다. 이를 몇 가지로 분석하고 싶다.

첫 번째는 하원도경략대사 흑치상지가 靑海의 양비천으로 진출한 토번 대장 贊婆 등이 지휘한 토번군과 조우하였다는 사실이다.[154] 위의 사료에서 양비천은 청해로 흘러들어가는 강이다. 이곳은 고종 永隆 원년(680) 당의 李敬玄이 지휘한 18만 대군이 토번의 贊婆와 素和貴에 의해 궤멸될 때, 흑치상지의 결사대가 당군을 구출했던 곳이다. 良非川은 천혜의 요새나 다름없는 지형을 갖춘 곳이라서, 토번이 당을 습격하는 중요 전진기지였다. 靑海 일대는 전에 吐谷渾 영역이었으나, 토번이 토욕혼을 멸망시킨 후부터 토번의 영역이 된 곳이다. 양비천에서 출격하려는 토번이 흑치상지에 의해 사전 제압되어, 토번은 더 이상 河源道로 침공할 수 없게 되었다.

그런데 앞서 당의 18만 대군이 토번에 참패를 당한 그 良非川에서 흑치상지는 불과 정예기병 1만으로 토번을 궤멸시켰던 사실을 주목하고 싶다. 그렇다면

152) 『舊唐書』 권109, 「黑齒常之傳」, 3295쪽, "開耀中, 贊婆等屯於靑海, 常之率精兵一萬騎襲破之, 燒其糧貯而還. 常之在軍七年, 吐蕃深畏憚之, 不敢復爲邊患".

153) 『資治通鑑』 권202, 「唐紀」18 高宗 開耀 元年 夏五月조, 6401쪽, "己丑, 河源道經略大使黑齒常之將兵擊吐蕃論贊婆於良非川, 破之, 收其糧畜而還".

154) 『資治通鑑』 권202, 「唐紀」18 高宗 開耀 元年 五月己丑조, 6401쪽.

良非川 전투는 토번이 흑치상지의 적수가 될 수 없음을 확인한 전투였다. 그것도 중앙에서 군수물자를 공급받지 않은 상태에서 자급자족한 물자로 토번과 싸워서 얻은 승리이기에 그 평가가 남다를 수밖에 없다. 이로 말미암아 당시 당에서 전략과 전술면에서 흑지상치를 능가할 장군이 없다는 사실이 확인된 셈이다. 따라서 이때 흑치상지의 토번 정벌 성공은 당 고종으로 하여금 하원도의 토번 침입에 관한 문제를 흑치상지에게 위임하여도 좋다는 확신을 갖게 하였다. 그 결과 흑치상지는 무려 7년 동안이나 河源道經略大使직을 맡았다.

두 번째는 흑치상지가 良非川에 주둔한 토번을 공략할 때가 고종 開耀 원년(681) 5월이었다는 점이다.[155] 680년 이경현이 承風嶺 전투에서 토번에게 대패하였는데, 왜 그 다음 해에 토번이 다시 良非川을 통해 침공하였을까. 이는 토번이 당을 완전 제압하기 위한 후속조치 성격의 공격이다. 이를 간파한 흑치상지는 토번 공격을 河源道에서 막는다면 승산이 없음을 누구보다 잘 아는지라, 토번 본영과 다름없는 良非川을 기습적으로 공격하여 적의 예봉을 꺾었다. 『新唐書』의 「高宗本紀」에서와는 달리 「黑齒常之傳」에서는, 위의 사실이 있던 시기를 開耀 元年(681) 5월 己丑이[156] 아니라 永隆 2년(681)이라 기록했는데, 비록 연호를 달리 표기했으나 같은 때다. 그 이유는 開耀년간은 681년 10월부터 시작되는데다 680년 8월이 永隆 元年으로 시작되기 때문이다.

당시 흑치상지는 토번의 贊婆 등이 靑海에 주둔한 것을 공격했다. 그런데 贊婆는 흑치상지가 결사대를 이끌고 良非川에서 싸웠을 때 토번 우두머리였다. 흑치상지가 정예기병 1만을 거느리고 토번을 공격하였던 것은, 이경현 휘하 결사대장으로서 토번을 기습한 것과는 그 위상이 근본적으로 다르다. 681년 흑치상지는 이경현 휘하의 결사대장이 아닌 독립부대장으로서 토번 良非川을 습격하였다. 그가 지휘한 1만 기병이란 수는, 당 현종 때 고구려 유민 고선지가

---

155) 『新唐書』 권216上, 「吐蕃上」, 6078쪽, "贊婆復入良非川, 常之擊走之" ; 『資治通鑑』 권202, 「唐紀」18 高宗 開耀 元年 五月己丑조, 6401쪽 ; 『續通志』 권3, 「唐紀」3, 3271쪽, "高宗 (開耀 元年 5月) 己丑黑齒常之及吐蕃戰于良非川敗之".

156) 『新唐書』 권3, 「高宗本紀」, 76쪽, "開耀 元年 五月 己丑".

파미르 고원을 넘어 토번을 정벌할 때의 사졸 수와 똑 같다. 게다가 흑치상지는 고선지처럼 군량[157]·羊·馬·갑옷 등 헤아릴 수 없을 정도로 많은 전리품을 획득했다.[158] 당 고종은 흑치상지의 승전보를 듣자, 조서를 내려 치하하였을 뿐 아니라 흑치상지에게 많은 재물을 하사하였다.[159] 아무튼 세 번에 걸친 토번 전투의 대승으로 흑치상지는 당에서 큰 재산을 모았다.

세 번째는 흑치상지가 河源道 지역 군사령관으로 7년간 재직할 때 토번은 당의 변경을 침공하지 못했다는 점이다.[160] 이는 고종 말 7년 동안 토번 방어를 흑치상지가 전담했다고 표현하여도 좋을 정도로 토번에 대한 흑치상지의 위상이 절대적이었음을 의미한다. 당 고종 후기에 토번의 공격 없이 당의 번영을 구가할 수 있도록 한 인물이 바로 흑치상지가 아닌가 할 정도다. 그런데 佐藤長은 흑치상지가 토번제압에 성공한 이유를 그 당시 토번 조정의 권력투쟁과 연관지어 해석했는데, 그의 주장은 옳지 않다.[161] 왜냐하면 당 고종이 토번의 권력교체기를 이용해 토번 공격을 시도하였으나 신하들이 무모하다는 주장으로 말미암아 토번 정벌을 포기했다는 사실을 佐藤長은 알지 못한 것 같다. 그외에 고종 永淳 원년(682)에도 토번 실권자나 다름없는 장군 論欽陵이[162] 柘·松·翼州 등을 공격한 사실을[163] 佐藤長이 어떻게 설명할지 궁금하다. 그런데도 佐藤長은 백제인 흑치상지의 전공을 근거 없이 깎아내렸다.

또 위에서 河源道經略大使로 흑치상지가 7년 동안 있었던 사실에서 역산하

---

157) 『資治通鑑』 권202, 「唐紀」18 高宗 開耀 元年 五月己丑조, 6401쪽.

158) 『冊府元龜』 권358, 「將帥部」19 '立功'11, 4242쪽, "獲其洋馬甲仗而還".

159) 『新唐書』 권110, 「黑齒常之傳」, 4122쪽, "永隆2年".

160) 『冊府元龜』 권393, 「將帥部」393 '威名'2, 4661쪽, "'黑齒常之' 在軍7年吐蕃深畏憚之" ; 『資治通鑑』 권202, 「唐紀」18 高宗 開耀 元年 五月조, 6401쪽, "常之在軍七年, 吐蕃深畏之, 不敢犯邊" ; 『續通志』 권217, 「唐列傳」17, 4553쪽, "'黑齒常之' 軍七年吐蕃慴畏不敢盜邊" ; 王壽南, 1968, 「論唐代河北三鎭之獨立性在文化上的原因」, 『中山學術文化集刊』 1, 573쪽 ; 佐藤長, 「ガル一家の內外活動」, 334쪽.

161) 佐藤長, 위의 논문, 334쪽.

162) 『冊府元龜』 권966, 「外臣部」 繼襲1 '吐蕃' 儀鳳4年不夜弄讚卒, 11362쪽, 儀鳳 4년 토번왕 不夜弄讚이 죽자, 嫡子 器弩悉弄을 왕으로 세웠지만 欽陵이 군권을 장악하여 그가 왕처럼 행세하였다.

163) 『資治通鑑』 권203, 「唐紀」 高宗 永淳 元年조, 6411~6412쪽, "吐蕃將論欽陵".

면, 680년부터 686년(垂拱 2)까지 토번은 河源을 공격하지 못하였다. 그렇다면 고종 上元 3년(676) 토번병 수만 명이 靑海를 공격했을 때[164] 흑치상지가 참전했을까도 궁금하다. 필자 생각으로는 680년 承風嶺에서 이경현의 당군이 궤멸될 상황에서 흑치상지를 결사대 대장으로 삼은 것은, 앞서 676년 전투에서 흑치상지가 올린 출중한 전과로 말미암았기 때문이었다고 본다. 이는 백제 임존성에서 흑치상지가 휘하 무리를 이끌고 당에 투항한 때가 고종 龍朔 3년(663)이고 보면, 그가 당으로 온 지 얼마 되지 않아 토번 전선에 투입된 것 같다. 흑치상지가 河源軍에 있는 7년 동안 토번이 당을 공격하지 못한 사실을 피츠제랄드(Fitzgerald)는 다음과 같이 서술하였다.

> 협상은 평화를 끌어내지 못했다 ; (그 결과)토번은 다시 공습하였다 ; (토번의) 토벌대가 파견되어 여러 차례 성공을 거두었다. 그리고 678년 토번은 靑海에서 다시 승리하였다. (이때) 비록 당군은 앞서 백제 장군이자 당시는 당군에 복무한 거인 흑치상지의 전과 때문에 (당이) 완전 패배는 면했을 지라도 말이다. 바로 이 무렵 한 젊은 학자가 그 파국에서 얻은 교훈으로써 그가 제공한 기민한 제안을 당 제국에 알렸다. 魏元忠이 군대의 비행과 군인에 대한 잘못된 처우를 폭로함으로써 흑치상지가 최초로 승진하였다. 그 승진은 적절한 시기에 그를 가장 높은 계급으로, 그리고 그로 말미암아 많은 시련에 가져다 놓게 되었다. 황실은 흑치상지가 결국 토번의 공격 전략에 대처하는 방법을 잘 아는 장군임을 알았다. 흑치는 靑海 전투에서 세운 공적과, 이에 대한 보상으로 승진한 후에, 전선으로 돌아와서 그곳에 7년 동안 주둔하였다. 그동안 그가 주의 깊게 다듬은 성공적인 방어체계 덕분에, 그리고 공습에 관한 소식이 신속하게 본부에 전달될 수 있도록 하는 정확한 봉화 연결망으로 말미암아 평화는 심각하게 깨지는 일이 없었다.[165]

---

164) 『舊唐書』 권199下, 「靺鞨」, 5359쪽, "上元三年, 又破吐蕃數萬衆於靑海".

165) C. P. Fitzgerald, "The Last Years of the Emperor Kao Tsung(A.D.671-683)", *The Empress Wu*, pp.80~81, The negotiations did not bring about peace ; the Tibetans renewed their raids ; punitive expeditions were sent, with varying success, and in 678 the Tibetans scored another victory at Koko Nor Lake, though the T'ang army was saved from complete disaster by the exploits of the former Korean general, now in the T'ang service, the gigantic Hei-Ch'ih Ch'ang-chih. On this same occasion a certain young scholar came to the Imperal notice by the shrewd advice he offered as a lesson from the disaster. It was thus that Wei Yüan-chung, by exposing the malpractices in the army and the ill-treatment of the soldiers, first received promotion which was in time to bring him to the highest rank, and to many tribulations. In Hei-Ch'ih Ch'ang-chih the Court had at last found a general who understood

이는 672년 토번의 사절단이 長安에 도착한 후 양국이 평화협정을 맺지 못한 후에 야기되었던 사건이다. 피츠제랄드가 678년에 당이 토번에 의해 참패를 당하고도 최악의 상황을 면하게 한 인물이 흑치상지라고 지적한 것은 주목된다. 그 이유는 피츠제랄드도 당이 토번과 맞닿은 변경이 안정된 게 흑치상지의 공로라고 인정했기 때문이다. 또 앞의 필자 주장처럼 676년의 흑치상지의 참전이 아니라도, 678년에 당과 토번간 전투에 흑치상지가 참전해 전공을 세웠다는 것이 피츠제랄드의 주장이다.

681년 5월 이후 흑치상지는 당 고종의 토번 문제를 一擧에 해결했다고 본다. 그 이유는 永隆 원년 이경현이 18만 대군을 이끌고 토번 정벌을 하였으나 당이 대패했기 때문이다. 당 고종은 흑치상지의 전공을 치하하고 燕國公으로 책봉했다.[166]

흑치상지의 對 토번전의 성공에 대해 熊德基도 흑치상지를 높게 평가하였다. 熊德基는 唐代 토번 정벌에 전공이 큰 인물 셋을 열거하면서 그 한 인물로 백제 유민 흑치상지를 언급하였다.[167] 그러나 흑치상지가 토번을 격파한 것이, 漢族과 이민족 將士들의 공동전투 결과라며 그의 전공을 희석시키려고 애썼다. 그러나 熊德基는 흑치상지가 그 당시 걸출한 장군이자 河源경영의 최고 CEO라는 사실마저 부인하지 못했다.

흑치상지에 의한 토번 정벌 성공의 성과는 7년 이상 계속되었다. 피츠제랄드는 계속해서 다음과 같이 주장하였다.

---

how to cope with the Tibetans' raiding tactics. Promoted as a reward for his conduct after the battle of Koko Nor Lake, Hei-Ch'ih returned to the frontier where he remained for seven years, during which time, due to the careful system of defence which he worked out, and the elaborate chains of beacons by which news of a raid could be conveyed swiftly to headquarter, there was no serious breach of the peace.

166) 『新唐書』 권110, 「黑齒常之傳」, 4122쪽, "封燕國公" ; 『續通志』 권217, 「唐列傳」17, 4553쪽, "'黑齒常之' 封燕國公" ; 『元和姓纂』 권10, 「黑齒」, 71b쪽, "燕國公黑齒常之" ; 蘇慶彬, 1967, 『兩漢迄五代入居中國之蕃人氏族研究』, 香港 : 新亞研究所, 592쪽 ; 內藤雋輔, 「唐代中國における朝鮮人の活動について」, 493쪽. 그런데 『舊唐書』에는(권109, 「黑齒常之傳」 垂拱 二年조, 3295쪽) 武則天 垂拱 2년(686)에 燕國公에 봉해졌다고 한다.

167) 熊德基, 1982, 「唐代民族政策初探」, 『歷史研究』 6, 51~52쪽.

> 武則天의 찬탈 사건으로 681년 흑치상지의 성공적인 전투 후에 처음으로 맺어진 토번과의 평화관계는 손상되지 않았다. 中宗의 명목상 통치 첫해에 국경 공습이 다소 있었고, 692년까지 심각한 교전은 한 차례 더 있었다. 그것은 중앙아시아의 오아시스 네 도시를 되찾으려는 목적으로 중국인들이 일으킨 침략에서 야기된 것이다.[168)]

피츠제랄드의 지적처럼 681년 흑치상지에 의한 토번 제압의 결과는 상당기간 지속되었다. 당 조정에서 권력구조의 대변화가 일어났는데도 불구하고 그 기회를 이용해 토번이 당을 공격하지는 못했다. 이는 흑치상지에 의한 토번 제압이 상당한 효과를 거두어 긴 세월 동안 토번이 당에 대해 공격하지 못했음을 뜻한다.

692년 당은 오늘날 신장성 서부 천산산맥 남쪽 타림분지 주위의 龜玆, 于闐, 焉耆, 疏勒의 四鎭을 탈환하기 위해 토번을 공격해 12월 8일 마침내 이들 지역을 장악하였다.[169)] 이때 타림분지에 진출한 토번을 제압할 수 있도록 河源道에서 여건을 조성한 인물이 흑치상지였다. 그 이유는 흑치상지의 지략으로 토번 군사를 하원 부근에 묶어 둠으로써, 당의 타림분지 네 도시 탈환을 용이하게 원격지원하였다고 볼 수 있기 때문이다.

『舊唐書』의 「黑齒常之傳」에 의하면, 고종 永隆 2년(681) 흑치상지가 어디서 어떻게 토번 정벌을 했다는 구체적 언급 없이 토번 정벌에 성공했다고 기록하고 있다. 또 中宗 嗣聖 원년(684) 흑치상지를 左武衛大將軍에 제수한 사실도 어쩌면 당의 타림분지 四鎭 탈환 원격지원에 대한 포상의 성격일 것 같다. 이때도 여전히 흑치상지는 檢校左羽林軍이었다.[170)] 그렇다면 이때 당 조정의 대변혁시기였는데도 불구하고 흑치상지가 토번을 잘 방어하여 그를 左武衛大

---

168) C. P. Fitzgerald, "Holy and Divine Emperor(A.D.690-695)", *The Empress Wu*, p.144, The usurpation of the Empress Wu had not at first disturbed the peaceful relations with Tibet which had followed the successful campaigns of Hei-Ch'ih Ch'ang-chih in 681. In the first years of the nominal reign of Jui Tsung there had been some border raiding, but it was not until 692 that serious warfare broke out once more, due to Chinese aggression with the object of recovering the four Towns, the oases of Central Asia.

169) C. P. Fitzgerald, *op. cit.*, p.144.

170) 『舊唐書』 권109, 「黑齒常之傳」, 3295쪽, "嗣聖元年".

將軍으로 승진시켰던 것이 분명하다.

682년 10월 이후 토번은 하원군에 침입하였다. 그 때 河源軍軍使 婁師德이 白水軍의 白水澗에서[171] 토번과 8번이나 조우했는데 그때마다 모두 격퇴하였다.[172] 그런데 白水軍과 河源軍 주둔지는 鄯州의 鄯城縣 안에 있는 군영들이다.[173] 하원군은 고종 儀鳳 2년(677)에 郎將 李乙支가 설치한 지역으로 蘭州에서 서쪽으로 200여㎞ 가면 西寧시가 나오는데, 그곳이 첫 군영이었다. 이 공로로 당 고종은 婁師德을 比部員外郎, 左驍衛郎將, 河源軍經略副使, 知營田事로 임명하였다.[174] 그런데 이때 흑치상지가 史書에서 언급되지 않은 까닭은 그가 전투능력이 출중한 부하에게 토번을 막도록 조치했기 때문이다. 즉 678년 9월 이경현 휘하에서 토번과 赤嶺 담판을 성공적으로 이끈 전일 監察御史 누사덕의 능력을 흑치상지는 높게 평가했다. 누사덕은 토번과 赤嶺 담판 후 殿中侍御史, 河源軍司馬로 승진하였다.[175] 이런 사정을 잘 알고 있는 흑치상지가 누사덕에게, 이때 토번 침입을 막도록 명령한 것이다. 이때 흑치상지는 누사덕을 자신 후임자로 생각해 그의 전공을 고종에게 아뢰어 그를 河源道經略副使로 추천하였던 것 같다. 당의 장군직은 대개 소속 직속상관이 황제에게 인물을 추천하면, 이를 추인하는 것이 관례였다. 이는 흑치상지가 유능한 후임자를 적재적소에 천거한 능력이 있음을 보여준 사례다.

흑치상지는 토번 정벌을 완수한 후 左鷹揚衛大將軍으로 승진하였다. 이러한 사실을 흑치상지의 「誌文」은 다음과 같이 기록하였다.

> 흑치상지가 전쟁터로 출정하면 칭송이 자자하였으며, 전쟁터에서 개선하면 노래가 저절로 나왔다. (그는) 左鷹揚大將軍·燕然道副大總管으로 승진하였다.[176]

---

171) 『資治通鑑』 권203, 「唐紀」19 高宗 永淳 元年조, 6412쪽, 胡三省註.
172) 『新唐書』 권108, 「婁師德傳」, 4092쪽, "與虜戰白水澗".
173) 『新唐書』 권40, 「地理志」4, 1041쪽, 鄯州 鄯城縣의 河源軍.
174) 『資治通鑑』 권203, 「唐紀」19 高宗 永淳 元年조, 6412쪽, "吐蕃入寇河源軍".
175) 『資治通鑑』 권202, 「唐紀」18 高宗 儀鳳 三年 九月조, 6386조, "李敬玄之西征也".
176) 周紹良 主編, 앞의 책, 942쪽, "出師有頌, 人凱成歌, 遷左鷹揚大將軍, 燕然道副大總管".

이는 흑치상지가 토번 정벌 때마다 개선하여 조정이 그의 전공을 치하하는 연회가 있었음을 확인하는 내용이다. 흑치상지는 토번 정벌을 끝낼 무렵 위와 같이 새롭게 左鷹揚衛大將軍과 燕然道副大總管으로 승진하였다. 이는 흑치상지의 임지가 농우의 하원에서 돌궐방어를 위해 長城 부근 燕然道로 바뀌었음을 의미한다.

4. 武則天시대의 당과 토번 관계 분석

토번의 어린 왕 器弩悉弄이 성장하여 집정하게 되자, 武則天 즉위 초에 당은 심히 토번을 두려워했다.

고구려가 패한 후 당에서 고구려 유민들이 끌려다녔을 때의 당의 통치자 무측천

> 武則天이 정치하면서부터, 文昌 右相 韋待價를 安息道大總管과 安西大都護로 삼았으며, 閻溫古를 그의 副로 삼았다. (그래서) 永昌 원년(689) 군사를 거느리고 토번 정벌을 위해 출정하였으나, 지체하면서 앞으로 나아가지 못했다. 待價에게 책임을 물어 繡州로 유배보냈고, 溫古는 베어 죽였다. 待價는 원래 통솔능력이 없었기 때문에, 드디어 당황하다가 거점마저 잃어, 士卒들은 굶주려 개울과 계곡을 전전긍긍하다가 죽었다. 다음해(690), 또 文昌 右相 岑長倩을 武威道行軍大總管으로 임명시켜 토번을 토벌하도록 하였으나, 중간에 돌아왔기 때문에 軍은 끝내 싸워보지도 못했다.[177)]

당 무측천은 즉위하자마자 토번을 토벌하기 위해 文昌 右相 韋待價를 토번 정벌을 위해 安息道大總管과 安西大都護로 임명하고, 閻溫古를 총부사령관으로 임명했다. 689년 토번을 향해 출정은 하였으나 티베트고원에 대한 정확한 정보부족에다가 방향마저 잃었을 뿐 아니라 토번이 두려웠는지 맞닥뜨리지도 못한

177) 『舊唐書』 권196上, 「吐蕃傳」, 5224~5225쪽, "則天臨朝, 命文昌右相韋待價爲安息道大總管·安西大都護, 閻溫古爲副. 永昌元年, 率兵往征吐蕃, 遲留不進, 待價坐流繡州, 溫古處斬. 待價素無統禦之才, 遂狼狽失據, 士卒饑饉, 皆轉死溝壑. 明年, 又命文昌右相岑長倩爲武威道行軍大總管以討吐蕃, 中路退還, 軍竟不行".

상황에서 군량마저 떨어져 여러 계곡에서 굶어 죽는 자만 속출했다. 한마디로 이때 당의 토번 출정은 토번 토벌이라 표현하기 어려울 정도의 실패다. 어쩌면 이것이 당시 당과 토번관계의 실상이라고 표현하는 것이 적절할 것 같다.

다음해(690) 다시 文昌 右相 岑長倩을 武威道行軍大總管으로 임명하였지만 전해 韋待價가 군사를 이끌고 출정할 때처럼 어이없는 상황이 반복되어 토번과 제대로 싸우지 못하고 회군했다. 그런데 689년에 위대가를 안식도대총관과 안서대도호로 삼아 사진의 토번 토벌을 명령하였던 것과 690년 잠장천을 무위도행군대총관으로 삼아 토번을 토벌한 것은 출정지가 비교된다. 그 이유는 위대가는 타림분지 주위의 토번 토벌이었는데 잠장천은 河西회랑의 기련산맥 부근의 토번에 대한 공격이었기 때문이다. 689년보다 690년의 경우는 長安에서 멀지 않은 지역의 토번에 대한 공격 명령이었다. 바꾸어 말하면 장안으로 공격해 올 것을 대비하기 위해 武威에서 출정하여 토번을 공격하도록 명령했던 것이다. 한마디로 토번이 당을 옥죄이는 상황이라, 당이 토번을 토벌하기 위해 출정시킨 상황이었으나 토번을 맞아 싸우지도 못하고 회군한 상태다. 무측천시대의 토벌은 실패의 연속이라고 말하고 싶다. 위의 안식은 오늘날 우즈베키스탄의 부하라이다.

무측천 즉위 초, 당은 험준한 토번 지형에 대한 정보부재에다가 토번을 알지도 못한 인물이 장군으로 임명되어 전장터로 가는 일이 비일비재하였다. 당 고종 때도 그러했다. 이는 당이 토번에 대한 두려움뿐 아니라 군사적으로나 정치적으로도 무능에서 헤어나지 못한 상태였다는 반증이다. 이처럼 武則天이 무모한 인사정책을 폈던 것은, 흑치상지가 7년 동안 河源道經略大使로 있으면서 성공적으로 토번을 제압한 것이, 누구나 할 수 있는 일로 착각한데서 빚어진 결과다.

토번에 대한 정확한 정보 확보는, 토번의 권력 투쟁으로 토번 수령들이 당으로 투항했기 때문이다. 토번 내부의 권력싸움으로 토번 수령들이 당으로 투항한 내용이 다음과 같이 전한다.

如意 원년(692), 토번 대수령 曷蘇가 그의 소속부락과 貴川부락을 거느리고 항복을 청하자, 武則天은 右玉鈐衛대장군 張玄遇에게 정예병사 2만을 거느리고 가서 按撫使의 신분으로 그들을 맞이하게 하였다. 軍은 大渡水에 주둔하고 있었는데, 曷蘇의 일이 누설되어, (그는 토번)본국으로 잡혀갔다. 또 대수령 昝捶라고 하는 자가 羌蠻의 부락 8천여 명을 거느리고 張玄遇에게 內附했다. 張玄遇는 그 부락을 葉川州에 두고, 昝捶를 그 刺史로 삼았다. 그리고 大渡水의 西山에 돌비석을 세워 그 공적을 쓰고 돌아왔다.[178]

당이 689년과 690년에 토번 제압이 실패한 후 토번 대수령 曷蘇가 휘하의 무리를 이끌고 은밀히 투항하려 했다. 그러나 당에 투항하려는 계획을 토번이 사전에 알고 갈소를 토번으로 잡아갔다. 뒤미처 토번 대수령 昝捶가 휘하 부락을 거느리고 당에 투항하였다. 이때 무측천의 명령을 받은 張玄遇는 昝捶와 그가 거느린 무리를 葉川州에서 살게 하면서, 그를 刺史로 임명하였다. 토번 대수령 갈소와 잠추를 통해 토번의 루트에 대한 정보를 당이 획득한 것만도 큰 성공이라고 할 정도로 당은 토번에 대해 너무 무지했다.

토번 내부의 권력변화와 토번 대수령 가운데 당에 투항하는 세력에 의해 당은 토번 내부의 정치 상황을 파악했다. 토번 대수령 잠추의 투항에 의한 정보획득 결과인지, 같은 해 당은 천산산맥 이남 타림분지의 안서사진과 천산산맥 북쪽의 碎葉을 탈환했다. 이에 대한 『舊唐書』「吐蕃傳」의 기록을 보자.

長壽 원년(692), 武威軍總管 王孝傑이 토번의 무리를 대파하여, 龜玆·于闐·疏勒·碎葉 등의 四鎭을 회복했기 때문에, 당은 龜玆에 安西都護府를 두고, 군사를 보내, 이곳을 지키도록 하였다.[179]

---

178) 『舊唐書』 권196上, 「吐蕃傳」, 5225쪽, "如意元年, 吐蕃大首領曷蘇率其所屬并貴川部落請降, 則天令右玉鈐衛大將軍張玄遇率精卒二萬充按撫使以納之. 師次大渡水, 曷蘇事洩, 爲本國所擒. 又有大首領昝捶率羌蠻部落八千餘人詣玄遇內附, 玄遇以其部落置葉川州, 以昝捶爲刺史, 仍於大度西山勒石紀功而還".

179) 『舊唐書』 권196上, 「吐蕃傳」, 5225쪽, "長壽元年, 武威軍總管王孝傑大破吐蕃之衆, 克復龜玆·于闐·疏勒·碎葉等四鎭, 乃於龜玆置安西都護府, 發兵以鎭守之".

차안에서 촬영한 키르기스스탄의 초원대로를 건너는 말떼의 모습

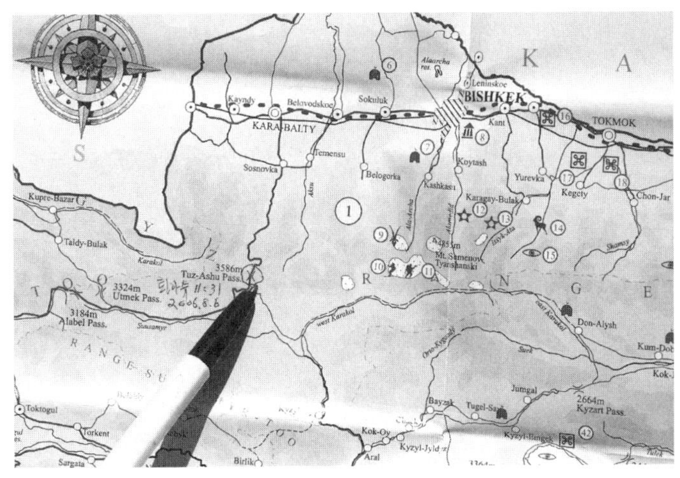

2006년 8월 6일에 필자가 지나간 해발 3586m 낙타고개

무측천은 西州都督 唐休璟의 요청을 받아들여 692년 하서의 武威軍總管 王孝傑에게 토번 공격을 명령하였다. 이때 왕효걸이 토번 격파는 매우 중요한 싸움인데, 어떻게 토번과 싸워 이겼다는 내용이 없으나 그가 오랫동안 토번에 있어서 그들의 허실을 알고 있었던 사실로[180] 미루어 보아 정규전으로 토번을 제압한 것 같지 않다. 이는 앞에서 본 것처럼 토번의 내부 권력투쟁으로 토번 대수령들이 당에 투항하는 과정에서 당이 게릴라전으로 얻은 전과인 것 같다. 타림 지역을 장악하고 있던 대수령들이 갈소나 잠추처럼 토번에 반기를 들었기 때문에 당의 왕효걸은 아무 저항도 받지 않고 점령한 것 같다. 타림분지를 당의 왕효걸이 접수하게 되자, 천산산맥 북쪽의 옛 안서사진 쇄엽마저 당이 얻었다. 長壽 2년(693)에 이렇게 안서사진이 수복된 것은[181] 의미가 크다. 그 이유는 咸亨

180) 『資治通鑑』 권205, 「唐紀」21 則天后 長壽 元年 孝傑久在吐蕃조, 6487쪽.
181) 『舊唐書』 권40, 「地理志」3 至長壽 2年조, 1647쪽 ; 『新唐書』 권40, 「地理志」4 '安西大都護府'

원년(670) 4월 토번에 의해 안서도호부가 함락되었다가 20여 년 만에 당이 다시 쿠차에 안서도호부를 설치했기 때문이다.

여기서 쇄엽은 오늘날 키르기스스탄 이르쿠츠크 호의 서쪽 지역이다. 그렇다면 이때 쇄엽이 서돌궐 영역이었기 때문에, 쇄엽 탈환을 마치 토번에서 탈취한 것처럼 쓴 『舊唐書』의 「吐蕃傳」기록은 잘못인 것 같다. 만약 당이 쇄엽을 토번에서 빼앗은 것이 사실이라면 당시 중앙아시아지역까지 토번 영역이었다는 이야기다. 이 점에 대해서는 앞으로 더 연구되어야 할 것 같다.

무위군총관 왕효걸은 토번과의 전투에서 계속 승리하였다. 그때 상황을 『新唐書』의 「吐蕃傳」은 다음과 같이 전한다.

> 이에 (토번) 수령 勃論贊과 돌궐 僞可汗 阿史那俀子가 남쪽을 침략하여, 王孝傑과 冷泉에서 싸웠으나 패주했고, 碎葉鎭守使 韓思忠은 泥熟沒斯城을 깨뜨렸다.[182)]

토번과 돌궐이 연합해 당에 빼앗긴 안서사진을 되찾으려 冷泉에서 싸웠으나 도리어 당에게 패배하였다. 이때 碎葉鎭守使 韓思忠도 泥熟沒斯城을 함락시키는 전과를 거두었다. 이는 전일 강력한 토번 모습이 상실되는 것을 보는 순간인 듯싶다.

토번 내부의 권력투쟁은 679년 器弩悉弄이 불과 나이 8세에 토번왕으로 즉위하면서부터 시작되었다고 볼 수 있다. 그 후 692년 나이 20세를 넘긴 器弩悉弄이 왕권을 강화하려는 과정에서 토번 대수령들과 충돌하였다. 그 결과 왕과의 세력싸움에서 패배한 토번의 대수령들이 앞 다투어 당에 투항하였다.

당은 696년 안서사진을 당의 영역으로 확고하게 방어하기 위해 토번을 선제공격하였다.

長壽 2年조, 1074쪽.

182) 『新唐書』 권216上, 「吐蕃傳」, 6079쪽, "於是首領勃論贊與突厥僞可汗阿史那俀子南侵, 與孝傑戰冷泉, 敗走. 碎葉鎭守使韓思忠破泥熟沒斯城".

> 萬歲登封 원년(696), 王孝傑은 다시 肅邊道大總管이 되어, 부총관 婁師德을 거느리고 토번 장수 論欽陵·贊婆 등과 素羅汗山에서 싸웠다. 그런데 관군이 패배하자 王孝傑에게 책임을 지워 관직에서 쫓아냈다.[183]

앞서 692년 토번에게서 안서사진을 탈환했던 왕효걸을 肅邊道大總管으로 삼아 토번영내로 진격하여 토번 제압을 시도하였다. 그런데 당은 토번 장군 論欽陵과 贊婆에게 도리어 패퇴 당했다. 이는 당이 토번에서 5년 전 안서사진을 탈환하였던 것이 당의 우월한 군사력이라기보다는 토번왕과의 권력싸움에 밀린 대수령들이 당에 투항한 결과였다는 것을 입증하였다.

696년 토번군은 당군을 격파한 승세를 타고 당을 압박해 타림분지를 되찾으려 시도하였다. 『舊唐書』의 「吐蕃傳」을 보자.

> 萬歲通天 원년(696), 토번의 四萬의 무리가 갑자기 涼州城으로 들이 닥쳤다. 都督 許欽明은 처음에는 이를 알아차리지 못하고 경무장 상태로 부하를 거느리고 나가다, 드디어 적을 만나, 오랫동안 막아 싸웠으나, 힘이 부쳐 적에게 죽임을 당하였다. 토번은 그때 또 사자를 보내 화평을 요청하자, 이를 武則天이 수락하였다. 그런데 論欽陵이 安西四鎭의 鎭兵 철수를 요구하면서, (서돌궐) 10姓의 땅마저 분할해 줄 것을 요청하자, 이를 武則天이 끝내 허락지 않았다.[184]

얼마 전 肅邊道大總管 王孝傑과 부총관 婁師德의 공격을 論欽陵·贊婆 등이 素羅汗山에서 물리친 상승세를 타고 토번은 河西의 涼州를 기습 공격하였다. 토번의 4만 군사가 량주성을 에워쌌다. 량주는 후일(710) 토번과 돌궐의 長安 침공을 저지할 목적으로 설치한 하서절도의 본영이 된 곳이다. 그렇다면 토번이 량주를 포위 공격한 것은 당에게는 매우 치명적이다. 토번은 이 상황을 이용하여 당에 안서사진 鎭兵 철수와 서돌궐 10姓[185]의 영역을 요구하였다.

---

183) 『舊唐書』 권196上, 「吐蕃傳」, 5225쪽, "萬歲登封元年, 孝傑復爲肅邊道大總管, 率副總管婁師德與吐蕃將論欽陵·贊婆戰于素羅汗山, 官軍敗績, 孝傑坐免官".

184) 『舊唐書』 권196上, 「吐蕃傳」, 5225쪽, "萬歲通天元年, 吐蕃四萬衆奄之涼州城下, 都督許欽明初不之覺, 輕出按部, 遂遇賊, 拒戰久之, 力屈爲賊所殺. 時吐蕃又遣使請和, 則天將許之, 論欽陵乃請去安西四鎭兵, 仍索分十姓之地, 則天竟不許之".

185) 『資治通鑑』 권205, 「唐紀」21 則天后 萬歲通天元年 9月조의 胡三省註, 6508쪽, 十姓突厥은 五咄陸과

이때 당은 급히 郭元振에게 토번의 의도를 살피게 할 정도로 사태가 급박했다. 郭元振은 四鎭과 西突厥 十姓을 토번에게 줄 수 없다면서, 吐谷渾의 여러 부락과 青海의 옛 땅을 돌려받는 대신 다섯 명의 俟斤의 부락을 토번에게 돌려주는 방식으로 해결을 모색했다. 한마디로 당은 토번과의 관계 단절을 막는 범위에서 지연술을 폈다. 이렇게 함으로써 감주와 량주 공격을 막아보려는 생각이었다.[186] 토번이 안서사진과 서돌궐 10성의 땅을 요구했다는 사실은 토번이 중앙아시아를 장악하려고 구상한 것의 일단을 드러낸 사건이다. 이는 후일 당 현종이 고선지 장군을 은밀히 파견하여, 토번의 중앙아시아 진출의 교두보인 連雲堡를 공격하게 했던 遠因으로 볼 수 있다.

당은 사진철병과 서돌궐 10성을 토번에게 할양하는 대신, 다섯 명의 俟斤의 부락을 토번에게 돌려주어 토번공격을 막으려고 조치하였다. 한마디로 이때 당은 토번의 공격을 저지할 만한 힘이 없었다. 만약 이때 토번이 四鎭과 西突厥 10성을 차지했다면, 오늘날 티베트와 천산산맥 이남의 타림분지가 토번 영역이 됨은 물론이고, 키르기스스탄·타지키스탄·우즈베키스탄·카자흐스탄을 아우르는 중앙아시아의 전 지역이 토번 영역으로 바뀌었다는 말이다. 아무튼 이때 당이 俟斤의 부락을 토번에게 돌려준 것은 당을 향해 옥죄어 오는 토번이 두려웠기 때문이다. 간단히 말해 河西節度府 涼州와 甘州를 방어하려는 당의 고육지책이었다.

河西節度에 대해서는『資治通鑑』에서 두 차례에 걸쳐 자세히 기록하고 있다. 하나는 睿宗 景雲 원년(710)의 기록이다.

> 河西에 節度使·支度使·營田使 등의 관리를 두었고, 涼州(감숙성 무위시)·甘州(감숙성 장액시)·肅州(감숙성 주천시)·伊州(신강성 합밀시)·瓜州(감숙성 안서현)·沙州(감숙성 돈황시)·西州(신강성 투르판시)등 일곱 州를 관장하게 하였으며, 涼州에 치소를 두었다.[187]

五弩失畢을 말한다.

186)『資治通鑑』권205,「唐紀」21 則天后 萬歲通天元年 9月 朝廷疑未決조, 6508~6509쪽.

187)『資治通鑑』권210,「唐紀」26 睿宗 景雲 元年조, 6660쪽, "置河西節度·支度·營田等使, 領涼·甘·肅·伊·瓜·沙·西七州, 治涼州".

당은 710년에 7州나 관할하는 河西節度를 견고하게 방어하기 위해 절도사 밑에 支度使와 營田使라는 관리를 두어 물자조달을 원활하게 하였다. 하서절도에 필요한 군수물자와 보급을 확고하기 위해 군량과 무기 공급 등을 지탁사에게 맡겼으며, 새로 屯田을 실시해 군사 보급품을 확보하는 일을 영전사에게 맡김으로써 하서절도를 보강하였다.[188] 이는 조정이 하서절도를 강화시키기 위한 보완 조치였다. 그 후 하서절도 외의 다른 절도에도 지탁사와 영전사를 두었다. 그런데 영전사 설치는 이미 고종 때 백제 유민 흑치상지 장군이 營田 5000여 경을 개간하여 매년 백여 만 석의 곡식을 거두었던 것에서 시작된 것으로 볼 수 있다.[189]

다른 하나는 『資治通鑑』의 玄宗 天寶 원년 기록이다.

> 河西節度는 吐蕃과 突厥을 끊어서 떨어지게 하도록 하고, 赤水(감숙성 武威의 서남쪽)·大斗(감숙성 영창현 서쪽)·建康(감숙성 고태현)·寧寇(감숙성 무위 동북쪽)·玉門(감숙성 옥문)·黑離(감숙성 안서현)·豆盧(감숙성 돈황)·新泉(감숙성 경태현)의 八軍과 張掖(감숙성 천축현 서쪽)·交城(감숙성 영창현)·白亭(감숙성 민근현 동북쪽)의 세 守捉을 다스리며, 涼(감숙성 무위)·肅(감숙성 주천)·瓜(감숙성 안서현)·沙(감숙성 돈황)·會(감숙서 정원현)의 5州의 경계에 주둔하였고, 治所는 涼州로, 군사는 7만 3천 명이었다.[190]

현종 天寶 원년에는 睿宗 景雲에 하서절도가 7州를 관할한 것보다 적은 5州만 다스렸다. 이는 현종 때 하서절도가 더 중요했기 때문에 담당구역 일부가 줄어든 것이다. 하서절도의 관할영역이 安西나 北庭보다 크지 않은데도 불구하고 주둔병 수가 무려 3배 이상 많다는 것은 암시하는 바가 크다. 즉 河西회랑이 농우절도지역처럼 京師로 통하는 길목이어서 조정이 매우 중시하였다는 증거다. 하서절도의 군사수가 안서나 북정보다 3배나 많았기 때문에

188) 『資治通鑑』 권210, 「唐紀」26 睿宗 景雲 元年조의 胡三省註, 6660~6661쪽.

189) 『舊唐書』 권109, 「黑齒常之傳」 度開營田五千餘頃조, 3295쪽.

190) 『資治通鑑』 권215, 「唐紀」31 玄宗 天寶 元年 是時조, 6848쪽, "河西節度斷隔吐蕃·突厥, 統赤水·大斗·建康·寧寇·玉門·黑離·豆盧·新泉八軍, 張掖·交城·白亭三 守捉, 屯涼·肅·瓜·沙·會五州之境, 治涼州, 兵七萬三千人".

고사계가 일가를 거느리고 하서에서 안서로 전출되었을 때 지났던 돈황 명사산 앞에서 필자

중앙에서 보내는 옷감 양은 무려 180만 疋段이나 되었다.[191] 안서절도의 보유 말은 2,700필인데, 하서절도가 말을 26,300필이나 보유한 것은[192] 조정에서 하서를 더 중시했다는 이야기다.[193] 다시 말해 당은 하서절도를 다른 어떤 절도보다도 중시했다.

696년 토번의 공격은 涼州 都督 許欽明이 전사할 정도로 토번의 대승으로 끝났다. 이때 토번은 화의를 요청하며 안서사진의 철병과 아울러 서돌궐 10姓 땅마저 분할하여 줄 것을 당에 요구했다. 토번에 의한 화의 요청은 안서사진 재탈환과 서돌궐 영역마저 얻어 보겠다는 목적의 외교 군사적 담판이었다.

토번이 당을 압박하는 작전이 성공을 거두면서 器弩悉弄의 왕권강화를 위한 내부 숙청작업은 절정을 이루었다. 이때는 699년이었다.

> 聖曆 2년(699), (吐蕃의) 贊普 器弩悉弄은 나이 들어 장성하자, 大臣 論巖등과 비밀히 (欽陵 등의 제거를) 도모하였다. 때에 欽陵이 밖에 있었기 때문에, 贊普는 사냥 가려 한다고 거짓으로 말하며, 병사를 소집해 欽陵과 가까운 자 2천여 명을 잡아 이들을 죽였다. (그 후)사람을 보내 欽陵과 贊婆 등을 불러들였는데, 欽陵은 군사를 일으키고 소환에 응하지 않았다. 贊普는 스스로 군사를 거느리고 이들과 싸웠다. 欽陵은 싸우기도 전에 군이 궤멸되자, 어쩔 수 없어서 자살했으며, 그와

191) 『資治通鑑』 권215, 「唐紀」31 玄宗 天寶 元年 是時조의 胡三省註, 6851쪽.

192) 『舊唐書』 권38, 「地理志」1 河西節度使조, 1386쪽.

193) 『舊唐書』 권38, 「地理志」1 安西節度使 河西節度使조, 1385~1386쪽.

가까운 자, 그 좌우에 있던 자로 같은 날에 자살한 자가 무려 백여 명이나 되었다. 贊婆는 휘하의 千餘人과 형의 아들 莽布支 등을 거느리고 (당으로) 와 항복했다. 武則天은 羽林飛騎를 보내 郊外에서 이들을 맞아들였다. 贊婆를 輔國대장군·行右衛大將軍에 임명하고 歸德郡王에 봉하였다. 매우 후하게 하사하였다. 그리고 그 部兵을 洪源谷에 주둔하게 하여 (敵을) 토벌하도록 하였다. 얼마 있다가 죽자, 그를 特進과 安西大都護로 추증하였다.[194]

위의 사실은 토번 贊普 器弩悉弄이 장성하자, 왕권 강화를 위해, 토번의 군사권을 장악한 欽陵 등을 제거했던 내용이다. 토번 찬보가 贊婆에게 사냥 간다는 거짓 핑계로 그를 불러들였으나 피신하였다. 이때 토번 찬보가 흠릉 일당 2천여 명을 죽이자, 흠릉 형제가 반기를 들었다. 그러나 흠릉은 휘하병사가 궤멸되자, 자살하였다, 699년 4월 찬파는 전세가 불리하자, 휘하 병사 천여 명과 형의 아들 莽布支와 함께 당에 투항하였다.[195] 당은 찬파에게 特進과 歸德王을,[196] 망포지를 左羽林衛員大將軍과 安國公에 제수하였다.[197] 찬파는 그 해 10월 장안에 도착해 右衛大將軍으로 임명되어, 涼州 昌松縣 부근 洪源谷에서 머물도록 하였다.[198]

699년 4월 죽은 吐蕃 論欽陵의 아들 論弓仁이 吐谷渾 7千帳을 거느리고 투항하자, 唐은 그에게 左玉鈐衛將軍·酒泉郡公 벼슬을 주었다.[199] 그런데 弓仁을 河西 酒泉郡公에 분봉한 사실이 주목된다. 그 후 708년 3월 朔方道大總管 張仁愿이 세 受降城을 쌓을 때, 牛頭 朝那山 1,800곳에 烽候를 설치하고, 左玉鈐衛將軍 論弓仁을 朔方軍前鋒遊弈使로 임명하여 諸眞水를 지키게 하였다.[200] 이때

194) 『舊唐書』 권196上, 「吐蕃傳」, 5225~5226쪽, "聖曆二年, 其贊普器弩悉弄年漸長, 乃與其大臣論巖等密圖之. 時欽陵在外, 贊普乃佯言將獵, 召兵執欽陵親黨二千餘人, 殺之. 發使召欽陵·贊婆等, 欽陵擧兵不受召, 贊普自帥衆討之, 欽陵未戰而潰, 遂自殺, 其親信左右同日自殺者百餘人. 贊普率所部千餘人及其兄子莽布支等來降, 則天遣羽林飛騎郊外迎之, 授贊婆輔國大將軍·行右衛大將軍, 封歸德郡王, 優賜甚厚, 仍令領其部兵於洪源谷討擊. 尋卒, 贈特進·安西大都護".

195) 『資治通鑑』 권206, 「唐紀」22 則天后 聖曆 2年 夏四月조, 6539~6540쪽.

196) 『資治通鑑』 권206, 「唐紀」22 則天后 聖曆 2年 夏四月 以贊婆爲,特進조, 6540쪽.

197) 『資治通鑑』 권206, 「唐紀」22 則天后 聖曆 2年 夏四月 胡三省註조, 6540쪽.

198) 『資治通鑑』 권206, 「唐紀」22 則天后 聖曆 2年 冬10月조, 6542쪽.

199) 『新唐書』 권110, 「論弓仁傳」 聖曆 2年조, 4126쪽 ; 『治通鑑』 권206, 「唐紀」22 則天后 聖曆 2年 夏四月 欽陵子弓仁조, 6540쪽.

부터 논궁인이 두려워 서돌궐은 산을 넘어 朝那山 일대에서 유목은 물론이고 사냥조차 하지 못하였다. 그 결과 당은 서돌궐 방어를 위한 鎭兵을 수 만인이나 감축할 정도로 논궁인의 공이 컸다.[201] 이는 漢族이 아닌, 투항한 토번 논궁인이 당 변경의 서돌궐의 발호를 막은 케이스다. 이렇게 당은 토번 논궁인을 활용하여 朝那山 일대에서 서돌궐을 제압하였다.

한편 토번이 강성하여 두려움을 느낀 吐谷渾 무리들이 靑海를 떠나 開元 11년(723) 9월 하서절도사에게 투항하였다.

> 이에 앞서 토욕혼은 토번이 강성한 것을 두려워하여서 귀부한 것이 몇 년 되었는데, 9월 임신일에 부중을 거느리고 沙州(敦煌)에 와서 투항하니, 河西절도사 張敬忠이 그들을 위로하고 받아들였다.[202]

이는 토번의 위협을 피하여 본거지 청해를 떠나 沙州로 피신하여 河西軍鎭으로 온 토욕혼을 하서절도사 張敬忠이 받아들였다는 기록이다. 토욕혼은 그들 거주지가 토번에 의해 자주 침략 당하자 어쩔 수 없어 당으로 피난했다.

토번의 내분으로 말미암아 唐은 토번을 약화시키기 위한 정확한 정보마저 챙겼고, 이내 찬파 무리는 당 명령에 따라 토번을 공격하였다. 이는 당이 '以夷制夷'로 토번을 제압한 형국이다.

당이 투항한 찬파를 앞세워 토번을 공격하자, 토번도 당의 기세를 제압하기 위해 다시 당의 하서회랑을 기습했다. 이때의 상황을 『舊唐書』의 「吐蕃傳」에서 보자.

> 久視 元年(700), 吐蕃은 또 그 장군 麴莽布支를 보내어 涼州를 침공해, 昌松縣을 포위하며 압박했다. 隴右諸軍州大使 唐休璟는, 莽布支와 洪源谷에서 싸워, 그 副將 2인을 죽이고, 2500명을 죽이는 전과를 올렸다.[203]

---

200) 『資治通鑑』 권209, 「唐紀」25 中宗 景龍 2年 3月 於牛頭朝那山北조, 6621쪽.

201) 『資治通鑑』 권209, 「唐紀」25 中宗 景龍 2年 3月 自是突厥不敢渡山畋牧조, 6621쪽.

202) 『資治通鑑』 권212, 「唐紀」28 玄宗 開元 11年 8月조, 6757쪽, "先是, 吐谷渾畏吐蕃之强, 附之者數年, 九月, 壬申, 帥衆詣沙州降, 河西節度使張敬忠撫納之".

700년 閏7월 吐蕃 麴莽布支의 涼州의 昌松 포위는,[204] 萬歲通天 원년(696) 토번 4만 군사가 涼州城까지 급습한 후 두 번째다. 그러나 이때는 696년 涼州城 공격 때보다 토번 군사력이 강력하지 못했다. 여러 해 동안 토번의 권력투쟁으로 말미암아 토번의 군사력이 예전 같지 않았다는 증거다. 그러나 이때도 吐蕃은 涼州에서 불과 50㎞ 떨어진 昌松縣을 포위하며 압박하였다. 이 무렵 당의 隴右諸軍州大使 唐休璟이 반격한 곳은 량주가 아닌 洪源谷이다. 물론 隴右諸軍州大使가 위치한 곳이 涼州에서 꽤 멀리 떨어진 鄯州다. 그 결과 토번 麴莽布支는 副將 2인과 병사 2,500명이나 전사할 정도로 당에 패배하였다.

그런데 『新唐書』의 「吐蕃傳」 기록은 위의 기록과 차이가 있다.

> 또 左肅正臺·御史大夫 魏元忠을 隴右諸軍大總管으로 삼고, 隴右諸軍大使 唐休璟을 거느리고 토벌에 나섰다. 바로 그때 蠻族은 涼州를 공격하였기 때문에, 休璟은 이를 토벌하여, 二千級을 참수하였다.[205]

洪源谷은 당에 투항한 토번 贊婆가 머문 곳이다. 그렇다면 麴莽布支와 莽布支가 같은 인물인가 하는 문제가 있다. 만약 동일인이라면 당에 투항한 莽布支가 당에 대해 반란을 일으킨 것이다. 필자의 생각으로는 둘은 동일인물이다. 그런데 胡三省은 贊婆의 아우가 莽布支가 아니라 悉多于敷論이라 반론하면서도 涼州를 공격한 토번 장수 麴莽布支를 신참내기라 표현하여 다른 인물처럼 언급했다.[206] 그러나 필자의 생각은 토번의 권력싸움에서 밀린 찬파와 망포지가 살아남기 위해 일시 당에 충성을 약속했다가 뒤에 당에 반란한 경우라고 본다. 이런 경우는 유목기마민족에게서 흔하다. 『舊唐書』와 『新唐書』의 「吐蕃

---

203) 『舊唐書』 권196上, 「吐蕃傳」, 5226쪽, "久視元年, 吐蕃又遣其將麴莽布支寇涼州, 圍逼昌松縣. 隴右諸軍州大使唐休璟與莽布支戰于洪源谷, 斬其副將二人, 獲首二千五百級".

204) 『資治通鑑』 권206, 「唐紀」22 則天后 久視 元年 閏7月 丁酉조, 6549쪽.

205) 『新唐書』 권216上, 「吐蕃傳」, 6080쪽, "又遣左肅正臺御史大夫魏元忠爲隴右諸軍大總管, 率隴右諸軍大使唐休璟出討. 方虜攻涼州, 休璟擊之, 斬首二千級".

206) 『資治通鑑』 권206, 「唐紀」22 則天后 聖曆 2年 夏四月조의 胡三省註, 6540쪽 ; 『資治通鑑』 권206, 「唐紀」22 則天后 久視 元年 閏7月 丁酉, 麴莽布支新爲將조, 6549쪽.

傳」의 내용이 약간 차이가 난다. 아무튼 량주를 중심으로 당과 토번이 헤게모니 쟁탈전을 전개하였던 사실은 틀림없다.

이때 토번은 량주에서 패배하였다. 비록 이때 토번이 승리를 거두지 못했어도 당에게는 30여 년 동안이나 근심거리였을 정도로 토번은 당에 피해를 주었다.207) 한편 이즈음 토번에서 당에 투항하는 자가 적지 않았다. 이는 당이 토번의 공세에서 벗어나고 있는 조짐으로 해석될 수 있다. 이렇게 보는 이유는 699년 4월 壬辰에 婁師德을 天兵軍大總管으로 임명하여 隴右諸軍大使의 일을 맡기면서 토번에서 투항하는 자를 관리하도록 했기 때문이다.208) 종전에 토번에서 당으로 투항한 자를 관리하도록 조치를 취한 경우가 없다. 아무튼 河隴에서 누사덕은 40여 년 동안 토번과 돌궐을 방어하다가 699년 8월에 죽었다. 이때 당은 누사덕이 받은 작위가 없었는데도 그의 죽음을 '卒'이라 기록 않고 '薨'이라 기록할 정도로 그의 공덕을 기렸다.209)

이후에도 吐蕃은 계속해 당의 서쪽변경을 침공하였다.

> 長安 2년(702) 贊普가 만여 명을 거느리고 悉州로 쳐들어왔다. 都督 陳大慈는 賊과 모두 4차례 싸우면서, 그때마다 攻破했기 때문에 천여 명의 적을 죽였다. 그래서 토번은 論彌薩 등을 사자로 入朝시켜 화평을 청하였다. (그때) 武則天은 麟德殿에서 연회 중이었는데, 殿庭에서 百戲가 연주되었다. 論彌薩이 아뢰길 '저는 변방 먼 곳에서 태어났기 때문에 중국 음악을 알지 못합니다. 그러니 제가 직접 관람할 수 있도록 허락하여 주십시오.'라고 하자, 武則天이 이를 허락하였다. 이에 論彌薩 등이 이를 같이 보면서 웃고 기뻐하며 예로써 감사함을 아뢰길, '제가 스스로 聖朝에 몸을 投하여, 그 前後 대우마저 매우 후하였습니다. 또 직접 진기한 樂劇마저 볼 수가 있게 되었습니다. 이는 제 생애에 일찍이 볼 수 없던 것들입니다. 스스로 저의 하찮은 몸을 돌아 보건데, 무엇으로 황제의 은혜에 보답할 수 있겠습니까. 저의 작고 좁은 마음은, 단지 폐하의 만수무강을 바랄 뿐입니다.'라고 했다.210)

---

207)『資治通鑑』권206,「唐紀」22 則天后 聖曆 2年 爲中國患者三十餘年조, 6539쪽.

208)『資治通鑑』권206,「唐紀」22 則天后 聖曆 2年 夏四月 壬辰조, 6540쪽.

209)『資治通鑑』권206,「唐紀」22 則天后 聖曆 2年 8月 納言조, 6541쪽.

210)『舊唐書』권196上,「吐蕃傳」, 5226쪽, "長安二年, 贊普率衆萬餘人寇悉州, 都督陳大慈與賊凡四戰,

久視 원년과 달리 長安 2년에 토번왕이 직접 군대를 거느리고 당의 悉州를 공격하였다. 그러나 吐蕃 贊普는 悉州 都督 陳大慈와 네 차례 싸워 모두 패배해 천여 명이나 전사하였다.[211] 물론 장안 2년은 토번이 내전을 치른 지 3년밖에 경과하지 않았다. 또 불과 2년 전 토번이 량주를 공격하다 隴右諸軍州大使 唐休璟에게 대패한 후유증을 아직 극복하지 못한 것 같다.

토번 찬보는 悉州공격에서 패배하자, 論彌薩 등을 사자로 당에 보내어 화평을 요청하였다. 702년 9월 癸未에 武則天은 麟德殿에서 토번사신을 위해 연회를 베풀었다.[212] 그때 토번사신 論彌薩 등의 요청으로 百戱 공연을 참관하였다. 무측천이 발달된 당 문화를 논미살에게 보여준 이유는 토번에 대한 문화 우월감의 과시가 작용되었으리라 본다. 이때 논미살이 百戱를 구경한 것이 기뻐 감사함을 무측천에게 아뢴 사실도 의미가 크다. 이는 논미살이 당과 토번의 문화에 큰 차이가 있음을 시인한 대목이다. 무측천이 토번 논미살에게 당의 백희를 보여준 것은 토번을 심리적으로 제압하려는 의도였고, 이것은 성공했다.

> 다음 해(703), (토번은) 또 사자를 보내 말 千匹과 황금 二千 兩을 바치며 혼인을 요청하였다. 이를 武則天이 허락하였다.[213]

토번은 왕후를 당 황실에서 얻어 당의 부마국가가 되겠다는 의도다. 이때 예물로 토번은 말 천필과 금 2천 냥을 바쳤다. 무측천은 토번의 정략적인 청혼을 허락하였다. 그런데 그즈음 吐蕃 贊普가 전장터에서 죽었기 때문에 찬보와 당 공주와의 결혼은 무산되었다. 『舊唐書』의 「吐蕃傳」은 토번 贊普의

皆破之, 斬首千餘級. 於是吐蕃遣使論彌薩等入朝請求和, 則天宴之於麟德殿, 奏百戱於殿庭. 論彌薩曰'臣生於邊荒, 由來不識中國音樂, 乞放臣親觀.' 則天許之. 於是論彌薩等相視笑忭拜謝曰'臣自歸投聖朝, 前後禮數優渥, 又得親觀奇樂, 一生所未見. 自顧微瑣, 何以仰答天恩, 區區褊心, 唯願大家萬歲'."

211) 『資治通鑑』 권207, 「唐紀」23 則天后 長安 2年 10月 戊申조, 6560쪽, 司馬光은 토번의 論彌薩을 長安으로 화의를 요청한 다음달 토번 贊普가 悉州가 아닌 茂州를 침공했다고 다르게 기록했다. 司馬光은 토번 贊普가 悉州 공격 후 당에 사자를 파견한 순서를 뒤바꾸어 기록했다.

212) 『資治通鑑』 권207, 「唐紀」23 則天后 長安 2年 9月 癸未조, 6560쪽.

213) 『舊唐書』 권196上, 「吐蕃傳」, 5226쪽, "明年, 又遣使獻馬千匹, 金二千兩以求婚, 則天許之".

戰死에 대해 다음과 같이 전한다.

> 그때 토번의 남쪽 속국, 泥婆羅門 등이 모두 반란하였기 때문에 직접 贊普가 가서 이를 토벌하다가 軍中에서 죽었다. (그래서) 諸子는 오랫동안 싸웠는데, 國人이 器弩悉弄의 아들 棄隸蹜贊을 贊普로 삼았다. 당시 (贊普) 나이가 7세였다. 中宗 神龍 원년(705) 토번의 사자가 와서 喪을 알렸다. 이 때문에 中宗은 이를 애도하여 朝廷을 1일 동안 접었다. 이윽고 贊普의 祖母가, 그 大臣 悉薰熱을 보내 방물을 바치며, 그 손자를 위해 請婚하였다. 中宗의 양녀, 雍王 守禮의 딸을 金城공주로 삼아 시집가도록 하였다. 이로써 매년 (吐蕃이) 공헌해 왔다.[214]

무측천의 허락으로 토번 찬보의 妃를 唐室에서 맞아들이려 했지만, 마침 토번 남쪽의 속국 泥婆羅門의 반란으로, 그 일은 수포가 되었다. 703년[215] 찬보가 니파라문(오늘날의 네팔)[216]을 토벌하다 軍中에서 죽었기 때문이다.

니파라문을 토벌하다 죽은 토번 찬보는 器弩悉弄이었다. 기노실농의 죽음으로 그 아들들이 서로 贊普가 되려고 치열한 권력투쟁 끝에 기노실농의 어린 아들 棄隸蹜贊을 贊普로 세워 토번 왕위계승 싸움은 일단락되었다. 이때 棄隸蹜贊의 나이가 불과 7세였는데, [217] 그의 아버지 기노실농이 토번 찬보가 되었을 때 나이도 불과 8세였다. 器弩悉弄의 母이자. 棄隸蹜贊의 祖母는 棄隸蹜贊의 妃로 당 공주를 맞아들이기로 하여, 707년 3월 토번 大臣 悉薰熱이 長安에 왔다.[218] 다음달 4월 中宗은 雍王 李守禮의 딸을 金城공주로 삼아 토번에 시집보내기로 결정했다.[219] 그렇다면 이는 두 번째로 당 공주를 토번 贊普의 妃로 보내는 일이다. 이를 성사시키기 위해서 토번은 당에 자주 사신을 파견하

---

214) 『舊唐書』 권196上, 「吐蕃傳」, 5226쪽, "時吐蕃南境屬國泥婆羅門等皆叛, 贊普自往討之, 卒於軍中. 諸子爭立, 久之, 國人立器弩悉弄之子棄隸蹜贊爲贊普, 時年七歲. 中宗神龍元年, 吐蕃使來告喪, 廢朝一日. 俄而贊普之祖母遣其大臣悉薰熱來獻方物, 爲其孫請婚, 中宗以所養雍王守禮女爲金城公主許嫁之. 自是頻歲貢獻".

215) 『資治通鑑』 권207, 「唐紀」23 則天后 長安 3年 是歲조, 6569쪽.

216) 佐藤長, 1958, 『古代チベット史硏究』上, 399쪽, 泥婆羅門=泥婆羅+門, 門은 Mon yul(티베트의 네팔지방).

217) 『資治通鑑』 권207, 「唐紀」23 則天后 長安 3年 是歲조, 6569쪽.

218) 『資治通鑑』 권208, 「唐紀」24 中宗 景龍 元年 3月 庚子조, 6610쪽.

219) 『資治通鑑』 권208, 「唐紀」24 中宗 景龍 元年 4月 辛巳조, 6610쪽.

였다. 胡三省은 토번 찬보가 棄隸蹜贊이 되면서부터 토번 國勢가 기울었다고 주장한다.[220)]

당은 토번을 늘 두려워했다. 이는 696년 토번의 四鎭과 서돌궐 十姓 할양 요구를 708년에 다시 거론한 郭元振의 상소에서 확인이 가능하다.

> 전에 토번이 변경을 침범한 이유는, 정확히 十姓과 四鎭의 땅을 요구했지만 얻지 못했기 때문입니다. 최근 전쟁을 그치고 화친을 요구한 것은, 중국 예절과 의리 사모라고 기뻐할 일이 아니오며, 다만 그 나라 안에 어려운 일이 많기 때문이며, 사람과 가축이 전염병에 걸려 있는 상황이라, 중국이 그 어려움을 노릴까 두렵기 때문에 뜻을 굽혀 스스로 가까이 하려는 것입니다. 그 나라가 조금이라도 편하게 된다면, 어찌 十姓과 四鎭 땅을 취하는 것을 잊겠습니까! (게다가) 지금 闕啜忠節이 국가 대계를 생각하지 않고, 오직 토번의 안내가 되고자 하니, 四鎭의 위기가 이로부터 시작될까 염려스럽습니다.[221)]

그런데 707년 4월 雍王 守禮의 딸을 金城공주로 삼아 토번 贊普에게 시집보내기로 결정한 이듬해 토번에 대해 우려하는 郭元振의 상소는 의미가 크다. 바꾸어 말하면 당이 토번대책으로 전전긍긍하고 있는 사실을 확인할 수 있기 때문이다.

西突厥 娑葛可汗과의 권력싸움에서 밀려 당에 투항한 闕啜忠節이 右威衛장군 周以悌와 모의하여 토번을 끌어들여 娑葛세력을 물리치려는 계획을 세우자[222)] 이를 듣고 놀란 곽원진이 위와 같이 상소하였다. 아무튼 이 상소를 통해 토번의 강성함에 대해 당 조정이 항상 염려하고 있다는 사실이 확인된다.

토번 찬보 棄隸蹜贊이 中宗의 양녀를 妃로 맞이한 것은, 토번왕 棄隸蹜贊의 아버지 器弩悉弄과 혼인하겠다고 약속한 지 5년 후다.

---

220) 『資治通鑑』 권207, 「唐紀」23 則天后 長安 3年 是歲의 胡三省註, 6569쪽.

221) 『資治通鑑』 권209, 「唐紀」25 中宗 景龍 2年 11月조, 6626쪽, "往歲吐蕃所以犯邊, 正爲求十姓·四鎭之地不獲故耳. 比者息兵請和, 非能慕悅中國之禮義也, 直以國多內難,人畜疫癘, 恐中國乘其弊, 故且屈志求自昵. 使其國小安, 豈能忘取十姓·四鎭之地哉! 今忠節不論國家大計, 直欲爲吐蕃鄕導, 恐四鎭危機, 將從此始".

222) 『資治通鑑』 권209, 「唐紀」25 中宗 景龍 2年 11月조, 6625~6626쪽.

景龍 3년(709) 11월 (토번은) 大臣 尙贊吐를, (中宗의 養女) 딸을 맞이하기 위해 파견하였다. 中宗은 苑內의 毬場에서 그들을 위해 잔치를 베풀었다. 駙馬都尉 楊愼交에게 명하여 토번 사자와 함께 擊毬를 하도록 하였는데, 中宗은 신하를 거느리고 이를 관람하였다.[223]

경룡 3년(709) 11월 토번 棄隸蹜贊의 妃를 맞기 위해 토번 大臣 尙贊吐가 장안에 도착하였다. 이때 사절단 규모에 대해선『資治通鑑』이 자세하다. "(11월) 乙亥, 토번 찬보가 그의 대신 尙贊咄등 천여 명을 파견하여 금성공주를 맞이하였다."[224] 토번이 천여 명이나 보낸 사실은 토번에서 당으로 사신을 파견할 때의 수행원 수를 파악하는 잣대가 될 것 같다. 또 胡三省은 말하기를 贊咄이 당의 左僕射에 해당하는 벼슬이라 하였다. 토번의 尙贊咄 등 사절단을 中宗이 苑內 격구장에서 맞으면서, 中宗은 자신이 좋아하는 격구를[225] 駙馬都尉 楊愼交와 함께 경기하도록 하였다. 이전부터 토번에서도 擊毬는 널리 즐기는 운동경기로, 이는 당과 토번의 擊毬를 통한 친선경기다. 이때 擊毬 시합을 관전한 중종은 당과 토번의 우호관계가 유지되어, 당에 대한 토번 침공이 종식되기를 염원하였을 것이 분명하다.

709년 11월 당 금성공주를 토번 찬보의 부인으로 맞으려고 온 토번 사절단은 그 이듬해 710년 1월 금성공주와 함께 토번으로 돌아갔다.

中宗은 紀處訥에게 명령하여 金城공주를 호송해 吐蕃으로 시집보내도록 하였으나 紀處訥이 사양하였고, 또 趙彦昭에게 명령하였지만 趙彦昭마저 사양하였다. 丁丑에 左驍衛大將軍 楊矩에게 그녀를 호송하도록 하였다. 己卯에 中宗은 스스로 공주를 전송하러 始平에 도착하였다.[226]

223)『舊唐書』권196上,「吐蕃傳」, 5226쪽, "景龍三年十一月日, 又遣使其大臣尙贊吐等來迎女, 中宗宴之於苑內毬場, 命駙馬都尉楊愼交與吐蕃使打毬, 中宗率侍臣觀之".

224)『資治通鑑』권209,「唐紀」25 中宗 景龍 3年 11月조, 6637쪽, "乙亥, 吐蕃贊普遣其大臣尙贊咄等千餘人逆金城公主".

225)『資治通鑑』권209,「唐紀」25 中宗 景龍2年 7月 上好擊毬조, 6624쪽.

226)『資治通鑑』권209,「唐紀」25 睿宗 景雲 元年 正月조, 6639쪽, "上命紀處訥送金城公主適吐蕃, 處訥辭, 又命趙彦昭, 彦昭亦辭. 丁丑, 命左驍衛大將軍楊矩送之. 己卯, 上自送公主至始平".

당 중종의 명령마저 관리들이 거절할 정도로 토번까지 금성공주와 동행한다는 자체가 보통 일이 아니었다. 그런 이유 때문인지 宰相 紀處訥과 同平章事 趙彦昭가 토번 가는 일을 모두 사양했다. 결국 무관인 左驍衛大將軍 楊矩가 금성공주를 호송하였다. 中宗은 양녀 금성공주를 토번으로 시집보내는 것이 안쓰러웠는지 몸소 장안에서 서쪽으로 40여㎞ 떨어진 始平까지 가서 금성공주를 전송하였다. 토번 찬보도 당에서 온 금성공주를 위해 따로 성을 축조하여 그곳에 살게 하였다.

금성공주가 토번으로 시집간 이듬해(711)도 토번은 蠻族과 제휴로 당에게 큰 부담이 되었다. 즉 姚州(운남성 요안현)의 蠻族이 토번과 연합하려하자, 이들을 攝監察御使 李知古가 공격할 계획을 세우니 와서 항복하였다. 그런데 李知古가 다시 劍南군사를 끌어들여 蠻族을 죽이거나 노비로 삼으려 할 때 만족 추장 傍名이 토번을 끌어들여 李知古를 죽였다. 이로 말미암아 姚州와 巂州로 통하는 길이 여러 해 단절되었다.[227] 이는 토번이 당의 남쪽 변경에서도 당을 위협하였다는 이야기다.

姚州와 巂州로 가는 길이 통하지 못할 때, 安西도호 張玄表가 토번의 북변을 공격하였지만, 토번은 화친을 깨고 싶지 않아 당에 대한 반격을 하지 않았다. 대신 이때 토번은 선주도독 楊矩에게 뇌물을 주어 최고 목축지인 河西九曲의 땅을 금성공주의 湯沐邑으로 삼도록 요청하는 외교적 실리를 챙겼다.[228]

무측천과 중종 재위시의 당은 토번에 대해 공세적이기 보다는 수세적이었다. 무측천 재위시 백제 유민 흑치상지의 전공을 제외한다면 당은 토번의 공격에 속수무책이었다. 당은 토번의 요구에 순응한 정책으로 일관하였다고 볼 수 있다. 토번이 당의 변경 침공 실패 후에 사신을 당으로 보내 화평을 요청한 것으로는 결코 토번보다 당이 군사적 우위였다고 평가할 수 없기 때문이다. 오히려 토번은 당을 공격하다 실패하면 화친 요청하는 것을 하나의 전술로 활용하였다.

---

227) 『資治通鑑』 권210, 「唐紀」26 睿宗 景雲 元年조, 6661쪽.
228) 『資治通鑑』 권210, 「唐紀」26 睿宗 景雲 元年 安西都護조, 6661쪽.

제4장 당 현종의 토번 대책

1. 당 현종 개원년간의 토번 관계 분석

현종 재위 시 당과 토번 관계는 현종이 고구려 유민 고선지 장군을 파격적으로 발탁해 토번을 선제공격한 것에서부터 변화의 돌파구가 열렸다. 달리 말해 당이 토번에 의해 끌려 다녔던 상황을, 당이 토번을 제압하는 상황으로 반전시켰다고 평가할 수 있다. 그러나 고선지 장군의 토번 連雲堡 정복과 小勃律國 정복은 天寶 6載의 일이었다. 곧 당 현종시대에 토번을 제압한 시기는 당 현종시대 후반부였다. 그렇다면 당 현종의 開元년간은 토번을 통제하지 못했던 시기라고 보아도 크게 틀리지 않다.

고선지 장군의 토번 連雲堡(赤特拉爾, Chitral)공격의 역사 평가는 그 이전에 당과 토번의 관계가 어떠했는가를 정확히 이해하여야만 가능하다. 토번을 제압하려는 정책을 확고하게 수립한 인물은 당 현종이었다. 이를 뒷받침하는 것이 747년 현종이 고선지에게 명한 토번 공격이다. 현종의 의지는 앞의 황제들과는 달랐다. 현종은 고구려 武人들이 남다르다는 것을 어려서부터 직접 체험하였기 때문에 고구려 유민출신을 파격적으로 발탁하였다. 이에 대한 이해를 돕기 위해 현종의 어린 시절 행적을 추적하겠다.

당 현종 이융기는 710년 고구려 유민 王毛仲과 노예시장에서 매입한 고구려 유민 李守德을 호위무사로 두며 임치왕 신분으로 장안에 입성하였다. 이융기는 景龍 4년(710) 6월 20일 밤에 실제 황권을 거머쥔 韋皇后와 安樂공주 등을 죽인 공로로 다시 平王으로 봉해졌다. 동시에 자신의 아버지를 睿宗으로 즉위시켰다.[1] 급기야 712년에는 平王 이융기 자신이 황제에 즉위하였다.

1) 지배선, 2006, 「고구려 유민 왕모중의 발자취」, 26~30쪽.

貞觀 15년(641)에 태종은 一族의 딸 文成공주를 토번 贊普 弄讚에게 시집보냈다.[2] 당 태종은 문성공주를 토번 왕의 妃로 시집보내 정략적 혼인으로 토번과 화친하였다. 그 후 景龍 4년 정월 중종은 다시 금성공주를 토번 왕 棄隸蹜贊의 妃로 시집보내어 정략결혼 정책을 계속 추진하였다.

예종이 즉위하자, 토번은 당의 선주도독 楊矩에게 뇌물을 주어 금성공주의 화장료로 사용할 목적으로 河西九曲 얻기를 요청하였다. 선주도독 양구의 하서구곡 토번 할양에 대한 상소가 받아들여졌다.

> 吐蕃은 九曲을 얻은 후, 그 토지가 비옥하고 좋아, 군대를 주둔시키어 목축하였으며, 또 당의 국경과 접하여 있기 때문에. 이때부터 다시 (토번이) 반란하여, 군사를 거느리고 쳐들어왔다.[3]

이때 이융기가 황위에 오르지 않았지만, 그는 당과 토번 관계의 추이를 잘 알고 있었다. 예종 즉위 초부터 토번이 당의 변경을 습격하는 것을 이융기는 익히 파악하였다. 이융기가 황위에 오른 후, 중국 서쪽의 강력한 토번 대책을 어떻게 세울 것인가를 구상한 시기였다. 당 현종은 즉위부터 토번 대책에 대한 구상을 갖고 있던 것 같다. 그 이유는 睿宗이 황위에 오른 것이, 이융기의 공로라 실제 권력은 이융기가 잡고 있었다. 토번은 당의 내정을 염탐할 목적으로 현종이 황위에 오른 開元 원년(713) 12월 사신을 파견하여 당과 화친을 요청하였다.[4] 이는 당의 정세변화에 토번이 민감하게 대처하였음을 보여준 일례다.

토번은 다시 이듬해(714) 5월에 당을 떠보기 위해 재상에게 편지를 보냈다.

> 己酉에 토번 재상 坌達延이 (당의) 재상에게 편지를 보내 요청하길, '먼저 解琬을 파견하여 河源에 가서 두 나라의 국경을 바로잡고 나서 맹약을 맺자'고 하였다.

---

2) 『新唐書』 권216상, 「吐蕃傳」 (貞觀)15年, 妻以宗女文成公主조, 6074쪽.

3) 『舊唐書』 권196상, 「吐蕃傳」, 5228쪽, "吐蕃既得九曲, 其地肥良, 堪頓兵畜牧, 又與唐境接近, 自是復叛, 始率兵入寇".

4) 『資治通鑑』 권210, 「唐紀」26 玄宗 開元 元年 12月 甲午조, 6692쪽.

> 解琬은 일찍 朔方大總管을 지냈기 때문에 토번에서 그를 초청했다. 이보다 앞서 解琬이 金紫光祿大夫로 벼슬에 올랐는데 다시 그를 左散騎常侍로 삼아서 파견하였다. 또한 재상에게 명령하여 坌達延에게 회신을 보내어 그를 불러 회유하게 하였다. 解琬이 아뢰길 "토번은 반드시 속으로 배반할 계책을 품고 있을 터이니, 청하건대 군사 10만 명을 秦州(治所는 甘肅省 天水)와 渭州 등의 州에 주둔시키시어 그들을 대비하셔야 합니다.[5]

토번 재상 坌達延이 朔方大總管을 지낸 解琬과 두 나라 국경문제를 바로잡자는 제안의 편지를 보냈다. 그런데 解琬은 토번에 대해 잘 아는 인물인데 토번이 화평을 요청하는 척하다 공격할지 모른다고 上言한 것은 중요한 의미가 있다. 이는 당이 토번의 꾀에 빠져 늘 당했다는 것에 대한 解琬의 인정이다. 이때 토번과 당의 대화의 주도권을 토번이 장악했다는 사실에서 두 나라 관계가 어떤 관계였는지를 가늠할 수 있다. 위의 토번 재상 坌達延은 『舊唐書』의 坌達焉과 동일인물이다. 이는 중국이 주변민족 이름표기를 비슷한 발음 가운데 야만스러운 뜻이 담긴 글자를 골라 쓰는 그런 못된 버릇에서 나온 결과다.

714년 5월에 토번 재상 坌達延이 당의 재상에게 편지를 보내고 한 달이 지나기 전(6월)에 재상 尙欽藏을 당으로 보내 맹약 편지를 바쳤다.[6] 이는 토번이 당이 분달연 편지에 대한 의구심을 품을 것이라는 것을 알고 상흠장을 파견한 조치였다. 한마디로 토번은 당을 어떻게 대해야 외교적으로 제압할 수 있는지를 잘 알고 있다는 이야기다.

토번은 당에 대해 화친을 요구한 그 해(개원 2년) 가을 당의 변경을 공략했다. 달리 표현하면 朔方大總管을 역임했던 左散騎常侍 解琬의 5월 上言에서처럼 토번이 당을 공격한 것이다. 이에 대해 『舊唐書』 권196, 「吐蕃傳上」을 보자.

> 開元 2년 가을, 吐蕃 대장 坌達焉·乞力徐 등이 무리 10여 만을 거느리고 臨洮軍에

---

5) 『資治通鑑』 권211, 「唐紀」27 玄宗 開元 2年 5月조, 6699~6700쪽, "乙酉, 吐蕃相坌達延遣宰相書, 請先遣解琬至河源正二國封疆, 然後結盟. 琬嘗爲朔方大總管, 故吐蕃請之. 前此琬以金紫光祿大夫致仕, 復召拜左散騎常侍而遣之. 又命宰相復坌達延書, 招懷之. 琬上言, 吐蕃必陰懷叛計, 請預屯兵十萬於秦·渭等州以備之".

6) 『資治通鑑』 권211, 「唐紀」27 玄宗 開元 2年 6月 丙寅조, 6701쪽.

> 침입하였으며, 또 계속해서 蘭州·渭州 등으로 쳐들어와, 監牧의 양과 말을 약탈하였다. 楊矩는 후회스럽고 두려워, 독약을 마시고 자살하였다. 현종은 左羽林장군 薛訥과 太僕少卿 王晙에게 병을 거느리고 가서 이들을 치라고 명령하였다. 아울러 조서를 내려 장차 大擧하여 親征한다고 하면서, 將士들을 불러모아, 약속 기일에 출정하도록 하였다. 얼마 지나지 않아 晙등이 賊과 渭源의 武階驛에서 마주쳐, 前軍장군 王海濱이 死力을 다해 싸웠으나 전사하였다. 그러나 晙 등은 병사를 거느리고 앞으로 나가 토번군을 大破하여 數萬명을 죽였을 뿐 아니라 약탈당한 양과 말을 되찾아 왔다. 적의 잔당은 북으로 도주하다가 (洮水가에서) 서로 포개어 죽었기 때문에, 洮水가 흐를 수 없을 정도였다. 황제는 드디어 親征계획을 접고, 紫微舍人 倪若水에게 가서 軍을 위로하고 실정을 파악하도록 명령하였으며, (倪若水는) 王海濱을 장사한 후 돌아왔다. 토번은 大臣 宗俄因子를 洮河로 보내 죽은 자들을 제사하고, 塞에 와서 화평을 청하였으나, 황제가 허락하지 않았다. 이때부터 매년 (토번은) 변경을 침입하였고, 郭知運·王君㚟은 河西절도사가 되어, 이들을 계속 방어하였다.[7)]

714년 7월 토번의 坌達焉과 乞力徐 등이 十餘萬의 무리를 거느리고 臨洮軍을 점령하였다.[8)] 그런데 洮州에 있는 臨洮軍은 隴右節度府에 소속되어 있다. 695년 7월 토번이 臨洮를 공격하자, 肅邊道行軍大總管 王孝傑이 토번과 싸웠다.[9)] 그러나 왕효걸이 토번공격을 감당하지 못하자, 이듬해 정월 누사덕을 肅邊道行軍副總管으로 임명하면서 토번에 대한 공격을 강화하였다. 그런데 3월 왕효걸과 누사덕이 이끄는 당군이 素羅汗山에서 토번 장수 논흠능과 찬파에게 대패하였다.[10)] 토번 坌達焉과 乞力徐가 10만의 군사로 渭源까지

---

7) 『舊唐書』 권196상, 「吐蕃傳」, 5228쪽, "開元二年秋, 吐蕃大將坌達焉·乞力徐等率衆十餘萬寇臨洮軍, 又進寇蘭·渭等州, 掠監牧羊馬而去. 楊矩悔懼, 飮藥而死. 玄宗令攝左羽林將軍薛訥及太僕少卿王晙兵邀擊之. 仍下詔將大擧親征, 召募將士, 克期進發. 俄而晙等與賊相遇於渭源之武階驛, 前軍王海濱力戰死之, 晙等率兵而進, 大破吐蕃之衆, 殺數萬人, 盡收得所掠羊馬. 賊餘黨奔北, 相枕藉而死, 洮水爲之不流. 上遂罷親征, 命紫微舍人倪若水往按軍實, 仍弔祭王海濱而還. 吐蕃遣其大臣宗俄因子至洮河祭其死亡之士, 仍款塞請和, 上不許之. 自是連年犯邊, 郭知運·王君㚟相次爲河西節度使以捍之".

8) 『舊唐書』 권8상. 「玄宗紀」 開元 2年 7月조, 173쪽 ; 『資治通鑑』 권211, 「唐紀」27 玄宗 開元 2年 8月조, 6704쪽, 토번 坌達延과 乞力徐가 무리 10만을 거느리고 臨洮를 공격한 때를 『資治通鑑』은 7월이 아닌 8월이라고 기록하였다.

9) 『資治通鑑』 권205, 「唐紀」21 則天后 天冊萬歲元年 7月 辛酉조, 6503쪽.

10) 『資治通鑑』 권205, 「唐紀」21 則天后 萬歲通天元年 1月 甲寅조 ; 3月 壬寅조, 6504~6505쪽, 토번에

이르자 당 현종은 토번대책에 부심하였다. 이때 현종이 薛訥·郭知運·王晙에게 명령한 내용이 『資治通鑑』에 다음과 같이 실려 있다.

(당 현종이) 薛訥에게 명령하여 白衣를 입고 攝左羽林 장군으로 隴右防禦使로 삼았다. 右驍衛장군 常樂사람 郭知運을 副使로 삼고, 太僕少卿 王晙과 더불어 군사를 거느리고서 그들을 치게 하였다. 辛巳에 용맹한 군사를 많이 모집해 河·隴에 이르러서 薛訥에 나아가 教習하게 하였다.[11]

『資治通鑑』의 내용으로 보아 당 현종은 開元 2년 7월 죄인 薛訥을 임시로 左羽林장군으로 임명하면서 隴右防禦使로 삼아서 토번 공격을 막도록 명령하였다. 이때 隴右防禦使 薛訥은 杜賓客·王晙·安思順을 거느리면서 토번 공격을 막았다.[12] 이때 당 현종은 토번 공격을 막는 것이 너무나 화급한 일이라 薛訥을 급히 재기용하였다.

아무튼 토번은 714년 7월 臨洮를 처음 공격한 것이 아니다. 이때 토번에 의한 臨洮軍 점령은 隴右절도가 토번에 의해 장악된 것을 의미한다. 臨洮를 장악한 토번은 그 여세를 몰아 蘭州와 渭州까지 쳐들어가 唐朝가 관리하는 말과 양까지 약탈하였다. 당에 대한 토번 공격이 더욱 거세지자, 河西九曲을 토번에 주자고 上書했던 鄯州都督 楊矩는 책임추궁이 무서워 자살할 정도로 당은 궁지에 몰렸다.

당 현종은 長安을 향해 진격하는 토번을 막으려고 親征의지를 밝히며 攝左羽林장군 薛訥과 太僕少卿 王晙에게 토번 공격을 막도록 명령하였다. 그런데 토번이 다시 渭源을 침략하자, 현종은 10월에 군사 10만과 말 4만 匹을 징발한다고 발표하면서 親征한다고 조서를 발표하였다.[13] 토번이 공격한 蘭州·渭州는

대패당한 죄목으로 王孝傑은 庶人이 되었으며, 婁師德은 原州員外司馬로 좌천되었다.

11) 『資治通鑑』 권211, 「唐紀」27 玄宗 開元 2年 8月 乙亥조, 6704쪽, "命薛訥白衣攝左羽林將軍, 爲隴右防禦使, 以右驍衛將軍常樂郭知運爲副使, 與太僕少卿王晙帥兵擊之. 辛巳, 大募勇士, 詣河·隴就訥教習".

12) 『舊唐書』 권103, 「王忠嗣傳」 開元 2年 7月조, 3197쪽 ; 『新唐書』 권133, 「王忠嗣傳」 開元 2年조, 4551쪽.

13) 『資治通鑑』 권211, 「唐紀」27 玄宗 開元 2年 10月 丙辰조, 6705쪽.

당의 수도 장안으로 가는 길목이다. 상황이 더욱 급박하여 앞서 지적한 것처럼 8월에 攝左羽林장군 薛訥은 그의 副將 杜賓客과 崔宜道 등과 함께 6만의 병사를 거느리고도 灤河에서 토번에게 대파 당하였다. 10월 王晙이 용사 700명을 선발해 토번을 상대로 게릴라전을 펼쳐 일시 勝機를 잡는 듯하였다. 한편 다시 薛訥이 토번 진격을 저지하기 위해 渭州 武階驛에서 싸웠으나 패배하였다.[14] 이때 선봉에 섰던 豐安軍史 王海濱이 渭源 武階驛에서 전사하였으며, 토번의 공격은 파죽지세 그 자체였다.

당시 薛訥은 도망쳐 나와 겨우 사형은 면했으나, 그 죄로 庶人이 될 정도로 당의 참패였다.[15] 그 후 다행히 王晙이 토번을 洮水에서 대파하여 토번이 퇴각하였다. 이때 太僕少卿 王晙은 토번 군 대파로 토번에게 탈취된 양과 말을 되찾았다. 토번군의 죽은 시체가 너무 많아 洮水의 강물이 흐르지 못할 정도였다고 하니 토번도 피해가 막심하였다. 그렇다고 이때 당이 토번을 완전 제압하였다는 것은 아니다. 이후에도 토번은 당 변경을 매년 침공하였다. 그 결과 당의 하서지역 방어가 더욱 중요하여 郭知運과 王君㚟가 계속하여 河西節度使로 임명되어 토번 침공을 막았다. 그런데 開元 2년 9월 涼州로 葛邏祿이 투항하였으며, 10월에 突厥 十姓 가운데 하나인 胡祿屋 등의 諸部落이 北庭으로 투항함으로써 돌궐은 붕괴현상을 보였다.[16] 따라서 이때 河西절도사 임무는 돌궐보다는 토번 방어였다.

돌궐세력이 약화되자, 당 현종은 토번 공격을 적극적인 외교로 막으려 하였다. 토번으로 시집간 금성공주를 통해 토번 공격을 막으려고 사신을 토번으로 파견하였다.

> 乙酉에 左驍衛郎將 尉遲瓌로 하여금 토번 사신으로 가서 金城공주를 위로하게 하였다. 토번은 그들의 大臣 宗俄因矛를 파견해 洮水에 도착하여서 화친을 요청하여 敵國의 예로써 하였는데, 황제가 허락하지 않았다. 이로부터 해마다 계속 변경을

---

14) 『舊唐書』 권8상, 「玄宗紀」 開元 2年 10月조, 174쪽 ; 『新唐書』 권5, 「玄宗紀」 開元 2年 10月 甲子조, 123쪽.

15) 『舊唐書』 권8상, 「玄宗紀」 開元 2年 7月조, 173쪽.

16) 『資治通鑑』 권211, 「唐紀」27 玄宗 開元 2年 9月조, 6705쪽 ; 10月조, 6705쪽.

침범하였다.17)

돌궐의 침입이 소강상태로 접어들자, 당 현종은 토번으로 시집간 금성공주를 위로한다는 명목으로 사신을 보내어 토번과 화해를 모색했다. 이때 토번도 답례로 大臣 宗俄因矛를 洮水까지 파견하면서 화친을 요청하였다. 그러나 토번이 당과 동등한 나라의 예로써 대할 것을 요구하자 화의가 결렬되었다. 그 결과 토번은 전과같이 매년 당의 변경을 침입하여 약탈하였다.

안서 서쪽의 拔汗那는 調露 원년(679) 10월에 당에 사신을 보내어 조공을 바치면서부터 당에 예속되었다.18) 그런데 開元 3년 11월 토번과 대식이 공동으로 拔汗那에 다른 왕을 세우자, 拔汗那 王은 당의 구원을 요청하였다.

> 拔汗那는 옛날의 烏孫이며, 內附하고서 세월이 오래되었다. 토번이 大食과 더불어 阿了達을 함께 세워서 왕으로 삼고 군사를 발동하여 이를 공격하니 拔汗那왕의 군사는 패배하여 安西로 도망가 구원해 달라고 요청하였다.19)

토번이 대식과 함께 阿了達을 왕으로 세운 후, 옛 烏孫 후에 拔汗那를 자국의 세력으로 만들려고 공격하자. 발한나왕이 패배하여 안서로 도망간 일이다. 그런데 拔汗那는 탈라스 성(怛邏斯城) 正南으로 200㎞ 떨어져 있다.

서역에서 당의 지배력 상실을 우려하였던 監察御使 張孝嵩이 都護 呂休璟에게 拔汗那 구원을 요청하였다. 呂休璟이 요구에 응하자 張孝嵩은 龜玆에서 戎族 부락 군사 1만 명을 거느리고 출정해 阿了達의 連城을 격파했다. 그 후의 상황은 다음과 같다.

> 이 달 連城에서 阿了達을 공격하였다. 張孝嵩은 스스로 갑옷을 입고 사졸들을 독려하면서 급히 공격하여 巳時에서 酉時까지 성 세 개를 도륙하고, 1千餘 級을

17) 『資治通鑑』 권211, 「唐紀」27 玄宗 開元 2年 10月조, 6706쪽, "乙酉, 命左驍衛郎將尉遲瓌于吐蕃, 宣慰金城公主. 吐蕃遣其大臣宗俄因矛至洮水請和,用敵國禮, 上不許. 自是連歲犯邊".

18) 『冊府元龜』 권970, 「外臣部」 '朝貢' 調露元年 10月 拔汗那조, 11403쪽.

19) 『資治通鑑』 권211, 「唐紀」27 玄宗 開元 3年 11月조, 6713쪽, "拔汗那者, 古烏孫也, 內附歲久. 吐蕃與大食共立阿了達爲王, 發兵攻之, 拔汗那王兵敗, 奔安西求救".

사로잡거나 목을 베었는데, 阿了達은 여러 명의 기병과 함께 도망해 산골짜기로 숨어들었다.[20)]

監察御使 張孝嵩은 阿了達을 공격하기 위해 고군분투하였다. 달리 말해 이는 장효숭이 토번과 大食의 지원을 받는 아료달을 꺾기 위한 전력투구였다. 그 결과 장효숭은 오전 10시부터 오후 6시까지 城을 셋이나 함락시키며 1천명을 죽이거나 생포하는 전과를 거두었다. 이때 阿了達이 산으로 도망하자 전투가 끝났다.

이때 張孝嵩에 의한 중앙아시아의 阿了達을 격파한 그 파장은 서아시아까지 미쳤다.

張孝嵩이 격문을 여러 나라에 전하여 西域에서 위엄을 떨치자, 大食·康居·大宛·罽賓등 8개 나라가 모두 사신을 파견하여 항복을 받아 달라고 청하였다.[21)]

이때 張孝嵩이 拔汗那를 구원하는 길만이 서역을 호령할 방법이라는 역설이 맞아 떨어진 셈이다. 다시 말해 토번을 제외한 아랍 大食·康居(사마르칸트)·大宛(타슈켄트)·罽賓(아프가니스탄의 카불)등 8나라가 항복을 요청하니 받아달라고 하였던 사실이다. 서역전쟁사에서 監察御使 張孝嵩이 戎族 1만의 병사를 거느리고 수행한 전투가 서역에 끼친 영향은 이처럼 절대적이었다.

張孝嵩에 의한 拔汗那 구원 전투로 西域 諸國과 大食·康居·大宛·罽賓등 8국이 당에 조공하였다.[22)] 大宛은 탈라스 성의 서남쪽으로 300㎞ 정도 떨어진 柘折城이 있는 곳이며, 康居는 柘折城에서 다시 서남쪽으로 300㎞ 정도 떨어진 薩末鞬城(오늘날 사마르칸트)이 있는 곳이다. 참고로 삼국시대 吳의 建業 建初寺의 僧 康僧會도 康居人이다. 康僧會 先祖는 강거인이었으나 대대로 천축에서

20)『資治通鑑』권211,「唐紀」27 玄宗 開元 3年 11月조, 6713쪽, "是月, 攻阿了達于連城. 孝嵩自擐甲督士卒急攻, 自巳至酉, 屠其三城, 俘斬千餘級, 阿了達與數騎逃入山谷".

21)『資治通鑑』권211,「唐紀」27 玄宗 開元 3年 11月조, 6713쪽, "孝嵩傳檄諸國, 威振西域, 大食·康居·大宛·罽賓等八國皆遣使請降".

22)『資治通鑑』권211,「唐紀」27 玄宗 開元 3年 11月조, 6713쪽.

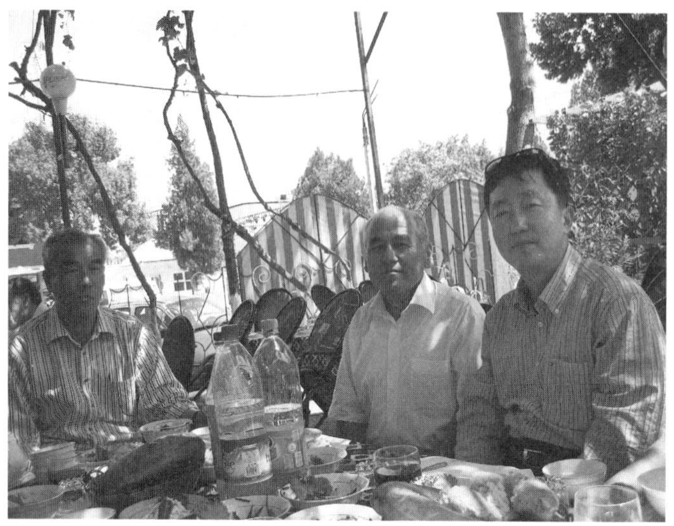
사마르칸트 전통식당에서 아프라시압 고고연구부소장과 함께. 왼쪽부터 최광식 교수, 부소장, 필자

생활하다가 부친이 장사를 하기 위해 交趾(오늘날 베트남領)로 이주하였다. 康僧會는 10여 세에 양친이 모두 죽자 出家하여 승려가 되었다.[23] 康僧會는 孫權이 강남을 제패할 때 黃武 원년(222)부터 建興 년간(252~253)에 『維摩經』 등 49종의 경전을 중국어로 번역하였다.[24]

罽賓國 王城은 오늘날 아프가니스탄의 카불에서 동북쪽으로 100㎞ 정도 떨어졌으나, 대부분 아프가니스탄지역이다.[25] 계빈국의 위치를 안서사진 가운데 가장 서쪽에 있는 疏勒鎭을 중심으로 나타내면, 소륵의 서남쪽으로 4천리나 떨어진 곳에 계빈국이 있다.[26] 또 淸代 椿園氏는 于闐에서 남쪽으로 20일 가면 葉爾羌이 있는데 그들이 옛날 계빈이며, 그 땅은 옛날 대식과 月氏의 땅이라고 『中國方志叢書 西部地方 4』에 기록하고 있다.[27] 그런데 춘원씨가 우전에서 남쪽으로 20일 가면 엽이강이라는 표현은 잘못이며, 우전에서 서북으로 가야 엽이강이 있다고 해야 맞다.

玄奘이 7세기 중엽 구법 순례할 때 타클라마칸 사막 남쪽지역의 상황과, 8세기 중엽 고선지 장군이 于闐鎭守使로 있을 때의 우전의 상황은 매우 달랐다.

23) 『高僧傳』 권1, 「魏吳建業建初寺康僧會傳」 康僧會조, 14~15쪽.
24) 『高僧傳』 권1, 「魏吳建業建初寺康僧會傳」 從吳黃武元年조, 15쪽.
25) 譚其驤 主編, 앞의 지도, 1980, 『中國歷史地圖集』제5책, 63~64쪽.
26) 『新唐書』 권43하, 「地理志」7하 罽賓國在疏勒西南四千里조, 1155쪽.
27) 『新疆輿風土攷』 권1, 「葉爾羌傳」(1982, 『中國方志叢書 西部地方 4』, 臺北 : 成文出版社), 36~37쪽.

현장이 우전을 순례할 때 그곳은 대승불교가 유행한 瞿薩旦那國이었다. 현장 순례 당시 그곳에 절이 백여 곳이었으며, 승려가 5천이나 되어, 朅盤陀國(Gorband)처럼 불법이 융성한 불교국가였다.[28]

당은 龍朔 원년 脩鮮都督府를 계빈국 遏紇城에 설치했다.[29] 罽賓王 姓은 昭武며,[30] 康國(사마르칸트)과 같은 宗族으로 貞觀 11년 처음 당에 사신을 보냈다.[31] 이들 나라를 구체적으로 언급한 이유는 당시의 서역판도를 정확히 이해하기 위함이다. 아무튼 이때부터 토번이 당에 조공하였다는 기록이 없다. 그렇다면 이때부터 토번이 당의 적대적 세력이 되었다고 이해할 수 있다.

그런데 개원 4년 정월부터 친왕들이 節度에 가지 않고 멀리서 업무를 관장하는 특이한 제도가 생겼다.

> 丙午에 증왕 李嗣眞을 安北大都護·河東·關內·隴右의 여러 蕃을 안무하는 大使로 삼았으며, 安北大都護 張知運에게 그를 위해 副로 삼았다. 陝王 嗣昇을 安西大都護·河西四鎭의 여러 蕃을 안무하는 大使로 삼았으며, 安西都護 郭虔瓘으로 그를 위해 副로 삼았다. 두 왕은 모두 閤門밖을 나가지 않았다. 여러 親王들이 멀리서 절도사 업무를 관장하게 한 것은 이로부터 시작되었다.[32]

위의 사료를 소개한 까닭은 당 현종 때 친왕들이 관직을 받아도 임지에 나가지 않았다는 사실을 규명하기 위함으로, 開元 4년(716) 정월부터가 그 시작이다. 다음달인 開元 4년 2월 토번은 당을 공격하였다.

---

28) 『大唐西域記』 권12, 「瞿薩旦那國」伽藍百十有餘所조(1990, 『大唐西域記校注』, 中華書局), 1001~1002쪽.

29) 『新唐書』 권43하, 「志」33하 西域府十六州의 脩鮮都督府조, 1135~1136쪽.

30) 『通典』 권192, 「邊防」8 '安息傳' 王姓昭武조(1988, 北京 : 中華書局), 5239쪽. 安息國의 王도 康國의 왕과 同族이다. 그 나라 위치는 康國의 남쪽이다. 또 曹國·何國·史國도 康國과 같은 族이다(『通典』 권193, 「邊防」9 "曹國傳 ; 何國傳 ; 史國傳", 5256~5257쪽).

31) 『通典』 권192, 「邊防」8 '罽賓傳' 其王姓昭武조, 5236~5237쪽.

32) 『資治通鑑』 권211, 「唐紀」27 玄宗 開元 4年 正月조, 6715~6716쪽, "丙午, 以郿王嗣眞爲安北大都護, 安撫河東·關內·隴右諸蕃大使, 以安北大都護張知運爲之副. 陝王嗣昇爲安西大都護·安撫河西四鎭諸蕃大使, 以安西都護郭虔瓘爲之副. 二王皆不出閤. 諸王遙領節度自此始".

辛酉에, 토번이 松州를 침노하자, 廓州자사 蓋思貴가 이를 쳤다. 癸酉에, 松州도독 孫仁獻은 토번과 싸워서 꺾었다.[33]

716년 2월 辛酉에 토번이 松州를 공격하자, 곽주자사 개사귀가 토번을 물리친 사실을 잘못 기록한 것 같다. 그 이유는 송주가 검남절도에 속한 지역이며, 곽주는 농우절도에 속한데다, 송주와 곽주 사이가 꽤 멀기 때문이다. 그렇다면 辛酉에 토번이 송주와 곽주 두 곳을 공격하였는데, 곽주 경우는 자사 개사귀가 토번 공격을 막았던 것이다. 송주 경우는 都督 孫仁獻이 癸酉에 송주성 아래서 토번 공격을 대파하였다는[34] 표현은 과장된 것 같다. 그 이유는 곽주자사나 송주자사가 토번을 격퇴하였는데 전과에 대한 기록이 없기 때문이다.

716년 2월에 곽주와 송주를 공격한 토번은 그 해 7월 丁丑에 당에 화해를 제의하였다.[35] 이때 토번이 당에 화친을 청한 것은 頡質略이 默啜을 살해하여 중앙아시아에서 정세가 급변한 것과 관련된다. 그 결과 拔曳固·回紇·同羅·霫·僕固 등 5部가 당에 항복하였다. 그렇다면 토번이 당에게 화친을 청한 것은 당을 정탐하겠다는 의도인 것 같다.

특이한 것은 계속해서 다음해 3월에도 토번이 당으로 사신을 파견한 사실이다.[36] 이 해에도 토번은 당과 전투를 벌였다. "7월 壬寅에, 隴右절도사 郭知運이 토번과 싸워 물리쳤다"[37]고 되어 있다. 이때 당은 토번의 九曲을 점령하였다.[38] 그런데 구곡은 금성공주의 湯沐邑으로 토번에게 주었던 비옥한 지역이다. 같은 7월 突騎施蘇祿이 주동이 되어 吐蕃·西域諸國과 연합하여 安西四鎭을 공격하였다. 安西副大都護 湯嘉惠는 突騎施蘇祿의 연합세력을 막을 대책을

33) 『新唐書』 권5, 「玄宗紀」 開元 4年 2月조, 125쪽, "辛酉, 吐蕃寇松州, 廓州刺史蓋思貴伐之. (中略) 癸酉, 松州都督孫仁獻及吐蕃戰, 敗之".

34) 『資治通鑑』 권211, 「唐紀」27 玄宗 開元 4年 2月 癸酉조, 6716쪽.

35) 『新唐書』 권5, 「玄宗紀」 開元 4年 7月 丁丑조, 125쪽. 『資治通鑑』은 토번이 당에 화친을 요청한 때를 7월이 아닌 8월이라고 기록하였다.

36) 『新唐書』 권5, 「玄宗紀」 開元 5年 3月 丙寅조, 126쪽.

37) 『新唐書』 권5, 「玄宗紀」 開元 5年 7月 壬寅조, 126쪽,

38) 『資治通鑑』 권211, 「唐紀」27 玄宗 開元 5年 7月 壬寅조, 6728쪽.

강구하였다.

> 安西副大都護 湯嘉惠가 주문을 올려 '突騎施가 大食·吐蕃을 이끌고 四鎭을 빼앗을 것을 모의하여, 鉢換(타림분지 북쪽 아커수시)과 大石城(石國의 성)[39]을 포위하자, 이미 三姓의 葛邏祿의 군사를 동원해 阿史那獻과 함께 그들을 공격하였다.'고 아뢰었다.[40]

돌기시가 주축이 되어 토번 등과 함께 안서사진을 공략하였고, 鉢換城(撥換)과 大石城(石國의 城)을 포위했다. 안서부대도호 탕가혜는 三姓 葛邏祿 군사와 阿史那獻을 동원하여 이들의 침입을 막았다. 탕가혜는 이런 상황을 조정에 사후에 알릴 정도로 그 당시 상황이 다급했다.

그런데 開元 6년 11월 토번과 당이 왕래한 기록이 있다.

> 戊辰, 토번이 표문을 받들고 화친을 요청하면서 장인과 사위가 친히 맹서문에 서명해 주도록 빌었는데, 또 이쪽과 저쪽의 재상으로 하여금 모두 그 위에 서명하도록 하였다.[41]

정관 15년(641)에 태종이 문성공주(?~680)를 토번 찬보 松贊干布에게 시집보냄으로써 당과 토번이 정략적으로 장인과 사위관계를 형성하였었다. 그러나 위에서 말하는 장인과 사위는 당의 금성공주가 토번 찬보에게 시집감으로써 만들어진 장인과 사위 관계다. 무엇보다 중요한 사실은 개원 6년 토번이 당과 화친을 모색했다는 점이다. 토번의 목적은 단순한 정략결혼이 아니라 당의 문물을 받아들이려는 다목적 차원의 활용책이었다. 이런 차원에서 토번은 당과 새로운 관계 정립을 모색하여, 토번과 당의 국경 확정과 아울러

---

39) 『資治通鑑』 권211, 「唐紀」27 玄宗 開元 5年 7月조, 6728쪽. 胡三省은 大石城은 石國城이라고 주장했다.

40) 『資治通鑑』 권211, 「唐紀」27 玄宗 開元 5年 7月조, 6728쪽, "安西副大都護湯嘉惠奏突騎施引大食·吐蕃, 謀取四鎭, 已發三姓葛邏祿兵與阿史那獻擊之".

41) 『資治通鑑』 권212, 「唐紀」28 玄宗 開元 6年 11月조, 6734쪽, "戊辰, 吐蕃奉表請和, 乞舅甥親書誓文, 又令 彼此著名於其上".

양국이 화친하자고 주장했다. 다음해 개원 7년에도 토번은 당에 대해 같은 요구를 반복하였다.

> 6월 戊辰 토번이 다시 사신을 보내 황제께서 친히 맹서문에 서명해 달라고 요청했으나, 황제는 허락하지 않고 말했다. "지난해 서약이 이미 정해졌고, 진실로 믿음은 깊은 곳에서 우러나오지 않는다면, 자주 서약한들 무슨 이익이 있겠는가?"[42)]

이는 개원 6년 11월에 토번의 요청대로 당과 토번의 재상이 각각 맹서문에 서약한 후의 일이다. 당 황제가 토번과의 맹서문에 직접 서명해 줄 것을 토번이 요청한 것은 현종이 친히 서명함으로써 그에 걸맞게 의식을 다시 행할 것을 기대한 나름대로 계산된 요구다. 이를 알아차린 당 현종은 계속해 맹서문에 서명하는 것이 부질없는 짓이라고 거절했다. 토번은 자신의 요구를 관철시킬 목적이었는지 개원 8년 12월 장안으로 사신을 보내면서 조공하였다.[43)] 그러나 당은 이 요청에 아무런 대꾸를 하지 않았다.

개원 10년 9월의 기록을 보자.

> 癸未에, 토번이 小勃律[44)]을 공격하자, 北庭절도사 張孝嵩이 이를 꺾었다.[45)]

위의 사실은 『新唐書』의 「玄宗紀」외에 『冊府元龜』 권358, 「將帥部」 立功11과 『資治通鑑』에 전한다. 그런데 이때 小勃律國에 관한 내용이 『자치통감』에 자세하다.

> (開元 10년 8월) 癸未에, 토번이 小勃律國王 沒謹忙을 포위하자, 謹忙이 北庭節度使 張孝嵩에게 구원을 간청하며 말하길 '勃律은, 唐의 서쪽 대문이니, 勃律이 망하면 西域은 토번이 됩니다.'라고 하자, 嵩은 이에 疏勒(Kashgar)副使 張思禮를 파견하여,

42) 『資治通鑑』 권212, 「唐紀」28 玄宗 開元 7年조, 6736쪽, "六月, 戊辰, 吐蕃復遣使請上親署誓文, 上 不許曰'昔歲誓約已定, 苟信不由衷, 亟誓何益!'".

43) 『冊府元龜』 권971, 「外臣部」 '朝貢' 開元 8年 12月 吐蕃조, 11406쪽.

44) 小勃律은 鉢露羅로 표기하며, 지금의 파키스탄 동북부 지역이다.

45) 『新唐書』 권5, 「玄宗紀」 開元 10年 9月조, 129쪽.

> 蕃·漢族으로 이루어진 보병과 기병 4천을 거느리고 가 그들을 구원하도록 하니, 밤낮으로 달렸기 때문에 하루에 보통사람의 갑절의 길을 가서, 謹忙과 함께 토번을 공격하여, 크게 깨뜨려서, 목을 베거나 사로잡은 수가 수만이었다. 이때부터 여러 해 동안, 토번은 감히 변경을 침입하지 못하였다.[46]

이는 토번의 소발률국 공격을 저지하기 위해 소발률국왕 沒謹忙은 구원을 요청하기 위해 北庭절도사 張孝嵩에게 달려갔다. 이때 너무 다급한 나머지 소발률국왕 몰근망이 북정절도사의 治所가 있는 천산산맥의 북쪽 庭州로 달려갔다. 이런 사실을 보고 받은 북정절도사 장효숭은 疏勒副使 張思禮에게 步騎 4천을 거느리고 달려가도록 명령하였다. 그 결과 전투에서 토번이 패배하여 수만이나 되는 수가 참획될 정도로 토번이 참패했다. 여기서 한 가지 궁금한 사실은 소륵부사가 달려간 곳은 소발률국의 왕성이 아닌 것 같다. 다만 소발률국 변경에 몰근망이 갔다가 그곳에서 그를 잡으려고 토번이 침공한 상황에서 몰근망이 북정절도사에게 달려갔다. 만약 소발률국 왕성 阿弩越城(幾力幾特, Gilgit)이 토번에 공격을 받았다면 소륵부사가 준비 없이 밤낮으로 달려갈 정도의 거리가 아니기 때문이다. 이를 구체적으로 언급하는 까닭은 고선지가 소륵에서 2개월 이상 행군해 747년 7월에 점령한 소발률국의 왕성 아노월성과 동일 지역으로 착각할 우려가 있다. 또 다른 이유를 들면, 고선지가 소발률국 원정에는 소발률국 구성에 대한 언급이 없다. 이는 토번 연운보를 통과한 고선지의 소발률국 원정길과 소륵부사 장사례가 토번을 격파한 그 길이 아니다. 다시 말해 장사례는 소발률국의 구성으로 향하는 루트로 진격했다.[47]

개원 10년 8월 토번에 의한 소발률국 침공이 좌절된 후, 5년 정도 경과한 시점에 신라 승 혜초가 소발률국을 통과하였다.[48] 그 때 혜초는 소발률국에

46) 『資治通鑑』 권212, 「唐紀」28 玄宗 開元 10年 8月조, 6752쪽, "癸未, 吐蕃圍小勃律國王沒謹忙, 謹忙求救于北庭節度使張嵩曰'勃律, 唐之西門, 勃律亡則西域皆爲吐蕃矣'. 嵩乃遣疏勒副使張思禮將蕃·漢步騎四千救之, 晝夜倍道, 與謹忙合擊吐蕃·大破之, 斬獲數萬. 自是累歲, 吐蕃不敢犯邊".

47) 『新唐書』 권221하, 「西域傳」 '小勃律' 吐蕃奪其九城조, 6251쪽.

48) 혜초가 小勃律國을 지난 시기를 開元 15년초로 본 이유는 安西에 도착했을 때 開元 15년 11월이라는 사실의 역산이다(『往五天竺國傳』, 開元15年 11月조, 75~76쪽).

관한 것을 그의 『往五天竺國傳』에 기록하였다.

> 迦葉彌羅國 서북쪽 산으로 7일을 가면 小勃律國에 도달하게 되는데, 그곳은 중국 사람에게 지배되고 있다. 의상과 습관과 음식이나 언어는 大勃律國과 같다. 그곳 주민들은 모직으로 지은 웃옷과 가죽신을 신고, 수염과 머리를 깎고, 면포 한장으로 머리를 둘러싸고 있으며, 여인들은 머리를 길게 기르고 있다. 가난한 사람이 많으며, 부자로 사는 사람은 극히 드물다. 산곡이 좁고 험악하며, 들판도 넓지 못하다. 산에는 황량하고 스산하여, 원래부터 나무나 다양한 풀이 없었다. 먼저 이야기한 大勃律國은 지난날 小勃律國 왕이 살던 곳인데, 과거에 토번 침략을 받아 왕이 소발률국으로 망명하여 이곳에 정착하였다고 한다. 수령과 백성들은 그대로 대발률국에 남고, 소발률국으로 망명한 왕을 따르지 않았다.[49]

혜초는 迦葉彌羅國에서 서북쪽으로 7일 정도 가면 소발률국이 있다고 한다. 이때는 앞에서 밝힌 것처럼 개원 15년 소발률국은 당의 보호아래 있었다. 혜초에 의하면 대발률국과 소발률국은 의상·풍속·음식·언어 등이 모두 비슷하였다. 그런데 혜초가 언급한 대발률국에 소발률국 왕이 살았는데 토번 침공으로 왕이 소발률국에 정착하였다는 사실이 주목된다. 그 이유는 당이 개원 5년 5월에 책봉했던 발률국왕 蘇弗舍利支離泥[50]가 죽자,[51] 개원 8년 6월 蘇麟陀逸之를 당이 발률국왕으로 책봉하였던[52] 사실과 일치하기 때문이다. 이는 혜초가 대발률국과 소발률국 관계를 정확히 목도한 기록이다. 다시 말해 혜초가 소발률국에 당도하였을 때는 토번 공주가 소발률국왕과 정략적인 결혼을 맺기 이전이다.

북정절도사 장효숭이 천산의 북쪽 정주에서 밤낮으로 달려가서 구했다는

49) 『往五天竺國傳』 70쪽, "又迦葉彌羅國西北, 隔山七日程, 至小勃律國. 此屬漢國所管, 衣著人風, 飮食言音, 與大勃律國相似. 著氈衫及靴, 剪其鬚髮, 頭上纏疊布一條, 女人在髮. 貧多富少, 山川狹小, 田種不多, 其山憔杌, 元無樹木, 及於諸草. 其大勃律元是小勃律王所住之處, 爲吐蕃來逼, 走入小勃律國坐. 首領百姓在彼, 大勃律不來".

50) 『冊府元龜』 권964, 「外臣部」 '封冊' 開元 5年 5月조, 11343쪽.

51) 張星烺, 『中西交通史料匯編』 5, 159쪽.

52) 『舊唐書』 권198, 「西戎傳」 '(小)勃律國傳' (開元)8年조, 5310쪽 ; 『冊府元龜』 권964, 「外臣部」 '冊封2' 開元 8年 6月조, 11343쪽.

사실은, 그 당시 소발률국 영역이 타림분지의 동북지역으로 진출했던 모양이다. 그런데 소륵부사 장사예가 馬步 4천을 거느리고 소발률을 구원하려고 갔다는 것이 사실이라면 장효숭 관직은 북정절도사가 아니다. 그 이유는 소륵은 안서절도사 휘하에 있기 때문이다. 그렇다면 그때 장효숭은 북정절도사가 아니라 안서절도사였다는 이야기다. 이런 사실에 대해 쉐쭝쩡도 지적했다.[53] 참고로 북정도호부는 702년 12월 庭州에 설치되었다.[54]

그 후 토번의 기세가 꺾이기는커녕 당에 대해 대등한 禮를 요구할 정도로 강력한 군사력을 소유한 국가로 되었다. 이는 토번에서 당으로 파견된 사신의 오만한 자세에서 알 수 있다.

> 토번은 이미 군사가 강력해진 것을 믿고, 書信을 받들 때마다, 대등한 '敵國禮'를 요구하여 말투가 오만하였다. 황제는 이에 심히 분노하였다.[55]

토번이 당을 공격하는데도 당은 토번을 제압할 수 없었다. 토번 사신이 당의 장안에 와서, 당 현종이 토번왕의 서신을 받들 때 대등한 예우를 요구하였다. 그런데도 당은 토번을 제압할 수 없었기 때문에, 당은 토번의 동등한 의전 요구를 거부할 수 없었다. 오직 현종이 토번 사신의 오만불손 태도에 대해 화를 냈던 것이 고작이다. 이때는『구당서』의「현종기」에 의하면 개원 7년 정월에 토번이 당에 사신을 보내 조공을 바쳤다고 기록한 것이 전부다.[56]

『신당서』의「현종기」에 당과 토번 기록이 모두 사실이더라도 개원 10년 9월 토번과 당의 충돌이 있은 후, 3년간 당과 토번 혹은 돌궐과 싸운 기록이 없다. 그런데 개원 13년 정월 壬子에 朔方·隴右·河西의 전사자들을 장사지냈다는 기록이 있다.[57] 이는「玄宗紀」에 당과 토번전투에 대한 언급이 없더라도 끊임없이 토번과 돌궐이 당을 공격하였다는 이야기다. 물론 그 반대 논리도

---

53) 薛宗正, 1995,『安西與北庭－唐代西陲邊政研究』, 214쪽.

54)『資治通鑑』권207,「唐紀」23 則天后 長安 2年 12月 戊申조, 6561쪽.

55)『舊唐書』권196상,「吐蕃傳」, 5229쪽, "吐蕃既自恃兵强, 每通表疏, 求敵國之禮, 言詞悖慢, 上甚怒之".

56)『舊唐書』권8상,「玄宗紀」開元 7年 正月조, 180쪽.

57)『新唐書』권5,「玄宗紀」開元 13年 正月조, 131쪽.

형성된다.

그런데 이 무렵(개원 13년) 11월 壬辰 현종이 朝覲 帳殿에 문무관료를 모두 집합시키고 외국사신을 맞을 때 태산 봉선에 참가한 突厥 阿史德頡利發, 契丹·奚王과 大食·謝颶·五天十姓·崑崙·日本·新羅·靺鞨의 侍子와 사신, 高麗朝鮮王[58]과 百濟帶方王을 맞이한 대목이 흥미롭다.[59] 725년 4월에 돌궐의 대신 阿史德頡利發 등이 태산 봉선에 참석하게 된 까닭은 裴行儉의 아들 裴光庭이 돌궐과 모든 융적 군장들을 참석시키는 것이 좋겠다고 주장한 것이 받아들여졌기 때문이다.[60]

이때는 각각 고구려와 백제 왕으로 당의 포로가 된 고구려 보장왕과 백제 의자왕이 죽은 후다. 고구려 보장왕은 儀鳳 2년(677) 2월 귀양 가서 공주에서 죽었다.[61] 백제 의자왕의 경우는 이미 顯慶 5년(660)에 장안으로 끌려와서 얼마 뒤 죽었다.[62] 그렇다면 이는 당이 반세기 전에 망한 국가의 유민에 대한 지배형태라고 볼 수 있다. 당이 고구려가 망한 후도 고구려와 백제 유민을 계속 지배체제를 계속 유지했다는 증거다. 그런데 建中 2년(782) 唐德宗이 '高麗朝鮮郡王 李惟岳'을 칠 것을 명령한 조서가 보인다.[63] 이는 고구려 유민으로 齊의 李納과 동시대 李惟岳도 고구려 유민이라는 이야기다. 이는 8세기 말까지 고구려 유민 집단이 고구려 故地에 상당수가 존속했다는 의미다. 이런 논리로 본다면 百濟帶方王이 7세기 중에 백제 유민집단이 있어 이를 당이 간접통치했다는 이야기다. 바꾸어 말하면 고구려처럼 백제 고지가 중국 안에 있다는 논리다. 이 점에 대해 기회가 되는 대로 연구하겠다.

개원 14년 9월에 安西副大都護·磧西節度使 杜暹을 同平章事로 삼았다는 『자치통감』의 기록이 있다.[64] 그렇다면 安西副大都護 湯嘉惠 후임으로 두섬이

---

58) 『舊唐書』 권12, 「德宗紀」 建中 2年(781) 11月조(電子版)에 李惟岳이 그 아버지 李寶臣을 세습해 高麗朝鮮王이 되었다는 기록이 있다.

59) 『舊唐書』 권23, 「禮儀志」3 (開元 13年 11月)壬辰조, 900쪽.

60) 『資治通鑑』 권212, 「唐紀」28 玄宗 開元 13年 4月 光庭曰조, 6764~6765쪽.

61) 지배선, 2006, 『고구려·백제 유민 이야기』, 225쪽.

62) 지배선, 2006, 위의 책, 366쪽.

63) 『舊唐書』 권12, 「德宗紀」상 建中 2年 11月 己巳조에 德宗이 詔書로 '高麗朝鮮郡王' 李惟岳을 칠 것을 명령하였다(文淵閣四庫全書電子版).

임명되었다. 그러나 두 섬은 다시 동평장사로 임명되었다.

武威軍總管 王孝傑이 長壽 원년(692) 안서사진을 수복 후 쿠차에 안서도호부를 설치하고 군사를 주둔시켜 이를 지켰다.[65] 개원 14년 9월에 당이 다시 쿠차 안서도호부에 상비군 3만을 주둔시키게 하니 백성들은 그 役이 고생스러웠다. 이는 안서도호부를 쿠차에 두어 돌궐과 토번의 공격에 대비한 것이 얼마나 힘든 일인지 짐작되는 대목이다.[66] 그러나 개원 14년까지 안서도호였던 田楊名·郭元振·張嵩·杜暹은 모두 잘 다스려 사람들에게 칭찬을 받았다.[67] 그렇다면 안서도호가 당에서 멀리 떨어진데 위치하고 있어 스스로 모든 것을 해결하지 않고는 존립할 수 없는 그런 관직이라 칭송 받은 것은 당연하다.

쿠차의 수바스 절터. 고선지가 안서사진절도사로 근무하면서 중앙아시아와 서아시아를 호령하던 본영

개원 15년 정월 涼州都督 王君㚟이 靑海의 서쪽에서 토번을 격파하였다.[68] 이와 관련한 사실은 뒤에서 구체적으로 언급하겠다. 이보다 앞서 현종이 태산 봉선에서 돌아오는 길에 토번으로 말미암아 고통 당한 사실을 張說이 아뢰었다. 이에 관한 소식을 『자치통감』에서 들어보자.

> 애초부터, 토번은 스스로 자신이 강하다는 것을 믿어, '敵國禮'를 사용하여

64) 『資治通鑑』 권213, 「唐紀」29 玄宗 開元 14年 9月 己丑조, 6773쪽.
65) 『資治通鑑』 권205, 「唐紀」21 則天后 長壽 元年 初조, 6487~6488쪽.
66) 『資治通鑑』 권212, 「唐紀」28 玄宗 開元 14年 9月 自王孝傑조, 6773쪽.
67) 『資治通鑑』 권213, 「唐紀」29 玄宗 開元 14年 9月조, 6773쪽.
68) 『資治通鑑』 권213, 「唐紀」29 玄宗 開元 15年 正月 辛丑조, 6776쪽.

편지를 보냈기 때문에, 언사와 지칭하는 것이 어그러지고 오만하여, 황제는 마음속으로 항상 이를 분노하였다. 태산 봉선을 마치고 오면서 張說이 황제에게 "토번이 무례하여 진실로 토벌해 없애야 마땅하오나 군사를 일으켜 그들을 대처한 지 10여 년이 지났는데도 甘州·涼州·河州·鄯州에서는 그 피폐함을 이겨내지 못하였으며, 비록 우리 군사가 여러 번 승리하였으나, 얻은 것이 잃어버린 것을 보상하지 못했습니다. 제가 듣기로 그들이 잘못을 뉘우치고 화친을 요구한다고 하니, 바라옵건대, 그들이 복종하겠다는 것을 들어주어, 변경에 살고 있는 사람들을 편안하게 해주십시오."라고 아뢰었다. 그러자 황제가 말하길 "내가 王君㚟과 그 문제에 관해 의논하려니 기다리시오."라고 말했다.69)

당 현종 때 중심 화폐로 사용된 개원통보

이는 張說이 태산 봉선에서 돌아오는 길에 당 현종에게 보고한 내용으로, 당과 토번관계를 가늠할 수 있다. 하나는 토번이 당과 교섭할 때 '敵國禮'를 사용했다는 사실이다. 이는 토번이 당을 上國이 아닌 대등한 국가로 오랫동안 대우했음을 의미한다. 이미 개원 2년 10월부터 토번은 당에 화친을 요청하면서도 대등한 입장의 '敵國禮'로 당을 상대하였다.70)

다른 하나는 장설은 토번 공격으로 10여 년 동안이나 甘州·涼州·河州·鄯州가 황폐화하였다는 사실을 언급하였다. 이는 그동안 당의 군사가 토번에 대해 여러 번 승리하였지만 그보다 중요한 사실은 당이 토번에 잃은 것이 너무 많았다는 사실이다. 한마디로 10여 년 동안 당은 토번에 대해 공격다운 공격을 제대로 하지 못했다는 인정이다.

이때 현종은 비교적 토번에 대해 잘 싸운다고 판단하는 왕군착과 토번 문제를 논의하겠다는 식으로 장설의 입을 막았다. 그러나 변방 장군들이

69) 『資治通鑑』 권213, 「唐紀」29 玄宗 開元 15年조, 6776쪽, "初, 吐蕃自恃其强, 致書用敵國禮, 辭指悖慢, 上意常怒志. 返自東封, 張說言於上曰, '吐蕃無禮, 誠宜誅夷, 但連兵十餘年, 甘·涼·河·鄯, 不勝其弊, 雖師屢捷, 所得不償所亡. 聞其悔過求和, 願聽其款服, 以紓邊人'. 上曰, '俟吾與王君㚟議之'".

70) 『舊唐書』 권196상, 「吐蕃傳」, 求敵國之禮조, 5229쪽 ; 『資治通鑑』 권211, 「唐紀」27 玄宗 開元 2年 10月 乙酉조, 6706쪽.

적지 않게 거짓 승전보를 올렸던 사실을 주목할 필요가 있다. 앞서 언급한 개원 15년 정월 량주도독 王君㚟이 토번을 청해 서쪽에서 격파한 것은 왕군착의 탁월한 전략·전술의 승리였지 전투로 승리한 것이 아니라는 데 주목할 필요가 있다. 그 이유는 당 군사의 전투력이 토번을 제압할 정도가 아니기 때문이다. 이에서 당 현종이 토번문제를 왕군착과 의논하겠다고 장설에게 한 대꾸가 무슨 뜻인지 알 수 있다.

어쨌든 장설의 주장처럼 토번은 강성함을 믿고 10여 년 동안이나 甘·涼·河·鄯州를 공격하였다.[71] 이를 갚기 위해 당은 개원 15년 정월 토번에 대해 선제공격하였다.

> (開元)15년 정월 王君㚟은 병사를 거느리고 靑海 서쪽에서 토번을 攻破하여, 그 輜重과 羊·馬를 잡고 돌아왔다. 이전에 토번대장 悉諾邏가 무리를 거느리고 大斗谷을 공격하였고, 또 이동하여 甘州를 공격하여 市里를 불태웠다. 君㚟은 그 예봉이 두려워 감히 나가 싸우지 못했다. 때마침 大雪이 내려, 적 가운데 얼어 죽은 자가 매우 많았으며, 드디어 積石軍의 서쪽 길을 통해 돌아왔다. 그래서 君㚟은 먼저 사람을 적의 진영으로 잠입시켜, 그 歸路에 있는 草를 불을 태웠다. 悉諾邏 軍은 돌아서 大非川에 이르러, 將士를 쉬게 하고, 말도 방목하게 하였으나 들에 풀이 하나도 없어, (먹지 못해) 말이 반 이상 죽었다. 君㚟과 秦州都督 張景順은 무리와 그 배후를 습격하려고, 靑海의 서쪽으로 들어왔는데, 바로 그때 靑海 물이 얼어, 將士들이 모두 얼음 위를 지났다. 그때 悉諾邏는 이미 大非川을 건넜으나, 병참부대와 지친 병사가 있던 靑海 가에 그대로 있었기 때문에, 君㚟은 병을 거느리고 가 이들을 포로로 잡아 돌아왔다.[72]

개원 15년 정월 辛丑에 하서절도사 왕군착이 청해 서쪽에 있던 토번의 부상병과 지친 병사·중무기·羊·馬를 거두어 돌아왔다.[73] 그렇지만 실제는

---

71) 『資治通鑑』 권213, 「唐紀」29 玄宗 開元 15年 初, 吐蕃自恃其强조, 6776쪽.

72) 『舊唐書』 권196상, 「吐蕃傳」, 5229쪽, "十五年正月, 君㚟率兵破吐蕃于靑海之西,虜其輜重及羊馬而還. 先是, 吐蕃大將悉諾邏率衆入攻大斗谷, 又移攻甘州, 焚燒市里. 君㚟畏其鋒, 不敢出戰. 會大雪, 賊凍死者甚衆, 遂取積石軍西路而還. 君㚟先令人潛入賊境, 於其歸路燒草. 悉諾邏軍還至大非川, 將士息甲牧馬, 而野草皆盡, 馬死過半. 君㚟與秦州都督張景順等率衆襲其後, 入至靑海之西, 時海水冰合, 將士並乘冰而渡. 會悉諾邏已渡大非川, 輜重及疲兵尙在靑海之側, 君㚟縱兵俘之而還".

토번대장 悉諾邏의 예봉이 무서워 왕군착은 군사를 거느리고도 접전조차 못했다. 오직 토번 본대와 떨어진 토번의 다친 병사와 무기를 획득한 왕군착은 회군한 것만으로도 다행이었다. 이때 당은 계절적 요인으로 정월 강추위로 얼어붙은 청해를 재빨리 건너서 전투력이 없는 토번 병사들을 포로로 하는 전과를 올렸다. 그러나 이런 일이 있기 전에 토번 실낙라 무리가 大斗谷과 甘州를 공격하여 市里를 불태웠으나 토번 병사도 얼어 죽은 자가 많을 정도로 피해가 컸다. 그런데도 왕군착은 토번군의 예봉이 두려워 나가 싸우지 못한 사실은 당이 토번의 적수가 못되었다. 다시 말해 당에서 토번과 교전하여 승리로 이끌 장수가 없을 뿐 아니라 당의 군사력도 토번에 늘 압도되었다. 어쨌든 이때 토번을 격파한 공로로 왕군착은 左羽林大將軍으로 승진하였으며, 그 아버지 王壽도 少府監으로 제수하였으나 관직을 내놓고 물러났다.[74)]

개원 15년 초 혜초는 토번에 대한 소식을 『왕오천축국전』에 적고 있다. 혜초가 토번을 경유하지 않고 다만 토번 서쪽 변경을 지나며 耳聞한 사실에 대한 기록이다.

> 이보다 더 동쪽에 있는 토번국이 얼음과 빙산과 강과 계곡 사이에 있으며, 그들 족속은 모직으로 만든 천막 안에 살고 있다. 성곽과 가옥이 없을 뿐만 아니라 일정하게 거처하는 곳도 없는데, 이는 突厥과 유사하다. 물과 풀을 따라 살고 있으며 왕도 있지만 왕성은 없고, 왕도 천막에서 살며 그 것을 큰 재산으로 여긴다. 생산되는 것은 양, 말, 묘우와 마루에 까는 꺼칠꺼칠한 양모 등이고, 의복은 방금 이야기한 양모와 털로 지어 입는데, 남녀 옷이 모두 같은 모양이다. 이 나라는 다른 나라에 비해 아주 추우며, 음식물로는 보리 가루와 약간의 수수와 떡밥을 먹는데, 때로는 쌀밥을 조금 먹는 수도 있다. 왕과 백성들은 불법을 전혀 모르며, 절간도 없다. 아무데나 구멍을 파서 살기 때문에 침상이나 앉을 자리도 없고, 살결이 매우 검고, 흰 사람은 극히 드물다. 언어도 다른 나라와는 다르며, 몸에 이가 있으면 이를 잡아서 입에 털어 넣어 먹는 것을 좋아한다. 그들은 털옷을 입고 있기 때문에 이가 대단히 많은데, 이를 잡기만 하면 곧바로 입속에

73) 『舊唐書』 권8상, 「玄宗紀」 開元 15年 正月 辛丑조, 190쪽 ; 『新唐書』 권5, 「玄宗紀」 開元 15年 正月 辛丑조, 133쪽.

74) 『資治通鑑』 권213, 「唐紀」29 玄宗 開元 15年 君㚟조, 6777쪽.

넣고 끝까지 버리지 않는다.[75]

이는 혜초가 귀동냥한 토번 이야기다. 물론 토번은 티베트고원에 자리 잡고 있어서 산에 만년설이 쌓여 있을 뿐 아니라 바람마저 매섭고 춥다. 토번에서 양이나 말은 그들 생활의 원천이라 양과 말을 따라 물과 풀 있는 곳을 찾아 방목하였다. 이런 까닭에 그들의 주거형태와 의복 재질이 유목민과 동일하다. 따라서 혜초는 토번 생활이 그들 가까이 생활하는 突厥과 차이가 없다고 보았다. 어쩌면 혜초 말처럼 토번에 불법이 유행하지 않아 토번을 방문하지 않은 것은 그 당시 당과 토번관계가 적대적인 것과 상관있다. 그밖에 토번의 지형이 심산유곡이라는 사실과 연관 있을지 모른다.[76] 그러나 그런 곳에서 생활하는 토번이 매우 용맹하여 당은 늘 토번을 두려워했다. 그런 용감한 토번이 유목민족의 기동성마저 갖추고 있어 주변국도 토번을 늘 두려워했다. 토번은 전투 기동성을 충분히 활용해 주변국을 자주 침공하여 서역은 물론이고 때에 따라 서아시아와 제휴하면서 동서 교역로마저 장악했던 시기가 많다.

그런데 혜초가 토번에 불법이 없고 절간이 없었다는 기록과 실제로 차이가 클 것 같다. 개원 15년경 토번 왕실에서 불교를 수용하지 않았을 가능성은 충분하다. 그러나 절이 없었다는 부분은 지나친 표현이다. 이 대목은 혜초가 당나라를 대변해 토번을 야만시했다는 느낌을 지울 수 없다. 위에서 토번은 이를 잡으면 입속에 털어 넣었다는[77] 대목에서 더욱 그렇다.

당과 돌기시소녹과의 전투에 대해 『舊唐書』의 「玄宗紀」는 다음과 같이

---

75) 『往五天竺國傳』 70쪽, "已東吐蕃國, 純住氷山雪山. 川谷之間, 以氈帳而居. 無有城墎屋舍處所. 與突厥相似, 隨逐水草. 其王雖在一處, 亦無城, 但依氈帳以爲居業. 土地出羊馬猫牛毯褐之類. 衣著毛褐皮裘, 女人亦爾. 土地極寒, 不同餘國. 家常食麨, 少有餠飯. 國王百姓等, 惣不識佛法, 無有寺舍. 國人悉皆穿地作抗而臥. 無有床席. 人民極黑, 白者全希. 言音與諸國不同. 多愛喫虱. 爲著毛褐, 甚饒蟣虱, 捉得便抛口裏. 終不棄也".

76) 『往五天竺國傳』 65쪽, 혜초가 마가다국에 도착해 지은 五言詩에서 '나는 다만 슬펐고 험악한 산길과 산을 두려워한다(只愁懸路險)'고 읊조린 것은 혜초가 심산유곡에 대한 두려움이 있음을 직감할 수 있다.

77) 『往五天竺國傳』, 捉得便抛口裏조, 70쪽.

전한다.

> (開元 15년 9월) 閏月 庚子에 突騎施蘇祿과 吐蕃 贊普가 安西를 포위했으나, 副大都護 趙頤貞이 격파하여 패주시켰다.[78]

이는 개원 15년 閏9월 돌기시소녹의 안서 공격 때, 돌기시소녹이 토번왕과 연합작전을 폈다는 뜻이다. 이런 연유 때문인지 趙頤貞이 돌기시와 토번마저 물리쳤다고 기록하지만 조이정은 안서 쿠차성 밖으로 나오지 못할 정도로 전전긍긍하였다. 그런데 『구당서』의 「현종기」가 잘못된 것 같다. 이렇게 단정하는 까닭은 『구당서』의 「토번전」에 같은 시기 안서사진이 토번으로부터 공격받은 기사가 없기 때문이다. 다만 같은 시기에 토번대장 悉諾邏恭祿과 燭龍莽布가 瓜州城을 공격하여 쑥대밭을 만들었다는 기사가 있다.[79] 그렇다면 토번이 돌기시소녹과 제휴해 동시에 당을 공략했다는 기사로 해석해야 맞다. 아무튼 이때 안서부대도호 조이정이 적을 물리쳤다는 사실이 너무 기뻐 『신당서』의 「현종기」에 기록되었다.[80]

그런데 안서부대도호 조이정이 적을 물리쳤던 것은 토번과 함께 모의했던 돌궐 毗伽가 당에 이런 사실을 알렸기 때문이다. 다시 말해 토번과 돌기시소녹이 안서를 공격하기 전인 개원 15년 9월에,

> 丙戌 돌궐 毗伽可汗이 大臣 梅錄啜을 파견해 공물을 가지고 (당에) 들어왔다. 토번은 瓜州(治所는 甘肅省 安西縣)를 노략하면서, (토번이) 毗伽에게 편지를 보내어, 함께 들어가서 노략질하자고 하였는데, 毗伽가 그 편지마저 (당에) 바쳤다. 황제는 이를 가상히 여겨 西受降城에서 교역을 허락하고, 해마다 겹 비단 수십만 필을 보내어 戎馬와 바꾸어 군대를 돕게 했으며, 또 그것을 監牧의 종마로 삼으니. 이로 말미암아 나라의 말이 더욱 튼튼하게 되었다.[81]

---

78) 『舊唐書』 권8, 「玄宗紀」하 開元 15年 9月조, 191쪽, "閏月庚子, 突騎施蘇祿·吐蕃贊普圍安西, 副大都護趙頤貞擊走之".

79) 『舊唐書』 권196상, 「吐蕃傳」上 (開元 15年) 其年 九月조, 5229쪽.

80) 『新唐書』 권5, 「玄宗紀」 開元 15年 閏9月 更子조, 133쪽.

81) 『資治通鑑』 권213, 「唐紀」29 玄宗 開元 15年 閏(9)月조, 6779쪽, "丙戌, 突厥毗伽可汗遣其大臣梅錄啜

토번은 돌기시소녹 외에 돌궐 비가와 연합해 노략질하려 하였다. 그런데 돌궐 비가는 토번의 연합 노략을 이용해, 이런 정보를 미리 당에 넘겨서, 그들의 戎馬와 당의 비단을 교역하는 이권을 챙겼다. 물론 토번과 돌기시소녹이 쳐들어간 곳은 타클라마칸 사막 북쪽의 안서였다.

토번이 돌궐 비가와 함께 공격하려 했던 곳은 瓜州다. 이는 토번이 주변세력과 연합해 동시다발로 노략질을 시도한 것이다. 바꾸어 말하면 토번이 기회 있을 때마다 당의 변경을 침략하였다. 그렇다면 같은 해 閏9월에 안서부대도호 조이정이 안서에서 토번을 물리친 것은, 그가 토번의 공격정보를 미리 알고 대처한 결과가 아닌가 싶다.

조이정이 토번을 물리쳤다고 하지만 안서도호부가 토번과 돌기시소녹의 협공으로 대파되었던 기록을 어떻게 해석해야 될까. 이때 안서사진 군사는 물론이고 물적 자원마저 모두 약탈되었다. 이같이 판단하는 이유는 토번 찬보와 돌기시소녹의 安西城(Kucha) 포위에서 겨우 벗어났기 때문이다.

한편 안서도호부의 하서가 돌기시소녹에게 계속 침공을 받는 것이 당에게는 고통의 나날이었다. 『구당서』「현종기」閏9월조에 다음의 기사가 전하고 있다.

> 庚申, 황제의 수레가 洛陽을 출발하여 長安으로 돌아왔다. 迴紇部落이 甘州의 鞏筆驛에서 王君㚟을 살해하였다. 황제는 檢校兵部尙書蕭嵩을 判涼州事로 겸임시키며, 總兵으로 吐蕃을 막도록 명령하였다.[82)]

이는 개원 15년 윤9월 동시에 일어난 사건이다. 突騎施蘇祿과 吐蕃 贊普의 안서와 하서공격과 동시에 회흘이 甘州를 공격하여 하서절도사 王君㚟이[83)] 살해당하였다. 그렇다면 돌기시소녹이 토번뿐 아니라 회흘까지 연합해 당을

入貢. 吐蕃之寇瓜州也, 遺毗伽書, 欲與之俱入寇, 毗伽幷獻其書. 上嘉之, 聽於西受降城爲互市, 每歲齎縑帛數十萬匹就市戎馬, 以助軍旅, 且爲監牧之種, 由是國馬益壯焉".

82) 『舊唐書』 권8, 「玄宗紀」下 開元15年 閏9月조, 191쪽, "庚申, 車駕發東都, 還京師. 迴紇部落殺王君㚟于甘州之鞏筆驛. 制檢校兵部尙書蕭嵩兼判涼州事, 總兵以禦吐蕃".

83) 『新唐書』 권5, 「玄宗紀」 開元 15年 閏9月 更子조, 133쪽 ; 『舊唐書』 권196상, 「吐蕃傳」 開元二年秋, 5228쪽.

공략한 것이다.[84)] 돌기시소녹과 토번 찬보의 안서와 과주 침공 소식을 들은 현종이 급히 낙양에서 장안으로 돌아올 정도로 이 사건은 심각하였다. 이는 돌기시소녹과 토번 찬보는 물론, 회흘까지 연합해 당을 공격했던 구체적인 사례다.

이 해 9월 토번은 부상당한 병사와 양·말을 탈취한 하서절도사 왕군착에 보복하려는 목적으로 하서를 침공하였다. 토번대장 悉諾邏恭祿과 燭龍莽布支는 과주성을 공격하여 함락시켰고, 刺史 田元獻과 王君㚟의 아버지 壽를 사로잡았다. 이때 토번은 포로로 잡힌 승려를 풀어주고 그에게 涼州로 돌아가서 왕군착에게 다음과 같이 말하도록 하였다.

> "장군께서는 항상 충성과 용기를 가지고 나라를 위해 몸을 허락하셨는데, 어찌하여 일전을 벌이지 않으십니까?" 王君㚟은 성 위에 올라가서 멀리 서쪽을 바라보며 눈물을 흘렸으나, 끝내 감히 군대를 내보내지 못하였다.[85)]

왕군착은 자신의 아버지가 생포되었는데도 토번을 대적할 힘이 없음을 한탄하여 승려의 말에 눈물만 흘렸을 뿐이다. 그는 군사를 거느리고 성 밖으로 출격하지 못했다. 이는 앞서 필자의 지적처럼 왕군착이 토번을 제압하였던 것은 자연적인 상황으로 이긴 것이지 전투를 해서 이겼던 것이 아니라는 사실에 대한 확인이다.

> 토번은 城中의 군수물자와 양식을 모두 빼앗고 나서 그 성을 파괴하고 돌아갔다. 또 玉門軍과 常樂縣에 쳐들어갔으나, 縣令 賈師順이 성을 固守하였기 때문에 대략 80여 일이 지나 적이 물러갔다. 얼마 후 王君㚟이 迴紇의 잔당에 의해 살해되었기 때문에, 兵部尚書 蕭嵩을 河西節度使로 임명하였고, 建康軍使·左金吾將軍 張守珪를 瓜州刺史로 임명하여, 州城을 수축하게 하여, 백성을 불러 모아 생업을 일으키도록 명령하였다. 당시 悉諾邏恭祿은 威名을 심히 떨쳤기 때문에, 蕭嵩은 첩자를 토번으

---

84) 『新唐書』 권216상, 「吐蕃傳」상 會君㚟爲回紇所殺조, 6083쪽.

85) 『資治通鑑』 권213, 「唐紀」29 玄宗 開元 15年 9月조, 6778쪽, "'將軍常以忠勇許國, 何不一戰!'君㚟登城西望而泣, 竟不敢出兵".

로 보내, 그가 중국과 몰래 내통하고 있다고 소문을 냈다. 그러자 贊普는 (그것을 듣고), 드디어 (悉諾邏恭祿을) 불러들여 죽였다.[86]

727년 9월 丙子에 토번대장 悉諾邏恭祿이 과주(治所는 甘肅省 安西縣)성을 함락하면서 瓜州刺史 田元獻과 王君㚟의 아버지 王壽마저 생포하였다.[87] 그 여세를 몰아 토번의 悉諾邏恭祿은 玉門(治所는 甘肅省 玉門)軍과 常樂縣을 공격하였으나 縣令 賈師順의 완강한 저항으로 常樂縣城을 함락시키지는 못했다. 이때 설상가상으로 토번을 격파하였던 하서절도사 왕군착이 토번과 제휴한 회흘에 의해 피살되는 사건이 일어났다.

이때 당에게 對토번 대책이 심각하였기 때문에 당은 군사 일을 총괄하는 兵部尙書 蕭嵩을 죽은 하서절도사 王君㚟 후임으로 임명하였다. 토번의 悉諾邏恭祿에 포로가 된 瓜州刺史 田元獻의 후임으로는 建康軍(治所는 甘肅省 高臺縣의 서쪽)軍使·左金吾將軍 張守珪를 임명하였다. 허물어진 瓜州城을 재건하던 중 토번이 공격하자, 비상한 계책으로 토번을 물리친 인물이 바로 장수규다.[88]

당에서 하서절도사와 과주자사를 임명한 내용을 보더라도 對토번대책이 최우선 과제였다. 만약 하서절도사의 관할 지역을 토번이 장악하게 된다면, 장안으로 통하는 길이 열린 것과 같은 위급상황이라 당은 병부상서 蕭嵩을 황망히 하서절도사로 임명하였다. 그런 蕭嵩도 그의 전략과 전술로 토번을 제압할 방법을 찾지 못했다. 그래서 蕭嵩은 잔꾀로 悉諾邏恭祿을 죽이려고, 첩자를 토번으로 보내, 그가 당과 내통한 인물이라는 거짓 정보를 토번에 퍼뜨렸다. 이를 사실로 믿고, 토번 왕이 悉諾邏恭祿을 죽였다.[89]

이때 일시나마 당이 토번을 꺾은 것은 중상모략 유포로 얻은 결과다. 물론

86) 『舊唐書』 권196상, 「吐蕃傳」, 5229쪽, “其年九月, 吐蕃大將悉諾邏恭祿及燭龍莽布支攻陷瓜州城, 執刺史田元獻及王君㚟之父壽, 盡取城中軍及倉糧, 仍毁其城而去. 又進攻玉門軍及常樂縣, 縣令賈師順嬰城固守, 凡八十日, 賊遂引退. 俄而王君㚟爲迴紇餘黨所殺, 乃命兵部尙書蕭嵩爲河西節度使, 以建康軍使, 左金吾將軍張守珪爲瓜州刺史, 修築州城, 招輯百姓, 令其復業. 時悉諾邏恭祿威名甚振, 蕭嵩乃縱反間於吐蕃, 云其與中國潛通, 贊普遂召而誅之”.

87) 『舊唐書』 권8상, 「玄宗紀」 開元 15年 9月 丙子조, 191쪽 ; 『新唐書』 권5, 「玄宗紀」 開元 15年 9月 丙子조, 133쪽 ; 『資治通鑑』 권213, 「唐紀」29 玄宗 開元 15年 9月조, 6778쪽.

88) 『資治通鑑』 권213, 「唐紀」29 玄宗 開元 15年 冬 辛巳조, 6781쪽.

89) 『資治通鑑』 권213, 「唐紀」29 玄宗 開元 15年 冬 悉諾邏조, 6781쪽.

토번과 돌궐의 침공을 막기 위해 주로 가을에 동원된 방추병 모습 (청아 제공)

瓜州城을 탈환한 것도 토번과 전투의 승리로 얻은 戰果가 아니다. 당이 그런대로 토번에 의해 상실된 영토 회복과 상황을 반전하기 위한 비책은 奸計가 유일하였다. 당은 이처럼 對토번 대책에서 위기상황에서 탈출하기 위해 奸計를 자주 사용하였다. 아무튼 이때 토번의 군사력은 당보다 절대 우세였다.

727년 閏9월 토번은 突騎施·迴紇과 연합하여 天山산맥 남쪽 안서도호부까지 공격하였다. 『舊唐書』의 「玄宗紀」에 그 소식이 전한다.

> 윤월(9월) 庚子에, 突騎施蘇祿·토번 贊普가 安西를 포위하였는데, (安西)副大都護 趙頤貞이 싸워 물리쳤다. 庚申에, 황제 수레가 낙양을 출발하여 장안으로 돌아왔다. 迴紇부락이 王君㚟을 甘州의 鞏筆驛에서 살해하였다. 制를 내려 檢校兵部尙書 蕭嵩을 兼判涼州事로 임명하여, 總兵으로 토번을 방어하도록 하였다.[90]

토번은 瓜州를 공격한 다음 달 안서도호부 쿠차를 돌기시소녹과 연합하여 공격하였다. 토번의 공격대상에 隴右·劍南은 물론이고 안서까지 포함되었다. 이때 안서부대도호 조이정이 싸워 토번을 물리쳤다.[91] 그러나 안서 공격에 토번왕이 직접 참전하여 突騎施와 迴紇까지 연합한 작전은 당에 대한 공격 패턴이 서방세계와의 연합이었다. 상황이 다급하여지자 당 현종은 檢校兵部尙書 蕭嵩에게 涼州를 맡기면서 總兵으로 토번 진격을 막도록 명령하였다. 여기서 주목되는 것은 토번이 서역 제국과 연합해 당을 공격한 것이 하서지역만

---

90) 『舊唐書』 권8상, 「玄宗紀」 開元 15年 閏9月조, 191쪽, "閏月庚子, 突騎施蘇祿·吐蕃贊普圍安西, 副大都護趙頤貞擊走之. 庚申, 車駕發東都, 還京師. 迴紇部落殺王君㚟于甘州之鞏筆驛. 制檢校兵部尙書蕭嵩兼判涼州事, 總兵以禦吐蕃".

91) 『新唐書』 권5, 「玄宗紀」 開元 15年 閏9月 庚子조, 133쪽.

아니라 안서까지 포함한 지역에 대한 동시다발 공격이었다.

토번의 변경 침입이 계속되자, 당 현종은 조서를 내려 이를 대비하기 위해 防秋兵을 동원하였다. 즉, 개원 15년 12월 戊寅에 隴右道의 團兵 5만 6천 명, 河西道의 團兵 4만 명, 關中兵 1만 명은 臨洮(靑海省 樂都縣)에 모으고, 朔方兵 1만 명을 會州(甘肅省 靖邊縣)에 모아 가을 침입을 막게 한 것이 그것이다.[92]

그 다음 해 정월 토번은 안서를 또 공격하였다. 『구당서』「현종기」 개원 16년 정월조를 보자.

> 壬寅, 安西副大都護 趙頤貞이 曲子城에서 吐蕃을 깨뜨렸다.[93]

토번이 안서의 曲子城을 공격하였기 때문에 安西副大都護 趙頤貞이 토번과 싸워 물리쳤다는 내용이다.[94] 그렇다면 개원 15년 윤9월 토번 찬보가 突騎施蘇祿과 함께 안서를 공격한 후 반년이 지나기 전에 재침을 한 것이다.

같은 해(728) 7월 토번은 다시 刺史 張守珪가 지키는 과주를 공격하였다.[95]

> 다음 해(728) 가을, 토번대장 悉末朗이 다시 무리와 瓜州를 공격하자, 張守珪가 兵을 내어 치니, 이들이 도망갔다. 隴右節度使·鄯州都督 張忠亮이 兵을 거느리고 靑海 西南의 渴波谷에 이르러, 토번과 싸워 그들을 크게 깨뜨렸다. 그래서 급히 積石·莫門 兩軍의 兵馬가 모두 도착하여, 張忠亮과 합세해 추격하여서, 그 大莫門城을 깨뜨리고, 千餘人을 생포하고, 馬 一千匹, 犛牛 五百頭, 기타 병기와 의복을 심히 많이 노획하였으며, 또 駱駝橋를 불 지르고 돌아왔다.[96]

---

92) 『資治通鑑』 권213, 「唐紀」29 玄宗 開元 15年 12月 戊寅조, 6781쪽.

93) 『舊唐書』 권8상, 「玄宗紀」 開元 16年 正月조, 192쪽, "壬寅, 安西副大都護趙頤貞敗吐蕃于曲子城" ; 『冊府元龜』 권358, 「將帥部」 '立功' 趙頤貞爲安西副大都督조, 4245쪽.

94) 『新唐書』 권5, 「玄宗紀」 開元 16年 正月 壬寅조, 133쪽.

95) 『舊唐書』 권8상, 「玄宗紀」 開元 16年 7月조, 192쪽 ; 『新唐書』 권5, 「玄宗紀」 開元 16年 7月조, 133쪽.

96) 『舊唐書』 권196상, 「吐蕃傳」, 5230쪽, "明年秋, 吐蕃大將悉末朗復率衆攻瓜州, 守珪出兵擊走之. 隴右節度使·鄯州都督張忠亮引兵至靑海西南渴波谷, 與吐蕃接戰, 大破之. 俄而積石·莫門兩軍兵馬總至, 與忠亮合勢追討, 破其大莫門城, 生擒千餘人, 獲馬一千匹, 犛牛五百頭, 器仗衣資甚衆, 又焚其駱駝橋而還".

토번은 727년 9월 일시 점령했던 瓜州(治所는 甘肅省 安西縣)를 다시 점령하기 위해 728년 7월 대장 悉末朗이 과주를 공격하였다.[97] 토번이 당의 하서절도 영내의 과주를 장악하여 河西절도부를 무력화시키려는 시도와 아울러 회흘과 연합으로 당을 공략해 하서에 교두보를 확보하겠다는 전투다. 물론 이는 장안 공격을 하기 위한 전초기지 확보라고 볼 수 있다. 그러나 728년 가을 토번 悉末朗의 瓜州 공격은 瓜州刺史 張守珪과 隴右節度使·鄯州都督 張忠亮의[98] 합세로 大莫門城(青海省 共和縣 동남쪽)을 함락시키고 駱駝橋(共和縣의 남쪽)까지 불사를 정도로 당의 승리로 끝났다.[99] 도리어 이때 당이 많은 전리품을 획득한 사실로 미루어 추측한다면 토번 찬보가 당과 내통한다는 헛소문을 믿고 죽인 토번대장 실낙라공녹과 같이 실말랑은 출중한 인물은 못된다. 이 같이 추단한 이유는 乙巳 하서절도사 蕭嵩과 함께 농우절도사 張忠亮이 깨뜨린 대막문성은 청해 남쪽의 토번 안 성인데도 불구하고 당의 공격을 받은 사실로 증명된다.[100]

개원 16년 8월 토번은 과주 남쪽 祁連城을 공격하였다.[101] 기련성은 오늘날 武威에서 張掖으로 가는 중간지점이다.

> 8월 蕭嵩은 또 副將 杜賓客에게 弩手 四千人을 거느리고 가서 吐蕃과 祁連城 아래에서 싸우게 하였는데, 辰時(오전 7~9시)에서 저녁까지, 모이고 흩어지기를 반복하면서, 賊을 크게 무찔렀다. 전쟁터에서 토번 副將 一人을 죽였다. 賊은 패해 흩어져 산으로 숨어들었으며, 그 탄식하며 울부짖는 소리가 사방에서 들렸다. 처음에, 황제는 토번이 계속해 쳐들어온다는 소리를 듣고, 가까운 신하들에게 말하길 "토번은 교만하고 포악한데다, 힘을 믿고 달려든다. 지금 짐이 지도를 보고, 이해득실을 살펴, 직접 내가 장수에게 작전 지시한대로, 이를 깨뜨린다면 틀림없다." (그때부터) 수일 동안 이겼다는 첩보가 들어왔다.[102]

---

97) 『資治通鑑』 권213, 「唐紀」29 玄宗 開元 16年 7月조, 6782쪽.

98) 『舊唐書』 권8상, 「玄宗紀」 開元 16年 7月 乙巳조, 192쪽, 「玄宗紀」에서는 張忠亮을 張志亮으로 달리 기록하였다.

99) 『資治通鑑』 권213, 「唐紀」29 玄宗 開元 16年 7月 乙巳조, 6782쪽.

100) 『新唐書』 권5, 「玄宗紀」 開元 16年 7月 乙巳조, 133쪽.

101) 『新唐書』 권5, 「玄宗紀」 開元 16年 8月 辛卯조, 133쪽.

토번 실말랑에 의한 과주 공격 실패와 대막문성 패배를 만회하려고 토번은 다음 달 기련성을 공격하였다. 이때 토번이 연이어 패배한 사실을 간파한 당 현종은 소숭의 副將 杜賓客에게 弩手 4천인을 지휘하면서 총력전을 펼칠 것을 명령하였다. 이때 토번은 기련성 아래에서 제대로 접전도 못한 상태에서 두빈객이 지휘하는 궁수 4천에 의해 무참히 대파되었다.[103] 그런데 중요한 사실은, 일련의 작전들을 당 현종이 직접 지시하였다는 사실이다. 물론 714년 가을에 당 현종이 토번을 親征하겠다는 계획을 수립한 사실을 고려하면, 놀랄만한 일은 아니다. 당 현종은 토번 정벌을 위해 토번을 비교적 잘 파악하는 하서절도사 蕭嵩을 11월에 兵部尚書와 同平章事로 임명하였다.[104] 개원 17년 3월에 杜暹·李元紘·源乾曜 등이 좌천당할 때 소숭은 中書令을 겸직하면서 멀리서 하서절도사를 관장하였다.[105] 동시에 兵部侍郎 裴光庭은 中書侍郎과 同平章事로 임명되었다. 그런데 『舊唐書』의 「玄宗紀」에서는 토번과 싸워 大將 1인과 5천 명을 참수했다는 기련성에서 전과를 거두었다.[106] 이런 연장선에서 당 현종의 前期 정치를 '開元之治'라고 표현한 것 같다. 한편 이 무렵(개원 16년 6월) 勃律國 大首領 吐毛檐沒師가 당에 來朝하였다.[107] 당이 토번 공격을 막아냄으로써, 勃律國이 당에 대해 사신 파견으로 계속 당에 歸附하겠다는 의사를 표시한 것이다.

당 현종의 작전대로 장수들이 행동하여 다음해(개원 17년) 3월 瓜州도독 장수규와 沙州자사 賈師順이 토번의 大同軍을 대파했다는 승전보가 長安으로 날아들었다.[108] 그렇다면 훗날 토번 연운보 공략을 위해 고구려 유민 고선지를 파견한 것도 그 연장선상에서 생각될 문제다. 당 현종이 당의 많은 장수

---

102) 『舊唐書』 권196상, 「吐蕃傳」, 5230쪽, "八月, 蕭嵩又遣副將杜賓客率弩手四千人與吐蕃于祁連城下, 自辰至暮, 散而復合, 賊徒大潰, 臨陣斬其副將一人. 賊敗, 散走投山, 哭聲四合, 初, 上聞吐蕃重來入寇, 謂侍臣曰'吐蕃驕暴, 恃力而來, 朕今按地圖, 審利害, 親指授將帥, 破之必矣.' 數日而露布至".

103) 『資治通鑑』 권213, 「唐紀」29 玄宗 開元 16年 8月 辛卯조, 6782~6783쪽.

104) 『資治通鑑』 권213, 「唐紀」29 玄宗 開元 16年 11月조, 6783쪽.

105) 『資治通鑑』 권213, 「唐紀」29 玄宗 開元 17年 6月 甲戌조, 6785쪽.

106) 『舊唐書』 권8, 「玄宗紀」 開元16년 8월 辛卯조, 192쪽.

107) 『冊府元龜』 권975, 「外臣部」 '褒異' 開元 16年 10月 丁丑조, 11451쪽.

108) 『資治通鑑』 권213, 「唐紀」29 玄宗 開元 17年 3月조, 6784쪽.

가운데 유독 고구려 유민 고선지를 선택한 것은 장군으로서 출중한 고선지에 대한 정확한 정보에 근거했음은 불문가지다.

현종은 토번의 무능한 대장 실말랑을 최대한으로 활용할 목적으로 토번에 대한 압박 작전을 그 다음해(729)에도 계속하였다.

> (開元) 17년 朔方大總管 信安王 禕는, 또 군사를 거느리고 隴右로 가서, 그 石堡城(靑海湖의 동쪽 湟源縣)을 빼앗고, 400여 명을 참수하고, 200여 명을 포로로 하였다. 드디어 石堡城에 振武軍을 설치하고, 그 포로를 太廟에 바쳤다. 이렇게 되자, 토번은 자주 사자를 보내 화평을 청하였다. 그래서 忠王의 벗 皇甫惟明이 上奏하여, (현종) 앞에서 화평을 맺는 것이 이로움이 있다고 진술했다. 황제가 말하길 "贊普는, 옛부터 짐에게 글을 보냈으나, 그것이 오만무례하였기 때문에, 짐은 이를 토벌할 생각을 하고 있다. 그런 그들과 어떻게 화평할 수 있겠는가!" 惟明이 아뢰길 "開元 초에, 贊普는 매우 어린아이였는데, 어찌 이런 일을 할 수 있었겠습니까. 정말로 이는 邊境의 장군들이, 一時의 功績을 노려서, 書信을 제멋대로 고쳐, 폐하를 격노케 한 것입니다. 兩國은 앞의 전투에서, 군사를 일으켜서, 백성을 동원하였습니다. 군사들은 그 이득을 생각하였기 때문에, 도적질을 공공연히 행하였을 뿐 아니라, 功績마저 조작하여, 勳爵받는 것을 갈망하였습니다. 그 손해가 鉅萬이온데, 무엇이 국가에 이익이 되겠습니까? 지금 河西·隴右의 백성들이 피폐한 것은, (그 원인이) 이 일에서 비롯된 것입니다. 만약 폐하께서 사신을 보내 金城공주를 알현하게 하시어서. 이로써 贊普와 직접 강화하실 것을 약속하시기를 머리 조아려 臣이라 칭하게 하신다면, 오래도록 변경을 안정시키실 수 있습니다. 이것이야말로 오랫동안 백성을 안온하게 하는 방법입니다."라고 말하니, 황제는 그 말이 옳다 하여, 惟明과 內侍 張元方을 사자로 삼아 토번으로 가게 했다.[109]

개원 17년 2월 甲寅에 朔方大總管 信安王 禕가 군사를 거느리고 농우로 달려가 빼앗은 石堡城 위치는 鄯州의 東端으로 오늘날 청해와 통하는 길목이다.

---

109) 『舊唐書』 권196상, 「吐蕃傳」, 5230쪽, "十七年, 朔方大總管信安王禕又率兵赴隴右, 拔其石堡城, 斬首四百餘級, 生擒二百餘口, 遂於石堡城置振武軍, 仍獻其俘于太廟. 於是吐蕃頻遣使請和, 忠王友皇甫惟明因奏事面陳通和之便. 上曰 '吐蕃贊普往年嘗與朕書, 悖慢無禮, 朕意欲討之, 何得和也!' 惟明曰 '開元之初, 贊普幼稚, 豈能如此. 必是在邊軍將務邀一時之功, 僞作此書, 激怒陛下. 兩國既鬬, 興師動衆, 因利乘便, 公行隱盜, 僞作功狀, 以希勳爵, 所損鉅萬, 何益國家. 今河西·隴右, 百姓疲竭, 事皆由此. 若陛下遣使往視金城公主, 因與贊普面約統和, 令其稽顙稱臣, 永息邊境, 此永代安人之道也.' 上然其言, 因令惟明及內侍張元方充使往問吐蕃".

다시 말해 청해 이동에서 장안으로 통하는 루트다. 다음달(3월) 甲寅에 朔方節度使 李褘가 거둔 토번 석보성 함락은 큰 戰果라 황제도 매우 기뻐하였다.[110] 이때 석보성의 명칭을 振武軍으로 바꿨다. 그렇다고 이것으로 당이 토번 기세를 완전 제압한 것은 아니다. 그때도 토번은 예전 방식대로 사신을 당에 보내 화평을 요청하자, 皇甫惟明은 현종에게 토번과의 강화가 유익한 조치라고 아뢰었다. 忠王의 벗 황보유명은 토번 서신이 오만 무례한 것은 토번 변경 장군의 조작이고, 당도 군사를 일으켜 백성들이 지쳐 있는 상황이라는 사실을 아뢰었다.

황보유명이 당의 승전보도 장군들의 공명심으로 조작된 것이 많다고 주장한 것은 의미심장하다.[111] 황보유명의 주장이 사실이라면 728년 이후 토번과의 싸움에서 현종에게 보고된 승전보 가운데도 적잖은 것이 조작되었다는 이야기다. 같은 해(개원 17년)『신당서』「현종기」3월에 과주자사 장수규가 大同軍에서 토번을 격파하였다는[112] 기록도 주목할 필요가 있다. 그렇다면 이는 토번이 청해 북쪽 대동군을 공격한 것은 동시에 두 곳에서 전투를 수행하였다는 뜻이다. 그 뿐만 아니다. 토번의 과주 공격은 개원 15년부터 매년 거른 해가 없었다. 게다가 토번과의 대립으로 당이 짊어지는 군사비용이 하루에 '千金'이라는 보고에, 황보유명의 주장을 현종이 받아들인 것이다.[113]

당 현종은 토번으로 황보유명과 內侍 張元方을 사신으로 보냈다.

> 惟明과 元方 등이 토번에 도착해 贊普와 公主를 만나서, 황제의 생각을 자세히 말했다. 그러자 贊普 등은 흔쾌하게 화평을 바라면서, 貞觀이래 勑書를 모두 내와서, 惟明 등에게 보였다. 그리고 重臣 名悉邋에게 惟明을 따라 입조하게 하였다.[114]

---

110)『資治通鑑』권213,「唐紀」29 玄宗 開元 17年 3月 甲寅조, 6784쪽.

111)『資治通鑑』권213,「唐紀」29 玄宗 開元 18年 9月 對(皇甫惟明)曰조, 6790~6791쪽.

112)『新唐書』권5,「玄宗紀」開元 17年 3月 戊戌조, 134쪽.

113)『資治通鑑』권213,「唐紀」29 玄宗 開元 18年 9月 對(皇甫惟明)曰조, 6790~6791쪽.

114)『舊唐書』권196상,「吐蕃傳」, 5230~5231쪽, "惟明·元方等至吐蕃, 既見贊普及公主, 具宣上意. 贊普等欣然請和, 盡出貞觀以來前後勅書示惟明等, 令其重臣名悉邋等入朝".

729년 朔方大總管 信安王 禕가 토번에서 석보성을 빼앗고 난 후, 황보유명의 토번과의 화친 주장을 현종이 수용함으로써 당과 토번은 새로운 관계를 정립하였다. 황보유명과 내시 장원방이 토번 찬보와 금성공주를 만나서 황제의 뜻을 자세히 전함으로 당과 토번이 전쟁이 아닌 화평 관계로 바뀌었다. 그런데 주목되는 것은 토번이 貞觀 이래 중국 황제 勅書를 모두 간직하였다는 사실이다. 이는 토번도 나름대로 국제관계에 대한 신의를 지킨 증좌로 해석이 가능한 부분이라 당이 늘 토번을 야만시 했던 것과 상치된다.

개원 18년(730) 10월 토번 重臣 名悉邈이 당에 입조하였다.[115] 장안에 도착한 명실랍은 토번 찬보의 「請約和好書」를[116] 현종에게 바쳤다.

> 외조카인 저는, 先皇帝이신 中宗과는 오랫동안 친척이었습니다, (저의 代가 되어) 또 金城공주께서 降嫁하셔, 드디어 一家가 되셨으며, 천하 백성이 모두 안락하게 되었습니다. 그런데 그사이 張玄表·李知古 등이 東西兩處에 있으면서, 먼저 兵馬를 동원해 토번을 침략했습니다. 변경 將士들이 서로 정벌한 것이 원인이 되어, 지금까지, 사이가 나빠지게 되었습니다. 외손자는, 선대의 文成공주, 지금은 金城공주로부터 尊卑의 관념을 깊게 알고 있어, 어찌 감히 禮를 잃을 수 있겠습니까. 또 제가 年少하였기 때문에, 邊將의 참언이나 다툼으로 舅上께서 의심하시기에 이르렀습니다. 삼가 엎드려 垂察을 바라오며, 죽음이 온다 할지라도 만족하겠습니다. 앞서 여러 차례 사자를 入朝시켰습니다만, 모두 邊將들이 허락하지 않아서, 그 때문에 감히 上表할 수 없었습니다. 지난 겨울 공주께서 사자 婁衆失力에게 편지를 갖고 가게 했습니다만, 사자를 보내어 공주의 안부를 여쭙고, 外甥이 기쁨을 감출 수 없었습니다, 삼가 (書狀을) 보내기 위해 論名悉獵과 副使 押衙將軍 浪些紇夜悉獵을 入朝시켜, 두 나라의 문제를 奏上시켰습니다. 양국의 일은 悉獵이 알고 있습니다. 外甥은, 국내에서 이미 邊將을 처단하였을 뿐만 아니라 약탈을 금지시켰습니다. 만약 漢人이 來投하려 한다면, 반드시 돌려보내겠습니다. 황제 舅上께서 멀리나마 저의 충성심을 살피시어, 舊好를 허락하시고, 오래도록 백성을 편안케 하여 주시길 엎드려 비옵나이다. 만약 聖恩을 입게 된다면, 천년만년, 外甥은 먼저 맹세를 위반하는 일이 결코 없을 것입니다. 삼가 金胡瓶 하나·金盤

115) 『資治通鑑』 권213, 「唐紀」29 玄宗 開元 18年 10月조, 6791쪽.

116) 『全唐文』 권999, 「請約和好書」, 4587쪽.

> 하나·金椀 하나·馬腦盃 하나·零羊衫段 하나를 바치오니, 이는 삼가 小國의 예입니다.[117)]

730년 10월 皇甫惟明과 內侍 張元方이 귀국할 때 토번 사신 論名悉獵이 현종에게 바친 토번 찬보의 서신이다. 토번 찬보는 문성공주와 금성공주가 토번에 시집온 후, 두 나라는 일가가 되었기 때문에 두 나라가 화친하는 것이 마땅하다고 주장한다. 이를 위해 그동안 토번이 당을 침략한 사실을 고백하였다. 위 글에서 토번 찬보는 당과 친선을 체결하면 토번에서 먼저 위반하는 일이 결코 없으라고 맹세하였다. 찬보는 이런 자신의 뜻을 알리기 위해 당에 예물을 바쳤고, 금성공주는 별도로 金製 鴨型의 盤과 盃와 여러 가지 器物들을 바쳤다.[118)] 그러나 睿宗 景雲 원년(710)에 토번으로 시집간 금성공주는 개원 12년(724) 당으로 돌아오고 싶어 토번의 이웃나라 箇失密國에 몰래 사신을 보냈다.

> 겨울, 10월 정유에 謝颶王 特勒이 사신을 파견해 궁궐에 들어와서 글을 올려서 설명하였다. "지난해 5월 金城공주가 사신을 파견하여 箇失密國에 가도록하여서, 달아나 당신들에게 돌아가고 싶다고 말하였습니다. 箇失密王은 저희 나라 왕으로부터 군대를 빌려 함께 토번을 막았습니다. (謝颶)왕께서 저를 파견해 들어가서 나아갈지 중지할지를 얻어오게 하였습니다." 황제는 그렇다고 여기고, 비단을 하사하여 그를 보냈다.[119)]

---

117) 『舊唐書』 권196상, 「吐蕃傳」, 5231쪽, "外甥是先皇帝舅宿親, 又蒙降金城公主, 遂和同爲一家, 天下百姓, 普皆安樂. 中間爲張玄表·李知古等東西兩處先動兵馬, 侵抄吐蕃, 邊將所以互相征討, 迄至今日, 遂成釁隙. 外甥以先代文成公主·今金城公主之故, 深識尊卑, 豈取失禮. 又緣年小, 枉被邊將讒構鬭亂, 令舅致怪. 伏乞垂察追留, 死將萬足. 前數度使人入朝, 皆被邊將不許, 所以不敢自奏. 去冬公主遣使人婁衆失力將狀專往, 蒙降使看公主來, 外甥不勝喜荷. 謹遣論名悉獵及副使押衙將軍浪些紇夜悉獵入朝, 奏進取止. 兩國事意, 悉獵所知. 外甥蕃中已處分邊將, 不許抄掠, 若有漢人來投, 便令却送. 伏望皇帝舅遠察赤心, 許依舊好, 長令百姓快樂. 如蒙聖恩, 千年萬歲, 外甥終不敢先違盟誓. 謹奉金胡瓶一·金盤一·金椀一·馬腦盃一·零羊衫段一, 謹充微國之禮".

118) 『舊唐書』 권196상, 「吐蕃傳」 金城公主조, 5231쪽.

119) 『資治通鑑』 권212, 「唐紀」28 玄宗 開元 12年조, 6762쪽, "冬, 十月, 丁酉, 謝颶王特勒遣使入奏, 稱 '去年五月, 金城公主遣使詣箇失密國, 云欲走歸汝. 箇失密王從臣國王借兵, 共拒吐蕃. 王遣臣入取進止.' 上以爲然, 賜帛遣之".

이는 금성공주가 시집간 지 10여 년이 지나도 토번에서 도망치고 싶은 심정을 箇失密國에 사신을 보내 말함으로써 당에 전달되기 바랐다. 이런 사실을 알고 있는 謝䫻王 特勒이 사신 羅火拔을 당에 보내서 그 뜻을 전달했다.[120] 그러나 현종은 이를 듣고 수긍만 하였을 뿐이다. 이때 당으로 온 謝䫻왕의 사신에게 고마움의 표시로 비단을 하사하였다. 이는 당과 토번관계가 너무 미묘했기 때문에 현종이 금성공주의 귀환을 위해 어떤 조치도 할 수 없음을 드러냈다. 금성공주가 당으로 돌아가고 싶은 사실을 토번이 알았는지 다음해 사신을 당에 파견했다. 개원 18년 5월 토번은 사신을 파견해 변경에서 편지를 당으로 보내 화친을 요청하였다.[121]

그런데 위의 謝䫻은 吐火羅 西南쪽에 위치한 나라로 漕矩吒(Jaguda)[122]·漕矩로 불렸으며, 顯慶년간에는 訶達羅支라고 불렀다.[123] 武后 이후 謝䫻로 불렀다. 謝䫻의 남쪽은 婆羅門, 서쪽은 波斯, 북쪽은 護時健으로 둘러싸였다.[124] 오늘날 아프가니스탄 동부지역의 끝자락 일부에 걸친 나라다. 다시 말해 토번 동쪽에 箇失密國이 있고, 개실밀국의 동북에 謝䫻國이 있다.

혜초가 사율국을 방문하여 그 나라에 대한 것을 다음과 같이 기록하였다.

> 다시 이 罽賓國에서 서쪽으로 7일을 가면 謝䫻國(자브리스탄, Zabulistan)에 이른다. 그곳 사람들은 스스로를 社護羅薩他那(Zabulistan)라 한다. 주민들은 胡族이나 왕과 군대는 다 돌궐족이다. 그곳 왕은 가피사(罽賓)왕의 조카이며, 스스로 부족과 군사를 이끌고 이곳에 정착하였는데, 아무런 지배나 누구의 구속도 받지 않으며 심지어 숙부에게도 따르지 않았다. 왕과 귀족들은 돌궐이지만, 삼보를 섬기며, 절과 중이 많고, 그들은 대승불교를 봉행하고 있는데, 사타칸(娑鐸幹)이라는 이름을 가진 한 돌궐인 귀족은 일 년에 한번씩 임금보다도 더 많은 금과 은을 시주한다고 한다. 의상과 생활습관과 생산물은 가피사왕국과 같으나 언어는 각각 다르다.[125]

120) 『冊府元龜』 권979, 「外臣部」 '和親' 開元 12年 8月謝䫻國王特勒조, 11501쪽.
121) 『資治通鑑』 권213, 「唐紀」29 玄宗 開元 18年 5月조, 6789쪽.
122) 張星烺, 『中西交通史料滙篇』 5, 205~206쪽.
123) 『資治通鑑』 권212, 「唐紀」28 玄宗 開元 12年 10月조의 胡三省註, 6762쪽.
124) 『新唐書』 권221하, 「西域傳」 '謝䫻' 南婆羅門조, 6253쪽.
125) 『往五天竺國傳』, 72쪽, "又從此罽賓國西行七日, 至謝䫻國. 彼自呼云社護羅薩他那. 土人是胡, 王及

혜초는 계빈국에서 서쪽으로 7일을 가니 謝颶國이 있었다고 했다. 그런 연유로 혜초는 사율국의 돌궐 귀족 사타칸이 임금보다 시주를 많이 했다는 사실로 인해, 사율왕 이름은 언급하지 않으면서도 사타칸의 이름을 언급한 사실을 눈여겨 볼 필요가 있다. 아무튼 사율국왕과 군사는 주민과 다른 돌궐족이다. 혜초가 사율을 순례할 때 그 나라 종족은 突厥·罽賓·吐火羅의 잡거 형태였다.[126] 사율이 돌궐인 왕과 돌궐 군사로 구성된 점은 建駄羅國·罽賓國·覽波國들과 같았다. 특이한 점은 사율에서 罽賓의 子弟에게 무기를 들려 大食을 방어하게 한 것이다.[127] 이는 謝颶이 突厥과 罽賓족의 연합정권이었음을 말해준다. 이런 사실을 혜초는 사율 항목에서 지적하지 못했다.

당과 謝颶國이 교통한 첫 기록은 개원 8년(720) 9월에 사율국에서 당에 사신을 파견하자,[128] 같은 달 당은 葛達羅支頡利發誓屈爾를 謝颶王으로 책봉한 것이다.[129] 또 같은 해 12월에 사율왕 책봉에 대한 감사로 당에 사신을 보내 조공하였다.[130] 개원 12년 8월에는 사율왕이 사신을 당에 보내어 토번으로 시집간 금성공주를 대신해 上奏할 정도로 당과 사율 관계는 긴밀했다.[131] 그 후 당과 사율의 책봉관계는 지속되었다. 개원 26년 10월에 당은 사율왕 誓颶이 죽자, 그의 아들 如沒拂達을 사율의 新王으로 책봉하였다.[132] 이는 개원년간에 당과 사율의 교통이 빈번했음을 입증하는 사실이다.

한편 앞의 세 나라(建駄羅國·罽賓國·覽波國)와 謝颶國의 차이점은 사율국왕이 저들 나라 왕의 조카라는 사실이다. 이로써 개원 15년경 돌궐세력이 어디까지 확장되었나를 가늠할 수 있다. 그런데 계빈왕의 조카는 독자적으로

兵馬. 卽是突厥. 其王卽是罽賓王姪兒, 自把部落兵馬, 住於此國, 不屬與國, 亦不屬阿叔. 此王及首領, 雖是突厥, 極敬三寶, 足寺足僧, 行大乘法. 有一大突厥首領, 名娑鐸幹. 每年一廻. 設金銀無數, 多於彼王. 衣著人風. 土地所出, 與罽賓王相似, 言音各別".

126)『新唐書』 권221하, 「西域傳」 '謝颶' 國中突厥·罽賓·吐火羅조, 6253쪽.

127)『新唐書』 권221하, 「西域傳」 '謝颶' 罽賓取其子弟持兵以禦大食조, 6253쪽.

128)『冊府元龜』 권971, 「外臣部」 '朝貢' 開元 8년 9월 謝颶國遣使來朝조, 11406쪽.

129)『冊府元龜』 권964, 「外臣部」 '封冊' 開元 8年 9月 遣使조, 11344쪽.

130)『冊府元龜』 권971, 「外臣部」 '朝貢' 開元 8年 12月 謝颶國조, 11406쪽.

131)『冊府元龜』 권979, 「外臣部」 '和親' 開元 12年 8月 謝颶國王特勤조, 11501쪽.

132)『冊府元龜』 권964, 「外臣部」 '封冊' 開元 26年 10月 謝颶國王조, 11346쪽.

휘하 부족과 군사를 거느리고 와서 謝颶國을 정복했다. 그런데 필자가 앞에서 언급한 것처럼 토번 동쪽에 箇失密國이 있고, 개실밀국 동북에 사율국이 있다고 밝혔다. 그런데 혜초가 개실밀국에 대한 기록을 못한 이유는, 그가 구법 여행을 하였기 때문에 그와 관련이 적은 나라는 찾지 않았던 것 같아서다.

돌궐은 부족단위로 西征하여 사율국을 지배하였다. 사율국에는 절과 승려가 많고 대승법이 유행하였다. 대·소승법 중 어느 하나라도 유행하지 않는다면 혜초가 사율국을 찾을 리 없다. 혜초의 여행 목적이 구법이기 때문이다. 돌궐 사율왕과 같은 동족 대수령 娑鐸幹 경우는 이름까지 거론한 것은 그가 불심이 대단했기 때문이다. 그런데 혜초의 지나친 불심 때문인지 謝颶國, 吐火羅國, 罽賓國, 犯引國 등의 나쁜 결혼 풍습을, 그 나라에서 언급하지 않고 胡國의 결혼풍습을 설명하는 가운데 사율국 등을 슬쩍 언급하였다. 사율국 등 파미르 고원 서쪽의 산악 국가에서는, 한 가정에 형제가 아무리 많아도 한 여자를 아내로 취한 결혼풍습이 있다.[133] 물론 이런 共妻제도가 산악에서 생계를 유지하기 위한 방법이라고 혜초가 밝혔다.

사율국은 계빈국과 같은 위도라 의상과 풍속·물산 등이 계빈과 같았다. 그러나 언어는 계빈과 달랐던 것은 계빈국보다 더 서쪽에 치우쳐서 다른 언어 문화권에서 속하게 되었다. 이 점에 대해서는 다시 언급하겠다.

당과 토번 교류는 그 다음해 개원 18년 10월에도 지속되었다.[134]

> (開元) 18년 10월 名悉獵 등이 京師에 도착하니, 황제가 宣政殿에서, 羽林 군사를 도열시키어, 그들을 만났다. 悉獵은 (중국) 문자를 많이 알았기 때문에, 앞서 金城공주를 맞으러 장안에 왔을 때, 당 장안 조정 모두가 그의 재능과 변설을 칭송하였다. 황제는 그를 내전으로 불러 연회를 베풀면서 함께 이야기 하며 정중히 예우하였다. 紫袍·金帶·魚袋와 그 계절 의복·繒綵·銀盤·胡瓶을 하사하였고. 또 別館에서 매우 후하게 대접하였다. 悉獵은 袍帶와 器物을 받았으나 魚袋를 사양하면 말하길 "저의 나라에, 이런 文章은 없어, 감히 이런 특별한 것을 상으로 받을 수 없습니다." 황제는 이를 가상히 여기어 허락하여 주었다. 御史大夫 崔琳에게 조서를 내려

133)『往五天竺國傳』, 74쪽, "其吐火羅國, 乃至罽賓國조".

134)『舊唐書』 권8상,「玄宗紀」開元 18年 10月조, 196쪽.

답례 사자로 가게 하였다. 그래서 赤嶺에서 각각의 境界를 분명히 하는 碑를 세우고, 더 이상 다시는 서로 침략하는 일이 없도록 약속하였다.[135]

730년 10월 당 현종이 장안에 도착한 토번 名悉獵 등에게 후한 예우와 아울러 후속 조치를 취하였던 내용이다. 특히 명실렵이 漢字를 익히 알고 있다는 사실이 주목된다. 게다가 명실렵은 才辯마저 출중하였다. 그런 명실렵을 현종이 극진히 예우한 후, 報聘使로 御史大夫 崔琳을 동행시켰다. 당 현종의 명실렵에 대한 후대는 단순 의전이 아닌 정치적 목적이 있음은 물론이다. 이때 토번 사자 명실렵의 귀로에 당과 토번 국경을 분명히 설정하겠다는 사전포석도 깔려 있었다. 729년 황보유명의 주청대로 당과 토번은 전일의 대립이 아닌 공존을 모색하였다. 그런데 『舊唐書』「吐蕃傳」 기록과 달리 『舊唐書』「玄宗紀」에는 명실렵이 당에 방물을 바치면서 항복했다고 기록하였다.[136] 앞에서 「현종기」가 개원 16년 8월 祁連城 戰果를 부풀렸던 것처럼, 토번이 이때 항복했다는 표현은 사실 왜곡이다. 『신당서』의 「현종기」는 개원 18년 10월 戊子에 토번이 화해를 요청했다고 다르게 기록하였다,[137]

당 현종은 토번과 赤嶺 경계비를 세워 서로 침공하는 일이 없도록 하려고 정치·군사적 목적으로 名悉獵을 환대하였다. 赤嶺은 河源軍에서 서쪽으로 불과 20里밖에 안 떨어진 곳으로 토번에서 당으로 가는 관문이다.[138] 또한 적령은 해발 4886m 되는 고산지대이자 당과 토번이 맞닿은 곳으로 토번에서 당의 장안으로 향하는 최단 루트다.[139] 하원군은 고종 儀鳳 2년(677)에 郎將 李乙支가 오늘날 西寧에 설치하였던 것으로 青海湖 동쪽의 당의 諸城 가운데

135) 『舊唐書』 권196상, 「吐蕃傳」, 5231쪽, "十八年十月, 名悉獵等至京師, 上御宣政殿, 列羽林仗以見之. 悉獵頗曉書記, 先曾迎金城公主至長安, 當時朝廷皆稱其才辯. 及是上引內宴, 與語, 甚禮之. 賜紫袍金帶及魚袋, 并時服·繒綵·銀盤·胡瓶, 仍於別館供擬甚厚. 悉獵受袍帶器物而却進魚袋, 辭曰 '本國無此章服, 不堪當殊異之賞.' 上嘉而許之. 詔御史大夫崔琳充使報聘. 仍於赤嶺各豎分界之碑, 約以更不相侵".

136) 『舊唐書』 권8상, 「玄宗紀」 開元 18年 10月조, 196쪽.

137) 『新唐書』 권5, 「玄宗紀」 開元 18年 10月 戊子조, 135쪽.

138) 『新唐書』 권40, 「地理志」4, 1041쪽, "鄯州, 鄯城縣, 河源軍".

139) 지배선, 2006, 「백제 장군 흑치상지의 토번·돌궐 토벌」, 384~385쪽.

전략적으로 제일 중요하다.[140] 고종 의봉 3년(678) 9월에 李敬玄의 토번 정벌 전투 중 실종된 劉審禮를 찾기 위해[141] 監察御史 婁師德이 토번 장군 論贊婆와[142] 더불어 赤嶺에서 담판으로 화의했던 바로 그곳이다.[143] 당 현종은 토번과 국경 분쟁을 종식시키기 위해 赤嶺 境界碑를 세웠다. 토번과 당의 화해분위기로 개원 18년(730) 10월 甲寅에 吐火羅 故地에 護密國王 羅眞檀이 入朝해 宿衛하였다.[144]그 후 개원 21년 9월 호밀국왕 나진단이 당에 來朝했다.[145]

당과 호밀국 관계는 개원 18년 10월 이전부터 긴밀하였다. 즉 개원 8년 3월에 당이 호밀국왕을 책봉할 정도였다.[146] 그 후 개원 15년 4월 호밀국왕은 米國 대수령 米忽汗을 보내 당에 來朝시켰다.[147] 米國이 호밀국 휘하였다는 사실은 파미르 고원 서쪽에서 종주국 역할을 할 정도로 호밀국 위상이 강화되었음을 의미한다. 그밖에 개원 17년 3월 호밀국 대수령 烏鶻達干이 당에 來朝했다.[148]

아무튼 개원 18년(730)부터 파미르 고원 서쪽에서 당의 영향력이 증대되었다. 731년 2월 辛未에 현종은 토번 名悉獵이 吐蕃으로 돌아갈 때 당 報聘使로 御史大夫·鴻臚卿 崔琳을 보내려 했다. 그때 토번 사신이 『毛詩』, 『春秋』, 『禮記』를 金城공주가 구한다고 말하면서 요청한 것은 양국 문화교류에서 매우 중요한 사건이다.[149] 그런데 貞觀 2년(628) 토번 왕실 자제가 당의 국학으로 유학하였

---

140) 佐藤長, 1975, 「唐代青海東邊の諸城塞について－『玉樹縣志稿』の紹介を兼ねて－」, 『史林』 58-5, 19쪽.

141) 『新唐書』 권108, 「婁師德傳」, 4092쪽, "劉審禮戰沒".

142) 『新唐書』 권108, 「婁師德傳」, 4091쪽, "其首領論贊婆". 여기서 婁師德이 赤嶺에서 담판하였던 토번 수령을 論贊婆라고 다르게 기록되었는데, 이는 論贊과 동일인이다.

143) 『資治通鑑』 권202, 「唐紀」18 高宗 儀鳳 3年 9月조, 6386쪽, "李敬玄之西征也".

144) 『資治通鑑』 권213, 「唐紀」2 玄宗 開元 18年 10月 甲寅조, 6791쪽 ; 『冊府元龜』 권975, 「外臣部」 '褒異' 開元 18年 10月조, 11453쪽.

145) 『冊府元龜』 권964, 「外臣部」 '封冊' 開元 21年 9月조, 11345쪽.

146) 『冊府元龜』 권964, 「外臣部」 '封冊' 開元 8年 3月조, 11343쪽.

147) 『冊府元龜』 권971, 「外臣部」 '朝貢' 開元 15年 4月조, 11408쪽.

148) 『冊府元龜』 권971, 「外臣部」 '朝貢' 開元 17年 3月조, 11408쪽.

149) 『資治通鑑』 권213, 「唐紀」29 玄宗 開元 19年 2月 辛未조, 6794쪽.

는데도[150] 불구하고 731년에 『毛詩』·『春秋』·『禮記』를 토번이 원하였던 것은 특이하다. 왜냐하면 장안의 國學에서 배운 과목이 그런 전적들이기 때문이다. 그렇다면 당이 토번에 그런 전적 반출을 의도적으로 막았던 모양이다.

『구당서』「토번전」에 吐蕃으로 시집간 당의 공주가 토번 사신에게 전적 목록을 주어 구해 오도록 하였다. 즉,

> "公主가 毛詩·禮記·左傳·文選 각 1부를 요청합니다"라고 했다. 制를 내려 秘書省에 이것을 복사하여 주도록 하였다.[151]

토번 사자가 토번으로 시집온 금성공주가 원하니 毛詩·禮記·左傳·文選 각 1부씩 달라는 요청이다. 이 무렵 토번에 위의 책이 없다고 단정하기는 어렵지만 正字[152] 于休烈이 그런 책들을 토번에 주면 안 된다는 장문 상소를 올린 것을 보면, 위의 책이 그 무렵 토번에 없던 게 분명하다. 아마도 이는 그때까지 토번으로 당 서적이 들어가는 것을 철저하게 봉쇄한 결과인 것 같다. 이런 사실을 주목하는 까닭은 668년 당의 공격으로 패망한 고구려 태학과 경당에서 가르친 것이 위의 책들이었다는 사실과 비교되기 때문이다. 바꾸어 말해 이는 당의 토번에 대한 적대감이 당에 의해 멸망된 고구려 보다 심하였기 때문에 어떤 서적도 토번으로 반입되는 것을 철저히 봉쇄하였다고 해석된다. 당에서 위의 책들이 토번으로 들어가는 것을 막은 것은, 적대 국가에 그 당시 하이테크인 典籍 禁輸를 취한 것으로 지극히 당연한 조치다. 이는 당과 토번이 정략적 결혼은 하였으나 기본적으로 양국이 어느 정도 심각한 적대 국가였는지를 가늠하는 잣대다.

『毛詩』·『禮記』·『左傳』·『文選』 등의 古典을 토번에 주는 것이 옳지 않다고 본 唐의 正字 于休烈의 장문 상소는 다음과 같다.

---

150) 『舊唐書』 권189상, 「儒學傳」상 (貞觀 2年)俄而高麗及百濟·新羅·高昌·吐蕃等諸國酋長조, 4941쪽.
151) 『舊唐書』 권196상, 「吐蕃傳」, 5232쪽, "公主請毛詩·禮記·左傳·文選各一部.」制令秘書省寫與之".
152) 품계가 正九品下로 황실도서관에서 책을 쓰는 일을 담당하는 벼슬.

신이 듣기로, 戎狄은 나라의 원수이며, 經書는 나라의 고전입니다. 戎의 본심에 대해, 대비가 없다는 것은 있을 수 없습니다. 고전에는 항상 바뀌지 않는 제도가 쓰여 있어, 이를 타인에게 허락할 수 있는 것이 아닙니다. 傳에 '末裔라는 것은 중앙을 엿보아서 아니 되며, 蠻夷는 中華를 어지럽혀도 아니 됩니다.'라고 있습니다. 그 야심을 교정하는 방법은, 대비한다면 근심하지 않아도 됩니다. 옛날 東平王은 入朝하여 『史記』와 諸子의 書를 구하였을 때, 漢 成帝는 주지 않았습니다. 생각건대 『史記』는 작전에 관한 것이 많이 기록되어 있고, 諸子의 書에는 적을 속이는 術策이 많습니다. 무릇 東平王(成帝의 아우)은 漢室에 가까운 친척인데도, 전쟁에 관한 일이 쓰여 있는 서적을 볼 수 없도록 하였습니다. 지금 西戎은 나라의 원수인지라, 어찌 經典을 주는 것이 可하겠습니까! 또 신이 듣기로, 토번의 성질은 사나운데다가 과단성마저 있어 감정이 민감할 정도로 예민하여, 열심히 학문하는 것을 아직 할 수 없습니다. (그래서) 書에 숙달하게 된다면, 틀림없이 능히 전쟁하는 것을 잘 알게 될 것입니다. 『毛詩』를 깊게 공부하게 되면, 즉 武人은 師干之試(軍士를 많이 모으면, 그에 상응하는 방어를 할 수 있는 것)가 있다는 것을 알게 되며, 『禮記』의 배움이 깊어지면, 즉 月令에 興廢之兵이 있다는 것을 알게 되고, 『左傳』의 배움이 깊어지면, 전쟁에서 적을 속이는 계책이 많다는 것을 알게 됩니다. 『文選』의 배움이 깊어지면, 편지나 격문의 제도가 있다는 것을 알게 됩니다. (이와 같은 것들은) 침략해 오는 군대에게 식량 훔치는 것을 돕는 것과 무엇이 다르겠습니까! 臣이 듣기로 魯는 周의 禮를 지켰기 때문에, 齊가 공격을 그만 두었으며, 吳는 戰車를 얻어 공격했기 때문에, 楚는 이것에 대응해 도망치다보니 지치게 되었다고 말합니다. 한편으로 古典을 지켜 나라 보존이 가능하였으며, 일방 法을 바로잡지 못해서 나라가 위험에 처하게 된다는 것을 헤아려 보셔야 합니다. 또 (金城)공주는 시집의 남편을 따르는 신분이라, 먼 異國에 가서 蠻族 禮를 따라야 하는 처지라서, 돌이켜 良書를 구하고 있습니다. 愚臣의 생각으로, (이는) 공주의 本意가 아닐 듯싶습니다. 아마 이는 (唐에서 吐蕃으로) 도망한 무리들이, (吐蕃) 중앙에 進言한 것으로 사료됩니다. 만약 폐하께서, 吐蕃 감정을 상하게 하는 것이 걱정이 되시어서, 나라의 신뢰와 결부시켜 이를 그만두시지 않으신다면, 『春秋』는 제외시켜주실 것을 바랍니다. 周의 德이 이미 약해져, 諸侯가 강성하게 되었을 때, 禮樂이 스스로 일어나면서, 전쟁이 자주 일어났습니다. 거짓이 여기서 생기게 되었으며, 속이는 것이 여기에 일어나서, 즉 臣이 君을 불러내었다는 것은, 위력을 가진 覇者가 되었다는 이야기입니다. 만약 이 書을 주신다면, 나라의 근심거리가 될 것입니다. 『左傳』에서 말하길, "于奚가 曲縣 鞶纓縣을 요구하자, 孔子가 말했다. '이것에 많은 邑을 주는 편이 좋다. 爵號와 車服은 사람에게 줘야 하는 것은 아니다'". 蠻族은 오로지 탐욕스럽기 때문에, 물자를 귀한 토지와 바꾸려합니다. 그렇기 때문에 비단과 무늬가 수놓아진 비단을 하사하시고, 玉과 帛을 넉넉하게 주신다면, 굳이 꼭 그 구하는 것을 따라야, 그 지혜를 도와주는 것에 미치지 않는 것이 아니라 생각됩니다. 臣은 외람되게 位에 있으면서, 중요한 문헌을 간행하는 직에 있습니다. 정말로 經典이 蠻族에게 버려진다는 것이 마음 아픕니다. 어리석은 臣 죽음을 무릅쓰니, 폐하께서 깊이 통찰하여 주옵소서! 상소문을 바쳤으나, 회답이 없었다.153)

唐의 正字 于休烈은 장문 상소에서 古典을 토번에 주면 안 된다고 강력히 進言하였다. 古典이 吐蕃 수중에 들어가면 토번의 唐에 대한 침공이 더 용이하다는 것이 우휴열의 주장이었다. 그러니 토번에 고전을 주어야만 한다면, 고전 가운데 『春秋』는 제외시켜달라고 청원하였다. 토번으로 시집간 금성공주가 고전을 원한 것은 어쩔 수 없는 부탁이며, 당에서 토번으로 도망간 자들이 고전에 대한 요구에서 비롯되었다는 것이 우휴열의 주장이다. 우휴열은 고전 대신 비단이나 옥을 주어 토번의 요구를 희석시키는 것도 좋은 방안이라 제시하였다.

이때 당 현종은 우휴열 상소에 대한 안건을 中書門下에서 의논하도록 하였다. 이때 裴光庭 등의 상서를 받아들여 토번이 요청한 고전을 주도록 명령하였다. 개원 19년 3월 현종은 崔神慶의 아들 崔琳을 토번으로 보낼 때154) 토번이 원하는 고전을 보내 주었다.

그렇다면 唐의 于休烈이 토번에 고전을 주지 말자고 주장한 시대보다 더 이전에 우리나라 삼국에 고전이 있었는가를 비교한다면, 당과 토번의 관계가

153) 『舊唐書』 권196상, 「吐蕃傳」, 5232~5233쪽, "臣聞戎狄, 國之寇也, 經籍, 國之典也. 戎之生心, 不可以無備, 典有恆制, 不可以假人. 傳曰'裔不謀夏, 夷不亂華.'所以格其非心, 在乎有備無患. 昔東平王入朝求史記·諸子, 漢帝不與. 蓋以史記多兵謀, 諸子雜詭術. 夫以東平, 漢之懿戚, 尙不欲示征戰之書, 今西戎, 國之寇讎, 豈可貽經典之事! 且臣聞吐蕃之性, 慓悍果決, 敏情之銳, 善學不迴. 若達於書, 必能知戰. 深於詩, 則知武夫有師干之試, 深於禮, 則知月令有興廢之兵, 深於傳, 則知用師多詭詐之計. 深於文, 則知往來有書檄之制. 何異借寇兵而資盜糧也!"

154) 『舊唐書』 권8, 「玄宗紀」상 開元19年 3月 乙酉朔조, 196쪽 ; 『資治通鑑』 권213, 「唐紀」29 玄宗 開元 19年 2月조, 6794쪽.

어땠는지 비교 가늠이 가능할 것 같다.

백제는 285년 박사 왕인이 일본에 『論語』와 『千字文』을 전하였다. 그 이전에 이미 五經박사 제도가 백제에 있었다. 또 375년 박사 高興에 의해 『書記』가 편찬된 사실 등은 우리 고대 삼국 중 제일 먼저 백제에서 중국 고전이 읽혀졌음을 증명한다.155)

고구려에는 관학인 태학 이외에 우리나라 사학의 시초였던 경당이 존재하였다. 그런데 경당에 관한 기록이 『舊唐書』와 『新唐書』의 고구려전에 소상하게 전하고 있다. 그 가운데 『舊唐書』의 「高麗傳」기록을 소개한다.

> 풍속이 서적을 사랑하여, 형문시양의 집에 이르기까지, 거리에 각각 대옥을 지어 이를 扃堂이라 하고, 자제가 혼인 전에, 주야로 여기서 독서와 활쏘기를 익혔다. 익힌 책은 『五經』·『史記』·『漢書』·范曄의 『後漢書』·『三國志』·孫盛의 『晉春秋』·『玉篇』·『字統』·『字林』, 또 『文選』이 있어, 이를 더욱 중히 여긴다.156)

고구려의 사학 扃堂에서 가르친 교과는 토번이 당에 요청한 古典들이다. 7세기 이전 중국 고전이 이미 고구려 扃堂의 교과목이었음을 알 수 있다. 신라는 國學을 神文王 2년(682)에 설치하였는데, 『三國史記』에 그 교수과목이 실려 있다.

> 교수하는 법은 『周易』·『尙書』·『毛詩』·『禮記』·『春秋左氏傳』·『文選』으로 나누어 학업을 닦게 하였는데, 博士나 助教 1인이 혹은 『禮記』·『周易』·『論語』·『孝經』을 가르치고, 혹은 『春秋左傳』·『毛詩』·『論語』·『孝經』, 혹은 『尙書』·『論語』·『孝經』·『文選』으로써 교수한다.157)

---

155) 지배선, 1989, 「한국과 중국의 교육제도－삼국통일 이전을 중심으로－」, 『학생생활연구』 2, 한성대학교, 123~124쪽.

156) 『舊唐書』 권199상, 「高麗傳」, 5320쪽, "俗愛書籍, 至於衡門廝養之家, 各於街衢造大屋, 謂之扃堂, 子弟未婚之前, 晝夜於此讀書習射. 其書有五經及史記·漢書·范曄後漢書·三國志·孫盛晉春秋·玉篇·字統·字林, 又有文選, 尤愛重之".

157) 『三國史記』 권제38, 「職官志」上, 366쪽, "敎授之法以周易·尙書·毛詩·禮記·春秋左氏傳·文選, 分而爲之業, 博士若助敎一人, 或以禮記·周易·論語·孝經, 或以春秋左傳·毛詩·論語·孝經, 或以尙書·論語·孝經·文選敎授之."(1991, 서울 : 乙酉文化社 간행본).

삼국 가운데 가장 늦은 신라 神文王 2년 國學의 교수과목이 730년 10월 토번이 당에 요청한 古典들이다. 그런데 신라의 경우는 『壬申誓記石』에,

> 壬申년 6월 16일 두 사람이 함께 맹세하여 쓴다. 하늘 앞에 맹세하여, 지금으로부터 3년 이후에 忠道를 확실히 잡고 과실이 없기를 맹세한다. 만약 이 일(맹세)를 잃으면 하늘로부터 큰 죄를 얻을 것을 맹세한다. 만약 나라가 불안하고, 세상이 크게 어지러워지면 가히 행할 것을 받아들임을 맹세한다. 또 따로 먼저 辛未년 7월 22일에 크게 맹서하였다. 『詩』·『尙書』·『禮記』·『春秋傳』을 차례로 습득하기를 맹세하되 3년으로 하였다.[158]

이는 두 화랑이 납작한 돌에 맹세한 기록이다. 『壬申誓記石』의 한자는 우리말식 어순이다. 여기서 壬申年은 眞興王 552년이거나 眞平王 612년이다. 아마도 화랑 교과에 대한 편린을 볼 수 있는 자료로 『詩』·『尙書』·『禮記』·『春秋』 등 교과목을 3년 동안 이수하였던 것 같다. 그런데 위의 때를 늦게 잡아도 612년이다. 그렇다면 백제·고구려·신라 삼국은 아무리 늦어도 612년 이전에 중국고전을 교과목으로 가르쳤다. 그런데 신라왕실 자제가 貞觀 2년(628)에 당의 國學에 유학한 사실을[159] 고려하면, 신라는 당에 유학생을 파견한 후 30여 년이 지나서 당의 國學제도를 수용하였다. 정관 2년에 신라와 토번 왕실 자제가 같이 당의 국학에 유학하였지만 신라는 토번보다 중국문물 수용이 한 세기 이상 앞섰던 것이다.[160]

중국고전을 730년 10월에야 얻으려는 토번 시도는 백제·고구려·신라보다 무려 1세기나 뒤처진다. 그 이유는 토번이 세계에서 가장 높은 고산지대인데다가 유목민족의 호전성마저 갖고 있어 중국은 자신의 정보가 토번으로 유출되는 것을 몹시 두려워하였기 때문이다. 중국의 하이테크 古典을 토번이 갖는 것을 당은 의도적으로 막았다. 당이 토번에 대한 禁輸品 가운데 하나가 古典이

---

158) 『壬申誓記石』(보물1141호), “壬申年 六月十六日二人幷誓記. 天前誓, 今自三年以後忠道執持過失无誓. 若此事失天大罪淂誓. 若國不安大亂世可容行誓之. 又別先辛未年七月二十二日大誓. 『詩』·『尙書』·『禮』·『(春秋)傳』淂誓三年”.

159) 『舊唐書』 권189상, 「儒學傳」상 (貞觀 2年)俄而高麗及百濟·新羅·高昌·吐蕃等諸國酋長조, 4941쪽.

160) 『舊唐書』 권189상, 「儒學傳」상 (貞觀 2年)俄而高麗及百濟·新羅·高昌·吐蕃等諸國酋長조, 4941쪽.

다. 태종 정관 15년(641)에 문성공주를,[161] 중종 신룡 원년(705)에 금성공주를 토번 찬보에게 각각 시집보낸[162] 것은, 당이 토번 침공을 막으려는 목적의 정략결혼이다.

당은 730년 10월 현종 조서에 의해 秘書省이 古典 복사본을 토번에 주었다. 이때 당이 토번에 대한 금수품이었던 古典을 주게 된 배경은 당 내부의 권력투쟁 문제와 아울러 심각한 대외문제인 토번의 침공을 막아 보려는 정치적 의도였다. 당의 내부문제는 현종의 노예로 출발한 고구려 유민 開府儀同三司 王毛仲과의 권력 갈등이었다. 이는 王毛仲이 현종에게 兵部尙書직을 요구한 것이 거부되자, 왕모중은 무기를 모으면서까지 현종과 첨예하게 대립한 사건이다.[163]

開元 19년 7월 癸丑 토번은 당에 화해를 요청하였다.[164] 그러나 이때 토번의 당에 대한 화친 요청도 나름대로의 실익을 챙기기 위함이다. 이와 같은 형태로 唐과 吐蕃의 친선관계가 개원 24년(736) 정월까지 지속되었다. 이와 관련된 소식이 있다.

> (開元) 21년 또 制를 내려 工部尙書 李暠를 토번으로 가게 했다. 唐의 사자가 入境할 때마다, (吐蕃은) 그곳에 완전 무장한 병사와 기마병을 도열시켜, 그 정예를 과시하였다. 22년 장군 李佺을 파견하여 赤嶺에서 吐蕃과 국경을 정하고 碑를 세웠다. 24년 정월, 吐蕃은 사자를 보내서 方物·金·銀의 器物·玩物을 바쳤는데, 그 모든 모양이 奇異하였다. 황제는 提象門 밖에 놓아 많은 관리들이 볼 수 있게 하였다.[165]

개원 18년 10월 唐과 吐蕃 名悉獵 등은 赤嶺에 國境碑를 세워 서로 침공하지

---

161) 『舊唐書』 권196상, 「吐蕃傳」 貞觀 15年조, 5221쪽.

162) 『舊唐書』 권196상, 「吐蕃傳」 中宗 神龍 元年조, 5226쪽.

163) 지배선, 2006, 「고구려 유민 왕모중의 발자취」, 13~134쪽.

164) 『新唐書』 권5, 「玄宗紀」 開元 19年 7月 癸丑조, 135쪽.

165) 『舊唐書』 권196상, 「吐蕃傳」, 5233쪽, "二十一年, 又制工部尙書李暠往聘吐蕃, 每唐使入境, 所在盛陳甲兵及騎馬, 以矜其精銳. 二十二年, 遣將軍李佺於赤嶺與吐蕃分界立碑. 二十四年正月, 吐蕃遣使貢方物金銀器玩數百事, 皆形制奇異, 上令列於提象門外, 以示百僚".

당 신룡 2년(706) 섬서 건현 영태공주묘 동벽에 그려진 시녀의 한껏 멋을 낸 화려한 모습으로 당시 사치가 만연했음을 가늠해 볼 수 있다.

않겠다고 약속하였다. 4년 후인 開元 22년에야 당 將軍 李佺이 赤嶺에서 吐蕃과 국경을 확인하고, 境界碑를 다시 세워 개원 18년의 약속사항을 실천하였다. 개원 19년 9월에 토번사신이 당에 왔던 사실에서 미루어 보면, 그때까지 토번과 당은 교섭관계가 빈번하였다. 이에 대해 『舊唐書』 「玄宗紀」에 "開元 19년 9월 辛未, 토번이 國相 論尙他硉을 보내 來朝하였다"[166]라고 언급되었다. 이때 토번이 石堡城 서쪽 20리 떨어진 赤嶺에서 互市를 열어줄 것을 요청하자, 당은 이를 수용하였다.[167] 당시 토번은 재상 論尙它硉을 長安으로 보내 赤嶺(靑海省 共和縣)에서 互市(국경 무역) 설치를 요청하였는데, 물론 교역품은 토번은 戎馬며, 당은 비단이다. 토번 國相 論尙他硉에 관한 기록은 이것이 유일하다.

개원 20년과 21년에 토번사신이 당으로 왔다는 기록은 없다. 그런데 개원 21년 정월 己未 工部尙書 李暠가 당의 사신으로 토번에 갔다.[168] 이때 토번은 국경에서 이고에게 강력한 무장 병사를 보여주어 무력시위를 했는데 이런 토번의 의도에서 당과 계속 교섭관계를 유지할 생각이 있었나 하는 의문이 든다. 토번은 唐 사자가 入境할 때마다 강력한 군사력을 보여줌으로써 당

166) 『舊唐書』 권8상, 「玄宗紀」 開元 19年조, 196쪽, "九月辛未, 吐蕃遣其國相論尙他硉來朝".

167) 『資治通鑑』 권213, 「唐紀」29 玄宗 開元 19年 9月 辛未조, 6796쪽.

168) 『舊唐書』 권8상, 「玄宗紀」 開元 21年 正月 己未조, 196쪽, 여기서 李暠를 李嵩이라고 다르게 기록하였다.

사신에게 공포감을 주었다. 그런데 개원 22년 6월 乙未에 장군 李佺을 파견하여 적령에서 토번과 국경비를 세웠다는 사실을 주목할 필요가 있다.169) 『자치통감』에 의하면 國境碑를 세운 본격적 계기는 개원 21년 3월에 토번으로 시집간 金城공주가 적령에 토번과 당의 경계비를 세워 경역을 구분하자는 요청을 당이 수용해 碑가 세워진 것이다.170) 그렇다면 이는 금성공주가 적령비를 세워 토번과 당이 화친하기를 염원한 경계비다.

개원 22년(734) 6월 당과 토번이 赤嶺에 국경비를 세운 사건은 시기적으로 고려할 사항이 있다. 다름 아닌 "(開元) 22년, 토번에 의해 (小勃律國이) 공파되었다"171)는 사실이다. 그런데 그 이전 개원 8년 당이 蘇麟陀逸之를 소발률국왕으로 책봉한 후 소발률은 당에 조공을 거르지 않았다.172) 그렇다면 토번의 소발률국 공파는 파미르 고원 諸國들을 당의 영향권에서 토번의 영향권으로 궤도를 수정시킨 중요 사건이다. 이때 당은 토번에 대해서 어떤 군사조치도 취하지 못했다. 파미르 고원의 소발률국을 다시 당의 영향권으로 돌려놓을 만한 군사력 부재가 제일 큰 이유였다.

개원 24년 정월 토번 사자가 기이한 많은 물건을 당에 바친173) 이유도 분석할 필요가 있다. 이는 같은 해 토번이 소발률국 공격에 앞서 당의 관심을 돌리려는 목적으로 당에 기이한 물건을 많이 보냈던 것 같다. 정확히 말해 개원 24년 정월 토번이 唐에 많은 기이한 器物을 바친 것은 같은 해 토번이 소발률국 침공을 당의 관심에서 멀리 두려는 의도성 뇌물이다. 그런 물건인줄 모르는 현종은 토번이 보낸 많은 기이한 물건으로 기분이 좋아 提象門 밖에 전시하여 많은 관리들이 보도록 조치하였다.

토번에 의한 소발률국 침공과 당의 대처 상황은 다음과 같다.

그 해(開元 24년) 吐蕃은 서쪽으로 勃律을 공격하자, 勃律은 사자를 보내어 급함을

169) 『舊唐書』 권8상, 「玄宗紀」 開元 22年 6月 乙未조, 201쪽.
170) 『資治通鑑』 권213, 「唐紀」29 玄宗 開元 21年 2月 丁酉조, 6800쪽.
171) 『舊唐書』 권198, 「西戎傳」 '(小)勃律國傳' (開元)22年조, 5310쪽.
172) 『舊唐書』 권198, 「西戎傳」 '(小)勃律國傳' (開元)8年조, 5310쪽.
173) 『舊唐書』 권8상, 「玄宗紀」 開元 24年 正月조, 203쪽.

> 알렸다. 황제는 사자를 토번으로 보내 전쟁을 중지시키려 하였으나, 吐蕃이 조서를 받지 않고, 드디어 勃律을 공격해 깨뜨렸다. 황제가 심히 노하였다. 그때 散騎常侍 崔希逸이 河西節度使가 되어, 涼州를 지키고 있었다. 당시 吐蕃은 중국과 목책으로 담을 쌓아 경계로 삼았으며, (당은) 守捉使를 두었다. 希逸은 토번 장수 乞力徐에게 말하길. '양국이 평화로운데, 어째서 守捉의 백성들이 경작하는 것을 방해 할 필요가 있는가! 모두가 이를 그만두기를 바란다. 그래야 一家가 되며, 이것이 어찌 좋지 않단 말인가!' 乞力徐가 대답하길. '常侍는 매우 진실하여, 이 말은 틀림없는 진실이라 믿소. 다만 조정 모두가 서로 신뢰하고 있지 않은 것이 문제요. 만약 어떤 사람이 군사를 일으켜, 우리 쪽이 준비 안 되었는데 습격한다면, 이를 후회한들 무슨 소용이 있겠소!' 希逸이 이를 간절히 요청하니. 드디어 사자를 보내서 乞力徐와, 白狗를 죽여 맹세하였다. 그래서 각각 수비 군사를 거두어갔다. 이에 토번의 방목 가축이 들을 덮었다.[174]

개원 21년 이전부터 唐의 사자가 吐蕃에 入境할 때 중무장한 병사들과 무장한 기마병을 과시하는 방법으로 토번이 당 사신을 위협하였다. 이는 토번이 형식적으로 당과 친선관계를 맺으면서도 당을 수시로 침공하려는 의사 표시였다.

개원 24년(736) 토번에 의한 소발률국 침공은, 당과 토번 친선관계가 서로 이용하려는 굴레 안에서 형성된 거짓 관계였다는 것을 입증한 사건이다. 토번 사자로부터 급박한 소식을 들은 현종은 토번의 소발률국 공격을 막으려고 토번에 조서를 보냈다. 토번은 현종의 조서를 받기를 거부하면서 소발률국을 공격해 점령하였다. 당과 토번 관계에 중대 변화를 가져다 준 것이 이 소발률국 침공이다. 토번은 외교를 이용하여 당과 친선관계를 유지하면서, 세력 확장을 위해 토번 서북 소발률국을 속국으로 만들었다. 여기서 말하는 소발률국은 오늘날 길기트 지역이다.[175] 이에 앞서 이미 대발률국은 토번 속국이 되었다.

---

174) 『舊唐書』 권196상, 「吐蕃傳」, 5233쪽, "其年, 吐蕃西擊勃律, 遣使來告急, 上使報吐蕃, 令其罷兵. 吐蕃不受詔, 遂攻破勃律國, 上甚怒之. 時散騎常侍崔希逸爲河西節度使, 於涼州鎭守. 時吐蕃與漢樹柵爲界, 置守捉使. 希逸謂吐蕃將乞力徐曰'兩國和好, 何須守捉, 妨人耕種. 請皆罷之, 以成一家, 豈不善也?' 乞力徐報曰'常侍忠厚, 必是誠言. 但恐朝廷未必皆相信任. 萬一有人交搆, 掩吾不備, 後悔無益也.'希逸固請之, 遂發使與乞力徐殺白狗爲盟, 各居守備. 於是吐蕃畜牧被野".

175) 지배선, 2002, 『유럽문명의 아버지 고선지 평전』, 64쪽.

당 현종은 토번의 소발률국 침공 사실에 분노하였다. 당은 이듬해 개원 25년 하서절도사 崔希逸에게 토번 공격을 명령하였다.

> 3월 乙卯, 河西절도사 崔希逸이 涼州 남쪽에서 군사를 거느리고 토번의 경계 안으로 2천여 리나 진격하였다. 己亥, 崔希逸은 靑海 서쪽의 郎佐素文子觜에 이르러, 적과 서로 마주쳐, 크게 깨뜨려서, 2천여 명을 참수하였다.[176]

개원 25년 3월 己亥에 하서절도사 최희일의 토번 습격은[177] 소발률국 점령에 대한 보복이었다. 이때 최희일은 토번의 靑海 서쪽지역을 침공, 토번 진영으로 2천여 리나 진격하여 청해에서 토번과 싸워 승리하였다.[178] 그런데 이는 앞서 언급됐던, 전일 최희일이 토번 장수 乞力徐와 국경에 군사를 주둔시키지 않는다는 약속을 어기고 공격해 얻은 그런 전과다. 개원년간, 아니 그 이전에도 최희일처럼 토번 안으로 깊숙이 공격해 들어간 당의 장군은 없었다. 최희일은 군사를 이끌고 토번 군사가 없는 영내로 9일 동안 진격해 郎佐素文子觜에 도착할 즈음에 처음으로 적과 조우해 크게 이겨 적 2천여 명을 죽인 전과를 거두었다. 이는 최희일이 토번 지형을 익히 알고 있는데다 앞서 말한 것처럼 토번 군사가 없었기 때문에 당군이 청해 서쪽 깊숙한 곳까지 진격한 데 기인하였다. 그러나 최희일이 토번 郎佐素文子觜까지 침공하여 적을 깨뜨린 공로는, 당이 어느 정도 토번에 대한 두려움에서 벗어날 수 있도록 분위기를 조성한 계기라는 사실을 부인할 수는 없다. 그런데 토번 장수 걸력서는 개원 2년 8월 坌達焉과 함께 10만의 무리를 거느리고 臨洮軍을 점령했던 인물이다.[179]

이후 하서절도사 최희일은 河西의 政事를 황제에게 보고하기 위해 孫誨를

---

176) 『舊唐書』 권9하, 「玄宗紀」 開元 25年조, 208쪽, "三月乙卯, 河西節度使崔希逸自涼州南率衆入吐蕃界二千餘里. 己亥, 希逸至靑海西郎佐素文子觜, 與賊相遇, 大破之, 斬首二千餘級".

177) 『資治通鑑』 권214, 「唐紀」30 玄宗 開元 25年 (3月) 己亥조, 6826쪽.

178) 『新唐書』 권5, 「玄宗紀」 開元 25年 3月 辛卯조, 139쪽.

179) 『舊唐書』 권8상, 「玄宗紀」 開元 2年 7月조, 173쪽 ; 『資治通鑑』 권211, 「唐紀」27 玄宗 開元 2年 8月조, 6704쪽, 토번 坌達延과 乞力徐가 무리 10만을 거느리고 臨洮를 공격한 때를 『資治通鑑』은 7월이 아닌 8월이라고 기록하였다.

京師로 파견하였다.

> 얼마 후 希逸의 傔人(시종관) 孫誨가 입조하여 政事를 아뢰었다. 誨는 자신이 공적을 세우고 싶었기 때문에 '토번은, 준비가 없으니, 만약 군사를 동원하여 습격한다면, 반드시 승리할 수 있습니다.'라고 아뢰자, 황제는 內給事 趙惠琮에게 孫誨와 달려가서 사정을 살피게 하였다. 惠琮 등이 涼州에 도착해서 조서를 조작하여 希逸에게 토번을 습격하게 하였다. 希逸은 어쩔 수 없이, 이를 따랐다. 토번을 青海 부근에서 대파하여 죽이거나 포획한 무리가 심히 많았으며, 乞力徐는 겨우 몸만 빠져 도망하였다.[180]

위의 사실은 개원 25년의 일이다. 최희일은 토번 乞力徐와 불가침을 약속하고 守捉을 철수시킨 상황에서 청해 서쪽까지 침공하여 얻은 戰功을 보고하기 위해 孫誨를 京師에 보냈다. 그런데 손회는 자신이 전공을 세우려는 욕심으로 최희일과 토번 장수 걸력서와 맺은 평화약조로 변경에서 토번 군사가 철수한 사실을 감추고 변경에 토번 군사가 없다는 사실만 보고하였다. 현종은 이것이 사실인지를 파악하기 위해 內給事 趙惠琮에게 손회와 함께 가서 보고 그 상황을 보고토록 명령하였다. 趙惠琮도 전공을 세우고 싶은 욕망으로 涼州에 도착해 孫誨와 함께 조서를 고쳐, 하서절도사 최희일에게 토번을 습격하라고 명령하였다. 그 결과는 토번 영내 깊숙이 있던 토번 군사가 죽거나 포로가 된 자가 매우 많을 정도로 최희일이 승리하였다. 앞서 최희일과 걸력서가 서로 공격 않겠다는 盟約을 함으로 인한 토번 군사의 변경 철수로 당의 기습 공격에 토번은 무방비상태였다.

특히 주목되는 것은 당과 토번 접경지대에서 당 관리의 사리사욕으로 마땅히 지켜져야 할 약속들마저 자주 묵살된 사실이다. 반대로 토번이 당과의 약속을 묵살한 경우도 있다. 물론 內給事 趙惠琮 등이 조서를 조작하였던 다른 이유가 토번의 소발률국 침공 때문인지 모른다. 아무튼 당에서는 토번과

180) 『舊唐書』 권196상, 「吐蕃傳」, 5233쪽, "俄而希逸傔人孫誨入朝奏事, 誨欲自邀其功, 因奏言'吐蕃無備, 若發兵掩之, 必克捷'. 上使內給事趙惠琮與孫誨馳往觀察事宜. 惠琮等至涼州, 遂矯詔令希逸掩襲之, 希逸不得已而從之, 大破吐蕃於青海之上, 殺獲甚衆, 乞力徐輕身遁逸".

싸워 이기면 그 내용이 문제되지 않았던 것 같다. 그렇게 판단한 근거는 이 사건이 후일 문제로 부각된 적이 없기 때문이다.

이로써 하서절도사 최희일이 토번 걸력서에게 제안했던 약속을 자신 스스로가 파기한 셈이다. 최희일의 토번 대파로 조혜종과 손회는 조정으로부터 후한 상을 받았다. 청해 습격으로 토번은 조공을 끊었다.[181] 그런데 같은 해(개원 25년) 12월 토번은 당에 다시 사신을 파견하였다. 『舊唐書』의 「玄宗紀」에 개원 25년 12월 '토번의 大臣 屬盧論莽藏이 와서 조공하였다'[182]는 사실은 토번이 당의 정세를 염탐하기 위해 屬盧論莽藏을 보낸 것 같다.

개원 26년 3월 토번은 지난해 최희일에게 당한 패배를 설욕하기 위해 하서를 공격하였다. 『舊唐書』「玄宗紀」의 개원 26년 3월 기록을 보자.

> 癸未, 京兆에 지진이 있었다. 토번이 河西를 침입하자, 左散騎常侍 崔希逸이 이를 격파하였다. 또 鄯州都督 杜希望이 新羅城을 공격하여 빼앗았고, 황제는 制로 그 城을 威戎軍이라고 하였다.[183]

토번은 개원 25년 12월 大臣 속노론망장을 당에 보내 정세를 염탐한 지 불과 3개월이 지나 하서를 침입하였다. 이때 하서절도사 최희일이 토번 공격을 막았으며, 동시 鄯州都督 杜希望이 토번의 新羅城을 뺏는 개가를 거두었다.[184] 이때 현종은 신라성의 명칭을 威戎軍으로 바꿨다. 威戎軍은 鄯州 북쪽으로 大雪山 남쪽에 위치하며, 간단히 新城이라 부른다.[185] 아무튼 崔希逸은 토번 공격을 모두 물리친 셈이다. 이때 당은 토번에서 빼앗은 新城에 1천의 군사를 주둔시켜 지켰다.

개원 26년 3월 토번이 하서에 대한 선제공격에도 불구하고 대패한[186]

---

181) 『資治通鑑』 권214, 「唐紀」30 玄宗 開元 25年 (3月) 己亥 自是吐蕃復絶朝貢조, 6827쪽.

182) 『舊唐書』 권9하, 「玄宗紀」 開元 25年 12月조, 209쪽, "吐蕃使其大臣屬盧論莽藏來朝貢".

183) 『舊唐書』 권9하, 「玄宗紀」 開元 26年 3月조, 209쪽, "癸未, 京兆地震. 吐蕃寇河西, 左散騎常侍崔希逸擊破之, 鄯州都督杜希望又攻拔新羅城, 制以其城爲威戎城".

184) 『新唐書』 권5, 「玄宗紀」 開元 26年 3月 癸巳조, 140쪽, 新羅城을 新城이라 표기하였다.

185) 『資治通鑑』 권214, 「唐紀」30 玄宗 開元 26年 3월 鄯州都督조, 6832쪽 ; 譚其驤 主編, 앞의 책, 61~62쪽.

이유는 개원 25년 3월 乞力徐와 맹약을 무시한 하서절도사 최희일의 습격으로 토번 전투력이 큰 손실을 입었던 것 같다.

토번이 하서·농우에서 패배한 후에 崔希逸·趙惠琮·孫誨의 거취에 대해『구당서』「토번전」에 다음과 같이 씌어 있다.

> 惠琮과 孫誨는 모두에게 후한 상이 주어졌지만, 토번은 이때부터 다시 조공을 끊었다. 希逸은 신뢰를 잃어 마음이 편치 않아, 軍에 있으면서도 공을 세우지 않았기 때문에, 이내 河南尹에 轉任되었다. 京師에 왔는데, 趙惠琮이 白狗를 숭상하는 것을 보고, 둘 다 죽였다. 孫誨도 또 죄가 있어 죽임을 당하였다. 詔를 내려 岐州자사 蕭炅을 戶部侍郞으로, 涼州의 政事를 다스리게 하였고, 希逸을 대신해서 河西절도사로 삼았다. 또 鄯州都督 杜希望을 隴右절도사로, 太僕卿 王昱을 益州長史·劍南節度使로 임명하여, 道를 나누어 경영시키어, 토번을 토벌하게 하였다. 그래서 (양국의) 국경을 획정한 碑를 파괴시키도록 명령하였다.[187]

개원 25년 3월에 趙惠琮과 孫誨가 조서를 임의로 고쳐서 토번을 기습하게 한 사실에 대한 죄를 묻지 않았다. 도리어 최희일의 공격으로 토번을 대파한 공로로 조혜종과 손회는 조정으로부터 후한 상을 받았다. 토번을 大破시킨 공으로 같은 해 6월 辛丑에 鄯州都督 杜希望이 隴右節度使로 승진하였다.[188] 이로 말미암아 당과 토번의 형식적 화평 관계마저 깨졌다.

최희일은 토번과 신의를 지키지 못한 것을 한스러워했다. 이런 일로 최희일은 河南尹으로 전임되었으나 그가 乞力徐와 함께 맹약의 희생물로 삼은 白狗를 趙惠琮이 숭상하는 것을 보고 살해하였다. 아울러 孫誨는 다른 죄목에 연루되어 죽었다. 그렇다면 토번과 신의를 깬 조혜종과 손회가 모두 죽임을 당한 셈이다.

조혜종과 손회의 거짓 조서로 토번 공격 후, 개원 26년(738) 5월에 李林甫가

---

186)『資治通鑑』권214,「唐紀」30 玄宗 開元 26年 3월조, 6832쪽.

187)『舊唐書』권196상,「吐蕃傳」, 5233~5234쪽, "惠琮·孫誨皆加厚賞, 吐蕃自是復絶朝貢. 希逸以失信怏怏, 在軍不得志, 俄遷爲河南尹, 行至京師, 與趙惠琮俱見白狗爲祟, 相次而死. 孫誨亦以罪被戮. 詔以岐州刺史蕭炅爲戶部侍郞判涼州事, 代希逸爲河西節度使, 鄯州都督杜希望爲隴右節度使, 太僕卿王昱爲益州長史, 劍南節度使, 分道經略, 以討吐蕃. 仍令毁其分界之碑".

188)『資治通鑑』권214,「唐紀」30 玄宗 開元 26年 6月 辛丑조, 6833쪽.

하서절도사를 겸임하게 되자 최희일은 河南尹에 임명되었다.189) 그런데 최희일이 토번에 대해 신의를 지키지 못한 것을 끝내 부끄러워하다가 죽었다는 사실을 주목하고 싶다.190) 이는 최희일이 하서절도사 시절에 토번 장군 乞力徐와 맺은 맹약을 파기한 데 대한 죄책감이 그를 짓눌러 괴롭혔다는 뜻이다. 개원 26년 6월 辛丑에 하서절도사를 비롯해 토번 국경과 접한 절도사들에 대한 인사 조치가 단행되었다. 岐州자사 蕭炅을 戶部侍郎으로 임명하여 涼州 정사를 담당시켜서 최희일을 대신하여 하서절도사로 임명하였다. 鄯州도독 杜希望을 농우절도사로, 太僕卿 王昱을 益州長史와 劍南절도사로 임명하였다.191) 이렇게 인사조치한 이유는 토번을 토벌하려는 재정비의 수순이었다. 이때 최희일이 하남윤이 된 후, 당은 대대적으로 토번을 경략하면서 적령비마저 파괴했다.

개원 18년 토번 贊普 棄隷蹜贊에게 시집간 금성공주의 요청으로 당과 토번의 경역을 구별하기 위해 경계비를 赤嶺에 세우자고 발의되었다. 그 후 개원 22년 6월에 당의 장군 李佺이 당과 토번의 境界碑로 赤嶺碑를 세웠는데, 이 비가 개원 26년 8월 辛丑에 당에 의해 파괴하였다. 이는 토번의 소발률국 점령 이후 당의 對토번 화친정책에 대한 파기였다.

정확히 말해 토번이 소발률국을 정벌한 후, 당은 이에 대응하기 위해 토번에 대한 화친정책에서 토번 토벌정책으로 선회하였다. 개원 25년 당에서 토번과 친선관계를 유지하기 위해 노력한 인물은 최희일 뿐이었다. 개원 26년부터 당은 본격적으로 토번 침공정책을 추진하였다.

> 開元 26년 4월, 杜希望은 무리를 거느리고 토번 新城을 공격하여 빼앗았다. 그 성을 威戎軍으로 삼고, 군사 一千을 내어, 이를 鎭守하도록 하였다. 그 해 7월 希望은 또 鄯州에서 군사를 내어, 토번 河橋를 뺏고, 河의 左에 鹽泉城을 쌓았다. 토번 장병 3萬人이 여기서 官軍을 막자, 希望은 무리를 거느리고 이를 격파해, 鹽泉城에 鎭西軍을 설치하였다. 바로 그때 益州長史 王昱이 劍南의 군사를

189) 『資治通鑑』 권214, 「唐紀」30 玄宗 開元 26年 5月조, 6832쪽.

190) 『資治通鑑』 권214, 「唐紀」30 玄宗 開元 26年 5月 丙申조, 6832쪽.

191) 『資治通鑑』 권214, 「唐紀」30 玄宗 開元 26年 6월 辛丑조, 6833쪽.

> 거느리고 토번 安戎城을 공격하였다. 먼저 安戎城 左右에 2성을 쌓아, 攻防의 거점으로 삼았다. 그래서 군사를 蓬婆嶺下에 주둔시키고, 劍南道의 물자와 군량을 운반하여, 이곳을 지켰다. 그해 9월 토번이 모든 정예의 병사를 거느리고 安戎城을 구원하여 官軍이 대패하자, 2城 모두 적에게 함락되었다.[192] 昱은 겨우 몸만 빠져 나왔으며, 將士이하 수만 명과 군량·군수품이 모두 적의 수중으로 넘어갔다. 그래서 昱에게 책임을 물어 括州刺史로 좌천시켰다. 앞서 昱이 군에 있을 때, 그릇되게 그 아들에게 돈과 비단을 萬으로 계산될 정도의 상으로 주었고, 또 紫袍 등을 주어, 鉅萬이나 되는 비용을 썼다. 이 일로 다시 책임을 물어, 端州高要尉로 좌천시켜 죽였다.[193]

개원 26년(738) 4월부터 그해 9월까지 당이 토번을 침공하였다. 해발 4천m나 되는 고산 지역이라 추위가 빨리 닥쳐 唐軍은 1년 중 군사 활동할 수 있는 기간을 최대한 활용하며 싸웠다. 개원 24년(736) 토번 접경지역의 절도사들이 2년 동안 준비기간을 거친 후, 당은 토번지역으로 쳐들어갔다.

개원 26년 4월 隴右節度使 杜希望은 첫 전투에서 토번의 新城을 빼앗는 개가를 올렸다. 이는 앞서 『舊唐書』「玄宗紀」의 "開元 26년 3월 杜希望이 新羅城을 공격하여 빼앗고, 황제는 制로 그 城을 威戎軍이라고 하였다"는 사실과 같은 내용이다. 3월과 4월이라고 다르게 기록하고 있는데 어느 때가 맞는 것인지 알 수 없으나 新城은 涼州와 인접한 鄯州의 大雪山 남쪽에 해당하는 곳으로 당이 그 성에 1천 병사를 주둔시켜 威戎軍이라는 군사기지를 새로 만든 지역이다.[194] 그 해 7월 杜希望은 鄯州의 군사와 함께 토번 河橋를 빼앗고 나서, 河의 왼쪽에 鹽泉城을 쌓았다. 이때 두희망은 토번 군사 3만 명이 진격해 오자, 두려워 어쩔 줄 몰랐다. 이때 左威衛郎將 王忠嗣가 먼저 무리를 이끌고

---

192) 『新唐書』 권5, 「玄宗紀」 開元 26年 9月 庚子조, 140쪽.

193) 『舊唐書』 권196상, 「吐蕃傳」, 5234쪽, "二十六年四月, 杜希望率衆攻吐蕃新城, 拔之, 以其城爲威戎軍, 發兵一千以鎭之. 其年七月, 希望又從鄯州發兵奪吐蕃河橋, 於河左築鹽泉城. 吐蕃將兵三萬人以拒官軍, 希望引衆擊破之, 因於鹽泉城置鎭西軍. 時王昱又率劍南兵募攻其安戎城. 先於安戎城左右築兩城, 以爲攻拒之所, 頓兵於蓬婆嶺下, 運劍南道資糧以守之. 其年九月, 吐蕃悉銳以救安戎城, 官軍大敗, 兩城並爲賊所陷, 昱脫身走免, 將士已下數萬人及軍糧資仗等並沒于賊. 昱坐左遷括州刺史. 初昱之在軍, 謬賞其子錢帛萬計, 幷擅與紫袍等, 所費鉅萬, 坐是尋又重貶爲端州高要尉而死".

194) 譚其驤 主編, 1996, 『中國歷史地圖集』 第5冊, 北京 : 中國地圖出版社, 61~62쪽.

돌격하여 적 수백을 죽여 적의 위세를 꺾는 것을 보고 두희망이 뒤따라 토번을 공격하여 대파하였다.[195] 좌위위낭장 왕충사가 없었다면 두희망은 토번에 대패했을 것이다. 이때 토번을 교란하게 한 전과로 왕충사는 좌금오장군으로 승진하였다. 또 당은 새로 쌓은 鹽泉城에다 鎭西軍을 신설하였다. 앞서 당은 新城에 威戎軍을 설치하더니, 鹽泉城에도 鎭西軍을 설치해 토번공략을 위한 전진기지를 새롭게 건설하였다. 염천성의 위치가 鄯州 남쪽이고, 河州의 최북단 積石山 서쪽에 위치하고 있기 때문에 전략적으로 매우 중요한 위치였다.[196]

당은 염천성을 쌓고 토번을 제압한 기세를 몰아, 다음 차례로 安戎城 탈환을 모색하였다. 儀鳳년간(676~678)부터 安戎城을 토번이 장악하였기 때문에 당은 여러 차례 탈환을 시도했으나 그때마다 실패하였다.[197] 개원 26년 7월 검남절도사 王昱은 安戎城 좌우에 2성을 쌓았다. 이때 蒲婆嶺 아래에 군사를 주둔시키고 군수물자도 운반하여 안융성 공격을 위한 준비태세를 갖추었다.[198] 곧 劍南道 柘縣의 서북 蓬婆嶺(蒲婆嶺)下에 군사를 주둔시키고,[199] 검남도의 군수물자 운반을 완료하였을 뿐 아니라 안융성 좌우에 城을 쌓아 안융성을 협공하기 위한 준비를 완료한 상태였다. 두 달 후인 9월 토번이 이런 소식을 듣고 안융성을 지원하기 위해 많은 군사를 보냈기 때문에, 도리어 王昱의 군사 수천 명이 전사할 정도로 대패하여 안융성은 물론, 당이 쌓은 안융성 좌우의 2성마저 토번이 장악하였다. 이때 검남절도사 왕욱은 겨우 몸만 빠져나왔으며, 그 부하 수만 명과 군량·군수품이 모두 토번의 전리품이 되었다.[200] 王昱의 대패로 검남도 일대에서 토번의 영향력이 확대되었음은 물론이다. 그런데 이런 상황에서 하서절도사 蕭炅은 토번과의 전투에 참전하지 않은

195) 『資治通鑑』 권214, 「唐紀」30 玄宗 開元 26年 7月 左威衛郎將王忠嗣조, 6835쪽.

196) 譚其驤 主編, 앞의 책, 61~62쪽.

197) 『資治通鑑』 권214, 「唐紀」30 玄宗 開元 26年 7月 初, 儀鳳中조, 6835쪽.

198) 『資治通鑑』 권214, 「唐紀」30 玄宗 開元 26年 7月 劍南節度使王昱조, 6835쪽.

199) 『元和郡縣圖志』 권36 劍南道 三柘縣조, 縣의 西北一百里에 蓬婆山이 있다.

200) 『舊唐書』 권9하, 「玄宗紀」 開元 26年 9月조, 210쪽 ; 『資治通鑑』 권214, 「唐紀」30 玄宗 開元 26年 9月 吐蕃大發兵조, 6835쪽.

사실이 특이하다. 이를 주목하는 것은 당이 토번 정벌을 위해 2년 동안이나 준비했는데도 불구하고 당이 토번을 전방위로 압박하지 못했기 때문이다. 이는 서역에서 장안으로 통하는 길목을 지키는 하서절도가 무너지면 당의 안전이 심각하게 위협받는 것이 두려워 하서절도사 蕭炅을 동원시킬 수 없었던 것 같다. 왜냐면 하서절도마저 토번에 의해 몰리게 되면, 長安으로 향하는 길목마저 토번이 장악한 형세가 되어 하서절도 서방의 磧西절도마저 위태로운 것은 자명한 사실이다. 그렇기 때문에 開元 26년 토번 국경지대에서 당의 침공 작전은 제한적일 수밖에 없었다.

개원 26년 당과 토번의 전쟁은 토번의 대승이었다. 당은 토번과 돌궐에 대응할 목적으로 隴右지역의 방어를 보강하였다. 이에 대해 『자치통감』 개원 27년의 기록을 보자.

> 봄 정월 壬寅에 隴右절도대사 榮王 李琬에게 명령하여, 직접 本道(隴右道)에 가 순찰하면서 안무 조치하고, 關內(섬서성의 중부와 북부)와 河東(산서성)의 장사 3~5만 명을 선발해서 모집해 농우도로 보내 방어하도록 하고, 가을이 끝날 때까지 노략질하는 것이 없으면 돌아가는 것을 허락하게 하였다.[201]

당 현종이 토번 침공을 대비하고 隴右道방어를 위해 榮王 李琬을 농우도로 보냈다는 기록이다. 그런데 李琬이 농우로 가기 전에 關內와 河東에서 3~5만 명 장정을 선발하여 가도록 했다. 주목되는 사실은 현종이 정월에 명령하면서 가을이 끝날 때까지 토번의 침략이 없으면 가을이 끝날 때 귀환하도록 했다는 사실이다. 이는 가을과 겨울에 동원했던 防秋兵 개념과 무관하게 1년 이상이라도 침략을 받으면 그곳에 계속 주둔하라는 명령이다. 隴右道에 대한 토번 침략을 막는 일이 당에게 위급한 상황이라, 榮王 李琬에게 이 일을 맡겼다. 바꾸어 말하면 농우도에서 토번에게 밀리고 있는 것을 현종이 알고 있다는 이야기다.

---

201) 『資治通鑑』 권214, 「唐紀」30 玄宗 開元 27年조, 6837쪽, "春, 正月, 壬寅, 命隴右節度大使榮王琬自至本道巡按處置諸軍, 選募關內·河東壯士三五萬人, 詣隴右防邊, 至秋末無寇, 聽還".

당의 농우도 방어 강화에도 불구하고 토번은 승세를 이용하여 개원 27년 여름에 당을 공략하였다.

> 開元 27년(739) 7월 토번은 또 白草·安人等의 軍에 침입하였다. (唐 현종은) 臨洮·朔方등의 軍에 조칙을 내려, 군사를 나누어서 (보내어) 구원하도록 명령하였다. 바로 그때 토번이 中路에 군사를 매복시켜 臨洮軍의 길을 차단하였다. 白水軍守捉使 高東于는 수십일 동안 이를 방어하였다. 이내 적이 퇴각하였는데, (河西절도사) 蕭炅이 부장을 보내 그 배후를 습격해, 이를 격파했다. 王昱이 패전한 후, 조서를 내려 華州자사 張宥를 益州長史·劍南防禦使로, 主客員外郎 章仇兼瓊을 益州司馬·防禦副使로 임명하였다. (그러나) 張宥가 文官이라, 더구나 전쟁에 대한 계책이 없기 때문에 兼瓊은 군사 일을 독단하여 처리했다. 얼마 후 兼瓊이 入奏하여, 安戎城 탈취 방책을 늘어놓았더니, 황제는 너무 기뻐 張宥를 光祿卿으로, 兼瓊을 발탁해 益州長史의 일을 맡기며, 張宥을 대신해 節度를 맡기었고. 그래서 이로 인해 (황제가) 직접 성을 탈취할 계획을 세웠다.[202]

개원 26년 토번군은 劍南道에서 대승을 거둔 여세로, 그 다음해 8월[203]에 당의 白草와 安人軍 등을 침공하였다.[204] 그런데 흥미로운 사실은 돌기시의 莫賀達干의 요청으로 磧西절도사 蓋嘉運과 疏勒鎭守使 夫蒙靈察이 碎葉成·怛邏斯城·曳建城을 공격했던 같은 달에[205] 토번이 白草와 安人을 공격했다는 사실이다. 이는 토번이 안서지역에서 당군의 반격이 없을 것이라는 예상아래 군사행동을 했을 가능성 때문에 주목하고 싶다. 이는 토번이 수시로 서역의 동향을 파악했다는 주장과 맞물리는 이야기다. 그런데 白草軍은 白水軍을

202) 『舊唐書』 권196상, 「吐蕃傳」, 5234쪽, "開元二十七年七月. 吐蕃又寇白草·安人等軍, 勅臨洮·朔方等軍分兵救援. 時吐蕃於中路屯兵, 斷臨洮軍之路. 白水軍守捉使高東于拒守連旬, 俄而賊退, 蕭炅遣偏將掩其後, 擊破之. 王昱既敗之後, 詔以華州刺史張宥爲益州長史·劍南防禦使, 主客員外郎章仇兼瓊爲益州司馬·防禦副使. 宥既文吏, 素無攻戰之策, 兼瓊遂專其戎事. 俄而兼瓊入奏, 盛陳攻取安戎之策, 上甚悅, 徙張宥爲光祿卿, 拔兼瓊令知益州長史事, 代張宥節度, 仍爲之親書取城之計".

203) 『資治通鑑』 권214, 「唐紀」30 玄宗 開元 27年 8月 壬午조, 6838쪽, 토번에 의한 白草와 安人침공시기를 필자도 8월로 보았다.

204) 『舊唐書』 권9하, 「玄宗紀」 開元 27年 8月조, 211쪽, 「玄宗紀」는 토번의 白草·安人 침공을 8월이라고 다르게 기록하였다 ; 『資治通鑑』 권214, 「唐紀」30 玄宗 開元 27年 8月 壬午조, 6838쪽.

205) 『資治通鑑』 권214, 「唐紀」30 玄宗 開元 27年 8月 乙亥조, 6838쪽.

가리키며, 安人軍과 함께 2軍은 농우절도의 관할인 鄯州 안의 지역으로 青海 동쪽지역이다.[206] 이때 당 현종의 토번대책이 전무할 지경으로 어려웠다. 급히 나온 해결책이 臨洮軍(鄯州의 隴右절도의 군사기지)·朔方軍(靈州의 朔方 절도의 군사기지) 등의 軍을 동원하여, 토번에 침략당한 白草와 安人軍을 구원하게 명령하였다. 다급한 당 현종은 장안 서쪽과 북쪽에서 토번만이 아닌 돌궐 공격을 막도록 된 군사를 토번 전투에 투입시켰다. 그때 臨洮軍은 白草와 安人軍으로 가는 길목에 토번이 군사를 매복시킬 정도로 선주의 내지까지 깊숙하게 진입하였다. 이는 토번이 당의 모든 군사전략을 정확히 꿰고 있다는 이야기다. 그런데 『자치통감』에서 전황에 대한 설명이 없이 농우절도사 蕭炅이 백초와 안인을 침략한 토번을 물리쳤다고 기록하였다.[207]

安人軍 서북의 白水軍守捉使 高東于가 수십일 동안 토번 공격을 막은 것이 당에게는 큰 행운이었다. 개원 27년 8월 壬午에 白水軍의 항전으로 퇴각한 토번을 하서·농우절도사 소경은 副將을 보내 그 배후를 습격하도록 하여 물리쳤다.[208] 토번 퇴각 후 당은 토번 접경지대에 대한 절도사들에 대한 인사조치를 서둘렀다. 앞서 검남절도사 왕욱이 토번에 대패한 책임으로 왕욱을 括州刺史로 좌천시켰다. 그 후 다시 왕욱은 端州 高要尉로 좌천되었으며, 얼마 지나지 않아 죽었다.[209] 이는 검남지역에서 토번의 승리를 의미한다.

한편 현종은 검남절도사라는 관직 대신에 새로운 관직을 신설하여 劍南防禦使에 張宥, 劍南防禦副使(團練副使)에 章仇兼瓊을 각각 임명하였다. 그런데 당은 문관 張宥를 劍南防禦使로 임명했는데, 그는 군사 일에 백지상태나 다름없는 인물이라서 章仇兼瓊이 실제 검남방어사 일을 담당하였다. 같은 해 11월에 당의 對토번 정책이 화급하여 장구겸경이 入奏하여서, 安戎城(사천성 理縣 서쪽)을 빼앗을 수 있다고 현종에게 호언하니, 이를 들은 현종은 기뻐서 어찌할 바를 몰랐다.[210] 이는 당이 토번 때문에 어느 정도 위기의식을 느꼈는지

---

206) 譚其驤 主編, 앞의 책, 61~62쪽.

207) 『資治通鑑』 권214, 「唐紀」30 玄宗 開元 27年 8月 壬午 隴右節度使蕭炅조, 6838쪽.

208) 『新唐書』 권5, 「玄宗紀」 開元 27年 8月 壬午조, 141쪽.

209) 『資治通鑑』 권214, 「唐紀」30 玄宗 開元 26年 9月 貶昱括州刺史조, 6835쪽.

알 수 있는 사실이다. 그래서 劍南防禦使 張宥를 光祿卿으로 임명하면서 장안으로 불러들이고, 개원 27년 12월 장구겸경을 발탁해 益州長史의 일을 맡기며 검남절도사로 승진시켰다.211) 아무튼 이때 현종이 토번이 장악하고 있는 안융성 탈환 계획을 직접 지휘한 것은 틀림없다.

그렇다면 개원 27년 7월 이후 당의 토번대책은 안융성을 토번에서 뺏는 작전이 제일 중요했다. 이때부터 당은 안융성 탈환과 토번 침공 저지에 총력을 기울였다. 개원 28년 봄부터 당은 안융성 탈취를 시도하였다.

> 開元 28년 봄, 兼瓊은 몰래 安戎城 안에 있는 吐蕃 사람 翟都局과 維州別駕 董承宴등과 通謀하였다. 都局 등이 드디어 城을 들어 귀순했기 때문에, 官軍을 성안으로 끌어들여서, 토번 將士를 모두 죽이고, 監察御使 許遠에게 병을 거느리고 그곳을 鎭守하게 하였다. 황제는 이 소식을 듣고 매우 기뻐했다.212)

740년 3월 壬子 장구겸경은 奸計로 안융성을 탈취하였다.213) 당에 의한 안융성 탈환은 정공법이 아닌 토번사람 翟都局과 維州別駕 董承宴 등에게 뇌물을 준 奸計의 결과였다. 안융성에 入城한 唐軍에 의해 안융성내 토번 군사들은 떼죽음 당하였다. 당은 안융성을 監察御使 許遠에게 군사를 거느리고 지키도록 하였다.214) 현종이 안융성 탈취 소식에 기뻐 들뜬 것은 토번의 침공이라는 공포에서 벗어난 안도감 때문이었을 것이다. 그런데 당에서 성안의 인물을 매수하여 성을 함락시킨 예는 668년 고구려 평양성 점령 때에 이미 사용된 수법이다. 평양성안의 僧 信誠이 당에게 평양성 문을 열어준 것이 그것이다.215) 그렇다면 고구려 승려 信誠과 토번 翟都局 둘 다 賣國의

---

210) 『資治通鑑』 권214, 「唐紀」30 玄宗 開元 27年 11月 兼瓊入奏事조, 6840쪽.

211) 『舊唐書』 권9하, 「玄宗紀」 開元 27年 12月조, 212쪽 ; 『資治通鑑』 권214, 「唐紀」30 玄宗 開元 27年 12月조, 6840쪽.

212) 『舊唐書』 권196상, 「吐蕃傳」, 5234~5235쪽, "二十八年春, 兼瓊密與安戎城中吐蕃翟都局及維州別駕董承宴等通謀, 都局等遂翻城歸款, 因引官軍入城, 盡殺吐蕃將士, 使監察御使許遠率兵鎭守. 上聞之甚悅".

213) 『舊唐書』 권9하, 「玄宗紀」 開元 28年 3月조, 212쪽.

214) 『資治通鑑』 권214, 「唐紀」30 玄宗 開元 28年 3月 使監察御使許遠조, 6840쪽.

215) 『舊唐書』 권199상, 「高麗傳」 男建下捉兵總管僧信誠密遣入詣軍中조, 5327쪽.

의미로 보면 같은 인물들이다.

토번에게도 安戎城은 전략적으로도 매우 중요하다. 토번은 740년 3월에 당의 간계로 뺏긴 안융성을 되찾으려고, 그 해 5월 癸卯에 안융성 포위작전을 폈다.[216] 그러나 익주사마 장구겸경의 안융성 방어로 토번의 작전은 실패하였다.[217]

당은 안융성 탈환을 위해 장구겸경의 계략을 현종이 작전으로 연결시켜 성공하였다. 당시 당 조정의 신하들은 현종의 안융성 점령 사실을 축하하였는데, 中書令 李林甫 등이 현종의 토번 안융성 점령 축하글을 올릴 정도로 당은 들떠 있었다.

> 中書令 李林甫 등이 上表하여 아뢰길 "엎드려 생각하오니, 토번의 이 城은, 바로 要衝에 해당하오며, 險峻한 곳에 있어, 당연히 견고한데다, 그것을 의지해 (그들은) 우리 변경을 엿보았습니다. 數年동안, 개미처럼 모여들었기 때문에 나라의 근심거리였습니다. 그래서 百萬 軍이 있다하더라도 효과 거두기가 어려웠습니다. 폐하께서 직접 秘策을 내시고, 군사작전을 직접 세우지 않으시더라도, 그 사이 환관 中使 李思敬으로 하여금 羌族을 타이르도록 하셨으며, 羌族은 황제의 은혜를 받아들이지 않을 수 없어, 마음속에 있던 생각을 바꾸어, 직접 함께 성을 함락시키는 것을 도모했습니다. (폐하의) 계략을 저희들이 예측할 수 없었으며, 황제의 計略은 장래까지 보시어서, 여러 해 동안 誅殺해도 도망하는 것을, 하루아침 쓸어 멸망시키셨습니다. 또 臣등이 오늘 아침 그 문제를 아뢴 것은, 폐하께서 조용히 저희들에게 '卿들은, 다만 四夷가 오래지 않아 꺾이는 것을 볼 것이다'라고 말씀하셨습니다. 그 말씀이 끝나시기도 전에, 적을 물리친 승전보를 번갈아 듣게 되었습니다. 그래서 폐하는 하늘과 함께 하신다는 것을 알게 되니, 앞의 반향이 곧 돌아오는 것 같사오며, 이는 옛날부터 그와 같은 경우는 아직까지 없었던 일입니다. 그러하오니 백관에게 이런 일을 알리시어, 이것을 (기록하여) 史書에 편찬시킬 것을 바라옵나이다."[218]

---

216) 『資治通鑑』 권214, 「唐紀」30 玄宗 開元 28年 6月 吐蕃圍安戎城조, 6842쪽 ; 『新唐書』 권5, 「玄宗紀」 開元 28年 5月 癸卯조, 141쪽, 토번이 빼앗긴 安戎城을 탈환하기 위한 첫 시도 시기가 『資治通鑑』은 5월이 아니라 6월이라고 기록하였다 ; 지배선, 「연개소문의 맏아들 남생의 발자취와 고구려 멸망」, 214쪽.

217) 『新唐書』 권5, 「玄宗紀」 開元 28年 5月 癸卯조, 141쪽 ; 『資治通鑑』 권214, 「唐紀」30 玄宗 開元 28年 6月조, 6842쪽, 740년 토번에 의한 安戎城 포위시기를 『資治通鑑』은 6월로 기록했다.

중서령 이임보가 주축이 되어 안융성 점령을 축하한 글이다. 안융성은 험준한 곳에 있는 난공불락 요새라 백만 대군이라 하더라도 쉽게 뺏기 어려운 성이었다. 당 현종은 이를 위해 中使 李思敬에게 羌族을 동원하여 안융성 탈환 협력을 강구하였다. 그런 토번의 안융성을 당이 빼앗자, 안융성 안의 토번 將士를 모두 죽인 것은 당이 토번에게 다시 안융성을 내주지 않겠다는 무서운 행동 표출이다. 바꾸어 말하면 당이 어느 정도 심각하게 토번을 두려워 했는가를 가늠할 수 있다. 이런 안융성 점령을 자세히 史書에 남겨야 한다고 주장한 것은, 토번과 당 모두에게 안융성이 전략적으로 매우 중요하였기 때문이다.

현종은 안융성 점령 사실이 너무 기쁜 나머지 이임보 등의 상소에 직접 답하였다.

> (황제가) 친히 制를 내려 답하였다. "이 城은 儀鳳년간에 羌族이 토번을 끌어들여서, 견고하게 지켰으나, 세월이 오래 경과하는 동안, 攻伐 또한 많았다. 그곳 지형이 매우 험준하여, 힘만으로 장악할 수 없었다. 조정에서 모두가 의논하였지만, 이것을 빼앗을 수 없었다. 朕은, 小蕃이 無知하기 때문에, 모름지기 일을 처리할 수 있다고 생각해, 奇計를 내려 이를 실행하게 되었다. 저 戎心을 얻고, 이 城을 우리가 지키는 일은, 위로 받기에 충분하다".[219]

현종의 制에 나타난 것처럼 안융성은 儀鳳년간부터 羌族이 토번을 끌어들여 지키다가 토번 성이 되었다. 그런 安戎城을 740년 봄에 당이 탈취한 것은 의미가 매우 크다. 게다가 안융성은 험준한 곳에 위치한 천혜 요새라 백만 대군의 공격을 받는다 하더라도 쉽게 함락시킬 수 없는 그런 견고한 성이었다.

---

218) 『舊唐書』 권196상, 「吐蕃傳」, 5235쪽, "中書令李林甫等上表曰 '伏以吐蕃此城, 正當衝要, 憑險自固, 恃以窺邊. 積年以來, 蟻聚爲患, 縱有百萬之衆, 難以施功. 陛下親紆秘策, 不興師旅, 頃令中使李思敬曉喩羌族, 莫不懷恩, 翻然改圖, 自相謀陷. 神算運於不測, 睿略通於未然, 累載逋誅, 一朝蕩滅. 又臣等今日奏事, 陛下從容問臣等曰 「卿等但看四夷不久當漸摧喪.」德音纔降, 遽聞戎捷. 則知聖與天合, 應如響至, 前古以來, 所未有也. 請宣示百僚, 編諸史策.'".

219) 『舊唐書』 권196상, 「吐蕃傳」, 5235쪽, "手制答曰 '此城儀鳳年中羌引吐蕃, 遂被固守, 歲月旣久, 攻伐亦多. 其地險阻, 非力所制. 朝廷群議, 不合取之. 朕以小蕃無知, 事須處置, 授以奇計, 所以行之, 獲彼戎心, 歸我城守, 有足爲慰也'".

736년 토번은 당의 명령을 거부한 채 소발률국을 점령하고 뒤이어 당의 변경도 침공하였다. 그런 시점에 당이 토번의 안융성을 장악한 것은, 토번의 침공 루트를 당이 장악하였기 때문에 매우 중요한 고지 점령과 같다.

토번은 전략적으로 중요한 안융성을 수복하기 위해 개원 28년 10월 安戎城과 維州를 공격하였다. 이때 안융성과 유주는 개원 28년 6월부터 疏勒鎭守使 夫蒙靈察과 유격장군 고선지가 돌기시를 제압한 전공으로 새로 蓋嘉運이 河西·隴右절도사로 임명되었다.[220] 그런데 하서·농우절도사 개가운은 절도사로서 제대로 된 지휘관은 못되었던 모양이다. 즉 左丞相 裴耀卿은 개가운을 평하길, 防秋 일을 지키기 어려울 뿐 아니라 그는 말투마저 오만하고 거친 인물이라 말하였다.[221]

토번에 의한 安戎城과 維州 침공 상황을 『舊唐書』의 「吐蕃傳」에 다음과 같이 전하고 있다.

> 그해 10월 토번은 또 군사를 거느리고 安戎城과 維州를 침입했다. 章仇兼瓊은 부장을 보내어 무리를 거느리며 방어하게 하였다. 한편 關中의 彍騎(기마의 숙위병)를 동원하여 이를 구원하게 하였다. 바로 그 때 매섭게 추웠기 때문에 얼마 지나서 적은 스스로 물러났다. 그래서 詔를 내려 安戎城의 이름을 平戎城이라 고쳤다.[222]

토번은 安戎城과 維州를 빼앗긴 그 해 10월에 안융성과 유주를 되찾기 위해 재차 공세를 취하였다.[223] 이때 안융성을 토번에서 뺏는 奸計를 내놓았던 章仇兼瓊은 자신의 부장에게 침공하는 토번 군사를 막도록 명령하였다. 이때 조정도 안융성 방어를 위해 關中 彍騎를 출정시켜 보낸 것은 무엇을 의미하는가. 이는 안융성과 유주로 달려드는 토번을 막기 위해 장안성 방위를 담당하는

220) 『資治通鑑』 권214, 「唐紀」30 玄宗 開元 28年 6月 上嘉,蓋嘉運之功조, 6842쪽.

221) 『資治通鑑』 권214, 「唐紀」30 玄宗 開元 28年 6月 左丞相裴耀卿조, 6842쪽.

222) 『舊唐書』 권196상, 「吐蕃傳」, 5235쪽, "其年十月, 吐蕃又引衆寇安戎城及維州, 章仇兼瓊遣裨將率衆禦之, 仍發關中彍騎以救援焉. 時屬凝寒, 賊久之自引退. 詔改安戎城爲平戎城".

223) 『舊唐書』 권9하, 「玄宗紀」 開元 28年 10月조, 213쪽 ; 『資治通鑑』 권214, 「唐紀」30 玄宗 開元 28年 10月 吐蕃조, 6842쪽.

기동성이 있는 기병을 동원하면서까지 安戎城과 維州에 대한 토번 침공 저지를 위한 총력전이었다. 또 彍騎[224]동원은 左丞相 裴耀卿 주장처럼 절도사 자격이 부족한 개가운이 미덥지 않아 조정이 토번에 의한 안융성과 維州 점령을 우려하여 내린 특단의 조치다. 아무튼 이때 토번은 혹한을 견디지 못하여 안융성과 유주탈환을 포기하였다.[225] 이를 자축하기 위해 당이 안융성을 平戎城으로 改名한 것은 토번을 막은 기쁨을 역사에 남기고 싶었기 때문이다. 안융성 위치에 대해 譚其驤은 토번과 만나는 恭州 부근이라고 표하였는데,[226] 이는 잘못이다. 정확히 말해 안융성은 토번과 만나는 유주지역이다.

아무튼 안융성을 탈환하려는 토번계획은 좌절되었다. 그 이듬해 봄 토번과 당의 관계는 일시 소강상태였다. 그 까닭은 740년 12월 중종 景龍 4년(710) 정월 토번 찬보에게 시집간 금성공주의 죽음 때문이다.[227] 薛宗正은 금성공주가 죽은 해를 739년이라고 말했는데 이는 그가 失檢한 것 같다.[228]

> 開元 29년 봄, 金城공주가 薨去하자, 토번은 사자를 보내어 그의 죽음을 알렸다. 이를 구실로 화평을 요청하였으나, 황제가 허락하지 않았다. 사자는 도착한 지 수개월이 지나서, 비로소 공주를 위한 애도식을 光順門 밖에서 거행하며, 조정 집무는 3일간 정지하였다.[229]

741년 봄에 금성공주의 죽음을 알리기 위해 토번은 사신을 당으로 파견하였다. 그런데 『舊唐書』의 「玄宗紀」는 이때를 740년이라고 다르게 기록하였다.[230] 이를 기회로 토번은 당과 화해를 시도하였으나, 현종이 거부하였다. 740년

---

224) 彍騎之法은 開元년간과 天寶년간이 다르다. 彍騎之法이 天寶 이후 점차 폐지되었고, 天寶년간에 彍騎모집에 응모자들은 길거리에서 물건 지고 다니며 파는 사람과 일정한 직업이 없는 사람이 응모했다.

225) 『資治通鑑』 권214, 「唐紀」30 玄宗 開元 28年 10月 吐蕃寇安戎城及維州조, 6842쪽.

226) 譚其驤 主編, 앞의 책, 65~66쪽.

227) 『資治通鑑』 권214, 「唐紀」30 玄宗 開元 28年 12月 金城公主薨조, 6843쪽.

228) 薛宗正, 1995, 『安西與北庭－唐代西陲邊研究』, 230쪽.

229) 『舊唐書』 권196상, 「吐蕃傳」, 5235쪽, "二十九年春, 金城公主薨, 吐蕃遣使來告哀, 仍請和, 上不許之. 使到數月後, 始爲公主擧哀於光順門外, 輟朝三日".

230) 『舊唐書』 권9하, 「玄宗紀」 開元 28年 是歲조, 213쪽.

12월에 죽은 금성공주[231]의 사망사실을 당에 알리기 위해 토번은 741년 3월에야 사신을 파견했다.[232] 이는 이때 토번이 당으로 사신을 파견한 목적은, 토번에 대한 적대감을 해소하기 위한 화해 차원이다.[233] 그 이유는 당이 토번의 안융성을 점령하였지만 736년 토번이 소발률국을 점령한 것에 대한 당의 불만을 잠재우고 싶었기 때문이다. 그 뿐만 아니다. 739년 7월 토번은 당의 白草와 安人 등을 공격하였기 때문에 당은 더욱더 토번에 대하여 적대적이었다. 당에서 금성공주의 죽음을 애도한 것이, 토번 사자가 도착한 지 수개월이 지나서 였던 것도 토번에 대한 강한 불만표시다. 그러나 금성공주가 당의 공주였기 때문에 장안의 光順門 밖에서 애도식을 한 후, 예에 따라 조정 일이 3일 동안 휴무하였다.

741년 봄 토번사신의 화해 요청 묵살에 대한 보복으로 토번은 대규모 군사를 동원하여 당을 공격하였다. 이는 당과 토번 유대관계의 유일한 끈과 같은 역할을 한 금성공주 죽음으로 말미암은 양국관계의 완전 단절을 뜻한다.

> 그 해(741년) 6월 토번의 40만 무리가 承風堡를 공격하고, 河源軍 서쪽에 이르러, 長寧橋를 통해 安人軍 渾崖峯에 이르렀다. 騎將 盛希液이 병사 5천을 거느리고 공격하여 이를 깨뜨렸다, 12월 토번이 石堡城(靑海省 湟源縣 서남쪽)을 습격하자, (隴右)節度使 蓋嘉運이 이것을 지키지 못하자, (石堡城이 탈취당해) 현종이 노하였다.[234]

741년 봄 토번은 금성공주 죽음을 알릴 때 당과 화해하려는 구상이, 당의 거부로 무산되었다. 이를 보복하듯 토번은 40만이나 되는 대군으로 承風堡를 공격하며 파죽지세로 鄯州안 하원군까지 밀어붙였다.[235] 토번군은 계속 진군하여 당의 安人軍의 渾崖峯까지 공격하였다. 이때 당의 騎將 盛希液(臧希液)이

---

231) 『資治通鑑』 권214, 「唐紀」30 玄宗 開元 28年 12月조, 6843쪽.

232) 『舊唐書』 권9하, 「玄宗紀」 開元 29年 3月조, 213쪽.

233) 『資治通鑑』 권214, 「唐紀」30 玄宗 開元 28年 12月 吐蕃告喪조, 6843쪽.

234) 『舊唐書』 권196상, 「吐蕃傳」, 5235쪽, "六月, 吐蕃四十萬攻承風堡, 至河源軍,西入長寧橋, 至安人軍渾崖峯, 騎將盛希液以衆五千攻而破之. 十二月, 吐蕃又襲石堡城, 節度使蓋嘉運不能守, 玄宗憤之".

235) 譚其驤 主編, 앞의 책, 61~62쪽.

불과 병사 5천을 거느리고 이를 깨뜨렸다고 하지만,[236] 기실 이때 토번군이 더 이상 당의 영내로 진격하지 않은 것 같다. 기록처럼 臧希液이 토번 대군을 격파했다면, 이는 백제 유민 흑치상지 장군이 결사대 5백인을 거느리고 승리한 것처럼 성희액도 게릴라 전법으로 토번진영을 교란시켰던 것 같다.

한편 당의 騎將 성희액이 이끈 5천 병사가 토번 대군을 격파했다는 전공에 대한 보상이 없을 뿐 아니라, 그 후 성희액의 행적에 대한 기록이 없는 것도 이상하다. 토번의 대군이 성희액에 의해 대파되었다면, 반년 후인 12월 토번이 達化縣(靑海省 尖扎縣)을 침입하여 약탈하고,[237] 계속해 하서·농우절도사 개가운이 지킨 石堡城을 탈취했다는[238] 사실의 앞뒤가 모순된다. 곧 741년 6월 安人軍의 渾崖峯 전투에서 당의 騎將 臧希液이 토번을 대파시키지 못했기 때문에, 불과 반년 후 토번이 다시 농우절도사 개가운으로부터 당의 중요 전진기지 石堡城을 빼앗았다고 본다. 그런데 흥미로운 사실은 740년 6월에 左丞相 裴耀卿이 능력이 없는 인물이 개가운이라고 상서한 내용이[239] 그 다음해 12월에 증명된 느낌이다. 鄯州 서쪽에 있는 석보성은 진무군이 주둔한 성으로 청해에서 그리 멀지 않은 곳이다.[240]

개원 29년 10월 壬寅에 北庭과 安西로 나누어 2절도를 설치하였다고 『자치통감』에 전한다.[241] 다시 말해 磧西가 북정과 안서 둘로 나뉜 것이다. 그런데 이는 司馬光이 『자치통감』을 정리하면서 개가운이 磧西라는 직함으로 북정과 안서를 겸직했다가 둘로 나누어진 후, 北庭절도사에 王正見이 임명되고, 안서절도에 夫蒙靈察이 임명되어 북정과 안서 2절도가 생겨났다. 이런 사실이 『資治通鑑』 외에 『新唐書』 권67 「方鎭表」에 기록되어 있다. 즉 "(開元 29년) 다시 나누어 安西四鎭節度는 安西都護府가 관할하고, 北庭·伊西節度使는 北庭都護府가 다스리도록 하였다."[242]고 기록하고 있다. 741년 10월부터 안서절도는

236) 『資治通鑑』 권214, 「唐紀」30 玄宗 開元 29年 6月조, 6844쪽.
237) 『資治通鑑』 권214, 「唐紀」30 玄宗 開元 29年 12月 乙巳조, 6846쪽.
238) 『新唐書』 권5, 「玄宗紀」 開元 29年 12月 癸未조, 142쪽.
239) 『資治通鑑』 권214, 「唐紀」30 玄宗 開元 28年 6月 左丞相裴耀卿조, 6842쪽.
240) 譚其驤 主編, 앞의 책, 61~62쪽.
241) 『資治通鑑』 권214, 「唐紀」30 玄宗 開元 29年 10月 壬寅조, 6845쪽.

서역을 다스리며, 龜玆·焉耆·于闐·疏勒의 四鎭을 거느리고 쿠차성에 治所를 두며, 병사가 2만 4천이었다.[243)]

磧西가 北庭과 安西로 갈라졌던 시기는 개원 29년 10월이다. 王正見은 개원 29년부터 천보 10載까지 북정절도사였다. 또 천보 10재부터 왕정견은 안서절도사 고선지 후임으로 天寶 11載까지 안서절도사였다.

천보 원년경에 北庭節度의 통치지역에 관해 『자치통감』에는 다음과 같이 적고 있다.

> 北庭節度는 突騎施·堅昆을 방어하고 제압하며, 瀚海·天山·伊吾三軍을 통치하며, 伊·西 二州의 변경에 주둔하면서, 北庭都護府에 치소를 두었으며, 군사는 二萬명이었다.[244)]

북정절도의 주 임무는 突騎施와 堅昆의 침략을 막는 일이다. 돌기시는 서돌궐이며, 견곤은 오늘날 키르기스스탄의 선조다. 북정절도의 관할 지역은 천산산맥 북쪽지역으로 疏勒 동북방까지의 영역이다. 북정절도로 중앙에서 옷감 48만 疋段이[245)] 공급되지만 군량은 안서절도처럼 공급되지 않았다. 이는 중앙에서 워낙 먼 곳이라 운송도 어려워 군량은 자체조달이었다.

741년 6월에 토번 대군 40만이 承風堡를 침공한 사실에 대해 『舊唐書』의 「玄宗紀」에 언급이 없지만 12월의 당에 대한 토번 침공 사실은 매우 자세하다.

> 12월 丁酉, 토번이 쳐들어와, 廓州의 達化縣과 振武軍의 石堡城을 함락되었으며, 節度使 蓋嘉運이 능히 지켜내지 못했다.[246)]

---

242) 『新唐書』 권67, 「表」7 '方鎭'4 開元 29年조, 1867쪽, "復分安西四鎭節度治安西都護府. 北庭·伊西節度使治北庭都護府".

243) 『資治通鑑』 권215, 「唐紀」31 玄宗 天寶 元年 正月 是時조, 6847쪽.

244) 『資治通鑑』 권215, 「唐紀」31 玄宗 天寶 元年 是時조, 6848쪽, "北庭節度防制突騎施·堅昆, 統瀚海·天山·伊吾三軍, 屯伊·西二州之境, 治北庭都護府, 兵二萬人".

245) 『資治通鑑』 권215, 「唐紀」31 玄宗 天寶 元年 是時조의 胡三省註, 6851쪽.

246) 『舊唐書』 권9하, 「玄宗紀」 開元 29年조, 214쪽, "十二月丁酉, 吐蕃入寇, 陷廓州達化縣及振武軍石堡城, 節度使蓋嘉運不能守".

토번이 廓州의 達化縣과 振武軍의 石堡城을 점령한 사실이 너무 중요한 사건이라 『舊唐書』와 『新唐書』의 「玄宗紀」에 모두 기록되었다. 이때 토번이 함락시킨 達化縣은 廓州의 중심지역이다. 이 여세를 몰아서 토번은 당의 振武軍의 기지 石堡城을 蓋嘉運으로부터 빼앗았다.[247] 이로 인해 토번은 京師로 통하는 지름길을 장악하였다. 이런 소식을 들은 현종이 화를 내지 않았다면 도리어 이상하다. 토번이 소발률국을 점령 후, 당의 변경을 계속 침공하면서 영역을 확대하더니 급기야 京師로 가는 길목을 조이는 형국이었다. 어찌 보면 토번이 당에 뺏긴 安戎城보다 당의 振武軍의 石堡城을 토번에게 뺏긴 것이 당에게 훨씬 심각한 문제였다. 토번의 계속된 침공으로 당이 위기에서 벗어나지 못하자, 현종은 농우절도사 개가운을 파면시켰다.

2. 당 현종 天寶 원년~6년 동안 토번 관계 분석

당이 토번에게 石堡城을 뺏긴 후의 상황이 『구당서』의 「토번전」에 다음과 같이 전한다.

> 天寶(742~756)초 皇甫惟明·王忠嗣가 (계속해서) 隴右절도사가 되었으나, 모두가 토번을 꺾지 못했다.[248]

天寶 초에 당의 농우절도사 皇甫惟明과 그 뒤를 이은 王忠嗣마저도 계속적인 토번의 공격을 막지 못했다. 그렇다면 이때 당은 正攻法이 아닌 奸計로 토번 안융성을 탈취했던 것을 제외하면, 토번 공격을 제대로 막은 때가 한 번도 없을 정도로 당은 토번에 대한 두려움으로 떨던 시기다.

그런데 『신당서』 「현종기」에 의하면, 천보 원년(742)에 당이 토번과 싸워서 이겼다.

> 12월 戊戌에, 隴右절도사 皇甫惟明이 靑海에서 토번과 싸워서 이를 꺾었다. 庚子에,

247) 『資治通鑑』 권214, 「唐紀」30 玄宗 開元 29年 12月 吐蕃屠達化縣조, 6846쪽.

248) 『舊唐書』 권196상, 「吐蕃傳」, 5235쪽, "天寶初, 令皇甫惟明·王忠嗣爲隴右節度使, 皆不能克".

河西절도사 王倕가 토번의 漁海·遊弈軍을 이겼다.[249]

이는 『구당서』의 「토번전」기록과는 상치된다. 천보 원년 12월에 황보유명이 靑海에서 토번의 莽布支과 싸워 5천여 명이나 斬獲하는 전과를 세웠다는 내용이다. 또 庚子에 하서절도사 王倕가 토번의 漁海·遊弈軍을 이긴 것으로는[250] 토번 세력을 약화시키지 못했던 모양이다. 『자치통감』에 당의 승전보에 대해 천보 2년 4월에 황보유명이 군사를 거느리고 鄯州로 나가 토번을 치고 1천여 리를 가서 洪濟城(靑海省 공화현 동남쪽)을 공격해 깨뜨렸다는 기사가 있다.[251] 그런데 황보유명이 농우절도 치소인 鄯州를 공격했다면, 선주를 토번이 장악한 것에 대한 회복이다. 그렇지 않다면 절도사들이 거짓 전과로 공훈을 세우고 싶어 조작한 엉터리 승전보인지 모른다. 이렇게 추정하는 까닭은 『舊唐書』의 「吐蕃傳」의 天寶初 내용과 정반대이기 때문이다.

아무튼 이와 같이 계속해서 당이 토번 영내까지 진격하였으나 토번에게 빼긴 석보성을 탈환하지는 못했다. 이를 만회라도 하듯 천보 2년 4월 己卯에 농우절도사 황보유명은 토번의 홍제성을 공격하였다.[252] 황보유명은 천보 원년 12월 청해와 2년 4월 토번 홍제성 전투에서 일시 토번을 격퇴한 여세로 석보성 탈환을 시도하였다. 이에 관해서는 『구당서』「현종기」 천보 4재 9월 기사가 있다.

隴右절도사 皇甫惟明이 石堡城에서 토번과 싸웠으나 官軍이 불리하였고 끝내 副將 褚直廉 등이 전사하였다.[253]

249) 『新唐書』 권5, 「玄宗紀」 天寶元年조, 143쪽, "十二月 戊戌, 隴右節度使皇甫惟明及吐蕃戰于靑海, 敗之. 庚子, 河西節度使王倕克吐蕃漁海·遊弈軍".

250) 『資治通鑑』 권215, 「唐紀」31 玄宗 天寶 元年 12月 隴右節度使皇甫惟明조, 6856쪽.

251) 『資治通鑑』 권215, 「唐紀」31 玄宗 天寶 2年 4月, 6858쪽.

252) 『新唐書』 권5, 「玄宗紀」 天寶2載 4月 己卯조, 143쪽 ; 『資治通鑑』 권215, 「唐紀」31 玄宗 天寶 2年 4月 丁亥조, 6858쪽.

253) 『舊唐書』 권9하, 「玄宗紀」 天寶 4載 9月조, 219쪽, "隴右節度使皇甫惟明與吐蕃戰于石堡城, 官軍不利, 副將褚直廉等死之".

토번이 점령한 石堡城을 빼앗으려고 농우절도사 황보유명이 쳐들어가다 副將 褚直廉(褚詡)이 전사할 정도로 당이 대패했다.[254] 당은 石堡城 탈환을 위해 무려 4년 동안이나 준비하였지만 石堡城 탈환은 실패하였다. 이는 당이 토번과 대항하여 싸울만한 능력이 없다는 실례일지 모른다. 황보유명의 석보성 탈환 실패가 당에게 안겨준 충격은 매우 컸다.

황보유명은 석보성 탈환 작전에서 대패하면서 부장마저 전사했는데도 승진하였다는 사실이 특이하다. 天寶 5載 정월 을축 농우절도사 황보유명을 兼하서절도사로 임명하였다는 사실이 그것이다.[255] 분명 황보유명은 敗將인데도 忠王의 王友[256]라는 사실로 전공이 조작된 사례다. 그렇다면 과거 황보유명의 전공마저 조작되었을 가능성이 크다.

그런데 황보유명이 태자비의 오빠 韋堅과 만난 일이 이임보의 무고에 걸려 그는 옥에 갇혔다.[257] 이런 이유로 황보유명의 좌천 사실이『구당서』의 「현종기」 천보 5재 정월조에 기록되었다.

> 隴右節度使 皇甫惟明은 播川태수로 좌천되었으며, 이로 인해 그는 黔中에서 죽었다.[258]

농우절도사 황보유명은 천보 4재 9월 토번으로부터 석보성 탈환 실패 책임을 지고 播川태수로 내쫓겼다.[259] 천보 5재 7월에 황보유명이 黔中에서 죽은 것은 석보성 탈환 실패가 아니라 단순히 이임보에 의한 무고의 결과였다. 천보 5재 정월에 황보유명이 좌천된 후, 隴右·河西·朔方·河東절도사는 王忠嗣였

---

254) 『新唐書』 권5, 「玄宗紀」 天寶 4載 9月 甲申조, 145쪽, 副將 褚直廉을 褚詡이라 기록하였음 ; 『資治通鑑』 권215, 「唐紀」31 玄宗 天寶 四載2 9月 隴右節度使皇甫惟明조, 6868쪽.

255) 『資治通鑑』 권215, 「唐紀」31 玄宗 天寶 5載 正月 乙丑조, 6869쪽.

256) 王友는 벼슬로 일종의 자문관으로 품계가 정5품 下다.

257) 『資治通鑑』 권215, 「唐紀」31 玄宗 天寶 5載 初조, 6870쪽.

258) 『舊唐書』 권9하, 「玄宗紀」 天寶 5載 正月조, 219쪽, "隴右節度使皇甫惟明貶播川太守, 尋決死於黔中".

259) 『資治通鑑』 권215, 「唐紀」31 玄宗 天寶 5載 初 癸酉조, 6871쪽, 皇甫惟明이 播川太守로 좌천 이유를 君臣간의 離間 때문이라 하였다.

다. 그렇다면 당이 석보성 탈환과 토번을 토벌하기 위해 현종이 돌파구를 모색했다고 생각할 수는 없다. 이와 같이 판단하는 이유는 萬里나 되는 광활한 4절도지역을[260] 무슨 재주로 왕충사가 통제할 수 있겠느냐하는 의문이 들기 때문이다. 이런 엉터리 인사조치는 이임보에 의해 결정되었음은 물론이다. 당의 대내문제는 물론이고 대외문제마저 당 현종보다는 이임보가 다룬 것 같다. 이와 같이 판단하는 근거는 이 무렵 태자비의 오빠 韋堅의 벼슬마저 깎자, 모든 신하들은 이임보의 눈에 날까봐 戰戰兢兢하였기 때문이다.[261] 천보 6재 4월 王忠嗣는 安祿山의 반란보짐을 읽은 후, 河東·朔方절도사직을 강하게 고사하자, 이것이 받아들여져[262] 왕충사는 농우·하서절도사로 남게 되었다.

천보 초에 농우절도사가 토번을 이긴 적이 없다는 막연한 기록은 靑海 동쪽에 위치한 鄯州를 토번이 제집 드나들듯이 자주 침공하였다는 뜻이다.

747년 고구려 유민 고선지에게 현종이 토번을 공격하게 한 것에서 현종이 장안에 있으면서 토번 전쟁에 대한 작전을 직접 구상하였다는 사실을 주목할 필요가 있다. 당의 많은 장수 가운데 고선지를 선택한 것은 고선지의 전략과 전투 역량을 현종이 익히 파악하였다는 증거다. 그 까닭은 당이 토번을 상대로 전투할 때마다 큰 피해를 입었기 때문이다. 杜佑가 쓴 『通典』에서 토번은 "전투할 때마다, 前隊가 모두 죽어야, 後隊가 앞으로 진격한다"[263]는 사실에서 짐작된다. 이는 토번 군사가 매 전투에서 모두 죽을 때까지 싸운다는 뜻이다. 이처럼 무서운 전법으로 토번이 당과 싸운 결과, 당은 토번과 전투할 때마다 큰 타격을 입었다. 이런 토번의 전법을 누구보다 잘 아는 현종이 고선지를 토번 정벌의 적임자로 생각하였다는 것은 고선지가 당시 당의 누구보다 뛰어난 전과를 거두었다는 것을 알고 있었다는 이야기다.

게다가 현종이 안서지역에서 토번을 공략하도록 작전을 하달하였다면

260) 『資治通鑑』 권215, 「唐紀」31 玄宗 天寶 5載 正月 忠嗣杖四節조, 6871쪽.
261) 『資治通鑑』 권215, 「唐紀」31 玄宗 天寶 5載 4月 韋堅조, 6871쪽.
262) 『資治通鑑』 권215, 「唐紀」31 玄宗 天寶 6載 4月조, 6877쪽.
263) 『通典』 권190, 「邊防」6 '吐蕃' 5171쪽, "每戰, 前隊皆死, 後隊方進"(1988, 北京 : 中華書局).

마땅히 안서도호 부몽영찰의 몫이다. 그런데도 안서부도호 고선지에게 작전 명령을 내린 사실은 당을 위협하는 토번을 제압할 수 있는 인물이 고선지밖에 없다는 뜻이다.

제5장 고선지 장군의 토번 연운보 원정 이전의 서역 상황

1. 천보 6재 이전 현장과 혜초가 본 서역 상황

당 현종은 天寶 6載 고선지에게 吐蕃 정벌에 대한 명령 조서를 내렸다.[1] 그 이유는 西域諸國에서 당이 아닌 吐蕃이 맹주 역할을 담당하려고 시도했기 때문이다. 이를 거시적 의미에서 보자면, 토번이 파미르 고원의 중요한 계곡을 모두 장악함으로써 당과 아랍의 여러 나라 사이의 교통로를 장악하였기 때문이다.[2] 또 이를 미시적 의미에서 보자면, 『新唐書』에서는 소발률국왕 麻來兮가 죽은 후, 소발률국왕으로 즉위한 蘇失利之가[3] 토번 신하가 되었기 때문이다. 따라서 소발률국이 당에 대하여 조공하지 않았다고 언급하였는데, 『舊唐書』는 蘇失利之라고 하지 않고 蘇麟陀逸之라고 다르게 기록되어 있다.[4] 이와 같이 표기상의 약간의 차이는 서역에서 일반적으로 나타났던 것처럼 원음을 중국글자로 표기하는 과정에서는 발생하는 일이다.

『舊唐書』에는 開元 22년(734) 6월에 당과 토번이 赤嶺에 國境碑를 세운 그 해 토번이 소발률국을 침공하였다. 즉 "(開元) 22년, 토번에 의해 (小勃律國이) 공파되었다"[5]는 사실이다. 그런데 그 이전 開元 8년에 당은 蘇麟陀逸之를

---

1) 『續通志』 권637, 「四夷傳」3 '大勃律' 天寶 六載詔高仙芝伐之조(1935, 上海 : 商務印書館), 6735쪽 ; 『文獻通考』 권335, '大勃律' 天寶 六載조(1983, 『景印文淵閣四庫全書』 616冊, 臺灣商務印書館), 622쪽.

2) L. Carrington Goodrich, "A Reunited China", *A Short History of Chinese People*(1959, New York : Harper Torchbook), p.124.

3) 『新唐書』 권221하, 「西域傳」 '小勃律' 死, 蘇失利之立조, 6251쪽.

4) 『新唐書』 권221하, 「西域傳」 蘇失利之立조, 6251쪽 ; 『續通志』 권637, 「四夷傳」3 '大勃律' 蘇失利之立復臣吐蕃, 貢獻不入조, 6735쪽, 『新唐書』는 小勃律國王을 蘇失利之라 하고 『舊唐書』는 蘇麟陀逸之라고 기록하였다.

小勃律國王으로 책봉한 후 소발률국은 당에 조공을 거른 해가 없었다.[6] 토번의 영향권안에 소발률국이 놓여 파미르 고원 諸國들이 종전의 당의 영향권아래 있다가 토번의 영향권으로 바뀌게 된 중요 사건이다. 이때 당은 토번에 대해 어떤 군사적 조치를 취하지 못했다. 하지만 당의 입장에서 파미르 고원의 소발률국을 당의 조공국으로 만들어야만 안서도호 안전은 물론이고 중앙아시아를 통제할 수 있기 때문에 당이 수수방관만 할 수 있는 그런 문제가 아니었다.

소발률국은 개원년간(713~741)에는 당과 긴밀한 관계를 형성하였다.

> 또 勃律國이라는 나라가 있는데, 그 나라는 罽賓과 吐蕃 사이에 위치하였다. 開元년간에 자주 사신을 당에 보내 조공하였다.[7]

소발률국은 葱嶺 남쪽 계빈국[8]과 토번 사이에 위치하였다. 계빈은 오늘날 아프가니스탄의 서울 카불에서 동북쪽으로 100㎞정도 떨어진 곳이다. 그런데 소발률국은 개원년간까지 자주 당에 조공하였다. 그뿐만이 아니다. "(開元) 8년에 당이 蘇麟陀逸之를 勃律國王으로 책봉하였으며, 그 후 (당에 대한)조공이 끊이질 않았다"[9]고 기록할 정도로 소발률국의 종주국은 唐이었다. 그렇다고 개원년간에 小勃律國이 吐蕃으로부터 공격을 받지 않았다는 말은 아니다. 다름아닌 개원 22년(734) 토번에 의해서 소발률국이 파괴되었던 게 그것이다.[10] 이는 개원 22년에 일시 소발률국이 당이 아닌 토번의 영향력 아래 있었다는 사실이다.

물론 토번이 小勃律國을 蕃國으로 거느리기 이전 카슈미르에서 종주권을 행사한 나라는 당이었다. 이러한 사실에 대하여 르네 그루쎄(René Grousset)는 다음과 같이 설명하였다.

---

5) 『舊唐書』 권198, 「西戎傳」 '(小)勃律國傳' (開元)22年조, 5310쪽.

6) 『舊唐書』 권198, 「西戎傳」 '(小)勃律國傳' (開元)8年조, 5310쪽.

7) 『舊唐書』 권198, 「(小)勃律國傳」, 5310쪽, "又有勃律國, 在罽賓, 吐蕃之間. 開元中頻遣使朝獻".

8) 『舊唐書』 권198, 「罽賓傳」 罽賓國조, 5309 ; 『新唐書』 권221상, 「罽賓傳」 罽賓조, 6241쪽, 罽賓國은 大月氏에 복속된 불교국가다. 罽賓은 貞觀 11년에 처음으로 사신을 당에 파견하였다.

9) 『舊唐書』 권198, 「勃律國傳」, 5310쪽, "(開元)八年, 冊立其王蘇麟陀逸之爲勃律國王, 朝貢不絶".

10) 『舊唐書』 권198, 「勃律國傳」(開元) 22年, 爲吐蕃所破조, 5310쪽.

> 카슈미르의 통치자 찬드라피다(733년 사망)와 무크타피다(재위 733~769)는 중국왕실의 충성스러운 동맹세력으로 토번에 대하여 저항했기 때문에 중국은 그들을 책봉하였다(720, 733). 또 카불 계곡의 카피사(罽賓)를 통치한 투르크족의 불교도 샤히 왕조도 마찬가지였다. 그래서 중국은 카피사에 대해서 705년, 720년, 그리고 745년에 각각 책봉하였던 것이다.[11]

이는 당이 토번 서북에 위치한 카슈미르, 카피사(罽賓)와 어떠한 관계를 맺었는가에 대한 그루쎄의 주장이다. 이를 두 가지로 나누어 분석하고 싶다.

하나는 카슈미르의 통치자 찬드라피다(733년 사망)가 당으로부터 책봉을 받았다는 사실이다. 『舊唐書』의 「天竺國傳」에 開元 8년(720) "11월, (당이) 사자를 보내어 利那羅伽寶多를 南天竺國왕으로 책봉하자, 당에 사신을 보내 조공하였다"[12]는 기사가 그것이다. 그렇다면 그루쎄가 주장하는 카슈미르 왕 찬드라피다는 南天竺國왕 利那羅伽寶多를 말함이다. 그러나 찬드라피다가 죽은 그해(733), 무크타피다가 당으로부터 책봉을 받았다는 기록은 없다. 개원년간에 당이 天竺國에 영향을 행사하였으며, 그 중 남천축국의 경우는 두 번에 걸쳐 당이 책봉하였다. 그렇다고 당이 開元년간에 천축국 가운데 남천축국으로부터만 조공을 받았던 것은 아니다. 그밖에 北天竺國과[13] 中天竺國[14]으로부터 조공사신을 받았다. 이는 개원년간에 당이 천축국에 영향력을 행사하였다는 증거이다.

다른 하나는 당이 카피사(罽賓) 왕을 책봉하였다는 사실이다. 罽賓은 오늘날 아프가니스탄의 서울 카불과 인접한 州로 카불 중심에서 동쪽으로 100㎞

11) René Grousset(Translator : Naomi Walford), 1999, "The Chinese in The Pamirs, 747-750", *The Empire of the Steppes a History of Central Asia* (Rutgers University Press), pp.118~119, The Rulers of Kashmir, Chandrapida(d, 733) and Muktapida(733~769), opposed the Tibetan bands as loyal allies of the court of China, which conferred investiture patents upon them(720, 733). The same is true of the Turkic Buddhist dynasty of the Shahi, which reigned over Kapisa(Ki-pin in T'ang Chinese) in the Kabul valley ; Chinese patents were conferred here in 705, 720, and 745.

12) 『舊唐書』 권198, 「天竺國傳」 開元 8年조, 5309쪽, "十一月, 遣使冊利那羅伽寶多爲南天竺國王, 遣使來朝".

13) 『舊唐書』 권198, 「天竺國傳」 開元 17年 6月조, 5309쪽.

14) 『舊唐書』 권198, 「天竺國傳」 開元 19年 10月조, 5309쪽.

떨어진 곳이 중심지다. 우선 당이 705년에 카피사왕을 책봉하였던 사실은 『舊唐書』에 다음과 같이 기록되어 있다. 즉 "龍朔초, 罽賓왕 修鮮등에게 十一州諸軍事 겸 修鮮都督으로 임명하였다"[15]라는 것이 그것이다. 달리 말하면 당이 705~706년 罽賓왕을 十一州諸軍事와 修鮮都督으로 임명하였다는[16] 내용이다. 또 720년의 당이 罽賓왕에 대한 책봉은, "開元 7년, (罽賓왕이 당에) 사신을 보내어 天文과 전해 내려오는 기이한 약을 바치자, 천자가 그 왕 葛邏達之特勒을 책봉하였다"[17]라는 게 그것이다.[18] 그런데 어찌 된 영문인지 그루쎄는 719년이 아닌 720년이라고 주장하였다. 이는 그루쎄의 실수다.

개원 27년(739)에 당이 새로운 계빈왕을 책봉한 사실에 대해 그루쎄는 지적하지 못했다. 이를 살펴보면, "開元 27년 罽賓왕 烏散特勒灑가 늙어, 현종에게 아뢰어 罽賓왕의 아들 拂菻罽婆가 임금 자리를 이을 수 있도록 해달라고 요청하자, 허락하면서, 이에 책명을 내려주었다"[19]라는 게 그것이다.[20] 끝으로 당이 745년에 罽賓왕을 책봉하였다는 그루쎄의 주장은 옳다. 즉 '天寶 4載 또 (拂菻罽婆)의 아들 勃匐準을 罽賓國과 烏萇國왕으로 세습하도록 하면서, 그를 左驍衛장군으로 임명하였다.'[21]는 게 그것이다.[22] 이렇듯 당이 4 차례나 罽賓왕을 책봉하였다. 즉, 이때 안서도호부는 罽賓國을 관할하였다.

烏萇國이 당 사신을 보낸 일은 貞觀 16년까지 거슬러 올라간다. 이에 대해 『全唐文』은 다음과 같이 쓰고 있다.

> 達摩는 烏萇國의 王이며, 그 나라는 天竺 북쪽에 있는데, 貞觀 16년 陁訶斯를 (당에) 보내 表를 올리고 방물을 바쳤다.[23]

15) 『舊唐書』 권198, 「罽賓國傳」, 5309쪽, "龍朔初, 授其王修鮮等十一州諸軍事兼修鮮都督".
16) 『新唐書』 권221上, 「罽賓傳」 龍朔初조, 6241쪽.
17) 『新唐書』 권221上, 「罽賓傳」 開元 7年조, 6241쪽.
18) 『舊唐書』 권198, 「罽賓國傳」 開元 7年조, 5309쪽.
19) 『舊唐書』 권198, 「罽賓國傳」, 5309~5310쪽, "二十七年, 其王烏散特勒灑以年老, 上表請以子拂菻罽婆嗣位, 許之, 仍降使冊命".
20) 『新唐書』 권221상, 「罽賓傳」 後烏散特勒灑年老조, 6241쪽.
21) 『舊唐書』 권198, 「罽賓國傳」, 5310쪽, "天寶四年, 又冊其子勃匐準爲襲罽賓及烏萇國王, 仍授左驍衛將軍".
22) 『新唐書』 권221상, 「罽賓傳」 天寶 四載조, 6241쪽.

烏萇國 위치는 쉽게 말해 天竺 북방이다. 貞觀 16년 烏萇王 達摩재위시에 陁訶斯를 사신으로 당나라에 파견했다. 이때 오장국은 처음 당에 사신을 보냈다.

혜초는 개원 15년 烏萇(長)國을 통과하면서, 그 나라에 대한 기록을 남겼다.

> 그곳 建馱羅國에서 정북향으로 산에 들어가 삼일을 가면 烏長國(Udyana)에 이른다. 그곳 사람들은 스스로를 鬱地引那(Udyana)라고 부른다. 그곳 왕도 역시 삼보를 대단히 숭상하고, 백성과 마을 사람들은 절에 많이 시주하여 공양하며, 나머지 적은 부분으로 자기의 의식을 이바지하고 있으며, 재를 공양하는 것을 일과로 삼고 있다. 절과 중을 볼 수 있는데, 얼핏 보아 보통 사람보다 중이 더 많은 정도다. 그들은 大乘法을 특별히 숭상하며, 의복과 음식과 기타 습관은 건타라와 비슷한데, 언어만은 다르다. 낙타와 노새와 양과 말이 많으며 모직물 등이 생산된다. 기후는 매우 추운 편이다.[24]

建馱羅國은 迦葉彌羅國 서북쪽으로 산을 넘어서 한 달 가면 있는 나라다. 그런데 建馱羅國은 간다라(Gandhara)로 더 잘 알려졌다. 建馱羅國 북쪽에 있는 烏萇國은 불교국가일 뿐 아니라 백성 절반 이상이 승려다. 佛法은 疏勒과 龜玆와 다르게 大乘法이 행해졌다. 더 흥미로운 것은 建馱羅國 경우는 大乘과 小乘이 함께 공존한다는[25] 사실이다.

앞서 언급했던 바미얀 석불을 구체적으로 언급하고 싶다. 즉 2001년 3월 탈레반 정권이 아프가니스탄의 바미얀 마애입불상을 폭파하였다. 그런데 바로 바미얀 석불은 安西四鎭節度使 고선지 장군의 관할지역인 犯引國(바미얀) 안에 있다. 그런데 혜초보다 한 세기나 앞서 玄奘이 바미얀(梵衍那國)을 여행하면서 자세한 기록을 남겼다.

---

23) 『全唐文』 권999, 「烏萇王達摩」, 4591쪽, "達摩, 烏萇國王, 其國在天竺北, 貞觀十六年, 因陁訶斯遣使奉表獻方物".

24) 『往五天竺國傳』, 71쪽, "又從此建馱羅國, 正北入山三日程, 至烏長國. 彼自云鬱地引那. 此王大敬三寶, 百姓村庄, 多分施入寺家供養. 每日是常. 足寺足僧, 僧梢多於俗人也, 專行大乘法也. 衣著飮食人風, 與建馱羅國相似, 言音不同. 土地足駝騾羊馬氈布之類, 節氣甚冷".

25) 『往五天竺國傳』, 此國大小乘俱行조, 71쪽.

> 바미얀국(梵衍那國)은 동서 2천여 리이며, 남북 3백여 리가 되는데 설산 안에 있다. 사람은 산이나 골짜기를 이용하여 지세를 따라 살고 있다. 나라의 大都城은 낭떠러지에 의거해 골짜기를 걸터타고 있다. 길이는 6~7리이며, 북쪽은 높은 바위산을 배경으로 하고 있다. 콩과 보리는 있지만 꽃과 과일은 거의 없다. 목축하기에 알맞아서 양과 말이 많으나 기후는 매우 추운데다가 풍속은 야만스럽다. 가죽이나 털옷 입는 자가 많은데 이것과 어울린다. 문자와 풍습, 화폐 사용방법이 토카라국(覩貨邏國, 吐火羅國, Tukhara)과 같다. 언어는 약간 다르지만 겉모양은 대개가 비슷하다. 신앙의 돈독한 마음은 이웃나라보다 매우 심하였다. 위로는 三寶로부터, 아래로 百神에 이르기까지 전심으로 다하지 않음이 없고 마음으로써 공경하고 있다. 상인이 왕래하는데도 天神은 徵祥을 보여서 흉변을 보이기도 하나 복덕을 구하기도 한다. 가람은 수십 군데이며, 승려는 수천 명으로 소승의 설 出世部를 학습하고 있다.[26)]

현장과 혜초가 본 바미얀국에 대한 시각차가 컸다. 혜초와 달리 현장이 본 바미얀국은 강한 군사를 갖고 있다는 언급이 없다. 또 현장은 바미얀국을 토화라국과 비교 설명하였는데 혜초는 謝颶國과 罽賓國 예를 들어 비교한 점도 다르다. 또 현장이 보았을 때 바미얀국의 불교는 小乘이었으나 혜초는 大乘과 小乘이 공존한다고 하였다. 이는 현장보다 혜초가 한 세기 뒤에 답사했기 때문에 나타난 변화라는 시차에서 기인한 차이이다.

오늘날 아프가니스탄지역에 당 초기에 犯引國이 만든 바미얀 석불 양식이 어떤 경로를 통해 우리나라 석굴에 영향을 주었는가를 파악할 수 있다면, 이는 의미 있는 일이다. 그 이유는 신라시대 석불의 양식이 바미얀 석불과 연관성이 깊기 때문이다. 게다가 고선지 장군이 오늘날 아프가니스탄 일대를 지배하기 얼마 전 신라인 慧超가 인도에서 서역을 거쳐 당으로 돌아온 그 루트 가운데 犯引國을 통과하였기 때문에 더욱 의미가 크다.

혜초는 바미얀 석불에 대한 언급을 하지 않았다. 그러나 현장은 혜초보다

26) 『大唐西域記』 권1, 129쪽, “梵衍那國東西二千餘里, 南北三百餘里, 在雪山之中也. 人依山谷, 逐勢邑居. 國大都城據崖跨谷, 長六七里, 北背高巖. 有宿麥, 少花果. 宜畜牧, 多羊馬. 氣序寒烈, 風俗剛獷. 多衣皮褐, 亦其所宜. 文字風敎, 貨幣之用, 同覩貨邏國, 語言少異, 儀貌大同. 淳信之心, 特甚隣國, 上自三寶, 下至百神, 莫不輸誠竭心宗敬. 商估往來者, 天神現徵祥, 示崇變, 求福德. 伽藍數十所, 僧徒數千人, 宗學小乘說出世部”.

한 세기나 앞서 바미얀 석불을 본 사실을 『大唐西域記』에서 '梵衍那國'을 쓰고 난 후 '立佛石像'에서 언급하였다. 즉,

> (바미얀) 왕성 동북의 산모퉁이에 立佛 석상의 높이가 1백 4~50척이나 되는 것이 있는데, 금빛으로 번쩍이며 寶飾이 빛나고 있다. 동쪽에 가람이 있는데, 이 나라 선왕이 세운 것이다. 가람 동쪽에 鍮石의 석가모니불 立像이 있는데 그 높이가 1백여 척으로, 몸체를 부분으로 나누어서 주조하여 맞추어진 것이다.[27]

위에서 전자의 내용이 바로 2001년 탈레반에 의해 파괴된 바미얀의 35m 대불상이다. 다시 말해 바미얀 立佛石像은 정관 2년 이후에 현장이 직접 보았다. 그런데 현장이 바미얀국을 찾았을 때 있던 先王이 바미얀 대불을 만들었다는 사실에서 대불이 만들어진 때는 대략 6세기 말에서 7세기 초였다. 후자의 불상은 鍮石으로 만든 것도 있었다고 현장이 쓰고 있다.

위의 사실을 종합하면 바미얀 대불은 경주 석굴암보다는 한 세기 이상 앞서 만들어졌다. 혜초도 현장이 답사한 바미얀국을 한 세기 지나서 방문했다. 혜초도 犯引國에 대해 현장처럼 자세하게 기록하였다.

> 쟈브리스탄(謝䫻國)에서 북쪽으로 7일을 가면 犯引國(Bamiyan)에 이른다. 그곳 왕은 胡族이고 역시 아무런 나라에게도 간섭받지 않으며, 군대가 강하고 많아서, 이웃 나라에서 침략할 수가 없다. 의상은 모직 옷과 가죽외투, 펠트 저고리 등을 입고 있다. 생산물로는 양과 말, 모직물 등이며, 포도가 많이 난다. 기후는 추운 편으로 눈이 내리며, 집들은 대부분 산위에 짓고 산다. 왕과 귀족이나 백성들은 삼보를 대단히 숭상하며, 절이 많고 중도 많다. 대승교와 소승교를 섬기며, 이 나라와 쟈브리스탄 사람들은 모두 수염과 머리를 깎으며, 생활방식은 계빈국과 비슷하나 다른 점도 많이 있는데, 언어는 다른 나라와 다르다.[28]

---

27) 『大唐西域記』 권1, 130~131쪽, "王城東北山阿, 有立佛石像, 高百四五尺, 金色晃曜, 寶飾煥爛. 東有伽藍, 此國先王之所建也. 伽藍東有鍮石釋迦佛立像, 高百餘尺, 分身別鑄, 總合成立".

28) 『往五天竺國傳』, 72쪽, "又從謝䫻國, 北行七日, 至犯引國. 此王是胡, 不屬餘國. 兵馬强多, 諸國不敢來侵. 衣著氎布皮毬氈衫等類. 土地出羊馬氎布之屬, 甚足蒲桃. 土地有雪極寒, 住多依山. 王及首領百姓等, 大敬三寶, 足寺足僧, 行大小乘法. 此國及謝䫻等, 亦並剪於鬚髮, 人風大分與罽賓相似, 別異處多. 當土言音, 不同餘國".

혜초가 쓴 犯引國(范陽國, 帆延國, 梵衍那, Bamian)에 대한 기록은 현장의 그것과 비교해 분량이 많지 않다. 그 이유는 혜초가 현장이 쓴 梵衍那國에 대한 기록에서 보았을 대불·와불·가람에 대한 중복을 피하려고 언급하지 않았기 때문이다. 아무튼 혜초가 찾은 犯引國은 사율국 북쪽에 있다. 그런데 犯引國은 주변국과 달리 돌궐의 지배를 받지 않았다. 그 이유는 혜초의 지적처럼 강력한 병마를 많이 갖고 있었기 때문이다. 범인국은 현장이 찾았을 때는 소승만 있었으나 한 세기 후 혜초가 찾았을 때는 建馱羅國처럼 대승과 소승이 공존하였다. 건타라국에서 돌궐족 왕이 강력한 통치를 위해 모두 용인한 것처럼 범인국도 강력한 왕권 확립을 위해 대소승을 모두 허용한 것 같다. 한마디로 대소승이 정치이데올로기로 건타라국과 범인국에서 활용되었다고 본다. 범인국 풍속이 대체로 계빈국과 흡사한데 언어는 그렇지 않았다. 이는 계빈국 북쪽의 산악지대의 범인국이 계빈과는 동일한 언어권에 속하지 않았다는 것을 의미한다. 『冊府元龜』에 拔蜜國은 巴緬(Bamian)이며, 이는 『新唐書』의 帆延國이다.[29] 그런데 天寶 5載(746) 4월 拔蜜國에서 당으로 사신을 보내 조공했던 사실은,[30] 고선지의 토번 連雲堡 공격보다 앞선 해였기 때문에 암시하는 바가 크다. 다시 말해 당 현종이 고선지에게 토번 연운보 공격을 명령하게 된 중요 정보획득과 관련되었을 가능성이다.

범인국은 아프가니스탄의 수도 카불에서 서북쪽으로 230㎞ 떨어진 지점에 있는 '바미얀'에 자리한 나라로 힌두쿠시 산맥 서쪽 기슭에 있다. 7세기 이슬람 군에 의해 바미얀이 정복될 때까지 가장 서방에 치우친 불교 중심지였다. 필자가 의문을 갖는 것은 2001년 탈레반에 의해 파괴된 '바미얀 마애입불대상'이 언제 만들어졌나 하는 점이다.[31] 필자의 생각으로는 혜초가 범인국을 순례할 때 마애입불상이 건조되었다면 그가 마애입상을 본 것을 기록하지 않을 리가 없다. 왜냐하면 그가 구법을 위한 순례 중에 거대한 마애입불상을

29) 張星烺, 『中西交通史料滙篇』 5, 211쪽.

30) 『冊府元龜』 권971, 「外臣部」 '朝貢' 天寶5載 4月 拔蜜國조, 11412쪽.

31) 지배선, 2002, 「탈라스 전투가 불러온 동서 문명의 변화」, 『유럽문명의 아버지 고선지 평전』, 235~237쪽.

보았다면 그에 대한 언급을 했을 것이라는 생각 때문이다. 만약 혜초가 바미얀의 마애입불대상을 보았는데도 쓰지 않았다면, 부처 머리카락이나 뼈처럼 부처와 직접 관련이 없어서 생략했다고도 볼 수 있다. 그런데 혜초가 범인국의 마애입불대상을 언급하지 않은 것은 그가 보지 못해서『往五天竺國傳』에 쓰지 않았다고 생각할 수는 없다. 그 이유는 혜초가 현장의『大唐西域記』를 보았다고 판단하기 때문이다.

다시 고선지 장군의 토번 정벌 과정을 살펴보자. 고선지가 토번 연운보 함락과 소발률국 정벌을 성공함으로써 소발률국의 영향권에 있던 罽賓國은 당연히 安西都護 고선지의 통제를 받았다. 이는 서양학자들이 安西都護府의 통치 지역 가운데 오늘날 아프가니스탄이 포함되었다는 주장과 일치된다.

개원년간 당이 계빈국 왕은 물론이고 天竺國 가운데 中天竺國 왕까지 책봉하였음을 의미한다. 바꾸어 말하여 당이 開元년간에는 파미르 고원의 서쪽과 남쪽지역에서 확고하게 영향력을 행사하였다는 증거이다.

그런데 소발률국이 토번 번국이 된 상황에서, 또한 소발률국 북쪽에 위치한 전략적 고지 連雲堡를 토번이 장악하게 되어 당은 西域諸國으로부터 조공 받는 것이 불가능하였다. 그 결과 중국 서북의 20여 국 모두가 토번 복속으로, 전에 西域諸國으로부터 당이 받은 조공을 토번이 대신 가로챘다. 이를 반전시키기 위해 당은 여러 해 동안 3번에 걸쳐 安西都護로 토번 토벌을 하게 하였으나 그 때마다 실패하였다.[32] 당 현종은 天寶 6載에 비책으로 고선지 장군에게 토번을 정벌하도록 하는 조서를 은밀히 내렸다.[33] 더 구체적으로 말하면 당은 토번의 침공으로 고통을 받는 처지라서 현종의 토번 정벌은 당의 안위를 확보하기 위한 계획이라고 표현해도 좋다. 이러한 사실에 대하여 수잔 휫필드(Susan Whitfield)가 다음과 같이 훌륭하게 정리하였다. 이를 들어보자.

---

32)『新唐書』권221상,「西域傳」하 '小勃律' 安西都護三討之無功조, 6251쪽.

33)『新唐書』권221상,「西域傳」하 '小勃律' 故西北二十餘國皆臣吐蕃조, 6251쪽 ;『資治通鑑』권215,「唐紀」31 玄宗 天寶 6載 及其旁二十餘國조, 6884쪽 ;『文獻通考』권335,「四裔」12 大勃律 故西北二十餘國皆臣吐蕃, 貢獻不入조, 2632쪽 ;『冊府元龜』권358,「將帥部」'立功' 西北二十餘國皆爲吐蕃조, 4246쪽.

중국과 토번의 평화조약은 Nanaivandak이 730년에 장안을 처음 방문하였을 때 조인되었는데, 이로 말미암아 7년 동안에는 조약 효력이 유지되었다. 그 후 수십 년간 중국과 토번은 오랜 적대행위로 유혈충돌이 끊이지 않았다. 그들은 비단길과 파미르 고원을 가로질러 인도로 가는 길을 장악하기 위해 싸웠다. 동부지역－甘肅 회랑－에서 중국은 항상 여름철만 우위를 지켰으며, 토번은 추수가 막 끝나는 매년 가을마다 중국 군영을 습격하여 곡식을 약탈하곤 하였다. 그래서 그 땅은 "토번의 곡물창고"로 소문이 나있었다. 게다가 토번은 서부지역－파미르 고원－에서 우위를 유지하였다. 그러나 740년대 말에 중국 황제 현종이 권력의 전성기를 맞게 되자, 토번을 격퇴시키기 위해 일격을 가하였고, 마침내 두 지역에서 성공을 거두었다.[34)]

이는 휫필드(Susan Whitfield)의 당이 토번을 공격하게 된 배경 설명이다. 이를 세 가지로 나누어 분석하자.

하나는 당과 토번이 730년 장안에서 평화조약을 체결하였다는 사실이다. 이때 당의 서울 장안에 왔던 Nanaivandak가 맺었던 조약을 말한다. 위의 Nanaivandak는 『舊唐書』의 「吐蕃傳」에 나오는 토번 重臣 名悉獵이다.[35)] 이와 같은 토번과 당의 평화조약으로 7년 동안 양국 사이에 전쟁이 없었다.

둘은 개원 24년에 당과의 평화조약을 토번이 파기하였다는 사실이다. 그렇다고 개원 24년에 토번이 당을 공격하였던 것은 아니다. 즉, 토번이 당과 맺은 약속을 파괴한 것이 발단이다. 좀더 자세히 살펴보면, 토번이 서쪽에 있던 勃律을 공격하였던 것이 그것이다. 그 소식을 들어보면, 開元 24년 "토번이 서쪽의 勃律을 공격하자, 발률은 급히 당에 사신을 보내어 화급한 사실을

---

34) Susan Whitfield, 1999, "The Merchant's Tale", *Life Along The Silk Road*(university of California Press), p.53, The Chinese-Tibetan peace treaty, signed in 730 during Nanaivandak's first visit to Chang'an, lasted seven years but was followed by decades of bloody battles between these two old foes. They fought for control of the Silk Road and of the route into India across the Pamirs. In the eastern arena-the Gansu corridor-the Chinese usually had the upper hand in summer, but the Tibetans would raid the Chinese army camps every autumn just after the harvest and steal the grain, so that the land became known as the 'Tibetan grain estates'. The Tibetan were dominant in the western arena-the Pamirs ; but by the late 740's the Chinese emperor Xuanzong, at the height of his power and determined to inflict defeat on the Tibetans, was finally successful in both arenas.

35) 『舊唐書』 권196상, 「吐蕃傳」 開元 17年 令其重臣名悉獵隨惟明等入朝조, 5231쪽.

알리면서 구원을 요청하였다. 이때 현종은 사신을 토번에 보내어 그와 같은 군사행동 중지를 명령하였다. 그러나 토번은 당의 조서를 무시한 채, 드디어 勃律國을 공격하여 깨뜨리자, 황제는 이에 대해 격노하였다.[36]"는 사실이다. 그런데 휫필드는 토번과 당과의 피비린내 나는 싸움이 어떠한 이유로 재발되었는가는 언급하지 않았다. 물론 토번의 小勃律國 공격이라는 군사행동은, 토번이 당과 맺은 평화조약을 일방적으로 파기한 행위였다.

셋은 토번이 勃律을 공격하기 이전에 당과 토번의 평화조약 자체가 확고하게 준수될 수 없었다는 사실이다. 이는 토번의 北東(甘肅 回廊)에서 양국 힘의 역학관계가, 당은 겨우 여름 한 때만 토번보다 우위였다는 점이다. 더 정확히 표현하면, 감숙 회랑의 여름철 당의 지배도 어쩌면 토번이 당의 곡물을 뺏기 위해 일부러 주도권을 당에게 넘겼다고 표현하면 과장일까. 쉽게 말해 추수철에 곡식을 뺏기 위해 농작물 재배기간에 甘肅 회랑의 통치권을 당에게 넘겨주었다는 뜻이다. 게다가 토번의 북서지역에서 힘의 우위가 당이 아니라 토번이었다는 사실도 생각해 볼 필요가 있다.

그렇다면 740년대 '開元之治'에 당의 국력이 신장되고 있는 상황에서 당의 토번 공격은 토번에 대한 굴욕을 만회하려는 군사 조치였다. 앞서 언급한 휫필드가 당이 토번에 대하여 일격을 한 결과 토번의 북동부와 북서부에서 헤게모니를 장악하였다는 식의 서술은 납득하기 어렵다. 그 이유는 740년대 초에 무려 세 명의 안서절도사가 토번과의 전투에서 모두 패배한 사실을 무시하였기 때문이다. 정확히 표현한다면, 휫필드는 탁월한 고구려인 장군 고선지 때문에 당이 토번을 비로소 제압했다고 주장해야 옳다.

당과 토번의 대결에서 고선지가 등장하기 전까지 토번의 일방적 승리의 연속이었다. 이러한 상황에서 고선지가 토번과 싸우기 전의 상황을 요약하는 것이, 고선지의 토번 정벌이 갖는 의의가 어떤가를 파악하는데 도움이 될 것 같다. 아무튼 위와 같은 여세를 몰아 토번은 당의 서역경영에 끝없이 도전하더니, 파미르 고원과 힌두쿠시 산맥을 넘어서 동진하려는 사라센 제국

36) 『舊唐書』 권196상, 「吐蕃傳」 開元 24年조, 5233쪽. "其年, 吐蕃西擊勃律, 遣使來告急, 上使報吐蕃, 令其罷兵. 吐蕃不受詔, 遂攻破勃律國, 上甚怒之".

과 연합하여 당의 서역 진출을 봉쇄하려는 군사작전을 전개했다. 즉 이는 그 당시 서역의 군사·정치·경제적인 문제를 놓고 당과 토번이 첨예한 대립관계에 있었다는 것을 뒷받침한다.

위의 고선지의 군사작전의 전개 이유에 대하여 로어리치(Georges de Roerich)는 다음과 같이 설명하고 있다.

> 중국의 장군 고선지에 의해 지휘되었던 747년의 유명한 군사원정은 힌두쿠시 지역 안에 있는 티베트 민족의 더 이상의 진출을 막기 위한 목적으로 단행되었다.[37]

고선지 장군의 원정 성격에 대한 그의 주장은 옳다. 그러나 더 정확히 말하면, 중국 서방에서 토번 세력의 확장에 대해 당이 두려움을 느꼈던 게 분명하다. 이러한 이유로 당 현종은 토번이 서방 여러 나라와 연합하는 것을 막으려고 고선지에게 토번 원정을 명령하였다.

이와 같은 추론이 가능한 것은, 후일 토번이 강력하게 부상하는 것을 꺼려하였던 바그다드 정권이 당나라와 동맹을 맺은 적이 있었다는 사실을 회상하면 알 수 있다. 그 시기는 압바스조의 전성기를 이끈 성군이었을 뿐만 아니라[38] 『천일야화』의 등장인물로 유명한 하룬 알-라쉬드(Harūn al-Rashīd)가 집권한 때였다.[39] 하룬 라쉬드는 압바스조의 5대 칼리프다.[40] 위의 『천일야화』에 나오는 상당 부분은 인도와 페르시아에서 전래된 이야기들로 변형되고 첨가·

---

37) Georges de Roerich, 1933, *Sur Les Pistes L'asie Centrale*,(Paris : Libraie Orientaliste Paul Geuthner), p.52, La Fameuse Expédition militaire de 747, commandée par le général chinois Kao Sien-tche avait pour objet d'arrêter l'avance des Tibétains dans la région de l'Hindou-kouch.

38) William Yale, 1958, "Historical Foundations", *The Near east*(Ann Arbor : The University of Michigan Press), p.10.

39) Jack A. Dabbs, 1963, "Travel in Chinese Turkestan From Ancient Times to 1800", *History of The Discovery and Exploration of Chinese Turkestan*(The Netherlands : Mouton and Co.), pp.14~15 ; H. E. Richardson, 1962, *A Short History of Tibet*(New York : E. P. Dutton & Co., Inc.), p.29 ; 이븐 바투타, 『이븐 바투타 여행기』(정수일역, 2001, 창작과 비평사), 216, 252, 557쪽, 하룬 알-라쉬드(766~809)는 압바스조의 제5대 칼리프(786~809)다. 그는 압바스조의 전성기를 이끈 성군으로 평가받고 있다. 하룬 라쉬드의 처 자비다는 그의 사촌여동생으로, 그 당시 여걸로 알려진 유명한 여성이다.

40) Arthur Goldschmidt, Jr., 1983, "The Abbasid Revolt", *A Concise History of the Middle East*(The American University in Cairo Press), p.69.

삭제된 채로 아랍으로 전달된 것이 그 이야기의 줄거리다.[41)]

아랍은 여기에 아랍적 요소들을 추가하여 아랍화시켜서 구성하였다. 이런 『아라비안나이트(천일야화)』의 곳곳에 음란한 이야기로 가득 차 있다는 사실이 더욱 더 흥미를 끌고 있다.[42)] 그런데 하룬 알-라쉬드의 치세(786~809)는 압바스 왕조 권력의 최고 절정기라고[43)] 말하나, 또한 쇠퇴 조짐이 나타난 것도 이 무렵부터였다.[44)]

여하간 이때 토번에 의해 동서무역의 독점권 상실을 당이 강요당한 것이나 마찬가지 상황이 전개되었다. 당은 서방에서 주도권을 확보하기 위한 비상조치를 강구하였다. 고선지 장군에게 토번 정벌을 위한 출정 조서가 내려졌던 것도 그 일환이다. 그러나 이미 당의 안서도호가 여러 차례 토번 정벌을 위해 출정하였으나 성공하지 못한 상황이었다.[45)] 이를 반전시키려고 현종은 天寶 6載 토번 정벌을 출중한 장군 고선지에게 은밀하게 명령하였다.[46)] 이러한 현종의 군사작전은 토번과 아랍제국의 연합을 깨뜨려야만,[47)] 당이 한 동안 잃은 서방에서의 상권을[48)] 되찾을 수 있는 그런 성격의 군사조치였다.

---

41) James Harvey Robinson, 1924, "The Influence of the Mohammedans on European History", *An Introduction to the History of Western Europe*,(Boston, Ginn and Company), p.95

42) 이희수·이원삼 외, 2001, 「<아라비안 나이트>, 문학인가, 포르노인가」, 『이슬람』,청아출판사, 81쪽.

43) 前嶋信次, 1996, 「バグダードの榮華」, 『世界の歷史 8, イスラム世界』, 東京 : 河出書房新社, 231~232쪽.

44) Bernard Lewis, 1995, *The Middle East*(이희수역, 2001, 『중동의 역사』, 까치), 84~86쪽.

45) 『新唐書』 권221하, 「小勃律傳」 安西都護三討之無功조, 6251쪽 ; 『文獻通考』 권335, 「四裔」12 大勃律 安西都護三討之無功조, 2632쪽.

46) 『文獻通考』 권335, 「四裔」12 大勃律 天寶六載詔副都護高仙芝伐之조, 2632쪽.

47) Kenneth Scott Latourette, 1934, "Reunion and Renewed Advance : The Sui(A.D.589~618) and T'ang(A.D. 618~907) Dynasties", *The Chinese Their History and Culture*, Vol One,(New York : The Macmillan Company), p.197 ; 張其昀, 1956, 「兵源與將才」, 『中國軍事史略』, 臺北 : 中華文化出版事業, 99~100쪽.

48) 桑山正進編, 『慧超往五天竺國傳研究』, 106~107쪽.

2. 고선지 장군의 토번 連雲堡 원정 이전의 당과 토번 관계

이제 고선지가 서역으로 출정하기 직전의 토번과 당의 상황을 들어보자.

> 小勃律國 왕은 토번으로 불려가서, 토번 공주를 왕비로 맞이하게 되자, 토번 서북의 20여 나라 모두가 토번에 굴복하여, 이들 나라들이 당에 공물을 바치지 않았다. 그 후 節度使 田仁琬과 蓋嘉運 그리고 夫蒙靈詧이 여러 차례 토번을 토벌하였으나, 이기지 못하였다. 현종은 특별히 칙서를 내려 고선지를 行營節度使로 삼아 기병·보병 만 명을 거느리고 가서 토번을 토벌하도록 명령하였다.[49]

앞서 田仁琬·蓋嘉運·夫蒙靈詧이 연이은 토번 토벌 작전에 모두 실패했던,[50] 그 전쟁에 당 현종의 특명에 의해 고선지가 출정했다. 天寶 6載에 토번이 소발률국 장악으로 西域 20여 국을 복속시켰다.[51] 그 결과 서역 제국이 당으로 보내는 공물을 바치지 않게 되었다. 한마디로 서역 지배권이 당에서 토번으로 이관되는 새로운 질서체제였다. 이 같은 상황 변화를 당 현종이 반전시키기 위해 고선지는 토번의 전략적 요충지 '연운보' 함락이라는 특단의 군사조치를 선택했다.[52] 그렇다면 고선지의 토번 연운보 공격 의도는 서역에서 잃은 종주권을 되찾으려는 군사작전이다. 따라서 당에 의한 연운보 공격은 단순한 군사작전이 아닌 동서 교역권이 걸린 그런 중요 전투였다. 즉, 고선지가 작전을 짠 연운보 전투는 당과 토번이 서역의 교역권을 누가 장악하는가를 가늠하는 그런 중요 전투다.

이는 동서교섭사상에서 헤게모니를 다툰 몇 안 되는 전투 가운데 하나다. 이를 중심으로 몇 가지로 분석하고 싶다.

하나는 파미르 고원 국가 小勃律國(Little Balur=Bru-sha) 왕이 토번 요구대로

---

49) 『舊唐書』 권104, 「高仙芝傳」 小勃律國王조, 3203쪽, "小勃律國王爲吐蕃所招, 妻以公主, 西北二十餘國皆爲吐蕃所制, 貢獻不通. 後節度使田仁琬, 蓋嘉運幷靈詧累討之, 不捷, 玄宗特敕仙芝以馬步萬人爲行營節度使往討之".

50) 『冊府元龜』 권358, 「將帥部」 '立功' 節度使田仁琬조, 4246쪽.

51) 『資治通鑑』 권215, 「唐紀」31 玄宗 天寶 6載 吐蕃以女6妻小勃律王조, 6884쪽.

52) Charles O. Hucker, 1975, "The Early Empire, 206 B.C.-A.D.960", *China's Imperial Past*(Stanford University Press), p.144.

파키스탄을 넘기 전 타쉬쿠르칸의 석보성에서 바라본 설산이 고선지가 함락한 토번 연운보. 필자 촬영

토번을 다녀왔다는 사실이다. 그 이유는 736년에 토번이 재차 소발률국을 공격하여 토번 명령을 거역할 수 없는 상황이었기 때문이다. 따라서 이듬해 소발률국은 토번에 대하여 신하의 예에 따라 왕이 토번을 다녀왔다.

신라 승 혜초의 보고서에 의하면 소발률국은 737년부터 토번 지배하에 놓였다고 기록한 사실과 부합된다.[53] 혜초는 신라인으로 바닷길을 통해 인도로 가 불교를 연구한 후 파미르 고원의 북쪽지역만 두 달 동안 걸어 당의 안서도호부의 쿠차에 도착하였다.[54] 이때는 개원 15년(727) 11월 상순경인 것 같다.[55] 740년 소발률국왕은 토번의 브라드마(Brag-dmar)로 가서 토번왕(贊普, btsan po)[56] 멧-악-춈스(Mes-ag-tshoms)를 배알하였다. 여기서 말하는

53) 桑山正進編, 『慧超往五天竺國傳研究』, 114쪽.

54) 布目潮渢, 「대당 문화」, 『중국의 역사－수당오대－』, 176쪽,(임대희 역, 2001. 혜안) ; 池田 溫, 「隋·唐代前期の文化」, 『中國史2, 三國~唐』, 422쪽.

55) 高柄翊, 1982, 「慧超」, 『東亞史의 傳統』, 一潮閣, 124쪽 ; 高柄翊, 1988, 「慧超의 往五天竺國傳」, 『東亞交涉史의 研究』, 서울대출판부, 61쪽.

토번왕 멧-악-춈스는 神龍 원년(705)에 죽은 그 앞 임금 器弩悉弄의 아들 棄隸蹜贊이다.[57] 이때 토번은 소발률국을 조공국가로 거느리기 위한 속셈으로 양국의 유대를 강화한다는 미명 아래, 소발률국왕 蘇失利之[58]와 토번 공주 크리마로드(Khri-ma-lod)의 정략적 결혼을 강요하였다.[59] 그 결과 당을 대신하여 힌두쿠시 산맥 이남에서 토번이 맹주가 되니, 소발률국은 토번의 조공국가로 전락하였다. 파미르 고원에서의 이 같은 상황 급변으로 말미암아 토번이 서역 20여 국가로부터 조공을 받기에 이르렀다.[60] 이렇듯, 토번이 소발률국과 유대 강화를 위해 적극적인 태도를 취한 것은 토번이 당을 견제하겠다는 목적에서다. 즉 토번이 소발률국과 함께 개원 24년(736) 소발률국 남방에 있던 대발률국을 공파한 것도 깊은 관계가 있다.[61] 이때 대발률국에서 토번의 침공사실을 당에게 알려, 당은 토번의 대발률국에 대한 침공을 중지하도록 명령하였지만, 토번은 당의 요구를 무시하고 계속 공격하였다.[62] 그 해 대발률국도 토번에 복속되었다.[63] 그 결과 소발률국과 토번 국경이 맞닿는 형세가 되었다. 그런데 소발률국 왕실과 토번 왕실이 결혼한 경우는 오직 이때뿐이다.[64]

둘은 서역의 나라들이 토번에 조공을 하는 대신, 당에게는 공물을 바치지 않았다는 사실이다. 이때 소발률국이 당에 조공하지 않았던 것은 물론이다. 그렇다고 소발률국이 당에 조공을 자주 하였던 나라도 아니다. 구체적으로

---

56) 林冠群, 1989,「唐代吐蕃政治制度之硏究」,『國立政治大學學報』60, 51쪽. 贊普(btsan po)는 吐蕃에서 왕을 말한다.

57)『冊府元龜』권966,「外臣部」繼襲1 '吐蕃' 神龍元年器弩悉弄卒조, 11362쪽.

58)『新唐書』권221하,「小勃律傳」蘇失利之立조, 6251쪽.

59) Tarthang Tulku, 1986, "The Reign of Mes-ag-tshoms", *Ancient Tibet* (California : Dharma Publishing), p.248 ;『資治通鑑』권215,「唐紀」31 玄宗 天寶 6載 吐蕃以女妻小勃律王조, 6884쪽 ;『冊府元龜』권358,「將帥部」19 '立功'11 高仙芝小勃律國王爲吐蕃所招조, 4246쪽.

60)『冊府元龜』권358,「將帥部」19 '立功'11 西北20餘國皆爲吐蕃所制貢獻조, 4246쪽.

61)『舊唐書』권196상,「吐蕃傳」上 (開元 24年) 其年조, 5233쪽 ;『資治通鑑』권214,「唐紀」30 玄宗 開元 25年 3月初조, 6827쪽.

62)『舊唐書』권196상,「吐蕃傳」상 (開元 24年) 吐蕃西擊勃律조, 5233쪽.

63) R. A. Stein, 1972, "The Ancient Monarchy", *Tibetan Civilization*(Stanford Univ. Press), p.60.

64)『續通志』권237,「唐列傳」37 '高仙芝' 小勃律其王爲吐蕃所誘조, 4667쪽 ; 林冠群, 1993,「唐代吐蕃的社會結構」,『民族學報』20, 18쪽.

당 현종이 즉위한 이후(712)부터 天寶 6載(747)까지 35년 동안 소발률국이 당에 조공한 횟수는 겨우 4회였다.[65] 그중 747년 이전에 소발률국이 당에 마지막으로 조공한 때는 천보 4재(745) 7월이다.[66] 이것이 암시하는 바는 매우 크다. 물론 소발률국이 당에 조공하지 않은 것이 빌미가 되어 현종이 토번 공격을 명령하였다. 한마디로 현종이 토번 공격을 지시한 것은 전일과 같이 서역 20여 국을 당의 조공국가로 만들겠다는 의도다.

셋은 고선지 장군이 험준한 파미르 고원을 횡단하는 것이 필요하였는가 하는 물음이다. 그 이유는 소발률국을 당이 지배하여야 장차 토번 지배가 가능하다는 판단 때문이다. 게다가 소발률국은 파미르 고원의 계곡 사이의 사통팔달의 요충지에 위치하고 있었다.[67] 다시 말해 소발률국을 당의 蕃國으로 만들지 않고는 당이 서역경영을 할 수 없다. 또한 당은 토번의 서역경영을 막기 위해서도 소발률국이 전략적으로도 중요한 요지다. 따라서 당은 소발률국을 지배하기 위해 고선지에게 파미르 고원의 소발률국을 함락시킬 것을 명령하였다. 이런 상황에서 소발률국은 당보다 토번을 두려워하였기 때문에 토번과의 정략결혼에 동의하였다. 당시 토번도 당 못지않게 소발률국 지배가 절대적으로 필요하였다. 그 결과 당과 토번의 전쟁에서[68] 소발률국이 휘말리게 된 것은 어쩌면 당연하다. 한편 이때 토번은 소발률국의 길을 이용하여 사라센 제국과 연합하여 당의 안서사진을 공격할 계획을 세우고, 이를 추진하였다. 정확히 표현하면, 토번이 독자적으로 서역에서 종주권을 확보하기 위해 사라센과 제휴하였다. 즉 이미 개원 10년(722) 토번은 소발률국왕 沒謹忙에[69] 대해 말하길 "우리는 너희 나라를 공격할 생각은 없다. 다만 너의 길을 빌려서 安西四鎭을 공격하겠다"[70]라고 천명하였다. 그러나 이때 소발률국왕

65) 『冊府元龜』 권971, 「外臣部」 朝貢4 (開元 4年 閏12月) 勃律國조 ; (開元 5年 3月) 勃律國조, 11405쪽 ; (開元 21年) 閏3月 勃律國조, 11409쪽 ; (天寶 4載 7月) 小勃律조, 11412쪽.

66) 『冊府元龜』 권971, 「外臣部」 朝貢4 (天寶 4載 7月) 小勃律遣僧조, 11412쪽.

67) 佐藤長, 1958, 「金城公主の入藏」, 『古代チベット史研究』 上, 444쪽.

68) Tarthang Tulku, *op. cit.*, p.248.

69) 『資治通鑑』 권212, 「唐紀」28 玄宗 開元 10年 9月 癸未조, 6752쪽.

70) 『新唐書』 권221하, 「小勃律傳」 國迫吐蕃조, 6251쪽, "我非謀爾國, 假道攻四鎭爾".

몰근망은 疏勒副使 張思禮가 지휘하는 당군과 더불어 토번을 공격하여 대파하였다.[71)]

당의 지원 아래 몰근망은 토번사람을 수만 명이나 죽였을 뿐 아니라 토번에게 빼앗긴 九城마저 되찾았다. 그 후 몰근망은 당이 冊立해 준 감사로 大首領 察卓那斯摩沒勝을 입조시켰다. 그 후 몰근망이 죽자, 몰근망의 아들 難泥가[72)] 발률왕이 되었다. 그런데 몰근망이 죽기 전에 당이 개원 19년(731) 4월 難泥를 소발률국왕으로 책봉하였다[73)]는 사실이 있다. 이는 (大)勃律왕으로 沒謹忙이 소발률국왕으로 자신의 아들 難泥를 세웠다고 본다. 개원 29년 소발률국왕 難泥가 죽자, 難泥의 형 麻來兮가 왕이 되었다.[74)] 당은 개원 29년 2월 難泥의 형 麻號來(麻來兮)를 소발률국왕으로 책봉했다.[75)] 천보 4재 7월 소발률국은 大德三藏 伽羅蜜多를 당에 파견하였다.[76)] 이런 사실들은 천보 6재 고선지 장군이 토번 連雲堡와 소발률국을 정벌하기 전에 당과 소발률국 관계에 대한 정리다. 이를 통해 당은 沒謹忙 이후부터 계속적으로 소발률국왕을 책봉하였을 뿐 아니라 소발률국이 당으로 파견한 사신에게 벼슬까지 주었다. 이는 당이 토번 강성을 제어하기 위한 방편으로 소발률국과 적극적인 관계를 형성한 구체적 사례였다.

한편 토번과 당의 서역 경영권을 장악하기 위한 장기간 힘겨루기는 지속되었다. 이때 소발률국왕은 토번에 가서 친선을 도모하기 위해[77)] 토번의 제의에 따라 토번 공주와 결혼하였다. 이와 같이 토번과 소발률국이 정략적 결혼 동맹관계를 결성하게 되자, 당이 이에 대응하였다.

소발률국이 당 대신 토번을 받들게 됨으로 말미암아 전일의 양국관계와 다른 차원으로 긴밀한 관계가 구축되었다. 한 예를 들면, 소발률국에서 서역으

71) 『資治通鑑』 권212, 「唐紀」28 玄宗 開元 10年 8月 與謹忙合擊吐蕃조, 6752쪽.
72) 『新唐書』 권221하, 「小勃律傳」 沒謹忙死조, 6251쪽.
73) 『冊府元龜』 권964, 「外臣部」 '封冊' 開元19年 4月조, 11344~11345쪽.
74) 『新唐書』 권221하, 「小勃律傳」 大破吐蕃조, 6251쪽 ; 張星烺, 『中西交通史料匯編』 5, 159쪽.
75) 『冊府元龜』 권964, 「外臣部」 '封冊' 開元 29年 2月조, 11347쪽.
76) 『冊府元龜』 권971, 「外臣部」 '朝貢' 天寶 4載 7月조, 11412쪽.
77) 『新唐書』 권135, 「高仙芝傳」 小勃律조, 4576쪽.

로 통하는 교통로를 토번이 쉽게 이용할 수 있었다. 따라서 서역에서 당의 영향력을 대신하여 토번이 강력한 영향력을 행사하였다. 따라서 서역 제국은 당이 아닌 토번에 조공을 바치게 되었다.

이렇게 서역 지배세력의 변화로 말미암아 서역 20여 국이 토번에 조공을 바쳤다.[78] 당연히 그들은 당에게는 공물을 바치지 않았다. 토번의 경우 개원 29년 8월 사신을 보내어 방물을 바친[79] 이후, 당과의 관계가 단절되었다. 따라서 개원 29년 말부터가 토번이 서역에서 종주 국가가 되기 위한 정지작업에 돌입한 시기라고 표현하고 싶다. 당이 서역의 종주권을 상실하게 된 것은 당의 군사력 약화가 제일 큰 요인이었다.

그런데 베크위스(Beckwith)는 토번과 소발률국의 친선관계에 대해 당이 취한 태도를 다음과 같이 말하고 있다. 즉 당이 토번에 대하여 여러 해 동안 관용을 베풀었으나 서역의 조공국가에 대한 상실 때문에 토번을 공격하게 되었다고 하나, 기실 그 이유만은 아니다.[80] 한마디로 파미르 고원 일대에서 당의 군사력이 토번보다 열세였기 때문이다. 당의 서북변 절도사 蓋嘉運(738~739), 田仁琬(740~742), 夫蒙靈察(742~747)은 당으로 공격해 오는 토번을[81] 세 번씩이나 막지 못했다.[82] 정확히 말해 西域諸國에 대한 통제권을 당이 상실한 것은 개원 29년(741) 사건이라고 추정된다. 즉 "12월 丁酉 토번이 침입하여, 廓州 達化縣과 振武軍 石堡城을 함락하였으나 절도사 개가운이

---

78) 『新唐書』 권135, 「高仙芝傳」 小勃律조, 4576쪽 ; 『資治通鑑』 권215, 「唐紀」31 玄宗 天寶 6載 及其旁二十餘國, 皆附吐蕃조, 6884쪽.

79) 『冊府元龜』 권971, 「外臣部」 '朝貢' (開元 29年) 8月 吐蕃조, 11411쪽. 小勃律國과 비교하여 토번이 당에 조공한 횟수가 많다. 당 현종 즉위부터 天寶 6載까지 토번이 당에 조공한 횟수는 14회였다.

80) Christopher I. Beckwith, 1987, "T'ang China and the Arabs", *The Tibetan Empire in Central Asia*(Princeton Univ.), p.115, 『新·舊唐書』의 찬자들이 고선지 장군을 깎아 내리려고 애썼던 기록을 찾을 수 있다. 다름 아니라 당 현종이 고선지 장군을 토번 정벌 총사령관으로 임명하게 된 배경이 토번에 대한 전투에 대한 죄의식과 양심의 가책을 느끼지 않는 그런 인물이어서 선정된 것인양 말하였다. 아마도 이와 같은 실수를 범한 것은 그의 조수가 중국인이었기 때문일까.

81) 余太山, 1996, 「唐代西域」, 『西域通史』, 中州古籍出版社, 183쪽.

82) 『新唐書』 권135, 「高仙芝傳」 自仁琬以來三討之조, 4576쪽 ; 『冊府元龜』 권358, 「立功」11 '高仙芝' 節度使田仁琬조, 4246쪽 ; 『資治通鑑』 권215, 「唐紀」31 玄宗 天寶 6載 前後節度使討之, 皆不能克조, 6884쪽.

토번을 꺾지 못하였다"[83]는 것이 그것이다. 이는 당의 절도사 개가운이 자신의 지역에서 토번의 공격을 방어 못한 내용의 일부이다. 때는 741년 12월이었다.

그러나 개원 29년 2월에 소발률국왕이 죽자, 당이 그 형 麻號來를 왕으로 책봉하였다는 사건은 중요한 의미가 있다.[84] 왜냐하면 당이 갖고 있던 서역 제국의 통제권 상실이 바로 그 해(開元 29) 12월부터였다는 것을 설명하기 때문이다. 이로 말미암아 서역에서 영향력이 당에서 토번으로 넘어가게 되었다. 물론 토번의 서역진출은 소발률국과 결혼동맹을 하였던 것과 깊은 관계가 있다. 그 이유는 토번이 서역으로 진출하는데 소발률국을 통과하여야 가능하기 때문이다. 그런데 이때 처음으로 토번이 당을 공격하였던 것이 아니다. 이에 대하여는 다른 장에서 토번 역사를 설명하면서 자세히 다루겠다.

토번은 소발률국을 통과하여 서역과 관계를 맺으려고 시도하기 전에 天山 남북로로 진출하기 위해 당의 안서사진을 공격하여 서역의 헤게모니를 장악하려고 시도하였다는 사실을 주목하고 싶다. 여기서는 간단히 현종치세에 토번과 관련된 일부 사실을 다루겠다. 즉 개원 27년(739) 8월에 토번이 白草와 安人[85]등을 침입하였던[86] 것도 서역 제국의 교역권 장악을 위한 한 포석이다. 그런데 安人軍은 河源軍에서 서쪽으로 120리 떨어진 星宿川에 자리잡고 있다.[87] 간단히 말해 靑海 서쪽의 安人軍은 개원 7년(719)에 설치되었다.[88] 이때

---

83) 『舊唐書』 권9, 「玄宗」下 開元 29年조, 214쪽, "十二月丁酉, 吐蕃入寇, 陷廓州達化縣及振武軍石堡城, 節度使蓋嘉運不能守" ; 『資治通鑑』 권214, 「唐紀」30 玄宗 開元 29年 12月 乙巳조, 6846쪽.

84) 池培善, 2000, 「고구려인 高仙芝(1)－對 토번 정벌을 중심으로－」, 241쪽 ; 『冊府元龜』 권964, 「外臣部」 '封冊2' (開元) 29年 2月 小勃律國王卒冊立其兄麻號來조, 11347쪽.

85) 『通典』 권172, 「州郡」2 安人軍조, 4482쪽. 安人軍은 開元 7년에 설치하였으며 西平郡의 星宿川의 서쪽에 위치하였다. 이곳은 營兵이 1만, 馬 350필을 보유하였다 ; 『資治通鑑』 권214, 「唐紀」30 玄宗 開元 27年 8月 壬午조, 6838쪽.

86) 『舊唐書』 권9, 「玄宗」下 開元27年 8月조, 211쪽 ; 『舊唐書』 권8, 「玄宗」上 開元16年 7月조, 192쪽, 739년 8월보다 앞선 728년 7월에도 吐蕃이 唐을 공격하였으나 瓜州 刺史 張守珪가 이를 격파하였을 뿐만 아니라, 이후 다시 吐蕃이 당에 공헌하였다 ; 『資治通鑑』 권214, 「唐紀」30 玄宗 開元 27年 8月 壬午 吐蕃寇白草·安人等軍조, 6838쪽.

87) 佐藤長, 1978, 「唐代における青海·ラサ間の道程」, 『チベット歴史地理研究』, 東京 : 岩波書店, 100~101쪽 ; 山口瑞鳳, 1983, 「文成公主『編年紀』と公主の再婚」, 『吐蕃王國成立史硏究』, 東京 : 岩波書店, 597쪽.

88) 佐藤長, 1975, 「唐代青海東邊の諸城塞について－『玉樹縣志稿』の紹介を兼ねて－」, 『士林』 58-5, 20쪽.

토번 침략을 농우절도사 蕭炅이 막았다.[89] 그 후 741년 6월 토번의 40만이나 되는 대군이 안인군을 공격하였다는 사실을 주목하고 싶다.[90] 그 이유는 안인군이 전략적으로 중요한 요충지였기 때문이다. 그런데 농우절도의 治所는 鄯州로 농우절도 휘하에 상비군만 6만 4천이 배속되었다.[91] 여기서 언급된 농우절도의 연혁을 살펴보면, 개원 2년(714) 하서절도사에서 분리되어 나왔는데, 토번과 돌궐을 견제하는 것이 주요 임무였다.[92] 이와 같은 상황 변화는 그 당시 세계국가의 역할을 담당한 당이 동서교섭의 교통로인 서역에서 주도권을 상실할지도 모른다는 위기 상황으로 내몰리게 하였다.

넷은 小勃律國이 토번의 속국이 됨으로 말미암아 서역 20여 국이 토번에 조공하면서 당에게는 조공하지 않은 사실이다.[93] 이와 같이 서역에서 당의 위상이 흔들리자, 현종은 토번 정벌을 安西副都護 고선지에게 명령하였다.[94] 때는 天寶 6載(747)이었다.[95] 이때 고선지와 함께 그의 부하 封常清이 소발률국 정벌에 출정하였다.[96] 여기서 현종이 젊은 나이에 전쟁터에서 큰 무공을 세운 고선지를 선택하였다는 사실을 주목하고 싶다. 이는 고선지가 장군으로서 기량이 어느 정도였는가를 설명하는 중요한 잣대다. 특히 안서사진의 田仁琬, 蓋嘉運, 夫蒙靈察 3인의 절도사가 토번을 세 번 공격하였지만 그때마다

89) 『資治通鑑』 권214, 「唐紀」30 玄宗 開元 27年 秋8月 壬午조, 6838쪽.

90) 『資治通鑑』 권214, 「唐紀」30 玄宗 開元 29年 6月 吐蕃四十萬衆入寇조, 6844쪽.

91) 那波利貞, 1952, 「唐天寶時代の河西道邊防軍に關する經濟史料」, 『京都大學文學部研究紀要』 1, 33쪽.

92) 佐藤長, 1975, 「唐代青海東邊の諸城塞について－『玉樹縣志稿』の紹介を兼ねて－」, 『史林』 58-5, 1~2쪽.

93) 陳舜臣, 1981, 「花におう長安」, 『中國の歷史－隋唐の興亡』 7, 東京 : 平凡社, 255쪽.

94) 『新唐書』 권5, 「玄宗本紀」 天寶 6年 是歲조, 146쪽 ; 『新唐書』 권221下, 「小勃律傳」 天寶6載조, 6251쪽.

95) 『新唐書』 권135, 「高仙芝傳」 天寶 六載조, 4576쪽 ; 『新唐書』 권5, 「玄宗紀」(天寶 6載) 是歲조, 146쪽 ; 『冊府元龜』 권358, 「將帥部」19 '立功'11 天寶 5年조, 4246쪽, 『冊府元龜』에서 고선지가 行營節度使로 임명된 해를 天寶 5載라고 기록하였던 사실에서 미루어 보면, 고선지의 토번 정벌 준비기간이 상당히 길었던 모양이다. 그런데 「李嗣業傳」은 고선지 장군의 小勃律國 정벌이 天寶 7載일이라고 기록하고 있다(『舊唐書』 권109, 「李嗣業傳」 天寶 7載조, 3298쪽). 그런데 朱希祖는 『舊唐書』의 「高仙芝傳」과 「李嗣業傳」에서 고선지의 小勃律國의 정벌시기가 각각 상이하다는 사실을 언급하였다(朱希祖, 1973, 「吐蕃國志初稿」, 『珠海學報』 6, 37쪽) ; 章羣, 「唐代蕃將表」, 61쪽.

96) 『舊唐書』 권104, 「封常清傳」 天寶 六年, 從仙芝破小勃律조, 3208쪽.

실패했던 사실이 주목된다.97) 그런데도 현종이 아직 절도사 자리에 오르지도 않은 고선지에게 토번 정벌을 명령하였던 사실은 암시하는 바가 매우 크다.

고선지에게 준 군사는 기병·보병을 합하여 불과 1만 명 정도였다. 한마디로 이는 고선지의 군지휘관으로서의 출중한 역량을 믿고 당 현종이 토번 정벌을 성공적으로 끝낼 수 있다는 확신을 가졌기 때문에 토번 정벌 명령을 하달한 것이라 본다. 또한 정상적인 방법이 아닌 게릴라전술로 적진 깊숙이 들어가 적의 심장부를 공격하는 고선지의 전술을 인정한 것이다. 그렇다고 당 현종이 어떤 방법으로 어떻게 토번 連雲堡를 공격하라는 구체적인 내용이 사서에 없는 것으로 보아, 토번 연운보 공격과 소발률국 정벌에 대한 모든 구체적 사항을 현종이 고선지 장군에게 위임하였다고 본다.

위와 관련된 사실을 스타인(Aurel Stein)은 다음과 같이 언급하였다.

> 그리하여 상황은 중국 정부가 길기트 계곡에서 가지고 있던 실지 회복을 위해 특별한 노력을 하는 것으로 되었다. 小勃律國을 공격하려고 중국의 四鎭절도사에 의해 시도되었던 세 차례 원정에서 이렇다 할만한 성과를 거두지 못했다. 그러나 황제의 조서에 의해 747년 安西부도호 한국출신의 고선지 장군에게 위임된 네 번째 원정은 성공 그 자체였다. 이번 원정의 군사 행동은 그 결과의 역사적 중요성으로 보나, 또 이 지역의 고대 지형학 관점에서 잠시 언급할 가치가 있다.98)

이는 스타인이 고선지 장군의 小勃律國 정벌이 갖는 의미에 대한 나름의 간략한 평가다. 또 스타인이 말한 것처럼 안서부도호 고선지 장군 보다 앞서 소발률국을 장악하기 위해서 세 명의 四鎭절도사(安西도호와 겸직)의 원정

---

97) 『續通志』 권237, 「唐列傳」37 '高仙芝' 吐蕃自仁琬以來三討之조, 4667쪽.

98) M. Aurel Stein, 1907, "From Kashmir to The Pamirs", *Ancient Khotan-Detailed report of archaeological explorations in Chinese Turkestan*(Oxford : At the Clarendon Press), p.8. The situation thus created obliged the Chinese Government to make special efforts for the recovery of their lost hold upon the Gilgit Valley. Three expeditions led against 'Little P'o-lü' by the Protector of 'the Four Garrisons' proved fruitless. But a fourth, entrusted in 747 A.D. by imperial decree to his Deputy, Kao Hsien-chih, a general of Korean origin, was crowned with complete success. The military operations connected with this expedition deserve to be briefly considered here, in view both of the historical importance of the result and of their interest for the ancient topography of these regions.

모두가 실패하였으나 고선지 장군만 크게 성공하였다는 사실에 대한 강조는 암시하는 바가 매우 크다. 또 고선지 장군이 길기트(小勃律)[99] 계곡을 장악하였던 그 원정길을 몇 차례 답사한 인물이 바로 스타인(Aurel Stein)이라는 사실을 고려한다면, 그가 왜 파미르 고원에 대한 지형적인 문제에 남달리 관심을 표명하였는지 알 수 있다.

또 베크위스(Christopher I. Beckwith)는 위의 사실을 다음과 같이 기록하였다.

> 747년 당나라 전략가들도 그들이 접근할 수 있는 토번의 다른 측면인, 파미르-카라코룸 지역으로 주의를 돌렸다. 가장 최근 토번은 小勃律國을 정복한 이후 몇 해 동안, 중국인들은 토번에서 그 나라를 빼앗기 위해 3차례나 시도하였다. 그러나 그 모두가 패배하였으며, 그 덧없는 출정에 대한 것은 중국역사에서 거의 언급하고 있지 않다. 마지막으로 한국출신 장군 고선지가 군사와 말을 책임진 안서사진의 副都護使 자리에 임명되었다. 고선지는 747년 봄에 분명히, 중국인과 非중국인으로 섞인 약 1만 명으로 구성된 그런 군대를 거느리고 출정하였다. 그런데 그들 모두 자신의 군마를 공급받았다.[100]

베크위스는 토번에 귀속된 소발률국을 중국이 빼앗기 위한 노력으로 이미 세 차례의 시도가 허사로 돌아갔던 사실을 주목하였다. 당은 이런 어려움을 극복하기 위해 고구려 출신 고선지에게 새로운 관직과 함께 1만 명의 병사로 출정시켰다. 그런데 위에서 베크위스는 토번 정벌에 고선지를 출정시키기 위해 당이 고선지에게 준 관직이 安西四鎭副都護使라고 주장하였는데, 이는 그가 잘못 지적한 것이다. 安西四鎭副都護使라는 직책은 토번 정벌 출정 이전에

99) 金子修一, 2001, 「唐代國際關係における日本の位置」, 『隋唐の國際秩序と東アジア』, 250쪽.

100) Christopher l. Beckwith, "T'ang China and the Arabs", *The Tibetan Empire in Central Asia*, pp.130~131, In 747 T'ang strategists also turned their attention to the other Tibetan flank that was accessible to them, the Pamir-Karakorum region. During the years after the most recent Tibetan conquest of Little Balûr, the Chinese had made three attempts to seize the country from Tibet ; all were defeated, however, and the shadowy campaigns are barely mentioned in the Chinese histories. Finally, Kao Hsien-chih, a general of Korean origin, was appointed to the positions of Assistant Protector-General of the Pacified West and Four Garrisons Commissioner-General in Charge of troops and horses. Kao set out, apparently in the spring of 747, with an army of about ten thousand men, both Chinese and non-Chinese, all supplied with their own horses.

이미 고선지의 관직이었다. 따라서 이때 고선지에게 制書를 내려 새로 임명된 관직이 다름 아닌 行營節度使였다.[101]

현종은 安西副都護 고선지가 1만 명의 步騎를 거느리고 출정하는[102] 특수부대의 총사령관으로 임명하였다.[103] 그런데 고선지 휘하 보병도 말을 가졌기 때문에 모두를 騎兵으로 분류할 수 있다는 사실이 주목된다. 구체적으로 예시한다면 '이때 보병 모두가 개인의 말이 있어 그것을 가지고 따라나섰다'[104] 라는 사실이다. 이는 그 당시 전쟁에서 변방에 사는 백성들의 공헌도가 매우 높다는 것을 의미한다. 또한 이는 중국 변방에 말이 많았다는 것을 암시하는 대목이다.[105] 이런 까닭에 『通鑑記事本末』에서는 고선지 장군이 토번 공격을 위해 출정할 때, 아예 '萬騎'를 거느렸다고 기록하였다.[106] 이 무렵 당이 보유하고 있던 말의 수는 貞觀년간과 비교하면 1/3 수준에 불과한 말 24만 필 정도다.[107] 따라서 당이 보유하고 있는 말의 절대수가 부족했기 때문에 변방 백성들의 말이 동원된 사실을 쉽게 감지할 수 있다.[108] 아무튼 현종은 특수부대 총사령관에 걸맞게 行營節度使라는 관직을 고선지에게 주었다. 고선지의 行營節度使라는 직함을 오늘날 용어로 바꾼다면, 특수부대 총사령관으로 어느 곳에서든지 필요한 물자나 인원을 쉽게 보급받기 용이하게 전권을 부여받은 그런 직함이다. 따라서 현종은 고선지에게 어느 곳에서든지 군권과 행정권을 장악할 수 있게 행영절도사라는 관직을 제수하였다. 그런데 이때 고선지 장군이 당나라 최초로 行營節度使라는 관직에 임명되었다는 사실은 의미가 크다.[109] 또 이는 현종대에 都知兵馬使에게 節度使를 겸직시킴으로써

---

101) 『資治通鑑』 권215, 「唐紀」31 玄宗 天寶 6載 制以仙芝爲行營節度使조, 6884쪽.

102) 糸賀昌昭, 「長安とバグダード」, 211쪽.

103) 『續通志』 권237, 「唐列傳」37 '高仙芝' 天寶六載詔仙芝以步騎一萬出討조, 4667쪽 ; Edwin G. Pulleyblank, 1955, "An Lu-Shan under The Dictatorship of Li Lin-Fu", *The Background of The Rebellion of An Lu-Shan*(Oxford Univ, Press), p.95.

104) 『新唐書』 권135, 「高仙芝傳」, 4576쪽, 是時步兵皆有私馬自隨 ; 『續通志』 권237, 「唐列傳」37 '高仙芝', 4667쪽, "是時步兵皆有私馬自隨".

105) 宋常廉, 1964, 「唐代的馬政」下, 『大陸雜誌』 29-2, 28쪽.

106) 『通鑑記事本末』 권32, 「吐蕃入寇」 天寶 6載 制以仙芝爲行營節度使조(1994, 北京中華書局), 2978쪽.

107) 『新唐書』 권121, 「王毛仲傳」 初監馬二十四萬조, 4335쪽.

108) 宋常廉, 1964, 「唐代的馬政」下, 『大陸雜誌』 29-2, 28쪽.

兵權을 완전히 장악할 수 있도록 한 것이 하나의 원칙이라고 본 견해가 있는데, 고선지에게 바로 그런 관직이 처음으로 주어졌다.[110] 그것이 四鎭都知兵馬使였다.

109) 張國剛, 1994,「唐代藩鎭行營制度」,『唐代政治制度硏究論集』, 臺北 : 文津出版社, 185~186쪽.
110) 嚴耕望, 1965,「唐代方鎭使府軍將考」,『李濟先生七十歲論文集』上, 臺北 : 淸華學報社, 259쪽.

제6장 토번 연운보 정벌을 위한 고선지 부대 행군 루트

1. 쿠차에서 特勒滿川(五識匿國)까지의 행군 루트

현종이 고선지에게 지휘하게 한 부대 성격은 결사대와 같은 특수부대였다. 이제 고선지는 아버지 고사계로부터 배운 고구려의 전투 방법을 제대로 발휘할 수 있는 기회를 얻은 셈이다. 토번 정벌이라는 출정 준비가 완료되자마자 고선지는 휘하 군사 1만 명을 정예의 군사로 조련시키면서 토번을 향한 대 원정을 시작하였다. 그런데 고선지는 토번 공격로를 선택하는데 있어서 가장 위험한 지역을 택하였다. 물론 우리가 아는 바와 같이 파미르 고원과 힌두쿠시 산맥은 10,000여 명이나 되는 군대가 통과하기에는 기후와 지형 모두가 최악의 조건이라고 해도 틀린 말은 아니다. 게다가 파미르 고원은 토번과 사라센 제국의 군대가 가까이 포진하고 있는 그런 지역임에도 불구하고 고선지는 적이 생각지 못하는 난공불락 코스를 택하여 횡단하는 작전계획을 수립하였다.[1] 어쩌면 이는 고선지 장군이 적의 마지노선을 공략하여 토번 정벌 완수는 물론, 토번과 연합한 西突厥에게도 무력시위의 효과를 노린 그런 작전이다. 오늘날 표현을 빌리면, 고선지 장군이 사용한 전략과 전술은 현대전의 게릴라전법과 같다. 당시 토번과 서돌궐은 결혼동맹으로 결속된 관계였다. 구체적으로 말하면, 738년경 토번왕과 西突厥可汗은 자신의 딸들을 교환하여 각각 부인으로 맞이하여 서로의 유대관계를 강화하였다.[2] 이때

1) Annabel Walker, 1995, “Escape From Civilization”, *Aurel Stein : Pioneer of the Silk Road*(Univ. of Washington Press), p.214.

2) 『資治通鑑』 권214, 「唐紀」30 玄宗 開元 26年 6月 旣尙唐公主조, 6833쪽.

고선지의 대원정의 시작은 天寶 6載(747) 음력 3월 하순부터였다.[3] 고선지가 행군한 원정로는 다음과 같다.

> 그때 보병은 모두 개인 소유의 말이 있어, (고선지 부대는) 安西에서 출발한 지 15일만에 撥換城에 이르렀고, 또 (발환성에서) 10여 일 행군하여 握瑟德에 이르렀다. 다시 10여 일 진군하여 疏勒에 이르렀고 또 20여 일 진군하여 葱嶺守捉에 도착하였다. 그 후 또 20여 일 진군하여 播密(蜜)川에 이르렀다. 다시 20여 일 진군하여 特勒滿川(아모강 상류)에 이르렀는데, 이곳이 바로 五識匿國이다.[4]

고선지가 나름대로 전략을 세워 행군한 루트에 관한 사료다. 다시 말해 고선지가 천산산맥과 타림분지가 만나는 그 길을 따라 진군해 가는 과정과 그 소요 일수에 대한 기록이다. 우선 위의 사료에서 고려하여야 할 사항은, 앞서 지적한 것처럼 고선지 휘하 보병의 경우 모두 개인 말을 소유하고 있다는 사실이다. 그런데 앞에서 베크위스(Christopher l. Beckwith)는 고선지 휘하 군사 만 명은 모두 개인 소유의 말을 가지고 전쟁터로 향했다고 주장했다.[5] 또한 황인우(Ray Huang)도 이 무렵 변방에 사는 蕃人은 개인 말을 갖고 있었다고 주장했는데, 이 견해는[6] 옳다고 본다.

이때 기병으로 참가한 자들은 당에서 공급한 말을 갖고 있었다. 그러므로 보병으로 참전한 경우만 개인 소유 말을 갖고 출정하였던 사실을 그가 잘못 해석한 것 같다. 이 점에 대하여는 뒤에서 다시 밝히겠다. 그렇다면 고선지가

---

3) 고선지가 安西도호부를 출발한 때를 3월 하순경부터 역산한 이유는 다음과 같다. 安西도호부에서 五識匿國(護密國)까지 진군한 날수만 100여 일이나 된다. 그 후 바로 고선지는 그의 부하장수들에게 공격 명령을 내리면서 7월 13일에 토번 連雲堡에서 만날 것을 작전 지시한 날 수에서 역산한 결과가 100여 일이다.

4) 『舊唐書』 권104, 「高仙芝傳」, 3203쪽, "時步軍皆有私馬, 自安西行十五日至撥換城, 又十餘日至握瑟德, 又十餘日至疏勒, 又二十餘日至葱嶺守捉, 又行二十餘日至播密川, 又二十餘日至特勒滿川, 卽五識匿國也".

5) Christopher l. Beckwith, *op. cit.*, pp.130~131, 이때 토번 정벌을 하기 위한 고선지의 1만의 군사에 기병과 보병이 있었는데, 이를 Christopher l. Beckwith는 漢族과 비 漢族으로 구성되었다는 식으로 잘못된 해석을 하였다.

6) 황인우(Ray Huang), 2002, 「문관과 무관의 불협화음, 안사의 난」, 『赫遜河畔談中國歷史』(권중달 역, 『허드슨 강변에서 중국사를 이야기하다』, 푸른역사), 290쪽.

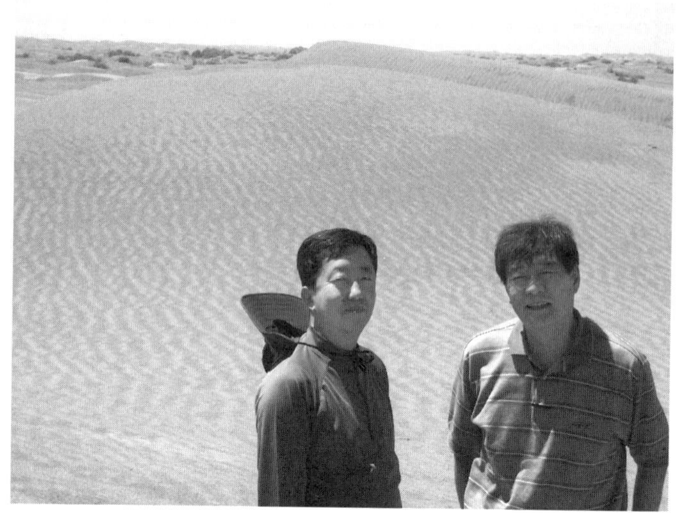

2005년 7월 고선지 루트 답사중 쿠차 남쪽 타클라마칸 사막에서 소설가 김주영 선생과 함께한 필자

지휘하는 기·보병 만 명 모두 말을 갖고 있었다는 사실은, 기실 모두가 기병처럼 기동력이 있었다는 이야기다. 그 이유는 고선지가 안서도호부에서 멀리 떨어진 파미르 고원의 난공불락의 요새, 토번의 連雲堡로 진격하기 위해 필요한 군수품을 옮기는 일은 물론이고 먼 거리를 이동하기 위해서는 기병이 아닌 보병과 같이 느린 속도로 행군한다는 것은 불가능하다. 그러나 이때 안서도호부의 치소에 있던 말은 불과 2천 7백 필이었다.[7] 安西都護가 아닌 고선지가 1만 필이나 되는 말을 동원하도록 한 것은 그의 직함이 行營節度使였기 때문이다. 바꾸어 말하면 황제 명령으로 수행되는 특수한 정벌 전쟁에 출정하는 상황이라, 고선지는 1말 필의 말을 징발, 동원할 수 있었다. 구체적으로 당의 內外閑廐가 보유하고 있는 말이[8] 고선지의 토번 연운보 정벌을 위해서 보급되었다는 사실을 짐작할 수 있다.

실제로 이때 동원된 말 수는 1만 필 이상이었을 게 분명하다. 그 까닭은 병사 1만 명은 물론 말을 탔으며, 또 물자도 말에 의해 수송하였기 때문이다. 고선지 부대의 특수 임무 성격상 보병이 그 역할을 감당할 수 없다. 그런데 司馬光도 필자 생각과 같았다. 따라서 그는 아예 고선지가 1만 기병을 거느리고 출정하였다고 기록하였다.[9] 한편 이와 관련된 『舊唐書』의 사실을 베크위스는

7) 『舊唐書』 권38, 「地理志」1, 安西節度使조, 1385쪽.

8) 지배선, 2006, 「고구려 유민 왕모중의 발자취」, 58~67쪽, 開元 9년경 고구려 유민 內外閑廐使 王毛仲이 기른 말의 수가 무려 43만 필이었다.

당나라 시대 기마도용 모습에서 고선지 휘하 안서절도의 군사 모습을 그려볼 수 있다.

다음과 같이 정리하였다.

> 그들은 15일만에 쿠차에서 악수(발환성)에 당도하였고, 그리고 "10여 일만에" 구스틱(악비덕)까지, "10여 일만에" 카쉬가르(소륵)까지, "20여 일만에" 총령(파미르 고원)의 요새(총령수착)까지, "20여 일만에" 파미르 계곡(파밀천)까지, 그리고 테레만(특륵만천)까지, 그런데 테레만이 바로 오식닉국인데 "20여 일만에" 도착하였다. 물론 그 원정 일정에서 언급된 지점에서 여러 날 머무르기도 했다.[10)]

그런데 베크위스는 고선지가 지휘하는 당나라 부대의 행군 소요 기간에 대해 특별한 관심을 표명하였다. 그 까닭은 당군의 원정이 얼마나 힘든 일이었던 것인가를 설명하려는 의도다. 또 그는 고선지 부대가 짧게는 10여 일 길게는 20여 일 동안 행군하면서 위의 지역들에서 여러 날 머물렀다는 사실을

---

9) 『資治通鑑』 권215, 「唐紀」31 玄宗 天寶 6載 將萬騎討之조, 6884쪽.

10) Christopher I. Beckwith, "T'ang China and the Arabs", *The Tibetan Empire in Central Asia*, p.131, They marched from Kucha to Aksu in fifteen days, then to Gustik in "over ten days", to Kashgar in "over ten days", to the Stronghold of Ts'ung-ling (the "Onion Range"[Pamirs]) in "over twenty'days", to the Pamir Valley in "over twenty days", and to the T'e-le-man valley, "that is, the country of the five Shughnan", in "over twenty days". No doubt many additional days were spent resting at the points mentioned in the itinerary.

아울러 지적했다. 물론 그의 추단은 옳다. 『舊唐書』「高仙芝傳」의 고선지 부대의 행군에 관한 사료는 현종대의 당의 서북 변방의 지리적인 상황을 이해하는 데도 중요하다. 따라서 위에서 언급된 지명을 하나씩 고찰하겠다.

하나는 安西(龜玆, 금일의 庫車=Kucha)에서[11] 출발한 고선지 부대가 15일 만에 撥換城(오늘날 阿克蘇, Aksu)에 도착했다는 점이다. 賈耽의 『安西入西域道』의 姑墨州가 바로 撥換城이다. 여기서 撥換城은 옛 姑墨國이다.[12] 隋 大業년간 姑默(墨)國은 쿠차에 복속되었던 나라였다.[13] 安西都護府가 있는 龜玆에서[14] 출발하여 보름이 지나 발환성에 도착한 것은, 그 당시 두 지역 간의 교통 상황과 기후 등의 형편을 가늠할 수 있는 좋은 잣대다. 그런데 쿠차에서 撥換城은 지도상 직선거리로 300㎞를 넘지 않았다.[15] 그렇다면 고선지 휘하의 기병이 무려 15일 걸려 撥換城에 도착했다는 사실은 암시하는 바가 크다. 왜냐하면 고선지 부대가 1일 20㎞정도밖에 행군하지 못하였다는 계산이 나오기 때문이다. 물론 安西(龜玆)에서 撥換城까지의 길 상태가 평탄하지 않을 뿐 아니라 나지막한 산악과 하천을 끼고 있다는 사실을 감안한다면, 쿠차에서 출발한 고선지 부대의 발환성까지의 실제 행군거리는 400㎞ 이상이다. 그렇더라도 고선지 부대의 1일 행군 거리는 30㎞를 넘지 못하였다. 고선지 휘하의 모든 병사가 말을 탄 기병이었는데 1일 30㎞정도밖에 행군하지 못한 것은 무엇을 의미하는가. 물론 1만 기병이 군수품과 군량 등 중요물자를 수송하며 이동하였던 것은 사실이나 기병의 1일 행군거리로 30㎞정도는 너무 짧다. 바꾸어 말하면, 앞에서 지적한 것처럼 도로가 산악의 언저리에 위치한데다가 타클라마칸 사막에서 부는 강풍 등으로 악천후의 연속이라 행군하기 여간 어려웠던 게 아니다. 또한 토번·서돌궐의 침입이 빈번하였던 곳이라 조심스럽

---

11) 張星烺, 1962,「高仙芝平定勃律」,『中西交通史料彙編』5, 臺北 : 世界書局, 163쪽 ; 諏訪義讓,「高麗出身高仙芝事蹟攷」, 189쪽.

12) 張平, 2004,『龜玆－歷史文化探秘－』, 154쪽.

13)『北史』권97,「龜玆國」龜玆國조, 3217~3218쪽.

14)『舊唐書』권198,「龜玆國傳」先是, 太宗旣破龜玆조, 5304쪽 ; 楊建新, 1988,「突厥族」,『中國西北少數民族史』, 寧夏 : 人民出版社, 308쪽.

15) 譚其驤主編, 1982,「隴右道西部」,『中國歷史地圖集,隋·唐·五代十國時期』, 北京 : 地圖出版社, 63~64쪽.

고선지의 활동무대였던 천산남로에서

게 정찰하며 부대가 이동했기 때문에 많은 시일이 소요되었다. 하루 행군 거리가 짧았던 가장 큰 이유는 安西都護府(오늘의 新疆省 庫車)의 남방지역 대부분이 자주 토번과 서돌궐의 침공을 받았기 때문이다. 고선지의 1만 기병은 쿠차를 출발하여 보름이 지나서 겨우 撥換城에 도착하였다. 필자가 발환성이 清代에 어느 지명이었는지를 정확히 지적하는데 어려움이 있으나 대략 清代부터는 阿克蘇로 불렸다. 그런데 阿克蘇는 漢代 溫宿·姑墨國이 있었다.[16] 溫宿·姑墨국을 하나로 묶어 표시한 것은 王莽 때 姑墨國왕 丞이 溫宿왕을 살해하고, 그 나라를 병합했기 때문이다.[17] 姑墨國 위치를 살펴보면, 姑墨國 동쪽에 쿠차국이 있었으며, 또 姑墨國과 인접한 서쪽에 溫宿國이 있었다.[18] 溫宿·姑墨國에 관한 이야기가 고선지와 동시대 이야기는 아니지만, 고선지 부대가 토번 정벌을 위해 撥換城에서 대규모 정비와 보급품 조달을 받았을 것이라는 점을 미루어 짐작할 수 있다. 이와 같이 추단하는 까닭은 漢代 姑墨國의 戶가 3천 5백, 口가 2만 4천 5백인데, 銅·鐵·雌黃이 생산되었고,[19] 溫宿國의 戶가 2천 2백, 口가 8천 4백이었기 때문이다. 다시 말해 唐代에 撥換城은 고선지 부대가 인력은 물론이고 원정에 필요한 군수품을 지원받을 만한 보급기지로 볼 수 있다.

16) 『欽定大清一統志』 권418, 「阿克蘇」, 634~636쪽.
17) 『漢書』 권96상, 「姑默國傳」, 3910쪽.
18) 『漢書』 권96상, 「溫宿國傳」 東通姑墨二百七十里조, 3910~3911쪽.
19) 『漢書』 권96상, 「姑默國傳」 出銅조, 3910쪽.

2006년 8월 초 고선지 공동연구자들과 키르기스스탄의 이식쿨 호 앞에서

고선지 장군이 군사를 이끌고 첫 기착지였던 발환성에서 며칠을 체류하였는데, 현장은 한 세기 전에 그곳을 지나면서 『大唐西域記』에서 그곳에 관한 사실을 썼다. 현장이 본 撥換城에는 跋祿迦國이 있었다. 그 내용을 보자.

> (屈支國, 龜玆國) 여기서 다시 서쪽으로 6백여 리를 가면, 작은 사막을 지나고 跋祿迦國에 이른다. 跋祿迦國은 동서가 6백여 리고, 남북이 3백여 리다. 그 나라의 서울의 성은 둘레가 5~6리다. 산물·기후·인정·풍속·문자의 법칙은 屈支國과 같으나 언어가 약간 차이가 있다. 이 나라에서 가는 올로 짜는 모전과 모직물은 이웃나라에서 소중히 취급한다. 가람은 수십 군데이고, 승려가 1천여 명이며, 소승의 설 '一切有部'를 학습하고 있다.[20]

일반적으로 唐代에 撥換으로 불렸던 이곳은 玄奘이 구법 순례할 때는 跋祿迦國이 있었다. 『大唐西域記』에 소개된 내용에 따르면, 跋祿迦國의 영토는 阿耆尼國(焉耆)보다 작다. 발녹가국의 모든 것이 屈支國과 같다는 말은 阿耆尼國과도 일맥상통한다는 뜻이다. 그 중 제일 주목되는 것은 발녹가국 문자 법칙이 굴지국과 같다는 사실이다. 阿耆尼國·屈支國 그리고 跋祿迦國 문자 모두가 인도 문자에서 따왔다는 이야기다. 이는 발녹가국이 아기니국·굴지국과 마찬가지로 모두가 중국문화권이 아닌 인도문화권에 속하였다는 방증이다. 또 세 나라 모두가 불교국가로 소승교를 믿으며 '一切有部'를 학습한 사실마저

20) 『大唐西域記』 권1, 「跋祿迦國」, 65~66쪽, "從此西行六百餘里, 經小沙磧, 至跋祿迦國. 跋祿迦國東西六百餘里, 南北三百餘里. 國 大都城周五六里. 土宜·氣序·人性·風俗·文字·法則同屈支國, 言語少異. 細氈細褐, 鄰國所重. 伽藍數十所, 僧徒千餘人, 習學小乘教說一切有部".

똑같다. 이런 곳을 고선지는 1만 명의 군사를 거느리고 토번 연운보를 정벌하기 위한 대원정의 첫 기착지로 삼았다. 발환성에서 고선지가 원정에 필요한 물자를 공급받았을 것이라는 추정은 어렵지 않다. 그런데 撥換도 焉耆나 龜玆처럼 교통 요지였다. 그 이유는 撥換城에서 서북으로 3백여 리를 가서 凌山(오늘날 天山산맥)을 넘어 다시 4백여 리를 지나면 大淸池(熱海, 이식쿨 호)에 도착하는 루트이기 때문이다.[21)]

카스에서 북으로 70여km 떨어진 곳의 고선지 시대부터 있던 군영 터

둘은 고선지의 기병이 撥換城에서 10여 일 진군해 握瑟德에 이르렀다는 사실이다.[22)] 악비덕은 발환성에서 남서쪽으로 200㎞정도 떨어진 곳에 위치한다.[23)] 賈耽은 악비덕을 據史德城 또는 鬱頭州라 했다. 淸代는 握瑟德을 烏什이라고 불렀다. 악비덕은 前漢시대에 尉頭國이 있었으며, 그 나라는 戶가 3백, 口가 2천 3백 정도의 작은 나라로 烏孫과 같은 복장을 하였으며, 남으로 疏勒과 접하였다.[24)] 隋代는 疏勒國 영토였다.[25)] 고선지가 토번 정벌을 위해 첫 출정지인 安西에서 발환성까지 300㎞를 400㎞로 계산하였던 방식대로 한다면, 발환성에서 악비덕까지를 300㎞라고 추정할 수 있다. 그렇다면 발환성에서 악비덕까지도 고선지의 기병이 안서에서 발환성까지 행군 속도와 마찬가

21) 『大唐西域記』 권1, 「凌山及大淸池」, 67~71쪽.

22) 『冊府元龜』 권358, 「將帥部」19 '立功'11 '三十餘日至握瑟德조, 4246쪽, 『冊府元龜』는 撥換城에서 握瑟德까지 行軍 기간을 10餘日이 아니라 30餘日걸렸다고 기록하였다.

23) 譚其驤 主編, 「隴右道西部」, 63~64쪽.

24) 『漢書』 권96상, 「尉頭國傳」 尉頭國조, 3898쪽.

25) 『欽定大淸一統志』 권418, 「烏什」, 637~638쪽.

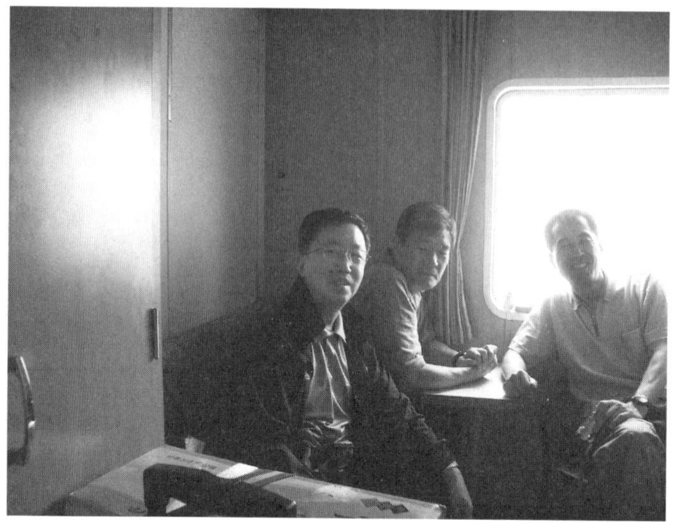
2005년 7월 고구려 유민이 당으로 끌려간 루트를 취재하기 위해 인천항에서 단둥으로 향하는 선실에서

지로 대략 1일 30㎞정도 진군하였다는 이야기다. 여기서 고선지 기병의 1일 진군하는 거리가 대략 30㎞정도였다는 사실에서 다음과 같은 결론을 내릴 수 있다. 용맹스러운 고선지의 기병에 대해 토번이나 서역 제국 군사의 도전이 없었던 것 같다. 이와 같이 추론하는 이유는 고선지 휘하의 기병들의 행군 속도가 거의 한달 가까운 기간 동안 변함없다는 사실에서 쉽게 추측할 수 있다. 그런데 여기서 한 가지 의문을 갖게 된다. 왜 고선지 장군은 토번 가는 지름길인 타림분지를 횡단하지 않았는가 하는 점이다. 이에 관해 두 가지로 정리가 가능하다. 하나는 고선지의 기병이 아무리 용맹하더라도 타림분지의 기후조건이 너무 악조건이라 북에서 남으로 횡단이 무리라는 사실이다. 다른 하나는 토번 정벌 전에 토번에게 복속되었던 서역 제국에 대한 선무공작도 고선지가 염두에 두었다고 본다. 그러나 이보다는 서역 제국을 아우르면서 서역 교통로를 장악하고 있는 토번 요새를 점령하기 위해 고선지 장군이 가장 빠른 길을 택했다고 보는 게 설득력이 있다. 게다가 머나먼 원정길이라 타림분지 안으로 들어가 우회하는 행군은 더욱 위험하다. 즉 오랜 기간 동안 고선지 부대가 행군하면서 때로는 쉬고 보급도 받아야 하는데 그렇게 할 마땅한 방법이 없었기 때문이다.

셋은 고선지 부대가 握瑟德에서 10여 일 진군하여 疏勒(오늘날 Kashgar, 카스)에[26] 이르렀다는 것이다. 그런데 前漢시대 疏勒國은 戶가 1천 5백 10이며,

口가 1만 8천 6백 47이었다.[27] 이는 1戶 당 12口 이상의 대가족제다. 後漢 시대에는 明帝 永平 16년(73) 쿠차왕 建이 소륵을 공격하여 소륵왕 成을 살해하고, 쿠차왕 左侯 兜題를 소륵왕으로 임명하였는데, 이듬해 봄 後漢 軍司馬 班超가 소륵에서 兜題를 결박하고, 成의 兄子 忠을 소륵왕으로 세웠다.[28] 隋代는 소륵국에서 쌀과 조 등의 곡물이 풍부한데다 철과 구리마저 생산되었는데, 매년 突厥에 조공하였다.[29] 정관년간에는 突厥可汗의 딸을 소륵왕이 부인으로 맞아들였다.[30] 또 정관년간 소륵에 안서사진 가운데 하나로 도독부가 설치되었으며, 그 후 토번에 의해 함락되었으며, 長壽 2년에 다시 당의 도독부가 되었다. 淸代부터 소륵을 喀什噶爾라 불렀다.[31] 또한 소륵은 동서 교섭사상에서 중요한 길목이다. 즉 소륵에서 서쪽으로 나가면 大月氏·大宛·康居로 통하는 길이 펼쳐진다.[32]

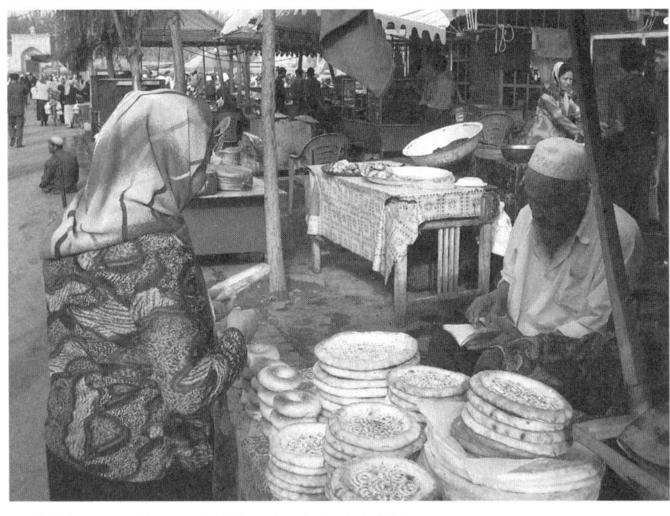
서역에서 볼 수 있는 호떡(胡餠). 카스에서 필자 촬영

그런데 위의 大月氏(支)는 漢初에 匈奴 冒頓單于에 의해 공파되었으며, 그 후 또 匈奴 老上單于가 月氏왕을 죽여, 月氏왕의 두개골을 飮器로 삼자 심히

26) 張星烺, 「高仙芝平定勃律」, 164쪽.

27) 『漢書』 권96상, 「疏勒國傳」 疏勒國조, 3898쪽.

28) 『後漢書』 권47, 「班超傳」因立其故王兄子忠爲王조, 1547쪽 ; 『後漢書』 권88, 「疏勒國傳」 明帝永平16年조, 2928쪽, 『後漢書』의 「班超傳」에서 忠을 疏勒王으로 세운 시기를 이듬해 봄이라 하였으나 『後漢書』의 「疏勒國傳」은 그 해 겨울이라고 다르게 기록하였다.

29) 『隋書』 권83, 「疏勒傳」 土多稻조, 1852쪽.

30) 『舊唐書』 권198, 「疏勒國傳」 貞觀中조, 5305쪽, 疏勒國은 唐代에 그들만의 글을 갖고 있었다.

31) 『欽定大淸一統志』 권418, 「喀什噶爾」, 639~641쪽.

32) 『欽定大淸一統志』 권418, 「喀什噶爾」, 640쪽 ; 『漢書』 권96상, 「疏勒國」 有市列조, 3898쪽.

두려워 멀리 서쪽으로 민족이동을 한 그 月氏다.[33] 後漢시대는 大月氏 서쪽으로 安息과 접하였다.[34] 前漢 시기 康居國도 大月氏와 풍속이 같다는 사실은 大月氏의 月氏가 더 서방으로 이주한 무리라는 것이다.[35] 漢代 大宛은 汗血馬로 유명한 나라로, 大宛國은 북으로 康居國과 접하였고, 남쪽으로는 大月氏와 맞닿은 나라다.[36] 梁나라 僧 慧皎가 저술한 『高僧傳』에 언급된 漢 雒陽 支樓迦讖도 본래 月支(氏)人이다.[37] 西晉 武帝시 長安의 僧 竺曇摩羅刹의 조상은 月支人으로 本姓이 支氏로 대대로 燉煌郡에서 살았다. 竺曇摩羅刹의 中國 名은 法護로, 그는 『初日明經』을 初譯했고, 그 당시 사람 모두가 竺曇摩羅刹을 '燉煌菩薩'이라 불렀다.[38]

악비덕에서 소륵까지의 거리는 악비덕에서 서서남으로 거의 300㎞나 된다. 그렇다면 고선지의 기병부대가 종전보다 빠르게 악비덕에서부터는 1일 30여㎞를 행군하였다는 이야기다. 이는 握瑟德에서 疏勒으로 가는 길이 앞의 길과 다르게 대부분이 평원이라 많은 사람이 살고 있어 물자 보급 등이 용이한 지역이 산재한 것과 깊은 연관이 있다. 고선지 부대는 타림분지 북방을 끼고 계속 서쪽으로 진군하였다. 따라서 쿠차도독부(안서도호부의 본부)에서 출발한 고선지 부대는 약 40여 일만에 소륵도독부에 도착하였다. 그런데 疏勒國에 疏勒都督府를 최초로 설치한 시기는 毗沙都督府와 거의 같은 때인 上元년간(674~675)이다.[39]

그런데 흥미로운 사실은 고선지가 토번 連雲堡를 향해 원정 20년 전인 727년 新羅僧 혜초가 그 길을 통과하였다는 기록이 있다. 즉 혜초는 『往五天竺國傳』에서 인도에서 구법을 마치고 돌아올 때 소륵을 거쳐 쿠차로 들어온 여정에 대해 언급하였다. 즉,

---

33) 『漢書』 권96상, 「大月氏國傳」 本居敦煌조, 3890~3891쪽.
34) 『後漢書』 권88, 「大月氏國傳」 大月氏國조, 2920쪽.
35) 『漢書』 권96상, 「康居國傳」, 3891~3892쪽.
36) 『漢書』 권96상, 「大宛國傳」 北與康居조, 3894쪽.
37) 『高僧傳』 권1, 「漢雒陽支樓迦讖傳」 支樓迦讖조, 10쪽.
38) 『高僧傳』 권1, 「晉長安竺曇摩羅刹傳」 竺曇摩羅刹조, 33~34쪽.
39) 『舊唐書』 권40, 「地理志」3 上元中조, 1648쪽.

疏勒에서 다시 한 달 동안 동쪽으로 가면, 쿠차(龜玆)國에 이르는데, 이곳이 安西大都護府이다. 중국군 총사령부가 있다.[40]

혜초가 長安으로의 귀환 여정과, 고선지 장군이 龜玆에서 疏勒을 향한 원정 방향은 서로 반대가 된다. 그 까닭은 혜초는 해로를 이용해 인도에 들어간 후 육로를 통해 장안으로 가는 상황이기 때문이다. 여기서 혜초가 언급한 중요 사실은 소륵에서 쿠차까지 한 달 여정이라는 대목이다. 그런데 고선지가 군사를 거느리고 쿠차에서 소륵까지 왔을 때와 달리 소요 기간이 대략 40일 정도라서, 약 10일 차이가 있다. 혜초의 순례단의 규모가 적지 않더라도 그런 여행과 달리 고선지 장군의 경우처럼 1만 명이나 되는 대규모 군사 이동시는 보급품부터 시작하여 고려할 점이 많기 때문에 단순 비교할 수 없다. 고선지 장군이 1만의 군사를 거느리고 쿠차에서 소륵까지 가는데 40일정도 소요되었다는 것은 민첩하게 움직였던 결과로 해석할 수 있다.

고선지의 안서사진 가운데 제일 서쪽의 소륵진 서북에 위치한 무즈타카타산(해발 7,546m) 앞에서

고선지보다 한 세기나 앞서 葱嶺守捉에서 疏勒으로 향하기 전에 玄奘은 烏鎩國에 도착하였다. 현장은 그곳에 절이 10여 곳이 있고, 승려도 천 명 가까이 있는 나라로 朅盤陀國(Tashqurgan)에 예속된 상태라고 기록했다.[41] 고선지는 토번 연운보와 소발률국 정복을 위해서 그의 군사들과 함께 이곳을

40) 『往五天竺國傳』, 75쪽, "又從疏勒東行一月, 至龜玆國, 卽是安西大都護府. 漢國兵馬大都集處".
41) 『大唐西域記』 권12, 「烏鎩國」 伽藍十餘所조, 990~991쪽.

고선지가 토번 연운보 원정 시 경유한 疎勒鎭 부근

통과하여 총령수착으로 향하였을 것이 분명하다. 다시 말해 그 지역에서 고선지 군사들이 일시 휴식을 취하였을 것이다. 지금도 疏勒에서 타시쿠르간을 가는 중간에 7~8세기경 옛 구조물의 하단부가 아직도 남아 있다. 이는 필자가 2005년부터 세 차례나 확인하였다.

넷은 疏勒에 도착한 고선지의 기병이 멀리 파미르 고원을 바라보고 오름길에 들어섰다는 점이다. 疏勒을 출발한 지 20여 일만에 葱嶺守捉(오늘날 撒里庫爾, Sarikol)에[42] 이르렀다. 그런데 唐代에 疏勒에서 총령수착으로 가는 루트가 소개되고 있다. 『新唐書』의 「地理志」에서 말하는 그 루트를 들어보면,

> 疏勒에서 서남쪽으로 들어가면, 劍夫谷·青山嶺·青嶺·不忍嶺을 지나는데, 6백리를 가면 葱嶺守捉에 이르는데, 옛날 羯盤陀國이며, 開元년간에 守捉을 설치했는데, 安西의 가장 변두리 수비대다.[43]

42) 張星烺, 「高仙芝平定勃律」, 164쪽.

43) 『新唐書』 권43하, 「地理志」7하, 1150쪽, "自疏勒西南入劍夫谷·青山嶺·青嶺·不忍嶺, 六百里至葱嶺守捉, 故羯盤陀國, 開元中置守捉, 安西極邊之戍".

소륵에서 총령수착을 가려면 험준한 劍夫谷·靑山嶺·靑嶺·不忍嶺을 통과해야 한다. 그곳이 옛날 羯盤陀國(撒里庫爾, Sarikol)이다. 이들 계곡과 준령들은 모두 험준한 산악지대다. 그런 길을 6백 리를 지나야 총령수착에 당도한다. 그런데 소륵에서 총령수착까지 이르는 길이 6백 리나 되었다. 앞서 언급한 언기에서 안서도호 쿠차까지가 630리였다는 사실을 비교하면 소륵에서 총령수착까지의 길도 꽤나 먼 길이다.

총령수착이 위치한 곳은 세계의 지붕이라 일컫는 그 유명한 播蜜(帕米爾)계곡(Pamir Valley)이다. 그런데 소륵에서 총령수착까지는 직선거리로 불과 200여㎞밖에 되지 않는다.[44] 앞의 방식대로 우회거리가 있다는 것을 감안하더라도 300㎞정도인데 부대의 행군 일수는 무려 20여 일 이상 걸렸다. 이때 기병이 1일 15㎞정도밖에 진군하지 못했다는 계산이 나온다. 우리가 잘 알고 있듯이 葱嶺이 워낙 가파른 산악이라 앞으로 진군한다는 것 자체가 말 탄 기병이라 하더라도 보통 일이 아니다. 이때는 고선지의 부대가 파미르 고원을 넘는 순간이었다. 그런데 이곳을 답사하였던 스타인(Aurel Stein)은 파미르 계곡이 얼음으로 뒤덮였다고 하니, 고선지 장군이 10,000명을 이끌고 행군한 속도 또한 더딜 수밖에 없었다.[45] 그런데 스타인이 세 번씩이나 파미르 고원 일대를 답사하였던 이유 가운데 하나가, 747년 고선지 장군이 파미르 고원과 힌두쿠시 산맥을 정복하였던 그 길이 어떤 길인가를 확인하기 위해서다.[46] 스타인(Aurel Stein)도 고선지 장군이 너무 대단한 인물이라는 것을 스스로 그 길을 답사함으로써 확인하였다. 고선지 휘하의 기병들은 타림분지의 서쪽 끝을 돌아서 당의 파미르 고원 수비대가 주둔하고 있는 총령수착에 도착하였다. 그런데 용어에서 守捉과 鎭이 군과 관계되는 동질성을 갖고 있으니 총령수착이 바로 총령진을 뜻한다는 견해가 있다. 신라 혜초의 『왕오천축국전』에 나오는 葱嶺鎭이 바로 葱嶺守捉이라는 것이다.[47]

---

44) 譚其驤 主編, 「隴右道西部」, 63~64쪽.

45) Annabel Walker, "Birth of a Great Adventure", *Aurel Stein : Pioneer of the Silk Road*, p.73, 위의 Pamirs, HinduKush, Yasin 그리고 Gilgit 지역 모두는, 오늘날 파키스탄 북부 지역이다.

46) M. Aurel Stein, 1912, "On the Darkot Pass", *Ruins of Desert Cathay*,(London : Macmillan and Co., Limited), p.52.

그런데 唐代에는 邊軍 규모가 큰 것을 軍·城·鎭이라 하고, 작은 邊軍을 守捉이라고 부르는 경우가 많다.[48] 그렇다면 이는 이때 멀고 험한 총령 주둔군의 수가 다른 도독부보다 규모가 작은 것과 상관있다. 그리고 총령수착을 총령진으로 표기한 것도 나름대로 이유가 있다. 그 까닭은 비록 적은 수의 병사가 총령수착에 주둔하고 있으나 그곳을 관리하기 위해 드는 비용 등이 만만치 않아 다른 鎭과 비교하더라도 총령수착이 결코 뒤지지 않기 때문에 鎭이라 불렀던 것이 아닐까.

고선지 장군이 1만의 병사들과 함께 소륵을 출발하여 20여 일만에 총령수착에 도착했다는 사실을 주목하고 싶다. 그 이유는 앞서 소륵에서 쿠차까지 혜초가 한 달 걸린다고 언급한 것처럼 총령에서 소륵 구간의 소요일자에 대한 기록이 있기 때문이다.

> 葱嶺에서 다시 한 달 동안 걸어 疏勒에 도착했는데, 외국인은 부르기를 伽師祇離國(Kashgar)이라 한다. 이곳은 중국 군마가 있는 守捉이었다. 절도 있고 중도 있다. 소승불교를 신봉하며, 그들은 고기와 마늘과 파를 먹으며, 백성들은 면포와 양모로 지은 옷을 입고 있다.[49]

혜초의 기록 중 중요한 대목은 葱嶺에서 걸어서 한 달을 가면 소륵에 도착한다는 사실이다. 고선지는 1만의 군사를 거느리고 소륵에서 총령수착을 가는데 20여 일만에 도착한 사실은 놀랍다. 그것도 혜초처럼 下山이 아니라 고선지는 많은 군사를 거느리고 산악을 오르면서도 혜초보다 대략 10일 빨리 목적지에 도착했다. 이는 고선지가 현종의 명령을 받고 토번 連雲堡를 급습하기 위해 계절적인 요인 등을 고려해 매우 빨리 이동했다는 구체적인 증거다. 다시 말해 고선지가 토번 연운보 함락을 위해서 기민하게 대처하였다

---

47) 日野開三郎, 1980,「唐代藩鎭の跋扈と鎭將」,『日野開三郎 東洋史學論集』第一卷, 東京 : 三一書房, 424쪽.

48) 張國剛, 1994,「唐代的蕃部與蕃兵」,『唐代政治制度研究論集』, 100쪽.

49)『往五天竺國傳』, 75쪽, "又從葱嶺步入一月, 至疏勒, 外國自呼名伽師祇離國, 此亦漢軍馬守捉, 有寺有僧, 行小乘法, 喫肉及葱韮等, 土人著疊布衣也".

고 평가할 수 있다. 그렇다면 고선지가 쿠차와 소륵 구간에서 혜초와 비교해 대략 10일정도 느린 것이 1만 군사에서 야기된 사실들을 고려한다면 결코 지연되었던 것이 아니다. 고선지는 토번 연운보를 향한 원정길에 여러 '鎭'과 '守捉'을 경유하면서 필요 물자 등을 챙겨야하는 불가항력적 문제가 있어 혜초처럼 빨리 갈 수는 없었다.

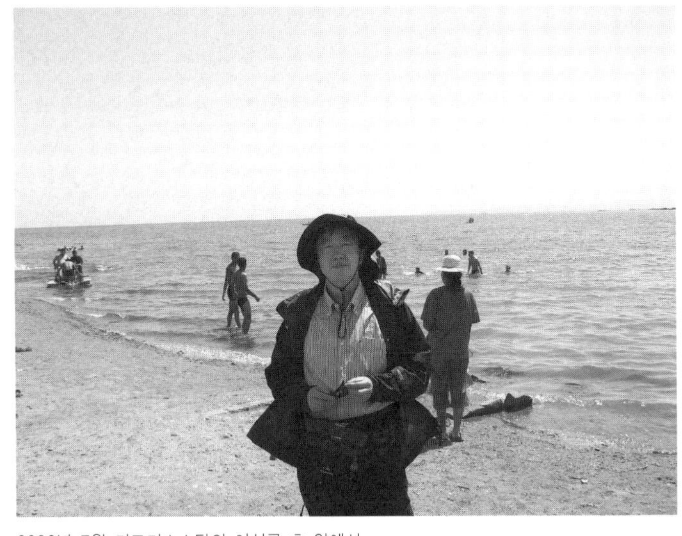
2006년 7월 키르기스스탄의 이식쿨 호 앞에서

그런데 혜초는 당시 당의 疏勒鎭을 '鎭'보다 규모가 작은 '守捉'으로 기록하였다. 아마 혜초가 본 軍馬 수가 그렇게 많지 않았기 때문이 아닐까 싶다. 또 쿠차처럼 소륵에는 절과 승이 있었으나 많지 않아 '足'이라는 표현 대신 '有'라고 표현한 것 같다. 아무튼 소륵도 쿠차처럼 小乘佛教가 유포됐음을 혜초는 알고 있었다. 혜초는 소륵에서 불교가 유행하고 있는데도 소륵 사람들이 고기를 먹는 사실이 이상했던지 이를 기록하였다.

그런데 혜초는 소륵에 당나라 사람이 세운 大雲寺라는 절이 있다는 사실을 언급하였다. 大雲寺 주지 이름을 언급하지는 않았으나, 그 주지가 崏州사람이라고 구체적으로 기록하였다.[50] 안서사진 가운데 하나가 소륵이어서 당나라 군사가 적지 않게 주둔하였기 때문에 중국인의 절이 있었던 것이다. 그러나 疏勒에서는 安西나 于闐처럼 大乘法이 행하여지지 않았다. 그 이유는 소륵이 長安에서 너무 멀었기 때문에 당의 영향력이 安西나 于闐처럼 강력하지 못한 것이 큰 이유였던 것 같다.

50) 『往五天竺國傳』, 疏勒亦有漢大雲寺조, 76쪽.

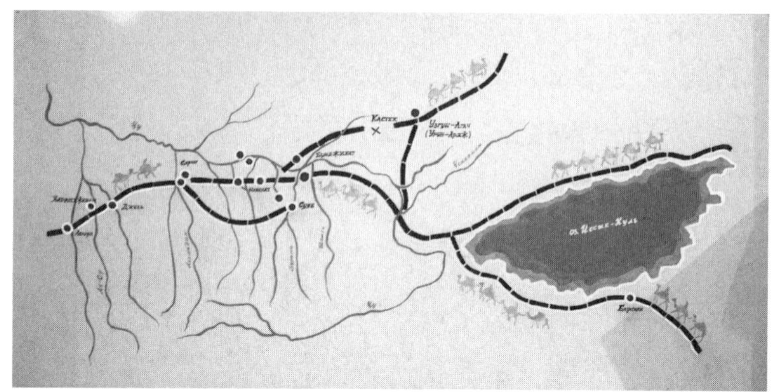

고선지 시대에 이식쿨 호를 중심으로 한 무역로. 비슈케크 박물관

7세기 중엽 玄奘이 疏勒을 지날 때는 그곳은 소륵이 아닌 佉沙國이 있었다. 그런데 현장은 跋祿迦國(撥換城)에서 佉沙國(疏勒)을 향한 것이 아니었다. 현장은 跋祿迦國에서 서북으로 凌山(天山산맥)을 넘어 大清池(이식쿨 호)를 지나 서역순례를 마치고 인도로 가기 위해 佉沙國을 경유하였기 때문에 고선지의 토번 연운보 원정과 루트와는 다르다. 현장이 본 구사국에 대한 사실이 『大唐西域記』에 쓰여 있다.

> 佉沙國은 둘레가 5천여 리다. 사막이 많고 토양이 적으나 농업이 매우 잘 되는데다가 꿀과 과일이 많다. 가는 무명과 가는 털실이 나는데 가는 털실은 구유를 교묘하게 짠다. 기후는 온화하고 비바람도 순조롭다. 사람들의 성질은 난폭하며 거짓이 많고 예절은 모자라며 학예는 평범하다. 자식을 낳으면 머리를 눌러 가늘고 길게 하는 습속이 있다. 용모는 비천하고 문신을 했으며 파란 눈을 가졌다. 사용하는 문자는 인도의 본을 뜬 것으로 생략과 개변은 있으나 인도의 양식과 필법을 보존하고 있다. 언어의 어휘나 음조는 다른 나라와 상이함을 보인다. 불교를 깊이 신앙하며 복덕에 정진하고 있다. 가람은 수백 군데인데 승도는 1만여 명이고 모두 소승교의 설 '一切有部'를 학습한다. 그러나 그 이론을 연구함은 없이 대부분 문구를 암송하는 자가 많다. 그 때문에 三藏과 毗婆沙를 암송하는 자도 많다. 여기서 동남으로 5백여 리를 가서 야르칸드 강을 건너고 모래 산을 넘으면 차쿠카트국에 이른다.[51]

51) 『大唐西域記』 권12, 「佉沙國」, 995~997쪽, "佉沙國周五千餘里, 多沙磧, 少壤土. 稼穡殷盛, 花葉繁茂.

7세기 초 佉沙國(kashgar)은 사막이 많고 농토가 적었지만 농업이 매우 잘되었을 뿐 아니라 꿀과 과일마저 풍부하게 생산되었는데, 이는 지리적인 환경 때문이다. 다시 말해 구사국이 위치한 곳이 파미르 고원에서 발원하는 하천이 통과하는 지역이라 구사국 일대에 많은 유기물이 운반되었다. 따라서 구사국은 阿耆尼國(焉耆)－屈支國(龜玆)－跋祿迦國(撥換)의 농토보다도 비옥한 지리적인 환경의 수혜지역이었다. 이 같은 생각은 필자가 카슈가르(疏勒)로 여행할 때마다 가졌던 생각이다.

구사국에 가람이 수백이며 승려도 1만 명이 넘었다는 사실은 어느 정도 불교가 융성했는지를 가늠할 수 있는 수치다. 타클라마칸 사막 북쪽의 구사국을 제외한 3국 가운데 불교가 제일 융성한 곳이 屈支國이었는데, 그 나라의 절이 백여 군데였고 승려가 5천여 명이었다는 사실과 비교하더라도 佉沙國은 屈支國보다 불교가 수적으로 배 이상이나 많다. 이는 타클라마칸 사막 북부에서 최대 불교국가는 佉沙國이라는 뜻이다. 구사국이 불교국가였는데도 그 나라 사람들의 성질이 난폭하고 예절이 없다고 표현한 것은 서방 상인들의 빈번한 통과와 연관 있다고 본다. 이런 이유 때문인지 현장은 유독 구사국에서만 그 나라 사람들이 파란 눈이라고 서술했다. 물론 타클라마칸 사막 북부 3국도 파란 눈을 가진 사람이 많았겠지만 구사국처럼 파란 눈의 소유자가 압도적으로 많지 않았던 모양이다. 또 아이를 낳으면 머리를 눌러 가늘고 길게 한다는 풍속은 屈支國과 같다.

구사국의 문자도 위의 3국처럼 인도문에서 약간 개변한 정도이고, 구사국에서 연구하는 불경도 인도문이었다는 사실은 타클라마칸 북부의 4국이 모두 7세기 중엽까지도 중국문화권이 아닌 인도문화권이라는 의미이다. 게다가 타클라마칸 사막 북부의 3국처럼 구사국도 소승불교 국가로서 '一切有部'를 학습하였다.[52] 1세기가 지난 후 혜초도 현장이 목도한 것과 같이 변함없이

出細氈褐, 工織細氈·氍毹. 氣候和暢, 風雨順序. 人性獷暴, 俗多詭詐, 禮義輕薄, 學藝膚淺. 其俗生子, 押頭匾遞, 容貌麤鄙, 文身綠靑. 而其文字, 取則印度, 雖有刪訛, 頗存體勢. 語言辭調, 異於諸國. 淳信佛法, 勤營福利. 伽藍數百所, 僧徒萬餘人, 學習小乘敎說一切有部. 不究其理, 多諷其文, 故誦通三藏及'毗婆沙'者多矣. 從此東南行五百餘里, 濟徙多河, 踰大沙嶺, 至斫句迦國".

52) 『大唐西域記』 권12, 「佉沙國」 淳信佛法조, 995~996쪽.

소승불교가 유행하였음을 보았다. 이와 같은 사실을 종합한다면 소륵은 고선지 부대가 필요 군수물자를 보급 받으면서 일부 병력도 교체할 수 있는 그런 조건을 구비한 풍요로운 지역이다.

다섯은 고선지의 기병이 葱嶺守捉에서 다시 20여 일 행군하여 파미르 고원의 최고 지점에 가까운 播密川(帕米爾河, Pamir River)에[53] 이르렀다는 사실이다. 이와 같은 사실에 대하여 스타인은 뛰어난 장군 고선지가 '세계의 지붕(Roof of the World)'이라 일컫는 파미르 고원을 횡단하였던 사실에 대해 찬사를 아끼지 않았다.[54] 총령수착에서 파밀천까지의 거리도 소륵에서 총령수착까지의 거리와 비교하면 더 가까운 거리다.[55] 고선지의 기병이 험준한 산악지대를 행군하였기 때문에 1일 진군 속도가 겨우 10여㎞정도밖에 되지 않았다. 총령수착에서 파밀천에 이르는 길은 가파른 산악이라 고선지 기병의 1일 진군 속도가 매우 느려진 것은 어쩔 수 없었다. 그러나 그보다 고선지의 기병이 너무 오랜 기간 행군을 하면서 피로가 누적되어 행군 속도가 더 느려졌을 가능성도 충분하다.

고선지 장군의 연운보 원정루트의 역순으로 혜초는 護密國에서 播密川을 지나 총령진에 도착하였다. 참고로 혜초가 쓴 『왕오천축국전』에서 胡蜜은 『新唐書』의 「護蜜傳」의 護蜜, 『梁書』의 胡蜜丹國, 『新唐書』의 「地理志」의 護密多로 모두 같은 나라이다.

> (혜초는) 와칸(胡蜜國)에서 보름동안 동쪽으로 가면 播密川을 지나서 葱嶺鎭에 이른다. 그곳은 중국에 예속되어 있어, 그때에도 군대가 중국인에게 지배를 받고 있는 것을 보았다. 옛날에 그 땅은 페칭왕국(裴星王國)에 접해 있으며, 반란을 일으켜 토번으로 도망쳤는데 지금은 그곳에 백성이라고는 살고 있지 않으며, 외국인은 渴飯檀國(Gorband, Tashkurgan)이라고 부르며, 중국 이름으로는 葱嶺이라 한다.[56]

53) 張星烺, 「高仙芝平定勃律」, 164쪽.

54) Aurel Stein, "Tarim Basin under Turks", *On Ancient Central-Asian Tracks*, p.32.

55) 譚其驤 主編, 「隴右道西部」, 63~64쪽.

56) 『往五天竺國傳』, 75쪽, "又從胡蜜國, 東行十五日, 過播密川, 卽至葱嶺鎭, 此是屬漢, 兵馬見今鎭押,

혜초는 護密(胡蜜)國에서 동쪽으로 15일 가면 播密川(Pamir River)이 나타나는데, 그곳이 葱嶺鎭이라고 했다. 혜초의 기록대로라면 播密川에서 葱嶺守捉은 매우 가깝게 느껴진다. 그러나 『구당서』 「고선지전」에서 총령수착에서 20여 일 지나서 파밀천에 도착했다는 기록과는 차이가 매우 크다. 총령수착이 위치한 곳이 높은 산악인데다가 파밀천으로 고선지가 1만 군사와 함께 통과하는 것 자체가 어려움이 많이 따라서 총령수착에서 파밀천을 통과하는 데 20여 일 소요되었다. 필자도 KBS와 함께 「고선지 루트의 산」이라는 프로그램을 취재하기 위해 총령수착에서 1박을 하였을 때 험한 산중에서 고선지 장군이 1만 군사와 함께 파밀천을 통과하는데 왜 20여 일이 소요되었나를 생각하면서 그럴 수밖에 없는 곳이라고 결론내린 적이 있다. 고선지가 총령수착에서 파밀천을 통과할 때 파미르 고원의 눈 녹는 물과 아울러 계절적 요인으로 파밀천 범람까지도 생각해야 했기 때문이다.

흥미로운 사실은 위에서 총령수착을 총령진이라 한 것은 혜초가 소륵진을 소륵수착이라 했던 것과 같은 유형의 실수였다. 그 이유는 소륵이 위치한 곳이 분명 산악지대이나 그곳은 넓은 평원이 있어 疏勒鎭 군마가 쉽게 노출되지 않는 지형이라서, 혜초는 본대로 疏勒을 '鎭'보다 규모가 작은 '守捉'이라고 생각한 것 같다. 반대로 총령수착은 산악에 위치하여 군마가 있는 그대로 다 보였기 때문에 혜초는 총령수착의 兵馬 규모가 많다고 생각해 葱嶺을 '鎭'으로 표기한 것 같다. 혜초가 총령에 도착했을 때 주둔하는 군인이 중국인이 아니었으나 중국 지배를 받는다는 사실이 주목된다. 이는 그곳 토착민으로 구성된 군인들을 당이 지배하고 있다는 이야기다.

현장은 혜초보다 한 세기나 앞서 총령수착(朅(羯)盤陀國=渴飯檀國)을 순례하였다. 현장은 朅盤陀國이 불법이 융성하여 절이 10여 곳이나 되었고, 승려도 500여 인이나 되었으며, 소승불교가 유행하는 나라라고 자세히 기록하였다.[57] 그러나 朅盤陀國을 현장이 방문한 것은 혜초가 총령수착을 찾은 것보다 한 세기 전이었기 때문에 그 상황은 달랐다. 바꾸어 말해 7세기 경 朅盤陀國은

此卽舊日王裴星國境, 爲王背叛, 走投土蕃, 然今國界無有百姓. 外國人呼云渴飯檀國, 漢名葱嶺".

57) 『大唐西域記』 권12, 「朅盤陀國」 然知淳信조, 983~984쪽.

불교국가였다. 이곳을 오늘날 搭什庫爾幹(Tashqurgan)이라 하는데, 돌궐어로 tash는 '石'이고, qurgan은 '塔·堡'의 의미다.

여섯은 고선지 부대는 파미르 계곡의 播密川에서 다시 서쪽으로 20여 일을 행군하여 特勒滿川에 이르렀다는 사실이다. 특륵만천에 있던 나라는 識匿國(오늘날 錫克南, Shighnan)[58]이다.[59] 五識匿國은 총령수착에서 서쪽으로 5백 리 떨어져 있다.[60] 그런데 識匿國이 당에 사신을 보내어 조공을 바친 것은 開元 12년, 13년, 15년(727) 세 차례 뿐이다.[61] 그것도 개원 15년 이전 일이다. 당의 입장에서 보면 개원 15년 이후 識匿과 관계가 소원하였다. 그런 식닉국은, 고선지가 공격하려는 소발률국 동북에 위치한 산악 국가다.[62] 그렇다면 고선지는 왜 播密川의 남쪽 婆勒川(Beilan River)을 지나 토번 요새를 공격하지 않았는가 하는 의문을 제기할 수 있다.

그 답변은 간단하다. 현종의 밀명을 받은 고선지가 휘하의 부대를 거느리고 파밀천까지 진군한 날짜만 계산하더라도 달수로 3개월 이상 되어 1만의 기병이 고산지대를 이동하느라고 지친 사실과 연관성이 있다. 게다가 토번이 당나라의 변방을 제압할 정도의 군사력을 갖고 있는 상황이라 고선지가 지휘하는 지친 원정군이 쉬지 않고 공격하는 것은 무리한 전략일 수 있다. 이런 정황을 누구보다 잘 아는 고선지가 섣불리 토번을 공격할리 만무하다. 그래서 고선지는 거의 탈진 상태에 있는 휘하 군대의 원기를 회복시키면서 한편으로 물자보급을 받기 위해 特勒滿川의 識匿國으로 들어갔다. 이미 식닉국이 天寶 원년(742)까지 토번에 예속되었기 때문에 토번과 서역 제국과의 관계 단절 확인과 필요한 물자를 공급 받을 목적으로 고선지는 군사를 거느리고 五識匿國으로 들어간 것이다. 실제로 오식닉국왕 頡吉里匐은 天寶 원년 9월에야 당에 사자를 파견하여 항복하였다. 힐길리복 왕이 당에 사신을 파견한

58) 『資治通鑑』 권215, 「唐紀」31 玄宗 天寶 元年 9月조, 6856쪽, 五識匿國 頡吉里匐을 護密왕이라 칭한 것은 護密國과 五識匿國은 같은 나라가 아니라 일시 병합상태였기 때문이다.

59) 糸賀昌昭, 「長安とバグダード」, 211쪽.

60) 『新唐書』 권221하, 「西域傳」하 '識匿' 東五百里距葱嶺守捉所, 6254쪽.

61) 『冊府元龜』 권971, 「外臣部」 '朝貢' 開元 12年 3月조 ; 13年 3月조 ; 15年 10月조, 11407~11408쪽.

62) 『讀史方輿紀要』 권65, 「陜西」14 五識匿國조(1957, 北京 : 中華書局), 2796쪽.

사실을 『자치통감』은 다음과 같이 언급하였다.

> 護密(중앙아시아 분적하 북쪽기슭)이 먼저 吐蕃(티베트 라싸)에게 붙었는데, 戊午에 그 나라 왕 頡吉里匐이 사신을 파견하여 항복을 받아달라고 요청하였다.[63]

천보 원년 9월 이전까지 호밀은 강력한 토번에 종속되었다. 그런데 천보 원년 9월 戊午부터는 호밀왕이 당에 귀속되기를 자청하였다. 이와 같이 호밀의 태도가 변화한 것은, 그 무렵 돌궐의 阿史那骨咄葉護가 당의 지시를 받은 三部(拔悉密·回紇·葛邏祿)에 의해 살해된 사건과 무관하지 않다.[64] 간단히 말해서 중앙아시아 헤게모니가 돌궐에서 당으로 넘어가는 그런 상황이다. 호밀이 당에 항복하기 위한 사신 파견은, 토번 위상이 전과 같지 않음을 호밀이 감지했던 결과다. 위에서 주목하고 싶은 것은 『자치통감』에서 識匿國을 호밀로 표기했다는 사실이다.

이런 사실에 대해 『讀史方輿紀要』에서도 五識匿國 왕 頡吉里匐은 그의 도읍지 護密勒城에서 살면서, 이미 천보 원년 9월에 당에 항복하였다고 언급하고 있다.[65] 그런데 앞서 지적한 것처럼 慧超의 『往五天竺國傳』과 비교하면, 대략 이 길은 개원 15년(727)에 天竺에서 당으로 돌아갈 때 혜초의 여정과 거의 같은 사실에 주목하고 싶다. 꼭 20년 후 고선지 장군이 당의 군대를 이끌고 혜초가 천축에서 돌아왔던 그 길을 행군한 것은 흥미를 자아내기에 충분하다.[66] 그렇다면 혜초가 천축에서 당으로의 귀국 길에 대한 정보를 고선지가 활용하였을 가능성도 무시할 수 없다. 그런데 고선지 장군이 소발률국을 정벌할 때 그를 따른 五識匿國 왕 跌失伽延이 전사하였다는 기록이 있다.[67] 이는 고선지 장군 휘하 군사 1만 명 외 토번 정벌에 참가한 추가 병력이

---

63) 『資治通鑑』 권215, 「唐紀」31 玄宗 天寶 元年 9月조, 6856쪽, "護密先附吐蕃, 戊午, 其王頡吉里匐遣使請降".

64) 『資治通鑑』 권215, 「唐紀」31 玄宗 天寶 元年 8月 突厥拔悉密조, 6854쪽.

65) 『讀史方輿紀要』 권65, 「陜西」14 五識匿國조, 2796쪽.

66) 王小甫, 1992, 「葱嶺地區的政治角逐」, 『唐·吐蕃·大食政治關係史』, 北京大學出版社, 123~124쪽.

67) 『新唐書』 권221하, 「西域傳」 '識匿' 天寶六載조, 6254쪽.

있음을 암시하는 대목이다.

안서도호부를 출발한 고선지의 기병은 무려 백일 동안 이동한 후 特勒滿川에 도달하였다.[68] 여기서 特勒滿川은 五識匿國이 있는 곳이다.[69] 여기서 언급한 (오)식닉국[70]에 대해 혜초도 언급하고 있다.

> 또 胡蜜國 북쪽 산 속에는 9개의 識匿國이라는 나라가 있는데, 아홉이나 되는 왕들은 각기 독립되어 있고 병마도 제각각 소유하고 있다. 이중에 한 왕국만이 胡蜜國에 예속되어 있을 뿐이고, 다른 나라는 각기 독자적이며, 딴 나라에 구속을 받지 않는다. 근자에 窟에 있는 두 왕이 중국에 자진 항복하여 사신을 安西에 보냈고, 왕래가 끊이지 않고 있다.[71]

위에서 식닉국은 『구당서』「고선지전」에 언급된 五識匿國(識匿)과 같은 나라다. 『신당서』「식닉전」에서도 식닉국이라 했다. 오식닉국에서 동으로 5백 리 떨어져 총령수착이 있고, 남쪽으로 3백 리 떨어져 호밀이 있으며, 서북쪽으로 5백 리 떨어져 俱密이 있다. 식닉국이라는 이름 외에 오식닉국이라 한 것은 큰 계곡을 다섯을 끼고, 그 속에 흩어져 살고 있기 때문에 나라 이름에 五가 추가되었기 때문이다.[72]

고선지 장군이 播密川을 건너서 20여 일만에 도착한 곳은 特勒滿川으로, 이곳이 바로 오식닉국이다. 고선지 장군보다 20년 앞서 혜초는 오식닉국을 통과했는데, 그는 식닉국이라 하였다. 혜초가 이곳에서 본 바로 표현하면 九識匿國을 통과하였다고 표현해야 옳다. 혜초가 지날 때 識匿國의 아홉 나라 가운데 두 나라가 安西(龜玆)에 투항하였다. 그렇다면 혜초가 長安을 가기 위해 識匿國을 지날 무렵에 식닉국 일부가 당에 예속된 것이다.

---

68) 『新唐書』 권135, 「高仙芝傳」 是時步兵皆有私馬自隨조, 4576쪽 ; 『資治通鑑』 권215, 「唐紀」31 玄宗 天寶 6載 自安西行百餘日, 乃至特勒滿川조, 6884쪽.

69) 『資治通鑑』 권215, 「唐紀」31 玄宗 天寶 6載 胡三省註의 特勒滿川卽五識匿國所居조, 6884쪽.

70) 『新唐書』 권221하, 「西域傳」 '識匿' 謂之五識匿조, 6254쪽, 識匿은 5추장이 大谷에서 자치를 하였기 때문에 五識匿國이라 불렀다.

71) 『往五天竺國傳』, 75쪽, "又胡蜜國北山裏, 有九箇識匿國, 九箇王各領兵馬而住, 有一箇王, 屬胡蜜王, 自外各並自住, 不屬餘國. 近有兩窟王, 來投於漢國, 使命安西, 住來絶".

72) 『新唐書』 권221하, 「西域傳」하 '識匿' 東南直 京師九千里조, 6254쪽.

고선지 부대가 파미르 고원의 오식닉국에 도착하면서, 토번 연운보를 공격하기 위해 전투모드로 전환하였다. 식닉국에 대해서는 혜초가 앞서 언급한 것 외에 『往五天竺國傳』에서 더 많은 사실을 기록하였다.

> (識匿國) 왕과 귀족들은 모직 옷과 가죽 외투를 착용하고 있으며 백성들은 펠트와 털옷 저고리를 입고 산다. 기후는 매우 추운데, 그 까닭은 눈에 덮인 산에 가렸기 때문인데, 이것이 다른 나라와는 다른 점이다. 이곳에도 양, 말, 소, 노새가 역시 있으며, 언어는 다른 나라와 다르다. 그 나라 왕은 늘 이삼백 명의 백성을 시켜 大播密川으로 보내 풍족하게 잘사는 胡나라를 쳐서 비단을 약탈해 올 것을 명한다. 이렇게 해서 약탈해 온 비단은 다만 창고 안에 쌓아둘 뿐이다. 그것은 그들이 비단으로서 어떻게 옷을 지어 입는지를 알지 못하기 때문이다. 이 識匿 나라도 불법을 모른다.[73]

혜초가 식닉국에 대해서는 나라가 작을 뿐 아니라 불법도 모르는데도 불구하고 소상하게 언급한 이유는 당의 변경에 위치한 나라였기 때문이다. 특히 주목되는 것은 왕명으로 이삼백 명의 백성이 胡國으로 가서 노략질하면서 생존한 그런 나라라는 사실이다. 이런 기록을 통해 혜초가 天竺國에서 다시 파미르 고원 서쪽을 돌아 중앙아시아에서 다시 安西四鎭으로 향했던 순례규모도 가늠할 수 있을 것 같다. 혜초 순례단의 규모는 도적떼들에게 기습을 당하지 않으려면 적은 수는 아니었을 것이라는 것이 짐작된다. 정확히 말해 혜초 일행의 인도와 서역 순례를 당이 지시했을 가능성도 있다는 뜻이다.

이 같은 識匿國의 사정을 익히 잘 아는 고선지는 播密川에서 휘하 부대를 三分하여 토번 연운보로 진격하기 위한 공격대형으로 재구성하였다.[74] 혜초의 언급처럼 식닉국은 비단으로 옷조차 지어 입을 줄 모를 뿐 아니라 왕부터 모두가 노략질해서 물건을 빼앗는 그런 부류였다.[75] 또 혜초가 야만이라는

---

73) 『往五天竺國傳』, 75쪽, "唯王首領, 衣著疊布皮裘, 自餘百姓, 唯是皮裘氈衫. 土地極寒, 爲居雪山, 不同餘國. 亦有羊馬牛驢, 言音各別, 不同諸國. 彼王常遣三二百人於大播密川, 劫彼興胡及於使命. 縱劫得絹, 積在庫中, 聽從壞爛, 亦不解作衣著也. 此識匿等國無有佛法也".

74) 『舊唐書』 권104, 「高仙芝傳」 卽五識匿國也조, 3203~3204쪽.

75) 『新唐書』 권221하, 「西域傳」 '識匿'人喜攻剽조, 6254쪽.

표현을 대신해서 식닉국은 불법을 모른다고 표현한 사실이 흥미롭다.

혜초보다 한 세기 전에 현장이 識匿(尸棄尼, Shighnan)을 지나면서 기록한 『大唐西域記』와 혜초의 『왕오천축국전』의 식닉에 대한 내용은 대동소이하다. 현장도 식닉은 도적질에 힘쓰며, 예의마저 없을 뿐 아니라 善惡조차 구별할 줄 모른다고 혹평했다.[76]

여기서 간과할 수 없는 사실은 오식닉국까지 어떤 방법으로 그 많은 병력을 이끌고 사막과 고산지대를 지나온 행군이 가능했는가 하는 문제다. 물론 이에 대해 민영규 선생은 앞서 나온 사료에서 "모든 군병은 각자 자기 소유의 군마를 가지고 있었다"는 사실에 초점을 맞추고 있다.[77] 즉 어떻게 그 많은 군마가 적어도 한번에 20일 이상 동안 견딜 수 있는 군량 등의 필요물자를 실어갈 수 있었는가 하는 문제다. 그렇다면 고선지 부대의 중간 기착지였던 당의 변경 요새는, 병사들에게 휴식과 군수품 보급을 제공하는 그런 장소였다. 고선지 부대의 대원정의 이 같은 방식은 세계전쟁사에서 그 유례를 찾을 수가 없다.[78]

고선지 장군의 원정길을 답사한 스타인(Aurel Stein)도 이런 사실에 대해 간략히 언급하였다.

> 고선지는 당 현종의 조서에 의해 지명되어서 1만의 기병과 보병 군대와 아울러 '행영절도사'라는 직함을 가지고, 小勃律國에 있는 토번군에 대항하라는 임무를 부여 받았다. 오늘날의 龜玆인 安西에서 출발하여, 그는 마랄바시를 거쳐 35일 만에 수레 또는 카쉬가르(握迭德)에 도착하였다. 또 20일 후 그의 군대는 오늘날의 사리콜에 있는 타쉬쿠르간에 위치하고 있는 葱嶺守捉에 도착하였다. 그곳에서부터 포미계곡 또는 파미르 고원을 지나서 중국인들에게 五識匿國이라 불리는 싱한까지의 행군이 40일 걸렸다.[79]

---

76) 『大唐西域記』 권12, 「尸棄尼國」 務於盜竊조, 979쪽.

77) 閔泳珪, 「高仙芝－파미르 西쪽에 찍힌 韓國人의 발자국」, 67~68쪽.

78) 諏訪義讓, 「高麗出身高仙芝事蹟攷」, 189쪽.

79) M. Aurel Stein, *op.cit.*, *Ancient Khotan-Detailed report of archaeological explorations in Chinese Turkestan*, p.8, Kao Hsien-chih was specially appointed by the Emperor Hsüan-tsung to take charge of the campaign against the Tibetans in Little P'o-lü, under the title of 'director of camps' with a force of ten thousand

이는 오렐 스타인이 간략하게 언급한 고선지 부대의 원정 루트에 대한 기록이다. 또 이는『구당서』「고선지전」에 언급된 내용을 요약한 것이다. 그런데 위에서 고선지 장군이 기병과 보병을 거느렸다는 사실을 언급하면서, 이때 그가 거느린 보병은 모두 말을 갖고 있었다는 사실을 각주로 처리하여 자세히 밝힌 것이 돋보인다. 그밖에 스타인이 고선지 장군이 행군하며 지났던 곳들을 오늘날 지명으로 쓸 수 있었던 것은 그가 실제로 답사한 결과를 기록했기 때문이다. 그런데 위에서 스타인이 타쉬쿠르간에 葱嶺守捉이 있었다고 밝혔는데, 타슈켄트가 '石國'이었던 것과 같이 타쉬쿠르간의 뜻도 '돌+무덤'이라는 뜻이다.[80] 이는 침략에 대비하기 위해 '돌망루'를 세웠다는 말이다. 이상의 내용은 고선지 장군이 당 현종의 명령을 받고 안서도호부에서 五識匿國까지 도착한 여정에 대한 이야기다.

여기서 중요 사항은 1만이나 되는 많은 사졸들과 아울러 1만 필 이상이나 되는 말을 가진 고선지 부대의 군량은 물론이고 그때마다 말의 사료 공급이 원활하게 이루어졌다는 사실이다. 그것도 황량한 사막과 거친 고산지대를 통과하는 부대에 그런 물자를 계속해서 공급할 수 있는 곳은 매우 제한적이라 더 의미가 있다.

당시 1만이나 되는 많은 사졸의 군량은 무엇으로 충당할 수 있겠는가 하는 문제를 생각하면 그야말로 벽에 부딪치는 느낌이다. 그러나 고선지 부대가 행군하다가 머물렀던 곳, 즉 龜玆(安西), 撥換城. 握瑟德, 疏勒, 葱嶺守捉, 播密川, 特勒滿川(五識匿國)에서 고선지 부대는 필요물자를 제때 공급받았던 게 틀림없다. 또한 위의 지역들은 法顯, 法勇, 智猛 등 불교 구법승들이 이용한 루트와 중복되는 곳이다.[81] 그중 龜玆와 疏勒은 四鎭에 속하는 곳인데, 당시 四鎭은 서역의 상권 장악과 아울러 출정하는 부대에 대한 군량 공급이 주요

cavalry and infantry. Starting from An-hsi, the present Kucha, he reached Su-le or Kashgar in thirty-five days, apparently via Maralbashi. Twenty days later his force arrived at the military post of the Ts'ung-ling mountains, which occupied the position of the present Tash-kurghan in Sarikol. The march thence, through the valley of Po-mi or the Pamirs into Shighan, called by the Chinese 'the kingdom of the five Shih-ni, occupied forty days.

80) Jean-Noël Robert, 「극동의 육로들」, 『로마에서 중국까지』(조성애 옮김, 1998, 이산), 193쪽.
81) 諏訪義讓, 「高麗出身高仙芝事蹟攷」, 189쪽.

임무였다.[82)]

위의 여러 곳은 군대가 주둔한 요새인데다가 오아시스를 중심으로 둔전병제가 실시된 곳이라서 군량 등 필요한 물자를 공급한다는 것은 지극히 당연하다. 또한 이곳에서 고선지 부대는 행군하는 동안 필요한 군량과 사료 등을 공급받으면서 짧은 기간 휴식을 취했다. 앞서 필자가 분석하였던 고선지 부대의 1일 행군거리가, 大부대의 군량이나 사료를 어떻게 해결할 수 있었는가에 대한 해답을 제시해 준 것 같다. 아무리 사막성 기후라 하더라도 고선지 휘하의 군사가 모두 말을 가지고 있었는데도 1일 행군거리가 고작 30㎞를 넘지 못하였고, 어떤 경우는 1일 15㎞정도였다는 사실에 대해 생각할 필요가 있다. 고선지 부대는 약 100일 동안에 1일 평균 행군거리가 20여㎞에 불과하였다는 사실에서 여러 가지 정황을 종합해 본다면, 어느 정도 해답이 유추된다. 그렇다고 고선지가 이끄는 당군이 安西에서 출발해 五識匿國에 도착하였던 소요 기간이 100여 일이었다는 주장이 아니다. 실제 당군이 6군데를 경유하면서 여러 날씩 머물렀던 것을[83)] 감안한다면, 그 행군은 4개월 이상 소요된 것이다. 이때 고선지 부대는 행군 동안 말을 타고 이동한 것만 아니라 말에 군량과 사료를 싣고 행군을 병행하였다. 따라서 고선지 휘하 1만의 병사가 모두 말을 지니고 있었는데도 행군하는 속도는 20여㎞밖에 될 수 없었다. 이를 뒷받침하는 것은 모든 군병은 자기 소유의 군마가 있었다는 이야기는 있어도 그들 모두가 기병이라는 기록이 없다. 이는 고선지 부대의 군마 역할이 행군시 병사 외에 필요물자도 함께 수송했다는 의미이다. 그렇다면 열악한 자연과 기후 조건 때문에 고선지 장군이 이끄는 부대가 1일 최장 30㎞밖에 행군하지 못한 이유는 많은 물자를 가지고 이동하였기 때문이다. 이렇게 험준한 산악에서는 기병이라도 1일 15㎞ 행군할 수 있다는 것은 대단하다.

이때 유목기마민족의 군량조달방법과 동일하게 고선지 부대도 군량으로 사용하기 위해 소나 양을 몰고 행군하였다. 그 밖에 고선지 부대의 군량으로 상당량의 마른 식량을 휴대하였음은 물론이다. 이에 관해선 뒤에서 다시

82) 『新唐書』 권221상, 「西域」상 焉耆國傳, 詔焉耆조, 6230쪽.

83) Christopher l. Beckwith, “T'ang China and the Arabs”, *The Tibetan Empire in Central Asia*, p.131.

언급하겠다. 고선지 휘하의 1만 사졸들은 마른 군량 휴대로 행군할 때 무게를 줄일 수 있었다. 게다가 마른 군량은 전략적으로 적절히 사용할 수 있는 유리함도 있다. 또 사냥 가능 지역에서는 사냥을 통해 얻은 사냥물이 일부 군량으로 충당되었다. 그리고 五識匿國에 도착해서는 그곳에서 공물 받는 형식으로 군량과 사료를 조달받았다. 또 전투에서 승리하였을 때는 전리품이 고선지 부대의 군량과 군수물자로 충당되었다. 또 고선지 부대가 전쟁에 승리한 후, 그 소식에 놀란 西域諸國이 고선지 사졸들이 기지로 귀환하는데 필요한 물자와 그 외의 것들을 손쉽게 확보할 수 있게 해주었다.

2. 특륵만천에서 토번 연운보 앞까지 행군 루트

고선지 장군은 特勒滿川에서 군대의 전열을 정비시킨 다음, 토번 連雲堡 정벌을 위해 그 즉시 전투모드로 바꾸어 행군하였다. 고선지 장군은 토번의 서북방에 있는, 마지노선과 같은 견고한 요새 연운보를 향했다. 이 길은 소발률국과 대발률국으로 통하는 길이며, 또한 천축으로 들어가는 지름길이기도 하다.[84)]

이때 고선지 장군이 어떤 전략으로 토번 연운보를 공격하였는가에 대하여는 『구당서』에 다음과 같이 자세하다.

> 이에 고선지는 군사를 三軍으로 나누었다. (일대는) 疏勒守捉使 趙崇玭에게 3천 기병을 거느리고 北谷으로 들어가 토번 連雲堡로 나아가게 하였으며, (또 일대는) 撥換守捉使 賈崇瓘으로 하여금 赤佛堂路를 따라 들어가게 하였고, 仙芝는 中使 邊令誠과 함께 護密國을 지나, 7월 13일 辰時(오전7~9시)에 吐蕃 連雲堡에서 합류하기로 약속하였다.[85)]

이는 고선지가 오식닉국에서 오랜 행군에 지친 군대의 대오를 정비한

84) 嚴耕望, 1954, 「唐代篇」, 『中國歷史地理』 2, 臺北 : 中華文化出版事業, 42쪽.

85) 『舊唐書』 권104, 「高仙芝傳」, 3203~3204쪽, "仙芝乃分爲三軍, 使疏勒守捉使趙崇玭統三千騎趣吐蕃連雲堡, 自北谷入, 使撥換守捉使賈崇瓘自赤佛堂路入, 仙芝與中使邊令誠自護密國入, 約七月十三日辰時會于吐蕃連雲堡".

카스에서 만난 신실크로드 촬영팀 차량 앞에서.

다음 토번 정벌을 위해 나름대로의 공격 명령을 부하 장수들에게 하달하였던 내용이다. 그런데 여기서 간과할 수 없는 사실은 고선지 장군 자신이 호밀국으로 들어가기 전에 토번 연운보 공격에 대하여 치밀한 작전계획을 미리 짰다는 사실이다. 또 이보다 앞서 고선지 장군은 호밀국으로 진격하기 전에 오식닉국에서 군량을 비롯하여 필요한 군수물자를 확보하면서 토번 연운보 공격에 만전을 기하였다. 이와 같이 단정하는 이유는 오식닉국왕이 고선지 장군을 따라서 토번 정벌에 참전한 사실로 알 수 있기 때문이다. 또 앞에서 727년 혜초가 언급했던 것처럼 파미르 고원의 五識匿國이 당에 투항하면서 安西로 사신을 보냈다는 사실에서도 알 수 있다. 위의 사실을 가지고 네 가지로 분석하여 보자.

첫째는 고선지의 전법이 중국의 전통적인 三軍法과 사뭇 다르다는 사실이다.[86] 다시 말해 고선지는 중국 전통의 공격 전법인 맨 앞에 前軍이 있고, 중앙에 본대가 있고, 후미에 후속부대가 행군하는[87] 그런 전법을 타파하였다. 즉 고선지가 제1대로 撥換守捉使 賈崇瓘을 기용하지 않고 疏勒守捉使 趙崇玭에게 3,000기병을 주어 선발부대로 삼은 사실부터 주목된다.[88] 왜냐하면 고선지는 연운보가 撥換보다는 소륵이 더 가까워 연운보 부근의 지형 등의 정확한

86) 『冊府元龜』 권358, 「將帥部」19 ‘立功’11 仙芝乃分爲三軍조, 4246쪽.

87) 那波利貞, 1964, 「盛唐時代に突如として現れた野戰の布陣用兵法の一變態現象について」, 『史窓』 22, 3쪽, 중국의 전통적인 포진용 병법은 고대 희랍의 그것과 흡사하다.

88) 『冊府元龜』 권358, 「將帥部」19 ‘立功’11 疏勒守捉趙崇玭統三千騎조, 4246쪽.

정보를 파악하고 있는데다가 산악에서 기동성 있는 부대를 소륵수착으로 판단했기 때문에 그 부대를 제1진으로 출정시켰다. 발환수착사 가숭관보다 소륵수착사 조숭빈이 연운보 주위에 대한 더 정확한 정보를 가지고 있는 사실을 고선지는 주목하였다. 이런 이유로 토번 정벌의 제1차 관문이나 다름없는 토번 연운보를 소륵수착사 조숭빈이 먼저 장악할 수 있도록 전술을 세웠다. 따라서 조숭빈이 이끈 삼천 기병의 역할이 고선지 부대에서 제일 중요하였다. 그런 이유로 고선지는 조숭빈이 지휘하는 부대에게 赤佛堂路처럼 잘 알려지지 않은 험한 北谷 길을 통해 진격하도록 하였다. 그곳은 옥서스(Oxus) 강의 가장 상류 지역이다.89) 이는 수심이 낮은 곳을 재빨리 통과한 기병으로

카스에서 파키스탄으로 넘어가는 길목 해발 3800m에서 필자 촬영

2006년 8월 카스에서 KBS 「山」을 촬영하는 일행과 함께. 왼쪽부터 이광석 사장, 필자, 가수 조영남

89) Aurel Stein, “By The Uppermost Oxus”, *On Ancient Central-Asian Tracks*, p.308.

하여금 토번 진지를 장악하게 하도록 한 것이다. 고선지는 알려지지 않은 험한 길이 북곡이라 비교적 연운보 주변상황을 잘 아는 조숭빈에게 그 길을 통해 진군하게 하였다. 한편 발환수착사 가승관은 연운보로 통하는 길로 알려진 赤佛堂路를 통해 진격하게 하여, 소륵수착사 조숭빈이 연운보를 점령하기 위한 유리한 상황을 전개하게 한 뒤 그곳에서 함께 만나는 작전을 짰다.[90] 참고로 鎭守使와 守捉使 관계를 설명하면, 疏勒 총사령관은 鎭守使며 그 휘하에 守捉使라는 관직이 있다. 그러나 撥換 경우는 守捉使가 최고 관직이다. 간단히 말해 진수사보다 수착사 휘하의 군사가 적다. 소륵은 오늘날 카스(喀什)로 불리며, 중국에서 서방세계로 넘어가는 국경검문소가 있다. 고선지가 장악했던 동서교통로는 카스에서 두 갈래 길로 나뉘었다. 하나는 해발 4700m가 넘는 카라코룸 산맥 쿤제랍 고개를 통해 파키스탄으로 들어가는 코스다. 다른 하나는 천산산맥을 넘어 서아시아로 통한다.

疏勒鎭은 安西四鎭절도에 속한 사진 가운데 하나이고, 소륵진의 총사령관은 수착사가 아닌 鎭守使다. 그런데 소륵진수사보다 소륵진을 포함한 파미르 고원 일대를 잘 파악한다고 판단되는 소륵수착사 조숭빈을 고선지가 기용한 사실을 주목할 필요가 있다. 소륵의 장관 진수사 휘하 관직이 소륵수착사다. 그런데도 소륵수착사 조숭빈을 기용한 것은 고선지가 전쟁을 승리로 이끌기 위해 인물을 적재적소에 안배하였기 때문이다. 그런데 薛宗正의 말대로 소륵진 병력이 대략 3천 명 정도라면,[91] 이때 소륵진 군사가 전부 동원되었다는 이야기다. 쉐쭝쩡은 우전과 쿠차의 각 병력수도 소륵 군사수와 대동소이하다고 주장한다. 그러나 안서사진의 군사수가 2만 4천이었다는 사실과 부합되지 않는다.[92] 특륵만천은 오늘날 錫克南 경내의 阿母河 상류이며, 이곳에서 고선지는 셋으로 分軍하여 하나는 東道로, 다른 하나는 西道로, 자신은 中道를 택해 각각 진군했다.[93]

90) 『讀史方輿紀要』 권65, 「陝西」14 五識匿國조, 2796쪽.

91) 薛宗正, 1995, 『安西与北庭－唐代西陲辺政研究』, 83쪽.

92) 『資治通鑑』 권215, 「唐紀」31 玄宗 天寶 元年 正月 安西節度조, 6847쪽.

93) 張星烺, 『中西交通史料匯編』 5, 註13, 164쪽.

둘째는 휫필드(Susan Whitfield)도 고선지의 三軍法이 토번 정벌의 성공 요인이라고 언급하였다는 점이다. 이에 관계된 부분을 인용해 본다.

> Seg Lhaton이 말하길, 고선지 장군은 한국인으로 지혜로운 적장이었다. 그러나 고선지 장군 앞에 세 명의 중국 장군이 실패하였던 곳에서 어떻게 고선지 장군만 성공할 수 있었나? 그의 첫 번째 뛰어난 기량은 파미르 북부 끝자락에서 그의 병사 10,000명을 세 분대로 나눈 것이다. 고선지 장군은 3개의 다른 길을 따라 와칸 계곡으로 남하하게 했기 때문에 동시에 3개의 공급라인을 유지할 수 있었다. 그 3개 부대는 사하드(Sarhad) 반대편의 옥서스 강의 북쪽제방과 토번 진영에서 8월에 합류하였다.[94)]

이는 앞서 중국 장군 세 명이 같은 작전에서 모두 실패하였는데도 불구하고 고선지 장군만 승리한 원인에 대한 분석이다. 세 명의 중국 장군은 앞서 지적한 田仁琬·蓋嘉運·夫蒙靈察을 일컫는 말이다. 이들 안서사진 절도사들은 모두 토번 공략에 실패하였다. 그런데 고선지는 중국 전법과 달리 세 분대로 나누어 각각 다른 길로 진격하였기 때문에[95)] 세 개의 보급선을 확보한 것이 승리 요인이라는 주장이다. 물론 옳은 이야기이다. 이때 세 길은 다음과 같다. 하나는 北谷을 경유하는 길이고, 다른 하나는 赤佛堂路로 통과하는 길이며, 또 다른 하나는 護密國을 통과하는 길이다.[96)] 그런데 護密의 勒城 남쪽에서 소발률국의 도성까지는 그 당시 里數로 500里 거리였다.[97)] 이에 못지않게 중요한 것은 7월 13일 토번 연운보 함락을 완료한다는[98)] 구체적인

---

94) Susan Whitfield, "The Soldier's Tale", *Life Along The Silk Road*, p.68, General Gao, Seg Lhaton replied, was a Korean and a wily opponent. But how had he succeeded where three other Chinese generals had failed before him? His first master-stroke had been to divide his force of 10,000 men into three columns at the northern foot of the Pamirs. These he sent south to Wakhan along three different routes, so maintaining three supply lines. the three columns met in August on the northern banks of the Oxus opposite Sarhad and the Tibetan camp.

95) 『冊府元龜』 권358, 「立功」11 仙芝乃分爲三軍조, 4246쪽 ; 『資治通鑑』 권215, 「唐紀」31 玄宗 天寶 6載 分軍爲三道조, 6884쪽, 세 길은 北谷道, 赤佛道, 護密道를 말한다.

96) 『資治通鑑』 권215, 「唐紀」31 玄宗 天寶 6載 胡三省註의 三道조, 6884쪽.

97) 『資治通鑑』 권215, 「唐紀」31 玄宗 天寶 6載 胡三省註의 自護密勒城南조, 6884쪽.

98) 『資治通鑑』 권215, 「唐紀」31 玄宗 天寶 6載 期以七月十三日會連雲堡下조, 6884~6885쪽 ; 『冊府元龜』 권358, 「立功」11 約7月13日辰時조, 4246쪽.

작전 계획이 성공 비결이었다는 사실이다. 마치 현대전처럼 날짜는 물론이고 시간까지 지정하는 작전의 치밀함이 고선지 전략전술의 특징이었다. 그런데 위에서 휫필드는 7월 13일 세 부대의 집결 시간을 『구당서』「고선지전」과 다르게 8월이라고 주장한 것은, 음력이 아닌 양력의 계산방법에서 온 차이라면 이해할 수 있는 대목이다. 그렇지 않다면 휫필드의 실수다. 7월 13일 토번 연운보 함락 작전을 끝내려는 고선지의 작전 구상은, 연운보가 높고 험준한 산악지대라 추위가 너무 빨리 다가와 그 이전인 7월 13일을 작전 종료로 구상하였다. 그러나 이 점에 대해 휫필드는 아무런 언급을 못했다. 그런데 휫필드의 서술보다 베크위스는 더 구체적으로 공격 날까지 지정하였다. 이를 들어보자.

> 테레만(특륵만천)에서 고선지는 자신의 군대를 셋으로 분할해서, 그들에게 출발한지 약 3일 후, 즉 747년 8월 11일 아침 7시와 9시 사이에 소레 계곡에 있는 連雲의 토번 요새에 집결을 명령하였다.[99]

위의 베크위스의 주장에서 특이한 사실은 특륵만천(五識匿國)에서 고선지가 부대를 셋으로 나누면서 출발한 지 대략 3일 후에 만나자고 했다는 것이다. 고선지는 연운보 바로 아래 婆勒川가의 소레 계곡(娑勒城)[100]에서 8월 11일 아침 7시에서 9시 사이에 만나자고 구체적으로 시간을 언급하였다. 그런데 태양력에 근거해서 월과 일이 『구당서』「고선지전」과 차이가 있다. 이런 경우는 앞서 언급한 휫필드와 같은 케이스다.

셋째는 고선지 장군이 나눈 세 부대가 토번 연운보 앞에서 합류하도록 했다는 사실이 중요하다. 그런데 연운보는 오늘날 아프가니스탄의 서쪽 끝자

---

99) Christopher l. Beckwith, "T'ang China and the Arabs", *The Tibetan Empire in Central Asia*, pp.131~132, In T'e-le-man, Kao spilt his army into three parts, and ordered them to rendezvous at the Tibetan fortress of Lien-yün in the So-le valley about three days after their departure, that is, on August 11, 747, between seven and nine in the morning.

100) 『舊唐書』 권109, 「李嗣業傳」 (天寶 7載) 于時吐蕃聚十萬衆於娑勒城조, 3298쪽 ; 『新唐書』 권138, 「李嗣業傳」 時吐蕃兵十萬屯娑勒城조, 4615쪽 ; 『冊府元龜』 권396, 「勇敢」3 于時吐蕃取十萬衆于於娑勒城조, 4696쪽.

락에 위치하고 있다. 다시 연운보의 남쪽 坦駒嶺은 파키스탄의 영토 안이다. 이는 지리적으로 매우 험준한 지형으로 구성된 곳들이다. 이를 직접 답사한 스타인의 표현을 그대로 옮겨 본다.

> 나(Stein)는 남쪽으로 바로길의 눈 덮인 언덕을 바라보았을 때, 파미르 고원을 성공적으로 지나온 후, 왜 고선지 장군이 그의 중국 군대의 세 분대를, 오늘날 사하드(Sarhad) 반대편에 있는 連雲堡 요새로 집결하게 하는 전략을 선택했는지 쉽게 이해할 수 있었다.[101)]

이는 고선지 장군이 연운보 공격에 앞서 세 부대를 집결하도록 한 그 지점에서 스타인이 보고 느낀 감회를 적은 글이다. 한 마디로 토번 연운보 일대를 답사한 스타인이 고선지 장군 휘하의 세 부대 집결 장소가 연운보 공격에 최적지라는 사실을 깨닫고 탄복하였던 글이다. 이는 고선지 장군의 전략과 전술을 그 당시 누구도 따를 수 없었다는 것을 그도 인정한 셈이다. 위의 사하드(Sarhad)는 샤반느(Chavannes)에 따르면, 판자(Panj) 강변의 사하드(Sharhad)와 거의 일치하는 곳이다.[102)]

넷째는 고선지 자신은 中使 邊令誠과 함께 다시 파미르 계곡의 播密川을 넘어 토번 연운보를 향하지 않았다. 고선지는 우회하여 護密國을 갔다 오겠다는 전략이다.[103)] 그 이유는 호밀국이 전략적 요충지라 호밀국에서 필요한 물자 보급도 중요하지만 호밀국이 吐火羅로 통하는 루트라 그쪽 상황에 대한 점검이 필요하였던 것이다. 구체적으로 말하면 호밀국을 통하면 토번이 四鎭으로 진출할 수 있고, 또 토화라를 통하면 대식이 사진으로 진출할 수 있는 그런 전략적 요충지로 보았다.[104)] 그런 護蜜(Wakhan)의[105)] 위치가 안서사진에

101) Henri Cordier, 1992, "The Plateau of Pamir", *Ser Marco Polo*, (Dover Publications, Inc.), *Stein, Ruins of Desert Cathay*, p.41, 재인용. And as I looked south towards the snow covered saddle of the Baroghil, the route I had followed myself, it was equally easy to realize why Kao Hsien-chih's strategy had, after the successful crossing of the Pamirs, made the three columns of his Chinese Army concentrate upon the stronghold of Lien-yün, opposite the present Sarhad.

102) Christopher l. Beckwith, "T'ang China and the Arabs", *The Tibetan Empire in Central Asia*, p.131, 주)137.

103) 諏訪義讓, 「高麗出身高仙芝事蹟攷」, 190쪽 ; 余太山, 「唐代西域」, 184쪽.

서 토화라로 가는 길목이라, 한때는 토번에 복속하였다.[106] 史國 남쪽으로 2백 리 떨어져 있는 토화라는[107] 토번에 복속되기 전에도 대식의 침입을 받았다. 『全唐文』의 「吐火羅葉護支汗那傳」의 기록을 보자.

> 開元 7년 (吐火羅) 支汗那가 嗣位하였고, 15년 大食으로 말미암아 고통을 받자, (唐에) 사신을 보내어 구원을 요청했다.[108]

개원 7년 支汗那가 토화라 국왕이 되었다. 개원 7년 6월까지는 대식이 당에 조공함으로써[109] 당과 선린관계를 유지했다. 그러나 개원 15년부터 대식은 吐火羅를 침공하면서 東進정책으로 방향을 바꿨다. 이때 토화라왕 지한나는 상황이 다급한 나머지 唐에 사신을 파견하여 구원을 요청했다. 顯慶년간 토화라의 阿緩城에 月氏都督府를 설치하면서 당과의 관계가 긴밀하였다. 특히 개원과 천보년간 토화라의 사신이 당에 자주 갈 정도로 양국관계는 빈번하였다.[110] 이때 토화라는 唐으로 馬·騾·異藥·乾陀婆羅·紅碧玻瓈 등을 보냈다.[111]

토화라는 唐初부터 서돌궐에 복속되었다가 永徽 3년부터는 당에 귀속되더니, 현경년간에 토화라 아수성에 월씨도독부가 설치되면서 토화라에 州縣이 설치되었다.[112] 그런데 흥미로운 것은 『왕오천축국전』에서 혜초는 토화라와 호밀을 통과하면서 두 지역에 대해 언급하였다는 사실이다.

---

104) 薛宗正, 1995, 『安西与北庭－唐代西陲辺政研究』, 101~102쪽.

105) 余太山, 「唐代西域」, 180쪽.

106) 『新唐書』 권221하, 「護蜜傳」 地當四鎭入吐火羅道조, 6255쪽.

107) 『新唐書』 권43하, 「地理志」7하 (史國)南至吐火羅國二百里조, 1155쪽.

108) 『全唐文』 권999, 「吐火羅葉護支汗那傳」, 4592쪽, "開元七年支汗那嗣立(位), 十五年爲大食所苦, 遣使請救".

109) 『冊府元龜』 권971, 「外臣部」 '朝貢' 開元 7年 6月 大食조, 11406쪽.

110) 張星烺, 『中西交通史料滙篇』 5, 200~201쪽, 吐火羅에서 당으로 사신을 파견해 조공한 해는 開元 6년, 7년, 8년, 12년, 14년, 17년, 23년, 26년, 29년, 天寶 4載, 8載 등이었다.

111) 『新唐書』 권221하, 「吐火羅傳」 開元·天寶間數獻馬조, 6252쪽.

112) 『通典』 권193, 「邊防」9 '吐火羅傳' 大唐初조, 5277쪽.

다시 吐火羅國에서 동쪽으로 7일을 가면 胡蜜(Wakhan) 왕의 성에 당도하는데, 이 吐火羅에 도착했을 때, 우연히 중국 사신을 만나 四韻을 사용하여 五言詩를 지었다.

그대는 서쪽 이역이 먼 것을 한탄하고
나는 동방으로 가는 길이 먼 것을 애달파한다.
길은 거칠고 산에는 눈이 쌓였으며
험한 골짜기엔 도적도 많도다.
새도 놀라 뾰죽 솟은 바위 끝에서 나르고
사람은 좁디좁은 통나무 다리를 건너갈 것을 어려워하도다.
평생에 눈물 흘리는 일이 없었으나
오늘은 수 없는 눈물을 흘리도다.

어느 겨울 날 吐火羅에 있을 때, 눈을 만나 그 소회를 오언시로 표현해 보았다.

차가운 눈은 얼음과 더불어 뭉쳐 있고
찬바람 땅을 흔들도록 모질게 부는데
큰 바다도 얼어 육지와 같이 되고
강물은 언덕을 깎아 내었고
용문은 폭포수마저 얼어 끊었도다.
우물가는 뱀이 엉킨 것처럼 고드름이 얼었고
불 계단에 올라 노래를 부르도다.
내 어찌 저 파미르 고원을 지나왔던고.[113)]

위의 혜초가 지은 두 편의 오언시에서 추측되는 것은 험한 파미르 고원을 넘어 토화라에서 심신이 지친 것을 오언시로 읊조렸다는 사실이다. 혜초의 시 표현처럼 파미르 고원을 넘는다는 것은 험준할 뿐 아니라 차가운 얼음 밭에다 매서운 바람도 부족하여 도처에 도적마저 들끓어 어려움이 형언하기

113) 『往五天竺國傳』, 74~75쪽, "又從吐火羅國, 東行七日, 至胡蜜王住城, 當來於吐火羅國, 逢漢使入番. 略題四韻取辭 五言, 君恨西蕃遠, 余嗟東路長. 道荒宏雪嶺, 險澗賊途倡. 鳥飛驚峭嶷, 人去難偏樑. 平生不捫淚, 今日灑千行. 冬日在吐火羅逢雪述懷, 五言, 冷雪牽氷合, 寒風擘地烈. 巨海凍墁壇, 江河凌崖囓. 龍門絶瀑布.井口盤蛇結. 伴火上垓歌, 焉能度播密".

어려웠던 모양이다. 혜초는 동행에 대한 언급이 없었으나 혼자 長安으로 향하지는 않았을 것이다. 하지만, 당의 사신처럼 대규모 행렬은 아니었던 것 같다. 혜초는 당의 사절을 만났던 것이 무척이나 반가워 그들과 함께 당시 심정을 오언시로 주고받았다고 본다. 한편 혜초 이전에 西晉 長安의 曇摩難提는 兜佉勒(吐火羅)人으로 中國名은 法喜인데 『增一阿含經』을 암송할 정도로 박식하여 여러 나라를 돌며 포교한 인물이다.[114)]

그런데 위에서 혜초가 말한 護密(胡蜜)國은 고선지가 747년 7월 13일 辰時에 토번 연운보 공격 작전을 세우고 난 후, 휘하 군사 4천명을 거느리고 中使 邊令誠과 함께 들어갔던 곳이다. 위에서 혜초는 護密國 서쪽으로 7일 정도 떨어진 곳에 토화라가 있다고 밝혔다. 그보다 주목하고 싶은 것은 727년 혜초가 토화라에서 당나라 사신을 만난 대목이다. 이들은 당 현종이 토화라로 파견한 사신들이다. 구체적으로 말해서 神龍 원년(705)에 토화라왕 那都泥利의 아우 僕羅가 당에 입조해 宿衛한[115)] 전통이 727년에도 계속된 상황이라서 당이 토화라로 사신을 파견하였다. 이런 당나라 사신을 혜초가 토화라에서 만났다.

혜초는 범인국 순례 다음으로 토화라국에 들어가서 그 나라에 대한 소식을 적고 있다.

> 다시 이곳 범인국에서 북쪽으로 20일을 가면 吐火羅國(토하리스탄, Tokharistan)에 이른다. 이곳 왕이 사는 성 이름은 縛底耶(Bactria, 大夏)인데, 지금은 대식 군사가 주둔하고 있으며, 지배권을 쥐고 있어 (吐火羅國) 왕은 도망치지 않으면 안 되었다. 동쪽으로 달려서 한 달 동안을 가서 蒲特山(바닥구산, Badakhsan)이란 산에 왕이 살 곳을 마련하여 살고 있다. 이 땅(토화라국)은 지금 대식에 소속되어 있고, 언어는 다른 나라들과 다르다. 계빈국과 조금은 서로 같으나 많이 같지는 않다. 그들은 가죽 외투와 모직 옷을 입는다. 위로 국왕에서부터, 아래로는 백성에 이르기까지 모두 가죽 외투를 겉옷으로 입는다. 생산물로는 낙타, 노새, 양, 말, 모직 천, 포도가 풍성하다. 그들은 다만 빵 먹는 것을 즐긴다. 추운 고장이라

---

114) 『高僧傳』 권1, 「晉長安曇摩難提傳」 曇摩難提조, 34쪽.
115) 『新唐書』 권221하, 「吐火羅傳」 神龍 元年조, 6252쪽.

겨울에 서리와 눈이 내린다. 국왕과 귀족과 백성들은 한결같이 삼보를 섬기며 절과 중이 역시 많으며, 소승교를 신봉하고, 고기와 마늘과 파를 먹으며 다른 도는 섬기지 않는다. 남자들은 머리와 수염을 깎았고, 여자들은 머리를 길게 기르고 있다. 그곳은 산이 많다.116)

혜초는 범인국 북쪽으로 20일 간 가서 토화라에 도착한다. 토화라의 위치는 오늘날 타지키스탄이다. 그런데 그간 혜초 여정이 대략 7~8일정도 가면 다른 나라에 도착한 사실과 견주면 토화라는 범인국 북쪽으로 꽤나 멀리 떨어진 나라다. 즉, 토화라 왕이 대식에 쫓겨 동쪽으로 한 달 거리로 달아났던 그 토화라에 혜초가 도착했다. 대식의 영향에서 조금이라도 벗어나려고 토화라 왕이 험준한 산악지대로 둘러싸인 蒲特山에서 은둔 생활을 하였던 그곳이다. 여기서 간과할 수 없는 것은 8세기 이전에 아랍세력이 중앙아시아의 토화라까지 장악한 사실이다. 이와 같이 추정하는 근거는 용삭 3년(663) 대식은 토번 남쪽 파라문(오늘날 네팔)을 점령한 사실이 있기 때문이다.117) 다시 말해 지리적으로 대식은 파라문 점령 이전에 토화라를 침공했다. 아무튼 토화라를 대식이 점령한 사실을 혜초가 언급했다는 의미는 아랍세력이 토화라까지 東進했다는 사실이다.

그런데 토화라에 龍朔 원년 당이 月氏都督府를 두었다는 사실이 중요한 의미를 갖는다.118) 비록 당의 군사가 월씨도독부에 주둔한 것은 아니지만 대식에 의한 토화라 공격은 당에 대한 대식의 도전이었다. 후일 아랍세력이 안서사진절도사 고선지와 맞붙을 수밖에 없는 그런 상황은, 이미 당 현종 즉위 이전부터 조성된 셈이다.

토화라는 서아시아 문화권에 가까웠기 때문에 토화라 언어는 계빈국 언어와

---

116)『往五天竺國傳』, 72~73쪽, “又從此犯引國, 北行二十日, 至吐火羅國. 王住城名縛底耶, 見今大寔兵馬在彼鎭押, 其王彼其王被逼, 走向東一月程, 在蒲特山住. 見屬大寔所管. 言音與諸國別. 共罽賓國少有相似, 多分不同. 衣著皮毬氎布等. 上至國王, 下及黎庶, 皆以皮毬爲上服. 土地足駝騾羊馬氎包蒲桃, 食唯愛餠. 土地寒冷, 冬天霜雪也. 國王首領及百姓等, 甚敬三寶, 足寺足僧, 行小乘法. 食肉及葱韮等, 不事外道. 男人並剪鬚髮, 女人在髮, 土地足山”.

117)『資治通鑑』 권201, 「唐紀」17 高宗 龍朔 3年 是歲조, 6339쪽.

118)『新唐書』 권43하, 「志」33하 西域府 龍朔元年조, 1135~1137쪽.

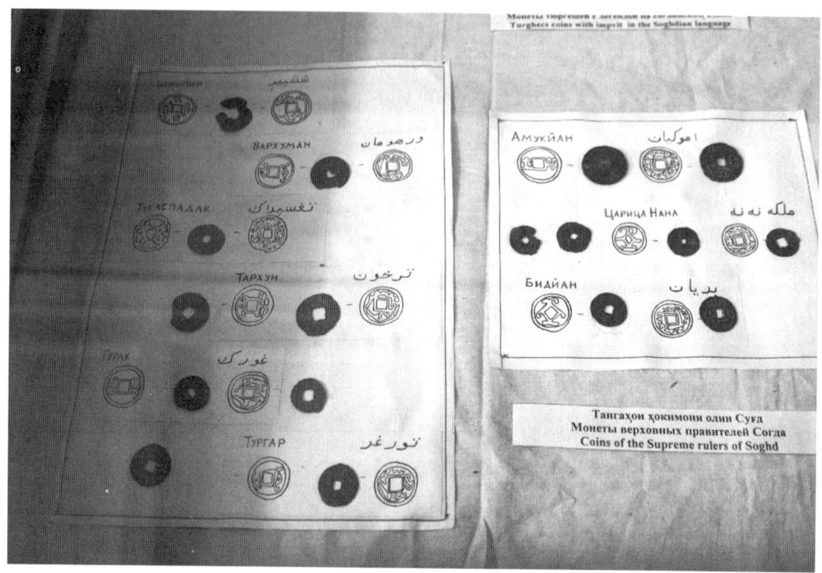

소그드에서 통용된 화폐들. 타지키스탄 펜지켄트 박물관 소장

다른 점이 더 많았다. 또 토화라 국왕이 대식의 영향력이 덜 미치는 토화라 동쪽 산악지대 蒱特山으로 피신했다는 사실은 토화라에서 소승법이 유행한 것과 관련성이 있다.

현장은 토화라를 혜초보다 대략 한 세기나 앞서 여행하면서 『大唐西域記』에 그 나라에 대한 정황을 서술하였다.

> 鐵門을 나와 覩貨邏國(Tukhara)에 이른다. 그곳은 남북이 1천여 리로, 동서가 3천여 리다. 동쪽은 파미르, 서쪽은 페르시아에 접해 있으며, 남쪽은 대설산(Hindukush), 북쪽은 철문에 의거한다. 아무다리야 大河가 나라의 가운데를 서쪽으로 흐른다. 수백 년 이래, 왕족은 후사를 끊고 호족들은 힘을 다투어 각기 군주를 제멋대로 내세우고 있다. 강에 의거하고 있으며 험준한 지형에 의존해 27개국으로 나뉘어 들판을 잘라 구획짓고 있다고는 하나 모두가 돌궐에 예속되어 있다. 기후가 따뜻해 역병이 많고, 겨울이 끝날 무렵의 초봄에 장마가 오래 지속되기 때문에 이 지역보다 남쪽 즉 濫波國(지금의 Lamghan) 북쪽은 어느 나라고 간에 열병이 많다. 그래서 승려들은 12월 16일 安居에 들며, 3월 15일에 이를 解安居한다. 이것은 곧 비가 많기 때문인 까닭이며 가르침을 펴기 위해서도 적당한

때를 따른 것이다. 사람들은 겁이 많고, 얼굴 모습이 비루하다. 대체로 신의를 터득하고 있어서 그다지 사람을 기만하는 법은 없다. 言語進退는 약간 諸國과는 다른 데가 있다. 글자는 25언으로 성립되었고, 그것이 조합하여 차츰 어휘·문장이 되는데 이로써 필요에 응하고 있다. 책은 왼쪽에서 오른쪽으로 세로로 읽는다. 기록도 많아서 窣利羯霜那國의 地名보다 훨씬 더 보급되어 있다. 대체로 털로 짠 옷을 많이 입고 베옷을 입는 경우가 적다. 통화는 금·은 같은 돈을 사용하는데, 모양이 다른 나라와 다르다. 아무다리야 강의 북쪽을 따라 내려가면 呾蜜國(怛沒國, 지금의 Termez)에 이른다.[119]

현장이 본 覩貨邏(吐火羅)를 언급한 이유는 혜초보다 한 세기나 앞서 토화라를 방문하였기에 양자에 대한 비교분석이 가능하기 때문이다. 명칭에 대한 차이는 현장이 여행할 때까지 당에서는 覩貨邏라고 불렀다가 뒤에 吐火羅로 바뀐 것이다. 실제 그 지역에서 말하는 음에서 중국글자를 맞추어 사용한 것이라 도화라나 토화라의 중국 음이 거의 같다. 현장의 『大唐西域記』와 혜초의 『往五天竺國傳』에 나오는 나라 명칭이 모두 다른 것은 위와 같은 경우다. 현장이 혜초보다 토화라에 대해 더 자세하게 기록한 사실도 주목된다. 이는 현장이 긴 세월 여행하면서 보고 들은 바를 구체적으로 썼기 때문에 그의 기록이 자세할 수밖에 없어서다. 이런 현장의 『大唐西域記』를 본 혜초는 그 나름대로 주목한 사실만을 기록으로 남겼다. 현장과 혜초의 기록을 비교하면 현장이 여행할 때는 토화라가 돌궐에 예속되었는데, 혜초가 순례할 때는 대식에 예속되었다. 이는 돌궐세력이 토화라에서 물러나면서 그 지역을 대식이 장악했음을 의미한다. 바꾸어 말하면 혜초가 토화라를 여행할 때 토화라까지 대식이 東進했다는 이야기다.

護密國이 娑勒城에서 서남쪽으로 100㎞ 이상 떨어진 곳이라는 사실을 주목

119) 『大唐西域記』 권1, 100쪽, "出鐵門至覩貨邏國, 其地南北千餘里, 東西三千餘里, 東阨葱嶺, 西接波剌斯, 南大雪山, 北據鐵門, 縛芻大河中境西流. 自數百年, 王族絶嗣, 酋豪力競, 各擅君長, 依川據險, 分爲二十七國. 雖畫野區分, 總役屬突厥. 氣序旣溫, 疾疫亦衆. 冬末春初, 霜雨相繼, 故此境已南, 濫波已北, 其國風土, 並多溫疾. 而諸僧徒, 以十二月十六日入安居, 三月十五日解安居, 斯乃據其多雨, 亦是設敎隨時也. 其俗則志性恇怯, 容貌鄙陋. 粗知信義. 不甚欺詐. 言語去就, 稍異諸國. 字源二十五言, 轉而相生, 用之備物. 書以橫讀, 自左向右, 文記漸多, 逾廣窣利. 多衣氎, 少服褐. 貨用金銀等錢, 模樣異於諸國. 順縛芻河北, 下流至呾蜜國".

할 필요가 있다. 이는 고선지가 토번 연운보 공격에 앞서 호밀국에서 보급은 물론이고 주변국 상황에 대한 정찰을 하겠다는 전략적 의도를 배제할 수 없기 때문이다. 용삭 3년에 대식이 토번 남쪽 파라문(오늘날 네팔)을 점령하면서 주변 민족을 장악했던 전력이 있다.[120] 다시 말해 고선지는 원정에 지친 병사를 이끌고 더 멀리 진군하여 호밀국에서 주변 정세를 파악한 후 사륵성으로 우회하는 작전을 세웠는데, 호밀 정탐이 전략적으로 그만큼 중요했기 때문이다.

혜초는 고선지 장군이 토번 연운보를 공격하기 20년 전인 727년에 호밀국을 지나면서 호밀에 관한 사실을 『왕오천축국전』에 언급하였다.

> 이 胡蜜왕은 兵馬를 조금밖에 소유하고 있지 않기 때문에, 스스로를 지켜낼 수 없고 大寔에 예속되어 있어서, 해마다 삼천 필의 비단을 갖다 바치지 않으면 안 되었다. 산골짝에 붙어서 살며, 처소는 매우 협소하고, 가난하게 사는 백성들이 많았다. 의복은 가죽외투와 모직물 상의를 입으며, 왕은 부드러운 비단과 모직물 옷을 입는다. 그들의 음식물은, 빵과 볶은 보리 가루이다. 그 나라는 딴 나라에 비해서 몹시 춥다. 언어도 다른 나라와 다르며, 생산물에는 양과 소가 있으나 몸집이 작고 크지 못하다. 말과 노새도 있다. 절과 중도 있고, 소승불교를 섬기며, 왕과 귀족들, 그리고 백성들도 부처를 존경하며, 누구하나 다른 종교를 믿지 않는다. 무릇 이질적인 종교는 전혀 없는 것이다. 남자는 수염과 머리를 깎고, 여자들은 머리를 기르고 있다. 그들은 초목도 없는 산속에서 살고 있다.[121]

위의 내용은 護密(胡蜜)에 대한 것을 혜초가 본 바를 기록한 것이다. 특히 주목되는 것은 婆羅門이나 吐火羅처럼 護密도 727년경 大食에 예속되었다는 사실이다. 이로써 747년 고선지 장군이 토번 연운보 공격에 앞서 군대를 거느리고 五識匿國 남쪽으로 3백 리 떨어진 호밀을[122] 향해 진격한 이유가

---

120) 『資治通鑑』 권201, 「唐紀」17 高宗龍朔 3年 是歲조, 6339쪽.

121) 『往五天竺國傳』, 75쪽, "此胡蜜王, 兵馬少弱, 不能自護, 見屬大寔所管, 每年輸稅絹三千疋. 住居山谷, 處所狹小, 百姓貧多, 衣著皮裘氈衫, 王著綾絹疊布. 食唯餅麨, 土地極寒, 甚於餘國, 言音與諸國不同. 所出羊牛, 極小不大, 亦有馬騾, 有僧有寺, 行小乘法, 王及首領百姓等, 總事佛, 不歸外道. 所以此國無外道, 男並剪削鬚髮, 女人在頭, 住居山裏, 其山無有樹木及於百草".

122) 『新唐書』 권221하, 「西域傳」하 '識匿' 南三百里屬護密조, 6254쪽.

무엇이었는가를 알 수 있다. 727년경 호밀이 大食에게 매년 비단 3천 필을 바친 사실에서 호밀이 대식의 침공을 막기 위한 대가성 조공 무역의 규모를 가늠할 수 있다. 그러나 혜초가 오로지 불교밖에 없는 호밀에 가난한 백성이 많았다는 표현을 쓴 것은 그의 눈에 비친 실상이다. 이 설명은 『신당서』「護密傳」에 호밀은 콩과 보리가 나고, 과실이 풍성하며, 좋은 말이 생산된다는 사실과 상치된다.[123] 그 당시 나라 간에 말은 중요 교역품이었다. 혜초의 언급과 같이 호밀은 토화라 등 다른 나라와 다르게 독자적 언어가 있었다. 그러나 호밀 불교가 쿠차나 소륵처럼 大乘法이 아닌 小乘法이었던 것은 같은 교역로상의 나라라는 사실과 관련된 것 같다. 여기서는 호밀이 고선지에 의해서 토번 연운보와 소발률국 정벌에 앞서 진격한 그런 나라였지만 고선지의 토번 연운보 정벌 결과로, 파미르 고원 서쪽의 헤게모니가 아랍에서 당으로 넘어간 사실을 주목해야 한다.

오늘날 아프가니스탄에 위치한 토화라는 불교국가로 651년부터 당에 복속한 나라다.[124] 그런데 大食이 唐의 안서사진을 향한 진군 원정로 가운데 하나가 토화라국을 경유하는 최단 루트다. 이런 까닭에 唐은 龍朔 원년(661) 隴州 南由令 王名遠에게 吐火羅道 州縣의 관리를 임명하도록 하였다. 그때 唐은 吐火羅의 阿緩城에 月氏都督府를 설치하면서 25州를 관장하게 하였다.[125] 그렇다면 고선지가 토번의 서북 변경 밖에 있는 護蜜國(Wakhan)을[126] 향해 진군한 목적은 토번이 아니면 大食과 내통하는 일을 사전에 차단할 의도였다. 물론 호밀국에서 토번 연운보 공격에 필요한 사람과 물자를 공급받을 뿐 아니라 호밀국 서쪽의 토화라로부터도 그런 지원을 받으면서 대식의 동향을 파악하려는 의도를 숨길 수 없다. 호밀국을 경유하는 주된 목적은 토번 연운보의 지원세력에 대한 차단과 그곳에서 군사지원과 아울러 군량 확보였다.[127]

---

123)『新唐書』 권221하,「護密傳」 有豆조, 6255쪽.
124) 金子修一,「中國皇帝と周邊諸國の秩序」, 46쪽.
125)『新唐書』 권43하,「地理志」33하 西域府十六조, 1135쪽.
126) 譚其驤 主編,「隴右道西部」, 63~64쪽 ; 金子修一,「唐代國際關係における日本の位置」, 250쪽.
127) 閔泳珪,「高仙芝－파미르 西쪽에 찍힌 韓國人의 발자국」, 68~69쪽.

고선지의 연운보 공격은 단순히 역사에 기록될 대원정 이상의 의미가 있기 때문에 전쟁사가들이 주목한다. 고선지는 만약에라도 부대의 퇴로가 토번에 의해 차단되는 일을 사전에 예방하기 위해 연운보 공격에 앞서 호밀국으로 기수를 돌렸다. 물론 고선지가 지휘하는 부대는 호밀국에서 토번과 대식에 대한 정보와 아울러 필요한 물자를 제공받았다. 왜냐하면 護蜜의 뜻에서 알 수 있듯이 그곳은 비옥한 지역이라 콩과 보리는 물론 과실이 잘 재배될 뿐 아니라 좋은 말이 생산되는 곳이어서 당과 토번이 호밀을 차지하려고 번갈아 가며 각축하였던 곳이기 때문이다.[128)]

고선지 장군은 토번 연운보 공격에 앞서 護蜜國(중앙아시아 분적하 북쪽 Iskasim, Eshkashem)을 경유했다. 이런 일이 있은 지 두 해 뒤에 護密王이 당에 입조했다. 즉 "(天寶) 8載 (護蜜王 羅)眞檀이 당에 입조하여 宿衛할 수 있도록 요청하자, (현종은) 조서를 내려 이를 허락했다"[129)]는 것이 그것이다. 이때(8월 을해) 당 현종은 護密왕 羅眞檀에게 左武衛장군 벼슬을 주었다.[130)] 이렇듯 토번 연운보 공격에 앞서 호밀국으로 향한 것은 고선지 장군이 진군할 때마다 당의 영향력을 확대시켰던 구체적인 예라고 할 수 있다.

고선지 장군의 토번 연운보 공격은 내부적인 견제로 인한 제약도 무시할 수 없었다. 당시 고선지 휘하의 邊令誠의 中使[131)]라는 벼슬은 황실 관리라는 말이다. 이를 정확히 표현하면, 고선지의 군사작전을 감독하고 견제하기 위해 황제가 파견한 최측근 관리 환관을 말한다. 고선지 장군의 토번 연운보 공격이라는 군사작전에 늘 中使 변령성의 감시와 감독을 받을 수밖에 없는 그런 시스템이었다.[132)] 한마디로 변령성은 고선지 장군의 모든 행동을 감독할 뿐만 아니라 이를 황제에게 보고하는 것이 그의 주 임무다.[133)] 왜냐하면

---

128) 『新唐書』 권221하, 「護蜜傳」 有豆조, 6255쪽.

129) 『新唐書』 권221하, 「護蜜傳」, 6255쪽, "八載, 眞檀來朝, 請宿衛, 詔可" ; 『冊府元龜』 권971, 「外臣部」 '褒異' 天寶 8載 8月 乙亥조, 11458쪽.

130) 『資治通鑑』 권216, 「唐紀」32 玄宗 天寶 8載 8月조, 6897쪽.

131) 황제의 명에 따라 군대를 감독하는 환관을 말한다.

132) 『舊唐書』 권184, 「高力士傳」 邊令誠等조, 4757쪽 ; 張國剛, 1981, 「唐代監軍制度考論」, 『中國史硏究』 2, 123쪽.

133) Edwin G. Pulleyblank, "The Background of The Rebellion of An Lu-Shan-Military", *The Background*

唐代에 監軍 권한은 節度使 이상으로 막강하였기 때문이다.134) 이러한 監軍의 역할을 환관이 도맡았다. 이러한 監軍제도가 언제부터 시작되었는지 정확하게 말하기 어려우나,135) 天寶 6載 고선지 장군과 동행한 환관 변령성부터 시작된 것 같다. 그런데 변령성을 시작으로 환관들이 監軍으로, 또는 기타의 일로 出使하는 현상이 두드러졌다.136) 고선지 장군 자신은 中使 邊令誠의 감독을 받으며 護密國을 정벌한 다음, 疏勒守捉使 趙崇玭이 도착하였을 토번 연운보 아래서 천보 6재(747) 7월 13일 辰時(오전 7~9시)에 撥換守捉使 賈崇瓘 등 3인이 함께 만나자고 작전을 짰다.137) 여기서 연운보 아래서 흩어진 3군이 만나자고 지시한 것은 고선지 장군의 철저하게 계산된 작전이었다. 곧 고선지 휘하의 1만 명의 병사를 셋으로 나누어 토번 연운보를 일시에 공격하여 함락시키려는 작전이었다.

위와 같은 사실을 스타인도 언급하였다. 즉 스타인은 五識匿國에 도착한 고선지는 부하에게 밝혔던 작전을 주목하였다.

> 그렇게 하고 난 후 고선지 장군은 그의 군대를 세 분대로 나누어, 각 분대는 서로 다른 길을 경유해 토번 병사들이 장악하고 있는 連雲堡를 공격하기 위해 행군할 예정이었다. 이들 셋 중 두 분대가 행군할 길이 명시된 지역(북곡[북쪽 계곡]과 적불당[붉은 불당])은 오늘날 어디라고 가리킬 수 없다 ; 그러나 고선지 지휘 아래 세 번째 분대가 통과한 길은 護密왕국 또는 와칸을 경유해 가는 통로로 언급되어 있으며, 이는 의심할 여지없이 옥서스 계곡으로 이어지는 길이다. 몇몇 분대가 7월 13일의 지정된 날짜에 모이기로 예정되어 있는 連雲堡 자체는 성채였으며, 그 앞으로 포레이 또는 소레이 강이 흐르고 있었다. 샤반느는 이들 이름이 오늘날 아비판자로 알려져 있는 옥서스의 주요 지류를 가리키며, 連雲堡가 오늘날 사하드 마을에 상응하며, 또 강의 반대 위치 또는 남쪽 둑에 있는 지역에 해당한다고 추정할 만한 그럴듯한 이유를 제시하였다. 사하드를 출발하여 남쪽으로 바로길령

of The Rebellion of An Lu-Shan, p.74.

134) 『舊唐書』 권184, 「高力士傳」 監軍則權過節度조, 4757쪽 ; 王壽南, 1972, 「唐代宦官得勢的原因及其對當時政局的影響之硏究」, 『中山學術文化集刊』 9, 559쪽.

135) 傅樂成, 1962, 「唐代宦官與藩鎭之關係」, 『大陸雜誌』 27-6, 12쪽.

136) 餘華靑, 1993, 「唐代中期宦官勢力的發展」, 『中國宦官制度史』, 上海人民出版社, 235쪽.

137) 『冊府元龜』 권358, 「將帥部」19 '立功'11 約7月13日辰時會于連雲堡조, 4246쪽.

을 경유하여 마츄강의 상류에 이르는 잘 알려진 길은 지금까지 옥서스 상류에서 길기트뿐 아니라 치트랄에 이르는 가장 손쉬운 길을 의미한다.[138)]

이는 스타인이 고선지가 연운보를 공략하기 위해 그의 휘하 부대를 세 분대로 나누어 진군하였던 것에 대한 언급이다. 이에 대한 자세한 사실은 앞에서 언급했다. 그런데 위에서 스타인은 샤반느(Chavennes) 견해를 빌려 연운보가 오늘날 사하드 마을이라는 사실을 인용하고, 직접 그곳을 답사한 뒤 연운보가 바로 사하드 마을이 위치한 곳임을 이야기하고 있다.

여기서 連雲堡란, 스타인이 주장하는 바와 같이 747년에 토번이 옥서스(Oxus) 강을 따라 바로길(Baroghil) 산령에 걸쳐서 전일 토번이 군대를 주둔시켰던 곳이다.[139)] 다시 말해 연운보의 남쪽은 가파른 산악지대고 북쪽은 娑勒川이 있어 매우 견고하여 자연 성채와 같은 곳이다.[140)] 따라서 연운보는 험악하기 이를 데 없는 천혜의 요새라서 토번은, 이곳에 성채를 지어 군사를 배치하여 당이 차지했던 독점적인 서역의 상권을 배제시켜 서방과 통하는 관문을 장악하기 위해 설치한 요새다. 그러니까 이곳이야말로 동서 교역의 상권을 배타적으로 관장하기 위한 토번에게는 전략적으로 매우 중요한 군사 요지다. 이곳이 전략적 요충지였기 때문에 고선지 장군의 토번 정벌 중에 가장 중요한

---

138) M. Aurel Stein, *op. cit.*, *Ancient Khotan-Detailed report of archaeological explorations in Chinese Turkestan*, p.8, Kao Hsien-chih then divided his troops into three columns, which were to march by different routes to the attack of the fortress of Lien-yün held by the tibetans. The localities by which the routes for two of these columns are indicated(Pei-ku, 'the northern gorge', and Ch'ih-fo-t'ang, 'the hall of the red Buddha') cannot be traced at present ; but the route of the third column, under Kao Hsien-chih himself, which is described as leading through the kingdom of Hu-mi or Wakhan, undoubtedly lay up the valley of the Oxus. Lien-yün itself, where the several columns effected their junction on the appointed day, the thirteenth of the seventh month, had the river of P'o-lei or Sp-lei in front of its walls. M. Chavannes has shown good reason for assuming that this name designates the main branch of the Oxus now known as the Äb-i-Panja, and that Lien-yün occupied a position corresponding to the present village of Sarhad, but on the opposite or southern bank of the river. From Sarhad starts the well-known route which leads southwards over the Baroghil Pass to the headwaters of the Mastuj river, to this day representing the easiest line of access from the Upper Oxus to Chitral as well as to Gilgit.

139) M. Aurel Stein, 1911, "In Afghan Wakhan", *Ruins of Desert Cathay*, Volume, 1(New York : Dover Publication, Inc.), p.65.

140) 『資治通鑑』 권215, 「唐紀」31 玄宗 天寶 6載 胡三省註의 連雲堡南依山조, 6885쪽.

임무는 연운보 정복이었다. 다시 말해 이곳은 해발 12,400피트의 바로길(Baroghil)[141] 산령에서 옥서스(Oxus) 강으로 통하는 길로 서방세계와 통하는 길목이라, 이를 당이 차지하기 위해 고선지 장군을 출정시켰던 것이다.[142]

고선지의 물샐틈없는 작전계획도 자연의 변화에는 속수무책이었다. 토번 연운보 일대가 너무나 험준한 고산이라 급격한 자연 변화로 비가 쏟아지게 될 때 계곡이 순간 물바다였던 경우가 많았다. 고선지는 작전대로 邊令誠을 데리고 護密國으로 들어갔다가 그곳에서 필요한 물자를 챙기고 급히 돌아 동쪽의 娑勒城을 향했다. 토번 연운보 점령 작전을 실행에 옮기기 위해 고선지가 진두지휘할 때, 상상할 수 없는 여러 가지 난관들이 험준한 계곡에 도사리고 있었다. 이때 예상치 못하게 계곡이 물바다로 바뀌었다. 게다가 고산준령이라 물의 흐름이 폭포수처럼 빠를 뿐 아니라 수심도 너무 깊어 말이 건너는 것이 불가능하였다. 100여 일이 넘는 대장정으로 지친 병사들에게 '토번 연운보 공격은 초자연적인 힘에 의해 막히는구나' 하는 불안한 생각이 엄습하게 하여 군심이 동요되는 위급한 상황까지 내몰리게 하였다. 이때 고선지 장군은 그의 특유의 기지로 병사들의 동요를 막으려고 비상수단을 강구하였다. 고선지는 그 당시 사람들이 즐겨 쓰는 그런 방식으로 자연을 달래기 위한 제사를 하였다. 정확히 말해 고구려인들이 초자연적인 힘을 빌려 위급한 상황을 벗어나기 위해 사용했던 희생제사를 드렸다. 이를 들어보면,

> 連雲堡에는 1,000명의 군사가 있고, 또 성의 남쪽 15리 되는 곳은 산세에 따라 성책을 설치되었으며, 군사 팔구천 명이 주둔하고 있었다. 성 밖에는 婆勒川이 흐르고 있었는데, 물이 불어 건널 수 없었다. 仙芝는 婆勒川에서 세 가지 제물로 제사지내고, 휘하 장수들에게 병마를 선발하여, 3일치의 마른 식량을 가지고, 이른 아침 婆勒川 앞에 집결하도록 명령하였다. 물이 불어 건널 수 없는 상황이라, 장수와 병사들은 高仙芝가 미쳤다고 생각하였다.[143]

---

141) Aurel Stein, "Across The Hindukush", *On Ancient Central-Asian Tracks*, p.44.

142) M. Aurel Stein, *op. cit.*, p.65.

143) 『舊唐書』 권104, 「高仙芝傳」, 3204쪽, "堡中有兵千人, 又城南十五里因山爲柵, 有兵八九千人. 城下有婆勒川, 水漲不可渡. 仙芝以三牲祭河, 命諸將選兵馬, 人齎三日乾糧, 早集河次, 水旣難渡, 將士皆以爲狂".

이는 파미르 고원의 산 정상에 위치한 토번 連雲堡의 지형적 상태가 어떠했는가를 설명하는 사료이다. 이를 셋으로 나누어 해석하고 싶다.

첫째는 토번 연운보는 여러 가지 점에서 난공불락의 요새였다는 점이다. 이는 토번이 당에 대하여 조공의 예를 폐지하였을 뿐 아니라 당을 자주 침공하였던 사실과 연관이 있을 것 같다. 바꾸어 말하면 토번 국경의 서북 끝인 연운보가 자연적으로 견고하였기 때문에 서역 제국과 연합이 용이하여 토번이 군대를 동원하여 수시로 당을 공략하였다. 그 결과 서역 제국이 당이 아닌 토번에 예속되는 상황이 되었다. 특히 토번 연운보가 파미르 고원 한복판 정상에 위치한 천혜의 요새였다는 사실을 간과할 수 없다. 연운보가 있는 지역이 산악지대, 그것도 가파른 정도를 말하기 어려울 정도로 험악하였는데도 이를 잘 이용하여 난공불락의 성채를 만들었기 때문이다. 또 뿐만 아니라 토번 연운보 아래에는 婆勒川이 흐르고 있어[144] 천혜의 조건을 갖추고 있었을 뿐만 아니라, 모든 조건이 완비된 그런 요새였다. 그런데 연운보는 오늘날 아프가니스탄 동북부 끝자락에 위치하고 있다.[145]

둘째는 婆勒川의 물이 불어났다는 사실이다. 따라서 고선지 부대의 토번 연운보 정벌 자체가 불가능하게 된 상황이었다. 이와 같은 상황에서 고선지가 제일 먼저 갈망하는 것은 연운보로 접근하는 일이다. 고선지는 자신의 힘만으로는 불가능하다고 판단되자, 초자연적인 힘에 매달렸다. 자신의 일부 군대라도 파륵천을 건널 수 있게 해 달라고 婆勒川 河神에게 빌었다. 이때 고선지는 파륵천가에서 세 가지 짐승을 희생물로 잡아 바치며 제사를 올렸다.[146] 아마 고구려인들이 자연변화로 난관에 봉착하였을 때마다 행하였던 제사의식이었을 것 같다. 물론 고선지의 기도대로 자신의 군사가 婆勒川을 건넜다 하더라도 연운보 함락은 결코 쉬운 일이 아니다. 그 이유는 앞에서 밝힌 것처럼 연운보가 천혜 요새인데다 연운보 아래의 성책에 군사가 무려 1만 명 가까이 포진하고 있으니[147] 더욱 그러했다. 1만 명의 사졸이 견고한 요새를 지키고

---

144) 『續通志』 권237, 「唐列傳」37 '高仙芝' 城下據婆勒川조, 4667쪽.
145) 祝啓源, 1996, 「吐蕃」, 『隋唐民族史』, 四川民族出版社, 443쪽.
146) 『續通志』 권237, 「唐列傳」37 '高仙芝' 仙芝殺牲祭川조, 4667쪽.

있는 상황에서 고선지가 1만 명의 병사를 거느리고 공격했다는 것은 한마디로 성공을 장담할 수 없는 그런 작전이다.[148] 그런데 사실 연운보와 그 주변을 지켰던 토번 병사 수가 1만 명이 아니라 수만, 더 정확히 말해 십만이나 되는 대군이었다는 사실을 주목하고 싶다. 이런 이유 때문에 토번 연운보를 정벌한 고선지 장군을 서양학자들은 산악전의 귀재라고 평가하였다. 연운보에 주둔한 토번 병사 수가 십만이었다는 내용은 「李嗣業傳」에 기재되어 있다. 이에 대하여는 뒤에서 다시 언급하겠다.

셋째는 고선지가 휘하 장수들에게 선발된 말과 병사들에게 마른 식량 3일분을 준비하라고 명령을 내렸다는 사실이다.[149] 그러나 고선지의 이러한 명령이 군사들에게 먹혀들기는커녕 조소 거리가 되었다. 그 이유는 婆勒川의 물이 불어서 도저히 건널 수 없는 상황에서 특별히 선발된 병사들에게 적과 싸울 준비를 한 뒤에 이른 새벽에 婆勒川 앞에 집결하라고 명령했기 때문이다. 이에 고선지가 부하 가운데 다시 선발된 소수 기병에게 3일분의 마른 식량을 준비하라고 명령하였던 사실을 주목하고 싶다. 이는 고선지 장군이 연운보 공격이 불가능할 경우를 대비한 조치였다. 다시 말해 고선지 장군은 선발된 결사대로 하여금 3일 안에 연운보를 빼앗겠다는 작전이다. 분명한 것은 위와 같은 명령으로 말미암아 부하들이 전쟁으로 고선지가 미쳤다고 생각될 정도로 그 당시 정황에서 연운보를 공격한다는 것 자체가 불가능하였다. 게다가 설상가상으로 기상조건마저 최악이었다. 하지만 고선지는 현종으로부터 받은 토번정벌 명령을 실행하려고 장군으로서 할 수 있는 조치들을 모두 취했다.

고선지 장군이 婆勒川 앞에서 토번 연운보의 적정 정찰을 마쳤지만 파륵천의 범람으로 부하들이 기가 질렸던 상황은 무엇을 의미하는가. 이는 토번 연운보가 천연 요새였다는 사실에 대한 설명이라고 본다. 그렇기 때문에 안서절도사

147) 『新唐書』 권135, 「高仙芝傳」 保有兵千餘조, 4576~4577쪽, 吐蕃 連雲堡에 천여 명의 사졸이 있었으며, 또 連雲堡의 城南 城柵에는 군사가 九千이나 있었으니, 婆勒川 위의 吐蕃 군사의 수효는 만 명 정도였다 ; 『資治通鑑』 권215, 「唐紀」31 玄宗 天寶 6載 有兵近萬人조, 6885쪽 ; 楊銘, 앞의 논문, 「唐代吐蕃－勃律道考」, 100쪽.

148) 『續通志』 권237, 「唐列傳」37 '高仙芝' 連雲堡有兵千餘, 城南因山爲柵兵九千守之조, 4667쪽.

149) 『續通志』 권237, 「唐列傳」37 '高仙芝' 命士人賷三日糒조, 4667쪽.

田仁琬·蓋嘉運·夫蒙靈察 3인 모두가 토번 공략에 실패하였던 것이다.

3. 고선지 장군의 토번 연운보 공격과 함락

고선지 장군은 자신이 護密國으로 진격하기에 앞서 휘하 부대를 三軍으로 나누어 진격하도록 하는 치밀한 작전을 세웠다. 다시 말해서 소륵수착사 조숭빈에게 北谷 길로 진격하게 하고, 발환수착사 가숭관은 赤佛堂을 따라 올라가고, 고선지 자신은 호밀국을 지나서 토번 연운보에서 모두 함께 만나는 작전을 짰다. 고선지 명령대로 셋으로 나눈 휘하 부대가 예정시간에 파륵천에 집결할 정도로 고선지의 작전은 용의주도하였다.

고선지의 명령대로 선발되어 준비를 갖춘 기병들이 이른 여명에 파륵천에 도달하였다. 이때의 광경을 보자.

> 그런데 이미 도착해 보니, 군사들은 깃발을 적시지 않았을 뿐만 아니라 또 말의 언치도 적시지 않고 모두 강을 건너 대열을 정돈하였다. 仙芝는 기뻐하며 令誠에게 말하길 '만약 우리가 반 쯤 건넜을 때 적의 공격을 받았다면 패하였을 것이다. 지금은 강을 건너 대오를 이루었으니, 이는 하늘이 적들을 내 손에 쥐어준 것이다.' 라고 말하였다. 드디어 산으로 올라서 요격하였는데, 辰時(오전 7~9시)부터 巳時(오전 9~11시)까지 적을 대파했다.[150]

작전지시한 그날 새벽 물이 줄어 기병이 婆勒川을 쉽게 건널 수 있었다는 사실 하나만으로 고선지에게 천운이 따랐다고 표현할 수 있다. 이를 두 가지로 나누어 보자.

첫째는 고선지의 작전대로 모든 것이 순조롭게 진행되었다는 사실이다. 고선지가 마음속으로 파륵천 물이 줄어들기를 바랐으나 강물이 별안간 줄어든 사실에 대해 고선지 자신도 놀랐던 것 같다. 그러나 이런 현상은 험준한 산악 지대에서는 흔하다. 즉 높은 산악지대에서 눈이 녹거나 비가 와서 계곡

---

150) 『舊唐書』 권104, 「高仙芝傳」, 3203쪽, "旣至, 人不習旗, 馬不濕韉, 已濟而成列矣. 仙芝喜謂令誠曰 '向吾半渡賊來, 吾屬敗矣, 今旣濟成列, 是天以此賊賜我也.' 遂登山挑擊, 從辰至巳, 大破之".

물이 순식간에 불었다가 곧 줄어드는 현상이다. 그러나 연운보에 있던 토번 병사들이 강을 건너기 전에 공격하지 않은 것은 무슨 이유였을까. 아마 파륵천 물이 그렇게 별안간 줄어들어 고선지 부대가 쉽게 공격해 오는 것이 불가능하다고 생각하여 이에 대한 대비책을 吐蕃 군사가 하지 못했을 수 있다. 아니면, 험준한 산악지대에서 구름이 잔뜩 낀 상태에 비가 와서 앞이 보이지 않았기 때문이다. 필자 생각으로는 후자의 상황이었던 것 같다. 이런 상황으로 토번 병사들은 고선지 부대가 연운보까지 진격한 사실을 전혀 눈치재지 못했을 것이다. 아무튼 고선지의 표현대로 하늘이 토번을 그의 손에 쥐어준 것이 틀림없다. 자연적인 악조건에서 무사히 파륵천을 건넜기 때문인지, 이를 베크위스는 "각 군대들은 겨우 소레(娑勒) 강을 건너 약속한 시간에 만났다."[151] 라고 기록하고 있다. 그러나 이는 고선지 장군의 작전 계획대로 진행된 것을 베크위스가 인정한 표현이다.

둘째는 고선지의 대화 상대가 늘 중사 변령성이었다는 사실이다. 이는 고선지가 토번을 공격해 들어가는 군사권을 장악하고 있는 것 같지만, 기실 군사 작전의 대부분은 변령성의 허락을 받아야 실천에 옮길 수 있다는 뜻이다. 그 이유는 앞에서 지적한 것처럼 고선지 장군의 감시자로 토번 정벌 출정과 동시에 파견한 황제의 최측근 변령성이 늘 따라 붙기 때문이다. 아니 고선지가 황제의 명령을 받고 떠날 때부터 변령성은 그의 일거수일투족을 감시하였다. 민영규 선생은 변령성을 토번 정벌 시 고선지 장군의 副將이라 표현하였는데, 아마도 이것이 적절한 표현일 것 같다.[152] 당이 세계국가로 발돋움한 것이 강력한 군사력을 바탕으로 한 것이었기 때문에 황제는 막강한 군사력을 통제하기 위한 수법으로 많은 환관들을 활용하였다. 고선지 부대가 천우신조로 婆(娑)勒川을 건너자, 고선지는 부대의 대오를 정돈하였다. 이내 고선지는 사졸들을 거느리고 험준한 산악 위의 토번 연운보를 향해 진격하였다. 그때가 辰時(오전 7~9시)였으니 한 치의 오차 없이 군대가 고선지 명령을 따라준

151) Christopher I. Beckwith, "T'ang China and the Arabs", *The Tibetan Empire in Central Asia*, p.132, The armies crossed the So-le River with difficulty and met at the appointed time.

152) 閔泳珪, 앞의 「高仙芝－파미르 西쪽에 찍힌 韓國人의 발자국」, 71쪽.

셈이다. 그 결과 巳時(오전 9~11시)까지 가파른 산성 연운보를 공략하여 고선지 부대가 대승하였다. 고선지 부대는 불과 두어 시간 남짓한 짧은 순간에 파미르 고원 중앙에 우뚝 선 토번 연운보를 함락하는 경이로운 전과를 거두었다. 이렇듯 고선지 장군은 승리를 약속할 수 없는 전투에서 승리를 거둔 셈이며, 그 특유의 게릴라전법으로 적을 궤멸시켰다는 암시이다. 앞서 고선지가 부하들에게 3일치의 마른 식량을 준비하라고 명령한 사실에서 미루어 보면, 토번 연운보 공격기간을 고선지 장군은 최장 3일 정도 예상하였던 것 같다. 물론 고선지 부대가 연운보를 공격할 때 군수품을 후방에 남겨둔 상태에서 창·검만으로 토번군을 공격할 계획이었다.

한편 스타인은 고선지 장군의 연운보 전투 상황을 다음과 같이 묘사했다.

> 지정학적인 지표들은 중국 장군이 그 자신을 連雲堡와 방어해야 할 통로의 지배자라고 스스로를 칭하게 된 것에 의해서, 그 전투를 묘사할 때에 포함되었던 것들에 의해, 이러한 정황들을 충분히 확인하였다. (連雲堡) 성채 자체가 천명의 군사들에 의해 점령되었으며, 또 그 앞에 흐르는 강은 훌륭한 장애물 역할을 감당하였다. 그러나 고선지는 수많은 사람들 중 선발된 일부와 함께 아무런 저항도 받지 않고, 또 별다른 손실 없이 강을 건너는데 성공하였다. 그는 즉시 이 성공으로 말미암아 신념으로 가득 차게 된 그의 군대를 거느리고, 8천에서 9천 정도의 병력으로 적의 주력 부대를 공격하기 위해 진격하였다. 그들은 울타리를 세우기에 유리한 산이 많은 지형을 이용하여, 남쪽으로 15리, 즉 약 3마일 정도에 이르는 곳에 포진되어 있었다. 고지를 장악하기 위하여 중국 장군은 방어선을 돌아 고지에 올라서 방어군들과 접전하였는데, 그 결과 방어군은 결국 심각한 손실을 입고 패배하여 밤새 생존자들은 도망하였다. 그런데 이 전투는 바로길령에 이르는 좁은 골짜기의 입구에서 벌어진 게 틀림없다.[153)]

153) M. Aurel Stein, *op. cit., Ancient Khotan-Detailed report of archaeological explorations in Chinese Turkestan*, p.9, The topographical indication contained in the description of the battle by which the Chinese general rendered himself master of Lien-yün and of the route it was intended to guard, fully confirm these identification. The stronghold itself was occupied by a thousand men, and the river in front being in flood offered a serious obstacle. Kao Hsien-chih, however, with a picked body of mounted men, succeeded in crossing unopposed and without loss. He at once led his troops, whom this success had filled with confidence, to the main force of the enemy, eight or nine thousand in number. They were posted fifteen Li, or about three miles, to the south, where advantage had been taken of the mountainous

위에서 스타인은 고선지 장군이 적의 공격을 받지 않고 婆勒川을 건넜던 것이 승리의 원동력이라는 주장을 하고 있다. 그리고 연운보에서 5~6㎞정도 떨어진 곳에 공격하기 위한 전진기지의 구축으로 말미암아 승리할 수 있었다고 분석하였다. 이곳에서 고선지 장군은 전투하기 쉽게 무장체계를 바꾸었다. 이는 스타인이 고선지 장군이 작전에 뛰어난 인물임을 인정한 부분이다. 다시 말해 고선지 장군은 작전 지역에서 지형지물을 효과적으로 이용할 뿐 아니라 유리한 상황으로 반전시켜 놓고 전투를 하였다는 사실이다. 그러나 스타인은 반복해서 고선지 장군이라는 표현을 쓰지 않고 중국 장군이라는 표현을 사용했다. 영국 작위를 갖고 있는 스타인은 이 글을 쓸 때 영국과 일본이 동맹관계였기 때문에 일본 비위를 맞출 욕심으로 고구려 유민이라는 표현을 의도적으로 거부한 것 같다.

연운보에서 당군이 거둔 전과에 대하여 베크위스는 다음과 같이 말하였다.

> 토번인들과 하루 종일에 전투한 끝에, 당나라 군대가 승리하였다. 5000명의 토번인이 죽었다고 전해진다. 당군은 많은 양의 보급품 및 장비와 함께 말 1000마리, 사람 1000명을 포로로 잡았다.[154]

이는 고선지 장군이 이끄는 당군이 連雲堡에서 토번군을 격파한 사실을 언급한 내용이다. 아울러 토번을 상대로 고선지 군대가 거둔 전과를 구체적으로 언급하였다. 連雲堡 주위에 있던 토번인들 가운데 대부분이 강을 건너다가 익사해 죽은 수도 매우 많았다.[155] 위에서 토번인 가운데 물에 빠져 죽은

ground to erect palisades. The Chinese general, having gained the heights, i, e. turned the fortified line, engaged the defenders in a flight which ended in their complete defeat with heavy loss and the precipitate flight of the survivors during the night. It is evident that this battle was fought at the entrance of the defile which leads to the Baroghil Pass.

154) Christopher l. Beckwith, "T'ang China and the Arabs", *The Tibetan Empire in Central Asia*, p.132, After a battle with the Tibetans that lasted all day, the T'ang forces were victorious. Five thousand Tibetans are said to have perished. The T'ang army captured a thousand men and a thousand horses along with a large quantity of military supplies and equipment.

155) Christopher l. Beckwith, "T'ang China and the Arabs", *The Tibetan Empire in Central Asia*, p.132, 주)141 ;『舊唐書』권109,「李嗣業傳」投水溺死, 僅十八九조, 3298쪽 ;『新唐書』권138,「李嗣業傳」因大潰, 投崖谷死者十八조, 4615쪽.

수는 토번인 전사자 5000명에 포함될 수 없다. 처음에 고선지 군대가 기습적으로 토번을 공격하자,[156] 토번군은 놀랐지만 산위에서 싸우는 유리한 상황을 이용해 돌을 비 오듯이 쏟아 부으며 항전했다. 그러나 고선지의 탁월한 전술 명령에 따른 용감한 군사들의 전투로 말미암아 토번군은 처참할 정도로 대파되었다.[157] 그 결과 고선지 장군은 현종의 기대 이상의 전과를 거두어 당의 유능한 장군으로서의 기량을 어김없이 발휘했다. 따라서 고선지 장군에 의한 토번 연운보 점령에 대한 의미를 몇 마디 말로 설명한다는 것 자체가 불가능하다. 왜냐하면 토번 연운보는 파미르 고원 한복판에 위치한 난공불락의 요새로 알려졌기 때문이었다.

고선지 부대의 연운보 함락과 그 전과를 『구당서』「고선지전」은 다음과 같이 기록하였다.

> 어두워질 때까지 맹렬하게 추격하여 5000명을 죽이고 1000명을 생포하였으며, 그 나머지는 모두 달아나 흩어졌다. 말 천여 필과 헤아릴 수 없이 많은 군량과 병기를 얻었다.[158]

이와 같은 전과로 미루어 보면, 고선지의 뛰어난 전략과 전술로 토번 연운보와 그 주위의 토번 병사들이 완전히 소탕되었다고 표현하는 것이 옳다. 이때 전황을 司馬光은 "(連雲堡에) 1만 명 가까운 병사들이 있었지만 뜻하지 않게 당나라 병사들이 갑자기 이르자 크게 놀라 산을 의지하여 막으며 싸웠고, 돌쇠뇌에서 쏘는 돌과 나무 칼자루처럼 생긴 나무가 비처럼 쏟아졌다"[159]고 기록하고 있다. 이는 고선지가 전투에 앞서 면밀한 작전을 세워 토번군의 허를 찔렀던 것임을 보여준다. 그 결과 난공불락이라 불리는 연운보에서

---

156) 『資治通鑑』 권215, 「唐紀」31 玄宗 天寶 6載 不意唐兵猝至조, 6885쪽.

157) 『資治通鑑』 권215, 「唐紀」31 玄宗 天寶 6載 仙芝以郎將高陵李嗣業爲陌刀將조, 6885쪽.

158) 『舊唐書』 권104, 「高仙芝傳」, 3204쪽, "至夜奔逐, 殺五千人, 生擒千人, 餘並走散. 得馬千餘匹, 軍資器械不可勝數".

159) 『資治通鑑』 권215, 「唐紀」31 玄宗 天寶 6載 制以仙芝爲行營節度使조, 6884~6885쪽, "有兵近萬人, 不意唐兵猝至, 大驚, 依山拒戰, 礮櫑如雨".

토번군은 아래로 돌과 예리한 나무 조각들을 마치 비처럼 쏟아 부었으나, 고선지가 이끄는 군사에게는 큰 피해를 주지 못했다. 이는 산 정상의 연운보 함락을 위한 고선지의 작전구사가 매우 용의주도하게 전개되었다는 증거다.

위 사실에서 고선지의 명령을 받은 사졸들이 연운보와 남쪽의 城柵을 포기하고 도망가는 토번 병사를 죽이거나 사로잡았던 전과에 대한 기록이 자세하다. 연운보 공격 때 고선지의 작전지시에 대한 기록이 있다.

> 고선지는 郎將 高陵 사람 李嗣業을 陌刀將으로 임명하면서, 그에게 명령하길 "해가 정오에 이르기 전에 무슨 일이 있어도 꼭 적을 섬멸해야 한다."라고 하자, 이사업은 한 깃발을 집어 들면서 陌刀를 거느리고 험한 가장자리로 먼저 올라가 온 힘을 다해 싸웠다.[160]

이는 고선지 장군이 휘하에 1만 명의 군사를 어떻게 통솔했나를 보여주는 사료다. 이때 고선지 장군은 李嗣業을 陌刀將[161]으로 임명하면서 구체적으로 정오 이전까지라고 시간을 명시하면서 적을 궤멸시킬 작전을 지시하였다. 고선지의 명령을 받은 이사업은 맥도장으로서 깃발을 들고 온 힘을 다해 연운보를 향해 진격하였다. 그 결과 이사업도 적을 공파하는데 큰 공을 세웠다. 이사업이 고선지 휘하 장수로 큰 공을 세웠다는 사실을 주목할 필요가 있다. 이는 고선지 장군이 부하를 적재적소에 임명하는 탁월한 능력이다. 이는 『책부원구』 저자도 인정하였다.[162]

고선지가 지휘한 군사들이 토번군을 5,000여 명을 죽이고 1,000명을 사로잡았다는[163] 전과는 고선지 휘하 부대가 연운보와 그 일대를 완전 점령한

---

160) 『資治通鑑』 권215, 「唐紀」31 玄宗 天寶 6載조, 6885쪽, "仙芝以郎將高陵李嗣業爲陌刀將, 令之曰「不及日中, 決須破虜.」嗣業執一旗, 引陌刀緣險先登力戰".

161) 긴 칼을 지닌 특수부대의 대장을 말한다. 『唐六典』에 의하면 칼의 모양에 따라 儀刀, 鄣刀, 橫刀, 陌刀로 분류한다.

162) 『冊府元龜』 권385, 「將帥部」 '褒異' 唐李嗣業조, 4572쪽.

163) 『冊府元龜』 권358, 「將帥部」19 '立功'11 至夜奔逐殺四五千人生擒千人餘조, 4246쪽 ; 『資治通鑑』 권215, 「唐紀」31 玄宗 天寶 6載 斬首五千級, 捕虜千餘人조, 6885쪽 ; 『續通志』 권237, 「唐列傳」37, '高仙芝' 斬五千級, 生擒千人조, 4668쪽.

것을 뜻한다.[164] 왜냐하면 연운보에 토번 병사는 1만 명 정도가 주둔하였기 때문이다. 그렇다면 1만 명 중 6천 명을 죽이거나 사로잡았다. 연운보 안에 있던 토번 사졸은 4천 명 정도는 도망갔다.[165] 게다가 고선지 군사들이 전리품으로 얻은 말이 천여 필이었고, 그 외에 획득한 군량과 병기 숫자를 헤아릴 수 없을 정도로 많았다.[166] 이로써 토번이 당으로 침공해 들어가는 서북단의 강력한 마지노선이 함락되었다. 747년 토번 연운보전투에서 고선지의 전대미문의 군사작전의 성공으로 말미암아 치명적 타격을 입은 토번은 상당기간 安西都護府를 공격한다는 것 자체가 불가능하였다.

고선지 장군의 토번 연운보 정벌이 갖는 의미를 세 가지로 나누어 분석하고 싶다.

첫째는 당이 서역에서 잃어버린 종주권을 고선지 장군이 되찾아 주었다는 점이다. 토번은 서역에서 헤게모니를 장악하기 위해 오랜 기간에 걸쳐서 천산남로 부근 당의 安西四鎭을 공략하였다. 그 결과는 번번이 토번의 승리였다. 이로 인해 서역에서 당의 영향력이 축소된 것은 어쩔 수 없는 일이었다. 게다가 당은 타림분지 주변 외에 河源에서도 토번 침공이 빈번하게 되더니 石堡城마저 토번에게 함락되었다.

둘째는 고선지 장군에 의한 파미르 고원(토번 連雲堡)의 장악으로 말미암아 토번의 서북 진출로를 통한 서역 제국과 제휴하는 길이 봉쇄되었다는 사실이다. 토번이 파미르 고원을 이용해 사라센 제국과 연합하여, 당의 서방진출을 막으려는 계획이 무산된 것이다. 이는 고선지 장군이 토번 연운보 정벌을 완수하자, 바로 사라센 제국이 당에 대해 조공 예를 취하였다는 사실에서 알 수 있다.

셋째는 고선지 장군에 의해 동서 교섭의 루트를 당이 다시 장악하게 되었다는 점이다. 이는 동서교섭사상에서 고선지 장군이 차지하는 비중이 어느

---

164) 嚴耕望, 1954, 「小勃律之役」, 『中國戰史論集』 1, 臺北 : 中華文化出版事業, 15쪽.

165) 『資治通鑑』 권215, 「唐紀」31 玄宗 天寶 6載 餘皆逃潰조, 6885쪽.

166) 『冊府元龜』 권358, 「將帥部」19 '立功'11 得馬千餘匹, 軍資器械不可勝數조, 4246쪽 ; 『續通志』 권237, 「唐列傳」37 '高仙芝' 馬千餘匹衣資器甲數萬計조, 4668쪽.

정도였는지를 가늠할 수 있는 중요한 이야기다. 고선지 장군이 중국사에서만 주목 받는 것이 아니라 세계사에서도 그 역사 족적을 너무 선명하게 남겼다는 말과 통한다. 고선지 장군에 의한 토번 연운보 함락 의미는 당의 서북지방을 잃을 위기에서 구한 것 이상의 역사적 공로로 평가되어야 마땅하다.

개원 말기부터 당은 토번을 공략하기는커녕 토번에 의한 일방적 공격으로 시달렸다. 게다가 절도사 田仁琬, 蓋嘉運, 夫蒙靈察 등이 모두 토번에게 패배할 정도로 중앙아시아에서 토번의 영향력은 이때 절대적으로 우위였다. 개원 말부터 서역 주도권을 토번이 장악한 상황에서 고선지가 토번을 제압한 것은 당에게 서역의 주도권을 다시 찾아준 엄청난 사건이었다. 그렇다면 고선지에 의한 토번 연운보 함락이 갖는 의미는 동서교섭사상에서 중요함은 물론, 서방세계에서 당의 위상을 확고하게 확립시켰다는 의미 역시 평가되어야 할 것이다.

제7장 고선지 장군의 소발률국 진격과 소발률국 함락 과정

1. 고선지 장군의 탄구령 정복

토번 연운보를 함락시킨 후 고선지는 군사작전을 계속 진행하였다. 747년 小勃律國 원정이 그것이다. 이와 관련된 사실에 대해선 서양 학자들의 연구가 많다. 그 이유는 동서교섭사 상의 중요 의미도 무시할 수 없지만, 고선지 장군이 7천이나 되는 부하를 거느리고 험준한 坦駒嶺을 넘어서 소발률국 정벌에 성공했기 때문이다. 즉, 世界戰史에서 고선지 장군처럼 많은 부하를 지휘하면서 세계의 지붕이라 일컫는 파미르 고원을 넘은 사실이 없었던 것이다.

고선지 장군이 연운보를 점령하고 탄구령을 지나 소발률국을 정복한 그 루트를 따라서 스타인이 답사하였던 사실은 익히 알려져 있다. 다시 말해 연운보를 함락시킨 고선지 장군은 곧바로 小勃律(지금의 파키스탄 북부지역) 정복을 위해 힌두쿠시 산맥 坦駒嶺(해발 4600m)을 넘는 원정을 감행하였다. 이번 기회에 토번을 완전히 제압하겠다는 고선지의 의도가 실린 진군이었다. 서양의 나폴레옹이 넘은 알프스 산맥이 2500m였던 사실과 비교하면, 고선지 장군이 나폴레옹보다 약 2배나 높은 힌두쿠시 산맥의 탄구령을 넘는 일이 대단히 고통스러웠으리라는 것을 추측할 수 있다. 고선지는 군복·무기·식량을 최대한 가볍게 하는 輕騎兵 작전을 활용하였다. 토번은 그와 정반대의 重騎兵체제였다. 양가죽으로 만든 가벼운 옷을 입은 고선지 부대의 공격 속도를 무거운 소가죽으로 중무장한 토번이 따를 수 없다. 이와 관련된 사실을 지네트 미르스키(Jeannete Mirsky)는 다음과 같이 언급하였다.

Chitral과 Mastuj 근처를 통과하면서, 스타인은 당 현종이 말했던 지점만 조사하는 것만으로 국한하고 싶지 않았다. 그의 여정은 해발 15,400피트의 坦駒嶺 고개를 답사하기 위해 시작되었다. 그는 오전 3시부터 오후 8시까지 하루 종일 등반하였는데, 이때 당의 연대기에 기록된 주목할 만한 업적에 의해 고무되었다. 연대기에 따르면, 중국의 고선지 장군이 747년 그의 군대를 이끌고, 이곳을 넘어 가서그곳에 주둔한 토번을 패주시키기 위해 야신과 길기트에 성공적으로 침투하였다고 하였다. 스타인이 장군의 발자취를 추적할 때, 그는 재차 산꼭대기가 틀림없다고 여겼던 곳, 단지 하나의 산등성이에 불과한 그런 곳을 발견했다. "(이곳은) 완만하나 결코 끝없을 것 같은 경사면의 모습이었다. 나는 (이곳에 올라와 보고 나서) 고선지가 횡단했던 이야기에 대한 사실을 비로소 이해하기 시작했다. 그들(고선지 휘하의 병사들)은 남쪽 면(6,000피트 아래 있는) 급경사의 내리막길에 직면해서야, 그들이 올라왔던 곳이 얼마나 높은 곳인가를 깨닫고 나서 당황과 혼란이 교차되었다는 이야기를." 이처럼 스타인은 처음이자, 동시에 아마도 마지막으로 3000명의 병사로 파미르 고원을 넘었던, 그 장군의 업적이 기념비적인 사건이라는 생각이 들었을 것이다. 게다가 우리 발아래 수 피트나 되는 두께의 눈과 얼음 이외에 아무 것도 없었다. 그래서 나는 그 장소에서 장군의 기념비적인 원정이야기를 처음으로 상기시켜준 위대한 프랑스 출신 중국학자이자, 나의 친구인 샤반느(M. Chavannes)에 관하여 간단하게나마 언급하지 않을 수 없었다.[1)]

---

1) Jeannette Mirsky, 1977, "The Second Central Asian Expedition", *Sir Aurel Stein : Archaeological Explorer*(The Univ., of Chicago Press), p.236, Making his way through Chitral and neighboring Mastuj, Stein was not content to limit his inspection to sites Hsüan-tsang had mentioned, and went out of his way to visit the 15,400-foot Darkot Pass. His long day's climb, from 3 A. M. to 8 P. M., was inspired by the "record preserved in the T'ang Annals of the Memorable exploit by which the Chinese General Kao Hsien-chih in 747 A. D. led his force over it for the successful invasion of Yasin and Gilgit" to rout the Tibetans established there. As he retraced the general's steps, he founded that again and again what should have been the crest proved to be but a shoulder "on the easy but seemingly never-ending slope. I began to understand the story of Kao Hsien-chih's crossing, the dismay and confusion of his Chinese troops when, brought face to face with the precipitous descent on the south side (a hamlet 6000 feet below), they realized to what height they had ascended." Stein would have liked to raise a monument to the general who for the first and perhaps the last time led an army of 3,000 men across the Pamirs ; but there was nothing but snow and ice for many feet below us. But I could not refrain from writing a note on the spot to my friend M. Chavannes, the great French Sinologist, whose learning had first revived the story of that memorable expedition.

지네트 미르스키(Jeannette Mirsky)는 스타인(Aurel Stein)의 Darkot Pass를 답사했던 기록을 인용하는 가운데 자신의 의견을 곁들여 설명하였다. 이를 두 가지로 나누어 말하면 다음과 같다. 하나는 고선지 장군이 휘하의 병사들이 왜 Darkot Pass에서 내려갈 때 무엇 때문에 두려했는가를 실제로 답사한 스타인의 글을 인용하여 설명하였다.

다른 하나는 고선지 장군이 파미르 고원을 횡단하였던 사실이 전무후무하였던 사건이라는 설명이다. 그런데 후자에서 3,000명의 병사를 거느리고 파미르 고원을 넘었다는 주장의 오차가 너무 크다. 필자의 추산으로 7,000명 혹은 그 이상 되는 병사를 거느리고 고선지 장군이 파미르 고원을 넘었다. 이에 관하여는 뒤에서 자세히 언급하겠다. 그런데 위 문장 끝에서 스타인이 샤반느를 추켜세우고 있으나, 고선지 장군의 업적을 서방에 최초로 알렸다는 사실에 대해서는 필자도 동의한다. 그러나 스타인과 샤반느가 주장한 사실에서 고선지 장군의 업적과 관련한 오류가 많다. 이 점에 대하여도 후술하겠다.

토번 요새 연운보의 대군을 격파한 지혜로운 장군 고선지는 빙하로 덮인 고산준령을 타고 계속 진군하였다. 그러나 황제가 특별히 파견한 환관 邊令誠은 토번 깊숙이 공격하여 들어가는 것을 반대하였다. 이때의 상황을 들어보자.

> 玄宗은 術士 韓履冰을 전장으로 보내어 택일하도록 하였으나, 그는 두려워 더 이상 가려하지 않았으며, 邊令誠도 두려워했다. 고선지는 令誠등을 남겨두면서, 그에게 (긴 행군과 전쟁으로) 지쳐 병든 허약한 병사 삼천여 명으로, 성을 지키게 하고, 계속 진군하였다. 사흘 뒤에 坦駒嶺에 이르렀는데, 아래로는 가파르고 험준한 길이 40여 리나 되었던 터라, 고선지는 이를 헤아려 말하길 "만약 阿弩越胡가 속히 와 맞이한다면, 이는 곧(우리에게) 좋은 마음을 품었다는 표시다"라고 하였다. 또 병사들이 (적진 깊숙이) 내려가려고 하지 않을까 걱정하여, (고선지는) 이보다 먼저 胡服을 입은 사람으로 20여 기병에게 阿弩越城을 지키는 사람이 마중하여 항복하는 것처럼 거짓으로 꾸몄다. 坦駒嶺에 도착하니, 과연 병사들은 내려가려 하지 않고 말하기를 "大使께서 우리를 장차 어디로 끌고 가려는 것입니까?"라고 물었는데, 그 말이 채 끝나기 전에, 앞서 보낸 (기병) 20명이 와서 영접하며 말하기를 "阿弩越城胡는 좋은 마음으로 받들려고 娑夷河(인더스강 상류의 지류인 gilgit)

> 藤橋를 이미 잘라버렸습니다"고 하였다. 고선지가 드러내놓고 기뻐하며 호령하니, 병사들이 모두 내려갔다.[2)]

이는 고선지가 장군으로서 어느 정도의 훌륭한 리더십을 가졌나를 가늠할 수 있는 사료다. 한 마디로 전쟁터에서 고선지 장군은 지략과 용기가 출중한 인물이었다.[3)] 또 베크위스가 "고선지는 병사 가운데 약하고 병든 자 3000명을 골라 邊令誠과 함께 連雲堡를 수비하기 위해 남겨둔 후 小勃律國을 침공하였다"[4)]고 지적한 사실에서도 고선지 리더십이 어떤 것이었는가를 확인할 수 있다. 여기서는 위의 『舊唐書』「高仙芝傳」의 사료를 중심으로 분석하고 싶다.

첫째는 고선지 장군의 감시자로 또는 副將의 신분으로 전투 중에 늘 붙어 다녔던 인물 中使 邊令誠 외에 術士 韓履冰이 있었다는 것이다. 굳이 표현한다면 변령성은 고선지의 지휘를 받지 않을 뿐 아니라 술사 한리빙도 변령성과 마찬가지로 고선지를 따라다니기는 했지만 황제의 심복으로 고선지의 감시자였다.

변령성이 고선지 장군에 대한 통제와 감시가 임무였다면, 한리빙은 그의 도술로 적정을 파악하여 전쟁을 유리하게 이끌도록 하면서 변령성처럼 전황을 황제에게 직접 보고할 의무가 있던 인물인 것 같다. 특히 한리빙의 경우는 신통술로 전황을 유리하게 역전시킬 수 있다는 기대감으로 현종이 토번 정벌 전쟁터로 파견하였다. 그렇다면 도교 술사 한리빙과 같은 인물이 토번 정벌에 출정하는 부대와 동행하였다는 것은, 현종치세에 도교가 널리 신봉된 사실과 깊은 관련이 있다.

현종은 지나칠 정도로 도교에 빠진 인물이었다. 그 때문에 開元 29년(741)

---

2) 『舊唐書』 권104, 「高仙芝傳」, 3204쪽, "玄宗使術士韓履冰往視日, 懼不欲行, 邊令誠亦懼. 仙芝留令誠等以羸病尫弱三千餘人守其城, 仙芝遂進. 三日, 至坦駒嶺, 直下峭峻四十餘里, 仙芝料之曰 '阿弩越胡若速迎, 卽是好心.'又恐兵士不下, 乃先令二十餘騎詐作阿弩越城胡服上嶺來迎. 旣至坦駒嶺, 兵士果不肯下, 云 '大使將我欲何處去?' 言未畢 其先使二十人來迎, 云 '阿弩越城胡並好心奉迎, 娑夷河藤橋已斫訖.' 仙芝陽喜以號令, 兵士盡下".

3) 金子修一, 「唐代前期の國制と化」, 412~413쪽.

4) Christopher l. Beckwith, "T'ang China and the Arabs", *The Tibetan Empire in Central Asia*, p.132, Kao left Pien with a garrison of three thousand, consisting of the weak and sick among the troops, and then invaded Little Balûr.

정월 兩京과 諸州에다 도교의 玄元皇帝廟를 설치하였다. 그뿐만 아니다. 도교의 玄學을 배우는 생도를 두어서 『老子』, 『莊子』 등을 배우게 해, 이들 가운데서 明經科에 버금가는 考試를 실시할 정도로 현종은 도교 신봉자였다.[5] 그렇다면 현종이 무슨 이유로 술사 한리빙을 고선지의 토번정벌군에 수행하게 했는지 이해가 된다. 술사 한리빙이 고선지와 동행한 사실은 고선지에 대한 감시망이 몇 겹으로 처져 있었다는 것과 무관하지 않다. 그러한 성격을 띤 술사 한리빙마저 연운보에서 더 이상 토번 안으로 깊숙이 진격하는 것을 두려워했다. 전쟁을 앞서 독려하여야 할 中使 변령성의 생각도 술사 한리빙과 같았다. 이들 두 사람은 누구보다 唐제국에 충성하는 관리라 자처한 인물인데도 너무나 긴 장정에 지친데다 坦駒嶺을 넘어 小勃律國으로 진격해 들어가는 것이 너무 무서웠던 모양이다.

당 현종이 고선지 장군에게 내린 공격명령은 토번의 연운보였다. 이를 설명한 『玉海』는 토번 연운보를 점령한 후 고선지 장군의 욕심 때문에 군사를 거느리고 깊숙이 탄구령을 통과했다고 기록하였다.[6] 바꾸어 말하면 이는 고선지 장군이 탄구령을 넘어 소발률국 공격에 변령성이 따라가지 않아도 당에 대한 불충은 아니라는 말이다. 그렇다고 고선지 장군이 탄구령을 넘어 소발률국 공격 의도가 공명심 발로라고만 이야기할 수 없다. 그 이유는 고선지 장군이 토번 연운보를 점령한 후, 당이 소발률국을 장악하지 못한다면 얼마 후에 연운보를 토번이 재탈환하는 것은 시간문제로 되기 때문이다. 그렇다면 서역에서 탁월한 전략을 발휘한 고선지 장군은 연운보를 확고하게 장악하려는 군사조치로서 소발률국 공격을 감행했던 것이다.

고선지 장군과 달리 탄구령을 넘지 않은 변령성은 험준한 산악으로 에워싼 토번 변경에 와 보니 唐제국을 위한 생각보다 자신의 안위가 더 걱정되었던 모양이다. 그 결과 황제의 中使와 術士는 이구동성으로 고선지 장군의 소발률국 공격을 반대했다. 그런데 스타인의 한여름 답사에 의하면, 앞서 언급한 파미르

---

5) 池培善, 1999, 「楊 貴妃와 唐 玄宗」, 『東方學志』 105, 연세대학교 국학연구원, 266쪽 ; 『舊唐書』 권9, 「玄宗」下 開元 29年 春正月 丁丑조, 213쪽.

6) 『玉海』 권191, 「唐安西副都護平小勃律國」 '高仙芝傳' 仙芝欲遂深入조, 71쪽.

나폴레옹은 해발 2천m의 알프스를 넘었으나 고선지는 4천 6백m 이상 되는 힌두쿠시 산맥을 넘었다. (청아 제공)

는 물론이고, 힌두쿠시(HinduKush)도 빙하의 얼음길이니, 고선지가 10,000명 전후의 병사를 거느리고 이동하는 것은 예사 일이 아니다. 추위에 산소부족까지 겹친 악조건만 아니라 지형이 험준하였는데도 불구하고, 고선지 장군은 고산준령을 넘어 소발률국을 찾아 야신(Yasin)과 길기트(Gilgit)로[7] 가겠다 하니 변령성과 한리빙이 겁냈던 것도 당연하다.

둘째는 고선지 장군은 어떤 악조건하에서도 과단성 있는 인물이었다는 점이다. 토번 연운보를 함락시키고 나서 회군하여도 황제의 감시자들의 열렬한 지지를 받았을 것이 분명하다. 그런데도 고선지는 황제의 명령을 충실히 수행하려고 토번 정벌을 위해 소발률국을 향해 진격하였다. 어쩌면 이번 기회에 토번을 완전히 장악하려는 의도를 고선지 장군이 갖고 있었는지 모른다. 이와 같이 위험한 전투를 계속하기로 결정한 고선지는 무인으로서 충직한 성격 탓도 있겠지만 그보다 그가 용맹한 고구려인이라는 사실과

7) Annabel Walker, *op. cit.*, p.73.

깊은 연관이 있다고 본다. 다름 아니라 고구려 영토의 상당 부분이 가파른 산악지대여서 고선지와 같은 고구려인에게 산악 전투에 대한 자신감도 한몫하였을 것 같다.

고선지의 감시자로 따라온 중사나 술사가 적진 깊숙이 산악지역에 들어왔다는 사실 자체가 두려워 더 이상 앞으로 진격할 수 없었다는 것은 환관 변령성의 입장에서 보면[8] 당연하다. 그들은 산악이 아닌 평지에서 출생하고 그곳에서 생활한 인물들이 아닌가! 황제의 명령을 수행하기 위해 고선지는 더 이상의 진군을 그만두자는 변령성과 한리빙 등을 연운보에 남겨두었다. 이때 고선지는 변령성에게 머나먼 행군과 전투로 병들어 지치고 늙은 군사 삼천 명과 함께 연운보를 지키도록 명령하였다.[9] 고선지는 나머지 용사를 거느리고 다시 토번의 속국 소발률국을 향해 진격하였다.[10] 이때 이미 병사들 대부분은 고산지대에서 나타나는 여러 현상으로 고통을 겪고 있었고, 이는 이루 형언하기 어려운 상태였다.[11]

셋째는 토번 연운보에서 출발한 고선지 부대가 3일 뒤에 坦駒嶺(Darkot Pass) 정상에 도착했다는 점이다.[12] 탄구령은 해발 4600m나 되는 험준한 산령이다.[13] 게다가 이 탄구령은 유명한 힌두쿠시 산맥 자락으로 항상 얼음으로 덮여 있어서[14] 추위는 물론이고 산소 부족이 심각한 곳이다. 아무리 전투의 승리로 기뻐한 부대원들이라도 이동하는 동안, 그 고통은 이만 저만이 아니었

---

8) 『資治通鑑』 권215, 「唐紀」31 玄宗 天寶 6載 中使邊令誠以入虜境已深조, 6885쪽.

9) 『資治通鑑』 권215, 「唐紀」31 玄宗 天寶 6載 仙芝乃使令誠以羸弱三千守其城조, 6885쪽 ; 『續通志』 권237, 「唐列傳」37 '高仙芝' 仙芝留羸弱三千使守조, 4668쪽 ; 諏訪義讓, 「高麗出身高仙芝事蹟攷」, 190쪽.

10) 『資治通鑑』 권215, 「唐紀」31 玄宗 天寶 6載 復進조, 6885쪽.

11) 陳舜臣, 「花におう長安」, 256쪽.

12) 『資治通鑑』 권215, 「唐紀」31 玄宗 天寶 6載 三日, 至坦駒嶺조, 6885쪽 ; 楊銘, 「唐代吐蕃－勃律道考」, 99~100쪽.

13) M. Aurel Stein, "On The Darkot Pass", *Ruins of Desert Cathay*, Volume, 1, p.57, Darkot Pass 주위의 높은 산은 해발 23,000피트다 ; 閔泳珪, 「高仙芝－파미르 西쪽에 찍힌 韓國人의 발자국」, 72쪽 ; Jeannette Mirsky, 1977, "The Second Central Asian Expedition", *Sir Aurel Stein : Archaeological Explorer*(The Univ. of Chicago Press), p.236 ; Aurel Stein, "Across the Hindukush to the Pamirs and K'un-Lun", *On Ancient Central-Asian Tracks*, p.43 ; 嚴耕望, 「小勃律之役」, 15쪽.

14) Aurel Stein, "Tarim Basin under Turks", *On Ancient Central-Asian Tracks*, p.32.

다. 토번 연운보에서 탄구령까지는 직선거리가 40㎞정도다. 더 정확히 말해 30㎞도 안 되는 짧은 거리다.[15] 그러나 이는 위의 사료에서 언급되었던 것처럼 가파르게 아래로 펼쳐진 산악길이라 그 당시 里수로 40여 리나 되어[16] 직선거리로만 계산할 수 있는 그런 거리가 아니다. 직선상 얼마 안 되는 거리지만 고선지 부대가 연운보에서 탄구령까지 가는 데는 무려 3일이나 걸렸다. 아마 전투에 필요한 물자와 군량을 휴대하였기 때문에 이동속도가 느릴 수밖에 없었을 것이다. 게다가 탄구령은 앞서 이야기한대로 그 유명한 힌두쿠시 산맥에 있어 금단의 빙하 세계다.[17] 그곳을 고선지 장군은 소발률국을 정복하기 위해 휘하 병력을 이끌고 한 걸음 한 걸음 야신(Yasin)의 좁은 계곡을 지나 길기트(Gilgit)를 향해 진군하였다. 고선지 장군의 소발률국 원정 루트는 지리학적으로도 꽤나 중요하다. 지리학자 스벤 헤딘(Sven Hedin)도 고선지 장군의 소발률국 원정로를 그의 저서에서 자세히 기록하고 있기 때문이다.[18] 고선지 장군이 파미르 고원의 연운보에서 다시 탄구령을 넘어 북인도로 들어가는 대원정을 감행한 사실에 대해 日人 학자마저 한니발이 알프스를 넘는 작전과 비교하였다. 아울러 양대 사건을 동·서양의 위업으로 칭송할 정도로 한니발과 더불어 고선지 장군을 명장이라고 표현했다.[19] 이렇게 험악한 고산준령에서 자신의 안전만 신경을 쓴 변령성과 한리빙 같은 인물들이 고선지 장군과 같이 더 이상 토번 영토 안으로 깊숙이 들어가는 것을 반대한 이유를 알 것 같다.

넷째는 토번이 이란지역 무슬림과 연합전선을 전개하지 못하도록 고선지 장군이 군사적인 상응 조치를 취하였다는 것이다. 토번과 무슬림의 교통로를 차단시킬 목적으로, 고선지 장군은 오늘날 인도의 길기트로 진군하였다.[20]

15) 譚其驤 主編, 「隴右道西部」, 63~64쪽.

16) 『資治通鑑』 권215, 「唐紀」31 玄宗 天寶 6載 下峻阪四十餘里조, 6885쪽.

17) Aurel Stein, "By The Uppermost Oxus", *On Ancient Central-Asian Tracks*, p.303.

18) Sven Hedin, 1917, "Chinese works on the hydrography of South-western Tibet", *Southern Tibet*, Vol. 1(Stockholm : Lithographic Institute of The general staff of the Swedish Army), p.81.

19) 前嶋信次, 1971, 「杜環とアル·クーファー支那古文獻に現れた西アジア事情の研究」, 『東西文化交流の諸相』, 東京 : 誠文堂, 87쪽.

20) Jack A. Dabbs, *op. cit.*, p.15.

20세기에 들어 스타인은, 한국 출신의 유능한 장군 고선지가 군대를 거느리고 처음이자 마지막으로 파미르 고원을 지났던 그 길을 직접 목격하기 위하여 이곳에 왔다고 표현하고 있다. 그도 중국 사서에서 고선지 장군을 깎아 내렸던 사실을 아는 듯 고구려 출신 고선지 장군이 휘하에 만 명이나 되는 군사를 이끌고 파미르 고원을 지난 사실이 역사에 전무후무한 사건이라고 극찬을 아끼지 않았다.[21)]

다섯째는 고선지 장군이 험준한 산악길을 내려오면서 부하들의 마음 동요를 막으려고 내부용 심리극마저 준비하였다는 것이다.[22)] 고선지 부대가 고산준령을 넘으면서 병사들 중 호흡장애로 인한 두통으로 쓰러지는 사졸들이 속출하였다. 이른바 기압 급변으로 인한 고산병이다. 게다가 그때가 절기로는 한여름이지만 회군할 때 빙설이 뒤덮인 힌두쿠시 산맥을 다시 넘을 생각을 하니 고선지 병사들의 마음속에 두려움과 혼란이 싹튼 것은 어쩌면 당연하다.[23)] 앞서 현종의 지시로 고선지를 감시하는 中使와 術士가 가졌던 두려움이 탄구령을 넘는 병사들에게도 나타났다.

더욱 놀라운 것은 고선지가 병사들의 이러한 동요를 미리 예측하고 대비하였다는 사실이다. 예전부터 고선지 장군이 험준한 산을 넘으며 출정한 노련한 지휘관이었기 때문에 이런 내부용 연출작전을 만드는 것이 가능하였다. 즉 탄구령 너머 있는 소발률국의 阿弩越胡가 고선지 장군에게 와 항복을 해야 병사들의 심리적인 불안이 제거될 수 있다는 생각에서 고선지가 연출한 것이다. 아노월성은 탄구령을 넘어 진군하는 고선지 부대가 정복하려는 소발률국의 서울이다. 고선지는 첩첩 산중에서 병사들을 안심시키고 계속 진군하기 위해, 깎아지른 듯한 산악을 내려오기 전에 연극 각본을 짰다. 고선지는 자신의 심복 기병 20인을 아노월호로 위장을 시켜 그들로 하여금 당군을 환영하는 것처럼 연출을 시켰다.[24)]

---

21) M. Aurel Stein, *op. cit.*, p.58 ; 張其昀, 「兵源與將才」, 100쪽 ; 嚴耕望, 「小勃律之役」, 16쪽.

22) 『資治通鑑』 권215, 「唐紀」31 玄宗 天寶 6載 仙芝恐士卒憚險조, 6885쪽.

23) M. Aurel Stein, "On the Darkot Pass", *Ruins of Desert Cathay*, p.57.

24) 『資治通鑑』 권215, 「唐紀」31 玄宗 天寶 6載 先令人胡服詐爲阿弩越城守者迎降조, 6885쪽 ; 『續通志』 권237, 「唐列傳」37 '高仙芝' 乃潛遣二十騎衣阿弩越胡來迎조, 4668쪽.

고선지의 전략대로 미리 위장한 기병들은 부대가 동요하는 그 시점에 나타나 아노월호로 행세하면서 "阿弩越城胡는 좋은 마음으로 당신들을 환영합니다. 이미 사이수 등교는 절단했습니다"라 말함으로써[25] 병사들의 동요를 차단하는 효과를 얻었다.[26] 그때 아득히 멀리 인더스강 중류의 격류가 어슴푸레 절벽의 발밑에서 흐르고 있었다. 고선지 장군의 전적지를 두 번째로 답사하였던 스타인도, 그 계곡이 가파르게 아래로 끝없이 펼쳐지고 있을 때 병사들이 혼란 상태에 빠졌을 뿐 아니라 놀랐을 것이라는 사실을 이해할 수 있다고 말할 정도로 그곳은 험악한 지형이다.[27]

위의 사실에 대하여 휫필드(Susan Whitfield)도 다음과 같이 언급하였다. 이를 소개한다.

> (고선지 장군의 부대가) 달아나는 토번을 추격하면서, 小勃律國까지 고선지 장군은 총력을 기울이지 않았다. (다름 아니라) 고선지 장군은 (連雲堡 전투에서) 부상당한 자, 지친 자, (그리고 小勃律國 정벌 전쟁에 대한 두려움으로 인한) 의구심을 품었던 자들을 남겨둔 후에야, 坦駒嶺(Darkhot pass)까지 전속력을 다해 나아갔다. 그는 길기트 계곡으로 내려가는 길을 알고 있었기 때문에 특별한 동기 부여가 없다면, 그의 군대가 (진격하는데) 따라주지 않을 것이라고 생각하였다. 군대의 대부분은 산사람이 아니었다. 따라서 고선지 장군은 믿을 만한 10명의 군사-모두 비중국인-를 골라 또 다른 길로 비밀리에 그 통로를 지나서(Darkhot pass) 상대방에게는 마치 마을 거주자인 것처럼 가장하여 미리 말 타고 달려가 있도록 명령하였다. 그곳에서 이들은 장군을 만날 때까지, 다시 말해 그의 군대가 Darkhot pass의 산등성이가 나타날 때까지 기다리도록 지시하였다. 그리하여 이들은 마치 자신들이 마을의 대표인양 장군에게 다가와서 사람들이 자신들에게 중국인들을 환영하기 위해 보냈다고 거짓 보고할 계획이었고, 한편 길기트 위의 다리는 토번 반격을 막기 위해 마을 사람들에 의해 끊겼다고 보고할 계획을 세웠다.[28]

---

25) 『資治通鑑』 권215, 「唐紀」31 玄宗 天寶 6載 阿弩越赤心歸唐조, 6885쪽.

26) 『資治通鑑』 권215, 「唐紀」31 玄宗 天寶 6載 士卒乃下조, 6885쪽.

27) 閔泳珪, 「高仙芝-파미르 西쪽에 찍힌 韓國人의 발자국」, 74쪽 ; Jeannette Mirsky, *op. cit.*, p.236.

28) Susan Whitfield, "The Soldier's Tale", *Life Along The Silk Road*, p.69, In pursuing the fleeing Tibetans, General Gao did not try to take a full force with him to Little Balur. He left behind the wounded,

신강성 우루무치에서 중국내 소수민족을 연구하는 쉐쭝쩡(薛宗正) 교수와 함께

위에서 휫필드가 지적하였던 한 가지 사실에 대하여 주목하고 싶다. 다름 아니라 패배하여 도망하는 토번을 고선지 장군의 부대가 추격하였다는 것에 대한 언급이다. 당연히 고선지 장군의 부대가 추격하려고 한다면, 도망하는 토번군을 즉각적이고 적극적으로 철저하게 추격해야 옳다. 그러나 연운보를 함락하고 난 후, 고선지 장군은 연운보를 버리고 도망치는 토번 잔당 처리문제에 적극적인 관심이 없다는 사실을 강조하고 있다. 그 이유는 고선지 장군이 토번을 상대로 한 전쟁에서 단기 전략보다 장기 전략에 치중하였기 때문이다. 그러나 고선지 장군의 토번 전략을 정확하게 간파하지 못한 휫필드는 고선지 장군이 도망하는 토번 군사에 대한 조치가 없었음을 이상하게 여긴 모양이다. 위에서 휫필드의 지적처럼 고선지 장군이 길기트 계곡으로 내려가는 길을 알고 있었다는 사실을 주목하고 싶다. 이는 고선지 장군이 소발률국 진격이 대단히 어려운 문제였기 때문에 그 나라 정벌을 성공하기 위해 사전에 치밀한 전략을 세웠다는 이야기와 통한다.

---

the weak and the sceptical, and pressed on at great speed to the Darkhot pass. He knew of the descent into the Gilgit valley and did not have great faith in the willingness of his troops to negotiate it without some inducement : most were not mountain men. He therefore chose ten reliable soldiers-all non- Chinese- and ordered them to ride ahead secretly by another route, cross the pass and disguise themselves as residents of the town on the other side. There they were to wait until they saw the general and his troops appear on the saddle of the pass. Then they were to ride up as if they were a delegation from the town and report that the towns people had sent them to welcome the Chinese and that the bridge over the Gilgit had been cut by the towns people to prevent a Tibetan counter-attack.

위 인용문의 마지막에서 휫필드는 고선지 장군이 휘하 병사들의 심리를 꿰뚫었다는 사실을 높이 평가하였다. 그 까닭은 고선지 장군이 심복 10명을 뽑아 휘하 병사들의 심리적인 동요를 막은 사실을 비교적 소상하게 기록하였기 때문이다. 아마 이때 고선지 장군의 믿을 만한 병사 10명은 고구려인일 가능성이 매우 크다. 필자가 이렇게 밝히는 이유는 중국 소수민족 연구자 쉐쫑쩡(薛宗正)의 연구에서 당나라에서 이민족 출신 번장들 휘하에 같은 민족의 군사들이 구성되어 있다고 했기 때문이다.[29] 그러나 휫필드는 위에서 고선지가 그의 심복 10명에게 시킨 것이 아니라 20명이어서 그가 틀리게 기술한 것을 바로 잡고자 한다.

여하간 고선지 장군은 휘하 병사들의 심리를 정확하게 꿰뚫었다. 그의 지시대로 위장한 아노월성호들이 고선지 군대의 안전을 위하여 娑夷河의 藤橋를 끊은 것처럼 연극을 꾸몄다. 그 순간 고선지 휘하 부대의 동요는 완전히 멈췄을 뿐 아니라 불안했던 병사들도 언제 그랬냐는 식으로 기뻐서 탄성을 질렀다. 이는 분명 고선지 장군의 뛰어난 지휘 계략이다. 달리 표현하면 고선지 장군은 전투는 물론이고 심리전마저 출중하였다. 한마디로 험악한 산중에서 일어날 수 있는 병사의 불안 심리를 잘 파악하였던 것이다. 게다가 사이하는 지도상의 직선거리로 탄구령의 남방 70여㎞에 위치한 강으로 아노월성의 동쪽에 있었다.[30] 그 강의 다리를 없앴다고 말한 것은 토번 부대가 다시 탄구령으로 올 수 없음을 의미한다. 고선지는 휘하 부대원의 심리적 동요를 사전에 예지하고 이를 치밀하게 차단하였다. 여기서 험악한 파미르 고원을 지났다는 사실보다도 너무 험준한 산악지대라 병사들 모두가 두려워하였는데도 불구하고 고선지는 사졸들을 독려하며 계속 진군했다는 사실에 주목하고 싶다. 이러한 고선지 장군을 볼 때, 그에 대한 칭호로는 명장이라는 말 외에 적절한 표현이 없다. 스타인도 고선지 장군에 대한 존경심을 말로 표현할 수 없는 정도라 하였다.

---

29) 필자가 중앙일보와 공동으로 '고선지 루트'를 취재할 때 쉐쫑쩡 교수와 나눈 대화 내용의 일부다.

30) 張星烺, 앞의 책, 『中西交通史料匯編』 5, 165쪽.

2. 고선지 장군의 소발률국 정복

토번 연운보를 함락시킨 후, 당군의 계속된 험준한 산악지대 진군의 상황을 스타인은 다음과 같이 서술하였다.

> 고선지는 앞에 있었던 힘든 진군과 전투로 지친 3천 병사와 더불어, 더 이상 진군하기를 반대하였던 고위 관리 몇을 뒤에 남겨두기로 결정하면서, 이들로 하여금 연운보를 방어하도록 명령하였다. 나머지 병사와 함께 고선지 장군은 진군하면서, 그렇게 행군하기를 3일이 지나서야 탄구령 정상에 도착하였다 ; '그곳에서부터 아래로 40리(약 8마일)가 넘는 절벽이 깎아지른 듯이 버티고 있었다.' 일종의 계산된 행위로서 고선지는 그의 군대를 위에서부터 아래로 점령하는 것처럼 물결치듯 진군시키면서 계곡으로 내려갔을 때, 고선지의 고도로 계산된 심리 위장술에 의해, 3일 동안 행군하며 내려간 후 각본에 의해 '아노월호'의 항복을 받았다.[31]

고선지는 약 7천 명 정도의 부하를 이끌고 토번의 영토나 다름없는 소발률국 수도 아노월성에서 그리 멀지 않은 지점까지 이르렀다. 아무리 고선지가 부하들의 심리 동요를 막았다 하지만 가파른 산을 내려와 적진 안에 있으니 마음이 편할 리 없었다. 그러한 상황인데도 고선지는 부하들을 이끌고 계속 진격하였다. 이는 소발률국 수도 아노월성을 향한 진군이었다. 이와 같은 진군은 토번 심장부를 겨냥한 진군이라고 표현할 수 있다. 이때의 상황을 보자.

> 娑夷河는 옛날에 弱水라고 하는데, (이 강은) 지푸라기 머리털조차 건널 수가 없었다. 사흘 걸려 坦駒嶺을 내려가니, 과연 越胡가 와서 영접을 하였다. 그 이튿날

31) M. Aurel Stein, *op. cit., Ancient Khotan-Detailed report of archaeological explorations in Chinese Turkestan*, (Oxford : At the Clarendon Press, 1907), p.9, Kao Hsien-chih decided to leave behind in his camp certain high officers who were opposed to a further advance, together with three thousand men worn out by the previous hardships, and ordered them to guard Lien-yün. With the rest of his troops he pushed on, and after a three days' march arrived on the summit of 'Mount T'an-chü' ; 'from there downwards there were precipices for over forty li(circ. eight miles) in a straight line'. By a trick Kao Hsien-chih prevailed upon his wavering troops to effect their descent into the valley, and after three more march was met by 'the barbarians of the town of A-nu-yüeh' offering their submission.

> 阿弩越城에 이르러서, 그 날 고선지는 장군 席元慶·賀婁餘潤에게 먼저 다리와 도로를 보수하도록 명령하였다. 仙芝는 이튿날 진군하면서, 또 元慶에게 명령하여 천여 기병을 거느리고 가서 小勃律王에게 "너희 성을 가지려는 것이 아니며 다리를 자르려는 것도 아니다. 다만 너의 길을 빌려 大勃律로 가려는 것이다"고 말하게 하였다. 그런데 그 성 안에는 首領 대여섯이 있었는데, 그들 모두가 토번에 충성을 바치고 있었다.[32]

위의 내용은 고선지 장군이 소발률국으로 진격하기 위한 제1차 작전 지시에 대한 소개다. 고선지 장군이 휘하 장군 席元慶에게 소발률국왕 蘇失利之[33]에게 무엇이라고 말하라는 구체적 내용이 들어있는 글이다. 연운보를 뒤로 하고 탄구령을 넘어 소발률국 영역 안에서 고선지의 작전에 관한 지략을 엿볼 수 있는 내용이다.[34] 고선지는 중국의 전통적인 전략·전술이 아닌 독특한 전법을 사용하고 있다. 고선지의 전술은 중국식 전술과 달리 적을 일시에 공격하는 방법이 아니었는데, 이 역시 그가 탁월한 전략·전술가였다는 증거이다. 이를 두 가지로 분석하고 싶다.

첫째는 娑夷河를 따라 진군한 고선지 장군의 작전구상이 언급되었다는 것이다. 사이하는 어떤 것도 떠 있을 수 없을 정도의 급류다. 그런데 그곳을 고선지의 부대가 지난 것은 힘든 진군이 계속되고 있다는 설명이다. 또 위에서 특기할 만한 것은 고선지가 아노월호가 와서 항복하는 것인양 속여 부하들의 심리를 안정시켰다는 것이다.

둘째는 아노월성에[35] 도착한 고선지는 소발률국과 전쟁을 하지 않고 대발률국으로 진격하기 위하여 소발률국의 길을 빌리겠다는 작전을 세웠다는 점이다. 이는 16세기 말 일본 도요토미 히데요시가 명나라 공격을 위해 조선을 공격하였던 것과 비교된다. 고선지 장군의 책략을 800여 년 후 도요토미

---

32) 『舊唐書』 권104, 「高仙芝傳」, 3204쪽, "娑夷河, 卽古之弱水也, 不勝草芥毛髮. 下嶺三日, 越胡果來迎. 明日, 至阿弩越城, 當日令將軍席元慶, 賀婁餘潤先修橋路. 仙芝明日進軍, 又令元慶以一千騎先謂小勃律王曰 '不取汝城, 亦不斫汝橋, 但借汝路過, 向大勃律去.' 城中有首領五六人, 皆赤心爲吐蕃".

33) 『新唐書』 권221하, 「小勃律傳」 蘇失利之立조, 6251쪽.

34) 『新唐書』 권221하, 「小勃律傳」 前遣將軍席元慶馳千騎見蘇失利之曰조, 6251쪽.

35) 楊銘, 「唐代吐蕃－勃律道考」, 99쪽.

히데요시가 이용한 셈으로, 고선지는 猛將일 뿐 아니라 智將이라는 사실을 알리는 대목이다. 그렇다고 고선지가 담판에 의해 소발률국을 통과하겠다는 생각을 가진 것은 아닌 것 같다. 고선지는 전투에 대비하기 위하여 휘하 장수 席元慶과 賀婁餘潤에게 橋路를 구축하도록 명령하였다. 여기서 교로는 중국 삼국시대에 만들어졌던 棧道와 그 형태가 유사하다. 이는 고선지 장군이 토번을 침공하기 위해 모든 전략·전술을 구사한 증거로 해석된다. 또 한편으로 아노월성에 도착한 다음날 고선지는 석원경에게 1천 기병을 거느리고 가서 소발률국왕과 담판하도록 지시했다. 이는 소발률국왕에게 후미에 주력부대가 있다는 사실을 은근히 암시하여 무언의 압력을 가하려는 고선지 장군의 책략이다.[36] 즉 석원경이 소발률왕에게 말한 요지는 대발률국으로 우리가 갈 수 있도록 길을 빌려 주면,[37] 너희 성을 빼앗지 않을 뿐더러 다리도 잘라버리지 않겠다는 약속이다. 여기서 중요한 부분은 고선지 장군은 소발률국왕이 항복하면 더 이상 공격하지 않겠다고 공언한 사실이다. 이는 고선지 장군의 전략·전술이 인명살상에 있지 않음을 확인할 수 있는 대목이다. 앞서 연운보를 버리고 도망하는 토번 병사를 고선지 장군이 끝까지 추격하지 않은 것도 맥락이 통하는 이야기다. 아울러 소발률국이 위치한 곳이 험준한 산악지대라 의존하는 교통로가 다리였다. 이는 고선지 부대가 토번 연운보를 장악하고 나서 당나라 병사들이 더 깊숙이 들어가는 것에 대해 불안해 한 사실에서 어느 정도 감지할 수 있다. 다시 말해 고선지의 의도는 소발률국과 가능하면 전쟁을 하지 않으려는 전략이었다. 그 이유는 만약 고선지가 소발률국과 전쟁하게 되면, 자연히 그 나라 藤橋나 橋路 등이 파괴되어 대발률국을 공격하는 교통로 상실을 우려했기 때문이다. 그뿐만 아니다. 소발률국을 부대의 필요한 물자를 공급받는 전진기지로 활용하기 위해 고선지 장군은 그 나라의 수도 아노월성을 파괴하지 않으려는 구상을 가졌던 것 같다. 이렇듯 고선지의 목표는 토번 공격이었다. 토번은 당의 安西뿐 아니라 隴右마저 공격하여

---

36)『資治通鑑』 권215, 「唐紀」31 玄宗 天寶 6載 遣將軍席元慶將千騎前行조, 6885쪽.

37)『新唐書』 권221하, 「小勃律傳」 請假道趨大勃律조, 6251쪽 ; 『文獻通考』 권335, 「四裔」12 大勃律前遣將軍席元慶馳千騎조(1991, 北京 : 中華書局), 2632쪽.

長安을 위협했기 때문에 당 현종이 토번 정벌을 위해 노심초사한 사실을 누구보다 고선지가 잘 알고 있기 때문이다. 고선지의 소발률국 원정 때 언급된 대발률국은 北魏시대에는 波路國이다.[38)]

위의 사료에 소발률국 왕성에는 수령 5, 6명이 있었는데, 그들 모두가 토번을 위한 생각뿐이라는 대목이 있다.[39)] 이는 소발률국이 왕 휘하에 여러 명의 수령들에 의한 연합체제였는데, 이들 수령들이 모두가 토번을 섬겼다는 뜻이다. 환언하면, 이때 소발률국이 토번의 위성국가라서 그 수령이나 고관들이 토번에 충성하는 것은 어쩌면 당연하다. 소발률국 수령들이 그런 태도를 견지한 이유는 간단하다. 즉 婆勒川 뒤의 험준한 산악에 토번 연운보가 있고, 소발률국이 당과 통교하려면 연운보를 통과해야 한다. 즉 고선지 소발률국 원정 이전에는, 보는 시각에 따라 토번 영토 안에 있는 나라가 소발률국이다. 그렇다면 이때 소발률국은 토번 제후국이나 다름없을 정도로 토번이 철저히 소발률국을 지배하였다고 볼 수 있다.

고선지군이 소발률국에 진주한 상황에서 그 수령 5, 6인이 토번에 충성했다는 사실은 의미가 복잡하다. 즉 당의 입장에서 보면 소발률국은 험준한 파미르 고원의 탄구령 너머에 위치하였다. 그런 소발률국에 당군이 진주하였으나 당군도 꽤나 지친 상태다. 이런 모든 상황을 모를 리 없는 소발률국 수령들은 토번군이 도착하면 자신들을 구원해 줄 것이라고 확신한 인물들이다. 만약 토번군이 소발률국에 도착하기만 하면 당군이 토번군사를 대적할 수 없을 것으로 이들은 생각하였다. 이와 같이 토번군이 당군을 제압하리라는 확신은 오랫동안 하서와 농우지역으로 침공한 토번군이 번번이 승리한 사실에 기인한 것이었다. 그렇다면 여러 가지 상황을 종합적으로 판단해 보면 고선지의 소발률국 정복은 토번 연운보 못지않게 고선지의 뛰어난 전공 가운데 하나로 평가할 수 있다.

---

38) 『魏書』 권102, 「西域傳」 波路國조, 2276쪽 ; 張星烺, 『中西交通史料匯編』 5, 158~160쪽.

39) 『新唐書』 권221하, 「小勃律傳」 城中大酋五六, 皆吐蕃腹心조, 6251쪽 ; 『文獻通考』 권335, 「四裔」12 大勃律 大勃律城中大酋五六皆吐蕃腹心조, 2632쪽, 『文獻通考』의 토번에 충성하는 五·六인 수령이 있다는 城은 大勃律이 아니고 小勃律이다 ; 『續通志』 권237, 「唐列傳」37 '高仙芝' 城中大酋領皆吐蕃腹心조, 4668쪽.

소발률국성 안 대여섯 수령들이 토번을 위해 충성한다는 것은 고선지에게 여간 큰 문제가 아니었다. 왜냐하면 대발률국을 공격하기 위해 소발률국 통과는 필연이기 때문이다. 게다가 소발률국의 도움 없이 토번이나 대발률국 공격은 절대적으로 불가능하기 때문이다. 이와 같이 소발률국 수령들과의 대치가 계속된다면, 고선지가 구상하는 대발률국 공격도 지체될 수밖에 없다. 그 이유는 고선지가 소발률국을 공격하게 되면, 소발률국에서 대발률국으로 가는 등교나 교로 등이 고선지 군대든, 소발률국이든 나름대로 생존차원에서 파괴할 수 있기 때문이다. 이런 보고를 들은 고선지의 다음 단계 전략의 폭이 어쩔 수 없이 줄어드는 것은 당연하다. 따라서 고선지는 한편으로 소발률국과의 전투를 생각하며, 한편으로는 소발률국에 대한 회유를 강구하였다.

> 仙芝는 (작전을 실행에 옮기기에 전에) 먼저 元慶과 약속하며 말하기를 "우리 군사가 도착하게 되면, 성안에 있는 수령과 백성들이 반드시 산골짜기로 숨어들 것이다. 황제의 명령으로 비단 등을 하사한다고 불러 모으면, 수령들이 나올 터이니, 그 때 수령 모두를 묶어두고 나를 기다려라"라고 말했다. 元慶은 그곳에 도착하자마자, 仙芝가 명령한대로 수령을 모두 결박하였다.[40]

고선지는 소발률국을 통과해 대발률국으로 진격하기 위한 군사조치를 취했다. 여기서 언급한 대발률국은 혜초가 대발률국을 방문했던 개원 15년(727)보다 훨씬 이전 萬歲通天 원년(696)에 이미 토번의 속국이었다.[41] 물론 소발률국도 대발률국처럼 토번의 속국이다.

혜초는 개원 15년 이전의 대발률국 상황을 주변국과 묶어『往五天竺國傳』에서 언급하였다.

> 迦葉彌羅國 동북쪽 산을 떠나 보름 동안 가면 大勃律國·楊同國, 娑播慈國에 당도하

40)『舊唐書』권104,「高仙芝傳」, 3204~3205쪽, "仙芝先約元慶云, '軍到, 首領百姓必走入山谷, 招呼取以勅命賜綵物等, 首領至, 齊縛之以待我.' 元慶既至, 一如仙芝之所教, 縛諸首領".

41) 楊銘, 1990,「吐蕃與南亞中亞各國關係史述略」,『西北民族研究』1, 85쪽 ; 張星烺, 1962,「慧超記勃律國情形」,『中西交通史料彙編』4, 臺北 : 世界書局, 165~166쪽.

는데, 이곳은 모두 토번이 통치하고 있으며, 의상·언어·풍속이 각각 다르다. (三國은) 가죽 옷과 모직 옷, 적삼, 가죽신, 바지 등을 입는다. 그 나라는 대단히 적고 적으며, 산악과 계곡이 대단히 험악하다. 이곳에서도 역시 절과 중이 있고 삼보를 섬기는데, 동부 토번에 한해서는 전혀 절이 없으며, 불법의 가르침을 알지 못한다. 지금 이야기한 세 나라는 胡나라에 속하는데 대단히 종교적이다.[42]

혜초는 迦葉彌羅國(Kasmira)에서 동북으로 15일 정도 거리에 있는 대발률국과 두 나라(楊同國·娑播慈國)를 묶어 그 나라의 상황을 설명하였다. 그 세 나라의 의상·언어·풍속이 각각 다르나 저들 의상이 유사하다고 혜초는 보았다. 굳이 가섭미라국 동북의 험준한 산악 국가를 언급한 이유는 모두 불교를 신봉했기 때문이다. 그러나 혜초는 동부 토번에 대한 사실을 언급하면서 불교를 모른다는 사실을 강조하였다.[43] 이는 토번과 오랜 기간 동안 적대적이었던 당 조정을 대신해 혜초가 말하는 것 같은 느낌이 든다. 위에서 胡라 함은 吐火羅國과 그 이웃에서 온 사람들을 가리킨다. 또 위의 楊同國, 娑播慈國은 張星烺도 당 玄宗 開元 15년(727) 두 나라에 대해서 알 길이 없다고 했다.[44] 아마도 혜초가 두 개의 부족 정도를 두 나라로 표시했기 때문에 사서에서 찾을 길이 없던 것 같다.

오래 전부터 대발률국이 토번 관할 하에 있어서 언제라도 토번이 소발률국을 향해 진격할 수 있는 그런 상황이었다. 따라서 소발률국으로 진격한 고선지는 소발률국 완전 장악을 위해 기민하게 대처해야 했다. 이때 고선지는 지혜로운 장수답게 싸움을 하지 않고 소발률국을 정복하기 위해, 부하 장수 석원경에게 자신이 지시한 작전을 즉시 실행에 옮기도록 명령하였다.[45] 이는 고선지 부대가 큰 수고 없이 소발률국 왕성까지 장악하려고 했던 전략이다. 한마디로 소발률국에 대해 군사적 무력 행동 없이 사졸들의 무력시위만으로 그 나라를

---

42)『往五天竺國傳』, 69~70쪽, "又迦葉彌羅國東北, 隔山十五日程, 即是大勃律國, 楊同國, 娑播慈國. 此三國並屬吐蕃所管, 衣着言音人風並別. 著皮裘氎衫靴袴等也. 地狹小, 山川極險. 亦有寺有僧, 敬信三寶. 若是已東吐蕃, 總無寺舍, 不識佛法. 當土是胡, 所以信也".

43)『往五天竺國傳』, 國王百姓等조, 70쪽.

44) 張星烺,『中西交通史料匯編』5, 166쪽.

45)『新唐書』권221하,「小勃律傳」仙芝如元慶조, 6251쪽.

제압하려는 것이 고선지의 전략이었다. 이 목적 달성을 위해 고선지는 석원경에게 산 속으로 숨어든 수령과 백성을 불러 황제의 하사품인 비단을 나눠주도록 명령하였다.[46] 고선지가 소발률국의 고급관리와 백성들에 대한 회유 차원에서 당에서 가져간 비단을 하사한 것이다. 이때 비단 하사가 일부 제왕이나 귀족들에게만 제한되었다는 주장은 사료의 본뜻과 달라 잘못된 견해이다.[47]

고선지가 휘하 장군을 어떻게 다루었는지를 보여 주는 대목이 『新唐書』「高仙芝傳」에 나타나 있다. 이는 위의 사료 내용과 중복되지만 사료의 중요성으로 인하여 그 내용을 옮겨 보겠다.

> 성안 큰 수령들이 모두 토번의 심복들이라 仙芝는 元慶에게 비밀히 지시하길, "만약 수령 중에 달아나는 자가 있으면, 동생은 조서로써 그들을 불러 비단을 하사하라. (그때) 그들이 오거든, 모두 잡아 묶은 후에 나를 기다려라"라고 하였는데, 元慶이 仙芝의 말대로 하였다.[48]

여기서 주목되는 것은 고선지가 부하 장군 석원경을 '장군'이나 '그대'라는 칭호 대신 동생이라고 불렀다는 사실이다. 고선지가 부대를 장악하는 방법이 엄한 군령을 사용한 것이 아니라는 암시다. 이는 고선지 부대가 만년설과 빙하로 덮인 무생물의 세계, 힌두쿠시를 통과해 소발률국을 향하여 깊숙이 진격할 때 자연의 경이로움에 두려워 떨면서도 명령에 따라 앞으로 진격하였던 힘이 어디서 나왔는가를 알려주는 이야기이다. 또 고선지가 석원경을 아우로 호칭한 것은, 그가 고선지처럼 고구려인이었을 가능성도 무시할 수 없다.

여하간 고선지는 당나라 군대가 침략 군대가 아니라는 인상을 심어 줌으로써 소발률국의 두령들과 백성들을 안심시키는 고도의 전략과 전술을 사용하였

46) 『文獻通考』 권335, 「四裔」12 大勃律 出詔書召慰賜繒綵조, 2632쪽 ; 『資治通鑑』 권215, 「唐紀」31 玄宗 天寶 6載 第呼出, 取繒帛稱敕賜之조, 6885쪽.

47) 정수일, 2001, 「로마와 한(漢)의 교류」, 『고대문명교류사』, 사계절출판사, 379쪽, 정수일은 『舊唐書』의 「高仙芝傳」을 인용하면서 중국 비단 하사가 서역에서 일부 제왕이나 귀족들에게 제한되었다고 주장하였다. 그러나 귀족 외에 소발률국 경우는 백성에게 비단이 하사되었던 사실을 밝히지 못했다.

48) 『新唐書』 권135, 「高仙芝傳」, 4577쪽, "城中大酋領皆吐蕃腹心, 仙芝密令元慶曰, '若酋領逃者, 弟出詔書呼之, 賜以繒綵, 至, 皆縛以待我.' 元慶如言".

다. 고선지의 예상대로 산속으로 숨어든 소발률국의 수령과 백성들이 석원경 앞으로 자신들의 모습을 드러냈다. 그러자 석원경은 고선지의 명령대로 수령들을 모두 포박하고 나서 고선지를 기다렸다.[49)]

그러나 고선지 장군의 이러한 작전이, 토번의 영토 안이나 다름없는 소발률국에서 진행된 일이기 때문에 위험천만하였다. 이때 전개된 상황들을 보자.

> 이때 (小勃律國의) 왕과 (토번의 공주이자 小勃律國의 왕비) 공주는 도망하여 석굴로 들어갔는데 붙잡으려 하였지만 붙잡을 수가 없었다. 仙芝가 이르러, 그들 가운데 吐蕃에 붙었던 수령 대여섯 명을 목 베었다. 그리고 급히 元慶에게 藤橋[50)]를 잘라 버리도록 명령하였는데, 勃律에서 등교까지 60里정도 떨어졌는데, 저녁이 되어서야 겨우 藤橋를 자를 수 있었다. 마침 吐蕃의 많은 병마가 도착하였으나, 이미 등교가 잘린 뒤였다.[51)]

고선지가 소발률국 왕성에 도착하여 다시 작전을 지휘하였음을 보여주는 사료이다. 위의 내용에서 보듯 소발률국왕 蘇失利之[52)]가 왕비와 함께 도망함으로써 왕과 왕비를 포로로 하는 고선지의 작전은 일단 실패했다. 하지만 토번 수령들은 현종의 조서로 비단을 나누어주는 식으로 선무 공작을 폈던 것이 주효하여 당의 군대 앞으로 나왔다. 그러나 이때 소발률국 왕과 왕비는 석굴 안으로 숨어들었기 때문에[53)] 그들을 생포하지 못했다.

고선지가 소발률국 성에 이르러 토번을 위해 충성한 소발률국 大臣 5·6명을 참수하였다.[54)] 고선지가 소발률국 수령들 가운데 토번에 충성한 자들을 죽인

49) 『新唐書』 권221하, 「小勃律傳」 元慶如約조, 6251쪽 ; 『資治通鑑』 권215, 「唐紀」31 玄宗 天寶 6載 元慶如其言조, 6885쪽.

50) 『資治通鑑』 권215, 「唐紀」31 玄宗 天寶 6載 藤橋去城,猶六十里조, 6886쪽.

51) 『舊唐書』 권104, 「高仙芝傳」, 3205쪽, "王及公主走入石窟, 取不可得. 仙芝至, 斬其爲吐蕃者五六人. 急令元慶斫藤橋. 去勃律猶六十里, 及暮, 纔斫了, 吐蕃兵馬大至, 已無及矣".

52) 『新唐書』 권221하, 「西域傳」 '小勃律傳' 蘇失利之挾妻走조, 6251쪽.

53) 『新唐書』 권221하, 「小勃律傳」 蘇失利之挾妻走조, 6251쪽 ; 『資治通鑑』 권215, 「唐紀」31 玄宗 天寶 6載 王及吐蕃公主逃入石窟조, 6885쪽.

54) 『新唐書』 권135, 「高仙芝傳」 仙芝至, 悉斬之조, 4577쪽 ; 『新唐書』 권221하, 「小勃律傳」 仙芝至, 斬爲吐蕃者조, 6251쪽 ; 『資治通鑑』 권215, 「唐紀」31 玄宗 天寶 6載 仙芝至, 斬其附吐蕃者大臣數人조, 6885쪽.

이유는 무엇일까. 두 가지로 정리가 가능하다.

하나는 소발률국 수령 가운데 토번의 심복이 나와 항복하였다고 하더라도 토번을 정벌하는 상황에 도리어 후환이 될 것으로 여겨 죽인 것 같다. 바꾸어 말하면 고선지가 토번 정벌을 계획하는데 소발률국 대신 가운데 토번에 협력하는 자를 살려두는 것이 오히려 군사작전을 어렵게 만든다는 계산 때문인 것 같다.

다른 하나는 소발률국 대신으로 토번에 협력한 수령들이 고선지 요구를 거절하여서 소발률에서 대발률로 바로 진격할 수 없었던 사실에 대한 응징인지도 모른다. 이와 같이 소발률국 신하 가운데 토번에 협력한 자들 때문에 고선지의 작전계획이 어쩔 수 없이 차질을 빚었다. 다름이 아니라 토번 정벌 목적을 더 이상 추진할 수 없기 때문에 소발률국 수령 가운데 토번에 충성한 그들을 죽인 것이다. 고선지는 토번 정벌의 시기를 놓친 대가로 소발률국의 토번파 수령들을 죽였을 가능성이 크다. 필자의 이런 견해는 다음의 사실에서 증명된다.

즉, 소발률국의 수령들이 고선지의 요구를 거절하면서 지체되는 동안 토번군이 등교까지 도착하였다. 그러나 고선지는 토번 병사들이 곧 들이닥칠 것을 예상하고 부하 장군 석원경에게 급히 야신 계곡 절벽에 걸려있는 등나무 덩굴의 교량을 잘라 버리도록 명령하였다.[55] 그런데 험악한 산중 계곡에 있는 등나무로 된 교량을 잘라버리는 일이 저녁 무렵이 되어서야 끝을 맺었다는 것은 무엇을 의미하는가. 이는 등교가 가파른 산 속에 있기 때문에 고선지의 명령처럼 신속하게 다리를 없앨 수 없었다는 것이다. 고선지의 입장과 달리 등나무 덩굴로 된 다리가 없어지면 토번군이 소발률국으로 통행하는 루트가 상당기간 불가능하다.

그렇다면 고선지가 석원경에게 등교를 잘라버리도록 명령하였던 것은 작전상 중요한 변화라고 할 수 있다. 왜냐하면 소발률국 왕성에서 60리 떨어져 있는 야신 계곡 절벽에 놓여 있던 등나무로 만들어진 교량은[56] 전략적으로

55) 閔泳珪, 「高仙芝－파미르 西쪽에 찍힌 韓國人의 발자국」, 74~75쪽.

56) 『資治通鑑』 권215, 「唐紀」31 玄宗 天寶 6載 藤橋去城猶六十里조, 6886쪽.

매우 중요하기 때문이다. 게다가 이 다리는 소발률국의 동쪽 대발률국과 통하는 유일한 통로이자 소발률에서 토번으로 통하는 단 하나의 교통로였다.[57] 이러한 성격의 등교였기 때문에, 이 다리를 끊는다는 것은 소발률국과 토번 왕래를 불가능하게 하려한 고선지 장군의 전략이다.[58] 이와 같이 중요한 교량이라 고선지 장군은 한시라도 빨리 없애는 것 외에 다른 방도가 없었다. 이를 뒷받침하는 사료로 『資治通鑑』은, 이때 교량 절단의 급박한 사정을 다음과 같이 표현하였다. "토번의 대군이 막 교량에 도달한 것과 (석원경에 의해) 교량 한쪽 끝이 절벽에서 떨어져 나간 것은 거의 같은 순간이었다."[59]

이로써 아노월성 동쪽에 흐르는 사이하를 넘어서 동진하던 토번군은 더 이상 진격할 수 없었다.[60] 만약 등나무 교량을 이용해 토번군이 통과하였다면 고선지 부대는 소발률국에서 치명적 피해를 입었을 것이 분명하다. 이는 토번의 기습 공격을 막기 위해 야신 계곡의 절벽에 걸려 있는 등나무 교량을 자르는 것이 얼마나 중요한 일인가를 보여주는 것이다. 구체적으로 말하면 이 교량을 끊겠다는 작전은 고선지 장군이 더 이상 토번군과 충돌하지 않겠다는 표시다. 왜냐하면 해발 6·7천m가 넘는 산악으로 둘러싸인 소발률국에서 토번으로 통하는 유일한 교통로는 이 교량밖에 없기 때문이다. 한편 고선지의 예상대로 토번 대군이 소발률국을 향해 왔지만 藤橋가 없어진 뒤라 당나라 부대와 전투 한번 할 수 없었다. 이와 같은 상황을 만든 것도 고선지의 작전이었다.

만약 정상적인 전투방식으로 토번 대군과 접전을 벌였다면 수적으로 열세인데다 머나먼 원정으로 지친 고선지 부대가 토번에게 패퇴할 수밖에 없었을 것이다. 아무튼 등나무 교량 절단 작전이 고선지 장군에게 중요하다는 것을 아무리 강조해도 지나칠 것 같지 않다. 또한 이 교량 절단으로 토번과 서방 여러 나라의 통로도 완전히 차단되었다.[61] 따라서 토번군과 서방 세계와의

---

57) 『資治通鑑』 권215, 「唐紀」31 玄宗 天寶 6載 藤橋者조, 6885쪽.

58) 山口瑞鳳 1983, 「吐蕃と羊同」, 『吐蕃王國成立史研究』, 245쪽.

59) 『資治通鑑』 권215, 「唐紀」31 玄宗 天寶 6載 藤橋去城猶六十里조, 6886쪽, "甫畢, 吐藩兵大至, 已無及矣".

60) 張星烺, 『中西交通史料匯編』 5, 註19, 165쪽.

군사적인 연결도 최소 1년 이상동안 불가능하였다.[62] 그러나 이때 토번으로 통하는 등교를 절단함으로 말미암아 고선지 작전도 바뀌었다. 즉 고선지에 의한 대발률국 정복계획은 포기되었음을 의미한다.

위와 같은 사실을 언급하였던 오렐 스타인(Aurel Stein)도 고선지 장군이 토번에 충성하는 소발률국의 수령에 대한 단호한 조치와 아울러 당군과 토번군이 마주칠 수 있었던 상황을 주목하였다.

> 고선지 장군은 그 다음날 아노월성을 점령하였다. 이곳에서 그의 전방 호위 책임자(석원경)는 토번을 지원했던 소발률국 왕의 수령 5~6명을 이미 체포하였다. 고선지 장군은 이들을 처형하고, 아노월성으로부터 60리(약 12마일) 거리에 있는 사이하를 가로지르는 다리를 서둘러 파괴했다. 저녁때에 엄청난 수의 토번인들이 걸어 몰려왔을 무렵, 아직 다리는 완전하게 파괴되지는 않았으나, 이미 토번 병사들이 목적 달성하기에는 너무 늦었다. 이 다리는 화살을 쏘아 닿을 정도의 길이다 ; 이 다리를 건설하는데 꼬박 일 년이나 걸렸다. 이 다리는 또한 토번인들이 그 길을 이용한다는 구실 때문이었으나, 기실은 토번이 소발률국을 장악하려는 책략이 꾸며졌을 때 건설되었다.[63]

위에서 스타인은 고선지 장군의 작전계획이 매번 정확하게 성공한 사실을 주목하였다. 이는 고선지 장군이 탁월한 전략전술가라는 것을 스타인이 인정한 기록이라고 표현하는 게 정확할 것 같다. 한 예를 든다면, 토번이 사이교에

---

61) 佐藤長, 「金城公主の入藏」, 444쪽.

62) 閔泳珪, 「高仙芝－파미르 西쪽에 찍힌 韓國人의 발자국」, 75쪽 ; 본문에 나오는 교량을 손질하는데 1년정도 소요된다고 언급하고 있다(『資治通鑑』 권215, 「唐紀」31 玄宗 天寶 6載 藤橋去城猶六十里 조, 6886쪽).

63) M. Aurel Stein, *op. cit., Ancient Khotan-Detailed report of archaeological explorations in Chinese Turkestan*, p.9, The next day he occupied A-nu-yüeh, where the commander of his advance guard had previously entrapped the five or six chief dignitaries of the king of Little of P'o-lü who were supporting the Tibetans. These he executed, and then hastened to break the bridge which led over the So-yi river at a distance of sixty li(circ. twelve miles) from A-nu-yüeh. Scarcely had the bridge been destroyed in the evening when the Tibetans, on foot and mounted, arrived in great numbers, but it was then too late for them to attain their object. This bridge had the length of an arrow shot ; it had taken a whole year to construct it. It had been built at the time when the Tibetans, under the pretext of using its route, had by deceit possessed themselves of (Little) P'o-lü'.

도착하기 직전 고선지의 명령을 받은 석원경에 의해 다리가 파괴되었다는 게 그것이다. 한마디로 고선지 장군의 작전이 예리한 판단에 의해 매번 정확하게 적중되었다는 사실이 그저 놀라울 뿐이다. 이런 이유 때문에 스타인은 고선지 장군의 전략에 대해 찬사를 아끼지 않았다.

그렇다면 필자가 주목한 사이하에 있는 등나무로 만든 교량은 고선지의 토번 정벌 작전에서 연운보의 성채 못지않게 전략적으로 중요한 구조물이었다. 그렇기 때문에 고선지가 부하 장군 석원경에게 명령하길 지체하지 말고 속히 잘라버리게 한 사이하에 설치된 교량에 관해 사서마다 모두 자세하게 언급하고 있다. 위의 내용은 고선지가 부하 장수 석원경에게 등나무로 만든 교량을 잘라버리게 하였던 것이 어떤 의미를 갖는 것인지를 분명하게 설명하고 있다. 이를 두 가지로 분석하자.

하나는 등나무로 된 교량 길이가 불과 화살이 날아가 떨어질 정도였다는 사실이다.[64] 그러나 가파른 산악지대인 소발률국 등교는 토번과 소발률을 연결하는 유일한 교통로였다. 그런데 여기서 말하는 등나무로 된 교량은 가파른 아니, 수직으로 깎아세운 듯한 암벽에 설치된 다리로, 이것이 못쓰게 되었을 때 수리하려면 무려 1년 이상이나 걸렸다는 사실이 주목된다. 이런 등나무로 된 교량을 다시 고치는 데 1년이나 걸렸다는 것은,[65] 만약 다리를 고쳐야 할 상황이 벌어졌을 때 소발률국과 토번은 1년 동안 왕래할 수 없다는 이야기다. 전에도 토번이 소발률국을 속여서 이 교량을 빌려 수리하였던 적이 있었을 때 그러했다. 그때 무려 1년 동안 다리를 수리하였다. 가파른 암벽에 밑은 아득할 정도로 깊고 위험한 곳에 설치된 교량이기 때문에 수리하는 어려움도 이만저만이 아니었다. 소발률국에서 토번으로 통하는 교량을 잘라서 토번이 이 다리를 이용해 소발률국 쪽으로 병사를 이동하는 것은 1년 동안이나 불가능하게 되었다. 따라서 앞서 지적한 것처럼 토번이 서방세계와 제휴하는 일도 차질을 빚게 되었다. 그렇다면 이 다리 파괴가 갖는 의미는 당이 다시 서방세계에서 배타적인 영향력을 확보했다는 것과 일맥상통하는

64) 『資治通鑑』 권215, 「唐紀」31 玄宗 天寶 6載 藤橋闊盡一矢조, 6886쪽.

65) 『資治通鑑』 권215, 「唐紀」31 玄宗 天寶 6載 力脩之, 期年乃成조, 6886쪽.

것 같다.

다른 하나는 고선지 장군이 소발률국을 평정하였다는 사실이다. 이는 앞의 등나무로 된 교량 제거와 관련된 내용이다. 이때 고선지 장군이 시간적인 여유를 가지고 석굴 속으로 숨어든 소발률국왕과 왕비(토번의 공주)에게 투항하라고 권유한 것이 어떤 상황 속에서 진행되었는지를 알 수 있다. 소발률국왕과 왕비는 토번의 지원군이 분명 올 것이라는 계산으로 산속으로 숨었던 게 틀림없다. 그러나 등나무로 된 교량이 끊어졌기 때문에 다리 건너 저편에 도착한 토번군은 소발률국으로 올 수 없는 상황이었다. 이러한 사실은 암벽으로 숨어든 왕과 왕비에게도 알려진 모양이다. 그때 고선지 장군은 이런 소식을 왕과 왕비에게 알리면서 나와 항복할 것을 촉구하였다. 결국 토번군의 지원이 불가능하게 되자, 이와 같은 사실을 알게 된 소발률국왕과 왕비는 고선지 장군에게 투항하였다. 따라서 이때부터 소발률국은 다시 당의 지배를 받게 되었다.[66] 마침내 고선지 장군의 휘하 병사 3천 명을 소발률국에 주둔시킴으로 말미암아 토번 연운보 함락과 아울러 소발률국 정벌이라는 대원정은 성공적으로 막을 내렸다.[67]

그런데 『신당서』의 「고선지전」에서는 위의 교량을 娑夷橋라고 표시하였다. 또 고선지가 그의 장군 석원경에게 사이교를 잘라버리도록[68] 한 시기는 소발률국왕 소실리지가 항복한 뒤로 기록하고 있어 『구당서』와는 앞뒤가 바뀌어 기록된 것 같다. 그런데 같은 『신당서』라 하더라도 「西域傳」에서는 소발률국왕 소실리지가 항복하기 전에, 이미 사이교가 고선지 장군의 명령을 받은 석원경에 의해서 끊어진 것으로 기록되어 있다.[69] 여기서 다시 『신당서』의 「고선지전」에 나타난 사실을 언급하고 싶다. 그 이유는 필자의 능력으로 어느 것이 사실인지를 규명하기 어려운 것도 한 이유지만, 그보다 그 교량을 다른 각도에서 서술하고 있기 때문이다. 그러나 분명한 사실은 등나무로

66) 『冊府元龜』 권358, 「將帥部」19 '立功' 11 其王幷公主出降, 並平其國조, 4246쪽 ; 佐藤長, 1959, 「長安侵入と僕固懷恩の亂」, 『古代チベット史硏究』 下卷, 京都 : 東洋史硏究會, 513쪽.

67) 『舊唐書』 권109, 「李嗣業傳」斬藤橋, 以兵三千人戍조, 3298쪽.

68) 『新唐書』 권221하, 「小勃律傳」斷娑夷橋조, 6251쪽.

69) 『新唐書』 권221하, 「西域傳」 '小勃律傳' 仙芝之조, 6251쪽.

된 교량을 끊었던 시기가 『신당서』든 『구당서』든 둘 중 하나는 사실이다. 여기서는 『신당서』 「고선지전」의 이야기를 들어보도록 하자.

> 왕과 그의 처가 산속의 굴로 도망쳤기 때문에 붙잡지 못하였으나, 고선지가 나오라고 타이르자, 곧 나와 항복하였다. 이로 말미암아 그 나라를 평정하였다. (고선지는) 급히 元慶을 파견해 娑夷橋를 잘라버렸는데, 그 날 저녁에 토번이 이르렀지만 건널 수가 없었다. 그 다리의 길이는 활 한번 쏠 거리였는데, 일 년은 공사를 해야 (그 다리를) 완성시킬 수 있다.[70]

앞서 언급한 것처럼 교량의 이름이 다른 것 외에 소발률국왕이 항복한 순서마저 다르지만 『신당서』가 『구당서』보다 고선지에 관한 해석에 중요한 의미가 있다. 따라서 이를 두 가지로 분석하고 싶다.

첫째는 고선지가 소발률국 왕성에 도착해 산속 굴에 숨은 왕에게 나오라고 하였다는 사실이다. 그러자 이내 소발률국왕과 왕비가 나와 항복하였다. 그런데 사이교를 끊어버리기 이전에 왕과 왕비가 항복하였다면, 이는 고선지 장군이 적을 회유하는 능력이 탁월했다는 점을 시사하고 있다. 왜냐하면 『신당서』 내용대로라면 아직 소발률국과 토번의 교통로가 열려있는 상황에서 소발률국왕이 항복했기 때문이다. 바꾸어 말하면 산속에 숨은 소발률국왕과 왕비가 조금 더 기다렸다면, 그들의 구원군인 토번군이 와서 구해줄 수 있는 가능성을 믿고 있다고 판단할 수 있기 때문이다.

다른 하나는 『구당서』에서의 등교가 아닌, 『신당서』에서는 사이하의 사이교를 고선지가 부하 석원경에게 절단하도록 명령하였다는 사실이다.[71] 물론 『신당서』의 기록이 정확하다면 『구당서』의 등교는 사이교이다. 그렇다면 娑夷河에 놓인 등나무로 만든 교량의 이름이, 당대에 두 개였다는 말이다. 즉 하나는 藤橋이고, 다른 하나는 娑夷橋였다는 이야기다. 또 여기서 주목하고 싶은 것은 사이하에 사이교가 있었다는 사실이다. 그리고 사이하의 물은

70) 『新唐書』 권135, 「高仙芝傳」, 4577쪽, "王及妻逃山穴, 不可得, 仙芝招喩, 乃出降, 因平其國. 急遣元慶斷娑夷橋, 其暮, 吐蕃至, 不克度. 橋長度一箭所及者, 功一歲乃成".

71) 『續通志』 권237, 「唐列傳」37 '高仙芝' 急遣元慶斷娑夷橋조, 4668쪽.

草芥毛髮 어떤 것도 떠있을 수 없을 정도로 물살이 너무 빨라 이 강을 사람이 건널 수 없었다. 그런데 여기서 사이교의 길이가 활을 쏘아 닿을 거리의 길이였다고 하니,[72] 결코 짧은 다리는 아니다. 그렇게 긴 교량을 등나무로 엮어서 깎아 세운 듯한 암벽에다 설치한다는 것은 글자 그대로 난공사였다. 그런데 그와 같은 길이의 다리를 절벽과 절벽 사이에 설치하는 교량공사가 너무나 난공사여서 1년 이상이나 소요되었다. 그러나 그 교량은 다리를 통하지 않고는 이동할 수 없기 때문에, 그 교량은 전략적으로도 매우 중요할 수밖에 없다. 왜냐하면 사이교를 끊어버리게 되면 사이하를 지나는 교량이 일 년 지나야 복구가 되어 통행이 가능하기 때문이다. 그 결과 사이하를 元慶이 끊어버린 그날 저녁 토번의 지원군은 사이하 앞에 도착했으나, 더 이상 고선지 군대를 추격할 수 없었다.[73] 한마디로 사이의 懸橋를 고선지 명령에 의해 파괴함으로써 소발률국에 대한 지배권이 토번에서 당으로 넘어갔다.[74]

그런데 娑夷河(水)는 전략적으로 중요할 뿐 아니라 사이수를 끼고 소발률의 왕성이 있다. 『신당서』에서 사이수와 왕성에 대해 지리적인 상황을 설명을 들어보면,

> (소발률) 왕은 孽多城에 거처하며, 娑夷水가 내려다보이는 곳이다. 그리고 그 서쪽 산을 넘어가면 大城이 있는데, 그곳을 迦布羅라고 한다.[75]

이는 사이하와 소발률국 왕성 孽多城과의 지리적 상황에 대한 설명이다. 이를 언급한 까닭은 소발률 왕성과 사이하가 매우 가깝다는 사실이다. 위의 사실을 들어 왜 고선지 장군이 석원경을 급파해 사이교를 서둘러 자르게 했는가에[76] 대한 해답이 있기 때문에 주목하고자 한다. 그리고 소발률 왕성에

---

72) 『續通志』 권237, 「唐列傳」37 '高仙芝' 橋長度一箭所及者조, 4668쪽.

73) 『新唐書』 권221하, 「小勃律傳」 是暮, 吐蕃至, 不能救조, 6251쪽 ; 楊銘, 「吐蕃與南亞中亞各國關係史述略」, 86쪽.

74) 楊銘, 「唐代吐蕃－勃律道考」, 98쪽.

75) 『新唐書』 권221상, 「西域傳」하 '小勃律', 6251쪽, "王居孽多城, 臨娑夷水. 其西山顚有大城曰迦布羅".

76) 『新唐書』 권135, 「高仙芝傳」 急遣元慶斷娑夷橋조, 4577쪽.

서 서쪽 산을 넘어가면 迦布羅가 있다는 사실을 주목하려 한다. 가포라는 현재 아프가니스탄의 수도 카불(Kabul)이다.

위의 『구당서』와 『신당서』를 비교하면서, 『구당서』의 찬자는 『신당서』의 찬자보다 고선지 장군의 역량을 축소시키려는 흔적이 보다 분명하다. 그것은 교통로가 끊어지지 않은 상태에서 소발률국왕과 왕비가 항복하였던 사실로, 필자가 설명하였다.

위와 같이 소발률국에서 전과를 올렸던 고선지 장군의 행적에 대하여 그루쎄(René Grousset)는 다음과 같이 간략하게 언급하였다.

> 토번은 길기트에 대한 종주권을 확보하게 되자, 쿠차의 節度副使였던 당나라 장군 고선지는 747년 파미르를 횡단한 후, 바로길 고개를 넘어 길기트로 내려가서 토번에 충성하는 (길기트)왕을 감금하였다.[77]

위와 같이 기록한 그루쎄(René Grousset)의 의도는 단지 고선지 장군이 소발률국왕을 체포했다는 사실에 비중을 두려는 것 같다.

그런데 고선지 장군의 소발률국 정벌 요인을 휫필드(Susan Whitfield)는 다음과 같이 지적하고 있다. 즉

> 그와 같은 (고선지 장군의) 책략이 맞아 떨어졌다. 장군이 예측했던 것처럼, 그의 병사들은 계곡으로 내려가기를 꺼려했으며, (고선지에 의해 위장되었던) 그 대표들이 이들에게 신뢰를 갖게 하였다. 군대는 낙천적인 기운이 가득찬 상태에서 진군해 나아갔고, 이미 전투는 승리할 것이라는 확신에 차 있었다. 장군은 그 다음으로 왕국의 왕족과 수장들을 체포하도록 하기 위해 먼저 일대를 마을로 파견하였다. 왕과 그 측근을 포로로 가두고 장군은 저항을 받지 않고 마을로 들어가, 즉시 토번에 충성을 다하는 관리들을 처형했다. 망설이지 않고

77) René Grousset(Translator : Naomi Walford), 1999, "The Chinese in The Pamirs, 747-750", *The Empire of the Steppes a History of Central Asia*(Rutgers University Press), p.119, The Tibetans having attained suzerainty over Gilgit, the imperial general Kao Sien-chih, second in command to the governor of Kucha, crossed the Pamirs in 747 and came down into Gilgit by the Baroghil Pass and imprisoned the Tibetans vassal king.

> 길기트 강을 가로질러 남쪽으로 이어지는 다리를 끊도록 공병부대를 파견하였다. 이들 공병 부대원들은 Seg Lhaton과 토번 군대가 멀리 길을 따라 해질 무렵에 나타났을 때에야, 비로소 그들의 임무를 겨우 끝낼 수 있었다. 고선지 장군의 속도, 전략과 책략으로 인해 전쟁을 승리로 장식할 수 있었다.[78]

이는 고선지 장군이 어떻게 소발률국을 정벌하였는가에 대한 설명과 정벌 성공에 대한 장군의 전술에 대한 평가다. 위의 문장에서 휫필드가 강조하고 싶었던 것은 고선지 장군이 부하 심리를 잘 파악하고 이용했다는 점이다.

그 밖의 내용은 앞에서 필자가 언급하였던 것처럼 『구당서』와 『신당서』의 「고선지전」에 나타났던 사실 그대로다. 다시 말하자면 고선지 장군은 소발률국 정벌 작전을 세움에 있어 치밀한 전략과 전술을 보여주었다. 이러한 사실을 휫필드는 고선지 장군의 작전이 신속성과 탁월한 전술, 교활함이라고 묶어 표현하였다. 그런데 휫필드는 부하들의 심리적인 동요를 예상하고 치밀한 위장 전술을 구사한 사실을 고선지 장군의 교활함에 비유한 것 같다. 이는 휫필드도 마치 옛 중국의 사가들처럼 고선지 장군을 평가함에 있어서 중국인들에 의해 여과된 부정적인 선입견에 의해 크게 작용되었다는 사실이 무척이나 서글프다.

여하간 소발률국은 고선지 장군의 부대와 전투 한번 못하고 항복하였다.[79] 이때 安西副都護와 四鎭都知兵馬使 고선지는 소발률국 정벌 명령을 받는 동시에 行營절도사로 임명되었다. 그런데 이때 고선지의 관직이 안서절도사였다는 정수일의 주장은[80] 잘못이다. 정확히 말해 이때 고선지의 직속상관 夫蒙靈察의

---

78) Susan Whitfield, "The Soldier's Tale", *Life Along The Silk Road*, p.69, The ruse worked. His soldiers, as the general predicted, were unwilling to descend into the valley but the delegation reassured them. the army advanced in optimistic spirits, certain they had already won the war. Next the general sent a party ahead to the town to capture the royal family and the chiefs of the kingdom. With the king and his entourage as prisoners, he entered the town unopposed and immediately executed the officials loyal to the Tibetans. Then, without wasting any time, he dispatched an advance party of engineers to cut the bridge across the Gilgit river to the south. They had barely succeeded in their task when Seg Lhaton and the rest of the Tibetan army appeared in the dusk along the road on the far side. General Gao's speed, strategy and guile had won the war.

79) 『新唐書』 권221하, 「小勃律傳」 仙芝約王降, 遂平其國조, 6251~6252쪽.

80) 정수일, 「씰크로드를 통한 인적 교류」, 435쪽.

관직이 안서절도사였다. 아무튼 소발률국이 당에 의해 정복되었다는 소식을 제일 먼저 들은 소발률국에서 가장 가까운 나라 the rajah of kashmir와 the shah of Kabul이 이 해(747) 제일 먼저 당으로 달려가서 조공을 바쳤다. 그런데 이 해를 르네 그루쎄는 750년이라고 하였는데, 그가 고선지 장군에 의해 소발률국 정벌이 끝난 해를 747년이 아닌 750년으로 잘못 계산한 데서 비롯된 실수였다.[81] 이는 르네 그루쎄의 잘못이다. 왜냐하면 750년에 들어오면 토번은 돈황 석굴마을을 공격할 정도로 다시 세력이 강화되었기 때문이다.[82] 그런데 여기서 말하는 돈황 마을은 스타인과 펠리오가 진귀한 고문서를 발견한 곳으로 유명하다.[83] 이곳에서 나온 문서 가운데 하나가 혜초의 『往五天竺國傳』이고 또 최근 원효(617~686)의 10세기 이전 판본 『大乘起信論疏』가 발견된 곳과 같은 곳이다. 소발률국 정벌 총사령관 고선지가 소발률국을 드디어 평정함으로써[84] 토번을 상대로 한 전투에서 승리한 인물이 되었다. 물론 고선지 장군에 의해 토번에 의한 당나라 침공이 완전 봉쇄뿐 아니라 연운보 함락으로 토번은 서역에서 종주권마저 잃었다. 그 결과 서역의 20여 국은 물론이고, 그 밖의 많은 서역 제국들이 다시 당에 조공을 바침으로 중국과 서역의 교통로가 다시 활로를 찾았다. 아울러 고선지의 소발률국 정벌 성공으로 토번이 안서사진을 탈취하려는 계획도 좌절되었다. 이때 고선지 장군의 개선은 당의 영역 확대라는 위업을 달성시킨 그런 장군이 되었다는 것이다.[85] 이에 대하여 『신당서』에서는 고선지 장군의 개선의 파급 효과가 다음과 같이 엄청났다고 기록하고 있다.

> 이때(고선지 장군의 토번 連雲堡와 소발률국 정벌 성공으로) 拂菻·大食 등 72나라가 모두 두려워 떨며 (당에) 항복하였다.[86]

---

81) René Grousset, 1952, "A Great Age", *The Rise and Splendour of the Chinese Empire*(London : Geoffrey Bles), p.160.

82) Georges de Roerich, *op. cit.*, p.52.

83) Georges de Roerich, *op. cit.*, p.52.

84) 藍文徵, 1970, 「隋唐五代之民族」, 『隋唐五代史』, 臺北 : 商務印書館, 45쪽.

85) 糸賀昌昭, 「長安とバグダード」, 211쪽.

라는 것이 그것이다.[87] 이는 고선지 장군이 토번 연운보를 함락시키고 나서 소발률국왕과 왕비(토번 공주)를 포로로 삼아 개선한 것이 당의 서쪽 세계에 어떠한 영향을 주었는지를 가늠하는 중요한 사료다. 고선지의 토번 정벌의 성과로 말미암아 당은 서방세계를 공격하지 않고서도 서역 제국은 물론이고 서아시아의 拂菻과 大食마저 굴복시키는 효과를 거두었다.[88] 이런 결과에 대해 張星烺도『中西交通史料彙編』에서 고선지 장군의 戰勝 때문이라 했다.[89] 물론 고선지 장군의 소발률국 정벌로 인한 토번의 서역 진출로 봉쇄는, 토번에 의한 당의 변경 공격을 차단하는 것이 제1차 목표였다. 그런데 앞에서 밝힌 것처럼 토번공주와 소발률왕의 결혼으로 말미암아 파미르 고원 서쪽의 20여 국이 토번에 귀속하였다.[90] 이런 상황에서 고선지의 소발률국 정벌로 인해 서방세계의 대국 불름과[91] 대식을 위시한 72국이 唐에 歸附했다는 것은 암시하는 바가 매우 크다.[92] 그 이유는 고선지 장군이 소발률국을 공격하였을 그 무렵 서역은 당과 토번, 대식의 각축장이었기 때문이다.[93] 이를 설명하는 사실은 대식이 663년에 불름을 공격하여 휘하에 두었다는 사실이다.[94] 결국 고선지 장군의 승리는 당이 서역에서 토번은 물론이고 대식마저 제압하였다는 의미이다. 天寶 10載 2월 俱密왕 伊悉爛(闕)俟斤이 당에 말 26필을 바쳤고,[95]

---

86)『新唐書』 권135,「高仙芝傳」, 4577쪽, “於是拂菻·大食諸胡七十二國皆震懾降附”;『新唐書』 권221상,「西域傳」하 ‘小勃律’ 於是拂菻·大食諸胡七十二國皆故震恐조, 6252쪽.

87) 고선지 장군이 小勃律國을 평정 후 서방의 72국은 唐이 두려워 唐에 歸附하였다는 똑 같은 기록이 있다(『新唐書』 권221하,「小勃律傳」於是拂菻조, 6252쪽).

88)『冊府元龜』 권385,「將帥部」‘褒異’ 唐李嗣業조, 4572쪽, 拂林·大食 등 諸胡등 72國이 唐에 복속한 것이 李嗣業의 공로라고 썼다. 이는『冊府元龜』에서 漢族 李嗣業의 功이라는 역사조작이다.

89) 張星烺,『中西交通史料彙編』5, 註20, 165쪽.

90)『新唐書』 권135,「高仙芝傳」小勃律조, 4576쪽.

91) Paul pelliot, “Notes Sur Quelques Artistes Des Six Dynasties Et Des T'ang”, *T'oung Pao,* XX11, 1923, p.225, 拂菻을 佛林 또는, 拂林이라고 표기한다.

92)『文獻通考』 권335,「四裔」12 ‘大勃律’ 於是拂菻大食諸胡七十二國皆震恐咸歸附조, 2632쪽;『續通志』 권237,「唐列傳」37 ‘高仙芝’ 於是拂菻·大食等조, 4668쪽; 藍文徵,「隋唐五代之民族」,『隋唐五代史』, 45쪽; 內藤雋輔,「唐代中國における朝鮮人の活動について」, 484쪽.

93) 諏訪義讓,「高麗出身高仙芝事蹟攷」, 176쪽.

94)『資治通鑑』 권201,「唐紀」17 高宗 龍朔 3年 是歲, 大食擊波斯, 拂菻, 破之조, 6339쪽.

95)『冊府元龜』 권971,「外臣部」‘朝貢’ 天寶 10載 2月 俱密國조, 11413쪽, 俱密王을 伊悉闕俟斤이라 표기하였다;『新唐書』 권221하,「西域傳」‘俱密’ 天寶時조, 6255쪽.

護蜜 왕자 頡吉匐이 토번과 관계를 끊었으며,[96] 師子國왕 尸羅迷迦가 당에 사신을 보내면서 많은 보물을 보냈으며,[97] 아울러 俱爛那, 舍摩, 威遠, 蘇利發屋蘭, 蘇利悉單, 建城, 新城, 俱位등 8국이 사신을 보낸 것도[98] 이때다.

그런데 8국 가운데 하나인 新城은 石國의 동북으로 百里 밖에 있었으며, 후에 葛邏祿에 병합된 나라다.[99] 貞觀 2년 현장이 방문한 笯赤建國이 바로 신성이다. 신성은 怛邏斯城에서 서남으로 4백여 리 거리이며, 그곳 토양이 비옥하여 과일이 많고, 특히 포도가 많이 생산된 나라다.[100]

위에서 고선지 장군의 토번 연운보 함락과 소발률국 정벌로 말미암아 72국의 항복에는 大食의 서방 나라도 포함됨은 물론이다. 즉 『신당서』의 「서역전」에 의하면, '天寶 6載에 都盤등 6국이 모두가 (당에) 사자를 보내 입조하였다.'[101] 도반은 대식에서 서쪽으로 15일 거리에 있던 나라다.[102] 도반 등 6국(勃達·阿沒·沙蘭·羅利支·怛滿)은 거의 다 대식 서방에 있던 나라다. 이는 고선지 장군의 토번 연운보 함락 파장이 서아시아까지 뒤흔들었음을 보여주는 역사적인 사실이다.

『신·구당서』에서 불름은 동로마제국이 장악한 소아시아를 가리킨다.[103] 그러나 이 무렵 불름은 이슬람 치하의 시리아다. 이는 불름에 관한 『신·구당서』 기록이 8세기 중엽 이전의 사실만 전하고 있기 때문이다. 그렇다면 고선지 장군의 토번 정벌 성공에 놀라 콘스탄티노플(Constantinople)을 중심으로 한 동로마제국을[104] 퇴각시켰던 이슬람 치하의 시리아와 아라비아마저도 당에 조공을 바쳤다는 뜻이다. 혜초는 그의 『왕오천축국전』에서 불름에 대해 다음

---

96) 『新唐書』 권221하, 「西域傳」 '護蜜' 天寶初조, 6255쪽.

97) 『新唐書』 권221하, 「西域傳」 '師子' 天寶初조, 6258쪽.

98) 『新唐書』 권221하, 「西域傳」 天寶時來朝者조, 6260쪽.

99) 『新唐書』 권221하, 「西域傳」 新城之國조, 6260쪽.

100) 『大唐西域記』 권1, 「笯赤建國」 地沃壤조, 81쪽.

101) 『新唐書』 권221하, 「西域傳」, 6264쪽, "天寶六載, 都盤等六國遣使者入朝".

102) 『新唐書』 권221하, 「西域傳」 自大食西十五日行, 得都盤조, 6263쪽.

103) 『舊唐書』 권198, 「西戎傳」 拂菻國傳 拂菻國조, 5313쪽 ; 『新唐書』 권221하, 「拂菻傳」 拂菻, 古大秦也조, 6260쪽 ; Kazuo Enoki, "Some Remarks on The Country of Ta-Ch'in as known to The Chinese under The Sung", *Asia Major*, 4-1, London, 1954, p.1.

104) 白鳥庫吉, 1944, 「拂菻問題の新解釋」, 『西域史硏究』下, 東京 : 岩波書店, 707~708쪽.

과 같이 썼다.

> 다시 小拂臨國(시리아의 다마스쿠스)의 서북쪽 바닷가에 大拂臨國이란 나라가 있는데, 이 나라 왕은 병마가 대단히 많고 강대하여 다른 나라의 간섭이나 침범을 받지 않는다. 대식이 여러 차례에 걸쳐 싸움을 걸었지만, 한 번도 이긴 적이 없으며, 돌궐족도 침공을 해 보았으나 역시 이기지 못하였다. 이 땅에는 값진 보물이 많이 있고, 낙타와 노새와 양과 말, 그리고 모직물 등도 대단히 풍부하다. 의상은 파사와 대식의 그것과 비슷하다. 그러나 언어는 틀리다.[105)]

혜초가 언급한 大拂臨國은 콘스탄티노플에 도읍한 동로마제국, 즉 비잔틴제국을 말한다. 8세기 초 동로마제국이 강력한 군단을 거느렸기 때문에 아랍과 돌궐이 공격을 시도했지만 모두 허사였다. 이는 동로마제국의 강력함에 대한 설명이다. 동로마제국 언어는 파사나 대식과 같지 않다고 소략하게 기록했다. 동로마제국에서 나는 물산이 많았다는 것은 그 당시 동로마제국이 강성하였다는 것을 뒷받침한다. 혜초는 대불림국에 직접 가지 않고 波斯나 大寔에서 들었던 소식을 적었기 때문에 간결하다.

고선지 부대의 토번 연운보와 소발률국 제압 소식을 들은 서방 72국이 자진해 당에게 조공하였다는 사실은 그저 놀랍다.[106)] 이는 고선지 장군의 토번 연운보와 소발률국 점령이 갖는 의미가 그 당시 어느 정도 대단한 일이었나를 극명하게 설명한 이야기라고 필자는 평하고 싶다. 또 이런 사실을 方亞光이 언급하면서 '72국' 혹은 '70여 국'은 국가라는 명칭 외의 지역 명칭도 포함된 엄청난 일이라고 주장하였는데,[107)] 그의 말이 옳다. 그런데 이때 72국이나 되는 많은 나라에서 왜 당에 조공을 바치게 되었는지를 방아광은 설명하지 못하였다. 이때 서방에서 고선지 장군을 "중국 山嶺의 주인(The Lord of The Mountains of China)"으로 불렀다는 사실[108)]과 결부하여, 무슨

105) 『往五天竺國傳』, 73쪽, "又小拂臨國, 傍海西北, 卽是大拂臨國. 此王兵馬强多, 不屬餘國. 大寔數廻討擊不得, 突厥侵亦不得. 土地足寶物, 甚足駝騾羊馬疊布等物. 衣著與波斯大寔相似, 言音各別不同".

106) 『唐會要』 권49, 「僧尼所隸」 主客掌朝貢之國, 七十餘番조, 860쪽(1990, 北京 : 中華書局) ; 『新唐書』 권221하, 「小勃律傳」 於是拂菻, 大食諸胡七十二國皆震恐, 咸歸附조, 6252쪽.

107) 方亞光, 1990, 「從中外交往看唐代中國的歷史地位」, 『社會科學戰線』 1, 170쪽.

까닭으로 서방세계가 당에 대하여 앞 다투어 조공했는지 알 수 있는 열쇠다. 케네스 스콧 라투레트(Kenneth Scott Latourette)는 고선지 장군이 토번과 아랍의 동맹관계를 단절시킨 토번 정벌이야말로 비길 데 없는 위대한 업적일[109] 뿐만 아니라 중국의 위용을 極西(Far West)까지 알리는 엄청난 파문을 일으켰다고 장군을 극찬하였다.[110] 고선지 장군이 파미르 고원을 가로질러서 토번 정벌을 성공적으로 끝냄으로써 다시 당을 세계국가라는 반열에 올려놓는데 한 몫을 하였다는 사실에 대해 서양 학자들 모두 찬사를 아끼지 않았다.

용삭 원년(661)에 안서도호부에 복속한 西域諸國과 비교하면 고선지 장군의 토번 연운보와 소발률국 정복으로 당에 복속한 나라가 72국이었다는 사실이 갖는 의의가 어느 정도 대단한 것인가를 알 수 있다. 당 고종 명령으로 隴州南由令 王名遠이 于闐의 서쪽에서 波斯의 동쪽에 이르는 지역의 16國의 王都를 도독부로 삼았고, 그 屬部를 州縣으로 만들었다. 그때 왕명원에 의해 새로 설치된 州가 88, 縣이 110, 府가 126이었다.[111] 간단히 말해 용삭 원년 당이 우전 서쪽에서 파사 동쪽에 이르는 광활한 지역에 설치한 도독부가 불과 16국이었다. 그런데 천보 6재(747)에 고선지 장군이 토번 연운보와 소발률국을 정복한 위세에 눌려서 당에 복속한 서역 제국 수가 무려 72국이었다. 천보 6재에 당이 직간접적으로 관할했던 영역은 어느 시대에도 비교할 수 없을 정도로 많았다. 물론 72국 가운데 포함된 대식이나 불름이 당에 복속한 것은 이때가 처음이자 마지막이다. 용삭 원년 안서도호부에 속한 16국의 위치 등의 사항은 뒤에서 다시 언급하겠다.

고선지 장군의 토번 정벌의 성공에 대해 오렐 스타인은 샤반느(Chavannes)의 말을 재인용하며 극찬하였다.

> 고선지 장군의 놀라운 원정의 명성은 틀림없이 널리 퍼졌을 것이고, 깊은 인상을

---

108) Christopher I. Beckwith, *op. cit.*, p.136.

109) Edwin O. Reischauer, 1973, "The Regeneration of the Empire", *East Asia*(Boston : Houghton Mifflin company), p.99.

110) Kenneth Scott Latourette, *op. cit.*, p.197.

111) 『新唐書』 권43하, 「地理志」7下 龍朔元年조, 1135쪽.

남겼을 것이다. 그의 명성은 연대기에 결정적 사건이 되었다. 또 샤반느는 다음과 같이 기록하였던 것처럼 역사적으로도 매우 중요하였다. 즉 '그 다음에 拂菻(시리아), 대식(아랍), 그리고 72개의 다양한 야만족 왕국들이 두려움에 사로잡힌 결과 항복하였다.'[112]

물론 위에서 샤반느가 언급하였던 내용은『신당서』「고선지전」에 있는 사실이다. 그런데 샤반느가 썼던 이런 사실을 굳이 오렐 스타인이 재인용한 까닭에 초점을 맞추고 싶다. 그 이유는 고선지 장군이 토번 연운보 함락과 소발률국 정벌 의미가 너무 컸기 때문에 오렐 스타인이 재차 강조하고 싶었던 모양이다.

또 샤반느는 당이 고선지 장군을 출정시켜 소발률국을 정벌하게 된 배경과 그 결과에 대해 다음과 같이 간략하게 언급하고 있다. 즉

티베트 사람들은 소발률국 국왕 마-하오-라이(Ma-hao-lai)가 죽었을 때 음모를 꾸며서, (소발률 왕국의) 후계자를 티베트 공주와 강제결혼시켰기 때문에, 이로써 작은 소발률 왕국은 티베트에게 완전히 복속하게 되었다. 그 결과 (티베트는 소발률 왕국의) 후계자를 농락하는데 성공하였다. 이와 같은 외교적인 성공으로 말미암아, 작은 소발률 왕국의 북서쪽에 위치한 20여 개의 왕국들도 티베트 왕국에 예속되었다 ; 이렇게 귀속된 부족들은 더 이상 중국 정부에 조공을 바치지 않았다. 따라서 (중국은) 잃어버린 땅을 다시 차지하기 위하여 많은 노력이 절실하게 요구되었다. 바로 그 때가 747년이었고 ; 이 해는 사실상, 중국에서 활약하고 있는 한국 출생의 장군, 고선지가 바로길과 다르코트를 통과하는 곳에 있는 파미르 고원을 가로질러 길기트 계곡 안까지 통과한 해였다. 이 유명한 원정으로 소발률국왕은 어쩔 수 없이 (고선지 장군에게) 순순히 항복하였으며, 또한 이러한 원정은 중국 군대에게 큰 영광을 안겨다 주었다.[113]

---

112) M. Aurel Stein, *op. cit., Ancient Khotan-Detailed report of archaeological explorations in Chinese Turkestan*, p.10. That the fame of Kao Hsien-chih's remarkable expedition must have spread far and created a deep impression, is shown by a closing remark of the Annals, the historical significance of which M. Chavannes has duly noted : The the Fu-lin(Syria), the Ta-shih(i. e. Tāzī or Arabs) and seventy-two kingdoms of divers barbarian peoples were all seized with fear and made their submission.

113) Edouard Chavannes, "Essai sur l'historie des Tou-kiue occidentaux", *Documents Sur Les Tou-kiue (Turcs) Occidentaux*(Paris : Librarie d'Amerique et d'Orient), p.296, Les Tibétains cependant continuient leurs

이는 앞에서 지적한 것처럼 샤반느가 고선지 장군이 소발률국을 정벌하게 된 배경과 아울러 그 부대의 성공에 관한 사실에 대한 요약이다.

그런데 샤반느의 주장에 대해 두 가지 측면으로 주목하고 싶다. 하나는 소발률국을 작은 Pou-Lu라 기록하였던 사실이다. 이는 작은 Pou-Lu 왕국의 명칭을 그대로 중국에서 소리 나는 대로 적어서 (小)勃律이라고 하였다. 다른 하나는 고선지가 한국에서 출생하였다고 말하였다. 그러나 어느 사서 어디에도 고선지가 어느 곳에서 태어났다고 언급한 기록은 없다. 그러나 서양학자들은 고구려인이라고 기록되었던 인물을 말할 때, 거의 다 한국태생이라고 기록하였던 것이 하나의 관례인 것 같다. 무엇보다도 샤반느는 고선지 장군이 파미르 고원을 넘어 소발률국을 정벌하였던 사건이 중국 군대에게 크나큰 영광이라고 표현하였다. 이는 고선지 장군의 파미르 원정의 성공에 대한 찬사를 이러한 방식으로 표현하였다.

그런데 소발률국 정벌에 고선지를 따라서 출정한 인물 가운데 識匿國王 跌失伽延도 있었다는 사실을 주목하고 싶다.114) 왜냐하면 이는 구차에서 출발한 고선지 부대가 서역의 여러 곳을 지나며 그 지역의 왕들도 소발률 정벌에 참전시켰기 때문이다. 그러나 식닉국왕 질실가연은 고선지 부대를 따라 소발률국 정벌에 참전하다 전사하였다.115) 이 식닉국은 앞의 五識匿國과 같은 나라다. 이때 당은 오식닉국왕 질실가연 전사를 위로하기 위함인지, 질실가연의 아들을 都督, 左武衛將軍으로 발탁했을 뿐 아니라 번방이었는데도 불구하고 녹봉을 지급하도록 명령하였다.116) 이러한 사실을 종합하여 분석하

---

menées, et, à la mort de Ma-hao-lai, roi du petit Pou-Lu(Gilghit), ils réussirent à circonvenir son successeur, à lui faire épouser une princesse tibétains et à le placer entièrement sous leur dépendance. A la suite de ce succès diplomatique, plus de vingt royaumes situés au nord-ouest du petit Pou-Lu furent assujettis aux Tibétains ; les tributs accoutumés ne parvinrent plus à la cour de Chine. Il était nécessaire de tenter un grand effort pour reconquérir le terrain perdu ; on le fit en 747 ; cette année en effet est celle ou Kao Sien-tche, général d'origine coréenne au service de la Chine, mena à travers les Pamirs, au-delà-des passes de Baroghil et de Darkot jusque dans la vallée de Gilghit, uns expédition restée fameuse qui obligea le roi du petit Pou-Lu à se rendre à merci et qui couvrit de gloire les armes chinoises.

114) 『新唐書』 권121하, 「西域傳」 '識匿' 天 寶六載조, 6254쪽.

115) 『新唐書』 권121하, 「西域傳」 '識匿' 天寶 六載조, 6254쪽 ; 楊銘, 「吐蕃與南亞中亞各國關係史述略」, 93쪽.

면, 안서도호부의 구차에서 출정한 고선지 부대는 통과하는 지역에서 지친 병사들을 잔류시키고 새 병사가 충원되는 형식으로 머나먼 원정을 계속했던 것 같다. 즉 고선지가 지휘한 부대원 수가 연운보 공격 시 참가 군사 수가 1만 명 이상이었을 가능성을 제시한다고 본다.

토번 정벌을 승리하고 회군하는 고선지에 대해 사서는 이렇게 기록하였다. 즉 "天寶 6載(747) 8월 仙芝는 勃律王과 (토번)公主를 포로로 하여 赤佛堂路를 따라 회군하였다."[117]는 것이 그것이다.[118] 그런데 고선지 장군의 전리품으로 언급한 소발률왕에 대한 것은 이해가 되나, 왜 여기서 소발률 왕비라고 지칭하는 대신에 무슨 까닭으로 (토번)공주라고 표현하였는가. 물론 위의 (토번)공주는 소발률왕의 왕비를 말하나, 여기서 (토번)공주라고 표현하였던 것은 고선지 장군의 전리품으로서, 그 이상의 의미를 갖고 있다는 암시이다. 다시 말해 앞에서 지적한 것처럼 소발률왕의 왕비는 토번왕의 공주였는데, 토번의 강압적 결혼동맹으로 소발률국왕의 왕비가 된 그런 여인이다.[119] 그런데 고선지 장군에 의해 토번 연운보 함락과 소발률 정벌로 불름·대식 등 72국이 당에 歸附하게 되자, 소발률왕과 왕비도 어쩔 수 없이 고선지에게 투항했다. 그렇다면 고선지 장군이 소발률왕과 토번 공주를 포로로[120] 개선한 것은[121] 소발률 평정은 물론이고, 아울러 토번 정벌에 대한 성공이 갖는 의미가 어느 정도 중요한가를 짐작할 수 있다. 다시 말해 이로 말미암아 당나라 중심의 세계질서가 재편되었다고 표현해도 될 정도로 고선지 장군에 의한 토번 연운보 함락과 소발률 정벌의 의미는 매우 크다.

---

116) 『新唐書』 권221하, 「西域傳」 '識匿' 王跌失伽延討勃律戰死조, 6254쪽 ; 楊建新·蘆葦, 1982, 「唐代的安西, 北庭兩大都護府」, 『新疆歷史論文續集』, 新疆 : 人民出版社, 93쪽.

117) 『舊唐書』 권104, 「高仙芝傳」, 3205쪽, "天寶六載八月, 仙芝虜勃律王及公主趣赤佛堂路班師" ; 『冊府元龜』 권358, 「將帥部」19 '立功'11 (天寶) 六載八月조, 4246쪽.

118) Warren W. Smith, Jr., *op. cit.*, p.70 ; 『資治通鑑』 권215, 「唐紀」31 玄宗 天寶 6載 8月, 仙芝虜小勃律王及吐蕃公主而還조, 6886쪽.

119) 『資治通鑑』 권215, 「唐紀」31 玄宗 天寶 6載 8月조, 6886쪽.

120) 呂思勉, 1961, 「開天邊事三」, 『隋唐五代史』, 上海 : 中華書局, 199쪽.

121) 『新唐書』 권221상, 「西域傳」하 '小勃律' 執小勃律王及妻歸京師조, 6252쪽 ; 『資治通鑑』 권215, 「唐紀」31 玄宗 天寶 6載 8月 仙芝虜小勃律王及吐蕃公主而還조, 6886쪽 ; 『文獻通考』 권335, 「四裔」12 大勃律執小勃律王及妻歸京師조, 2632쪽.

고선지 장군은 현종의 명령을 모두 완수하였다. 정확히 말한다면, 당 현종의 조서 이상의 전공을 올렸다고 표현하는 것이 옳다. 이와 같이 필자가 주장하는 것은 토번의 서아시아 진출의 교두보인 연운보 함락이 고선지 장군에게 부여된 임무였기 때문이다. 그런데 고선지 장군은 험준한 탄구령 정복과 소발률국 정벌 외에 토번의 서아시아 진출 루트인 사이교를 끊었다. 이러한 사실에 대해 오렐 스타인은 다음과 같이 말하고 있다.

> 야신 계곡을 점령하자 즉시, 중국 장군은 소발률국왕에게 항복할 것을 권유하였고, 뒤 미쳐진 부대에 평화가 찾아 들었다. 고선지 장군은 이곳을 다스릴 군대를 남겨두고, 한편 (소발률국) 왕족을 포로로 삼아서, 두 달을 넘기지 않은 시점에 연운보로 돌아갔다. 그리고 나서 그는 파미르를 장악하였다는, 그런 승전보를 황실에 알리기 위하여 사자를 급파하였다.[122]

이는 오렐 스타인이 파미르 고원을 장악한 고선지 장군의 전공에 대한 묘사다. 또한 그는 고선지 장군이 개선 사실을 현종에게 알리기 위하여 전령을 급히 장안으로 보낸 사실도 기록하였다. 위의 표현은 고선지 장군에 의한 소발률국 정복으로 말미암아 중국의 서방진출 교두보를 확보할 수 있었다는 사실에 대한 오렐 스타인의 평가인 것 같다.

고선지 부대가 연운보를 함락시키고 계속해서 소발률국마저 정벌하고 난 후, 다시 연운보로 돌아온 과정을 베크위스는 다음과 같이 설명하였다.

> 747년 초가을 고선지는 (소발률국) 수도 아노월을 전투 없이 점령하였다. 그는 토번에 의해 임명되어 그곳에서 관직을 맡고 있던 5, 6인을 처형하였다. 그리고 그의 군대는 동으로 통하는 등나무로 엮어 만든 흔들다리를 부랴부랴 파괴한 후—토번 군이 그들을 구출하러 오지 못하도록 하기 위해—그는 소발률국왕과

---

122) M. Aurel Stein, *op. cit., Ancient Khotan-Detailed report of archaeological explorations in Chinese Turkestan*, p.10, Once on possession of the Yasin Valley, the Chinese general induced the King of Little P'o-Lü to surrender, and subsequently pacified the whole territory. Leaving behind a garrison to hold it, and taking along his royal prisoner he returned within two months to Lien-yün. Then he regained the Pamir, whence he dispatched news to the Imperial Court announcing his victory.

그의 토번 출신 왕비의 항복을 받았다. 고선지는 그 도시에 2000명의 군대를 주둔시키고 적불당로를 경유해 747년 말 경 연운 요새로 돌아왔다.[123]

이는 고선지 부대가 연운보에서 소발률국을 향해 진격하여 소발률국을 고선지 나름의 작전대로 처리한 후 다시 연운보로 돌아온 사실을 베크위스가 정리한 것이다. 그런데 베크위스는 그의 책 註에서 소발률국 아노월성을 당이 장악하기 위해 고선지가 남겨둔 수비군의 수가 1000명[124] 또는 3000명[125] 이라고 몇 가지로 주장했다. 그러나 고선지가 소발률국에 주둔군 수를 1000명으로 한 것은 고선지 장군의 개선 후였기 때문에, 이는 베크위스가 잘못 지적한 것이다. 이와 관련한 사실에 대하여는 뒤에 다시 언급하겠다.

고선지 장군이 소발률국을 평정한 후 소발률국을 어떻게 통치하였는가는 『신당서』「소발률전」에 자세하다. 이를 들어보자.

> (고선지 장군이) 小勃律國왕과 왕비를 잡아 長安으로 돌아왔다. (당 현종은) 조서를 내려 그 나라 이름을 歸仁으로 고치고, (그곳에) 歸仁軍을 설치하고, 천명을 모집해 그 鎭을 지키도록 명령하였다.[126]

이는 고선지 장군이 소발률국을 평정한[127] 사실에 대한 사료다.[128] 구체적으로 말하면 당이 소발률국을 항구적으로 장악하기 위한 조치와 관련된

---

123) Christopher I. Beckwith, "T'ang China and the Arabs", *The Tibetan Empire in Central Asia*, pp.132~133, In the early autumn of 747, Kao captured the capital city, A-nu-yüeh, without a fight. He executed the 'five or six' Tibetan-appointed officials there ; and, after his troops hurriedly destroyed the cane suspension bridge leading to the east-preventing the Tibetan army from coming to the rescue-he received the surrender of the king of Balûr and his Tibetan queen. Kao garrisoned the city with two thousand men and returned via the Red Buddha Hall Road to the fortress of Lien-yün later in 747.

124) 『新唐書』 권221하, 「小勃律國傳」 置歸仁軍, 募千人鎭之조, 6252쪽, 고선지가 소발률국을 점령하고 주둔군을 둔 수는 3000명이고 그 후에 1000명을 두었다 ; 『文獻通考』 권335, 「大勃律傳」 歸仁軍募千人鎭之조, 2632쪽.

125) 『舊唐書』 권109, 「李嗣業傳」 斬藤橋, 以兵三千人戍조, 3298쪽 ; 江應梁, 「突厥」, 160쪽.

126) 『新唐書』 권221下, 「小勃律傳」, 6252쪽, "執小勃律王及妻歸京師, 詔改其國號歸仁, 置歸仁軍, 募千人鎭之".

127) 『續通志』 권637, 「四夷傳」3 '大勃律' 平其國조, 6735쪽.

128) 羅香林, 1955, 「唐代天可汗制度考」, 『新亞學報』 1, 229~230쪽.

내용이다. 여기서 주목되는 것은 소발률국 국호를 당이 '歸仁'으로 바꾸었을 뿐 아니라 이곳에 歸仁軍을 설치하고 모집한 상비군을 천명 주둔시켰다는 사실이다.[129] 한 마디로 당이 소발률국을 어떻게 실제적으로 지배했는가와 관련된 세부 사항이다. 결국 토번이 서방으로 통하는 교통로가 차단됨으로 말미암아 大食과 연합이 불가능하여서 당에 대한 적대세력으로서의 지위를 상실하였다. 이는 고선지 장군의 소발률국 정벌에 대한 성공이 갖는 정치적 의미이다. 더 나아가 토번이 북방 突騎施와 협력관계마저 어려운 상황이 된 것은 고선지 장군의 토번 정벌로 얻은 부수적 효과라고 말할 수 있다.

고선지 장군의 소발률국 평정으로 서아시아 여러 나라들이 당을 두려워하게 되었다. 이에 관한 사실을 샤반느(Edouard Chavannes)는 다음과 같이 기록하였다. 즉 안서부도호 고선지가 군대를 이끌고 葱嶺(Pamirs)를 넘고 또 바로길과 탄구령을 넘어 길기트 계곡에 이르러 소발률국을 평정하고 그 왕을 사로잡아 돌아오니[130] 서아시아 제국들이 당을 두려워하였다고 간단히 언급하였다.[131] 그렇다고 샤반느가 고선지 장군의 업적을 과소평가했다는 주장은 아니다. 샤반느도 고선지 장군이 파미르 고원을 넘은 사실이 훌륭한 업적이라고 흥분 할 정도로 극찬하였다.[132] 그러나 샤반느가 고선지 장군이 토번 정벌의 임무를 수행하였을 때 그의 관직이 안서부도호라고 한 것은 실수다. 왜냐하면 고선지가 당 현종 칙서를 받고 토번 연운보를 향해 원정할 때의 그의 직책은 行營節度使였기 때문이다.

---

129) 『文獻通考』 권335, 「四裔」12 大勃律 詔改其國號歸仁, 置歸仁軍조, 2632쪽 ; 『續通志』 권637, 「四夷傳」3 '大勃律' 詔改曰歸仁, 置歸仁軍조, 6735쪽 ; 諏訪義讓, 「高麗出身高仙芝事蹟攷」, 197쪽 ; 余太山, 「唐代西域」, 184쪽.

130) René Grousset(Translator : Naomi Walford), "The Chinese in The Pamirs, 747-750", *The Empire of the Steppes a History of Central Asia*(1999, Rutgers University Press), p.119.

131) Edouard Chavannes, "Les pays de la Transoxane et de la région comprise entre l'Oxus et l'Indus, de milien du septième au huitième siècles", *Documents Sur Tou-Kiue(Turcs) Occidentaux*(1900, Paris : Librairie d' Amérique et d'Orient), p.296.

132) Edouard Chavannes, *op. cit.*, p.297.

3. 토번 연운보 함락과 소발률국 정벌 후 고선지 장군의 개선

당 현종의 명령을 기대치 이상으로 성공한 고선지는 소발률국왕과 토번왕의 공주를 전리품으로 삼아 연운보에서 안서도호부로 개선할 때 비교적 안전하고 용이하다고 판단되는 赤佛堂路를 따라 개선했다. 이 적불당로[133]는 고선지가 전일 연운보 공격 당시 撥換守捉使 賈崇瓘으로 하여금 토번 연운보로 진격할 때 사용했던 것과 같은 루트다. 또한 적불당로는 고선지가 疏勒守捉使 趙崇玭에게 토번 연운보 공격을 위해 진격한 北谷과 다르게 비교적 이용 빈도가 잦은 길이다. 아마도 적불당로는 20여 국이 토번으로 조공하였을 때 이용한 그 길인 것 같다.

이후 얼마 전까지 토번 서북의 최전방 요새였던 연운보로 고선지 부대는 귀환하였다. 이때의 사정을 들어보자.

> 9월에 다시 婆勒川 連雲堡에 이르러 邊令誠 등과 만났다. 그 달 말에 (고선지 장군은) 播密川으로 돌아와 劉單에게 捷書[134]를 작성하게 하였을 뿐 아니라, 휘하의 中使 判官 王廷芳을 (조정으로) 파견하여 승리 사실을 알리게 하였다.[135]

여기서 한 가지 의문이 드는 것은 8월에 고선지가 소발률왕과 토번 공주를 포로로 하여[136] 회군을 시작하였는데, 9월에야 婆勒川의 연운보에 머문 변령성 등과 함께하였다는 사실이다.[137] 그렇다면 고선지 장군이 소발률국왕과 토번 공주를 포로로 잡은 곳이[138] 婆勒川의 연운보에서 꽤나 멀리 떨어져 있음을 암시하고 있어서 주목하고 싶다. 혹은 고선지 장군이 산 속으로 도망간 소발률국왕을 사로잡으려고 토번의 내지로 깊숙이 진격해 들어갔을 가능성도 있다.

---

133) 『新唐書』 권135, 「高仙芝傳」 小勃律조, 4576~4577쪽, 赤佛堂路를 『新唐書』에서는 赤佛道로 기록하였다.

134) 전투에서 승리한 것을 조정에 보고하는 글을 말한다.

135) 『舊唐書』 권104, 「高仙芝傳」, 3205쪽, "九月, 復至婆勒川連雲堡, 與邊令誠等相見. 其月末, 還播密川, 令劉單草告捷書, 遣中使判官王廷芳告捷".

136) 『冊府元龜』 권431, 「將帥部」93 '器度' 天寶 6年 仙芝虜勃律王及公主조, 5128쪽.

137) 『資治通鑑』 권215, 「唐紀」31 玄宗 天寶 6載 9月 至連雲堡 與邊令誠俱조, 6886쪽.

138) 江應梁, 「突厥」, 160쪽.

고선지 부대가 귀환할 때 적불당로를 따라 회군한 것은 용이한 길을 이용한 것이다. 그 까닭은 토번 요새를 빼앗고 난 후라, 사람 통행이 잦았던 길을 통해 회군했던 것이다. 소발률국 정복을 끝낸 고선지는 부대를 이끌고 연운보로 회군하였다. 아무튼 험준한 설산 힌두쿠시 산맥을 따라 진격한 그 루트지만 예전 고통과 비교할 수 없을 정도로 쉬웠다. 그런 길인데도 한 달이나 걸려 고선지 부대가 연운보에 도착하였다. 이는 고선지가 소발률국을 장악하기 위한 조치를 취하느라 그곳에서 상당한 시일동안 머물렀음을 의미한다.

9월말 토번의 옛 군사기지 연운보를 출발해 그달 말에 播密川(아모하 지류)에 도착했다.[139] 파밀천에서 고선지 장군은 劉單에게 京師로 보고할 捷書를 작성하도록 명령하였다. 회군 루트는 연운보 다음이 파륵천인데 그곳에서 급히 알려야 할 승전보를 작성하지 않고 그 다음 파밀천에서 유단에게 작성시킨 까닭이 무엇인가. 아마도 토번이 다른 루트를 통해 반격해 올지 모른다는 경계로 파밀천을 안전지대라 생각했기 때문이라고 본다. 고선지가 유단이 작성한 捷書를 휘하의 中使判官 王廷芳을 장안으로 파견해 승리 사실을 알렸다는 사실에서도 한 가지를 더 생각하게 한다. 앞서 고선지 장군의 감시자로 연운보까지 따라간 변령성처럼 왕정방도 中使라는 사실이다. 당 현종이 고선지 장군에게 토번 정벌의 칙서를 주면서 많은 환관으로 하여금 고선지를 감시하게 하였다는 이야기와 통한다.

토번 연운보와 소발률국을 정벌하고 개선한 고선지 장군의 공적에 대해 張其昀은 당나라에서 공훈을 세운 세 명장 가운데 한 사람으로 고선지를 열거할 정도로 파미르 고원을 정복한 후 소발률국 정벌이야말로 당나라 역사에서 매우 중요한 사건이라고 평가하였다.[140] 이를 설명이라도 하듯 羯鼓曲 가운데 『破勃律』의 일편이 전하고 있다.[141] 이는 고선지 장군의 소발률국 정벌에 대한 전승을 찬양한 노래이다.[142]

---

139) 『資治通鑑』 권215, 「唐紀」31 玄宗 天寶 6載 (9月) 月末, 至播密川조, 6886쪽 ; 『通鑑記事本末』 권32, 「吐蕃入寇」 天寶 6載 9月 月末조, 2979쪽.

140) 張其昀, 「兵源與將才」, 99~100쪽.

141) 孔德, 『外族音樂流傳中國史』, 64쪽.

142) 諏訪義讓, 「高麗出身高仙芝事蹟攷」, 197쪽.

한편 휫필드(Susan Whitfield)는 고선지 장군의 토번 정벌에 대한 사실을 다음과 같이 평가하였다. 이를 옮겨보자.

> 파미르에서 중국의 마지막 반격은 747년에 일어났다. 이때 중국이 토번 군대를 궤멸시켰으며, 그 결과 명성을 얻은 장군－가오(高)라 불리는 한국인－은 '중국 山嶺의 주인'이라는 별명을 얻었다. 또 토번의 북동부에서도 Nanaivandak가 전해 듣기로 소그드 사람의 혈통을 가진 혼혈 투르크 장군의 지휘하의 중국 군대가 토번에 대하여 우위를 차지하기 시작하였다. 틀림없이 안녹산이라 불리는 중국군대 내 또 다른 소그드와 투르크 계통의 장군이 있었는데, 그는 최근 중국 북방경계에서 패배하였는데도 불구하고 황제의 신임을 받고 있다는 말이 있었다.[143]

이는 휫필드가 고선지 장군과 동 시대의 당의 명장 세 명에 대한 나열의 일부다. 이를 나누어 구체적으로 언급하면, 다음과 같다.

첫째는 토번의 북서부 지역을 고선지 장군이 장악하였다는 것이다. 이러한 사실을 휫필드는 간단히 '중국 山嶺의 주인'이라는 말로 대신하였다. 이와 같은 표현은 베크위스 등도 즐겨 쓴 용어다.

둘째 휫필드가 토번의 북동부를 소그드인 혈통을 가진 혼혈 투르크 장군이 장악했다고 표현한 사실이다. 그러나 휫필드는 토번을 제압한 장군이 누구였는지 언급하지 않았다. 아마 고선지 장군의 업적과 비교될 수 있을 정도의 인물이 못되어서 기록하지 않은 것 같다. 그런데 이때 토번의 북동부에서 토번 세력을 제압한 인물은 돌기시 별부 추장을 지낸 哥舒翰을 말한 것 같다.[144] 가서한은 돌기시 수령 哥舒부락의 후손이다. 가서한의 할아버지(沮)와 아버지(道元)는 원래 돌기시 별부의 추장이었으며[145] 가서한의 아버지 道元은 안서부

---

143) Susan Whitfield, "The Merchant's Tale", Life Along The Silk Road, p.53, *The last Chinese counter-attack in the Pamirs took place in 747*. The Chinese routed the Tibetan forces and the successful general-a Korean called Gao-was nicknamed Lord of the Mountains of China. In the east the Chinese armies also started to gain the upper hand under the leadership of a half-Turkic general who, Nanaivandak had heard, had Sogdian blood. there was certainly another Sogdian-Turkic general in the Chinese forces called Rokhshan and word had it that he was in favour with the emperor despite his recent defeat on China's northern frontier.

144) 『資治通鑑』 권215, 「唐紀」31 玄宗 天寶 6載 翰父祖本突騎施別部酋長조, 6877~6878쪽.

도호로 대대로 안서에서 생활하였다. 간단히 말해 가서한은 서돌궐 출신의 당 장군이다.146) 그런데 고선지 장군이 토번을 정벌한 후 약 2개월 뒤 가서한은 고선지에 의해 위축된 토번과 싸워서 그들 병사를 한 명도 돌아갈 수 없을 정도의 전공을 세웠다.147) 가서한이 토번을 상대로 전공을 세운 때는 河西·隴右節度使 王忠嗣의 副將으로 大斗軍(감숙성 영창현 서쪽) 副使로 거듭된 전공으로 隴右節度副使였을 때다.

가을철 積石軍의 보리가 익으면 토번이 자유로이 와서 수확해 가는 그런 상황이었다. 이를 아무도 저지하지 못해 적석군 사람들은 '吐蕃麥莊'이라고 부를 지경이었다. 이때 가서한이 매복하여 보리를 걷으러 온 토번을 모두 잡아들여 가서한이 邊將으로 이름을 날렸다.148) 그렇다고 가서한이 石堡城을 탈환했던 것은 아니다. 이때는 747년 10월 이후라는 사실을 주목해야한다. 정확히 말해 이때는 고선지 장군이 토번 연운보·소발률국 정벌과 아울러 오늘날 아프가니스탄 지역을 장악한 뒤다. 바꾸어 말해 고선지가 중앙아시아에서 지배권을 확립하게 되자, 위축되어 있는 토번이 노략질할 때 가서한이 토번을 상대로 얻은 전과라는 사실이다.

그런데 司馬光은 『資治通鑑』에서 746년 정월 四節度使(河西·隴右·朔方·河東) 王忠嗣가 朔方과 河東 互市에서 사들인 말로 군사력을 증강시켜 토번과의 싸움에서 승리했다고 기록하였다.149) 즉 墨離軍(감숙성 안서현 동남쪽)에서 吐谷渾(칭하이성)을 토벌하여 모든 부족을 사로잡아 돌아오는 전과를 올렸다고 한다. 이때 皇甫惟明이 석보성 탈환에 대한 언급 없이 단지 청해와 적석에서 대승을 거두었다고 한다. 그러나 『구당서』 「토번전」에서 천보 초에 농우절도

---

145) 『舊唐書』 권104, 「哥舒翰傳」, 3211쪽 ; 『新唐書』 권135, 「哥舒翰傳」 哥舒翰조, 4569쪽 ; 『資治通鑑』 권215, 「唐紀」31 玄宗 天寶 6載 10月翰父祖조, 6877~6878쪽. 哥舒翰 姓이 哥舒가 된 이유는 蕃人들은 부락명칭 姓을 쓰기 때문이다.

146) Glen Dudbridge, "Mating with spirits", *Religious Experience and Lady Society in T'ang China*(Cambridge University Press, 2002), p.155 ; 那波利貞, 「盛唐時代に突如として現れた野戰の布陣用兵法の一變態現象について」, 10쪽.

147) 『資治通鑑』 권215, 「唐紀」31 玄宗 天寶 6載 忠嗣使翰擊吐蕃조, 6878쪽.

148) 『資治通鑑』 권215, 「唐紀」31 玄宗 天寶 6載 10月 每歲積石軍麥熟조, 6878쪽.

149) 『資治通鑑』 권215, 「唐紀」31 玄宗 天寶 5載 以王忠嗣조, 6871쪽.

사였던 황보유명과 왕충사 모두가 토번과 싸워 이기지 못했다고[150] 기록한 사실과 모순된다. 그렇다면 사마광이 당과 토번이 싸운 전과에서, 당이 이긴 것처럼 왜곡한 것 같다.

천보 6재 10월에 당 현종은 고선지 장군의 승전에 힘을 얻어 하서·농우절도사 왕충사에게 토번 석보성 공격 계획을 말하였다. 그런데 왕충사는 토번 석보성을 탈취하기 위해 수만 명의 군사가 희생되지 않고 승리할 수 없다고 아뢰었다. 이때 장군 董延光이 석보성 탈취를 자청하자, 황제는 왕충사에게 군사를 내어 동연광을 돕게 하였으나, 약속한 때 지원이 되지 않아 동연광의 석보성 탈환이 좌절되었다.[151] 이로 말미암아 왕충사를 徵召하여 三司[152]에서 국문하게 하면서 천보 6재 11월에 가서한을 判西平 태수로 하여 농우절도사로 보임하였다. 이 무렵 고선지가 토번의 서북쪽 교통로를 차단함으로 토번은 서역과 교통할 수 없게 하였는데도 불구하고 그러한 토번을 당이 제압하지 못했다. 이는 고선지에 의한 토번 연운보 점령이야말로 당 변경 안정에 절대적인 기여였다고 할 수 있다.

당 현종의 명령에도 불구하고 하서·농우절도사 왕충사가 동연광에게 군사를 적기에 보내주지 않아 토번 석보성 탈환에 실패하였다. 현종은 화가 나서 746년 11월에 가서한에게 判西平태수를 맡기며 농우절도사로 임명하였고, 朔方절도사 安思順에게 武威郡의 일을 맡기면서 하서절도사로 임명하였다.[153] 이때 안사순에 대한 기록이 사서에 본격적으로 등장하였다. 한편 왕충사는 같은 해 같은 달(11월)에 漢陽태수로 좌천되었다.[154] 당은 석보성 탈환에 실패하였던 농우절도사 蓋嘉運·皇甫惟明·王忠嗣 등을 모두 연달아 파면시키거나 죽일 정도로 석보성은 토번 공격을 차단할 수 있는 중요한 전략 요충지였다. 그렇다면 이때 당 현종이 가서한을 면담하고 새로이 농우절도사로 임명했던

---

150) 『舊唐書』 권196상, 「吐蕃傳」 天寶初조, 5235쪽.

151) 『資治通鑑』 권215, 「唐紀」31 玄宗 天寶 6載 10月 上欲使王忠嗣攻吐蕃石堡城조, 6878~6879쪽.

152) 三司는 御史臺, 刑部, 大理寺를 말함.

153) 『資治通鑑』 권215, 「唐紀」31 玄宗 天寶 6載 11月 辛卯조, 6879쪽.

154) 『資治通鑑』 권215, 「唐紀」31 玄宗 天寶 6載 11月 己亥조, 6883쪽.

조치는 당이 토번 석보성 탈환을 위해 어느 정도 노심초사하는지를 읽을 수 있다.

당의 토번에 대한 대책이 실패를 거듭하게 되자, 재상 李林甫가 제안한 뛰어난 蕃將을 임명하는 중용정책이 수용되었다. 그 첫 케이스로 고선지가 안서사진절도사가 되었다.[155] 그 다음으로 前 安西副都護 哥舒道元의 아들, 隴右의 옛 장군 突騎施人 가서한을 농우절도사로 임명하였다. 이외에 粟特人 안사순이 하서절도사가 된 것도 위와 같은 경우다.

746년 11월 농우절도사 가서한은 748년 12월 青海에 神威軍을 설치하면서 토번 공격에 적극적으로 대처하였다.[156] 또 청해 가운데 龍駒島에 應龍城을 쌓을 정도로 토번 영내를 향해 계속 진군했다. 이처럼 토번이 수세로 몰리게 된 것은 고선지의 토번 연운보와 소발률국 정벌 성공과 무관하지 않다. 농우절도사 가서한은 당 현종에 요구에 부응하여 토번 세력을 농우 부근에서 몰아냈다. 그러나 749년 겨울에 청해가 얼자, 용구도로 토번이 몰려와 응용성을 지킨 군사 모두가 몰살당했다.[157]

고선지 장군이 토번 정벌에 성공한 2년 후 天寶 8載(749) 6월 농우절도사 가서한이 토번과 전투하여 토번이 장악한 석보성을 탈환했다.[158] 이에 관해서는 『자치통감』에서 장문으로 기록하였다.

> 황제가 隴右절도사 哥舒翰에게 隴右와 河西 그리고 돌궐의 阿史那阿布思[159]의 병사를 거느리고 朔方과 河東 병사들을 더하여 무릇 6만 3천으로 토번 石堡城을 공격하도록 명령하였다. 그 성은 삼면이 험한 절벽으로 오로지 한 길로만 위로 오를 수가 있었으므로 토번은 단지 수백 명으로 그곳을 지켰는데, 식량을 많이 저축해 두고 檑木[160]과 雷石을 쌓아놓아서 당의 군사들이 앞뒤로 여러 차례 공격했

155) 『舊唐書』 권106, 「李林甫傳」 自是高仙芝조, 3240쪽.

156) 『資治通鑑』 권216, 「唐紀」32 玄宗 天寶 7載 12月 哥舒翰築神威軍於靑海上조, 6892쪽.

157) 『資治通鑑』 권216, 「唐紀」32 玄宗 天寶 8載 頃之조, 6896쪽.

158) 『新唐書』 권9, 「玄宗紀」하 (天寶 8載) 6月조, 223쪽.

159) 阿史那阿布思는 당 현종에게 항복하여 성과 이름을 내려 李獻忠이라 하였으며, 天寶 11載 4월에 李林甫의 적이 되더니 다시 북아시아로 돌아가, 같은 해 9월 阿史那阿布思가 되어 永淸柵(내몽골 포두)을 공격한 인물이다.

지만 이길 수가 없었다. 哥舒翰이 나아가 공격한 지 여러 날이 지났건만 탈환하지 못하자 裨將 高秀巖과 張守瑜를 불러 목을 베려 하였는데, 두 사람이 청하기를 사흘 기한으로 이길 수가 있다고 하였으며, 약속 날짜가 되어 그것을 뽑고, 토번의 鐵刃悉諾羅 등 400명을 사로잡았지만 당의 사졸들로 죽은 사람이 수만 명이었으니, 과연 王忠嗣의 말과 같았다. 얼마 지나지 않아, 哥舒翰이 또 병사를 赤嶺 서쪽에 파견하여 屯田을 열고 謫卒[161] 2천을 보내어 龍駒島를 지키도록 하였는데, 겨울이 되어 물이 얼어붙자, 토번이 크게 모여들었으므로 지켰던 사람들은 모두 죽었다.[162]

이는 당 현종이 용감한 농우절도사 가서한에게 석보성 탈환을 명령한 내용이다. 그런데 황제가 가서한이 거느리고 갈 군사에 돌궐 阿史那阿布思 병사를 포함시킨 사실을 주목하고 싶다. 가서한의 할아버지와 아버지가 돌기시 별부 추장이었을 뿐 아니라 그 자신도 돌기시 별부 추장이었다는 사실을 감안하면, 왜 아사나아포사 병사가 포함되었는지 알 수 있다. 『通典』에 의하면 돌궐의 姓이 阿史那다.[163] 그런데 천보 원년 8월 丁亥 돌궐 西葉護는 千餘帳의 무리를 거느리고 당에 투항하였고, 그 무리가 토벌 토벌에 참전한 것이다.[164] 가서한에게 같은 종족의 병사를 거느리고 가 싸우도록 한 조치다. 이는 절도사와 같은 종족을 거느리고 가서 싸울 때 전투 효과가 극대화된다는 것을 당 현종이 잘 알고 있었다는 이야기다. 이는 고선지 장군 휘하 병사에 많은 고구려 유민이 있었을 것이라는 가설을 뒷받침하는 내용이라 더욱 주목된다.

농우절도사 가서한은 隴右·河西·突厥阿布思·朔方·河東의 군사 6만 3천명을 거느리고도, 고작 토번군사 수백 명이 지킨 석보성을 탈환하지 못했다.[165]

---

160) 나무를 원통으로 다듬어 성위에서 굴려 적을 공격하는 무기를 말한다.

161) 죄를 짓고 유배 갈 사람으로 메워진 병졸을 삼은 것을 말한다.

162) 『資治通鑑』 권216, 「唐紀」32 玄宗 天寶 8載 6月조, 6896쪽, "上命隴右節度使哥舒翰帥隴右·河西及突厥阿布思兵, 益以朔方·河東兵, 凡六萬三千, 攻吐蕃石堡城. 其城三面險絶, 唯一徑可上, 吐蕃但以數百人守之, 多貯糧食, 積檑木及石, 唐兵前後屢攻之, 不能克. 翰進攻數日不拔, 召裨將高秀巖·張守瑜, 欲斬之, 二人請三日期可克, 如期拔之, 獲吐蕃鐵刃悉諾羅等四百人, 唐士卒死者數萬, 果如王忠嗣之言. 頃之, 翰又遣兵於赤嶺西開屯田, 以謫卒二千戍龍駒島, 冬冰合, 吐蕃大集, 戍者盡沒".

163) 『通典』 권197, 「突厥傳」上 突厥之先조. 605~717쪽(欽定四庫全書).

164) 『玉海』 권191, 「唐朔方節度使靈州都督王忠嗣破米施可汗」 天寶 元年 8월 丁亥조, 71쪽(『景印文淵閣四庫全書』 948冊).

이는 고선지 장군이 100여 일 동안 산악 원정 후에 토번 연운보을 함락시킨 사실과는 비교할 수 없을 정도로 단순한 전투라고 말할 수 있다. 다시 말해 고선지 장군의 기량은 농우절도사 가서한과 비교가 안 될 정도로 탁월한 명장이라는 사실을 확인할 수 있다. 물론 위의 내용처럼 석보성은 난공불락의 요새였다. 그래서 이런 상황을 반전시키려고 가서한은 석보성 탈환 실패 책임을 물어 휘하 장수 高秀巖과 張守瑜를 죽일 계획을 꾸밀 정도로 어리석은 장군이다. 그때 두 장수는 3일안에 석보성을 탈환하겠다고 약속하였다. 교활한 가서한은 이런 비열한 방법으로 앞의 전투에서도 돌파구를 찾았다.

아무튼 가서한의 두 장수는 토번 鐵刃悉諾羅 등 400명을 사로잡는 전과를 올리며 석보성을 탈환하였다. 그렇지만 석보성 전투에서 당의 병사가 수만 명이나 죽은 사실은 성공이라고 말할 수 없다. 전에 왕충사가 관리들과 이야기할 때 석보성 탈환은 많은 대가를 치를 뿐 아니라, 얻은들 당에게 이익이 없다고 한 주장과 일치한 셈이다.

가서한도 새로 얻은 지역을 다스리기 위해 예전에 黑齒常之가 했던 것처럼 屯田을 실시하였다. 이때 청해 안에 謫卒 2천으로 용구도를 지키게 하였으나 겨울에 토번이 쳐들어오자 몰살당했다. 이는 토번이 전투를 잘한 것도 이유겠지만 그보다는 높은 고원에 익숙하게 적응된 터라, 그런 지역에서 싸우는 데는 토번이 늘 유리할 수밖에 없었다. 그렇다면 고선지 장군이 토번을 상대로 한 연운보에서 승리한 후 탄구령을 넘어 소발률국으로 진군했다는 사실이 얼마나 위대한 업적인가를 어느 정도는 가늠할 수 있다. 농우절도사 가서한은 龍駒島조차 守城할 능력이 없는 그런 인물이라서 고선지 장군과의 비교는 불가능하다.

가서한이 수만 군사를 잃었으나 석보성을 얻은 것도 고선지 장군의 승전보와 무관하지 않다. 곧 고선지가 토번 연운보와 소발률국 정복으로 얻은 승리감으로 말미암아 당이 토번과의 싸움에 대해 갖게 된 심리적 효과도 무시할 수 없는 것이다. 그런데 司馬光은 고구려 유민 고선지의 위업 달성을 그대로

165) 『通鑑記事本末』 권32, 「吐蕃入寇」 天寶 8載 6月조, 2979쪽.

고선지가 토번과 서역 제 민족과 싸울 때 당 현종과 양귀비가 사랑을 나누었던 화청궁

인정하기를 싫어했던 그런 인물이다.

셋째는 고선지 장군이 토번을 제압할 때 중국 북방의 장군 安祿山을 열거하였다. 안녹산의 경우는 가서한과 달리 휫필드가 안녹산이라는 이름 자체를 명시하였다. 그런데 안녹산은 중국 북방 전투에서 패배한 경험이 있던 인물이다. 그런데도 휫필드는 당시 고선지 장군과 견줄 수 있는 인물이 안녹산밖에 없다고 생각하였다. 또 안녹산은 소그드와 돌궐의 혼혈아로, 이른바 雜胡였다.[166] 또 어떤 사람은 안녹산이 康國(소그드)[167]에서 출생하였지만 安씨 가문에서 양육되었기 때문에, 그의 성을 康씨에서 安씨로 바꾸었다는 주장이 있다.[168] 아무튼 이와 같이 안녹산이 언급되었던 것은 당에서 고선지 장군의 기량으로나 정치적인 비중에서 哥舒翰보다는 안녹산과 비교할 정도로 비중이 컸다는 이야기다. 토번 북서부를 제압한 고구려인 고선지 장군과 중국 북부에서 장군으로 활약하며 심하게 비만했던 안녹산을[169] 비교 분석했다는 사실이 흥미롭다. 필자가 이 같은 생각을 갖게 된 이유는 안녹산은 현종과 양귀비와 떼려야 뗄 수 없을 정도로 중요한 인물이기 때문이다. 물론 현종대를 언급하면서 안녹산의 정치적인

166) 石見淸裕, 1998, 「導言」, 『唐の北方問題と國際秩序』, 東京 : 汲古書院, 8쪽.

167) 『通典』 권193, 「邊防」9 '康居傳' 康居國조, 5254~5255쪽, 康國은 漢代는 康居國이라 칭하다가 隋나라 때 康國이라 불렀다.

168) Chu Shih-chia, 1947, "The Ch'angan of T'ang Dynasty and the Civilization of the Western Regions by Hsiang Ta", *The Far Eastern Quarterly*, 7-1, p.66.

169) 那波利貞, 1965, 「唐の小太宗宣宗皇帝と其の時勢」, 『史窓』 24, 2쪽.

비중이 절대적인 것으로 史書마다 기록되었다. 다만 고구려인 고선지 장군이 토번의 북서부 지역에서 토번의 활동 반경을 제한시켰던 사실이, 그 당시 당의 대외관계에서 얼마나 중요한 사건인가를 가늠하고 싶을 뿐이다.

우선 토번의 북서와 중국 북부 지역을 비교하더라도 당의 장안에서 머나먼 지역이 토번의 북서일 뿐만 아니라 중국 북부와 비교가 안 될 정도로 험악한 곳이다. 이는 안녹산이 지키고 있던 지역과 비교하더라도 고선지 장군이 원정한 파미르 고원은 형언하기 힘들 정도로 험난한 곳이다. 간단히 말해서 747년 전후하여 고선지와 안녹산을 다만 장군으로 단순 비교하는 방식을 채택하더라도 안녹산이 고선지의 전공에 비교될 수 있는 그런 인물이 아니다. 다만 안녹산이 당의 역사에서 비중이 큰 것은 안녹산의 정치 수완과 그가 당에 반기를 든 이유 때문이다. 또한 안녹산과 현종의 애첩 양귀비와의 염문도[170] 그를 당의 역사에서 비중 있는 인물로 만들었다.

고선지 장군과 더불어 동시대에 거론되는 많은 장군들이 있다. 그러나 고선지 장군의 토번 연운보와 소발률국 정복에 대한 사실과 견줄만한 인물이 당나라 대에는 없다. 고선지가 이끈 당군에 의한 소발률국 정벌에 대해 데니스 트윗체(Denis Twitchett)는 다음과 같이 언급하였다.

> 746년 安西에 있는 고구려 출신 장군 고선지는 소발률국에 대한 주목할 만한 정벌 작전을 시작하였다. 이때 그는 1만 명의 기병을 거느리고 파미르 고원의 가장 험난한 길을 통과하였다. (고선지는) 토번을 모두 몰아내었을 뿐만 아니라 소발률국에 중국 군대를 주둔시켰다, 그리고 파미르 주변의 여러 나라에 대하여 중국의 영향력을 다시 회복하였다. 그 후 토번은 소국 劫國을 엿보면서, 소발률국에 주둔하고 있던 중국 군대의 물자 공급로를 봉쇄하려고 위협하였다.[171]

---

170) 池培善, 「楊 貴妃와 唐 玄宗」, 307쪽.

171) Denis Twitchett, 1979, "Hsüan-tsung (reign 712-56)", *The Cambridge History of China*, Volume 3(Cambridge University Press), p.433, In 746 Kao Hsien-chih, a Korean general serving in An-hsi, carried out a spectacular punitive expedition against Gilgit, leading ten thousand cavalry across the highest passes of the Pamirs. The Tibetans were driven out, a Chinese army stationed in Gilgit, and Chinese influence over the states of the Pamir region restored. The Tibetans now turned their attention to the petty state of Kāfivistan, and threatened to cut off the supply lines of the Chinese troops in Gilgit.

이는 트윗체도 고선지가 1만 기병을 거느리고 매우 높고 험난한 파미르 고원을 통과하여 소발률국을 장악한 사실이 엄청난 것임을 인정한 내용이다. 그러나 고선지가 소발률국 정벌을 시작한 시기를 746년이라고 언급한 것은 잘못이다. 고선지가 소발률국 정벌에 처음 출정한 때는 747년이다.

고선지는 토번의 활동 반경을 묶어두고 난 후, 군사를 거느리고 안서로 귀환하였다. 아무리 용맹한 고선지 장군이라도 개선 사실을 알리기 위해 귀환할 때 그의 가슴은 설렜을 것이다. 이런 상황에서 파밀천으로 다시 돌아온 고선지 장군은 유단에게 토번 정벌의 승리 소식을 장안에 알릴 수 있게 捷書 작성을 명령하였다.[172] 고선지 장군은 토번 정벌을 위하여 연운보로 향하기 전에 유단 등 일부를 파밀천에 주둔시켰던 것 같다. 전일 휘하의 일대를 파밀천에 주둔하게 한 것은 군량 보급기지로 사용함은 물론이고, 만일의 사태를 대비해 조정과 연락을 취하기 위함이다. 이때(9월 말) 고선지는 파밀천에서 첩서를 중사 판관 왕정방으로[173] 하여금 장안으로 급히 가져가 보고하도록 하였다.[174] 고선지의 개선 사실에 대한 첩서가 쓰여진 시기에 대해 베크위스는 다음과 같이 말하고 있다. 즉 "11월 초 무렵, 고선지는 파미르계곡에 당도하였다. 그곳에서 토번에 대한 자신의 승리에 관한 보고서(그것은 분명히 그해 말에 장안에 도착하였다.)를 보냈다"[175]는 게 그것이다. 「고선지전」의 9월말이 아닌 11월초라고 베크위스가 주장한 것은, 앞에서 그의 시기에 관한 주장과 중국 사서에서 차이를 보였던 경우와 마찬가지이다. 한편 여기서 감군 변령성 휘하에 또 다른 환관이 판관의 신분으로 참전한 구체적인 기록도 있다. 감군 휘하에 환관으로 구성된 監軍判官이 있어서 중요한 일이 발생하였을 때 중앙과 藩鎭 사이의 교량적 역할을 담당하였기

---

172) 『資治通鑑』 권215, 「唐紀」31 玄宗 天寶 6載 9月末, 遣使奏狀조, 6886쪽.

173) 『新唐書』 권135, 「高仙芝傳」 仙芝判官조, 4577쪽, 判官 王廷芳을 『新唐書』에서는 王庭芬으로 기록하고 있다.

174) 『資治通鑑』 권215, 「唐紀」31 玄宗 天寶 6載 8月 月末, 至播密川, 遣使奏狀조, 6886쪽.

175) Christopher I. Beckwith, "T'ang China and the Arabs", *The Tibetan Empire in Central Asia*, p.133, Around the beginning of November, Kao reached the Pamir Valley, from where he sent his memorial (which apparently arrived at Ch'ang-an at the end of the year) on his victories over Tibet.

때문이다.[176] 그렇다면 고선지 장군의 소발률국 공격에 변령성 외에 다수의 환관이 따라갔다는 셈이 된다.

4. 안서사진절도사 부몽영찰의 공갈과 협박

고선지가 토번 연운보와 소발률국을 점령하고 개선하면서 안서도호부 부근 白馬河의 서쪽 河西[177]에 도착하였을 때 당 제국의 위세를 파미르 고원에서 과시하고 돌아온 개선장군 고선지를 환영하려 하지 않았다.[178] 정확히 표현한다면, 이때 개선한 고선지 장군을 어떻게 하면 죽일 수 있을까 하고 생각한 인물이 있을 정도로 분위기는 험악하였다. 그런데 어쩐 일인지 이러한 일을 사서에 소상하게 기록하였다는 것 자체가 그저 놀랍다. 이를 옮겨 본다.

> 仙芝의 군사가 河西(龜玆부근 白馬河의 서쪽)에 돌아왔을 무렵 夫蒙靈察은 사람을 보내 맞아 위로하기는커녕 仙芝에게 욕을 퍼부으며 말하길 “개의 창자를 먹을 고구려 놈, 개똥을 먹을 고구려 놈! 누가 너에게 于闐使 자리를 얻게 상주해 주었냐?”고 하니, 仙芝가 대답하기를 “中丞이십니다”고 하였고, 또 “누가 너에게 焉耆鎭守使를 얻게 해주었냐?”라고 물으니 (고선지는) “中丞이십니다”라고 대답했고, 또 “누가 네게 安西副都護使를 얻게 해주었냐?”고 물었더니, (고선지는) “中丞이십니다”고 대답하였고, 또 “누가 너에게 安西都知兵馬使를 얻게 해주었냐?”고 물으니 (고선지는 그때도) “中丞이십니다”라고 대답하였다.[179]

고선지 장군이 안서도호부 쿠차의 서쪽 백마하에 도착해서 토번 연운보와 소발률국 정벌이라는 큰 공을 세우고 회군한 데 대한 환대는 본래 安西四鎭節度使 夫蒙靈察의 몫이다. 그런데 개선한 고선지에게 안서절도사 부몽영찰은

---

176) 張國剛, 「唐代監軍制度考論」, 124쪽.

177) 『資治通鑑』 권215, 「唐紀」31 玄宗 天寶 6載 至河西조의 胡三省註, 6886쪽 ; 『通鑑記事本末』 권32, 「吐蕃入寇」 天寶 6載 至河西조, 2979쪽.

178) 『資治通鑑』 권215, 「唐紀」31 玄宗 天寶 6載 至河西, 夫蒙靈察怒仙芝不先言己而遽發奏조, 6886쪽.

179) 『舊唐書』 권104, 「高仙芝傳」, 3205쪽, “仙芝軍還至河西, 夫蒙靈察都不使人迎勞, 罵仙芝曰, ‘敢狗腸高麗奴! 敢狗屎高麗奴! 于闐使誰與汝奏得?’ 仙芝曰 ‘中丞.’ ‘焉耆鎭守使誰邊得?’ 曰 ‘中丞.’ ‘安西副都護使誰邊得?’ 曰, ‘中丞.’ ‘安西都知兵馬使誰邊得?’ 曰 ‘中丞.’”.

감당키 어려운 모욕을 퍼부었다. 아무튼 위의 사실을 몇 가지로 분석하고 싶다.

첫째는 개선한 고선지 장군이 쿠차에서 가까운 백마하 서쪽에 이르러[180] 그 지역 절도사 부몽영찰에게 모욕을 당하였다는 점이다.[181] 그런데 놀랍게도 부몽영찰은 전일 고선지를 여러 번이나 진급을 시키는 데 공이 큰 인물이었다. 정확히 말해 고선지가 장군으로 뛰어난 역량을 갖고 있다는 사실을 당에서 제일 먼저 안 인물이 부몽영찰이다. 그렇다고 부몽영찰이 고선지를 특별히 아꼈다는 말은 결코 아니다. 부몽영찰 자신의 출세를 위해 맡은 지역 방어를 감당하려고 고선지를 토번과 전투가 잦은 지역 장군으로 황제에게 주청하였다. 어째든 고선지가 장군으로서 출세를 거듭하게 된 것은 부몽영찰의 주청 때문이다. 그런 부몽영찰이 고선지의 개선을 시기하였다. 그런데 부몽영찰이 안서절도사직을 계속 유지하게 된 것도 고선지의 뛰어난 전공의 보상인데도 그는 고선지를 윽박질렀다. 이때 부몽영찰이 취한 태도는 민족적 멸시 감정보다 전일 자신의 부하인 고선지가 자신보다 지위가 앞질러 갈 수 있다는 불안감에 휩싸여 고선지를 괴롭힌 것으로 볼 수 있다. 그렇다고 부몽영찰이 고선지 장군이 패망한 고구려 유민이라는 사실과 무관하게 그를 깔본 것은 결코 아니다. 위의 사료에서 나타났던 것처럼 부몽영찰은 고선지 장군에 대하여 야만적인 고구려인으로 묘사하는데 주저하지 않았다.[182] 그것도 모욕적인 표현만을 골라서 고선지를 깎아 내렸을 뿐 아니라 자신이 고선지의 출세 은인이라는 사실만 빠뜨리지 않고 부각시켰다. 이런 복합적인 이유 때문에 부몽영찰은 당 제국을 위하여 큰 공을 세우고 돌아온 고선지를 개선장군으로 대우하기는커녕 그를 자신의 종인양 마구 핍박하였던 것 같다. 이때 고선지는 부몽영찰에 의해 죽게 될지 모른다는 생각으로 무조건 잘못했다고 빌었다.[183] 고선지를 깎아 내리는 데 혈안이 된 안서절도사 부몽영찰의 말을

180)『資治通鑑』권215,「唐紀」31 玄宗 天寶 6載 至河西조, 6886쪽.

181)『資治通鑑』권215,「唐紀」31 玄宗 天寶 6載 罵仙芝曰조, 6886쪽 ;『冊府元龜』권431,「將帥部」93 '器度' 罵仙芝曰조, 5128쪽 ;『續通志』권237,「唐列傳」37 '高仙芝' 旣見罵曰조, 4668쪽.

182)『資治通鑑』권215,「唐紀」31 玄宗 天寶 6載 敢狗糞高麗奴!조, 6886쪽.

183)『資治通鑑』권215,「唐紀」31 玄宗 天寶 6載 仙芝但謝罪조, 6886쪽.

아무런 여과 없이 그대로 사서에 기록한 사실이 특이하다.

어디 부몽영찰만 고선지를 업신여겼는가! 『구당서』의 찬자는 더욱 노골적으로 고선지를 평가 절하하였다.[184] 앞의 사실에서 소발률국 왕과 왕비의 항복에 대한 표현에서 고선지가 마치 아무 수고 없이 왕과 왕비의 항복을 거저 얻은 양으로 『신당서』와 다르게 기록하였다. 이외에 고선지를 따라서 토번 정벌에 나선 그의 부하 京兆郡 高陵縣 사람 李嗣業에 관한 기록을 보면, 마치 토번 연운보 함락이 오로지 이사업 한 사람의 전공인양 기록하였다. 이사업은 소발률 토벌 시 고선지 장군으로부터 中郞將 田珍과 함께 左右陌刀將[185]으로 임명받고 토번 정벌에 나선 고선지의 부하였다. 물론 이사업이 田珍과 함께 장검을 가진 보병을 이끌고 적을 대패시켰기 때문에 고선지 부대의 연운보 공격에 돌파구를 열었다.[186] 『冊府元龜』에는 연운보를 함락시킨 것이 토번 정벌을 성공적으로 끝낸 개선 장군 고선지의 공이 아닌 이사업의 공로라고 기록하였다.[187] 諏訪義譲이 지적하였던 것처럼 이사업은 陌刀隊를 이끌고 맨 앞서 공격하였다.[188] 또 『구당서』「李嗣業傳」에 의하면 이사업이 연운보를 함락시켰기 때문에 拂菻, 大食등 72국가가 당에 朝獻을 하게 되었다고 표현한 것도 그야말로 망발이다.[189] 앞에서 언급한 것과 같이 위의 拂菻, 大食 등 72국이 당에 공물을 바쳤다는 사실은 『新唐書』의 「高仙芝傳」에 그대로 기록된 내용이다. 아무튼 『구당서』나 『신당서』의 찬자가 이와 같은 시각으로 이사업을 클로즈업시킨 이유는 단 하나다. 다름 아닌 이사업은 당에 의해서 패망한 고구려 사람이 아닌 漢族이라는 사실 때문에 연운보 함락을 고선지의 일개 部將에다가 무조건 크게 초점을 맞춰 서술하려고 애썼다. 그런 이유 때문에 『구당서』나 『신당서』의 역사서술 방법이 적지 않게 의심된다. 물론

184) 閔泳珪, 「高仙芝－파미르 西쪽에 찍힌 韓國人의 발자국」, 62쪽.

185) 『新唐書』 권138, 「李嗣業傳」 高仙芝討勃律조, 4615쪽.

186) 『冊府元龜』 권396, 「將帥部」 '勇敢'3 選嗣業與郞將田珍爲左右陌刀將조, 4700쪽.

187) 『冊府元龜』 권358, 「將帥部」19 '立功'11 李嗣業爲安西高仙芝조, 4443쪽, 여기서는 李嗣業을 충신으로 치켜세웠다 ; 『冊府元龜』 권385, 「將帥部」46 '褒異'11 唐李嗣業爲中郞將조, 4572쪽.

188) 諏訪義譲, 「高麗出身高仙芝事蹟攷」, 1196~1197쪽.

189) 『舊唐書』 권109, 「李嗣業傳」 天寶 7載조, 3298쪽.

이사업은 고선지를 수행한 부하로 토번 정벌에 참가하면서 공을 세운 것은 사실이다. 또 『구당서』「고선지전」의 잘못은 이것만이 아니었다. 그런데도 토번 정벌의 총사령관으로 고선지가 출정한 전쟁인데도 불구하고 『구당서』나 『신당서』의 「고선지전」은 娑勒城에 주둔한 토번 병사의 수효에 대한 기록이 없다. 그러나 『구당서』와 『신당서』 「이사업전」에서 고선지 장군이 娑勒城을 공격하고자 할 때, 이 성을 지키고 있던 토번 병사가 무려 10만이라 언급하였다.[190] 이처럼 중요한 군사 수에 대한 기록은 마땅히 「고선지전」에 기록되어야 옳다. 그 이유는 이사업의 공이 크다는 것을 부각시키기 위하여 「이사업열전」에만 토번 병사 수를 기록하였기 때문이다. 게다가 앞서 밝힌 것처럼 이때 이사업은 고선지의 陌刀將이었다.[191] 만약 소발률국 정벌에 이사업의 공이 절대적이라면 『신당서』의 「현종기」에 '이 해(天寶 6載) 안서부도호 고선지가 소발률국과 싸워서, (고선지가 소발률국을) 깨뜨렸다.'[192]는 기록 대신 이사업이 소발률국을 격파했다고 기록해야 옳지 않을까.

둘째는 『신당서』 「이사업전」에서 토번 娑勒城의 병사 10만을 고선지 장군이 격파하였다는 기록이 있다.[193] 물론 이와 같은 사실은 당연히 『구당서』나 『신당서』의 「고선지전」에 기록되어야 하는데 그렇지 않다. 그 이유에 대해서는 이미 앞서 말하였다. 娑勒城에 토번병사 10만이 주둔한 것이 사실이면[194] 암시하는 바가 매우 크다. 물론 『구당서』나 『신당서』의 「고선지전」에서 언급한대로 고선지 장군이 연운보에 주둔한 토번 병사 만 명 중 오천 명을 도륙하고 천 명을 사로잡은 전과도 엄청나다. 그러나 불름, 대식 등 서방의 72개국이 고선지의 연운보 정복 소식을 듣고 두려워 당에 조공한 사실은 좀 더 깊은 생각을 요구한다. 고선지 장군이 토번의 대군을 격파했기 때문에 서역 제국 모두가 당을 두려워했다고 해석해야 옳다. 그런데 위와 같은 사실이, 난데없이

190) 『新唐書』 권138, 「李嗣業傳」高仙芝討勃律조, 4615쪽 ; 『欽定續通志』 권239, 「李嗣業傳」 時吐蕃兵十萬屯娑勒城조(上海人民出版社, 電子版).

191) 『陝西通志』 권61, 「李嗣業傳」 署嗣業爲陌刀將조(上海人民出版社. 電子版).

192) 『新唐書』 권5, 「玄宗紀」 天寶 6載조, 147쪽, "是歲, 安西副都護高仙芝及小勃律國戰, 敗之".

193) 『舊唐書』 권109, 「李嗣業傳」 于時吐蕃聚十萬衆於娑勒城조, 3298쪽.

194) 『陝西通志』 권61, 「李嗣業傳」 時吐蕃兵十萬據山瀕水조(上海人民出版社. 電子版).

고선지 장군의 부하 이사업전에 기록되어 있다.

사륵성에서 고선지 부대는 토번 병사 10만 가운데 80%나 되는 수를 죽이는 전과를 올렸다.[195] 그런데 사륵성이 가파른 절벽이라 떨어져 죽거나 물에 빠져 죽은 토번 병사가 많았을 것이 틀림없다. 이와 같은 결과는 그 당시 한 특공 부대를 맡은 이사업의 공이 절대적이라도, 이를 고선지 장군의 전과가 아니라고 주장할 사람은 아무도 없다. 그 외에 「이사업전」을 통해 또 다른 의문을 제기하고 싶다. 즉 「고선지전」에 나타난 연운보는 사륵성 안의 일부였다. 그리고 고선지 장군의 연운보 전투에서 토번 병사 1만 명 중 5천이 참수되고 1천 명이 생포되었다. 또 「이사업전」에서 언급한 사륵성을 공격할 때 토번 병사 십만이 가파른 절벽의 사륵성을 지키고 있어 밤에 고선지 장군이 군사를 이끌고 인더스강을 건넜다는 사실을 주목하고 싶다.[196] 앞서 연운보를 공격할 때 고선지 부대가 건넜던 파륵천은 바로 인더스(信圖河)의 한 지류다. 그렇다면 이는 고선지 장군이 캄캄한 밤에 오늘날 인도 서북부의 빙설이 쌓인 힌두쿠시 산맥의 험곡에 위치한 인더스 강 중상류를 건너 토번 전초기지 사륵성을 공격하였다는 이야기다. 한마디로 고선지 장군은 고산준령 힌두쿠시 산맥을 넘어서 다시 까마득한 험곡 아래 인더스 강을 건너 토번 요새를 공격하였다. 이때 고선지 장군은 천애의 요새 사륵성을 지키던 십만이나 되는 토번 병사 모두를 인더스 강에 수장시키는 엄청난 전과를 거두었다. 이는 고선지 장군의 게릴라 전법의 힘이다. 또 고선지 장군의 부대와 티베트 군대가 747년에 전투하였던 사실은 의심의 여지가 없다.[197] 이와 같은 사실이 고선지전에 기록되어 있지 않고 이사업전에 기록된 이유는 하나다. 즉 앞서 밝힌 것처럼 당에 패망한 고구려인 고선지 장군의 기록은 최대한 줄여보겠다는 간계다. 이는 漢族출신 이사업의 공적을 가능한 한 과대포장 하기 위해 역사서술

195) 『舊唐書』 권109, 「李嗣業傳」 賊不虞漢軍暴至조, 3298쪽 ; 『新唐書』 권138, 「李嗣業傳」 高仙芝討勃律조, 4615쪽 ; 『冊府元龜』 권396, 「將帥部」 '勇敢'3 賊不虞漢軍暴至조, 4700쪽, 『冊府元龜』는 이때 토번 連雲堡에서 토번 병사가 80~90%나 죽었다고 기록하였다.

196) 『舊唐書』 권109, 「李嗣業傳」 仙芝夜引軍渡信圖河조, 3298쪽 : 『新唐書』 권138, 「李嗣業傳」 仙芝潛軍夜濟信圖河조, 4615쪽.

197) Tarthang Tulku, *op. cit.*, p.248.

정신마저 무시한 처사다. 그 결과 고선지 장군의 전공을 『신·구당서』의 찬자들은 서슴지 않고 깎아내리고 이사업의 공훈을 조작하였다.

셋째는 부몽영찰이 고선지 장군에게 '너에게 누가 于闐使, 焉耆鎭守使,[198] 安西副都護使, 安西都知兵馬使를 얻게 해주었냐'고 반문하고 있다는 사실이다.[199] 이는 앞서 지적한 것처럼 부몽영찰의 부하인 고선지가 맹장이자 지장으로서 명성을 날리자, 이에 대한 인간적인 시기심의 발동이다.[200] 아무리 좋게 생각해도 옹졸한 부몽영찰은 출세하고 싶은 욕망이 너무 큰 것이 화였다. 왜냐하면 만약 고선지 장군의 토번 정벌의 성공이 당에게 어느 정도 큰 영향을 미칠 것인지, 고선지가 토번 연운보 정벌에 성공한 후 그 위상이 어떻게 변화할 것인지를 안서사진절도사[201]였던 부몽영찰이 예측 못했다면, 이는 부몽영찰의 절도사 자격에 심각한 결함이 있는 것이다. 그렇지 않다면 그 당시 분위기가 패망한 고구려인을 박대하여도 괜찮다는 그런 심리가 사회 전반에 깔린 것이 아닌가하는 의구심을 지우기 어렵다. 고선지 장군이 토번을 정벌하고 돌아온 사건이 당나라에 얼마나 큰일이었는가를 누구보다 잘 알았을 부몽영찰이 갑자기 이성을 잃고 고선지에 대해 위와 같은 협박을 한 것은 납득할 수 없다. 그렇지 않다면 단순히 고선지의 옛날 상관이었던 부몽영찰이 자신의 지위보다 고선지의 관직이 더욱 높아질 것에 대한 분노를 참지 못하여 이성을 잃고 행동하였단 말인가. 반대로 부몽영찰의 그와 같이 지나친 반응을 통해 당시 고선지 장군이 토번 정벌을 성공적으로 수행한 사실을 당에서 어떻게 평가했는가를 가늠할 수 있다. 아무리 고선지를 깎아내리려고 부몽영찰이 어린아이처럼 발버둥 쳤지만 고선지 장군이 달성한 토벌 정벌이 동서교섭사의 한 획을 그었다는 사실은 부인할 수 없다. 그뿐만이 아니다. 고선지 장군이 1만이나 되는 원정군을 이끌고 만년설이 뒤덮인 힌두쿠

---

198) 張廣達, 1995, 「唐滅高昌國後的西州形勢」, 『西域史地叢稿初編』, 155쪽.

199) 『資治通鑑』 권315, 「唐紀」31, 玄宗 天寶 6載, 初, 將軍高仙芝조, 6884쪽, 고선지가 토번연운보 정벌 출정 때 節度使 夫蒙靈察의 추천으로 高仙芝는 安西副都護, 都知兵馬使, 四鎭節度副使에 임명되었다.

200) 『資治通鑑』 권215, 「唐紀」31 玄宗 天寶 6載 汝罪當斬, 但以汝新有功不忍耳!조, 6886쪽.

201) 참고로 中丞, 安西四鎭節度使, 安西節度使는 모두 같은 직책에 대한 표현이다.

시 산맥을 넘은 것은 세계전쟁사를 새로 쓴 그런 사건이다. 게다가 1만이나 되는 군사를 이끌고 인도의 인더스 강 상류에 위치한 힌두쿠시 산맥을 북에서 남으로 넘었던 사실은 오늘날 생각해도 경이로울 뿐이다. 또한 고선지 휘하 군사로 五識匿國 왕이 참전했다는 사실로 보아, 토번 연운보 공격에 참가한 고선지 부대원 수는 1만 명 이상일 것이다. 이와 같은 사실은 앞에서 지적하였다. 물론 고대 서양의 알렉산더 대왕은 고선지 보다 먼저 힌두쿠시 산맥이 아닌 인더스 강 하류를 넘었다.

그럼에도 고선지 장군이 토번을 정벌하기 위해 쿠차에서 먼 우회로를 택한 것이야말로, 서양의 한니발 장군이 알프스 산맥을 넘은 것과 비교가 안 될 정도로 놀라운 원정이다. 다시 말해 천혜의 요새를 갖고 있던 인더스 강 상류 토번의 사륵성과 연운보가 고선지 장군이 지휘하는 기병 1만 명에게 함락된 것은 기적 같은 일이었다. 무려 10만이나 되는 토번의 대군이 사륵성을 지키고 있었는데 고선지는 고작 1만의 군사로, 그것도 머나먼 안서에서 출발한 원정군이라는 사실을 감안한다하면, 고선지 장군에 의한 토번 연운보 정벌은 어떤 전투와도 비교될 수 없다. 고선지 장군이 토번 정벌을 위해 1만의 군사와 함께 힌두쿠시 산맥을 넘었던 사실은 인류역사에 남긴 거대한 발자국이다.

한편 안서사진절도사 부몽영찰이 고선지에게 순차적으로 于闐使, 焉耆鎭守使,[202] 安西副都護使, 安西都知兵馬使의 관직을 준 사람이 누구냐고 질문한 사실은 고선지의 관직 변화를 알 수 있는 중요한 열쇠다. 안서사진절도사 부몽영찰의 고선지에 대한 최초 上奏로 타클라마칸 사막 남쪽 우전[203]사 관직에 고선지가 임명되었다. 부몽영찰이 고선지의 탁월한 업적을 상주하였기에 고선지는 于闐[204]使가 되었다. 우전은 안서도호부 治所 쿠차에서 남으로 2천 리 떨어진 먼 곳이다.[205] 우전은 前漢시대 莎車國이었다. 전한 宣帝 때

---

202) 張廣達, 「唐滅高昌國後的西州形勢」, 155쪽.

203) 于闐에 대한 최초기록은 『禹本紀』에 보이며, 司馬遷의 『史記』의 「大宛列傳」에서 張騫의 제2차 西域出使時 于闐에 도착했다 ; 校仲彝, 2002, 「和田語言文字史」, 『和田簡史』, 鄭州 : 中州古籍出版社, 297~2992쪽, 于闐文은 于闐塞文, 于闐塞克文이라고 하며 오늘날 그 글자가 남아있다.

204) 于闐은 오늘날 和田으로 2001년 기준으로 인구는 168만 정도다.

205) 『舊唐書』 권38, 「地理志」1 安西節度使조, 1385쪽.

烏孫공주의 어린 아들 萬年을 莎車왕이 사랑하였는데, 사차왕이 아들이 없이 죽자, 漢에 있던 萬年을 데려다가 왕으로 삼았던 그 나라다.[206] 王莽시대 匈奴가 서역을 약탈할 때 사차왕 延이 매우 강성하여 누구에게도 복속하지 않았다.[207] 北魏시대는 우전에 渠莎國이 있었다. 그리고 唐代에 혜초가 쿠차국을 언급한 후에 우전국에 대해 언급하였다. 『왕오천축국전』에서 우전국 내용을 옮겨보자.

> 安西를 떠나 다시 남쪽으로 于闐國(Khotan) 2천 리 길을 가면, 역시 중국 군대 점령지구가 나오는데, 이곳에는 절과 중이 많으며 대승불교를 섬기고 있어, 그들은 육식을 않는다. 여기서 다시 동쪽으로 가면 누구나 다 잘 아는 중국 땅이 나오게 된다.[208]

혜초는 우전국의 위치가 쿠차 남쪽 2천 리이며, 727년에도 당나라 군사가 많이 주둔한 사실에 대한 耳聞을 썼다. 그러나 혜초는 안서사진 가운데 하나가 우전진이라는 사실을 알고 있었다. 이를 뒷받침하는 것은 혜초는 焉耆에 도착해서 언기국에 대한 사실을 쓰면서 안서사진 가운데 하나가 우전이라는 사실을 언급했기 때문이다. 그러나 혜초는 우전을 지나지 않았기 때문에 절과 승려가 많고 大乘法이 유행한다는 피상적인 사실만 언급하였다. 그러나 대승법이 우전에 유행했다는 데 주목할 필요가 있다. 즉 쿠차나 소륵 그리고 호밀에서 소승법이 행해진 것과는 다르기 때문이다. 그렇다면 당대에 북방계열이 대승불교이고 남방계열을 소승불교라는 단순논리를 적용시키기 어렵다. 물론 우전이 쿠차나 소륵보다 남쪽이라, 기존 논리대로 한다면 우전은 소승법의 남방불교라고 말해야 옳다. 아무튼 소승법이 행하여진 쿠차, 소륵, 호밀에서는 육식을 하였는데, 대승법이 행해진 우전에서는 육식을 하지 않았다.

魏晉南北朝시대 宋 建康의 龍光寺의 罽賓人 佛馱什과 함께 龍光寺에서 梵文으

---

206) 『漢書』 권96상, 「莎車國傳」 宣帝時조, 3897쪽.

207) 『後漢書』 권88, 「莎車國傳」 匈奴單于조, 2923쪽.

208) 『往五天竺國傳』, 75쪽, "又安西南去于闐國二千里, 亦足漢軍馬領押, 足寺足僧, 行大乘法. 不食肉也. 從此已東, 並是大唐境界. 諸人共知, 不言可悉".

로 된 34권의 『五分律』을 통역한 인물이 우전 僧 智勝이라는 사실이 주목된다.[209] 곧 우전 불교가 위진남북조시대에 매우 번성했던 증거라고 볼 수 있다.

혜초는 우전을 언급하는 말미에 우전 동쪽이 중국 땅이라 서술하였으나, 이때 토번이 吐谷渾을 멸망시키고 청해를 장악했기 때문에 혜초 기행문에서 방향에 대한 언급이 정확하지 않다. 또 혜초는 『왕오천축국전』에서 우전의 龍興寺에 대해 언급했다. 그 이유는 우전 용흥사 주지가 당나라 河北 冀州사람이라고 했기 때문이다.[210] 이는 앞에서 쿠차불교와 안서불교가 다르다는 사실을 설명한 것과 같은 맥락이다. 다시 말해서 쿠차불교는 서역 불교인데, 안서불교는 당나라 대승불교라는 사실이다. 안서는 군사목적으로 만든 전략적인 기지라 당나라의 많은 군사들이 주둔하였다. 우전진도 당의 전략적 군사기지로 안서사진 가운데 하나였다. 혜초가 언급한 것처럼 우전은 당나라 군사가 많이 주둔해 당나라 절이 유행하여 소승법이 아닌 대승법이 유행하였다. 그 후 明代에는 우전을 葉爾羌이라 불렀다.[211]

안서사진에서 고선지가 우전사 이전의 관직이 유격장군 외에 무엇이었는지 명확히 밝힐 자료가 없다. 고선지는 그 이전 安西節度使 蓋嘉運(738~740), 田仁琬(740~741)[212]휘하에서도 군인생활을 하였다. 그러나 개가운이나 전인완 밑에서 무슨 관직에 있었는지 구체적 관직에 대해서 찾을 길이 없다. 다만 아버지 고사계의 공으로 고선지가 유격장군이었다는 기록을 찾을 수 있을 뿐이다. 그런데 『구당서』「고선지전」에 고선지가 안서사진절도사 전인완과 개가운 휘하에서도 벼슬하였다고 기록하고 있다. 이는 잘못된 순서이며, 개가운, 전인완 순서가 맞다. 다시 말해 이 부분은 『구당서』「고선지전」에서 잘못 기록하였다.

그런데 開元 말 안서도지병마사 고선지가 黑山에서 碎葉을 향해 오는 達奚部

---

209) 『高僧傳』 권3, 「宋建康龍光寺佛馱什傳」 佛馱什조, 96쪽.

210) 『往五天竺國傳』, 于闐有一漢寺조, 76쪽.

211) 『欽定大清一統志』 권418, 「葉爾羌」, 643~647쪽.

212) 薛宗正, 1995, 『安西与北庭－唐代西陲辺政硏究』, 526쪽.

를 격파한 사실에 주목할 필요가 있다. 그 이유는 고선지가 于闐使, 焉耆鎭守使, 安西副都護 그리고 安西都知兵馬使를 순차적으로 밟았던 사실이 구체적으로 언급되기 때문이다. 그렇다면 안서도지병마사보다 앞서 고선지는 우전사, 언기진수사, 안서부도호라는 관직에 순차적으로 올랐을 것이다.

고선지가 독립부대의 지휘관을 최초로 역임한 곳은 于闐이다. 그런데 漢代 于闐國은 戶가 3천 3백이고, 口가 1만 9천 3백으로 勝兵이 2천 4백 명이었으며, 그 위치는 남쪽으로 婼羌과 접하였고, 북쪽으로 姑墨과 맞닿은 나라다.[213] 後漢시대에 우전국을 于窴國이라 표기했으나 그 발음이 같다. 그런데 後漢대에 들어오면 西域諸國 인구가 급증한 것처럼 우전의 戶가 3만 2천이고, 口도 8만 3천으로 증가하였고, 승병은 3만여 명이나 되었다. 그러나 前·後漢시대 서역 제국의 戶當 口가 10인 이상이었던 것과 차이가 크다. 莎車는 建武(25~56) 말 사차왕 賢의 재위 시 강성하여져서 우전을 공격해 병합하였다. 그 후 明帝 永平(58~75)중 우전 장군 休莫霸가 사차에 반란하여 스스로 우전왕이 되었다.[214] 우전왕 휴막패가 죽고, 그 형의 아들 廣德이 于窴王이 되었다. 그 廣德이 莎車國을 멸하면서 우전의 전성기를 구가하여 精絶 서북에서 疏勒까지 13國이 우전에 복속하였다. 이때 鄯善왕도 매우 강성해 葱嶺 이동의 천산산맥 이남에서 우전과 선선 두 나라만 大國이었다.[215] 精絶國은 唐代 于闐國에서 東으로 7백 리 정도 떨어진 곳에 있는 나라였다.[216]

後漢 元嘉 2년(152) 우전 侯將들이 敦煌을 습격해 관아를 불지르면서 吏士를 태워 죽이고, 돈황 長史 王敬마저 죽였다. 그러나 이때 돈황태수 宋亮이 出兵조차 할 수 없게 되자, 우전은 드디어 교만해졌다.[217] 아무튼 이는 후한시대 우전이 천산산맥 이남 타림분지를 석권했다고 표현해도 틀린 표현이 아니다. 北周시대 우전은 풍습이나 물산이 쿠차와 비슷하고, 불법을 중시해 사탑과

213) 『漢書』 권96상, 「于闐國傳」, 3881쪽.
214) 『後漢書』 권88, 「于窴國傳」 于窴國조, 2915~2916쪽.
215) 『後漢書』 권88, 「于窴國傳」 休莫霸死조, 2916쪽.
216) 『新唐書』 권221상, 「于闐傳」 于闐東三百里조, 6236쪽.
217) 『後漢書』 권88, 「于窴國傳」 明年조, 2916쪽.

승니가 매우 많았다. 또 高昌 이서의 여러 나라 사람들은 눈이 움푹 들어갔고, 코는 오뚝한데 우전사람들이 특히 그러하다.[218]

隋나라 때 우전국 王姓이 王氏였고, 승병은 불과 數千人이었으며, 大業(605~617)년간에 우전은 빈번히 隋에 조공하는 신세였다.[219] 唐初 우전국은 북으로 쿠차와 맞닿았고, 西南으로 총령과 연결되었는데, 그 나라는 玉이 많이 나는 불교국가로 처음에는 西突厥에 복속되었다.[220] 그런데 우전국 王姓이 隋代와 달리 尉遲氏이고, 이름은 屈密이라 하였다. 貞觀 21년 崑丘道行軍大總管 阿史那社爾가 쿠차를 쳤을 때[221] 우전왕 伏闍信이 두려운 나머지 낙타 3백 필을 당에게 바쳤다.[222] 貞觀 22년에 우전이 內附함으로 우전국에 毗沙都督府를 설치하고[223] 토번 정벌에 공을 세운 尉遲伏闍雄을 도독으로 임명하였다. 淸代는 우전을 和闐이라 하였다.[224] 아무튼 우전은 타클라마칸 사막 남단에 위치해 안서사진 가운데 가장 남쪽지역이다. 于闐鎭은 오늘날 和田 부근이다. 우전의 남쪽에 토번이 위치하고 있기 때문에 우전진은 자주 토번 공격으로부터 공격을 받았다. 그렇다면 天寶 6載 당 현종이 왜 고선지를 行營節度使로 임명하여 토번 정벌을 명령하였는가 하는 의문이 어느 정도 해소될 것 같다. 그렇다면 고선지는 타클라마칸 사막 남쪽 우전진의 총사령관으로 있으며 토번을 잘 막았을 뿐 아니라 큰 전공을 세웠던 게 틀림없다. 이렇게 주장하는 이유는 우전사 고선지의 다음 관직이 焉耆鎭守使였기 때문이다. 于闐使 고선지가 토번을 상대로 큰 공을 세우지 못했다면 아무런 연고도 없는 그가 언기진수사로 영전될 수 없다. 그런데 고선지가 우전사로 복무한 것이 2년 정도인 것 같다. 그 이유는 고선지의 관직 재직기간에 대한 뚜렷한 사료는 없지만 안서사

218) 『周書』 권50, 「于闐國傳」 自外風俗조, 917쪽.

219) 『隋書』 권83, 「于闐傳」 其王姓王조, 1852~1853쪽.

220) 『舊唐書』 권198, 「于闐國傳」 其國出美玉조, 5305쪽.

221) 『新唐書』 권221상, 「龜玆傳」 弟訶黎布失畢立조, 6230~6232쪽.

222) 『舊唐書』 권198, 「于闐國傳」 其王姓尉遲氏조, 5305쪽, 于闐에서 당에게 바친 낙타 수가 『舊唐書』의 「于闐國傳」은 1만 3백 필이라 기록하였는데 『新唐書』의 「于闐傳」은 3백 필로 기록되었다. 이런 연유로 본문에서는 낙타 3백 필로 기록했다.

223) 『新唐書』 권43하, 「地理志」7하 毗沙都督府조, 1134쪽.

224) 『新疆輿風土攷』 권1, 「葉爾羌傳」, 36쪽.

진절도사 부몽영찰 휘하(741~747)에서 대략 4개의 관직을 제수받았기 때문이다.

우전사를 연구한 孫斌에 의하면 당 고종 咸亨 원년(670)에 토번이 서역 18州를 함락하면서 撥換城까지 공격해서 우전이 토번에 귀속되었다. 그 이듬해 고종 咸亨 2년 당은 우전을 다시 수복하였다. 그 후 武則天 垂拱 元年(685) 토번에 의해 안서사진이 점거될 때 우전을 토번이 점령하였다가 무측천의 金牙軍에 의해 다시 당에 수복되었다. 우전이 토번과 당에 귀속이 엎치락뒤치락된 일은 武則天 長壽 원년(692), 현종 開元 5년(717), 開元 25년이었다.[225]

그런데 손빈은 "현종 天寶 元年(742) 안서절도사 고선지에 의해 서역이 다시 평정되면서 토번세력이 구축되어 우전 등 안서사진이 수복되었다"[226]고 기록하였다. 손빈이 무엇을 근거로 이런 于闐略史를 썼는지 밝히지 않았지만 그의 주장이 맞는다면 742년에 우전을 수복할 때 고선지는 안서절도사가 아니라 于闐使였다. 이와 같이 주장하는 이유는 741~747년까지 부몽영찰이 안서절도사였기 때문이다. 안서절도사 부몽영찰의 上奏로 고선지가 우전사가 되었다. 그렇다면 필자가 대략 741년경부터 고선지가 우전사라는 주장이 맞다.

고선지는 여러 해 우전사로 재임하였다. 이는 고선지만 우전에서 토번을 물리칠 수 있었다는 이야기다. 그 무렵 안서절도의 많은 군사를 동원할 수 있는 형편이 못되었다. 그런 상황이라 고선지는 휘하의 부족한 군사 보완책으로 그 지역 于闐王 尉遲勝을 토번 토벌작전에 동원, 성공하였다. 우전왕 위지승은 乾元 3년(760)에 당의 太僕員外卿으로 임명된 尉遲曜의 형이다.[227] 우전왕 위지승은 천보년간에 입조하여 名玉과 良馬를 바치자, 현종은 위지승에게 종실 딸을 처로 삼게 하면서 右威衛장군과 毗沙府都督으로 제수하였다.[228]

고선지는 토번 군대의 침략을 그때마다 격퇴하였다. 토번의 대대적 침공을

225) 孫斌, 2002,「隋唐時期 581-907年」,『和田簡史』, 鄭州 : 中州古籍出版社, 17쪽.

226) 孫斌,『和田簡史』, 17쪽.

227)『舊唐書』 권198,「于闐國傳」乾元3年조, 5306쪽.

228)『新唐書』 권110,「尉遲勝傳」天寶中조, 4127쪽.

우전사 고선지가 막은 해가 천보 3재(744)였다.[229] 이는 고선지의 우전사 재임기간이 대략 4년이 된다는 이야기와 통한다. 그렇다면 고선지가 4년이나 힘든 우전사로 있게 된 것은 고선지 외에 침입하는 토번을 막을 인물이 없기에 어쩔 수 없는 장기근무였기 때문이다. 바꾸어 말하면 우전에서 고선지가 토번을 막은 일이 그가 출중한 장군으로서의 기량을 평가받은 시기였다.

고선지에 의해 천보 원년(742) 우전이 토번에서 당의 영토로 바뀐 사실은 중요한 의미가 있다. 즉 우전이 토번 영토였을 때, 안서절도사 부몽영찰의 명령으로 고선지가 적진 깊숙이 들어가서 빼앗은 것이 우전이기 때문이다. 이는 고선지가 于闐鎭 점령 이전에 達奚部를 공략해 평정한 방법과 흡사하다. 곧 천보 원년 고선지가 얻은 첫 독립사령관의 직무는 5년 전 토번에게 뺏긴 우전의 薩毗와 播仙을 위지승을 거느리고 싸워 다시 뺏은 것이다.[230] 간단히 말해 고선지의 첫 지역사령관 우전사는 그가 스스로 만든 관직이나 다름없다. 이에 고구려유민 고선지 장군이 우전진의 지역사령관이 된 배경에서 주목할 점이다. 왜냐하면 고구려 유민 고선지가 안서절도사 부몽영찰의 무시 속에서 우전사라는 위치에 오를 수 있었던 것은 전적으로 장군으로서 출중한 업적이 있었기 때문이다.

천보 원년 우전왕 위지승은 우전사 고선지 휘하에서 탁월한 전공을 세운 공로로 그 해 가을 장안에서 당 현종을 朝見하였다.[231] 이때 위지승은 名馬와 美玉을 바쳤으며, 현종은 공주를 우전왕 처로 삼게 하면서, 동시에 右威衛장군과 毗沙府都督으로 임명하였다.[232] 이는 우전왕 위지승을 우전사 고선지가 휘하에 거느리면서 토번 구축작전의 성공으로 말미암아 우전이 확고하게 당 영토가 되었음을 뜻한다. 그렇다면 우전사 고선지가 우전을 토번에서 수복한 것 외에 우전진을 당의 영토로 확고하게 만든 공적은 아무리 높게

229) 殷紅梅, 2002, 「和田與中原關係史－隋唐時期581-907年」, 『和田簡史』, 239쪽.

230) 『新唐書』 권110, 「尉遲勝傳」 歸國조, 4127쪽 ; 孫斌, 2002, 「和田維護祖國統一－隋至唐中期」, 『和田簡史』, 255쪽.

231) 孫斌, 「和田維護祖國統一－隋至唐中期」, 255~256쪽.

232) 『舊唐書』 권144, 「尉遲勝傳」 天寶中來朝조, 3924쪽 ; 『新唐書』 권110, 「尉遲勝傳」 玄宗以宗室女妻之조, 4127쪽 ; 『欽定續通志』 권217, 「尉遲勝傳」 玄宗以宗室女妻之조(上海人民出版社. 電子版).

평가하여도 지나친 말이 아니다. 참고로 우전국에 毗沙都督을 처음으로 설치했던 시기는 上元 2년(675) 정월이다.[233] 비사도독을 설치하게 된 것은 당과 함께 토번을 격파하는데 공을 세운 우전왕 尉遲伏闍雄을 비사도독으로 임명하면서였다.[234]

우전사 고선지의 다음 관직은 焉耆鎭守使였다. 앞의 주장처럼 고선지는 우전진을 관할하면서 토번 침공을 막는 큰 공을 세웠다. 그래서 손빈은 천보 원년 우전사 고선지가 토번을 상대로 거둔 승리는[235] 그의 뛰어난 업적이라 평했다. 또 고선지는 당 현종 명령에 의해 상품경제가 발달된 우전에서 商稅를 거두어 우전을 강력한 軍鎭으로 만들었다.[236] 우전 통치를 성공시킨 보상성격으로 고선지가 焉耆鎭守使로 승진한 것이다. 이와 같은 사실을 파악하고 있는 조정에 대해 자신의 책무 상 어쩔 수 없이 부몽영찰은 고선지를 焉耆鎭守使로 상주했다. 정확히 말한다면 조정이 우전사 고선지를 언기진수사로 상주하도록 안서절도사 부몽영찰에게 명령했기 때문에 고선지를 언기진수사로 상주했다는 표현이 맞다. 그렇다고 언기진이 우전진보다 단순하게 편한 지역이라는 말이 아니다. 물론 焉耆鎭은 長安에서 천산산맥을 북에서 남으로 넘어온 후 안서사진의 첫 관문이기 때문에 장안으로 통하는 중요한 루트다. 그러나 이곳도 토번은 물론이고 서돌궐로부터 수시로 공략당하는 그런 곳이다. 언기진수사로 있으며 고선지는 우전진에서처럼 토번과 서돌궐 침공을 잘 막았다. 이렇게 판단하는 근거는 언기진수사로 근무한 후 안서사진의 본부 龜茲의 安西副都護로 영전하였기 때문이다. 참고로 언기진도 우전진처럼 안서사진 가운데 속한다. 언기국에 언기도독부를 설치한 시기도 비사도독부·소륵도독부가 설치된 동시기인 上元년간(674~675)이다.[237]

사서에 언기국이 등장하는 것은 前漢부터였으나, 그 세력이 크지 못했다.

---

233)『舊唐書』 권40,「地理志」3 '毗沙都督府' 上元2년正月조, 1648쪽.

234)『新唐書』 권221상,「于闐傳」 擊3吐蕃有功조, 6235쪽.

235) 孫斌,「和田維護祖國統一－隋至唐中期」, 255쪽.

236) 殷紅梅, 2002,「和田經濟發展史及隋特色經濟－隋唐時期」,『和田簡史』, 66쪽.

237)『舊唐書』 권40,「地理志」3 '焉耆都督府' 上元中조, 1648쪽.

오늘날 쿠얼러 일대를 모두 장악한 것이 아니고 쿠얼러 북부지역을 장악한 것으로 보면 맞다. 더 구체적으로 본다면 전한시대 언기국 王城은 員渠城으로 장안에서 7천 3백 리 떨어졌으며, 戶가 4천, 口가 3만 2천 1백으로 승병이 6천 있는 나라였다.[238] 또 언기국 남으로 尉犁國이 있고, 북으로 烏孫이 있다.[239] 언기국의 남쪽 尉犁國 王城은 尉犁城이며, 그곳에서 장안까지 6천 7백 50리 떨어졌으며, 戶가 7백, 口는 4천 9백으로 승병이 2천이다. 위리국 남쪽에 鄯善과 且末이 있다.[240] 또 위리국 西南에 渠犁가 있다. 거리에 都尉가 1인 있고, 戶가 1백 3십, 口가 1천 4백 8십이고, 승병이 1백 5십인 있다. 거리는 한무제 때 처음으로 서역으로 통하면서 校尉를 두어 둔전을 실시하였다.[241] 오늘날 쿠얼러 일대에는 전한시대 언기국과 그 남쪽의 위리국이 있고 위리국 서남에 거리가 있었다. 前漢시대 쿠얼러 지역은 언기국을 위시한 총 호수가 5천 3백 3십이고, 口가 4만 3천 1백 8십이고, 승병이 8천 1백 5십이었다.

후한시대 언기국은 戶가 1만 5천으로 전한시대보다 戶가 4배가량 늘면서 승병도 2만 명이 넘자, 永平년간(58~75)말 언기는 쿠차와 함께 후한 都護 陳睦과 副校尉 郭恂 외에 吏士 2천여 명을 살해할 정도로 강력하여 20여 년 동안이나 언기는 서역의 맹주였다. 그 후 永元 6년(94) 都護 班超가 여러 나라 군사를 동원해 후한에 반기를 든 언기 등의 서역 제국을 공격해 언기왕의 목을 벤 뒤 서역 맹주는 반초였다.[242] 언기국은 北周시대에 들어오면, 후한 초처럼 강력하지 못하였다.

북주시대 언기국의 王姓은 龍이고, 婆羅門과 같은 문자를 사용하며, 天神과 佛法을 숭상하여 2월 8일과 4월 8일을 중시하며 음악을 즐겼다.[243] 언기국은 隋나라시대에는 북주시대와 대동소이하나 언기국왕의 字가 突騎라고 밝혔다.[244] 唐代에 들어와서 언기국은 항상 서돌궐에 복속하였다. 당 太宗 貞觀

---

238) 『漢書』 권96하, 「焉耆國傳」 焉耆國조, 3917쪽.

239) 『漢書』 권96하, 「焉耆國傳」 焉耆國조, 3918쪽.

240) 『漢書』 권96하, 「尉犁國傳」 尉犁國조, 3917쪽.

241) 『漢書』 권96하, 「渠犁傳」 渠犁조, 3911~3914쪽.

242) 『後漢書』 권88, 「焉耆國傳」 戶萬五千조, 2927~2928쪽.

243) 『周書』 권50, 「焉耆國傳」 文字與婆羅門同조, 916쪽.

6년(632) 언기국왕 龍突騎支가 처음으로 사신을 당에 파견하였다. 그러나 서돌궐의 重臣 屈利啜이 突騎支의 딸을 아우의 부인으로 맞아들인 후부터 두 나라는 脣齒관계가 되더니, 언기국이 당에 대한 조공을 끊었다.[245)]

혜초는 언기국에 대해 『왕오천축국전』에서 다음과 같은 기록을 남겼다.

> 다시 安西에서 동쪽으로 가면 □□ 焉耆國에 이르는데, 이곳은 중국 군대에 점령되어 있었다. 그런데 왕도 있고 백성들은 胡族人이며, 절과 중이 가는 곳마다 있고, 小乘法을 숭상하고 있더라. □□□□□ 이것이 安西의 四鎭인데, 그 첫째가 安西, 둘째는 于闐, 셋째가 疏勒, 넷째가 焉耆다.……그들은 중국 풍습에 따라 수건을 둘렀고, 바지를 입고 있었다.……[246)]

혜초는 안서에서 동쪽으로 며칠을 가서 언기국에 도달하였다. 언기도 안서 사진 가운데 하나라 당나라 군사가 주둔하였다. 그런데 혜초가 언급한 언기국 왕은 婆伽利가 죽은 뒤 왕위에 오른 龍嬾突을 말한다.[247)] 또 언기 백성들이 胡族人이라는 것은 당의 漢族과 다른 외모로 눈이 움푹 파였으며 콧날은 오뚝하고 구레나룻 수염이 많은 그런 사람을 가리킨다. 언기국이 안서나 우전보다 長安에 더 가까운데도 불구하고 大乘法이 아닌 小乘法이 유행한 것은 언기국이 오랜 세월동안 서역 제국의 일원이었기 때문이다. 다시 말해 언기도 서역 본래의 모습을 오래도록 간직했다는 이야기다.

開元 7년경에야 안서절도사 湯嘉惠의 上表로 언기가 가장 늦게 안서사진으로 편입된 사실도[248)] 언기가 늦게까지 서역의 모습을 간직하게 된 큰 이유 가운데 하나다. 언기는 안서사진으로 편입된 '鎭' 가운데 가장 늦다. 혜초가 언기를 통과하기 8년 전에 비로소 안서사진 가운데 하나가 되었다. 언기가

---

244) 『隋書』 권83, 「焉耆傳」 其王姓龍조, 1851쪽.

245) 『舊唐書』 권198, 「焉耆國傳」 常役屬於西突厥조, 5301~5302쪽 ; 『新唐書』 권221상, 「焉耆國」 常役屬西突厥조, 6228~6229쪽.

246) 『往五天竺國傳』, 76쪽, "又從安西東行□□至焉耆國, 是漢軍兵(馬)領押, 有王 百姓是胡. 足寺足僧, 行小乘法,□□□□□, 此卽安西四鎭名□, 一安西, 二于闐, 三疏勒, 四焉耆……, 依漢法裹頭著裙……".

247) 『新唐書』 권221상, 「焉耆國傳」 婆伽利死조, 6230쪽.

248) 『新唐書』 권221상, 「焉耆國傳」 安西節度使湯嘉惠조, 6230쪽.

안서나 우전보다 지리적으로 장안에 가깝지만 오랜 기간동안 서역의 고유상태를 유지할 수 있었던 것은 주변정세와 무관하지 않다. 즉 강력한 토번세력을 의식해서 당이 焉耆에 대해서 직접 통치라는 고삐를 늦춘 것도, 또 하나의 이유가 될 수 있다. 이를 설명하는 것은 혜초가 언급처럼 안서사진의 첫째가 安西, 둘째가 于闐, 셋째가 疏勒, 넷째가 焉耆라는 기록은 암시하는 바가 매우 크다. 四鎭이 모두 서역에 있지만 혜초가 본 것처럼 중국불교는 안서와 우전이었으나, 서역불교는 疏勒과 焉耆였다는 사실과 관계가 밀접하다. 이는 서역사진 가운데 어느 지역이 당의 영향력을 더 강하게 작용받고 있었는가를 설명한 사실이다. 바꾸어 말해서 당이 중시했던 지역에서는 대승법이 유행하였다.

고선지는 安西副都護가 된 후에도 무공을 계속 세웠다. 그 이유는 고선지는 안서부도호의 2인자 지위에서 안서부도호의 제1인자인 安西都知兵馬使로 승진하였기 때문이다. 고선지가 安西四鎭節度의 都知兵馬使가 된 때는 天寶6載을 전후한 시기였다. 다시 말해 당 현종이 토번 연운보 정벌 명령을 고선지에게 내렸을 때 그는 안서도지병마사였다. 또한 고선지는 行營節度使라는 특수부대 총사령관으로 임명되었다. 여기서 행영절도사라 함은 군사를 거느리고 통과하는 지역의 군사권은 물론이고 행정권까지 모두 장악하는 그런 자리다.

고선지는 안서사진절도의 유격장군에서 승승장구하였기 때문에 부몽영찰의 상주로 于闐使→ 焉耆鎭守使→ 安西副都護使→ 安西都知兵馬使로 승진하였다. 그리고 747년 당 현종은 토번 연운보 정벌을 위해 고선지 장군을 行營節度使로 임명한 것이다.

부몽영찰은 휘하 장수 고선지가 매번 전공을 세울 때마다 이런 사실을 조정에 첩서를 보내 고선지를 승진시켜 주는데 주저하지 않았다. 물론 고선지가 전공을 세울 때마다 부몽영찰도 조정으로부터 그에 대한 공로로 하사품만 받을 뿐 아니라 자신의 관직에 대한 보장도 어느 정도 확고하게 다지는 이득을 얻었다. 그러나 고선지 자신이 전일에 거둔 많은 전공과 비교가 안 될 정도로 대단한 전과를 거두자, 부몽영찰은 고선지의 전공을 조정에 상주했던 과거의 생각을 바꾸었다. 부몽영찰의 고선지에 대한 태도 돌변을 통해서 한 인간의 실상을 보는 것 같다. 그런 부몽영찰은 부하인 고선지가 자신의 관직을 빼앗을 것이라는 데 생각이 미치자 이성을 잃었다. 그리하여 그는 고선지를 불러다 놓고 해코지하기 위해 십자포화를 마구 쏘았다.

> 靈察이 말하길 "이것 모두(고선지의 개선에 대한 捷書) 내가 상주해야 할 일인데, 어찌 나의 처분을 기다리지 않고 네 멋대로 첩서를 상주할 수 있단 말이냐! 이와 같이 고구려 놈이 범한 죄를 말한다면, 마땅히 참수를 해야 옳으나 새로 세운 큰 공으로 죽이지 않겠다"고 하였다. 또 劉單에게 말하기를 "듣자니 네가 捷書를 잘 쓴다던데"라고 하자, 劉單마저 두려워서 죄를 청하였다.[249)]

이는 앞서 『구당서』「고선지전」과 연속된 사료로서 고선지가 토번 정벌의 성공을 알린 사실에 대해 부몽영찰이 트집 잡았던 내용이다. 이 같은 전쟁 결과를 조정에 급히 알리는 책무야말로 토번 정벌 총사령관 고선지 장군의 의무다. 그런데도 불구하고 오직 부몽영찰은 고선지 장군의 기적에 가까운 전공을 시기하여 깎아내리는 데 전념하였다. 한편 토번 정벌의 성공은 뒷날 가서한이 토번 석보성을 공략한 사실과 비교하여 고선지 전공이 얼마나 위대한 것인가를 보여준다. 즉 천보 8재(749) 4월에 농우절도사 哥舒翰은 토번 石堡城을 빼앗으면서 토번 鐵刃悉諾羅 등 400명을 포로로 한 전과를 거두었지만 이때 당 군사도 무려 수만 명이나 죽임을 당했다.[250)] 哥舒翰의 石堡城 탈환 수법은 비겁하였다. 가서한은 석보성 공격이 실패하자, 공격실패의 죄를 자신의 裨將 高秀巖과 張守瑜에게 씌워 죽이려 하였는데, 裨將이 3일안에 석보성을 빼앗겠다는 조건을 내걸고 城을 탈환하였다.[251)] 가서한은 절도사 신분이 아닌 불한당의 우두머리 같은 행동으로 석보성을 차지하였다.

---

249) 『舊唐書』 권104, 「高仙芝傳」, 3205쪽, "靈察曰, 此旣皆我所奏, 安得不待我處分懸奏捷書, 據高麗奴此罪, 合當斬, 但緣新立大功, 不欲處置.' 又謂劉單曰, '聞爾能作捷書.' 單恐懼請罪".

250) 謝正洋, 1992, 「李林甫其人」, 『文史知識』 1, 92쪽 ; 『資治通鑑』 권216, 「唐紀」33 玄宗 天寶 8載 6月 唐士卒死者數萬조, 6896쪽 ; 『舊唐書』 권9, 「玄宗本紀」下 (天寶 8載) 6月조, 223쪽 ; 『舊唐書』 권104, 「哥舒翰傳」 (天寶) 8載조, 3213쪽, 토번 石堡城 공격에 哥舒翰은 10만 대군을 동원하였다.

251) 『資治通鑑』 권215, 「唐紀」 玄宗 天寶 8載 4月 翰進攻數日不拔조, 6896쪽.

그렇다면 이때 석보성 탈환은 가서한으로부터 죽임을 당하지 않으려는 그의 비장 고수암과 장수유의 처절한 몸부림이었다. 한마디로 가서한은 절도사라기보다는 匪賊보다 더 匪賊에 가까운 자다. 가서한과 고선지를 비교한다면 글자 그대로 이는 어불성설이다. 당에서는 고선지와 가서한을 같은 반열의 명장으로 열거하였지만, 고선지의 전공은 가서한의 그것과는 차원이 다르다. 위의 사료를 몇 가지로 분석하고 싶다.

첫째는 사진절도사 부몽영찰이 시대착오적 인물이라는 사실이다. 황제의 명령으로 토번 정벌을 끝내고 개선한 고선지 장군에 대하여, 부몽영찰은 마치 과거 자신의 부하였다는 사실만 생각하고 일을 그르쳤다. 그의 말대로 옛날처럼 고선지가 부하였다면, 당연히 첩서는 부몽영찰이 황제에게 상주해야 옳다. 그런데 개선하고 돌아오는 고선지 장군에 대하여 부몽영찰은 옛날 자신의 부하였던 사실을 들추면서 개선 사실에 대한 첩서를 상주할 권한이 있는 것인 양 주장하였다. 고선지가 황제의 명령을 받고 토번 정벌에 출정하였다가 개선한 장군이라는 사실을 부몽영찰이 인정하기 싫어했는지 모른다.

둘째는 부몽영찰이 반복하여 고선지를 멸시하는 말 가운데 고구려 놈이라 표현한 사실이다.252) 당에 의해서 멸망된 국가가 고구려였기 때문에 고구려인들을 노예정도로 생각하였던 것 같다. 또는 패망한 고구려인들이 당의 노예로 전락되었기 때문에 그들끼리 집단생활을 한 것을 비하시킨 표현인지 모른다. 그런데 당에서 노예생활을 하던 고구려인들은 전쟁에 참가하면서 노비 신분에서 탈출하였다. 고구려가 당과 전쟁을 하면서 엄청난 타격을 주었기 때문에 당나라인들이 고구려인들을 미워하였을 가능성도 무시할 수는 없다. 그러한 당의 사회적 분위기 때문인지 부몽영찰은 말도 안 되는 첩서 상주 문제를 트집 잡아 고선지에게 마구 욕설을 퍼부었다. 토번 정벌 성공에 대한 시기심으로 말미암아 부몽영찰은 고선지를 죽이고 싶었던 것 같다. 그러나 큰 공 때문에 부몽영찰도 어쩔 수 없이 고선지를 죽이지 않겠다고 말한 것은 암시하는 바가 매우 크다. 바꾸어 말하면, 토번 정벌이라는 큰 공을 세웠기 때문에

252) 『資治通鑑』 권215, 「唐紀」 玄宗 天寶 6載 至河西조, 6886쪽.

고선지 장군의 허물을 조작해 죽인다 하더라도 부몽영찰 자신도 살아남기가 어렵다는 사실을 스스로 잘 알고 있었다. 한 마디로 고선지 장군은 토번 정벌의 성공으로 말미암아 당이 다시 서역에서 종주권을 찾는 큰 공을 세웠던 터라, 이때 어느 누구도 그를 음해할 수 없는 상황이었다. 그런데 陳舜臣이 西羌출신 부몽영찰이[253] 고구려인 고선지 장군을 모욕한 것을 민족적 편견이라고 한 주장[254]은 그가 용렬하기 그지없는 문필가라는 냄새만 난다. 그렇다면 漢族이 아닌 西羌族 출신 부몽영찰이[255] 고구려인보다 당에서 융숭한 대접을 받고 있다는 뜻인데, 결코 그렇지 않았다. 전공을 시기하여 신경질적으로 화가 난 부몽영찰에 의한 고선지 장군에 대한 협박 발언은 하나의 욕지거리에 불과하다. 아니면, 앞의 지적처럼 고구려인이 중국화 되지 않았다는 사실을 부몽영찰은 약점으로 생각하였을 것 같다.

셋째는 고선지의 명을 받고 유단이 첩서를 작성한 사실 때문에 부몽영찰이 고선지뿐만 아니라 유단까지 협박하였다는 점이다. 고선지 장군은 토번 정벌 후 개선하는 길에 파밀천에서 유단에게 첩서를 작성토록 명령하였다. 만약 첩서 작성으로 문제가 발생되었다면, 응당 첩서를 작성한 책임은 행영절도사 고선지에게 있다. 그런데도 불구하고 첩서를 작성했다는 이유로 부몽영찰은 유단을 위협하였다. 상황이 심상치 않음을 안 유단은 무조건 죽을 죄를 지었다고 빌었다. 이는 부몽영찰이 개선한 고선지를 죽이려고 벼르는 상황이 어느 정도 심각한지를 유단도 익히 파악하였음을 뜻한다. 게다가 첩서 상주는 행영절도사 고선지의 권한이다. 고선지 장군은 당을 위해 개선하고 돌아와도 당에 의해 멸망된 고구려인이라는 사실 하나만으로 부몽영찰로부터 죄수처럼 모욕을 받았다.[256] 그런데 開元 말 부몽영찰의 명령으로 고선지 장군이 達奚部를 격파한 후 고선지의 심부름꾼 封常淸이 첩서를 작성한 사실을 부몽영찰도 잘 알고 있다.[257] 그런데 봉상청이 작성한 첩서에 대해서는[258] 당시 안서절도

253) 諏訪義讓, 「高麗出身高仙芝事蹟攷」, 186쪽, 夫蒙은 西羌의 姓으로 後秦의 建威將軍 夫蒙羌에서 시작되었다. 또 『元和姓纂』 권2에 의하면 夫蒙이 어떤 경우는 馬로 改姓했다고 한다.

254) 陳舜臣, 「花におう長安」, 260쪽.

255) 康樂, 「邊防軍隊」, 170쪽.

256) 諏訪義讓, 「高麗出身高仙芝事蹟攷」, 186쪽.

사였던 부몽영찰이 문제 삼지를 않았다. 그런데도 그런 모든 관례를 아랑곳하지 않고 이제 고선지를 죽이려 억지로 트집 잡은 사건이 첩서 문제였다.

여하간 부몽영찰의 고선지 장군에 대한 위협은 그를 따라 토번 정벌에 참가한 군사 모두가 느꼈다. 고선지 장군이 토번 연운보를 함락하자, 더 이상 무서워 토번으로 들어가지 못하겠다던 중사 변령성도 예외는 아니었다. 그러한 변령성도 자칫하면 죽음을 자초하는 일이 될지 모르는 위험 상황에서 고선지 장군의 안전을 지키기 위해 노력했다.

> 令誠이 그 상황을 상주하여 "仙芝가 놀라운 공을 세웠음에도, 지금은 죽을지 모른다고 걱정할 지경입니다."라고 아뢰었다. 그 해 6월 황제는 조서를 내려 仙芝에게 鴻臚卿·御史中丞을 제수하면서 夫蒙靈察을 대신해 四鎭節度使로 임명하고 靈察을 징계해 조정으로 불러들였다.[259)]

이는 중사 변령성의 상주로 고선지 장군이 토번 정벌의 성공 대가로 높은 관직을 받게 되었다는 것이다.[260)] 이를 두 가지로 분석하여 보자.

하나는 고선지 부대가 토번 연운보를 통과해 소발률국으로 진격할 때 이를 반대하였던 변령성이었는데도 불구하고, 기적같은 공적을 세웠다는 표현으로 상주했다.[261)] 고선지의 기적에 가까운 전공이란 지상에서 제일 높고 험한 산에서 토번의 십만 대군을 격퇴한 것이다. 정확히 표현하면 고선지의 감시자였던 변령성마저 고선지의 업적이 대단함을 칭송하였다. 그것도 부몽영찰이 어떤 구실을 붙여서라도 장군을 죽이려는 상황인데도 불구하고, 변령성은 고선지를 구명하기 위해 상주하였다. 이런 사실이 부몽영찰에게 알려지면 자신 역시 위험해질 상황에서 고선지를 위한 상주는 특기할 만하다.

---

257) 『舊唐書』 권104, 「封常淸傳」 達奚行遠조, 3207~3208쪽.

258) 『資治通鑑』 권216, 「唐紀」32 玄宗 天寶 6載, 初 常淸私作捷書以示仙芝조, 6888쪽.

259) 『舊唐書』 권104, 「高仙芝傳」, 3205쪽, "令誠具奏其狀曰, '仙芝立奇功, 今將憂死.' 其年六月制授仙芝鴻臚卿, 攝御史中丞, 代夫蒙靈察爲四鎭節度使, 徵靈察入朝".

260) 『冊府元龜』 권431, 「將帥部」93 '器度' 中使邊令誠具奏其狀조, 5128쪽.

261) 『資治通鑑』 권215, 「唐紀」31 玄宗 天寶 6載 邊令誠奏仙芝深入萬里, 立奇功조, 6886쪽 ; 『續通志』 권237, 「唐列傳」37 '高仙芝' 令誠密言狀於朝且曰조, 4668쪽.

변령성은 고선지가 부몽영찰에 의해 언제 죽을지 몰라 아침저녁으로 죽음을 걱정하고 있는 위험천만한 상황이라는 사실을 황제에게 주문을 올렸다.[262) 이는 변령성을 통해 고선지 장군의 인품과 위업을 평가할 수 있는 잣대가 될법하다. 왜냐하면 중사 변령성은 토번 정벌 총사령관 고선지를 좋게 평가할 수 없는 직책이라 더욱 그렇다. 그 이유는 전쟁을 황제에게 객관적으로 보고하면서 고선지 장군의 행동을 감시하는 것이 그의 임무이기 때문이다. 게다가 고선지 장군이 자신의 안위를 돌보지 않고 당을 위해 토번을 공격한 것과 대비하여, 변령성은 자신의 신변 안전만 고려해 소발률국 진격 작전마저 반대했다. 즉 고선지와 변령성은 토번 정벌 중에 적지 않게 견해차가 컸다. 그런 변령성이 어려움에 처할 수 있는 상황인데도 황제에게 상주하여 고선지를 위해 변론하였다. 그런데 변령성이 고선지를 위한 상주문의 내용이 『신당서』에서 더욱 간절하다. 즉, "선지는 공을 세우고도 죽을 것을 걱정하고 있으니, 후에 누가 조정을 위하여 힘을 바치겠습니까?"[263)]라는 것이 그것이다. 이와 같은 변령성의 변론은 고선지가 부몽영찰로부터 모욕을 당할 인물이 아니라 당의 영광을 위해 자신의 생명과 안전을 돌보지 않은 장군이라는 것을 입증하는 자료다.

다른 하나는 변령성의 상주를 받은 현종이 고선지에게 鴻臚卿·御史中丞을 제수하였던 점이다.[264)] 이는 현종이 개선 장군 고선지의 전공의 대가로 하사하였던 관직이다. 또 위의 두 관직 외에 부몽영찰의 관직을 박탈하고 대신 토번 연운보에서 개선한 고선지를 그 해 12월 안서사진절도사로 임명하였다.[265)] 때는 천보 6재(747) 12월 己巳일이다.[266)] 자료에 의하면, 743년경 안서절

---

262) 『資治通鑑』 권215, 「唐紀」31 玄宗 天寶 6載 今旦夕憂死조, 6886쪽.

263) 『新唐書』 권135, 「高仙芝傳」 令誠密言狀於朝조, 4578쪽, "仙芝立功以憂死, 後孰爲朝廷用者?"

264) 『冊府元龜』 권358, 「將帥部」19 '立功'11 制授仙芝鴻臚卿조, 4246쪽.

265) 『冊府元龜』 권358, 「將帥部」19 '立功'11 制授仙芝鴻臚卿攝御史中丞조, 4246쪽 ; 『冊府元龜』 권431, 「將帥部」93 '器度' 制授仙芝代靈察조, 5128쪽 ; 王壽南, 1968, 「論唐代河北三鎭之獨立性在文化上的原因」, 『中山學術文化集刊』 1, 577쪽 ; 諏訪義讓, 「高麗出身高仙芝事蹟攷」, 197쪽.

266) 『舊唐書』 권104, 「封常淸傳」(天寶 6年) 十二月, 仙芝代夫蒙靈察爲安西節度使조, 3208쪽 ; 『資治通鑑』 권216, 「唐紀」32 玄宗 天寶 6載 12月 己巳조, 6887쪽 ; 『舊唐書』 권104, 「高仙芝傳」 其年六月조, 3205쪽, 『舊唐書』의 「高仙芝傳」은 6월에 고선지가 夫蒙靈察의 관직을 대신하였다고 하는데, 이는 잘못된 기록이다. 그 이유는 같은 해 8월에 소발률국을 공격하고 나서 고선지가 개선한

도사 휘하 군사 수가 24,000명이다.[267] 또 안서절도는 742년부터 군복으로 매년 62만 疋段씩 공급을 받았다.[268] 아무튼 24,000의 병사를 거느린 안서절도사에 고선지가 임명되었다. 그런데 이때를 베크위스(Christopher l. Beckwith)는 748년 2월 1일이라고 다르게 기록하였다.[269] 그 이유는 베크위스가 위의 음력 천보 6재 12월 기사일을 양력으로 환산하였기 때문에 나타난 차이이다. 그렇다면 부몽영찰이 왜 그토록 고선지를 죽이려고 했는지 그 이유를 알 것 같다. 즉 부몽영찰의 안서사진절도사 관직을 고선지에게 주었을 뿐 아니라 어사중승의 직함까지 내렸다. 한편 안서사진절도사에서 쫓겨나기 무섭게 부몽영찰은 장안으로 소환되었다.[270] 그런데 위의 사료에서 이때를 그 해 6월이라고 기록하고 있는데, 이는 잘못된 기록이다. 왜냐하면 천보 6재(747) 9월말에 고선지 장군이 播密川에서 회군했기 때문이다. 그러므로 고선지 장군이 토번 정벌을 끝내고 부몽영찰로부터 협박당한 시기는 천보 6재 9월말 이후다. 만약 위 사료의 시기가 맞는다고 하더라도, 현종이 고선지에게 鴻臚卿 등의 관직을 제수한 때가 천보 6재 6월이라는 이야기가 되어 그해 6월이라는 것은 전후관계상 맞지 않다. 따라서 고선지 장군이 토번 정벌을 성공적으로 끝내고 장안에서 현종으로부터 새로운 관직을 받은 때는 천보 6재 6월이 아니라 천보 6재 12월 을사다.[271]물론 이때 고선지 장군이 제수 받은 관직 가운데 제일 중요한 관직은 안서사진절도사다. 이러한 사실을 베크위스는 다음과 같이 기록하고 있다. 즉 "그는 (개선한 후) 계속 장안에 머무르다가 그곳에서 748년 2월 1일 안서사진절도사로 임명되었다"[272]라는 게 그것이다.

뒤의 일이었기 때문이다 ; 朱希祖, 「吐蕃國志初稿」, 37쪽, 이와 같이 고선지가 夫蒙靈察의 관직을 대신한 년 월이 다르다는 사실을 朱希祖가 지적하였다.

267) 三島一·鈴木俊, 1940, 「兵制の推移と藩鎭」, 『中世史,二』, 東京 : 平凡社, 315쪽.

268) 『資治通鑑』 권215, 「唐紀」31 玄宗 天寶 元年 是時의 胡三省註 安西衣賜六十二萬疋段조, 6849쪽.

269) Christopher l. Beckwith, *op. cit.*, p.140, 주)198 참조.

270) 『冊府元龜』 권431, 「將帥部」93 '器度' 徵靈察入朝조, 5128쪽.

271) 『資治通鑑』 권216, 「唐紀」32 玄宗 天寶 6載, 12月 乙巳조, 6887쪽.

272) Christopher l. Beckwith, "T'ang China and the Arabs", *The Tibetan Empire in Central Asia*, p.133, He continued on to Ch'ang-an, where he was appointed military Governor of the four Garrisons of the Pacified west on February 1, 748.

여기서 안서사진절도사로 고선지가 임명된 시기를 천보 6재 12월 을사가 아닌 748년(천보 7) 2월 1일로 표기하였다. 이는 베크위스가 앞에서 모두 양력을 기준으로 한 데서 온 차이다. 그런데 안서사진절도사로 고선지가 임명된 사실에서 그가 안서도호의 책임자가 되었음을 주목하고 싶다. 그 이유는 동쪽으로 언기, 서쪽으로 소륵, 남쪽으로 우전을 통치하며, 타클라마칸 사막 남쪽에 토번, 북쪽의 돌궐을 감독과 감시할 책무가 주어진 직책이기 때문이다.[273] 천보 원년(742)경 안서절도에 대해 『자치통감』에서는 다음과 같이 적고 있다.

> 安西節度는 西域 질서를 장악하면서, 龜玆·焉耆·于闐·疏勒의 四鎭을 통치하며, 治所는 龜玆城으로, 군사는 2만 4천명이 있다.[274]

안서절도의 1차 통치지역은 천산산맥 남쪽에 위치한 타클라마칸 사막 주위가 망라된다. 그리고 안서절도의 제2차 통치지역은 소륵에서 통하는 서아시아 길목은 물론이고 고선지 시대에는 힌두쿠시 산맥을 넘어 오늘날 아프가니스탄지역까지 관장하였다. 참고로 소륵의 위치는 정확히 安西都護府의 治所 쿠차에서 서쪽으로 2천여 리나 떨어져 있다.[275] 천보 원년경 중앙에서 안서절도로 공급된 물자로 옷감은 62만 疋段이나, 군량은 北庭節度처럼 공급되지 않았다.[276] 또 안서절도에 말은 2천 7백 필이지만 북정절도는 5천 필의 말을 관리하였다.[277] 안서절도에 군량 공급 없는 자체조달 방법은 고선지 장군에게 뒷날 큰 부담이 되었음은 물론이다.

747년 고선지가 안서절도사로 임명된 것은, 그가 동서교류에서 주도적으로 역할을 담당해야 할 상황에 놓였다고 표현하는 게 맞다. 이때 당의 변방

---

273) 『通典』 권33, 「職官」14 '都護' 府置都護一人 註의 掌所統諸蕃慰撫조, 896쪽 ; 『通典』 권174, 「州郡」4 安西都護府조, 4559쪽.

274) 『資治通鑑』 권215, 「唐紀」31 玄宗 天寶 元年 是時조, 6847쪽, "安西節度撫寧西域, 統龜玆·焉耆·于闐·疏勒四鎭, 治龜玆城, 兵二萬四千".

275) 『舊唐書』 권38, 「地理志」1 安西節度使조, 1385쪽.

276) 『資治通鑑』 권215, 「唐紀」31 玄宗 天寶 元年 是時조의 胡三省註, 6851쪽.

277) 『舊唐書』 권38, 「地理志」1 安西節度使 : 北庭節度使조, 1385~1386쪽.

절도사들에 대한 신상명세를 데니스 트윗체(Denis Twitchett)는 다음과 같이 정리했다.

> 751년까지 四川의 劍南을 제외하면, 모든 번진이 이민족 장군들의 수중에 놓여 있었다. 즉 744년부터 安祿山은 范陽과 平盧를 맡았으며, 751년부터는 河東마저 통솔하였다. 그의 사촌 安思順은 747년 말부터 河西를 지휘하였으며, 750년부터는 또 朔方마저 관장하였다. 돌궐장군 哥舒翰은 747년 후반부터 隴右를 관리하였으며, 그리고 極西部는 고구려 계통의 장군 고선지가 安西를 지휘하였다.[278]

이는 당의 번진이 언제부터 누가 지휘하였는가에 대한 구체적인 나열 자료다. 그 가운데 천보 13재에 朔方절도사 안사순의 副使는 李光弼이었다.[279] 천보 6재 이광필은 하서절도사 왕충사 휘하의 兵馬使와[280] 赤水軍使로 토번 격파와 토욕혼에 공을 세웠던 인물이다. 아무튼 위에서 당의 서부 끝 지역을 747년부터 고선지가 관장한 사실을 주목하고 싶다. 그 이유는 앞서 지적한 것처럼 당과 서방세계의 통교에 대한 제반 업무를 고선지가 장악하였다는 것을 암시하기 때문이다.

한편 고선지 장군에 의해 京師로 붙잡혀 온 소발률왕 소실리지와 왕비는[281] 현종에 의해 죽임을 당하지 않았다.[282] 오히려 이때 현종은 소발률왕을 右武衛將軍[283]으로 임명하였을 뿐만 아니라 紫袍, 黃金帶를 하사받고 천자의 宿衛로 임명하였다.[284] 이와 같은 사실을 『冊府元龜』에서 天寶 7載 8월 戊午 勃律國왕

278) Denis Twitchett, *op. cit.*, p.426, By 751 all the commands except Chien-nan in Szechwan were under foreign generals-An Lu-shan held Fan-yang and P'ing-lu as he had done since 744, and from 751 commanded Ho-tung as well. His cousin An Ssu-shun commanded Ho-hsi from the end of 747, and from 750 Shuo-fang in addition. Ko-shu Han, a Turkish general, held Lung-yu from late 747, while in the far west Kao Hsien-chih, a general of Korean orgin held An-hsi.

279) 『舊唐書』 권110, 「李光弼傳」(天寶)13載 朔方節度安思順조, 3303쪽 ; 『新唐書』 권136, 「李光弼傳」 朔方節度使安思順表爲副조, 4583쪽,

280) 『甘肅通志』 권30, 「名宦」 天寶 6載조, 135쪽(『景印文淵閣四庫全書』 558冊, 1983, 臺灣商務印書館).

281) 『新唐書』 권221하, 「小勃律傳」 執小勃律王及妻歸京師조, 6252쪽.

282) 『新唐書』 권221하, 「小勃律傳」 帝赦蘇失利之不誅조, 6252쪽.

283) 『新唐書』 권221하, 「小勃律傳」 授右威衛將軍조, 6252쪽, 현종이 소발률국 왕 蘇失利之에게 준 관직이 『文獻通考』에서는 右武衛將軍이 아닌 右威衛장군이라 되어 있다.

소실리지와 三藏大德 伽羅蜜多와 함께 來朝했다고 기록하고 있다.[285)] 그런데 토번 연운보와 소발률국 점령의 영향으로 서역 72국으로부터 당이 조공받는 상황으로 바뀌었는데, 1년이나 늦추어 소발률국왕 소실리지와 가라밀다를 朝見하였을 이유가 없다. 따라서 천보 7재 8월이 아니라 천보 6재 8월 소발률국왕 소실리지와 가라밀다를 당 현종이 만났다고 본다. 고선지 장군이 소발률국에서 개선할 때 왕과 왕비 외에 삼장대덕 가라밀다도 장안으로 잡혀왔다. 그리고 소발률국의 가라밀다는 천보 4재 7월에 당에 입조한 인물과 동일인이다.

고선지 장군의 포로인 소발률국왕과 왕비에 대한 당의 처리에 대해 베크위스는 다음과 같이 전하고 있다. 즉, "그리고 (고선지 장군은) 그곳(장안)에서 소발률왕과 그의 토번 출신 왕비를 현종에게 바쳤다. 현종은 소발률왕에게 관대하게 대하였을 뿐 아니라 그에게 궁전 경호라는 관직을 맡겼다. 그러나 토번 출신의 공주, 크리마로드(Khri-ma-lod)의 운명에 관해 아무 것도 알려진 것이 없다'"[286)]는 게 그의 주장이다. 그런데 베크위스가 장안에서 토번 공주 출신의 소발률국 왕비의 운명을 누구도 모른다고 강조한 점은 잘못된 주장이다. 그 이유는 소발률국왕 소실리지가 당 황실 경호장군으로 생활한 사실을 고려하면, 토번 공주 출신 소발률국 왕비도 장안에서 여유로운 생활을 하였던 것이 분명하다. 이는 고선지 장군의 토번 정벌에 대한 것을 긍정적으로 평가할 수 있는 좋은 계기를 만든 사실로 해석하고 싶다. 그 이유는 후일 고선지 장군에게 잡혀온 石國왕이 당의 서울에서 당의 정치가들에 의해 무참하게 죽었던 사실과 대비되기 때문이다.

747년 고선지 장군의 연운보와 소발률국 정벌 성공으로 말미암아, 749년 6월 농우절도사 가서한에 의한 토번 석보성의 탈환[287)]까지 연결된다. 그러나

284) 『文獻通考』 권335, 「四裔」12 大勃律 帝赦蘇失利之不誅授右武衛將軍조, 2632쪽 ; 諏訪義讓, 「高麗出身高仙芝事蹟攷」, 197쪽.

285) 『冊府元龜』 권975, 「外臣部」 '褒異' 天寶 7載 8月 戊午조, 11458쪽.

286) Christopher l. Beckwith, "T'ang China and the Arabs", *The Tibetan Empire in Central Asia*, p.133, And where the king of Balûr and his Tibetan queen were presented to hsüan-tsung. Hsüan-tsung pardoned the king and gave him a position in the palace guards, but nothing is known about the fate of the Tibetan princess, the Lady Khri ma lod.

가서한에 의한 토번 석보성 공격은 고선지 장군의 전략 전술과 비교할 정도가 못된다. 그 이유는 고선지는 불과 1만 명의 군사를 거느리고 100여 일 이상 걸린 대원정에서 거둔 승리였는데, 가서한의 석보성 공격은 10만이나 되는 대군을 거느리고[288] 고선지에 의해 기세가 꺾인 토번을 공격하여 얻은 결과다. 게다가 가서한은 무려 수만 명의 군사가 전사한 후에야 성을 탈환하였다.

가서한에 의한 석보성 탈환 시기에 대하여 『구당서』「현종기」는 749년 6월로,[289] 같은 『구당서』「토번전」은 748년으로[290] 각각 달리 기록했다. 『신당서』의 「현종기」는 『구당서』의 「현종기」처럼 가서한의 석보성 탈환 시기를 749년 6월이라 기록하였다.[291]

석보성은 729년 2월 朔方大總管 信安王 李禕가 군사를 거느리고 농우로 달려가 빼앗았다. 석보성의 위치는 鄯州의 東端으로 오늘날 靑海와 통하는 길목인데다가 청해 이동에서 장안으로 통하는 중요한 루트다. 그런데 741년 12월 농우절도사 개가운이 지킨 석보성을 토번 습격으로 빼앗겨 현종이 대노하였던 城이다.[292] 다시 745년 9월부터 석보성 탈환을 위해 당은 출정하였다. 『구당서』「현종기」 천보 4재 9월에 다음과 같은 내용이 있다.

> 隴右절도사 皇甫惟明이 石堡城에서 토번과 싸웠으나, 官軍이 불리하였으며, 끝내 副將 褚直廉 등이 전사하였다.[293]

석보성을 토번이 장악한 지 5년이 지난 후 농우절도사 皇甫惟明이 석보성을 공격하였으나 도리어 副將 褚直廉 등이 전사할 정도로 당이 참패했다. 한마디로 당은 늘 토번에게 쫓기는 형세였다. 화가 난 당 현종은 농우절도사 황보유명에

---

287) 『舊唐書』 권9하, 「玄宗紀」 天寶 8載 6月조, 223쪽.

288) 『舊唐書』 권104, 「哥舒翰傳」 (天寶) 8載, 以朔方·河東群牧十萬衆조, 3213쪽.

289) 『舊唐書』 권9하, 「玄宗紀」 天寶 8載 6月조, 223쪽.

290) 『舊唐書』 권196상, 「吐蕃傳」 天寶 7載조, 5235쪽.

291) 『新唐書』 권9, 「玄宗紀」 天寶 8載 6月조, 223쪽.

292) 『舊唐書』 권196상, 「吐蕃傳」 開元 29年 12月조, 5235쪽.

293) 『舊唐書』 권9하, 「玄宗紀」 天寶 4載 9月조, 219쪽, "隴右節度使皇甫惟明與吐蕃戰于石堡城, 官軍不利, 副將褚直廉等死之".

석보성 공격 실패의 죄를 물었다.

> 隴右節度使 皇甫惟明은 播川태수로 좌천되었으며, 이로 인해 그를 黔中에서 죽였다.[294]

토번이 장악한 석보성 탈환을 위한 당의 시도는 748년 이후 가서한에 의해 비로소 성공했다. 이는 747년 고선지에 의한 연운보와 소발률국 정벌 성공으로 말미암아 토번의 사기가 꺾인 것이 결정적 기여를 했다. 고선지의 연운보 함락으로 토번은 당에 대적할 군사력마저 잃었다. 그러한 때 가서한이 토번 석보성을 공격하였다. 비록 가서한의 무능으로 수만의 군사를 잃었으나 석보성은 탈환하였다. 그렇다면 토번의 석보성을 농우절도사 가서한이 탈환한 것은 고선지의 토번 연운보 함락과 소발률국 정복의 부산물이라고 표현하여도 크게 틀린 말이 아니다.

---

294) 『舊唐書』 권9하, 「玄宗紀」 天寶 5載 正月조, 219쪽, "隴右節度使皇甫惟明貶播川太守, 尋決死於黔中".

제8장 고선지 장군의 안서사진절도사 발탁 배경

1. 안서사진절도사 고선지 장군

안서도호(절도사) 고선지가 사용한 안서도호부의 관인. 신강성박물관 소장

당은 항상 토번의 침공으로 전전긍긍하였다. 이를 일거에 해결한 것은 고선지에 의한 토번 연운보 함락과 소발률국 원정에 대한 성공이다. 그런 전공을 세운 고선지에게 대해 당 현종과 고선지와 같이 출정한 中使 邊令誠 외에는 모두가 시기 질투뿐이었다. 환관 변령성도 이때는 고선지 편이었다.

토번 정벌을 성공적으로 끝내고 돌아온 고선지 장군에 대해 어이없게 그의 상관 부몽영찰은 마구 저주의 말을 퍼부었다. 이때 현종은 고선지를 안서사진절도사·안서도호로 임명하였다. 그런데 고선지가 안서사진절도사로 임명된 것은 토번 연운보 함락과 소발률국 원정만으로 되었던 것이 아니다. 고선지가 파격적으로 발탁된 배경은 당이 서역에서 헤게모니를 상실하는 급박한 상황과 연관이 있다. 그런데 당 재상 李林甫가 漢族출신 '文士' 장군들은 돌과 화살을 무서워하나 寒族과 蕃人들은 전투도 잘하는데다 한족들은 무리를 짓지 않으니 한족과 번인을 기용하자는 상소를 올렸다.[1] 아무튼 '文士'출신 장군들이 서역에서 방어는커녕 연전연패하는 상황이라, 재상 이임보가 '蕃將'으로 이를

1) 『舊唐書』 권106, 「李林甫傳」 嘗奏曰조, 3240쪽.

담당하게 하자는 건의가 받아들여졌다. 그래서 磧西 戰場을 고선지에게 맡겼으며, 그 외에 가서한·안사순·안녹산 등이 발탁되었다.2) 이처럼 당이 위급한 상황인데도 고선지 휘하 장군들은 그의 명령을 듣지 않는 자가 많았다. 이는 고구려인 고선지가 어찌 당의 높은 관직에 임명될 수 있냐는 반발 심리의 작용이다. 그뿐만 아니다. 고선지 부하들마저 부몽영찰이 고선지를 죽이려고 모함하자 이에 동조하였다. 그렇지만 고선지가 부도덕하게 부몽영찰의 관직을 뺏은 것으로 착각하는 무리들이라고 생각해도 이해할 수 없는 점이 너무 많다. 그것도 아니면 당나라 관직을 장군들끼리 주고받는 것으로 착각한 소행이라고 해석해도 납득할 수 없다. 그렇다면 안녹산의 난과 같은 모반 기운이 이때부터 싹튼 것이 아닌가 하는 생각이 든다. 또한 당의 근심거리 토번을 제압해준 대가보다도 고구려 유민에 대한 멸시 풍조가 더 컸던 것 같다. 이에 관한 예를 들어보자.

> (조정으로 끌려 온) 靈察은 크게 두려워하였다. 고선지가 매일 夫蒙靈察과 마주칠 때마다 빠른 걸음으로 다니는 습관은 여전하였으며, 靈察은 날로 불안해하였다. 장군 程千里가 그때 副都護였으며, 大將軍 畢思琛이 靈察을 압송한 상황인데도 이들과 같이 行官 王滔·康懷順·陳奉忠 등이 靈察과 함께 仙芝를 험구하였다.3)

개선장군 고선지를 죽이려한 죄목으로 부몽영찰이 장안으로 압송된 과정에서 벌어진 이야기다. 장안에서 고선지 장군과 부몽영찰이 매일 마주쳤을 때의 광경과, 이때 고선지를 헐뜯는 자들이 누구였는지와 함께 그 관직까지 구체적으로 서술되어 있다. 이를 두 가지로 나누어 보자.

하나는 고선지와 부몽영찰이 매일 조정에서 맞닥뜨렸다는 사실이다.4) 그런데 부몽영찰은 자신이 사진(언기·쿠차·소륵·우전)5)절도사 관직에서 박탈된

---

2) 『新唐書』 권223상, 「李林甫傳」 卽說帝曰조, 6348쪽 ; 薛宗正, 1995, 『安西与北庭－唐代西陲辺政研究』, 234쪽.

3) 『舊唐書』 권104, 「高仙芝傳」, 3205쪽, "靈察大懼, 仙芝每日見之, 趨走如故, 靈察益不自安. 將軍程千里時爲副都護, 大將軍畢思琛爲靈察押衛, 幷行官王滔, 康懷順, 陳奉忠等, 嘗構譖仙芝於靈察".

4) 『冊府元龜』 권431, 「將帥部」93 '器度' 仙芝每日見之조, 5128쪽.

5) 『新唐書』 권221상, 「西域傳」上 焉耆傳, 開元 7年조, 6230쪽. 突厥十姓可汗의 碎葉 점령으로 碎葉

후 변령성의 상주로 징계를 받기 위해 京師에 잡혀 온 상황이라[6] 불안 그 자체였다. 굳이 죄목을 붙인다면, 황제 명령을 성공적으로 수행하고 개선한 장군에게 허물을 씌워 죽이려 모함한 사실이다. 부몽영찰은 관직 박탈 외에도 형벌을 받아야 마땅한데도 현종이 별다른 벌을 주었다는 기록이 없는 것도 특이하다. 이는 앞서 필자가 주장한 것처럼 당에 의해 패망한 나라 사람을 천시하는 경향이 당연시 되었다는 입증인지 모른다. 아니면 이때 당은 절도사의 잘못에 대한 징계권을 행사하지 못할 정도로 통제권이 약화되었을 가능성이다. 현종은 개선한 고선지 장군을 음해하여 살해하려고 시도한 부몽영찰에 대해 더 이상의 벌을 내린 기록이 없다. 이 점에 대해 뒤에서 다시 언급하겠다.

다른 하나는 그 당시 안서절도 휘하 장군들 상당수가 사진절도사 고선지의 권위에 도전하여 그의 통솔력을 약화시켰다는 점이다.[7] 심지어 사진절도사 고선지 휘하의 副都護 程千里를 위시해 부몽영찰을 압송한 대장군 畢思琛, 行官 王滔·康懷順·陳奉忠 등 모두가 고선지를 헐뜯었다. 이들은 안서도호부 쿠차에서 고선지 장군을 박해한 죄목으로 장안에 압송된 부몽영찰에게 달려가 고선지를 헐뜯는 게 일과일 정도였다.[8] 이는 당나라 사람들이 고구려인 상관에 대해 적대 감정을 표출하였던 당시 분위기와 맞물리는 것이 아닌가 싶다. 그렇지 않고서야 그들이 자신의 지휘관 사진절도사 고선지를 무슨 연유로 험담할 수 있단 말인가! 당의 武人들의 경우 고구려인에 대한 피해의식이 매우 컸던 심리가 작용된 결과인지 모른다. 왜냐하면 고구려가 패망할 즈음 당과 오랜 기간 적대적이고 치열한 전투 관계였기 때문에, 당의 무인들에게 피해의식이 유독 심하였을 수 있다. 급기야 이러한 피해의식 가운데 토번 정벌의 위업을 세운 고구려인 고선지를 죽이려는 극한적인 방법으로 변질되었을 가능성도 무시할 수 없다. 그러나 개선한 장군을 죽이려 했기 때문에 唐으로부터 징계 받은 부몽영찰에게 부도호 정천리를 비롯한 장수들이 달려가

대신 焉耆가 安西四鎭에 속한 해는 開元 7년이다.

6) 『資治通鑑』 권216, 「唐紀」32 玄宗 天寶 六載, 12月 徵靈察入朝조, 6887쪽.

7) 『冊府元龜』 권431, 「將帥部」93 '器度' 將軍程千里爲副都護조, 5128쪽.

8) 『資治通鑑』 권216, 「唐紀」32 玄宗 天寶 六載, 12月 皆平日構仙芝於靈察者也조, 6887쪽.

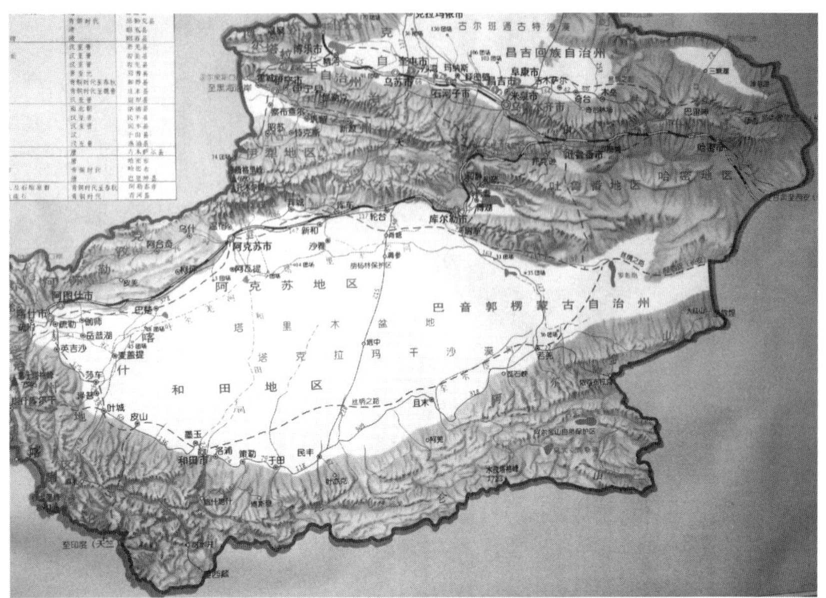

안서절도사 고선지 시대에 안서사진이 위치했던 타림 분지 일대 지도. 신강성박물관 소장

고선지를 비방했던 사실은9) 무엇으로도 설명할 수 없다.

고선지가 안서사진절도사가 된 후도 그의 부장들이 고선지를 험구한 이유는 그들의 출신성분과 연관된 문제다. 당 태종 때 서역으로 출정할 군사들을 모집할 때 그 출신성분에 대한 구체적인 언급이 있다.

> (貞觀) 16년 正月 乙丑, 사자를 보내 西州를 安撫시켰다. 戊辰, 西州를 지킬 자를, 前犯流·死·亡·匿, 응모한 자수자들을 받아들여 뽑았다. 辛未, 천하의 죽을 죄지은 자를 옮겨 西州에 충당시켰다.10)

죄지은 자 가운데 전투할 수 있는 자들을 선발하여 西州를 지키는 군사로 충당시켰다는 사료이다.11) 이때 서주로 갔던 군사들은 살인자이거나 도적질

9) 『資治通鑑』 권216, 「唐紀」32 玄宗 天寶 6載, 12月 乙巳 副都護京兆程千里조, 6887쪽.

10) 『新唐書』 권2, 「太宗紀」 貞觀조, 41쪽, "十六年正月乙丑, 遣使安撫西州. 戊辰, 募戍西州者, 前犯流死亡匿, 聽 自首以應募. 辛未, 徙天下死罪囚實西州".

11) 薛宗正, 1995, 『安西与北庭－唐代西陲辺政研究』, 48쪽.

을 일삼는 그런 부류다. 그런데 안서도호부는 처음 정관년간에 설치될 때는 서주였다. 그 후 顯慶년간에 쿠차로 옮겼다.[12] 따라서 고선지가 안서절도로 근무할 때 그의 휘하 군사들의 품성은 고구려 유민이나 羌族을 제외하고 거의 범죄자들이었다는 이야기다. 그렇다면 고선지가 안서절도사가 되었는데도 불구하고 해임된 절도사 부몽영찰에게 가서 고선지를 왜 마구 험구하였는지 알 수 있다.

唐 태종 이래 설혹 '漢胡一家' 정신이 있었다고 하더라도 이는 고구려 유민에게 적용되는 용어가 아니다. 사진절도부도호 정천리와 大將軍 畢思琛간의 대화에서 그런 말이 허구라는 것을 알 수 있다.

> 仙芝가 節度使의 일을 맡게 된 후에 程千里에게 말하길, "公의 얼굴은 남자인데, 마음은 마치 부인 같으니, 어찌된 일인가?"고 물었다. 또 (고선지는) 思琛에게 말하길 "이 오랑캐 녀석이 감히 나에게 오다니! 내가 城東쪽에 一千石의 種子莊을 너에게 주려고 하는데, 네 생각은 어때?"라고 하였다.[13]

위의 대화내용은 고선지의 처세술이 어떠했는가와 그의 인품이 어떤가를 확인할 수 있는 중요한 근거가 된다.

우선 사진절도사 고선지가 부도호 정천리에게 했던 말을 풀어 보자. 즉 네가 장군으로서 손색이 없는 남아지만, 마음은 간사한 계집 같으니, 이는 도대체 무슨 조화냐? 라고 고선지가 부도호 정천리를 불러, 그의 못된 계집 같은 심보를 질책하였다.[14] 달리 표현하면 부몽영찰이 장안으로 끌려 온 후에도 그 앞에 가 고선지를 험구한 못된 정천리를 직접 불러, 어떻게 혼내주는 것이 좋겠는지 본인의 생각을 직접 물었던 것이다. 그러나 지금 자신의 휘하 부도호 정천리라는 사실을 주지시키면서, 나 고선지의 영에 따라 행동하라고

---

12) 『通典』 권174, 「州郡」4 安西都護府조, 4557쪽.

13) 『舊唐書』 권104, 「高仙芝傳」, 3205~3206쪽, "仙芝既領節度使, 謂程千里曰, '公面似男兒, 心如婦人, 何也?' 又謂思琛曰, '此胡敢來! 我城東一千石種子莊被汝將去, 憶之乎?'".

14) 『新唐書』 권135, 「高仙芝傳」 既視事조, 4578쪽 ; 『冊府元龜』 권431, 「將帥部」93 '器度' 既領事謂千里曰조, 5128쪽 ; 『資治通鑑』 권216, 「唐紀」32 玄宗 天寶 6載 12月 乙巳 仙芝面責千里조, 6887쪽.

명령하면서, 얼마 전까지 부몽영찰과 함께 자신을 깔보던 것에 대한 분풀이로 정천리에게 꾸짖는 것으로 용서하겠다는 것을 알렸다. 이때 고선지는 정천리의 잘못된 언행을 분명하게 꾸짖고 용서는 오직 이번뿐이라 말하였다. 이와 같은 상황에서 고선지가 정천리의 잘못에 대한 것을 용서로 매듭지으려는 태도를 주목하고 싶다. 물론 이는 정천리가 고선지 장군에 대한 험담이 잘못되었다는 것을 깨닫고 나서 용서를 구한 후에, 고선지가 취한 조치였다. 따라서 이는 부몽영찰이 고선지를 헐뜯은 것과는 반대로 고선지가 장군으로서 훌륭한 리더십을 발휘한 태도였다. 다시 말해 고선지가 자신의 잘못을 뉘우친 정천리의 그런 마음을 액면그대로 받아들여 용서한 것은 그의 리더십이다.

그런데 고선지가 대장군 필사침에게 업신여기는 듯한 말투를 사용한 사실도[15] 정황을 이해하면, 납득이 되는 대화다. 앞서 이야기한 것처럼 대장군 필사침은 현종의 명령으로 부몽영찰을 압송하였다. 그런 그였지만 부몽영찰 앞에서 도리어 고선지를 험구하였다. 그렇다면 서역 畢國 출신[16] 필사침에게 '오랑캐가 나를 찾아와 괴롭히는가?'라고 고선지가 말한 대목이 이해된다. 필사침이 고선지의 출세 사실을 빌미로 그로부터 경제적인 이익을 챙기려고 자주 그를 찾았던 게 분명하다. 아니 필사침 자신도 다른 장수들과 같이 고선지를 욕하면서, 이 같은 정보를 가지고 고선지에게 흥정하였던 같다. 이런 인물이라서 고선지는 아예 필사침에게 모욕적인 언사를 퍼부었다. 그러나 고선지는 자신을 시기하는 사람들에게 둘러싸여 있는 고립무원 상태라 필사침을 욕하면서도 어쩔 수 없이 그를 이용하였다고 본다.

고선지를 모함하는 세력에 대한 첩보를 가져다주는 대가로 필사침은 고선지로부터 장안 동쪽에 있는 一千石짜리 種子莊을 얻었다. 그렇다고 고선지가 장군으로서 많은 재물을 쌓았던 인물이라고 평가하면 이는 그릇된 판단이다. 토번 정벌 성공과 서역 평정의 수고를 당이 치하하기 위해 현종이 고선지에게 鴻臚卿·御史中丞·四鎮節度使 관직을 제수하였을 때 동시에 그 관직에 걸맞게

15) 『資治通鑑』 권216, 「唐紀」32 玄宗 天寶 6載 12月 乙巳 思琛曰조, 6887쪽.

16) 姚薇元, 1962, 「西域諸姓」, 『北朝胡姓考』, 北京 : 中華書局, 393~394쪽, 西域 畢氏는 모두 나라(畢國) 이름에서 성을 따왔다.

많은 재물이 하사되는 것은 그 당시 하나의 제도였다. 그뿐만 아니다. 고선지가 젊은 시절부터 당의 유격장군, 그 후 우전사, 언기진수사, 사진부도호, 사진도지병마사로 임명되었을 때도 관직과 더불어 많은 재물이 주어졌다. 게다가 고선지 장군은 앞에서 지적한 것처럼 토번 정벌을 성공적으로 수행하고 돌아온 개선장군이었다. 변령성의 표현처럼 고선지는 기적에 가까운 승리를 거두었다. 그 결과 당이 여느 장군보다 더 많은 재물을 고선지 장군에게 준 것은 분명하다. 이와 같이 추론하는 까닭은 당에서 서역에 안서사진을 둔 제일의 목적이 서역 교역권의 장악과 아울러 토번과 서돌궐 공격을 방어하려는 목적이었다는 사실에서 그 해답을 찾을 수 있다. 바꾸어 말하면 대당제국은 서방세계의 재화에 남다른 관심을 기울였다. 필자가 이와 같은 사실을 나열한 이유는 史官들이 고선지 장군을 고구려 놈이라 비하시키면서 그를 탐욕스러운 인물로 일관되게 매도한 사실을 바로잡기 위함이다.

그런데 糸賀昌昭는 고선지가 石國 노약자를 마구 살해하고, 그곳 어린아이를 포로로 하였을 뿐만 아니라 많은 보물을 약탈한 그런 인물로 단정하였다.[17] 이는 그가 고선지와 관련된 전체 사실을 파악하지 않고 일부 기록만 보고 경솔하게 내린 결론이다. 그 이유는 고선지가 고구려인이라는 사실 때문에 사진절도사 관직을 유지하기 위해 장군으로서 부하들을 다스리는 것이 제대로 통하지 않았기 때문이다. 그렇다면 고선지가 부하를 통솔하기 위한 방편으로 그들을 회유하며 재물을 나누어 준 이유를 알 수 있다. 그래서 고선지 장군에게 많은 재물이 필요했다. 糸賀昌昭는 고선지 행적 전체는 모르는 상황에서 부분적 사실에만 매달려 고선지를 나쁜 인물로 묘사했다. 그가 그렇게 해석한 것은『신당서』의「고선지전」에서 고선지가 당에서 멸시받는 고구려 유민인데도 불구하고 그가 누구도 세우지 못한 큰 공적을 세운 것이 漢族에게 여간 큰 부담이 아니라는 사실을 조금도 모르고 고선지를 평가하였다. 漢人 사가들은 고선지를 평가절하하는 것만이 한족들의 자존심을 세울 길이라 생각해서 고선지를 깎아 내리는데 주저하지 않았다.

17) 糸賀昌昭,「長安とバグダード」, 212쪽.

고선지는 자신의 안전을 위해 어떤 형태로든 대인관계를 지속할 필요가 있었음은 주지의 사실이다. 그렇다고 고선지 장군이 떳떳하지 못하게 처신했다는 말은 더더욱 아니다. 이를 입증하는 것은 위의 사료에서 대장군 필사침이 고선지에게 집요하게 재물을 요구하였을 때 그에게 서역 오랑캐 놈이라고 맞받아쳤던 사실이다. 그러나 고선지에게는 고구려인이라는 사실 때문에 항상 모함하는 자들이 많았다. 그래서 고선지는 자신을 위협하는 세력으로부터 스스로 보호하기 위해 자신에게 필요 정보를 제공하는 필사침과는 어떤 형태로든 관계를 지속했다. 따라서 고선지는 정보를 얻는 대가로 필사침에게 자신의 재산 일부를 떼어 주었다.

여하간 고선지는 군령을 세우기 위해 잘못을 뉘우친 정천리를 용서하였으며, 필사침에게는 앞으로 충성한다는 전제 조건으로 그의 경제적인 문제 해결을 위해 재물을 주어 회유시켰다. 이는 고구려인 고선지가 전일 자신에게 불충한 자들을 부하로 만드는 과정에서 발생한 일이라고 표현하는 것이 좋다.

고선지의 그런 힘든 속사정은 필사침과의 계속되는 대화에서 여실히 드러났다. 그러나 이때도 호탕한 고구려인의 기상을 고선지는 잃지 않았다. 이에 관한 사실을 계속 들어보자.

> 思琛이 (고선지에게) 대답하여 아뢰길 "이것은 中丞께서 思琛의 어려운 사정을 아시고 돌보아 주시는 것입니다"라고 하였다. 그런데 仙芝가 "나는 지금 네가 권세를 부릴까봐 두려워하였던 것인데, 어찌 (내가) 너를 가련하게 여기는 것이 있겠느냐! 내가 말하지 않으려 했는데 네가 두려움을 품을까 걱정이 되어, 다 털어 놓는 것이니 (이제부터) 아무 근심을 갖지 않도록 해라."고 말하였다. 계속해 王滔 등을 불러오게 하고, 잡아끌어 내어 매질하고 얼마 지나 이들마저 풀어 주었다. 이로부터 군대내의 심리적인 불안감이 사라졌다.[18]

18) 『舊唐書』 권104, 「高仙芝傳」, 3206쪽, "對曰, '此是中丞知思琛辛苦見乞.' 仙芝曰, '吾此時懼汝作威福, 豈時憐汝與之! 我欲不言, 恐汝懷憂, 言了無事矣.' 又呼王滔等至, 捽下將笞, 良久皆釋之, 由是軍情不懼".

이는 고구려인 고선지 장군이 사진절도사라는 중책을 감당하는데 많은 어려움이 뒤따를 수밖에 없다는 것을 암시한 사료다.

고선지는 자신에 대한 음해에 가담한 대장군 필사침으로부터 정보를 얻기 위해, 흥정을 통해 그를 회유시켰다. 다름 아니라 필사침의 요구대로 장안성 동쪽에 위치한 일천 석짜리 種子莊을 주면서 고선지는 필사침을 용서한다는 조건이었다.[19] 그러나 이때 필사침이 교활하게 저의 어려운 형편을 아시고 용서해 주셔서 감사하다고 말하였지만, 고선지는 불쌍해서 준 것이 아니라 네가 주동이 되어 군사반란이라도 일으킬까 염려가 되어 용서한 것이라고 분명히 짚고 넘어갔다. 이는 고선지가 훌륭한 리더십을 소유한 인물이라는 것을 알리는 중요한 근거가 된다.

이때 사진절도의 대장군 필사침은 고선지에 대한 저항세력들을 일일이 열거하였다. 따라서 고선지는 군대 기강을 확립하기 위해 그런 부하들을 징계하면서 용서하는 방법으로 일을 매듭지었다. 이때 고선지의 부하 장수들의 죄목은 상관 모독죄였다. 그러나 고선지는 정천리와 필사침 이외의 인물들은 군령으로 다스렸다. 즉 行官 王滔를 잡아들여 전일 부몽영찰 앞에 가서 고선지 장군을 비방한 죄 값으로 매질을 하고 잡아 가두었다.[20] 아울러 고선지 장군에게 대해 모욕적인 언사를 서슴지 않고 다닌 行官 康懷順·陳奉忠 등을[21] 모두 잡아들여 매질을 하고 가두었다. 그러나 고선지는 자신에 대한 잠재적 반역 세력들을 키우지 않기 위해 얼마 후 그들 모두를 방면하였다.[22] 고선지 휘하의 안서사진부도호 정천리는 천보 11재부터 13재까지 北庭절도사였다.

그런데 고선지 장군이 자신의 음해 세력들을 모두 풀어주고 용서해 준 또 다른 이유가 있다는 사실을 주목하고 싶다. 즉 위의 사료 끝에서 군부 안의 심리적인 두려움이 없어졌다는 사실이다.[23] 이를 암시하는 바는 매우

19)『冊府元龜』 권431, 「將帥部」93 '器度' 又謂思琛曰조, 5128쪽.

20)『資治通鑑』 권216, 「唐紀」32 玄宗 天寶 六載 12月 又捽滔等, 欲笞之조, 6887쪽.

21)『冊府元龜』 권431, 「將帥部」93 '器度' 將軍程千里爲副都護조, 5128쪽.

22)『資治通鑑』 권216, 「唐紀」32 玄宗 天寶 六載 12月 旣而皆釋之조, 6887쪽.

23)『冊府元龜』 권431, 「將帥部」93 '器度' 又呼王滔等至조, 5128쪽 ; 『資治通鑑』 권216, 「唐紀」32 玄宗 天寶 六載, 12月 軍中乃安조, 6887쪽.

크다. 왜냐하면 사진절도사 고선지 장군은 자신을 음해하려 했던 세력들을 발본색원하려 한다면 문제가 끝없이 발생된다는 사실을 누구보다 잘 알고 있었기 때문이다. 이는 필자가 앞에서 몇 번에 걸쳐 주장한 것처럼 고구려인에 대한 멸시가 그 당시 중국에서 팽배했기 때문에 고선지 장군에 대해 험구한 자들이 어디 그들만이겠는가. 위에서 열거한 인물들이 고선지 장군을 업신여긴 인물 전부라고 말하면 이는 잘못이다. 이렇게 해석하는 근거는 고구려 유민 왕모중·왕사례·연남생·연헌성, 백제 유민 흑치상지가 모두 당에서 수모를 당할 뿐 아니라 억울한 누명으로 죽임을 당하였기 때문이다.[24] 그렇기 때문에 고선지 장군은 군대 내의 동요를 막기 위해 잠재적 반란세력들에 대해 어느 정도 징계한 후, 감옥에 가둔 죄수들을 화해차원에서 이내 풀어주었다.[25] 군심 장악을 위해 자신에 대해 하극상을 일으킨 인물까지 포용하였던 것이다.

여하간 토번 정벌 총사령관으로 개선한 후 고선지는 현종으로부터 많은 직책을 받았다. 그러한 고선지가 고구려인이라는 사실로 내부적 반발이 상당히 거셌다. 그러나 고선지는 안서사진절도사 관직을 충실히 수행하기 위해 자신에 대한 반란 획책 세력에 대한 징계를 단호하고 신속하게 매듭지었다. 이로 말미암아 안서사진 내의 동요를 빨리 진정시킴으로써 고선지 장군은 현종으로부터 받은 안서사진의 통수권을 확고하게 장악하였다. 그렇다면 고선지는 안서사진에 대한 지휘통솔 능력도 탁월하였다고 평가할 수 있다.

여기서 살펴야할 중요 내용은 안서도호가 안서사진만 관할하는 것이 아니라는 사실이다. 다시 말해 안서도호부는 중앙아시아는 물론이고 서아시아의 많은 지역까지 관장하였다. 이와 같은 사실을 주목하는 까닭은 안서도호 고선지 장군 관할 지역이 어느 정도 방대한가를 밝히려는 목적이다.

龍朔 원년(661)부터 西域諸國이 사신을 당으로 보내 와 內屬하였기 때문에 16都督府, 80州, 126軍府를 나누어 설치하면서 안서도호부에 예속시켰다. 이런 사실을 吐火羅國에 碑를 세워 기록했다는 사실에서[26] 안서도호부의 관할지역

24) 지배선, 2006, 앞의 책, 1~489쪽.

25) 『資治通鑑』 권216, 「唐紀」32 玄宗 天寶 6載, 12月 乙巳 謂曰조, 6887쪽.

을 가늠할 수 있다. 顯慶 3년 안서도호부가 관할한 西域十六都督州府에 대해 『구당서』의 「地理志」에 다음과 같이 내용이 있다. 토화라국에 月氏도독부를 설치하였으며, 그 안에 25州를 두었다. 嚈噠부락을 活路城(khulm)에 두어 大汗도독부를 다스리게 하면서, 그 안에 15州를 두었다. 현장의 『大唐西域記』에 돌궐족 奚素왕이 다스리는 忽露摩國의[27] 活路城과 동일지역이다. 訶達羅支國에 條枝도독부를 두고, 그 안에 9州를 두었다. 阿達羅支國은 謝颶國이며 또 漕矩吒(Jaguda)이라고 한다. 解蘇國의 數瞞城에 天馬도독부를 두고, 그 안에 2州를 두었다. 해소국을 張星烺은 『대당서역기』의 揭職國(Gaz-Gachi)이라고 주장했다.[28] 천보 2년 2월 해소국왕 阿德悉은 大首領 車鼻施達工羅頓殺 등 20인을 장안으로 보내 조공했다.[29] 그런데 季羨林 등은 홀로마국의 돌궐 해소왕의 이름이 解蘇라고 하면서, 해소국의 數瞞城도 『대당서역기』에 나오는 愉漫國의 愉瞞이 같다고 주장했다.[30] 홀로마국의 왕이 해소돌궐이었는데, 홀로마국과 인접한 유만국의 왕도 奚素突厥이었다.[31] 돌궐 해소는 동시에 홀로마국과 유만국 두 나라의 왕이었다. 7세기 중엽 현장이 여행할 때 覩貨邏國이 돌궐에 예속된 것처럼 홀로마국과 유만국 경우는 아예 돌궐족이 왕 노릇하였다. 다시 말해서 7세기 중엽 돌궐의 지배판도가 8세기에 들어와서 大食이 대신했다는 이야기다. 훗날 고선지가 탈라스 전투에서 왜 대식과 싸우게 되었는가 하는 원인과 직결되는 문제다.

骨咄國(khotl)의 施沃沙城에 高附도독부를 두고, 그 안에 2州를 두었다. 골돌국에 高附도독부를 설치했다는 고부는 後漢시대의 高附國을 말함이다. 후한시대 고부국은 大月氏 서남쪽에 있는 大國으로서 뛰어난 상술로 재화를 많이 모았으며, 그 풍속이 天竺과 비슷하였지만, 약할 때는 쉽게 다른 나라에 복속하였다. 후한초 天竺·罽賓·安息 3국이 강할 때 고부국을 차지했으며, 약해지면 고부국

---

26) 『舊唐書』 권40, 「地理志」3 龍朔 元年조, 1649쪽.

27) 『大唐西域記』 권1, 「忽露摩國」 其王奚素突厥也조, 106쪽.

28) 張星烺, 『中西交通史料滙篇』 5, 174쪽.

29) 『冊府元龜』 권975, 「外臣部」 '褒異' 天寶 2年 2月 巳丑조, 11457쪽.

30) 季羨林 등, 1990, 『大唐西域記』 권1, 107쪽.

31) 『大唐西域記』 권1, 「愉漫國」 其王奚素突厥也조, 107쪽.

에 대한 종주권을 상실하였다. 그 후 고부국은 안식에 속했다가 月氏가 안식을 攻破하자, 다시 月氏에 복속한 나라다.[32)]

계빈국(지금의 Kashmir)에 修鮮도독부를 두고, 그 안에 10州를 두었다. 苑延國(帆延, 望衍, 梵衍那, 犯引, 范陽, 지금의 Bamian)의 羅爛城에 寫鳳도독부를 두고, 그 왕 葡를 寫鳳州都督으로 임명하고,[33)] 그 안에 4州를 두었다. 石汗那國에 悅般도독부를 두고, 俱蘭城에 雙麋州를 두었다.[34)] 天寶 13載 4월 石汗那는 黑衣大食, 吐火羅, 俱位國들의 경우처럼 당에 사신을 보냈다.[35)] 奇沙州도독부는 護時犍國의 遏密城에 두고, 그 안에 沛薄·大秦 2州를 두었다. 護時犍國은 현장의 『대당서역기』에 나오는 胡實健國과 동일하며 大雪山(Hindukush) 부근이다. 姑墨州도독부는 怛沒國의 怛沒城에 두고, 그 안에 栗弋州를 두었다. 旅獒州도독부는 烏拉喝國의 摩喝城에 두었다.[36)] 烏拉喝國은 『隋書』의 「西域傳」에 나오는 烏那曷과 동일하다. 崑墟州도독부는 多勒建國의 抵寶那城에 두었는데,[37)] 현장의 『대당서역기』에 나오는 呾剌健國과 동일한 나라다. 至拔州도독부는 識匿國에서 서북방향으로 5백 리 떨어진 俱密國[38)]의 褚瑟城에 두었다. 그런데 흥미로운 사실은 開元 7년(719) 5월 구밀왕 那羅延이 당 현종에게 胡旋女를 바쳤다.[39)] 그때 구밀왕 나라연은 대식의 노략질이 너무 심각해 당에게 사신을 보내 자주 말했으나 사자를 위로하는 외에 당은 아무런 조치를 취하지 않았다.[40)] 다시 말해 開元 7년 2월 구밀왕은 호선녀와 함께 당에 구원을 요청하는 사신을 보냈던 이유다.[41)] 구밀은 당에 호선녀를 바친 前月에도 당에 조공하였다.[42)]

---

32) 『後漢書』 권88, 「高附國」 高附國在月氏西南조, 2921쪽.

33) 『新唐書』 권221하, 「西域傳」 '帆延' 顯慶 3年조, 6254쪽, 帆延 서북은 護時健, 동남은 罽賓이 있다.

34) 『新唐書』 권43하, 「地理志」7下 悅般州都督府조, 1137쪽.

35) 『冊府元龜』 권971, 「外臣部」 '朝貢' 天寶 13載 4月조, 11414쪽.

36) 『新唐書』 권43하, 「地理志」7下 旅獒都督府조, 1137쪽.

37) 『新唐書』 권43하, 「地理志」7下 崑墟州都督府조, 1137쪽.

38) 『新唐書』 권221하, 「西域傳」 '識匿' 西北五百里抵俱密조, 6254쪽.

39) 『冊府元龜』 권971, 「外臣部」 '朝貢' 開元 7年 5月 俱密國조, 11406쪽.

40) 『新唐書』 권221하, 「西域傳」 '俱密' 開元中조, 6255쪽.

41) 『資治通鑑』 권212, 「唐紀」28 玄宗 開元 7年 春 2月조, 6735쪽.

42) 『冊府元龜』 권971, 「外臣部」 '朝貢' 開元 7年 4月조, 11406쪽.

한마디로 구밀이 대식의 수탈을 견디기 어려워 당의 지원을 위해 빈번하게 조공하였다. 구밀국은 현장의 『대당서역기』의 拘謎陁國과 같은 나라다. 烏飛州 도독부는 호밀다국의 摸達城에 두었는데, 휘하의 鉢和州를 娑勒色訶城에서 관장하게 하였다.[43] 호밀다국은 『梁書』의 「諸夷傳」에 나오는 胡蜜丹國이며,[44] 현장의 『대당서역기』의 達摩悉鐵帝國이며, 『신당서』의 '識匿'조의 護密(蜜)과 같은 나라다. 王庭州도독부를 久越得犍國의 步師城에 두었는데, 구월득건국은 昆度斯(Kuaduz) 남쪽의 喀塔干(Kataghan)이다.[45] 波斯도독부는 波斯國의 疾陵城에 설치했는데, 唐代의 波斯도독부 관할지역은 波斯의 동부 변경지역이다.[46]

앞에서 언급한 바 있는 龍朔 원년(661)에 隴州 南由令 王名遠이 당 고종의 명령으로 우전의 서쪽에서 波斯의 동쪽에 이르는 지역의 16國의 왕도를 도독부로 삼고, 그 屬部를 州縣으로 만든 내용이다. 이때 왕명원에 의해 새로 설치된 州가 88, 縣이 110, 府가 126이었다.[47] 간단히 말해 당이 우전 서쪽에서 파사 동쪽에 이르는 광활한 지역에 도독부를 설치하여 어떻게 통치했는가에 대한 분석이다.

위의 서역 제국에 羈縻州와 羈縻軍府를 나누어 설치하여서 모두 안서도호 統攝안에 속하게 하여, 天寶 14載(755)까지 朝貢이 끊어지지 않았다.[48] 이는 매우 중요한 의미가 있다. 그 이유는 안서도호 고선지 장군 재임 기간

8세기경 동서무역을 활발하게 전개한 소그드 인의 문서. 타슈켄트 박물관 소장

43) 『新唐書』 권43하, 「地理志」7下 烏飛州都督府조, 1137쪽.
44) 『梁書』 권54, 「諸夷傳」 胡蜜丹國조, 813쪽.
45) 張星烺, 『中西交通史料匯編』 5, 178쪽.
46) 『新唐書』 권43하, 「地理志」7下 王庭州都督府조, 1137쪽.
47) 『新唐書』 권43하, 「地理志」7下 龍朔元年조, 1135쪽.
48) 『舊唐書』 권40, 「地理志」3 '西域十六都督州府' 月氏都督府조, 1649~1650쪽.

에도, 위의 서역 제국이 당에 조공을 바쳤기 때문이다. 다시 말해 훗날 왜 고선지 장군이 石國이 조공을 게을리 할 때 석국을 정벌할 수밖에 없었는가 하는 사실을 일러 주기 때문이다. 당에 대하여 서역 제국이 조공이 끊이지 않았기 때문에 당 현종 치세를 '太平之盛業'49)이라고 했다는 사실을 다시 음미할 필요가 있다.

2. 안서사진절도사 고선지 장군의 서역 경영

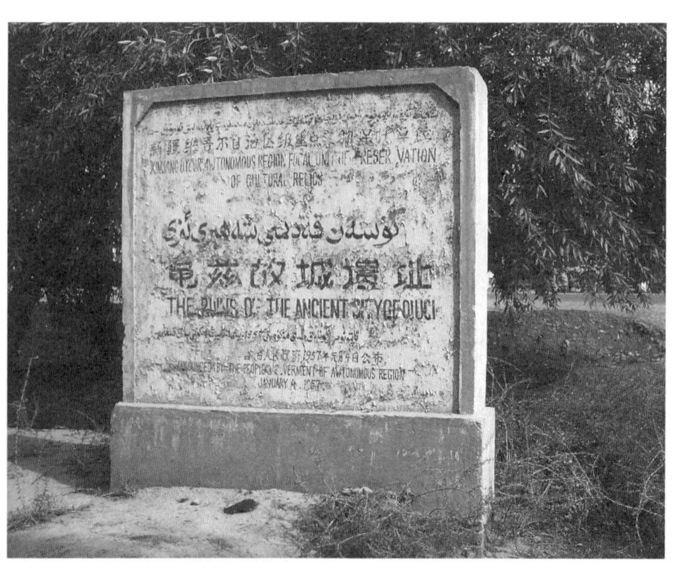

안서도호부가 있었던 쿠차 고성은 오늘날 팻말뿐이다.

안서사진절도사 고선지 장군은 맡은바 임무를 위하여 서역 안정을 확보하기 위해서 서역 경영에 늘 최선을 다했다. 정확히 표현한다면, 고선지 장군은 현종의 기대에 부응하기 위해 서역에 대한 관리 감독을 철저하게 하였다. 그런데 천보 6재 12월 乙巳 이후부터 약 1년 동안 고선지의 행적에 대한 기록이 없다. 이런 사실에 대한 가장 큰 이유는 안서사진절도사의 전임자 부몽영찰에 의한 고선지 장군에 대한 음모와 살해 위협, 안서도호부 내 고선지 장군 휘하 장수들의 명령 불복종으로 인한 어려움을 겪었기 때문이다. 그래서 안서사진절도사에 임명된 고선지 장군은 1년이 지난 뒤에야 겨우 절도사로서 맡은 임무에 대한 수행이 가능하였다.

49) 『舊唐書』 권40, 「地理志」3 自天寶 14載 已前조, 1650쪽.

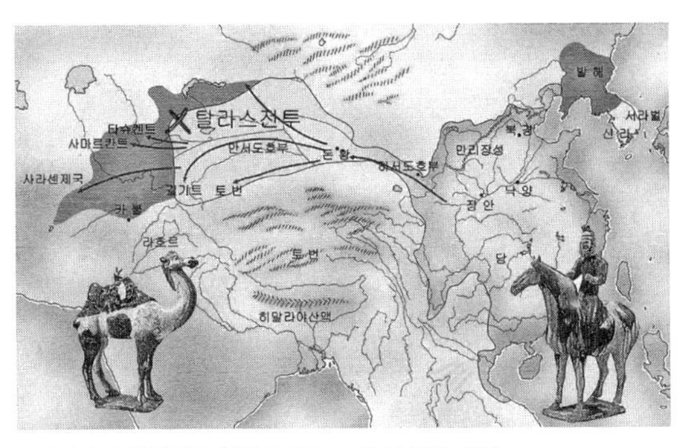

고선지가 호령하였던 안서도호와 그 당시 주변 판도

천보 8재부터 고선지 장군의 서역 평정 기사가 보인다.[50] 당시 사라센 제국이 동쪽 진출을 시도할 때, 고선지 장군은 전일 토번 연운보 함락과 소발률국 정벌 때처럼 다시 큰 전공을 세웠다.[51] 그런데 後藤勝은 이때가 소발률국 정벌(747)인지 그렇지 않으면 石國 토벌 때(750) 일이라고 밝히지 못한 채 애매모호하게 주장하였다.[52] 아무튼 여기서 고선지의 서역 정벌 기사를 보자.

> (毗沙府都督 尉遲勝이 于闐國으로) 귀국해 安西절도사 고선지와 함께 薩毗의 播仙을 격파하였다.[53]

이는 안서절도사 고선지와 우전국왕·비사부도독 위지승이 함께 薩毗·播仙을 평정한 기사다. 비사도독부는 본시 우전국이었으며, 정관 22년 당에 內附했다.[54] 그런 까닭에 우전은 안서사진 가운데 하나가 되었다. 고선지 장군이 첫 독립부대 우전진 사령관으로 임명받고 토번 점령하의 우전에서 토번세력을 구축했던 지역이다. 그렇다면 안서절도사 휘하 우전왕 위지승은 고선지의 명령에 따라 같이 출정했다고 볼 수 있다. 우전은 오늘날 타클라마칸 사막 남쪽으로 현재 和田 부근이다. 위지승은 본시 우전왕 珪의 맏아들로 어려서 왕이 되었다. 그 후 위지승은 천보년간에 당에 名馬와 美玉을 바쳐 현종의 환심을 샀다. 당 현종은 공주를 위지승의 妃로 주면서 右威衛將軍·毗沙府都督으로 임명하였다.[55] 그 후 위지승은 벼슬이 光祿卿까지 올랐다.[56]

---

50) 王小甫, 「唐·蕃西域較量的新發展」, 『唐·吐蕃·大食政治關係史』, 185쪽.

51) 高柄翊, 1982, 「傳統의 意味」, 『東亞史의 傳統』, 10쪽.

52) 後藤勝, 1954, 「唐朝の西域南道經營」, 『東洋史學論集,3』, 東京 : 不昧堂書店, 153쪽.

53) 『新唐書』 권110, 「尉遲勝傳」, 4127쪽, "歸國, 與安西節度使高仙芝擊破薩毗·播仙".

54) 『新唐書』 권43하, 「志」33하 毗沙都督府조, 1134쪽.

55) 『舊唐書』 권144, 「尉遲勝傳」 天寶中來朝조, 3924쪽 : 『新唐書』 권110, 「尉遲勝傳」 玄宗以宗室女妻之조, 4127쪽 ; 『欽定續通志』 권217, 「尉遲勝傳」 玄宗以宗室女妻之조(上海人民出版社 電子版).

안서사진 휘하 병사들이 수시로 오간 타클라마칸 사막 북쪽지역에서 양들이 한가로이 풀을 뜯고 있다. 멀리 전한대의 토성이 보인다.

위의 사실에 대하여 베크위스(Christopher l. Beckwith)는 다음과 같이 언급하였다.

그런 동안 코코노르 지역에서 후퇴한 토번인들은 당 군대에 의해 두들겨 맞았다. 750년 말에, 한 중국인 사령관이 토번의 五橋를 공격하여 樹敦城을 점령하였다. 그런데 설상가상으로 748년과 751년 사이에 고선지와 于闐왕 尉遲勝이 로브 노르의 바로 남쪽, 薩毗와 播仙의 토번의 중요한 都督 자리를 장악하였다.[57]

이는 앞서 언급한 것과 같이 748년과 751년 사이 당이 토번을 공격하여

56) 『新唐書』 권110, 「尉遲勝傳」 累進光祿卿조, 4127쪽.

57) Christopher l. Beckwith, *op. cit.*, pp.140~141, Meanwhile, back in the Koko Nor region, the Tibetans were taking a beating at the hands of the T'ang armies. At the end of 750, a Chinese commander attacked Tibet's 'Five Bridges' and captured Shu-tun City. Even worse, at some time between 748 and 751, Kao Hsien-chih and the Khotanese king Yü-ch'ih Sheng captured the important Tibetan Military Governorship of Tshal-byi and Cherchen, just south of Lop Nor.

두 지역을 점령하였다는 내용이다. 그런데 후자의 경우는 고선지와 함께 우전왕 위지승이 토번의 薩毗와 播仙을 격파한 것을 말한다. 전자는 750년 말 토번의 五橋와 樹敦城을 빼앗은 關西遊奕使 王難得의 토번 공략을 말한다.[58] 이런 사실을 『자치통감』에서 들어보자.

> 關西(동관 서쪽)遊弈使 王難得이 토번을 쳐서 五橋(칭하이성 귀덕현 부근)에서 승리하고 樹敦城을 빼앗았다. 王難得을 白水軍(청해군 대통현)의 軍使로 삼았다.[59]

여기서 당 현종의 토번 정벌 의지가 어느 정도였나를 짐작할 수 있다. 다시 말해 천보 8재 12월에 당은 토번의 五橋와 樹敦城[60]을 빼앗기 위해 총력을 쏟아부었다. 장안 주위 방어를 책임 맡은 특수부대의 지휘관이라고 볼 수 있는 關西遊弈使까지 동원하였던 것이다.

이때 베크위스의 주장처럼 王難得은 오교와 수돈성을 점령한 공로로 白水軍使가 되었다.[61] 수돈성은 청해 남쪽으로 50여㎞ 떨어져 있는 곳으로 大莫門城보다는 토번 안쪽에 위치한다. 白水軍은 수돈성 동북 120여㎞ 떨어진 곳으로 鄯州안의 북쪽에 위치한다. 이곳은 백제유민 흑치상지 장군이 680년부터 약 7년 정도 河源軍을 다스렸던 지역에 포함된다.[62] 흑치상지가 하원군사였을 때는 토번이 당을 공격조차 못할 정도였었다. 그런데 베크위스가 앞에서 고선지가 안서사진절도사가 되었던 시기를 747년 12월이 아니라 748년 2월 1일이라는 식으로 양력으로 환산한 결과라면, 이때 왕난득이 수돈성을 점령하였던 때를 750년 말이라고 말하면 틀린 것이다. 다시 말해 베크위스식으로 말하면, 왕난득이 토번의 수돈성을 장악한 때는 751년이다.

후자는 748년과 751년 사이에 우전왕 위지승이 안서절도사 고선지를 따라서

---

58) 『資治通鑑』 권216, 「唐紀」32 玄宗 天寶 9載 12月 關西遊奕使王難得擊吐蕃조, 6901쪽.

59) 『資治通鑑』 권216, 「唐紀」32 玄宗 天寶 9載 12月조, 6901쪽, "關西遊弈使王難得擊吐蕃, 克五橋, 拔樹敦城, 以難得爲白水軍使".

60) 樹敦城은 청해 동북방에 있으며, 옛 犬戎王 樹敦의 이름을 따서 樹敦城이라 하였다. 隋代까지 토욕혼의 도성이었으며, 唐代는 토번에 속하였다.

61) 『資治通鑑』 권216, 「唐紀」32 玄宗 天寶 9載 12月 以難得爲白水軍使조, 6901쪽.

62) 지배선, 2006, 앞의 책, 390~399쪽.

토번의 살비와 파선을 점령하였던 사건을 말한다.[63] 이때 위지승이 고선지 장군을 따라서 토번을 공략하여 함락시킨 시기는 베크위스가 後藤勝의 주장을 그대로 옮긴 것이다.[64] 이에 대하여는 앞에서 자세하게 언급하였다.

또 750년에 고선지에 의한 파미르 지역에 대한 정벌 기사를 트윗체(Denis Twitchett)가 언급하였다. 이를 들어보자.

> 750년에 고선지가 또 한 차례 토벌군을 파견하여, 吉査爾를 장악하였다. 그 결과 최종적으로 토번의 파미르지역 지배 의도를 좌절시켰다.[65]

이는 750년 吉査爾를 고선지가 정벌함으로써 토번이 파미르 일대를 장악하려는 의도를 저지시킨 사실에 관한 내용이다. 결국 이는 고선지에 의해서 파미르 고원이 당의 지배아래 있게 되었다는 뜻이다.

한편 天寶 8載(749)에 고선지 장군은 파미르를 넘어 소발률국이 아닌 다른 지역에서 전과를 거두었다. 이는 그루쎄(René Grousset)의 글에서 언급되고 있다.

> 749년 토하리스탄의 야브구(葉護)－투르크의 쿤두즈 계통으로 불교를 신봉하는 통치자로 한자로 失里忙伽羅(산스크리트어로는 Sri Mangala)라고 불리는－가 길기트와 카슈미르 사이의 교통을 차단하고 있는 작은 산악부족의 수령(토번과 동맹을 맺고 있는)에 대항하기 위해 중국에 도움을 요청하였다. 고선지는 다시 한 번 중국 원정군과 함께 파미르를 넘어서 토번 일당을 몰아냈다(750).[66]

---

63) 『新唐書』 권110, 「尉遲勝傳」與安西節度使高仙芝擊破薩毗, 播仙조, 4127쪽.

64) 後藤勝, 「唐朝の西域南道經營」, 153쪽.

65) Denis Twitchett, *op. cit.*, p.433, In 750 Kao Hsien-chih sent another expedition which took Ghizar, and finally blocked the Tibetan attempts to establish dominance over the Pamir.

66) René Grousset(Translator : Naomi Walford), "The Chinese in The Pamirs, 747-750", *The Empire of the Steppes a History of Central Asia*, p.119, In 749 the yabghu of Tokharistan- that is, the Turkic Buddhist ruler of Kunduz, called by the Chinese Shih-li-mang-kia-lo (from the Sanskrit Sri-Mangala)-sought the aid of the empire against a petty mountain chief (an ally of the Tibetans) who was cutting communications between Gilgit and Kashmir. Kao Sien-chih crossed the Pamirs once more with a Chinese expeditionary force, and again drove off the Tibetan partisans(750).

그루쎄의 주장에 의하면, 749년에 파미르 고원 서쪽 吐火羅(토하리스탄) 葉護(吐火羅國의 王號) 失里忙伽羅가 고선지 휘하 군대와 함께 파미르를 넘어 산악부족을 몰아냈다는 내용이다. 결국 이는 747년에 고선지 장군이 파미르를 넘은 후, 다시 군대를 이끌고 749년 파미르 고원을 두 번째로 원정하였다는 사실이다. 이에 관해서는 『신당서』 권221하 「토화라전」에 기록되어 있다. 그러나 이것이 「토화라전」 천보년간의 사실인 것은 틀림없지만, 이때가 천보 8재라는 주장은 『책부원구』에 실린 내용을 그루쎄가 인용한 것이다. 그런데 토화라 영역은 파미르 고원 서쪽으로, 오늘날 북부 아프가니스탄과 파키스탄 일부가 포함된 지역이다.

현종 개원 17년 骨咄祿頓達度를 唐이 토화라 葉護(王)[67]와 挹怛왕으로 책봉하였는데, 이는 토화라 안에 읍달도 함께 살았기 때문에 읍달왕이라고 당이 두 王號를 동시에 주었다. 당이 이와 같은 책봉한 것은 토화라왕이 서돌궐족이었기 때문이다.[68] 옛 大夏가 唐代에는 토화라국이다.[69] 읍달은 옛 대하시대에 貴霜翎侯에 의해 통합되어 토화라에 섞여 살았다. 읍달을 달리 嚈噠이라고 한다.[70] 또 佐伯好郎이 3세기 경 嚈噠에 기독교가 전파되었다고 주장한 嚈噠國과[71] 여기서 언급한 嚈噠이 동일한 나라다.[72] 挹怛國은 옛 大月氏로 王姓이 嚈噠이고,[73] 그 후 姓이 나라이름이 되었는데, 다시 와전되어 읍달이 되었다.[74] 고선지 장군이 토번 연운보와 소발률국을 정벌한 후 72국이 당에 복속할 때 읍달도 당에 사신을 보내 조공하였다. 읍달은 천보 7재(748) 6월[75]과 8월 庚戌[76] 두 차례에 걸쳐 당에 사신을 보내 조공하였다.

---

67) 『冊府元龜』 권966, 「外臣部」 '繼襲' 吐火羅國의 開元17年조, 11365쪽.

68) 『新唐書』 권221하, 「吐火羅傳」 乃冊其君骨咄祿頓達度爲吐火羅葉護조, 6252쪽.

69) 『新唐書』 권221하, 「吐火羅傳」 居葱嶺西조, 6252쪽 ; 『新唐書』 권221하, 「挹怛國傳」 大夏卽吐火羅也조, 6252~6253쪽.

70) 『通典』 권193, 「嚈噠傳」 挹怛同조, 5259쪽.

71) 佐伯好郎, 1943, 『支那基督教の研究, 1』, 東京 : 春秋社松柏館, 113~114쪽.

72) 지배선, 1992, 「中國 唐代의 基督教－景教를 중심으로」, 『人文科學』 68, 연세대 인문과학연구소, 227~228쪽.

73) 『新唐書』 권221하, 「挹怛國傳」 嚈噠, 王姓也조, 6253쪽.

74) 『新唐書』 권221하, 「挹怛國傳」 挹怛國조, 6252~6253쪽.

75) 『冊府元龜』 권971, 「外臣部」 '朝貢' 天寶 7載 6月 罽賓國挹怛國並遣使朝貢조, 11413쪽.

읍달도 康國과 安國처럼 기독교를 신봉하였다. 참고로 토화라(아프가니스탄 북부 Hanabad)왕 骨咄祿頓達度는 失里忙伽羅의 토화라의 골돌록둔달독가 앞의 왕이다. 또 토화라 葉護 실리망가라는 천보 8재(749) 당에 사신을 파견해 朝賀했던 인물이다.[77] 이때(천보 8재) 토화라 엽호 실리망가라는 고선지가 발률을 정복한 후 朅師가 토번 재물을 받고 걸수 안에 토번의 3천 병사를 주둔시키고 있어 걱정이 되니 고선지의 안서병마를 동원해 소발률국에 5월까지 도착을 청원하는 獻表를 올렸던 인물이다.[78]

『신당서』「토화라전」의 내용을 옮겨보자.

> 그 후, (吐火羅) 부근의 胡羯(朅)師가 토번을 끌어들여 吐火羅 공격을 도모하자, 이때 吐火羅 葉護 失里忙伽羅가 安西절도사에게 토벌하여 줄 것을 간청하였고 황제는 군대를 파견하여 이를 격파하였다.[79]

천보 8재(749) 胡羯師와 연합한 토번이 토화라를 침공하자, 이를 고선지 장군이 격퇴하였다. 이로 말미암아 토화라왕 실리망가라가 사신을 보내 당에 조공한 내용이 또 『全唐文』의 「吐火羅失里忙伽羅傳」에 있다.[80] 749년 안서절도사는 고선지 장군이었다. 그렇다면 토화라의 구원 요청이 있을 때, 현종의 명령으로 군사를 거느리고 호갈사와 연합한 토번 공격을 위해 토화라에서 그들 연합세력을 격파했던 장군도 고선지다.

이때 고선지가 당 현종의 명령을 받고 파미르 고원의 토화라에만 진군한 것이 아니다. 箇失蜜의 북으로 5백 리 밖에 勃律이 있다. 토화라와 걸사와 이웃한 개실밀로 진군한 고선지는 전과를 거두었다. 唐 현종이 開元 8년에 箇失蜜王 眞陀羅祕利를 책봉할 때부터 당과 개실밀의 본격적인 교류가 있었

---

76) 『冊府元龜』 권975, 「外臣部」 '褒異' 天寶 7載 8月 庚戌조, 11458쪽.

77) 『冊府元龜』 권966, 「外臣部」 '繼襲' 吐火羅國의 天寶 8載조, 11365쪽.

78) 『唐會要』 권99, 「吐火羅國」 天寶 8載조(1990, 中華書局), 1773쪽 ; 『冊府元龜』 권999, 「外臣部」 '請求' (天寶)8載 吐火羅葉護조, 11724쪽.

79) 『新唐書』 권221하, 「吐火羅傳」, 6252쪽, "其後, 鄰胡羯師謀引吐蕃攻吐火羅, 於是葉護失里忙伽羅丐安西兵助討, 帝爲出師破之".

80) 『全唐文』 권999, 「吐火羅失里忙伽羅傳」, 4592쪽.

다.[81] 고선지 장군이 개실밀로 진군하게 된 까닭은 747년에 토번 연운보와 소발률국 정벌로 야기된 문제 때문이다. 개실밀의 木多筆이 즉위한 후 物理多를 사신으로 당에 파견하였을 때[82] 당 현종에게 올린 「請賜箇失蜜王勅書表」에 그 자세한 경위가 언급되었다. 그 내용은 개실밀에 전부터 吐蕃城이 있었으며, 고선지 장군이 소발률국을 정벌한 후 토번은 그 성에 추가로 3천 명의 병사를 주둔시켰다. 그로 말미암아 토번이 개실밀을 위협해오니 안서병마가 5월에 소발률국을 출발, 6월에 대발률국에 도착하도록 요청한 表다.[83] 그 후 개실밀은 唐에 대해 職貢이 끊이지 않았다는 사실로[84] 보면, 고선지가 개실밀 안 토번성을 격파하였음을 알 수 있다.

고선지 장군은 토화라를 침공한 羯師와 토번 정벌과 개실밀 내의 토번성의 토번군 격파로 당의 속국 소발률국을 둘러싼 주변국들이 당의 도독부로 급속하게 재편되었다. 이러한 사실의 일부에 대해 오렐 스타인도 언급하였다. 여기서 스타인의 이야기를 들어보자.

> 매우 중요한 백과사전 『冊府元龜』에 포함되어 있고, 지금은 샤반느(M. Chavannes)의 연구에 사용된 중요한 외교문서 중에, 토하라 혹은 옥서스에 있는 토하리스탄의 지배자 失里忙伽羅가 749년에 당 황실에 보낸 상서 기록이 포함되어 있다. 이 문서의 내용 가운데 일부가 고선지의 원정 직후 길기트 계곡의 상황을 가늠하게 해 준다. 오늘날의 바다크샨과 옥서스 북쪽 언덕의 몇몇 지역을 포함한 영토를 관할하면서 중국으로부터 책봉 받은 제후는 높은 산으로 보호된다는 것을 믿고, 토번과 연합하고 있는 朅帥라 불리는 이웃 산악 국가에 대해 불평하였다. 그 수장은 小勃律國 영토가 제한되었을 뿐만 아니라 인구가 밀집한 것 ; (더 나아가) 그 지역에서 경작할 수 있는 땅이 얼마 되지 않았기 때문에, 그 결과 군대가 그곳에 주둔할 경우 물자 공급이 수월하지 않다는 것을 알았다. 그리하여 소금과 쌀을 카슈미르에서 살 필요성이 발생하였으나, 이것마저 쉽지 않았다. 그래서 카라반 상인들은 반드시 가고 올 때마다 朅帥 왕국을 통과해야만 했다 ; 그리하여

81) 『新唐書』 권221하, 「箇失蜜傳」, 6255~6256쪽.
82) 『新唐書』 권221하, 「箇失蜜傳」, 6256쪽.
83) 『全唐文』 권999, 「請賜箇失蜜王勅書表」, 4592쪽.
84) 『新唐書』 권221하, 「箇失蜜傳」 自是職貢有常조, 6256쪽.

> 朅師왕은 토번인들이 바치는 선물을 받았으며, 토번인들은 小勃律國에 이르는 중요 통로를 장악할 수 있게 하여 줄 근거지를 그의 영토 내에 건설해야 한다고 주장했다. 고선지가 小勃律國까지의 통로를 개척한 이래 그곳에 3,000명 이상의 군사가 있었으며, 小勃律國은 고선지에 의해 공파되었다. 토번과 동맹을 맺었던 朅師왕은 小勃律國의 열악한 상황을 이용해 이곳을 침략하기로 결정하였다.85)

이는 고선지 장군이 747년 토번 연운보와 소발률국을 정벌하고 난 후, 소발률국을 위시한 지역에서 변화가 일어난 사실을 스타인이 『책부원귀』를 중심으로 정리한 것이다. 그런데 위 내용 일부는 『신당서』「토화라전」의 기록과 중복된다.86)

여기서는 위의 내용 가운데 마지막 부분에 朅師왕이 토번과 연합하여 소발률국을 침략하기로 계획하였다는 사실을 주목하고 싶다. 그 이유는 고선지 장군이 750년 장안으로 입성할 때 朅師왕을 장안으로 잡아 왔다는 사실과 관련 있기 때문이다. 많은 서양 학자들이 고선지 장군을 이웃 약소국을 이유없이 침략한 인물로 잘못 묘사하였다. 이는 고선지 장군을 욕심 많은 인물로 기록한 서양 학자들의 엉터리 주장이다.

한편, 고선지 장군은 풍류 역시 즐겼던 사람이었다. 그 당시 장안에 高句麗樂

---

85) M. Aurel Stein, *op. cit.*, Ancient Khotan-Detailed report of archaeological explorations in Chinese Turkestan, p.11, Among the important diplomatic documents embodied in the great encyclopaedia Tse fu yüan kuei, and now rendered accessible by M. Chavannes' researches, there is found the record of a representation which Shih-li-mang-ch'ieh-lo, the ruler(jabgu) of T'y-ho-lo or Tokharistan on the Oxus, addressed in 747 A.D. to the Imperial Court. Its contents throw light on the situation prevailing in the Gilgit Valley immediately after Kao Hsien-chih's expedition. The prince, whose territory comprised the present Badakhshan, with some tracts on the northern bank of the Oxus, complains of a neighbouring hill-state called Chieh-shuai, which, relying on the protection of its high mountains, had allied itself with the Tibetans. Its chief knows that the territory of P'o-lü is limited, its population dense ; that the area available for cultivation is small, and consequently when garrison troops are placed there, the supplies fail. It then becomes necessary to purchases salt and rice in Kashmir(Ku-shih-mi) and it is thus that the difficult is met. The traders' caravans must on going and coming back, all pass by the kingdom of Chieh-shuai ; its king has therefore accepted the presents offered by the Tibetans, who claimed to establish a stronghold in his territory with a view to getting possession of the important route that leads into P'o-lü. Since Kao Hsien-chih opened up P'o-lü, there are 3,000 more troops there, and P'o-lü has been crushed by it. The King of Chieh-shuai, in alliance with the Tibetans, has taken advantage of the exhausted condition of P'o-lü and decided to invade it.

86) 『新唐書』 권221하, 「吐火羅傳」 其後조, 6252쪽.

이 유행하였다. 『구당서』의 「志」 音樂편 '高麗樂'에서 工人 의상과 아울러 춤은 4인이 한 팀이며, 어떤 악기가 있었다는 사실까지 구체적으로 기록되어 있어,[87] 고구려 멸망 후도 당에 고구려 음악이 유행하였다. '高麗樂'을 하는 工人 노래를 부르는 고구려인들이 상당수 있었다는 것은 고구려 유민들이 음악을 매우 즐겼다는 이야기와 통한다. 고구려 유민 고선지에게 그런 속성이 없을 리 없다. 구체적으로 개원년간에 장안의 궁중 大燕會에 '十部의 伎'가 동원되었는데, 그 가운데 3번이 西涼伎, 5번이 '高麗伎', 6번이 龜玆伎, 8번이 疏勒伎, 10번이 康國伎였다는 대목이 흥미롭다.[88] 또 高句麗伎 외에 다른 伎를 언급한 이유는 고선지가 그런 지역에서 장군 생활하면서, 그 지역 음악을 즐겼을 것이라는 추측을 뒷받침하는 사실이기 때문에 언급하였다. 이미 수나라 煬帝시대부터 龜玆伎·疏勒伎·康國伎와 더불어 '九部의 伎'에 포함될 정도로 '高麗伎'는 유명하였다.[89] 고려기가 중국으로 건너갔던 것은 남북조시대의 송나라였다.[90] 그런데 고선지의 안서도호부에 '高麗樂'처럼 '龜玆樂'이 있어 고구려음악처럼 그가 들으며 향수를 달랠 수 있었다. 쿠차국에서 '俗善歌樂'이라 표현할 정도로 쿠차에서는 음악이 꽤나 유행하였다.[91] 이렇게 쿠차악이 뛰어나게 된 배경은 현장의 『대당서역기』에서도 언급되었다. 즉 쿠차는 다양한 과일 등이 풍족할 뿐만 아니라 지하자원까지 풍부하였다. 게다가 쿠차는 서역북로의 요충지라서 외국상인들의 빈번한 왕래로 매우 번창한 상업도시였다. 이런 이유 때문에 현장은 쿠차가 '管絃伎樂, 特善諸國'이라 표현하였다. 이는 음악 예술이 발달할 수 있는 모든 조건이 구비되었기 때문에 '龜玆樂'과 '龜玆伎'가 서역 제일이라고 현장이 느꼈던 모양이다.[92]

고선지 장군이 음악을 즐겼다는 사실은 키르기스스탄의 V. 플로스키흐가 편집한 『탈라스 전투』의 「가오 샨치쥐(고선지)의 환상」에서 자세히 다루고

87) 『舊唐書』 권29, 「志」9 音樂2 '高麗樂'조, 1069~1070쪽.
88) 『通典』 권144, 「樂」4 '樂懸' 凡大燕會조, 3687~3688쪽.
89) 『通典』 권146, 「樂」6 '四方樂' 至煬帝조, 3726쪽.
90) 『通典』 권146, 「樂」6 '四方樂' 宋代得高麗조, 3726쪽.
91) 『新唐書』 권221상, 「龜玆傳」 俗善歌樂조, 6230쪽.
92) 『大唐西域記』 권1, 「屈支國」 宜糜麥조, 54~55쪽.

있다.

> 하지만 왜 서두르겠는가? 총사령관 가오 샨치쥐는 자신의 힘을 확신하고 있었다. 만 명의 용사들, 누가 그들에게 대항할 수 있겠는가? 그는 심지어 그러한 것을 허용할 생각조차 하지 못했다. 어떤 대항자라도 소탕될 것이고, 포드네베스의 용맹한 부대들에 의해 섬멸될 것이다. 총사령관의 목 뒤쪽에서 그의 개인 짐마차가 가고 있었다. 수십 개의 짐수레가 개인 소유의 화려한 침실, 식기, 요리사의 감시 하에 호화로운 음식물들을 싣고 있었다. 바로 그 뒤를 포로인 소그드인 무용수들과 쿠차에서 온 음악가들이 뒤따르고 있었다. 총사령관은 음악 없이 단 하루도 살지 못하는 사람이었다.[93)]

이는 '제2차 석국 정벌 전쟁'을 위해 출정하는 당나라 군사를 지휘하는 고선지 장군과 관련된 사실에 대한 무슬림 측의 설명이다. 우선 '만 명의 용사'라는 칭호는 고선지 장군이 휘하에 거느린 정예부대라고 본다. 어쩌면 만 명의 용사는 토번 연운보 함락과 소발률국 정복 후 부터 고선지 장군 휘하 특수부대라고 볼 수 있다. 이 부대 명칭은 중앙아시아에서는 가공할 '포드네베스'라고 불렸던 모양이다.

위의 사실에서 주목하고 싶은 것은 총사령관 고선지의 뒤를 따르는 개인 짐마차다. 그 모든 물건들을 호사스럽게 표현한 것은 중앙아시아에서 고선지 장군에 대한 경외감과 연관될 것 같다. 필자가 특히 주목하는 것은 고선지 장군을 따르는 포로인 소그드인 무용수와 쿠차에서 데려온 음악가들이다. 다시 말해 소그드(康國)인 무용수와 쿠차에서 온 음악가들을 고선지 장군이 전쟁터까지 데리고 다녔다는 사실이다. 이는 앞서 언급한 康國伎樂과 龜玆伎樂과 같은 의미다. 게다가 위의 기록대로라면 고선지 장군은 음악 없이 단 하루도 살지 못할 정도의 음악 애호가였다. 이는 고선지가 장군으로서의 능력이 출중할 뿐 아니라 음악마저 조예가 매우 깊었다는 이야기다. 여기서 고선지 장군을 탁월한 지혜는 물론 예술적 재능도 가진 인물로 평가하고

---

93) V. 플로스키흐, 2005, 『탈라스 전투』, 비슈케크 "샴" 원문, 44쪽.

싶다. 필자는 고선지 장군에 의해 서역 음악과 춤이 크게 행하여졌다고 본다. 그 중에 특히 강국기악과 쿠차기악이 대유행하였으리라는 것은 쉽게 짐작된다. 그 이유는 쿠차악이 高句麗樂처럼 4인이 춤추며 이때 다룬 악기종류는 달랐으나 고구려악처럼 15개 악기를 사용하였던 것마저 같기 때문이다.94) 여러 가지 면으로 고구려악과 쿠차악이 비슷하여 고선지 장군이 즐겨 듣고 보았던 것과 같았기 때문에 쿠차기악을 즐겼던 것 같다. 또 고구려는 '窟䍕子' 또는 '魁䍕子'라는 인형극을 즐길 정도로 예술성이 대단한 나라였다.95) 또 北齊 後主 高緯가 '굴뢰자'를 퍽이나 좋아했다.96) 이와 관련된 고구려 '굴뢰자'의 사실은 隋에서 黃門侍郎을 지냈고 당의 右光祿大夫를 지낸 裴矩가97) 지은 『高麗風俗』과 작자미상의 『奉使高麗記』를 본다면98) '고려악'과 '굴뢰자'에 대해 구체적 사항을 알 수 있다고 본다. 그러나 『翰苑』에 인용된 註에 『高麗記』 일부가 전할 뿐이다. 필자 견해로는 『봉사고려기』와 『고려기』는 같은 책이다. 『고려기』는 貞觀 14년 고구려 태자 桓權을 입조시켜 國學 입학을 요청한 데 대해,99) 그 다음해 당 太宗이 答使 陳大德을 파견해100) 고구려

아프라시압에는 오늘날 고대의 많은 악기가 전해진다. 이 중에는 고선지 시대에 유행했던 康居樂 악기도 있다. 아프라시압 박물관 소장

94) 『舊唐書』 권29, 「志」9 音樂2 龜玆樂조, 1071쪽.

95) 『舊唐書』 권29, 「志」9 音樂2 窟䍕子조, 1074쪽.

96) 『通典』 권146, 「樂」6 '散樂' 北齊後主高緯조, 3730쪽.

97) 『舊唐書』 권63, 「裴矩傳」 以前後渡遼功조, 2408쪽.

98) 『舊唐書』 권46, 「志」26 '經籍'상 奉使高麗記一卷조, 2016쪽 ; 『通志』 권66, 「右名山洞府」 奉使高麗記조(上海人民出版社. 電子版).

99) 『舊唐書』 권199상, 「高麗傳」 (貞觀)14年조, 5321쪽.

100) 『新唐書』 권220, 「高麗傳」 久之조, 6187쪽.

內情을 염탐한 보고서다.[101] 이외에 5세기 고구려인의 생활을 생생하게 전해주는 長川1호분에서 악기 연주·가무 등을 관람하는 벽화를 통해 고구려에 춤과 음악이 널리 유행했음을 알 수 있다.[102] 고구려악의 공인들의 모습에 대하여는 『구당서』의 「音樂志」에 자세하다.

> 樂工은 새의 깃털을 꽂은 자색 비단 모자를 쓰고, 황색 소매가 넓은 옷을 입었으며, 자색 비단 띠를 띠고, 통이 넓은 바지를 입고, 붉은 가죽신을 신었는데, 오색 줄이 있었다. 춤추는 4인은, 뒤로 머리를 묶어 상투를 틀었고, 이마에 붉은 색 띠를 두르고, 금귀고리를 장식하였다. 2인은 황색의 치마와 저고리, 적황색 바지를 입었다. 소매가 매우 길었고, 검은 가죽신을 신었는데, 쌍쌍이 함께 서서 춤을 추었다.[103]

이것은 고구려 樂工과 舞者들의 모습에서 고구려인의 복식을 재조명할 수 있는 중요한 자료다. 물론 위의 고구려 악공과 무자들의 모습은 고구려 고분벽화에 나타난 모습과 같다. 그런데 여기서 주목하고 싶은 것은 모자 형태가 鳥羽冠이었다는 사실이다. 오늘날 중앙아시아 사마르칸트의 벽화에서 7세기 초 조우관을 쓴 고구려인의 武士모습을 볼 수 있다. 다시 말해 고구려인의 세계관이 중앙아시아까지 포함되었다는 것을 알 수 있다. 이는 농경민족이 세운 당나라보다 고구려인의 보편적 세계관이 넓다는 것을 시사한다. 고구려 유민 高舍鷄도 오늘날 중앙아시아의 여러 나라에 관한 사정에 대해 알고 있었다고 본다. 자식교육에 정성을 쏟아부었던 고사계가 그의 아들 고선지에게 고구려인의 광범위한 세계관이 담긴 이야기를 들려주지 않았을 리 없다. 뿐만 아니라 고사계는 아들에게 고구려의 노래와 호탕한 춤도 전수하였다고

---

101) 吉田光男, 1977, 「『翰苑』註所引 『高麗記』について－特に筆者と作成年次－」, 『朝鮮學報』 85, 1~30쪽.

102) 이범진, 2010, 「도굴된 고구려 벽화 행방은…」, 『주간조선』 2097, 10~15쪽, 長川1호분의 생활풍속도 벽화가 2000년에 도굴되었다.

103) 『舊唐書』 권29, 「志」9 '音樂'2, 高麗樂조, 1069쪽, "工人紫羅帽, 飾以鳥羽, 黃大袖, 紫羅帶, 大口袴, 赤皮靴, 五色縚繩. 舞者四人, 椎髻於後, 以絳抹額, 飾以金璫. 二人黃裙襦, 赤黃袴, 極長其袖, 烏皮靴, 雙雙並立而舞" ; 『通典』 권146, 「樂」6 '四方樂' 高麗樂조, 3722쪽.

본다. 그런 고선지였기에 토번 연운보를 정복하고 난 후 고구려의 기상이 그의 뇌리에 전광석화처럼 스쳐가면서, 고구려의 노래와 춤을 회상했을 것 같다.

749년 고선지 장군은 토번 연운보를 제압함으로써 중국이 서역에서 헤게모니를 거머쥐게 한 공로자였다. 이때 당은 그가 파미르 일대를 평정한 공적으로 다음과 같이 포상하였다.

> (天寶) 8년 (高仙芝가) 입조하였는데, 그에게 特進을 더해 주었고, 또 左金吾衛大將軍同正員을 겸하게 하였다. 또한 (高仙芝의) 한 아들에게 5品官을 하사하였다.[104)]

이는 사진절도사 고선지가 자신의 맡은 바 임무를 충실히 수행하였다는 증거로 해석하고 싶다. 앞서 말한 것과 같이 『신·구당서』의 「고선지전」에는 천보 7재에 고선지가 무엇을 하였다는 구체적인 기록이 없는데도 불구하고, 그 이듬해인 천보 8재에 고선지가 입조하자, 唐朝에서 特進이라는 벼슬을 주었다. 아울러 고선지에게 左金吾衛大將軍同正員이라는 벼슬을 겸직하도록 하였다는 사실 등에서 천보 7재에도 고선지가 계속하여 서역 평정을 위해 많은 공을 세웠다는 것을 알 수 있다. 고선지뿐 아니라 그의 한 아들에게도 五品官을 주었다는 것은,[105)] 이런 가설을 더욱 분명하게 뒷받침한다. 이는 마치 아버지 고사계의 공훈으로 안서에서 고선지가 나이 20여 세에 유격장군으로 임명되었던[106)] 케이스와 흡사하다. 그런데 안타깝게도 필자는 고선지 아들의 이름 등에 관해서는 사서에서 찾지 못했다. 이는 후일 고선지 장군이 안녹산의 난을 저지시켰는데도 불구하고 그의 승승장구를 두려워한 어리석은 당의 정치가들에 의해 무참하게 죽었던 사실과 연관 있는 것 같다. 다시 말해서 조정에서 역신으로 몰아 죽인 인물의 자식에 대한 기록이 남아있는

---

104) 『舊唐書』 권104, 「高仙芝傳」, 3206쪽, "八載, 入朝, 加特進, 兼左金吾衛大將軍同正員, 仍與一子五品官".

105) 고선지 장군의 아들, 본문에서 5品官을 받았던 인물을 횡성 고씨 문중에서는 고씨 조상으로 연결시켰다.

106) 『新唐書』 권135, 「高仙芝傳」 仙芝年 二十餘조, 4576쪽.

예는 드물다.

토번 연운보와 소발률국을 점령하고 개선했다는 소식은 당에게 커다란 기쁨이었다. 이에 고선지가 탄 말을 칭송하기도 하였다. 고선지의 말을 찬미하기 위해 杜甫는 「高都護驄馬行」을 지었다. 이 詩를 짓게 된 배경은 고선지 장군이 토번 연운보와 소발률국을 정벌한 후인 천보 7재 또는 8재에 고선지 장군이 장안에 입조할 때 맞춰진 것으로 알려지고 있다. 시기야 어쨌든 「고도호총마행」은 고선지 장군의 소발률국 정복 후 지어졌다.[107] 이 「고도호총마행」 시가 소발률국 정벌 후 지어졌다는 것은, 당 조정에게 토번 연운보와 소발률국 정벌이 얼마나 대단했으면 고선지가 탄 말을 칭송하는 詩까지 지었나 하는 생각을 하게 한다. 하지만 다른 한편으로, 고구려 유민 고선지 장군 칭송이 내키지 않아서 그가 탔던 말을 칭송하였던 것 같다. 이 고선지의 말을 찬미하는 「고도호총마행」이란 노래는 지금도 전해지고 있다. 그런데 『全唐詩』에서 「고도호총마행」은 개원말 안서부도호 고선지를 위해 지어진 詩라고 기록하고 있다.[108]

안서도호의 푸른 胡馬
이름을 날리고 별안간 동으로 왔네
전장에서는 당할 자 없었고
주인과 한마음으로 큰 공을 세웠네
공을 이루니 함께 다니는 데마다 대우 극진했네
아득히 먼 곳 타클라마칸 사막에서 나는 듯 왔네
빼어난 자태 마구간에 엎드려 쉬는 은혜 마다하고
용맹한 기상 싸움터만 그리고 있지
날랜 말발굽 높아 쇠를 박차듯
交河에서 두꺼운 얼음을 몇 번이나 찼던고
오색 꽃무늬 흩어져 온 몸에 감도니
만리라 汗血馬를 이제 보았네

---

107) 『欽定四庫全書總目』 권149(『文淵閣四庫全書』 電子版, 上海人民出版社).

108) 『全唐詩 上』 권216, 「杜甫」(1996, 北京 : 中華書局), 2255쪽 ; 蘆葦, 「從唐詩中看唐代西北邊疆」, 228쪽.

長安의 장사들이야 감히 타보기나 하랴
번개보다 더 빠른 걸 세상이 아는데
푸른 실로 갈기 딴 채 늙고 있으니
언제나 西域 길을 다시 달릴까![109]

安西都護胡靑驄
聲價欻然來向東
此馬臨陣久無敵
與人一心成大功
攻成惠養隨所致
飄飄遠自流沙至
雄姿未受伏櫪恩
猛氣猶思戰場利
腕促蹄高如踣鐵
交河幾蹴曾冰裂
五花散作雲滿身
萬里方看汗流血
長安壯兒不敢騎
走過掣電傾城知
靑絲絡頭爲君老
何由卻出橫門道[110]

위의 七言古詩는 중국이 사라진다 해도 그가 읊은 시만은 영원히 남을 것이라는 당나라의 詩聖 두보가 지은 것이다. 이는 故 이용범 선생의 지적처럼 수륙 만 리 '파미르 고원'을 넘어서 장안으로 몰고 온 고선지 장군의 한혈마에 대한 두보의 예찬이다. 여기서 한혈마는 아라비아의 준마를 가리킨다. 달리 말해, 한혈마는 천리마다. 이를 고구려가 408년 南燕에 千里人(천리마처럼 잘 달리는 사람을 말함) 10명을 바쳤다는 사실과 연관시켜 보고 싶다. 이것은 고구려인 가운데 천리를 달릴 정도의 건각이 많았다는 걸 의미한다. 또 이때

109) 지배선, 2002, 『유럽문명의 아버지 고선지 평전』, 198쪽.
110) 『全唐詩 上』 권216, 「杜甫」, 2255쪽.

고구려가 남연에 천리마 한 필을 바쳤다는 기록이 있다.[111]

그렇다면 고선지가 천리마를 탔다는 사실은 고구려 사람만이 천리마를 다루었다는 뜻으로 해석할 수도 있을 듯하다. 두보가 한혈마를 탈줄 아는 이는 고선지밖에 없었다고 예찬했던 것은 어쩌면 고선지가 고구려 유민이라는 사실을 염두에 두고 한 말이었는지도 모른다.

위 시는 힌두쿠시 산록의 소국가 소발률국을 정벌하고 개선한 후 장안에 들어 온 고선지 장군이 복명했을 때 두보가 지은 시였다.[112] 이런 이유 때문에 시에서 두보는 고선지가 탔던 준마만 예찬했던 게 아니다. 즉, "장안의 장사들이야 감히 타보기나 하랴"라는 시구를 통해, 고선지 장군은 전쟁터에서 전략·전술뿐만 아니라 기마술마저 출중했다는 사실을 두보가 모두 인정하고 있는 셈이다.

고선지에 의해서 당은 파미르 고원은 물론이고 그 주위의 지배권을 장악하였을 뿐만 아니라 토번까지 굴복시켰다. 이에 대하여 트윗체는 다음과 같이 지적하였다.

> 755년에 토번왕이 죽자, 토번 조정은 사절단을 파견하여 당과 우호관계 수립을 추구하였다. 이에 중국은 토번 신왕 책봉에 대한 수여와 황제의 조문 글을 전달하기 위해 대사를 파견했다.[113]

이는 고선지에 의한 747년 소발률국과 750년 朅國의 정벌로 토번이 더 이상 당에 대항할 수 없었음을 확인하는 내용이다. 755년에 토번 왕이 죽자, 토번은 더 이상 중국을 적대적으로 생각하는 세력이 아닌, 섬기는 그런 나라로 당에 대한 정책을 수정하였다. 물론 이러한 결과는 안서절도사 고선지가

---

111) 지배선, 1998,「南燕과 고구려의 통교」,『中世 中國史 硏究－慕容燕과 北燕史－』, 연세대학교출판부, 216쪽 ;『十六國春秋輯補』 권62,「南燕錄」'慕容超'太上4年 高麗使至조(1976,『晉書』所收, 鼎文書局), 453쪽,

112)『欽定四庫全書總目』 권149.

113) Denis Twitchett, *op. cit.*, p.433, In 755 the Tibetan king died, and the Tibetan court sent an embassy seeking to establish friendly relations with the T'ang. A Chinese ambassador was sent to Tibet to invest the new king with Chinese titles and to convey the emperor's condolences.

파미르 고원을 효과적으로 지배했기 때문에 가능하였다. 앞에서 언급된 겁국은 파미르 고원에 있는 나라로 수나라 때부터 사서에 등장한 나라다.[114)]

당은 河源 서쪽의 토번 석보성을 함락시키기 위해 여러 해 동안 군사작전을 펼쳤지만 그때마다 실패하였다. 하지만 고선지가 토번 연운보와 소발률국을 정복한 이듬해 농우절도사 가서한이 석보성을 함락시켰다.[115)] 이는 고선지에 의해 토번이 서역으로 통하는 길이 봉쇄되었을 뿐 아니라 군사적 패배도 극복하지 못했기에 다시 농우절도사 가서한에게 석보성마저 빼앗겼다는 의미다. 바꾸어 말하면 토번의 석보성을 가서한이 함락시킨 것이 아니라 고선지가 토번 군사력을 무력화시켰기 때문에 얻은 결과라고도 할 수 있다. 당은 두 번 다시 토번에 석보성을 뺏기지 않으려는 의지 표현으로, 749년 윤6월 석보성을 神武軍이라 하였고, 劍南西山索磨川에 保寧都護府를 만들어 牂柯와 토번을 관리하게 하여 석보성 일대의 방어를 강화하였다.[116)] 즉 당은 토번 침공에 대비하려고 새로운 도호부를 신설하여 많은 상비군을 주둔시켰음은 물론이다. 당의 석보성 탈환은 천보 8재 고선지가 장안에 입조하여 조정이 고선지에게 추가로 관직과 아울러 그의 아들에게도 5품관을 준 것과 연관성이 있다.

고선지에 의한 토번 연운보와 소발률국 정벌의 영향은 계속되었고, 천보 2년부터 토번 洪濟城을 뺏으려는 부단한 시도는 성공하였다. 즉 천보 12재 5월 농우절도사 가서한이 토번 홍제성과 대막문성을 빼앗으면서 九曲故地도 수복하였다.[117)] 그 후 천보년간 토번의 강력한 部族[118)]인 蘇毗왕 沒陵贊이 당에 투항하려하자 토번에 의해 죽임을 당하였다.[119)] 천보 14재 정월 蘇毗왕자 悉諾邏가 토번을 탈출하여 당에 투항하였다.[120)] 그해 4월 癸巳에 당은 소비

114) 『通典』 권193, 「邊防」9 劫國, 隋時聞焉. 在葱嶺中조, 5277쪽.

115) 『舊唐書』 권196상, 「吐蕃傳」 (天寶) 7載조, 5235쪽.

116) 『資治通鑑』 권216, 「唐紀」32 玄宗 天寶 8載 閏 6月 乙丑조, 6896쪽.

117) 『資治通鑑』 권216, 「唐紀」32 玄宗 天寶 12載 5月 隴右節度使哥舒翰조, 6918쪽.

118) 『資治通鑑』 권217, 「唐紀」33 玄宗 天寶 14載 正月조, 6929쪽, 『新唐書』에 의하면 蘇毗는 토번의 강력한 部族이다.

119) 『新唐書』 권221하, 「西域傳」 '蘇毗' 天寶中조, 6257쪽.

120) 『新唐書』 권216상, 「吐蕃傳」 哥舒翰破 洪濟·大莫門諸城조, 6067쪽.

왕자 실락라를 懷義王이라는 작위를 주면서 李忠信이라고 賜名했다.[121] 소비에서 일어난 일련의 사태는 고선지의 연운보와 소발률 정벌 영향이 이때까지 지속되었다는 증거로 해석하여도 좋다.

고선지가 토번 연운보 공격에 앞서 주변 평정과 아울러 보급품 확보를 위해 진격하였던 호밀국의 왕이 749년 당에 입조하였다. 즉 "8월, 을해, 호밀왕 羅眞檀이 입조하여, 宿衛하기를 요청하니, 당이 이를 허락하면서, 左武衛장군으로 제수하였다"[122]는 사실이 그것이다. 뒤이어 같은 해 호밀국의 서쪽 토화라엽호 실리달가라도 당에 사신을 파견하면서 表를 올렸다.

> 11월에 吐火羅葉護 失里怛伽羅가 사자를 보내 표를 올려 말하길 "朅師(인도북부)王이 스스로 토번에 붙어서 小勃律國(카슈미르 Gilgit)에 진을 친 군대를 어렵고 힘들게 할 뿐 아니라 식량 보내는 길을 막고 있습니다. 제 생각으로는 흉악한 무리를 깨뜨리고자 하니, 바라건대, 安西의 군사를 발동해 주신다면, 내년 정월에는 小勃律國에 이르고 6월에는 大勃律國에 도착할 것입니다."라고 아뢰자, 임금이 이를 허락하였다.'[123]

이는 토화라가 朅師와 토번의 제휴로 소발률국을 지키는 당의 鎭軍의 식량수송이 걱정되니 안서군사를 출정시켜 줄 것을 청원한 사실이다. 구체적으로 말하면 천보 8재에 토화라엽호 실리달가라가 당 현종에게 표를 올린 내용 가운데 걸사가 토번과 연합하여 걸사국 안에 토번성을 두고 군사를 삼천 명이나 배치하였다는 내용 때문이다.[124] 한편 소발률국의 당 진군은 고선지가 소발률국 정벌을 하고 나서 그곳을 지배하기 위해 주둔시킨 군사다. 이때

---

121) 『通鑑記事本末』 권32, 「吐蕃入寇」 天寶 14載 正月조, 2979쪽.

122) 『資治通鑑』 권216, 「唐紀」32 玄宗 天寶 8載조, 6897쪽, "八月, 乙亥, 護密王羅眞檀入朝, 請留宿衛, 許之, 拜左武衛將軍" ; 『冊府元龜』 권975, 「外臣部」 '褒異2' 天寶 8載 8月 乙亥조, 11458쪽.

123) 『資治通鑑』 권216, 「唐紀」32 玄宗 天寶 8載조, 6897쪽, "十一月, 乙未, 吐火羅葉護失里怛伽羅遣使表稱, '朅師王親附吐蕃, 困苦小勃律鎭軍, 阻其糧道, 臣思破凶徒, 望發安西兵, 以來歲正月至小勃律, 六月至大勃律'. 上 許之".

124) 『冊府元龜』 권999, 「外臣部」의 「請求」 天寶 八載 吐火羅葉護조, 11724쪽. 『冊府元龜』에서는 삼천 명이 아니라 이천 명의 병사가 주둔하였다고 하며, 또 朅師가 朅帥로 표기되었다 ; 佐藤長, 「長慶會盟前後」, 『古代チベット史研究』下, 654쪽.

당 현종이 토화라엽호 요청을 허락한 것은 안서군사가 소발률국으로 출정함을 뜻한다. 그런데 朅師의 북부에 토화라가 위치하였다.[125)]

749년 11월 토화라엽호 실리달가라의 요청대로 안서절도사 고선지는 걸사국을 향해 원정을 떠났다.

> 安西절도사 고선지는 朅師國(인도북부)을 깨뜨리고 그 王 勃特沒을 사로잡았다. 3월, 경자일에 勃特沒의 형 素迦를 朅師王으로 삼았다.[126)]

750년 2월 고선지는 당 현종의 명령대로 朅師國을 점령하면서, 그 국왕 勃特沒을 생포하였다, 그해 3월 걸사국왕 발특몰을 왕위에서 몰아내고 발특몰의 형 素迦를 왕으로 세움으로써 당은 걸사국을 확고하게 지배했다.[127)] 이로 말미암아 걸사국이 토번과 제휴하여 소발률국에 주둔한 당의 鎭軍에 대한 식량보급 방해공작을 무산시켰으며, 토번이 걸사국을 이용하여 서방세계로 진출하려는 시도를 꺾었다. 다시 말해 안서도호부가 힌두쿠시산맥 서부의 여러 나라에 대해 확고한 통제권을 재확인한 고선지의 '제2차 파미르 원정'이다. 또 이는 천보 8재 걸사가 토번과 연합하여 토화라를 침공할 것에 대한 고선지 장군이 취해야할 조치였다.

고선지 장군이 걸사국을 점령할 때 동시에 대발률까지 복속시킨 일은 중요한 의미를 갖는다. 이는 후일 대발률이 당을 배반하였을 때 고선지의 충복으로 천보 12재(753)에 안서절도사에 오른 封常淸의 대발률 공격이 용이했던 것과 연관이 있다.[128)] 이때 봉상청은 대발률의 菩薩勞城[129)]까지 함락시킬 정도로 큰 개가를 거두었다. 그런데 이런 사실을 쓴 『구당서』에서 "(天寶) 12載(753)에 봉상청이 고선지를 대신하여, 대발률을 토벌하려고 군사를 賀薩勞

125) 『資治通鑑』 권216, 「唐紀」32 玄宗 天寶 8載 11月조의 胡三省註, 6897쪽.

126) 『資治通鑑』 권216, 「唐紀」32 玄宗 天寶 9載 2月조, 6897쪽, "安西節度使高仙芝破朅師, 虜其王勃特沒. 三月, 庚子, 立勃特沒之兄素迦爲朅師王".

127) 『冊府元龜』 권965, 「外臣部」 '封冊' 天寶 9載 3月冊朅帥國王조, 11349쪽.

128) 『資治通鑑』 권216, 「唐紀」32 玄宗 天寶 12載 是歲조, 6920~6921쪽.

129) 『舊唐書』 권128, 「段秀實傳」 (天寶)12載조, 3583쪽, 菩薩勞城을 『舊唐書』의 「段秀實傳」에서는 賀薩勞城으로 기록하였다.

城으로 나아가서 한 번에 승리하였다."는 사실이 주목된다.[130] 그 이유는 천보 12재까지 고선지가 절도사였다는 이야기와 통하기 때문이다.

안서절도사가 맡은 지역의 반란세력을 응징하기 위한 원정에서 성공적으로 걸사왕을 생포하였을 뿐 아니라 그 국왕마저 교체시킬 정도로 고선지의 작전은 완벽하였다. 이 무렵 하서절도사나 농우절도사의 관할지에서 당이 늘 고전한 사실과 너무나도 대비가 된다. 만약 고선지가 안서지역에서 토번을 제압하지 못했다면 하서와 농우에서 당이 어려웠을 것이라는 것은 명약관화하다. 안서마저 토번이 우세하였다면 당의 京師까지 토번의 전쟁터가 될 수 있다고 판단되니, 고선지의 '제2차 파미르 원정'이 갖는 의미는 그 당시 당에 미친 영향이 매우 심대하였다고 말하여도 결코 과장된 말이 아니다.

토번이 당에 대해 위협적이었던 것은 천보 10재에도 계속되었다. 즉 4월에 劍南절도사 鮮于仲通이 南詔를 공격할 때였다. 그때 남조왕 閤羅鳳이 雲南에 城을 쌓고 돌아가겠다고 선우중통에게 말하였다.

> 지금 토번의 대군이 경계를 압박하고 있으니, 만약 나(의 요청)를 허락해주지 않으면, 나는 장차 토번에 귀부하게 할 것이니 雲南은 당의 소유가 아닐 것입니다.[131]

이는 운남성과 대치한 곳까지 토번의 대군이 상주하고 있다는 이야기다. 그래서 남조왕 합라봉이 토번과 연합하겠다는 선전포고였다. 그러나 선우중통은 사신을 잡아가두고 남조와 전투를 하다가 6만 명이나 전사하고 자신은 겨우 죽음을 면하였다. 남조왕 합라봉은 승전 기념탑처럼 京觀[132]을 쌓은 후, 북쪽으로 가서 토번의 신하가 되었다. 그렇다면 합라봉이 당 병사와 용감하게 전투할 수 있었던 것도 토번 대군을 의지한 심리적 요인이 컸다고

---

130) 『舊唐書』 권128, 「段秀實傳」 (天寶)12載조, 3583쪽.

131) 『資治通鑑』 권216, 「唐紀」32 玄宗 天寶 10載 4月조, 6907쪽, "今吐蕃大兵壓境, 若不許我, 我將歸命吐蕃, 雲南非唐有也".

132) 전투에서 승리하면 전공을 드러내기 위해 적의 시신을 높이 쌓아 올려 흙으로 만든 큰 무덤을 京觀이라 한다. 오늘날 탈라스 전투가 있었던 곳(키르기스스탄)에도 당 병사의 시신을 묻은 京觀이 남아 있다.

본다. 이후의 상황을 『자치통감』은 다음과 같이 적고 있다.

> 蠻語로 동생을 '種'이라고 하는데, 토번은 閤羅鳳에게 명하여 '贊普種'으로 하게 하고, 東帝라고 호칭하면서 金印을 주었다. 閤羅鳳은 나라의 문에 비석을 새겼는데 자신은 어쩔 수 없이 당을 배반하였다.[133)]

이는 남조 합라봉이 검남절도사 선우중통의 대군을 격파하고, 토번에 붙은 후 남조와 토번과의 관계에 대한 내용이다. 그런데 토번은 합라봉에게 토번왕의 아우라는 뜻의 '贊普種'이라는 칭호를 주었다는 사실은 의미가 크다. 그 이유는 토번이 남조와 결속하여 토번의 영향력이 운남까지 확대되었기 때문이다. 게다가 이때 당에서 남조 정벌을 위해 병사로 징집된 사람들의 통곡소리가 들판을 덮었다고 하니 남조와 토번에 대한 두려움이 그만큼 대단하였다.[134)]

천보 11재 6월에 楊國忠이 上奏한 내용 가운데 남조를 구원하려고 토번 병사 60만이 동원되었던 사실에서도 토번에 의한 운남 방면 진출 기세가 어느 정도 강하였는가를 가늠할 수 있다.[135)]

천보 11재에 남조와 토번관계 사실까지 언급한 의도는 고선지 장군이 토번세력 확장을 저지하기 위해 토번 연운보·소발률국은 물론이고 걸사국까지 공격한 것이 당의 역사에서 어느 정도 중요한 업적이었나를 여러 각도에서 평가하기 위함이었다.

그러나 749년 힌두쿠시 산맥 서쪽 나라들과 당이 교류한 사실을 열거하는 이유는 고선지의 토번 연운보와 소발률국 정벌의 결과로 나타난 사실이 무엇인가를 파악하기 위해서다.

고선지의 토번 연운보 정복 후 당과 토번의 공식적 교류는 천보 14재에도 있었다.

---

133) 『資治通鑑』 권216, 「唐紀」32 玄宗 天寶 10載 4月조, 6907쪽, "蠻語謂弟爲 '種', 吐蕃命閤羅鳳爲 '贊普種', 號曰東帝, 給以金印. 閤羅鳳刻碑於國門, 言己不得已而叛唐".

134) 『資治通鑑』 권216, 「唐紀」32 玄宗 天寶 10載 4月 於是行者愁怨조, 6907쪽.

135) 『資治通鑑』 권216, 「唐紀」32 玄宗 天寶 11載 6月 甲子조, 6912쪽.

天寶 14載 吐蕃 贊普 乞黎蘇籠獵贊이 죽자, 大臣은 그 아들 婆悉籠獵贊을 세워 임금으로 하고, 또 贊普로 삼았다. 현종은 京兆少尹 崔光遠에게 御史中丞을 겸해서 파견하여, 節을 가지고 책명의 서를 가져가 조문하게 하였다.136)

이는 755년에 토번 贊普 乞黎蘇籠獵贊이 죽은 후, 그의 아들 婆悉籠獵贊이 새로운 왕이 된 사실을137) 알리기 위해 토번 사신이 당에 입조한 사실이다. 이때 당은 사신을 토번으로 파견해 조문하였다. 고선지 장군의 토번 제압으로 고선지 장군이 살아있는 동안에 토번은 당을 공격하지 못했다.

같은 해(755년) 潼關에서 안녹산 반군을 막은 고선지를 당이 죽인 후, 동관 방어를 하기 위해 가서한이 차출된 후부터 토번은 당을 공격하였다. 고선지 장군이 무고하게 당에 의해 죽임을 당한 이듬해부터 토번은 당을 침범하였다. 肅宗 至德 元載(756)에 토번은 당의 威戎·神威·定戎·宣威·制勝·金天·天成 등과 石堡城·百谷城·雕窠城을 함락시켰다.138) 그뿐 아니다. 至德 2載 10월에 당의 西平마저 토번에게 함락되었다.139) 이와 같이 당의 변방을 토번이 점령하는 사태는 上元 원년까지 계속되었다. 한마디로 고선지 장군이 죽임을 당한 후부터, 당은 토번에 끌려 다녔다.

이는 현종치세에 뛰어난 전술과 전략으로 토번을 제압한 인물이 고선지였다는 이야기와 통한다. 만약 고선지 장군이 안녹산 반란을 진압한다면, 당은 고선지 장군의 위세를 제압할 수 없는 상황이 벌어질 것을 두려워했던 것 같다. 이와 같은 가설을 통해서 당이 왜 죄없는 고선지 장군에게 죄목을 꾸며서 죽였는지를 알 것 같다. 이에 대하여는 고선지 장군의 최후 광경을 설명할 때 다시 언급하겠다.

---

136) 『舊唐書』 권196상, 「吐蕃傳」, 5236쪽, "天寶十四載, 贊普乞黎蘇籠獵贊死, 大臣立其子婆悉籠獵贊爲主, 復爲贊普. 玄宗遣京兆少尹崔光遠兼御史中丞, 持節賚國信冊命弔祭之".

137) 『通鑑記事本末』 권32, 「吐蕃入寇」 天寶 14載 是歲조, 2979쪽.

138) 『通鑑記事本末』 권32, 「吐蕃入寇」 肅宗 至德 元載조, 2980쪽.

139) 『通鑑記事本末』 권32, 「吐蕃入寇」 至德 2載 冬10月조, 2980쪽.

제9장 당과 서돌궐 관계의 역사적 배경

1. 당 초기의 서돌궐 관계

突厥은 광대한 영역을 통치하기 위해 동돌궐과 서돌궐로 나뉘었다. 隋開皇 元年(581)에 돌궐의 大可汗 佗鉢이 재위 13년만에 죽자, 그의 아우 攝圖(沙鉢略可汗=始波羅)가 位에 오르면서, 돌궐은 동과 서로 분리되었다. 沙鉢羅可汗에 앞서 재위한 可汗 타발의 아들 菴羅는 第二可汗으로서 獨洛水가에 있으며 北方을 관할하였다. 반면 木柯可汗의 아들 大邏便은 阿波可汗으로 서방을 관리하였다.[1)]

『수서』「서돌궐전」에 의하면

> 西突厥은, 木柯可汗의 아들 大邏便이다. 沙鉢略과 不和하여, 이로 인해 둘로 나뉘어졌는데, 점점 강성하여져서, 東으로 (大可汗沙鉢略의 王庭의) 都斤을 겨루게 되었으며, 西는 金山을 넘어, 龜玆, 鐵勒, 伊吾 및 西域의 諸胡가 모두 여기에 붙었다.[2)]

라고 전한다. 즉 서돌궐이 목가가한의 아들 대라편에 의해 비롯되었음을 기록하고 있다. 그런데 목가가한은 土門의 아들로 이름이 俟斤이며, 또는 燕尹이라 한다.[3)] 서돌궐의 시작에 대하여 『통전』에서도,

> 그 나라는 烏孫의 故地에 살고 있는데, 東은 突厥國에 이르고, 西는 雷翥海에

1) 內田吟風, 1975, 「西突厥初世史の研究」, 『北アジア史研究－鮮卑柔然突厥篇』, 京都 : 同朋舍, 448~449쪽.

2) 『隋書』 권84, 「西突厥傳」, 1876쪽, "西突厥者, 木柯可汗之子大邏便也. 與沙鉢略有隙, 因分爲二, 漸以强盛. 東拒都斤, 西越金山, 龜玆, 鐵勒, 伊吾及西域諸胡悉附之".

3) 『通典』 권197, 「邊防」13 '突厥傳'상 木柯可汗조, 5403쪽.

> 이르고, 南은 疏勒에 이르고, 北은 瀚海에 이른다. 焉耆에서 西北으로 7일을 가면 南庭에 이르고, 南庭에서 또 正北으로 8일을 가면 北庭에 이른다.[4)]

라고 기록하고 있다. 『수서』나 『통전』에서는 공통적으로 서돌궐의 광활한 영토가 어느 지역인지를 설명하고 있다. 그런 사실보다 여기서 밝히고 싶은 것은 서돌궐이 동돌궐을 대신하는 세력으로 부상했다는 사실이다.

石國은 수나라 大業 5년(609)에 처음으로 당나라에 조공사신을 파견했다.[5)] 이때 당 태종이 중앙아시아로 진출하여 安西都護府와 磧西都護府를 만들었다. 이 중 伊·西·庭 三州를 合稱한 것이 磧西三州다. 『자치통감』 貞觀 4년조에는 다음과 같이 기록하고 있다.

> 9월 戊辰에, 伊吾의 城主가 入朝했다. 隋末에, 伊吾가 와서 귀속하여, 伊吾郡을 설치하였다. 隋가 어지러워지자, (伊吾는) 突厥의 신하가 되었다. (또 突厥可汗) 頡利가 멸망한 후, 자신에게 딸린 7城을 가지고 와서 항복하자, 이로 인해 그곳에 西伊州를 설치했다.[6)]

위 기사와 관련하여 光啓元年 寫本 『沙州·伊州地志殘卷』에서는 '정관 4년에 首領 石萬年이 7城을 들어 항복했다'라 하여 일치된 사실을 전한다.[7)] 이때 伊吾에서 唐에 항복한 수령 이름이 석만년이었다. 석만년은 중앙아시아 소그드 연방의 石國人이며, 서역인의 전통에 따라 姓으로 國名을 삼았다. 석만년이 휘하의 7성을 들어 항복하자, 당은 그곳에 西伊州를 설치하였다. 이는 唐이 磧外의 땅에 설치한 州인데, 다시 貞觀 6년에 伊州로 改名했다. 그런데 흥미로운 사실은 당이 석국에 서이주를 설치하기 2년 전(貞觀 2) 현장이 석국에서

---

4) 『通典』 권199, 「突厥傳」上 西突厥조. 605~735쪽(欽定四庫全書), "其國居烏孫之故地, 東至突厥國, 西至雷翥海, 南至疏勒,北至瀚海, 在京師西北七千里, 自焉耆國西北七日行, 至其南庭, 自南庭又正北八日行, 至其北庭".

5) 『通典』 권193, 「邊防」9 '石國傳' 隋大業5年조, 5275쪽.

6) 『資治通鑑』 권193, 「唐紀」9 太宗貞觀4年조, 6082쪽, "九月, 戊辰, 伊吾城主入朝. 隋末, 伊吾內屬, 置伊吾郡. 隋亂, 臣於突厥. 頡利旣滅, 擧其屬七城來降, 因以其地置西伊州".

7) 薛宗正, 1995, 『安西與北庭－唐代西陲邊硏究』, 20쪽.

보고 들은 것을 『대당서역기』에 기록하였다는 점이다. 현장이 석국에 갔을 때는 그곳을 赭時國이라고 부르고 있다. 자시국에 대해서 현장은 아래와 같이 기록하였다.

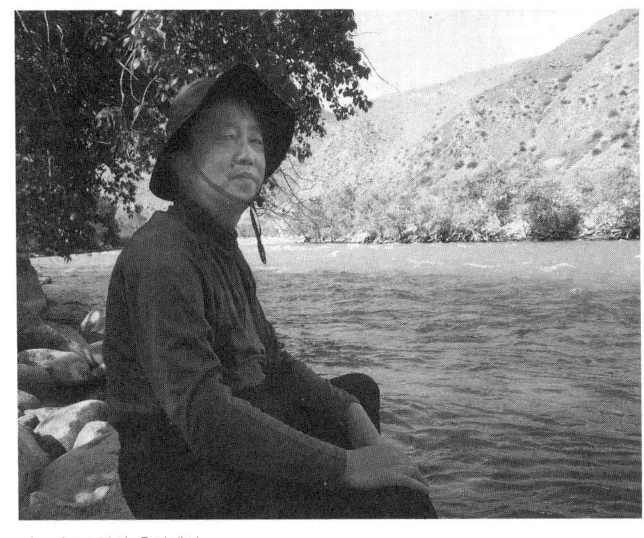
키르기스스탄의 츄강에서

> 타슈켄트(赭時, Tashkent, 오늘날 塔什干, 柘支 Chach의 譯音)국은 주위가 1천여 리로, 서쪽으로는 素葉河(楚河=Chu River)를 바라보고 있다. 동서는 좁고 남북은 길다. 산물과 기후는 누지칸드와 같다. 성이나 고을이 수십 개 있으나 각기 주군을 달리 받들고 있다. 전체의 군주는 없고 돌궐에 예속되어 있다. 이보다 동남쪽으로 1천여 리 가면 페르가나에 이른다.[8)]

赭時國은 『신·구당서』에 석국으로 기록된 그 나라다. 자시국의 생산물과 기후가 누지칸드(笯赤建國, 중세 이슬람 문헌에 보이는 Nujakath, Nujikath, Nujkath)와 같다. 笯赤建國에서 서쪽으로 2백 리를 가면 자시국이 있다. 그런데 현장이 구법 순례할 때(貞觀 2~3년) 자시국은 돌궐에 복속되었다.[9)] 그러나 정관 4년부터 석국이 당의 西伊州로 편제된 것은 돌궐이 당에 복속했기 때문이다.

정관 4년 돌궐 啓民可汗의 아들 頡利可汗이 당에 항복함으로 동돌궐시대는 막을 내렸다. 이에 대해 『구당서』의 「돌궐전」에 다음과 같은 기록이 있다.

---

8) 『大唐西域記』 권1, 「赭時國」, 82쪽, "赭時國周千餘里, 西臨葉河, 東西狹, 南北長. 土宜氣序, 同笯赤建國. 城邑數十, 各別君長, 既無總主, 役屬突厥".

9) 『大唐西域記』 권1, 「赭時國」 東西狹조, 82~83쪽, 赭時國은 石國, 赭支, 柘支, 柘折로 부르는데, 이는 모두 柘折城에서 音譯된 것이다.

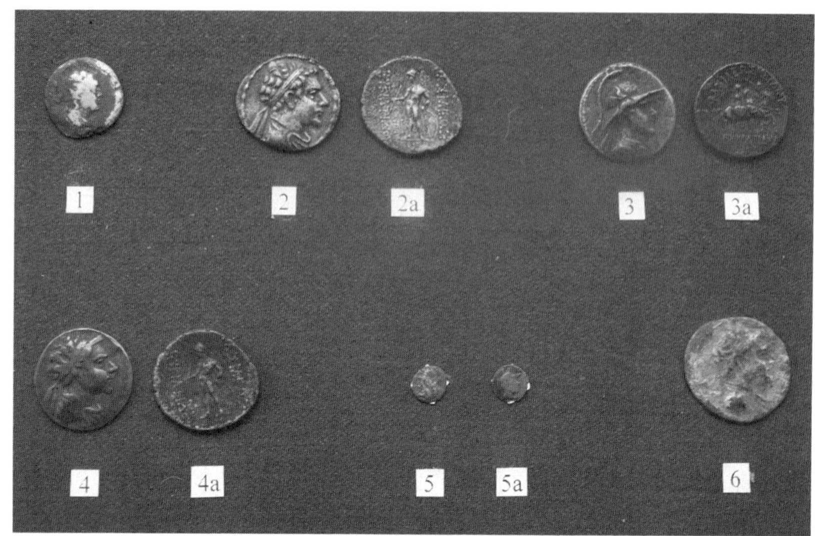

타슈켄트 지역에서 발굴된 B.C. 3~2C 그리스-박트리아 화폐. 석국이 기원전부터 동서교역의 요지였음을 설명해준다. 타슈켄트 박물관 소장, 필자 촬영

> 貞觀 4년 정월, 李靖은 진격하여 惡陽嶺(定襄의 남방)에 주둔하고, 定襄으로 夜襲하자, 頡利가 매우 놀라서, 본영을 사막의 입구까지 옮겼다. 胡人의 首領 康蘇密 등이, 드디어 隋의 蕭后와 楊政道를 데리고 항복해 왔다. 2월, 頡利는 다급하여서, 鐵山으로 도망하였는데도, 군사는 아직 數萬이나 되었으나, 執失思力을 파견하여, 조정에 가서 잘못하였다고 하면서, 온 나라를 들어 (唐에) 복속해 줄 것을 요청했다. 太宗은 鴻臚卿 唐儉·將軍 安修仁을 특사로 파견해 그들을 안심시키니, 頡利도 그래서 어느 정도 안심하였다. (李)靖은 그 틈을 타 습격하여, 큰 승리를 거두고, 드디어는 그 나라를 멸망시켰다. 頡利는 1일 千里를 달리는 말을 타고, 혼자서 從姪 沙鉢羅부락으로 도망하였다. 3월 行軍副總管 張寶相은 대군을 거느리고 沙鉢羅 진영을 포위 공격해서, 頡利를 생포하고 長安으로 끌고 왔다.[10)]

이는 貞觀 4년 정월부터 3월까지 3개월 동안 당의 군대가 돌궐 진영을

10) 『舊唐書』 권194상, 「突厥傳」상, 5159쪽, "(貞觀)四年正月, 李靖進屯惡陽嶺, 夜襲定襄, 頡利驚擾, 因徙牙於磧口, 胡酋康蘇密等遂以隋蕭后及楊政道來降. 二月 頡利計窘, 竄于鐵山, 兵尙數萬, 使執失思力入朝謝罪, 請擧國來附. 太宗遣鴻臚卿唐儉·將軍安修仁持節安撫之, 頡利稍自安. 靖乘間襲擊, 大破之, 遂滅其國. 頡利乘千里馬, 獨騎奔于從姪沙鉢羅部落. 三月, 行軍副總管張寶相率衆奄至沙鉢羅營, 生擒頡利送于京師".

키르기스스탄의 탈라스(TAΛAC) 지역임을 알리는 거리 표시물 앞에서

공격하여 돌궐이 멸망했다는 소식이다. 頡利는 당에게 몰리는 상황에서 화의하기 위해 執失思力을 당에 파견했는데, 그 때 집실사력은 돌궐 추장이었다.[11] 그 때 沙鉢羅부락으로 단신 도망한 頡利를 行軍副總管 張寶相이 생포해 장안으로 개선하니, 동돌궐시대가 막을 내렸다. 이로 인해 서역에서 새로이 셋으로 갈라진 부락이 등장하였고, 북아시아의 세력이 재편되었다. 당시 상황을 돌궐시대가 막을 내렸다고 이야기할 수는 없다. 돌궐은 다만 여럿으로 갈렸고, 그 중 서돌궐의 세력이 괄목할 정도로 성장하였다.

한편 동돌궐이 망하면서 석국이 당과 교섭이 빈번하게 되었다. 정관 8년(634) 석국이 당에 첫 조공사신을 보냈다.[12] 정관 13년 당에 조공한 서역 제국 가운데에는 석국에 대한 언급이 없으나, 이때 西突厥·康國·波斯 등이 등장한 것으로[13] 보아 서돌궐 휘하에 석국이 포함된 것 같다. 한마디로 당과 석국관계는 당 초부터 시작되었으며, 당 高宗 때 석국은 唐의 도독부로 기능하였다.

> 顯慶 3년, (石國의) 瞰羯城이 大宛都督府가 되었으며, 그(石國)왕 瞰土屯攝舍提於屈昭穆을 都督으로 임명하였다.[14]

---

11)『新唐書』 권110,「執失思力傳」執失思力조, 4116쪽.

12)『舊唐書』 권3,「太宗紀」貞觀 8年 是歲조, 44쪽.

13)『舊唐書』 권3,「太宗紀」貞觀 13年 是歲조, 51쪽.

14)『舊唐書』 권221하,「石國傳」, 6246쪽, "顯慶三年, 以瞰羯城爲大宛都督府, 授其王瞰土屯攝舍提於屈昭穆都督".

이 기사는 顯慶 3년(658)부터 唐이 석국왕을 大宛都督으로 임명하였다는 사실을 전한다. 바꾸어 말하면 석국이 당의 한 도독부로 전락될 정도로 당은 석국에 대하여 영향력을 행사하였다.

그런데 당이 顯慶 3년 석국에 大宛都督府를 설치하기 30년 전인 정관 2년(628)에 현장이 탈라스(呾邏私)성을 순례하며 남긴 기록은 의미가 크다. 7세기 초 탈라스 성이 동서교섭사에서 어떤 역할을 담당한 성이었는지를 알 수 있기 때문이다. 『대당서역기』의 呾邏私城에 대한 기록을 살펴보자.

> 千泉에서 서쪽으로 1백 40~50리 가면 呾邏私城(오늘날 탈라스 강가의 카자흐스탄 안의 잠불 부근)에 이른다. 城 주위는 8~9리인데, 여러 나라의 商胡가 잡거하고 있으며 산물과 기후는 대체로 수얍(素葉, Suyab)과 같다. 남쪽으로 10여 리 가면 자그마한 3백여 호의 성이 있으며 본래는 중국인들이다. 옛날 돌궐에 납치당하여, 그 뒤 그대로 한 고장에 모이면서 함께 이 성을 유지하고 있다. 이 성안에는 주거·의복·거취는 그대로 돌궐에 동화되었으나 언어나 예의는 지금도 오히려 중국의 모습을 남기고 있다.[15)]

이는 정관 2년경 怛邏私(斯)城의 위치와 아울러 그곳 사정에 대한 현장의 설명이다. 그 가운데 여러 나라 商胡가 달라사에 잡거하고 있다는 것은 이곳이 교역도시였다는 말이다. 달라사성의 기후와 산물이 素葉水城과 같을 뿐 아니라 상호가 잡거한 양태마저 같다. 이는 소엽수성과 마찬가지로 달라사성도 교통요지였음을 뜻한다. 그렇다면 왜 고선지가 탈라스로 진격하였는지 알 수 있겠다. 반대로 아랍군대가 탈라스로 진격한 것 또한 그들이 동방진출을 위한 교통요지를 장악하여 교두보를 확보하기 위한 진출이었다.

현장은 달라사성에서 남쪽으로 10여 리 떨어진 곳에서 3백여 호의 조그만 중국인 마을을 발견했다. 그들은 본시 중국인들이었는데 의식주 형태가 돌궐화 되었지만 언어나 행동양식은 중국인 모습이라고 현장이 쓰고 있다. 아마

---

15) 『大唐西域記』, 71~72쪽, "千泉西行百四五十里, 至呾邏私城. 城周八九里, 諸國商胡雜居也. 土宜氣序, 大同素葉. 行南十餘里小孤城, 三百餘戶, 本中國人也, 昔爲突厥所掠, 後逐鳩集同國, 共保此城, 於中宅居. 衣服去就, 逐同突厥, 言辭儀範, 猶存本國".

현장이 먼 이역에서 중국인을 보고 너무나 반가워 자세한 기록을 남긴 것 같다. 이후 정관 5년 5월에 당이 돌궐에게 金帛을 주고 남녀 8만 명을 귀환시켰다.[16] 그렇다면 현장이 만난 중국인들도 당으로 귀환했을 것 같다. 그 이유는 현장이 달라사성을 방문한 시기가 정관 5년보다 3년이나 빠른 정관 2년이기 때문이다. 정확히 말하면, 달라사성에 있던 중국인이 당으로 귀환하게 된 것은 현장으로부터 억류된 소식을 듣고 당이 돌궐에게 金帛을 주고 귀환시켰다고 본다.

2. 당에 의한 서돌궐 분열

당은 정관년간부터 서돌궐 분열을 획책하였다. 당에서 사신을 보내 서돌궐 내에서 대립할 수 있는 분위기를 조성시킬 목적으로 左領軍將軍 張大師를 乙毗沙鉢羅葉護可汗에게 파견하였다.

> 貞觀 15년(641) 左領軍將軍 張大師에 명하여, 그 나라에 가서 그에게 (冊書를) 주며, 북과 큰 깃발을 하사하였다. 그때 咄陸可汗은 葉護(可汗)와 자주 서로 공격하였다. 때마침 咄陸이 사자를 보내 당의 궁궐에 오자, 太宗은 서로 매우 화목하게 지내는 도를 가르쳤다. 咄陸이, 이때 그의 군대가 점점 많아서 강성하게 되자, (咄陸에게) 西域 여러 나라가 다시 歸附하여 왔다. 잠시 후, 咄陸은 石國의 吐屯을 보내 葉護를 공격하여, 그를 사로잡았다. (葉護를) 咄陸에게 보냈는데, 그를 죽였다.[17]

641년 7월 甲戌에 太宗은 좌령군장군 張大師를 乙毗沙鉢羅葉護可汗에게 파견하여 북과 큰 깃발을 주며 당과 서돌궐 관계 재정립을 시도했다.[18] 그런데 그 무렵 돌륙가한과 을비사발라엽호가한은 헤게모니를 다투었다. 당에서

---

16) 『資治通鑑』 권193, 「唐紀」9 太宗貞觀5年 4月조, 6087쪽.

17) 『舊唐書』 권194하, 「突厥傳」하, 5185쪽, "貞觀十五年, 令左領軍將軍張大師往授焉, 賜以鼓纛. 于時咄陸可汗與葉護頻相攻擊. 會咄陸遣使詣闕, 太宗諭以敦睦之道. 咄陸于時兵衆漸强, 西域諸國復來歸附. 未幾, 咄陸遣石國吐屯攻葉護, 擒之, 送於咄陸, 尋爲所殺".

18) 『資治通鑑』 권196, 「唐紀」12 貞觀15年 7月 甲戌條, 6168쪽.

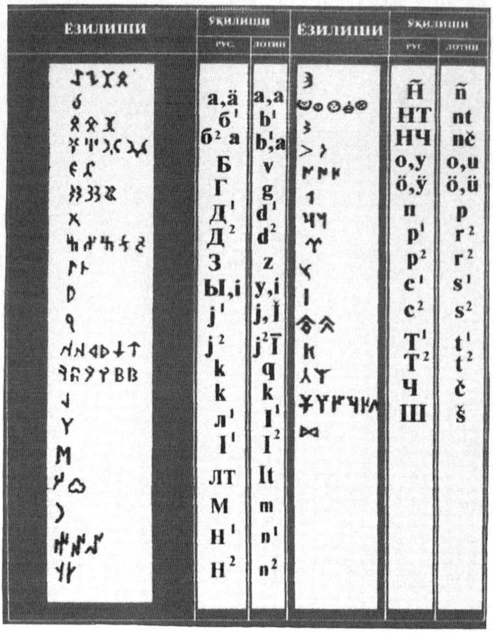

고대 돌궐의 알파벳. 아프라시압 박물관 소장

인정한 을비사발라엽호가한이 서돌궐의 맹주 신분을 위협했기 때문이다. 서돌궐 가한 위치가 흔들리자 당황한 쪽은 당이었다. 때마침 咄陸의 사자가 당에 오자, 이때를 이용하여 태종은 돌륙 사신에게 을비사발라엽호가한과 화목할 것을 적극 권했다.

그러나 咄陸可汗 군대가 점점 강성하여지자, 돌륙가한은 석국 吐屯에게 을비사발라엽호가한을 공격하도록 명령하였다. 이때 을비사발라엽호가한이 포로가 되자, 돌륙가한이 을비사발라엽호가한을 죽이는 사태로 악화되었다. 여기서 주목되는 것은 석국 吐屯이 돌륙가한 휘하에서 을비사발라엽호가한을 격파할 정도로 강력하여졌다는 사실이다. 다시 말해 이 무렵 석국 군사력이 을비사발라엽호를 격파할 정도로 강력하였다. 당은 서돌궐 가한으로 을비사발라엽호를 세웠으나, 이내 무너졌다.

곧 당은 서돌궐 정세를 제대로 파악하지 못했을 뿐 아니라 서돌궐을 통제하지도 못했다. 이때 서돌궐의 새로운 可汗은 돌륙이었다. 서돌궐 가한이 재위기간이 매우 짧은 것은 그들이 유목기마민족이라, 오직 힘의 논리에 의해 새로운 가한이 언제라도 등장할 수 있었기 때문이다. 다시 말해 유목기마민족은 호전적이고 역동적이라 강력한 리더십에 의해 새로운 세력이 수시로 대두하였다. 이런 까닭에 당은 서돌궐과 유기적으로 친선관계를 구축하는 것 자체가 불가능했다. 서돌궐의 새 실력자 돌륙가한은 서돌궐 평정작업을 서둘렀다.

咄陸可汗은 (乙毗沙鉢羅葉護 可汗의) 그 나라를 병합하였지만, 弩失畢諸性부락은

> 咄陸에 진심으로 복종하지 않았기 때문에, 모두 이에 반란하였다. 咄陸은 또 군대를 거느리고 吐火羅를 공격해서 이를 깨뜨렸다. 그는 스스로 강성함을 믿고, 西域에서 제멋대로 행동하였다.[19]

정관 16년 9월에 서돌궐 돌륙가한은 을비사발라엽호가한의 나라를 병합하여 서돌궐 가한으로 위치를 굳혔다.[20] 그러나 그때 이미 죽은 을비사발라엽호가한에게 충성하는 弩失畢諸性은 돌륙에게 대항하였다. 돌륙은 서돌궐을 평정하기 위해 무리를 거느리고 토화라까지 攻破함으로써 서돌궐을 거의 다 지배하였다. 한 마디로 서돌궐 돌륙가한이 명실상부 서역의 패자가 된 순간이었다.

서돌궐을 평정한 돌륙의 다음순서는 중국이었다.

> (咄陸은) 군사를 보내 伊州를 침범하자, 安西都護 郭(孝)恪은 輕騎 2千을 거느리고 烏骨에서 나가 쳐서, 이를 깨뜨렸다. 咄陸은 또 處月·處密 등의 (부족 군대)를 보내 天山縣을 포위하자, 郭(孝)恪은 또 이를 격파하여 패퇴시켰다. (郭孝)恪은 승세를 타고 진격하여, 處月 (부족의) 俟斤의 居城을 공격해 빼앗고, 도망가는 것을 遏索山까지 추격하여, 千餘級을 斬首하고, 그 處密의 무리를 항복시키고 돌아왔다.[21]

돌륙가한은 토화라를 격파하여 서돌궐을 평정한 후, 당의 서북변경을 공략하였다. 그러나 돌륙은 伊州 공격으로 안서도호 郭孝恪을 자극한 결과, 패배하였다. 이때 돌륙은 處月과 處密의 부족 군대를 파견하여 天山縣 포위로 전세 역전을 시도하였다. 그러나 郭孝恪이 도리어 處月과 處密 무리를 격파하고, 처월의 俟斤의 居城마저 점령하였다. 게다가 곽효각은 처밀 무리마저 굴복시키고 개선할 정도로 대승을 거두었다.

서돌궐 돌륙이 안서도호 곽효각과 싸웠을 때는 돌륙의 조직이 아직 정비되

19) 『舊唐書』 권194하, 「突厥傳」하, 5185쪽, "咄陸可汗既并其國, 弩失畢諸性心不服咄陸, 皆叛之. 咄陸復率兵擊吐火羅, 破之. 子時其强, 專擅西域".

20) 『資治通鑑』 권196, 「唐紀」12 貞觀 16年 9月조, 6177쪽.

21) 『舊唐書』 권194하, 「突厥傳」하, 5185쪽, "遣兵寇伊州, 安西都護郭恪率輕騎二千自烏骨邀擊, 敗之. 咄陸又遣處月·處密等圍天山縣, 郭恪又擊走之. 恪乘勝進拔處月俟斤所居之城, 追奔及於遏索山, 斬首千餘級, 降其處密之衆而歸".

지 못한 상태였던 것 같다. 다시 말해 돌륙은 을비사발라엽호가한을 죽인 후, 바로 조직정비를 못했기 때문에 오랜 기간 조직을 정비한 안서도호 곽효각과의 싸움에서 패배는 필연이었다. 또 포로로 잡힌 을비사발라엽호가한 살해도 돌륙의 리더십을 강화시키지 못했다.

돌륙가한의 리더십은 여러 측면에서 도전받았으며 설상가상으로 전리품 배분 문제로 내부 불화마저 일어났다.

> 咄陸은, 처음 그가 자신의 것으로 한 전리품을 泥孰啜이 자신의 것으로 빼앗자, 그를 斬하여 드러내 보였다. 이윽고 泥孰啜의 部將 胡祿居의 습격을 받아, 그 部衆이 많이 도망하여, 그 나라가 큰 혼란에 빠졌다. 貞觀 15년(641)에, 그 지배하의 屋利啜 등이 모의하여 咄陸을 폐위시키려고, 각각 사자를 보내어 궁궐에 와서, (다른) 可汗을 세워줄 것을 요청하였다. 太宗은 사자를 보내 璽書를 가지고 가, 莫賀咄乙毗可汗의 아들을 즉위시켰는데, 이 자가 乙毗射匱可汗이다.[22]

돌륙이 서돌궐 가한이 된 지 얼마 안 되어 자신의 부하 泥孰啜과 싸웠다. 서돌궐 서쪽의 康居와 米國을 격파하면서 매우 많은 포로를 얻었는데도 불구하고 부하들에게 나누어 주지 않다가 니숙철에게 탈취 당하였다.[23] 그런데 돌륙은 석국 토둔이 사로잡은 을비사발라엽호가한을 살해한 것처럼 니숙철을 죽여 기강을 확립하겠다는 잘못된 생각이 내란으로 소용돌이치게 하였다. 그 결과 니숙철의 部將 屋利啜의 습격으로 돌륙의 部衆이 흩어졌다. 급기야 정관 15년에 돌륙 휘하의 옥리철 등이 돌륙을 폐위시키기 위해 당에 사자를 보냈다. 이때 太宗은 莫賀咄乙毗可汗의 아들을 서돌궐 乙毗射匱可汗으로 세웠다. 그런데 을비사궤는 서돌궐 統葉護可汗의 伯父 莫賀咄俟屈利俟毗可汗의 아들이다.[24] 을비사궤는 서돌궐 가한이 된 후, 도망간 돌륙가한을 제거하기

---

22) 『舊唐書』 권194하, 「突厥傳」하, 5185쪽, "咄陸初以泥孰啜自擅取所部物, 斬之以徇, 尋爲泥孰啜部將胡祿居所襲, 衆多亡逸, 其國大亂. 貞觀十五年, 部下屋利啜等謀欲廢咄陸, 各遣使詣闕, 請立可汗. 太宗遣使齎璽書立莫賀咄乙毗可汗之子. 是爲乙毗射匱可汗".

23) 『資治通鑑』 권196, 「唐紀」12 貞觀 16年 9月조, 6178쪽.

24) 『資治通鑑』 권193, 「唐紀」9 貞觀 2年 12月조, 6061쪽 ; 『資治通鑑』 권196, 「唐紀」12 貞觀 16年 9月조, 6179쪽.

위해 출정하였다.

> 乙毗射匱可汗이 즉위하자, 弩失畢(부락의) 군사를 동원하여, 白水城에 있는 咄陸을 공격하러 갔다. (咄陸은) 자신이 민심을 얻지 못하였다는 것을 깨닫고, 그래서 서쪽 吐火羅國으로 도주하였다. 射匱는 중국 사자로 앞서 咄陸의 손에 의해 억류되어 있는 사람들을 한 사람도 남기지 않고 進物을 갖고 장안으로 송환했다. 그는 또 사자를 보내면서 그 지방의 산물을 바쳤고, 나아가 通婚을 허락해 줄 것을 요청하였다. 태종은 이를 허락하면서, 詔를 내리길, 龜玆·于闐·疏勒·朱俱波·葱嶺等의 5국을(중국에) 할양해서 聘禮로 할 것을 명하였다.(그러나) 태종이 崩御하자(649년), (阿史那)賀魯가 반란하였기 때문에, 射匱 지배하의 諸部落은 賀魯에 併合되었다.[25]

서돌궐 을비사궤가 가한으로 즉위하자 白水城의 돌륙을 공격하기 위해 弩失畢(부락의) 군대를 출격시켰다. 돌륙이 대패당하여, 서쪽 토화라국으로 도망하였다.[26]

사궤는 자신을 서돌궐 가한으로 세워준 태종에게 감사를 표하였다. 즉 앞서 돌륙에 의해 억류된 중국 사자를 한 사람도 남기지 않고 進物을 들려 장안으로 보냈던 것이 그것이다. 貞觀 20년 6월 丁卯에 사궤가한은 사신을 보내 특산물을 당에 바치면서 通婚을 요청하였다. 이를 태종이 허락하면서, 詔를 내려 말하길 龜玆·于闐·疏勒·朱俱波·葱嶺 등의 5국을 당에 할양하여 聘禮를 갖추도록 명령하였다. 이때부터 쿠차·우전·소륵·주구파·총령 등 5국이 당의 영향력 아래 놓였다.[27] 여기서 언급된 朱俱波(朱俱槃)는 현장의 『대당서역기』의 斫句迦國이다. 그 나라는 소륵에서 남쪽으로 타림분지 외곽을 끼고 우전으로 가는 중간에 있는 나라다. 현장이 순례할 때 "작구가국에 절이 십여 곳이었으나 훼파된 곳이 많고, 승려가 100여 명 있으며, 대승불교가

---

25) 『舊唐書』 권194하, 「突厥傳」하, 5185쪽, "乙毗射匱可汗立, 乃發弩失畢兵就白水擊咄陸. 自知不爲衆所附, 乃西走吐火羅國. 中國使人先爲咄陸所拘者, 射匱悉以禮資送歸長安, 復遣使貢方物, 請賜婚. 太宗許之, 詔令割龜玆·于闐·疏勒·朱俱波·葱嶺等五國爲聘禮. 及太宗崩, 賀魯反叛, 射匱部落爲其所併".

26) 『資治通鑑』 권196, 「唐紀」12 貞觀 16年 9月조, 6179쪽.

27) 『資治通鑑』 권198, 「唐紀」14 貞觀 20年 6月 丁卯조, 6236쪽.

유행하였다"[28]고 한 나라였다.

그런데 쿠차는 독자노선을 걸었다. 즉 정관 21년 12월에 쿠차왕 伐疊이 죽은 후, 그 아우 訶黎布失畢이 세습했다. 그러나 당에 대해 신하 예를 갖추지 않아 태종은 돌궐과 토번을 동원하여 쿠차를 토벌하였다.[29] 다시 말해 정관 21년(647)에 崑丘道行軍大總管 阿史那社爾가 쿠차왕 가려포실필을 생포함으로 말미암아 쿠차국은 막을 내리고 안서도호부를 옮기어 쿠차와 함께 于闐·碎葉·疏勒을 '四鎭'이라 부른 시초가 되었다.[30] 이때는 서돌궐 사궤가한이 당에 충성한 시기였다. 그 당시 서역 제국에서 통혼하는 예가 많았다. 언기왕의 딸이 서돌궐 大臣 屋利啜 아우와 결혼하였다.[31] 물론 이는 서돌궐이 토둔을 언기에 파견해 지배하려는 의도였다.[32] 그러나 정관 18년 9월 이후부터 언기는 다시 당에 예속되었다. 정관 21년에 石國과 康國 등 19국이 당에 사신을 파견하여 조공하였다.[33]

649년 당 태종이 죽자, 阿史那賀魯의 반란이 성공하여 사궤 지배하의 諸部落이 賀魯에게 倂合되어 서돌궐 하노가한 시대가 열렸다.

> 阿史那賀魯는 曳步利設射匱特勒의 아들이다. 처음에, 阿史那步眞이 중국으로 來朝해서 歸服하자, 咄陸可汗은 賀魯를 葉護로 삼아서, 步眞의 뒤를 계승하게 하여, 多邏斯川에서 살았다. 그곳은 西州의 正北 1천5백리의 땅이고, 그는 處密·處月·姑蘇·歌羅祿·弩失畢의 五姓(部落)의 무리를 통치하였다. 그 후 咄陸이 서방의 吐火羅國으로 도주하자, 射匱可汗이 군사를 파견해 賀魯를 추격하니, 그 때문에 賀魯는 일정한 지역에 거주할 수 없었다.[34]

---

28) 『大唐西域記』 권12, 「斫句迦國」 伽藍數十조(1990, 『大唐西域記校注』, 中華書局), 998쪽.

29) 『資治通鑑』 권198, 「唐紀」14 貞觀 21年 12月조, 6250~6251쪽.

30) 『新唐書』 권221상, 「龜玆傳」 弟訶黎布失畢立조, 6230~6232쪽.

31) 『資治通鑑』 권197, 「唐紀」13 貞觀 18年 9月조, 6211쪽, 屋利啜을 屈利啜이라 하였다.

32) 『資治通鑑』 권197, 「唐紀」13 貞觀 18年 9月조, 6212쪽.

33) 『舊唐書』 권3, 「太宗紀」(貞觀 21年) 是歲조, 60쪽.

34) 『舊唐書』 권194하, 「突厥傳」하, 5186쪽, "阿史那賀魯者, 曳步利設射匱特勒之子也, 初, 阿史那步眞既來歸國, 咄陸可汗乃立賀魯爲葉護, 以繼步眞, 居於多邏斯川, 在西北直北一千五百里, 統處密·處月·姑蘇·歌羅祿·弩失畢五姓之衆. 其後, 咄陸西走吐火羅國, 射匱可汗遣兵迫逐, 賀魯不常厥居".

을비사궤가한이 즉위한 지 얼마 지나지 않아서 아사나하노가 서돌궐 가한이 되었던 사실은 앞에서 밝혔다. 그런데 아사나하노는 曳步利設射匱特勤의 아들이다. 돌륙가한이 중국으로 망명한 阿史那步眞의 후임으로 하노를 葉護로 임명하여 多邏斯川에서 살았다. 그런데 다라사천이 西州의 正北 1천 5백 리의 땅이었다는 사실에서 다라사천과 달라사성(Talas)과의 연관성을 생각할 수 있다. 다라사천 위치가 西州의 '直北' 1천 5백 리라면 이는 달라사성과 무관하다. 그런데 『大唐大慈恩寺三藏法師傳』에 呾邏斯城의 서남 2백 리에 白水城이 있다면[35] 이야기는 달라진다. 이는 多邏斯川이 달라사성이라는 말이다. 그런데 정관 2년에 현장이 구법 여행하면서 怛邏斯(私)城 다음으로 백수성도 방문했다. 그는 달라사성 서남쪽으로 2백여 리를 가면 백수성에 도착한다고 말하였다.[36] 또 백수성은 『元史』 권63 「地理志」에 나오는 賽蘭城과 같은 성이다.

아사나하노 엽호는 處密·處月·姑蘇·歌羅祿·弩失畢의 五姓(部落)의 무리를 다스렸다. 앞에서 밝힌 것처럼 돌륙이 서방 토화라국으로 도주하자, 사궤가한이 군대를 파견해 하노를 추격하였기 때문에 하노는 일정 지역에 거주하지 못하고 떠돌아 다녔다.

을비사궤가 당의 힘으로 서돌궐 가한이 된 이후, 서돌궐 아사나하노는 독자적으로 가한이 되었는데도 불구하고 당이라는 벽을 넘지 못하였다.

> 貞觀 22년(648)에, (阿史那賀魯는) 그의 諸部落을 거느리고, 중국으로 臣屬하여 오자, 詔를 내려, 그를 庭州에 머물도록 하였다. 이윽고 左驍衛將軍·瑤池都督을 제수하였다. 高宗이 즉위하자(649), 그를 승진시켜 左驍衛大將軍으로 拜하면서, 瑤池都督은 예전처럼 그대로 주었다.[37]

아사나하노는 뚜렷한 이유 없이 정관 22년(648) 4월 乙亥에 자신의 무리 數千帳을 거느리고, 당에 투항하였다. 태종은 그를 庭州의 莫賀城에서 살게

35) 『大唐大慈恩寺三藏法師傳』 권2 참조.

36) 『大唐西域記』 권1, 「白水城」 從 此西南行二百餘里조(1990, 『大唐西域記校注』, 中華書局), 79쪽.

37) 『舊唐書』 권194하, 「突厥傳」하, 5186쪽, "貞觀二十二年, 乃率其部落內屬, 詔居庭州. 尋授左驍衛將軍·瑤池都督. 高宗卽位, 進拜左驍衛大將軍, 瑤池都督如故".

하고,.[38] 左驍衛將軍·瑤池都督에 임명하였다. 天山산맥 북쪽 서돌궐 부락 안의 瑤池都督府는 貞觀 23년 2월 丙戌에 설치된 도독부다.[39] 그때 요지도독부는 안서도호에 예속되었다. 태종의 뒤를 이어 高宗이 즉위하자(649), 그를 다시 左驍衛大將軍으로 승진시키면서, 예전의 요지도독은 그대로 유지하게 하였다. 태종과 고종이 아사나하노를 높은 관직에 제수한 이유는 당이 서역 경영을 주목하였기 때문이다. 이에 보답이라도 하듯 아사나하노는 당의 쿠차 토벌을 도우려 鄕導를 자청하여 崑丘道行軍總管으로 출정하였다.[40]

정관 22년 7월 庚寅에 서돌궐의 재상 屋利啜도 무리를 거느리고 당의 쿠차 토벌을 돕겠다고 자청하였다.[41] 아마도 옥리철의 출정 자원은 아사나하노의 요청인 듯싶다. 그런데 같은 해 9월 庚辰에 崑丘道大總管 阿史那社爾의 신분으로 處月·處密을 격파하여, 그 나머지 무리 모두가 항복했다는 기사도 있다.[42] 이는 당이 崑丘道를 중심으로 서역의 독자세력을 모두 없애겠다는 전략이다. 이런 당의 전략에 서돌궐 아사나사이가 선봉에 섰다. 그런데 아사나사이는 돌궐 處羅可汗의 둘째 아들로 불과 11세에 智勇이 두루 알려져 拓設에 임명된 인물이다.[43]

서돌궐 아사나하노는 庭州에 살면서 당을 위해 계속 충성하지는 않았다. 그 이유는 아사나하노 자신이 離合集散을 거듭했던 屬性과 궤적을 같이 한 것 같다. 아사나하노는 서돌궐 본영을 찾아 세력을 키워나갔다.

> 永徽 2년(651)에, (賀魯는) 그 아들 咥運과 함께 무리를 거느리고 서방으로 달아나, 咄陸可汗 지역에 의지하며, 서역 諸郡을 모두 차지하고, 본영을 雙河와 千泉에 세우고, 스스로 沙鉢羅可汗이라 號하고, 咄陸·弩失畢의 十姓(十部落)을 통솔하였

---

38) 『資治通鑑』 권199, 「唐紀」15 貞觀 22年 4月 乙亥條, 6256~6257쪽.

39) 『舊唐書』 권3, 「太宗紀」(貞觀 23年) 2月 丙戌조, 62쪽 ; 『資治通鑑』 권199, 「唐紀」15 貞觀 23년 2月 丙戌조, 6266쪽.

40) 『資治通鑑』 권199, 「唐紀」15 貞觀 22年 4月 乙亥條, 6257쪽.

41) 『資治通鑑』 권199, 「唐紀」15 貞觀 22年 6月 庚寅條, 6259쪽.

42) 『資治通鑑』 권199, 「唐紀」15 貞觀 22年 9月 庚辰條, 6261쪽.

43) 『舊唐書』 권109, 「阿史那社爾傳」 阿史那社爾조, 3288쪽 ; 『新唐書』 권110, 「阿史那社爾傳」 阿史那社爾조, 4114쪽.

다.[44)]

651년에 아사나하노가한이 자신의 아들 咥運과 함께 部衆을 거느리고 서쪽으로 갔다는 의미는 매우 크다. 앞서 아사나하노가한이 곤구도총관이 되어 쿠차 토벌에 나섰던 것과는 반대 상황이다. 이는 아사나하노가한과 당의 臣屬관계에 대한 청산신호다. 아사나하노는 아들 질운과 함께 서쪽으로 가서 돌륙이 다스렸던 지역과 아울러 서돌궐 諸部 모두를 차지하여 서돌궐 통일을 시도하였다. 다시 말해 돌륙과 弩失畢의 十姓(十部落)은 서돌궐 전부다. 광대한 서돌궐을 통치하기 위해 본영을 雙河(이리河의 동방 Borotala)와 千泉(Tashkent의 북쪽)[45)]에 각각 본영을 설치하였다. 이러한 과정에서 강력한 서돌궐 可汗이 되어 이름마저 沙鉢羅可汗으로 바꿨다.

> 그 咄陸(五部落)에는 5人의 啜이 있고, 1은 處木昆律啜, 2는 胡祿居闕啜로 賀魯는 자신의 딸을 이곳 妻로 주었다. 3은 攝舍提暾啜, 4는 突騎施賀邏施啜, 5는 鼠尼施處半啜이라 한다. 弩失畢(5部落)에는 5人의 俟斤이 있고, 1은 阿悉結闕俟斤로 이것이 가장 강성했다. 2는 哥舒闕俟斤, 3은 拔塞幹暾沙鉢俟斤, 4는 阿悉結泥孰俟斤, 5는 哥舒處半俟斤이라 한다. 이들은 각각 지배하는 무리가 있고, 정병이 數十萬이나 되며, 그것 모두가 賀魯에 복속되었다. 그 외에, 西域의 諸國도 또 많이 그에게 귀속되었다.[46)]

이는 아사나하노가한이 그의 아들 질운과 함께 西州에서 1천 5백 리 떨어진 곳으로 가서, 서돌궐을 평정한 후 어떻게 통치하였는가에 관한 기록이다. 서돌궐 乙毗射匱可汗에 앞서 서돌궐을 통치한 可汗은 돌륙이다. 咄陸 5部落은

---

44) 『舊唐書』 권194하, 「突厥傳」하, 5186쪽, “永徽二年, 與其子咥運率衆西遁, 據咄陸可汗之地, 總有西域諸郡, 建牙于雙河及千泉, 自號沙鉢羅可汗, 統攝咄陸·弩失畢十姓”.

45) 內田吟風, 1975, 『北アジア史硏究, 鮮卑柔然突厥篇』, 「西突厥初世史の硏究」, 京都 : 同朋舍, 472쪽, 千泉은 玄奘의 旅行記중에 西突厥의 피서지로 언급되는 Merke의 부근 Tokmak를 가리킨다.

46) 『舊唐書』 권194하, 「突厥傳」하, 5186쪽, “其咄陸有五啜, 一曰處木昆律啜·二曰胡祿居闕啜, 賀魯以女妻之·三曰攝舍提暾啜·四曰突騎施賀邏施啜·五曰鼠尼施處半啜. 弩失畢有五俟斤, 一曰阿悉結闕俟斤, 最爲强盛·二曰哥舒闕俟斤·三曰拔塞幹暾沙鉢俟斤·五曰哥舒處半俟斤. 各有所部, 勝兵數十萬, 並羈屬賀魯. 西域諸國, 亦多附隸”.

돌륙가한 통치시대부터 있던 무리들로, 5인의 啜이 있어 그들을 통솔하였다. 두 번째 胡祿居闕啜의 처가 하노의 딸이었다는 것은 부락 내부의 통제방법으로 정략적 결혼이 있었음을 알려주는 내용이다.

弩失畢의 5부락도 돌륙의 5부락처럼 서돌궐 沙鉢羅咥利失可汗시대부터 있던 부락들이다. 그 당시 돌륙과 노실필의 위치는 碎葉을 중심으로 東은 돌륙이고, 西는 노실필이 있었다.[47] 서돌궐 아사나하노가한 휘하에 정병이 수십만이란 수는 의미가 크다. 유목사에서 북아시아를 통일하였던 흉노의 전사 수가 30만이었다는 데서 볼 때, 서돌궐 아사나하노가한 휘하의 30만 정병은 중앙아시아를 석권하기에 충분한 군사력이라고 본다. 때문에 서역 여러 나라는 스스로 서돌궐에 예속되었다. 곧 서돌궐은 서역에서 당에 대적하는 세력으로 부상하게 되었다.

> 賀魯는 드디어 咥運을 세워 莫賀咄葉護로 삼고, 자주 西蕃의 諸部落을 침공하였으며, 또 나아가 庭州로 쳐들어갔다. 永徽 3年(652)에, 황제는 조서를 내려, 左武候大將軍 梁建方·右驍衛大將軍 契苾何力을 보내, 燕然都護의 지배하의 迴紇의 기병 5만인을 거느리고 賀魯를 토벌하게 하여, (이 군대가) 前後에 걸쳐 首級 5千級을 斬하였고, 首領 60餘人을 포로로 했다.[48]

서돌궐 하노는 아들 질운을 莫賀咄葉護로 세우면서 서돌궐 서쪽에서 아직 복속하지 않은 諸部落을 침공하여 판도를 확장시켰다. 또 東南의 庭州까지 공격하며 당을 위협하였다.

652년 고종은 서돌궐 세력의 확장을 차단하기 위해 서돌궐에 대한 대대적인 공세를 취하였다. 고종은 左武候大將軍 梁建方, 右驍衛大將軍 契苾何力을 보내, 燕然都護 지배하의 迴紇의 기병 5만을 동원하여 하노를 토벌하였다. 두 번에 걸쳐서 首級 5천을 참수하고, 수령 60여 명을 포로로 할 정도로 당은 큰

---

47) 『舊唐書』 권194하, 「突厥傳」하, 沙鉢羅咥利失可汗條, 5183~5184쪽.

48) 『舊唐書』 권194하, 「突厥傳」하, 5186쪽, "賀魯尋立咥運 爲莫賀咄葉護, 數侵擾西蕃諸部, 又進寇庭州. 三年, 詔遣左武候大將軍梁建方·右驍衛大將軍契苾何力率燕然都護所部迴紇兵五萬騎討之, 前後斬首五千級, 虜渠帥六十餘人".

개가를 올렸다.

서돌궐은 永徽 2년 당의 침공으로 큰 타격을 받았다. 그렇다고 당의 대규모 침입으로 서돌궐의 존립자체를 흔들지는 못했다. 실제로 서돌궐 기반을 흔들었던 것은 내부 반란이다.

> 永徽 4년(653)에, 咄陸可汗이 죽자, 그 아들 眞珠葉護는 弩失畢 5部落과 함께 賀魯를 공격하고 싶다고 요청하여, 그 본영을 깨뜨리고, 首級 1千餘級을 斬하였다.[49]

정관 15년에 부하 옥리철의 모반으로 쫓겨난 돌륙가한이[50] 653년 죽음으로써 서돌궐의 판도에 변화가 일어났다. 돌륙의 아들 眞珠葉護가 捲土重來를 위해 노실필의 5부락과 함께 하노가한을 공격하였다. 하노가한 휘하의 10부락 가운데 노실필이 장악한 5부락이 하노가한에 대하여 내란을 일으킨 셈이다. 진주엽호에 동조한 노실필 부락 가세는 유목민족 자신의 이익을 위해 쉽사리 이합집산하는 일반적 행태다. 그 결과 하노가한 본영이 파괴된 것은 물론 1천여 명이나 살해되는 피해를 입었다.

서돌궐 하노가한은 당과 제대로 싸워보지도 못하고 내부 분열로 세력이 약화되었다. 당이 대대적인 서돌궐 토벌작전을 전개한 시기는 서돌궐의 내부 분열이 있은 지 4년 후였다. 그렇다면 이는 당이 서돌궐 내부분열을 활용하지 못했다는 이야기다.

> 顯慶 2년(657)에, 右屯衛장군 蘇定方, 燕然都護 任雅相, 副都護 蕭嗣業, 左驍衛大將軍·瀚海都督 迴紇婆閏 등을 보내어, 군대를 거느리고, (賀魯를) 討擊하게 하였고, 더 나아가 右武衛大將軍 阿史那彌射·左屯衛大將軍 阿史那步眞을 (流沙道)按撫大使로 임명하였다. 定方(의 군대)은 나아가 曳咥河 西에 도달했고, 賀魯는 胡祿居闕啜 등 기병 2만여 인을 거느리고 진을 치며 기다렸다. 定方은 副總管 任雅相 등을 거느리고 이들과 교전해, 적의 무리를 대패시켰고, (당군은) 적의 大首領 都搭達

49) 『舊唐書』 권194하, 「突厥傳」하, 5186~5187쪽, "四年, 咄陸可汗死, 其子眞珠葉護與五弩失畢請擊賀魯, 破其牙帳, 斬首千餘級".

50) 『舊唐書』 권194하, 「突厥傳」하 貞觀十五年, 部下屋利啜條, 5185쪽.

등 2백여 인을 베었다. 賀魯와 闕啜은, 輕騎를 타고 도주하여, 伊麗河를 건넜으나, 그사이 심히 많은 병사와 말이 익사하였다. 蕭嗣業은 千泉의 賀魯가 본영을 설치한 곳에 도달하였으며, 彌射가 군대를 진격시켜 伊麗水에 도달하자, 處月·處密 등이 각각 무리를 거느리고 투항하였다. 彌射는 또 진격하여 雙河에 이르렀고, 賀魯는, 이에 앞서 步失達干에 명령하여, 흩어진 병사를 다시 모으게 하여, 柵에 의지해 싸우도록 명령하였다. 彌射와 步眞이 이를 공격하자, (賀魯 무리가) 크게 궤멸되었으며, 그들은 또 蘇定方과 함께 賀魯를 碎葉水에서 공격하여, 그 무리를 대파하였다. 賀魯는 咥運과 함께 鼠耨設에 투항하고 싶어, 石國의 蘇咄城 근처까지 이르렀지만, 사람도 말도 굶주렸다. 그 城主 伊涅達干은 거짓으로 술과 음식을 주겠다며 환영하였기 때문에, 賀魯는 그 말을 믿고 성 안에 들어갔다가 드디어 사로잡혔다. 蕭嗣業이 石國에 도착하자, 鼠耨設은 賀魯를 그들에게 넘겨주었다.[51]

위 사료는 657년에 당의 右屯衛將軍 蘇定方 등과 서돌궐 하노가한의 운명의 일전의 내용이다. 당군은 曳咥河까지 공격하였으며, 하노가한도 기병 2만여 명을 거느리고 맞서 싸웠다. 이때 서돌궐이 대패하여 하노와 闕啜이 伊麗河를 건너 도망하였다. 서돌궐 하노가한이 참패를 거듭하게 된 이유는 당의 左驍衛大將軍·瀚海都督 迴紇婆閏 등의 참전과 아울러 右武衛大將軍 阿史那彌射·左屯衛大將軍 阿史那步眞을 (流沙道)按撫大使로 임명하여 출전시켰기 때문이다. 이들은 迴紇과 서돌궐 출신으로 서돌궐 하노가한 지역을 잘 알 뿐 아니라 그들 무리를 회유하였기 때문이다. 기진맥진한 하노와 그의 아들 질운은 석국의 蘇咄城으로 피한 것이 올무가 되어 함께 장안으로 끌려갔다. 하노는 顯慶 4년(659) 일생을 마쳤다.[52] 이로써 동돌궐에 이어 서돌궐마저 한 세기 이상 당의 적대국이 되지 못하게 되었다.

---

51) 『舊唐書』 권194하, 「突厥傳」하, 5187쪽, "顯慶二年, 遣右屯衛將軍蘇定方, 燕然都護任雅相, 副都護蕭嗣業, 左驍衛大將軍·瀚海都督迴紇婆閏等率師討擊, 仍使右武衛大將軍阿史那彌射·左屯衛大將軍阿史那步眞爲按撫大使. 定方行至曳咥河西, 賀魯率胡祿居闕啜等二萬餘騎列陣而待. 定方率副總管任雅相等與之交戰, 賊衆大敗, 斬大首領都搭達干等二百餘人. 賀魯及闕啜輕騎奔竄, 渡伊麗河, 兵馬溺死者甚衆. 嗣業至千泉賀魯下牙之處, 彌射進軍至伊麗水, 處月·處密等部各率衆來降. 彌射又進次雙河, 賀魯先使步失達干鳩集散卒, 據柵拒戰. 彌射·步眞攻之, 大潰. 又與蘇定方攻賀魯於碎葉水, 大破之. 賀魯與咥運欲投鼠耨設, 至石國之蘇咄城傍, 人馬飢乏, 城主伊涅達干詐將酒食出迎, 賀魯信其言入城, 遂被拘執. 蕭嗣業旣至石國, 鼠耨設乃以賀魯屬之".

52) 『舊唐書』 권194하, 「突厥傳」하 (顯慶) 四年條, 5187쪽.

이 무렵 永徽年間(650~656)에 康國이 大食의 침공을 받았다. 『唐會要』에 “永徽年間, 그 나라(康國)는 자주 (唐에) 사신을 보내 大食이 침공할 뿐 아니라 賦稅마저 징수하고 있다는 사실을 알렸다”[53]고 했다. 곧 大食이 동으로 강국을 공격해 賦稅를 징수해갈 정도로 대식의 영향력이 강국까지 확대되었다. 그러나 顯慶년간에 들어와서 康國에서 대식의 영향력은 소멸되었다.

3. 당 중종 시대의 서돌궐 관계

고선지가 어떻게 석국을 정벌하게 되었는지에 대한 이해를 돕기 위해 현종 재위시의 당과 서돌궐 관계 파악이 매우 중요하다. 우선 서돌궐의 세력 변화를 규명하기 위해 突騎施烏質勒의 역사를 조명하자.

당 현종 재위 초 石國을 포함한 중앙아시아를 장악하였던 인물은 돌기시오질륵이다. 그런데 돌기시오질륵의 세력 변천에 대해 『구당서』의 「돌궐전」에서는 다음과 같이 자세히 언급하였다.

> 突騎施烏質勒은 서돌궐의 別種(의 수령)이다. 처음에는 斛瑟羅에 예속되어서 莫賀達干이라 號하였다. 그 후 斛瑟羅는 형벌을 적용하는 일에 엄격하고 냉혹하여, 무리 모두가 그를 두려워하였다. (烏質勒은) 그가 지배한 諸部落을 은혜로 다스렸기 때문에, 遠近의 많은 胡國이 그에게 복속하였다. 그는 그 아래 20인의 都督을 두었고, 각각 7천인의 병사를 통솔하게 하였다. 일찍이 碎葉의 西北境에 모여 살았다. 후에 점차 碎葉을 공격하여 함락시켜 자신의 본영을 옮겨서 그곳으로 옮기었다. (그 영역의) 東北은 (東 또는 北)돌궐과 맞닿았으며, 西南으로는 많은 胡國과 인접하는데, 東南으로는 西州·庭州에 이르렀다.[54]

돌기시오질륵은 서돌궐 한 지파의 수령이었다. 당은 서돌궐 竭忠事主可汗

53) 『唐會要』 권99, 「康國傳」 永徽中, 其國頻遣使告爲大食所攻, 兼徵賦稅(1990, 北京 : 中華書局), 1774쪽.

54) 『舊唐書』 권194하, 「突厥傳」하, 5190쪽, “突騎施烏質勒者, 西突厥之別種也. 初隸在斛瑟羅下, 號爲莫賀達干. 後以斛瑟羅用刑嚴酷, 衆皆畏之, 尤能撫恤其部落, 由是爲遠近諸胡所歸附. 其下置都督二十員, 各統兵七千人.嘗屯聚碎葉西北界, 後漸攻陷碎葉, 徙其牙帳居之. 東北與突厥爲鄰, 西南與諸胡相接, 東南至西·庭州”.

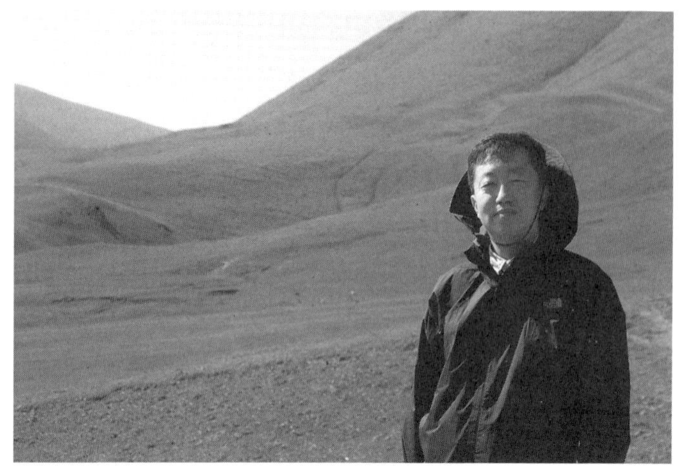
고선지가 서역경영을 위해 수시로 드나들던 키르기스 평원에서

斛瑟羅를 700년 1월에 平西大總管으로 임명해 碎葉에 鎭하였다.[55] 같은 해 閏7월 阿悉吉薄露가 당에 반란하자, 左金吾장군 田揚名을 따라 서돌궐 곡슬라는 무리를 거느리고 참전했다.[56] 그런 곡슬라에 예속되었을 때 諸부락을 은혜로 대함으로써 주변 胡國들 모두가 烏質勒에게 복속하게 되어 세력이 확장되었다. 이때 서돌궐가한 곡슬라는 법을 집행함이 잔학해서 諸部가 따르지 않았다.

사마광은 돌기시오질륵이 강성하게 된 것은 서돌궐 諸部에 대한 공략 성공 때문이라고 보았다. 돌기시오질륵에 의한 중앙아시아 영토 확장 전투로 '安西道'가 길이 막혔다고 말할 정도다.[57] 오질륵은 휘하 제 부락 통치를 위해 20인의 都督을 두어 도독 휘하에 7천 병사를 관할하게 하는 '遊牧制'를 실시하였다. 그 영역의 변화는 쇄엽을 본영으로 하게 되면서 東北으로는 동돌궐, 西南의 많은 胡國마저 복속하여 세력이 확장되었다. 서돌궐 돌기시오질륵의 東南쪽은 당의 西州·庭州의 서쪽과 맞닿은 곳까지 통치 영역이 되어 서돌궐 영역 모두를 차지하였다. 오질륵 영역은 오늘날 키르기스스탄의 영토가 포함됨은 물론이다. 쇄엽성은 키르기스스탄 내의 이식쿨 호 서쪽에 위치한다.

한편 이 무렵 돌궐 默啜은 당 변경을 침략하면서 자신의 세력 확장을 모색하였다. 700년 12월 돌궐이 隴右諸監馬 만여 필을 탈취한 사건이 발생하였

55) 『資治通鑑』 권206, 「唐紀」22 則天后 久視 元年 正月조, 6545쪽.
56) 『資治通鑑』 권207, 「唐紀」23 則天后 久視 元年 閏7月 庚申조, 6550쪽.
57) 『資治通鑑』 권207, 「唐紀」23 則天后 長安 3年 7月 庚戌조, 6562쪽.

다.[58] 武則天 이후 돌기시오질륵의 세력 확장은 계속되었다. 돌궐이 하서지역을 지나 남쪽 농우로 깊숙이 침공한 것에 대처하기 위해 당은 705년 6월에 左驍衛大將軍 裴思說을 靈武軍大總管으로 임명하여 돌궐 방어를 담당시켰다.[59] 이때 곡슬라가 쇠퇴하고 오질륵이 강성해 가는 과정에 대해『구당서』「돌궐전」에는 다음과 같이 기록되었다.

> 斛瑟羅의 部衆은 점차 쇠약해졌으며, 武則天치세부터 入朝한 이래, (본국의) 蕃地로 돌아갈 수 없게 되자, 그의 지배 영역 모두가 烏質勒에 병합되었다. 景龍 2년(708) 詔에 의해 (烏質勒은) 西河郡王에 봉해지고, 攝御史大夫 解琬에게 명령하여 가서 冊立하도록 하였다. (그러나) 그곳에 도착하기도 전에 烏質勒이 죽었다. 그의 맏아들 娑葛이 대신해서 무리를 통솔하였기 때문에, 詔로써 다시 娑葛을 金河郡王으로 삼고, 나아가 후궁으로 부인 4인을 주었다.[60]

돌기시오질륵 이전에 강성했던 곡슬라가 다스린 지역은 오질륵 영역과 중복된다. 무측천 治世에 곡슬라 부중은 오질륵에게 병합되었다. 돌기시오질륵의 판도가 더 점차 확대되자, 무측천은 오질륵과 새로운 관계 형성이 필요하였다. 706년 정월 突騎施酋長 오질륵을 懷德郡王으로 삼았다.[61] 다시 당은 708년에 오질륵을 西河郡王으로 進封했으나 攝御史大夫 解琬이 碎葉城에 도착하기도 전에 오질륵이 죽는 일이 발생했고, 이로 인해 돌기시오질륵 시대가 마감되었다.

오질륵이 죽기 직전 706년 12월에 突厥默啜이 鳴沙府를 공격하자, 靈武軍大總管 沙吒忠義가 싸웠으나 패배하였고, 돌궐은 原州와 會州까지 공략해 隴右牧馬 만여 필을 약탈하였다.[62] 이 때문에 안서대도호 郭元振과 돌기시오질륵 본영에

58)『資治通鑑』권207,「唐紀」23 則天后 久視 元年 12月 甲寅조, 6552쪽.

59)『資治通鑑』권208,「唐紀」24 中宗 神龍 元年 6月 壬子조, 6594쪽.

60)『舊唐書』권194하,「突厥傳」하, 5190쪽, "斛瑟羅以部衆削弱, 自則天時入朝, 不敢還蕃, 其地並爲烏質勒所併. 景龍二年, 詔封爲西河郡王. 令攝御史大夫解琬就加冊立. 未至, 烏質勒卒. 其長子娑葛代統其衆, 詔便立娑葛爲金河郡王, 仍賜以宮女四人".

61)『資治通鑑』권208,「唐紀」24 中宗 神龍 2年 正月 甲戌조, 6598쪽.

62)『資治通鑑』권208,「唐紀」24 中宗 神龍 2年 12月 己卯 ; 丁巳조, 6607~6608쪽.

서 군사회의가 개최되었다. 그런데 곽원진이 帳 앞에서 오질륵과 긴 시간 대화를 나눌 때, 폭설에다 추위마저 덮쳤는데, 늙은 오질륵이 추위를 이기지 못하고 죽고 만다. 오질륵이 706년 12월에 죽었다는 『자치통감』의 기록이 맞다면, 『구당서』 「돌궐전」에서 당이 오질륵을 서하군왕으로 봉했다는 708년 기사는 틀린 것이 된다.

돌기시오질륵의 아들 娑葛은 오질륵이 죽은 그해(706) 같은 달(12) 戊戌에 嗢鹿州都督·懷德王을 습격하였다.[63] 올록주도독부는 당 고종 顯慶 元年에 突騎施索葛莫賀部에 설치된 도독부다.[64] 사갈이 올록주도독부를 공격한 것은 돌기시의 영토 확장을 위한 행동이다. 돌기시사갈의 영토 확장에 위협을 느낀 당은 707년 5월 左屯衛大將軍 張仁愿을 朔方道大總管으로 임명하여 돌궐 공격에 대비하게 하였다.[65] 이 해 10월에 당이 朔方道大總管 장인원에게 돌궐을 공격하도록 명령하였다. 장인원이 돌궐 영내로 진격하였으나 돌궐이 이미 퇴각한 뒤라, 추격해 대파했다고 한다.[66] 이는 생각해 볼 문제가 있는 기록이다. 왜냐하면 장인원이 어디를 공격했다는 내용이 없고 무작정 공격해 서돌궐을 대파했다는 식의 戰果는 朔方道 북방지역 일부 공격을 침소봉대했을 가능성이 크기 때문이다. 실제로 당이 돌궐 또는 토번과 싸웠을 때 전과를 부풀린 보고문제로 조정에서 문제 삼은 경우가 있다.

그러나 708년에 두 달 동안 삭방도대총관 장인원이 세 受降城을 쌓은 뒤, 서돌궐이 酒泉 일대의 朝那山 부근에 출몰하지 않은 것은 사실이다. 699년 4월 토번의 권력투쟁으로 자살한 토번 論欽陵의 아들 弓仁이 투항하자, 唐은 그에게 左玉鈐衛將軍·酒泉郡公 벼슬을 주었다.[67] 그런데 궁인을 河西회랑의 酒泉郡公에 분봉한 사실을 주목하고 싶다. 708년 3월 삭방도대총관 장인원이 세 수항성을 쌓은 후, 左玉鈐衛將軍 論弓仁을 朔方軍前鋒遊弈使로 임명하여

---

63) 『資治通鑑』 권208, 「唐紀」24 中宗 神龍 2年 12月 戊戌조, 6608쪽.

64) 『資治通鑑』 권208, 「唐紀」24 中宗 神龍 2年 12月 戊戌조의 胡三省註, 6608쪽.

65) 『資治通鑑』 권208, 「唐紀」24 中宗 景龍 元年 5月 戊戌조, 6610쪽.

66) 『資治通鑑』 권208, 「唐紀」24 中宗 景龍 元年 10月 丁丑조, 6617쪽.

67) 『資治通鑑』 권206, 「唐紀」22 則天后 聖曆 2年 夏四月 欽陵子弓仁조, 6540쪽.

諾眞水를 지키게 하였다.[68] 논궁인이 朝那山 일대를 지키고 나서부터 서돌궐은 산 넘어 조나산 일대에서 유목은 물론이고 사냥조차 하지 않았다. 그 결과 당은 서돌궐 방어를 위한 鎭兵을 수만 명이나 감축할 정도로 논궁인의 공은 대단하였다.[69] 이는 당이 漢族이 아닌 투항한 토번 논궁인을 활용하여 朝那山 일대에서 서돌궐을 제압한 케이스였다.

그 후 당은 오질륵의 아들 사갈을 金河郡王으로 임명하면서 후궁으로 궁녀 4인을 줄 정도로 관계개선을 위해 노력했다. 당이 이처럼 신속하게 조치를 취하였던 것은 사갈과 관계 설정 유지가 절실하게 필요하였다는 증거다. 당시 돌기시오질륵을 세습한 사갈 통치에 반발한 세력은 오질륵의 부하 장수 闕啜忠節[70]이었다.

> 처음에, 娑葛이 아버지를 대신해 군사를 통솔하자, 烏質勒의 部將 闕啜忠節이, 이를 심히 시기하여, 그 당시 兵部尙書 宗楚客이 조정에서 세력을 휘둘렀기 때문에, (忠節은) 비밀히 사자에게 금 칠백 냥을 들려 보내어 楚客에게 뇌물을 주어, 娑葛이 군사 통솔을 못하도록 정지시켜 줄 것을 요청하였다. 楚客은 御史中丞 馮嘉賓을 사자로 보내어서, 그 변경에 이르러, 몰래 忠節과 그 사태를 상의하게 하고, 동시에 자신의 書簡을 (忠節에게) 주어, 그 생각대로 펼치게 하였다. (그 書簡은) 도중에 娑葛의 순찰병에 뺏겨, (娑葛은) 드디어 嘉賓을 베어 죽이고, 그는 또 군사를 진격하게 하여, 火燒 等의 城을 공격해 함락시키고, 사자를 보내 表를 내어 楚客의 首級을 요구하였다.[71]

돌기시오질륵이 죽은 후, 그 아들 사갈의 세습을 저지하기 위해 궐철충절은 당의 힘을 이용하려 하였다. 당의 兵部尙書 宗楚客은 궐철충절의 금 칠백

---

68) 『資治通鑑』 권209, 「唐紀」25 中宗 景龍 2年 3月 於牛頭朝那山北조, 6621쪽.

69) 『資治通鑑』 권209, 「唐紀」25 中宗 景龍 2年 3月 自是突厥不敢渡山畋牧조, 6621쪽.

70) 『資治通鑑』 권209, 「唐紀」25 中宗 景龍 2年 初조의 胡三省註, 6625쪽, 闕啜忠節에 대해 一說은 突厥 五啜 가운데 하나인 胡祿居闕啜에서 闕啜이 비롯되었으며, 忠節은 官名이다. 다른 說은 西突厥의 姓은 阿史那氏이며, 闕은 부락이름이고, 啜은 官名, 忠節은 人名이다.

71) 『舊唐書』 권194하, 「突厥傳」하, 5190~5191쪽, "初, 娑葛代父統兵, 烏質勒下部將闕啜忠節甚忌之, 以兵部尙書宗楚客當朝任勢, 密遣使賷金七百兩以賂楚客, 請停娑葛統兵. 楚客乃遣御史中丞馮嘉賓充使至其境, 陰與忠節籌其事, 并自致書以申意. 在路爲娑葛遊兵所獲, 遂斬嘉賓, 仍進兵攻陷火燒等城, 遣使上表以索楚客頭".

냥에 팔려 그의 뜻에 동조하였다. 그러나 궐철충절의 음모는 御史中丞 馮嘉賓과 내통하였던 편지를 사갈의 순찰병에게 빼앗겨 좌절됐다. 사갈은 궐철충절에 의해 놀아난 병부상서 종초객의 수급을 요구할 정도로 당과 극한 대립하였다. 『자치통감』에 사갈이 돌기시가한으로 즉위한 시기와 그 당시 상황을 전하고 있다.

> (708년) 11월 庚申 突騎施酋長 娑葛이 可汗으로 自立하였다. 당나라 使者 御史中丞 馮嘉賓을 죽이고, 자신의 아우 遮弩등에게 무리를 거느리고 가서 (당의) 변경을 공격하였다.72)

사갈은 우선 자신이 가한이 되는 것을 막으려는 세력을 꺾기 위해 당의 御史中丞 馮嘉賓을 죽였다. 그뿐만 아니라 당에 대한 응징성격으로 당 변경을 공격하였다. 그런데 사갈이 당의 사진을 공격하여 풍가빈 등을 죽인 내용이 『자치통감』에 자세하게 기록되어 있다.

> 娑葛은 사자 娑臘을 보내 長安에 말을 바쳤는데, 그들이 모의한 소식을 듣고 말을 달려 돌아와서 娑葛에게 보고했다. 이에 娑葛은 5천 기병을 安西로 출동시켰으며, 5천 기병을 撥換으로 가게 하였고, 5천 기병은 焉耆로 가게 하였으며, 5천 기병은 疏勒으로 들어가서 침략하였다. 元振은 疏勒에 있으면서, 河口에 목책을 치면서 밖으로 나갈 생각을 하지 못했다. 忠節은 嘉賓을 計舒河 입구에서 맞이하였으나, 娑葛이 군사를 보내어 그를 습격하여 忠節을 사로잡고 嘉賓을 죽였으며, 呂守素는 僻城에서 생포해 驛站 기둥에 묶고 살을 베어 죽였다.73)

당이 궐철충절과 토번 군사를 동원할 뿐 아니라 河西軍을 동원하여 사갈을 정벌한다는 소식을 娑臘이 들었다. 이런 첩보를 들은 사람이 재빨리 돌기시사

72) 『資治通鑑』 권209, 「唐紀」25 中宗 景龍 2年조, 6625쪽, "十一月, 庚申, 突騎施酋長娑葛自立爲可汗, 殺唐使者御史中丞馮嘉賓, 遣其弟遮弩等帥衆犯塞".

73) 『資治通鑑』 권209, 「唐紀」25 中宗 景龍 2年 11月조, 6627~6628쪽, "娑葛遣使娑臘獻馬在京師, 聞其謀, 馳還報娑葛. 於是娑葛發五千騎出安西, 五千騎出撥換, 五千騎出焉耆, 五千騎出疏勒, 入寇. 元振在疏勒, 柵於河口, 不敢出. 忠節逆嘉賓於計舒河口, 娑葛遣兵襲之, 生擒忠節, 殺嘉賓, 擒呂守素於僻城, 縛於驛柱, 冎而殺之".

갈에게 달려간 후, 돌기시는 군사조치를 감행한다. 이때 사갈은 5천 기병을 한 단위로 하여, 焉耆(쿠얼러), 安西(龜玆, 쿠차), 撥換(아쿠스), 疏勒(카스)[74]를 공격하였다. 이들 지역은 타클라마칸 사막의 북쪽 지역들이며, 천산산맥 남쪽에 자리잡은 곳으로 唐의 안서사진 가운데 세 곳이나 포함되었다. 사갈은 타림분지의 북부지역을 모두 공격하였다. 앞서 토번이 사진과 서돌궐 十姓에 대한 할양을 재요구할 것을 염려해 상소한 곽원진이 疏勒에 있었으나 사갈의 군사가 무서워 목책 안에서 나오지 못했다. 아무튼 이때 사갈은 타림분지 북부지역 공격으로 政敵 궐철충절을 죽였을 뿐 아니라 당의 馮嘉賓·呂守素마저 죽이는 전과를 거두었다. 무엇보다 주목되는 사실은 사갈이 많은 기병을 거느리고 천산산맥을 넘어 남쪽까지 공격한 결과 타림분지마저 사갈의 영향권 안에 있었다는 점이다.

사갈은 안서도호부를 함락하기 위해 고삐를 늦추지 않고, 쿠차를 같은 달에 공격하였다.

> 癸未, 牛師奬은 突騎施娑葛과 火燒城에서 싸웠으나 牛師奬의 군사가 패배하여 죽었다. 娑葛은 드디어 안서도호부를 함락시키고 四鎭으로 가는 길을 차단하면서, 사자를 보내 표를 올려 宗楚客의 머리를 요구했다. 宗楚客은 또 周以悌로 하여금 郭元振을 대신해 무리를 거느리도록 하고, 郭元振을 불러들여 入朝시키고, 阿史那獻을 十姓可汗으로 삼으며 군사를 焉耆에 주둔하면서 娑葛을 토벌하도록 상주했다.[75]

사갈은 천산산맥 남쪽의 안서도호부 治所 쿠차 바로 북쪽의 火燒城전투에서 牛師奬을 전사시킬 정도로 대승하였다. 이때 사갈이 쿠차를 함락시킴으로 撥換城과 疏勒으로 통하는 길목을 장악하게 되었다. 안서도호부를 장악한 사갈은 자신을 대신해 돌기시가한을 阿史那獻으로 삼으려는 宰相 宗楚客의 머리를 요구할 정도로 당을 몰아붙였다. 이때 종초객은 음모대로 소륵에

---

74) 疏勒(喀什, kashgar)은 지금의 중국 신강에서 가장 서쪽에 위치하며, 파키스탄과 키르기스스탄으로 가는 길목에 있다.

75) 『資治通鑑』 권209, 「唐紀」25 中宗 景龍 2年 11月조, 6629쪽, "癸未, 牛師奬與突騎施娑葛戰于火燒城, 師奬兵敗沒. 娑葛遂陷安西, 斷四鎭路, 遣使上表, 求宗楚客頭. 楚客又奏以周以悌代郭元振統衆, 徵元振入朝, 以阿史那獻爲十姓可汗, 置軍焉耆以討娑葛".

있던 곽원진을 불러들이고, 아사나헌을 언기에 주둔시키면서 사갈을 토벌하게 하는 상주를 올렸다. 그러나 사갈은 타림분지 북쪽 지역을 거의 다 장악하였다.

그 결과 종초객과 함께 사갈을 몰아내려던 우위위장군 周以悌마저 연좌되어 白州로 귀양을 갔다. 당은 사갈의 죄를 사면할 뿐 아니라 돌기시 十姓[76]可汗보다 더 광범위한 의미의 十四姓可汗으로 임명했다.[77] 이는 사갈이 金山道行軍總管 곽원진에게 보낸 편지 내용처럼 그의 주장이 모두 관철된 것이었다.

사갈의 세습으로 야기된 궐철충절의 모반계획은 진압되었지만, 그 후 돌기시가한 사갈의 형제간 권력 갈등이 터졌다.

> 景龍 3년(709)에 娑葛의 아우 遮弩는 자신이 나누어 다스리는 부락이 형의 그것보다 작다는 것이 한이 되어, 드디어 (형에) 반란하고 (동)돌궐로 가서, 향도가 되어, 娑葛을 토벌하겠다고 요청하였다. 默啜은 遮弩를 억류시키고, 2만 명의 군사를 보내어, (자신도) 그 측근과 함께 와서 娑葛을 토벌하고, 그를 사로잡고 돌아왔다. 默啜이 遮弩를 돌아보며 말하길 '그대는 형제간에도 서로 화합하지 못하는데, 어찌 나에게 마음을 다 할 수 있겠는가'라 하고, 드디어 (遮弩를) 娑葛과 함께 죽였다. 默啜의 군대가 귀환하자, 娑葛의 部將 蘇祿이 나머지 무리를 모아서, 스스로 즉위해 可汗이 되었다.[78]

景龍 2년 당에서 金河郡王으로 봉 받은 사갈은 자신의 아우 遮弩의 권력에 대한 욕심으로 인해 형제 권력투쟁에 휘말린다. 당시 돌기시오질륵은 사갈보다 아우 차노를 세습자로 생각했던 것 같다.

699년 8월 癸巳에 오질륵 생전에 서돌궐을 멸망시킨 후 사갈보다 나이 어린 아들 차노를 당에 입조시켰다. 이때 당은 侍御史 元城解琬을 보내 오질륵과

76) 『資治通鑑』 권209, 「唐紀」25 中宗 景龍 2年 11月조의 胡三省註, 6629쪽, 十四姓은 西突厥 十姓과 咽麪·葛邏祿·莫賀達干·都摩支를 포함한다.

77) 『資治通鑑』 권209, 「唐紀」25 中宗 景龍 2年 11月 周以悌竟坐流白州조, 6629쪽.

78) 『舊唐書』 권194하, 「突厥傳」하, 5191쪽, "景龍三年, 娑葛弟遮弩恨所分部落少於其兄, 遂叛入突厥, 請爲鄕導, 以討娑葛. 默啜乃留遮弩, 遣兵二萬人與其左右來討娑葛, 擒之而還. 默啜顧謂遮弩曰 '汝於兄弟尙不和協, 豈能盡心於我'. 遂與娑葛俱殺之. 默啜兵還, 娑葛下部將蘇祿鳩集餘衆, 自立爲可汗".

十姓부락을 按撫하였다.[79] 아버지 오질륵이 차노에게 권력에 대한 집착을 더 많이 심어 주었기 때문에 권력을 쟁취하기 위한 계락을 사갈보다 잘 알고 있었을 것이다. 그 후 차노는 默啜의 힘을 빌려 형 사갈을 제거하기 위해 동돌궐로 달려갔다. 그로 말미암아 동돌궐 묵철이 사갈을 토벌하여 돌기시사갈 시대는 1년 만에 막을 내렸다. 이때(709년 7월) 돌기시사갈은 당에 급하게 사신을 파견해 항복을 받아줄 것을 요청하였고, 당은 庚辰에 사갈을 欽化可汗으로 임명하고 守忠이란 이름을 내렸다.[80]

한편, 묵철은 '차노가 그의 형 사갈과 불화했는데 어찌 그런 네가 나에게 충성할 수 있겠느냐' 하면서 차노를 죽인다. 이로써 돌기시오질륵의 아들 시대는 714년에 끝났다.[81] 이는 유목민족의 권력다툼에서 흔히 나타나는 형제간 권력투쟁의 한 유형이다. 동돌궐 묵철은 사갈 형제를 죽이고 돌기시를 떠나 본영 돌궐로 돌아갔다.

돌기시사갈이 묵철에 의해 죽임을 당한 후 사갈의 部將 蘇祿이 나머지 무리를 규합해 스스로 가한에 즉위하였다. 그러나 가한 소녹이 즉위한 후 돌기시사갈 휘하 부중 수습을 위해 오랜 기간 동안 노력이 필요하였기 때문에, 이때 소녹이 서돌궐의 맹주는 아니었다.

묵철이 돌기시를 제압한 후, 711년 정월 당에 사신을 보내 화친을 요청하자, 당이 그것을 허락한 사실은[82] 생각할 점이 있다. 이는 묵철이 일시 동·서돌궐을 통합한 후, 당이 돌궐의 강성함을 꺾기 위한 군사조치를 사전에 막아보려는 외교 행위다.

묵철의 생각처럼 당도 돌궐과의 대결구도를 피하려고 외교적인 방법을 모색하였다.『자치통감』711년 10월조에는 이와 관련한 기록을 전한다.

(당은) 御史中丞 和逢堯를 攝鴻臚卿으로 삼아서 사신으로 돌궐에 보내 默啜에게

79)『資治通鑑』권206,「唐紀」22 則天后 聖曆2年 8月 癸巳조, 6540쪽.

80)『資治通鑑』권209,「唐紀」25 中宗 景龍 3年 7月조, 6636쪽.

81)『資治通鑑』권211,「唐紀」27 玄宗 開元 2年 突騎施可汗守忠조, 6707쪽.

82)『資治通鑑』권210,「唐紀」26 睿宗 景雲 2年 正月 癸丑조, 6661쪽.

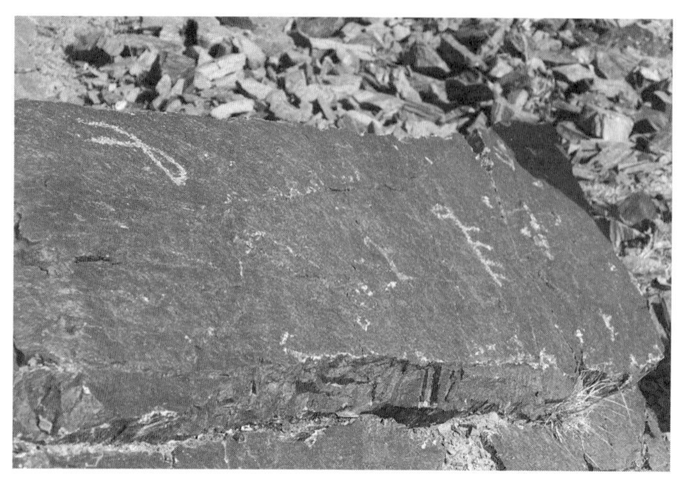

키르기스스탄의 낙타 고개에서 탈라스를 향하는 도중에 발견된 암각화들. 필자 촬영

설명하였다. "處密과 堅昆에서 可汗이 당과 혼인하였다는 소식을 듣고 모두 귀부하였소. 可汗은 어찌하여 당의 관대를 입지 않아 胡族들에게 이를 알리지 않으니, 이는 아름다운 일이 아니지 않소!" 默啜이 허락하고 다음날 樸頭와 자줏빛 적삼을 입고, 남쪽을 향해 두 번 절하고, 신하라 말하며, 그의 아들 楊我支와 國相을 보내 逢堯를 좇아가 입조하게 하였는데, 11월 戊寅에 長安에 도착하였다. 逢堯는 사명을 받든 공로 때문에 戶部侍郎으로 승진하였다.83)

711년 정월 默啜이 화친을 요청하는 사신 파견에 대한 답신으로 당은 그해 10월에 和逢堯를 묵철에게 보냈다. 이는 묵철의 의도였다. 그런데 돌기시 휘하에 있던 處密과 堅昆이 묵철가한이 당과 결혼함으로 말미암아 당에 귀부했다는 소식을 알림으로 당과 묵철가한이 혼인관계라는 사실에 대한 중요성을 강조하였다. 당은 묵철가한에게 당의 駙馬가 되었으니, 그 법식에 따를 것을 요청하였다. 이때 가한은 황제가 보낸 예복을 입고 그 법식대로 행하였다. 가한은 답례로 자신의 아들 楊我支와 國相에게 和逢堯를 따라 장안으로 가게 하였다. 이로써 일시나마 돌궐과 당이 대결하지 않게 되었다.

위에서 처밀은 돌기시의 한 부족을 뜻한다. 그런데 堅昆은 '키르기스'라는 민족과 연관된다. 견곤이 문헌에 첫 등장한 것은 기원전 3세기(B.C. 201) 『史記』「흉노전」에서 匈奴 冒頓 單于가 북아시아를 제압할 무렵 渾庾와 함께

83) 『資治通鑑』 권210, 「唐紀」26 睿宗 景雲 2年 10月조, 6669쪽, "御史中丞和逢堯攝鴻臚卿, 使于突厥, 說默啜曰 '處密·堅昆聞可汗結婚於唐, 皆當歸附. 可汗何不襲唐冠帶, 使諸胡知之, 豈不美哉!' 默啜許諾, 明日, 樸頭·衣紫衫, 南向再拜, 稱臣, 遣其子楊我支及國相隨逢堯入朝, 十一月, 戊寅, 至京師. 逢堯以奉使功, 遷戶部侍郎".

흉노에 복속한 鬲昆[84]을 최초의 키르기스인으로 보는 견해가 유력하다. 또 『漢書』「흉노전」에서 匈奴 郅支 單于가 烏孫을 격파하고 서쪽 堅昆을 쳤다는 기록이 있다. 바로 이 견곤이 격곤이다. 그런데 '堅昆에서 東으로 單于庭이 7천 리나 떨어졌는데, 그곳이 郅支가 머문 곳이다'[85]라는 사실에서 미루어 본다면, 견곤은 분명 오늘날 키르기스스탄이다. 『舊唐書』「地理志」에 의하면 견곤 위치는 北庭도호부 治所에서 북쪽으로 7천 리 떨어져 있다.[86]

당은 서돌궐 내정에 깊이 관여할 의도로 711년 12월 "癸卯에 興昔亡 可汗 阿史那獻을 招慰十姓使로 임명했다."[87] 이는 당이 아사나헌에게 서돌궐, 즉 十姓부락을 위무하는 직책을 주었음을 뜻한다. 다시 말해 서돌궐 가한 아사나 헌을 招慰十姓使로 임명하여 당이 서돌궐을 간접적으로나마 지배하기 위해 기미정책을 사용하였다.

4. 당 현종 시대의 서돌궐 관계

당 현종이 서돌궐을 지배하려는 정책을 추진하자, 동돌궐 묵철은 당의 도호부를 습격하였다. 開元 2년(714) 2월에 돌궐 묵철이 세력 확장을 위해 北庭도호까지 공격한 것이 그것이다.

> 乙未에 突厥可汗 默啜이 그의 아들 同俄 特勒과 매부 火拔頡利發·石阿失畢을 파견하여 군사를 거느리고 北庭都護府를 포위하였는데, 都護 郭虔瓘이 그들을 쳐 깨뜨렸다. 同俄가 單騎로 성 아래에 접근하자, 郭虔瓘이 장사들을 길옆에 매복시켰다가 갑자기 일어나 그를 베어 죽였다. 突厥에서 軍中에 있는 모든 물자와 양식을 갖고 同俄와 바꿀 것을 요청하였으나 그가 이미 죽었다는 소식을 듣고는 통곡하며 떠나갔다.[88]

---

84) 『史記』 권110, 「匈奴傳」 後北服渾庾조, 2893쪽.

85) 『漢書』 권94하, 「匈奴傳」하, 3800쪽, "堅昆東去單于庭七千里, 郅支留都之".

86) 『舊唐書』 권38, 「地理志」1 北庭節度使조, 1385쪽.

87) 『資治通鑑』 권210, 「唐紀」26 睿宗 景雲 2年 12月조, 6669쪽, "癸卯, 以興昔亡可汗阿史那獻爲招慰十姓使".

88) 『資治通鑑』 권211, 「唐紀」27 玄宗 開元 2年 2月조, 6669쪽, "乙未, 突厥可汗默啜遣其子同俄特勒及妹夫火拔頡利發·石阿失畢將兵圍北庭都護府, 都護郭虔瓘擊破之. 同俄單騎逼城下, 虔瓘伏壯士於道

이는 북정도호를 장악하기 위한 돌궐 묵철의 군사행동이었다. 그러나 묵철의 아들 同俄가 죽음으로써 북정도호에 대한 돌궐공격은 참패로 끝났다. 돌궐가한 묵철이 자신의 아들 동아 특륵과 매부 火拔頡利發·石阿失畢을 출정시켜 북정도호부를 포위했다. 이는 묵철이 중앙아시아에서 패권 확보를 위해 당의 북정도호부를 지배하려는 군사조치다. 왜냐하면 북정절도의 치소가 북정도호부에 있는데다가 북정절도 휘하 管兵 40,000명으로 突騎施·堅昆·斬啜에 대해 방어했으며, 아울러 瀚海·天山·伊吾 3軍을 관장했기 때문이다.[89] 突騎施 牙帳은 北庭도호부의 서북쪽으로 3천 리 떨어진 곳이며, 견곤은 북정도호부의 북쪽으로 7천 리 떨어진 곳에 있고, 참철은 『구당서』 「지리지」1에서 북정도호부에서 동북으로 1천 7백 리 떨어진 곳에 위치하고 있다고 기록하고 있다.[90]

묵철의 아들 同俄가 북정도호의 매복군사에 의해 죽음으로, 이에 대한 문책이 두려운 石阿失畢이 당에 투항하였다. 714년 閏2월 석아실필이 그의 처와 더불어 당으로 도망하자 당에서는 그를 右衛대장군·燕北郡王으로 책봉하면서, 그의 처를 金山공주라 명하였다.[91] 이는 묵철의 아들 동아의 죽음이 몰고올 파장이 무서워 석아실필이 살길을 찾아 투항한 사건이다.

한편 당시 당의 신임을 받는 招慰十姓使 아사나헌에 앞서 서돌궐 十姓酋長 都擔이 있었지만, 당에서 멀어지게 되자 도담이 당에 반기를 들었다.

> 西突厥 十姓酋長 都擔이 반란하였다. 3월 己亥에 磧西節度使 阿史那獻이 碎葉등의 鎭에서 승리하여, 都擔을 사로잡아 죽이자, 그 部落 二萬餘帳이 항복하였다.[92]

당이 세운 서돌궐 十姓酋長 도담이 당의 명령에 따르지 않는 일이 발생하였으나 같은 해 다음달(3월) 磧西절도사 아사나헌에 의해 碎葉鎭에서 죽임[93]을

側, 突起斬之. 突厥請悉軍中資糧以贖同俄, 聞其已死, 痛哭而去".

89) 『舊唐書』 권38, 「地理志」1 北庭節度使조, 1385~1386쪽.

90) 『舊唐書』 권38, 「地理志」1 北庭節度使조, 1385~1386쪽.

91) 『資治通鑑』 권211, 「唐紀」27 玄宗 開元 2年 閏2月조, 6697쪽.

92) 『資治通鑑』 권211, 「唐紀」27 玄宗 開元 2年조, 6698쪽, "西突厥十姓酋長都擔叛. 三月, 己亥, 磧西節度使阿史那獻克碎葉等鎭, 擒斬都擔, 降其部落二萬餘帳".

93) 『資治通鑑』 권211, 「唐紀」27 玄宗 開元 2年 3月조의 胡三省註, 6698쪽, 都擔은 그해 6월에 梟首되었

당하였다.[94] 이는 당이 세운 도담이 일시 서돌궐을 지배하였음을 말해준다. 바꾸어 말하면 돌기시사갈의 부장 소녹이 서돌궐 가한에 즉위하였으나, 당은 새로 도담을 서돌궐 10성 추장으로 세웠던 것이다. 이와 같이 중앙아시아에서 세력판도가 급변하자 돌궐가한 묵철도 이 기회를 이용하기 위해 당과 정략적 결혼을 모색하였다. 때는 적서절도사 아사나헌에 의해 도담이 쇄엽에서 제거된 그 다음 달(4월)이다.

> 4월 辛巳에 돌궐가한 默啜이 다시 사신을 파견하여 혼인 관계를 맺자고 요구하였고, 스스로를 "乾和永淸太駙馬·天上得果報天男·突厥聖天骨咄祿可汗"이라 칭하였다.[95]

돌궐가한 묵철이 사신을 보내면서 자신에 대한 장문의 칭호에서 이미 자신은 황제 사위이며, 자신을 天子로 표현하였다는 점은 뜻하는 바가 크다. 이런 칭호가 갖는 의미는 중앙아시아에서 돌궐가한 묵철이 제일의 권력자라는 말이다. 그러나 묵철의 판도는 아들 동아가 북정도호부 앞에서 전사하고 석아실필마저 당에 투항함으로 축소된 상태였다.

같은 해(714) 7월 壬寅에 당은 북정도호 郭虔瓘을 涼州자사와 河西諸軍州節度使로 승진시켰다.[96] 이는 북정도호 곽건관이 돌궐 묵철 군사를 제압하였던 것에 대한 포상 성격이다. 설상가상으로 9월부터는 묵철이 늙고 쇠약해지자 그 어리석고 포악함이 심해졌다. 이런 까닭에 葛邏祿의 부락 등이 량주에 와서 항복했다.[97] 다음달(10월) 돌궐가한 묵철이 당에 사신을 파견하였다. 이때 묵철이 혼인하기를 요구하자 당 현종은 다음해에 공주를 맞이할 것을 허락하였다.[98] 이는 현종이 토번 침공을 제대로 막지 못한 상황에서 돌궐가한

다고 胡三省은 주장하였다.

94) 『新唐書』 권5, 「玄宗紀」 開元 2年 3月 己亥조, 123쪽.

95) 『資治通鑑』 권211, 「唐紀」27 玄宗 開元 2年조, 6699쪽, "四月, 辛巳, 突厥可汗默啜復遣使求婚, 自稱 '乾和永淸太駙馬·天上得果報天男·突厥聖天骨咄祿可汗'".

96) 『資治通鑑』 권211, 「唐紀」27 玄宗 開元 2年 7月 壬寅조, 6703쪽.

97) 『資治通鑑』 권211, 「唐紀」27 玄宗 開元 2年 9月조, 6705쪽.

98) 『資治通鑑』 권211, 「唐紀」27 玄宗 開元 2年 10月 己巳조, 6706쪽.

묵철과 대립할 수 없었기 때문에 그의 요구를 수용한 것이었다. 葛邏祿의 투항에 뒤이어 그 다음달(10월)에 돌궐 十姓 가운데 하나인 胡祿屋 등 여러 부락이 북정도호 곽건관에게 와서 항복하였다.[99] 그런데 곽건관을 7월에 량주자사와 河西諸軍州節度使로 임명한 사실로 미루어 보면 곽건관에게 북정과 하서절도사를 겸직시켰던 모양이다. 당은 돌궐세력의 와해를 이용하여 중앙아시아에서 헤게모니를 잡기 위해 노력하였다.

> 丙申에 左散騎常侍 解琬을 파견하여 北庭에 가서 돌궐사람 가운데 항복한 사람들을 널리 위로하고 편의대로 구분하여 거처하게 하였다.[100]

위 사료의 내용에 따르면, 돌궐가한 묵철이 늙으면서 난폭하여져 돌궐부락의 離叛이 속출하였다. 이때 당에서 돌궐과 토번에 대해 잘 아는 左散騎常侍 解琬을 북정으로 보내서 항복한 돌궐부락을 적극적으로 수용하는 시책을 펼쳤다. 중앙아시아에서 돌궐가한 묵철의 위치는 사라졌다. 이를 입증하는 것이 아래 715년 정월의 사건이다.

> 고구려 莫離支출신 高文簡은 十姓 사위였는데, 2월 혈돌都督 思泰 등과 더불어 역시 돌궐에서 무리를 거느리고 와 항복하자, 황제는 명령하길 河南 땅에 그들을 거처하게 하였다.[101]

이는 돌궐가한 묵철의 사위 高文簡이[102] 자신의 안전을 위해 당에 투항하였다는 내용의 기록이다. 이때 突騎施 十姓에서 항복한 사람은 前後로 萬餘帳이나 될 정도로 많았는데 그 가운데 고구려 막리지 출신 고문간이 포함된 사건이다. 이는 돌궐가한 묵철의 몰락의 전조였다.

---

99) 『資治通鑑』 권211, 「唐紀」27 玄宗 開元 2年 10月조, 6706쪽.

100) 『資治通鑑』 권211, 「唐紀」27 玄宗 開元 2年 11月조, 6706쪽, "丙申, 遣左散騎常侍解琬詣北庭宣慰突厥降者, 隨便宜區處".

101) 『資治通鑑』 권211, 「唐紀」27 玄宗 開元 3年 正月조, 6709쪽, "高麗莫離支文簡, 十姓之壻也, 二月, 與跌跌都督思泰等亦自突厥帥衆來降, 制皆以河南地處之".

102) 『資治通鑑』 권211, 「唐紀」27 玄宗 開元 3年 2月 胡三省註의 而高文簡則默啜之壻也조, 6710쪽.

묵철의 사위 고문간의 투항에 이어, 이미 투항했던 胡祿屋의 추장마저 장안에서 당 현종을 대면할 정도로 당은 서돌궐 발흥을 적극 제지하고 나섰다. 이에 대한 소식은 715년에 보인다.

> 3월 胡祿屋 추장 支匐忌 등이 들어와서 入朝했다. 황제는 十姓 가운데 항복하는 사람들이 점차 많아지자, 여름 4월 庚申에 右羽林大將軍 薛訥을 涼州鎭軍大總管으로 삼아 赤水 등에 있는 軍을 통제하도록 하면서 涼州에 거처하도록 하였고, 左衛大將軍 郭虔瓘을 朔州鎭軍大總管으로 삼았으며, 和戎 등에 있는 軍도 통제하고 병주에 거처하면서, 군사를 챙겨서 默啜에 대비하게 하였다.[103)]

당 현종은 서돌궐과 묵철의 공격을 사전에 차단하기 위해 薛訥과 곽건관에게 각각 涼州와 弁州에서 경계를 게을리 하는 일이 없도록 조치하였다. 이때 중앙아시아의 상황은 당에게 앞 시기보다 유리하게 전개된 것은 사실이다. 그러나 유목민족은 태어나면서부터 전투를 익힌 특성을 다시 발휘해 묵철은 당의 변경을 공략하였다.

> 默啜이 군사를 동원해 葛邏祿·胡祿屋·鼠尼施 등을 공격하여 여러 차례 깨뜨리자, 당에서는 北庭都護 湯嘉惠와 左散騎常侍 解琬 등에게 칙서를 내려 군사를 발동해 이들을 구원하도록 하였다. 5월 壬辰에 湯嘉惠 등에게 조서를 내려 葛邏祿·胡祿屋·鼠尼施와 더불어 定邊道大總管 阿史那獻과 함께 서로 호응하여 구원하게 하였다.[104)]

위 사료는 묵철이 자신을 배반하고 당에 투항한 갈라록·호록옥·鼠尼施 등을 공격하자, 이에 대해 당에서 대처하고 있는 상황을 전한다. 이때 당은 北庭都護 湯嘉惠와 左散騎常侍 解琬 등에게 군사를 출동시켜 갈라록·호록옥·서니시 등을 구원하도록 명령하였다. 定邊道大總管 아사나헌도 군사를 출동시켜

---

103) 『資治通鑑』 권211, 「唐紀」27 玄宗 開元 3年조, 6710쪽, "3月, 胡祿屋酋長支匐忌等 入朝. 上以十姓降者浸多, 夏, 四月, 庚申, 以右羽林大將軍薛訥爲涼州鎭軍大總管, 赤水等軍並受節度, 居涼州, 左衛大將軍郭虔瓘爲朔州鎭軍大總管, 和戎等軍並受節度, 居并州, 勒兵以備默啜".

104) 『資治通鑑』 권211, 「唐紀」27 玄宗 開元 3年 4月조, 6710쪽, "默啜發兵擊葛邏祿·胡祿屋·鼠尼施等, 屢破之, 勅北庭都護湯嘉惠·左散騎常侍解琬等發兵救之. 五月, 壬辰, 勅 湯嘉惠等與葛邏祿·胡祿屋·鼠尼施及定邊道大總管阿史那獻互相應援".

대대적으로 갈라록·호록옥·서니시 등을 돕도록 칙서를 내렸다. 이처럼 적극적으로 당이 묵철 공격을 대처한 것은 갈라록·호록옥·서니시 등이 다시 묵철 휘하로 들어가는 것을 차단하기 위한 조치다.

이런 와중에 스스로 즉위한 가한 돌기시소녹이 서돌궐에서 점차 기반 조성에 박차를 가하였다. 돌기시소녹 시대의 출현이다.

5. 당과 돌기시소녹, 서역 제국의 관계

서돌궐에서 突騎施蘇祿 시대가 열리게 된 것은, 서돌궐의 내부 분열과 무관하지 않다. 동돌궐가한 묵철이 늙으면서 포악성을 드러내자, 開元 2년 9월 壬子에 갈라록 부락 등이 하서절도의 치소 량주로 달려가 투항하였다.[105] 또 다음 달(10월)에 서돌궐 十姓 胡祿屋 등이 諸部를 거느리고 北庭都護 治所 庭州로 와서 투항하였다.[106] 사갈의 아우 遮弩의 반란으로 시작하더니, 갈라록은 涼州로, 胡祿屋은 庭州로 투항하면서 서돌궐에서 萬餘帳이나 되는 많은 무리가 사라졌다.[107] 한마디로 개원 2년은 서돌궐의 분열과 와해시대였다.

개원 3년 2월에 10성부락과 함께 고구려 막리지 고문간도 당에 투항하였다. 이에 대해『구당서』「현종기」에 보면,

> (2월에) 十姓部落左厢五咄六啜·右厢五弩失畢五俟斤 및 고구려 莫離支 高文簡·都督 䠶跌思太等이 각기 부중을 거느리고 突厥에서 계속하여 투항해 왔으며, 前後 모두 합해 2,000餘帳이었다.[108]

라고 전한다. 개원 3년 2월 돌궐부락의 권력투쟁으로 휘하의 일부 무리가 당에 투항하였다. 그런데 그 가운데 고구려 멸망 후 돌궐로 피신한 고구려 막리지 고문간이 그의 부중과 함께 당에 투항하였다. 이는 고구려 멸망 후

---

105)『資治通鑑』권211,「唐紀」27 玄宗 開元 2年 9月조, 6705쪽.

106)『資治通鑑』권211,「唐紀」27 玄宗 開元 2年 10月조, 6706쪽.

107)『資治通鑑』권211,「唐紀」27 玄宗 開元 3年 正月조, 6709쪽.

108)『舊唐書』권8,「玄宗紀」(開元 3年 2月)조, 175쪽. "十姓部落左厢五咄六啜·右厢五弩失畢五俟斤, 及高麗莫離支高文簡·都督䠶跌思太等, 各率其衆突厥相繼來奔, 前後總二千餘帳".

고구려 유민이 唐에 잡혀간 상황 외에 돌궐로 피신하여 새로운 삶을 모색한 구체적인 사실을 증명하는 사료이다.

돌기시소녹은 돌기시오질륵처럼 서돌궐의 別種이다. 서돌궐의 '別種'이란 서돌궐의 일파라는 말이다. 동돌궐 묵철에 의해 돌기시오질륵의 두 아들이 살해된 후, 사갈의 部將 소녹이 나머지 무리를 규합해 스스로 돌기시가한이 되었다. 그런데 『자치통감』은 突騎施守忠이 죽고, 묵철이 철군하자, 수충의 부장 소녹이 흩어진 무리를 규합해 처음에 추장이 되었다고 다르게 기록하고 있다.[109] 아무튼 소녹에 의한 돌기시 통솔 초기 정황은 다음과 같다.

> 蘇祿은 突騎施의 別種이다. (그 무리를) 자못 착하고 편안하게 다스려, 十姓부락(西突厥의 諸部落)은, 점점 여기에 귀순하였다. 무리가 20만이나 되자, 드디어 西域 땅의 맹주가 되어, 이윽고 사자를 보내 來朝했다. 開元 3년(715)에, 蘇祿에게 制授하여, 그를 左羽林大將軍·金方道經略大使로 삼고, 特勤으로 승진시켜, 侍御史 解忠順을 보내 璽書를 가지고 가서, 그를 冊立하여 忠順可汗으로 삼았다. 이때부터 매년 사자를 보내 朝獻하였다. 황제는 이에 史懷道의 딸을 金河公主로 삼아 蘇祿의 처로 삼게 하였다.[110]

소녹이 돌기시의 모든 부락을 통솔하고 서돌궐을 통일한 가한이 된 것은 오질륵의 두 아들이 동돌궐 묵철에 의해 죽임 당하고 5년 이상 경과한 후였다. 여기서 十姓部落은 돌륙과 노실필의 十姓(十部落)을 의미한다. 고구려 멸망 후 막리지 고문간은 10성부락의 사위가 되었다.[111] 고구려 유민 高文簡이 동돌궐이 아닌 서돌궐 10성부락의 사위가 되었다는 사실은 동서교섭사 상에서 차지하는 의미가 크다. 바꾸어 말하면 고구려가 멸망하자 고문간이 휘하 부락을 거느리고 도망한 곳이 북중국의 동돌궐이 아니라 오늘날 중앙아시아라

---

109) 『資治通鑑』 권211, 「唐紀」27 玄宗 開元 3年 12月조, 6714쪽, 『舊唐書』에서 娑葛은 『資治通鑑』은 守忠이라고 기록한 것 같다.

110) 『舊唐書』 권194하, 「突厥傳」하, 5191쪽, "蘇祿者, 突騎施別種也. 頗善綏撫, 十姓部落漸歸附之, 衆二十萬, 遂雄西域之地, 尋遣使來朝. 開元三年, 制授蘇祿爲左羽林大將軍·金方道經略大使, 進爲特勤, 遣侍御史解忠順齎璽書冊立爲忠順可汗. 自是每年遣使來獻, 上乃立史懷道女爲金河公主以妻之".

111) 『資治通鑑』 권211, 「唐紀」27 玄宗 開元 3年 正月조, 6709쪽,

는 것이다. 이는 고구려가 동돌궐과는 적대적이었으나 서돌궐과는 친선관계를 유지하였다고 해석할 수 있다. 아무튼 고구려의 외교무대가 중앙아시아까지 확대되었음을 증명하는 이야기다.

지난날 서돌궐 휘하의 康國이 고구려와 교류하고 있었던 사실 때문인지 당은 서돌궐을 공격하였다.『구당서』「고종기」顯慶 2년 春正月조에는 다음과 같은 기록이 있다.

> 右屯衛장군 蘇定方 등 4장군에게 伊麗道 장군으로 임명하고, 군사를 거느리고 나가서 賀魯를 토벌하도록 명령하였다.112)

이는 현경 2년(657) 正月 당 고종이 蘇定方 등에게 伊麗道 군사를 거느리고 나가 서돌궐 사발라가한 하노 토벌을 명령한 것이다. 1년이 경과한 후 蘇定方이 개선하였다. 같은「고종기」현경 3년 2월조에는,

> 蘇定方이 西突厥 沙鉢羅可汗 賀魯와 咥運·闕啜을 공격하여 깨뜨렸다. 賀魯가 石國으로 도망하자, 副將 蕭嗣業은 추격해 사로잡았으며, 前後에 걸쳐서 사람과 가축을 40여 만이나 거두어 들였다.113)

라고 전한다. 이는 현경 3년 2월에 소정방이 이려도 군사를 이끌고 서돌궐을 격파한 전공에 대한 전과다. 그런데 서돌궐 沙鉢羅可汗 하노의 아들 질운이 10여기와 함께 밤에 도망할 때 蕭嗣業이 추격하자, 석국으로 도망했다는 사실은 주목할 필요가 있다.114) 그 이유는 훗날 고선지가 석국이 唐에 대해 조공을 게을리 해서 석국을 공격한 것과 성격이 일맥상통하기 때문이다. 이는 五胡十六國·南北朝時代·隋·唐에 중국에서 쫓긴 인물들이 고구려로 도망

---

112)『舊唐書』권4,「高宗紀」顯慶 2年 春正月조, 76~77쪽, "命右屯衛將軍蘇定方等四將軍爲伊麗道將軍, 帥師以討賀魯".

113)『舊唐書』권4,「高宗紀」顯慶 3年 2月조, 78쪽, "蘇定方攻破西突厥沙鉢羅可汗賀魯及咥運·闕啜. 賀魯走石國, 副將蕭嗣業追擒之, 收其人畜前後四十餘萬".

114)『舊唐書』권83,「蘇定方傳」賀魯及咥運十餘騎조, 2778~2779쪽.

할 때 보호받을 수 있는 것과 같다. 이를 여기서 언급하는 까닭은 고구려 사신이 왜 석국 서쪽 康國까지 가서 도움을 요청했는지 그 이유를 알기 위해서다. 史國을 중심으로 강국의 위치를 나타내면 사국 서북쪽으로 7백 리 떨어진 곳에 강국이 있다.[115)] 그런데 강국은 311년에 흉노에 의해 西晉 洛陽이 불타버렸다는 소식을[116)] 본국인 康居에 알린 소그드인[117)]의 나라다.[118)] 당의 구법승 현장은 貞觀 2년(628)경에 강국을 지나면서 그곳 소식을 『대당서역기』에 적고 있다.

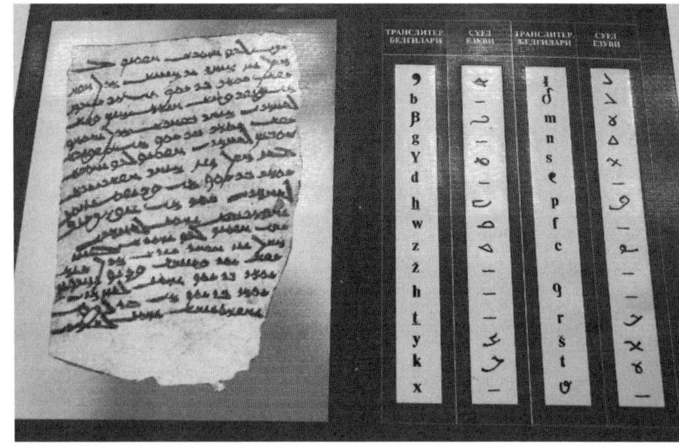
고선지의 영향력 아래 있던 8세기 소그드 알파벳과 문서

> 사마르칸트(颯秣建)國은 주위가 6~7백 리, 동서로는 길며, 남북으로는 좁다. 그 나라의 大都城 주위가 20여 리이고, 아주 험고하여 주민이 많고, 여러 나라의 귀중한 산물이 이 나라로 많이 모여든다. 토지는 비옥하여 농업이 충분히 잘 되는데다가, 수목마저 울창하고 과일도 매우 잘 된다. 좋은 말이 많이 나며, 옷감 짜는 기술은 특히 다른 나라보다 빼어났다. 기후는 온화하나 풍속은 매우 거칠다. 모든 胡國들은 이곳을 중심으로 삼고 있다. 진퇴예의는 멀고 가까운 제국 모두가 이곳을 중심으로 친다. 이곳 왕은 호탕하고 용맹하기 때문에 이웃나라가 그의 명을 받고 있다. 병마는 강성하여서, 대부분이 차갈(赭羯, 용사를 지칭)이다. 차갈 사람은 그 성질이 용맹하여 죽음을 당연한 것으로 알아, 싸움에 있어 그

115) 『新唐書』 권43하, 「地理志」7하 (史國)西北至康國七百里조, 1155쪽.

116) Arthur Waley, 1963, "Lo-yang and Its Fall," *The Secret History of the Mogols,*(London : Unwin Brothers Ltd.). 匈奴에 의한 西晉 洛陽의 방화를 로마약탈과 비유하여 설명하였다.

117) W. B. Henning, 1948, "The Date of the Sogdian Ancient Letters", *Bulletin of the School of Oriental and African Studies*, XII(London), pp.601~604.

118) 지배선, 1992, 「中國 唐代의 基督教」, 229쪽.

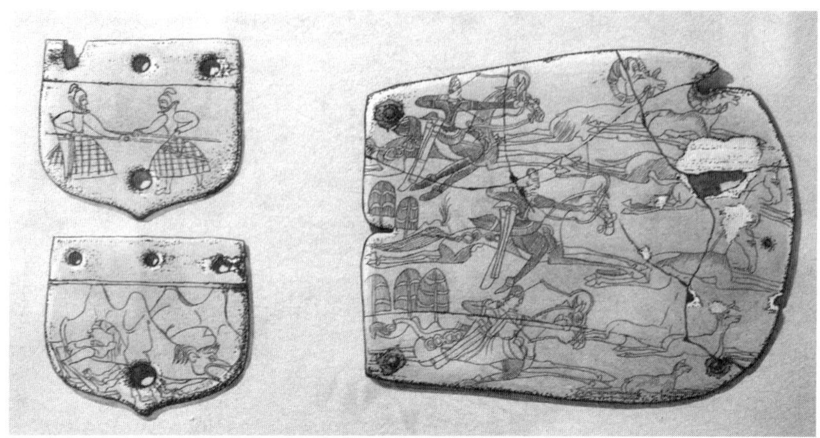

사마르칸트 A.D. 1~2세기경 상아로 만든 혁대 장식. 기마민족을 잘 설명하는 그림이 이채롭다. 타슈켄트 박물관 소장. 필자 촬영

> 앞에 나타날 적이 없을 정도다. 이 나라에서 동남쪽으로 가면 마이무르그(弭秣賀國, 米國)에 이른다.[119]

이는 정관 2년 이후 현장이 강국에서 보고들은 바를 쓴 간략한 역사기록이다. 그 당시 강국의 자연환경적인 조건은 매우 좋았을 뿐 아니라 직조기술마저 출중했다. 이보다 더 중요한 것은 강국 병마가 매우 강성한데다 왕을 위시해서 용사들이 많았기 때문에 강국이 胡國들 가운데 맹주라는 사실이다.

개원 15년경 혜초가 강국을 지날 때 강국은 아랍 지배를 받았다는 사실과[120] 비교하면, 현장이 강국을 답사하였을 때가 전성기였다. 반면 고선지가 제1차 석국 정벌에 나섰을 때 강국은 물론이고 석국도 아랍이 지배하였다. 그렇다면 고선지가 석국의 왕과 일족을 포로로 삼았다는 사실은 고선지가 아랍군을 제압했다는 뜻이다. 그러나 고선지 부대에 의한 제2차 석국 정벌 때는 석국에서 아랍의 영향력이 더 강력한 상황에서 고선지 부대가 아랍군과 전투를 하였다고

119) 『大唐西域記』, 87~89쪽, "颯秣建國周千六七百里, 東西長, 南北狹. 國大都城周二十餘里, 極險固, 多居人. 異方寶貨, 多聚此國. 土地沃壤, 稼穡備植, 林樹蓊鬱, 花菓滋茂. 多出善馬. 機巧之技, 特工諸國. 氣序和暢, 風俗猛烈.凡諸胡國, 此爲其中, 進止威儀, 近遠取則. 其王豪勇, 隣國承命, 兵馬强盛, 多諸赭羯. 赭羯之人, 其性勇烈, 視死如歸, 戰無前敵. 從此東南至弭秣賀國".

120) 『往五天竺國傳』, 等雖各有王並屬大寔所管丞, 73쪽.

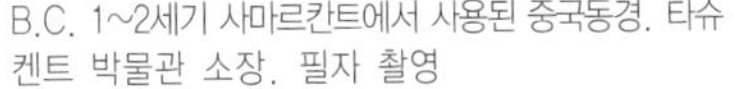
B.C. 1~2세기 사마르칸트에서 사용된 중국동경. 타슈켄트 박물관 소장. 필자 촬영

기원전후의 유물로 사마르칸트의 아프라시압 출토. 타슈켄트 박물관 소장. 필자 촬영

해석하여야 맞다.

석국이 당에서 먼 것은 사실이지만, 그보다는 석국이 당에 대해 호의적이지 않았다는 것을 확인한 셈이다. 그러나 석국은 생존을 위해서인지 永淳 원년 9월에 당에 사자를 파견해 方物을 바쳤다.[121]

한편 동돌궐은 당나라 이상으로 서돌궐을 계속 공격하였다. 그러나 돌궐사 연구자들은 동돌궐이 정관 4년에 멸망하였다고 주장한다.[122] 당시 동돌궐과 당은 친선관계였으나 동돌궐은 서돌궐과는 적대적이었다. 이는 고구려가 동돌궐과 교류하지 않고 왜 더 먼 서돌궐과 교류하였는가에 대한 해답이다.

> (715년 3월) 默啜 군사를 동원해 葛邏祿·胡祿屋·鼠尼施 등을 쳐서, 이들을 여러 번이나 격파했다.[123]

동돌궐 묵철가한이 갈라록·호녹옥·서니시 등을 자주 공격한 것은 동돌궐의 적대세력이 서돌궐이라는 의미다. 갈라록은 北庭 西北 金山의 서남쪽으로 이주하더니 스스로 三姓葉護라 불렀다. 이들 3성도 서돌궐 10성에 포함된

---

121) 『冊府元龜』 권970, 「外臣部」 '朝貢' 永淳 元年 九月石國조, 11403쪽.

122) 薛宗正, 1995, 『安西與北庭－唐代西陲邊硏究』, 19쪽.

123) 『資治通鑑』 권211, 「唐紀」27 玄宗 開元 3年 3月조, 6710쪽, "默啜發兵擊葛邏祿·胡祿屋·鼠尼施等, 屢破之".

부족들이다.[124] 이는 동돌궐 묵철가한이 서돌궐을 견제하기 위한 공격이었다.

개원 3년(715) 5월 壬辰에 동돌궐 묵철가한의 공격이 계속되자, 북정도호 湯嘉惠와 정변도대총관 阿史那獻이 갈라록·호녹옥·서니시와 더불어 묵철을 역공하였다.[125] 胡三省이 밝힌 것처럼 갈라록은 원래 동돌궐의 諸族 가운데 하나였으나 동·서 돌궐 사이에 있다가 점차 남쪽으로 이주하여 호녹옥과 서니시와 함께 스스로 三姓葉護라 불렀다.[126] 같은 해 7월 서돌궐 九姓 思結都督 磨散 등이 당에 항복하였다.[127] 이때 서돌궐의 세력은 약화되었다.

개원 3년 11월 안서도호는 군사 수를 보강하기 위해 關西에서 모병하였다.

> 丁酉에 左羽林大將軍 郭虔瓘에게 安西大都護·四鎭經略大使를 겸직시켰다. 虔瓘은 "스스로 관중에서 군사 1만 명을 모집하여 安西에 가서 토벌하겠으니, 모두에게 도로 연변에서 보급품을 징발할 수 있는 권한과 익힌 음식을 지급하게 해 달라"고 요청했다. 칙서를 내려 그것을 허락하였다.[128]

개원 3년 안서도호 주둔 군사만으로는 토번과 돌궐을 물리칠 수 없었다. 위 사료는 安西大都護·四鎭經略大使로 부임하는 곽건관이 關中에서 1만 명을 모병해 안서사진으로 데려간 내용이다. 이때 관중에서 안서로 이송하기 위해 가는 길목에서 필요 물자를 징발하게 하는 권한에 대한 요청을 황제가 허락했다. 이는 당시 많은 수의 병사가 이동할 때 주변에서 강제로 뺏는 방법으로 물자를 조달했다는 사실을 확인할 수 있는 중요대목이다.

소녹에 의해 서돌궐이 통일되자, 당은 서돌궐을 견제하였다.

> 蘇祿이 심히 按撫를 잘하자, 十姓부락이 점차 그에게로 돌아와 무리가 20만이 되었으며, 드디어 西方을 점거하였고, 조금 있다가 사신을 파견해 와서 알현하였

---

124) 『資治通鑑』 권211, 「唐紀」27 玄宗 開元 3年 2月 : 3月조, 6709~6710쪽, 胡三省의 註 참조.

125) 『資治通鑑』 권211, 「唐紀」27 玄宗 開元 3年 5月조, 6710쪽.

126) 『資治通鑑』 권211, 「唐紀」27 玄宗 開元 3年 3月조, 6710쪽, 胡三省의 註 참조.

127) 『資治通鑑』 권211, 「唐紀」27 玄宗 開元 3年 7月조, 6712쪽.

128) 『資治通鑑』 권211, 「唐紀」27 玄宗 開元 3年 11月조, 6712쪽, "丁酉, 以左羽林大將軍郭虔瓘兼安西大都護·四鎭經略大使. 虔瓘請自募關中兵萬人詣安西討擊, 皆給遞馱及熟食, 勅許之".

다.[129)]

소녹은 유목민족의 새로운 통합체 탄생의 원천으로 무엇보다도 중요한 리더십을 갖고 있어 서역의 우두머리로 등장하였다. 그 결과 서돌궐 十姓부락이 소녹에게 돌아와 그의 무리가 20만이 되었다. 유목에서 20만이라는 숫자가 의미하는 바가 크다. 소녹은 당과 교류의 필요를 느껴 당에 사신을 보낼 정도로 서역의 맹주가 되었다.

당은 개원 3년(715) 서역을 평정한 소녹을 左羽林大將軍·金方道經略大使로 삼으며 特勤으로 승진시키면서 회유하였다. 이때 소녹의 세력이 강력하게 될 수 있었던 것은 동돌궐의 위축과 긴밀한 관계에서 기인한다. 동돌궐 묵철가한이 개원 4년 6월경 동돌궐 북쪽 拔曳固를 大破하고 돌아오다가 발예고의 부하 頡質略의 급습으로 죽임을 당한[130)] 후부터 동돌궐에서는 헤게모니 쟁탈전이 벌어졌다.[131)] 이와 같은 상황에서 개원 4년 8월 돌기시소녹이 스스로 가한에 즉위하였다.[132)] 돌기시소녹이 강성하게 된 시기는 개원 5년 4월경이다.

> 突騎施酋長 左羽林大將軍 蘇祿은 부하들이 점차 강성해지자, 비록 職貢이 모자라지는 않았지만, 몰래 변경을 엿보려는 뜻을 가지고 있었다. 5월에 十姓可汗 阿史那獻이 葛邏祿의 군사를 동원해, 그들을 공격하려고 하였으나, 황제가 허락하지 않았다.[133)]

대략 개원 5년부터 돌기시소녹이 서돌궐의 맹주로 부상하였다. 이를 견제하려고 서돌궐 10성가한 아사나헌이 휘하의 갈라록 군사를 동원하여 소녹을 공격하려하였으나 당의 저지로 그 뜻을 이루지 못했다. 이미 소녹은 서돌궐을

---

129) 『資治通鑑』 권211, 「唐紀」27 玄宗 開元 3年 12月조, 6714쪽, "蘇祿頗善綏撫, 十姓部落稍稍歸之, 有衆二十萬, 遂據有西方, 尋遣使入見".

130) 『資治通鑑』 권211, 「唐紀」27 玄宗 開元 4年 6月 癸酉조, 6719쪽.

131) 『資治通鑑』 권211, 「唐紀」27 玄宗 開元 4年 6月조, 6718쪽.

132) 『資治通鑑』 권211, 「唐紀」27 玄宗 開元 4年 8月조, 6720쪽.

133) 『資治通鑑』 권211, 「唐紀」27 玄宗 開元 5年 4月조, 6727쪽, "突騎施酋長左羽林大將軍蘇祿部衆浸强, 雖職貢不乏, 陰有窺邊之志. 五月, 十姓可汗阿史那獻欲發葛邏祿兵擊之, 上不許".

아우르는 세력으로 부상하였던 것이다. 돌기시소녹은 서역 제국과 함께 안서사진을 공격할 정도로 세력이 급성장하였다. 개원 5년 7월 당은 돌기시소녹의 연합세력을 막을 대책에 골몰하였다.

> 安西副大都護 湯嘉惠는 突騎施가 大食·吐蕃을 끌어들여, 四鎭을 빼앗을 것을 모의하여, 鉢換과 大石城이 포위되었기 때문에, 이미 三姓 葛邏祿과 阿史那獻의 군사를 동원하여 쳤다고 아뢰었다.[134]

돌기시소녹이 주축이 되어 대식과 토번을 끌어들여 안서사진을 공략하여, 鉢換城(撥換)과 大石城(石國의 城)을 포위하였다.[135] 이에 安西副大都護 湯嘉惠는 三姓 갈라록과 아사나헌의 군사를 동원하여 이를 격파한 후, 조정에 사후 보고했을 정도로 사태가 긴박했던 모양이다. 실제로 돌기시에 대한 방어 임무는 북정절도의 몫이다. 그 이유는 돌기시소녹이 주축이 되어 공격한 지역 가운데 하나가 발환성이었기 때문이다.[136] 그러나 개원 5년에는 탕가혜가 안서부대도호와 북정도호를 겸직했기 때문에, 돌기시소녹과 대식·토번이 연합한 발환성과 대석성의 공격을 막을 수 있었다. 개원 5년 돌기시가 대식, 토번과 함께 안서의 발환과 대석성을 공격하기 전까지 대식은 당을 공격할 의도가 없었다고 본다. 그 이유는 開元 4년 7월에 大食國 黑密牟尼 蘇利漫이 당에 上表하면서 金線織袍·寶裝玉·灑地瓶을 각각 하나씩 바쳤다는 사실 때문이다.[137] 바꾸어 말하면 大食國에서는 突騎施와 연합해 撥換 등을 공격하기 1년 전까지도 당과 친선관계를 유지하려고 노력했기 때문이다.

개원 5년 7월 돌기시가 중심이 되어 안서의 발환성과 석국의 성을 공격하였는데도 불구하고 당은 그 다음해 5월 돌기시소녹에게 벼슬을 내려 주었다.

---

134) 『資治通鑑』 권211, 「唐紀」27 玄宗 開元 5年 7月조, 6728쪽, "安西副大都護湯嘉惠奏突騎施引大食·吐蕃, 謀取四鎭, 已發三姓葛邏祿兵與阿史那獻擊之".

135) 『資治通鑑』 권211, 「唐紀」27 玄宗 開元 5年 7月조, 6728쪽, 胡三省註에 鉢換은 撥換城이고, 大石城은 石國의 城이다.

136) 『資治通鑑』 권215, 「唐紀」31 玄宗 天寶 元年 正月조, 6847~6845쪽.

137) 『冊府元龜』 권971, 「外臣部」 '朝貢' 開元 4年 7月 大食國조, 11405쪽.

(開元 6년) 5월 辛亥에, 突騎施 부족의 都督 蘇祿을 左羽林大將軍·順國公으로 삼고, 金方道經略大使로 충원하였다.138)

당이 돌기시소녹에게 위와 같이 많은 벼슬을 준 것은 돌기시에 대한 회유와 동시에 견제하려는 정책이다. 이는 당이 돌기시를 우호세력으로 만들겠다는 조치다. 이를 뒷받침하는 것은 계속해서 다음 해(개원 7년) 10월에 또다시 소녹을 忠順可汗으로 책봉하였던 사실이다.139) 그렇다고 이때 당이 일방적 제스처로 손해만 보면서 주변국에 관작을 내렸던 것은 아니다. 돌기시소녹이 당의 변경 발환성과 대석성 등을 공격하지 못하게 하는 것도 중요 목적이지만, 그보다 서아시아에서 발흥하는 대식을 막기 위한 하나의 책봉정책이라고 표현할 수 있다.

6. 당과 서역 제국 관계

당이 돌기시소녹을 忠順可汗으로 책봉하기 앞서 중앙아시아 제국은 사신을 당으로 보내 구원병을 요청했다. 이는 대식의 동진정책으로 말미암아 서역국가들이 대식에게 수탈당하는 것을 모면하기 위한 그 나름의 외교정책이다.

(開元 7년) 봄 2월 俱密王 那羅延·康王 烏勒伽·安王 篤薩波提가 모두 표문을 올려서 大食이 침략한 것을 말하고 구원해줄 군대를 구걸하였다.140)

이는 개원 7년 2월 돌기시소녹의 서쪽 중앙아시아가 어떤 상황이었는가를 알려주는 사료다. 개원 7년 2월 俱密國왕 那羅延·康國왕 烏勒伽·安國왕 篤薩波提가 각각 당에 올린 상표가『冊府元龜』에 전한다. 우선 구밀국왕 나라연은 대식의 침공으로 吐火羅·安國·石國·拔汗那國이 대식에 예속됨으로 말미암아

138)『資治通鑑』권212,「唐紀」28 玄宗 開元 6年조, 6733쪽, "五月 辛亥, 以突騎施都督蘇祿爲左羽林大將軍·順國公·充金方道經略大使".

139)『資治通鑑』권212,「唐紀」28 玄宗 開元 7年 10月조, 6737쪽.

140)『資治通鑑』권212,「唐紀」28 玄宗 開元 7年 春조, 6735쪽, "春 二月, 俱密王那羅延·康王烏勒伽·安王篤薩波提皆上表言爲大食所侵掠, 乞兵救援".

A.D. 5~8세기 고대 펜지켄트라는 팻말이 있다. 8세기 중엽 고선지의 지휘를 받은 곳이다. 타지키스탄. 필자 촬영

그 수탈이 심각하여 당에 구원을 요청하였다.[141] 강국왕 오륵가의 上表는 대식 장수 異密屈底波(Emir Kutaiba)가 강국을 공격하고 있는 상황이나 강국의 힘이 부족해 막지 못하니 구원군을 보내달라는 애원 글이다.[142] 마지막으로 안국왕 독살파제는 대식이 해마다 안국을 침략해 나라가 늘 불안하니 돌기시에게 명령하면 안국군과 더불어 대식을 격파하겠다는 내용의 上表이다.[143] 개원 7년에 대식은 중앙아시아의 胡國을 침략해서 그 나라들을 예속시켰다. 대식이 중앙아시아까지 세력을 확대시킴으로 말미암아 당과의 충돌은 이때부터 예고되었다.

구밀국·강국·안국 모두가 대식의 침공을 받아서 약탈된 사실을 당 조정은 알고 있었다. 그런데 唐은 龍朔 원년에 토화라 東北에 있는 구밀국의 褚瑟城에 至拔州都督府를 설치했다.[144] 참고로 구밀국의 위치는 史國 동쪽으로 천리 떨어져 있다.[145] 당은 康國王 拂呼縵을 영휘년간 康居都督으로 임명하였다.[146] 그런데 독살파제는 『全唐文』의 「東安國王篤薩波提傳」에 의하면 東安國왕이다.[147] 그렇다면 위의 안국은 실제로는 안국의 동북에 위치한 동안국을 말함이다.[148] 안국에 顯慶 3년 安息州를 설치하고 그 왕 昭武殺을 刺史로 임명했다.[149]

141) 『冊府元龜』 권999, 「外臣部」 '請求' 開元 7年 2月 其月戊辰俱密王那羅延조, 11722쪽.
142) 『冊府元龜』 권999, 「外臣部」 請求 開元 7年 2月 其月庚康國王烏勒伽조, 11722~11723쪽.
143) 『冊府元龜』 권999, 「外臣部」 '請求' 開元 7年 2月 安國王篤薩波提조, 11722쪽.
144) 『新唐書』 권43하, 「志」33하 西域府十六州의 至拔州都督府조, 1135~1137쪽.
145) 『新唐書』 권43하, 「地理志」7하 (史國)東至俱密國千里조, 1155쪽.
146) 『欽定續通志』 권637, 「康居傳」 永徽時署조(上海人民出版社. 電子版).
147) 『全唐文』 권999, 「東安國王篤薩波提傳」, 4591쪽.

개원 14년 동안왕 독살파제는 아우를 당에 入朝시켰다.[150] 안국은 동안국보다 먼저 武德年間 唐에 사신을 파견해 입조하였다.[151] 참고로 후한시대 안식국은 북쪽으로 康居와 접하였고, 남으로 烏弋山離國과 맞닿았으며, 章帝 章和 원년(87) 後漢에 獅子를 바친 나라다.[152] 梁 慧皎의 『高僧傳』에 언급된 漢 雒陽 僧 安淸이 安息國인이다. 안청은 안식국왕의 正后의 태자다.[153] 앞서 언급한 것처럼 안식국은 오늘날 부하라이다.

타지키스탄의 벽화 발굴 현장에서

대식이 위의 三國을 침략하자, 삼국이 당에 구원군 파병을 요청했다. 이는 대식이 동방진출을 획책하고 있음을 알리는 사실이다. 그런데 구밀국은 산중에 있는 나라로, 그 위치는 토화라 東北에 있고, 그 나라 남쪽에 黑河가 있다. 俱密王 那羅延은 突厥延陀의 種이다.[154] 康國은 米國의 서남쪽으로 3백여 리 떨어져 있으며, 漢代에는 康居國이라 하였다. 『魏書』에 의하면 강국은 북위시대는 自舌國이었으며, 太延 3년(437) 북위에 사신을 보내 조공하였다.[155] 그런데 같은 『魏書』에 '粟特國은 葱嶺 서쪽에 있으며 옛날 奄蔡이며, 一名 溫那沙다'[156]

148) 『新唐書』 권221下, 「安國傳」 東北至東安조, 6244쪽.
149) 『新唐書』 권221下, 「東安國傳」 顯慶時조, 6245쪽.
150) 『全唐文』 권999, 「東安國王篤薩波提傳」, 4591쪽.
151) 『新唐書』 권221下, 「安國傳」 武德時조, 6244쪽.
152) 『後漢書』 권88, 「安息國」 章帝章和元年조, 2918쪽.
153) 『高僧傳』 권1, 「漢雒陽安淸傳」 安淸조, 4쪽.
154) 『新唐書』 권221下, 「俱密傳」 俱密者조, 6255쪽.
155) 『魏書』 권102, 「西域傳」 自舌國조, 2274쪽.
156) 『魏書』 권102, 「西域傳」 粟特國조, 2270쪽, "粟特國, 在葱嶺之西, 古之奄蔡, 一名溫那沙".

라 되어 있다. 康國은 北魏시대에 自舌國과 粟特國으로 나뉘어졌던 것 같다. 북위시대 속특국은 자설국의 서쪽으로 550리 밖에 있다. 오늘날의 사마르칸트다. 그리고 쇄엽에서 서쪽으로 10리 떨어져 米國이 있다.[157]

현장이 미국에 대한 사실을 기록할 때 나라 이름은 弭秣賀國이었다. 그 지역은 오늘날 타지키스탄 안의 북부지역의 펜지켄트(Penjikent)이다. 필자가 2006년 8월 펜지켄트를 찾았을 때는 러시아 고고학자가 고선지 시대와 관련된 곳을 발굴하다 숨을 거둔 시점이었다. 그런데 중요한 사실은 그곳 벽화에서 동양인 눈매 모습의 그림을 확인했다는 점이다. 그곳 학예사의 설명대로라면 탈라스 전투에서 포로로 잡힌 고선지의 당군 가운데 있던 화가가 그린 그림이다. 그렇다면 고선지의 탈라스 전투와 연결고리가 있는 지역이 唐代 米國이다.

고선지의 탈라스 전투시기보다 1세기 앞서 현장은 미국이 아닌 마이무르그(弭秣賀) 나라 부근을 통과하며 그곳에 대한 기록을 남겼다.

> 弭秣賀國 주위가 4~5백리이며, 강 가운데 자리잡고 있다. 동서는 좁고, 남북은 길다. 산물·풍속은 사마르칸트와 같다. 이보다 북으로 가면 怯布呾那國에 이른다.[158]

이는 현장이 정관 2년 이후 삽말건국에서 미말하국에 대한 모습에 대해 소개하고 있는 사료이다. 주목되는 것은 미말하국 산물과 풍속이 사마르칸트와 같다는 사실이다. 이는 사마르칸트의 영향권 안에 미말하국이 속했다는 뜻이다. 오늘날 『대당서역기』 연구자 모두가 현장은 미말하국을 직접 답사한 것이 아니라 견문한 사실을 간단히 썼다고 주장하는데, 필자도 동의한다. 그 이유는 2006년 8월 우즈베키스탄에서 타지키스탄의 펜지켄트로 갈 때 본 지형이 험한 산악지대라는 데에서 기인하는데, 굳이 현장이 펜지켄트를 찾았을 이유를 발견하지 못했기 때문이다.

---

157) 『新唐書』 권43下, 「地理志」7下 自碎葉西조, 1150쪽.

158) 『大唐西域記』 권1, 89쪽, "弭秣賀國周四五百里, 據川中. 東西狹, 南北長. 土宜風俗, 同颯秣建國. 從此北至怯布呾那國".

펜지켄트 궁정벽화. 인물의 눈매 등의 묘사에서 동양적 기법이 보인다. 이는 탈라스 전투에서 이슬람에 사로잡혔던 고선지 휘하의 화공이 그린 그림이다. 타지키스탄 펜지켄트 박물관 소장. 필자 촬영

위의 펜지켄트 궁정벽화가 발견된 곳

대식에 의한 강국 침공 기사는 『全唐文』에서도 보인다. 개원 7년 이전에 康國은 당과 교류하였다.

> (康國王) 烏勒伽 姓은 溫氏·昭武이고, 開元 初 (당에) 사신을 보내 入貢하였다. 7년에 大食과 싸웠으나, 이기지 못하자, 군사를 보내줄 것을 요청하였다. (烏勒伽는) 27년에 죽었다.159)

개원 초부터 27년까지 강국왕은 오륵가였다. 또 개원 7년 강국이 대식과 싸웠으나 패배하자 당에 구원병을 요청하였으나 보낸 기록이 없었던 것은 당이 강국을 지원하지 않았음을 뜻한다. 이때 당에 대하여 강국왕이 그간 대식과 벌어진 전투 상황 등을 소상히 알리면서 好馬 한 필 등을 바치며 구원병을 요청한 오륵가의 「請發炳救援表」가 전한다.160) 그런데 흥미로운

159) 『全唐文』 권999, 「康國王烏勒伽」(1995, 上海古籍出版社), 4591쪽, "烏勒伽姓溫氏昭武, 開元初遣使入貢, 七年與大食戰不勝, 乞師, 二十七年卒".

이슬람 전사들의 전투화. 펜지켄트 박물관 소장. 필자 촬영

사실은 「청발병구원표」에 오륵가가 당 현종에 대해 '從天主普天皇帝下'라는 표현을 사용한 점이다. 唐代 장안에 大秦景敎가 널리 유행한 사실을 뒷받침하기 때문이다. 그렇다면 개원 7년 구밀국·안국·강국 모두가 大食에 의해 약탈되었다는 이야기다. 개원 7년 6월 대식국이 당에 사신을 보내 조공하였다는 사실을[161] 어떻게 해석해야 하는가 하는 문제다. 바꾸어 말하면 大食國이 俱密國·安國·康國을 공격하면서 한편으로 당으로 사신을 보낸 사실은 그 당시 국제정치의 역학관계가 상당히 복잡했다는 증거다. 이는 대식국이 당을 상대로 교묘한 외교전을 펼쳤다는 생각이 든다. 이때 대식국으로부터 공격을 받은 康國王은 月氏人으로 본래 姓이 溫氏였다.[162] 강국왕 姓인 온씨와 관련해서 고구려 溫氏와 연관관계에 있는지에 대해서는 후술하겠다.

이러한 상황은 후일 고선지의 석국 원정 실패와 직결되는 중요 문제다. 강국은 석국에서 불과 200여㎞ 정도 떨어진 나라다. 다시 말해 고선지가

160) 『全唐文』 권999, 「請發兵救援表」, 4591쪽,

161) 『冊府元龜』 권971, 「外臣部」 '朝貢' 開元 7年 6月大食國조, 11406쪽.

162) 『北史』 권97, 「康國傳」 其王本姓溫조, 3233쪽.

天寶 10년(751)에 석국을 정벌하러 가다가 탈라스에서 패배한 원인이 무엇인지를 추측할 수 있다.[163] 이 무렵 석국까지 아랍군의 진출을 쉽게 상상할 수 있기 때문이다. 앞에서 언급한 東安國王 篤薩波提도 당에 대한 구원병을 요청한 「論事表」에서 대식이 매년 침략해 고통을 주고 있으니 구원해 달라고 간절하게 말한다.[164] 이 「논사표」에서 강국이 당으로 보낸 조공품 가운데 동로마제국의 모직(拂菻繡氍毹)도 포함되었다. 그보다 「논사표」 내용 가운데 주목되는 것은 동안왕 역시 강국왕이 唐 황제에게 보낸 표현처럼 '從天主領普天賢聖皇帝下'라 썼다는 사실이다. 물론 이는 강국이 당 조정이 기독교를 수용하고 있다는 사실을 익히 알고 있다는 증거다. '從天主普天皇帝下'라는 표현처럼 이슬람 대식 對 기독교 강국·동안국·당 연합세력의 대결이라는 사실을 강국과 동안국이 부각시켜 唐의 구원을 요청하였다. 바꾸어 말하면 대식의 강국과 동안국 침략이 영토 확장을 노린 것보다 종교전쟁 성격이 강한 東進이라 해석되는 것이다. 이를 뒷받침하는 것은 오늘날 사마르칸트나 타슈켄트 박물관 유물 중 상당수의 십자가 문양이 보이는 데서 그 흔적을 읽을 수 있다.

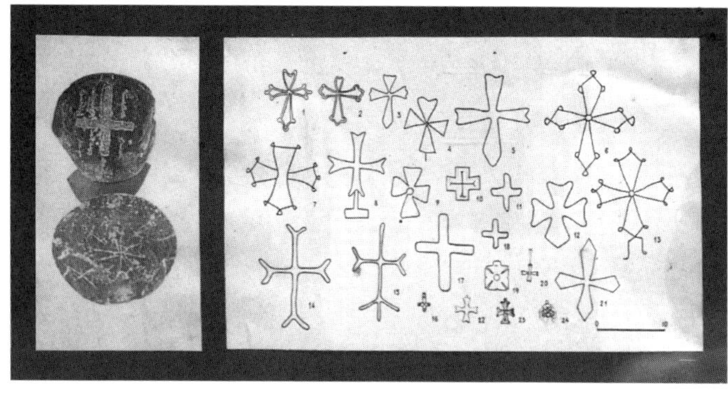
키르기스스탄의 비슈케크 박물관에 전시되어 있는 무수한 십자가 그림

다양한 문화에 익숙한 대식 동쪽 나라들이 호전적인 대식의 동진정책으로 말미암아 고통에 직면하게 되었다. 위의 기록은 개원 7년부터 대식의 본격적인 동진정책으로 구밀국·강국·안국이 대식의 침략에서 벗어나기 위해 당에 파병을 요청한 기록이다. 그런데 구밀왕 那羅延이 구원병을 요청하였으나 당은 다만 구밀 사자를 위로할 뿐이지 후속조치를 취하지 못했다.[165] 개원 7년

163) 지배선, 2002, 『유럽문명의 아버지 고선지 평전』, 212~219쪽.
164) 『全唐文』 권999, 「論事表」, 4591쪽,

4월, 동년 5월에는 胡旋女와 방물을 바칠 정도로 구밀은 당에 대해 적극적으로 구원을 요청했다.[166] 이때 당이 구밀의 조공만 받았을 뿐이지 구밀의 요청을 들어주지 않은 것은 당이 대식을 제압할 능력이 없었다는 증거다.

그런데 당은 顯慶 3년(658) 강국 서북의 米國에 南謐州를 설치하고 그 왕 昭武開拙을 刺史로 임명하였다. 그리고 이보다 앞서 永徽年間 대식이 미국을 침공하였다. 그렇다면 이는 중앙아시아에서 대식과 당의 헤게모니싸움에서 당이 승리하였고, 그 결과 미국에 남밀주를 설치한 것으로 이해한다.[167] 이는 당 고종 때 당과 대식이 중앙아시아에서 직접 충돌은 없었지만 주도권을 장악하기 위한 싸움이 시작되었다는 증거다.

위 3국의 군사지원 요청에 대한 당의 조치사항에 관한 기록은 없다. 그러나 같은 해 10월 당이 돌기시소녹을 忠順可汗으로 임명한 사실은 당의 요청대로 대식을 격파해 준 대가로 준 관직 같다. 이때부터 당은 대식의 중국을 향한 진출을 외교로 대처해 나갔던 것 같다.

당은 중앙아시아와 서아시아의 많은 나라에 관작을 주는 대가로 대식을 묶어 두는 실리도 챙겼다. 심지어 당이 대식의 서쪽나라까지 관작을 준 것은 좋은 실례이다.

> (開元 8년) 夏 四月 丙午에, (唐은) 사신을 파견하여 烏長王·骨咄王·俱位王에게 冊命을 하사하였다. 三國은 모두 大食 서쪽에 있었다. (이들 3國에게) 大食이 당을 배반하도록 하였으나, 三國이 따르지 않으니, 그러므로 이들을 칭찬하고 상을 주었다.[168]

唐은 대식의 서방에 있는 烏長國[169]·骨咄國[170]·俱位國[171]王 등을 왕으로

---

165) 『新唐書』 권221하, 「西域傳」 '俱密' 開元中조, 6255쪽.

166) 『冊府元龜』 권971, 「外臣部」 '朝貢' 開元 7年 4月조 : 5月 俱密國조, 11406쪽.

167) 『新唐書』 권221하, 「西域傳」 '米國' 永徽時爲大食所破조, 6247쪽.

168) 『資治通鑑』 권212, 「唐紀」28 玄宗 開元 8年조, 6740쪽, "夏四月, 丙午, 遣使賜烏長王·骨咄王·俱位王冊命. 三國皆在 大食之西. 大食欲誘之叛唐, 三國不從, 故褒之".

169) 烏長國은 烏萇·烏茶(玄奘의 『大唐西域記』 卷10, 「烏茶國」, 812~814쪽, 北京 : 中華書局, 1990)라고 부르며, 파키스탄 카슈미르의 스와트江 유역 소파나(Sppana)지역이다.

책봉했다. 그런데 이들 삼국은 개원 8년 4월 대식의 서방이 아니라 동방에 있으면서 대식과 국경을 맞대고 있는 나라들이다.[172] 龍朔 원년 당이 골돌국 妖沙城에 高附都督府를 설치하였다.[173] 그곳 위치는 至拔州都督府와 月氏都督府 사이이다.[174] 혜초는 『왕오천축국전』에서 골돌국을 다음과 같이 기록하였다.

> 또 跋賀那國 동쪽에 骨咄國(khuttal)이라는 나라가 있는데, 이곳 왕은 본래 돌궐족으로서 백성들의 반은 胡族의 후예이고, 반은 돌궐족의 후예다. 생산물로는 낙타, 노새, 양, 말, 소, 당나귀, 포도, 모직물, 모직 외투 같은 것이 있으며, 모직 옷과 가죽 겉옷을 지어 입는다. 언어는 吐火羅語를 사용하는 부류가 3분의 1, 돌궐어를 사용하는 층이 3분의 1이고 나머지 3분의 1은 본토 말을 사용하고 있다. 임금과 귀족과 백성들은 삼보를 섬기며 절과 승려도 있다. 소승불교를 신봉한다. 국권은 아라비아(大寔)에 예속되어 있으며, 이러한 나라들은 외국이 비록 일개 독립적인 나라라고 하지만, 중국에 비하면, 한 州에 불과하다. 이 나라 남자는 머리와 수염을 깎고, 여자는 머리를 기르고 있다.[175]

골돌국은 跋賀那國 동쪽에 있다. 그곳 민족 구성은 胡族과 돌궐 반반이었다. 왕은 돌궐족이었으나 大寔이 관할하였다. 이는 발하나국 중앙을 가로지르는 아무다리야 강의 남쪽을 대식이 지배했다는 사실과 일치한다. 골돌국 언어 가운데 토화라어가 사용된 것은 골돌국 남쪽에 토화라가 인접한 사실과 연관성이 있다. 또 돌궐어가 사용된 것은 발하나국의 아무다리야 강 북쪽을 돌궐이 지배하였고 자연히 골돌국에 돌궐족이 상당수 거주하였기 때문이다.

---

170) 骨咄國은 阿咄羅라 부르며, 玄奘의 『大唐西域記』에서는 珂咄羅로 기재되었다. 王城은 思助建城이다.

171) 俱位國은 商彌라 부르며, 王城은 阿賒颰師多城이다.

172) 『冊府元龜』 권964, 「外臣部」 '封冊' 開元 8年 4月 遣使冊立조, 11343쪽.

173) 『舊唐書』 권40, 「志」20 西域十六都督州府의 高附都督府조, 1649쪽 ; 『新唐書』 권43하, 「志」 西域府十六의 高附都督府조, 1135~1136쪽.

174) 譚其驤主編, 1989, 『中國歷史地圖集』 5, 63쪽.

175) 『往五天竺國傳』(1961, 通文館), 74쪽, "又跋賀那國東有一國, 名骨咄國. 此王元是突厥種族, 當土百姓, 半胡半突厥. 土地出駝騾羊馬牛驢蒲桃疊布毛毯之類, 衣著疊布皮裘. 言音半吐火羅半突厥半當土. 王及首領百姓等, 敬信三寶. 有寺有僧, 行小乘法. 此國屬大寔所管. 外國雖云道國, 共漢地一箇大州相似. 此國男人剪鬚髮, 女人在髮".

아울러 골돌국 본토인에 의한 본토 말이 사용되었다. 혜초가 골돌국을 찾았을 때, 돌궐이 지배하였다는 사실은 의미가 있다. 바꾸어 말하면 永徽 3년(652)에 골돌국을 당이 지배하였으나 혜초가 순례할 개원 15년(727) 무렵에는 돌궐이 지배하였음을 보여준다. 이를 구체적으로 설명하는 까닭은 행영절도사 고선지가 천보 6년(747)에 토번 연운보와 소발률국 점령으로 말미암아 골돌국 등 중앙아시아의 여러 나라들에 대한 지배권이 돌궐이나 대식에서 당으로 넘어오게 된 사실을 밝히기 위함이다. 그렇다면 위의 사료는 고선지에 의해 토번 연운보와 소발률국 정벌이 갖는 의미가 중앙아시아와 서아시아로까지 연결되었다는 사실을 밝히고 있다.

비록 골돌국 영역은 당나라의 큰 州 하나에 불과하였지만 정치적으로나 지리적으로 매우 중요한 곳이었다. 당시 중앙아시아 언어가 모두 사용된 곳이 골돌국이라 해도 과언이 아니다. 간단히 말해 골돌국은 대식과 돌궐의 완충지대였다. 여기에 토화라까지 가세된 각축장 성격을 띤 곳이 골돌국이다. 앞서 지적한 것처럼 용삭 원년 이후 골돌국에 高附도독부가 설치된[176] 데다가 불교국가였던 사실로 미루어 보면, 혜초가 발하나국 동쪽 골돌국을 직접 방문했을 수도 있다.

또 혜초는『왕오천축국전』에서 골돌국의 불교융성에 대해 언급하였다. 그러나 혜초가 골돌국을 방문한 것인지, 다만 들은 사실을 글로 옮긴 것인지 그의 기록만으로는 판단하기 어렵다. 그런데 개원 17년 정월 骨咄俟斤의 아들 骨都施가 당에 조공하였고, 그 해 3월 골돌국이 또 당에 사신을 보냈다.[177] 개원 21년 2월 골돌왕 頡利發이 사자를 보내 말과 女樂을 바쳤고, 같은 해 8월 골돌왕은 대수령 如達干을 보내 당에 來朝했다.[178] 개원 28년 3월 수령 多博勒達干剌勿을 보내 당에 來朝하였다.[179] 이와 같은 사실을 통해『왕오천축국전』에서 골돌이 당에 자주 조공했다는 기록에서 미루어 보면 혜초가 직접

---

176)『舊唐書』 권40,「志」20 西域十六都督州府의 高附都督府조, 1649쪽 ;『新唐書』 권43하,「志」 西域府十六의 高附都督府조, 1135~1136쪽.

177)『冊府元龜』 권975,「外臣部」'褒異' 開元 17年 正月 庚戌조 ; 3월 壬寅조, 11454쪽.

178)『冊府元龜』 권971,「外臣部」'朝貢' 開元 21年 2月조 ; 8월 是月조, 11409쪽.

179)『冊府元龜』 권971,「外臣部」'朝貢' 開元 28年 3月조, 11411쪽.

골돌국을 여행했다고 보기에 충분한 뒷받침이 되는 자료들이다.

또 俱位國에 대해 호삼성은 商彌라고도 하며, 阿賒颲師多城의 도읍지가 大雪山인데다 勃律河 북쪽이었다고 서술하였다.[180] 이런 지정학적인 관계로 구위는 소발률국과 토번이 정략적으로 혼인하였을 때는 늘 소발률국을 위해서 중국을 염탐하는 정탐꾼이 되었었다.[181] 혜초는 烏長國을 순례한 후 拘衛(俱位)로 향하였다. 『왕오천축국전』에서 拘衛國에 대해 혜초가 견문한 사실은 다음과 같다.

> 다시 우댜나야(烏長國)에서 동북쪽 산으로 보름쯤 가면 拘衛國라는 나라에 도착한다. 그곳 사람들은 스스로를 奢摩褐羅闍國(Samaraja)이라 부른다. 이 나라 왕도 역시 삼보를 숭상하며, 절과 중도 또한 많다. 의복과 언어는 우댜나야와 같고, 의복은 모직 웃옷과 바지 같은 것을 지어 입고, 양과 말 등이 있다.[182]

혜초는 오장국을 출발해 산악 길을 15일이나 지나 拘衛國에 도착했다. 다만 구위국은 오장국의 동북이기보다는 서북쪽에 가까운데 이를 혜초가 잘못 기재하였다. 혜초가 순례할 때 방향을 정확히 언급하는 것이 어려웠던 것 같다. 『왕오천축국전』에서 방위를 나타낸 기록 가운데 틀린 것은 이것만이 아니다. 아무튼 혜초는 삼보를 숭상하고 절·승려가 많았기 때문에 산악에 있는 구위국을 찾았다. 혜초보다 1세기 전 구위를 찾은 현장은 俱位에 두 절이 있다고 구체적으로 밝혔다.[183] 아무튼 拘衛(俱位)국도 천보 6재 고선지 장군이 토번 연운보와 소발률국을 정벌한 후에 俱爛那 등 8국과 함께 당에 귀부한 나라였다.[184] 천보 12재 4월 골돌국 사람 史難之와 康丁眞이 당에 와서 승려가 되기를 요청하자, 이를 허락했다는 흥미로운 기사가 있다.[185]

---

180) 『新唐書』 권221하, 「西域傳」 '俱位' 俱位조, 6260쪽 ; 『資治通鑑』 권212, 「唐紀」28 玄宗 開元 8年 4月조의 胡三省註, 6740쪽.

181) 『新唐書』 권221하, 「西域傳」 '俱位'國人常助小勃律爲中國候조, 6260쪽.

182) 『往五天竺國傳』, 71쪽, "又從烏長國, 東北入山十五日, 至拘衛國. 彼自呼奢摩褐羅闍國. 此王亦敬信三寶, 有寺有僧. 衣著言音. 與烏長國相似, 著氈衫袴等. 亦有羊馬等也".

183) 『大唐西域記』 권12, 「商彌國」 伽藍二所조, 980쪽.

184) 『新唐書』 권221하, 「西域傳」 天寶時來朝者조, 6260쪽.

케르룩의 반란으로 고선지가 패배한 탈라스 성에 앉아서

아마도 골돌국의 두 사람은 본국에서도 승려였던 것 같다. 필자의 지식이 부족해서인지 모르지만 이 무렵 중앙아시아 諸國인에서 개인 이름이 사서에 등장된 경우는 매우 이례적이다.

三國(烏長·骨咄·俱位)의 위치는 대식의 서방이 아니라 동방이다. 이는 사마광이 잘못 기록한 것이다. 당이 삼국의 왕을 책봉함으로 대식의 동쪽 나라들이 대식과 군사적으로 협력할 수 없게 하는 안전장치를 만든 셈이다. 당이 대식과 인접한 나라들까지 책봉한 것은 대식의 동방진출을 차단하려는 조치다. 위의 삼국 가운데 골돌국은 당과 교류가 빈번하였는데 烏長과 俱位 경우는 그렇지 않았다. 물론 삼국은 당으로부터 개원 8년 4월에 모두 각각의 왕으로 책봉을 받았다.186) 고선지가 아랍연합세력과 싸운 탈라스 전투 후 천보 11재 정월에 당은 골돌국왕 羅全節을 葉護로 책봉하고,187) 천보 13재 4월 俱位國이 당에 사신을 보내 來朝하였던188) 것이 전부다. 그런데 흥미로운 사실은 『왕오천축국

185) 『冊府元龜』 권999, 「外臣部」 '請求' 天寶 12載 4月 甲戌조, 11724쪽.

186) 『冊府元龜』 권964, 「外臣部」 '封冊' 開元 8年 4月조, 11343쪽.

187) 『冊府元龜』 권965, 「外臣部」 '封冊' 天寶 11載 正月 壬寅조, 11350쪽.

전』에서 혜초는 골돌국이 대식에 예속된 상태라고 했고, 그 후 아랍연합세력이 탈라스 전투 승리 후 골돌국이 대식에 더욱 예속되었을 터인데, 천보 11재 정월 당이 골돌국왕 라전절을 엽호로 책봉했다는 것에 대한 역사해석이 난감해진다. 여기서 고선지 장군이 아랍연합세력에 의해 탈라스 전투에서 패배한 것이 어떤 결과를 가져왔나 하는 의문이 제기된다.

이 무렵 돌궐 묵철 이후는 突厥可汗 毗伽(후일 突騎施毗伽와는 다른 인물임)가 부상하였다. 개원 8년 11월의 사료를 보자.

> 辛未, 돌궐이 甘州와 涼州를 노략질하고, 河西절도사 楊敬述을 패배시키고, 契苾의 부락을 약탈하고 떠났다.[189)]

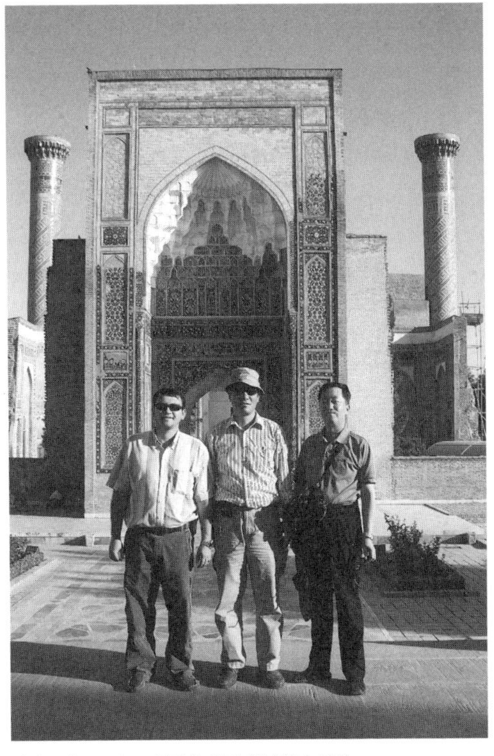

사마르칸트 모스크 앞에서 현지 안내인과 함께. 왼쪽부터 현지 안내인, 최광식 교수, 필자

위 사료는 돌궐 비가가 묵철 사후 돌궐의 통치자로 군림하여, 河西 甘州(오늘날 張掖市)와 涼州(오늘날 武威市)를 침략하였음을 전한다. 뿐만 아니라 돌궐 비가는 契苾의 부락마저 약탈하였다. 河西회랑이 돌궐 비가에 의해 유린되었다. 다음 해 2월 돌궐 비가는 당에 사신을 보내어 화친을 요청하였다.[190)]

개원 9년 중앙아시아 강국(사마르칸트)이 당에 반란을 일으켰다.

> 蘭池州(羈縻州)의 胡(소그드인, Sogdians) 康待賓이 여러 降戶들을 꾀어서 함께

188) 『冊府元龜』 권971, 「外臣部」 '朝貢' 天寶 13載 4月조, 11414쪽.

189) 『資治通鑑』 권212, 「唐紀」28 玄宗 開元 8年 11月조, 6742쪽, "辛未, 突厥寇甘·涼等州, 敗河西節度使楊敬述, 掠契苾部落而去".

190) 『資治通鑑』 권212, 「唐紀」28 玄宗 開元 9年 2月丙戌조, 6744쪽.

> 반란을 일으켜서, 여름 4월 여섯 개 胡州를 공격하여 함락시키고 무리 7만 명을 얻게 되자, 전진하여 夏州를 압박하였는데, 朔方道大總管 王晙 등과 隴右節度使 郭知運에게 명령하여 함께 그들을 공격하게 하였다.[191]

개원 9년 2월에 康待賓이 당에 투항한 주변부족을 꾀어서 함께 반란하였다. 드디어 강대빈은 4월 주변 6州[192]를 함락시켜 무리가 7만이 되자, 夏州까지 밀어 붙였다. 당은 황급히 朔方道大總管 王晙과 隴右節度使 郭知運에게 강대빈의 반란을 막게 하였다. 강대빈이 반란한 곳은 지금의 중앙아시아 우즈베키스탄의 사마르칸트(Samarkand, 南北朝시대 粟特 또는 粟弋, 唐代는 康國) 본거지와 멀 뿐만 아니라 장안에 근접한 그런 지역이다. 그런데 康國文은 粟特文이라 말하는 고대이란어로 '粟特'의 뜻은 '聖地'다. 粟特文은 비문 등에 많이 남아 있다.[193]

당은 강대빈의 반란 무리가 많아 삭방도대총관 왕준과 농우절도사 곽지운으로는 진압이 어렵고, 반란 진압이 매우 중요한 문제라고 판단하였다. 따라서 太僕卿 王毛仲을 朔方道防禦討擊大使로 임명하여 서로 정보를 교환하면서 강대빈을 협공하게 하였다.[194] 그 해(721) 가을에야 반란이 진압되었다.

> 7월 己酉 王晙이 康待賓을 대파하고, 그를 사로잡으며, 반란을 일으킨 胡族 1만 5천 명을 죽였다. 辛酉에 四夷의 추장들을 모아놓고 西市에서 康待賓을 요참하였다.[195]

강대빈의 반란은 그 해 7월 그가 잡혀서 장안의 西市에서 죽음으로써 끝이 났다. 그러나 다음해(722) 강대빈의 무리는 다시 당에 반란하였다.

---

191) 『資治通鑑』 권212, 「唐紀」28 玄宗 開元 9年 2月조, 6745쪽, "蘭池州胡康待賓誘降戶同反, 夏, 四月, 攻陷六胡州, 有衆七萬, 進逼夏州, 命朔方大總管王晙·隴右節度使郭知運共討之".

192) 당 高宗 調露 원년에 항복한 돌궐을 두기 위해 설치한 6州는 魯州·麗州·含州·塞州·依州·契州다. 이를 六胡州라 한다.

193) 校仲彝, 2002, 「和田語言文字史」, 『和田簡史』, 鄭州 : 中州古籍出版社, 300~303쪽.

194) 지배선, 2006, 「고구려 유민 왕모중의 발자취」, 57쪽.

195) 『資治通鑑』 권212, 「唐紀」28 玄宗 開元 9年 秋조, 6746쪽, "七月, 己酉, 王晙大破康待賓, 生擒之, 殺叛胡萬五千人. 辛酉, 集四夷酋長, 腰斬康待賓於西市".

康待賓의 나머지 무리인 康願子가 반란을 일으키고 스스로 可汗이라고 칭하였는데, 張說이 병사들을 발동하여 그를 추격하여 쳐서 사로잡으니 그 무리가 모두 평정되었다.196)

죽은 강대빈의 무리 가운데 康願子가 다시 당에 반란했던 이유 가운데 하나는 康의 무리가 당에서 멀리 떨어진 것과 관련 있다고 본다.

개원 14년(726) 경 신라인 혜초가 파사국을 여행한 다음에 대식국을 방문한 사실이 『왕오천축국전』에는 자세히 언급되어 있다. 이때 혜초가 대식국을 순례했다고 단정하는 이유는 간단하다. 즉 개원 12년 3월 대식국이 사자를 당으로 보내 말과 龍腦香을 바쳤고,197) 그 이듬해 정월 대식국이 장수 소려 등 13인을 보내 賀正日에 방물을 바쳤고,198) 같은 해(開元 13) 3월 대식국이 다시 蘇黎(利)滿(Suleiman) 등 13인의 사절단을 보내 방물을 바치자, 당은 소려만에게 果毅라는 벼슬과 예복을 주었다.199) 다시 말해 대식국 사절이 매년 당에 오는 상황에서 혜초의 대식국 방문은 별 어려움이 없었다. 여기서 필자가 대식과 관련된 사실을 주목하는 까닭은 중국 서방에서 강력하게 동진정책을 펼치면서 당을 위협했기 때문이다.

이곳 페르시아(파사국)에서 북쪽으로 산길로 10일을 가면 아라비아(대식국, Arab) 땅에 도달하게 되는데, 이곳 왕은 자기 나라에서 살지 않고 小拂臨國(시리아의 다마스쿠스)에 가있는데, 그것은 그 소불림국을 정복하기 위해서이다. 그 나라 백성들은 다시금 산으로 들어가 사는 것을 보았는데, 처소로는 대단히 견고하여 왕도 그렇게 한다. 이 땅에서는 낙타, 노새, 양, 말, 모직물과 양탄자 등속이 있고 보물도 출토된다. 의상은 가는 모직으로 만든 헐렁한 적삼을 입으며, 또 그 저고리에 한 장의 모직 천을 걸친다. 이를 겉옷으로 한다. 왕과 백성들의 의복은 차이가 없으며, 여자는 폭이 넓은 옷을 입었고. 남자는 머리를 깎고 수염은

196) 『資治通鑑』 권212, 「唐紀」28 玄宗 開元 10年 8月조, 6752쪽, "康待賓餘黨康願子反, 自稱可汗, 張說發兵追討擒之, 其黨悉平".

197) 『冊府元龜』 권971, 「外臣部」 '朝貢' 開元 12年 3月 大食國조, 11407쪽.

198) 『冊府元龜』 권971, 「外臣部」 '朝貢' 開元 13年 正月 大食遣其將조, 11407쪽.

199) 『新唐書』 권221하, 「大食傳」 (開元) 14年 遣使蘇利滿조, 6262쪽 ; 『冊府元龜』 권971, 「外臣部」 '朝貢' 開元 13年 3月 大食國遣使蘇黎滿조, 11407쪽.

> 기르고 있으며, 여자들은 머리를 길게 기르고 있다. 신분의 귀천을 불문하고 음식은 아무거나 먹으며, 한 그릇에 담은 것을 같이 먹는데, 손에는 숟가락과 젓가락이 쥐어져 있긴 하나 보기에 좋지 못한 것이 그들은 손으로 살생을 해서 그것을 먹는데, 그들은 그것을 무한한 행복으로 삼는다. 그들은 살생을 좋아하면서도 하늘을 섬기는데, 불법을 전혀 모르며, 꿇어 앉아 절하는 법도 전혀 모른다.[200]

혜초가 파사에서 북쪽으로 10일 가서 아라비아에 이르렀다. 그러나 실제 대식 위치는 파사 서쪽이거나 서북쪽이라고 해야 방향이 맞다. 이는 혜초의 잘못된 판단이다. 이런 이유 때문인지 혜초는 파사에서 당나라로 방향을 틀었던 것으로 해석하고 있다. 그러나 필자 생각으로는 대식에 관한 기록의 분량이 大拂臨國과 비교하면 배나 되었던 것으로 보아 혜초가 대식까지 여행한 게 분명하다. 이를 뒷받침하는 것은 7세기 중엽부터 대식이 당과 교류했던 사실에서 찾을 수 있다. 당과 대식의 교류는 『구당서』 권4 「고종기」에 '永徽 2년(651) 8월 대식이 처음으로 당에 사자를 보냈다'[201]는 것이 공식적인 첫 기록이다. 아무튼 혜초가 불교와 무관한 아라비아를 방문하였다면 혜초의 여행이 불법을 위해서라는 주장은 맞지 않다. 그렇다면 필자가 앞서 페르시아 국조에서 주장한 것처럼 혜초는 대여행가로서 여행하였을 가능성과 아울러 정치적 목적으로 여행하였다는 사실도 부인할 수 없다.

파사는 佛法과 무관하지만 龍朔 원년(661)에 파사도독부가 설치되었다. 또 永徽 2년에 대식이 당에 사신을 파견한 사실로 보아 당에 잠재적 적대세력이 었기 때문에 혜초가 대식에 도착하기 70여 년 전에 당에서 대식에 대한 실체를 어느 정도 파악하였다. 그렇다면 불법과 무관한 파사와 대식을, 혜초가 다녀왔던 것은 예사 일이 아니다. 달리 말해 혜초가 그런 나라에 쉽게 들어갈 수 있던 것은 아니었다. 정확히 말해 통행증을 소지하여야 신변안전을 보장받

200) 『往五天竺國傳』, 73쪽, "又從波斯國. 北行十日入山至大寔國. 彼王不住本國, 見向小拂臨國住也, 爲打得彼國, 彼國復居山島. 處所極窄, 爲此就彼. 土地出駝騾羊馬疊布毛毯, 亦有寶物. 衣着細疊寬衫, 衫上又披一疊布以爲上服. 王及百姓衣服, 一種無別. 女人亦著寬衫. 男人剪髮在鬚, 女人在髮. 喫食無問貴賤, 共同一盆而食. 手把亦匙筯. 取 見極惡. 云自手煞而食, 得福無量. 國人愛煞事天, 不識佛法. 國法無有跪拜法也".

201) 『舊唐書』 권4, 「高宗紀」 永徽 2年조, 69쪽, "八月乙丑, 大食國始遣使朝獻".

을 수 있었다. 혜초와 거의 동시대 서역상인 석염은 통행증을 발부받고 당으로 들어갔다. 또 혜초의 서아시아 여행까지에는 적지 않은 수의 사람이 함께 하였다. 어쨌든 『왕오천축국전』으로 보자면, 그는 대여행가였다. 그러나 당의 밀명을 갖고 서아시아로 갔을 가능성을 무시할 수 없다. 이와 같이 다각적 의견 제시는 파사와 대식을 여행한 혜초의 행동이 대단히 힘든 여행이었다는 사실을 부각시키기 위함이다. 혜초가 단순히 대식이 불법을 모른다는 이유만으로, 대식 식사법이 매우 흉하다는 식으로 폄하하였다고 보기는 어렵다.

혜초는 오늘날 시리아 다마스쿠스의 대식왕 거처가 소불림국이라는 사실을 언급하였다. 여기서 언급된 小拂臨國은 拂菻國이다. 이는 대식이 龍朔 3년(663)에 파사와 불름을 격파한[202] 사실과 맞물린다. 혜초가 726년경 말한 것처럼 파사는 대식에 점령되었다. 혜초가 대식을 찾았을 때는 대식이 강력하게 동진정책을 추진하였던 때다. 물론 그 이전 용삭 3년에도 대식은 토화라와 파라문까지 점령하였다.

대식과 파사는 같은 기후대인데다가 같은 지리조건이었음으로 말미암아 두 나라에서 생산된 물품은 거의 같았다. 대식 사람들이 헐렁한 옷을 입는 것조차 파사와 같았다. 또 불법을 모르고 살생을 좋아한다는 것마저 대식과 파사는 동일하였다. 그러나 파사인은 수염을 깎지만 대식인은 수염을 기르는 사실만 다를 뿐이다. 또한 대식에서 모포가 많이 생산된다는 사실을 통해 왜 『아라비안나이트』에 나는 양탄자가 등장했는지를 알 것 같다.

7. 당과 돌기시소녹의 충돌

당은 대식을 효과적으로 견제하기 위해 대식과 자주 연합하는 돌기시와의 관계를 긴밀하게 구축할 목적으로 정략적 결혼정책을 추진하였다.

> (開元 10년) 12월 庚子에, (당은) 十姓可汗 阿史那懷道의 딸을 交河공주로 삼아서, 突騎施可汗 蘇祿에게 시집보냈다.[203]

---

202)『資治通鑑』 권201, 「唐紀」17 高宗 龍朔 3年 是歲, 大食擊波斯·拂菻조, 6339쪽.

이는 당이 돌기시가한 소녹과 긴밀한 결혼관계를 맺어 대식의 공격을 막아보겠다는 계책이었다. 그래서 당은 阿史那懷道(史懷道)[204]의 딸을 交河公主(金河公主)[205]로 삼은 후 소녹의 처로 삼게 하는 결혼을 통한 외교 전략을 구사하였다. 서돌궐 역시 당과의 정략결혼을 원했다. 그런데 아사나회도는 당이 704년 정월에 西突厥十姓可汗으로 임명하였던 인물이며, 斛瑟羅의 아들이다.[206]

서돌궐에서 새 인물을 10성가한으로 세울 때 즉위 의식을 행한 장소가 전해지고 있다. 즉 『신당서』「지리지」에는 다음과 같은 언급이 있다.

> (碎葉)城北에 碎葉水가 있으며, (碎葉)水의 북쪽 40리에 羯丹山이 있으며, 十姓可汗을 이곳에서 그때마다 君長으로 세운다.[207]

서돌궐 10성가한이 즉위할 때 쇄엽성 북쪽 碎葉水의 북쪽 40리에 있는 羯丹山에서 즉위식이 거행되었음을 알 수 있다. 바꾸어 말해 갈단산은 서돌궐의 제정일치적인 의미를 지닌 장소다.

개원 11년경에 당의 사신이 돌기시에 가서 조사할 때 일어난 흥미로운 해프닝이 있다.

> 처음에, 監察御使 濮陽사람 杜暹은 조사할 일 때문에 突騎施에 도착하였는데, 突騎施에서 그에게 금을 주었지만 杜暹이 한사코 사양하였다. (杜暹의) 측근들이 말하길 "그대는 몸을 이역에 맡기고 있으니, 마땅히 그들 마음을 거슬려서는 안 됩니다." 이에 그것을 받고나서 자신이 묵고 있던 장막 밑에 묻어놓고, 그들의 영역을 벗어나면서 편지를 보내 그들에게 그것을 캐가게 하였다. 오랑캐들이

---

203) 『資治通鑑』 권212, 「唐紀」28 玄宗 開元 10年조, 6754쪽, "十二月 庚子, 以十姓可汗阿史那懷道女爲交河公主, 嫁突騎施可汗蘇祿".

204) 史懷道는 阿史那懷道를 의미함.

205) 『新唐書』 권215하, 「突厥傳」하 收交河公主及 蘇祿可敦조, 6068쪽 ; 『舊唐書』 194하, 「突厥傳」하 上乃立史懷道女爲金河公主조, 5191쪽.

206) 『資治通鑑』 권207, 「唐紀」23 則天后 長安 4年 春正月조, 6569쪽.

207) 『新唐書』 권43하, 「地理志」7하 1149~1150쪽, "城北有碎葉水, 水北四十里有羯丹山, 十姓可汗每立君長於此".

크게 놀라 자갈사막을 건너 그를 추격하였으나 따라잡지 못했다. 安西都護가 공석이 되자, 어떤 사람이 杜暹을 추천해 安西에 가서 일을 했는데, 사람들은 그의 청렴함과 신중함에 승복하였다. 당시 杜暹은 給事中으로 어머니 喪중이었다.[208)]

이는 監察御使 杜暹이 조사할 일이 있어서 돌기시에 갔다 일어난 사건이다. 그렇다면 당의 감찰어사도 조사할 일이 발생하였을 때는 돌기시까지 갔던 모양이다. 당시 두섬이 돌기시에서 조사할 일이 있었기 때문에 돌기시가 조정에 보고할 내용을 좋게 써 줄 것을 두섬에게 바랬고, 그런 대가성으로 그에게 금을 뇌물로 주었다. 그런데 강직한 두섬은 일을 마친 후에 돌기시가 준 금을 가져가지 않자 돌기시가 무척 당황하였다. 물론 두섬의 청렴함도 주목할 만하지만 그보다는 돌기시가 당의 관리에게 뇌물을 주었다는 사실이 더욱 흥미롭다. 이는 이때 당과 돌기시 관계를 가늠할 수 있는 중요 사건으로 평가할 수 있기 때문이다.

일처리에 있어서 두섬이 청렴하고 신중했던 것은 그가 안서도호였을 때도 마찬가지다. 이는 두섬이 이민족과의 관계에 있어서도 돌기시든 토번이든 그들과 협상할 때 杜暹은 원리원칙이 있는 분명한 사람이라는 측면에서 훌륭하게 평가된 인물이다. 그 후(개원 12년 3월) 두섬은 安西副大都護·磧西절도사로 승진하였다.[209)]

개원 12년 7월 동돌궐가한은 哥解頡利發을 당에 파견해 求婚하였다. 그러나 8월에 당은 파견 사자가 신분이 낮아 제대로 예를 갖추지 않았다는 명분으로 청혼을 불허했다.[210)] 동·서돌궐이 늘 적대적이라 동돌궐은 서돌궐이 당과 연합해 공격할 것을 우려해 당과 정략결혼을 원했다. 그렇다고 군사적으로 당이 항상 동·서돌궐에 대해 우위였던 것은 아니다.

---

208) 『資治通鑑』 권212, 「唐紀」28 玄宗 開元 11年조, 6758쪽, “初, 監察御使濮陽杜暹因按事至突騎施, 突騎施饋之金, 暹固辭. 左右曰 ‘君寄身異域, 不宜逆其情’. 乃受之, 埋於幕下, 出境, 移牒令取之. 虜大驚, 度磧追之, 不及. 及安西都護闕, 或薦暹往使安西, 人服其淸愼. 時暹自給事中母憂”.

209) 『資治通鑑』 권212, 「唐紀」28 玄宗 開元 12年 3月조, 6758쪽.

210) 『資治通鑑』 권212, 「唐紀」28 玄宗 開元 12年 7月 : 8月조, 6760~6761쪽.

개원 13년 4월 당 현종이 태산에 봉선을 갈 때, 張說은 이 틈을 타 돌궐이 노략질할까 두려워하여 군대를 증강시켜 변경을 지킬 것을 논의하려고 兵部郞中 裴光庭을 불러, 이를 모의할 정도로 돌궐은 강력했다.[211] 이때 배광정은 四夷 가운데서 가장 큰 것이 돌궐인데, 그들을 불러 태산의 封禪을 좇게 하면 그들도 기뻐 승복할 것이라는 주장을 폈다. 그 결과 돌궐 대신 阿史德頡利發이 태산 봉선에 참가하여 중국 동쪽을 순방하였다.[212]

태산 봉선에 돌궐을 호종시키기 위해 돌궐로 파견된 中書直省 袁振을 攝鴻臚卿이 돌궐 장막 안에서 술상을 앞에 놓고 小殺·闕特勒·暾欲谷 등이 말하길, 토번·奚·거란은 모두 당 공주와 결혼하였는데, 돌궐이 당과 혼인관계를 맺지 못한 이유를 따졌다. 이때 袁振은 이런 사실을 황제에게 알려서 요청하겠다고 했기 때문에 돌궐의 阿史德頡利發이 扈從하게 되었다.[213] 그런데 태산 봉선에 참가한 돌궐의 阿史德頡利發이 귀국하기 위해 현종에게 인사할 때 그에게 후하게 물품을 하사하여 돌려보내면서도 끝내 혼인을 허락하지 않았다.[214] 이는 당이 돌궐과는 혼인관계를 맺고 싶지 않아 차일피일 미루었다는 것을 확인할 수 있는 사실이다.

당의 서방은 돌궐과 토번의 잦은 침공으로 늘 불안하였다. 돌궐의 阿史德頡利發이 태산 봉선에 참석한 그 해 타림분지 남쪽 于闐王 尉遲眺가 몰래 돌궐 및 여러 胡와 함께 당에 모반하였다.[215] 于闐王 尉遲眺의 반란은 安西副大都護 杜暹이 군사를 동원해 그를 붙잡아 목을 베고 그 왕을 바꿈으로 일단락되었다.[216] 그렇다면 이는 이때 우전이 안서사진 가운데 하나가 아니라는 이야기다. 그러나 이때 당이 군사적으로 그런대로 돌궐보다 우세했던 것은 고구려 유민 왕모중이 檢校內外閑廐가 되어 당의 군마수를 24만 필에서 43만 필로 늘렸던 사실과 무관하지 않다.[217] 다시 말해 당은 군사력에서 군마수를 증가시

---

211) 『資治通鑑』 권212, 「唐紀」28 玄宗 開元 13年 4月조, 6764쪽.
212) 『資治通鑑』 권212, 「唐紀」28 玄宗 開元 13年 4月조, 6764~6765쪽.
213) 『資治通鑑』 권212, 「唐紀」28 玄宗 開元 13年 4月조, 6764~6765쪽.
214) 『資治通鑑』 권212, 「唐紀」28 玄宗 開元 13年 12月조, 6768쪽.
215) 『資治通鑑』 권212, 「唐紀」28 玄宗 開元 13年 于闐王尉遲眺조, 6769쪽.
216) 『資治通鑑』 권212, 「唐紀」28 玄宗 開元 13年 于闐王尉遲眺조, 6769쪽.

켜 많은 기병을 보유하였다. 개원 14년 9월에 당이 다시 쿠차에 安西都護府의 상비군 3만을 주둔시킨 것이 백성에게 고통이었다는 사실은, 당에게 돌궐과 토번 방어가 어느 정도 힘든 일인지를 가늠할 수 있게 한다.[218]

개원 14년(726) 12월 突騎施蘇祿의 처 金河公主가 牙官을 安西로 보내 말 교역을 하도록 하였다.[219] 한편 724년 3월부터 安西副大都護 겸 磧西節度使였던 杜暹은[220] 727년 12월 安西都護로 승진한 후에도 원리원칙에 따른 행동으로 말미암아 金河공주가 요구한 말 교역을 거절하였다.

> 그때 杜暹은 安西都護였는데, 公主가 牙官을 파견하여, 말 1천 필을 가지고 安西로 가서 교역하게 하였는데, 그 사자가 공주의 교시를 펼쳐 杜暹에게 주었더니, 杜暹이 화를 내며 '阿史那氏族의 딸이, 어찌 그 지령을 펼쳐 나를 지시할 수 있단 말인가!'라 말하고, 그 사자를 몽둥이로 때리고, 억류하여 보내지 않았다. 그가 가져간 말들은 추위와 눈으로 모두 다 죽었다. 蘇祿이 크게 분노하여 군사를 내어 (安西)四鎭을 나누어 침공하였다.[221]

金河公主는 자신의 무관에게 말 千匹을 가지고 安西에 가서 교역했으나 안서도호 두섬이 이를 불허함으로 인해 가져갔던 말은 눈을 맞아 거의 다 죽었다. 게다가 공주의 牙官을 두섬이 잡아 가두었다는 소식을 들은 소녹은 격분하였다.

이때 소녹이 군사를 동원하여 안서사진을 공격하게 되어 돌기시와 당이 충돌하였다.

> 때 마침 杜暹이 조정에 들어와서, 趙頤貞이 대신해 安西都護가 되었어도, 城은 오랫동안 버텼으나, 이로 말미암아 四鎭에 쌓아 놓은 것과 사람·가축 모두를

217) 지배선, 2006, 「고구려 유민 왕모중의 발자취」, 13~134쪽.

218)『資治通鑑』 권212, 「唐紀」28 玄宗 開元 14年 9月 自王孝傑조, 6773쪽.

219)『資治通鑑』 권213, 「唐紀」29 玄宗 開元 14年 12월조, 6775쪽.

220)『資治通鑑』 권212, 「唐紀」28 玄宗 開元 12年 3月 甲子조, 6758쪽.

221)『舊唐書』 권194하, 「突厥傳」하, 5191쪽, "時杜暹爲安西都護, 公主遣牙官賫馬千疋詣安西互市, 使者宣公主教與暹, 暹怒曰'阿史那氏女, 豈合宣教與吾節度耶!'仗其使者, 留而不遣, 其馬經寒雪, 死並盡. 蘇祿大怒, 發兵分寇四鎭".

> 蘇祿에게 약탈당했으며, 겨우 安西만 남게 되었다. 蘇祿은 杜暹이 귀국해 宰相이 되었다는 소식을 듣고, 점차 군대를 이끌고 후퇴하였고, 얼마 지나지 않아 사자를 파견하여 들어와 공물을 바쳤다.[222]

소녹은 자신의 처 금하공주의 말 교역이 거절당한 것과 아울러 안서에서 공주의 부하가 당한 모욕을 보복하였다. 그때 안서도호 두섬을 대신한 趙頤貞은 소녹 군사를 끝까지 막아 사진 가운데 쿠차는 무살했지만, 나머지는 사람과 가축과 재물 모두가 소녹에게 약탈, 유린되었다. 그런데 소녹은 두섬이 宰相이 되었다는 소식을 듣고 안서사진에 대한 공격을 접고 돌아갔다. 어쩌면 두섬이 감찰어사로 돌기시에 왔을 때 뇌물로 준 금을 거절한 것을 기억했기 때문인지 모른다.[223] 소녹의 이와 같은 행동은 당과 계속적 전투를 피하고 싶었다는 것으로 해석된다. 이는 유목민족의 전투가 장기전보다는 대부분 단기전이었던 것과 무관하지 않다.

당과 돌기시소녹의 전투에 대해『구당서』「현종기」는 다음과 같이 전한다.

> (開元 15년 9월) 閏月 庚子에 突騎施蘇祿과 吐蕃 贊普가 安西를 포위하였지만, 副大都護 趙頤貞이 격파하여 패주시켰다.[224]

이는 개원 15년 閏9월 돌기시소녹의 안서 공격 때, 그가 토번왕과 연합작전을 폈다는 뜻이다. 이런 연유 때문인지 몰라도 趙頤貞이 돌기시와 토번마저 물리쳤음에도 그는 쿠차성 밖으로 나오지 못할 정도로 전전긍긍했다. 그런데 『구당서』「현종기」가 잘못된 것 같다. 이렇게 단정하는 까닭은『구당서』「토번전」에는 같은 시기 안서사진이 토번으로부터 공격받은 기사가 없기 때문이다. 다만 같은 시기에 토번대장 悉諾邏恭祿과 燭龍莽布가 瓜州城을

---

222)『舊唐書』권194하,「突厥傳」하, 5191쪽, "會杜暹入知政事, 趙頤貞代爲安西都護, 城守久之, 由是四鎭貯積及人畜並爲蘇祿所掠, 安西僅全. 蘇祿旣聞杜暹入相, 稍引退, 俄又遣使入朝獻方物".

223)『資治通鑑』권212,「唐紀」28 玄宗 開元 11年 初조, 6758쪽.

224)『舊唐書』권8,「玄宗紀」하 開元 15年 9月조, 191쪽, "閏月庚子, 突騎施蘇祿·吐蕃贊普圍安西, 副大都護趙頤貞擊走之".

공격하여 쑥대밭을 만들었다는 기사가 있다.[225] 그렇다면 돌기시소녹이 토번과 제휴해 동시에 중국을 공략했다는 기사로 해석해야 옳다. 그런데 『신당서』「현종기」에는 안서부대도호 조이정이 패배했다는 기록이 있다.[226] 이는 당의 안서도호부가 돌기시와 토번의 협공으로 대파되었을 뿐만 아니라 모든 것이 약탈되었다는 이야기다. 이때 당은 안서만 아니라 河西까지 침략 당한 고통의 시기였다. 『구당서』「현종기」의 개원 15년 閏9월조에는 이후 과정을 계속 전하고 있다.

> 庚申, 황제의 수레가 洛陽을 출발하여 長安으로 돌아왔다. 迴紇部落이 甘州의 鞏筆驛에서 王君㚟을 살해하였다. 황제는 檢校兵部尙書 蕭嵩을 判涼州事로 겸임시키며, 總兵으로 吐蕃을 막도록 명령하였다.[227]

위 사실은 개원 15년 閏9월 동시에 일어났던 사건들이다. 돌기시소녹과 토번 贊普가 안서 및 하서 공격과 동시에 迴紇承宗의 族子 瀚海 司馬 護輸가 甘州의 남쪽 鞏筆驛에서 判官 宋貞을 죽이고 뒤이어 하서절도사 王君㚟을[228] 죽였다. 그렇다면 이는 돌기시소녹이 토번뿐 아니라 회흘과도 연합해 당을 협공하였던 것이다.[229] 돌기시소녹과 토번 찬보가 안서와 과주를 침공했다는 소식을 들은 현종이 급거 낙양에서 장안으로 돌아올 정도로 긴박한 사태였다.

이후 3년 이상 突騎施蘇祿이 당과 어떤 관계에 있었다는 기록이 없다. 그러나 이때 당은 토번과 자주 싸웠을 뿐 아니라 토번으로부터 石堡城을 빼앗았다. 그런데 더욱 주목되는 것은 개원 17년 5월은 고구려 유민 開府 王毛仲의 딸과 龍武 將軍 葛福順의 아들이 결혼하여 그 당시 長安 北門의 諸將 모두를 왕모중이 장악한 시기였다.[230] 왕모중에 의해 당의 군사력이

---

225) 『舊唐書』 권196상, 「吐蕃傳」상, (開元 15年) 其年九月조, 5229쪽.

226) 『新唐書』 권5, 「玄宗紀」 開元 15年 閏9月更子조, 133쪽.

227) 『舊唐書』 권8, 「玄宗紀」하 開元 15年 閏9月조, 191쪽, "庚申, 車駕發東都, 還京師. 迴紇部落殺王君㚟于甘州之鞏筆驛. 制檢校兵部尙書蕭嵩兼判涼州事, 總兵以禦吐蕃".

228) 『新唐書』 권5, 「玄宗紀」 開元 15年 閏9月更子조, 133쪽 ; 『舊唐書』 권196상, 「吐蕃傳」 開元 二年秋, 5228쪽 ; 『資治通鑑』 권213, 「唐紀」29 玄宗 開元 15年 閏9月庚子조, 6779~6780쪽.

229) 『新唐書』 권216상, 「吐蕃傳」상 會君㚟爲回紇所殺조, 6083쪽.

강력해져 돌기시소녹마저 당에 대한 침공을 자제한 시기인 것 같다. 그렇다면 돌기시소녹이 토번 찬보와 연합해 안서성을 포위한 이후, 돌기시소녹은 당과 어떤 형태로든 교류가 없던 것이 분명하다. 그런데 개원 18년 돌기시소녹이 사자를 당에 파견하였다.

> (開元) 18년(730)에, 蘇祿의 사자가 京師에 도착했다. 丹鳳樓[231]에서 현종이 참석한 연회가 열렸다. 이에 앞서 동돌궐이 사자를 보내 입조하였다. 그날 (그 동돌궐 사자도) 또 와서 연회에 참석하자, 蘇祿 사자와 더불어 윗자리로 다투었다. 동돌궐 사자가 '突騎施는 작은 나라인데다, 원래 동돌궐에 신속하였는데, (그런 사자가) 상석에 앉는다는 것은 마땅치 않은 일이다'라 말했다. 이에 대해 蘇祿 사자는 '오늘 이 연회는, 다른 것이 아니라 나를 위해 베푼 것인데, 내가 하석에 앉는 것은 말이 안 된다'라 말했다. 그래서 中書門下 및 군신들과 상의해, 드디어 東西에 幕을 설치하고 나누어 앉도록 하여, 東北厥 사자는 동쪽에, 突騎施 사자는 서쪽에 앉게 하였다. 연회를 마치자, 많은 하사품을 주어 귀국시켰다.[232]

개원 18년 장안에 도착한 돌기시소녹이 보낸 사자가 동돌궐이 파견한 사자와 자리다툼하는 모습에서 서돌궐과 동돌궐의 대립을 읽을 수 있다. 서돌궐 사자가 장안에 오기 전에 온 동돌궐 사자와 함께 현종이 연회를 베풀려 할 때 각각의 사신이 서로 윗자리를 차지하려는 문제로 쟁론이 벌어졌을 때 당 현종마저 당황하였다. 그래서 中書門下[233]의 모든 관리에게 이 문제를 해결하게 하여 동서에 따로 막을 설치한 후 분리시켜 앉게 하였다. 이는 소녹시대 서돌궐이 동돌궐을 제압할 정도로 강력하여, 북아시아의 패자가 서돌궐이었다는 암시라고 볼 수 있다. 비록 돌기시의 시작이 동돌궐이었으

230) 지배선, 2006, 「고구려 유민 왕모중의 발자취」, 13~134쪽 ; 『資治通鑑』 권213, 「唐紀」29 玄宗 開元 17年 5月 開府王毛仲丞, 6785~6786쪽.

231) 丹鳳樓는 丹鳳門樓이며, 大明宮의 正門이 丹鳳門이다. 다시 말해 大明宮 정문위에 있는 누각이다.

232) 『舊唐書』 권194하, 「突厥傳」하, 5191~5192쪽, "十八年, 蘇祿使至京師, 玄宗御丹鳳樓設宴. 突厥先遣使入朝, 是日亦來預宴, 與蘇祿使爭長. 突厥使曰'突騎施國小, 本是突厥之臣, 不宜居上.' 蘇祿使曰'今日此宴, 乃爲我設, 不含居下.' 於是中書門下及百僚議, 遂於東西幕下兩處分坐, 突厥使在東, 突騎施使在西. 宴訖, 厚賚而遣之.

233) 開元 11년 政事堂을 中書門下로 고치고, 吏房·樞機房·兵房·戶房·刑禮房의 五房을 두어 국정을 담당하게 함.

나[234] 돌기시는 동돌궐과 적대세력으로 바뀌었다. 이런 경우는 유목기마민족에서 비일비재하였다. 한 예를 든다면 鮮卑족에서 씨족 분열하였던 慕容과 吐谷渾이 대립해, 급기야 토욕혼이 청해 부근으로 옮긴 것도 같은 케이스다.[235]

이때 서돌궐이 강력하였음을 암시하는 기록으로 『구당서』와 『신당서』의 「현종기」 開元 22년 4월조에 '甲寅, 北庭都護劉渙이 모반하자, 伏誅하였다'[236]는 구절이 있다. 이는 한고조 劉邦 재위 시 匈奴의 강성함으로 韓王 信이 흉노에 투항한 사건과 비교될 것 같다. 그 당시 흉노가 강성하여 대비할 방도가 없자 아예 흉노에 투항하였는데, 이와 같은 패턴으로 이때 돌기시소녹이 강성하여 劉渙이 돌기시 부하가 되려 했던 모양이다.

한편, 개원 22년경 突厥 毗伽可汗이 독살 당하여 세대교체가 발생하였다.

> 돌궐 毗伽가한이 그의 大臣 梅錄啜에게 독을 맞았으나, 아직 죽지 않아, 梅錄啜과 그 족당을 토벌하여 죽였다. 이미 그렇게 하고 죽자, (毗伽의) 아들 伊然가한이 섰으나, 얼마 지나지 않아 죽어, (伊然의) 아우 登利가한이 섰으며, 庚戌에 와서야 喪事를 알렸다.[237]

돌궐 비가가한의 大臣 梅錄啜은 개원 15년 9월에 비가의 명령으로 당에 공물을 가지고 가서 당과 돌궐 교역을 얻어냈던 인물이다.[238] 이때(개원 22년) 비가가한이 부하 매록철의 독을 맞고 죽자, 비가의 아들 伊然이 가한에 즉위하였다. 그러나 이연이 가한으로 즉위한 후 얼마 지나지 않고 죽자, 그의 아우 登利가 가한이 되었다. 짧은 기간에 돌궐은 가한이 세 번이나 바뀌는 등 돌궐의 혼란기였다. 그런데 이런 상황을 돌궐이 당에 알렸던 것은 734년 12월이다.

---

234) 『舊唐書』 권194하, 「突厥傳」하, 西突厥本與北突厥同祖조, 5179쪽.

235) 지배선, 1977, 「鮮卑族의 初期段階 氏族分裂에 대하여」, 『白山學報』 23, 98쪽.

236) 『舊唐書』 권8, 「玄宗紀」 開元22年 4月조, 201쪽 ; 『新唐書』 권5, 「玄宗紀」 開元 22年 4月조, 138쪽.

237) 『資治通鑑』 권214, 「唐紀」30 玄宗 開元 22年 12月조, 6809쪽, "突厥毗伽可汗爲其大臣梅錄啜所毒, 未死, 討誅梅錄啜及其族黨. 旣卒, 子伊然可汗立, 尋卒, 弟登利可汗立, 庚戌, 來告喪".

238) 『資治通鑑』 권213, 「唐紀」29 玄宗 開元15年 閏(9)月조, 6779쪽.

돌기시소녹은 개원 23년(735)에 천산산맥 이북과 이남지역을 공격할 정도로 강력하였다. 위의 지적처럼 돌궐 가한이 자주 바뀜으로 말미암아 돌궐의 결속력 약화는 도리어 돌기시소녹에게 기회였다. 이를 뒷받침하는 사실로 『구당서』「현종기」 개원 23년에는 다음과 같은 기록이 있다.

> 겨울 10월 辛亥에, 伊西와 北庭도호를 四鎭절도에 예속시켰다. 突騎施가 北庭과 安西의 撥換城을 侵寇하였다.[239]

735년 10월 천산산맥 서북 伊西와 천산산맥 북부의 北庭都護를 천산산맥 이남의 四鎭節度로 예속시킨 것은 당이 천산산맥 부근의 군사 규모를 통합하여 군사운용의 효율성을 제고하기 위한 조치였다. 그런데 735년 10월 突騎施蘇祿이 北庭(Zimsa)과 安西의 撥換城(신장 阿克蘇市, Aksu)까지 공격한 것은[240] 소녹의 군사 행동반경이 위축되지 않았다는 증거라고 볼 수 있다. 지역적으로 살핀다면, 이는 천산산맥 북쪽의 北庭都護가 위치한 庭州와 천산산맥 남쪽의 안서의 관할 아래 있는 타림분지 북쪽 撥換城에 대한 공격이다. 그런데 발환성은 대략 쿠차성의 서쪽으로 270여㎞ 떨어진 곳이다. 이를 『신당서』「현종기」에서는 돌기시가 북정과 안서의 발환성을 공격했다고 간단하게 기록하고 있다.[241] 그런데 『新唐書』의 「本紀」에 이런 사실이 기록되었던 것으로 보아 당의 피해는 컸던 것이 틀림없다. 그렇다면 이는 돌기시소녹이 무리를 거느리고 천산산맥을 넘나들며 당의 변방을 공략한 것이다. 아울러 이는 돌기시소녹의 강력한 리더십과 연결된 사건으로 해석할 수 있다.

돌기시소녹에 의해 북정과 안서의 발환성까지 공격 받은 당은 그 다음해(개원 24년) 정월 丙午에 반격하였다.

> 北庭都護 蓋嘉運이 군대를 거느리고 突騎施를 공격하여, 이를 깨뜨렸다.[242]

239) 『舊唐書』 권8, 「玄宗紀」 開元23年조, 203쪽, "冬十月辛亥, 移隸伊西·北庭都護屬四鎭節度. 突騎施寇北庭及安西撥換城".

240) 『資治通鑑』 권214, 「唐紀」30 玄宗 開元 23年 10월조, 6812쪽.

241) 『新唐書』 권5, 「玄宗紀」 開元 23年 10月 戊申조, 138쪽, 突騎施寇邊.

이는 開元 23년 10월에 돌기시소녹에 의해 북정과 안서의 발환성이 유린된 것에 대한 보복인 것 같다. 그 이유는 北庭都護 蓋嘉運이 돌기시를 깨뜨렸다고 하나 구체적인 전과에 대한 언급이 없기 때문이다.[243] 이로 미루어 북정도호 개가운이 돌기시 진영을 공격하였다고 볼 만한 근거가 없다. 다만 돌기시가 4개월 동안 점령한 발환성 탈환이 목적이었을 가능성도 무시할 수 없다. 참고로 북정도호부 치소에서 서북으로 3천여 리 떨어진 곳에 突騎施 牙帳이 있다.[244] 이때 절도사 개가운 휘하 유격장군 고선지의 활약상을 짐작할 수 있다.[245] 그렇게 판단하는 근거는 개원 23년 10월 伊西와 北庭도호를 사진절도에 예속시킨 사실 때문이다.[246] 이때 북정도호 개가운이 돌기시를 물리친 사실을 『자치통감』은 보다 강하게 大破시켰다고 기록했다.[247] 한편 이때 돌기시와 토번이 제휴한 협공이 매우 거셌기 때문에 고선지가 유격장군으로 큰 공을 세웠어도 그 공적이 드러나기가 어려웠던 시기다.

개원 24년 8월에 돌기시는 대신 胡祿達干[248]을 당으로 보내 항복을 요청하였고, 당이 이를 수락해[249] 당과 돌기시 간에 다시 사신이 왕래하였다. 이는 돌기시소녹이 북정도호 개가운의 강력한 보복으로 당과 화친하는 것이 유리하다고 판단해서 내린 결정으로 보인다. 이와 같이 추측하는 까닭은 이때 돌기시소녹과 당에게 특별히 이슈가 되었던 사건이 없기 때문이다.

당시 돌기시사갈의 부하 장수였던 소녹이 부락을 통치하면서부터 서돌궐은 전성기를 맞았다.

蘇祿의 성품은 매우 청렴하고 순박하여, 전투할 때마다, 이겨 포획물이 있으면,

242) 『舊唐書』 권8, 「玄宗紀」 開元 24年 春正月조, 203쪽, "北庭都護蓋嘉運率兵擊突騎施, 破之".

243) 『新唐書』 권5, 「玄宗紀」 開元 24年 正月丙午조, 139쪽.

244) 『舊唐書』 권38, 「地理志」1 北庭節度使조, 1385쪽.

245) 『舊唐書』 권104, 「高仙芝傳」 事節度使田仁琬·蓋嘉運조, 3203쪽.

246) 『舊唐書』 권8, 「玄宗紀」 開元 23年 10月 辛亥조, 203쪽.

247) 『資治通鑑』 권214, 「唐紀」30 玄宗 開元 24年 正月조, 6813쪽.

248) 胡祿達干과 莫賀達干의 '達干'은 투르크계의 부족이나 국가에서 씨족장 이상의 군사지휘관에게 주어지는 명칭의 하나인 '타르칸(Tarqan)'이란 음에 대한 漢字 표기다.

249) 『資治通鑑』 권214, 「唐紀」30 玄宗 開元 23年 8月 甲寅조, 6821쪽.

> 그것 모두를 병사와 諸 部落에 분배하였기 때문에, 그의 부하들은 그를 좋아하였을 뿐만 아니라 그를 위해 굉장히 헌신하였다. (蘇祿은) 몰래 사자를 파견하여, 南은 토번과 통하고, 東으로는 (북)突厥에 접근했다. (북)돌궐과 토번(의 군주는)은 또, 딸을 蘇祿에 시집보냈다. 그는 이미 三國의 딸을 可敦으로 했고, 또 여러 아들들을 分立시켜 葉護로 삼았다. 이렇게 되어 그가 쓰는 비용이 점점 많아지게 되니, 그는 이전에 모아두었던 것이 다 없어지게 되어, 만년에는 약탈해서 얻은 것을 자신이 챙겼기 때문에 분배하지 않았다. 또 (그는) 중풍에 걸렸기 때문에, 한쪽 손이 쥐나며 오그라들었다. 그가 지배하는 諸 部落의 민심이, 이때 처음으로 그에게 반란하려는 움직임이 있었다.[250]

돌기시소녹이 개원 3년부터 오랜 기간 돌기시를 호령한 것은 유목기마민족의 강력한 리더십을 발휘한 군장들처럼 소녹도 전리품을 자신이 차지하지 않고 戰士들에게 나누어 줌으로써 공동체의식을 강화시켰던 데에서 기인한다. 소녹이 전리품 배분에서 자신은 갖지 않고 나누어 줌으로 인해 部落民은 그에게 충성만이 아니라 그를 위해 전력투구하였다.[251] 이로써 소녹은 정벌전쟁에 나가 승리를 거듭하였고, 돌기시는 강력한 국가가 되었다.

강력한 영토국가로 등장한 돌기시는 주변 국가와 새로운 관계를 맺었다. 즉 돌기시는 南으로 토번, 東으로 東北厥과 결혼하는 관계로까지 발전하였다. 유목민족들이 주변과 관계 맺는 방식대로 東北厥과 吐蕃 통치자의 딸이 소녹과 결혼하였다. 이때 소녹만이 토번과 동돌궐의 딸과 결혼한 것이 아니라 당 공주도 신부로 맞이해 3국 군주의 딸들이 소녹의 부인, 可敦이[252] 되었다. 돌기시소녹이 3국의 딸들을 자신의 부인으로 맞아들인 것은 유목기마민족적인 기질을 잘 드러냈다고 본다. 그 이유는 언제든 이익이 있기만 하다면 순식간에 離合集散하는 민족이 바로 유목기마민족이기 때문이다.

---

250) 『舊唐書』 권194하, 「突厥傳」하, 5192쪽, "蘇祿性尤淸儉, 每戰伐, 有所克獲, 盡分與將士及諸部落, 其下愛之, 甚爲其用. 潛又遣使通吐蕃, 東附突厥. 突厥及吐蕃亦嫁女與蘇祿. 旣以三國女爲可敦, 又分立數子爲葉護, 費用漸廣, 先旣不爲積貯, 晩年抄掠所得者, 留不分之, 又因風病, 一手攣縮, 其下諸部, 心始攜貳".

251) 『資治通鑑』 권214, 「唐紀」30 玄宗 開元 26年 6月 突騎施可汗蘇祿조, 6833쪽.

252) 『資治通鑑』 권214, 「唐紀」30 玄宗 開元 26年 6月 旣尙唐公主조, 6833쪽, 可敦(qatun)은 皇妃를 의미한다.

그런데 돌기시소녹은 吐蕃·東突厥·唐 公主와 결혼하여 얻은 많은 아들을 分立시켜 葉護로 삼았기 때문에 과도한 재정 부담이 야기되었다. 얼마 지나지 않아 蘇祿에게 있던 재물이 고갈되자, 그는 약탈하여 얻은 재물은 분배한다는 유목기마민족의 철칙을 깨고 만년에는 약탈해 얻은 재물을 독차지하였다. 그런데다가 설상가상으로 소녹은 중풍으로 한쪽 손마저 오그라들었고, 차차 부락사람들 마음마저 소녹을 떠났다.[253]

이런 상황에서 당은 17년 전(開元 9년 4월) 蘭池州의 胡(Sogdians)인 康待賓(康國 출신의 이란계통 소그드인)이 여러 降胡를 꾀어서 함께 반란한 무리들을 활용하였다. 다시 말해 康待賓의 반란이 실패하고 그 무리들을 압송한 후, 당은 그 해 六胡州를 설치했던 그들을 사면했던 것이 주목된다. 開元 26년 2월에 강대빈을 따른 세력들을 사면하였는데, 그 내용은 다음과 같이 기록되어 있다.

> 壬戌에 河曲의 여섯 胡로서 康待賓에 연루되어 여러 주에 분산되어져 예속되어 있던 자들에게 칙서를 내려, 고향으로 돌아가는 것을 허락하고, 鹽州와 夏州사이에 宥州를 설치하여 그들을 살도록 하였다.[254]

이는 당 현종이 돌기시소녹의 세력이 붕괴 조짐을 보이자, 이를 적극 활용하기 위한 수단으로 당에 억류된 康待賓 추종 세력에 대한 17년 만의 사면조치다. 바꾸어 말하면 새로이 대두되는 돌기시 세력을 당 휘하에 두려는 욕망으로 강대빈과 연합했던 세력을 활용하여 중앙아시아를 간접 지배하겠다는 의도인 것이다. 이때 중앙아시아 康國으로 돌아가기를 원치 않는 강대빈과 연합했던 무리들에게 당은 새로이 宥州(治所는 내몽골 鄂托克旗 서쪽)를 설치하고, 그들이 그곳에서 생활하게 하는 배려까지 취했다.

아무튼 돌기시소녹 휘하 전사들이 참전한 전투에서 얻은 전리품에 대한

---

253) 『資治通鑑』 권214, 「唐紀」30 玄宗 開元 26年 6月 晩年病風조, 6833쪽.

254) 『資治通鑑』 권214, 「唐紀」30 玄宗 開元 26年 2月조, 6832쪽, 壬戌, 敕河曲六州胡坐康待賓散隸諸州者, 聽還故土, 於鹽·夏之間, 置宥州以處之.

배분이 없게 되면서 공동체적 의식이 와해되었다. 즉 돌기시에서 유목민족으로서 특유의 전투공동체에 대한 의식마저 사라져 소녹이 통솔한 諸部落의 민심이 이반되었다. 이때 처음으로 그에 대한 반란 조짐이 일어났다.

> 大首領 莫賀達干과 都摩度의 두 部落이 가장 강성하였다. 백성은 또 黃姓·黑姓의 2種으로 나뉘어져, 서로가 시기하여 멀어졌다.[255]

돌기시소녹 휘하에서 가장 강력한 부락은 大首領 莫賀達干과 都摩度[256]가 통솔하는 두 부락이다. 그런 상황에서 돌기시 백성들은 사갈의 무리를 黃姓이라 하고, 소녹의 지배하에 있는 部를 黑姓이라 하여 갈라져 서로 시기하고 반목하였다.[257] 이로 말미암아 돌기시소녹이 반란세력에 의해 피살되었다.

> 開元 26년(738) 여름에, 莫賀達干은 군사를 이끌고 밤에 蘇祿을 기습 공격하여, 그를 죽였다. 都摩度는 처음에 莫賀達干과 모의했으나, 얼마 있다 또 서로 대립하여 蘇祿의 아들 咄火仙을 세워 可汗으로 삼았으며, 이로 인해 蘇祿의 남은 무리들을 규합한 莫賀達干과 더불어 서로 공격하였다.[258]

개원 26년 6월 돌기시소녹 휘하 大首領 莫賀達干의 습격으로 소녹이 살해되었다.[259] 그런데 돌기시소녹을 죽이려고 처음 음모를 꾸밀 때는 莫賀達干과 都摩度가 함께 하였다. 그러나 막하달간이 소녹을 죽이자, 도마도가 태도를 바꿔 소녹의 아들 骨啜을 咄火仙可汗으로[260] 세워 돌기시 부락민을 규합하여 막하달간과 대결하는 구도로 바뀌었다. 그 결과 도마도가 세운 突騎施咄火仙과

---

255) 『舊唐書』 권194하, 「突厥傳」하, 5192쪽, "有大首領莫賀達干·都摩度兩部落, 最爲强盛. 百姓又分爲黃姓·黑姓兩種, 互相猜阻".

256) 『新唐書』 권215하, 「突厥傳」하, 6068쪽, 여기서는 都摩度를 都摩支로 기록하고 있음.

257) 『新唐書』 권215하, 「突厥傳」하, 於是大首領莫賀達干조, 6068쪽.

258) 『舊唐書』 권194하, 「突厥傳」하, 5192쪽, "(開元) 二十六年夏, 莫賀達干勒兵夜攻蘇祿, 殺之. 都摩度初與莫賀達干通謀, 俄又相背, 立蘇祿之子咄火仙爲可汗, 以輯其餘衆, 與莫賀達干自相攻擊".

259) 『資治通鑑』 권214, 「唐紀」30 玄宗 開元 26年 6月 於是莫賀達干勒兵夜襲蘇祿殺之조, 6833쪽.

260) 『資治通鑑』 권214, 「唐紀」30 玄宗 開元 26年 6월 都摩度조, 6833쪽, 都摩度가 蘇祿의 아들 骨啜을 咄火仙可汗을 세운 사실을 『資治通鑑』은 吐火仙可汗이라고 다르게 기록하였다.

막하달간의 충돌은 돌기시 내전상황으로 치달았다.

돌기시소녹을 살해한 막하달간은 도마도와 돌기시돌화선의 반격이 두려워 磧西절도사 개가운에게 구원을 요청하였다.[261] 막하달간에 의해 돌기시소녹이 살해된 사실이 『구당서』「현종기」에도 언급되어 있다. 그런데 그 시기와 소녹에 대한 殺害者 등에 차이가 많다.

> (開元 27년 7월) 北庭都護 蓋嘉運이 輕騎로 碎葉城의 突騎施를 기습 공격으로 깨뜨려, 蘇祿을 죽였으며, 그로 말미암아 서쪽 지역에서 그 위엄을 떨쳤다.[262]

앞서 지적한 것처럼 『舊唐書』의 「突厥傳」 내용과 달리 「현종기」에서는 소녹을 죽인 인물을 막하달간이라 하지 않고 개가운이라 하였다. 그 뿐만이 아니다. 소녹이 살해된 해도 개원 26년 6월이 아닌 개원 27년 7월이라 기록하였다. 이는 당의 신하들이 토번대책 가운데 功勳을 얻기 위해 조작된 戰果를 올렸다는 문제가 있다는 것을 지적한 것이다. 다시 말해 『구당서』「돌궐전」 기록이 맞으며, 「현종기」의 기록은 개가운의 거짓보고를 바탕으로 작성했기 때문에 일어난 차이다.[263] 돌기시소녹의 피살에 관해서 司馬光은 『구당서』「돌궐전」을 따랐다.

8. 돌기시소녹 사후 도마지와 막하달간의 권력 투쟁

돌기시 都摩支는 咄火仙 연합세력이 되었으며, 또 다른 한 세력 莫賀達干의 양자대결 구도는 蓋嘉運의 어부지리다. 그 까닭은 앞에서 밝힌 것처럼 莫賀達干이 蓋嘉運을 끌어들여, 그가 都摩支가 세운 咄火仙을 사로잡는 개가를 올렸기 때문이다. 그런데 이때 상황에 대해 『資治通鑑』에 주목할 만한 기록이 있다.

---

261) 『資治通鑑』 권214, 「唐紀」30 玄宗 開元 26年 6월 莫賀達干조, 6834쪽.

262) 『舊唐書』 권9, 「玄宗紀」 開元 27年 7月조, 211쪽, "北庭都護蓋嘉運以輕騎襲破突騎施於碎葉城, 殺蘇祿, 威震西陲".

263) 『冊府元龜』 권358, 「將帥部」19 '立功' 蓋嘉運爲磧西節度使 開元 27年조, 4245쪽, 『冊府元龜』도 『舊唐書』의 「玄宗紀」처럼 蓋嘉運이 突騎施를 大破한 해를 開元 27년이라 하였다(1982, 北京 : 中華書局).

이때 당 현종은 北庭都護 蓋嘉運에게 莫賀達干이 통솔하는 突騎施와 拔汗那以西의 諸國 군사를 징발하도록 명령하였다. 이는 당이 吐火仙可汗이 이끈 돌기시 외의 모든 나라를 동원할 수 있었음을 말한다. 그런데 토화선과 도마도가 지휘한 돌기시는 碎葉城에 있으며, 黑姓可汗 爾微特勒은 달라사성에 위치하며 연합하는 판세였다.[264] 胡三省은 碎葉川의 길이가 千里며, 서쪽에 달라사성이 있고, 그 성은 처음 석국에 속했기 때문에 석국이 항상 군사를 나누어 쇄엽성과 달라사성에 나누어 배치했다고 註를 붙였다.[265] 결국 이는 토화선가한의 쇄엽성과 흑성가한 이미특륵이 연합해 당에 대항하였음을 말한다. 호삼성이 밝힌 중요 사실은 달라사성과 쇄엽성이 둘 다 석국 관할이었다는 사실이다. 더 정확히 말해 달라사성은 석국의 군사기지였다.[266]

怛邏私(斯)城은 玄奘이 貞觀 2년에 素葉水城(碎葉)을 출발하여 千泉을 지나서 도착한 곳이다. 이 城에 대해서 현장은 외국 상인들이 뒤섞여 살고 있다고 묘사하였다.[267] 이는 碎葉과 마찬가지로 怛邏斯城도 天山북로의 중요 기착지였기 때문에 많은 외국상인들에 의해 동서교역이 이루어지고 있었다는 방증이다. 현장이 쇄엽과 달라사성을 돌며 구법여행을 할 수 있었던 것은 개원 말과 천보년간 상황보다는 정관 2년에 중앙아시아에서 당의 영향력이 매우 강력했기 때문에 비교적 여행하기가 안정적이었다고 본다.

북정도호 개가운이 碎葉의 돌기시를 격파한 사실에 대해 『구당서』「현종기」는 개원 27년의 일이라고만 간단하게 표현했다.[268] 그런데 같은 『구당서』「돌궐전」은 그 내용이 자세하다.

> 莫賀達干이 사자를 보내 安西都護 蓋嘉運에게 일을 보고하자, 蓋嘉運은 군대를 거느리고 토벌하여, 都摩度의 무리를 크게 깨뜨려, 陣營에서 咄火仙(吐火仙)을 사로잡았고, 아울러 金河공주도 잡아서 돌아왔다.[269]

---

264) 『資治通鑑』 권214, 「唐紀」30 玄宗 開元 26年 6月 莫賀達干조, 6834쪽.

265) 『資治通鑑』 권214, 「唐紀」30 玄宗 開元 26年 6月 吐火仙조의 胡三省註, 6834쪽.

266) 『通典』 권193, 「邊防」9 '石國傳' 5276쪽, 杜環經行記云조에 "名曰怛邏斯, 石國人鎭".

267) 『大唐西域記』 권1, 「怛邏私城」 諸國商胡雜居也조, 77~78쪽.

268) 『舊唐書』 권9, 「玄宗紀」 開元27年 是歲조, 212쪽.

莫賀達干은 安西都護 蓋嘉運의 군사를 이용해 都摩度와 突騎施啜火仙을 대파했다. 이는 突騎施의 내부 문제를 해결하기 위해 莫賀達干이 당의 安西都護를 끌어들인 결과다. 開元 27년 8월 乙亥 개가운이 賀邏嶺에서 突騎施可汗 啜火仙을 생포했다.[270] 개가운과 같이 출정한 疏勒鎭守使 夫蒙靈察이 拔汗那王 (阿)悉爛達干과 함께 군사를 거느리고 달라사성에 잠입하여 흑성가한 이미를 사로잡은 후 계속 진군하여 曳建城으로 쳐들어가 교하(금하)공주를 사로잡는 개가를 거두었다.[271] 이때 소륵진수사 부몽영찰은 '포로로 잡은 머리카락을 흩어가지고 다니는 백성(유목기마민족)' 수만 명을 拔汗那王에게 전리품으로 넘겨주었고, 이에 서역에서 당의 위세가 진동하였다.[272] 이때 절도사 개가운 휘하의 소륵진수사 부몽영찰이 달라사성에 잠입해 흑성가한 이미를 생포하고, 계속해 曳建城으로 쳐들어가 금하(교하)공주를 사로잡은 것은 유격장군 고선지의 전과라고 본다. 그 이유는『구당서』의「고선지전」에 부몽영찰 아래서 고선지가 거듭해서 발탁되었다고 전하기 때문이다.[273] 그렇다면 고선지 장군이 이미 이때 달라사성에 대한 소상한 정보를 파악한 첫 시기였을 것이다. 아무튼 당의 개입으로 돌기시소녹이 피살된 후 돌기시의 막하달간과 도마도의 충돌이 일단락되었다.

안서도호 개가운은 돌기시를 공격하여 생포한 돌화선과 금하공주를, 그 이듬해 봄에 조정으로 끌고 갔다.

> 開元 27년(739) 2월에, 嘉運이 將士를 거느리고 長安에 와서 포로를 바쳤다. 현종은 化蕚樓에 참석하여 그들을 위해 잔치를 베풀고, 더 나아가 啜火仙을 太廟에 바칠 것을 명령하였다. 얼마 있다가 또 黃姓과 黑姓은 서로가 심하게 죽였기 때문에, 각각 사자를 파견해 와서 항복하였다.[274]

---

269)『舊唐書』권194하,「突厥傳」하, 5192쪽, "莫賀達干遣使告安西都護蓋嘉運, 嘉運率兵討之, 大敗都摩度之衆, 臨陣擒啜火仙, 幷收得金河公主而還".

270)『資治通鑑』권214,「唐紀」30 玄宗 開元 27年 8月조, 6838쪽.

271)『資治通鑑』권214,「唐紀」30 玄宗 開元 27年 8月조, 6838쪽.

272)『資治通鑑』권214,「唐紀」30 玄宗 開元 27年 8月 悉收散髮之民조, 6838쪽.

273)『舊唐書』권104,「高仙芝傳」後夫蒙靈察累拔擢之조, 3203쪽.

274)『舊唐書』권194하,「突厥傳」하, 5192쪽, "二十七年二月, 嘉運率將士詣闕獻俘, 玄宗御化蕚樓以宴之,

이는 『구당서』 「돌궐전」의 마지막 부분이다. 開元 27년 2월에 돌기시 내전에 막하달간이 안서도호 개가운의 구원 요청에 응해 달려가 돌기시돌화선을 대파하고 사로잡은 그를 장안으로 잡아가자, 당 현종이 너무 기쁜 나머지 개가운을 위해 연회를 베푼 것과 그 이후의 상황에 대한 서술이다. 이 상황을 전하는 『구당서』 「돌궐전」과 『신당서』 「돌궐전」은 차이가 있다. 이 점에 대해서는 뒤에 밝히겠다. 당이 전쟁포로를 다루는 방식대로 돌화선을 태묘에 바쳤다. 그 후 突騎施의 黃姓과 黑姓의 싸움이 날로 심각하여 서로 치열하게 죽이자, 각각 당으로 와서 항복하였다는 것이다.

돌기시의 황성 막하달간이 무리를 거느리고 당에 투항한 사실에 대하여 『舊唐書』의 「玄宗紀」에 開元 28년 '12월 乙卯 突騎施酋長 莫賀達干이 무리를 거느리고 內屬하였다'[275]고 전한다.

반란으로 소녹이 죽고 난 후, 도마도가 소녹의 아들 돌화선을 가한으로 세운 이후 막하달간의 행적이 『구당서』 「돌궐전」과 다르게 『신당서』 「돌궐전」에 자세하게 서술된다. 또 『신당서』 「돌궐전」은 개원 27년 이후의 突騎施 기록이 있기 때문에 아울러 살펴보겠다.

> 都摩支는 또 達干에 등을 돌려 蘇祿의 아들 吐火仙骨啜을 즉위시켜 可汗으로 삼고, 碎葉城에 있으면서 그는 黑姓可汗 爾微特勒을 자기편으로 끌어들여 怛邏斯城을 지키도록 하고, 함께 達干을 공격했다. 황제는 磧西절도사 蓋嘉運에게, 突騎施와 拔汗那[276]등 西方諸國을 慰撫토록 하였다. 莫賀達干은 嘉運과 함께 石國王 莫賀咄吐屯과 史國王 斯謹提를 거느리고, 함께 蘇祿의 아들을 공격하여, 그들을 碎葉城에서 깨뜨렸다. 吐火仙은 깃발을 버리고 도망하였으나, (蓋嘉運등은) 그와 그의 아우 葉護頓阿波 등을 함께 사로잡았다.[277]

仍令將咄火仙獻于太廟. 俄又黃姓·黑姓自相屠殺, 各遣使降附".

275) 『舊唐書』 권9, 「玄宗紀」 開元 28年조, 213쪽, "十二月乙卯, 突騎施酋長莫賀達干率衆內屬".

276) 『資治通鑑』 권211, 「唐紀」27 玄宗 開元 3年 11月조, 6713쪽, 拔汗那는 옛날 烏孫으로 중국에 오랫동안 예속되었다.

277) 『新唐書』 권215하, 「突厥傳」, 6068쪽, "都摩支又背達干立蘇祿子吐火仙骨啜爲可汗, 居碎葉城, 引黑姓可汗爾微特勒保怛邏斯城, 共擊達干. 帝使磧西節度使蓋嘉運和撫突騎施·拔汗那西方諸國. 莫賀達干與嘉運率石王莫賀咄吐屯·史王斯謹提共擊蘇祿子, 破之碎葉城. 吐火仙棄旗走, 擒之, 幷其弟葉護頓阿波".

위 사료는 『舊唐書』「突厥傳」에 나오는 내용과 중복된다. 그러나 『신당서』 「돌궐전」의 내용 일부는 자세할 뿐 아니라 약간 차이가 있다. 都摩度를 都摩支라 표기한 것처럼 돌기시소녹의 아들 咄火仙을 吐火仙이라고 기록하고 있다. 이는 발음나는 대로 당에서 借字하여 기록한 차이에서 비롯한다. 都摩支는 吐火仙을 可汗으로 즉위시켜 碎葉城에 있게 하고, 黃姓은 莫賀達干과 연합한 대신 黑姓可汗 爾微特勒이 吐火仙과 연합하여 怛邏斯城을 지키도록 하였다. 도마지가 돌기시에서 헤게모니를 잡겠다는 전략이다. 그러나 막하달간이 석국과 사국왕을 거느리고 쇄엽성을 깨뜨림으로써 토화선의 도망으로 다시 주도권이 막하달간에게 돌아갔다.

막하달간이 돌기시소녹을 살해한 후의 정황을 『자치통감』에서는 다음과 같이 기록하고 있다.

> 莫賀達干이 사신을 파견하여 磧西(쿠차, Kucha)절도사 蓋嘉運에게 알리자, 황제는 蓋嘉運에게 명령하여 突騎施와 拔汗那以西의 여러 나라를 불러 모으도록 하였는데, 吐火仙(可汗)과 都摩度는 碎葉城(Suy-ab)을 점거하고, 黑姓可汗 爾微特勒은 怛邏斯城(카자흐스탄의 잠불, Dzhambul)을 점거하고 서로 군대를 연합하여 唐을 막았다.[278]

이는 막하달간과 磧西節度使 蓋嘉運 세력이 토화선 가한을 중심으로 하는 세력과 대치하고 있음을 전한다. 위치로 보면 북쪽의 쇄엽성과 달라사성을 점령한 세력과 남쪽에 당과 연합한 막하달간 세력간의 남북대결이다.

막하달간이 토화선을 공격할 때 적서절도사 개가운은 石國王 莫賀咄吐屯과 史國王 斯謹提를 거느리고 출정하였다. 그런데 史國은 安西四鎭 중 가장 서쪽에 있는 疏勒鎭에서 서쪽으로 2천 리나 떨어진 곳에 있다.[279] 이로써 어떤 세력이 吐火仙을 공격했는지 알 수 있다. 앞서 개가운에게 잡힌 인물은 토화선과 금하공주 외에 토화선의 아우 葉護頓阿波도 추가되었다. 위에서 吐屯(tudun)은

278) 『資治通鑑』 권214, 「唐紀」30 玄宗 開元 26年 6月조, 6834쪽, "莫賀達干遣使告磧西節度使蓋嘉運, 上命嘉運招集突騎施·拔汗那以西諸國, 吐火仙與都摩度據碎葉城, 黑姓可汗爾微特勒據怛邏斯城, 相與連兵以拒唐".

279) 『新唐書』 권43하, 「地理志」7하 史國在疏勒西二千里조, 1155쪽.

795년 柔然에 병합된 匈奴 추장 tudun처럼 官名이다.[280] 이는 烏丸의 官名 蹋頓도 마찬가지다.[281] 따라서 石國王 莫賀咄吐屯의 이름은 莫賀咄이다.

蓋嘉運과 함께 蘇祿을 공격한 石國王 莫賀咄吐屯과 伊捺吐屯屈勒의 관계에 대한 자료가 있다.

> (石國王) 伊捺吐屯屈勒의 氏姓은 昭武며, 康國과 同族으로, 別姓은 石氏다. 開元초에, (唐)은 그 아버지 莫賀咄吐屯을 石國王으로 封하였으며, 9년 伊捺吐屯屈勒이 代를 계승하자, (그는) 大食을 토벌하여 줄 것을 (唐에) 요청하였으나, (唐은) 허락하지 않았다.[282]

이는 石國王의 계보 규명에 대한 중요 자료다. 다시 말해 石國王 莫賀咄吐屯은 氏姓이 昭武며 그의 아들이 伊捺吐屯屈勒이다. 개원 초에 당이 막하돌토둔을 석국왕으로 봉할 때 特進이라는 벼슬을 내리며 順義王으로 책봉했다.[283] 그런데 석국왕 막하돌토둔에 뒤이어 이날토둔굴륵이 석국왕으로 즉위한 시기가 開元 9년이 아니라는 견해가 있다. 즉 薛宗正은 『唐會要』 開元 29년 石國王 伊吐屯屈勒이 唐에 사신을 보낸 기록에서[284] 이날토둔굴륵이 즉위하여 당으로 사신을 파견한 해가 개원 9년이 아니라 개원 29년이라고 주장한다.[285] 그러나 필자는 당에서 막하돌토둔을 개원 9년에 석국왕으로 봉하였고, 그 후 석국에 대한 대식의 위협으로 석국이 당에 사신을 파견한 해는 개원 29년이었다고 본다. 그 이유는 쉐쭝쩡이 석국에서 당으로의 사신 파견이 쉽지 않은 것으로 판단한 결과에서 빚어진 오류인 것 같다. 그러나 石國에서 말을 타고 먼 장안으로 달리는 것은 그렇게 힘든 일만은 아니다.

---

280) 內田吟風, 1975, 「柔然(蠕蠕)アヴァール論考」, 『北アジア史研究－鮮卑柔然突厥篇』, 406~407쪽.

281) 『三國志』 권30, 「烏丸鮮卑傳」 從子蹋頓有武略조, 834쪽, 蹋頓은 官名이라고 Haussig가 규명하였다

282) 『全唐文』 권999, 「石國王伊捺吐屯屈傳」, 4591쪽, "(石國王)伊捺吐屯屈勒氏昭武, 與康國同族, 別姓石. 開元初, 封其父莫賀咄吐屯爲石國王, 九年, 伊捺吐屯屈勒嗣立(位), 請討大食, 不許"(1995, 上海古籍出版社).

283) 『唐會要』 권99, 「石國傳」 開元初조, 1772쪽.

284) 『唐會要』 권99, 「石國傳」 (開元) 29年 其王伊吐屯屈勒조, 1772쪽.

285) 薛宗正, 1995, 『安西與北庭－唐代西陲邊研究』, 224~225쪽.

康國을 비롯한 胡國들이 大食의 침공을 막기 위해서 당에 구원을 요청했을 때 당과 대식은 통교관계가 계속되었다. 앞에서 개원 13년까지 당과 大食관계는 이미 언급하였다. 여기서는 開元 16년 이후부터 살펴보겠다. 개원 16년(728) 3월 大食 수령 提卑多 등 8인이 당에 來朝하자, 당은 提卑多에게 郎將벼슬을 주었다.[286] 개원 17년 9월 대식국 사자가 당에 와서 방물을 바쳤고, 개원 21년 12월 대식국왕이 수령 摩思覽達干 등을 보내 당에 來朝했다.[287] 이는 개원 16년 3월 이후 당과 大食관계가 소원하였던 것이 아니라 빈번한 교섭단계였다.

개원 29년 대식이 석국을 공격해 올 우려가 있기 때문에 이날토둔굴륵이 당에 대해 대식 토벌을 요청하였으나 받아들여지지 않았다. 당이 伊捺吐屯屈勒의 大食 토벌요청을 거부했던 일 때문인지, 당과 대식이 통교 8년이 지난 개원 29년 12월 대식 수령 和薩이 당에 來朝했다.[288] 그런데 石國과 康國은 同族 月氏로 大食 공격에 공동 방어전선을 구축했다. 석국과 강국 관계는 다음 『신당서』「서역전」의 '강국전'에 자세히 보인다.

> 康國은 하나는 薩末鞬, 또는 颯秣建이라 하며, 元魏 때는 悉萬斤이라 불렀다. 그 남쪽으로 150리 떨어져 史國이 있고, 서북쪽으로 백여 리 떨어져서는 西曹가 있고, 東南으로 백리 밖에 米國이 있으며, 북으로 오십 리 밖에 中曹가 있다. (康國은) 那密水 남쪽에 있고, 大城이 30, 小堡 300, 王姓은 溫, 원래 月氏 人이다. 처음에 祁連의 북쪽 昭武城에서 살았으며, 突厥에 의해 공파되어, 점차 남쪽 葱嶺에 의지했는데, 즉 그곳이다. 枝庶의 分王은, 安國, 曹國, 石國, 米國, 何國, 火尋國, 戊地國, 史國(의 8국이 있다). 세상에서는 이를 '九姓'이라 한다. 모두 昭武를 氏로 했다.[289]

286) 『冊府元龜』 권975, 「外臣部」 '褒異' 開元 16年 3月 辛亥大食조, 11451쪽.

287) 『冊府元龜』 권971, 「外臣部」 '朝貢' 開元 17年 9月조 ; 開元 21年 12月조 辛亥大食조, 11408~11409쪽.

288) 『冊府元龜』 권975, 「外臣部」 '褒異' 開元 29年 12月 丙申 大食首領조, 11457쪽.

289) 『新唐書』 권221하, 「西域傳」 '康國傳' 6243쪽, "康者, 一曰薩末鞬, 亦曰颯秣建, 元魏所謂悉萬斤者. 其南距史百五十里, 西北距西曹百餘里, 東南距米百里, 北中曹五十里. 在那密水南, 大城三十, 小堡三百. 君姓溫, 本月氏人. 始居祁連北昭武城, 爲突厥所破, 稍南依葱嶺, 卽有其地. 枝庶分王, 曰安, 曰曹, 曰石, 曰米, 曰何, 曰火尋, 曰戊地, 曰史, 世謂九姓, 皆氏昭武".

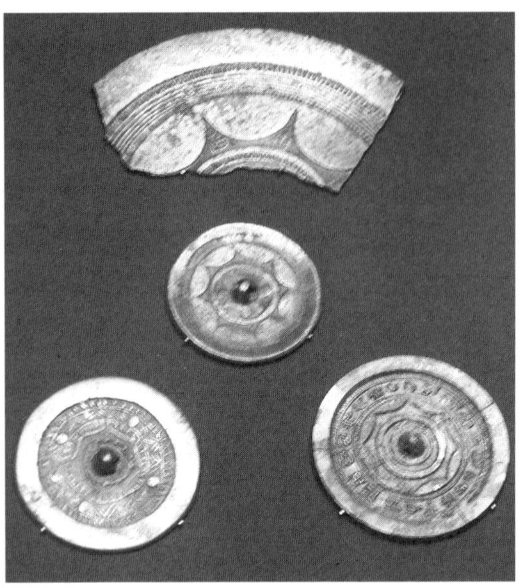

타슈켄트에서 발굴된 1세기경 동경. 타슈켄트 박물관 소장. 필자 촬영

여기서『新唐書』「西域傳」을 소개하는 이유는, 그곳이 오늘날 어느 곳인가를 밝히기 위해서다. 康國을 薩末鞬이라고도 하는데, 이는 '사마르칸트' 지명의 借音이다. 이와 같은 사실은 杜環의『經行記』에서도 康國을 薩末鞬이라 기록했다는 데에서 추론할 수 있다.[290] 康國은 那密水의 남쪽에 있는데, 那密水는 오늘날 자라후 河다. 安國은 오늘날 부하라(사마르칸트의 서쪽)고, 曹國은 우라튜브, 石國은 타슈켄트(샤슈), 米國은 마이무르그(Maymurgh), 何國은 카푸타나(Kaputana), 火尋國은 카리즈므, 戊地國은 뻬티크, 史國은 케슈다. 그런데 昭武의 뜻은 아르메니아 史料에 의하면 西투르크왕의 'dschebu'와 동일시하고 있다. 이는 西突厥에 王號로 쓰이는 葉護(gibu)와 동일한 것으로 생각되지만 城名에서 나왔다는 견해가 우세하다.[291] 그런데 西曹 위치를 정확히 언급한다면 史國 북쪽으로 100㎞ 밖에 있고, 康國의 사마르칸트에서는 서북으로 50㎞ 떨어져 있다.[292]

火尋國은 현장의『大唐西域記』에 언급된 貨利習彌伽國과 같은 나라다.[293] 화리습미가국에 대한 현장의 기록을 보면,

> 貨利習彌伽國은 아무다리야 강(縛芻河, 옥서스강)의 양 기슭을 따라 동서 20~30리, 남북 5백여 리가 된다. 산물·풍속은 伐地國(戊地國)[294]과 같지만 언어는 조금

---

290)『通典』권193,「邊防」9 康居傳' 杜環經行記云康조, 5256쪽.

291) 內田吟風, 1975,「西突厥初世史の硏究」,『北アジア史硏究－鮮卑柔然突厥篇』, 京都 : 同朋舍, 445쪽,

292) 譚其驤主編, 1989,『中國歷史地圖集』제5책, 上海 : 中國地圖出版社, 63~64쪽,

293)『新唐書』권221하,「康國傳」'火尋國傳' 火尋, 或曰貨利習彌조, 6247쪽.

294)『新唐書』권221하,「康國傳」'火尋國傳' 東南六百里距戊地조, 6247쪽. 火尋國의 동남으로 6백리

다르다. 사마르칸트(颯秣建)國에서 서남으로 3백여 리를 가면 카산나(羯霜那, Kasanna)國에 이른다.[295]

화리습미가국은『신당서』「강국전」의 화심국인데, 화심국은 현장이 서역을 순례할 때, 강국이 맹주로 있던 9국 가운데 하나다. 그 나라의 위치는 아무다리야 강 양안에 걸쳐 있는데, 오늘날 아랄해 부근 쪽이다. 여기서 주목해야할 사실은 화리습미가국은 현장의『대당서역기』가운데 가장 서북쪽에 치우쳐 있는 나라다. 물론 글의 내용으로 보아 현장이 그곳까지 답사했는지를 알 수 없지만, 현장이 정관 3년(629)에 시작해 정관 19년(645)에 귀환한 사실을 고려한다면, 그는 화리습미가국을 답사하였다는 것을 알 수 있다. 그 밖에 羯霜那國도 戊地國처럼 胡國 九姓 가운데 하나로, 그 나라는 史國이다. 무엇보다 중요한 사실은 胡國 九姓(九國)도 安西都護府에 예속되었다는 사실이다. 바꾸어 말하면 화심국은 안서도호 고선지 장군의 관할지였다.

安國은 강국과 크기가 같을 정도로 九姓 가운데 영토가 크다. 현장이 순례할 때 안국은 捕喝國이었다. 포갈국에 대해 현장은 다음과 같이 적고 있다.

> 부하라국(捕喝國, Bukhara)은 주위가 1천 6~7백 리 되며, 동서가 길고, 남북이 좁다. 산물과 풍속은 사마르칸트와 같다. 이 나라에서 서쪽으로 4백여 리 가면 伐地國(西安國)에 이른다.[296]

부하라는 오늘날 우즈베키스탄 서쪽 대도시로 사마르칸트에 버금갈 정도로 역사와 문화가 오래된 도시로 유명하다. 부하라의 산물과 풍속이 사마르칸트와 같다는 사실은 胡國의 맹주가 사마르칸트였다는 말과 통한다. 필자가 2005년 7월말 사마르칸트에서 10년간 생활한 한국인을 통해서 사마르칸트

떨어진 곳이 戊地라고 하는데, 아마도 伐地國은 戊地를 말하는 것 같다.

295)『大唐西域記』권1, 貨利習彌伽國조, 96~97쪽, "貨利習彌伽國順縛芻河兩岸, 東西二三十里, 南北五百餘里. 土宜風俗同伐地國, 言語少異. 從颯秣建國西南行三百餘里, 至羯霜那國".

296)『大唐西域記』권1, 94쪽, "捕喝國周千六七百里, 東西長, 南北狹. 土宜風俗同颯秣建國. 從此國西四百餘里, 至伐地國".

못지않게 부하라에도 고선지와 관련된 고구려 武士에 관한 전래 민요가 남아있다는 소식을 듣고 놀랐던 기억이 있다.

현장은 捕喝國에서 다시 서쪽 伐地國으로 여행을 계속하였다. 貞觀초 현장은 부하라를 찾기 전에 颯秣建國(康國, 사마르칸트)→ 弭秣賀國(曹國)→ 屈霜你迦國(何國)을 여행하였다. 屈霜你迦國에 대한 玄奘의 기록을 보자.

> 쿠샤니야국(屈霜你迦國, Kushaniya)은 주위가 1천 4~5백 리 되며, 동서는 좁고, 남북이 길다. 산물·풍속은 사마르칸트와 같다. 이 나라에서 서쪽으로 2백여 리 가면 카리간칸트국(喝捍國, 당에서는 東安國)에 이른다.[297]

이는 현장이 쓴 何國 이야기다. 위의 기록처럼 하국 주위가 1천 4~5백 리였는데, 이는 9국 가운데 강국과 안국 다음으로 큰 규모다. 또 주목할 사실은 9국 모두 산물이나 풍속이 강국과 같다는 사실이다. 그뿐 아니라 9국 가운데 강국을 제외한 8국에 대해 하국의 내용과 같이 도식으로 간단하게 기록하였다. 이는 강국이 9국의 종주 역할을 하였다는 사실에 대한 분명한 뒷받침이 될 것 같다.

현장은 伐地國 서쪽으로 5백여 리를 지나서 화리습미가국으로 갔고,[298] 또 羯霜那國(史國)으로 갔다.[299] 그런데 화리습미가국과 갈상나국 산물과 풍속이 사마르칸트와 같다는 사실로 미루어보아 胡國계열 나라를 연달아 방문하였던 것 같다. 이 두 나라는 현장이 방문한 나라 가운데 가장 서북쪽에 치우친 나라다.

현장보다 1세기 지난 727년 경 혜초도 『往五天竺國傳』에서 安國을 비롯해 여러 나라를 언급했다. 그런데 혜초의 경우는 胡國 6국을 하나로 묶어 기록하였다. 여기서 혜초는 胡國 종교와 풍속에 대한 것을 비교해 기록한 점이 돋보인다. 이를 들어보면 다음과 같다.

---

297) 『大唐西域記』 권1, 92쪽, "屈霜你迦國周 千四五百里, 東西狹, 南北長. 土宜風俗同颯秣建國. 從此國西二百餘里, 至喝捍國".

298) 『大唐西域記』 권1, 96쪽.

299) 『大唐西域記』 권1, 97~98쪽.

또 대식국 동쪽에는 여러 胡國이 있으니, 바로 安國(Bukhara), 曹國(kabudhan), 史國(Kishsh), 石騾國, 米國(Penjikent), 康國(Samarkand) 등이다. 비록 나라마다 왕이 있으나 모두 대식이 관할한다. 그 나라들은 협소한 데다 군사도 많지 않아 自衛가 불가능하다. 그 땅에서는 낙타, 노새, 양, 말, 모직물 같은 것이 나며, 의상은 모직 상의와 바지 종류와 가죽 외투가 있다. 언어는 다른 여러 나라들과 다르다. 또한 이 여섯 나라는 祆教(배화교, 조로아스터교)를 섬기며 불법은 모른다. 유독 강국만 절이 하나 있고, 한 명의 승려가 있으나, 그 또한 (불법을) 해독하고 경신하려 하지 않는다. 이들 호국에서는 모두 수염과 머리털을 깎고 흰 펠트 모자를 즐겨 쓴다. 풍속이 지극히 고약하여 혼인은 난잡해, 어머니나 자매를 아내로 삼는다. 파사국도 어머니를 아내로 삼는다. 그리고 토화라국을 비롯해서 계빈국이나 범인국, 謝䫻國 등은 형제가 열 명이건 다섯 명이건, 세 명이건, 둘이건 간에, 공동으로 한 명의 아내를 취하며, 각자 부인을 얻는 것을 허용하지 않는다. 그것은 집안 살림이 파탄되는 것을 두려워해서다.[300]

펜지켄트 박물관에서 복원한 고선지 시대 당군과 싸웠던 무사들 모습. 필자 촬영

혜초는 중앙아시아의 安國 등 6국을 묶어 '胡國'이라 하고 이에 대한 사실을 썼다. 그런데 康國에 대한 기록이 자세하다고 말할 수 없지만 한 절과 한

300) 『往五天竺國傳』, 73~74쪽, "又從大寔國已東, 並是胡國, 卽是安國, 曹國, 石騾國, 米國, 康國. 等雖各有王, 並屬大寔所管. 爲國狹小, 兵馬不多, 不能自護. 土地出駝騾羊馬疊布之類, 衣著疊衫袴等及皮毬. 言音不同諸國. 又此六國總事火祆, 不識佛法. 唯康國有一寺, 有一僧, 又不解敬也. 此等胡國, 並剪鬚髮, 愛著白氎帽子. 極惡風俗, 婚姻交雜, 納母及姉妹爲妻. 波斯國納母爲妻. 其吐火羅國, 乃至罽賓國. 犯引國, 謝䫻國等, 兄弟十人五人三人兩人, 共取一婦, 不許各娶一婦, 恐破家計".

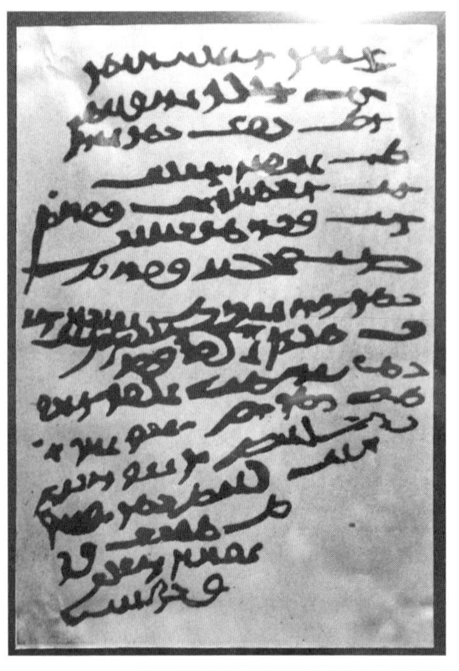

펜지켄트에서 발견된 7~8세기 소그드 인의 문서. 아프라사압 박물관 소장

승려에 관한 이야기를 구체적으로 쓴 것으로 보아서 康國은 물론이고, 다른 다섯 나라도 혜초가 답사했을 가능성이 크다. 참고로 米國(Penjikent)은 오늘날 우즈베키스탄 서남쪽과 인접한 타지키스탄 일부지역이다. 아무튼 위의 여섯 胡國을 혜초가 직접 답사하였다고 본다. 그 까닭은 혜초가 많은 나라를 답사하면서 남긴 기록들이 대부분 자세하다고는 말하기 어렵기 때문이다. 물론 罽賓國 경우는 부처 머리카락과 뼈 사리를 보았을 뿐만 아니라 왕과 관리와 백성들이 매일 공양드리는 것을 직접 본 것을 구체적으로 쓴 경우도 있었다. 필자의 생각으로 혜초의 기록은 간략하게 쓴 것이 특징이라고 말할 수 있다.

혜초는 胡國 결혼풍습에서 어머니나 자매를 처로 삼을 정도로 난잡해서 그런 결혼풍습을 극악하다고 표현했다. 이는 북아시아 유목기마민족 匈奴 등의 일반적인 풍속인 嫂婚制를[301] 혜초가 잘 알지 못한데서 빚어진 것 같다. 북아시아 수혼제는 생모가 아닌 계모나 형수·제수와 결혼하는 제도를 일컫는다. 그렇다면 혜초가 중앙아시아에서 결혼풍속이 자매와 결혼했다는 것은, 죽은 형과 동생의 처와 결혼한 것을 잘못 알고 쓴 것 같다.

당이 토화선 휘하 흑성가한 이미특륵의 달라사성을 공격한 것에 대한 기록은 자세하다.

> 疏勒鎭守使 夫蒙靈察은 정예 군대를 거느리고 拔汗那王과 함께 怛邏斯城을 急襲하여, 黑姓可汗과 그 아우 撥斯를 베어 죽였으며, 또 曳建城에 들어가 交河공주·蘇祿可敦 및 爾微 可敦을 잡아 돌아왔다. 또 西方諸國의 뿔뿔이 흩어진 사람 수만

301) 『史記』 권110, 「匈奴傳」 父死, 妻其後母조, 2879쪽.

인 모두를 拔汗那王에게 주었다. 이렇게 되어 諸國 모두가 항복하였다.[302]

개원 27년(739) 8월 乙亥에 磧西節度使 개가운이 돌기시소녹을 침공할 때 안서도호 서쪽 끝의 소륵진수사 부몽영찰은 拔汗那王과 함께 출정하였다.[303] 이때 부몽영찰은 달라사성을 급습하여 黑姓可汗과 그 아우 撥斯를 베어 죽였다. 또 달라사성에 피신해 있던 교하공주·蘇祿 可敦 및 爾微 可敦을 포로로 삼았다. 이들 여인들이 달라사성으로 피신한 이유는 당에서 가장 멀리 떨어진 서쪽이라 안전지대로 생각한 모양이다. 부몽영찰은 수만 명의 포로 모두를 발한나왕에게 포상으로 주었다. 이로 말미암아 안서도호의 서방에 있던 모든 나라가 당에 귀속하였다. 발한나국은 석국의 동쪽으로 100리 정도 떨어진 곳에 있다.[304]

739년 소륵진수사 부몽영찰이 달라사성을 공파한 사실을 주목할 필요가 있다. 그 이유는 고선지가 절도사 田仁琬·蓋嘉運 때 두각을 나타내지 못하다 부몽영찰 때 거듭 발탁되었기 때문이다.[305] 이는 고선지가 부몽영찰을 따라 달라사성을 공격하여 함락시켰다는 이야기다. 그렇다면 이때 돌기시 흑성부락의 달라사성과 예건성이 당에 함락될 때 고선지의 활약이 빛났을 것으로 볼 수 있다.

이제 당의 영향력 안으로 돌기시가 들어왔다. 적서절도사 개가운에 의해 돌기시가한 토화선이 사로잡힌 다음달(開元 9년 9월) 戊午에[306] 돌기시 부락 가운데 한 부락의 首領 闕律啜이 감사의 편지를 보냈다.

處木昆 부락의 匐延都督府의 闕律啜 등이 거느린 諸部落은, 모두 편지를 올려

302) 『新唐書』 권215하, 「突厥傳」, 6068쪽, "疏勒鎭守使夫蒙靈詧挾銳兵與拔汗那王掩怛邏斯城, 斬黑姓可汗與其弟撥斯, 入曳建城, 收交河公主及蘇祿可敦, 爾微可敦而還, 又料西國散亡數萬人, 悉與拔汗那王. 諸國皆降".

303) 『資治通鑑』 권214, 「唐紀」30 玄宗 開元 27年 8월조, 6838쪽.

304) 『新唐書』 권43하, 「地理志」7하 石國東至拔汗那國百里조, 1155쪽.

305) 지배선, 2002, 『유럽 문명의 아버지 고선지 평전』, 27쪽 ; 『舊唐書』 권104, 「高仙芝傳」事節度使田仁琬조, 3203쪽.

306) 『資治通鑑』 권214, 「唐紀」30 玄宗 開元 27年 9월조, 6839쪽.

> 감사하여 말하길, "저희들이 태어난 곳은 멀고 거친 곳인데다, (또) 나라에 난리가 나서 왕이 죽었으며, 게다가 서로 공격하여 죽였습니다. 다행히 천자께서 蓋嘉運에게 군사를 거느리고 보내주시어, 포악한 무리를 없애시어 위기에서 구해 주셨습니다. 바라는 것은 저희들이 聖顔의 御前에서 머리를 땅에 대어 경배하오며, 부락을 거느리고 安西에 와서, 오래토록 貴國의 外臣[307]이 되는 것 입니다"라고 하자, 그 원하는 바를 허락해 주었다.[308]

돌기시소녹이 막하달간의 夜襲으로 죽고 난 후, 돌기시는 黃姓과 黑姓으로 갈라져서 전란에 휩싸였다. 난이 적서절도사 개가운과 소륵진수사 부몽영찰에 의해 진압된 후 돌기시 處木昆(牙帳은 신강 和布克賽爾縣) 부락 궐률철이 당에 투항한다는 내용의 편지다. 처목곤의 궐률철이 당의 신하가 되기를 자청하자, 당은 처목곤의 요청을 받아들였다. 이때 당의 신하가 된 부락은 처목곤만이 아니다. 처목곤처럼 돌기시에 예속되었던 鼠尼施(牙帳은 신강 新源縣)와 弓月(牙帳은 霍城縣)等의 諸部도 무리를 거느리고 와서 안서(Kucha)에서 생활할 수 있도록 당에 요청하였다.[309]

이때 당은 處木昆部落 首領 闕律啜을 이용하여 돌기시를 지배하고 서역마저 관장하려는 속셈으로 그에게 많은 관직을 주었다.

> 明年(740)에, 闕律啜을 발탁하여 右驍衛大將軍으로 임명하면서, 石國王으로 冊立하여 順義王으로 삼았고, 그 위에다 史國王의 벼슬을 주면서 特進으로 삼아, 그의 공적을 드러내어 보답하였다.[310]

740년에 궐률철을 右驍衛大將軍으로 임명하였다. 개원 28년 돌기시 일개 부락의 수령인 그를 石王으로 冊立하면서 順義王이라 했을[311] 뿐만 아니라

---

307) 遊牧 首領에게 중국 황제가 冊立하여주거나, 또는 官爵을 주어, 군신관계를 맺게 됨을 의미한다.

308) 『新唐書』 권215하, 「突厥傳」, 6068쪽, "處木昆匐延闕律啜等諸部皆上書謝曰 '生於荒裔, 國亂王薨, 更相攻屠. 賴天子遣嘉運將兵誅暴拯危, 願得稽首聖顔, 以部落附安西, 永爲外臣.' 許之".

309) 『資治通鑑』 권214, 「唐紀」30 玄宗 開元 27年 9월조, 6839쪽.

310) 『新唐書』 권215하, 「突厥傳」, 6068쪽, "明年, 擢闕律啜爲右驍衛大將軍, 冊石王爲順義王, 加拜史王爲特進, 顯酬其功".

311) 『玉海』 권191, 「獻俘」(開元)28年조(1983, 『景印文淵閣四庫全書』 948冊, 臺灣商務印書館), 72쪽.

史國王으로 제수하며 特進[312]으로 임명하였다. 당에서 궐률철에게 이렇게 많은 관작을 준 것은 파격이다. 당이 서역 안정을 확보하기 위해 궐률철을 최대한 활용한 셈이다. 반대로 궐률철은 과분하게 많은 것을 얻었다.

당에서 돌기시를 지배하기 위해 여러모로 노력하던 중 절도사 개가운과 소륵진수사 부몽영찰의 휘하 장군 고선지가 突騎施可汗 咄火仙·黑姓可汗爾微·交河공주를 사로잡은 사실을 獻捷하기 위해 다음 해 3월 조정으로 들어갔다.[313]

> 蓋嘉運은 吐火仙骨啜을 사로잡아 太廟에 바쳤다. 천자는 이(吐火仙可汗)를 용서하여주고 左金吾衛員外大將軍과 脩義王으로 삼았으며, 頓阿波를 右武衛員外將軍으로 삼았다. 阿史那懷道의 아들 昕을 十姓可汗으로 삼아 突騎施 部落을 다스리게 하자, 莫賀達干이 노하여 말하길, "蘇祿을 평정한 것은, 내 공적이다. 지금 昕을 세우려 하는 것이 무슨 말이냐?"라고 말하고, 즉시 여러 부락을 끌어들여 반란하였다.[314]

이 부분의 기록은 『구당서』 「돌궐전」에 기록된 시기와 다르다. 『구당서』는 개원 26년 기사에 언급되어 있으나, 사건 전후 상황으로 『신당서』 「돌궐전」의 개원 28년 기사가 맞는 것이다.

> 또 史懷道의 아들 昕을 세워서 可汗으로 삼아, 그곳을 주둔하여 다스리게 하였으나, 莫賀達干이 이를 수용하지 않으며, 말하길 "蘇祿을 토벌해 평정한 것은, 원래 내가 주모자인데, 만약 史(阿史那)昕을 세워 군주로 삼는다면, 중국은 무엇으로 내 공적에 보답하려는가?"라고 하니, 史昕을 세우지 않고, 다시 莫賀達干에게 명령하여 백성을 통솔하도록 하였다.[315]

같은 사건에 대해 『신당서』와 『구당서』의 기록이 약간 다르다. 『구당서』는

---

312) 特進은 당에서 正二品이다.

313) 『資治通鑑』 권214, 「唐紀」30 玄宗 開元 28年 3月 甲寅 蓋嘉運入獻捷조, 6841쪽.

314) 『新唐書』 권215하, 「突厥傳」, 6068쪽, "嘉運俘吐火仙骨啜獻太廟, 天子赦以爲左金吾衛員外大將軍·脩義王, 頓阿波爲 右武衛員外將軍. 阿史那懷道子昕爲十姓可汗, 領突騎施所部, 莫賀達干怒曰'平蘇祿, 我功也. 今立昕, 謂何?'卽誘諸落叛".

315) 『舊唐書』 권194하, 「突厥傳」하, 5192쪽, "又欲立史懷道之子昕爲可汗以鎭撫之, 莫賀達干不肯, 曰'討平蘇祿, 本是我之元謀, 若立史昕爲主, 則國家以酬賞於我?'乃不立史昕, 便令莫賀達干統衆".

막하달간이 史斤을 가한으로 세운 것에 반발해 반란하였다는 내용 없이 그의 반발로 당이 수정하여 막하달간에게 통솔하도록 하였다고 기록하고 있다. 그밖에 『신당서』는 당이 사흔에게 서돌궐을 통치하는 十姓可汗 임명을 구체적으로 언급하였다. 또 『자치통감』에는 개원 28년 3월 甲寅에 개가운의 승리 사실을 알렸다.[316] 그렇다면 사흔이 十姓可汗에 임명된 시기는 개원 28년이다. 당은 개가운이 獻捷한 다음달(4월) 辛未에 사흔의 처를 교하공주로 임명하였다.[317] 이는 당이 돌기시와의 관계를 의도적으로 결속시키려는 목적이다.

적서절도사 개가운이 돌기시를 제압한 다음해(開元 28년) 3월 조정에 와서 승전보를 보고하였다. 당 현종은 6월에 개가운을 하서와 농우절도사로 임명하여 토번 경략을 담당하도록 할 계획이었다. 그런데 左丞相 裴耀卿은 개가운이 일을 성공시킬만한 인물이 못된다는 상소로 하서·농우절도사 개가운의[318] 돌기시 토벌 공적이 무시되었다.[319] 개가운의 돌기시 토벌 공적 무시는 고선지에게도 아무런 공이 없는 결과로 되었다. 곧 소륵진수사 부몽영찰 휘하 장군 고선지가 흑성가한 이미·교하공주 생포라는 큰 전공을 세웠는데도 불구하고 이때 유일하게 황제에게 上奏權이 있는 개가운의 공적이 없는 것으로 평가되었기 때문에, 개가운에 의한 고선지의 개선 사실 역시 상주조차 못하였다. 만약 이때 개가운에게 개선에 대한 보상이 실시되었다면, 고선지는 승진하여 그의 전공 사실이 사서에 기록되었을 것이 분명하다.

개원 28년 11월 막하달간은 사흔이 가한이 되었다는 소식을 듣고 무리를 이끌고 반란하였다. 당은 막하달간을 가한으로 임명하여 반란을 무마하려고 노력하였지만 어떻게 해야 할지 갈피를 잡지 못했다.[320] 이 막하달간의 반란을 잠재우기 위한 조서가 개가운에게 하달되었다.

蓋嘉運에게 조서를 내려, 莫賀達干을 불러들여 달랬더니, 그는 妻子와 纛官·首領을

316)『資治通鑑』 권214, 「唐紀」30 玄宗 開元 28年 3月 甲寅조, 6841쪽.
317)『資治通鑑』 권214, 「唐紀」30 玄宗 開元 28年 4月 辛未조, 6841쪽.
318)『資治通鑑』 권216, 「唐紀」32 玄宗 天寶 6載 蓋嘉運·王忠嗣조, 6889쪽.
319)『資治通鑑』 권214, 「唐紀」30 玄宗 開元 28年 6月 上嘉蓋嘉運之功조, 6842쪽.
320)『資治通鑑』 권214, 「唐紀」30 玄宗 開元 28年 11月조, 6843쪽.

> 거느리고 와서 항복하였다. 그래서 그 무리를 통솔하도록 명령하였다.[321]

당 현종의 명령을 받은 적서절도사 개가운이 회유하여 12월에 막하달간이 투항하였다.[322] 이때 개가운이 막하달간에게 어떤 언질을 주었다는 내용은 없으나, 막하달간이 무리를 이끌고 항복한 그에게 部衆을 다스리도록 한 사실은, 개가운이 막하달간을 招諭할 때 그의 요구를 들어주었음을 암시한다. 그런데 당의 처음 의지와 상관없이 돌기시가한이 된 막하달간에게 당은 좋은 감정을 가질리 없었다.

> 그 후 數年이 지나, 昕을 다시 可汗으로 세워서, 군대를 보내 護送시켰다. 그런데 昕이 俱闌城에 이르러서, 莫賀咄에 의해 살해되었다.[323]

돌기시를 막하달간이 통치한 지 몇 년 후, 당은 처음 의도대로 사흔을 다시 가한으로 세웠다. 그런데 사흔은 당이 군사를 보내 호송하였는데도 불구하고 俱闌國의 都城 俱闌城[324]에서 莫賀咄에 의해 피살되어 可汗의 역할을 못한 채 天寶 원년(742) 4월에 죽었다.[325] 사흔이 막하달간에 의해 피살되자, 사흔의 부하 大纛官 都摩度는 당에 투항하였다. 그러자 당은 막하달간을 돌기시 가한에서 제거하기 위해 4월에 당에 투항한 돌기시 대독관 도마도를 6월에 三姓葉護로 책봉하였다.[326] 이는 돌기시 내 권력투쟁이 막하달간에 의해 끝나지 않았다는 의미다. 俱蘭國의 도읍지는 俱蘭城으로 한때 石汗那國에 예속되었으며, 龍朔 원년 唐이 이곳에 悅般州都督府 휘하의 雙靡州를 설치했다.[327] 구란국 위치는 토화라에 인접하며 소발률국의 서쪽으로, 오늘날 아프가니스탄 동북부지역이다. 계빈국을 중심으로 구란국 위치를 설명하면, 계빈국

---

321) 『新唐書』 권215하, 「突厥傳」, 6068~6069쪽, "詔嘉運招諭, 乃率妻子及纛官首領降, 遂命統其衆".

322) 『資治通鑑』 권214, 「唐紀」30 玄宗 開元 28年 12月조, 6843쪽.

323) 『新唐書』 권215하, 「突厥傳」, 6069쪽, "後數年, 復以昕爲可汗, 遣兵護送. 昕至俱闌城, 爲莫賀咄所殺".

324) 『資治通鑑』 권215, 「唐紀」31 玄宗 天寶 元年 4月조, 6854쪽.

325) 『資治通鑑』 권215, 「唐紀」31 玄宗 天寶 元年 4月조, 6854쪽.

326) 『資治通鑑』 권215, 「唐紀」31 玄宗 天寶 元年 6月 乙未조, 6854쪽.

327) 『新唐書』 권43하, 「志」33하 西域府十六의 悅般州都督府조, 1135~1137쪽.

에서 동으로 7백 리 떨어진 곳에 구란성국이 있다.[328] 俱蘭(俱羅)國왕 忽提婆가 貞觀 20년(646)에 당에 조공했던 것이 최초인 것 같다.[329]

그런 罽賓國에 대해서 혜초는 『往五天竺國傳』에서 꽤 자세한 소식을 전하고 있다.

> 이곳 覽波國에서 다시 산으로 해서 가면 8일만에 罽賓國(Kapisi)에 이른다. 이 나라도 역시 간다라(建馱羅國) 왕의 지배하에 있는데, 왕은 여름철에는 기후가 서늘한 罽賓에 와 있다가, 겨울이 되면 다시 따뜻한 간다라로 간다. 그곳 간다라에는 추위가 없어 눈이 없으며, 罽賓國은 겨울이면 몹시 춥고 눈이 많이 내린다. 이곳 주민들은 胡族이며, 왕과 군대들은 突厥족인데, 의복과 언어와 음식은 吐火羅國과 같다. 남녀가 다 같이 모직으로 된 저고리와 바지를 입고 구두를 신고 있으며, 남자들은 모두 수염과 머리를 깎고, 여자들은 머리를 길게 기르고 있다. 이 나라에서는 낙타, 노새, 양, 말, 당나귀, 소, 모직물, 포도, 보리와 밀, 鬱金香 등이 있다. 백성들은 三寶를 크게 숭상하여 수많은 절과 중이 있다. 그들은 스스로 절을 세워 삼보를 숭상한다. 그곳 한 큰 도시에 沙系라는 이름의 절이 있는데, 그 절안에는 부처의 머리카락과 사리가 잘 보존되어 있다. 왕과 관리들 그리고 주민들은 매일 공양을 올리며, 소승불교를 섬기고 있다. 그곳 사람들은 산속과 숲속에 살고 있으나 산에는 불탄 자리처럼 초목도 자라지 않는다.[330]

覽波國은 建馱羅國 서쪽에 있으며, 산스크리트어로 람파가(Lampâka)라 한다. 람파국에서 서쪽으로 8일 정도 떨어진 罽賓國은 오늘날 아프가니스탄 동북부 지역이다. 특이한 것은 개원 15년을 전후하여 계빈국을 건타라국왕이 통치했다는 사실이다. 혜초는 계속해 설명하길 계빈국 토착민은 胡族이나 왕·군사는 돌궐족이라고 지적하였다. 이는 건타라국과 계빈국의 왕이 동일인이라는

---

328) 『新唐書』 권43하, 「地理志」7하 (罽賓國)東至俱蘭城國七百里조, 1155쪽.

329) 『全唐文』 권999, 「俱羅王忽提婆傳」 貞觀20年조, 4592쪽.

330) 『往五天竺國傳』, 71~72쪽, "又從此覽波國而西行入山, 經於八日程. 至罽賓國. 此國亦是建馱羅國王所管. 此王夏在罽賓, 逐涼而坐, 冬往建馱羅, 趂暖而住. 彼卽無雪, 暖而不寒. 其罽賓國冬天積雪, 爲此冷也. 此國土人是胡, 王及兵馬突厥. 衣著言音飮食. 與吐火羅國大同少異. 無問男之與女, 並皆著氎布衫袴及靴, 男女衣服無有差別. 男人並剪鬚髮, 女人髮在. 土地出駝騾羊馬驢牛氎布蒲桃大小二麥鬱金香等. 國人大敬信三寶, 足寺足僧. 百姓家各竝造寺, 供養三寶. 大城中有一寺, 名沙系寺, 寺中見佛螺髻骨舍利見在. 王宮百姓每日供養. 此國行小乘. 亦住山裏, 頭山無有草木, 恰似火燒山也".

뜻이다. 그렇다면 開元 15년을 전후하여 돌궐왕이 건타라국은 물론이고 계빈국 마저 지배했음을 알 수 있다.

西晉 長安의 僧伽 跋澄은 계빈 사람으로 中國名은 衆現이다. 跋澄은 大乘경전 『阿毘曇毘婆沙』를 암송하였을 뿐 아니라 그 해석에 출중한 인물이다.[331] 또 서진시대 廬山의 僧伽 提婆도 계빈인이다. 제파의 중국이름은 衆天이며, 또는 提和라고 발음이 와전되기도 한다. 俗姓은 瞿曇氏이다. 提婆는 『婆須蜜』·『毘曇』 등을 번역한 것이 百餘萬言이나 될 정도다. 그러나 前秦의 부하였던 慕容垂의 반란으로[332] 소란스러워 제파가 번역을 충분하게 검토하지 못해 미흡한 점이 많다고 梁 慧皎가 지적하였다.[333]

계빈인으로 중국에서 활약한 제파 외에 서진 강릉의 辛寺 曇摩耶舍도 계빈인 이다. 그의 중국 이름은 法明이다.[334] 담마야사는 어려서부터 학문을 좋아하여 같은 계빈인 弗若多羅(중국이름 功德華)에[335] 발탁되어 교육을 받아 『差摩經』 등 많은 경전을 번역하였다. 西晉 長安 佛陀耶舍도 罽賓人이다. 佛陀耶舍의 중국 이름은 覺明이었으며 婆羅門 출신으로 대대로 벼슬을 하였다.[336] 佛陀耶舍는 沙勒(疏勒)國에서 鳩摩羅什에게 학문을 전수하였다.[337] 晉 壽春의 石礀寺의 卑摩羅叉도 계빈인이다. 비마라차의 중국 이름은 無垢眼인데, 그는 침착하고 냉정한 사람으로 출가해서 龜玆에서 律藏을 전파하였다. 비마라차는 구마라집과 동시대의 인물이다. 前秦 苻堅 부하 呂光에 의한 쿠차 함락으로 구마라집이 장안에 있다는 소식을 듣고 비마라차도 장안으로 갔다.[338] 비마라차는 享年 77세로 壽春 石礀寺에서 죽었는데, 그의 눈이 파란색이라 당시 사람들이 그를 靑眼律師라고 불렀던 사실을 주목하고 싶다.[339] 그 이유는 계빈인을

---

331) 『高僧傳』 권1, 「晉長安僧伽跋澄傳」 僧伽跋澄조, 33쪽.

332) 지배선, 1986, 「後燕의 帝國繼起」, 『中世東北亞史研究－慕容王國史－』, 一潮閣, 231~237쪽,

333) 『高僧傳』 권1, 「晉廬山僧伽提婆傳」僧伽提婆조, 37쪽.

334) 『高僧傳』 권1, 「晉江陵辛寺曇摩耶舍傳」 曇摩耶舍조, 41쪽.

335) 『高僧傳』 권2, 「晉長安弗若多羅傳」 弗若多羅조, 60~61쪽.

336) 『高僧傳』 권2, 「晉長安佛陀耶舍傳」 佛陀耶舍조, 65쪽.

337) 『高僧傳』 권2, 「晉長安佛陀耶舍傳」 羅什後至조, 66쪽.

338) 『高僧傳』 권2, 「晉壽春石礀寺卑摩羅叉傳」 卑摩羅叉조, 63쪽.

339) 『高僧傳』 권2, 「晉壽春石礀寺卑摩羅叉傳」 其年冬조, 64쪽.

체질인류학적으로 어떻게 분류할 수 있는가에 대한 해답이기 때문이다. 간단히 말해 계빈인은 황인종이 아닌 인도유럽인이라는 사실을 알 수 있다.

魏晉南北朝시대 宋 建康의 龍光寺 佛馱什도 계빈인이다. 불타십의 중국이름은 覺壽이며, 龍光寺에서 梵文으로 된 34권의 『五分律』을 于闐 僧 智勝 등과 함께 번역한 인물이다.[340] 같은 宋 京師의 祇洹寺의 求那跋摩도 四姓 가운데 第二 크샤트리아로, 계빈국에 있으면서 일족은 대대로 국왕으로서 계빈국을 다스렸다. 그런데 계빈국왕이 죽자 신하 수백 인이 求那跋摩를 罽賓왕으로 추대하였으나 끝내 거절하고 山野로 떠난 인물이다.[341] 또 같은 宋의 上正林寺의 曇摩蜜多는 중국이름이 法秀로 계빈인이다. 담마밀다는 젊은 나이에 쿠차에 入境할 때, 쿠차왕의 꿈에 '大福德人'이 다음날 龜玆에 들어온다고 계시된 그 인물이다.[342] 위의 사실로 미루어 보면, 오늘날 아프가니스탄 동북부지역에 위치했던 계빈국 출신 중 중국 위진남북조 고승으로 알려진 인물이 많았음을 알 수 있다. 왜냐하면 이는 4~5세기경에 罽賓國이 최대 불교국가였다는 사실을 방증하기 때문이다.

그런데 혜초가 구법하기 위해 중앙아시아를 여행할 때, 동일한 돌궐왕이 통치한 나라는 건타라국과 계빈국만이 아니었다. 건타라국과 계빈국을 다스리는 동일한 돌궐왕이 또 다른 나라를 통치했다는 사실이 흥미롭다. 이에 대해 혜초는 그의 여행기에 적고 있다.

> 다시 이 간다라(建馱羅國)에서, 서쪽을 향해 산으로 7일을 들어가면 覽波國(Lampâka)라는 나라에 이르며, 이 나라는 왕이 없고 귀족이 있는데, 建馱羅國의 통치하에 있고, 의복이나 언어도 建馱羅國과 같으며, 이곳에도 역시 절과 중이 있으며, 삼보를 숭상하고, 대승법을 신봉한다.[343]

340) 『高僧傳』 권3, 「宋建康龍光寺佛馱什傳」 佛馱什조, 96쪽.

341) 『高僧傳』 권3, 「宋京師祇洹寺求那跋摩傳」 求那跋摩조, 105~106쪽.

342) 『高僧傳』 권3, 「宋上正林寺曇摩蜜多傳」 曇摩蜜多조, 120~121쪽.

343) 『往五天竺國傳』, 71쪽, "又從此建馱羅國, 西行入山七日, 至覽波國. 此國無王, 有大首領, 亦屬建馱羅國所管. 衣著言音. 與建馱羅國相似. 亦有寺有僧, 敬信三寶, 行大乘法".

覽波國(Lampâka)은 건타라국에서 서쪽 산속으로 7일 가야 있는 나라다. 그런데 8세기 초 람파국은 대수령이 다스리면서 건타라국 관할 아래 있다는 사실이 주목된다. 이는 앞서 언급한 건타라국과 계빈국을 다스리는 동일한 돌궐족 왕이 람파국을 다스린다는 이야기다. 유목기마민족 돌궐이 그들의 기동성을 발휘하여 절기에 따라 세 나라를 돌며 통치했다고도 볼 수 있다. 유목기마민족은 봄에는 북으로, 가을은 남으로 이동하는 것이 생활이다. 이런 유목의 전통이 간다라를 지배하면서도 때를 따라 이동하는 돌궐족 왕을 탄생시켰다.

建馱羅國에서는 대·소승불교가 유행했는데, 계빈국은 소승이고, 람파국은 대승이 유행하였다. 필자가 추측컨대 건타라국을 다스린 돌궐족 왕이 통치차원에서 건타라국에 대·소승을 동시에 유행하도록 명령하였다고 본다. 돌궐족 왕이 계빈국과 람파국에 대하여는 각각 그들 전통대로 해도 좋다는 허락으로 복합된 대·소승이 아니라 하나를 택할 수 있었다. 람파국 언어와 의상은 건타라국과 비슷하고, 계빈국 경우는 토화라와 거의 같다는 사실은 지리적인 관계와 연관 있다. 이를 구체적으로 설명하면 건타라국 서쪽으로 접한 나라가 람파국이며, 다시 람파국의 서쪽에 계빈국이 있다. 그런데 계빈국 북쪽에 토화라국이 있다. 이는 람파국과 건타라국이 하나의 문화권이고, 계빈국과 토화라국이 또 다른 문화권을 형성했음을 의미한다. 이를 뒷받침하는 사실은 계빈국과 토화라국에 동일하게 소승법이 행해졌다는 점이다.

혜초는 계빈국 백성 개념을 왕족을 위시한 지배계층 돌궐과 토착민으로 구분하였다. 이 같은 논리는 건타라국에도 적용된다. 혜초는『왕오천축국전』에서 계빈국의 불교신봉 계층을 계빈 백성으로만 국한했다. 그러나 혜초는 건타라국에서 돌궐족 왕과 왕비, 왕자, 수령 모두가 불교 신봉에 적극적이라고 상충된 기록을 하였다.[344] 따라서 계빈국도 백성뿐만 아니라 왕과 왕족과 수령들 모두 불교를 신봉했다고 표현해야 옳다. 위에서 계빈국 의복과 언어, 음식이 토화라와 같다고 했다. 당시 토화라국은 계빈국 북쪽에 있었다.

---

344)『往五天竺國傳』, 此王雖是突厥조, 71쪽.

여기서 왜 혜초가 건타라국을 방문한 후 당나라로 돌아오지 않고 더 먼 서방을 우회하여 계빈국을 찾았는지 반문할 필요가 있다. 첫째 이유는 불교국가 계빈국을 순례하고 싶다는 의도 때문이다. 둘째는 계빈의 沙絲寺를 찾아가서 부처의 머리카락과 뼈 사리를 보고 싶었기 때문이다. 당시 건타라국과 계빈국은 불교를 적극적으로 신봉한 불교국가였다.

開元 중기까지 罽賓國과 建馱羅國의 왕이 동일인이라는 사실을 구체적으로 규명하기 위해 건타라국에 대한 혜초의 기행문을 언급하는 것이 한 방법이다. 혜초는 『왕오천축국전』에서 간다라국을 다음과 같이 소개하였다.

> 그곳 迦葉彌羅國에서 서북쪽으로 한 달 동안 산길을 걸어서 가면 建馱羅國(Gandhara)에 도달하게 된다. 이곳 왕과 군대는 모두 突厥족이고 그 주민들은 胡族인데 거기에도 역시 婆羅門(Brahman)이 있는 것을 볼 수 있었다. 나라는 전에 (아프가니스탄) 罽賓(카피사) 왕의 통치하에 있었는데, 돌궐왕 阿耶가 한 부락의 병마를 거느리고 카피사 왕 휘하에 모여 들었는데, 돌궐 군대가 증가하게 되어, 카피사 왕이 피살되고 말았다. 그리하여 돌궐왕이 카피사 왕의 뒤를 이어 그 자신이 통치자가 되었다. 그래서 이 나라가 돌궐 覇王과 국경을 맞닿게 되었다. (돌궐) 패왕은 이 나라 북쪽 산속에 살고 있는데, 그 산은 민둥산으로 풀이나 나무가 없다.[345]

迦葉彌羅國은 달리 迦羅國(카슈미르, Kasmira)이라고 부르며, 이 나라는 北天竺國에 속한다. 가섭미라국 서북쪽으로 산을 넘어가면 건타라국이 있다. 그런데 혜초가 개원 15년 이전 건타라국을 찾았을 때 그 나라 왕과 군사는 돌궐족이었으며, 원주민은 胡人이었다. 돌궐 阿耶가 건타라국왕이 되기 전에는 계빈왕이 다스렸다. 그 결과 건타라국과 계빈국은 돌궐 아야가 왕이었고, 그의 휘하 군사도 돌궐이었다. 따라서 건타라국과 계빈국 북쪽을 돌궐 覇王이 통치하는 그런 형국이었다. 이는 개원년간에 파미르 고원 서쪽을 돌궐이

345) 『往五天竺國傳』, 70쪽, "又從迦葉彌羅國西北隔山一月程, 至建馱羅. 此王及兵馬, 總是突厥. 土人是胡, 兼有婆羅門. 此國舊是罽賓王王化, 爲此突厥王阿耶領一部落兵馬, 投彼罽賓王. 於後突厥兵盛, 便煞彼罽賓王, 自爲國主, 因玆國境突厥覇王. 此國已北. 並住中, 其山並燋無草及樹".

장악하였다는 뜻이다.

돌기시와 돌궐의 영향권이 토화라 북부는 물론이고 계빈국과 그 동쪽 건타라국까지 미쳤음을 일러준다. 참고로 俱蘭城에서 10리를 가면 稅建城에 이르게 되고, 세건성에서 다시 50리를 가면 怛邏斯城이 있다.[346] 바꾸어 말하면 구란성에서 60여 리를 진행하면 달라사성이 있을 정도의 거리에 위치하고 있다.

史昕을 살해한 莫賀咄은 돌기시소녹의 아들 토화선을 쇄엽성에서 막하달간과 개가운이 공격할 때 가담하였던 인물이다. 그런데 『자치통감』은 막하달간에 의해 사흔이 살해되었다고 다르게 기록하고 있다.[347] 이는 막하달간의 사주를 받은 막하돌이라는 의미인 것 같다. 이는 돌기시가 내분에 휩싸이게 되었을 뿐 아니라 당의 영향력에서 벗어나려는 조짐으로 해석할 수 있다.

당이 임명한 돌기시가한 사흔을 막하달간이 죽인 것은 당에 대한 도전이었다. 그런데 『자치통감』에서 천보 원년 이후부터 莫賀咄을 莫賀達干으로 바꾸어 쓰고 있다. 그러나 막하달간이 역사무대에서 아무 기록 없이 사라졌다고 보기 어려워 사마광의 주장이 맞는 것 같다.

> 莫賀咄은 스스로 可汗이 되었으나, 安西節度使 夫蒙靈察은 그를 베어 죽이고, 大纛官 都摩支 闕頡斤을 三姓葉護로 임명하였다.[348]

石國王 막하돌이 당이 임명한 사흔을 죽인 죄로, 안서절도사 부몽영찰이 莫賀咄을 죽였다. 이때(天寶 元年 6월) 당은 都摩支闕頡斤을 三姓葉護로 책봉하였다.[349] 그러나 앞서 史昕을 十姓可汗으로 임명한 것과 달리 都摩支闕頡斤을 三姓可汗으로 임명한 사실은 차이가 있다. 즉 突騎施에서 十姓은 突騎施 전체를 뜻하나 三姓은 그 가운데 일부다. 葉護도 可汗보다 아래 관직으로 임명한

346) 『新唐書』 권43下, 「地理志」7下 又七十里至俱蘭城조, 1150쪽.

347) 『資治通鑑』 권215, 「唐紀」31 玄宗 天寶 元年 3月조, 6854쪽.

348) 『新唐書』 권215하, 「突厥傳」, 6069쪽, "莫賀咄自爲可汗, 安西節度使夫蒙靈察誅斬之, 以大纛官都摩支闕頡斤爲三姓葉護".

349) 『資治通鑑』 권215, 「唐紀」31 玄宗 天寶 元年 6月 乙未조, 6854쪽.

사실은 당이 돌기시를 분할통치하면서 지배를 더욱 강화하겠다는 의도다. 삼성은 샤반느 지적처럼 葛邏祿을 가리키며, 三姓葉護라 함은 葛邏祿의 首長을 말한다.[350] 三姓이 葛邏祿을 의미한다는 것은 『신당서』「현종기」 개원 3년조에 있다. "四月 庚申에, 突厥部의 三姓 葛邏祿이 來附하였다"[351]는 사실이 그것이다.

開元 29년(741) 7월 동돌궐 登利可汗이 죽은 후 내란이 일어나자, 당 현종은 左羽林장군 孫老奴에게 回紇(Uyghur)·葛邏祿(Karluk)·拔悉密(Basmil)등 部落들을 불러서 깨우쳐 주도록 하였을 때 갈라록에 대한 언급이 있다.[352] 이는 당 현종의 입장에서 보면 葛邏祿이 강성하여졌기 때문에 그들을 회유시키려는 의도다. 한편 당 현종은 서역에서 효율적으로 대응하기 위해 開元 29년(741) 10월에 磧西를 北庭과 安西로 나누었다.[353] 천산산맥 이북은 북정이 관할하고, 천산산맥 이남의 타림분지 일대를 안서가 관할하게 구분하였다. 이때부터 북정절도는 돌기시(이리하 중하류 유역)·堅昆(시베리아 살언령 북쪽)·斬啜을 막고 통제하게 하였고, 瀚海(신강성 길목살이현)·天山(西州, 신강성 투르판 동쪽)·伊吾(伊州의 甘露川, 신강성 파리곤현 서북쪽)의 세 軍을 거느리며, 伊州(신강성 합밀)·西州(신강성 투르판 동쪽) 2주의 경계에 北庭都護府 治所에만 군사 2만 명이 주둔하였다.[354] 그리고 北庭都護府 성안의 瀚海軍은 管兵이 1만 2천, 말이 4천 2백 필이 있다. 그리고 天山軍은 管兵이 5천, 말이 5백 필이며, 伊吾軍은 管兵 3천, 말 3백 필을 보유하였다.[355]

당 현종은 天寶 원년 4월 돌기시 十姓 가한 阿史那昕을 이용해 돌기시 통제를 시도하였다.

---

350) Edouard Chavannse, 1903. *Documents sur les Tou-Kiue(Turcs) Occidentaux*. Recueillis et commentés.St. Pétersbourg(馮承鈞譯, 1934,『西突厥史料』, 商務印書館).

351)『新唐書』 권5,「玄宗紀」 開元 3年조, 124쪽, "四月庚申, 突厥部三姓葛邏祿來附".

352)『資治通鑑』 권214,「唐紀」30 玄宗 開元 29年 7月 上以突厥內亂조, 6844쪽.

353)『資治通鑑』 권214,「唐紀」30 玄宗 開元 29年 10月 壬寅조, 6845쪽.

354)『舊唐書』 권38,「地理志」1 北庭節度使조, 1385쪽 ;『資治通鑑』 권215,「唐紀」31 玄宗 天寶 元年 正月 北庭節度조, 6848쪽.

355)『舊唐書』 권38,「地理志」1 北庭節度使조, 1385~1386쪽.

> 황제가 군사를 발동해 突騎施 十姓 可汗 阿史那昕을 맞이하도록 하였는데, 俱蘭城에 이르러서, 莫賀達干에게 살해되었다. 突騎施 大纛官 都摩度가 와서 항복하여서, 6월 을미 都摩度를 三姓 葉護(야브구, Yabghu)로 책봉하였다.[356]

당이 아사나흔을 활용해 돌기시를 통제하려 했으나, 이에 반발한 막하달간에 의해 俱蘭城[357]에서 죽임을 당해 현종의 계획은 실패하였다. 그러나 당은 돌기시를 제어하기 위한 방편으로 막하달간과 적대적인 도마도를 삼성엽호로 임명하였다. 이는 당이 도마도를 이용하여 돌기시를 장악하려는 음모였다.

9. 천보년간 초의 서역 판도 분석

開元 29년(741) 7월 東突厥 登利可汗이 죽은 후 내란이 일어나자, 당 현종은 左羽林장군 孫老奴에게 회흘·갈라록·발실밀등 部落을 회유케 하였다.[358] 이는 돌궐내정에 대한 당의 간섭이다. 이런 당의 속내를 드러낸 것은 天寶 원년 8월이다. 이에 대해 『자치통감』에서,

> 돌궐의 拔悉密·回紇·葛邏祿 세 部가 함께 阿史那骨咄葉護를 공격해, 그를 살해하고 拔悉密 추장을 밀어 올려 頡跌伊施 가한으로 삼았고, 回紇·葛邏祿은 스스로 左·右葉護가 되었다. 돌궐의 나머지 무리는 함께 判闕特勒의 아들을 세워서 烏蘇米施 可汗으로 삼았으며, 그의 아들 葛臘哆를 西殺로 삼았다.[359]

阿史那骨咄葉護를 제거하기 위해 당은 三部(拔悉密·回紇·葛邏祿)를 동원하여 아사나골돌엽호를 제거하였다. 이때 아사나골돌엽호를 죽인 후 3부는 拔悉密 추장을 頡跌伊施可汗으로 추대하면서 회흘과 갈라록이 각각 左·右 葉護로

356) 『資治通鑑』 권215, 「唐紀」31 玄宗 天寶 元年 4月조, 6854쪽, "上發兵納十姓可汗阿史那昕於突騎施, 至俱蘭城, 爲莫賀達干所殺. 突騎施大纛官都摩度來降, 六月, 乙未, 冊都摩度爲三姓葉護".

357) 俱蘭城은 俱蘭國의 수도다. 俱蘭은 俱羅弩 혹은 屈浪拏로 표기하며, 지금의 아프가니스탄 동북쪽 변경지역이다. 중앙아시아 dzhambul시 동쪽 lugovoj성에 위치한다.

358) 『資治通鑑』 권214, 「唐紀」30 玄宗 開元 29年 7月 上以突厥內亂조, 6844쪽.

359) 『資治通鑑』 권215, 「唐紀」31 玄宗 天寶 元年 8月조, 6854~6855쪽, "突厥拔悉密·回紇·葛邏祿三部攻骨咄葉護, 殺之, 推 拔悉密酋長爲頡跌伊施可汗, 回紇·葛邏祿自爲左·右葉護. 突厥餘衆共立判闕特勒之子爲烏蘇米施可汗, 以其子葛臘哆爲西殺".

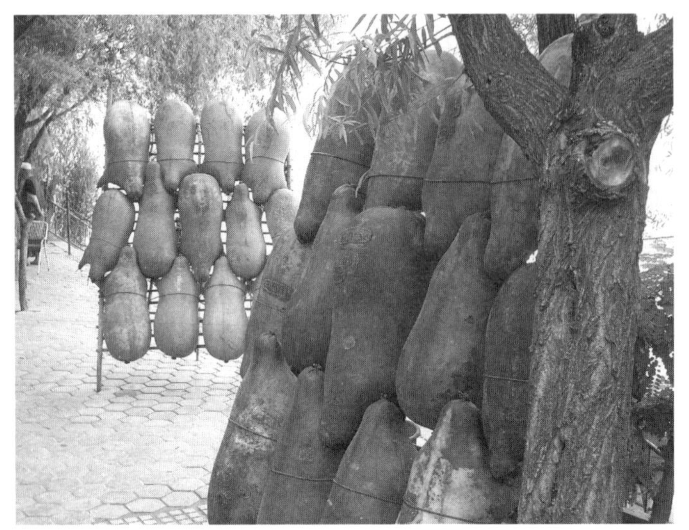

예로부터 황하를 넘나드는 교통수단인 양가죽 배. 고사계 일가도 황하상류지역을 이동하면서 이용한 교통수단이다.

나누어 통치하여 유목부락 통치 형태의 하나인 3부체제를 구축하였다.

한편 아사나골돌엽호가 살해된 후, 돌궐에 재건작업이 일어났다. 돌궐 무리가 判闕特勒의 아들을 세워 烏蘇米施可汗으로 추대한 것이 그것이다. 아울러 오소미시가한의 아들 葛臘哆를 西殺[360]로 삼은 것은 의미있는 작업이다. 이는 고대 강력한 흉노사회에서 單于의 아들을 左賢王으로 임명했던 것과 동일한 형태를 취한 것으로, 발실밀·회흘·갈라록 3부에 대한 응징의 예고라 해석할 수 있다.

당 현종은 돌궐 아사나골돌엽호 세력을 꺾기 위해 三部를 회유하였으나, 아사나골돌엽호의 부활인 오소미시가한이 등장하였다. 당 현종은 지체하지 않고 오소미시가한에 대한 대책에 부심하였다. 이에 대한 소식은 『자치통감』에 계속해서,

> 황제는 사신을 파견해 烏蘇(米施)에게 당으로 오도록 타일렀으나, 烏蘇가 따르지 않았다. 朔方절도사 王忠嗣가 磧口를 군사로 가득 메우며 그를 위협하자, 烏蘇가 두려워서 항복을 받아달라고 청했으나, 시간을 끌면서 나타나지 않았다. 王忠嗣는 그가 속였다는 것을 알고, 이내 사신을 파견해 拔悉密·回紇·葛邏祿에게 그를 공격하도록 설득하자, 烏蘇가 숨어 달아났다. 王忠嗣는 이로 말미암아 군사를 보내어 그를 치고, 그의 右廂을 빼앗아 돌아왔다.[361]

360) 돌궐은 유목의 分治방법대로 東·西로 나누어 다스렸으며, 左殺, 右殺 또는 東殺, 西殺이라 칭하였다.

라고 전한다. 당 현종이 三部를 동원해 돌궐 아사나골돌엽호를 공격한다는 사실을 알고 있는 오소미시가한이 당의 회유를 따를 리 없다. 이때 朔方절도사 왕충사가 磧口에서 군사를 동원해 오소미시가한에게 무력시위를 하자, 오소미시도 거짓으로 항복의사를 표시했다. 이를 알아차린 왕충사는 三部를 동원하여 오소미시를 공격하게 하는 방법을 사용함으로 오소미시를 제압하고자 했다. 그 결과 3부는 오소미시가한의 右廂, 곧 아들 葛臘哆의 부락을 포로로 끌고 개선하였다.

開元 21년경 北狄 방어를 담당하는 朔方절도사 휘하 管兵과 軍馬의 수에 대한 정확한 기록이 있다. 삭방절도는 經略·豐安·定遠·西受降城·東受降城·安北都護·振武 등 7軍府를 관장하였다. 삭방절도 치소는 靈州이며, 관병이 64,700인이고, 말이 4,300필, 옷감은 매년 2백만 필을 공급받았다. 經略軍은 靈州성을 관리하며, 관병이 20,700인이고, 말이 3천 필 있다. 豐安軍은 영주의 서쪽 1백 8십리의 黃河 밖에 있고, 관병이 8천 인, 말이 1천 3백 필 있다. 定遠城은 영주 동북쪽 2백 리 황하 밖에 있고, 관병이 7천 인, 말이 3천 필 있다. 西受降城은 豊州 북쪽 黃河 밖 8십 리에 있고, 관병 7천 인, 말 1천 7백 필이 있다. 安北都護府 치소는 中受降城으로 황하 北岸에 있고, 管兵이 6천 인, 말이 2천 필 있다. 東受降城은 勝州의 동북 2백 리에 있고, 管兵 7천 인, 말이 1천 7백 필 있다. 振武軍은 單于東都護府 성안에 있고, 管兵이 9천 인, 말이 1천 6백 필 있다.[362] 따라서 朔方절도 휘하 管兵 總數는 129,400인이고, 말은 18,600필이다. 그런데 삭방절도 수치는 하서절도 관병 총수보다 3,800인이 적다. 또 삭방절도 말의 수도 하서절도보다 7,700필이나 적다.

이후 당에 대해 돌궐은 더 이상 저항할 힘이 없었다.

> 丁亥에 돌궐의 西葉護 阿布思와 西殺 葛臘哆·默啜의 손자 勃德支·伊然의 젊은 처·毗伽登利의 딸이 그 部의 무리 1천여 帳을 이끌고 서로 차례대로 와서 항복하니,

361) 『資治通鑑』 권215, 「唐紀」31 玄宗 天寶 元年 8月조, 6855쪽, "上遣使諭烏蘇令內附, 烏蘇不從. 朔方節度使王忠嗣盛兵磧口以威之,烏蘇懼, 請降, 而遷延不至. 忠嗣知其詐, 乃遣使說拔悉密·回紇·葛邏祿使攻之, 烏蘇遁去. 忠嗣因出兵擊之, 取其右廂而歸".

362) 『舊唐書』 권38, 「地理志」1 朔方節度使조, 1386쪽.

돌궐이 마침내 쇠미해졌다. 9월 辛亥에 황제가 花萼樓에 가서 돌궐의 항복한 사람들에게 잔치를 베풀며 매우 후한 상을 내렸다.[363)]

3부에 의해 西廂이 포로가 되었다는 사실은, 돌궐 西部의 붕괴 신호다. 이로 말미암아 동돌궐의 西葉護 阿布思[364)]와 西殺 葛臘哆·默啜의 손자 勃德支·伊然의 젊은 처·毗伽登利의 딸이 그 部의 무리 1천여 帳을 이끌고 와서 당에 항복하였다. 당이 염원한 동돌궐 몰락을 기념하려고 다음 달 당 현종이 花萼樓에서 연회를 베풀며 항복한 동돌궐 사람들에게 후히 상을 주었다.

당은 중앙아시아에서 헤게모니 장악을 위해 회유정책을 지속적으로 취하였다. 그 결과 回紇 葉護 骨力裴羅가 사신을 長安으로 보내 공물을 바치자 骨力裴羅에게 奉義王 작위를 주었다.[365)] 이는 당 현종이 天寶 9월에 化萼樓에서 항복한 突厥 西葉護 阿布思 등에게 후한 상을 준 것과 흡사하다.

그러나 천보 원년(742) 당에 의한 돌기시 분열정책은 실패하였다. 돌기시가한의 등장은 돌기시의 통합을 의미하기 때문이다. 이와 관련된 소식을 보자.

天寶 원년에, 突騎施部族에 다시 黑姓의 伊里底 蜜施骨咄祿毗伽가 可汗이 되어서, 그는 자주 사자를 보내 공물을 바쳤다.[366)]

742년 돌기시 흑성부락의 伊里底蜜施骨咄祿毗伽가 가한이 되었다. 744년 “5월에 河西節度使 夫蒙靈察이 돌기시의 莫賀達干을 토벌하고 그의 목을 베었는데, 다시 黑姓 伊里底蜜施骨咄祿毗伽를 세우게 해달라고 청원하였다”[367)]는

363) 『資治通鑑』 권215, 「唐紀」31 玄宗 天寶 元年 8月조, 6855~6856쪽, “丁亥, 西葉護阿布思及西殺葛臘哆·默啜之孫勃德支·伊然小妻·毗伽登利之女帥部衆千餘帳, 相次來降, 突厥遂微. 九月, 辛亥, 上御花萼樓宴突厥降者, 賞賜甚厚”.

364) 阿布思의 姓은 阿史那다. 그런데 阿史那阿布思는 天寶 11載에 당 현종이 성과 이름을 내려 李獻忠으로 삼았던 인물이다.

365) 『資治通鑑』 권215, 「唐紀」31 玄宗 天寶 元年 12月조, 6856쪽.

366) 『新唐書』 권215하, 「突厥傳」, 6069쪽, “天寶 元年, 突騎施部更以黑姓伊里底蜜施骨咄祿毗伽爲可汗, 數通使貢”.

367) 『資治通鑑』 권215, 「唐紀」31 玄宗 天寶 3載조, 6860쪽, “五月, 河西節度使夫蒙靈察討突騎施莫賀達干, 斬之, 更請立黑姓伊里底蜜施骨咄祿毗伽”.

것이다. 이는 당에 반기를 든 돌기시 막하달간을 죽임으로써 돌기시가한 책봉권을 당이 찾으려는 야망을 달성한 셈이다. 이때 조정은 하서절도사 부몽영찰의 요청을 받아들이는 형식을 취해 다음달(6월) 甲辰에 이리저밀시골돌록비가를 十姓可汗으로 책봉했다고 司馬光이 기록했다.[368] 이로 인해 흑성은 소녹과 그의 아들 토화선시대까지 돌기시를 계속 지배하였다. 흑성은 돌기시에서 黃姓과 달리 당에 적대적인 부락으로 돌기시에서 對唐 독자성이 강한 부락이다. 그렇기 때문에 이리저밀시골돌록비가가 돌기시가한이 되고 나서 당에 자주 사자를 보내 공물을 바쳤다는 것은 당의 내부 실정을 파악하려는 의도인 것 같다.

위에서 부몽영찰이 하서절도사였다는 사실은, 사마광이 잘못 쓴 것이 아니라면 744년경 부몽영찰이 하서절도사 겸 안서절도사였다는 이야기다. 이에 대해 薛宗正은 744년 5월에 '하서절도사 부몽영찰'이라고 기재한 사실은 '河西'가 아니라 '安西'를 司馬光이 잘못 쓴 것이라고 단정했다.[369] 이를 뒷받침하는 사실로 개가운이 개원 28년 6월에 하서와 농우절도사를 겸직하였다는 점을 들고 있다.[370] 이외에도 천보 5재에 농우절도사 皇甫惟明이 하서절도사를 겸직하였다.[371] 천보 5재에 농우·하서절도사 황보유명을 좌천시키고 王忠嗣를 하서·농우절도사로 임명하면서 朔方·河東節度使를 계속 맡긴 일도 있다.[372] 그렇다면 이는 한 인물이 4절도사직을 겸직한 경우다.

천보 3재 가을 三部(拔悉密·回紇·葛邏祿)에 의해 북·중앙아시아의 세력이 재편되었다. 정확히 말해 그 해 8월 拔悉蜜(拔悉密)이 돌궐의 烏蘇가한을 공격해 참수하니, 당 의도대로 돌궐 오소가한이 제거됐다. 그때 회흘과 갈라록이 발실밀 頡跌伊施가한을 공격하여 그를 살해하였다. 회흘의 藥邏葛骨力裴羅가 자립해 골돌록비가궐가한이 되어, 당에 사자를 보내 상황을 알려주었더니

---

368) 『資治通鑑』 권215, 「唐紀」31 玄宗 天寶 3載 6月 甲辰조, 6860쪽.

369) 薛宗正, 1995, 『安西與北庭－唐代西陲邊研究』, 229쪽.

370) 『資治通鑑』 권214, 「唐紀」30 玄宗 開元 28年 6月 上嘉蓋嘉運之功조, 6842쪽.

371) 『資治通鑑』 권215, 「唐紀」31 玄宗 天寶 4載 春正月 乙丑조, 6869쪽.

372) 『資治通鑑』 권215, 「唐紀」31 玄宗 天寶 5載 以王忠嗣조, 6871쪽 ; 『資治通鑑』 권216, 「唐紀」32 玄宗 天寶 6載 蓋嘉運·王忠嗣조, 6889쪽.

보답으로 골돌록비가궐가한을 회인가한으로 책립하였다. 현종은 三部에 각각 도독을 설치해 전투할 때 발실밀과 갈라록을 선봉에 세웠다.[373] 이는 후일 石國 정벌을 위해 출정하는 고선지 휘하에 무슨 연유로 갈라록이 참전하게 되었는가를 유추케 한다.

당은 휘하에 들어온 三部를 통해 중앙아시아에서 헤게모니를 확고하게 장악하려고 정략결혼을 추진했다. 당 현종은 吐火仙을 공격할 때 도왔던 拔汗那에 종실의 딸을 시집보냈다. 구체적으로 천보 3재 12월 종실의 딸을 和義공주로 삼아 寧遠(拔汗那, 중앙아시아 namangan)의 奉化王 阿悉爛達干에게 시집보냈던 것이 그것이다.[374]

이 무렵 북아시아는 점차 회흘에 의해 통일되었다. 『자치통감』의 천보 4재(745) 정월 기록을 보자.

> 回紇의 懷仁가한이 돌궐의 白眉가한을 치고 그를 살해하여 수급을 京師로 전하였다. 돌궐의 毗伽可敦이 무리를 이끌고 와서 항복하였다. 이에 (당의) 북쪽 변경이 편안해졌고 烽燧臺는 경보가 없었다.[375]

위의 사실은 回紇에 의해 突厥가한이 살해된 내용이다. 그 결과 毗伽可敦[376](阿史那默棘連의 황후)이 휘하 무리를 거느리고 당에 투항하였다. 바꾸어 말해 북방을 당 휘하에 있는 回紇이 장악함으로 말미암아 북아시아에서 당에 대한 약탈이 사라졌다.

回紇 懷仁가한에 의해 突厥 白眉가한이 살해된 후 북아시아는 回紇 영역이 되었다. 다음은 이에 대한 기록이다.

> 回紇이 땅을 개척하는 것이 점점 넓어지더니, 동으로는 室韋(내몽고 동북부)에

---

373) 『資治通鑑』 권215, 「唐紀」31 玄宗 天寶 3載 8月조, 6860쪽.

374) 『資治通鑑』 권215, 「唐紀」31 玄宗 天寶 3載 12月 癸卯조, 6862쪽.

375) 『資治通鑑』 권215, 「唐紀」31 玄宗 天寶 4載 正月조, 6863쪽, "回紇懷仁可汗擊突厥白眉可汗, 殺之, 傳首京師. 突厥毗伽可敦帥衆來降. 於是北邊晏然, 烽燧無警矣".

376) 可敦은 突厥語를 漢語로 음역한 것으로 그 의미는 皇后다.

> 이르고 서로는 金山(신강성 아이태산)에 닿고, 남으로는 大漠(고비)을 건너게 되어, 돌궐 옛 땅을 모두 차지했다. 懷仁가한이 죽자, 그 아들 藥邏葛磨延啜이 가한이 되더니, 葛勒가한이라 불렀다.[377]

1~2세기경 상아로 만든 조각품. 타슈켄트가 실크로드의 교역로였음을 설명한다. 타슈켄트 박물관 소장. 필자 촬영

回紇 영역은 동쪽으로 흥안령 가까운 지역까지 미쳤으며, 서쪽으로는 신강성 아이태산이 포함될 정도로 북아시아의 전 지역이었다. 이때는 回紇 2대 可汗으로 葛勒가한 磨延啜이 즉위하였던 때이다. 이는 돌궐 시대의 종언을 알리는 이야기다.

돌기시에 있어서 伊里底蜜施骨咄祿毗伽의 可汗시대는 대략 8년 동안 지속되었던 것 같다. 그 후 돌기시의 새 가한이 즉위하였다.

> (天寶 8載) 秋 7월에 突騎施移撥을 十姓可汗으로 책봉하였다.[378]

천보년간에 들어와서 돌기시와 당의 관계에는 빈번하지 않다. 고구려 유민 출신 장군 고선지에 의해 토번 연운보가 제압되면서 토번 동북쪽의 석보성마저 당이 탈환하고 난 후에 얻은 자신감의 결과인지, 당은 돌기시이발을 十姓可汗으로 책봉할 정도로 적극적인 돌기시정책을 추진하였다.

그러나 돌기시 등 서역 제국이 당에 대한 조공을 게을리 하였을 때는 응징하는 방식으로 서역을 통제하였다.

> (天寶 9載 12월) 安西四鎭節度使 高仙芝가 거짓으로 石國과 화평조약을 맺고는 군사를 이끌고 습격하여, 그 石國王과 部衆을 사로잡아 돌아왔는데, 그 중에 늙고 약한 사람은 모두 살해하였다. 고선지는 성격이 탐욕스러워 瑟瑟[379] 10斛과 5~6

377) 『資治通鑑』 권215, 「唐紀」31 玄宗 天寶 4載 正月조, 6863쪽, "回紇斥地愈廣, 東際室韋, 西抵金山, 南跨大漠, 盡有突厥故地. 懷仁卒, 子磨延啜立, 號葛勒可汗".

378) 『資治通鑑』 권215, 「唐紀」31 玄宗 天寶 8載조, 6897쪽, "秋 七月, 冊突騎施移撥爲十姓可汗".

마리의 낙타로 실을 분량의 황금을 약탈하여 빼앗고, 나머지 사람과 말, 그리고 여러 가지 물건도 그만큼이 었는데, 모두 그 집으로 들여갔다.[380]

B.C. 6~7세기 골호. 타슈켄트 박물관 소장. 필자 촬영

천보 9재(750) 고선지가 석국을 정벌한 것은 당에 조공을 게을리 했기 때문이다. 게다가 서돌궐 沙鉢羅可汗 賀魯와 아들 咥運이 소정방의 副將 蕭嗣業에 쫓길 때 석국으로 도망했던 사실은 중요한 의미가 있다.[381] 바꾸어 말하면 석국이 당에 대해 康居都督府로서 충성할 생각이 많지 않았음을 서돌궐이 잘 알고 있다는 이야기다. 그 외에 석국이 서방에서 새롭게 부상하는 세력 大食과 어느 정도 연결되었을지 모른다. 아무튼 안서절도사 고선지의 중요 임무 가운데 하나가 서역 제국의 당에 대한 조공 감독이다.

천보 9재(750) 12월 고선지는 당나라 군사를 몰고 오늘날 키르기스스탄 대평원을 가로질러 타슈켄트로 달려갔다. 석국이 당에 대해 조공을 게을리 한 것과 아랍세력과 연합해 안서사진 공격 음모를 사전에 차단하려는 군사작전이었다. 일찍부터 석국은 실크로드의 교차점에 위치해 중개무역이 발달하였

379) 張揖의 『廣雅』에 의하면 슬슬은 푸른 빛깔의 珠玉을 말한다.

380) 『資治通鑑』 권215, 「唐紀」31 玄宗 天寶 9載 12月조, 6901쪽, “安西四鎭節度使高仙芝僞與石國約和, 引兵襲之, 虜其王及部衆以歸, 悉殺其老弱. 仙芝性貪, 掠得瑟瑟十餘斛, 黃金五六橐駝, 其餘口馬雜貨稱是, 皆入其家”.

381) 『舊唐書』 권4, 「高宗紀」 顯慶 2年 正月 ; 3年 2月조, 76~78쪽 ; 『舊唐書』 권83, 「蘇定方傳」 賀魯及咥運조, 2778~2779쪽.

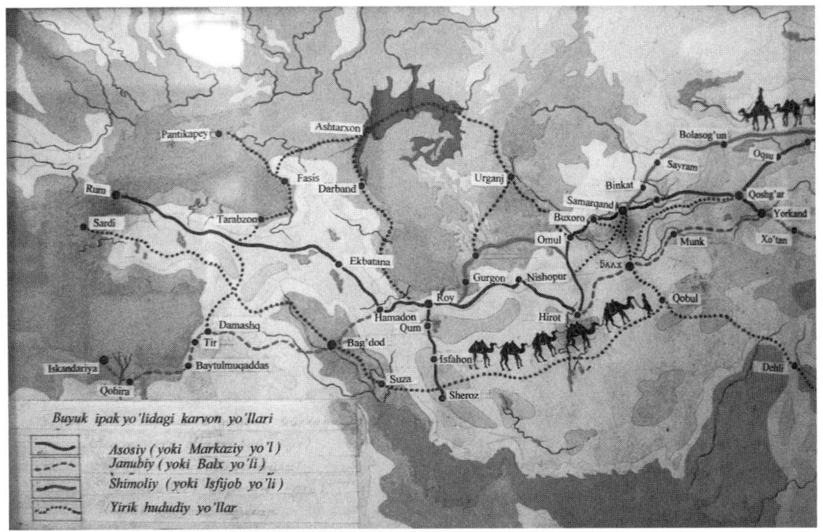

고대 사마르칸트를 중심으로 한 무역로. 사마르칸트 박물관 소장. 필자 촬영

다. 한편 서아시아에서 정교일치를 표방하는 이슬람세력이 동방으로 급속히 팽창하는 상황에서, 석국이 당을 배반하고 아랍과 연합하게 되면서부터 석국은 고선지에게 뜨거운 감자가 되었다.

현재 우즈베키스탄의 3대 도시는 수도 타슈켄트와 사마르칸트, 부하라다. 필자가 타슈켄트에서 확인한 것 중 하나는 아랍권이 부하라(安國)를 점령하게 되자, 석국이 당에 대해 조공을 끊어버렸다는 사실이다. 부하라는 타슈켄트처럼 동서교역에서 매우 중요한 지점이라 엄청난 부를 축척하였다. 이로 인해 부하라는 이슬람 세력으로부터 많은 공격을 받았고, 그 결과 철저하게 파괴되었으며, 부하라에 살던 귀족들이 피난하자, 부하라는 이슬람 세력의 동방진출 전진기지로 전락하였다.

그러나 고선지가 747년 토번 정벌에 성공하여 중앙아시아와 서아시아 72국이 당에 조공하게 되면서 상황은 역전되었다. 이때 석국도 생존을 위해 다시 당에 조공하였다. 이슬람이 부하라를 발판으로 그 세력을 일시나마 동쪽으로 확장시켰으나 고선지의 토번 연운보 함락으로 아랍의 동방진출 정책은 후퇴하였다. 지금도 그 옛날의 영화를 알려 주듯이 사마르칸트 못지않

우즈베키스탄의 타슈켄트 국립대학 교수와 함께 고선지에 대해 학술토론

게 많은 유물이 남아있는 곳이 부하라다.

이보다 앞서 안서절도사 고선지는 천보 9재 2월에 朅師國을 공격하여 朅師王 勃特沒을 생포하였고[382] 석국왕과 부중을 포로로 할 정도로 대승을 거두었다. 이는 고선지가 파미르 고원의 서쪽 모든 나라를 장악하였다는 이야기다. 그런데 이때 놀라운 사실은 앞의 지적처럼 2월에 힌두쿠시 산맥 서쪽 걸사국 안의 토번 주둔군을 섬멸하였음과 같은해 동시에 석국을 정벌하였다는 것이다. 절도사의 주 임무가 주변국으로부터 오는 조공 관장이다. 이를 설명하는 사실은 747년에 당 현종이 고선지에게 토번을 정벌하도록 명령한 사실이다. 정벌의 이유는 안서도호의 西北 20여 국이 당에 조공하지 않고 토번에 조공하였기 때문이다.[383] 고선지의 토번 정벌 이전에 안서도호는 무려 세 차례나 토번을 공격했으나 모두 실패하였다. 고선지 군사가 석국뿐 아니라 오랑캐 아홉 나라와 더불어 당에 배반한 돌기시를 모두 격파한 이유는 무엇인가. 이는 돌기시와 서역 아홉 나라도 당에 대해 조공하지 않았기 때문이다. 그렇다면 조공은 당에 대해 단순히 예물 바치는 행사가 아니다. 그 이상의 의미가 함축된 충성 서약이다.

사마광의 주장대로라면 위의 사실은 고선지가 독자적으로 석국을 침공해 석국에서 瑟瑟 十餘斛과 그 외에 많은 황금을 약탈했을 뿐 아니라 석국의

382) 『資治通鑑考異』 권14, 「唐紀」 (天寶)9載2月 高仙芝조(1983, 『景印文淵閣四庫全書』 311冊, 臺灣商務印書館), 149쪽,

383) 『文獻通考』 권335, 「大勃律傳」 故西北二十餘國조, 2632쪽.

늙고 약한 사람을 마구 살해한 불한당이었음을 뜻한다. 그런데 사마광의 주장은 어불성설이다. 하나는 고선지가 석국을 정벌할 때, 동시에 당 현종이 關西遊弈使 王難得으로 하여금 토번의 五橋와 樹敦城을 탈취하게 했다는 사실이다.[384] 간단히 말해 당은 고선지에게 석국정벌을 명함과 거의 동시에 장안 부근의 특수부대 사령관인 관서유혁사를 청해로 급파해 토번을 침공하게 하면서 토번에 의한 안서사진 공격을 차단시켰다. 이는 고선지 장군의 석국정벌의 장애 요인을 제거한 작전이라 평가할 수 있다. 아무튼 고선지 장군이 자의로 석국을 정벌하였다는 사마광의 논리는 고구려 유민 고선지 장군을 폄하하려는 궤변이다. 둘째는 석국(타슈켄트) 부근에 瑟瑟이 없다는 사실이다. 그 이유는 胡三省이 말한 것처럼 슬슬은 碧珠인데, 오늘날 타슈켄트 주변에서 그곳 사람들의 증언에 의하면 옛날부터 벽주가 생산된 곳이 없다는 사실을 필자가 두 번에 걸친 현지답사를 통해 확인했다.

그렇다면 이는 다만 고선지를 재물에 눈이 어두운 나쁜 인물로 매도하려는 고대 중국 사가의 역사왜곡이다. 이렇게 강하게 부정하는 이유는 고선지가 安西四鎭節度使가 된 후에 그가 고구려 유민이라는 사실로 부하들이 명령을 듣지 않을 뿐 아니라 부하들의 험구 대상이었기 때문이다. 이런 상황이라 고선지는 자신의 부하들을 야단치고 회유할 때 엄청난 재물을 주어서 그들의 마음을 돌렸다. 그뿐 아니다. 고선지는 재물을 요구하면 묻지도 않고 주었던 그런 인물이다. 司馬光은 단지 고구려 유민이 西域을 제압한 사실 하나로도 기분이 언짢아하는 그런 소인배 유학자다.[385] 사마광 주장처럼 고선지가 금은보화를 자신의 집으로 가져갔다는 사실을 믿는 사람이라면 사마광은 그 시대가 어떤 시대인줄 모르는 그런 어리석은 인물에 불과하다는 증거이다. 고선지가 자신의 집으로 금은보화를 가져갔다면 당 현종이 그를 살려두지 않았을 것이라는 것은 삼척동자도 아는 이야기다. 고선지를 폄하한 『舊唐書』의 찬자나 사마광 모두 황제권력이 무소불위라는 사실을 모르는 척하면서 고선지를 깎아 내리려는데 혈안이 되었다. 이렇게 사마광을 비판하는 이유는 고선지

---

384) 『資治通鑑』 권216, 「唐紀」32 玄宗 天寶 9載 12月 關西遊弈使王難得조, 6901쪽.

385) 池培善, 2000, 「고구려인 高仙芝(1)－對 토번 정벌을 중심으로－」, 317~319쪽.

가 죽임을 당하였을 때 안녹산 반군에게 太原倉 관물이 넘어가는 것을 막으려고 고선지가 관물을 부하들에게 가져가게 하고 남는 것을 태워버렸다는 사실을 모르는 척하기 때문이다. 도리어 고선지가 도적질했다는 죄목을 만들어 죽인 사실을 사마광이 정말 몰랐었는지 반문하고 싶다. 게다가 고선지가 법을 지키는데 사사로운 감정을 개입시킨 적이 없는 인물이라고 胡三省이 극찬했던 것과[386] 비교하면 사마광의 고선지에 대한 생각은 그 정반대였다.

천보 9재에 고선지가 朅師國왕 勃特沒과 石國왕을 사로잡고 개선했던 상황을 고려한다면 고선지가 그즈음 대식을 공격할 가능성은 충분하다. 이에 대해 『太平廣記』에 '고선지가 대식을 정벌하여 訶黎勒을 얻었는데, (그 나무 잎) 크기가 5~6촌이다'[387]는 기록을 주목하고 싶다. 그 이유는 고선지 장군이 大食을 토벌하러 가서 쌍떡잎식물의 사군자과의 낙엽교목 訶黎勒을 얻은 구체적인 사실을 기록했기 때문이다. 오늘날 가려륵은 가리륵이라고 하여 이질과 거담약으로 사용하며, 원산지는 인도북부와 미얀마라고 하는 사실로 보아 大食에도 분포되었으리라 본다. 고선지는 訶黎勒을 심히 귀하게 여겼다고 한다. 그러나 무엇보다 중요한 사실은 고선지 장군이 대식까지 공격했다는 점이다.

천보 10재(751) 正月에 安西節度使 고선지는 入朝하여 포로로 잡은 토번과 서역의 대수령과 왕들을 현종에게 바쳤다.[388] 이에 관한 사실이 『冊府元龜』에 소상하게 기록되어 있다.

> 天寶 10載 고선지가 突騎施可汗, 토번 大首領 및 石國왕과 왕비(可敦) 및 羯師를 사로잡아서 황제에게 바쳤다. 황제는 勤政樓에서 군신들과 함께 있으면서 그들을 불러들였다.[389]

---

386) 『資治通鑑』 권216, 「唐紀」32 玄宗 天寶 6載 軍中畏之惕息조의 胡三省註, 6888쪽.

387) 『太平廣記』 권414, 「香藥」 '訶黎勒'(1983, 『景印文淵閣四庫全書』 1046冊, 臺灣商務印書館), 116쪽, "高仙芝伐大食, 得訶黎勒, 長五六寸".

388) 『資治通鑑』 권216, 「唐紀」32 玄宗 天寶 10載 正月조, 6904쪽.

389) 『冊府元龜』 권434, 「將帥部」95 '獻捷'高仙芝爲西安(安西)四鎭節度使조, 5158쪽, "天寶十載, 仙芝生擒突騎施可汗, 吐蕃大首領及石國王并可敦及羯師來獻帝, 御勤政樓會群臣引見".

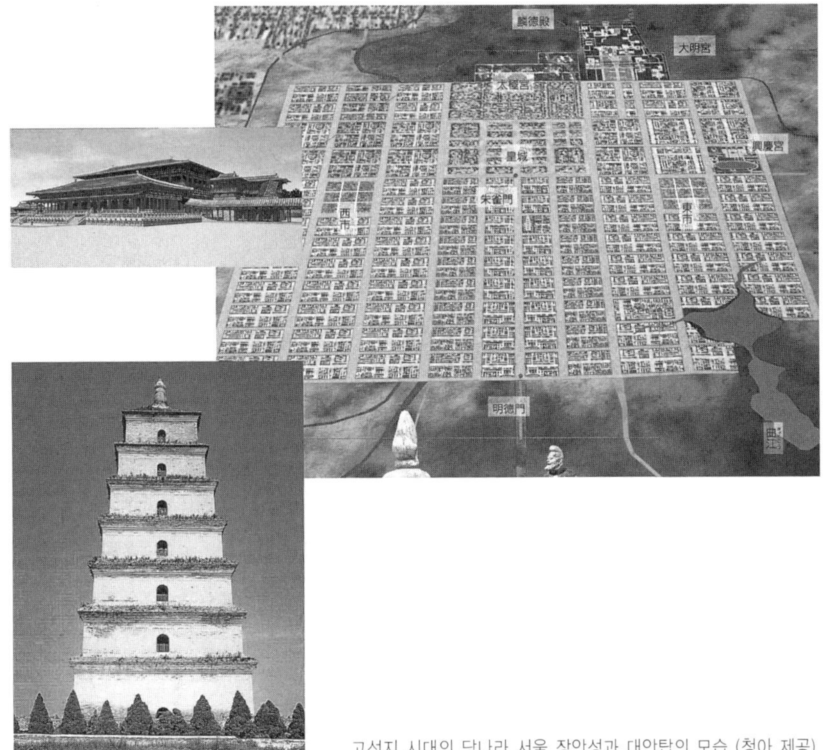

고선지 시대의 당나라 서울 장안성과 대안탑의 모습 (청아 제공)

천보 10재 정월 戊申에 안서사진절도사 고선지는 서역 평정 후 돌기시가한을 비롯해, 그 지역 왕과 수령 모두를 잡아 현종에게 바쳤다.[390] 고선지 장군은 돌기시가한·토번추장·석국왕과 왕비·걸사(羯帥)왕을 장안성의 勤政樓에서 현종에게 바쳤다.[391] 이는 돌기시·토번·석국·갈수 등이 조공을 게을리 해서 안서사진절도사 고선지가 그 지역 평정 후 그 지역의 왕과 왕비 및 可汗을 관례대로 황제에게 전리품으로 바친 것이다. 한 예를 들면 開元 18년 磧西節度使 개가운이 개선해 吐火仙可汗을 황제에게 바치니, 그 포상으로 개가운이 새 관작을 받았다.[392] 위 사료는 고선지가 서역의 突騎施可汗·타클라마칸 사막

---

390) 『玉海』 권191, 「獻俘」 天寶10載 正月 戊申조, 72쪽.

391) 『冊府元龜』 권434, 「將帥部」95 '獻捷'高仙芝爲安西四鎭節度使조, 5158쪽,

392) 『冊府元龜』 권434, 「將帥部」95 '獻捷' 蓋嘉運爲磧西節度使조, 5158쪽.

이남의 吐蕃酋長·오늘날 우즈베키스탄의 타슈켄트에 있던 石國王·護密國과 인접한 朅師王 勃特沒을 당 현종에게 바친 것은 중앙아시아 지역에서 당에 대항하는 나라를 모두 정벌하였다는 뜻이다. 朅師王 勃特沒은 安西절도사 고선지가 750년 2월에 고선지의 '제2차 파미르 원정'에서 포로가 되었다.[393] 이와 같은 전공의 대가로 고선지는 당으로부터 開府儀同三司를 제수 받았던 것이다.[394]

위의 『冊府元龜』 사실 가운데 唐朝의 신하들과 함께 있던 勤政樓에서 고선지가 석국왕과 왕비 등을 현종에게 바친 사실을 주목할 필요가 있다. 이는 석국왕을 唐朝에 인계한 곳이 장안성 내 근정루였다는 의미다. 이후 당은 장안성 開遠門 밖에서 석국왕을 참살하였다. 이는 석국왕을 죽인 것이 고선지가 아니라 당 조정이라는 사실을 밝히는 중요한 근거가 되는 대목이다. 이를 필자가 짚고 넘어가는 이유는 간단하다. 서양의 많은 서역 연구자들이 아무 근거 없이 석국왕은 고선지에 의해 죽임을 당하였다고 주장하기 때문이다.

위에서 고선지가 장안 근정루에서 당 현종에게 바친 돌기시가한은 천보 8재 7월에 당이 10성가한으로 책봉한 移撥인 것 같다. 751년 정월에 장안으로 잡혀온 石國왕자가 탈출하여, 이러한 사실을 알림으로 그 유명한 탈라스 전투가 벌어졌다. 이때의 사실을 『자치통감』은 다음과 같이 전한다.

> 고선지가 石國(중앙아시아 Tashkent)왕을 포로로 잡으면서, 石國왕자는 도망하여 여러 胡族들에게로 달려가서, 고선지가 거짓으로 유혹하고 탐욕스러운데다 포악스럽게 한 상황을 모두 알렸다. 여러 胡族들이 모두 분노하며, 몰래 大食[395](시리아 다마스쿠스)을 이끌고 함께 四鎭[396]을 공격하고자 하였다. 고선지가 이 소식을 듣고, 蕃과 漢으로 구성된 3만의 무리를 이끌고 大食을 치고자 700여 리를 깊게 들어가니 怛羅斯城(怛邏斯城, 중앙아시아 카자흐스탄 Dzhambul)에 이르러서 大食

---

393) 『資治通鑑』 권216, 「唐紀」32 玄宗 天寶 9載 2月 安西節度使高仙芝破朅師조, 6898쪽.

394) 『資治通鑑』 권216, 「唐紀」32 玄宗 天寶 10載 正月 加仙芝開府儀同三司조, 6904쪽.

395) 大食은 이슬람교 창시자 마호메트(570?~632년)의 이슬람제국을 말한다. 중국에서는 이슬람교를 回回教라 하고 아랍인을 大食國人이라 한다.

396) 이때 四鎭은 龜玆(신강성 고차현), 焉耆(신강성 언기현), 疏勒(신강성 객십), 于闐(신강성 화전)을 말한다.

사람들과 마주쳤다. 서로 버티며 닷새 동안 지켰는데, 葛羅祿(중앙아시아 액이제사하 유역)部의 병사들이 반란을 일으켜 大食과 더불어 唐軍을 협공하였으므로 고선지가 대패하여 사졸들은 죽어서 거의 없어졌고 남은 병사는 불과 수천 명이었다.[397]

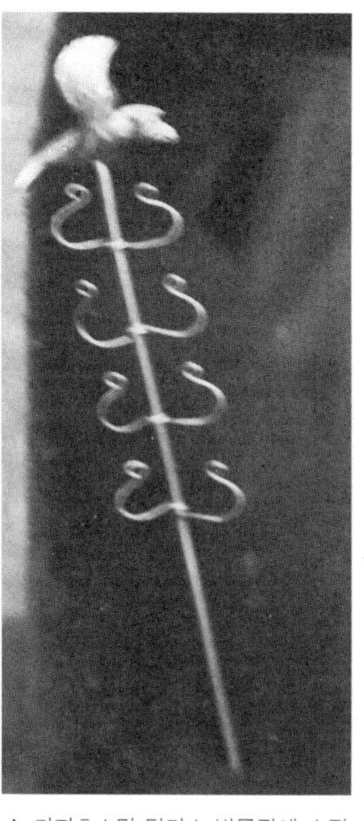

▲ 카자흐스탄 탈라스 박물관에 소장되어 있는 관 장식. 신라금관의 出字 모양에서 문화의 전파를 엿볼 수 있다.
▶ 오른쪽은 카자흐스탄 알마티 박물관의 황금 유목민 전사

동서교섭사에서 주목을 받았던 탈라스 강 서쪽의 탈라스城(怛羅斯城)에서[398] 고선지와 사라센 제국과의 싸움에 관한 『자치통감』의 기록으로,[399] 천보 10재(751) 7월[400] 말경부터 5일간의 전투 내용을 서술한 것이다.[401] 또 이 탈라스 전투는 750년 우마이야 왕조를 멸망시킨 압바스 왕조의 이슬람군이 당군과 격돌한 것이다.[402] 그런데 이때를 康樂은 무슨 이유인지 天寶 8載 사건이라고 하였다.[403] 이는 康樂의 실수인 듯싶다. 그때 상황은, 고선지 장군이

397) 『資治通鑑』 권216, 「唐紀」32 玄宗 天寶 10載 4月조, 6907-6908쪽, "高仙芝之虜石國王也, 石國王子逃詣諸胡, 具告仙芝欺誘貪暴之狀. 諸胡皆怒, 潛引大食欲共攻四鎮. 仙芝聞之, 將蕃·漢三萬衆擊大食, 深入七百餘里, 至怛羅斯城, 與大食遇. 相持五日, 葛羅祿部衆叛, 與大食夾攻唐軍, 仙芝大敗, 士卒死亡略盡, 所餘纔數千人".

398) 『通典』 권193, 「邊防」9 '石國傳'에 인용된 杜環의 『經行記』의 其川西頭有城조, 5276쪽.

399) 『資治通鑑』 권216, 「唐紀」32, 玄宗 天寶 10載 夏四月조의 胡三省註, 6907쪽.

400) 『新唐書』 권5, 「玄宗本紀」 天寶 10載 7月조, 148쪽 ; René Grousset(Translator : Naomi Walford), "The Collapse of T'ang Domination in Central Asia", *The Empire of the Steppes a History of Central Asia*, p.120.

401) Christopher l. Beckwith, 1987, "T'ang China and the Arabs", *The Tibetan Empire in Central Asia*,(Princeton Univ., Press), p.139.

402) 李熙秀, 2000, 「위그르 제국」, 『터키史』, 대한교과서주식회사, 106쪽.

403) 康樂, 1976, 「版圖定型時期」, 『史原』 7, 80쪽.

탈라스 전투에서 희생된 당과 이슬람 전사자들의 고분군

石國을 정벌하고 입조하여 현종으로부터 開府儀同三司를 제수 받고 난 후, 반년 정도 지난 뒤의 사건이다. 그런데 이 전쟁은 당과 아랍연합세력 간의 최초의 전쟁이라 몇 가지로 원인을 분석하고 싶다.

첫째는 사라센 제국이 주축이 된 서아시아의 여러 나라와 당과의 전쟁이다. 석국왕이 포로가 된 사실을 石國왕자가 주변 국가에 알렸던 게 일의 발단이다.[404] 그 결과 서아시아 제국 연합군이 고선지가 지휘하는 군과 충돌하였다. 그런데 이때 서아시아의 군대는 주로 사라센 제국의 병사들이었으며, 그들은 대규모였다. 이와 같이 추정하는 이유는 사라센 제국에서 머나먼 당의 안서사진을 공격하겠다는 목표를 설정하였다는 사실에서 어느 정도 짐작할 수 있다. 당시는 신흥 사라센 제국이 부상할 무렵이었다.

둘째는 大食의 공격을 대비하여 고선지가 蕃·漢의 무리 3만이나 되는 군대를 동원하였다는 점이다. 고선지가 토번을 정벌할 때 불과 1만의 군사를 거느렸다

404) René Grousset(Translator : Naomi Walford), 1999, "The Chinese in The Pamirs, 747-750", *The Empire of the Steppes a History of Central Asia*(Rutgers University Press), p.119.

는 사실과 비교하면, 그 규모는 매우 크다. 이는 고선지가 서아시아 여러 나라의 군대와 전쟁을 벌인다는 사실을 심각하게 받아들였던 증거다. 물론 전에 고선지는 1만의 병사를 거느리고도 그 험악한 산중의 토번 위성국가 소발률국 정벌에 성공하였다. 그런데 『舊唐書』의 「李嗣業傳」에서 사라센 제국의 안서사진 공격을 사전에 차단하기 위하여 사라센을 향하여 진격할 때 고선지 장군이 거느린 사졸의 수를 앞의 기록과 다르게 2만이라고 언급하였다.[405] 호삼성 註에 의하면 사라센의 공격을 차단하기 위하여 고선지 장군이 지휘하였던 군사의 수가 6만이었다고 한다.[406] 또 『通典』에서는 탈라스 전투에서 7만이나 되는 당나라 군대가[407] 모두 다 죽었다고 기록하고 있다. 이처럼 아랍연합국의 군대와 조우하였던 고선지 휘하 군사 수에 관한 기록이 제각각이다.[408] 당시 안서사진에 소속된 병사가 불과 2만 4천이며,[409] 말은 2천 7백 필밖에[410] 되지 않았기 때문에 탈라스 전투에 참가한 唐軍에는 黑姓突騎施를

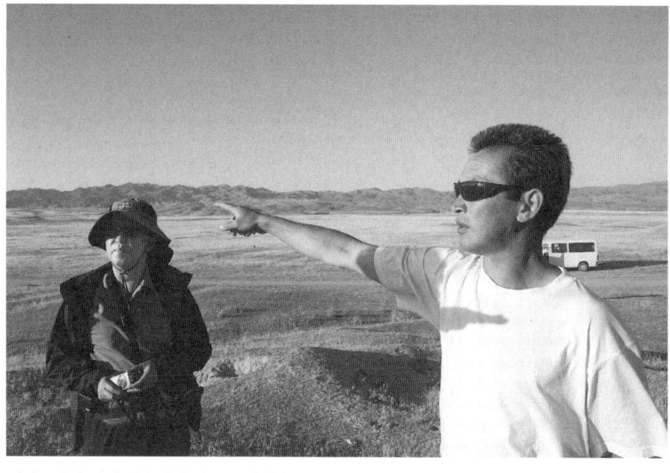

탈라스에서 당과 이슬람이 전투를 벌였던 격전의 현장을 설명하는 키르기스스탄 향토사학자

---

405) 『舊唐書』 권109, 「李嗣業傳」 仙芝懼조, 3298쪽 ; 『新唐書』 권138, 「李嗣業傳」 仙芝率兵二萬深入조, 4616쪽.

406) 『資治通鑑』 권216, 「唐紀」32 玄宗 天寶 10載 4月, 高仙芝之虜石國王也조의 胡三省註, 6907쪽.

407) 『通典』 권185, 「邊防」1 我國家開元, 天寶之際에 인용된 杜環의 『經行記』, 高仙芝伐石國, 於怛邏斯川七萬衆盡沒조, 4980-4981쪽 ; 諏訪義讓, 1942, 「高麗出身高仙芝事蹟攷」, 『大谷大學硏究年報』 1, 209쪽 ; 정수일, 「씰크로드를 통한 교류의 역사적 배경」, 187쪽.

408) 『通典』 권185, 「邊防」1 我國家開元, 天寶之際에 인용된 杜環의 『經行記』, 4980~4981쪽.

409) 『資治通鑑』 권215, 「唐紀」31 玄宗 天寶 元年 是時의 兵二萬四千조, 6847쪽.

410) 『舊唐書』 권38, 「地理」1 安西都護府治所조, 1385쪽 ; 『資治通鑑』 권215, 「唐紀」31 玄宗 天寶 元年 正月 安西節度撫寧西域조, 6847쪽 ; 孫金銘, 1960, 「唐代兵制」, 『中國兵制史』, 臺北 : 陽明山莊印, 106쪽 ; 嚴耕望, 1969, 「唐代篇」, 『唐史硏究叢稿』, 香港 : 新亞硏究所, 6쪽.

위시하여 蕃軍이 다수 가세하였다.[411] 그렇다면 고선지가 지휘하였던 탈라스 전투에 참가한[412] 蕃·漢의 병사 수는 대략 7만 정도였을 듯싶다. 이와 같이 추정하는 까닭은 아랍측 사료에 의하면 사라센이 이때 중국 병사 5만을 죽이고 2만을 포로로[413] 하였다는 사실에서 유추 해석이 가능하기 때문이다.[414] 그렇다면 탈라스 강가에서 고선지 장군이 잃은 사졸의 수가 무려 7만 이상이었다는 사실은[415] 무엇을 뜻하는가. 이는 고선지가 탈라스 강으로 진격하면서 사진절도사의 지휘를 받는 서역 군사가 합류하였을 가능성이 높기 때문이다. 한 예를 든다면, 고선지 장군이 토번을 정벌할 때, 五識匿國 왕 跌失伽延이 고선지를 따라 참전했던 경우가,[416] 위의 사실에 대한 보충자료가 될 것 같다. 그런데 宮崎市定에 의하면 당의 고선지가 7만 5천의 대군을 거느리고 나가 싸우다가 대패하여 도망쳤다는 주장도 있다.[417]

셋째는 고선지가 사라센 제국이 주축이 되어 安西의 四鎭에 대한 공격을 차단하기 위하여 大食을 향하여 무려 7백여 리나 깊숙이 진격하여 들어갔다는 점이다.[418] 적진 깊숙이 진격하는 것은 고선지의 전법 중의 하나다. 그 결과 고선지는 석국 동북에 위치한 달라사성까지 진격하였다.[419] 이를 고선지의 제2차 석국 정벌이라 표기하는 게 좋을 것 같다. 그런데 여기서 주목하는 것은 사라센 제국이 중심이 되어서 안서사진을 공격하겠다는 사실을 안서에서 어떻게 알았는가 하는 점이다. 물론 석국을 정벌하고 나서 고선지 휘하의

---

411) 前嶋信次, 1971, 「タラス戰考」, 『東西文化交流の諸相』, 東京 : 誠文堂, 188~189쪽.

412) Victor Cunrui Xiong, 2000, "Residential Quarters", *Sui-Tang Chang'an*(Ann Arbor : The University of Michigan), pp.222~223.

413) 前嶋信次, 「黑旗·黑衣の時代」, 189쪽.

414) 前嶋信次, 「タラス戰考」, 189쪽 ; 大庭脩, 1981, 「製紙法の西傳」, 『シルクロードの文化交流』, 京都 : 同朋舍, 77쪽.

415) 田坂興道, 1964, 「唐宋時代の中國における回教徒」, 『中國における回教の傳來とその弘通』, 東京 : 東洋文庫, 343~344쪽.

416) 『新唐書』 권221하, 「西域傳」 '識匿' 天寶 六載조, 6254쪽.

417) 宮崎市定, 1994, 「大唐帝國」, 『世界の歷史7, 大唐帝國』, 東京 : 河出書房新社, 370쪽.

418) 余太山, 1996, 「唐代西域」, 『西域通史』, 中州古籍出版社, 186쪽 ; 江應梁, 1990, 「突厥」, 『中國民族史』, 北京 : 民族出版社, 167쪽.

419) 『新唐書』 권135, 「高仙芝傳」 其王子走大食조, 4578쪽.

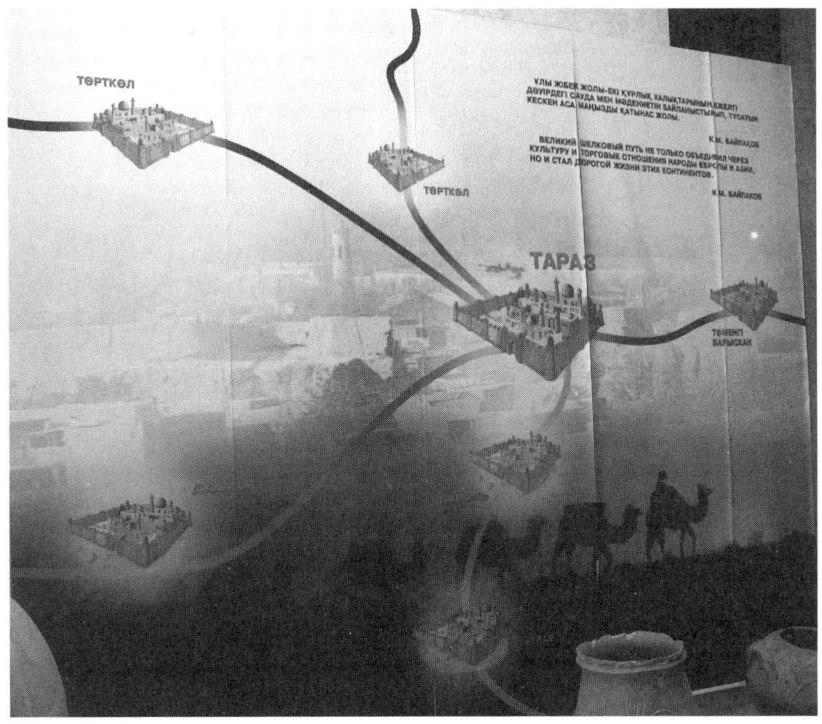

탈라스(TAPAB) 성이 8세기경 전략적 요지였음을 설명해주는 그림. 탈라스 박물관 소장, 필자 촬영

일대를 석국에 주둔시켜서 주위 국가에 대한 동정을 살폈기 때문에 위의 사실을 알았을 것이다. 그렇지 않으면 그때 안서에서 나름대로의 정보 수집망을 활용하고 있었다고 생각할 수도 있다. 안서에서 서방세계의 동정을 파악하기 위하여 나름대로 정보망을 갖고 있다는 사실을 확인한 셈이다.

넷째는 고선지 장군이 탈라스 성에서 군대의 전열을 정비할 시간적인 여유가 없었다는 점이다. 고선지가 漢兵 3만을 거느리고 7백여 리나 깊숙이 들어갔기 때문에 군대는 지친 상태였다. 그렇다고 고선지가 사라센의 군대와 무모한 전쟁을 하였다는 말은 아니다. 정확히 표현하면 고선지는 사라센 군의 움직임이 그렇게 빠르게 전개될 줄 전혀 예측하지 못하였다. 이와 같이 추론하는 이유는 셋째에서 지적한 것처럼 고선지는 석국의 서북이 아닌 동북의 탈라스 성에 당도하면 전열을 정비할 시간적인 여유가 있으리라

계산하였던 게 분명하기 때문이다. 즉 탈라스에서 고선지가 토번을 정벌할 때처럼 三分法과 같은 공격대형 작전을 사용하지 못하였다. 또 다른 이유는 탈라스 강에서 원정으로 지친 병사들의 전열을 정비할 구상을 고선지 장군이 하였을 가능성도 충분하다. 그렇다면 고선지 장군이 석국의 제2차 정벌에 3만이나 대군을 동원하면서 이런 삼분법을 사용하지 않은 탈라스 성에서 삼분법을 사용하려고 계획하였던 게 아닌가 싶다. 그러나 사라센 군이 고선지의 기민한 전략 전술을 알고 이에 대응하는 군사작전을 너무 빨리 시작하였기 때문에 그만 허를 찔렸다.

다섯째는 고선지 휘하에서 당나라 군사와 연합을 가장한 케르룩(葛羅祿, 葛邏祿) 부중의 拔汗那(Fergana)가 난데없이 진영 안에서 반란을 일으켰다는 점이다.[420] 이미 당군이 탈라스 성에서 五日 동안이나 사라센 군과 대치하는 중에 발생하였기 때문에 이 사건은 말할 수 없는 큰 타격을 주었다.[421] 케르룩 부중은 사라센 군과 사전 각본에 따라서 고선지 부대를 협공하였던 것 같다.[422] 이는 고선지 장군이 활용한 정보망이 위장된 케르룩(Qarluqs=Karluks) 部衆에 관한 정보를 사전에 탐지하지 못한 것을 뜻한다.[423] 정확히 표현한다면 이때 이미 당은 주변민족에 대한 통제력을 상실해 가는 과정에서 발생된 우연한 사건이라고 말할 수 없다.[424] 당시는 石國의 왕자가 아랍국가를 순회하며 구원을 요청하였을 때, 석국에서 멀지 않은 사라센이 적절한 기회를 포착하여 安西四鎭의 고선지 부대를 제압하겠다는 비책을 갖고 있던 상황이다. 다시 말해 고선지가 石國을 평정한 후부터, 위장된 케르룩의 무리를 당의 군대와 합류시키려는 각본을 사라센 제국이 갖고 있었던 단계다. 그렇다면 석국 왕자가 구원병을 요청하기 이전에, 사라센 제국이 이를 예상하였을 것 같다.

420) 閔泳珪, 1965, 「高仙芝-파미르 西쪽에 찍힌 韓國人의 발자국」, 『新天地』 1963, 8-7, 76쪽,

421) 『資治通鑑』 권216, 「唐紀」32 玄宗 天寶 10載 4月, 與大食夾攻唐軍조, 6908쪽 ; 嚴耕望, 「怛邏斯之役」, 『中國戰史論集』1, 16쪽.

422) 貝塚茂樹, 1976, 「大唐帝國の最盛期」, 『貝塚茂樹著作集,中國の歷史』 8, 東京 : 中央公論社, 229쪽.

423) Christopher l. Beckwith, *op. cit.*, p.126.

424) Kenneth Scott Latourette, 1934, "Reunion and Renewed Advance : The Sui(A.D.589-618) and T'ang(A.D. 618-907) Dynasties", *The Chinese Their History and Culture*, Vol One(New York : The Macmillan Company), p.198.

영토 확장에 열을 올리던 사라센 제국이, 고선지의 토번 정벌을 익히 알고 있었기 때문에 정면 승부가 어렵다는 사실 또한 알고 있었다. 고선지가 토번 정벌을 성공하자, 사라센도 기회를 놓치지 않고 당에 조공한 나라가 아닌가! 케르룩 부중의 복병이 도사리고 있었기 때문에 고선지가 패배할 수밖에 없었다는 사실을 레그(Stuart Legg)는 몰랐던 모양이다.[425] 케르룩 무리가 적과 내통하고 있다는 사실을 몰랐던 고선지 장군의 군대의 대패는 어쩔 수 없었다는 諏訪義讓의 견해에 필자도 동의한다.[426]

여섯째는 탈라스 성에서 발생한 케르룩(葛羅祿) 부중의 고선지 장군에 대한 반란이다. 이에 대하여 高永久는 北庭에 거주하였던 케르룩이 回紇과 함께 당의 적국이 되어 행동하였던 것과 유관하다고 주장하였다.[427] 이 高永久의 주장은 옳다. 왜냐하면 回紇과 민족적으로 같은 케르룩 군대가 당에 대하여 반기를 들 가능성이 매우 높았기 때문이다. 이를 사라센이 모를 리 없다. 따라서 사라센은 케르룩 부중을 끌어들여 고선지 부대로 보내어, 그들로 하여금 고선지 부대의 진영 안에서 협공하도록 밀약하였을 가능성이 있다. 이와 같이 추정하는 이유는 고선지가 石國 정벌을 위해 탈라스로 향한 사실을 어떻게 사라센이 알았나 하는 문제를 제기할 수 있기 때문이다. 고선지가 휘하 기병을 거느리고 석국을 공격하려 할 때 직선루트가 아닌 우회 루트를 이용하였는데 이는 사라센이 탈라스를 공격했기 때문이다. 달리 말해 탈라스는 석국의 서북쪽으로 250여㎞나 떨어졌기 때문이다. 747년에 고선지가 토번 연운보를 공략할 때 護密國까지 들어갔다 우회한 방법과 흡사하다. 물론 그때 고선지가 호밀국을 간 이유는 보급품 확보와 후방의 안정을 구축하겠다는 전략이었다. 고선지가 석국 정벌을 위해 공격로를 우회한 것은 사전에 주변을 평정하기 위한 의도도 있었겠지만 그보다 우회로를 통해 석국을 기습공격하려는 목적이 컸다. 그렇다면 고선지가 탈라스에서 사라센 군사와 충돌한 것은 사라센에 의한 중도 기습이다. 바꾸어 말해 고선지의 이런 진격 루트를 사라센

425) Stuart Legg, 1970, "Blue Sky and Grey Wolf", *The Heartland*(London : Secker & Warburg), p.173.
426) 諏訪義讓, 1942, 「高麗出身高仙芝事蹟攷」, 206쪽.
427) 高永久, 1994, 「關于葛羅祿與回鶻的關係問題」, 『西北民族研究』 2, 75쪽.

에게 알린 인물이 있다는 이야기다. 이는 고선지에 의한 석국에 대한 기습공격 정보가 누설되어 도리어 고선지가 사라센에 의해 대파된 것을 의미하며, 즉 케르룩이 사라센과 내통한 결과라고 해석할 수 있다.

케르룩은 顯慶 3년(658)부터 세 도독부(陰山州都督府·大漠州都督府·玄池州都督府)에 나누어 살았던 부중이다.[428] 이와 같은 상황에서 전략 전술의 귀재인 고선지 장군도, 사라센 제국의 이런 계략에는 속수무책이었다. 그 결과 원정군이었던 고선지의 부대는 사라센의 계산처럼 참패하였다. 이때 고선지 부대에 살아남은 자가 수천 명에 불과하였다. 하지만 고선지 장군이 사라센 군대와 싸워서 전멸하다시피 한 이유를 작전 실패로 돌릴 수는 없다. 당 현종은 양귀비와의 사랑 놀음으로 정치에 관심이 없는데다가 조정은 환관 高力士와 욕심 많고 무능한 楊國忠 등이 전횡하였기 때문에 당의 서방민족에 대한 통제는 오직 고선지 장군의 전략에만 의지하였다. 이와 같은 당 조정의 분위기를 주변 민족들이 알아차리고 당과 대결할 기회를 엿보았다. 그 결과 고선지 군대내 유목부족의 반란으로 고선지 장군은 탈라스 河에서 아랍제국의 군대에 에워싸여 어쩔 도리 없이 참패하였다.[429]

일곱째는 고선지 장군이 늘 전쟁에 임하면서 고구려의 무사답게 용맹하였다는 점이다. 이는 고선지 열전을 인용하기보다는 「李嗣業 열전」의 내용을 보는 것이 이해에 도움이 된다.

> (石國의) 왕자가 재난을 피해 멀리 도망을 가서, 여러 오랑캐 국가에게 이러한 사실을 알렸다. 많은 오랑캐들은, 이를 분하게 생각하여, 大食과 연합을 모의하여, 장차 四鎭을 공격하고자 하였다. (이때) 仙芝는 (적의 이와 같은 움직임이) 두려워, 병사 二萬을 거느리고 오랑캐 땅으로 깊숙이 들어가 싸웠지만, 仙芝는 크게 패하였다.[430]

---

428) 『新唐書』 권43上, 志第33下 「地理」7下 陰山州都督府조, 1130~1131쪽.

429) Kenneth Scott Latourette, *op. cit.*, p.198 ; 金子修一, 2001, 「中國皇帝と周邊諸國の秩序」, 『隋唐の國際秩序と東アジア』, 東京 : 名著刊行會, 47쪽.

430) 『舊唐書』 권109, 「李嗣業傳」, 3298쪽, “其子逃難奔走, 告於諸胡國. 羣胡忿之, 與大食連謀, 將欲攻四鎭. 仙芝懼, 領兵二萬深入胡地, 與大食戰, 仙芝大敗”.

이는 고선지와 사라센 군대가 전투를 하였던 상황이다. 석국을 위하여 서아시아의 諸國이 사라센을 주축으로 연합하여[431] 唐의 안서사진을 공격하려 하자, 고선지가 두려워하였다는 사실은 앞뒤가 안 맞는다. 위의 기록처럼 고선지가 두려웠기 때문에 2만이나 되는 많은 병사를 이끌고 사라센 군대가 있을 것이라고 생각되는, 머나먼 그곳으로 진격하였다는 것은 논리가 안 맞는다. 오히려 서아시아의 제국이 사라센을 중심으로 공격해 오려 하자, 이를 제압하기 위하여 고선지 장군이 즐겨 쓰는 게릴라 전법으로 선제타격을 활용하였다고 표현하여야 옳다. 고선지 장군이 적진 깊숙이 진격하여 사라센을 중심으로 한 무리들을 섬멸하겠다는 작전을 전개하였다. 다시 말해 용맹한 고선지 장군이 서아시아 깊숙이 진격해 들어가다가 불시에 적과 조우하였다는 논리를 펴야 옳다. 한마디로 토번 정벌 때처럼 사라센 가까이 공격하여 들어간 것은 고선지 장군의 전략 전술이 어떤 것인지를 알 수 있던 작전이다. 그런데도 위의 「李嗣業傳」에서 고선지를 깎아 내리고 그의 부하인 漢族 출신 李嗣業을 치켜세우기 위하여 장군이 적진 깊숙이 진격하였던 것은 적이 두려웠기 때문이라고 앞뒤가 맞지 않는 사실을 기록하였다. 아무튼 이때 고선지 장군이 지휘한 무리 가운데 불과 수천 명만이 살아남을 정도로 大食에 의해 전멸당하였다.[432]

그런데 탈라스 전투 이후 西域의 패권을 사라센이 완전 장악한 것은 아니다.

> (天寶)12載(753)에, (突騎施) 黑姓部落은 登里伊羅蜜施를 세워 可汗으로 삼고, 이때 또 詔冊을 내렸다.[433]

742년부터 돌기시가한이 黑姓부락에서 나오는 전통이 753년에도 이어졌다.

---

431) Charles O. Hucker, 1975, "The Early Empire, 206 B.C.- A.D.960", *China's Imperial Past*(Stanford University Press), p.144.

432) 『舊唐書』 권109, 「李嗣業傳」 仙芝衆爲大食所殺조, 3298쪽 ; 『資治通鑑』 권216, 「唐紀」32 玄宗 天寶 10載 4月, 仙芝大敗, 士卒死亡略盡조, 6908쪽 ; 李書華, 1957, 「造紙的傳播及古紙的發現」, 『學術季刊』 6-2, 16쪽.

433) 『新唐書』 권215하, 「突厥傳」, 6069쪽, "十二載, 黑姓部立登里伊羅蜜施爲可汗, 亦賜詔冊".

천보 12재 9월, 甲辰에 당은 突騎施 黑姓可汗 登里伊羅蜜施를 돌기시가한으로 삼아 詔冊을 보냈다.[434] 물론 형식적인 의례라고 볼 수 있다. 그러나 이는 사라센이 중앙아시아에서 중심 세력으로 자리잡지 못하였다는 증거이기도 하다. 이때 돌기시가 당과 적대적인 관계를 형성하지 않았다는 사실은 분명하다.

753년 9월에 당이 葛邏祿葉護에게 벼슬을 준 것은 같은 달에 있었던 突騎施 黑姓可汗 책봉과 같은 성격이다. 이를 구체적으로 들어보자.

> 北庭都護 程千里가 阿布思를 추격하여 磧西까지 이르자, 이때 편지로 葛邏祿을 회유하니, 서로 받아들였다. 阿布思가 끝까지 접근하자, 葛邏祿에게로 귀속하였으며, 葛邏祿 葉護가 그를 사로잡았을 뿐 아니라, 그의 妻子와 휘하 수천 명마저 보내왔다. 甲寅, 葛邏祿葉護 頓毗伽에게 開府儀同三司와 金山王이란 작위를 주었다.[435]

751년 탈라스 전투 때 고선지부대에 대타격을 준 것은 사라센과 내통한 갈라록의 반란이다. 이제 北庭都護 程千里가 阿布思를 추격하면서 갈라록을 회유하자, 그들이 돌아왔다는 내용이다. 그런데 渾瑊이 아포사를 격파했다는 기록이 있다. 혼감을 중용한 것은 삭방절도사 安思順이다. 안사순 휘하 혼감은 군사를 이끌고 葛祿部 깊숙이 쳐들어가 孤媚磧을 지나 特羅斯山까지 약탈하여 阿布思部를 대파한 전과를 거두었다.[436] 그렇다면 아포사를 북정도호 정천리만 공격한 것이 아니라 혼감도 협공했던 모양이다.[437] 그 외에 삭방절도사 안사순이 발탁한 河中 寶鼎人 敬羽는 사람 마음을 잘 헤아렸던 인물로 유명하다.[438] 천보 9재 때 경우는 삭방절도사 안사순 막하의 康城縣尉였다.[439]

---

434)『資治通鑑』권216,「唐紀」32 玄宗 天寶 12載 9月 甲辰조, 6919쪽.

435)『資治通鑑』권216,「唐紀」32 玄宗 天寶 12載 9月조, 6919쪽, "北庭都護程千里追阿布思至磧西, 以書諭葛邏祿, 使相應. 阿布思窮迫, 歸葛邏祿, 葛邏祿葉護執之, 幷其妻子, 麾下數千人送之. 甲寅, 加葛邏祿葉護頓毗伽開府儀同三司, 賜爵金山王".

436)『舊唐書』권134,「渾瑊傳」後節度安思順조, 3703쪽.

437)『新唐書』권155,「渾瑊傳」節度使安思順조, 4891쪽.

438)『新唐書』권209,「敬羽傳」敬羽조, 5919쪽.

439)『舊唐書』권186하,「敬羽傳」天寶9載조, 4860쪽.

위의 葛邏祿 葉護 頓毗伽는 당으로부터 開府儀同三司와 金山王이라는 작위를 받으면서 당과 왕래했다. 이는 앞서 말한 것처럼 사라센이 탈라스 전투에서 이긴 후에 바로 西域을 장악하지 못한 증거다. 한편 여기서 간과할 수 없는 사실은 고선지 장군이 탈라스 전투에서 참패하도록 만든 장본인이라고 볼 수 있는 갈라록이 당의 북정도호 정천리와 제휴하였다는 사실이다. 정천리는 747년 토번 연운보와 소발률국을 정벌하고 개선한 고선지 장군이 안서도호가 되었을 때, 휘하 안서부도호로 전임자 부몽영찰과 함께 자신의 상관 고선지 장군을 험구했던 그 인물이다.

아무튼 당의 변방을 지키는 도호마저 유목기마민족처럼 목적을 달성하기 위해 수단과 방법을 가리지 않고 離合集散을 주저하지 않았다는 것은 특기할 만하다. 葛邏祿族의 이름을 史上에서 분명히 나타낸 때는 貞觀 원년(627)이다. 이때는 『구당서』 「서돌궐전」에 의하면 서돌궐 휘하에서 갈라록이 독자노선을 추구하던 때다. 물론 이에 앞서 『隋書』 「鐵勒傳」에 갈라록에 대한 사실이 언급되었다.[440]

탈라스 전투에서 고선지가 지휘하는 당군이 패퇴한 후에도 서역 제국과 당이 계속해서 책봉관계를 유지한 사실은 주목할 필요가 있다. 이를 두 가지로 분석하고 싶다. 하나는 서역에서 고선지에 의한 지배력이 탈라스 전투 후도 상당기간 동안 지속되었을 가능성이다. 다른 하나는 서역 제국이 유목기마민족이라는 특성 때문에 사라센의 도움으로 당의 굴레에서 벗어났지만 이는 서역 제국이 독자노선을 강하게 추구한 결과라고 판단된다. 아무튼 탈라스 전투 후 서역에서 당의 영향력이 사라지지 않은 것은 고선지가 남긴 영향력과 무관하지 않다.

---

440) 內田吟風, 1975, 「初期葛邏(Karluk)族史の研究」, 495~496쪽.

제10장 고선지 장군의 제1차 석국 정벌 배경과 그 영향

1. 고선지 장군의 석국 정벌 배경

고선지는 猛將과 智將으로서 당나라를 위하여 헌신하였다. 고선지가 많은 관직에 임명되었던 것은 순전히 그의 개인적인 역량 때문이었다. 고선지는 말 타고 달리면서 활쏘기를 잘하는 고구려인의 후예로서 군 지휘 능력마저 출중하여 현종으로부터 인정을 받았기에 승진이 가능했다. 고선지의 두 번(747, 749)에 걸친 파미르 원정의 결과로 인해 서역에서 당의 위치가 확고하여졌다고 표현하여도 좋을 듯하다. 그루쎄(René Grousset)는 고선지 장군의 업적을 다음과 같이 평가하였다. 즉,

> 고선지의 파미르 서부에 대한 두 차례의 원정으로 말미암아 당조 치하 중국의 중앙아시아 팽창정책이 절정기를 맞았다. 당시 중국은 타림과 일리분지와 이식쿨 지방의 안주인이었을 뿐만 아니라 타슈켄트의 주군 역할까지 담당하였기 때문에, 파미르 계곡을 호령하면서, 한편으로 (고선지는) 토하리스탄·카불·카슈미르의 보호자 역할을 담당하였다. 따라서 쿠차에 본영을 둔 고선지는 사실상 중앙아시아의 총독이나 다름없었다.[1)]

라는 사실이 그것이다. 위에서 고선지의 파미르 서부에 대한 두 차례의 원정이

---

1) René Grousset(Translator : Naomi Walford), "The Chinese in The Pamirs, 747-750", *The Empire of the Steppes a History of Central Asia*, p.119, Kao Sien-chih's two campaigns west of the Pamirs mark the peak of Chinese expansion in Central Asia under the T'ang. China at this time was mistress of the Tarim and Ili basins and of the Issyk Kul region, and suzerain of Tashkent ; she commanded the Pamir valleys and was protector of Tokharistan, Kabul, and Kashmir. From his seat in Kucha, Kao Sien-chih acted as virtual Chinese viceroy in Central Asia.

란 747년의 토번과 750년 석국 정벌 사실을 말함이다.[2] 그런데 석국이 당의 영향권 안으로 들어오게 되었던 배경은, 서돌궐에 복속되었던 돌기시가 그들의 쇠퇴를 이용하여 성장하였던 것과 맞물린다. 그 후 738년경 돌기시가 2부로 분열되었을 무렵 당이 석국을 토벌하였기 때문에 석국도 당의 영향력 안으로 들어오게 되었다.[3] 위에서 언급된 고선지 장군의 750년 석국 정벌 사실에 대하여는 뒤에서 자세히 언급하겠다. 한마디로 위의 기록은 중앙아시아를 실제로 통솔하였던 인물이 고선지였다는 것을 그루쎄가 구체적으로 언급한 내용이다. 여기서 그루쎄는 고선지 장군이 사실상 중앙아시아의 총독이라고 표현할 정도였다.

위와 같은 상황에서 고선지는 천보 9재에 唐朝로부터 위임받은 중앙아시아에서 확고한 통치를 수행하기 위한 조치들을 수립하였다. 즉 석국이 아랍권과 제휴하려는 움직임을 제압하려고 고선지 장군이 당의 군사력을 동원하였던 게 그것일 듯싶다.

타슈켄트 지방에 있던 석국이 당에 대하여 조공의 예를 게을리 하였던 것이 일의 발단이다. 천보 초에 석국과 당은 긴밀한 관계를 맺었다. 즉,

> 天寶 초에 (石國은 당에) 계속해서 조공하였다. 5년에는 (당이 石國) 왕자 那俱車鼻施를 懷化王으로 봉하면서, 鐵券을 주었다.[4]

라는 사실이 그것이다. 그런데 천보 9재경에 석국이 당에 조공을 바치지 않았던 것이다. 이 같은 석국의 돌변에 대하여 당 조정이 불만을 표현하였던 것이 고선지 장군의 정벌에 중요한 원인이 되었던 것은 물론이다. 그런데 석국은 隋 大業년간에 서돌궐의 침공으로 그들의 지배하에 놓였다.[5] 어쩌면 이런 역사적 배경 때문인지 당을 섬기는 석국의 태도는 어정쩡하였다. 그러나

---

2) 『新唐書』 권135, 「高仙芝傳」 (天寶) 9載, 討石國, 其王車鼻施約降조, 4576쪽.

3) 金子修一, 2001, 「中國皇帝と周邊諸國の秩序」, 47쪽.

4) 『唐會要』 권99, 「石國傳」, 1772쪽, "天寶初, 累遣朝貢. 至五年, 封基王子那俱車鼻施爲懷化王, 并賜鐵券".

5) 諏訪義讓, 1942, 「高麗出身高仙芝事蹟攷」, 『大谷大學硏究年報』 1, 204쪽.

고선지가 석국을 공격할 때 지났던 루트상에 있는 키르기스스탄의 유르탕. 필자 촬영

唐代에 들어와 석국이 당과 교섭을 갖게 되면서 開元 초에 책봉을 받는 그런 관계로 변화하였다. 마침내 개원 초기 당은 석국을 책봉하는 단계로 발전하면서 그 나라에 대한 영향력은 절대적이 되었다. 그 후 大食의 압박을 받게 되자, 석국이 대식을 토벌하여 줄 것을 당에 요청할 정도로 양국의 관계는 긴밀하였다. 한편 석국도 나름대로 당과 관계를 유지하기 위한 자구책을 강구할 정도였다.[6] 그러나 당은 석국에 대한 대식의 위협에 대하여 어떤 방책도 세워주지 않았다.[7] 그 결과 석국은 당에 대하여 신하의 예를 제대로 수행하지 않았다.

천보 9재에 석국은 당에 대해 蕃禮를 갖추지 않았다. 서역 제국의 번례에 대한 책무가 있는 안서절도사 고선지가 취할 태도는 조정에 '征討'를 청원하는 길 뿐이다.

---

6) 『新唐書』 권221下, 「石傳」 明年, 王伊捺吐屯屈勤上言조, 6246쪽.

7) 『新唐書』 권221下, 「石傳」 天子不許조, 6246쪽.

9載 안서절도사 고선지는, 石國왕이 蕃禮를 제대로 하지 않는 일이 벌어지자, 토벌하게 하여 줄 것을 청원한 상주를 하였다. 그 왕은 항복을 약속했는데, 선지는 그를 압송하더니, 開遠門 밖 수십 리 떨어진 곳에서, 약속을 어기고, 石國왕을 사로잡아서, 闕下에 바치니, (당이) 그를 참살하였다.[8]

이는 천보 9재 석국왕이 어떻게 잡혀가서 죽임을 당했는가 하는 전체적인 줄거리다. 『唐會要』 저자는 석국왕의 죽음이, 마치 고선지 장군 때문인 것처럼 묘사했다. 그러나 고선지가 석국의 번례를 소홀하였던 문제로 조정에 토벌을 청원한 상황에서 벌어졌는데, 석국왕을 간단히 돌려보낼 상황이 아니다. 이미 석국왕은 전리품이 된 상황인데, 당조에서 번례를 소홀히 한 석국왕을 사로잡는 것은 고선지 장군의 책무다. 필자가 이와 같이 표현하는 까닭은 고선지 장군이 토번 연운보와 소발률 정벌 이유가 토번 주위 20여 국이 모두 토번에 복속하면서 당에 조공을 하지 않았기 때문이다.[9] 만약 『唐會要』 저자 주장대로 고선지 장군의 석국 정벌이 잘못된 것이라고 한다면 고선지 장군의 토번 연운보와 소발률 정벌이 잘못된 것이라는 것과 일맥상통하는 이야기다. 이때 석국왕을 살리고 죽이는 일은 唐朝 소관 사항이지 고선지와 무관하다. 아무튼 당에 의한 석국왕 참살은 서방의 사라센 등의 세력을 규합하게 만든 꼴이었다.

위의 상황을 『舊唐書』 「高仙芝傳」에서는 고선지 장군에 의해 서역 모든 국가가 평정되었음에도 불구하고 당에 대해 신하의 예를 갖추지 않은 석국에 대한 군사적 제재 조치로 인해 석국왕이 포로 신세가 되었다고 했다. 필자 생각으로 『唐會要』보다는 『舊唐書』가 객관적인 기술을 하였다.

(天寶)9載 (高仙芝는) 군사를 거느리고 石國을 토벌하여 평정하였고, 그 국왕을 사로잡아 돌아왔다.[10]

---

8) 『唐會要』 권99, 「石國傳」, 1772쪽, "九載, 安西節度使高仙芝奏, 其王蕃禮有虧, 請討之. 其王約降, 仙芝使部送, 去開遠門數十里, 負約, 以王爲俘, 獻於闕下, 斬之".

9) 『舊唐書』 권104, 「高仙芝傳」 西北二十餘國皆爲吐蕃所制조, 3203쪽.

10) 『舊唐書』 권104, 「高仙芝傳」, 3206쪽, "九載, 將兵討石國, 平之, 獲其國王以歸".

8세기경 축조된 키르기스스탄의 대상들이 사용했던 군베스 양식의 구조물. 필자 촬영

라는 사실이 그것이다. 이는 開元 9년(750) 고선지 장군이 힌두쿠시 산맥을 넘어 남으로 진격하였던 토번 정벌의 방향과 다르게 서역의 시르다리아(藥殺水, SirDaria, Jaxartes)강 중류에 자리 잡은 타슈켄트(Tashkent, 석국)에서 전공을 세웠던 것과 관련된 간략한 기록이다.[11] 그런데 石國은 원래 康國(Samarkand) 枝庶의 分王이 다스렸던 나라 가운데 하나였다.[12] 앞에서 지적하였던 것처럼, 당은 천보 5재(746)에 석국의 那俱車鼻施를 懷化王으로 책봉했다.[13] 이는 석국왕이 莫賀咄吐屯의 아들 那俱車鼻施로 바뀐 해가 천보 5재라는 이야기다.

그런데 고선지 장군이 석국을 평정하였던 시기를 『자치통감』에서는 천보 9재 12월 乙亥 이후였다고 자세히 밝히고 있다.[14] 한편 『讀史方輿紀要』에서는 천보 9재가 아닌 10재라고 표기하고 있다. 이와 같이 오차가 발생하게 된

---

11) 정수일, 2001, 「씰크로드를 통한 교류의 역사적 배경」, 119쪽.

12) 『新唐書』 권221下, 「西域傳」의 「康國傳」 康者조, 6243쪽 ; 內田吟風, 1975, 「西突厥初世史の研究」, 『北アジア史研究－鮮卑柔然突厥篇』, 京都 : 同朋舍, 445쪽.

13) 『冊府元龜』 권966, 「外臣部」 繼襲1 '石國' 天寶5載封其王子那偈車鼻施爲懷化王조, 11365쪽 ; 諏訪義讓, 「高麗出身高仙芝事蹟攷」, 204쪽.

14) 『資治通鑑』 권216, 「唐紀」32, 玄宗 天寶 9載 12月조, 6901쪽.

경위는 고선지가 석국을 공격한 것이 천보 9재 12월 乙亥 이후였기 때문이다. 즉 고선지에 의한 석국 정벌이 그 이듬해 천보 10재까지 계속되었기 때문에 정벌에 관한 시기가 사서마다 차이를 보인 것 같다. 석국 정벌의 시기에 대하여 사서마다 차이를 보인 큰 이유는 석국의 위치가 康居의 동북이며, 또한 大宛의 북쪽에 있어서, 당에서 너무나 먼 나라였다는 사실과 무관하지 않을 듯싶다. 간단히 말하면 고선지는 석국 정벌을 천보 9재 12월부터 천보 10재까지 계속하였다. 이때 고선지는 석국 서북의 蘇咄城까지 습격하였다.[15] 이는 고선지에 의해 석국이 완전히 정벌되었다는 뜻으로 해석될 수 있는 이야기이다. 여기서 고려 사항은 고선지가 석국을 정벌하러 갈 때 어느 루트를 이용했는가 하는 점이다.

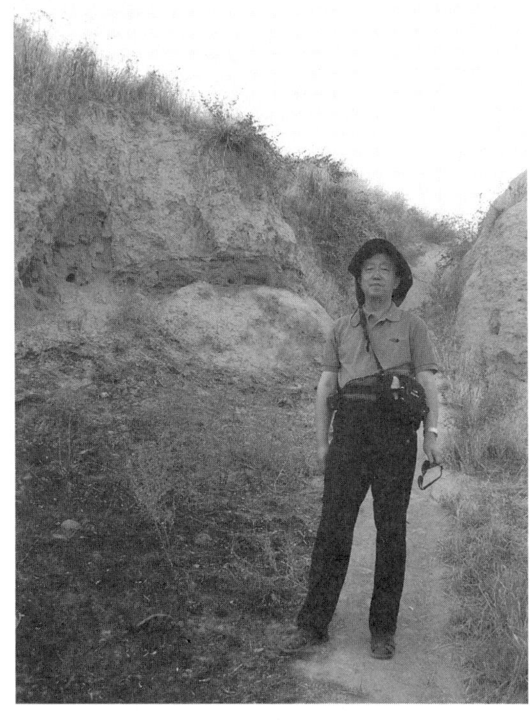

고선지에 의해 포로가 된 석국왕이 살던 성곽의 일부. 오늘날의 우즈베키스탄 타슈켄트

고선지시대의 疏勒은 오늘날 카스이며, 그곳에서 천산산맥을 넘어 가면 키르기스스탄의 국경지대 토르가르드 고개(해발 3752m)를 넘는다. 다시 북쪽 고원을 가로질러 나른(Naryn)을 지나는 것이 석국을 향하는 루트다.

고선지에 의한 석국 정벌 이후 서방에서 중국의 우월권 확보는 절대적이었다는 사실을 베크위스는 다음과 같이 설명하였다. 즉,

750년 중앙아시아의 상황은 중국의 군사적·정치적 힘의 전성기로 특징지을

15) 『讀史方輿紀要』 권65, 「陝西」14, 石國城조, 2800쪽.

아직도 중요한 수송수단으로 사용되는 당나귀의 발굽을 갈아주고 있는 카스 거리 풍경

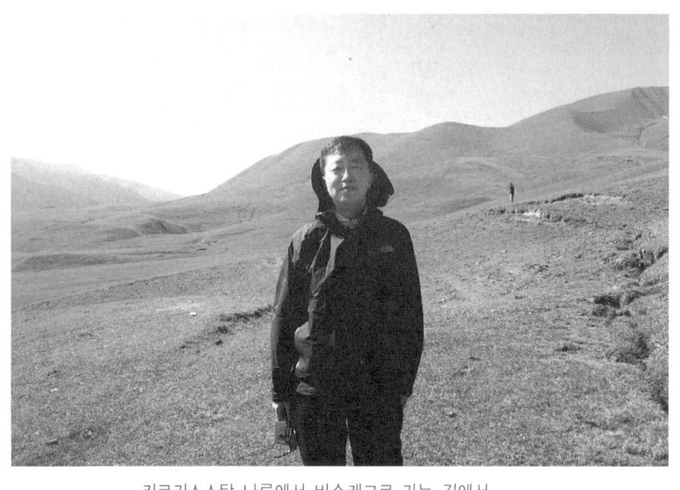

키르기스스탄 나른에서 비슈케크로 가는 길에서

수 있다. 중국인들은 타림 분지와 중가리아(Jungaria) 국가들을 직접 식민지배하면서 小勃律, 朅師, 護蜜 등의 파미르 속국에 있는 요새들을 관장하는 한편 拔汗那와 확고한 동맹을 맺으면서 그들 자신의 지배력을 확장시켜 나갔다. 당에게 예속된 된 것으로 여겼던, 흩어져 사는 투르기스족들도 절대적으로 중국의 정치적 영향 아래 놓이게 되었다. 그 결과 이제 토번은 서부에서 대발률국보다 지배권이 약화된 상태였다. 750년이란 해는 본질적으로 토번 제국이 군사적으로 가장 허약한 시점으로 표시된다. 한편 (토번) 북부에서 케르룩은 서돌궐의 땅으로 이주하여 들어가면서, 그 지역을 장악하기 위해 허약한 투르기스와 싸우고 있었다. (그런데) 아랍사람들은 토번 보다 더욱 형편이 좋았다. 즉 새로 들어선 압바스 왕조는 사마르칸트와 같은 몇몇 주요 도시들과 부하라, 카스를 포함한 많은 중요 도시들은 우마이야 왕조가 몰락할 즈음 반란을 일으켰던 도시들인데, 이들 도시를 다시 탈환하였다. 동부의 토하리스탄과 쿠탈 같은 다른 지역은, 그들 스스로가 실질적인 독립 상태를 유지하였다. 그리고 타슈켄트는 중국에 문서상으로 예속되었으나 독립상태였다. 요컨대 중국

키르기스스탄 안에서 본 천산산맥. 필자가 나른에서 촬영

> 과 아랍은 8세기 중엽에 중앙아시아에서 식민 지배를 한 강대국이었다.[16]

라는 것이 그것이다. 이는 크리스토퍼 베크위스가 750년 이후, 8세기 중엽에 중국과 토번 관계와 아울러 중앙아시아에서 중국과 아랍의 역학 관계에

16) Christopher I. Beckwith, "T'ang China and the Arabs", pp.136~137, The situation in Central Asia in 750 can be characterized as the acme of Chinese military and political power They had extended their control to include direct colonial rule over the states of the Tarim Basin and Jungaria, garrisons in the Pamirian vassal states of Little Balûr, Cheih-shih, and Wakhan, and a firm alliance with Ferghana. The fragmented Tûrgiś peoples, which the T'ang considered to be vassals, were under heavy Chinese political influence. The Tibetans now controlled little more in the west than the kingdom of Great Balûr. The year 750 represents essentially the military nadir of the Tibetan Empire. In the north, the Qarluqs had migrated into the lands of the Western Turks, and were struggling with the weak Türgiś for mastery over the area. The Arabs were better off than the Tibetans. The new Abbasid dynasty had recovered some major cities, such as Samarkand, and the many important cities-including Bukhara and Kiśś-which had revolted on the fall of the Umayyads were now being retaken. Other areas, such as eastern Tukhâristan and Khuttal, maintained their virtual independence. And, despite paper submission to China, Tashkent remained independent. In short, the Chinese and the Arabs were the dominant colonial powers in Central Asia at the midpoint of the eighth century.

대해 설명한 것이다. 이를 두 가지로 분석하고 싶다.

첫째는 750년 중앙아시아에서 唐이 군사적으로나 정치적으로 전성기였다는 사실이다. 이는 베크위스가 안서도호부 고선지의 군사력과 정치력이 출중하였다는 사실을 달리 표현하였던 것 같다. 다시 말해 고선지가 750년 타림분지와 중가리아(Jungaria)를 원정하면서 소발률국, 걸사국을 정복하였다. 그러나 750년에 호밀국이 정복되었다는 서술은 베크위스의 잘못된 지적이다. 왜냐하면 호밀은 747년 고선지 장군이 토번 연운보를 공격하기 전에 먼저 점령한 곳이기 때문이다.[17] 749년 8월 호밀국왕 羅眞檀이 入朝하여 宿衛를 청원하자, 그를 左武衛장군으로 임명할 정도로[18] 호밀국은 747년 이후에도 계속해서 당에 충성하였다. 아무튼 고선지는 페르가나(拔汗那)와 군사적인 동맹을 맺음으로써 중앙아시아에서 당의 지배가 절대적 우위를 차지하게 했다. 물론 이때 흩어져 살던 돌궐마저 고선지가 지배하였음은 물론이다. 그 결과 중국의 서쪽 변경에서 토번의 영향력은 대발률국보다 못한 지경으로 전락되었다.

둘째는 750년 이후 중앙아시아에서 토번의 영향력이 당에 의해 꺾였다는 사실이다. 그 결과 아랍과 토번의 동맹이라는 기존 질서에서 새로운 구도로 재편되었다. 곧 중앙아시아의 판도는 중국과 아랍의 대결로 압축되었다는 사실이다. 이와 같은 상황변화는 우마이야 왕조가 망할 즈음에 잃었던 중요한 도시들을 새로 등장한 압바스 왕조가 모두 다 탈환하였던 게 중요한 요인으로 작용하였다. 그런데 여기서 베크위스가 주장하는 바 타슈켄트(Tashkent)가 중국에 예속되었다고 하지만, 독립 상태를 유지하였다는 사실을 주목하고 싶다. 그 이유는 고선지가 왜 타슈켄트를 공격하였는가에 대한 해답이 여기에 있기 때문이다. 그렇다면 8세기 중엽 중앙아시아에서 중국과 아랍이 힘 겨루기를 할 수밖에 없는 상황으로 바뀌었다는 베크위스의 주장은 탁견이다.

한편 베크위스는 750년에 고선지가 석국을 공격하게 되었던 상황을 설명하기 위해, 석국과 그 주변국의 역학 관계를 다음과 같이 설명하고 있다. 즉,

---

17) 『舊唐書』 권104, 「高仙芝傳」 仙芝與中使邊令誠自護密國入조, 3204쪽.

18) 『資治通鑑』 권216, 「唐紀」32 玄宗 天寶 8載 8月 乙亥조, 6897쪽 ; 『冊府元龜』 권971, 「外臣部」 '褒異' 天寶 8載 8月4 乙亥조, 11458쪽.

> 중앙아시아를 뒤흔든 충돌 배경은 거의 알려져 있지 않으나, 주요한 사건들은 상당히 정확하게 묘사할 수 있다. 750년대 초 무렵, 비록 어느 정도 불분명한 점이 없지 않지만 페르가나와 타슈켄트의 왕들은 서로 간에 적대감을 표출하기 시작하였다. 그 즉시 투르기스족이 車鼻施의 편을 들어 당나라에 반란을 일으켰다. 車鼻施는 석국의 왕으로 이론상으로 당나라의 신하였는데도 페르가나(拔汗那)의 이쉬드(Ikhśîd)인 아르시안 타르칸(ArsÏlan Tarquan)과 적대관계였다. 그래서 (拔汗那의) 이쉬드는 쿠탈(骨咄國, Khuttal)의 왕 알-하나스(al-Hanaś)와 그의 카카르스(câkars)들의 도움을 받았을 법하다. 왜냐하면 카카르들이 아부 다우드 칼리드브 이브라힙(Abû Da'ûd Khâlid b. Ibrâhîm)에 속한 어떤 아랍군의 면전에서 재빠르게 쿠탈(Khuttal)로 도망을 쳤으며, 이 시기에 정확하게 페르가나로 갔기 때문이다.[19]

라는 사실이 그것이다. 이는 베크위스가 중앙아시아에서 세력이 재편되어 가고 있는 상황을 설명한 대목이다. 당의 복속 상태에 있던 석국이 당과 동맹관계를 형성하고 있는 拔汗那와 적대적인 관계로 몰고 갔던 사실은 고선지의 제2차 석국 정벌 이유에 대한 설명일 듯싶다. 더 구체적으로 말하면 발한나가 骨咄國(Khuttal)으로부터 도움을 받게 되면서 중앙아시아에서 당의 입지가 약화되었다는 내용이다. 즉 석국왕 車鼻施가 발한나를 공격함으로 말미암아 생존하기 위해 골돌국의 도움을 요청하면서 중앙아시아에서 당의 위상이 흔들렸다. 따라서 석국의 공격으로 발한나가 골돌국으로 도망하였던 것은 중앙아시아의 세력을 재편하게 만들었던 사건이라고 평가하여도 좋을 것 같다. 중앙아시아에서 당의 확고한 군사적인 입지를 석국이 와해시키는 역할을 담당한 셈이었다. 그렇다면 이와 같은 상황에서 안서도호 고선지가 唐 서쪽의 군사적인 문제를 해결하기 위해 취할 수 있는 조치란, 석국에 대한 군사적인 제재 조치 외에 대안이 없었다고 보아야 옳다.

---

19) Christopher l. Beckwith, "T'ang China and the Arabs", pp.137～138, The background of the conflict that now shook Central Asia is little known, but the major events can be fairly accurately described. Sometime in the early part of 750, the kings of Ferghana and Tashkent opened hostilities against each other, although to what extent is unclear. Immediately, the Türgiś revolted against the T'ang by siding with Cabiś, the king of Tashkent, who was their theoretical vassal, against Arsïan Tarquan, the Ikhśîd of Ferghana. It is probable that the Ikhśîd had the assistance of al-Hanaś, the king of Khuttal, and his câkars, since the câkars suddenly fled Khuttal-in the face of an Arab force under Abû Da'ûd Khâlid b. Ibrâhîm-and went to Ferghana at precisely this time.

이때 고선지는 석국왕 거비시[20]뿐만 아니라 왕비와 아울러 왕자와 공주마저 포로로 하는 전과를 올렸다.[21] 이와 관련된 사실은 『신당서』「석국전」에 자세하게 전하고 있다. 이를 들어보면,

> 天寶 초, (당은 石國의) 왕자 那俱車鼻施를 懷化王으로 봉하면서 鐵券을 주었다. 얼마 후에 安西節度使 고선지는 (石國이) 蕃臣으로서 예를 갖추지 않는 것을 탄핵하여, 이를 토벌할 것을 요청하였다. 그러자 石國왕이 항복할 것을 약속하였다. 고선지는 사자를 보내서 石國왕을 開遠門까지 호송하여, 사로잡은 石國왕을 헌상하였다. 그런데 長安성에서 石國왕을 베어 죽이자, 이때부터 西域 모두 이 일을 원망하였다.[22]

라고 전하고 있다. 이를 세 가지로 분석하고 싶다.

첫째는 石國왕자 那俱車鼻施가 天寶 5載(746) 唐으로부터 책봉을 받았다. 이는 석국이 당나라를 섬기었다는 사실을 알려 주는 중요한 기록이다. 그런데 석국이 蕃臣으로써 당에 대한 번국의 예를 갖추지 않은 것이 문제였다.[23] 이는 석국의 내정 변화와 연관이 깊다. 다름 아니라 천보 5재(746) 후부터 석국왕과 副王제도가 그것이다.[24] 정확히 말해 천보 5재 3월에 석국왕이 당으로 사신을 보내 말 15필을 바쳤으며, 그 달에 석국 부왕도 당에 사신을 보내어 방물을 바쳤다.[25] 석국왕과 석국 부왕이 唐에 대해 각각 다른 독자적 정치 행보를 취하였다는 점을 뜻한다. 그렇다고 다른 정치세력과 연관되어 왕과 부왕이 각각 다른 정치 행보를 취하였다고 단정하기 어려운 문제다.

---

20) 『新唐書』 권135, 「高仙芝傳」 九載조, 4578쪽.

21) 『通典』 권193, 「石國傳」에 인용된 杜環의 『經行記』 天寶中 鎭西節度使高仙芝擒其王及妻子歸京師조. 5275쪽 ; 田坂興道, 1964, 「唐宋時代の中國における回敎徒」, 『中國における回敎の傳來とその弘通』, 東京 : 東洋文庫, 343쪽.

22) 『新唐書』 권221下, 「石傳」, 6246쪽, "天寶初, 封王子那俱車鼻施爲懷化王, 賜鐵券. 久之, 安西節度使高仙芝劾其無蕃臣禮, 請討之. 王約降, 仙芝遣使者護送至開遠門, 俘以獻, 斬闕下, 於是西域皆怨".

23) 『唐會要』 권99, 「石國傳」 九載安西節度使高仙芝奏조, 1772쪽.

24) 『冊府元龜』 권971, 「朝貢部」 第4 天寶 5載 3月조, 11412쪽.

25) 『冊府元龜』 권971, 「朝貢部」 第4 天寶 5載 3月 石國王遣使來朝조, 11412쪽 ; Edouard Chavannes, "K'ang (Sogdiane)", Documents Sur Les Tou-kiue (Turcs) Occidentaux, p.142.

그 이유는 왕과 부왕 관계가 父子관계이기 때문이다. 즉 쉐쭝쩡의 주장처럼 副王 伊捺吐屯(Inal Turtun)은 당에 충성을 다하나 석국왕 特勤은 大食에 충성하려는 상반된 상황과 관련이 있을 것 같다.[26] 이러한 때에 고선지는 안서절도사 직무를 다하기 위해 석국이 蕃臣의 예를 다하지 않는 태도에 대하여 문제를 제기했다.[27]

둘째 고선지의 석국 정벌 청원은 당연하다.[28] 그 이유는 석국이 당에 대하여 蕃國의 예를 게을리 했기 때문이다. 이는 그루쎄(René Grousset)가

> 투르크 왕 혹은 중국에서 車鼻施라고 불리는 타슈켄트의 투둔은 중국에 대하여 거듭 충성을 맹세하였다.(743, 747, 749) 그러나 750년 당시 쿠차 절도사 고선지는－당의 지방행정장관으로 또는 총독으로－그 왕이 변경의 방어 책임자로서 의무를 충실히 수행하지 못하였다고 꾸짖었다.[29]

라고 말한 것과 일맥상통한다. 위의 그루쎄의 주장에서는 석국왕이 당에 대한 의무가 무엇이었는지 말하지 않았으나, 이때 석국왕이 당에 대하여 신하의 예로써 조공을 바치지 않았기 때문이다. 그렇다면 안서절도사 고선지의 입장에서 보면,[30] 석국 정벌의 주장은 당연하였던 청원인 듯싶다. 그 이유는 안서절도사의 책무 가운데 하나가 서역 번국들의 조공을 관장하는 것이었기 때문이다. 다시 말해서 석국이 번국의 예를 다하지 않는다는 것은 당의 서역경영에 대하여 도전장을 제시한 것과 다름없는 행위였다.[31] 게다가

---

26) 薛宗正, 1992,「唐朝治下的後西突厥諸羈縻政權」,『突厥史』, 北京：中國社會科學出版社, 691쪽.

27)『新唐書』권221下,「石傳」安西節度使高仙芝劾其無蕃臣禮조, 6246쪽 ;『文獻通考』권339,「石國」安西節度使高仙芝조, 683쪽(1983,『景印文淵閣四庫全書』616冊, 臺灣商務印書館) ; 張星烺,「石國交涉」,『中西交通史料彙編』3, 70쪽.

28)『唐會要』권99,「石國傳」請討之조, 1772쪽.

29) René Grousset(Translator : Naomi Walford), 1999, "The Collapse of T'ang Domination in Central Asia", *The Empire of the Steppes a History of Central Asia*(Rutgers University Press), p.119, The Turkic king or tudun of Tashkent, called in Chinese Kiu-pi-shö, had repeatedly paid homage to China(743, 747, 749). Yet in 750, Kao Sien-chih, then "protector"－that is, governor or imperial commissioner－of Kucha, rebuked him for not fulfilling his obligation as guardian of the marches.

30)『唐鑑』권9,「玄宗中」12月高仙芝爲安西四鎭節度使조(上海：商務印書館, 1936), 82쪽.

31) 前嶋信次, 1971,「タラス戰考」,『東西文化交流の諸相』, 78쪽.

고선지는 전일 소발률국이 당에 조공을 하지 않는다는 이유 하나만으로 현종의 명령으로 공격하여 들어갔던 장본인이다. 그렇다면 석국의 이러한 태도를 고선지 장군이 묵인하였다면, 이는 안서절도사로서의 소임을 포기하는 것과 마찬가지다. 만약 이때 고선지 장군이 청원하지 않았더라도 현종이 석국 정벌을 명령하였을 게 분명하다. 이는 고선지 장군이 석국왕을 잡아다 바쳤을 때 조정에서 석국왕을 죽인 사실에서 어느 정도 짐작하고 남음이 있다.[32] 고선지에 대한 연구자들은 장안에 포로로 잡혀 온 석국왕의 죽음이 고선지 때문이라고 주장한다. 그러나 석국왕이 장안에서 죽임을 당한 것이 고선지 때문이라는 기록은 어디에도 없다. 장안에서 석국왕의 죽음이 고선지와 무관하다는 사실은 고선지가 소발률 정벌에서 사로 잡아온 소발률왕 蘇失利之와 왕비를 고선지가 장안으로 잡아왔지만 당 현종은 蘇失利之를 죽이기는커녕 그를 右威衛장군으로 임명했다는 사실을 통해 입증되는데,[33] 이는 석국왕을 죽일 권한이 고선지에게 없다는 방증이다. 필자 판단으로 장안에서 소발률왕이 살고, 석국왕이 죽임 당한 것은, 그 당시 국제정치의 상관 구도와 직결된다고 본다. 다시 말해 토번 연운보 함락과 소발률 정벌의 파급효과로 서역 72국이 당에 귀부했기 때문에[34] 당 현종은, 이를 극대화시키기 위해 소발률왕을 살렸다. 그러나 석국의 경우는 아랍과 제휴하며 당에 대항했기 때문에 그 왕을 죽임으로써 더 이상은 아랍과 제휴하지 못하도록 하기 위해 특단의 조치를 취했던 것이다. 당이 석국왕을 죽임으로써 노린 것은 아랍과 제휴하는 나라를 더 이상 만들지 않겠다는 정치계산이었다.

아무튼 이런 이유 때문에 고선지 장군이, 이때 석국 정벌을 청원하였던 사실은 세계국가 성격을 지닌 大唐帝國의 존립성과 직결되는 중요한 사안이다. 그 이유는 당의 입장으로 보아서 아랍제국에 대한 최전방의 보루가 석국이었기 때문이다.[35] 그렇다면 고선지 장군의 석국 정벌을 어떻게 평가할 수 있을까?

---

32) 『續通志』 권237, 「唐列傳」37 '高仙芝' 仙芝爲俘獻, 闕下斬之조, 4668쪽.

33) 『新唐書』 권221상, 「西域傳」하 '小勃律' 帝赦蘇失利之不誅조, 6252쪽.

34) 『新唐書』 권221상, 「西域傳」하 '小勃律' 於是拂菻·大食諸胡七十二國皆震恐조, 6252쪽.

35) Stuart Legg, 1970, "Blue Sky and Grey Wolf", *The Heartland*(London : Secker & Warburg), p.173.

이에 대해 고선지 장군의 정벌이 서방의 변방의 질서를 확고하게 하기 위한 조치였을 뿐만 아니라 대당제국을 유지하기 위한 자위수단이었다고 해석하고 싶다. 다시 말해 석국이 蕃國의 예를 갖추지 않겠다는 것은 서역에서 당의 종주권에 대한 도전이다. 이와 같은 상황 변화는 당의 입장에서, 석국에 국한된 문제가 아니다. 왜냐하면 서방에 있는 많은 아랍과 돌궐 국가들도 충성은커녕 당의 영향력에서 벗어나겠다는 의도가 깔려 있기 때문이다. 이와 같이 추정하는 이유는 석국 주변의 아랍과 돌궐도 그 나름대로의 노예제도를 둘 정도로 지배욕이 왕성한 그런 민족이었다는 사실에 기인한다.[36] 따라서 석국 정벌은 당에게 중요한 전쟁이었다. 그런데도 석국을 공격하였던 것이, 마치 고선지의 욕심 때문인 양 기록하였던 사가들은 그 당시 상황을 제대로 이해하지 못한 듯싶다. 이와 같이 잘못된 사료를 그대로 해석한 경우는 샤반느(Edouard Chavannes)도 예외일 수 없다. 그는 고선지를 비롯한 그의 군대를 모두 욕심에 가득찬 무뢰한으로 몰아붙였다.[37] 이는 그가 중국의 사서가 당에 의하여 패망한 고구려인에 대한 기록이 어느 정도 편파적이었는가를 모르는데서 오는 오류였다.

셋째는 석국이 당에 대하여 蕃臣의 예를 다하지 않은 것은 그 주변 국가들과 함께 조직적인 반발이었다는 사실이다.[38] 다시 말하여 석국이 독자적으로 불복하겠다는 것이 아니라 주변국가와 연합하여 당에 대항 의사를 표시하였다. 이에서 석국 주변에 위치한 나라들도 당에 대하여 蕃臣의 예를 갖추지 않았다는 유추해석이 가능하다. 천보 9재에 고선지는 병사를 거느리고 석국을 평정하고, 그 왕을 사로잡아서 돌아왔다.[39] 이와 관련된 사실을 『舊唐書』의 「李嗣業傳」에서 들어보면

(天寶) 10년(751) (李嗣業은) 또 고선지를 따라서 石國을 평정하였다. 이때 오랑캐

36) 馬長壽, 1958, 「論突厥人和突厥汗國的社會變革」下, 『歷史硏究』 4, 54쪽.

37) Edouard Chavannes, *op. cit.*, p.297.

38) 羅香林, 1955, 「唐代天可汗制度考」, 231쪽.

39) 『冊府元龜』 권358, 「將帥部」19 '立功' 11 '高仙芝' (天寶)9載將兵討石國平之조, 4246쪽.

아홉 나라와 아울러 배반한 突騎施를 깨뜨렸다.[40)]

라는 것이 그것이다. 이는 석국이 독자적으로 당에 대하여 태만하게 예를 취한 것이 아니었다는 것을 설명하는 사료이다. 그 이유는 석국을 위시한 돌기시와 주변의 서역 아홉 나라가 당에 대하여 번신의 예를 갖추지 않았기 때문이다. 이러한 상황에서 고선지 장군이 석국 정벌을 조정에 청원하였던 것은, 서역에서 당의 종주권을 지켜야할 안서절도사의 의무 사항이다. 따라서 이때 조정에 대하여 석국 정벌을 청원한 것은 고선지 장군이 피할 수 있는 성격의 일이 아니었다. 그런데도 석국 등이 조직적으로 당에 대항할 의사를 표시하였던 것은, 이때 서방세계에서 사라센 세력이 규합되어 가고 있다는 증거로 해석하고 싶다. 결국 고선지는 서방에서 급성장하고 있는 사라센 세력을 꺾어야 하겠다는 사실을 미리 감지하고 석국 정벌이라는 극단적인 방법을 선택하였다. 그 결과 고선지는 당에 대하여 불복하는 석국과 그 주변의 아홉 나라와 돌기시를 정벌하였다.[41)] 여기서 지나칠 수 없는 중요한 사실은 석국 주변의 아홉 나라와 아울러 돌기시 모두가 얼마 전까지 당에 대하여 蕃臣의 예를 다하였다는 사실이다. 그런 까닭에 쉐쭝쩡은 석국과 돌기시와의 전장터는 다르지만 이때 고선지는 北征節度使 王正見과 같이 동시에 전쟁을 수행하였던[42)] 결과였기 때문에 석국왕과 아울러 돌기시가한을 장안에 함께 바칠 수 있었다고 주장하였다.[43)] 그렇다면 이는 서역에서 당에 대항하려는 움직임이, 서아시아는 물론이고 중국의 북방에서도 활발히 전개되었다는 뜻이다. 그러나 석국이 번신의 예를 취하지 않은 뒤부터 서역의 아홉 나라와 돌기시가 당의 명령을 따르지 않았기 때문에 이들을 고선지 장군이 격파하였다는 사실을 특기하고 싶다. 이를 구체적으로 예시하면 천보 원년(742)부터 6년까지 석국은 일년에 한번, 어떤 해는 무려 세 번이나 당에 조공하였던

40) 『舊唐書』 권109, 「李嗣業傳」 天寶조, 3298쪽, "十載, 又從平石國, 及破九國胡并背叛突騎施".

41) 前嶋信次, 1971, 「タラス戰考」, 184쪽.

42) 『古行記校錄』의 『杜環經行記』 碎葉國의 天寶 7年조, 1a쪽, 薛宗正은 天寶 7載은 10년을 잘못 쓴 것이라고 주장하였다.

43) 薛宗正, 1992, 「唐朝治下的後西突厥諸羈縻政權」, 694쪽.

경우도 있다.[44] 그런데 천보 6재 이후 석국은 조공을 하지 않다가 천보 8재 8월 왕자 遠恩을 당에 보냈던 것을[45] 빼면, 천보 9재까지 당에 조공을 하지 않았다. 따라서 당시 서역국가의 조공을 챙겨야할 의무를 가졌던 안서절도사가 군사적인 조치를 취하였던 것은 너무 당연하다. 따라서 안서절도사 고선지가 전공에 욕심이 나서 석국을 정벌하였다는 呂思勉의 견해는 이만저만 큰 실수가 아니다.[46] 만약 고선지 장군의 석국 정벌이 개인의 욕심이었다면, 당군이 패한 후 현종이 고선지 장군을 문책하였을 게 분명하다. 그러나 고선지 장군의 부대가 패한 후 그런 조치는 없었다. 그런데 『冊府元龜』에 의하면, 고선지 장군이 돌기시가한을 잡아왔던 때가 천보 9재(750)이며, 이때 그 전공으로 장군의 관직에 御史大夫가 추가되었다고 다르게 기록하였다.[47]

넷째는 소발률국 정벌의 포상 성격으로 고선지 장군이 안서절도사가 되었다는 사실이다. 이는 고선지 장군의 신분 변화를 알리는 중요한 단서가 된다. 왜냐하면 절도사는 반독립 국가화된 상태에서, 그 지역의 군사·정치의 결정권을 갖는 중요한 관직이기 때문이다. 고선지 장군이 안서절도사가 된 것이, 당시 당이 세계국가였기 때문에 민족적인 편견이 없이 유능한 출신을 등용시켰던 결과였다는 주장에 대하여 무조건 동의하기는 매우 어렵다.[48] 그러나 고선지 장군이 출세하게 된 동기는 고종 때 太學生 魏元忠[49]이 비천한 출신이라도 전공을 많이 세운 인물을 등용시켜야 주변의 국가를 제압할 수 있다는 주장은 꽤나 설득력 있게 받아들였던 결과였음을 무시할 수 없다. 그러나

44) 『冊府元龜』 권971, 「外臣部」 朝貢4(天寶 元年 3月) 石國조 이후, 11411~11412쪽, 天寶 원년 이후 石國이 당에 조공하였던 시기는, 원년 3월, 2년 12월, 3년 4월, 4년 7월, 5년 3월은 두 차례(석국왕과 石國副王이 각각 조공), 윤10월, 6년 6월이다. 도합 8차례였다.

45) 『冊府元龜』 권971, 「外臣部」 朝貢 4 (天寶 8載 8月) 石國王子遠恩來朝조, 11413쪽.

46) 呂思勉, 1961, 「開天邊事二」, 『隋唐五代史』, 上海 : 中華書局, 195~196쪽.

47) 『唐方鎭年表』 권8, 「安西四鎭」(北京 : 中華書局, 1980), 九載(750)조, 1246쪽.

48) 陳舜臣, 1981, 「花におう長安」, 257~260쪽.

49) 『資治通鑑』 권206, 「唐紀」22 則天后 聖曆2年 夏四月 壬辰조, 6540쪽 ; 『資治通鑑』 권207, 「唐紀」23 則天后 久視元年 冬 10月 辛亥조, 6552쪽 ; 『資治通鑑』 권207, 「唐紀」23 則天后 長安元年 5月조, 6555쪽. 魏元忠은 후일 武則天 때 699년 4월 天兵軍大總管으로 突厥 방어하는 임무를 맡았고, 그 다음 해 700년 10월 蕭關道大總管이 되어 돌궐을 방어하였다. 또 魏元忠은 701년 5월 靈武道行軍大總管이 되어 돌궐 방어를 담당했다. 이는 돌궐 공격을 막는 것이 武則天 때 얼마나 중요했나를 설명한 사실이다.

당시 당이 세계국가였기 때문에 민족적인 편견이 없었다는 사실에 대하여는 동의하고 싶지 않다. 왜냐하면 당이 거대한 영토를 유지하기 위해서 주변 민족 출신의 유능한 인물을 절도사로 임명하지 않고는 불가능한 상황이었다는 사실을 무시하였기 때문이다. 이는 당의 절도사직에 임명되었던 인물이 누구였는지를 조금만 살펴보아도 바로 알 수 있다. 바꾸어 말하면 한족이 아닌 이민족 출신의 유능한 인물들이 당의 장군으로 존재하지 않았다면, 당의 세계국가라는 표현 자체가 불가능하다고 말할 수 있기 때문이다.

위와 같은 사실에 대하여 베크위스(Christopher I. Beckwith)는 다음과 같이 언급하였다. 즉,

> 이러한 점에서 볼 때, 고선지는 상황을 다음과 같이 보았다 : "이쉬드(Ikhŝîd)가 중국의 왕에게 도움을 구하자, 중국 왕은 그에게 십만 병사를 보내주었으며, 그들이 석국왕을 공격하였다. 그(車鼻施)는 중국 왕에게 항복하였고 병사들이 석국의 군인들을 해쳤음에도 불구하고 車鼻施와 車鼻施의 군대는 아무런 저항도 하지 않았다." 중국 왕, 고선지는 그 도시를 무자비하게 정복하였다. 항복하고 나서 평화조약마저 응낙하였던 車鼻施를 체포한 후, 고선지는 자신의 군대로 車鼻施를 보냈다. 고선지의 군대는 그 도시를 약탈하였을 뿐만 아니라 노약자를 죽이고 젊은이를 노예로 삼았다. 같은 시기에 고선지는 突騎施(Türgiŝ)를 쳐부수고, 그 突騎施可汗을 체포했다. 그는 車鼻施와 동맹관계를 맺었다. 고선지가 임무를 끝내고 安西로 철수했으며, 751년 1월에 그는 자신이 최근에 치른 전쟁에서 사로잡은 왕족 출신의 포로들을 현종에게 바쳤다. 이들 가운데는 突騎施可汗, 토번의 "족장들", 석국왕, 羯師왕 등이 포함되었다. 車鼻施는 開遠門 아래서 처형되었다. 그리고 고선지는 문관 가운데 가장 명예로운 지위에 임명되는 것으로 보답 받았다.[50)]

---

50) Christopher I. Beckwith, "T'ang China and the Arabs", p.138, At this point, Kao Hsien-chih entered the picture : "The Ikhŝîd asked the king of China for help, so he provided him with a hundred thousand warriors, and they besieged the king of Tashkent. He(Cabïs) submitted to the king of China and did not resist him and his companions despite the hurt that did to them (the Tashkent forces)" Kao, the "king of China" brutally subjugated the city. After capturing Cabïs, who had surrendered and accepted peace terms, he sent in his troops. They plundered the city, killed the old and weak, and enslaved the young. At the same time, Kao also defeated and captured the Türgiŝ qaghan, who was allied with Cabïŝ. When he finished, Kao withdrew to the Pacified West, and, in the first month of 751, he presented Hsüan-tsung with the royal captives from his recent campaigns. Among these

라는 것이 그것이다. 이는 고선지가 석국과 아울러 돌기시를 정복한 후 돌기시 가한마저 포로로 하였던 것과 관계된 기록이다. 그런데 위의 글을 몇 가지로 분석하고 싶다.

첫째는 고선지를 중국 왕으로 표시하였다는 사실이다. 그러나 고선지가 중국 왕의 작위를 받았던 적은 없다. 다만 후일 密雲郡公이 고선지의 작위와 관련되었던 모든 사항이다. 그러나 베크위스는 아랍측의 사료를 인용하면서 위와 같이 고선지를 중국의 왕이라고 기록하였다. 어쩌면 안서절도사 고선지의 권한이 아랍 세계에서 중국의 왕 이상으로 비쳐졌을 가능성은 충분하다. 그 이유는 고선지가 안서절도사로서 휘하에 많은 군대를 거느리고 토번은 물론이고 중앙아시아를 관장하였기 때문에 아랍인들에게 그를 중국 왕으로 기록하였던 것은 무리가 아니다. 이는 고선지가 중국의 서방세계에서 어떻게 평가를 받았는가를 알 수 있는 잣대가 될 듯싶다.

둘째는 이때 고선지가 10만의 병사를 동원하였다는 사실이다. 이와 같이 많은 병사가 석국 정벌에 동원되었다는 기록을 중국 측 사서에 전하는 바가 없다는 것은 무엇을 뜻하는 것일까. 아마도 이는 서방세계에서 고선지가 출정하였던 병대의 위력이 너무 강력하였기 때문에 그가 10만의 병사를 동원하였다고 기록한 것이 아닌가 싶다. 그렇지 않다면, 고선지가 중앙아시아를 석권하고 있는 상황에서 안서절도에 있는 상비군 외에 주변 민족의 군대가 함께 동원되었을 가능성도 매우 크다.

셋째는 고선지 부대가 무자비하게 석국을 약탈하였다는 사실이다. 그런데 이러한 대목에서 베크위스가 아랍 측 기록을 언급하지 못하였다는 사실을 주목하고 싶다. 그 이유는 당연히 아랍 측 자료에도 고선지가 약탈을 자행하였다는 기록이 있어야 사료의 신빙성이 크기 때문이다. 그런데 무슨 일인지 고선지 부대가 노약자를 죽이고 젊은이를 노예로 삼았다는 사실에 대하여 중국 측 사료만 의존하였다는 사실이다.[51] 이는 고선지가 후일 억울하게

---

were the qaghan of the Türgiś, some Tibetan "chiefs", the king of Tashkent, and the king of Chieh-shih. Cabïś was executed below the K'ai-yüan Gate, and Kao was rewarded with appointment to the highest honorary position on the Board of Civil Office.

죽었던 것처럼 중국 측 사가에 의해서 고선지가 당에 의해 죽임을 당하는 것이 정당하였다는 식으로 조작된 기록에 불과하다. 실제 왕조시대의 전쟁에서 패망하였던 민족은 거의 노예가 되었다는 사실은 누구나 아는 바이다.

넷째는 고선지에 의해 잡혀 왔던 서방의 왕들[52] 가운데 석국왕 車鼻施가 開遠門에서 처형되었다는 사실이다. 개원문은 장안 서쪽의 외곽 세 성문 가운데 가장 북쪽에 위치한 문이다.[53] 그리고 베크위스가 고선지가 석국 정벌의 대가로 받은 명예로운 최고 문관직은 開府儀同三司를 말함이다.[54]

샤반느(Chavannes)는 석국에서 있었던 일에 대하여 고선지 장군을 깎아내리는데 주저하지 않았다. 그의 주장을 들어보면

> 이렇게 멋지게 그의 군대를 혹독하고 힘든 파미르(Pamirs)를 가로질러 진격하도록 하였던 고선지라는 사람은 충성스럽지 못할 뿐만 아니라 욕심 많은 사람이었다. 따라서 그의 결점으로 붕괴를 가져왔다. 570년 12월, 그는 타슈켄트 사건에 개입하였다. 이때 (타슈켄트) 왕은 당에 복종하겠다고 (고선지에게) 맹세하였다. 그런데도 이러한 복종의 맹세를 무시한 채 고선지는 그를 붙잡아서 곧 사형에 처하였다. 그 결과 (타슈켄트) 왕의 부중은 고선지의 수중에 놓여지게 되었으며, 그러한 상황에서 고선지는 파렴치할 정도로 약탈을 자행하였다.[55]

라는 게 그것이다. 석국 정벌을 하고 난 후 샤반느가 고선지 장군을 비난하는 내용 일색으로 서술하였다는 사실을 주목하고 싶다. 그런데 이는 샤반느의 의도적인 실수는 아닌 것 같다. 즉, 앞에서 샤반느의 논문을 인용하였던

---

51) 『資治通鑑』 권216, 「唐紀」32 玄宗 天寶 9載 12月, 安西四鎭節度使高仙芝僞與石國約和조, 6901쪽.

52) 『資治通鑑』 권216, 「唐紀」32 玄宗 天寶 10載 正月, 安西節度使高仙芝入朝조, 6904쪽.

53) Christopher I. Beckwith, "T'ang China and the Arabs", p.138, 주)181 참조 ; 徐松, 愛宕元 譯註, 1994, 「西京 卷二」, 『唐兩京城坊攷』, 平凡社, 67쪽 ; 李潔萍, 1995, 「唐朝都城－長安－」, 『中國歷代都城』, 黑龍江人民出版社, 160쪽.

54) 『資治通鑑』 권216, 「唐紀」32 玄宗 天寶 10載 正月, 加仙芝開府儀同三司조, 6904쪽.

55) Edouard Chavannes, *op. cit.*, p.297, Ce Kao Sien-tche qui avait si brillamment dirigé son armée à travers les régions inhospitalières des Pamirs, était, avec toute sa bravoure, un homme déloyal et cupide ; ses défauts le menèrent à sa ruine ; le douzième mois de l'année 570, il intervint dans les affaires de Tachkend ; le roi fit sa soumission ; mais, au mépris de la parole donnée, il se vit arrêté et fut bientôt après mis à mort ; ses richesses tombèrent entre les mains de Kao Sien-tche qui se livra à un pillage éhonte.

바에 의해서 어느 정도 짐작이 가는 내용인 듯싶다. 즉 고선지 장군을 한국에서 출생하였다고 샤반느가 단정적으로 표현하였던 사실에서 유추 해석이 가능하다. 바꾸어 말하면 중국의 정사를 샤반느가 직접 읽었던 것이 아니라 한문을 해독하는 중국인이 읽었던 데서 야기되었던 오류인 듯싶다. 그렇지 않다면 중국의 정사를 샤반느가 잘못 해석한 것이다. 위의 내용 가운데 잘못되었던 점을 몇 가지 지적하고 싶다.

첫째는 고선지가 충성스럽지 못할 뿐만 아니라 욕심이 많다고 표현하였던 사실이다. 이는 『新唐書』의 편찬자들이 고선지를 깎아 내리기 위하여 서술하였던 것이라는 사실에 대하여 이미 앞에서 밝혔다.

둘째는 고선지 장군이 석국 정벌에 개입한 시기가 570년 12월이라고 주장하였던 사실이다. 그러나 고선지가 석국을 정벌하였던 것은 750년 12월이다. 아마도 이는 식자공이 활자를 집자하는 과정에서 잘못하였던 것 같다. 혹은 샤반느가 고선지 장군에 대한 사료를 제대로 해석할 수 없는데서 발생된 오류였는지 모른다.

셋째는 고선지가 석국왕을 사형에 처하였다는 사실이다. 실제로 석국왕을 처형하였던 것은 당의 수도 장안 정치가들에 의해서 자행되었던 일이다.[56] 고선지 장군이 직접 석국왕을 사형에 처하였다는 사료는 어느 곳에도 없다. 위와 같은 실수는 국수주의적 생각이 강한 중국인이 고선지에 관한 사료를 샤반느에게 읽어 주는 과정에서 그가 주관적으로 사료를 해석하였던 결과였을 것 같다. 그런게 아니면 고선지에 관한 사실이 잘못 알려진 후에 일어난 계속적인 실수인지 모른다. 이와 같은 경우는 레그(Stuart Legg)도 마찬가지였다. 즉 레그(Legg)도 석국왕을 처형하였던 것이 고선지라고 잘못 알고 있는 것도 위와 마찬가지 실수인 듯싶다.[57] 이와 같은 오류를 중국학자들마저 범하였다는 것은 납득하기 어렵다. 즉 楊建新 같은 연구자는 고선지 장군이 석국을 정벌할 때 대단히 많은 사람을 살육하였다고 서술하고 있다.[58] 그러나

56) 余太山, 1996, 「唐代西域」, 186쪽.

57) Stuart Legg, *op. cit.*, p.173.

58) 楊建新, 1988, 「突厥族」, 288쪽.

어느 사서에도 고선지 장군이 석국을 침공할 때 많은 사람을 죽였다는 기록이 없다.

넷째는 고선지가 파렴치할 정도로 석국에서 약탈을 자행하였다는 주장이다. 어느 전쟁에서든 약탈이 수반되지 않았던 경우가 없었다는 사실을 상기해보면, 위의 언급은 과장되게 표현하였던 이야기에 불과하다. 그러나 샤반느의 주장도 마치 복종을 자청하는 석국왕을 고선지가 직접 죽였다는 식으로 몰고 가는 과정에서 그를 폄하하기 위한 수단으로 약탈자로 묘사하였던 게 틀림없다. 어떤 이유에서인지 레그도 고선지 장군을 도적으로 몰아붙였다. 이와 같은 과오가 레그에게도 예외가 될 수 없었던 모양이다.

고선지 장군의 석국 정벌에 관한 샤반느의 견해는 옳지 않다. 이 점에 있어서 서방학자들 모두가 잘못된 주장을 피력하였다. 무척이나 안타까울 뿐이다. 서방학자들이 주장이 틀렸다는 것은 다음 기록에서 알 수 있다. 『신당서』의 「현종기」 천보 10재에 "정월 戊申에 안서사진절도사 고선지가 突騎施可汗과 石國王을 사로잡았다."59)는 사실이 그것이다. 이는 돌기시가한과 석국왕이 고선지 장군의 포로로 당의 장안에 바쳐졌다는 내용이다. 이는 서방학자들의 주장이 엉터리라는 사실을 입증하는 사료이다.

그런데 샤반느(Chavannes)처럼 고선지 장군과 관련된 사실을 잘못 기록하였던 것은 그루쎄(René Grousset)도 예외가 아니었다, 즉

> 고선지는 타슈켄트에 도착하여 투둔의 목을 베었고, 그의 보물을 접수하였다. 이 폭력적인 행동은 서역에서 반발을 촉발시켰다. 희생된 투둔의 아들은 투르크족의 케르룩 부중의 지원을 요청하였는데, 그 부중의 영토는 타르바가타이와 우룽구 강을 따라 발하쉬 호의 동쪽의 끝에서 이르티쉬까지 뻗어 있었다. 또한 그는 소그디아나에 주둔하고 있던 아랍군에게도 도움을 간청하였다.60)

---

59) 『新唐書』 권5, 「玄宗紀」 天寶十載 正月조, 148쪽, "戊申, 安西四鎭節度使高仙芝執突騎施可汗及石國王".

60) René Grousset(Translator : Naomi Walford), "The Collapse of T'ang Domination in Central Asia", p.119, Kao Sien-chih arrived in Tashkent, beheaded the tudun, and appropriated his treasury. This act of violence provoked the revolt of the west. The victim's son appealed for the support of the Qarluq Turks, whose territories were in Tarbagatai and on the River Urungu and extended from the eastern

라는 것이 그것이다. 그루쎄도 샤반느처럼 고선지 장군이 석국왕을 석국에서 죽였던 것처럼 엉터리로 기록하였다. 아마도 그루쎄가 중국 사료를 해독하지 못하는 데서 야기된 오류였다. 정녕 고선지 장군이 석국왕을 죽였다는 사료는 어디에도 없다.

그러나 석국왕을 당의 조정에서 죽였던 것이 분명 문제였다. 위에서 그루쎄가 말하는 것처럼 석국왕의 아들이 희생된 아버지의 원한을 풀기 위해 주변 투르크족과 아랍군대에 지원을 요청하였던 것은 사실이다. 여기서 케르룩 부중이 석국 왕자에게 협력하였던 것이 고선지 부대에게 치명적인 패배를 안겨준 요인인 듯싶다. 탈라스에서 고선지 휘하의 케르룩 부중의 반란이 그것이다. 그러나 이때 이미 石國은 大食은 물론이고 케르룩·吐蕃과 연합하였던 그런 상황이다.[61] 게다가 당에 반기를 든 케르룩 부중이 고선지 휘하에 도사리고 있었던 것도 사실이다. 이와 같은 사실을 무시하고 그루쎄는 이때 패배하였던 원인을 고선지 장군의 탓으로만 돌렸다. 즉 "이처럼 거리가 먼 지역으로 중국군대를 이끌고 왔던 바로 그 고선지로 말미암아 갑자기 이 모든 게 무너졌다"[62]라는 이야기가 그루쎄의 주장이다. 그렇다면 그루쎄가 고선지 부대의 패인을 잘못 지적하였던 이유는 무엇인가. 그 까닭은 그루쎄가 고선지 장군의 탈라스 전황을 제대로 파악할 수 없었기 때문이다.

한편 어떻게 석국의 왕자가 구원병을 요청하기 위하여 사라센 제국(大食)으로 달려갔는가[63] 하는 의문이다. 왜냐하면 고선지가 석국을 정벌하고 왕과 그 처자를 모두 사로잡았는데 왕자가 사라센으로 달려갔다는 사실은[64] 누군가 탈출을 도왔다고 해석할 수 있기 때문이다. 대략 장안으로 잡혀왔던 석국 왕자가[65] 도망쳐서 서방세계에 구원을 요청한 것은 천보 10재 4월 전후한

---

tip of Lake Balkhash to the Irtysh ; he also implored the aid of the Arab garrisons in Sogdiana.

61) 楊建新, 1988, 「突厥族」, 288쪽.

62) René Grousset(Translator : Naomi Walford), "The Chinese in The Pamirs, 747-750", p.119, "Suddenly all this collapsed, and through the agency of this same Kao Sien-chih, who had carried the arms of China to such distant regions".

63) 『新唐書』 권221下, 「石傳」 王子走大食乞兵조, 6246쪽 ; 『文獻通考』 권339, 「四裔」16 '石國' 王子走大食乞兵조, 2662쪽.

64) 『唐會要』 권99, 「石國傳」 仙芝所禽王之子, 西走大食조, 1772쪽.

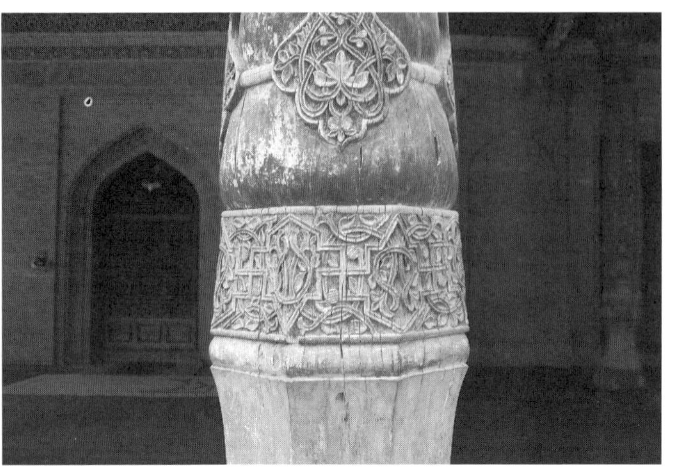

이슬람이 동방에서 불교교리를 수용한 증거로 볼 수 있는 모스크 기둥 조각의 근자. 카스에서 필자 촬영

때였다.[66] 이때 석국 왕자는 건국한 지 얼마 안 되는 압바스 왕조의 창업 공신 아부 무슬림이 파견하였던[67] 사마르칸트(Samarkand) 부근의 사라센 총독이자 장군인 지야드 이븐 살리흐(Ziyard b. Salih=Ziyad ibn-Salih)에게 달려갔다.[68] 그 결과 天山 북방의 탈라스 河畔에서 지야드 이븐 살리흐가 지휘하는 군대와 고선지가 지휘하는 당의 주둔군이 싸웠다.[69] 이 사건으로 석국과 관련하여 전개되는 일들이 고선지 장군을 어렵게 만들었던 하나의 조짐이 되었던 게 사실이다. 게다가 서아시아에서 패자로 군림하려고 호시탐탐하는 사라센 제국이 이와 같은 기회를 놓칠 리 없었다. 이때(天寶 10載) 석국 왕자의 요청으로 온 사라센 제국의 군사가 고선지 부대가 주둔하고 있는 탈라스 강가의 탈라스(Talas)성을[70] 공격하였다는 사실은[71] 중요한 의미를 갖는다. 고선지 장군이 석국 왕자의 요청으로 달려온 사라센군을 주축으로 한 서아시아의 병대와 탈라스 성에서 전투를 하였다는 사실은 동서교섭사상에서 의미가 매우 크기 때문이다.[72] 달리 표현한다면 중국과 이슬람, 두

65) 『通典』 권193, 「邊防」9 '石國'에 인용된 杜環 "經行記" 天寶中, 鎭西節度使高仙芝擒其王及妻子歸京師조, 5275쪽.

66) 『資治通鑑』 권216, 「唐紀」32 玄宗 天寶 10載 4月 石國王子逃詣諸胡조, 6907쪽.

67) 前嶋信次, 1971, 「タラス戰考」, 129쪽.

68) Christopher I. Beckwith, *op. cit.*, p.138.

69) 羽田明 등, 1989, 「唐とサラセン」, 『世界の歷史, 10 西域』, 東京 : 河出書房新社, 216쪽.

70) 張星烺, 1969, 「石國交涉」, 『中西交通史料彙編』 3, 72쪽.

71) 『新唐書』 권221下, 「石傳」 攻怛邏斯城조, 6246쪽.

72) 葛承雍, 1998, 「唐代綜合國力散論」, 『周秦漢唐硏究』, 西安 : 三秦出版社, 286쪽.

장안에서 서역으로 향하는 개원문 앞. 이곳에서 석국왕이 참살당하였다.

문명의 충돌이라고 표현하는 게 솔직할 듯싶다. 그때 사라센군의 치밀한 계략이 성공하여 고선지가 이끄는 唐軍은 표현하기 힘들 정도로 대패하였다.[73)]

이때 전황을 『新唐書』의 「玄宗紀」에서 다음과 같이 전하였다. 즉 天寶 10載 '7월 고선지는 怛邏斯城에서 大食과 싸워 패하였다'[74)]라고 간략하게 기록하고 있다. 이는 고선지 부대가 탈라스 싸움에서 참패하였던 내용이다.[75)] 그밖에 이때 고선지가 싸운 상대가 대식이었다고 기록한 사실이다. 따라서 당과 서방세계의 연합군대와 충돌하였다는 사실에 대하여 주목하고 싶다.

개원 29년 12월 대식 수령 和薩이 당에 來朝한[76)] 후, 당에 사신을 보냈던 사실을 주목할 필요가 있다. 왜냐하면 천보 3재(744) 7월에 대식이 당에 사신을 파견해 말과 보물을 바쳤기 때문이다.[77)] 이듬해 천보 4재 5월 大食合靡國이

73) Warren W. Smith, Jr., *op. cit.*, p.70 ; 楊銘, 1997, 「吐蕃經略西北的歷史作用」, 『民族研究』 1, 84쪽.
74) 『新唐書』 권5, 「玄宗紀」 天寶 10載조, 148쪽, "高仙芝及大食戰于怛邏斯城, 敗績".
75) 糸賀昌昭, 1980, 「長安とバグダード」, 211쪽.
76) 『冊府元龜』 975, 「外臣部」 '褒異' 開元 29年 12月 丙申 大食首領조, 11457쪽.

당에 사신을 보내 조공하였다.[78] 한해 걸러 천보 6재 5월에 대식국왕이 당에 사자를 보내면서 표범 6마리를 바쳤다[79]는 사실은 대식과 당의 관계를 고려할 중요 변수라고 본다. 즉, 천보 6재 5월 이후 고선지 부대가 탈라스에서 대식과 전투했을 때까지 대식이 당에 조공하지 않은 것은 대식이 당을 적대국으로 간주한 신호라고 해석할 수 있다. 이런 일련의 진행과정으로 석국과 대식과의 연합을 차단하려는 목적으로 당은 석국왕을 開遠門 앞에서 참살했던 것 같다.

정확히 표현하면 당은 고선지 부대가 석국 왕자의 요청으로 달려오는 大食軍의 격파를 염원하여, 고선지 부대의 중앙아시아 정벌을 명령했다고 본다. 이런 종합적 상황에서 고선지 부대가 탈라스에서 패퇴했기 때문에 당은 고선지의 패배를 단죄할 수 없었던 것 같다.[80]

천보 10재(751) 7월 당군은 궤멸되었으며[81] 살아남은 자는 불과 수천 명이었다.[82] 당군의 참패로 끝난 탈라스 전투 후 석국은 사라센에게 복속하였다. 이 탈라스 성은 석국 내의 동북쪽에 위치하였다.[83] 탈라스의 지리적인 상황을 더 구체적으로 표현하면, 탈라스 강은 중앙아시아의 발하쉬(Balkash)호와 자하르테스(Jaxartes)호의 중간에 흐르는 조그만 강이다. 이 탈라스 강의 계곡에 자리잡고 있는 것이 바로 탈라스 성이다.[84] 여기서 주목하여야 할 사실은 사라센 군대와 고선지가 지휘하는 당군이 접전하였다는 사실이다. 왜냐하면 동서교섭의 주도권을 장악하기 위한 전쟁에서 사라센과 당이 만났기 때문이다. 달리 표현하면 사라센과 당의 교역권 확보전쟁이었다고 말해도 좋을 듯싶다. 石國의 탈라스 성은 梲建城에서 50리 떨어진 곳에 위치하고 있으며[85]

---

77) 『冊府元龜』 971, 「外臣部」 '朝貢' 天寶 3載 7月 大食조, 11411쪽.

78) 『冊府元龜』 971, 「外臣部」 '朝貢' 天寶 4載 5月 大食合靡國조, 11412쪽.

79) 『冊府元龜』 971, 「外臣部」 '朝貢' 天寶 6載 5月 大食國王조, 11412쪽.

80) 『舊唐書』 권104, 「高仙芝傳」, 3206쪽 ; 『新唐書』 권135, 「高仙芝傳」, 4578쪽, 『新·舊唐書』의 「高仙芝傳」에 天寶 10재 탈라스 전투에 대한 사실을 기록하지 않았다. 이는 당에서 탈라스 전투를 중요하게 생각하지 않았거나, 당의 위상을 너무 손상시킨 일이라 감추기 위함일지 모른다.

81) 『新唐書』 권5, 「玄宗」(天寶 10載) 7月, 高仙芝及大食戰于恒邏斯城조, 148쪽 ; 羅香林, 「唐代天可汗制度考」, 212쪽, 고선지가 탈라스에서 패한 시기를 天寶 11載(752)이라고 말한 것은 잘못이다.

82) 前嶋信次, 1996, 「黑旗·黑衣の時代」, 『イスラム世界』, 189쪽.

83) 『讀史方輿紀要』 권65, 「陝西」14, 怛邏斯城조, 2802쪽.

84) Stuart Legg, *op. cit.*, p.173.

唐代 서역교통의 중심지 가운데 하나로 중요하였던 지역이다.

탈라스 강에서의 당군과 사라센의 싸움은 중앙아시아 역사의 흐름을 바꿀 정도로 중요한 전투였다. 앞서 이야기한 것과 같이 동서교섭사상에서 탈라스 강에서 당과 사라센과의 일전의 파장은 일파만파였다. 그 한 예는 종교상에 있어서 그 파문의 영향이 지금까지 지속되고 있다는 사실이다. 포괄적으로 말하면, 탈라스 강에서 고선지 부대의 패배로 당의 세력이 타림분지까지 후퇴함으로 말미암아 당이 서역에서의 覇權을 사라센에게 넘겨주는 결과가 되었다.[86] 탈라스 강에서 패배하기 이전 서역은 중국의 지배를 받았기 때문에, 그 영향으로 이 지역에서 불교가 신봉되었다. 그러나 탈라스 강에서 당의 퇴각으로 葱嶺 서쪽을 사라센이 지배하게 되었다는 사실은[87] 시사하는 바가 크다.[88] 왜냐하면 이때 사라센은 서역이 당나라의 영향력에서 자유롭게 해방되자 재빠르게 오아시스에서 생활하는 그들을 이슬람교로 영구히 대치시켰다는 사실은 종교의 전파라는 각도에서 보면, 매우 중요한 사건이기 때문이다. 고선지 장군의 탈라스 강에서의 패배로 당시 오아시스에 몰려 살면서 불교를 신봉하였던 사람들에게 이슬람교를 강제로 믿게 함으로써 서역에서 신봉하는 종교를 뒤바꾸어 놓았던 사건이라고 해석하여도 옳다.[89] 간단히 말하면, 서역에서 중국세력이 쇠퇴한 반면 이 지역에서 이슬람 문명화가 시작되었다는 뜻이다.[90] 그런데 탈라스 전투 후 당과 이슬람 양국 관계가 큰 손상을 입지 않고 전후에도 계속 발전하였던 것 같다.[91] 고선지 장군의 탈라스 강 싸움에 대하여는 절을 달리하여 여러 가지 측면에서 자세히 설명하겠다.

---

85) 方豪, 1953, 「賈耽所記通四方之三道」, 『中西交通史』 2, 臺北 : 中華文化出版事業, 14쪽.

86) 菊池英夫, 1982, 「隋·唐王朝支配期の河西と敦煌」, 『講座敦煌2, 敦煌の歷史』, 東京 : 大東出版社, 177쪽 ; 康樂, 1979, 「版圖定型時期」, 『唐代前期的邊防』, 80쪽 ; 楊銘, 1997, 「吐蕃經略西北的歷史作用」, 84쪽.

87) 貝塚茂樹, 1976, 「大唐帝國の最盛期」, 『貝塚茂樹著作集,中國の歷史』 8, 東京 : 中央公論社, 229쪽 ; 羅香林, 「唐代天可汗制度考」, 222쪽 ; 劉錫淦, 1996, 「龜玆古國政治史略」, 『龜玆古國史』, 新疆大學出版社, 92쪽.

88) 楊建新, 「突厥族」, 288쪽.

89) L. Carrington Goodrich, *op. cit.*, p.124.

90) 金元龍, 1984, 「古代韓國과 西域」, 『美術資料』 84, 3쪽.

91) 정수일, 앞의 논문, 「씰크로드를 통한 교류의 역사적 배경」, 156쪽.

2. 고선지 장군의 석국 정벌 이후 행적

필자는 그 유명한 탈라스 강가의 전투 이전 서역의 여러 나라들이 안서절도사 고선지의 군대를 두려워하였다는 사실을 특기하고 싶다. 그 이유는 고선지가 이끄는 당군이 험난한 요새의 토번 대군을 상대로 한 전투에서 대승을 거두었기 때문이다. 이러한 영향으로 석국왕도 고선지를 두려워하여 자진하여 투항하였다가 당의 어리석은 정치가에 의해 억울한 죽임을 당하였다.

그런데 고선지 장군이 석국 평정을 하였던 사실에 대하여 석국 사람마저 추앙하였던 모양이다. 즉 석국의 춤 柘枝舞의 노랫말 가운데 고선지 장군의 석국 정벌에 대한 위업을 표현하였던 내용에서, 그 대강을 짐작할 수 있다. 그와 같은 말은 薛能이 지은 柘枝詞의 第二에 나오는 대목에 있다.[92] 위의 자지가 바로 석국이다. 漢代에는 大宛 북쪽에 있던 나라다.[93] 앞서 지적한 것처럼 토번 연운보와 소발률국 정복에서 안서도호 고선지만 이름을 날렸던 것이 아니다. 고선지 장군이 타고 서역을 질주하였던 말마저 명성을 얻었다. 이러한 고선지의 말을 찬미하기 위해 杜甫가 「高都護驄馬行」을 지었다. 作詩 시기가 어쨌든 「高都護驄馬行」은 고선지 장군의 소발률국 정복 후 지어졌다.[94] 이는 고선지 장군이 뛰어난 장군으로 그의 업적이 출중했던 사실을 설명한 詩로 오늘날까지 『全唐詩』에 전해지고 있는 것이다.[95]

여하간 석국을 평정하고 나서 욕심이 많아서 혼자 전리품을 독차지한 탐욕스러운 인물로 묘사하였던 것이 고선지 장군에 대한, 오늘날 역사가들의 그릇된 평가다. 이는 졸렬하기 짝이 없는 장안의 정치가들이 석국왕을 죽였던 사실을 은폐하려는 연장선상에서 야기된 조작이다. 다시 말해 당의 잘못으로 서역 제국을 자극시킨 결과, 석국이 당이 아닌 사라센 제국의 영향력 아래 있게 되었다는 사실을 감추려는 의도인 듯싶다. 이와 같은 목적으로 『舊唐書』

92) 向達, 1979, 「西域傳來之畵派與樂舞」, 『唐代長安與西域文明』, 北京 : 三聯書店, 65~66쪽 ; 盧葦, 1982, 「從唐詩中看唐代西北邊疆」, 『新疆歷史論文續集』, 234쪽.

93) 『新唐書』 권221下, 「西域傳」 附石傳 石, 或曰柘折丕, 6246쪽.

94) 『欽定四庫全書總目』 권149(『文淵閣四庫全書』 電子版, 上海人民出版社).

95) 『全唐詩 上』 권216, 「杜甫」, 2255쪽 ; 盧葦, 「從唐詩中看唐代西北邊疆」, 228쪽.

의 「高仙芝傳」에서 묘사하였던 것이 장군에 대한 잘못된 평가의 발단이다. 즉,

> 그런데 仙芝는 본성이 탐욕스러웠기 때문에 石國의 큰 덩어리로 된 푸른색 보석 十餘 石과 황금을 대여섯 낙타로 끌만큼의 양을 얻었다. 또한 진귀한 말과 보석을 셀 수 없이 많이 얻었다.[96]

라는 것이 그것이다. 또 『자치통감』에서도 고선지를 욕심이 많은 인물로 묘사하고 있다는 사실을 주목하고 싶다.[97] 그 이유는 『구당서』와 마찬가지로 『자치통감』의 찬자들 모두가 고선지가 고구려인이라는 사실 때문에 수단 방법을 가리지 않고 깎아내리는데 주저함이 없었기 때문이다. 필자가 이와 같이 주장하는 까닭은 앞에서 밝혔던 것처럼 고선지가 고구려인이라는 사실 때문에 그를 배척하는 사람 가운데 唐朝로부터 하사 받은 재물을 탐냈던 인물이 있을 정도라는 것과 맞물리는 문제다. 大將軍 畢思琛이 바로 그와 같은 유형의 인물이다. 그렇다면 당나라에서조차 고선지가 자신을 보호하기 위하여 많은 재물이 필요하였던 사실을 사서 찬자가 몰랐던 모양이다. 게다가 당의 정벌 군대의 총사령관이 현종에게 헌상하기 위하여 적국의 재물을 가져갔던 것은 흔한 일이다. 어쩌면 고선지가 노획한 물건은 석국이 당에 바치지 않은 조공물을 대신하였는지 모른다. 만약 앞서 고선지 장군이 포로로 석국왕을 장안에 데려다 바칠 때 노획한 보물 없이 단지 왕만 현종에게 바쳤다는 주장을 개진한다면, 이는 한심하기 짝이 없는 견해일 것이다. 따라서 고선지가 석국의 푸른색 보석을 십여 섬이나 가져갔을 뿐만 아니라, 황금을 대여섯 마리의 낙타가 끌고 갈 정도로 노획하였으며, 아울러 진귀한 말과 보석을 수 없이 많이 가지고 당나라로 왔다는 것은 전쟁 중에 지극히 흔한 일이다. 그렇다면 漢族의 장수가 위와 같이 많은 전리품을 가져왔을 때도,

---

96) 『舊唐書』 권104, 「高仙芝傳」, 3206쪽, "仙芝性貪, 獲石國大塊瑟瑟十餘石, 眞金五六駝駝, 名馬寶玉稱是".

97) 『資治通鑑』 권216, 「唐紀」32 玄宗 天寶 9載 12月 仙芝性貪조, 6901쪽 ; 田坂興道, 「唐宋時代の中國における回敎徒」, 343쪽.

사서의 찬자들이 그러한 장군들의 본성이 탐욕스러웠다고 묘사하지 못하였을 게다. 여하간 석국 정벌군의 총사령관으로 출정하였던 고선지가 많은 전리품을 황제에게 가져다 바쳐 훌륭한 장군으로 평가받았다는 것은 하등 이상할 것이 없는 행위였다. 그런데도 사마광은 『자치통감』에서 고선지가 석국을 정벌하면서 그 나라의 금·은·보석 등의 엄청난 양의 물건을 가져다가 자신의 집에 두었다고 주장하였다.[98] 황제국가의 일개 장군이 제멋대로 그러한 행위를 할 수 없다는 사실을 모르는 사마광이 사료를 정리하였던 사실 자체가 부끄러운 일이다. 그런데 석국 정벌의 불씨가 지펴지게 된 이유가 석국에서 생산되는 보석 瑟瑟(에메랄드) 강탈에 있었다는 흥미로운 주장이 있다.[99] 그런데 베르톨트 로퍼(Berthold Laufer)는 고선지와 瑟瑟을 연관지어 언급하지 않았으며, 다만 瑟瑟이 에메랄드라고 주장한 것이 전부였다.[100] 또 호삼성은 슬슬에 대한 명칭을 張揖의 『廣雅』를 인용하여 碧珠라 하였다.[101] 물론 에메랄드가 석국의 동남에 있는 큰 산에서 생산되었던 것은 사실이다.[102] 그런데 이때 고선지가 당으로 가져왔던 슬슬 등의 보물이 처음으로 중국에 알려졌을 뿐만 아니라 한반도까지 전해졌다.[103] 이 같은 사실은 동서교섭사 상에서 한 획을 긋는 중요한 사건이다. 그러나 고선지가 석국을 정벌하게 되었던 까닭이 당에 조공을 하지 않음으로 야기되었던 사실이라는 것을 지나쳐 버리고 있음을 주목하고 싶다. 그 이유는 마치 고선지가 탐욕스러운 인물이라 석국을 정벌하였다는 일방적인 해석으로 그를 약탈자로만 묘사하였기 때문이다. 물론 석국은 보석이 많이 생산되었던 나라이다. 그 이유는 '石國(Tashkkend)'이라는 국명이 돌궐어의 'Tyash'에서 온 것인데, 이는 돌(石)이라는 의미이기 때문이다.[104] 물론 그 가운데 많은 보석이 생산된다는 의미가 함축되어 있는

98) 『資治通鑑』 권216, 「唐紀」32 玄宗 天寶 9載 12月 皆入其家조, 6901쪽.
99) 李龍範, 1978, 「海外貿易의 發展」, 『한국사』 3, 514~515쪽.
100) Berthold Laufer, 1919, "Iranian Precious Stones Se-se", *Sino-Iranica*, pp.516~519, Chicago.
101) 『資治通鑑』 권216, 「唐紀」32 玄宗 天寶 9載 12月 胡三省註의 張揖廣雅曰조, 6901쪽.
102) 『新唐書』 권221下, 「石國傳」, 東南有大山 生瑟瑟조, 6246쪽.
103) 정수일, 2001, 「씰크로드를 통한 인적 교류」, 437쪽.
104) 方豪, 1953, 「隋代之中西交通」, 『中西交通史』 2, 10쪽.

표현이다.

그런데 『舊唐書』의 찬자는 다음과 같이 기록하면서, 고선지 장군을 의도적으로 깎아 내렸던 사실을 완전히 감추는데 실패하였다. 『구당서』 찬자는 고선지를 못된 인물로 평가하려고 무던히 애썼던 모양이다. 이를 들어보면

> 예전에 舍鷄는 仙芝가 나약하고 굼떠서 그가 스스로를 보존하지 못할까 걱정을 하였는데, 지금에 이르러서는 공을 세웠다. 그 집 재산이 만관이나 되었지만, (仙芝는 자신의 재산을) 두루 나누어주기를 잘하였기 때문에, 남이 부탁하면 들어주지 않은 적이 없었다.[105]

라는 것이 그것이다. 여기서 『舊唐書』의 찬자는 고선지 장군을 깎아 세우려고 위의 기록을 남겼지만 그만 실수를 하고 말았다. 이를 둘로 나누어 검토해 보기로 하자.

하나는 아버지 고사계가 고선지가 어렸을 때 나약한데다가 행동마저 느렸던 것을 걱정하였다는 사실이다. 찬자는 고선지 인물됨이 보잘 것 없었다는 식으로 서술하기 위해 의도적으로 이 부분을 기록하였을 것이다. 하지만 위 구절은 고선지가 漢族이 아닌 고구려인으로서 이국 唐에서 생활하면서 점차로 적자생존 법칙을 터득하였다는 사실을 알려주는 내용이다. 정확히 본다면, 고선지는 아버지 고사계의 철저한 교육열 덕택이었는지 몰라도 성장하면서 훌륭한 신체 조건을 구비하였다. 아니 고구려인의 신체조건을 고선지가 갖게 됨으로 무인생활에 잘 적응하였다고 보아야 옳다. 그 결과 무인의 기량을 갖춘 고선지가 서역을 호령하는 당나라 四鎭節度使로서 나라에 많은 전공을 가져다 준 인물로 변신하였다는 사실은 고선지에게 성공 그 자체였다고 표현하고 싶다. 이와 같은 사실 때문에 룩 콴텐(Luc Kwanten)은 고선지 장군을 다음과 같이 평가하였다. 즉 그는 고선지 장군이 성공적으로 小勃律國을 정벌하였기 때문에 돌궐제국을 붕괴시켰을 뿐만 아니라 중앙아시아에서

105) 『舊唐書』 권104, 「高仙芝傳」, 3206쪽, "初, 舍鷄以仙芝爲懦緩, 恐其不能自存, 至是立功. 家財鉅鋸萬, 頗能散施, 人有所求, 言無不應".

중국의 헤게모니를 증대시켜 주었던 유일한 인물로 지목하였다.[106)]

다른 하나는 고선지 장군의 재산이 1만 관이나 되었다는 사실이다. 이 대목도 찬자는 앞서 평한 것처럼 욕심 많은 사람으로 고선지를 몰아붙이기 위하여 기록으로 남긴 듯싶다. 그러나 개선하는 장군이 적국으로부터 많은 재물을 가지고 와야 하는 이유는 앞에서 밝혔다. 또한 황제가 개선한 장군에 대하여 많은 재물을 하사하는 것은 하나의 관례였다. 그렇다면 번번이 나가서 싸워서 매번 크게 승리하였던[107)] 고선지 장군의 재산이 거만이나 될 정도로 많았다는 것은 오히려 참전하여 연승을 거두었다는 증거로 제시하고 싶다. 우리가 주지하는 바와 같이 대당제국에 호사스러운 물건이 많았다는 것은, 그들 가운데 상당한 분량이 노획물이었다는 사실을 부정할 수 없다. 따라서 이는 당나라가 세계국가로 성장할 수 있도록 도왔던 인물 가운데 하나가 고선지 장군이었다는 사실을 설명하는 내용이기도 하다. 또 위에서 고선지가 자신의 많은 재산을 두루 나누어주었다는 사실에서, 고선지의 성품이 남에게 베풀기 좋아하였다는 사실을 평가하는 좋은 잣대가 될 듯싶다. 따라서 고선지의 부탁이면 대개의 사람들이 거절하지 않았다는 식으로 그의 사람됨을 비아냥거렸다. 그러나 이는 고선지가 고구려인이라는 사실 때문에 四鎭節度使직을 제대로 수행할 수 없었던 상황이 있었다는 사실에서 미루어 본다면, 많은 재물이 필요하였던 것은 그의 생존차원의 문제인 듯싶다. 이와 같이 재물을 필요로 하는 사람에게 주는 방식으로, 고선지가 사람을 다루었다는 사실에 관하여는 필자가 이미 앞에서 설명하였다. 고선지는 재물을 원하는 사람에게 베풀 줄 아는, 그런 인물이었다. 이는 아버지 고사계가 우려하였던 아들의 적자생존 법칙에 대한 기우를 완전히 불식시켰다는 내용이다. 그 결과 대당제국의 四鎭節度使직을 감당하고도 남을 정도로, 고선지 장군은 나름대로 어떻게 하면 생존할 수 있는가를 훌륭하게 터득하였다고 표현하고

---

106) Luc Kwanten, 1979, "The Stepps Unified : The Turkic Empire", *IMPERIAL NOMADS* (Univ., of Pennsylvania Press), pp.47~48.

107) 王行先, 2001, 『爲趙侍郎論兵表』, 『中國古代軍事散文精選 : 隋唐五代』 所收, 解放軍文藝出版社, 108쪽.

싶다.

정녕 고선지는 남에게 물질적인 시혜를 베풀 줄 아는 사람이었다. 즉

> 그러나 재물에 인색하지는 않아서, 사람들이 구하는 바가 있으면, 양이 얼마가 되든지 묻지 않고 그때마다 내 주었다.108)

라는 것이 그것이다. 이는 고선지가 비록 많은 재산을 모았던 것이 사실이지만, 그가 재물을 아끼지 않았다는 관점에서 주목하고 싶다. 고선지가 물건을 필요로 하는 사람들에게 나누어주었다는 사실 하나만으로도 그의 인품이 어떠했는가를 가늠할 수 있는 대목이다. 그런데 고선지는 이때 재물의 수량 등을 따지지 않았을 뿐만 아니라 원하는 만큼의 물건을 줄 정도로 남을 배려하였다니, 그저 경탄할 뿐이다. 그렇다면 고선지가 모았던 그 많은 재산은, 자신의 부귀영화를 누리기 위해서가 아니었다는 사실을 입증한 셈이다.

『舊唐書』와 『新唐書』의 찬자 모두가 고선지의 재산이 거만이었다는 사실을 부각시키려고 노력하였다. 이와 같이 기술하였던 목적은 고선지를 욕심 많은 사람으로 폄하시키려는 의도였다. 그러나 고선지에 관하여는 양귀비의 재종오빠 양국충처럼 재산을 수집하는 별난 재능이 있었다는 기록이 없다. 그렇다면 고선지의 재산은 그 당시 개념으로 본다면 투명하게 축재하였던 게 분명하다. 앞에서 지적한 것처럼 이때까지 전쟁에 나가서 패배한 적이 없었다는 것을 물증으로 제시한다면, 이 고선지 장군의 많은 재산에 대한 의문이 사라질 수 있다. 고선지 장군의 재산이 많은 것은 개선하고 돌아올 때마다 황제가 그에게 관직과 더불어 많은 보물을 하사하였기 때문인데, 사가들이 이를 무시하였던 모양이다. 그렇다면 반대로 고선지 장군의 재산이 많았다는 사실은, 당 제국에서 장군으로 제일 공이 많았던 인물이 고선지였다는 이야기를 설명하는 증거가 될 수 있다. 고선지가 개선의 대가로 받은 하사품이 너무 많아서, 그 당시 재산이 제일 많았다고 표기하여도 하등 이상할 게 없었던 것이다.

---

108) 『新唐書』 권135, 「高仙芝傳」, 4578쪽, "然亦不甚愛惜, 人有求輒與, 不問幾何".

게다가 고선지 장군은 사사로운 감정으로 일을 처리한 경우가 없었던 것으로 유명한 인물이다. 한 예를 든다면, 고선지의 유모 아들 鄭德詮이 郎將일 때,[109] 봉상청과 관계되었던 문제다. 고선지는 정덕전을 형제처럼 대우할 정도로 각별한 사이였다.[110] 절도사 고선지가 출정 중일 때 判官 封常淸이 진영에 남아서 장군을 대신하여 업무를 관장하였던 상황에서 사건이 발생하였다.[111] 그런데 봉상청은 도지병마사 고선지의 노복과 다름없는 신분에서 고선지와 인연을 맺게 되었다. 다시 말해 비천한 고아 출신에다 다리를 저는 봉상청을 고선지가 거두어 길렀던 것이다.[112] 그런데 고선지 장군의 형제나 다름없었던 정덕전이 봉상청을 깔보았던 것이 일의 발단이다. 이를 들어보면,

> (봉상청이 정덕전을) 질책한 후, "郎將은 모름지기 잠시 죽어야만, 군대 기강을 바로 세울 수 있다."고 말하고, 곤장 60대를 때리고 나서, 땅에 얼굴을 댄 채로, 끌고 나가게 하였다. 이때 고선지의 처와 유모가 문밖에서 울면서 살려줄 것을 애원하였으나 (봉상청이) 듣지 아니하자, 이와 같은 사실을 고선지에게 글로 알렸다. 선지가 그것을 보고, 놀라서 "이미 죽었단 말이냐?" 하고 물었다. 그런데 선지가 상청을 다시 만났을 때, 이에 관하여 아무 말도 하지 않으며, 상청도 또한 이에 대하여 잘못하였다고 사과하지도 않았다.[113]

라는 것이 그것이다. 이는 고선지가 어떤 인물이었는가를 가늠하는 자료이다. 일의 발단은 다음과 같다. 즉 고선지 장군의 형제와 다름없는 유모 아들 정덕전이 留後 봉상청 앞으로 말을 타고 달렸던 것이 죄목이었다.[114] 봉상청은 정덕전의 버릇을 고치기 위해 곤장 60대를 때렸다.[115] 비록 고선지 장군의

---

109) 『舊唐書』 권104, 「封常淸傳」 仙芝乳母子鄭德詮已爲郎將조, 3208쪽.

110) 『舊唐書』 권104, 「封常淸傳」 德詮母在宅內, 仙芝視之如兄弟조, 3208쪽 ; 『資治通鑑』 권216, 「唐紀」 32 玄宗 天寶 6載, 初 仙芝遇之如兄弟조, 6888쪽.

111) 『資治通鑑』 권216, 「唐紀」32 玄宗 天寶 6載, 初 仙芝爲節度使조, 6888쪽.

112) 『資治通鑑』 권216, 「唐紀」32 玄宗 天寶 6載, 初 仙芝爲都知兵馬使, 猗氏人封常淸조, 6887~6889쪽.

113) 『資治通鑑』 권216, 「唐紀」32 玄宗 天寶 6載 (12月 初), 6888쪽, "因叱之曰, '郎將須蹔死以肅軍政.' 遂杖之六十, 面仆地, 曳出. 仙芝妻及乳母於門外號哭救之, 不及, 因以狀白仙芝, 仙芝覽之, 驚曰, '已死邪?' 及見常淸, 遂不復言, 常淸亦不之謝".

114) 『資治通鑑』 권216, 「唐紀」32 玄宗 天寶 6載, 初 常淸嘗出, 德詮自後走馬突之而過조, 6888쪽.

115) 『舊唐書』 권104, 「封常淸傳」 因令勤逈, 杖六十조, 3208쪽.

留後였을 때 사건이라고 하나, 봉상청이 고선지의 종의 신분으로 출발하였다는 사실에 주목하고 싶다. 물론 봉상청이 출정 중 고선지에 의해서 본영을 다스리도록 위임받았던 상황이다.[116] 위의 상황을 좀 더 구체적으로 언급하면 봉상청은 자신이 미천한 집안 출신이라는 사실을 郎將 정덕전이 알고 저지른 행위라고 말하면서 그를 꾸짖었다.[117] 그런 까닭에 봉상청은 군대 기강을 바로 잡기 위하여 앞에서 언급한 태형 60대를 때리도록 명령하였다. 이때 정덕전이 실신 상태에 빠졌는데도 이러한 경위를 고선지 장군이 봉상청에게 그 까닭을 묻지 않았다는 사실을 주목하고 싶다.[118] 그 이유는 고선지 장군이 출정하면서 봉상청에게 軍中을 맡긴 상태였기 때문에 사적인 감정을 가지고 문책하지 않았다. 앞서 지적한 것처럼 고선지 장군은 유모의 아들 정덕전과 혈육처럼 지냈다.[119] 이는 중국사서의 찬자들이 고선지 장군을 욕심이 많았던 인물이라고 평가하였던 사실과 상반되는 대목이다. 반대로 胡三省은 고선지가 사사로이 친함을 앞세워 법을 어기는 그런 인물이 아니라고 말한 것은 암시하는 바가 자못 크다.[120] 위의 사료는 고선지 장군이 자신의 부귀영화를 위해 사사로운 행위를 할 그런 인물이 아님을 증명하는 내용이다.

3. 右羽林大將軍 고선지의 행적

안서절도사 고선지가 석국왕과 그 나라의 많은 보물을 전리품을 갖고 장안에 입성하였다. 때는 석국 정벌 이듬해 천보 10재(751) 정월이다.

> 安西절도사 고선지가 들어와 알현하고 사로잡은 突騎施可汗·토번추장·石國왕과 朅師왕을 바쳤다. 고선지에게 開府儀同三司를 덧붙여주었다.[121]

116) 『資治通鑑』 권216, 「唐紀」32 玄宗 天寶 6載, 常淸日候仙芝出入조, 6888쪽.

117) 『資治通鑑』 권216, 「唐紀」32 玄宗 天寶 6載, 初 常淸離席謂曰조, 6888쪽

118) 『舊唐書』 권104, 「封常淸傳」 及見常淸, 遂無一言조, 3208쪽 ; 『資治通鑑』 권216, 「唐紀」32 玄宗 天寶 6載, 初 及見常淸, 遂不復言조, 6888쪽.

119) 諏訪義讓, 1942, 「高麗出身高仙芝事蹟攷」, 185쪽.

120) 『資治通鑑』 권216, 「唐紀」32 玄宗 天寶 6載, 胡三省註 亦緣高仙芝不以私親撓法조, 6888쪽.

121) 『資治通鑑』 권216, 「唐紀」32 玄宗 天寶 10載 正月조, 6904쪽, "安西節度使高仙芝入朝, 獻所禽突騎施可汗·吐蕃酋長·石國王·朅師王. 加仙芝開府儀同三司".

장안으로 개선한 고선지 장군이 돌기시가한·토번추장·석국왕과 걸사왕을 헌상했다는 의미는 천보 10재에 고선지 장군이 장악한 판도를 가늠할 수 있는 중요 자료다. 다시 말해 위의 돌기시가한은 서돌궐지역이며, 토번추장은 타클라마칸 사막 이남 일부 토번 영역을 의미한다. 또 석국왕은 서돌궐내의 독자 세력으로 남아있는 석국이며, 걸사왕은 토번의 서북부 지역을 의미한다. 그렇다고 돌기시가한·토번추장·석국왕과 걸사왕의 관할 지역만 고선지 장군이 장악하였다는 말은 아니다. 정확히 말해 돌기시가한·토번추장·석국왕과 걸사왕의 관할 영토 외는 고선지 장군이 장악하는데 문제가 발생하지 않아서 굳이 정벌하지 않았다는 이야기다. 이는 고선지가 중앙아시아는 물론이고 서아시아의 상당 지역을 지배하고 있다는 사실을 구체적으로 입증한 사건이다. 천보 10재 정월 고선지는 安西四鎭節度·特進·鴻臚卿·員外置同正員·御史中丞의 관직을 겸직하고 있었다.122) 이와 같이 많은 관직을 고선지가 겸직한 것은 토번은 물론이고 서역마저 완전히 제압한 것에 대해 당 현종이 포상으로 고선지에게 주었던 것이다.

> 그 해에 (고선지는) 입조하여 開府儀同三司에 제수되었고, 얼마 후 다시 武威太守·河西節度使에 제수하여 安思順을 대신하도록 하였다. 이때 思順은 넌지시 여러 胡族들의 귀를 자르고 얼굴을 칼로 그으며 자신을 남아 있게 청하라고 하였으므로, 監察御史 裴周南이 이를 황제에게 상주하자, 다시 조서를 내려 思順을 그의 관직에 있게 하고, 仙芝는 右羽林大將軍으로 임명하였다.123)

고선지 장군이 석국을 정벌하고 나서 돌아온 뒤, 751년 정월 현종은 고선지의 개선을 축하하기 위해 그에게 開府儀同三司라는 관직을 제수하더니 얼마 후 하서절도사에 임명하였다. 그런데 하서절도사는 안서절도사보다 장안에 가까운 지역의 절도사이다. 바꾸어 말하면 이는 현종이 고선지 장군의 서역 정벌을 높이 평가해 장안 가까운 지역으로 승진시켜 전보 발령하였음을

122) 『冊府元龜』 권131, 「帝王部」 '延賞' (天寶)十載正月 安西節度조, 1571쪽.

123) 『舊唐書』 권104, 「高仙芝傳」, 3206쪽, "其載, 入朝, 拜開府儀同三司, 尋除武威太守, 河西節度使, 代安思順. 思順諷羣胡割耳剺面請留, 監察御史裴周南奏之, 制復留思順, 以仙芝爲右羽林大將軍".

의미한다.

고선지 장군은 당 현종으로부터 右羽林大將軍으로 임명됨과 동시에 장안의 宣陽坊에 저택을 하사받은 것 같다.[124] 이렇게 추단하는 이유는 고선지 장군에게 하서절도사직을 내렸으나 안사순의 거부로 무산되자, 이에 대한 보상으로 선양방에 저택을 하사했으리라 보기 때문이다. 고선지의 저택이 있던 선양방은 東市와 인접한 서쪽 지역으로 양국충과 양귀비의 언니 虢國, 秦國, 韓國의 세 夫人의 저택이 있던 坊이다.[125] 그런데 고선지의 저택은 선양방 외에 永安坊에도 있었다.[126] 선양방에 고선지의 집이 있다는 사실에 대해 『長安志』에는 '西門之南右羽林大將軍高仙芝宅'이라고 기록되어 있다.[127] 선양방과 영안방의 고선지 장군의 두 저택을 기록할 때 우우림대장군이라는 관직을 앞에 기록한 사실을 주목할 필요가 있다.[128] 아울러 고선지 장군에게 우우림대장군이라는 관직을 제수했을 때 '制文' 내용도 남아있다. 즉 蘇頲이 지은 「授高仙芝右羽林軍大將軍制」가 그것이다. 고선지 장군이 우우림대장군으로 제수받기 전에는 密雲縣開國男이었다. 이는 고선지 장군이 우우림대장군으로 임명되기 전의 작위가 密雲男이었다는[129] 이야기다. 이를 주목하는 까닭은 고선지 장군이 밀운군공이라는 작위를 받은 시기가 우우림대장군이 된 후였다는 사실을 밝히고 싶기 때문이다. 이는 곧 고선지 장군이 선양방과 영안방에 두 집을 갖게 된 시기가 우우림대장군으로 임명됨과 같은 시기라는 이야기다. 이는 동시대 양국충의 집이 장안에 두 곳(宣陽坊과 宣義坊)에 있었던 것과 비교된다.[130] 바꾸어 말하면 이때 고선지 장군의 위상도 양국충에 버금갔다고

---

124) 徐松, 1994, 『唐兩京城坊攷』, 96쪽.

125) Victor Cunrui Xiong, 2000, "Residential Quarters", *Sui-Tang Chang'an*, (Ann Arbor : The University of Michigan), pp.222~223 ; 楊鴻年, 1999, 『隋唐兩京坊里譜』, 上海古籍出版社, 187쪽.

126) 徐松, 1994, 『唐兩京城坊攷』, 152쪽.

127) 『長安志』 권8, 「次南宣陽坊」 西門之南조(1983, 『景印文淵閣四庫全書』 587冊, 臺灣商務印書館), 129쪽 ; 楊鴻年, 『隋唐兩京坊里譜』, 185쪽.

128) 『長安志』 권10, 「次南永安坊」(1983, 『景印文淵閣四庫全書』 587冊, 臺灣商務印書館), 145쪽.

129) 『文苑英華』 권401, 「授高仙芝右羽林軍大將軍制」 密雲縣開國男조(1983, 『景印文淵閣四庫全書』 1336冊, 臺灣商務印書館), 647쪽.

130) 徐松, 1994, 『唐兩京城坊攷』, 139쪽.

볼 수 있다. 그런데 위의 사료에서 이 해를 천보 9재라고 썼으나 이는 천보 10재라고 기록해야 옳다.[131] 이런 유형의 실수는 이곳 외에 『구당서』「고선지전」에서 몇 곳 더 있다. 위의 기록을 두 가지로 나누어 생각하고 싶다.

하나는 751년 정월 고선지 장군이 장안에 입조할 때 開府儀同三司에 임명되었다는 것이다.[132] 물론 개부의동삼사는 우우림대장군처럼 실질적 관직이라기보다는 상징적 관직이다. 당 현종이 고선지 장군에게 개부의동삼사를 제수한 시기는 앞서 지적한 것처럼 석국 정벌을 끝내고 돌아온 후였다. 그러니까 안서절도사 고선지가 천보 10재(751) 정월에 개선 사실을 알리기 위해 장안으로 입조하였을 때다. 고선지는 입조하면서 석국을 토벌하기 이전에 사로잡은 돌기시가한, 토번대추장,[133] 석국왕, 걸사왕 등을 모두 바쳤다.[134] 그런데 위의 고선지 장군이 걸사왕을 사로잡았던 사정에 대한 기록은 소상하다. 다름 아닌 천보 8재 11월 乙未에 吐火羅 葉護 失(夫)里怛(嘗)伽羅가 來朝하여 안서절도사를 도와 토번과 함께 토화라를 공격하는 걸사를 토벌하겠다는 上奏하여, 현종에게 자청하였다는 내용이다.[135] 이때 현종은 토화라왕 실리달가라의 청원을 받아들여 고선지로 하여금 실리달가라와 함께 걸사를 토벌하도록 명령하였다.[136] 그렇게 된 까닭은 실리달가라가 당 고종에게 올렸던 표 가운데 걸사가 토번과 연합하여 걸사국 안에 토번성을 두고 군사를 삼천 명이나 배치하였다는 내용 때문이다.[137]

토번이 군대를 걸사국까지 전진 배치하였던 이유는 서역의 경영권을 장악하

---

131) 『舊唐書』 권104, 「封常淸傳」 (天寶) 十載, 仙芝改河西節度使조, 3208쪽.

132) 『資治通鑑』 권216, 「唐紀」32 玄宗 天寶 10載 正月 加仙芝開府儀同三司조, 6904쪽.

133) 『新唐書』 권216上, 「吐蕃 上」 (天寶) 十載, 安西節度使高仙芝俘大酋以獻조, 6087쪽.

134) René Grousset(Translator : Naomi Walford), "The Peak of T'ang Power ; The Subjection of Western Turkestan", *The Empire of the Steppes a History of Central Asia*, p.115 ; 『資治通鑑』 권216, 「唐紀」33, 玄宗 天寶 10載 正月조, 6904쪽.

135) 『冊府元龜』 권999, 「外臣部」의 「請求」 天寶 八載 吐火羅葉護조, 11724쪽 ; 『資治通鑑』 권216, 「唐紀」32 玄宗 天寶 8載 11月 乙未조, 6897쪽.

136) 『新唐書』 권221下, 「吐火羅傳」 其後조, 6252쪽.

137) 『冊府元龜』 권999, 「外臣部」의 「請求」 天寶 八載 吐火羅葉護조, 11724쪽, 『冊府元龜』에서 삼천 명이 아니라 이천 명의 병사가 주둔하였다고 하며, 또 朅師가 朅帥로 표기되었다 ; 佐藤長, 「長慶會盟前後」, 『古代チベット史研究』 下, 654쪽.

기 위함이다. 토번은 당에 대항하기 위하여 걸사국에 군사기지를 설치하였다. 고선지 장군이 걸사왕을 포로로 잡았을 때[138] 걸사국에 주둔한 토번대추장도 함께 사로잡았던 모양이다. 그 결과 천보 9재 2월에 고선지 장군이 걸사를 격파하고 걸사왕 勃特沒을 쿠차에서 포로로 잡고 있다가[139] 석국왕을 장안으로 끌고 갈 때, 다른 포로와 함께 걸사왕도 장안으로 끌고 갔다.[140] 이와 같은 경로를 통하여 고선지가 걸사왕을 포로로 잡았는데도, 이를 장군의 탐욕 때문에 독단적으로 걸사를 공격하였다는 식으로 평가하는 것은 잘못이다.

걸사왕과 걸사국내 토번성의 토번추장을 잡은 전과는 고려할 점이 많다. 고선지는 군사를 거느리고 토화라까지 진군한 후에 토화라 북방의 걸사를 공격했다. 간단히 말해 고선지가 군사와 함께 747년에 토번 연운보를 공격할 때 護密國을 간, 그 험로를 다시 경유해 토화라국으로 들어갔다. 토화라국은 소발률국 서쪽의 호밀국에서도 더 서쪽에 위치한 머나먼 나라다. 그 토화라국에 龍朔 원년에 月氏都督府를 두었다. 토화라에서 다시 서방에 波斯가 있고, 파사의 남쪽에 대식이 있다. 그런 토화라를 구원하기 위해 고선지가 군사를 거느리고 출병한 것은 토번 연운보 전투에 못지않게 중요한 전투라는 것을 방증한다.

조정에서 개부의동삼사로 고선지를 임명하였던 것은[141] 그가 지휘하는 唐軍이 석국을 성공적으로 정벌하도록 함과 아울러 걸사왕과 토번 추장들을 생포한 것에 대한 보상 성격이다. 이때가 천보 10재(751) 정월경이었다.[142] 또 여기서 주목하고 싶은 것은 고선지가 당의 조정에 들어가면서, 현종에게 가져다 바친, 포로로 잡아왔던 주변국가의 왕들이 누구였는지 『자치통감』에 간단하게나마 기록하였다는 사실이다. 그런데 고선지를 수행한 漢族출신

138) 諏訪義讓, 1942, 「高麗出身高仙芝事蹟攷」, 202쪽.

139) 呂思勉, 1961, 「開天邊事三」, 199쪽.

140) 『資治通鑑』 권216, 「唐紀」32 玄宗 天寶 9載 2月 安西節度使高仙芝조, 6898쪽.

141) 『資治通鑑』 권216, 「唐紀」32 玄宗 天寶 10載 正月, 加仙芝開府儀同三司조, 6904쪽.

142) 『資治通鑑』 권216, 「唐紀」32 玄宗 天寶 10載 正月 安西節度使高仙芝入朝조, 6904쪽.

李嗣業을 기록한『新唐書』의「李嗣業傳」에 천보 10재에 석국 평정을 하면서 9국과 아울러 唐朝를 배반한 돌기시를 격파하였다는 이야기가 마치 이사업 개인의 전공인 양 자세하게 기록하였다.[143] 아마 이는 토번 娑勒城에서 이사업이 혼자서 물리쳤다는 식으로 기록한 것과 같은 유형의 잘못된 서술이다. 이는 고선지의 전공을 드러내기보다는 한족출신 이사업의 공을 기리기 위하여『구당서』찬자의 의도적인 서술로 말미암아「고선지전」에 관한 기록의 객관성을 상실하게 한 치명적인 실수다. 여기서 언급된 이사업은 고선지가 발률 원정에 오를 때부터 고선지 장군 휘하의 장수였다. 이사업이 탁월한 전공을 세웠다 하더라도,[144] 이는 고선지 장군의 몫이다.

다른 하나는 현종이 朔方절도사였던 안사순에게 천보 6재 11월 辛卯에 임명한 武威태수와 하서절도사직을,[145] 천보 10재 정월부터는 고선지 장군으로 임명[146]하였다는 사실이다.[147] 현종은 고선지 장군을 안서절도사에서 하서절도사로 승진시켰는데, 그 이유는 하서절도에 배속된 군사의 수가 안서절도의 3배나 되는 7만 3천인데다가, 말의 숫자는 1만 9천 4백 필이나 되었기 때문이다.[148] 현종의 생각은 고선지의 전공을 감안하여 안서절도사가 아닌 하서절도사로 직책을 바꾸어 줌으로써 그를 조금이라도 장안에 가까운 지역에다 두고 위로하려는 배려였다. 분명 안서절도사 고선지를 하서절도사로 자리를 바꾼 것은 승진이다. 그런데 이때 무위태수 겸 하서절도사 안사순이 자신의 직책에 계속해서 머물러 있고 싶다는 뜻으로 突厥·廻紇의 풍습인 귀를 자르고

---

143)『冊府元龜』권385,「將帥部」46 '褒異'11 (天寶) 10載조, 4572쪽 ;『舊唐書』권109,「李嗣業傳」十載조, 3298쪽.

144)『冊府元龜』권385,「將帥部」'褒異' 天寶10載조, 4572쪽.

145)『資治通鑑』권215,「唐紀」31 玄宗 天寶 6載 11月 辛卯조, 6879쪽 ;『通鑑記事本末』권32,「吐蕃入寇」天寶 6載 11月 辛卯조(1994, 北京中華書局), 2977쪽 ;『大事記續編』권58, 天寶 6載 11月 辛卯조(1983,『景印文淵閣四庫全書』334冊, 臺灣商務印書館), 155쪽.

146)『資治通鑑』권216,「唐紀」32 玄宗 天寶 10載 正月, 尋以仙芝爲河西節度使조, 6904쪽 ; Robert Des Rotours, *op. cit.*, p.291.

147)『資治通鑑』권216,「唐紀」32 玄宗 天寶 10載 正月, 尋以仙芝爲河西節度使조, 6904쪽 ; 內藤雋輔,「唐代中國における朝鮮人の活動について」, 484쪽.

148)『舊唐書』권38,「地理」1 河西節度使治조, 1386쪽 ; 嚴耕望,「唐代篇」, 6쪽, 安西절도에 소속된 병력 규모는 군사의 수가 2만 4천이고, 말은 2천 7백 필 정도다 ; 那波利貞,「唐天寶時代の河西道邊防軍に關する經濟史料」, 33쪽.

얼굴을 칼로 긁는 자해 행위를 했다는 사실도 흥미롭다.149) 이를 『자치통감』의 천보 10재(751) 正月조에서 들어보자.

> 얼마 지나지 않아 고선지를 河西절도사로 삼아 安思順을 대신하도록 하였는데, 안사순은 넌지시 여러 胡族들의 귀를 자르고 얼굴을 칼로 그으며 자신을 남아 있게 청하라고 하였으므로 制書를 내려 다시 安思順을 河西에 남아 있게 하였다.150)

안사순은 안녹산의 사촌으로 고선지처럼 漢族이 아닌 이민족이다. 그런데 이러한 안사순의 행동을 監察御史 裴周南이 상소하니 현종이 그의 요구대로 무위태수와 하서절도사로 유임시켰던 것이다.151) 이와 같은 행위는 돌궐출신은 물론이고 한족들마저 조정에 대해 용서를 구하는 하나의 수단으로 이용되었다.152)

大曆 10년(775) 田承嗣가 洛州와 衛州를 공격하고 刺史를 죽이고 난 후 조정에서 知古를 파견하였을 때, 전승사의 부장들 역시 그와 같은 행동을 하였다. 이때 전승사의 대장들의 이런 행위 때문인지 조정은 그를 용서하였다.153) 어쩌면 이는 전일 현종이 고선지를 죽이려 했던 夫蒙靈察에게 관직을 빼앗고는 다른 큰 벌을 주지 못하였던 것과 통하는 이야기이다. 정확히 말하면, 이때 당 조정은 변방 절도사에 대한 통제력을 점차 잃어가고 있다는 방증자료라고 해석하고 싶다. 대표적인 예는 안녹산이 北狄 방어를 담당한 河東節度使154)직을 원하자, 다음달(751년 2월) 당의 조정은 그의 뜻대로 하동절도사로 임명하였다는 사실을 들 수 있다. 이 무렵 당은 절도사들에 대한 통제권을 점차 상실하여 가는 느낌이 든다.155) 아무튼 安思順이 관직에 대한 욕심

149) 宮崎市定, 1979, 「讀史箚記」, 『アジア史研究』 第一, 京都 : 同朋舍, 439~440쪽, 당 현종 재위시 당의 蕃官으로 割耳剺面하였던 자의 수가 무려 400여 명이나 되었다고 한다.

150) 『資治通鑑』 권216, 「唐紀」32 玄宗 天寶 10載 正月조, 6904쪽, "尋以仙芝爲河西節度使, 代安思順, 思順諷羣胡割耳剺面請留己, 制復留思順於河西".

151) 『資治通鑑』 권216, 「唐紀」32 玄宗 天寶 10載 正月, 制復留思順於河西조, 6904쪽.

152) 江應梁, 1990, 「突厥」, 59쪽.

153) 『舊唐書』 권141, 「田承嗣傳」 代宗遣中使孫知古使魏州宣慰조, 3838~3840쪽.

154) 『舊唐書』 권38, 「地理」1 河東節度使, 掎角朔方, 以禦北狄조, 1386쪽.

때문에 넌지시 여러 胡族들의 귀를 자르고 얼굴을 칼로 그었는데도 사서의 찬자들이 안사순의 행위에 대하여 특별한 언급을 하지 않은 것이 괴이하다. 『구당서』의 찬자는 고구려인 고선지에 대하여는 서슴지 않고 깎아 내렸는데도 불구하고, 漢族이 아닌 胡人 安思順에[156] 대한 인물을 어떠한 형식으로도 폄하하지 않았다는 것은 납득하기 어렵다. 이를 문제 삼지 않은 것은 안사순이 고구려유민이 아니었기 때문이 아닐까. 더 정확히 말하면, 당이 고구려를 공격하였을 때 너무 큰 피해를 주었던 국가 출신이 고선지 장군이었다는 사실과 무관하지 않을 것 같다. 어쨌든 현종은 충성스러운 장군 고선지의 전공을 높이 평가하지 않을 수 없어 武人의 최고 관직인 우우림대장군으로 임명하였다.[157] 그렇다면 이때 고선지 장군의 관직이 무엇이었는가 하는 것이 하나의 숙제로 남는다. 왜냐하면 조정에서 일단 하서절도사로 임명하였을 때는 당연히 고선지의 원래 직책 안서절도사는 다른 장군에게 주어질 수밖에 없기 때문이다. 그 이유는 安西와 河西라는 두 지역이 각기 멀리 떨어져 있기 때문이다. 그러나 그 이후 고선지 장군이 서방세계의 사라센 제국과 싸움을 하였다는 사실에서 해답을 찾을 수 있다. 그렇다면 안사순의 요구대로 조정은 다시 그에게 하서절도사를 맡겼던 것처럼 고선지 장군 경우도 전일과 같이 안서절도사의 직책을 일시 계속 수행하도록 한 것 같다. 얼마 후 고선지는 하서절도사직에 올랐다. 이러한 사실에 대해서는 뒤에 다시 설명하겠다. 이와 같은 사실을 여기서 밝히지 못한 이유는 『자치통감』의 저자 司馬光도 후일 고선지 장군이 사라센 제국과 탈라스 성에서 싸웠을 때 고선지의 관직을 기록하지 못할 정도로 고선지 행적에 대한 기록의 엉성함에서 기인하기 때문이다. 안사순의 간청으로 계속해서 그는 하서절도사직을 유지하였으나 얼마 후에 고선지가 다시 하서절도사에 임명되었다. 그 이유는 장안을 겨냥해 하서를 자주 침공하는 토번과 돌궐을 제압할 역량을 갖춘 고선지와 같은 탁월한 장군을 당이 마냥 놀릴 수는 없었기 때문이다. 그러나

155) 『資治通鑑』 권216, 「唐紀」32 玄宗 天寶 10載 2月조, 6904쪽.

156) 『資治通鑑』 권216, 「唐紀」32, 玄宗 天寶 6載 12月조의 胡三省註, 6889쪽.

157) 『冊府元龜』 권443, 「將帥部」 '敗衄' 爲右羽林將軍조, 5257쪽.

언제부터 고선지가 하서절도사직을 수행했는지, 그 시기를 필자는 찾지 못했다.

여기서 751년 정월 고선지 장군이 입조하여 걸사왕을 현종에게 바쳤다는 사실을 주목하고 싶다.[158] 고선지의 관직과 이때 고선지가 받은 새로운 관직에 대해서는『冊府元龜』의 기록이 자세하다.

> 安西節度使·特進 兼 鴻臚卿員外置同正員·攝御史中丞 고선지는 突騎施可汗·吐蕃大首領·石國王 및 可敦과 傑師를 사로잡아 와 勤政樓에서 황제에게 바쳤는데, 群臣이 모여 있을 때 引見하였으며, 仙芝에게 開府儀同三司와 攝御史大夫와 아울러 한 아들에게 5품관을 주었으며, 예전 관직을 그대로 갖게 하여 공로를 기렸다.[159]

751년 정월 安西節度使·特進 兼 鴻臚卿員外置同正員·攝御史中丞 고선지가 장안으로 개선하여 받은 관직은 앞서 언급한 개부의동삼사였다. 그런데『책부원구』에서는 御史中丞 고선지가 御史大夫로 승진한 사실을 알려주고 있다. 그뿐 아니라 고선지의 한 아들은 고선지의 공로로 5품관이 되었다는 사실을 주목할 필요가 있다. 당 현종의 개원년간에 제일의 권력자라고 불렸던 고구려 유민 곽국공 王毛仲 아들이 받은 관품도 5품관이었다.[160] 왜냐하면 고선지의 아들에게 5품관을 준 것은 돌기시가한을 비롯해 서역 諸王을 사로잡은 공로가 대단했음을 의미하기 때문이다. 아무튼 고선지가 돌기시가한·토번대수령·석국왕 및 可敦과 걸사를 생포한 공로에 대한 대가로 고선지 장군 자신뿐 아니라 그의 아들마저 출세하였다.

이와 관련된 사실을 오렐 스타인(Aurel Stein)과 베크위스(Christopher I. Beckwith) 두 사람이 주목했다. 우선 오렐 스타인의 말을 들어보면,

---

158)『資治通鑑』권216,「唐紀」32 玄宗 天寶 10載 正月 安西節度使高仙芝入朝조, 6904쪽.

159)『冊府元龜』권131,「帝王部」'延賞' 天寶 10載 正月조, 1571쪽, "安西節度使·特進兼鴻臚卿員外置同正員攝御史中丞高仙芝生擒突騎施可汗·吐蕃大首領及石國王并可敦及傑師來獻上御勤政樓, 會群臣引見, 加仙芝開府儀同三司攝御史大夫仍與一子五品官, 餘竝如故賞功也".

160) 지배선, 2006,「고구려 유민 왕모중의 발자취」, 78~90쪽.

이러한 위험에 대처하기 위해 토하리스탄의 지배자는 매우 대담한 작전을 당에 제의하였는데, 만일 당나라로부터 지원을 받는다면, 그가 大勃律國과 그 동쪽의 몇몇 국가들을 정복하게 허락하여 달라는 청원이었다. 이는 그로 하여금 코탄, 카라샤르와 그 너머로 일직선에 이르는 지역을 점령하게 하는 것이어서 그렇게 될 경우 토번인들이 그들 스스로를 더 이상 유지할 수 없게 될 것이었다. 小勃律國으로 중국 군대를 파병하는 것 외에도, 토하리스탄의 왕은 카슈미르의 왕이 중국의 충성스러운 협력자로서 황실 조서를 통하여, 군대와 보급품으로 엄청난 자원을 공급하는 특별한 명예를 부여토록 격려하기를 간청했다. 황제는 토화라(토하리스탄)의 중국 책봉 왕의 이러한 호소에 응답했던 것으로 기록되고 있으며, 같은 사료에 포함되어 남겨져있는 조서에 의하면 750년에 반란을 일으킨 勃特沒을 대신하여 그의 형 素迦를 750년 3월에 朅師왕으로 봉했다는[161] 기록을 남기고 있다.

이러한 사건들에 대한 짧은 기록은 샤반느(M. Chavannes)의 또 다른 발췌 사서 『資治通鑑』에서도 언급되며, 750년에 있었던 고선지에 의한 朅師의 패배, 그 수장 勃特沒의 체포, 그리고 勃特沒의 자리에 素迦가 즉위하였던 사실을 또한 언급하였다.[162)]

라는 게 그것이다. 이는 오렐 스타인이 걸사왕 발특몰이 고선지 장군에 의해 포로가 되었던 과정을 사료를 통하여 추적하였던 내용이다. 여기서 강조하고 싶은 것은 고선지 장군에 의해 걸사왕 발특몰이 포로로 잡히고, 그 해(750) 3월 경자에 걸사 왕위가 발특몰의 형 素迦로 바뀌게 되었던 것이[163)] 고선지

161) 『資治通鑑』 권216, 「唐紀」32 玄宗 天寶 9載 3月 庚子 立勃特沒之兄素迦爲朅師王条, 6898쪽.

162) M. Aurel Stein, *op. cit.*, Ancient Khotan-Detailed report of archaeological explorations in Chinese Turkestan, p.11, In order to meet this danger, the ruler of Tokāristan then proposes a bold plan of operations, which, if supported by the Imperial authorities, would allow him to conquer 'the Great P'o-lü' and the countries east of it. This would bring him in a straight line to Khotan, Kara-shahr and beyond, where the Tibetans could then no longer maintain themselves. Besides the dispatch of Chinese troops into Little P'o-lü, he solicits that the King of Kashmir, as a loyal ally of China, be encouraged by an Imperial edict and special honours to lend to the enterprise the aid of his great resources in troops and supplies. The Emperor is said to have responded to this appeal of the T'u-ho-lo prince, and an edict preserved by the same source records the investiture in 750. A.D. of Su-chia as king of Chieh-shuai in place of his rebel brother P'o-t'ê-mo.

A briefer notice of these events extracted by M. Chavannes from another work, the *Tzŭ chih t'ung chien*, also mentions the defeat, in 750 A.D. of Chieh-shih by Kao Hsien-chih, the capture of its chief P'o-t'ê-mo and the installation of Su-chia in his place.

장군에 의해서 진행되었다는 것이다.[164] 그러나 무엇보다 발특몰을 사로잡기 위한 결정이 고선지 장군의 뜻에 의한 것이 아니라는 사실이 중요하다. 따라서 필자는 토화라왕 실리망가라의 간청으로 고선지 장군이 출정하였던 과정에[165] 대하여만 초점을 맞추고 싶다. 그렇다면 751년 정월 현종에게 포로로 가져다 바친 突騎施可汗, 吐蕃酋長도 역시 고선지 장군의 요청에 의한 정벌의 결과가 아니었다는 게 거의 확실할 듯싶다. 필자는 이와 같이 당나라의 적국 왕을 볼모로 잡았던 것이 고선지 장군의 뜻과 무관할 뿐만 아니라, 장군이 다만 황제의 명령에 따라 작전을 수행하였던 결과라는 점을 강조하고 싶다. 따라서 위의 포로들은 고선지 장군의 역량에 의해서 개선하였던 부산물에 불과한 셈이다. 필자가 이런 논리를 전개한 것은 동서양의 연구자들이 고선지를 탐욕스러운 인물로, 그 탐욕을 위해 전쟁을 벌였던 그런 장군으로 묘사하였기 때문이다.

또 베크위스(Christopher I. Beckwith)의 견해를 들어보면,

> 750년 여름에 동맹국의 침입이 일어나리라는 생각이 일치되었는데도 불구하고, 고선지는 749년 가을과 750년 봄 사이의 어느 시기인지 일찌감치 전쟁을 시작하였던 것으로 추정된다. 토하리스탄과 카슈미르의 도움이 있었든, 없었든지 간에 그는 재차 파미르 고원에서 토번을 쳐부쉈다. 그 결과 퇴위한 왕 勃特沒의 형 素迦가 750년 4월 22일에 당 제국의 조칙에 따라 羯師왕으로 책봉되었다. 고선지는 파미르 고원에서 자신이 여러 차례 성공적으로 벌였던 전쟁 가운데 가장 나중에 치렀던 전쟁 덕분에, 서부에서 그는 '중국 산악의 주인'으로 통하게 되었다.[166]

---

163) 『資治通鑑』 권216, 「唐紀」32 玄宗 天寶 9載 3月, 庚子, 立勃特沒之兄素迦爲羯師王조, 6898쪽 ; 金子修一, 「唐代冊封制一斑」, 『隋唐の國際秩序と東アジア』, 182쪽.

164) 『資治通鑑』 권216, 「唐紀」32 玄宗 天寶 9載 2月 安西節度使高仙芝破羯師조, 6898쪽.

165) 『資治通鑑』 권216, 「唐紀」32 玄宗 天寶 8載 11月 乙未, 吐火羅葉護失里怛伽羅遣使表稱조, 6897쪽 ; Edouard Chavannes, "Requête présentée en 749 par le jabgou du Tokharestan", *Documents Sur Les Tou-kiue (Turcs) Occidentaux*, p.214.

166) Christopher l. Beckwith, "T'ang China and the Arabs", p.136, Despite the agreement that the allied invasion would take place in the summer of 750, Kao Hsien-chih seems to have begun the campaign early, sometime between the fall of 749 and the spring of 750. With or without the help of Tukhâristân and Kashmir, he again defeated the Tibetans in the Pamirs. On April 22, 750, Su-chia, the elder brother of the deposed king, Po-t'e-mo, was appointed king fo Chieh-shih by T'ang imperial decree. Thanks to the latest of his many successful campaigns in the high Pamirs, Kao Hsien-chih became

라는 것이 그것이다. 이는 앞에서 언급한 오렐 스타인의 기록과 대동소이하다. 그러나 오렐 스타인 보다 베크위스가 고선지의 토번 정벌에 대한 사실을 더 구체적으로 언급하였던 점이 돋보인다. 또 베크위스는 고선지가 서방에서 '중국 산악의 주인'이라고 부르게 되었던 시점이 탄구령을 정복하고 난 후가 아니라 749년과 750년 사이에 재차 토번 공격을 성공하고 난 후였다는 사실을 밝혔다는 사실을 주목하고 싶다. 그 이유는 고선지가 한 번 토번 공격을 성공하고 난 후에 벌써 그런 칭호를 붙일 수 있는가 하는 의문을 해소시키는 충분한 해답이기 때문이다. 그런데 던롭(Dunlop)은 위와 같은 공을 세운 고선지를 그 시기의 중국 서방에서는 '중국 산악의 지배자'[167]라고 다르게 번역했다는 것도 소개하고 싶다.

당에서는 석국 평정과 아울러 토번 동맹국의 인질들을 장안에 바쳤던 고선지 장군을 대접하기 위하여 그를 우우림대장군으로 임명하였다. 이는 고선지의 여러 차례 서정으로 인하여 토번을 비롯한 파미르 고원 이동 지역의 反唐 세력이 제거되었다는 상징성이 내포된 그런 관직이라고 해석하고 싶다. 바꾸어 말하면, 고선지의 서정의 결과로 위의 지역에서 당의 경영권이 확고하게 자리 잡았다. 즉 고선지의 西征은 중국의 현 서북부 변경이 확정되는 역사적 의미를 갖는 중요한 사건이었다.[168]

---

known in the west as 'the lord of the mountains of China'.

167) Christopher l. Beckwith, "T'ang China and the Arabs", p.136, 주)167, Dunlop은 고선지를 'the ruler of the mountains of China'라고 번역하였다.

168) 정수일, 2001, 「씰크로드를 통한 인적 교류」, 436쪽.

제11장 고선지 장군의 제2차 석국 정벌 배경과 그 영향

1. 그 무렵 이슬람 세계

고선지가 안서사진절도사로 있기 이전부터 이슬람 세계는 서쪽으로 그 영역의 확장사업을 계속 추진하였다. 그 결과 지중해 연안으로 이슬람 세력을 확대하였던 상황이다.

이슬람교는 마호메트 당시에 이미 아랍세계를 통일시켰다. 마호메트 자신이 629년 동로마제국의 변경을 공격하였다. 칼리프 우마르는 634년 시리아를 침입하였으며 636년에는 야르묵 전투에서 동로마군을 참패시켰다. 638년에는 예루살렘을 함락시켰으며 644년에는 페르시아를 완전히 정복하였다. 아랍 군대는 숨돌릴 새도 없이 시리아(634~636), 이집트(640~642), 아프리카(698)를 차례로 빼앗았다.[1] 674년에는 아라비아 함대가 콘스탄티노플을 포위하였으나, 이때 콘스탄티노플은 겨우 위기를 벗어날 수 있었다.

이슬람 세계가 이렇게 확장할 수 있었던 것은 아랍의 내전을 종식시키고 통일하면서 그 힘을 밖으로 쏟을 수 있었기 때문이다. 반면 동로마제국은 그 전에 페르시아와의 전투에서 승리하긴 했지만 힘을 소모하여 약화된 상태에 있었다. 동로마제국은 시리아와 이집트를 탈환한 후에도 전쟁비용 때문에 과도한 세금을 부과해서 주민들의 원성이 높았다. 또한 이들 지역은 정통 기독교 신도들이 아닌 단성론자들이었기 때문에 자기들을 박해하던 동로마제국을 지지하지 않았으며 이슬람으로부터 동로마제국을 지키는데

1) Henri Pirenne, *Medieval Cities : Their Origins and the Rivival of Trade*(tr. by Frank D. Halsey, 1969, Princeton University Press : 이연규 역, 1987, 「모하메드와 샤를마뉴」, 『서양중세사 연구』, 탐구당, 67쪽 인용).

헌신적으로 노력하지 않았다.

한편 이슬람은 711년에는 북아프리카로부터 스페인으로 침략하여 코르도바를 수도로 스페인에 이슬람 국가를 창건하였다.[2] 720년에는 이슬람 군대가 피레네 산맥을 넘어 요충지인 나르본을 함락시키고 프로방스의 대부분 지역을 차지하였다.[3] 이때부터 기독교는 이슬람에 대한 두려움과 원한을 함께 가지게 되었다. 후에 오스만 투르크 때에는 정오가 되면 교회에서 일제히 종이 울렸는데, 이때 자기들을 이슬람의 위험으로부터 구해달라고 기도드렸으며, 어린아이들이 울 때 터키인이 온다고 말하면 우는 아이가 울음을 그칠 정도로 이슬람은 공포의 대상이었다. 마치 그 이후 몽골을 유럽에서 두려워하였던 것과 흡사한 상황이다. 그러나 다행히 732년 카알 마르텔이 인도를 경유하여 중국으로부터 전래된 鐙子(말에 기사의 다리를 고정시키는 장치. 이 장치 때문에 "말 등 위의 프랑크인은 무적이다"는 평을 들었다.)를 사용하여[4] 피레네 산맥을 넘어 남부 고울 지방에서 북부로 진격하는 이슬람군을 투르와 포아티에르 선에서 격퇴시킴으로써[5] 기독교 세계에 대한 이슬람 진입을 막을 수 있었으며,[6] 동방에서도 레오 3세가 황제가 되어 718년 이슬람 침입을 막음으로써 동로마제국이 유지될 수 있었다. 여기서 중요한 것은 프랑크 왕국의 수석 장관 카알 마르텔이 서양에서는 처음으로 등자의 이점을 전투에 활용하였다는 사실이다. 그 결과 등자로 발을 안정시킴으로써 기사는 말에 탄 채 창을 던지거나 찌를 수 있게 되어 프랑크족의 전통적인 보병부대를 보강할 수 있었다.[7]

---

2) Henri Pirenne, *op. cit.*(이연규 역, 위의 논문, 67쪽).

3) Daniel C. Dennett, "Pirenne and Muhammad", *Speculum*, Vol.23, 1948(이연규 역, 1987, 『서양중세사 연구』, 탐구당, 84쪽).

4) Lynn White, "The Medieval Roots of Modern Technology and Science," in *Perspectives in Medieval History, a Rice University Semicentennial Publication*, edited by Katherine Fischer Drew and Floyed Seyward Lear(박양식 역, 1987, 『서양중세사 연구』, 탐구당, 458~459쪽).

5) Josep R. straver, 1942, "The Decay of the Roman World in the east", *The Middle Ages 395-1500*(New York, D. Appleton-century Company), pp.80~81 ; James Harvey Robinson, *op. cit.*, p.93.

6) Daniel C. Dennett, *op. cit.*(이연규 역, 앞의 논문, 84쪽) ; Henri Pirenne, *op. cit.*(이연규 역, 앞의 논문, 67쪽).

7) Brain Tierney & Sidney Painter, *Western Europe in Middle Ages, 300~1475*(이연규 역, 1991, 『西洋

732년이란 연대는 유럽사에서 중대한 전환점이 된다. 그 후에 이슬람 세력은 후퇴하고 동유럽에서와 마찬가지로 서유럽에서의 프랑크 왕국의 대부분은 이슬람교의 지배에서 벗어났다.8)

732년 이전 마호메트 당시에 동로마제국의 변경을 공격한 것을 시발로 이슬람 세계가 아프리카 지중해 연안지역을 장악하였다. 앞에서 말한 것처럼 711년에는 북아프리카에서 스페인을 공격하여 그곳에 이슬람 국가를 세울 정도였다. 또 불과 10년이 경과하지 않아서 피레네 산맥을 이슬람 군대가 넘을 정도로 유럽 전역이 위태로울 지경이었다. 이때 카알 마르텔이 중국에서 다시 인도를 경유해 전래된 등자의 효과를 보았다. 아랍인은 736년에 잠시 론강으로 진출하였던 적이 있으나, 740년에는 시실리 공격에서 비참한 패배를 경험하였다는 사실과도 관련 있다.9) 당시 고선지 부대의 기병들은 모두 등자 사용에 관하여는 자유자재였기에 그가 지휘하는 당의 기병은 막강하였다. 또한 이슬람 군대도 7세기 초까지 유럽의 기병을 제압할 정도로 강력하였음은 물론이다. 이 무렵(750) 다마스쿠스를 수도로 하였던 우마이야 왕조의 마지막 칼리프가 이집트까지 쫓겨 시해 당하면서 그 왕조는 멸망하였다.10) 그 후 아랍연합군과 고선지가 이끄는 당군이 전쟁을 하였을 때 아랍은 750년에 우마이야 왕조와 차별화된 압바스 왕조가 건국되어 있었다. 압바스 왕조는 우마이야 왕조의 '아랍 왕국'이 아닌 페르시아화 된 이슬람이 접목된 새로운 이란계 제국이었다.11) 이와 같은 주장을 뒷받침하는 것은 압바스 왕조가 건국되면서 등장하였던 문학작품『아라비안 나이트』에서도 그 해답을 찾을 수 있다. 즉『아라비안 나이트』의 중심 줄거리는 인도와 페르시아의 이야기가 주축이 되어 여러 형태로 변화되어 아랍적인 요소들이 가미되었다는 것도 위의 주장과 같다.12) 압바스 왕조의 도읍지는 앞의 우마이야 왕조의 도읍지

中世史』, 집문당, 102~103, 154쪽).

8) Walther Kirchner, *Middle ages : 375~1492*(지동식 책임감수, 1984,『西洋中世史槪論』, 대학문화사, 59쪽).

9) Daniel C. Dennett, *op. cit.*(이연규 역, 앞의 논문, 84~85쪽).

10) Arthur Goldschmidt, Jr., *op. cit.*, p.68.

11) Bernard Lewis, *op. cit.*(이희수 역, 앞의 책, 81쪽).

다마스쿠스의 동쪽에 위치한 티그리스 강가의 바그다드였다.[13] 이는 750년부터 아랍이 서방경영보다 동방에 주력하겠다는 신호라고 해석될 수 있다. 후일의 일이지만, 하룬 알-라쉬드가 바그다드의 서방 호란산의 안전을 도모하기 위하여 그곳 출신의 장군을 총독으로 임명하였던 사실에서 압바스 왕조의 동진 정책을 엿볼 수 있다.[14] 이러한 때를 전후한 이슬람 군대를 중국의 서북방에서 안서사진절도사 고선지가 막았다. 이는 고선지가 전략가로도 출중하였음을 암시한다. 즉, 아프리카 북부에서 리베리아 반도를 거쳐 유럽국가를 공략하였던 막강한 이슬람 세력의 중국 진출을 막았던 중국의 장군이 고선지였다는 뜻이다.

2. 고선지 장군과 아랍연합세력의 전투 배경

고선지가 석국 정벌의 성공 대가로 장안에서 새로운 관직을 추가로 받은 지 얼마 안 지나서, 다시 그는 서역으로 출정하였다. 고선지 장군이 또 서역으로 출정하게 되었던 이유는 석국 왕자의 노력으로 사라센 제국이 중심이 되어서 서방 여러 국가가 연합하여 四鎭에 도전하였기 때문이다.

탈라스 전투가 일어난 직접적 원인은 석국왕이 장안 서쪽 開遠門에서 죽임을 당한 후, 석국 왕자가 탈출하여 대식으로 달려간 사건이다.[15] 동서교섭사에서 주목을 받았던 탈라스 강 서쪽의 탈라스 성(怛羅斯城)에서[16] 고선지가 거느린 당군과 사라센 제국군과의 싸움은 그에 관한 『자치통감』의 기록처럼,[17] 천보 10재(751) 7월말[18] 경부터 5일간에 걸친 전투였다.[19] 또한 이는 750년 우마이야

---

12) 이희수·이원삼 외, 「<아라비안 나이트>, 문학인가, 포르노인가」, 81쪽.

13) William Yale, *op. cit.*, p.10 ; 김정위, 2001, 「이슬람의 이란정착」, 『이란사』, 한국외국어대학교 출판부, 61쪽.

14) 김정위, 2001, 「압바시야조 시대의 이란계 왕국들(821~1055)」, 『이란사』, 67쪽.

15) 『唐會要』 권99, 「石國傳」 西走大食조, 1772쪽.

16) 『通典』 권193, 「邊防」9 '石國傳'에 인용된 杜環의 『經行記』의 其川西頭有城조, 5276쪽.

17) 『資治通鑑』 권216, 「唐紀」32, 玄宗 天寶 10載 夏四月조의 胡三省註, 6907쪽.

18) 『新唐書』 권5, 「玄宗本紀」 天寶 10載 7月조, 148쪽 ; René Grousset(Translator : Naomi Walford), "The Collapse of T'ang Domination in Central Asia", *The Empire of the Steppes a History of Central Asia,* p.120.

왕조를 멸망시킨 압바스 왕조의 이슬람군이 당과 격돌한 전투였다.[20] 그런데 이때를 康樂은 무슨 이유인지 天寶 8載의 사건이라고 하였다.[21] 아무튼 이는 강락의 실수다. 상황을 자세히 설명하면, 고선지 장군이 석국 정벌을 완수하고 장안에 입조하여 현종으로부터 開府儀同三司를 제수 받고, 반년여 이후 전개되었던 사건이다. 그런데 이 전쟁은 당과 아랍연합세력간의 최초의 전쟁이었던 게 틀림없다. 이를 몇 가지로 분석하고 싶다.

첫째는 석국 왕자가 주선하여 사라센 제국이 주축이 된 서아시아의 여러 나라와 당과의 전쟁이었다는 사실이다. 위의 사료에서 언급된 대로 왕이 고선지의 포로가 된 사실을 석국 왕자가 주변 국가에 알렸던 게 일의 발단이다.[22] 그 결과 서아시아 제국과 연합한 군대가 고선지 군과 충돌하였다. 그런데 이때 서아시아의 군대는 주로 사라센 제국의 병사들이었는데, 그 규모가 상당하였던 모양이다. 이와 같이 추정하는 이유는 사라센 제국에서 머나먼 당의 안서사진을 공격하겠다는 목표를 설정하였다는 사실에서 어느 정도 짐작할 수 있다. 신흥 사라센 제국이 부상하려는 그런 시기였던 게 틀림없다.

둘째는 사라센(大食)의 공격을 대비하여 고선지가 蕃·漢의 3만이나 되는 군대를 동원하였다는 사실이다. 이는 고선지가 토번을 정벌할 때 불과 1만의 군사를 거느렸다는 사실과 비교하더라도, 그 규모가 사뭇 다르다. 이는 고선지가 서아시아 여러 나라 군대와의 전쟁을 매우 심각하게 받아들였던 증거인 듯싶다. 그런데『舊唐書』「李嗣業傳」에서 사라센 제국의 안서사진 공격을 사전에 차단하기 위하여 사라센을 향하여 진격할 때 고선지 장군이 거느린 사졸의 수를 앞의 기록과 다르게 2만이라고 언급하였다.[23] 또한 胡三省 註는 사라센 공격을 차단하기 위하여 고선지 장군이 지휘한 군사 수가 6만이었다고

19) Christopher I. Beckwith, *op. cit.*, p.139.

20) 李熙秀, 2000,「위그르 제국」,『터키史』, 대한교과서주식회사, 106쪽.

21) 康樂, 1976,「版圖定型時期」, 80쪽.

22) René Grousset(Translator : Naomi Walford), *op. cit.*, p.119.

23)『舊唐書』권109,「李嗣業傳」仙芝懼조, 3298쪽 ;『新唐書』권138,「李嗣業傳」仙芝率兵二萬深入조, 4616쪽.

한다.[24] 또 『通典』에서는 탈라스 전투에서 7만이나 되는 당나라 군대가[25] 거의 다 죽었다고 기록하고 있다. 이는 아랍연합국의 군대와 조우하였던 고선지 휘하 군사 수에 관한 기록이 제각각이었다는 것을 알려 주고 있다.[26] 당시 안서사진에 소속된 병사가 불과 2만 4천이며,[27] 말은 2천 7백 필밖에[28] 되지 않았기 때문에 탈라스 전투에 참가한 唐軍에는 黑姓突騎施를 위시하여 蕃軍이 다수 가세하였던 게 틀림없다.[29] 그렇다면 고선지가 지휘하였던 탈라스 전투에 참가한[30] 蕃·漢의 병사 수는 대략 7만 정도였을 듯싶다. 이와 같이 추정하는 까닭은 아랍측 사료에 의하면 사라센이 이때 중국 병사 5만을 죽이고 2만을 포로로[31] 하였다는 사실에서 유추 해석이 가능하기 때문이다.[32] 그렇다면 탈라스 강가에서 고선지 장군이 잃은 사졸의 수가 무려 7만 이상이었다는 사실은[33] 무엇을 뜻하는가. 이는 고선지 장군이 탈라스로 진격하면서 사진절도사의 지휘를 받는 서역 군사가 합류하였기 때문에, 군사가 7만 이상이나 되었을 가능성을 말해준다. 한 예를 든다면, 앞서 고선지 장군이 토번을 정벌할 때, 五識匿國왕 跌失伽延이 고선지를 따라 참전하였던 경우에서 위의 사실에 대한 보충 자료로써 설명이 가능하다. 그런데 宮崎市定은 당의 장군, 고구려인 고선지가 7만 5천의 대군을 거느리고 나가 싸우다가 대패하여 도망쳐 돌아왔다고 주장하고 있다.[34]

---

24) 『資治通鑑』 권216, 「唐紀」32 玄宗 天寶 10載 4月, 高仙芝之虜石國王也조의 胡三省註, 6907쪽.

25) 『通典』 권185, 「邊防」1 我國家開元, 天寶之際에 인용된 杜環의 『經行記』, 高仙芝伐石國, 於怛邏斯川七萬衆盡沒조, 4980~4981쪽 ; 諏訪義讓, 「高麗出身高仙芝事蹟攷」, 209쪽.

26) 『通典』 권185, 「邊防」1 我國家開元, 天寶之際에 인용된 杜環의 『經行記』, 4980~4981쪽.

27) 『資治通鑑』 권215, 「唐紀」31 玄宗 天寶 元年 是時의 兵二萬四千조, 6847쪽.

28) 『舊唐書』 권38, 「地理」1 安西都護府治所조, 1385쪽 ; 『資治通鑑』 권215, 「唐紀」31 玄宗 天寶元年 正月 安西節度撫寧西域조, 6847쪽 ; 孫金銘, 1960, 「代兵制」, 『中國兵制史』, 臺北 : 陽明山莊印, 106쪽 ; 嚴耕望, 「唐代篇」, 6쪽.

29) 前嶋信次, 「タラス戰考」, 188~189쪽.

30) Victor Cunrui Xiong, *op. cit.*, 2000, pp.222~223.

31) 前嶋信次, 「黑旗·黑衣の時代」, 189쪽.

32) 前嶋信次, 「タラス戰考」, 189쪽 ; 大庭脩, 1981, 「製紙法の西傳」, 『シルクロードの文化交流』, 京都 : 同朋舍, 77쪽.

33) 田坂興道, 1964, 「唐宋時代の中國における回敎徒」, 343~344쪽.

34) 宮崎市定, 1994, 「大唐帝國」, 『世界の歷史 7, 大唐帝國』, 東京 : 河出書房新社, 370쪽.

셋째는 사라센 제국이 주축이 된 안서사진에 대한 공격을 차단하기 위하여 고선지가 大食을 향하여 무려 7백여 리나 깊숙이 진격하여 들어갔다는 사실이다.[35] 이와 같이 적진 깊숙이 진격하였던 것은 고선지의 전법 중의 하나이다. 그 결과 고선지는 석국 동북에 위치한 탈라스 성까지 진격하였다.[36] 이를 고선지의 제2차 石國 정벌이라고 표기하여도 무리가 없을 성싶다. 그런데 여기서 주목하고 싶은 것은 사라센 제국이 중심이 되어서 안서사진을 공격하겠다는 사실을 안서에서 어떻게 알았는가 하는 점이다. 물론 석국을 정벌하고 나서 고선지 휘하의 일대를 석국에 주둔시켜 주위 국가에 대한 동정을 살폈기 때문에 위의 사실을 알았을 가능성이 짙다. 그렇지 않으면 그때 안서에서 나름대로의 정보 수집망을 활용하고 있었다고 생각할 수 있다. 이로써 안서에서 서방세계의 동정을 파악하기 위하여 고도의 정보망이 필요하다는 사실을 확인한 셈이다.

넷째는 고선지 장군이 탈라스 성에서 군대의 전열을 정비할 시간적인 여유가 없었다는 사실이다. 고선지는 3만이나 되는 漢族 군사를 거느리고 7백여 리나 깊숙이 들어갔기 때문에 군대는 지친 상태였다. 그렇다고 고선지가 사라센의 군대와 무모한 전쟁을 하였다는 말은 아니다. 정확히 표현한다면 고선지는 사라센군의 움직임이 그렇게 빠르게 전개될 줄 전혀 예측하지 못하였다. 이와 같이 추론하는 이유는 셋째에서 지적하였던 것처럼 고선지는 석국의 서북이 아닌 동북의 탈라스 성에 당도하면 전열을 정비할 시간적인 여유가 있으리라고 계산하였던 게 분명하다. 그 이유는 탈라스에서 고선지가 토번을 정벌할 때처럼 三分法과 같은 공격대형 작전을 사용하지 못하였기 때문이다. 또 다른 이유는 탈라스 강에서 원정으로 지친 병사들의 전열을 정비할 구상을 고선지 장군이 하였을 가능성도 충분하다. 그렇다면 고선지 장군이 석국의 제2차 정벌에 삼만이나 되는 한족 군대를 동원하면서 이런 삼분법을 사용하지 않았던 것은 탈라스 성에서 위의 삼분법을 사용하려고 계획하였던 게 아닌가 싶다. 그러나 사라센군이 고선지의 기민한 전략 전술을

35) 余太山, 1996, 「唐代西域」, 186쪽 ; 江應梁, 「突厥」, 167쪽.

36) 『新唐書』 권135, 「高仙芝傳」 其王子走大食조, 4578쪽.

알고 이에 대응하는 군사작전을 너무 빨리 시작하였기 때문에 그만 허를 찔린 셈이다.

다섯째는 고선지 휘하에서 당나라 군사와 연합을 가장한 케르룩(葛羅祿)[37] 부중의 拔汗那(Fergana)가 난데없이 부대 진영 안에서 반란을 일으켰다는 사실이다.[38] 이미 당군이 탈라스 성에서 5일 동안이나 사라센군과 대치하는 중에 발생하였기 때문에 이 사건은 말할 수 없는 큰 타격을 주었다.[39] 케르룩 부중이 사라센군과 사전에 짜여진 각본에 따라서 고선지 부대를 협공하였던 것 같다.[40] 애석하게도 고선지 장군이 활용하였던 정보망이 위장된 케르룩(Qarluqs=Karluks) 부중에 관한 정보를 사전에 탐지하지 못하였던 게 패배의 요인이다.[41]

필자의 견해로는 케르룩 부중의 반란 이유는, 거대해지는 아랍세력에 반항하였을 때는 철저하게 파괴된다는 위기의식으로 말미암아 당에 대한 충성보다 모반을 선택했던 것 같다. 고선지 장군은 장안에서 탈출한 석국 왕자에 의한 아랍권 세력이 결집해 안서사진을 공격한다는 첩보를 듣고, 天寶 10載 4월 大食을 격파하기 위해 진격하였다. 그때 고선지 군사의 공격로는 오늘날 텐산 산맥의 토르가르드 고개(중국과 키르기스스탄의 국경지대)를 넘어 키르기스스탄의 나른 평원을 지나 탈라스 성을 향하는 것이었다. 고선지 휘하 군사들이 탈라스 성에 도착하자마자 당군이 大食군과 마주쳐서 5일 동안 대치하는 어려운 상황일 때 고선지 휘하의 케르륵 부중이 모반했던 것이다.

이때 이미 당은 주변민족에 대한 통제력을 상실해 가는 과정 속에서 발생되었기 때문에 이를 우연한 사건인양 표현할 수는 없는 노릇이다.[42] 이는 앞서 석국 왕자가 아랍 국가를 순회하면서 구원을 요청하였을 때, 이때 이미 석국

37) 『資治通鑑』 권216, 「唐紀」32 玄宗 天寶 10載 4月, 相持五日 조의 胡三省註, 6908쪽, 葛羅祿과 葛邏祿은 같은 部族이다.

38) 閔泳珪, 「高仙芝－파미르 西쪽에 찍힌 韓國人의 발자국」, 76쪽.

39) 『資治通鑑』 권216, 「唐紀」32 玄宗 天寶 10載 4月, 與大食夾攻唐軍조, 6908쪽 ; 嚴耕望, 「怛邏斯之役」, 『中國戰史論集』1, 16쪽.

40) 貝塚茂樹, 「大唐帝國の最盛期」, 229쪽.

41) Christopher I. Beckwith, *op. cit.*, p.126.

42) Kenneth Scott Latourette, *op. cit.*, p.198.

가까이 위치하였던 사라센이 적절한 기회를 이용하여 안서사진의 강력한 고선지 부대를 제압하겠다는 비상수단을 갖고 있던 상황이다. 즉 전에 고선지가 석국을 평정하고 나자, 이미 위장된 케르룩의 무리를 당의 군대와 합류시키겠다는 각본을 사라센 제국이 갖고 있었던 단계였다는 사실을 주목하고 싶다. 그렇다면 석국 왕자가 구원병을 요청하기 이전에, 사라센 제국이 이를 기대하였는지 모를 일이다. 이와 같이 추론하는 이유는 영토확장에 열을 올리고 있었던 사라센 제국은, 이미 고선지의 토번 정벌을 익히 잘 알고 있었기 때문에 정면 승부가 어렵다는 사실을 또한 알고 있었을 개연성이 충분하기 때문이다. 아니 고선지가 토번 정벌을 성공하자, 사라센도 때를 놓치지 않고 당에 조공하였던 나라가 아닌가! 케르룩 부중의 복병이 도사리고 있었기 때문에 고선지가 패배할 수밖에 없었다는 사실을 스튜어트 레그(Stuart Legg)도 몰랐던 모양이다.[43] 이와 같은 케르룩의 휘하 무리 가운데 적과 내통하였던 군대가 고선지 장군을 대패하게 만들었던 요인이라는 사실에 대하여는 필자도 諏訪義譲의 견해와 같다.[44]

탈라스 성에서 케르룩(葛羅祿) 부중이 고선지 장군에 대하여 반란을 일으켰던 사실에 대하여 高永久는 北庭에 거주하였던 케르룩이 回紇과 함께 당의 적국이 되어 행동하였던 것과 유관하다고 주장하였다.[45] 高永久의 주장은 옳다. 왜냐하면 케르룩과 回紇이 민족적으로 같아서 케르룩 군대가 당에 대하여 반기를 들 가능성이 매우 높았기 때문이다. 이를 사라센이 모를 리 없다. 따라서 사라센은 케르룩 부중을 끌어들여 고선지 부대로 보내어, 그들로 하여금 고선지 부대의 진영 안에서 협공하도록 하였을 가능성을 무시할 수 없다. 그런데 케르룩은 顯慶 3년(658)부터 세 도독부(陰山州都督府·大漠州都督府·玄池州都督府)에 나누어 살았던 부중이다.[46] 전쟁의 천재였던 고선지 장군도, 사라센 제국의 이러한 계략에는 속수무책이었던 것 같다. 그 결과

43) Stuart Legg, *op. cit.*, p.173.

44) 諏訪義譲, 1942, 「高麗出身高仙芝事蹟攷」, 206쪽.

45) 高永久, 1994, 「關于葛羅祿與回鶻的關係問題」, 『西北民族研究』 2, 75쪽.

46) 『新唐書』 권43上, 志第33下 「地理」7下 陰山州都督府조, 1130~1131쪽.

원정군이었던 고선지의 부대는 사라센의 의도대로 참패하여 군사를 거의 다 잃어버리는 수모를 당하였다. 이때 고선지 부대에서 살아남은 자는 삼만 가운데 수천 명에 불과하였다. 그런데 고선지 장군이 사라센 군대와 싸워서 전멸하다시피 한 이유가 작전 실패가 아니었다는 사실을 주목하고 싶다. 다시 말해 당 현종은 양귀비와의 사랑 놀음으로 정치에 관심이 없는데다가 조정은 환관 高力士와 욕심 많고 무능한 楊國忠 등이 전횡하였기 때문에 당의 서방 민족에 대한 통제는 오직 고선지 장군의 전략에 의지하였다. 이와 같은 당 조정의 분위기를 주변 민족들이 알아차리고 당과 대결할 기회를 엿보았던 상황인 듯싶다. 그 결과 고선지의 군대 내의 유목부족의 반란으로 연결되어 장군은 탈라스에서 아랍제국의 군대에 에워싸인 상황에서 어쩔 도리 없이 참패를 감수할 수밖에 없었다.[47)]

여섯째는 고선지 장군이 늘 전쟁에 임하면서 고구려의 무사답게 용맹하였다는 사실이다. 이는 고선지 열전을 인용하기보다는 이사업 열전의 내용을 보는 것이 이해에 도움이 될 듯싶다. 따라서 이를 옮기어보면

> (石國의) 왕자가 재난을 피하여 멀리 도망을 가서, 여러 오랑캐 국가에게 이러한 사실을 알렸다. 많은 오랑캐들이 이를 분하게 생각하여, 大食과 연합해서 모의하여, 장차 四鎭을 공격하고자 하였다. (이때) 仙芝가 (적의 이와 같은 움직임이) 두려워서, 병사 二萬을 거느리고 오랑캐 땅으로 깊숙이 들어가 싸웠으나, 仙芝는 크게 패하였다.[48)]

라는 사실이다. 이는 고선지와 사라센 군대가 전투를 하였던 상황에 대한 종합적인 기록이다. 여기서 석국을 위하여 서아시아의 諸國이 사라센을 주축으로 연합하여[49)] 唐의 안서사진을 공격하려 하자, 고선지가 두려워하였다는 사실은 앞뒤가 안 맞는다. 왜냐하면 위의 기록처럼 고선지가 두려웠기 때문에

---

47) Kenneth Scott Latourette, *op. cit.*, p.198 ; 金子修一, 「中國皇帝と周邊諸國の秩序」, 47쪽.

48) 『舊唐書』 권109, 「李嗣業傳」, 3298쪽, “其子逃難奔走, 告於諸胡國. 羣胡忿之, 與大食連謀, 將欲攻四鎭. 仙芝懼, 領兵二萬深入胡地, 與大食戰, 仙芝大敗”.

49) Charles O. Hucker, *op. cit.*, p.144.

2만이나 되는 많은 병사를 이끌고 사라센 군대가 있을 것이라고 생각되는, 머나 먼 이국 땅으로 진격하였다는 것은 논리성이 결여된 주장이다. 오히려 확인할 수 있는 것은 서아시아의 제국이 사라센을 중심으로 공격해 오려 하자, 이를 제압하기 위하여 고선지 장군이 즐겨 쓰는 게릴라 전법을 구사하였다고 표현하여야 옳다. 따라서 고선지 장군이 적진으로 깊숙이 진격하여 사라센을 중심으로 한 무리들을 섬멸하겠다는 작전을 전개했다고 보아야 한다. 다시 말해 용맹한 고선지 장군이 서아시아 깊숙이 진격해 들어갔으나, 불시에 적과 조우하게 되었다는 논리를 펴야 옳다. 이전의 토번 정벌 때처럼 사라센 가까이 공격하여 들어갔던 것은 그의 용맹성과 대담함을 다시 한번 드러낸 증거이다. 그런데도 위의 「李嗣業傳」에서는 고선지를 깎아 내리고 그의 부하로 한족출신인 이사업을 치켜세우기 위하여 장군이 적진 깊숙이 진격하였던 것은 적이 두려웠기 때문이라고 근거없는 사실을 기록하였다. 또 2만의 군대를 이끌고 고선지가 적진으로 들어갔다고 기록하였는데, 이는 당연히 「고선지전」에 있어야 할 내용인데도 불구하고 「이사업전」에 있다는 사실도 어딘가 석연치 않다. 물론 이때 고선지가 지휘하였던 군사 가운데 불과 수천 명만이 살아남을 정도로 大食에 의해 전멸되었던 것은 사실인 듯싶다.[50)]

또 고선지 장군과 석국과의 2차 충돌에 대하여 레그는 다음과 같이 서술하였다. 즉

> 그럼에도 불구하고 충돌이 발생하였다. 그것은 투르크에 대한 중국의 평판을 떨어뜨린 행위에서 예견되었던 상대적으로 가벼운 조우전의 형태였다. 그러나 그 결과는 엄청난 파장을 가져 왔다. 중앙아시아에 있는 중국 총독으로, 당의 지배가 중국의 극서 지역의 그 한계까지 넓혀준 데 대한 기여로 어느 정도 알려진 장군 고선지였다. 당시 타슈켄트 지역은 아랍에 대한 전방 보루인데다, 중국에 충성스러운 투르크 부족의 도움을 받고 있었다. 고선지는 갑자기 타슈켄트의

50) 『舊唐書』 권109, 「李嗣業傳」 仙芝衆爲大食所殺조, 3298쪽 ; 『資治通鑑』 권216, 「唐紀」32 玄宗 天寶 10載 4月, 仙芝大敗, 士卒死亡略盡조, 6908쪽 ; 李書華, 1957, 「造紙的傳播及古紙的發現」, 『學術季刊』 6-2, 16쪽.

> 왕이 군사적 의무를 다하지 않는다고 책망하였다. 이러한 비난은 근거 없이 개인적인 동기에 의해 이루어졌다. 타슈켄트 왕은 이를 부인했으나, 고선지는 이를 무시하고 중국 군대를 거느리고 타슈켄트로 진군하여 그를 처형하였을 뿐만 아니라, 그의 보물 창고마저 약탈하였다. 자연스럽게, 그 결과 타슈켄트의 이웃 투르크족 사이에 분노가 폭발하였다. 살해된 타슈켄트 왕의 일가는 이웃 국가에게 이와 같은 어처구니없는 폭거에 복수하여 줄 것을 요청할 뿐 아니라 동시에 가까운 아랍 군사령관에게 이러한 사실을 호소했다. 양측 모두 타슈켄트 왕 일가의 호소에 반응하였다. 투르크 부족들은 북쪽에서 내려왔고, 아랍군대는 부하라와 사마르칸트에서 달려왔다. 이 사건의 절정은 751년 발하쉬 호와 자사르트스 중간의 중앙아시아 심장부에 있는 작은 강인 탈라스 계곡에서 발생하였다. 투르크와 아랍 군대 사이에 갇힌 고선지는 밤에 퇴각을 명령하였다. 그러나 어둠 속에서 고선지의 군대는 서로 연락이 불가능한 상태에서 길을 잃었기 때문에 중국인의 후퇴는 도주, 그 자체였다.[51]

라는 게 그것이다. 이는 레그가 고선지의 제2차 석국 정벌에 대해 나름대로 평가한 대목이다. 그러나 레그도 고선지에 대한 사실에서 많은 오류를 범하였다. 이를 간략히 언급하면 다음과 같다.

첫째, 고선지 장군이 개인적 동기로 타슈켄트를 공격하였다는 사실이다. 실로 그 당시 서아시아 여러 나라가 당을 공격하기 위한 반격이 있었다는 사실을 레그가 무시하였거나 몰랐던 모양이다. 어쩌면 후자가 가까울 성싶다.

---

51) Stuart Legg, *op. cit.*, p.173. None the less the clash came. It took the form of a relatively minor brush precipitated by a piece of discreditable Chinese conduct towards the Turks. But its results were out of all proportion to its importance. The Chinese viceroy in central Asia was Kao Hsien-chih, a general of some renown who had helped to carry the T'ang occupation of the Far West to its farthest limits. At the time, the district of Tashkent formed a frontier bulwark against the Arabs, and was held by a Turkish tribe loyal to the Chinese. Kao Hsien-chih suddenly accused the Khan of Tashkent of negligence in his military duties. The charge was made for personal motives, and was without foundation. In spite of the Khan's vigorous denials Kao marched to Tashkent with a Chinese forces, executed him, and purloined the contents of his treasury. Not unnaturally, this caused a furors among the neighbouring Turks. The murdered Khan's family called upon them to avenge the injustice and at the same time appeared to the nearest Arab commander. Both responded. Turkish companies came down form the north and arab garrisons set out from Buckayro and Samaritan. The climax of the affair came in 751 in the valley of the Taras, a small river in the heart of central Asia halfway between Lake Balkash and the Jaxartes. Caught between the Turkish and Arab forces, Kao ordered a retreat by night : but in the darkness his troops lost touch with each other, and the Chinese retreat became a flight.

게다가 당의 고선지 장군이 安西都護府의 책임자로서 그가 무엇을 해야 하는지 모르는 상황에서 위와 같은 글을 쓴 게 분명하다. 이 점에 대하여는 앞서 언급하였다. 고선지의 업무는 안서도호에서 조정에 조공하는 일등을 관장하는 일이다. 안서도호부의 관할지는 『新唐書』의 「地理志」에 자세하게 기록되어 있다.

> 龍朔 元年, 隴州의 南由令 王名遠에게 吐火羅 道의 州縣을 설치하게 하였다. 于闐의 서쪽부터, 波斯의 동쪽까지 16國의 그 王都에 都督府를 두었고, 그 屬部에 州縣을 설치하였다. 무릇 州가 88, 縣이 111, 府가 126이다. (중략) 이 모든 것이 安西都護府 관할이다.[52]

龍朔 元年(661)부터 안서도호부 관할지역은 于闐은 물론이고 멀리 서아시아의 波斯까지로 기록되어 있다. 즉, 안서도호의 직무는 천산산맥 이남은 물론이고 파사까지의 朝貢업무를 관장하는 것이다. 용삭 원년 唐은 파사국의 疾陵城에 파사도독부를 설치했다.[53] 위에서 (중략) 부분은 안서도호부의 관할 서역의 16국에 설치된 16도독부와 그 領州 명칭과 위치에 대한 기록이다. 안서도호부 휘하에는 4鎭都督府외 嫣塞과 渠黎都督府까지 합해 22개 도독부가 있다.[54] 석국은 안서도호 관할영역이다. 그렇다면 고선지가 조공을 게을리 하는 석국을 정벌한 것은 안서도호의 직책과 결부된 사안이다. 그런데도 고선지의 석국 정벌이 잘못된 것이라고 주장한다면 그 당시 안서도호가 무엇인지도 모르는 자의 주장에 불과하다.

한편, 위에 언급한 波斯國(페르시아)를 혜초가 순례하였는데, 불교국가도 아닌 파사를 그가 답사한 이유가 궁금하다. 우선 개원 15년경 『왕오천축국전』에 적힌 파사국을 보자.

---

52) 『新唐書』 권43하, 「志」33하 西域府조, 1135~1137쪽, "龍朔元年, 以隴州南由令王名遠爲 吐火羅道置州縣使, 自于闐以西, 波斯以東, 凡十六國, 以其王都爲都督府, 以其屬部爲州縣. 凡州八十八, 縣百一十, 軍府百二十六, (中略) 右隸安西都護府".

53) 『新唐書』 권43하, 「志」33하 西域府十六州의 波斯都督府조, 1135~1137쪽.

54) 『新唐書』 권43하, 「志」33하 四鎭都督府조, 1134~1135쪽.

> 다시 토화라국에서 서쪽으로 한 달 가면 波斯國(Persia, 오늘날 Iran)이라는 나라에 이른다. 그곳 왕은 일찍이 아라비아(대식)를 지배하였고, 대식 백성들은 파사왕을 위하여 낙타를 돌보는 일을 하지 않으면 안 되었으나 후에 반란을 일으켜 파사왕을 시해하고 자립하여 주인이 되었다. 그래서 이 나라는 지금 도리어 대식에게 병합되어 버렸다. 의상은 예로부터 헐렁한 모직 상의를 입었다. 그들도 역시 머리와 수염을 깎았고, 빵과 고기만 먹는다. 비록 쌀이 있더라도 갈아서 빵만 만들어 먹는다. 이 땅에서 낙타와 노새, 양과 말이 나며, 키가 크고 덩치 큰 당나귀와 모직 천과 보물들이 난다. 언어는 이웃나라와 다르고, 민족성은 상업에 능하며 물물 교환을 하는데, 서쪽바다에서 남쪽바닷가 스리랑카(사자국, 오늘날 Srilanka)라는 나라까지 왕래하며 진주와 보석을 교역한다. 그들 나라에서 보물을 국외에 내보낸다는 것은, 崑崙國에 가서, 금을 얻어 내는 것이다. 또한 그들은 중국 廣州까지 직행하여, 무늬 있는 비단과 면사 등을 교역해 온다. 이 땅에서는 가늘고 질 좋은 모직물이 생산된다. 그 나라 사람들은 살생하는 것을 좋아하며 하늘을 섬기고 불법을 알지 못한다.[55)]

혜초는 토화라 서쪽으로 한 달 거리에 있는 파사국을 찾았다. 혜초의 말대로 파사는 하늘을 섬기기는 하나 불법은 모른다. 그런데도 혜초는 龍朔 원년(661)에 설치된 서역 16도독부 가운데 하나였던 파사도독부를 찾았다. 정확히 말해 혜초는 파사도독부가 있던 파사국의 疾陵城을[56)] 방문했다. 그렇다면 혜초가 단순히 구법을 위해 중앙아시아와 서아시아를 여행했다는 일반적인 견해는 틀린 이야기다. 혜초의 여행목적을 단순하게 해석하기는 어렵다. 혜초가 언급한 崑崙國의 위치에 대해서는 定說이 없다. 그러나 『舊唐書』「林邑國傳」에 "自林邑南, 皆卷髮黑身, 通號爲崑崙"이라는 기사가[57)] 있다. 또 同卷「眞臘國傳」에 "眞臘國, 在林邑西北, 本扶南之屬國, 崑崙之類"라고 하면서 그곳은 장안에서 남쪽으로 2만 7백리나 떨어져있다는 기사로 보아, 막연하나마 중국

55) 『往五天竺國傳』, 73쪽, "又從吐火羅國. 西行一月, 至波斯國. 此王先管大寔. 大寔是波斯王放駝戶, 於後叛, 便煞彼王, 自立爲主. 然今此國, 却被大寔所呑. 衣舊著寬氎布衫剪鬚髮, 食唯餠肉. 縱然有米, 亦磨作餠喫也. 土地出駝騾羊馬, 出高大驢氎布寶物. 言音各別, 不同餘國. 土地人性. 受興易, 常於西海汎舶入南海向師子國. 取諸寶物. 所以彼國云出寶物. 亦向崑崙國取金. 亦汎舶漢地, 直至廣州, 取綾絹絲綿之類. 土地出好細疊. 國人愛煞生, 事天不識佛法".

56) 『新唐書』 권43하, 「地理志」7하 '右隷安西都護府' 波斯都督府조, 1135~1137쪽.

57) 『舊唐書』 권197, 「林邑國傳」, 5270쪽.

남쪽의 머나먼 서쪽 지역을 가리키는 것은 분명하다.[58] 그렇다면 곤륜국은 아프리카지역을 말한다고 해석될 수 있다. 이를 뒷받침하는 것은 『新唐書』의 「疏勒傳」에 "又四年(貞觀 13년), 與朱俱波, 甘棠貢方物.……甘棠, 在海南, 崑崙人也"라는[59] 기사를 보면 甘棠이 波斯를 경유하면서 疏勒과 朱俱波를 지나 당으로 왔던 사실을 『明史』 등과 비교 검증하면서 甘棠은 아프리카 동해안 국가라고 張星烺도 주장했다.[60] 혜초의 『왕오천축국전』에서 언급된 곤륜국을 자세히 언급한 까닭은 우리가 흔히 말하는 崑崙산맥과 무관한 곳이라는 사실을 밝히기 위해서이다.

위의 내용 가운데 파사국에서 광동까지 배를 타고 왔다는 대목은 어쩌면 혜초가 구법을 위해 인도를 가기 위해 광동에서 출발할 때 페르시아 상인을 목도했을 가능성을 암시한다. 그러나 페르시아 상인들이 오늘날 스리랑카까지 와서 교역하였다는 것은 혜초가 페르시아에서 직접 견문한 사실을 기록하였다고 본다. 혜초가 페르시아까지 갔다는 사실은, 당에 의해 사절단이 구성되어 서아시아의 많은 나라의 상황을 파악하기 위해 여러 나라를 순례했음을 의미하지 않을까 한다. 필자 생각으로 혜초의 순례를 전한 무제시대의 張騫이나, 후한시대 班超의 부하 甘英의 역할과 비교해도 좋을 것 같다.

혜초가 파사국을 찾았을 때 파사는 아라비아가 지배하였다. 그러나 파사는 그들만의 이란어를 사용했기 때문에 혜초는 파사어가 다른 나라와 다르다고 했다. 특히 주목되는 것은 파사인이 동서교역의 주도권을 장악한 사실을 혜초가 소상하게 적은 점이다. 파사인은 배를 타고 사자국은 물론이고 당나라 廣州까지 다니면서 동서교역의 주역으로 활약하였다. 그뿐 아니라 서역의 곤륜까지 넘나들며 금을 가져갈 정도로 파사인들의 교역 범위는 매우 광범위하였다. 그리고 혜초는 胡國에 관해 쓰면서 파사도 어머니를 아내로 삼는다고[61] 했는데, 이는 북아시아 유목기마민족의 일반적인 결혼 풍습인 嫂婚制를 그가

58) 『舊唐書』 권197, 「眞臘國傳」, 5271쪽.

59) 『新舊書』 권221상, 「疏勒傳」, 6233~6234쪽.

60) 張星烺, 1969, 「唐時中國與非洲之通使」, 『中西交通史料滙篇』 3冊, 81~82쪽.

61) 『往五天竺國傳』, 波斯國亦納母爲妻丕, 74쪽.

모른 것 같다. 이렇게 표현하는 이유는 유목기마민족에서는 아버지가 죽으면 아들이 생모가 아닌 후모를 처로 삼았던 관습이 있기 때문이다. 혜초는 그들이 살생을 즐겼다는 표현은 후일 새로 부상하는 강력한 이슬람권 형성기의 빈번한 대외 침략전쟁에서 한몫을 담당할 것이라는 것을 미리 예고하는 것 같다.

둘째는 고선지 장군이 타슈켄트를 공격하여 그곳 왕을 살해하였다는 사실이다. 이는 레그가 중국측 기록을 읽지 못한데서 일어났던 과오인 듯싶다. 정녕 타슈켄트 왕은 당의 장안으로 잡혀온 후 그곳의 정치가에 의해 죽임을 당하였다.

셋째는 레그가 고선지 장군 휘하의 케르룩 부중이 아랍 국가와 내통하여 탈라스에서 반란을 일으켰다고 한 사실이다.[62] 물론 이와 같은 사실들을 레그가 언급한다는 게 어쩌면 무리다. 그럼에도 불구하고 서양학자인 그가 언급한 고선지 장군의 석국 2차 정벌 전 과정을 소개하였던 이유는 간단하다. 서양학자들의 입장에서 보면, 제2차 석국 정벌이 중국과 서아시아 제국의 관계사에서 보면 매우 중요하였기 때문에 언급하지 않을 수 없다는 점을 이해할 필요가 있다. 이런 이유 때문에 서양학자들은, 앞서 연구하였던 샤반느(Edouard Chavannes), 펠리오(Paul Pelliot) 등의 연구성과를 아무런 비판 없이 반복하여 그대로 베꼈던 것 같다. 이런 이유로 서양학자들이 고선지 장군의 행적을 제대로 조명한다는 것 자체가 무리일 듯싶다.

한편 오렐 스타인은 고선지 장군의 750년 힌두쿠시 산맥 남쪽 공략으로부터 석국의 1, 2차 정벌 상황을 종합적으로 설명하였다. 이를 들어보면,

> 고선지 장군의 지휘아래 '사진절도사' 부대는 750년에 두 번째로 힌두쿠시 산맥 남쪽을 성공적으로 침투하였다. 그러나 이 사건은 동시에 '서역'에서 중국의 영향력의 급속한 몰락을 알리기 시작했던 하나의 사건으로 자리 매김하였다. 같은 해(750년) 당의 조공국이었던 타슈켄트 왕국의 사태에 강력하게 개입하면서, 그는 이 지배를 믿을 수 없게끔 종식시켰고, 그의 탐욕과 압제로 말미암아 사람들의

62)『資治通鑑』권216,「唐紀」32 玄宗 天寶 10載 4月 葛羅祿部衆叛조, 6907~6908쪽.

> 분노를 자극하였다. (이때 타슈켄트) 왕의 아들은 이웃 주민들을 중국에 대항하여 들고 일어나도록 했으며, 아랍의 도움을 요청했다. 751년 여름에 고선지 장군은 아랍과 그 연합세력을 진압하기 위해 진군했다 ; 그러나 고선지 장군의 앞뒤에서 케르룩 부중의 지원군이 그에게 반란을 일으켰기 때문에, 그는 탈라스(Talas, 오늘날 Auliata)성 부근에서 처절한 패배를 맛보았고, 이로 인해 이 지역에서 중국의 지배가 다시는 회복되지 못하였다.[63)]

라는 게 그것이다. 이는 앞에서 언급한 것처럼 오렐 스타인이 750년 고선지 장군의 제2차 힌두쿠시 산맥 정복과 1, 2차 석국 정벌에 관한 것을 정리하였던 내용이다. 이 두 가지 사실을 자세히 분석하고 싶다.

하나는 750년에 고선지 장군이 힌두쿠시 산맥 남쪽 정벌에 성공하였다는 사실이다. 이는 앞에서 고선지 장군이 朅師국을 정복하고 그 왕 失里忙伽羅를 사로잡았던 사건을 말한다. 이내 당나라는 失里忙伽羅의 형 素迦를 朅師왕으로 임명하였다. 이에 대하여는 오렐 스타인이 앞에서 지적하였던 사실을 필자도 그의 견해를 인용하여 밝혔다.

다른 하나는 석국왕을 포로로 잡았을 때, 고선지 장군이 탐욕과 압제 때문에 석국왕의 아들을 자극하였다는 주장이다. 위에서 고선지 장군의 재물에 대한 욕심과 압제에 대하여는 표현에 문제가 있다는 점을 분명히 했다. 이와 같은 식의 표현은 布目潮渢이 고선지 장군의 석국왕 학대 때문이라고 어이없는 주장을 폈던 경우도 마찬가지이다.[64)] 당나라 장군 고선지가 독자적으로 그곳의 보석을 탈취하였던 게 아니라 조정에 명령에 따라 행동하였을 뿐이다.

---

63) M. Aurel Stein, "Eastern Turkestān under the T'angs", *Ancient Khotan-Detailed report of archaeological explorations in Chinese Turkestan*, p.63, Kao Hsien-chih, under whose leadership the troops of the 'four Garrisons' in 750 a second time triumphantly penetrated south of the Hindukush, was destined also to bring about the event which marked the commencement of the rapid decline of Chinese power in the 'Western Regions'. Having forcibly intervened in the same year(750 A.D.) in the affairs of the tributary kingdom of Taskend, he treacherously put to death its ruler and excited the wrath of the people by his cupidity and oppression. The king's son stirred up the neighbouring populations against the Chinese and called in the aid of the Arabs. In the summer of 751 Kao Hsien-chih marched against the latter and their native allies ; but his auxiliaries of the Karluk tribes revolted against him, and taken thus in front and rear Kao Hsien-chih, near the town of Talas(now Auliata), suffered a crushing defeat, from which Chinese authority never recovered.

64) 布目潮渢, 임대희 역, 2001, 「현종의 개원·천보시대」, 『중국의 역사－수당오대－』, 혜안, 140쪽.

달리 말해 전투의 재량권마저 당의 장군은 조정의 지시를 따라야했다. 이러한 사실은 후일 고선지 장군이 안녹산의 반란을 막다가 작전을 변경하였다는 하나의 죄목으로 환관 변령성이 지휘하는 당의 망나니들에게 무참히 살해당하였다는 사실에서 입증되는 바이다. 이는 분명 오렐 스타인이 잘못 언급하였던 대목이다. 그 이유는 장안으로 잡혀간 석국왕이 당의 정치가에 의해 참살당하고 난 후 죽은 석국왕의 아들이 주변국의 도움을 간청하였기 때문이다. 정확히 표현하면, 당나라 조정의 욕심 많은 정치가들이 석국왕을 죽였던 것이다. 당에서는 항복한 주변국의 왕을 죽였던 경우가 거의 없었다는 사실과 비교되는 그런 사건이다. 이때 당의 어리석은 정치가들의 소행으로 석국왕이 장안에서 참살되었던 것은 사실이다. 그러나 탈라스에서 케르룩 부중의 반란하여 고선지가 이끄는 당군이 참패하였고, 이로 말미암아[65] 서역에서 당의 영향력이 다시 회복되지 못하였던 게, 동서교섭사상에서 제일 컸던 파장이다.

한편 위와 같은 사실을 베크위스(Christopher l. Beckwith)는 다음과 같이 설명하고 있다. 즉,

> 그러나 (석국왕) 車鼻施의 아들은 탈출하였다. 그는 재빨리 사마르칸트에 있는 아랍 족으로 향하였다. 아랍 족들은 지야드 이븐 살리흐(Ziyâd b. Sâlih al-Khuzâî)의 지휘하에 있었다. 지야드 이븐 살리흐는 즉각 호라산(Khurasan)의 혁명지도자이며 총독인 아부 무슬림에게 증원부대를 요청하였다. 일부가 토하리스탄에서 온 증원부대는 751년 5월에 사마르칸트에 분명히 도착하였다. 아랍인들과 중앙아시아 원주민들이 함께 (당의 안서)四鎭 공격을 계획하고 있다는 소식을 듣고서 고선지는 즉각 군대를 소집하면서, 이때 케르룩 전사들과 발한나 군대를 합류시키면서 서부로 진군하였다. 한 소규모 전초전에서 당의 군대가 하미드(Sa'd b. Hamîd)가 방어하였던 곳을 공격하였다. 그러나 지하드의 군대가 접근한다는 소식을 듣자, 그들은 탈라스 시에서 수마일 떨어진 아틀라흐(Atlakh)의 마을까지 퇴각하였다.[66]

65) 糸賀昌昭, 1980, 「長安とバグダード」, 213쪽.

66) Christopher l. Beckwith, "T'ang China and the Arabs", pp.138～139, But the son of Cabïš had escaped. He quickly made his way to the Arabs at samarkand, who were under command of Ziyâd b. Sâlih al-Khuzâî. Ziyâd b. Sâlih immediately asked Abû Muslim, the revolutionary leader and governor of

라는 것이 그것이다. 그런데 베크위스가 위와 같이 고선지가 이끄는 당군의 구성원과 그 당시 아랍 진영의 상황을 소상히 밝혔던 것은 타바리(Tabarî)[67]의 사료와 던롭(Dunlop)의 논문[68]을 참조하였기 때문에 가능하였다. 물론 베크위스도 『冊府元龜』를 인용하였다.

751년 5월부터 아랍연합세력은 고선지의 안서사진을 공격하기 위한 준비에 착수하였다. 이때 당군은 하미드(Sa'd b. Hamîd)가 지휘하였던 아랍세력과 처음으로 접전을 하였다. 한편 지하드의 군대가 온다는 첩보로 고선지가 지휘한 당군은 탈라스에서 수마일 떨어진 아틀라흐(Atlakh) 마을로 퇴각하였다. 이후 고선지가 지휘하는 군대와 아랍군과의 관계에 대하여 베크위스는 다음과 같이 말하였다. 즉,

> 그 이후 751년 7월말 무렵 두 군대가 맞닥뜨렸다. 그 결과 벌어진 격렬한 전투는 케르룩 족이 (당에서 아랍연합군으로) 지지 편을 바꿀 때까지 계속되었다. 이때 당나라 군대는 작전대로 싸웠다. 패전한 그날 저녁에 고선지 휘하 장군 李嗣業은 고선지가 아침에 다시 전투를 치를 수 없을 뿐만 아니라 그들 자신들이 포로가 되든 그렇지 않으면 죽게 될지 모르는 전면적인 파국에 직면하게 되리라고 확신하였다. 그런데 불행하게 탈출하였던 길이, 白石嶺으로 가는 좁은 길목인지라, 퇴각하는 拔汗那 군대, 낙타, 말들로 뒤엉켰다. 李嗣業은 "서역인들은 숨고, 길이 열릴" 때까지 길에 있는 모든 것들을 죽이기 위해 몽둥이로 두들겨 패서, 이 문제를 제거하였다. 고선지는 생포 당하는 것은 면하였으나 다른 수천 명의 군대는 그렇지 못했다. 생포된 그들은 포로가 되어 머나먼 사마르칸트까지 끌려갔다. 그러나 중국인들이 포로로 있는 동안에도 그냥 가만히 있었던 것이 아니다. 그들 중 일부는 그들을 포로로 잡은 아랍인에게 종이제조법을 전수하였다. 어떤

Khurasan, for reinforcements, which were sent partly from Tukhâristân and apparently reached Samarkand in May 751. Hearing that the Arabs and the native Central Asians were together planning to attack the Four Garrisons, Kao Hsien-chih promptly gathered his army and marched west, adding Qarluq warriors and Ferghanian troops along the way. In preliminary skirmish, the T'ang forces attacked a position defended by a certain Sa'd b. Hamîd. When they heard of the approached of Ziyâd's army, however, they withdrew to the town of Atlakh, a few miles from the city of Talas.

67) Abû Ġa 'Far Muhammad b. Ġarîr al-Tabarî, *Ta'rîkh al-rusul wa al-mu-lûk*. 15vols. Leiden, 1879~1901 ; repr. Leiden, 1964~1965.

68) D. M. Dunlop, "A New Source of information on the Battle of Talas or Atlakh". *Ural-Altaische Jahrbücher*, 36(1964), pp.326~330.

이슬람군과 당군의 탈라스 전투 상상도 (청아 제공)

> 사람은 칼리프가 있는 수도 아바시드까지 잡혀갔다가 중국으로 돌아와서 후세를 위해 서방세계의 경이로운 일들에 관한 사실을 기록으로 남기기까지 하였다. 아틀라흐(Atlakh) 전투는 아랍인과 중국인 사이의 최초이자 마지막으로 중요한 군사적 대결이었다.69)

라는 것이 그것이다. 이는 베크위스가 고선지가 지휘하였던 당군과 아랍연합

---

69) Christopher l. Beckwith, "T'ang China and the Arabs", pp.139~140, On the following day, near the end of July 751, the two armies met. The fierce battle which ensued lasted until the Qarluqs switched sides ; the T'ang forces were routed. On the night of the defeated, Li Ssu-yeh, Kao Hsien-chih's assistant general, convinced Kao not to rejoin battle in the morning and face a total disaster, which might have involved their own capture or death. Unfortunately, the escape route, a narrow path leading into the White Stone Range, was blocked with retreating Ferghanian troops, camels, and horse. Li eliminated this problem by clubbing to death those in the way until the westerners, etc., hid and the road was opened. Kao Hsien-chih avoided capture, but thousands of others in the army did not ; as captives, they made the long march back to Samarkand. During their captivity, however, the Chinese were not inactive. Some among them taught their captors how to manufacture paper. One even made his way to the capital of the Abbasid caliphate, and then returned to China to write for posterity of the wonders of the West. The Battle of Atlakh was the first and last major military confrontation between the Arabs and the Chinese.

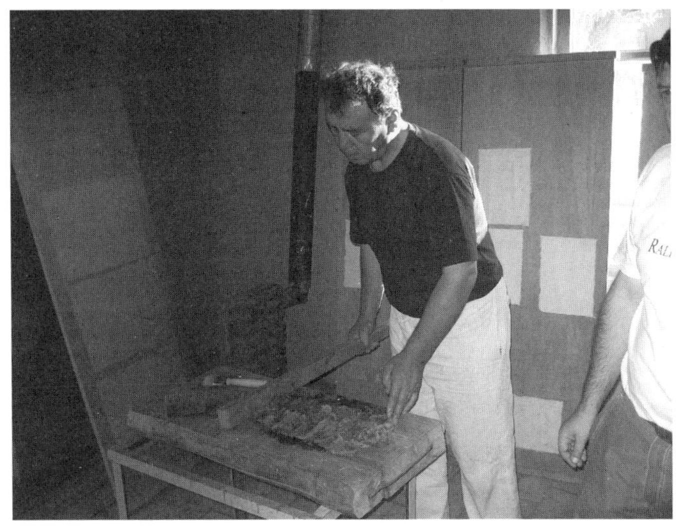
탈라스 전투 포로의 제지술을 재현하는 오늘날 사마르칸트의 제지공장. 필자 촬영

군이 싸웠던 사실과 그 후 탈라스 전투가 역사에 파급된 영향을 언급하였던 대목이다. 이를 세 가지로 분석하고 싶다.

첫째는 당군과 아랍연합군이 싸웠던 탈라스 전투[70] 일수가 『자치통감』에 의하면 5일 동안이었다는 사실과[71] 다르다는 점이다. 서아시아의 사료 「다하비(Dhahabi)」에 의하면 탈라스 전투는 751년 7월 27일과 7월 29일 사이에 발생하였다고 구체적으로 지적하고 있다.[72]

둘째는 고선지가 지휘하는 당군이 白石嶺으로 퇴각할 수밖에 없었다는 사실이다.[73] 이는 아랍연합군이 고선지가 지휘하는 부대를 격파하기 위하여 용의주도한 작전을 펼쳤던 것이 틀림없음을 방증한다. 다시 말해 고선지 휘하에서 반란한 케르룩이 패퇴하는 당군을 白石嶺으로 몰고 갔다는 추론이 가능하다.

셋째는 탈라스에서 패배한 당군 가운데 있던 제지공에 의해 제지술이 전파되었다는 사실이다.[74] 이에 관해서는 이미 앞에서 설명하였다. 여기서 다시 주목하는 이유는 베크위스 등 서구 연구자들도 종이 만드는 기술이

70) 『新唐書』 권5, 「玄宗紀」 天寶 10載 7月 高仙芝及大食戰于怛邏斯城조, 148쪽.

71) 『資治通鑑』 권216, 「唐紀」32 玄宗 天寶 10載 相持五日조, 6907쪽.

72) Muhammad b. Ahmad al-Dhahabî, *Ta'rîkh al-Isâm wa tabaqât al-ma-šâhir wa al-a'lâm*. cairo, 1947, v : 210.

73) 『舊唐書』 권109, 「李嗣業傳」 不如馳守白石嶺조, 3298쪽.

74) Daniel C. Dennett, *op. cit.*(이연규 역, 86쪽) ; 羽田明, 1976, 「イスラム時代」, 『京大東洋史 V, 西アジア·インド史』, 大阪 : 創元社, 81쪽 ; 宮崎市定, 「大唐帝國」, 370쪽.

탈라스 전투에서 패배한 당군 포로에 의해서 전파되었다는 사실을 인정하기 때문이다. 또한 루이스(Bernard Lewis)의 주장에 의하면, 앞에서 언급하였던 압바스 왕조의 칼리프 하룬 알-라쉬드가 정부문서에 파피루스 대신에 종이 사용을 명령하였다고 한다. 한편 이 무렵(794년) 바그다드에 제지공장이 만들어졌다.[75] 이때 하룬 알-라쉬드가 그렇게 명령한 까닭은 종이에 기록되고 나면, 흔적을 남기지 않고 지우거나 고칠 수 없기 때문이었다.[76] 탈라스 전투보다 앞서 이슬람제국의 호라산 총독 아부 무슬림(Muslim)은 지야드 이븐 살리흐(Ziyād ibn Sālih)가 지휘하는 아랍군과 조우하였던[77] 아틀라흐(Atlakh) 싸움에서 중국의 제지공이 아랍으로 잡혀가서 종이 만드는 기술이 서방세계에 전래되었다고 말한다.[78] 아틀라흐 전투든 탈라스 전투든 고선지 휘하의 병사에 의해 제지술이 서방으로 전파되었다는 사실은 마찬가지이다. 이는 제지술이 고선지 휘하 병사들에 의해 중국에서 서방으로 전래되었다는 사실을 서방학자들이 동의하였다는 것으로 주목하고 싶다.

베크위스의 주장처럼 아틀라흐(Atlakh) 전투는 아랍과 중국 사이의 최초이자 마지막 대결로 주요한 싸움인 것은 틀림없다. 아틀라흐 전투의 의미는 동서교섭사 상에서 더욱 중요할 듯싶다.

고선지 장군이 지휘하였던 당나라 군대가 아랍연합과의 회전에서 참패하였던 요인은 스타인의 주장을 빌리지 않더라도 케르룩 부중의 반란이 결정적이었다.[79] 그 밖에 아랍연합군이 당나라 군대가 있던 방향으로 진격하여 오는 사실을 미처 깨닫지 못하였던 것도 또 다른 패인이다. 여기서 말하는 케르룩 병대는 고선지 장군의 지시를 따르는 척하였던 케르룩 사졸들을 의미한다. 이러한 사실은 휫필드(Susan Whitfield)도 동의하였다. 그의 이야기를 들어보면

---

75) 前嶋信次, 「バグダードの榮華」, 232쪽.

76) Bernard Lewis, *op. cit.*, 1995(이희수 역), p.288.

77) 정수일, 2001, 「씰크로드를 통한 인적 교류」, 435쪽.

78) Abd al-Malik b. Muhammad al-Tha'âlibî, *Thmir al-qulûb*. Cairo, 1965, 543, No.892 ; D. M. Dunlop, "A New Source of information on the Battle of Talas or Atlakh". *Ural-Altaische Jahrbücher*, 36(1964), p.330 ; C. E. Bosworth, *The Book of Curious and Entertaining Information : The "Laṭā'if al-ma'arif" of Tha'ālibī*. Edinburgh, 1968, p.140.

79) 山田信夫, 1989, 「トルキスタンの成立」, 『北アジア遊牧民族史研究』, 東京大學出版會, 204~205쪽.

이제 아랍은 중국의 비단길 연변에 있는 요새들을 즉시 점령할 기세였기 때문에, 고선지 장군은 그들과 맞서라는 사명을 띠고 서쪽으로 다시 보내졌다. 양측 군대는 중국-아랍 세력의 경계선인 천산 산맥의 북서쪽으로 흐르는 탈라스 강에서 마주쳤다. 전투는 5일간 지속되다가, 중국을 지원하는 군대 중 한 부족이 그 권위에 도전하면서 결정났다. 이때 중국군은 대오마저 갖추지 못한 채 뿔뿔이 흩어져 달아났다. 그런데 앞에서 말했던 것처럼 (도망하였던 중국군의) 많은 수가 포로로 잡혀 사마르칸트나 다마스쿠스로 보내졌다.[80]

라는 것이 그것이다. 여기서 중국을 지원하였던 한 부족은, 앞에서 말한 것처럼 케르룩 부중이다. 휫필드도 고선지 장군이 서역 연합세력과 탈라스 강가에서 전투하다가 패배한 것이 케르룩 병대의 반란 때문이었다고 보았다. 그렇다면 이는 고선지의 작전상 실패로 인하여, 서역 제국과 싸움에서 패배하였던 게 아니라는 뜻이다. 앞에서 르네 그루쎄(René Grousset)가 지적하였던 것처럼 석국 왕자의 요청대로 케르룩이 아랍세력과 행동을 같이 하였던 게 고선지 장군의 석국 2차 정벌의 최대 실패 요인인 듯싶다.

탈라스 전투에 대해 키르기스공화국 국립 과학아카데미의 마나스 예술문화 센터에서 발행한 『탈라스 전투』에 탈라스 전투에 대한 언급이 있다. 이를 소개한다.

타바리의 역사서를 포함한 9~10세기의 대규모 역사서들에는 650년대 초 아부 무슬림이 마베란나흐의 압바스 정권 확립을 위해 벌인 전투에 관한 많은 자료들을 담고 있지만, 탈라스 전투에 대해서는 한마디 언급도 없다. V. V. 바르톨드는 두 가지 역사서, 즉 중국 역사서(『唐書』)와 아랍의 역사서(8세기 사가인 이븐 알 아시르가 편찬한 역사서)에 근거하여 탈라스 전투에 관해 기술하였다. 당서에 포함된 고선지 전기에 따르면, 페르가나 통치자가 샤슈(타슈켄트) 황제를 처리하기

80) Susan Whitfield, "The Merchant's Tale", *Life Along The Silk Road*, p.53, Now the Arabs were threatening to conquer the Chinese Silk Road garrisons and so Gao was sent west again to confront them. The two forces met at the Talas river to the north-west of the Tianshan, on the fault-line of Chinese and Arab power. The battle lasted five days and was only decided when one of th tribal armies supporting the Chinese changed its allegiance. The Chinese fled in disarray but, as has been seen, many were captured and sent either to Samarkand or Damascus.

위해 그를 초빙했으며, 고선지가 샤슈 황제를 죽였고 샤슈 황제의 아들은 아랍인들에게 도움을 청했다. 고선지 장군은 3만의 군사를 이끌고 700리를 달려서 탈라스 근처에서 아랍인들과 싸웠다. 전투 5일째 케르룩(葛邏祿) 군이 배후에서 반란을 일으켰고, 양쪽에서 공격을 받은 당군은 많은 병사를 잃고 베시山으로 후퇴했다. 호위부대가 피난가는 사람들의 틈을 뚫고 어렵사리 고선지 장군의 퇴로를 확보했다.

이븐 알 아시르는 전투의 배경을 다소 달리 기술하였다. 그에 따르면, 페르가나 지방 통치자가 샤슈(타슈켄트) 황제에 대항하기 위해 당 황제에게 지원을 요청했고, 당 황제는 10만의 병사를 파견했다. 포위된 샤슈 황제는 투항했다. 이 사실을 안 아부 무슬림은 자신의 장군인 지야드 살리흐를 보내 당군에 대적하게 했다. 전투는 헤지라 133년 줄 히자 달(751년 6월 30일~7월 29일) 탈라스 강 근처에서 벌어졌다. 당군은 5만 명이 전사했고, 약 2만 명이 포로로 잡혔다.

위와 같은 내용은 거의 변화 없이 이비 한둔의『제 민족 역사』에 포함되어있다. V. V. 바르톨드는 탈라스 전투에 관해 언급된 사항 두 가지를 더 알고 있었다. 하나는 자주 인용되는 아스 사아미비의 기록으로 사마르칸트의 제지술은 지야드 살리흐가 포로로 잡은 중국인들이 전해준 것이라는 내용이며, 다른 하나는 바그다드 최초의 사가인 이븐 타이푸르의 기록으로서, 지야드 살리흐가 중국산 루비 반지를 아부 무슬림에게 보냈고, 아부 무슬림은 그 반지를 사오르파흐에게 선물했으며, 후일 라시드가 활을 쏘다가 잃어버릴 때까지 칼리프들 사이에 대대로 상속되었다는 내용이다.81)

위 내용은 당에 의한 제1차 석국 정벌과 제2차 석국 정벌(탈라스 전투)에 관해 언급한 것인데, 대략 다섯으로 나누어 분석하는 것이 좋을 듯싶다.

첫째는『新·舊唐書』의「高仙芝傳」을 인용하며 말하기를 페르가나가 석국왕을 죽이려는 음모로 초청했을 때 고선지 장군이 석국왕을 죽였다는 기술이다. 그러나 이 부분은 필자가 이미 앞에서 밝힌 것처럼 잘못된 해석이다. 고선지 군대는 페르가나가 아니라 석국에서 석국왕을 생포했던 것이다. 그리고 고선지는 부하를 시켜 석국왕을 장안으로 압송했던 것이지 고선지가 석국왕을 죽였던 것이 아니다. 실제 고선지 장군이 석국왕을 죽였다는 기록은 어디에도

81) V. 플로스키흐, 2005,『탈라스 전투』, 비슈케크 "샴" 원문, p.17(김성완 역, 2010,『탈라스 전투』, 동북아역사재단, 60~61쪽).

없다. 그러나 제2차 석국 정벌 때 케르룩의 반란으로 당군이 베시산으로 후퇴했다는 사실은, 위의 「高仙芝傳」에 없는 내용이라 특기하고 싶다.

둘째는 이븐 알-아시르는 페르가나 통치자가 석국왕에게 대항하기 위해 당 황제에게 지원을 요청한 결과 당이 10만 병사를 파견했다는 것이다. 제1차 석국 정벌 전쟁 때 고선지 장군이 이끈 군사수가 무려 10만이나 되었다는 당나라 기록은 없다. 아마 이는 무슬림이 석국왕이 어쩔 수 없는 상황이라 당에 투항할 수밖에 없다는 식으로 합리화하기 위해 당의 군사 수가 많았다는 식으로 쓴 것 같다. 이때 이븐 알 아시르는 포위된 석국왕이 고선지 장군에게 투항했다고 썼다. 그렇다면『新·舊唐書』의 기록에서 석국왕이 전쟁에서 사로잡혔다는 기록과 차이가 있다.

셋째는 무슬림이 반격하기 위해 지야드 살리흐를 보내 당군과 전투한 것이 탈라스 전투라는 점이다. 곧 당에 의한 제2차 석국 정벌 전쟁이다. 그런데 주목되는 사실은 이븐 알-아시르가 751년 6월 30일~7월 29일 사이에 전투했다는 사실도 당의 기록과 비교하면 차이가 크다. 왜냐하면 당의 기록은 6월 30일부터 5일 동안 탈라스 전투가 벌어졌다고 기록했기 때문이다. 이는 무슬림 측의 기록이라서 탈라스 전투에 대한 새로운 시각의 해석이 가능한 부분이다. 다시 말해 고선지 장군이 지휘했던 당군이 5일 동안 싸웠던 것이 아니라 고선지 장군이 황망히 탈출한 뒤에 한 달 가까이 아랍연합군과 당군이 전투했다는 사실을 당이 알지 못한 것 같다. 그 이유는 고선지 장군과 그 지휘부가 황급히 후퇴하는 상황이어서 많은 수의 당군이 탈라스 성 주위에 남아있었기 때문에 남아 있던 당군이 아랍연합세력과 전투하였으리라는 추측은 어렵지 않다. 이븐 알 아시르의 기록에 의하면 당군이 5만 명이 전사하였고, 약 2만 명이 아랍연합군의 포로가 되었다고 한다. 어떻게 생각하면 이븐 알 아시르가 당군 10만 명이 참전했다는 사실을 뒷받침하는 듯한 인상을 준다. 그러나 많은 당군이 탈라스 전투에 참전하였고, 상당수가 전사하였다는 것은 지금도 있는 탈라스 강가의 당군의 전사자 무덤을 바라보면서 필자도 사실로 느낀 부분이다.[82]

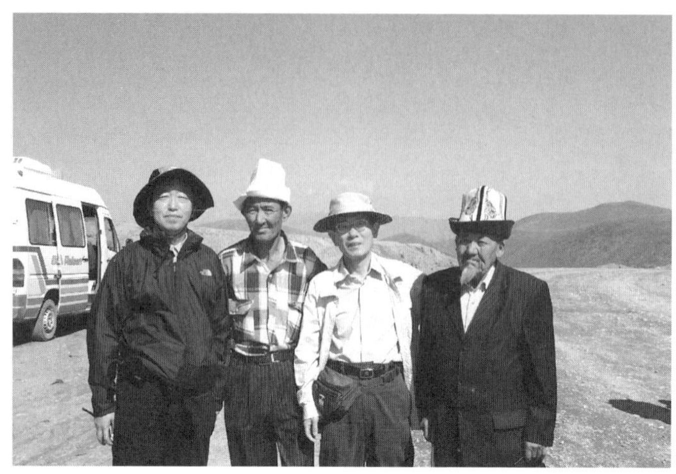

키르기스스탄에서 비슈케크로 향하는 도중에 키르기스 전통모자를 쓴 키르기스인과 함께. 왼쪽부터 필자, 현지인, 권영필 교수

넷째는 아스 사아미비의 기록에서 무슬림 장군 지야드 살리흐의 포로가 된 당군에 의해서 사마르칸트에 제지술이 전해졌다는 사실이다. 이는 두환의 『경행기』에서 무슬림에 포로가 된 당군에 의해서 사마르칸트에 제지술이 전해졌다는 당의 기록과 달리 무슬림 측 기록이라는 사실에서 주목하고 싶다.

다섯째는 바그다드의 최초 사가 이븐 타이푸르의 기록에서 지야드 살리흐가 중국산 루비 반지를 아부 무슬림에게 보냈고, 아부 무슬림은 그 반지를 다시 사오르파흐에게 선물했는데, 후일 라시드가 활을 쏘다 잃어버릴 때까지 칼리프 사이에서 대대로 상속되었다는 흥미로운 내용이다. 이는 탈라스 전투에서 무슬림이 당군에게서 탈취한 전리품인 루비 반지를 뜻한다. 그렇다면 고선지 장군이 케르룩 반란으로 황급히 퇴각하면서 잃어버린 반지일지도 모른다.

위의 비슈케크에서 발행된 탈라스 전투와 관련된 책자에서 제1차 석국 전쟁과 제2차 석국 전쟁(탈라스 전투)에서 하나를 빼고는 모두 무슬림 역사가들의 기록이라는 사실이 주목된다. 다시 말해 제1차 석국 전쟁과 제2차 석국 전쟁을 바라보는 시각이 달랐기 때문에 그 전쟁을 기록하는 내용 자체도 다를 수밖에 없다.

탈라스 전투 후 大食과 石國 관계를 『新唐書』의 「石國傳」에서는 다음과

82) 키르기스스탄 쪽 탈라스 강가에서 떨어진 베스 산 부근에 당군의 전사자 무덤군이 있다. 물론 그 무덤 안에 고구려 유민 병사들의 적지 않게 묻혔으리라 믿는다. 2006년 8월 초 그곳에서 필자와 함께한 공동연구팀에게 공동발굴조사 제의를 받았다.

같이 전한다.

> 石國 왕자는 大食으로 달려가서 대식의 군사를 이끌고, 怛邏斯城을 공격하였기 때문에 고선지 군대가 패배하였다, 이로부터 石國은 大食의 신하가 되었다.[83]

그런데 이는 「李嗣業傳」 내용을 간단히 요약하였다고 표현하면 어떨까 싶을 정도로 「이사업전」의 내용 그대로다. 위의 사료를 다른 각도에서 분석하고 싶다.

우선 석국 왕자의 구원 요청으로 달려온 게 黑衣大食이었다는 사실이다.[84] 그 결과 석국 왕자의 요청으로 흑의대식을 주축으로 한 아랍연합군이 탈라스성으로 달려와 고선지 부대를 포위하였다.[85] 이를 광의로 표현한다면, 서역제국이 군사동맹을 취하여 당군의 공격을 막았던 최초의 사건이다.[86] 그런데 이후 석국이 대식의 속국이 되었다는 사실은 암시하는 바가 크다.[87] 이를 한마디로 언급한다면, 중앙아시아에서 당의 역할을 대식이 대신하게 되었다는 뜻이다.[88] 그런데 黑衣大食이라는 표현은 그들 모두가 흑색을 소중하게 다루었을 뿐만 아니라 官服이나 軍旗마저 흑색을 사용하였기 때문에 붙여진 명칭이라는 사실이[89] 흥미롭다. 아무튼 고선지 군대가 대식에게 크게 패배함으로 말미암아 唐 서쪽의 상당한 지역이 대식에 종속되었다고 볼 수 있다.[90]

흥미로운 사실은 天寶 10載 탈라스 전투가 벌어진 이듬해 黑衣大食 謝多訶蜜이 당에 사신을 보내 來朝했다는 사실이다.[91] 그 이듬해 천보 12재의 한

---

83) 『新唐書』 권221下, 「石傳」, 6246쪽, "王子走大食乞兵, 攻怛邏斯城, 敗仙芝軍, 自是臣大食".

84) 『舊唐書』 권128, 「段秀實傳」 擧兵圍怛邏斯, 黑衣救至조, 3583쪽 ; 『續通志』 권237, 「唐列傳」37 '高仙芝' 其王子走大食乞兵조, 4668쪽.

85) 『資治通鑑』 권216, 「唐紀」32 玄宗 天寶 10載 4月, 與大食遇조, 6907쪽.

86) 章羣, 1986, 「評天可汗制度說」, 『唐代蕃將研究』, 354~355쪽.

87) 『新唐書』 권221下, 「石國傳」 王子走大食乞兵조, 6246쪽.

88) 羽田明, 1976, 「東西交通」, 『京大東洋史 Ⅱ, 貴族社會』, 大阪 : 創元社, 105쪽.

89) 前嶋信次, 「バグダードの榮華」, 235쪽.

90) 『唐會要』 권99, 「石國傳」 仙芝軍大爲所敗조, 1772쪽.

91) 『冊府元龜』 권971, 「外臣部」 '朝貢' 天寶 11載 12月 黑水大食謝多訶蜜조, 11413쪽, 黑水大食은 黑衣大食임.

해에는 세 번이나 당에 사신을 파견하였다. 즉, 천보 12재 3월 흑의대식이 당에 방물을 바쳤고, 같은 해 4월 흑의대식이 당에 사신을 보내 來朝했고, 또 같은 해 12월 흑의대식이 당에 사신을 보내 말 30필을 바쳤던[92]것이 그것이다. 그리고 천보 13재부터 천보 15재까지 흑의대식이 한 해도 거르지 않고 당에 사신을 보내거나 조공을 바쳤다.[93] 그렇다면 이는 고선지 군대가 탈라스 평원에서 대식군에게 크게 패배한 것은 사실이나 고선지가 토번 연운보와 소발률국을 점령했던 것과 같은 차원의 전투가 아니라는 방증으로 해석할 수 있다. 바꾸어 말해 탈라스 평원에서 고선지 부대가 사라센군에 의해 대패한 것은 사실이나 사라센군이 전략적 고지를 점령한 것이 아니기 때문에 '하나의 전투' 이상으로는 의미가 부여될 수 없는 전투다. 이미 開元 7년 2월 俱密國왕 那羅延이 당에 上表한 내용 가운데 대식의 침공으로 吐火羅·安國·石國·拔汗那國이 대식에 예속된 사실을 고려한다면,[94] 천보 11재에 중앙아시아에 진출한 대식군과 고선지 부대가 탈라스에서 싸웠다는 사실을 감안해야 한다.

오늘날 탈라스 평원은 너무 고요하다. 필자가 키르기스스탄의 탈라스에서 2006년 8월 6일에 만난 향토사학자 나르보드 이에프 에밀리의 주장에 의하면 탈라스 전투 현장은 탈라스의 자일리간 평원이다. 그곳은 아직 발굴되지 않은 무덤(꾸르간)이 300여 기나 있다. 나르보드는 탈라스 天山자락을 넘어온 아랍 측 군대와 키르기스 天山을 넘은 당군이 충돌하였다고 본다. 그는 계속해서 당군을 지원한 케르룩 부중의 반란으로 수적 열세인 당군이 대패하였다고 말하였다. 지리적인 상황으로 보면 그곳은 대전투를 전개할 수 있는 광활한 평원이었다.

『新唐書』「石國傳」의 내용이 동서교섭사 상에서 그 파장이 너무 엄청난 사건이라 고선지 장군에 의한 제1차 석국 정벌에 대한 사실을 재정리해 본다. 앞에서 언급한 사실은 석국 정벌에 대한 소문이 나자, 석국왕은 용맹한데

---

92) 『冊府元龜』 권971, 「外臣部」 '朝貢' 天寶 12載 3月 ; 4月 ; 12月 黑衣大食조, 11413~11414쪽.
93) 『冊府元龜』 권971, 「外臣部」 '朝貢' 天寶 13載 4月 ; 14載 7月 ; 15載 7月 黑衣大食조, 11414쪽.
94) 『冊府元龜』 권999, 「外臣部」 '請求' 開元 7年 2月 其月戊辰俱密王那羅延조, 11722쪽.

다가 지혜로운 장군으로서 토번 정벌을 성공적으로 이끈 고선지가 안서절도사로 있었기 때문에 싸우지도 않고 당군에게 항복하였다는 사실이다.

그러나 후일 당 조정은 천보 10재 정월 이후 장안에서 석국왕을 참살하였기 때문에 서역정책의 실패를 자초하였다고 평가하고 싶다. 이와 같은 졸렬하기 짝이 없는 당 정치가들의 처사는 곧 서방으로 알려졌다.[95] 이로써 당은 서역 여러 나라들의 격분을 샀다.[96] 여기서 지나칠 수 없는 사실은 누가 석국왕을 죽였는가 하는 사실이다. 물론 같은 『자치통감』에서도 고선지가 천보 9재 12월에 석국을 정벌하고 석국왕과 석국의 포로들을 끌고 와서 노약자까지 모두 죽였다고[97] 분명하지 않게 기록하면서 마치 고선지가 석국왕을 죽인 것과 같은 인상을 주었다. 그리고 『新唐書』에서도 석국왕을 마치 천보 9재에 고선지가 죽인 것처럼 애매하게 기록하였다.[98] 이와 같은 기록으로 말미암아 스튜어트 레그(Stuart Legg)도 고선지 장군이 석국왕을 죽였다고 언급하였다.[99] 그런데 석국왕을 누가 죽였는가는 고선지 장군의 사람됨을 평가하는데 중요한 근거가 된다. 당시 당에 항복하거나 패한 나라의 왕은 응당 장안으로 보내졌던 게 일반적이었다. 이러한 관례에 따라 고선지가 사자를 시켜 석국왕을 장안 開遠門까지 호송한 사실은 매우 중요하다.[100] 그러나 앞에서 지적한 것처럼 안서사진절도사 고선지 장군의 포로 석국왕과 왕비는 돌기시·토번 대수령·갈수왕과 함께 장안성 안 勤政樓에서 현종에게 바쳐졌다.[101] 그렇다면 석국왕이 개원문에서 참살된 사실만으로도 고선지가 아닌 唐朝에서 개원문 밖 형장에서 자행된 참극이다. 그런데 당에서는 이러한 포로에 대해 황제 시혜로 사면했던

95) 閔泳珪, 1965, 「高仙芝－파미르 西쪽에 찍힌 韓國人의 발자국」, 75쪽.

96) 『資治通鑑』 권216, 「唐紀」32 玄宗 天寶 10載, 安西節度使高仙芝入朝조, 6904쪽, 고선지가 입조할 때 石國왕을 바쳤다는 사실은 고선지가 石國왕을 죽이지 않았다는 뜻이다.

97) 『資治通鑑』 권216, 「唐紀」32 玄宗 天寶 9載 12月 安西四鎭節度使高仙芝僞石國約和조, 6901쪽.

98) 『新唐書』 권135, 「高仙芝傳」 九載조, 4578쪽.

99) Stuart Legg, *op. cit.,* p.173.

100) 『新唐書』 권221下, 「石傳」 仙芝遣使者護送至開遠門조, 6246쪽 ; 『唐會要』 권99, 「石國傳」 仙芝使部送, 去開遠門數十里조, 1772쪽 ; 『文獻通考』 권339, 「四裔」16 '石國' 仙芝遣使者護送至開遠門조, 2662쪽.

101) 『冊府元龜』 권434, 「將帥部」 '獻捷' 高仙芝爲安西四鎭節度使조, 5158쪽,

경우가 대부분이다. 그러나 당 조정은 고선지 장군이 잡아다 바친 석국왕에 대한 분노를 참지 못하고 그 왕을 죽였다.[102)]

만약 陳舜臣의 주장대로 고선지 장군이 석국왕을 위시한 불쌍한 사람들을 마구 죽였다고 해석한다면 그에 대한 해석에 치명적인 오류를 범하게 된다. 심지어 陳舜臣은 고선지가 파미르 전쟁을 하였던 것은 토번이라는 강국을 상대하였지만 석국은 약한 나라였다는 사실을 강조하였다. 그래서 陳舜臣은 고선지 장군이 정녕 못된 사람이라서 약한 석국을 공격하였다고 나름대로 터무니없는 결론을 내릴 정도로 고선지를 단지 고구려인이라는 사실 때문에 미워하였다.[103)] 심지어 陳舜臣은 고선지 장군에 의한 석국 공격이 고구려 망국의 한을 달래기 위한 것인 양 보았던 모양이다. 어이없는 일이다. 또 陳舜臣은 그 주장에 힘을 싣기 위하여 더 큰 실수를 저질렀다. 즉 669년의 고구려 유민의 반란을[104)] 고선지의 석국 정벌과 결부시키려고 노력하였던 게 그것이다. 그러나 669년 고구려 유민의 저항운동은 고선지 장군이 석국을 공격하였던 것보다 무려 80여 년 전의 일이었다. 이는 진순신이 시간 개념조차 없는 그런 사람인 것 같은 확증을 주어 안타까울 뿐이다. 물론 진순신은 고선지 장군이 전일의 상관에게 받았던 수모로 말미암아 언제 죽을지 모를 급박한 상황에 처하였던 사실도 전혀 이해하지 못하였던 게 틀림없다. 사방에서 시기를 많이 받았던 고선지 장군의 유일한 생존방법은 많은 전공을 세워야 하는 것이었는데, 진순신은 이를 모르고 전공이 너무 큰 고구려인 고선지 장군을 깎아내리겠다는 생각이 컸던 것 같다. 이와 같은 잘못을 桑原隲藏도 범하였다. 즉 그는 고선지에 의해서 석국에서 대학살·대약탈이 자행된 것인 양 주장하였다.[105)] 그러나 위의 두 사람 모두 석국문제로 야기된 주변국의 힘의 역학 관계를 전혀 몰랐던 게 그릇된 해석의 제일 큰 원인이 된 것 같다. 또 당의 사가들이 석국을 지원한 대식과 당과의 싸움의 참패를 고선지

102) 『古行記校錄』의 『杜環經行記』 石國조, 1b쪽 ; 前嶋信次, 「タラス戰考」, 184~185쪽.

103) 陳舜臣, 1981, 「花におう長安」, 256~257쪽.

104) 『資治通鑑』 권201, 「唐紀」 高宗 總章 2年 4月조, 6359쪽, 669년에 고구려 유민이 반란을 자주 일으켜서 당은 고구려 유민 3만 8천 2백호를 江·淮의 남쪽등 여러 지역으로 분산시켰다.

105) 桑原隲藏, 1936, 「紙の歷史」, 『東洋文明史論叢』, 東京 : 弘文堂書房, 99~100쪽.

장군의 잘못으로만 만들려고 노력하였던 기록을 아무런 여과 없이 유추 해석하였던 것도 돌이킬 수 없는 실수였다. 위의 학자들의 주장의 잘못을 밝힐 자료는 얼마든지 있다. 그 중 하나는 결과론적인 주장이지만, 6~7만이나 되는 당군이 고선지 한 사람의 잘못으로 전멸되었다면, 고선지 장군을 唐朝에서 그대로 살려둘 수는 없을 것이라고 반문하고 싶다. 이에 대한 해답은 본 연구의 끝에서 고선지가 왜 죽었는가와 아울러 밝혀질 문제이다. 아무튼 석국왕을 죽인 것은 당의 수도 장안의 못난 정치가들이었다.

3. 고선지 장군이 아랍연합세력에 패퇴한 후 그 영향

여하간 사라센을 주축으로 한 서아시아 군대의 위장 전법으로 말미암아 용맹한 고선지 장군도 어쩔 수 없이 무릎을 꿇었다.[106] 앞서 지적한 것처럼 원정군이었던 고선지군이 蕃·漢으로 구성되었던 게 문제의 시초다. 물론 당의 군대는 항상 蕃·漢으로 구성되었다. 이와 같은 사실을 잘 알고 있는 사라센 제국이 케르룩군을 투입하여 당군과 합류시킴으로 전쟁을 교묘히 유리하게 이용하였다. 그렇게 사라센에 의해서 사전에 완벽하게 짜여진 각본을 고선지 장군은 전혀 눈치채지 못한 것 같다. 그 결과 고선지 장군은 탈라스 회전에서 전군이 생환하는 것 자체가 불가능할 만큼 참패하였다. 이렇게 필자가 주장하는 까닭은 아랍의 동진정책은 중앙아시아 지역에만 국한된 것이 아니기 때문이다. 혜초의 『往五天竺國傳』에 의하면 開元 15년 이전에 西天竺國은 대식의 공격으로 나라가 반파될 정도였다.[107] 또 개원 15년 吐火羅葉護는 당에 사신을 보내어서 대식의 重稅로 인한 고통이 너무 심각하니, 당의 군사를 동원해 大食을 제거해 달라는 上表를 올렸던 시기다.[108] 아랍세력은 중앙아시아 진출만 계획한 것이 아니라 서남아시아까지 장악하려는 전방위 침략전쟁을 추진하였다. 어쩌면 이 무렵 당은 대식의 東進정책을 과소평가했던

106) Paul Pelliot, "Des Artisans Chinois à La Capitale Abbasside en 751-752", *T'oung Pao*, 26, 1929, p.110 ; 前嶋信次, 「杜環とアル·クーファー支那古文獻に現れた西アジア事情の研究」, 87쪽.

107) 『往五天竺國傳』, 見今被大寔來侵半조, 68쪽.

108) 『冊府元龜』 권999, 「外臣部」 '請求' 開元 15年 吐火羅葉護遣使조, 11723쪽.

것 같다.

아무튼 탈라스에서 고선지 장군이 이끈 당군의 참담한 상황을 들어보자.

> 右威衛장군 李嗣業이 仙芝에게 밤에 도망칠 것을 권하였는데 도로는 험하고 좁았으며, 拔汗那(중앙아시아 Namangan) 부중이 앞에 있어서, 사람과 가축이 길을 막았다. 嗣業이 앞에서 달리면서 큰 몽둥이를 휘두르며 사람과 말을 치자, 모두 넘어졌으므로, 고선지는 마침내 지나갈 수 있었다.[109]

이는 고선지 장군이 최후를 맞는 것과 같은 광경이다. 이는 2만 아니 3만[110]이나 되는 唐軍이 거의 다 사라지고 나서, 고선지 장군 한 몸이라도 사라센군을 피해 도망가는 게 무척 어려웠던 상황이라는 것을 설명하는 자료이다.

고선지가 생환할 수 있는 방법은, 어둠을 이용하는 것 외에 다른 방도가 없었던 모양이다. 그리고 얼마 남지 않은 부하들도 험한 지형에 몰려있는 상황이라서 고선지가 도망가는데 도리어 장애가 될 정도로 지형지물조차 파악하지 못한 것 같다. 게다가 페르가나(拔汗那)무리가[111] 고선지에게 그런 존재로 둔갑하였던 상황이다. 그런데 페르가나도 앞의 케르룩과 마찬가지로 사라센의 협력자가 아닌가 의심이 간다. 그 이유는 페르가나(Ferghana, 拔汗那)가 전한시대의 大宛으로 당대 그 나라의 위치가 탈라스 북방 천여 리에 위치하였고 사라센과 지역적으로 가깝다는 사실을 무시할 수 없기 때문이다.[112] 그렇다면 페르가나 무리가 고선지 부대에 漢이 아닌 蕃의 병사로 합류하였으나 사라센을 돕겠다는 목적으로 따랐을 가능성을 배제할 수 없다. 그렇다면 페르가나 무리가 고선지 장군의 퇴로를 막았다는 것은 페르가나도 사라센에 협조하였으나 케르룩처럼 적극적인 방법이 아닌 나름대로 당군의 발을 묶는

---

109) 『資治通鑑』 권216, 「唐紀」32, 玄宗 天寶 10載 4月조, 6908쪽, "右威衛將軍李嗣業勸仙芝宵遁, 道路阻隘, 拔汗那部衆在前, 人畜塞路, 嗣業前驅, 奮大梃擊之, 人馬俱斃, 仙芝乃得過".

110) 布目潮渢, 「현종의 개원·천보시대」(임대희 역, 2001, 『중국의 역사－수당오대』, 140쪽).

111) 張星烺, 1969, 「拔汗那」, 『中西交通史料彙編』 5, 154~158쪽, 拔汗那를 Ferghana 또는 Kokana라고 부른다.

112) 『通典』 권192, 「邊防」8 '疏勒'에 인용된 杜環 『經行記』의 拔汗那國在怛邏斯南千里조, 5226쪽 ; 張星烺, 1969, 「拔汗那國雜錄」, 『中西交通史料匯編』 5, 157~158쪽.

식으로 도왔음을 의미한다. 그런데 탈라스의 싸움을 자세하게 묘사한 레그도 페르가나 부중이 사라센에 협조하였기 때문에 고선지 장군에게 전투가 어렵게 되었다는 사실을 언급하지 못하였다.113)

위의 페르가나는 『史記』와 『漢書』에서 '大宛'이라고 하며, 『魏略』에서는 '拔汗'으로, 隋대에는 '鏺汗國'으로, 唐대는 '拔汗那' 또는 '寧遠' 으로 불렸다. 그 '拔汗那'에 대해 혜초는 『往五天竺國傳』에 기록을 남겼다.

> 다시 康國에서 동쪽으로 가면 跋賀那國(Ferghana)에 도달하게 되었는데, 두 왕이 있었다. 중앙의 서쪽으로 흘러들어가는 아무다리야라는 강을 중심으로 강의 남쪽에는 아라비아(大寔)의 지배하에 있는 왕국이 하나 있고, 강의 북쪽에는 돌궐의 통치하에 있는 왕국이 있는데, 그 나라의 생산물로 낙타, 노새, 양, 말, 모직물 같은 것이 있다. 의상은 가죽 외투와 모직 옷이며, 빵과 보릿가루를 많이 먹는다. 언어는 다른 나라와 같지 않고, 불법도 모른다. 따라서 거기에는 절도 없으며, 승려나 여승도 없다.114)

페르가나를 답사하고 안하고를 떠나서 혜초가 아무다리야 강의 남쪽은 大寔이 지배하였고, 강의 북쪽은 돌궐이 통치하였다는 사실을 밝힌 것은 매우 중요하다. 이는 開元 15년경 아무다리야 강의 남쪽까지 대식이 진출한 사실을 증명했기 때문이다. 한편 아무다리야 강의 북쪽은 돌궐 지배하에 속하였다. 간단히 말해 아무다리야 강을 경계로 남과 북에 각각 대식과 돌궐이 분할 점령하였다.

위의 페르가나는 漢 武帝가 그토록 원하였던 汗血馬가 나는 곳으로 유명하다. 그러므로 페르가나가 외세에 의해 양분되어 두 왕이 있다는 사실을 혜초가 언급한 것은 의미가 크다. 페르가나에서 나는 특산물·의상은 그 당시 胡國의 그것들과 대동소이하다. 그밖에 페르가나는 독자 언어를 가졌다. 혜초는

---

113) Stuart Legg, *op. cit.*, p.173.

114) 『往五天竺國傳』, 74쪽, "又從康國已東, 卽跋賀那國. 有兩王. 縛又大河, 當中西流. 河南一王屬大寔, 河北一王屬突厥所管. 土地亦出駝騾羊馬疊布之類. 衣著皮毬疊布, 食多餅麨. 言音各別, 不同餘國, 不識佛法. 無有寺舍僧尼".

승려인지라 페르가나에 불법을 모른다는 사실을 밝히기 위해 절과 승려가 없다는 사실을 구체적으로 기록하였다. 康國에 유명무실한 하나의 절과 승려 한 명이 있다는 사실을 고려한다면, 그 당시 중앙아시아 諸國에 불교가 본격적으로 융성하였다고 보기 어렵다. 고선지 부대가 탈라스에서 케르룩 부중의 반란으로 퇴각해야 할 심각한 상황에 拔汗那 부중이 고선지 부대 퇴로를 차단한 것과 함수관계가 있다고 볼 수 있겠다.

한편 케르룩(葛邏祿)이 고선지 휘하 군사로 탈라스 전투에 참전하게 된 경위는 天寶 3載 8월 케르룩이 당에 귀속되면서 그곳에 都督府를 설치하였기 때문이다.[115] 중앙아시아 諸族 모두가 유목기마민족인 것처럼 케르룩도 또한 유목민족이다. 이들 유목기마민족끼리는 항상 이해관계에 따라 수시로 離合集散이 이뤄진다. 케르룩이 고선지 휘하에 있다가 아랍연합세력과 제휴한 것은 결코 이상한 일이 아니다. 케르룩이 그런 무리라는 사실을 고선지 장군이 잘 알고 있었어도 조정명령에 의해 출정하는 마당에 케르룩을 배제시킬 수는 없었다.

고선지 장군은 탈라스에서 사라센 군대와 5일째 대치하던 그날 밤에 右威衛將軍 李嗣業이 拔汗那 무리를 내몰았던 시점을 이용하여 도망하였다. 이사업이 말과 낙타 등을 몽둥이로 두들겨서 쫓아낸 후 겨우 길이 뚫리자, 그 순간을 이용하여 고선지가 포위망을 뚫고 탈출하였다. 그런데 이때 고선지 휘하에 많은 가축이 있었다는 것은 무엇인가. 이때 가축들은 고선지 부대가 원정 중의 군량으로 사용하였던 게 틀림없다. 위의 사료는 고선지 부대가 사라센이 주축이 된 서아시아 연합군에 의해서 어느 정도 심각하게 타격을 받았는지를 가늠할 수 있는 자료이다. 이때 이사업이 고선지 장군의 생환을 위하여 노력하였던 것은 분명하나, 혼자서만 발한나의 무리를 쫓아내기 위하여 고군분투하였다는 표현은 너무 지나친 것 같다. 차라리 위의 기록을 이사업이 휘하의 무리를 끌고 고선지 장군의 퇴로를 뚫었다고 바꾸었다면 어색하지 않을 것 같다. 이 때문에 고선지 장군은 이사업의 공로를 잊지 못하고 황제에게

115)『資治通鑑』 권216,「唐紀」32 玄宗 天寶 3載 8月조, 6860쪽.

이와 같은 사실을 상주하여 그를 驃騎左金吾大將軍으로 승진케 하였다.116) 이는 고선지 장군이 부하의 논공행상에 대한 관리가 철저하였다는 것을 입증하는 대목이다.

여하간 고선지가 지휘한 당군이 탈라스에서 패퇴한 사실은 동서문명사에서 그 파장이 대단하였다. 서아시아 제국과 당나라 사이에 벌어진 동서문명의 대회전이었던 탈라스 전투에서, 최고의 군사전략가 고선지 장군이 사라센군에게 패한 요인은 사라센과 내통한 케르룩 부중의 반란 때문이었다. 고선지가 탈라스 전투 패배에 대한 문책을 당나라로부터 받았다는 기록이 어디에도 없는 것으로 보아서 이렇게 판단된다. 오늘날 탈라스 성은 키르기스스탄의 서울 비슈케크의 남서쪽으로 190㎞ 떨어진 탈라스 강에 위치한 지점으로 논의되고 있다. 이를 트윗체(Denis Twitchett)는 다음과 같이 언급하였다. 즉,

> 어쨌든 중국이 외국과 전쟁에서 승리를 거둔 지 10년이 경과된 750년경에, 군사적으로 심각한 패배를 연속적으로 당하였다. 751년에 일찍이 小勃律國과 拔汗那 전투에서 눈부신 전과를 거두었던, 安西절도사 고선지가 최후로 아랍인들과 탈라스 강가에서 전투를 벌여서, 엄청난 피해를 입었다. 이 전투는 그 자체 이상으로 대단히 중요하였다. 다름아닌 안녹산의 반란 후 돌궐에서 중국 수비대가 고립된 후 토번의 침략을 받게 되었을 때, 중앙아시아에서 아랍의 영향력을 확장시킬 수 있는 상황에서 아랍을 매우 강력한 지위에 가져다 놓았던 것으로, 미래의 운명을 결정할 수 있는 매우 중요한 전투였다.117)

라는 것이 그것이다. 이는 고선지가 당한 탈라스 전투의 패배를 앞으로 전개될 중앙아시아에서 헤게모니 다툼과 연관시킨 중요한 언급이다. 물론 고선지의

---

116) 『舊唐書』 권109, 「李嗣業傳」 仙芝表其功조, 3299쪽.

117) Denis Twitchett, *op. cit.*, pp.443~444, About 750, however, China, after a decade of victorious foreign campaigns, suffered a succession of serious military reverses. In 751 Kai Hsien-chih, the military governor of An-hsi, who had such spectacular success in his campaigns in Gilgit and in the Farghana region, finally came into conflict with the Arabs on the Talas River, and was routed. This battle was not in itself of great importance. But its implications for the future were very serious, for it left the Arabs in a strong position from which to extend their influence over central Asia when, after An Lu-shan's rebellion the Chinese garrisons in Turkestan were first left isolated and then over run by the Tibetans.

탈라스 전투 패배가 아랍의 성공으로 비쳐졌던 것은 분명하다. 간단히 말해서 탈라스 전투가 탈라스라는 제한적인 지역의 전쟁이 아니라 중앙아시아의 헤게모니가 중국에서 아랍으로 옮겨갔던 전투였다는 의미를[118] 트윗체가 주목하였던 것이다.

탈라스 전투의 패배로 당의 사졸 대부분이 사라센의 포로가 되었다. 이때 『通典』의 저자 杜佑의 일족으로 『經行記』의 저자인 杜環도 사라센의 포로가 되었다는 사실은 꽤나 알려진 이야기다.[119] 즉 杜環은 751년 고선지 장군을 따라서 탈라스 전투에 참전하였다가 패전 후 포로가 되어 西海로 끌려간 후, 大食의 여러 곳을 돌다가 寶應(762) 원년 페르시아만에서 상선에 편승하여 廣州에 도착하였다가 다시 장안으로 돌아왔던 인물이다.[120] 杜環이 전쟁포로 상황에서 해로를 통해 무사히 귀국하는 데 10년이나 걸렸던 셈이다.[121] 이때(762)는 長安이 일시 吐蕃에 의해 점령될 정도로 당의 상황이 어려운 시기였다.[122] 또한 사라센의 바그다드에 新都가 건설되기 시작하였던 시기다.[123] 아무튼 위에서 언급한 것처럼 8세기 후반 포로 신분으로 쿠파(Kufah)에 대략 10년 정도 머물다 돌아왔던 인물이 杜環이다.[124] 그가 돌아와서 서방에 관한 기록을 남겼던 것이, 바로 그 유명한 『經行記』였다. 『경행기』는 7일째 되는 날 칼리프(왕)가 도시에 있는 수만 명이 들어가 있는 예배당에서 예배를 드리고 나서 높은 자리에 올라가 무리들을 위해 설법하였던 내용이 있는 바로 그 책이다.[125] 이와 같은 사실은 『通典』 권193, 「邊防」 '大食'의 주에

118) 李熙秀, 2000. 「위그르 제국」, 106쪽.

119) Paul Pelliot, *op. cit.,* pp.110~111 ; 相田洋, 1994, 「鬼市と夜市－沈默交易に關する中國史料」, 『中世中國の民衆文化－呪術·規範·反亂』, 日本福岡 : 中國書店, 106~109쪽.

120) 『通典』 권191, 「邊防」7 大唐貞觀 四年 杜佑의 註, 5199쪽 ; Susan Whitfield, *op. cit.*, p.54 ; 向達, 「中國與伊蘭文化」, 『中外交通小史』, 香港 : 學風出版社, 21쪽 ; 白鳥庫吉, 「大秦國及び拂菻國に就きて」, 『西域史硏究』下, 193쪽 ; 張廣達, 「碎葉城今地考」, 5쪽 ; 李書華, 「造紙的傳播及古紙的發現」, 18쪽.

121) 羽田明, 1976, 「東西交通」, 105쪽.

122) 佐藤長, 1975, 「唐代青海東邊の諸城塞について－『玉樹縣志稿』の紹介を兼ねて」, 1쪽.

123) 前嶋信次, 1996, 「黑旗·黑衣の時代」, 203쪽.

124) Kazuo Enoki, *op. cit.*, p.13 ; 諏訪義讓, 「高麗出身高仙芝事蹟攷」, 210쪽.

125) 前嶋信次, 「黑旗·黑衣の時代」, 201쪽.

적혀있다.[126] 그러나 애석하게도 『경행기』는 지금 완전하게 전하고 있지 않다.[127] 다만 두우의 『통전』에 인용되어졌던 것을 통하여, 그 책의 편린을 파악할 수 있을 정도다.[128] 아무튼 『경행기』에서 서역의 제반 사항을 자세히 기록하였을 것이라는 점은 黃文弼의 생각과 같다.[129]

구약성서의 선지자 다니엘의 길다란 무덤 옆에서. 사마르칸트

여하간 탈라스 전투에서 비록 고선지 장군이 이끄는 당군은 패배하였지만 동서교섭사 상에 남긴 흔적은 무수하다. 이와 같은 사실을 그루쎄는 다음과 같이 표현하였다. 즉

> 전하는 이야기에 따르면, 지야드 이븐 살리흐는 수천 명의 포로들을 사마르칸트로 데리고 갔다고 한다. 바르톨드(Barthold)에 따르면, 이 역사적인 날이 중앙아시아의 운명을 결정지었다고 한다. 초기 사건의 일반적인 추세로 예견되었던 중국화 대신에 무슬림화 쪽으로 방향을 돌리게 되었다.[130]

라는 것이 그것이다. 이는 케르룩의 지원을 받은 지야드 이븐 살리흐가[131]

---

126) 『通典』 권193, 「邊防7」 '大食'에 인용된 杜環 『經行記』의 每七日, 王出禮拜조, 5279쪽 ; Paul Pelliot, *op. cit.*, p.111.

127) 張星烺, 1969, 「杜環經行記大食國記事」, 『中西交通史料彙編』 3, 55~58쪽.

128) 前嶋信次, 1971, 「杜環とアル·クーファー支那古文獻に現れた西アジア事情の研究」, 88~102쪽.

129) 黃文弼, 1981, 「略述龜玆都城問題」, 『西北史地論叢』, 上海 : 人民出版社, 264쪽.

130) René Grousset(Translator : Naomi Walford), "The Collapse of T'ang Domination in Central Asia", p.120, Tradition has it that Ziyad ibn-Salih brought thousands of captives back to Samarkand. According to Barthold, this historic day determined the fate of Central Asia. Instead of becoming chinese, as the general trend of earlier events seemed to presage, it was to turn Muslim.

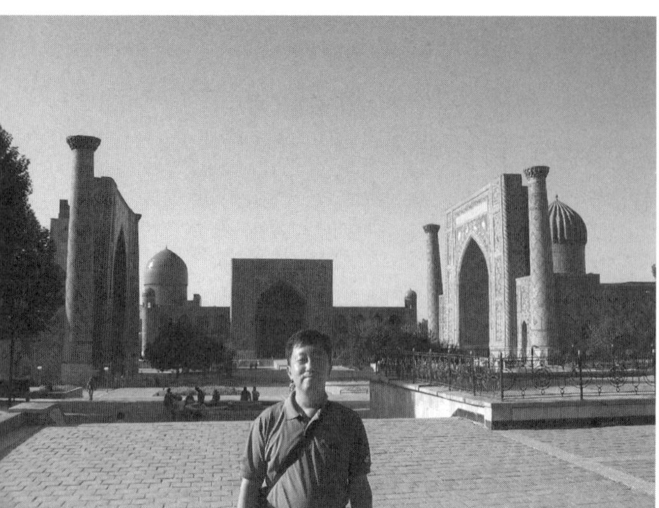
사마르칸트의 아프라시압 궁전 앞에서

고선지 장군의 부하 수천 명을 잡아갔다는 내용이다. 그 결과 동서교섭사상의 흔적을 많이 남긴 전쟁으로 기록되었다. 이는 중국문명이 아랍권으로 유입되었을 뿐만 아니라 중앙아시아가 무슬림화되었다는 사실이다. 그로 말미암아 그 지역에서 많은 민족이동과 아울러 비극이 수없이 전개되었던 것을 상상하기 어렵지 않다.[132]

이때 탈라스 전투에 참가하였다가 아랍 장군 지야드 이븐 살리흐의 포로가 된 수천 명 가운데 있었던 杜環이 당으로 귀환하였음은 널리 알려진 사실이다. 그밖에 탈라스의 대패로 말미암아 당의 제지공이 大食의 포로가 되어 제지법이 서방으로 전래되었다는 것도 같은 맥락이다.[133] 아랍의 포로로 사마르칸트로 잡혀갔던 당군 포로들 가운데 제지공이 포함되었다는 말이다.[134] 그런데 제지법은 後漢 和帝 元興 元年(105)에 환관 蔡倫이 발명하였다. 그 이전까지 기록을 위하여 종이를 대신하였던 것은 대나무·나무·비단 등이다. 그러나 蔡倫의 발명에 의해 식물 섬유를 이용한 종이가 등장하게 되었다. 아랍의

131) 李熙秀, 2000, 「위그르 제국」, 106쪽.

132) 長澤和俊, 『東西文化の交流』(민병훈 역, 1992, 「唐과 西域과 日本」, 『東西文化의 交流』, 민족문화사), 239쪽.

133) 蔣丙英, 1966, 「從中國傳入西方的文化」, 『中西文化論』, 臺北 : 泰山出版社, 53~54쪽 ; 季羡林, 1957, 「中國紙和造紙法輸入印度的時間和地點問題」, 『中印文化關係史論叢』, 北京 : 人民出版社, 118쪽 ; 方豪, 「隋唐宋時代中國發明物之西傳」, 『中西交通史 2』, 166쪽 ; 布目潮渢, 「현종의 개원·천보시대」, 139쪽.

134) 李書華, 1957, 「造紙的傳播及古紙的發現」, 16쪽.

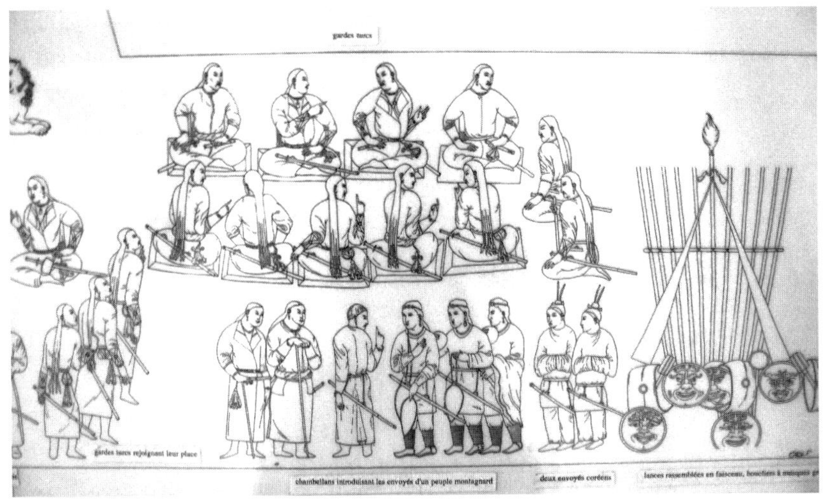

아프라시압 벽화 우측의 고구려 사신 부분 벽면 그림의 스케치

아프라시압 벽화에 등장하는 두 명의 고구려 사절 옆에서

아프라시압 벽화의 고구려인 소묘를 설명하면서 한국인이라고 기록하였다.

사가에 의하면, 751년 탈라스 싸움에서 포로가 된 중국인 제지공에 의해 제지술이 서양세계로 전파되었다. 고선지 부대의 탈라스 전투 패배로 사라센 포로가 된 제지공에 의해서 사마르칸트에 제지공장이 세워진 것은 세계문명사에서 혁명이다. 이전에 유럽에서 문자 기록수단은 주로 양피지였다. 성경 한권을 기록하기 위해 수백 마리 양이

사마르칸트 바흐르만 왕 재위 시(650~670)의 화폐들. 아프라시압 박물관 소장. 필자 촬영

도살되어야 했기 때문에 책을 만든다는 일 자체가 여간 어려운 일이 아니었다. 이때 종이 문명의 유럽전파로 서양 르네상스 원동력이 되었다는 것은 누구도 부인할 수 없다.

오늘날 세계적으로 유명한 레기스탄 광장에는 사마르칸트의 티무르 왕 무덤 '구르에미르'가 있다. 또 사마르칸트 국립 박물관에는 종이 전파 지도와 8세기경 종이로 만들어진 코란이 전시되어있다. 필자가 본 종이 전파 지도는 유럽까지 전파된 제지술의 이동 경로에 관한 지도였다. 이를 보는 순간 고선지 장군을 만난 것처럼 기뻤던 것은 무슨 이유일까. 고구려인을 그린 벽화가 발견된 아프라시압 왕궁터로 향했다. 사마르칸트 왕을 중심으로 여러 나라에서 온 사신들을 여러 색으로 그려놓은 벽화 속에서 鳥羽冠(새의 깃털로 장식한 고구려의 모자)을 쓴 두 명의 고구려인이 나를 반겼다. 지금은 아프라시압 궁전은 흔적만 남아 있어, 벽화를 옮겨 그려진 채로 유리판 안에 벽화가 있다. 고구려 사신이 이곳 사마르칸트까지 왔다는 사실 때문에 마치 고구려사가 여기서 다시 재현되는 것 같은 묘한 분위기를 느꼈다.

고선지 장군의 영향력이 사마르칸트에 미치기 전부터 고선지는 그의 아버지로부터 이곳 사정을 알게 된 증거가 아프라시압 왕궁터의 고구려인의 벽화일지 모른다. 이런 이유 때문인지 필자는 사마르칸트의 아프라시압 벽화 속에서 고구려인을 보면서 가슴이 두근거렸다. 2005년 7월 하순에 중앙일보와 함께 『고선지 루트 1만㎞』를 취재할 때와 2006년 8월에 동북아역사재단의 지원으로[135] 8월 아프라시압 벽화에서 고구려인을 다시 대면할 때도 똑 같았다.

그런데 중국 둔황 막고굴 벽화 속에서 고구려인을 만났을 때는 이런 감정이 들지 않았다. 이는 고구려가 동서교섭사상의 주역이었으며, 중국을 위협할 정도로 강력한 국가였다는 것을 아프라시압 벽화 속 두 명의 고구려인이 입증하였기 때문인 듯싶다. 아프라시압 궁전 벽화는 사마르칸트 바흐르만(拂呼縵)왕 재위시(650~670)에 제작됐다. 그러니까 고구려는 바흐르만 왕 이전부터 중앙아시아와 서아시아가 만나는 이곳까지 그들의 외교무대를 펼쳤던 것이다. 동서교섭사의 한 축을 담당하며 국제성을 띤 국가였던 고구려의 위상을 벽화는 조용히 증언하고 있다.

사마르칸트는 『아라비안 나이트』의 도입부문에 언급되었던 그런 도시다. 옛날에 대제국을 훌륭하게 통치한 왕이 있었는데 그 왕에게 두 아들이 있었다. 그 왕이 죽자, 왕의 큰아들 '샤흐라야르'가 바그다드를 중심으로 한 제국을 통치하였다. 또 왕의 둘째 아들 '샤흐자만'은 사마르칸트를 중심으로 한 왕국을 다스렸다는 내용에서 사마르칸트라는 곳이 언급된다.[136)]

이와 같은 杜環의 행적에 대하여 휫필드(Susan Whitfield)는 다음과 같이 설명하였다. 즉

> (탈라스에서 포로가 되었던) 중국 군 가운데 하나였던, 杜環은 아랍 칼리프조의 중심부를 유랑하다가 762년에 중국으로 돌아온 뒤 여행기를 썼다. 그러나 오늘날 이 책은 안타깝게도 현존하지 않는다.[137)]

라는 게 그것이다. 이는 두환이 아랍의 심장부에서 10년 동안 생활하면서 아랍세계에 대한 풍물을 기록하였다는 사실에 관한 것을 휫필드가 묘사한 부분이다. 만약 두환의 『經行記』가 현존한다면, 이때 아랍세계로 중국의 제지술이 전파되었다는 사실을 단정적으로 밝혀줄 자료가 되었을지 모른다.

135) 권영필·정수일·최광식·지배선, 2008, 『중앙아시아 속의 고구려인 발자취』. 이 연구서는 동북아역사재단 지원으로 2006년 8월 1~16일까지 현지 답사한 결과 보고서이다.

136) 이희수·이원삼 외, 2001, 「<아라비안 나이트>, 문학인가, 포르노인가」, 82쪽.

137) Susan Whitfield, "The Merchant's Tale", *Life Along The Silk Road*, p.54, One of their number, Du Huan, returned to china in 762 and wrote an account of his travels to the heartland of the Arab Caliphate. Sadly, it is no longer extant.

필자가 제지법에 대하여 단정적으로 표현하지 못한 이유는 탈라스 전투에서 포로가 된 중국인에 의해서 종이가 만들어졌다는 기록을 찾기 어렵기 때문이다. 물론 탈라스에서 당군이 패배하여 포로가 된 중국인 가운데 제지공이 포함되었을 가능성을 무시할 수 없다. 杜佑의 『통전』「대식」조에 인용된 杜環의 『經行記』를 보면

> (대식) 일명 亞俱羅라고 하며,……비단과 명주를 만드는 베틀을 만드는 사람, 금은을 다루는 사람, 그림을 그리는 사람, 이와 같은 것을 처음 만들었던 사람은 중국 장인들이다. 그림을 그리는 사람은 京兆사람 樊淑, 劉泚였으며, 옷감을 만드는 사람은 河東출신 樂環, 呂禮였다.[138]

라는 것이 그것이다. 이는 당군 가운데 사마르칸트로 잡혀간 중국인들이 그곳에서 무엇을 만들었는가와 아울러 그러한 물건을 만든 사람의 출신지와 이름까지 상세하게 언급되었다는 내용이다. 즉 위의 기록은 압바스조의 최초 도시였던 유프라테스 강변의 구화의 거리에 중국인 機織工, 金銀細工師, 畵工 등이 있었음을 전한다. 간단히 말해 8세기 후반 경 중국 기술자들이 오늘날 이라크에 살면서 중국의 기술문화를 서방에 널리 전파하였다는 것이다.[139] 또 이는 그 당시 중국 공예기술의 수준이 서아시아와 비교하여 손색이 없을 정도로 진보하였다는 하나의 상징이다.[140] 만약 위의 기록에서 계속하여 종이 만든 사람 누구라고 언급되었으면, 제지술이 이때 당나라군에 소속되었던 제지공 출신에 의해서 서방세계로 전래되었다는 문제에 의심이 사라진다. 그런데 이에 관한 언급이 없다. 즉 李書華의 주장처럼 杜環의 『經行記』가 전부 유실된 상황에서, 그 일부만이 『通典』에 인용되었던 결과이다.[141]

위의 사실은 탈라스 전투에서 포로가 된 중국인에 의해서 제지법이 서방세

138) 『通典』 권193, 「大食」에 인용된 杜環의 『經行記』, 5280쪽, "一名亞俱羅……綾絹機杼, 金銀匠, 畵匠, 漢匠起作畵者, 京兆人樊淑, 劉泚, 織絡者, 河東人樂環, 呂禮".

139) 羽田明, 1989, 「唐とサラセン」, 219쪽.

140) 宮崎市定, 1994, 「大唐帝國」, 370쪽.

141) 李書華, 1957, 「造紙的傳播及古紙的發現」, 17~18쪽.

계에 전래되었을 가능성을 한 단계 높여주는 이야기이다. 이와 같은 근거가 있는데도, 이때 제지술이 중국에서 서방세계로 전파되었다고 단정하지 못하는 이유는 다음과 같다. 다름 아니라 751년 이전 즉, 이미 709년부터 723년경에 만들어진 종이가, 사마르칸트 동쪽 부근의 산에서 발견되었기 때문이다.[142] 한편 탈라스 전투보다 약 반세기 앞서 종이가 발견되었다고 하더라도 전투 이후에 본격적으로 생산되었을 가능성은 충분하다. 이 당시 大食 관습에 따라 탈라스에서 패배한 당군 포로는 모두 大食 노예가 되었다. 즉, 탈라스에서 포로가 된 중국인 제지공이 사마르칸트(Samarkand)로 보내진 후, 그 제지공에 의해 사마르칸트에서 제지공장이 만들어져[143] 여기서 생산되는 종이는 사마르칸트 종이로 이름이 붙어져 사마르칸트의 명산물이 되었다.

인류의 최대 발명품 가운데 하나가 종이라는 사실은 불변의 진리다. 종이는 後漢시대 환관 蔡倫에 의해 만들어져 고선지 장군의 탈라스 전투 패배로 제지술이 서방세계로 전파되었다. 다시 말해 탈라스 전투에서 아랍제국에 포로가 된 중국병사 중 제지술을 가진 장인에 의해 종이 만드는 기술이 실크로드를 따라 사마르칸트와 바그다드를 거쳐 다마스쿠스까지 전파되어 인류 문명을 한 단계 도약시켰다. 탈라스 전투 이후에 이슬람 최초의 제지공장이 만들어졌던 것은 틀림없는 사실이다.[144] 그 후 바그다드와 기타의 지방에도 제지공장이 건설됨으로써 서방으로 종이가 보급되었다.[145] 이후 제지법은 서아시아에서 인도와 유럽으로 각기 전파되었다.[146]

탈라스 전투에서 고선지 장군이 이끄는 당군의 패배로 중국의 제지술이 서방으로 전파되었을[147] 가능성은 농후하다. 이외에 탈라스에서 고선지 부대

---

142) 大庭脩, 1981, 「製紙法の西傳」, 73쪽.

143) 前嶋信次, 1996, 「黑旗·黑衣の時代」, 189쪽 ; 桑原隲藏, 「紙の歷史」, 102쪽 ; 羽田明 등, 「唐とサラセン」, 217쪽.

144) 蔣丙英, 1966, 「從中國傳入西方的文化」, 『中西文化論』, 臺北 : 東方出版社, 53~54쪽 ; 糸賀昌昭, 「長安とバグダード」, 274~275쪽.

145) Edouard Chavannes, *op. cit.*, p.297.

146) 前嶋信次, 1971, 「杜環とアル·クーファー支那古文獻に現れた西アジア事情の硏究」, 87쪽 ; 田坂興道, 「唐宋時代の中國における回敎徒」, 344쪽.

147) 高柄翊, 1988, 「아랍民族運動의 史的背景」, 『아시아의 歷史像』, 서울대출판부, 206쪽.

가 아랍연합군에 패퇴하였던 것은 중국의 역사 진행에 큰 파장을 가져왔던 게 틀림없다. 그 이유는 탈라스 전투로 중앙아시아에서 중국의 영향력이 종지부를 찍게 되면서 大唐帝國의 세계국가적인 성격이 사라지게 되었기 때문이다.148) 이 전투 결과로 중국은 외부의 압박을 자초하게 되어 이민족 출신의 절도사들에 의한 제국 내부의 공격을 불러들이는 결과를 자초하였다. 이른바 天寶 말년의 唐朝 사회의 혼란이 그것일 듯싶다.149)

탈라스 전투는 당 이외 질서 판도에 커다란 변화를 가져왔다. 중앙아시아에서 대식과 토번이 맞닿게 되면서 양국은 협조가 아닌 경쟁의 대상으로 바뀌게 되었던 것이 한 예이다. 그 결과 토번은 대식과 지나친 경쟁을 의식하여 군대의 대부분을 중앙아시아에 배치하였다. 이러한 형세변화로 토번 국력이 일시 크게 신장되었던 것도 사실이다.150) 그러나 얼마 후 도리어 주변국가들이 공동으로 토번을 공격하게 되는 원인을 제공하였다는 사실도 시사하는 바가 크다. 토번의 강성이 주변국가의 견제를 받게 되면서, 이것이 토번 쇠망의 한 요인으로 등장하였다는 사실은 흥미롭다.

고선지와 함께 도망치면서 퇴각한 右威衛장군 李嗣業은 후미에 있던 당의 보급부대를 만나면서 또다시 수모를 당했다. 이를 들어보면 다음과 같다.

> 장군과 사졸들이 서로 잃어버렸는데, 別將인 汧陽(섬서성 천양현)사람 段秀實이 嗣業의 소리를 듣고 꾸짖어 말하였다. "적을 피할 때 먼저 도망치다니 이는 용감함이 없다. 자신을 온전하게 하고 무리들을 버렸으니 (사람이) 차마 할 짓이 아니다. 요행히 도착하였지만 어찌 부끄러움이 없단 말인가!" 嗣業이 그의 (段秀實) 손을 잡고 사과하면서, 남아서 쫓아오는 병사를 막고 흩어진 병사를 거두어 다함께 벗어나게 되었다. 돌아와 安西에 이르러, 선지에게 말하기를 段秀實을 都知兵馬使로 겸하도록 하며 자신의 判官으로 삼았다.151)

---

148) Edwin O. Reischauer, "The Late T'ang and Sung : The Flowering of Chinese Culture", *East Asia*, p.119.

149) 前嶋信次, 1971, 「タラス戰考」, 『東西文化交流の諸相』, 130쪽.

150) 戴邦森, 1986, 「吐蕃王朝衰亡原因的探討」, 『大陸雜誌』 72-5, 41~42쪽.

151) 『資治通鑑』 권216, 「唐紀」32, 玄宗 天寶 10載 夏四月조, 6908쪽, "將士相失, 別將汧陽段秀實聞嗣業之聲, 詬曰 '避敵先奔, 無勇也. 全己棄衆, 不仁也. 幸而得達, 獨無愧乎!' 嗣業執其手謝之, 留拒追兵,

이는 고선지를 피신시킨 우위위장군 李嗣業이 도망쳐 나온 뒤 段秀實의 책망을 받고 함께 병사를 다시 수습하였다는 내용이다.152) 이는 고선지의 2만(『資治通鑑』에서는 3만)이나 되는 군이 사라센군과 전투다운 전투 한번 못한 채 거의 전 병력을 잃은 상황에서 이사업 등 장군 몇 사람이 줄행랑쳐 왔을 때 벌어진 상황이다. 이때 후방에서 군량 보급을 책임졌던 別將 段秀實이 도망쳐 나온 이사업을 단호하게 책망하였다. 어디 이때 단수실만의 분노였겠는가! 만약 단수실의 화난 질책이 없었다면 이사업은 사라센군과 서아시아 무리에 의해 더 많은 당군을 잃은 죄목으로 파직되었을 게 분명하다. 경우야 어떻든 단수실의 질책을 듣고 나서 이사업 등은 함께 여기 저기 흩어진 당의 군사를 모았다.153) 이와 같이 패전 후 당군을 규합하였기 때문에 이사업은 당 조정으로부터 파면을 면하였는지 모를 일이다. 그렇다면 위의 사료 내용으로 보아서 사라센군과 조우하면서 작전이 실패하였던 책임이 총사령관인 고선지가 아니라 고선지의 휘하 장군 이사업에게 있다는 의미가 내포하고 있는 듯해 주목된다. 아무튼 단수실의 호된 질책으로 이사업이 흩어진 군사를 다시 규합하였다는 것은 의미가 크다. 그 결과로 고선지 장군과 이사업은 물론이고 단수실도 사라센과의 전투 참패로 파면될 위기를 모면하였을 가능성은 충분하다. 그런데 이때 탈라스 성으로 공격하여 들어가자고 주장하였을 인물이 이사업일 가능성을 배제하기는 어렵다. 그 이유는 지략이 풍부한 고선지 장군이 무모하게 탈라스 성으로 진격하였다고 보기 어렵기 때문이다.

이때 이사업은 別將 단수실의 질책을 고마워하였던 모양이다. 그래서 안서로 돌아온 후, 이사업은 단수실의 질책으로 말미암아 제정신을 차리고 흩어진 군대를 다시 규합하게 되었던 상황을 고선지 장군에게 보고하였다. 이때 고선지 장군은 이사업으로부터 단수실에 관한 보고를 받고 그를 都知兵馬使와 判官으로 임명하였다는 사실을 주목하고 싶다.154) 고선지 장군이 전쟁에서

收散卒, 得俱免. 還至安西, 言於仙芝, 以秀實兼都知兵馬使, 爲己判官".

152) 『冊府元龜』 권728, 「幕府部」 '辟署' 遂秀實糾合散卒조, 8668쪽.

153) 『新唐書』 권153, 「段秀實傳」 秀實夜聞副將李嗣業聲조, 4847쪽.

참패하였던 상황인데도 침착성을 잃지 않고 단수실이 이사업을 독려하여 흩어진 병사를 다시 규합할 수 있었던[155] 그의 공적을 높이 평가하였던 게 틀림없다. 이는 고선지 장군이 훌륭한 장군으로써 평가받았던 이유가 무엇이었는가를 설명하는 근거가 될 듯싶다. 한 마디로 고선지 장군이 부하를 적재적소에 배치하는 능력은 탁월하였다. 이와 같이 단정하는 것은 天寶 4載 부몽영찰을 따라 護密토벌에 공을 세워 別將이 되었으나 다른 일로 말미암아 파면된 단수실을 고선지가 판관으로 임명하였던 데에서도 입증된다.[156] 이때 다시 고선지 장군은 단수실을 都知兵馬使와 判官과[157] 斥候府果毅로 파격 추천하였다.[158] 하지만 고선지의 요청대로 조정은 단수실에게 위와 같은 관직을 임명한 것 같지 않다. 이사업의 경우는 고선지의 추천으로 驃騎左金吾大將軍에 임명되었는데,[159] 단수실의 관직은 천보 12재(753)에 안서절도사 봉상청을 따라 대발률 정벌에 나섰을 때도 여전히 斥候府果毅였다.[160] 이사업은 한족이고 단수실은 유목기마민족인 鮮卑에서 씨족 분열했던 段氏 후손이다.[161] 이는 漢族이 아니면 당에서 승진기회가 거의 없다는 이야기다. 물론 단수실은 大曆 8년 涇州刺史·御史大夫로 임명받았지만 당 몰락을 극복하는데 큰 공을 세웠기 때문에 그의 따른 보상 관직이다.[162]

탈라스 전투에서 패배하였던 고선지 장군의 전황에 대한 보고를 받은 조정이 장군의 요청대로 段秀實을 都知兵馬使와 判官으로 임명한 사실은 암시하는 바가 크다. 이는 唐이 많은 이민족 출신들에게 총독과 비슷한 성격의 節度使라는 높은 자리를 주면서도, 이들을 효과적으로 통제하였던 방법이 바로 객관적인 논공행상이었던 것 같다. 이와 같은 방법으로 현종은 강력한

154) 『舊唐書』 권128, 「段秀實傳」 師還, 嗣業請于仙芝조, 3583쪽.
155) 『舊唐書』 권128, 「段秀實傳」 遂與秀實收合散卒조, 3583쪽.
156) 『欽定續通志』 권251, 「段秀實傳」 天寶4載조(上海人民出版社, 電子版).
157) 『舊唐書』 권128, 「段秀實傳」 以秀實爲判官조, 3583쪽.
158) 『舊唐書』 권128, 「段秀實傳」 授斥候府果毅조, 3583쪽.
159) 『舊唐書』 권109, 「李嗣業傳」 仙芝表其功조, 3299쪽.
160) 『資治通鑑』 권216, 「唐紀」32 玄宗 天寶 12載 斥候府果毅조, 6920~6921쪽.
161) 지배선, 1978, 「鮮卑拓跋氏의 氏族分裂過程에 대하여」, 『白山學報』 24, 140~145쪽.
162) 『舊唐書』 권128, 「段秀實傳」 尋拜秀實조, 3586쪽.

절도사들을 통제하면서 그런 대로 군권을 장악하였던 것 같다. 물론 현종이 어느 정도 군권을 장악하였다는 표현은 안녹산의 난이 있기 이전까지 국한되어 사용하는 게 가능하다. 그런데 안녹산이 당에 대하여 반란을 일으켰던 표면적인 이유는 양국충을 토벌하겠다는 명분이다.[163] 더 구체적으로 말하면 752년 李林甫가 죽자, 양귀비의 사촌오빠 楊國忠이 당의 군권과 정치권을 장악하려는 움직임에 대한 반발로 안녹산이 반란을 일으켰던 것이다.[164] 한편 고선지 장군이 安西都護로 재임하였을 때 安西都護의 본영이 있었던 龜玆王 白孝德이 두 차례에 걸쳐 1~2만 명을 거느리고 안녹산의 난을 진압하기 위하여 출정하였다는 사실도 주목하고 싶다.[165]

그런데 천보 10재의 탈라스 성에서 패퇴한 이후 천보 14재 11월까지의 고선지의 행적은 전하는 바가 없다. 그러나 천보 11재(752) 12월까지 고선지 장군이 안서절도사직을 수행하지 않았으리라는 추론은 가능하다. 王正見이 천보 10재에 안서절도사로 임명되었기 때문이다. 그 후 천보 11재에 왕정견이 죽자,[166] 752년 12월 丁酉에 安西行軍司馬 봉상청이 안서절도사로 임명되었다.[167] 그 후 755년까지 봉상청은 안서절도사였다. 그런데 봉상청은 천보 13재부터 14재까지는 北庭절도사였다. 그렇다면 봉상청이 안서절도사와 북정절도사를 겸직한 것 같다. 그 이유는 두 절도사직에 대한 재임기간이 중복되기 때문이다.

4. 하서절도사 고선지의 행적

당 현종이 고선지를 하서절도사로 임명하려던 계획은 安思順의 완강한 저항으로 인해 좌절되고, 안사순이 계속해서 하서절도사직을 수행하였다. 이는 이때 절도사의 권한 강화로 皇權이 약화된 것을 알리는 사건이다. 만약

163) 劉錫淦, 1996, 「龜玆古國政治史略」, 92쪽.

164) 阿部肇一, 1967, 「唐の南陽慧忠禪師の立場－北宗禪より南宗禪への交替－」, 『駒澤史學』 14, 31~32쪽.

165) 劉錫淦, 1996, 「龜玆古國政治史略」, 92쪽.

166) 『舊唐書』 권104, 「封常淸傳」 天寶 10載 王正見爲安西節度조, 3208쪽.

167) 『資治通鑑』 권216, 「唐紀」32 玄宗 天寶 11載 12月 丁酉조, 6916쪽.

안사순이 하서절도사에서 다른 관직으로 옮겨간 사실을 밝힐 수만 있다면 고선지가 언제부터 하서절도사가 되었는지를 밝힐 수 있는 단서가 될 것 같다. 바꾸어 말하면 안사순의 관직을 파악하면 천보 10재 이후 고선지의 관직 변화도 알 수 있다. 그 이유는 석국 정벌 후 개선한 고선지가 후일 하서절도사로 임명되었기 때문이다.

하서절도사 안사순의 버팀으로 말미암아 조정에서는 고선지에게 내린 하서절도사 임명을 철회하였다. 이유야 어떻든 황제국가에서 일개 절도사가 자신의 직책을 고수하겠다는 항명은 당의 질서체계를 뒤흔든 사건이다. 이는 당조가 절도사 권력에 의해 휘둘림을 당한 좋은 본보기다. 다시 말해 안사순은 안녹산의 사촌인데다가, 그 당시 최고 권력을 행사한 楊國忠이 안녹산과 대립하는 그런 상황이라는 사실을 고려한다면, 황제의 명령을 거부하면서까지 안사순이 하서절도사직을 고수했는지 알 수 있다. 이런 상황이라 그 당시 재상이었던 이임보도 안사순을 두려워했다.

안사순이나 가서한처럼 고선지 장군은 다른 세력가들과 결탁하지 못했다. 물론 환관 高力士가 고선지 장군과 연계되었으나, 이는 환관 고력사가 사치를 좋아하는 양귀비가 필요로 하는 서역 물자를 조달하는 문제로 어느 정도 두 사람이 친분 관계가 유지되었다고 볼 수 있다. 그러나 고선지 장군은 고구려 유민 장군들과 연결될 수 없었다. 이는 조정이 開元년간에 곽국공 왕모중과 대결하는 상황과 깊은 연관이 있다고 본다.

상황을 뒤집어 고려한다면 고선지가 장군으로서 탁월한 기량을 발휘한 사실 때문에 하서절도사 임명에 걸림돌이 되었을지 모른다. 그 이유는 당 현종이 황위에 오르는 데 일등공신인 고구려 유민 王毛中과 연관이 있다. 왕모중은 그 세력이 커지자, 당 현종에게 兵部尙書를 요구하면서 현종과 대결하였다. 왕모중이나 李宜德을 통해서 당 현종은 고구려 유민 출신들이 능력이 출중하다는 사실을 익히 알고 있는 상황이었다. 그러나 고구려 유민 왕모중은 당 현종의 군사에 잡혀 개원 19년 정월 죽임을 당하였다.[168]

---

168) 지배선, 2006, 「고구려 유민 왕모중의 발자취」, 13~134쪽.

당 현종은 돌궐의 阿史那阿布思가 항복하자, 그에게 이름과 성을 내려 李獻忠이라 하면서 朔方節度副使로 임명하였다.[169] 그런데 이헌충이 이임보를 배반하자,

> 마침 李獻忠이 배반을 하자, 李林甫는 마침내 朔方절제에서 해직시켜줄 것을 청하였고, 또 河西절도사 安思順을 천거하여 자신을 대신하도록 하였는데, 庚子에 安思順을 朔方절도사로 삼았다.[170]

와 같이 천보 11재 4월 庚子에 하서절도사 안사순이 朔方절도사가 되었다.[171] 『舊唐書』의 「李林甫傳」에 의하면 天寶 10載부터 이임보가 삭방절도였고, 그 다음 해 朔方副使 이헌충이 모반하자, 이임보가 삭방절도직을 사양하였고 이때 안사순이 스스로 朔方절도가 되었다는 사실이 주목된다.[172] 왜냐하면 이는 당 현종이 고선지를 하서절도로 임명하자 하서절도 안사순이 그 직을 고수했다는 사실에 대한 설명이 될 수 있다고 볼 수 있기 때문이다. 『구당서』 「이임보전」의 기록대로라면 하서절도사 안사순이 삭방절도사를 자청해 겸직 했다는 뜻이다.

그러나 『資治通鑑』에서는 하서절도사 安思順이 천보 9재 8월 癸亥 朔方절도사 張齊丘가 군량 조달을 失期한 죄목으로 濟陰태수가 되었기 때문에 안사순이 삭방절도 일을 겸직하게 되었다는 또 다른 기록이 있다.[173] 아울러 『자치통감』에 의하면, 천보 14재 2월에 농우·하서절도사 哥舒翰이 入朝했다는 기사가 보인다.[174] 그런데 이때 가서한이 '길에서 얻은 風疾 때문에, 京師에 머물면서

---

169) 『資治通鑑』 권216, 「唐紀」32, 玄宗 天寶 11載 3月 初조, 6910쪽.

170) 『資治通鑑』 권216, 「唐紀」32, 玄宗 天寶 11載 4月조, 6912쪽, "會李獻忠叛, 林甫乃請解朔方節制, 且薦河西節度使安思順自代. 庚子, 以思順爲朔方節度使".

171) 『通鑑記事本末』 권31, 「李林甫專政」 天寶 11載 (夏四月) 庚子조, 2840쪽 ; 『御批資治通鑑綱目』 권44상, (天寶 11載 4月) 以安思順爲朔方節度使조(1983, 『景印文淵閣四庫全書』 691冊, 臺灣商務印書館), 333쪽 ; 『大事記續編』 권58, 天寶 11載 4月 庚子조(1983, 『景印文淵閣四庫全書』 334冊, 臺灣商務印書館), 158쪽.

172) 『舊唐書』 권106, 「李林甫傳」 天寶 10載조, 3239쪽.

173) 『資治通鑑』 권216, 「唐紀」32 玄宗 天寶 9載 8月 癸亥조, 6899쪽.

174) 『資治通鑑』 권217, 「唐紀」33 玄宗 天寶 14載 2月 隴右·河西節度使조, 6932쪽.

집에 있으며 나가지 않았다'[175]는 기사를 주목하고 싶다. 이때 韋見素가 안녹산이 오래 전부터 반란을 계획하고 있다고 양국충에게 이야기한 시점이기도 하다.[176] 이런 복잡한 사정을 알고 있는 가서한이 농우와 하서절도사를 못하겠다는 행동표시가 稱病인 듯싶다. 그렇다면 고선지 장군이 하서절도사로 임명된 시기는 천보 14재 2월경이라고 추정된다.

위의 모든 사실을 종합분석하면, 고선지가 하서절도사가 된 시기는 천보 14재 2월경이다. 그렇게 생각할 수 있는 근거는 천보 10재 정월 안사순의 반대로 고선지가 하서절도사로 부임하지 못했기 때문이다.[177] 한마디로 고선지 장군을 조정에서 대변해줄 인물이 없었다. 고선지 장군이 토번 연운보를 점령하고 개선한 후 안서사진절도사 부몽영찰의 시기심으로 죽임을 당할지 모를 위험한 상황에 빠졌던 적이 있다. 그러나 그때는 中使 변령성이 고선지를 적극적으로 도왔다. 이와 관련한 사실은 앞에서 자세히 다루었다.

봉상청의 출세는 전장에서 패한 적이 없는 고선지에 대한 황제의 대단한 신임이 있었던 터인데다가, 達奚공격 때부터 봉상청을 고선지 장군이 추천하였기 때문이다. 고선지 장군은 출정할 때마다 봉상청을 知留後事로 임명하여 전권을 위임할 정도로 신임하였다.[178] 천보 11재 12월 이후, 고선지는 새로운 관직을 제수 받았던 사실이 없고 전일 현종으로 받았던 右羽林大將軍이라는 직함뿐이었다. 또 고선지 장군에게 다른 관직이 있었다면 명예직이라고 볼 수 있는 御史大夫라는 관직이 전부였다. 그러나 천보 11재(752) 4월부터 하서절도사 안사순이 삭방절도사로 임명되었다는 사실을 주목할 필요가 있다. 그렇다면 천보 11재 4월 고선지가 하서절도사가 되었다는 추정이 가능하다. 그러나 그 당시는 두 개 이상의 절도사직을 겸직한 경우가 있기 때문에 쉽게 속단하기 어렵다.

삭방절도사 안사순이 표를 올려 鴻漸을 朔方判官으로 삼았던 것은 이 무렵이

175) 『資治通鑑』 권217, 「唐紀」33 玄宗 天寶 14載 2月 道得風疾조, 6932쪽.

176) 『資治通鑑』 권217, 「唐紀」33 玄宗 天寶 14載 2月 韋見素조, 6929~6930쪽.

177) 『資治通鑑』 권216, 「唐紀」32 玄宗 天寶 10載 正月조, 6904쪽.

178) 『舊唐書』 권104, 「封常淸傳」 仙芝每出征討, 常令常淸知留後事조, 3208쪽.

다.[179] 당 현종은 안녹산의 반란을 진압하기 위해서 천보 14재 11월 丙子 삭방절도사 안사순을 戶部尙書에, 안사순의 아우 元貞을 太僕卿으로 각각 임명하였다.[180] 뿐만 아니라, 이때 안사순의 죽은 할아버지를 武部尙書로, 죽은 아버지를 太子太師로 추증하여[181] 안사순이 반란군 진압에 공을 세울 것을 간절히 염원했다. 그러나 그 후 안사순은 가서한과 사이가 나빴던 것이 화근이 되어, 안녹산에게 편지를 보냈다는 조작된 죄목으로 아우 元貞[182]과 함께 천보 15재 3월 丙辰에 죽임을 당하였다.[183] 그런데 『구당서』「현종기」에서는 안사순이 천보 15재 2월 丙辰에 주살되었고, 그 때 안사순의 관직이 호부상서가 아닌 공부상서라고 다르게 기록되어 있다.[184]

전에 안사순이 당 현종의 총애를 받았을 때, 그 자신이 안녹산과 사촌이라 안녹산과 가서한이 가깝게 지내는 것을 불평한 적도 있다. 그런데 그때 천보 11재 11월 이임보가 죽어 가서한·안녹산·안사순이 동시에 입조하였다.[185] 그때 세 사람을 화해시키기 위해 당 현종은 고력사에게 연회를 준비시켰다.[186] 그런데도 가서한은 안녹산을 대적하였을 뿐만 아니라 안사순에게도 마찬가지였다.[187] 이런 일련의 상황전개로 안녹산 반란은 안사순을 죽음으로 몰고 간 셈이다.

천보 12재 5월에 양귀비의 재종오빠 양국충[188]의 奏文으로 농우절도사 가서한이 하서절도사를 겸직하였다.[189] 이는 안사순의 하서절도사 관직을

179) 『新唐書』 권126, 「鴻漸傳」 鴻漸第進士조, 4422쪽.

180) 『資治通鑑』 권217, 「唐紀」33 玄宗 天寶 14載 11月 丙子 以朔方節度使安思順조, 6937쪽.

181) 『冊府元龜』 권131, 「帝王部」 '延賞' (天寶) 14載 安思順조, 1573쪽.

182) 『舊唐書』 권110, 「王思禮傳」 (天寶) 15載 2月조, 3312쪽, 安思順의 아우 安元貞을 『舊唐書』의 「王思禮傳」에서는 元貞을 安思順의 父로 표기하였다.

183) 『新唐書』 권5, 「玄宗紀」 天寶 15載 3月 丙辰조, 152쪽 ; 『資治通鑑』 권217, 「唐紀」33 肅宗 至德 元載 3月 丙辰조, 6957쪽.

184) 『舊唐書』 권9, 「玄宗紀」하 天寶 15載 2月 丙辰조, 231쪽.

185) 『御批資治通鑑綱目』 권44상, (天寶 11載 11月) 哥舒翰조, 333쪽.

186) 『新唐書』 권135, 「哥舒翰傳」 翰素與安祿山조, 4570~4571쪽 ; 『欽定續通志』 권237, 「哥舒翰」 (天寶) 11載 加開府儀同三司翰조(1983, 『景印文淵閣四庫全書』 395冊, 臺灣商務印書館), 626쪽.

187) 『新唐書』 권135, 「哥舒翰傳」 翰旣惡祿山조, 4572쪽 ; 『資治通鑑』 권216, 「唐紀」32 玄宗 天寶 11載 12月 是冬조, 6916쪽.

188) 지배선, 1999, 「楊貴妃와 唐 玄宗」, 『東方學志』 105, 296~326쪽.

농우절도사 가서한이 겸직하게 되었다는 이야기다. 그런데 가서한이 하서절도사를 맡게 된 까닭이 양국충이 가서한과 결탁하여 안녹산을 배척하기 위함이었다.[190] 이때 양국충이 안녹산을 무서워했다는 사실을 주목할 필요가 있다. 참고로 농우절도사 가서한이 천보 12재 5월 하서절도사를 겸직하게 된 것은, 천보 10재 정월 안사순이 하서절도사직을 고수했던 것과[191] 그 유형의 차이는 있지만 그 내용면에서는 같다. 가서한이 농우절도사가 된 시기는 천보 6재 11월 辛卯 西平태수를 맡으면서부터였다.[192]

그런데 고선지가 하서절도사였다는 사실은『冊府元龜』에 자세하다.

> 고선지가 현종 재임 시 河西절도사였을 때 監軍 邊令誠은 每事에 고선지를 간섭하였으나 고선지는 (邊令誠의 말을) 많이 따르지 않았다.[193]

이는 하서절도사 고선지에게 늘 붙어 다니는 황제 측근으로 監軍 邊令誠은 고선지의 감시자였다. 그러나 고선지가 절도사라는 지역사령관으로서 임무를 수행하는데 늘 변령성이 걸림돌이 되었기 때문에 그의 요구를 무턱대고 들어 줄 수 없는 상황이 많았던 것 같다. 그런데 이런 고선지 장군의 행적을 '正直'에서 다루었다는 사실을 특기하고 싶다. 이는 욕심 많은 監軍 변령성이 늘 고선지에게 불의한 요구를 했다는 뜻이다. 결국 이는 고선지 장군이 어떤 상황에서도 변령성의 사적 요구를 많이 거부했다는 이야기다. 그밖에 주목되는 사실은 하서절도사 고선지 장군에게 감군 변령성이 변함없이 따라다니는 監軍이었다는 사실이다. 정확히 말해 고선지 장군은 토번 연운보 정복을 위한 대 원정길에 오를 때부터 황제의 대리자로서 환관 변령성이 고선지가

---

189)『資治通鑑』권216,「唐紀」32 玄宗 天寶 12載 5月조, 6919쪽 ;『御批資治通鑑綱目』권44상 (天寶 12載)秋8月 以哥舒翰조(1983,『景印文淵閣四庫全書』691冊, 臺灣商務印書館), 334쪽.『御批資治通鑑綱目』은 哥舒翰이 하서절도사를 겸직하게 된 시기를『資治通鑑』과 달리 8월이라고 하였다.

190)『資治通鑑』권216,「唐紀」32 玄宗 天寶 12載 5月 楊國忠欲조, 6919쪽.

191)『資治通鑑』권216,「唐紀」32 玄宗 天寶 10載 正月 尋以仙芝조, 6904쪽.

192)『通鑑記事本末』권32,「吐蕃入寇」天寶 6載 11月 辛卯조, 2977쪽.

193)『冊府元龜』권406,「將帥部」'正直' 4833쪽, 高仙芝, 玄宗時, 爲河西節度使, 監軍邊令誠每事于仙芝, (仙)芝多不從 ;『御批資治通鑑綱目』권44상 天寶 12載 秋8月조, 333쪽.

하서절도사가 된 후에도 그는 늘 고선지의 監軍이었다.

하서절도사 고선지 장군이 새로운 관직으로 승진할 때도 언제나 변함없이 고선지 장군의 감군이 변령성이라는 사실도 함께 알 수 있는 사료다. 위의 사실로 알 수 있는 것처럼 석국 정벌 이후 고선지는 안서절도사에서 오랜기간 장안에 머문 후 하서절도사로 승진하였다. 필자가 고선지가 안서절도사에서 하서절도사로 遷職된 사실을 승진이라 표현한 이유는 간단하다. 안서절도보다 하서절도 휘하의 병사의 수와 軍馬의 수가 훨씬 많기 때문이다. 이에 관해서도 이미 앞에서 비교 설명하였다.

대략 고선지 장군은 천보 14재 2월부터 안녹산의 난이 일어난 그 해 11월까지 하서절도사로 재임하였다. 불과 10개월 정도 고선지는 하서절도사였다. 천보 10재 정월부터 고선지 장군은 장안에서 우우림대장군 직책을 갖고 있었다. 그렇다면 고선지 장군이 천보 원년 정월부터 천보 14재 2월까지 장안에 있는 동안에 행적이 사서에 언급될 수 없었다. 그 이유는 고선지 장군이 무관이라 전에 李林甫의 상주로 조정 일에 관여할 수 없게 제도적인 조치를 취하였기 때문이다. 그런데 이임보가 만들었던 그런 조치로 말미암아 고구려 유민 고선지가 절도사직까지 오를 수 있었던 이유가 된 사실은 정말로 아이러니하다. 고선지가 불과 10개월 정도 하서절도사로서 있으며, 그의 기량을 유감없이 발휘할 수 있는 상황은 아닌 것 같다. 이런 까닭에 하서절도사 고선지 행적에 대하여 史書에 언급이 없었던 제일 큰 이유다.

짧은 기간 하서절도사였던 고선지 장군의 행적에 대해 별다른 기록이 없는 데 대해 두 가지로 압축하여 생각해 볼 수 있다. 하나는 하서절도사 고선지 장군이 토번은 물론이고 서역 諸國을 모두 제압한 명장이었기 때문에 고선지에 의해서 '하서절도의 평화'가 찾아들었다는 생각이다. 다시 말해서 탈라스 전투 이후 고선지는 자신의 관할 구역의 치안확보를 위해 어떤 문제도 야기될 수 없도록 철저하게 토번과 돌궐을 관리 감독하였을 가능성이다. 다른 하나는 하서절도사 고선지가 황제 대리자 환관 변령성과 빈번한 의견대립으로 말미암아 전과 같이 지역사령관으로서 철저하게 책무를 챙기지 않았을지 모른다. 물론 고선지가 장안 정치가들이 서로 권력 장악을 위해 거리낌 없이 권모술수를 하면서 사람 죽이는 일을 대수롭지 않게 생각하는 것을 보면서 많은 회의를 느꼈기 때문에 스스로가 활동을 자제하였을 가능성도 있다. 무엇보다 불과 10개월 정도 하서절도사직을 수행한 것이 안녹산과 연계된 사실이 없다는 가장 큰 이유라고 본다.

어쩌면 고선지 장군은 양국충과 가서한이 제휴하면서 안녹산과 싸우는 그런 상황에 더 이상 끼어들어 살고 싶지 않았을지 모른다. 이런 추론이 가능한 것은 고선지의 심복과 다름없던 安西行軍司馬 封常淸이 천보 11재 12월 丁酉에 안서사진절도사가 되었다는 사실 때문이다.[194] 이는 고선지 장군에게 의미가 크다. 고선지 장군의 충복이 당에서 한 많은 생활은 한 고구려 유민 출신 고선지 장군 자신이 걸었던 안서절도사직에 봉상청이 올랐기 때문에 더 이상 바랄 것이 없었는지 모른다.

앞에서 언급한 석국의 柘枝舞 중 薛能의 '柘枝詞'에서 고선지 장군의 석국 정벌 성공만 노래하였던 게 아니다. 여기서 柘枝는 石國이다. 이는 고선지 장군이 석국 탈라스에서 패배한 사실을 언급한 노래다. 정확히 말해 자지사 내용은 고선지 장군의 석국 정벌에 대한 처음은 물론이고, 끝 부분에서도 탈라스 전투의 패배 사실 전부를 함축시켜 다루었다.[195] 그밖에 唐代의 樂工과 舞人 가운데 석국인들이 특히 많다는 사실은 암시하는 바가 매우 크다.[196] 아마 이는 석국이 당에 대하여 蕃臣의 예를 취할 때까지 당과의 교류가 빈번했다는 증거이다. 이는 악공과 舞人이 많은 석국이 唐은 물론이고 북아시아의 諸國과 고구려로 가는 동서교섭 길목에 있었던 것과 연관이 깊다. 그런 석국이 당에 대하여 신하의 예를 저버렸을 때 당 조정에서 이를 징계하려는 여론이 격렬하게 비등했던 것은 어쩌면 당연하다고 표현할 수 있다. 그렇다면 석국 정벌을 고선지 장군이 주장했던 것이 아니라 당 조정에서 석국과 당의 그런 관계를 염두에 두고 고선지 장군에게 강력하게 정벌을 요구했던 것이 아닌가

194) 『資治通鑑』 권216, 「唐紀」32 玄宗 天寶 11載 12月 丁酉조, 6916쪽.
195) 向達, 1979, 「柘枝舞小考」, 『唐代長安與西域文明』, 102~103쪽.
196) 蔣丙英, 1966, 「從中國傳入西方的文化」, 93쪽.

싶다. 그 이유는 석국이 당에 의해 평정되지 않고서는, 당이 중앙아시아와 서아시아 여러 나라를 지속적으로 당의 조공국가로 둘 수 없다는 판단했던 것으로 볼 수 있다. 그런데 탈라스 전투 후, 석국의 공식 사절이 당에 파견되어 방물을 바쳤던 일도 있어서 특히 주목된다. 그 때가 천보 12재 12월이었다.[197)] 그렇다면 이는 석국이 사라센과 일시적인 연합으로 고선지 장군이 이끈 당군을 탈라스에서 협공해 승리한 것이라는 이야기와 통한다. 그렇다고 당에 의한 석국 정벌 이전과 같은 형태로 석국이 당에 조공했다고 주장하는 것은 아니다. 그러나 분명한 사실은 탈라스 전투 이후 당이 차지하고 있던 서역에서의 주도권이 상당 부분 상실된 것은 사실이다.

197) 『冊府元龜』 권971, 「外臣部」 朝貢4 (天寶 12載 12月) 石國遣獻方物조, 11414쪽.

제12장 고선지 장군의 안녹산 반란 진압 과정 분석

1. 密雲郡公 고선지 장군의 행적

고선지가 '天寶 14載에 密雲郡公으로 봉하여졌다'[1]는 것은 어떠한 이유 때문인가. 이는 천보 14재 11월 현종이 안녹산 반란을 보고받은 일과 연관성이 있다고 본다. 그런데 密雲郡은 오늘날 북경 북방 70여㎞ 정도 떨어진 곳이라는 사실을 주목하고 싶다.[2] 즉 오늘날 河北의 昌平이다.[3] 2005년 가을 密雲 가까운 곳에 '高麗營鎭'이라는 간판을 본 필자는 놀랐다.[4] 여기서 말하는 밀운군은 원래 檀州 安樂郡이었으나 천보 원년에 郡名이 밀운으로 바뀐 郡이다.[5] 그런데 밀운군은 고구려가 당에 의해 망한 뒤 당이 고구려 유민을 강제로 이주시킨 지역이다. 이때 고선지 장군을 밀운군공으로 봉한 것은, 고선지의 출생과 관련이 있거나 고구려 유민이 아직 그곳에서 적지 않게 생활하고 있는 사실과 연관 있는 것 같다. 무엇보다 중요한 사실은 천보 14재 11월에 일어난 안녹산 난과 고선지 장군을 밀운군공에 봉한 사실의 함수관계다. 정확히 말해 안녹산이 반란했던 곳 중 范陽·盧龍·密雲 등이 중심 지역이라는 사실이다.[6] 그런데 밀운은 오늘날 북경 북방지역으로 당에 의해 고구려가 멸망된 후 고구려

1) 『舊唐書』 권104, 「高仙芝傳」, 3206쪽, "十四載, 進封密雲郡公".
2) 譚其驤主編, 「河北道南部」, 48~49쪽.
3) 諏訪義讓, 1942, 「高麗出身高仙芝事蹟攷」, 213쪽.
4) 지배선, 2006, 『고구려·백제 유민 이야기』, 221쪽.
5) 『資治通鑑』 권217, 「唐紀」33 玄宗 天寶 14載 12月 胡三省註의 密雲郡조, 6950쪽.
6) 『新唐書』 권225상, 「安祿山傳」 祿山所有纔盧龍·密雲조, 6418쪽 ; 『資治通鑑』 권217, 「唐紀」33 玄宗 天寶 14載 12月 其附祿山者조, 6949쪽.

유민의 강제 수용지다. 그렇다면 고구려 유민출신 고선지 장군과 그곳의 고구려 유민이 연합해 안녹산 난을 진압하기를 바라는 당의 정치적 배려가 깔린 작위가 고선지 장군에게 주어진 밀운군공이다. 또 후일 唐 代宗시에 고구려 유민출신 李正己 일가가 고구려 유민세력을 규합하였던 곳이 밀운지역이라는 사실도 연관성이 있다.7)

베이징 순의구 고려영진 북쪽 40km 지점의 밀운현. 당현종은 고선지를 토벌군 부사령관으로 임명하면서 밀운군공 작위를 내렸다. 이곳은 고구려 멸망 후 당에 의한 고구려 유민의 집단거주지였다.

고선지를 동족인 고구려 유민들이 많이 생활하는 지역의 公으로 분봉한 이유는 무엇인가. 이는 당이 고선지 장군에 대해 신임하고 있음은 물론이고 고구려 유민들을 회유시키기 위해서 정치목적을 띤 책봉이라고 생각된다. 그 당시 당은 고선지 장군의 적극적 충성심이 어느 때보다도 절실하게 필요할 정도로 절체절명의 위급한 시기였다. 정확히 말하면 안녹산 난 발원지가 고구려 유민들이 많이 거주하는 范陽절도 지역이라도 무시할 수 없다. 이때 長安을 향해 파죽지세로 몰려오는 안녹산 반란을 제압하기 위해, 오직 유일하게 탈라스 전투에서 한 번 패배한 명장 고선지의 적극적 협조가 무엇보다 필요하였으며, 아울러 안녹산 난을 꺾기 위해 고구려 유민의 협력이 절실하게 필요하였던 것은 물론이다. 이런 사실을 설명하기 위해 안녹산 반란의 그 파장이 어느 정도로 심각하였는가에 대해 언급도 매우 중요하다. 한마디로 안녹산 반란은 당을 내전으로 내몰았을 뿐 아니라 사회의 기본구조의 전반을

7) 지배선, 2007, 『중국 속 고구려왕국, 齊』, 서울 : 청년정신, 1~255쪽.

마구 흔들어버린 그런 엄청난 사건이었다.[8] 당이 고선지에 주었던 작위 밀운군공에 대하여 두 가지로 고려하여 보자.

하나는 당이 고선지에게 안녹산 난을 진압하기 위해 특별한 책봉한 작위가 밀운군공이란 점이다. 고선지 장군이 받은 밀운군공이라는 작위는 지난날 전공에 대한 보상성격이기보다는 지금 唐朝를 혼란에 빠뜨린 안녹산의 난을 진압하라는 의미로 준 것이 분명하다. 당에서 급박하게 고선지를 예우한 것은 전일 고선지 부하 河南採訪절도사 程千里가 안녹산 반군에 쫓기는 그런 위급 상황이었기 때문이다.[9] 이와 같이 추론하는 이유는 천보 10재 정월 돌기시가한·토번 대수령·석국왕·걸사 등을 장안 근정루에 헌상할 때[10] 고선지 장군에게 밀운군공이라는 작위를 주었어야 옳다. 그런데 당은 고선지 장군이 하서절도사직에서 특별한 공적을 세웠다는 기록이 없는데도 불구하고, 게다가 안녹산 난이 터진 후에야 비로소 밀운군공이라는 작위를 주었다는 사실이 이를 뒷받침한다. 여기서 언급된 밀운군은 그 당시 范陽節度使 휘하의 8軍 가운데 威武軍이 주둔했던 지역으로 병사 만 명, 말 삼백 필이 배속된 그런 곳이다.[11] 앞서 말한 것처럼 안녹산 반란의 본거지라고 볼 수 있는 지역이다. 아울러 당에 멸망한 고구려의 유민들이 강제로 소개되어 집단생활을 했던 그런 곳이기도 하다.

다른 하나는 密雲郡公 작위가 안녹산 반란을 진압하기 위해 출정하는 시점에 주었다는 사실이다. 그 이유는 천보 9재 5월 乙卯에 안녹산을 東平郡王으로 봉한 사실과[12] 깊은 연관 관계가 있다고 보기 때문이다. 안녹산의 난을 평정하러 나가는 고선지 장군에게 사기를 고양시킨다는 차원에서 당이 밀운군공이라는 작위를 주었을 가능성이 농후하다. 이는 조정이 고선지를 격려하려는

---

8) Glen Dudbridge, "The dynamics of Tai Fu's world", *Religious Experience and Lady Society in T'ang China*, 2002, p.75.

9) 『冊府元龜』 권122, 「帝王部」 '征討' 天寶 十四年 十一月 河南採訪節度使조, 1457쪽.

10) 『冊府元龜』 권131, 「帝王部」 '延賞' (天寶)十載 正月 安西四鎭節度조, 1571쪽.

11) 『通典』 권172, 「州郡」2 范陽節度使 武威軍조, 4481쪽.

12) 『舊唐書』 권9, 「玄宗本紀,下」 天寶 9載 5月 乙卯조, 224쪽 ; 『資治通鑑』 권216, 「唐紀」32 玄宗 天寶 9載 5月 乙卯조, 6899쪽. 당에서는 安祿山을 東平郡王으로 봉하였는데, 이와 같이 당에서 장군을 왕으로 봉하였던 것은 安祿山의 경우가 처음이다.

목적으로 준 관작임이 분명하다. 그러나 이와 같은 조치가 단순히 고선지를 배려하기 위한 것은 아닌 것 같다. 왜냐하면 만약 이때 당에서 안녹산의 반란을 진압하기 위해서 탈라스 전투에서 패배한 고선지 장군을 임명할 이유가 없다고 보기 때문이다. 고선지가 탈라스 싸움에서 진 죄가 있었다면 안서절도사에서 하서절도사로 승진시킬 이유가 없다. 그렇다면 탈라스 전투에서 패한 안서절도사 고선지가 해임되어 密雲郡公으로 좌천되었다는 주장은[13] 앞뒤가 맞지 않는 이야기다. 그 이유는 탈라스 전투가 지난 지 4년 후, 천보 14재(755)에 고선지가 처음으로 작위를 받았기 때문이다. 다시 말해 『구당서』 「고선지전」에 언급된 것처럼 고선지가 작위를 받은 것은 천보 14재였다. 물론 고선지는 탈라스에서 이슬람 연합군에 패배한 결과로 좌천되었다는 기록은 없다. 다시 말해 고선지는 탈라스 전투 후, 長安에 와서 開府儀同三司, 武威태수, 河西절도사로 임명되었고, 그 후 추가로 右羽林大將軍으로 임명되었다. 게다가 하서절도의 군사규모가 안서절도의 그것보다 훨씬 컸다는 사실은 고선지가 하서절도사가 된 것을 정확히 표현하여, 당이 고선지를 승진시켰던 것이다. 이러한 사실에 대해서는 이미 앞에서 밝혔다.

고선지 장군이 역사 무대에 다시 본격적으로 그 모습을 드러내게 되었던 사건은, 앞서 언급한 것처럼 安祿山 난이었다. 안녹산 난이 발발할 즈음 당은 고선지에게 환심을 사려는 듯 어사대부라는 관직까지 주었다.

그런데 안녹산이 唐朝에 반란하였을 때, 고선지의 대표 관직이 하서절도사였다고 『책부원구』에 기록되어 있다. 즉,

> 고선지가 河西절도사였을 때, 安綠山이 范陽에서 반란하자, 討賊副元帥로 仙芝가 임명되어, 군사를 陝郡에 주둔시켰다.[14]

이는 고선지가 하서절도사로 재직 중 범양절도사 안녹산이 당조에 반란했다

13) 정수일, 2001, 「씰크로드를 통한 인적 교류」, 435쪽.

14) 『冊府元龜』 권450, 「將帥部」 '失守', 5334쪽, "高仙芝爲河西節度使時, 安綠山據范陽叛, 仙芝爲討賊副元帥, 屯軍於陝".

는 내용으로 고선지 장군 행적에 대한 연구에서는 매우 중요한 사실이다. 그 이유는 고선지가 절도사직에 있지 않은 상태에서 討賊副元帥로 임명되었다는 『新·舊唐書』는 물론이고 『資治通鑑』 기록과는 상치되기 때문이다. 『冊府元龜』는 신뢰할 수 있는 史書이기 때문에, 당연히 안녹산이 당에 반란하였을 때 고선지는 하서절도사였다. 앞의 사실을 종합해서 분석하더라도 필자는 고선지가 范陽에서 안녹산이 반란했을 때 하서절도사였다고 본다. 그러나 하서절도사 고선지가 안녹산의 난을 진압하기 위해 하서회랑에서 급히 거느리고 달려온 것은 일부 기마병에 불과했다. 하서절도가 장안에서 워낙 멀어 급히 고선지가 많은 병사를 거느리고 장안으로 달려 올 수 없어서 고선지는 장안 부근에서 급히 병사들을 모집하는 방법을 사용하였다.

그렇다면 왜 고선지가 탈라스 전투에서 이슬람 연합군에게 대패했는데도 불구하고 그를 하서절도사로 임명하였는가 하는 의문이 제기된다. 필자가 앞에서 지적한 것처럼 고선지에 의한 토번 연운보 함락과 소발률국 정벌 후, 서역에서 당에 조공을 게을리 했던 나라를 모두 제압한 공로는 당의 어느 장군보다도 탁월했다는 사실이 이 문제에 대한 해답이다. 고선지 장군의 탈라스 전투 패배는 분명했던 사실이나, 탈라스 전투 패배는 어쩌면 고선지 장군의 역량과 무관했다고 표현하여도 무리가 없을 것 같다. 다시 말해 서역에서 고선지 장군을 대신할 만한 인물이 당에 없었기 때문에 탈라스 전투에서 패하였지만 唐朝는 서역에서 장안으로 통하는 중요 관문인 河西회랑 방어를 그에게 맡겼던 것이다.

당은 안녹산 난을 진압할 수 있는 능력을 가진 인물은, 오직 하서절도사 고선지 장군밖에 없기 때문에 그를 안녹산 난을 진압하기 위한 토적부원수로 임명했다. 이와 관련된 사실을 『舊唐書』의 「高仙芝傳」에서 들어보면,

> 11월 安祿山이 范陽에서 반란을 일으켰다. 이날 京兆 牧·榮王 琬을 討賊元帥로 삼고 仙芝를 副元帥로 임명하였다. 仙芝에게 무척 빠른 기병·활을 가진 기병 및 朔方·河西·隴右에서 부름에 응하여 장안으로 올라오는 병마를 거느리며, 또 관보 5만여 명을 모집하였고, 뒤이어 封常淸이 潼關으로 나가서 적을 토벌하도록 명령하

였다. 여전히 仙芝는 御史大夫를 겸하게 하였다.[15)]

라는 것은 오랜만에 고선지가 군대를 거느리고 출동하게 되었던 배경에 대한 설명이다. 이를 몇 가지로 분석하고 싶다.

하나는 천보 14재 11월 안녹산의 반란으로 고선지는 다시 싸움터로 출정하였다는 점이다.[16)] 이때 당 현종은 안녹산 반란을 일으켰다는 사실에 놀란 나머지 그날 바로 자신의 여섯 번째 아들 京兆牧·榮王 李琬을 討賊元帥로 임명하면서 右金吾大將軍 고선지를 부원수로 임명하였다.[17)] 그런데 751년 고선지가 우우림대장군으로 임명된[18)] 후 언제 다시 우금오대장군에 임명되었는지는 사료를 통해 확인하지 못했다. 다만『책부원구』권122에 의하면 당 현종 천보 14재 11월에 범양절도사 안녹산의 반란을 진압하기 위해 하서절도사 고선지를 부원수로 임명하였다고 전한다.[19)] 고선지의 관직이 751년 이후 하서절도사였다는 사실은『책부원구』권406에 '高仙芝玄宗時爲河西節度使, 監軍邊令誠每事于仙芝'라고 기록되어 있는 사실에서도 확인이 가능하다.[20)]

고선지 장군이 하서절도사 재임 시 안녹산 반란을 토벌하기 위한 부원수로 임명된 기록은『冊府元龜』권269,「宗室部」에도 전한다.

榮王 琬은 현종 아들이다. 天寶 14載 11월에 안녹산이 반란하자, 琬을 元帥로,

---

15)『舊唐書』권104,「高仙芝傳」天寶 14載, 3206쪽, "十一月, 安祿山據范陽叛. 是日, 以京兆牧, 榮王琬爲討賊元帥, 仙芝爲副. 命仙芝領飛騎, 彍騎及朔方, 河西, 隴右應赴京兵馬, 并召募關輔五萬人, 繼封常淸出潼關進討, 仍以仙芝兼御史大夫".

16)『冊府元龜』권443,「將帥部」'敗衄' 天寶 14載 11月조, 5257쪽 ;『資治通鑑』권217,「唐紀」33 玄宗 天寶 14載 12月 丙戌조, 6937쪽. 고선지가 안녹산의 난을 진압하기 위해 長安을 출발한 때를 12월 丙戌이라고 다르게 기록되어 있다.

17)『舊唐書』권9,「玄宗下」(天寶 14載) 11月 甲申, 以京兆牧조, 230쪽 ;『舊唐書』권107,「靖恭太子琬傳」(天寶) 十四載 十一月 安祿山反於范陽조, 3261~3262쪽 ;『新唐書』권225상,「安祿山傳」高仙芝副之조, 6418쪽 ;『冊府元龜』권412,「將帥部」'得士心' 爲副元帥조, 4901쪽 ;『冊府元龜』권450,「將帥部」'失守' 高仙芝爲西河節度使조, 5334쪽 ;『續通志』권7,「唐紀」7 玄宗 2(天寶 14載 11月) 丁丑, 以京兆牧榮王琬爲東討元帥, 高仙芝副之조, 3289쪽(1935, 上海 : 商務印書館) ;『資治通鑑』권217,「唐紀」33 玄宗 天寶 14載 11月 丁丑, 右金吾大將軍高仙芝副之조, 6937쪽.

18)『舊唐書』권104,「高仙芝傳」以仙芝爲右羽林大將軍조, 3206쪽.

19)『冊府元龜』권122,「帝王部」'征討' 天寶 14載 11月조, 1457쪽, "以河西節度使高仙芝爲副元帥".

20)『冊府元龜』권406,「將帥部」'正直' 4833쪽, "高仙芝玄宗時爲河西節度使, 監軍邊令誠每事于仙芝".

河西節度 고선지를 副元帥로 임명하여, 여러 군사를 거느리고 東征을 명령하였다.[21]

안녹산 난의 진압을 위해 당 현종은 명목상 元帥로 아들 琬을 討賊元帥로 임명하였고, 하서절도사 고선지를 討賊副元帥로 임명하였다는 내용이다.[22] 필요 사실만 언급하면, 고선지 장군은 안녹산 반란이 일어나는 그 순간까지 하서절도사였다.

그런데 『책부원구』 권450의 기록은 당 조정이 안녹산 반군을 진압할 때 부원수 고선지가 하서절도사가 아닌 서하절도사라고 기록되어 있다.[23] 그러나 唐代에 서하절도사라는 관직 자체가 존재하지 않았다. 그렇다면 이는 하서절도사를 『책부원구』 권450에서 잘못 기록한 것이 틀림없다. 곧 고선지 장군이 안녹산 난을 진압하기 위해 당 현종이 그를 討賊副元帥로 임명하였을 때 고선지는 하서절도사였다.

『책부원구』에 의하면 천보 14재 11월에 하서절도사 고선지를 副元帥로 삼았다는 기록이 있고, 그 다음달 12월에 河西·隴右節度使 哥舒翰을 兵馬副元帥로 임명하여 8만 병사를 거느리고 潼關에 鎭하도록 한 기록이 있다.[24] 그렇다면 『책부원구』에 안녹산 반군 진압을 위해 출정하기 직전까지 고선지는 하서절도사였다. 또 『책부원구』에 "고선지가 玄宗대에 河西節度使였을 때, 監軍 邊令誠이 매사 仙芝를 간섭하였으며, 선지가 (邊令誠 요구를) 자주 따르지 않았다"[25]라는 기록이 있다. 고선지가 행영절도사로 토번과 소발률국을 정벌할 때부터 한때부터 한시도 쉬지 않고 변령성은 고선지를 따라붙은 감군이었다. 아무튼 탈라스 전투 이후 어느 기간부터 고선지 관직은 안녹산 반란을 토벌하기 위한 副元帥로 임명 직전까지 河西節度使였다.[26] 필자가 어느 기간에 고선지가

21) 『冊府元龜』 권269, 「宗室部」 '將兵', 3192쪽, "榮王琬玄宗子. 天寶 十四載 十一月, 安祿山叛, 冊琬爲元帥, 以河西節度高仙芝爲副元帥, 統諸軍以東征".

22) 『冊府元龜』 권122, 「帝王部」 '征討' 天寶 十四載 十一月 以河西節度高仙芝조, 1457쪽.

23) 『冊府元龜』 권450, 「將帥部」 '失守' 高仙芝爲西河節度使조, 5334쪽.

24) 『冊府元龜』 권122, 「帝王部」 '征討' 天寶 14載 11月 : 12月조, 1457쪽.

25) 『冊府元龜』 권406, 「將帥部」 '正直' 4833쪽, "高仙芝, 玄宗時爲河西節度使, 監軍邊令誠每事于仙芝, (仙)芝多不從".

26) 『冊府元龜』 권122, 「帝王部」 '征討' 天寶 十四載 十一月 以河西節度高仙芝爲副元帥조, 1457쪽.

하서절도사였다고 단정 짓지 못하는 이유는 『자치통감』에서 천보 14재 2월조에 "隴右·河西절도사 哥舒翰이 들어와서 朝見하였는데, 길에서 風疾에 걸려 마침내 京師에 머무르며 집에서만 있으면서 나가지 않았다."[27]라는 내용 때문에 고선지든 가서한이든 하서절도사 재임기간을 계산하는 것이 간단하지 않아, 고선지의 하서절도사 재직기간을 정확히 계산할 수 없었다.

당 현종이 범양절도사 안녹산의 반란을 토벌하기 위해 대규모 진압군을 편성하기 시작한 때는 천보 14재 11월 丁丑이었다.[28] 이때 당 현종이 취한 조치를 들어보자.

> 丁丑(22일)에 榮王 李琬(현종의 아들)을 元帥로 삼고, 右金吾大將軍 고선지를 副元帥로 삼아, 여러 군대를 이끌고 東征하도록 하였다. 內府의 錢과 비단을 꺼내어 京師에서 병사 11만을 모았는데, 天武軍이라 부르고, 열흘 동안 모였는데 모두 저자거리에 있는 사람들의 자제였다. 12월 丙戌에 고선지가 飛騎와 彍騎[29] 그리고 새로 모집한 병사와 변경의 병사로 경사에 있었던 사람들을 합쳐 5만 명을 거느리고 장안을 출발하였다. 황제가 환관인 監門장군 邊令誠을 파견하여 그 군대를 감독하도록 하였고, 陝郡(하남성 삼문협)에 주둔하도록 하였다.[30]

이때 현종은 안녹산의 난을 토벌하기 위한 긴급하게 군사를 출진시켰다.[31] 그러나 장안에서 모집한 11만 병사는 안녹산 반군을 진압하는데 중과부적이었다. 그래서 고선지는 불과 10여 일 동안에 민첩한 기병·활을 쓰는 기병·朔方·河西·隴右에서 경사에서 5만 명을 별도로 소집했다.[32]

---

27) 『資治通鑑』 권217, 「唐紀」33 玄宗 天寶 14載 2月조, 6932쪽, "隴右·河西節度使哥舒翰入朝, 道得風疾, 遂留京師, 家居不出".

28) 『資治通鑑』 권217, 「唐紀」33 玄宗 天寶 14載 11月 丁丑, 右金吾大將軍高仙芝副之조, 6937쪽, 고선지가 반란군 진압 총부사령관이 되었던 날을 갑신이 아닌 정축이라고 기록하고 있다.

29) 飛騎와 彍騎는 각각 특별 기병부대다.

30) 『資治通鑑』 권217, 「唐紀」33 玄宗 天寶 14載 11月조, 6937쪽, "丁丑, 以榮王琬爲元帥, 右金吾大將軍高仙芝副之, 統諸軍東征. 出內府錢帛, 於京師募兵十一萬, 號曰天武軍, 旬日而集, 皆市井子弟也. 十二月, 丙戌, 高仙芝將飛騎·彍騎及新募兵·邊兵在京師者合五萬人, 發長安. 上遣宦者監門將軍邊令誠監其軍, 屯於陝".

31) 『資治通鑑』 권217, 「唐紀」33 玄宗 天寶 14載 11月 丁丑 統諸軍東征조, 6937쪽.

32) 『資治通鑑』 권217, 「唐紀」33 玄宗 天寶 14載 12月 兵戌조, 6937쪽.

封常淸이 모병하였던 병사 5만 명은[33] 안녹산 반란을 진압하기 위해 급조한 병사인 것 같다. 이때 모병된 구성원들은 떠돌이·醫業과 점술로 우매한 자를 유혹하는 자·세역을 피하기 위한 수단으로 승려나 도사가 된 자 등의 무리가 대다수였다.[34] 封常淸이 안녹산 반군을 토벌하기 위해 모집한 병사 모두가 일반 백성인데다가 군사훈련을 받지 않은 그런 무리였다.[35] 이때 河隴에서 唐朝의 마지막 募兵이 있었다는 주장은 설득력이 있다.[36] 『舊唐書』「本紀」는 당시 장안에서 모집된 무리수가 10만이라고 다르게 기록하였다.[37] 안녹산의 반군을 진압하기 위해 京師에서 모병한 11만 명의 군사를 '天武軍'이라고 불렀다.[38] 이와 같이 현종이 많은 군대를 동원한 까닭은 안녹산이 范陽에서 반란할 때, 그의 무리가 무려 15만이 넘는데다가 반란을 위해 말과 무기를 미리 준비한 그런 강한 군사였기 때문이다.[39] 그런데 10일 동안 京師에서 모병한 군대는 특별한 준비가 없는 오합지졸과 같은 무리로 구성되었다.[40]

한편 안녹산 휘하의 많은 무리 가운데 주력부대 구성원은 전투력이 강한 奚·契丹이 포함되었다.[41] 이는 范陽절도사의 의무가 奚·契丹 등의 제압이었던 것과 밀접한 연관이 있다.[42] 이런 이유로 『新唐書』의 「本紀」는 아예 당이

---

33) 『舊唐書』 권104, 「封常淸傳」 其日, 常淸乘驛赴東京所募조, 3209쪽, 이때 封常淸에 의해 東京에서 모병된 수는 「高仙芝傳」의 5만이 아닌 6만이라고 기록되어 있다.

34) 김택민, 1998, 「普通地主制下의 逃戶와 租庸調體制의 한계」, 『中國土地經濟史硏究』, 고려대학출판부, 345~346쪽.

35) 『資治通鑑』 권217, 「唐紀」33 玄宗 天寶 14載 12月 封常淸所募兵조, 6938쪽.

36) 張國剛, 1988, 「關于唐代兵募制度的几個問題」, 『南開學報』 1, 49쪽.

37) 『舊唐書』 권9, 「玄宗下」 天寶 14載 11月 於京城召募조, 230쪽.

38) 『資治通鑑』 권217, 「唐紀」33 玄宗 天寶 14載 11月 丁丑, 於京師募兵十一萬 號曰天武軍조, 6937쪽 ; 『冊府元龜』 권122, 「帝王部」 '征討' 天寶 14載 11月조, 1457쪽. 『冊府元龜』에서는 10만 군사를 모았으며, 이를 '天武健兒'라고 하여 숫자와 이름이 모두 다르다. 또 『冊府元龜』 권443, 「將帥部」 '敗衄' 高仙芝조, 5257쪽에는 高仙芝가 안녹산 반군진압을 위해 거느린 군사 數가 도합 20萬이라 하였다.

39) 『資治通鑑』 권217, 「唐紀」33 玄宗 天寶 14載 11月 甲子조, 6934쪽. 安祿山이 范陽에서 반란하였을 때, 반군은 安祿山의 휘하 무리 외에 同羅, 奚, 契丹, 室韋 등 도합 15만이나 되었다.

40) 『資治通鑑』 권217, 「唐紀」33 玄宗 天寶 14載 11月 丁丑 旬日而集, 皆市井子弟也조, 6937쪽.

41) 田村實造, 1969, 「唐帝國の世界性」, 73쪽.

42) 池培善, 2000, 「고구려인 李正己의 발자취」, 『東方學志』 109, 161~162쪽 ; 『舊唐書』 권38, 「地理」1 范陽節度使, 臨制奚·契丹조, 1387쪽 ; 『通典』 권172, 「州郡」2 范陽節度使 制臨奚, 契丹조, 4481쪽.

天寶 14載(755) 3월 임오에 潢水에서 안녹산·거란과 싸웠다고 기록할 정도다.[43] 한마디로 안녹산 휘하에 거란인들이 많이 포함되었다는 이야기다. 이는 안녹산이 奚·契丹·室韋·同羅 등을 휘하 병사로 많이 거느린 결과다.[44] 달리 표현한다면 안녹산은 당의 동북의 여러 부족을 자신의 휘하의 군사로 삼았다.[45] 특히 奚族은 안녹산 반군의 상당수를 점유하였다. 구체적으로 열거하면 張孝忠[46]·李寶臣 등은 奚族출신으로 안녹산의 심복이자 그의 양아들이었다.[47]

안녹산은 唐 失政에 책임이 있는 楊國忠을 죽이겠다는 명분으로 반란하였다.[48] 그런데 范陽節度(治所는 范陽郡) 휘하의 병력규모가 天寶 元年부터 무려 9만 3천 5백 명이나 되었으며, 節度의 규모 가운데 그 규모가 제일 컸다.[49] 그렇다고 안녹산이 范陽節度使직만 가지고 있었던 게 아니라 河東과 平盧마저 겸직한 상태여서, 그가 당에 반란하였다는 것은 여러 가지 측면에서 주목된다.[50] 달리 말하면 안녹산은 주요 지역 3곳의 절도를 겸임할 정도로 강력한 절도사였고,[51] 이를 배경으로 수십만이나 되는 대군을 거느렸다. 그렇다면 당이 안녹산 반군 토벌을 위해 서둘러서 왜 그리 많은 군사를 모병했는가 하는 의문이 풀릴 수 있다.

필자는 안녹산 반군 진압을 위해서 고선지를 討賊 副元帥로 임명했다는 사실을 特記하고 싶다.[52] 앞에서 현종의 여섯째 아들 榮王 李琬이 討賊元帥로

43) 『新唐書』 권5, 「玄宗本紀」 天寶 14載 3月 壬午, 安祿山及契丹戰于潢水조, 150쪽.

44) 伊瀨仙太郎, 1969, 「安史の亂後における周邊諸民族の中國進出」, 『東京學藝大學紀要』 21, 87쪽.

45) 伊瀨仙太郎, 「安史の亂後における周邊諸民族の中國進出」, 89쪽.

46) 『舊唐書』 권141, 「張孝忠傳」 張孝忠, 本奚之種類조, 3854쪽.

47) 孟廣耀, 1985, 「安史之亂中的奚族」, 『社會科學戰線』 3, 214쪽. 孟廣耀는 王武俊을 奚族으로 분류하였는데, 王武俊은 契丹이다.

48) 『冊府元龜』 권443, 「將帥部」 '敗衄' 向闕以誅楊國忠爲名조, 5257쪽.

49) 那波利貞, 「唐天寶時代の河西道邊防軍に關する經濟史料」, 33쪽 ; 『通典』 권172, 「州郡」2 范陽節度使조, 4481쪽, 여기서는 범양절도사에 배속된 병사 수를 9만 1천명이라고 다르게 기록하면서, 말이 6500필, 군복이 80만 필, 군량 50만 석을 보유하였다고 그 병참의 구체적인 내용을 기록하고 있다.

50) 金明姬, 1998, 「唐 末期의 諸 現像」, 『中國 隋·唐史 硏究－天子의 나라 天下의 文化－』, 國學資料院, 118쪽 ; 糸賀昌昭, 「長安とバグダード」, 187쪽.

51) 金明姬, 「安定期에서 衰落期(高宗에서 玄宗)」, 『中國 隋·唐史 硏究－天子의 나라 天下의 문화－』, 108~109쪽.

52) 『新唐書』 권5, 「玄宗本紀」 天寶 14載 11月 丁丑조, 151쪽 ; 『新唐書』 권225上, 「安祿山傳」(天寶

임명되었다고 하나, 그것은 상징적인 벼슬일 뿐이다. 『舊唐書』의 「本紀」에 天寶 14載 11月 "병술에 고선지 등이 출정할 때 현종이 勤政樓에서 이들을 전송하였다"[53]고 기록하고 있는 것이 그것이다.[54] 이는 현종이 榮王 李琬 등을 전송했다고 기록할 수 없었던 것은 榮王이 출정조차 하지 않았기 때문이다. 당 현종 開元 4년 정월부터 친왕이 임지에 가지 않고 관직을 가졌다.[55] 이런 사실에서 그 해답을 찾을 수 있다. 환언하면 고선지 장군이 副元帥였으나 실제로는 고선지의 임무는 元帥였다. 정확히 말하면 靖恭太子 琬은 안녹산 반란 진압을 위해 征討元帥로 임명된 그달 戊申에 죽었다.[56] 아무튼 고선지 장군이 漢族이 아닌데도 불구하고 안녹산 반란 진압 총사령관이었다는 사실을[57] 주목할 필요가 있다.

안녹산의 반란을 진압하는 총사령관에 임명된 이민족 출신자 가운데 최초 인물이 고구려 유민출신 고선지 장군이라는 사실은[58] 암시하는 바가 매우 크다. 게다가 고선지는 御史大夫까지 겸직했다. 이는 필자가 앞에서 주장한 것처럼 고선지가 右羽林大將軍 관직으로 황제의 참모 역할을 담당하는 직책을 맡았을 뿐 아니라 그의 휘하에 많은 무리를 거느린 장군으로서 독자적으로 작전권을 행사할 수 있는 그런 특별한 위치의 장군이었다는 것을 뒷받침하는 자료이다. 그러므로 고선지가 가졌던 右羽林大將軍 직책과 御史大夫라는 직함 모두가 고선지 장군에게는 황제로부터 전권을 위임받은 그런 특수한 직책이었다는 뜻으로 해석이 가능하다.

당 현종은 안녹산 반군을 토벌하기 위해 출정하는 군사의 총사령관이나 다름없는 고선지가 출정하여 나갈 때도 늘 그러했던 것처럼 中使 邊令誠을

14載 11月) 高仙芝副之조, 6418쪽.

53) 『舊唐書』 권9, 「玄宗下」 天寶 14載 11月조, 230쪽, "丙戌, 高仙芝等進軍, 上御勤政樓送之".

54) 『冊府元龜』 권136, 「帝王部」 慰勞 天寶14年 11月조, 1646쪽.

55) 『資治通鑑』 권211, 「唐紀」27 玄宗 開元 4年 正月 丙午조, 6715~6716쪽.

56) 『新唐書』 권82, 「靖恭太子琬傳」 安祿山反조, 3609쪽 ; 『資治通鑑』 권217, 「唐紀」33 玄宗 天寶 14載 12月 戊申조, 6950쪽.

57) 諏訪義讓, 1942, 「高麗出身高仙芝事蹟攷」, 176쪽.

58) 桑原騭藏, 1926, 「隋唐時代に支那に往來した西域人に就いて」, 『內藤博士還曆祝賀 支那學論叢』, 東京 : 弘文堂, 579쪽.

고선지의 감시자로 파견하였다. '황제는 환관인 監門將軍 邊令誠을 파견하여 그 군대를 감독하도록 하였고, 陝郡에 주둔하도록 하였다'[59]는 기사가 그것이다.[60] 게다가 이때는 변령성이 監軍 가운데 제일 높은 관직인 '監門장군'으로 고선지 장군을 따라 붙었다. 환관 변령성은 고선지를 토번정벌 때부터 따라다녔던 인물이다. 그렇다면 현종이 변령성을 보낸 의미는 특별하였을 것이다. 다름 아니라 고선지가 토번정벌에서 성공한 것처럼 안녹산 반란을 성공적으로 진압해 주기를 간절히 바라는 마음에서 변령성을 반란 진압군과 동행시켰다고 볼 수 있다. 게다가 변령성은 한때 고선지가 부몽영찰 때문에 죽임을 당할지 모를 위기일발 상황에서 현종에게 상소를 올려 구해준 인물이기도 하다. 그러나 이때는 변령성을 보냈던 이유는 고선지 장군을 철저히 감시하라는 이유가 제일 컸을 것이 분명하다. 얼마 후 장안을 향해 달려오는 안녹산 반란군에 의한 장안 점령으로 황실이 당한 고통도 이만저만한 것이 아니었다. 한 예로 얼마 후 안녹산 반란군이 장안을 장악하면서 여러 王의 妃들이 포로가 되었던 것이 그것이다. 이때 당 덕종의 생모 吳興사람 沈氏도 낙양의 掖庭局에 구금당했다.[61]

앞서 밝힌 것처럼 당은 안녹산의 반란을 진압하기 위하여 1개월 이상 준비기간이 지난 후에 비로소 출동이 가능했다. 먼저 第一陣이 11월 丙戌에 실질적인 총사령관 고선지를 중심으로 반란군을 토벌하기 위해 陝州로 출정했다.[62] 이때 현종은 勤政樓에서 고선지 장군의 출정을 전송할 정도로 다급했다.[63] 현종이 좋아한 霓裳雨依曲이 연주되는 가운데서 반란진압군이 출정하였던 모양이다.[64]

---

59)『資治通鑑』 권217,「唐紀」33 玄宗 天寶 14載 12月 丙戌조, 6937쪽.

60)『新唐書』 권225上,「安祿山傳」時高仙芝屯陝조, 6418쪽.

61) 築山治三郎, 1971,「唐代の後宮と政治について」,『古代學』17-4, 206쪽.

62)『舊唐書』 권200上,「安祿山傳」(天寶 14載 11月) 因以高仙芝조, 5370쪽 ;『太平御覽』 권111,「皇王部」36 玄宗明皇帝 '安祿山附' 乃以高仙芝封常淸等擊之조, 537쪽.

63)『舊唐書』 권9,「玄宗本紀下」(天寶 14載 11月) 丙戌조, 230쪽.

64) 馬得志·馬洪路, 1994,「花萼樓·勤政樓記事」,『唐代長安宮廷史話』, 北京 : 新華出版社, 248쪽.

2. 討賊副元帥 고선지 장군의 반란군 진압 과정

양귀비와의 사랑에 흠뻑 빠져있던 현종은 안녹산의 반란을 어떻게 처리해야 좋을지 몰라 당황하였을 게 분명하다. 이민족 출신 안녹산이 현종이 신임하는 양아들이었기 때문에 그가 반란을 일으키려 한다는 기미를 미리 알아차리지 못하였던 모양이다. 이때 현종의 심정을 다음의 사료에서 읽을 수 있다. 곧

> 12월 군사가 출정하자, 당 玄宗은 望春亭에서 출정하는 병사를 위로하며 전송하였다. 이때 監門장군 邊令誠에게 명하여 반란을 진압하는 군대를 감찰하도록 하였으며, 陝州에 주둔하도록 하였다.[65]

라는 것이 그것이다. 이는 현종이 안녹산의 반란을 진압하기 위하여 1개월이나 걸려서 새로운 군대를 형성하여 출정시켰을 때의 광경이다. 여기서는 현종의 심정을 몇 가지로 나누어 가늠해 보고 싶다.

첫째는 현종이 출정하는 군사들을 위로하였다는 사실이다. 그 때 현종은 반란을 진압하기 위한 토벌 군대에, 고선지가 吐蕃을 정벌하러 갈 때와 마찬가지로 환관을 동행시켰다. 그런데 환관 출신의 監軍장군은 출정하는 군대의 동향을 감시하는 것이 본분이었다. 唐代의 환관이 출정하는 군과 같이 갈 때, 그 임무는 모두가 군대 활동에 대한 감시였다. 그러나 현종은 안녹산의 반란에 놀라서인지 출정 군대를 잘 감시하도록 변령성에게 다시 명령하였다는 대목은 눈여겨볼 필요가 있다. 이와 같은 조치를 취하였던 것은, 현종의 입장에서 보면, 지극히 당연했다. 양아들인 안녹산이 唐朝에 대항하여 반란을 일으켰기 때문에 현종은 다른 장군마저 신뢰할 수 없는 심정이 되었을 가능성이 짙다. 게다가 현종은 다른 황제들보다 의심이 많았다. 현종이 무척이나 사랑한 양귀비마저 두 번씩이나 황궁 밖으로 쫓아냈던 경우가 있지 않았던가! 또 반란을 일으킨 안녹산이 이민족이었던 것처럼 고선지 역시 당이 멸망시켰던

---

65) 『舊唐書』 권104, 「高仙芝傳」, 3206쪽, "十二月, 師發, 玄宗御望春亭慰勞遣之, 仍令監門將軍邊令誠監其軍, 屯於陝州".

고구려인이었다. 의심 많은 현종이 고선지 장군을 견제하기 위하여 황제의 수족과 같은 환관을 활용하였던 것은 어쩌면 당연할 듯싶다.

둘째는 안녹산의 반란을 진압하기 위한 부대의 총부사령관으로 고선지가 출정하였다는 사실이다. 현종이 자신의 第6子 京兆牧·榮王 李琬을 안녹산 반란 진압군 총사령관으로 임명하였다는 것은, 帝國에서 늘 그러했던 것처럼 구색을 맞추기 위한 형식에 불과했다. 따라서 고선지 장군이 반란군을 진압하는 총사령관이나 다름없었다.[66] 그 이유는 간단하다. 즉 이완은 황제의 아들로 많은 권한을 가진 인물인데다 현종의 입장에서는 누구보다도 믿을 수 있는 인물이라고 판단되기 때문에 그를 명목상의 토적원수로 임명하였다. 구체적으로 말하면 현종이 능력이 있다고 생각하여서 이완을 토벌군 총사령관으로 선발하였던 게 아니라는 이야기다. 현종은 안녹산의 반란이 조기에 진압되길 희망하였다. 즉 "황제께서 勤政樓에 오시어 榮王에게 명을 받도록 하고, 仙芝와 그 외 장군들을 위하여 연회를 베풀었다"[67]는 사실에서 어느 정도 현종의 급한 심정을 읽을 수 있다. 그렇다면 고선지 장군의 직함이 비록 토벌군 총부사령관이었지만, 실제로는 토벌군 총사령관과 다름없다는 이야기이다. 간단히 표현한다면 고선지 장군의 직함을 야전군 총사령관으로 표현하면 어떨지! 현종의 입장에서 보면, 유일하게 반란군을 진압할 수 있는 인물이 고선지 밖에 없었기 때문에 그에게 토벌군 총 부사령관이라는 직책을 주었다고 생각된다. 이를 더욱 뒷받침하는 것은 토번 정벌 시에 고선지 부대를 감시하였던 인물이 변령성이었는데도 불구하고 이번에 다시 토벌군과 동행하였다는 사실에서 어느 정도 가늠할 수 있다. 그것도 전일의 사건에서 미루어보면, 고선지 장군과 변령성의 관계를 원만하다고 평가할 수 있는데도 불구하고 의심 많은 현종이 다시 동행하게 했다는 것은 시사하는 바가 크다. 그렇다고 고선지 장군을 환관 변령성이 특별히 배려하였다고 말할 수는 없다. 다만 변령성이 황제의 충직한 환관으로서 고선지에 대한 사실을 객관적으로 황제에

66) Liu Jen-Kai, "Dokumentation", *Die Boshaften, Unbotmäßigen und Rebellischen Beamten in der Neuen offiziellen Dynastiegeschichte der T'ang*, (Hamburg, 1978), p.184.

67) 『新唐書』 권135, 「高仙芝傳」, 4578쪽, "帝御勤政樓, 引榮王受命, 宴仙芝以下".

게 보고하는 것이 무리라는 이야기이다. 그런데 객관적인 보고가 생명을 위협할 수 있는데도, 한때 이를 겁내지 않았던 인물이 환관 변령성이기도 하였다. 이런 연유 때문인지 현종은, 반란 토벌군 부원수 고선지 부대를 감시하도록 변령성에게 監軍장군이라는 신분으로 또 동행하도록 명령하였다.[68] 그리고 더욱 놀라운 것은 현종은 반란군에 대한 토벌 작전 지시를 고선지가 아닌 환관 변령성에게 하였다는 사실을 주목하고 싶다. 그 이유는 고구려인 王毛仲의 조작된 모반 사건의 진압에 공이 컸던 것이, 고력사·楊思勗과 같은 환관이었기[69] 때문인지 모른다. 물론 환관들은 자신의 이권을 확대시키기 위한 수단으로 현종을 위하여 모반사건을 진압하는데 공을 세웠다. 그 이후 開元 19년부터 환관이 군사작전에서 황제를 받든다는 명목으로 주도적인 역할을 담당하였다. 천보 14재 12월 정유에 현종의 명령대로 고선지는 陝郡에 주둔하였다.[70] 고구려인 고선지 장군은 한족이 아닌 이민족으로서 당나라 최초로 사실상 관군의 총사령관으로[71] 안녹산의 반란 진압을 총지휘하였다.

셋째는 『舊唐書』나 『新唐書』의 찬자들이 너무 큰 잘못을 범하였던 것에 대한 검증이 가능하다는 사실이다. 이는 앞에서 지적하였던 것처럼, 만약 『구당서』나 『신당서』의 찬자들이 주장한 것처럼 토번 정벌이 마치 李嗣業 때문에 승리하였다고 한다면, 이때 당 현종이 토벌군 부원수로 당연히 이사업을 임명하지 않았을까 하는 의문을 제기해 봄직하다. 게다가 당에 의해 패망한 고구려의 백성인데도 한족 출신인 이사업을 기용하지 않고, 고선지를 토벌군 부원수로 기용하였다는 사실은 현종이 이사업을 대수롭지 않게 생각하였다는 사실에 대한 증명이다. 즉 이민족 출신인 안녹산이 반란을 일으켜서 唐朝가 혼란에 빠져 있는 상황이라면, 당연히 당 조정에서는 漢族의 장군을 임명하고 싶었을 게 뻔한 이치다. 그런데도 正史를 편찬하였던 사가들이 주장하는

68) 傅樂成, 「唐代宦官與藩鎭之關係」, 12쪽.

69) 『舊唐書』 권106, 「王毛仲傳」, 3254쪽, "力士輩恨入骨髓".

70) 『舊唐書』 권9, 「玄宗下」 天寶 14載 12月 丁酉 時高仙芝鎭陝郡조, 230쪽 ; 『太平御覽』 권111, 「皇王部」36 玄宗明皇帝 (天寶 14年 12月 丁酉) 時高仙芝鎭陝郡조(上海 : 中華書局, 1960), 535쪽.

71) 山崎宏, 1937, 「唐の朔方管內教授大德辯才について」, 『支那佛教史學』 1-1, 49쪽.

것처럼 한족출신의 훌륭한 장군 이사업이 있었는데도 불구하고 唐에 의해 패망하였던 고구려 사람 고선지를 안녹산 토벌군 부원수로 임명할 정도로 당조가 어리석었단 말인가! 『구당서』나 『신당서』의 찬자들이 「이사업전」에 대한 서술을 하면서 그를 지나칠 정도로 과대 포장하였던 부분이 많았다는 것을 위의 사실을 통해 확인한 셈이다.

한편 안녹산의 반란군 기세는 꺾일 줄 몰랐다. 안녹산의 반란 소식을 듣자마자, 현종은 그 다음날 봉상청을 范陽節度使로 임명하면서 반란군을 진압하기 위하여 고선지 장군보다 먼저 東都에서 모집한 6만을 이끌고 출정하도록 했다.[72] 그런데 '이달(12월), 11일 봉상청의 군사가 汜水에서 패하였다'[73]라는 사실은 현종을 더욱 당황하게 만들었다.[74] 게다가 그달(12월) 병신 반란군의 일대가 낙양에 이르러 성의 건춘문을 불질렀다.[75] 따라서 안녹산의 반란군은 승세를 타고 수도 장안을 향하여 진격해 올 분위기였다. 안녹산의 반란군이 낙양까지 공격하여 오자, 경제사정이 매우 악화되었던 것은 지극히 당연하다. 한 예로 安史의 난 이후 당의 물가가 급등하였다는 사실이 그것이다.[76] 이런 상황에서 고선지의 부대는 황제의 명령 때문에 어쩔 수 없이 陝州에 주둔하였다. 물론 이때 고선지가 지휘하는 관군이 陝州에 주둔하였던 것은 안녹산이 지휘하는 반군의 기세를 꺾기 위한 조치였다.

3. 고선지 장군의 전술상 潼關으로 퇴각 이유

고선지 장군은 변령성과 의논 없이 전략적 요충지 동관을 확보하기 위한 방법으로 퇴각을 결심하였다. 어쩌면 이때 고선지 장군이 동관으로 작전상 후퇴하였던 것을 변령성과 상의하지 않았는지 모른다. 아니 변령성은 맹목적으로 陝州 사수를 고선지 장군에게 요구하였다고 표현하여야 맞다. 이것이

72) 『舊唐書』 권104, 「封常清傳」 翌日, 以常淸爲范陽節度조, 3209쪽 ; 諏訪義讓, 앞의 논문, 「高麗出身高仙芝事蹟攷」, 218쪽.

73) 『舊唐書』 권104, 「高仙芝傳」 3206쪽, "是月十一日, 封常淸兵敗於汜水".

74) 『冊府元龜』 권443, 「將帥部」 '敗衄' 12月常淸爲祿山敗于武牢조, 5257쪽.

75) 『冊府元龜』 권443, 「將帥部」 '敗衄' 丙申賊師至雒, 分兵燒建春文조, 5257쪽.

76) 根本誠, 1962, 「唐代の主要物資の價格に就いて」, 『史觀』 65·66·67, 139쪽.

후일 고선지를 죽게 한 구실이 될 줄은 몰랐던 모양이다. 그 이유는 오직 반란군의 위협에서 당을 구원하겠다는 일념밖에 없었기 때문이다. 이때 반란군을 최전방에서 방어하고 있었던 봉상청은 안녹산 반군의 공격에 무참하게 패배하였다. 이때 상황을 『자치통감』에서 다음과 같이 적고 있다.

> 封常淸은 나머지의 병사를 이끌고 陝郡에 이르렀는데, 陝郡태수 竇廷之는 이미 河東(섬서성 영제현)으로 도망하여 관리와 백성들이 모두 흩어졌다. 封常淸이 고선지에게 말하였다. "저 封常淸은 연일 혈전을 하였으나 적의 칼날을 당할 수 없었습니다. 또 潼關(섬서성 동관)에 병사가 없으니 만약 돼지같은 적들이 潼關으로 돌진한다면 長安이 위험합니다. 陝郡은 지킬 수 없으니, 병사를 이끌고 먼저 潼關을 굳게 지키며 막는 것이 더 낫습니다."[77]

봉상청은 東京에서 안녹산 반군에 무참히 패배하였다. 어쩔 수 없이 봉상청은 陝郡으로 퇴각하였는데 그곳마저 안녹산 반군의 기세에 눌려 싸울 생각보다는 도망치기 바쁜 상황이었다. 아무런 방책이 없어 봉상청은 휘하에 얼마 남지 군대를 이끌고 고선지 장군이 있는 陝郡으로 퇴각했다.[78] 그렇다면 이때 상황은 고선지가 황제 명령에 의해 陝郡에 주둔하고 있었으나 陝郡太守가 도망하였기 때문에 陝郡을 방어하기도 매우 어려운 상황이었다. 『구당서』 「고선지전」에서 이때의 상황을 들어보면,

> 13일, 祿山은 東京(洛陽)을 함락하였고, 常淸은 남은 무리를 이끌고 陝州로 도망하여 仙芝에게 말하기를 "며칠 동안 혈전하였지만, 적의 무서운 기세를 감당해 낼 수가 없었습니다. 하온데 潼關에 군사가 없으니, 만약 미친 적이 마구 쳐들어오게 되면 長安이 위태로워집니다. 마땅히 이곳(陝州)을 지키는 것을 포기하시고, 한시라도 빨리 潼關을 지켜야 합니다."고 하였다. 常淸·仙芝는 병사를 있는 대로 거느리고 太原倉으로 가서 太原倉의 돈과 비단을 취하여 장교와 병사들에게 나누어주고,

---

77) 『資治通鑑』 권217, 「唐紀」33 玄宗 天寶 14載 12月조, 6938쪽, "封常淸帥餘衆至陝, 陝郡太守竇廷之奔河東, 吏民皆散. 常淸謂高仙芝曰 '常淸連日血戰, 賊鋒不可當. 且潼關無兵, 若賊豕突入關, 則長安危矣. 陝不可守, 不如引兵先據潼關以拒之'".

78) 『冊府元龜』 권443, 「將帥部」 '敗衄' 常淸東京戰敗조, 5258쪽.

그 나머지 물건은 모두 불태워 버렸다.[79]

라는 것이 그것이다. 이는 봉상청이 汜水에서 안녹산의 반란군에게 패퇴한지 이틀만의 일이었다.

천보 14재 12월 13일에 洛陽(東京)이 함락되어 반군에 의해 洛陽留守 李憕이 살해되었다.[80] 그렇다면 장안에서 토벌군을 출정시킬 때 討賊 총부사령관 고선지를 섬주에 주둔하도록 명령하였던[81] 이유는 낙양이 함락될 경우를 대비하여 제2선을 섬주로 삼겠다는 당 현종의 작전 계획이었다. 이때 고선지 장군의 직함이 부사령관이었으나 실제는 앞에서 언급한 것처럼 총사령관이나 다름없었다. 고선지가 이끄는 부대는 반란군을 진압하는 제2전선을 형성하였다. 이때 제1전선에 해당하는 봉상청이 이끄는 군대가 범수를 지키면서 낙양을 향하는 반란군의 무리를 막으라는 명령을 받았다. 그러나 범수를 지키고 있던 봉상청의 군대가 대패 당했기 때문에 안녹산의 반란군이 쉽게 낙양을 점령하였다. 한편 반란군이 낙양을 장악하자, 안녹산은 낙양에서 至德 元年(756) 정월 大燕 황제로 즉위하면서 연호를 聖武로 정하는 등 새로운 왕조를 수립하였다.[82] 범수를 지키고 있던 봉상청은 반군에 쫓기어 불과 10여 기병만 거느리고 고선지 장군이 주둔하고 있는 섬군으로 도망쳤다.[83] 그때 상황을 "(封常清은) 서쪽 陝郡으로 도망하여, 고선지에게 적의 기세를 자세히 알리자, 어쩔 수 없이 潼關으로 퇴각했다"[84]고 전한다. 이로 말미암아 고선지가 지휘하

79) 『舊唐書』 권104, 「高仙芝傳」, 3206쪽, "十三日, 祿山陷東京, 常淸以餘衆奔陝州, 謂仙芝曰 '累日血戰, 賊鋒不可當. 且潼關無兵, 若狂寇奔突, 則京師危矣. 宜棄此守, 急保潼關.' 常淸·仙芝乃率見兵取太原倉錢絹, 分給將士, 餘皆焚之".

80) 『太平御覽』 권111, 「玄宗明皇帝」(天寶 14載 12月) 丁酉조(1983, 『景印文淵閣四庫全書』 894冊, 臺灣商務印書館), 171쪽.

81) 呂思勉, 1961, 「安史之亂上」, 『隋唐五代史』, 215쪽.

82) 『舊唐書』 권200上, 「安祿山傳」 (天寶)十五年 正月조, 5371쪽 ; 『資治通鑑』 권217, 「唐紀」33, 肅宗 至德 元載 春 正月 乙卯朔 祿山自稱大燕皇帝조, 6951쪽 ; 金明姬, 「唐 末期의 諸 現像」, 118쪽 ; 章羣, 1958, 「安史之亂」, 『唐史 1』(臺北 : 中華文化出版), 102쪽.

83) 『舊唐書』 권104, 「封常淸傳」 西奔至陝郡조, 3209쪽 ; 『冊府元龜』 권443, 「將帥部」 '敗衄' 常淸以麾下十數騎조, 5257쪽 ; 『資治通鑑』 권217, 「唐紀」33 玄宗 天寶 14載 12月 封常淸帥餘衆至陝조, 6939쪽.

84) 『冊府元龜』 권450, 「將帥部」, '譴讓' 5341쪽, 西奔陝郡, 遇高仙芝, 具以賊勢告之. 遂退守潼關.

고구려 유민 고선지 장군이 안녹산 반군을 방어한 장안 서쪽의 동관 상상도

는 부대가 별안간 제1전선 서쪽으로 이동하였다. 봉상청이 지휘하는 부대가 대파된 것은 안녹산 군대의 기세가 관군을 일방적으로 압도했다는 이야기이다. 그리고 討賊副元帥 고선지가 이끄는 부대가 안녹산의 군대와 조우하는 것도 시간을 다툴 정도로 다급해졌다.

고선지는 상황에 대처하는 능력이 탁월하고 기민하였다. 당 현종이 지키라고 명령한 섬주 보다는 장안에서 더 가까울 뿐만 아니라 견고한 요새 潼關을 고선지 장군이 중시하였던 점에서도 이를 알 수 있다. 병사들 거의가 급히 불러 모은 募兵들이라는 한계성을 인식한 고선지 장군은 작전을 수정하였다.[85] 다시 말해 이런 상황에서 적의 예리한 공격을 당한다면, 陝州에 있는 고선지 장군의 병사들은 여지없이 패할 수밖에 없다는 것을 너무 잘 알고 있는 터였다. 앞서 봉상청이 적군의 동향을 설명하자,[86] 고선지는 작전을 변경하였다.[87] 이때 동관사수로 방향을 급히 틀었던 고선지의 행동에 대해서는 다음과 같이 기록되어 있다.

> 고선지는 마침내 보이는 병사들을 인솔하고 서쪽으로 潼關을 향해 갔다. 얼마 지나지 않아 적이 이르자 관군이 허둥지둥 달아나면서 다시 부대의 대열을 이루지 못하여 병사와 말이 서로 올라타며 밟으니 죽는 사람이 매우 많았다. 潼關에 이르러 수리하는 일을 완벽하게 하여 지키며 대비하니 적이 도착하였지만 들어오지 못하고 떠나갔다.[88]

85) 郭紹林, 1987, 「安祿山與唐玄宗時期的政治」, 80쪽.

86) 『資治通鑑』 권217, 「唐紀」33 玄宗 天寶 14載 12月 丁酉 常淸謂高仙芝조, 6939쪽.

87) 『冊府元龜』 권443, 「將帥部」 '敗衄' 常淸爲將軍計不如退守潼關조, 5257쪽.

봉상청이 고선지에게 潼關을 지켜야만 長安을 지킬 수 있다고 말하는 사이에 안녹산 반군이 陝郡까지 들이닥쳤다. 고선지도 상황이 다급하여 보이는 병사들만 거느리고 동관을 향해 달렸다. 그런데 너무나 급작스러운 상황전개라 병사와 말이 서로 올라타다 밟혀 죽은 자가 매우 많았다는 것은 그때 상황이 얼마나 다급했는지를 짐작하게 한다. 아무튼 고선지의 순간판단에 의해 동관을 적의 수중에서 지킬 수 있었다.

이와 같은 조치는 매우 중요하다. 왜냐하면 陝州를 방어하라는 것은 황제의 명령이었기 때문에, 이를 바꾼다는 것은 고선지가 명령을 어긴 것과 같기 때문이다. 이때 현종은 퇴각의 책임을 물어 봉상청의 관직을 삭탈하였다.[89] 고선지는 조정의 안전을 위하여 섬군을 포기할 생각을 굳혔다. 조정에서 만약의 사태를 대비하여 동관에 새로운 전선을 펼쳤다면, 고선지 장군이 전략상 동관으로 후퇴할 필요가 없었을 것이다. 게다가 고선지가 섬군에 주둔하기 전에 陝郡太守 竇廷芝는 반란군이 무서워 河東으로 도망간[90] 그런 상황이라 섬군 관리와 백성들 모두 도망간 상태였다.[91] 한마디로 고선지 장군의 섬주를 장악할 시간적 여유마저 없을 정도로 다급하였다.

고선지가 장안을 지키기 위하여 황급히 섬군의 서쪽 동관으로 달려갔다는 사실도 特記할 만하다.[92] 이때 고선지는 반군의 기세를 꺾어야 동관에 대한 적의 공격력을 약화시킬 수 있다고 판단하였다. 이를 실행하기 위한 첫 조치로 고선지 장군이 동관으로 달려가기 전에 보급기지인 太原倉의 官物을 모두 없앨 계획이었다. 이는 많은 전리품을 바라면서 진격하는 반란군의 속마음에 찬물을 끼얹겠다는 심리적인 계산도 곁들인 작전이다. 즉 고선지는 반란군이

88) 『資治通鑑』 권217, 「唐紀」33 玄宗 天寶 14載 12月조, 6939쪽, "仙芝乃帥見兵西趣潼關. 賊尋至, 官軍狼狽走, 無復部伍, 士馬相騰踐, 死者甚衆. 至潼關, 脩完守備, 賊至, 不得入而去".

89) 『舊唐書』 권104, 「封常淸傳」 玄宗聞常淸敗조, 3209쪽.

90) 『資治通鑑』 권217, 「唐紀」33 玄宗 天寶 14載 12月 丁酉 陝郡太守竇廷芝已奔河東조, 6939쪽 ; 『冊府元龜』 권450, 「將帥部」 '失守' 陝郡太守竇廷芝조, 5334쪽.

91) 『資治通鑑』 권217, 「唐紀」33 玄宗 天寶 14年 12月 吏民皆散조, 6939쪽.

92) 『舊唐書』 권9, 「玄宗下」 天寶 14載 12月 丁酉 棄城西保潼關조, 230쪽 ; 『舊唐書』 권104, 「封常淸傳」 仙芝遂退守潼關조, 3209쪽 ; 『新唐書』 권225上, 「安祿山傳」 棄甲保潼關조, 6418쪽 ; 『太平御覽』 권111, 「皇王部」36 玄宗明皇帝 (天寶 14年 12月 丁酉) 棄城西保潼關조, 535쪽 ; 『資治通鑑』 권217, 「唐紀」33 玄宗 天寶 14載 12月 仙芝乃帥見兵西趣潼關조, 6939쪽.

급히 몰려올 것을 예상하여 섬주에서 멀리 떨어져 있는 태원창을 폐쇄하기 위한 군사작전을 개시하였다. 급박한 상황에서 섬주에서 너무 먼 태원창까지 달려가기 위해 시간적 여유가 없었지만 태원창을 없애는 것이 전략상 제일 중요한 문제였다. 그 즉시 고선지는 태원창을 없애기고 결심하였다. 어쩌면 고선지가 이끄는 일부 기병이 태원창에 도착하기에 앞서 반란군이 먼저 도달할 수 있는 그런 거리였기 때문에 장군은 그 즉시 행동하였다. 고선지가 태원창을 없애겠다는 작전은 중요할 뿐만 아니라 시간을 다투는 문제였다. 안녹산 반군의 기세등등한 공격력을 꺾기 위하여 태원창의 폐쇄가 급선무였기 때문에 고선지 장군은 급히 달려갔다. 고선지는 도착하자마자 태원창의 돈과 비단을 병사들에게 나누어주었다. 그리고 물건들을 모두 불태워 버렸다.[93] 이와 같은 고선지의 조치는, 약탈이 아니라 분명 하나의 전략·전술 차원에서 행하여졌던 군사작전이다. 왜냐하면 태원창에 있는 많은 재물이 반란군에게 넘어가게 되면, 반란군의 사기가 드세어져서 장안의 안전에 많은 타격을 입힐 게 뻔하기 때문이다. 만약 태원창에서 반란군들이 많은 물자를 얻게 되면 장안에서 더 많은 물자를 얻을 수 있겠다는 기대심리를 제공할 가능성이 충분하기 때문이다. 반란군의 물자 조달이, 주로 약탈을 통한 방법이었기 때문에 안녹산의 군대는 많은 도성을 공격하였던 게 사실이다. 하물며, 반란군이 장안을 공격할 즈음에 그러한 생각이 더욱 심하여진다면 관군과의 전투가 더욱 치열해질 가능성이 높다. 장안에 많은 물자가 그득하기 때문에 도성을 함락시켜 전리품을 획득하겠다는 욕심으로 반란군의 총공세가 더욱 기세를 올릴 게 뻔한 이치다. 그렇다면 고선지가 태원창을 소각시켰다는 것은 고도로 계산된 전략이었다고 평가하여도 좋다. 여하간 이와 같은 결정은 고선지 장군이 독단적으로 내렸던 것이 틀림없다. 또한 이는 고선지다운 판단이었다. 옛날 토번 정벌 때도 무서워서 더는 진격하지 못하겠다는 부하를 독려하면서 적진 깊숙이 진격하였던 인물이 고선지가 아니었던가? 게다가 현종이 元帥로 榮王 李琬을 임명하였으나, 그가 실제로 討賊元帥의 임무를 수행하였다는

93)『續通志』 권237,「唐列傳」37 ‘高仙芝’ 焚其餘조, 4668쪽.

기록은 없다. 더구나 이완은 정토원수로 임명되고 나서 며칠 후 죽었다.[94] 이완의 토적원수 임명은 필자가 앞에서 주장하였던 것처럼 상징적일 수밖에 없는 요식 행위에 불과했다. 討賊에 관한 모든 사항은 토적부원수 고선지 장군에게 위임되었다고 표현하여야 옳을 듯싶다. 그런데 고선지가 억울하게 죽임을 당한 후, 영왕 이완도 같은 달 辛亥에 죽었다고 『구당서』 본기에 기록되었다.[95] 그러나 『신당서』 본기와 『자치통감』은 같은 달 戊申에 영왕 이완이 죽었다고[96] 기록되어 있다. 따라서 자료마다 죽은 날짜가 다르게 기록되었다. 게다가 사마광은 『자치통감』에서 고선지가 어려운 상황인데도 태원창의 재물을 없애야만 장안의 안전이 보장된다는 생각에 혼신을 다해 노력하였는데도 불구하고 이런 사실을 모두 삭제하였다. 거꾸로 고선지가 부하를 데리고 허둥대며 潼關으로 도망치는 무능한 장군으로 묘사하였다.[97] 이는 사마광이 고선지를 죽였던 조정 결정이 옳았다는 듯이 조작하려는 의도를 너무나

고선지는 안녹산의 반군을 저지시켰지만 도리어 모함을 받고 동관고성(장안 동쪽 90여 km)에서 죽었다. 동관 동문 안내 표지석

---

94) 『舊唐書』 권107, 「靖恭太子琬傳」(天寶) 十四年十一月조, 3261~3262쪽 ; 『新唐書』 권82, 「靖恭太子琬傳」, 3609쪽, 榮王 李琬은 征討元帥로 陝州에 있을 때 죽었다.

95) 『舊唐書』 권9, 「玄宗本紀下」 天寶 14載 12月 辛亥조, 230쪽 ; 『資治通鑑』 권217, 「唐紀」33, 玄宗 天寶 14載 12月 庚子조의 胡三省註, 6943~6944쪽, 胡三省이 인용한 『玄宗實錄』에서 征討副元帥 고선지를 죽이고 새로운 征討副元帥를 哥舒翰으로 임명하였으며, 이때 榮王 李琬이 征討元帥였다고 기록되어있다.

96) 『新唐書』 권5, 「玄宗本紀」(天寶 14載 12月) 戊申조, 151쪽 ; 『資治通鑑』 권217, 「唐紀」33 玄宗 天寶 14載 12月 戊申 榮王琬薨조, 6950쪽.

97) 『資治通鑑』 권217, 「唐紀」33 玄宗 天寶 14載 12月 仙芝乃帥見兵西趣潼關조, 6939쪽.

선명하게 보여준다.

고선지는 환관 변령성의 농간에 의해 죽었다. 즉, 『冊府元龜』에 "고선지가 현종대에 하서절도사였을 때, 감군 변령성이 매사 선지를 간섭하였는데, 선지는 (변령성의 요구에) 자주 따르지 않았다"[98]라고 기록한 사실이다. 그런데 이를 '正直'이라는 항목에서 기록하였다. 간단히 말해 고선지는 '정직'하였으나 변령성은 그렇지 못한 나쁜 인물이라는 이야기다. 이와 관련해서는 『자치통감』의 설명이 자세하다.

> 고선지가 동쪽을 정벌하면서 監軍 邊令誠이 자주 일을 가지고 그에게 간섭했는데, 고선지는 대부분 따르지 않았다. 邊令誠은 (황궁에) 들어와서 일에 관하여 주문을 올리면서, 고선지와 봉상청이 기세가 꺾이어 패한 상황을 자세히 말하면서 또 말하였다. "封常淸은 賊을 이용하여 병사들을 흔들었고, 고선지는 陝郡의 땅 수백 里를 버렸으며, 또 줄어든 군사들의 식량으로 내린 것을 도둑질하였습니다.[99]

이는 환관 변령성이 고선지가 자신의 요구를 들어주지 않은 것에 대한 보복으로 황제에게 고선지를 무고한 내용이다. 환관은 속성상 정치욕은 물론이고 物慾은 생각을 초월할 정도로 왕성하였다. 고선지는 토번 연운보와 소발률 정벌 시 변령성의 요구를 따랐다. 토번 연운보 함락 후 소발률을 향해 진군할 때 앞장서야할 監軍 변령성은 두려움 때문에 연운보에 남겠다고 할 때 고선지 장군은 그의 부탁을 들어 주었다. 물론 그 후 원정 때도 고구려 유민이라는 한계성 때문에 고선지는 감군 변령성의 요구를 많이 들어 주었다. 이런 까닭에 고선지에게 많은 재물이 필요했다는 것을 앞에서 자세히 설명하였다. 그러나 안녹산 반군 토벌을 위해 陝郡으로 향할 때나 潼關으로 퇴각할 때 고선지가 변령성을 대하는 태도는 분명 달랐을 것이다. 당시는 당의 존망과 관련된 비상상황이라 변령성의 요구를 들어줄 수 있는 그런 여유가 없었다.

---

98) 『冊府元龜』 권406, 「將帥部」 '正直' 4833쪽, "高仙芝玄宗時爲河西節度使, 監軍邊令誠每事于仙芝, (仙)芝多不從".

99) 『資治通鑑』 권217, 「唐紀」33 玄宗 天寶 14載 12月조, 6942쪽, "高仙芝之東征也, 監軍邊令誠數以事干之, 仙芝多不從. 令誠入奏事, 具言仙芝·常淸橈敗之狀, 且云 「常淸以賊搖衆, 而仙芝棄陝地數百里, 又盜減軍士糧賜」".

그러나 감군 변령성은 황제로부터 고선지를 감독하는 권한을 위임받은 것만 고집해 고선지에게 전과 같이 많은 것을 요구하였다. 심지어는 전투에 문외한 변령성이 말도 되지 않는 작전권까지 참견하려 들자, 고선지 장군이 그의 요구를 묵살했다. 아무튼 변령성은 못된 환관 심보대로 고선지와 봉상청을 죽여야 한다고 현종에게 무고하였다.

그러자 환관은 황제의 수족과 같은 측근이라, 안녹산과 같은 난이 두려운 현종은 변령성의 의지대로 움직였다.

> 황제는 크게 노하여 癸卯일(18)에 邊令誠을 파견해 勅書를 가지고 가게 하여 바로 군대 안에서 고선지와 봉상청을 베어 죽이도록 하였다.[100]

현종은 변령성의 요청대로 고선지와 봉상청을 죽이라 명령하였다. 그런데 고선지가 토적부원수가 되었던 시기가 前月인 11월 丁丑(22일)이라는 사실을 감안하면, 불과 한 달도 채 지나지 않아 현종은 고선지를 죽이도록 명령한 것이다. 이때 황제보다 고선지 인기가 높은 것이 두려워서 변령성 말대로 고선지 장군을 죽이기로 현종이 결심하였는지 모른다. 정확히 말해 안녹산 난이 진압된 후 고선지가 唐朝를 위협할지 모른다는 생각을 현종이 하였을 것 같다.

고선지와 봉상청이 황제 칙서에 의해 죽임을 당하였으나 漢族출신 봉상청에 대해서는 고선지의 기록처럼 악의적이지 않다는 사실을 주목할 필요가 있다. 氾水에서 반란군에게 패하여 도망쳐 온 봉상청은 마치 섬주에서 중심적인 역할을 수행하였던 인물인 양 기록되었다. 그런데 이때 봉상청이 반란군에게 패하여 불과 10여 騎를 거느리고 도망하였을 뿐만 아니라 그가 도망쳐 온 거리만 무려 직선거리로 계산하더라도 약 200㎞나 되었다.[101] 그러한 봉상청의 생각에 휘둘려서 고선지가 행동하였던 것 같은 느낌을 주는 것이 위의

100)『資治通鑑』권217,「唐紀」33 玄宗 天寶 14載 12月조, 6942쪽, "上大怒, 癸卯, 遣令誠齎勅卽軍中斬仙芝及常淸".

101) 譚其驤主編,「河東道」,『中國歷史地圖集, 隋·唐·五代十國時期』, 46~47쪽.

사료인데, 이는 잘못된 기록이다. 위와 같은 서술이 오류를 범하였다고 보는 또 다른 이유가 있다. 봉상청은 한때 고선지 휘하의 都知兵馬使였을 뿐만 아니라 그 후에도 상당기간 고선지의 부하였다.[102] 오랜 기간 고선지 장군의 부관이 봉상청이었다는 사실을 사가들이 잘 모르는 것 같다. 현종도 고선지가 당나라 제일가는 장군으로서 출중한 기량을 지녔다고 인정하였기 때문에 토벌군의 실질적인 지휘자인 토적부원수로 임명하였던 것이 분명하다. 그렇다면 그 당시 현종뿐만 아니라 정치가들 모두 최고의 장군을 고선지로 선정하였던 게 틀림없다. 그런데 마치 고선지와 이사업의 기록에서 의도적인 조작을 남겼던 것과 같이 사가들은 고구려인 고선지가 아닌 봉상청을 치켜세우겠다는 의도가 너무나 역력하다. 게다가 漢族출신들이 대개 그러했던 것처럼 봉상청도 독서인 출신이었다. 이러한 사실 때문에 사가들은 당에 의해서 패망한 고구려 출신 장군 고선지에 관해 수단방법을 가리지 않고 야만으로 몰아붙이려고 무던히 노력하였던 것 같다. 한 마디로 봉상청은 고선지처럼 훌륭한 장군이 될 수 있는 신체 조건을 구비하지 못하였던 사람이다. 구체적으로 표현한다면, 봉상청은 고아 출신으로 외눈인데다가 다리마저 절었다.[103] 그러나 봉상청은 讀書人 특유의 공손함은 없어도 충성심이 매우 강했기 때문에 고선지 장군의 신임을 독차지하였다.[104] 고선지는 하서절도사 시절에 봉상청의 승진을 주청하여서 그를 판관으로 만들어 주었다.[105] 이때는 천보 10재의 일이었다. 그런데 판관은 留後로서 절도사를 대신하는 중요한 자리이다.[106] 이는 고선지의 고매한 인품의 결과이지, 봉상청이 장군으로서의 자격이 훌륭했기 때문은 아니었다. 이러한 평가는 史家의 크나큰 실수였다. 무엇보다 그 당시 唐에 의해 패망한 고구려 사람에 대한 기록을 가능한 폄하시켜보겠다는 史家들의 옹졸한 생각의 편린을 보는 것 같아 안타깝다. 게다가 이때 현종은 봉상청이

---

102) 『舊唐書』 권104, 「封常淸傳」 將軍高仙芝爲都知兵馬使조, 3207쪽.

103) 『資治通鑑』 권216, 「唐紀」32 玄宗 天寶 6載 (12月 初) 猗氏人封常淸조, 6887쪽.

104) 閔泳珪, 1965, 「高仙芝－파미르 西쪽에 찍힌 韓國人의 발자국」, 79쪽.

105) 『舊唐書』 권104, 「封常淸傳」 天寶 十載조, 3208쪽.

106) 『資治通鑑』 권216, 「唐紀」32 玄宗 天寶 6載 (12月 初) 仙芝爲節度使조, 6888쪽 ; 嚴耕望, 1966, 「唐代方鎭使府之文職僚佐」, 『新亞學報』 7-2, 61~62쪽.

반란군에게 패하였다는 소식을 듣고 그의 관직과 작위만을 박탈하면서 백의로 고선지 軍을 따르도록 하였던 사실을[107] 망각하였던 사가들의 기록일 뿐이다.

위에서 언급한 대로 봉상청이 반군에 쫓겨 고선지가 있는 곳으로 퇴각하였던 급박한 상황을 트윗체(Denis Twitchett)는 다음과 같이 설명하였다. 즉,

> 새로 소집된 사람으로 조직된 봉상청의 군대는 반군과 조우할 때마다 매번 패배함으로 그들을 필적할만한 능력이 없음이 입증되었다. 755년 12월 13일 洛陽의 河南尹 達奚珣이 안녹산에게 낙양성을 들어 항복하였다. 동시에 封常淸은 또 한 차례 처절한 패배를 당한 후, 재빨리 陝州로 퇴각하였다. 그리고 나서 서울 장안과 관중에 침략군이 도달하기 전에 최후의 방어선, 사실상 난공불락의 동관으로 퇴각하였다. 이곳 동관에서 내륙아시아의 많은 전투에서 영웅이었을 뿐만 아니라 낙양 방어를 책임지고 있는 고선지 군대와 합류하였다. 이때 반란군은 드디어 더는 진격하지 않고, 낙양 성에서 수마일 떨어진 陝州 동쪽에 주력부대의 진영을 설치하였다.[108]

라는 것이 그것이다. 이는 트윗체도 위의 많은 사실 가운데 장안성의 방어선으로 동관의 중요성을 인정한 사실이기에 주목하고 싶다. 그 이유는 트윗체도 고선지가 동관으로 후퇴하였던 것이 퇴각이 아니라 장안성의 안정을 확보하기 위한 전략의 일환이었다는 것을 시인한 것이나 다름없기 때문이다.

고선지 장군은 반란군이 섬주로 오리라고 예상하였다. 그러나 『구당서』의 기록이 맞다면, 고선지의 생각보다 빨리 안녹산의 반란군이 섬주로 들이닥쳤다. 이를 들어보면

---

107) 『舊唐書』 권104, 「封常淸傳」 玄宗聞常淸敗조, 3209쪽.

108) Denis Twitchett, *op. cit.*, p.455, Feng Ch'ang-ch'ing's army of raw levies proved no match for the rebels, and was defeated in a series of encounters. Lo-yang's governor Ta-hsi Hsün surrendered the city to An Lu-shan on the thirteenth day of the twelfth month of 755. Feng Ch'ang-ch'ing meanwhile had fallen back first to Shan-chou and then, after suffering yet another bloody rout, retreated to the virtually impregnable pass at T'ung-kuan, the last defensible position before the invaders reached Kuan-chung and the capital city Ch'ang-an. Here he joined forces with Kao Hsien-chih, the hero of so many campaigns in Inner Asia, who had already prepared the defences. The rebel army was at last halted, and their main force encamped at Shan-chou, some miles to the east.

> 얼마 지나지 않아 적의 기병들이 들이닥치자, 많은 군사들이 당황하고 놀라 무기를 버리고 도망하였기 때문에, 부대의 대오를 회복할 수 없었다. 이때 仙芝는 潼關에 도착하자마자 방어용 무기를 정비시키는 한편 索承光에게 善和戎을 지키도록 명령했다. 적의 기병이 潼關에 이르렀으나, 이미 성안은 싸울 준비를 갖추고 있던 터라, 적이 공격을 할 수 없어 퇴각하였는데, 이는 仙芝의 공로였다.[109]

라는 것이 그것이다. 이는 고선지의 부대가 반란군과 조우하면서 벌어졌던 광경에 대한 설명이다. 위 사료는 『구당서』「고선지전」의 마지막 부분인데 『신당서』「고선지전」과 일치하지 않는 부분이 있어 비교 검토하겠다. 여기서는 우선 위의 사료를 중심으로 몇 가지로 분석하고 싶다.

첫째는 고선지의 예상보다 반란군의 행동이 민첩하였다는 사실이다. 물론 공격자였던 반란군이 섬주를 수비하는 고선지 부대보다 기민하게 행동하였던 것은 어쩌면 당연하다. 그 이유는 안녹산의 반란군 가운데 상당수가, 앞서 지적하였던 것처럼 유목기마민족인 同羅, 奚, 契丹, 室韋로 구성되었기 때문이다.[110] 이들 유목부족들 자체가 기동성 있는 기마부대를 구성하였기 때문에 당의 군대와는 큰 차이가 있을 수밖에 없다. 너무 빨리 반란군이 고선지가 주둔하고 있던 陝州로 공격하였기 때문에 討賊軍의 대부분은 당황한데다가 무서워서 도망가기에 바빴을 정도였다. 그 결과 陝州에서 반란군을 막는다는 것 자체가 불가능할 정도로 당군의 전투 의지가 전무하였던 상태가 아닌가 싶다. 물론 이때 고선지가 지휘하는 병사들이 달려드는 반란군에 의하여 상당수가 희생되었던 것은 자명한 사실이다.[111] 이와 같은 상황을 이미 고선지는 예측하였다. 이를 뒷받침하는 사실은 앞에서 밝힌 바와 같이 고선지가 재빨리 모을 수 있는 병사들만 동원하여 당의 군수 기지 창고나 다름없는 太原倉을 없앴다는 사실에서 입증된다. 그런데 여기서 지나칠 수 없는 사실은 고선지가 얼마 안 되는 사졸을 거느리고 섬주에서 먼 태원창으로 갔다는

109) 『舊唐書』 권104, 「高仙芝傳」, 3206~3207쪽, "俄而賊騎繼至, 諸軍惶駭, 棄甲而走, 無復隊伍. 仙芝至關, 繕修守具, 又令索承光守善和戎. 賊騎至關, 已有備矣, 不能攻而去, 仙芝之力也".

110) 『資治通鑑』 권217, 「唐紀」33 玄宗 天寶 14載 11月 甲子조, 6934쪽.

111) 『舊唐書』 권200上, 「安祿山傳」 (天寶 14載 12月) 高仙芝率兵守陝城조, 5370쪽.

사실이다. 그렇다면 안녹산의 반란군이 들이닥쳤을 때, 섬주의 관군을 봉상청이 지휘하였을지 모른다. 그리고 고선지는 태원창을 없애고 난 후 봉상청과 약속한 동관으로 달려갔던 모양이다.

둘째는 고선지 휘하의 많은 군이 반란군의 기병이 들이닥치자 도망하였다는 사실이다. 그런데 첫째와 둘째 부분은 『신당서』「고선지전」과 전혀 다르게 표현되었다. 『구당서』에서 서술되었던 것은 고선지의 부대가 공격을 받았다는 이야기다. 이는 고선지가 작전상의 실수로 반란군과의 첫 대면에서 제대로 싸우지 못하고 패배하였다는 인상을 지울 수 없게 한다. 고선지 부대가 섬주에서 일방적으로 쫓기었던 것은 사실이다. 그 이유는 반란군의 기병들이 고선지 장군의 예상보다 빨리 이동하였기 때문이다. 그리고 반란군에 투항한 섬주의 지방장관의 행위가 결과적으로 고선지 부대에게 큰 타격을 주었던 게 틀림없다. 앞에서 언급하였던 섬군태수 竇廷芝가 아예 반란군이 장악한 河東으로 도망쳤던 사건이 고선지 부대에 큰 심리적인 타격을 주었을 듯싶다.[112] 이날 밤에 고선지 장군의 부대는 섬주를 출발해 동관에 도착하였다.[113] 이러한 소식을 들은 조정은 경악을 금치 못하였다.[114]

셋째는 천보 14재(755) 12월 丁酉에 섬주를 포기하고 그 서쪽 동관을 방어하였던[115] 고선지의 전략이 주효하였다는 사실이다. 즉 고선지가 동관을 지키기 위하여 방어용 무기를 손질하도록 하면서 기세등등하게 공격하는 반란군의 기병을 막겠다는 전법을 구사하였던 것을 말함이다. 한편으로 고선지는 索承光[116]으로 하여금 善和戎을 지키게 하였다. 이는 고선지가 거침없이 달려드는 적병의 기세를 꺾기 위하여 색승광으로 하여금 潼關의 전초 기지나 다름없는 선화융을 방어하도록 명령하였던 것이다.

넷째는 안녹산의 무리가 동관에 이르렀으나 이를 함락하지 못하였다는

---

112) 『新唐書』 권225上, 「安祿山傳」(天寶 14載 12月) 太守竇廷芝奔河東조, 6418쪽.

113) 『冊府元龜』 권443, 「將帥部」 '敗衄' 夜走保潼關조, 5257쪽.

114) 『冊府元龜』 권443, 「將帥部」 '敗衄' 朝廷大駭조, 5257쪽.

115) 『舊唐書』 권9, 「玄宗本紀下」 天寶 14年 12月 丁酉조, 230쪽. 여기서는 陝州를 陝郡으로 표기되었다.

116) 『資治通鑑』 권217, 「唐紀」33 玄宗 天寶 14載 12月 以將軍李承光조, 6943쪽. 『舊唐書』에서 索承光을 『資治通鑑』에서는 李承光으로 다르게 표기하였다. 따라서 索承光과 李承光은 동일인이다.

사실이다. 이는 고선지 장군이 적의 기병이 빨리 도착할 것을 알고, 휘하의 군사를 이끌고 동관에 도착하자마자 재빠르게 수비체제로 전환하였다는 뜻이다. 그 결과 너무나 완강해진 고선지 군대의 저항에 반란군 무리들도 어쩌지 못하고 동관 공격을 포기하였다.[117] 이는 반란군의 제1차 동관 공격의 실패였다고 표현하고 싶다.

여기서 『구당서』「고선지전」의 찬자가 안녹산 반란군의 제1차 동관 공격을 좌절시켰던 것이 고선지의 공로였다고 표현하였던 것은 시사하는 바가 크다.[118] 왜냐하면 『구당서』의 찬자는 늘 고선지의 공을 깎아 내리려고 하였던 것과 대조되기 때문이다. 또 하나 『구당서』의 찬자가 「고선지전」을 쓰면서 왜 이 대목에서 끝을 맺었는가 하는 점을 주목하고 싶다. 이는 『구당서』의 찬자도 객관적으로 고선지를 마지막으로 높게 평가하고 싶었던 게 분명하다. 그 이유는 고선지 장군이 얼마 지나지 않아서 정치적인 모략으로 죽었기 때문이다. 이후의 고선지의 사적을 『구당서』의 찬자가 쓰지 않았던 것은, 그 당시 唐朝에서 돌이킬 수 없는 큰 잘못을 사과하고 싶은 마음과 연관성이 있지 않을까 싶다. 그래서 『구당서』의 찬자가 고선지의 억울한 죽음에 대한 사실을 기록하지 않았던 것 같은 느낌이다. 『구당서』의 찬자는 동관을 지켰던 것이 고선지의 공로라고 솔직하게 표현하면서 「고선지전」의 끝을 맺었다.

앞서 언급한 것처럼 위의 첫째와 둘째 부분에서 『구당서』와 『신당서』가 차이가 있다. 이를 밝히기 위하여 『구당서』의 같은 부분에 해당되는 『신당서』를 옮기어 보면,

> 仙芝는 상황이 급하여, 곧 太原倉을 열어 모든 것을 士卒들에게 나누어주었으며, 그 나머지를 불사르게 한 후에 군사를 거느리고 潼關으로 달려갔다. 적과 마주치자, 양식과 무기가 몇 백 리 걸쳐 길가에 널리게 되었다. 먼저 潼關에 이르러 隊伍를 수습하고 방어 장비를 정비하니, 병사들의 사기가 점차 진작되었다. 적은 潼關을 공격하였으나 함락시키지 못하고, 곧 군사를 이끌고 퇴각하였다.[119]

117) 中國古代戰爭戰例選編室, 1983, 「唐王朝平定安史之亂的戰爭」, 『中國古代戰爭戰例選編』 2, 北京 : 中華書局, 295쪽.

118) 諏訪義讓, 1942, 「高麗出身高仙芝事蹟攷」, 219쪽.

라는 것이 그것이다. 그런데 위의 『신당서』의 내용을 보면 고선지가 얼마나 지혜로운 장군인지 알 수 있다. 이를 『구당서』의 그것과 비교 검토하여 보자.

첫째는 고선지는 봉상청의 반란군 실상에 대한 보고를 받고 상황이 급박함을 판단하였다는 사실이다. 그런데 『구당서』에서는 마치 봉상청이 주도하여 태원창을 열어서 사졸들에게 관물을 준 것인 양 기록하였다. 그렇다면 이는 『구당서』와 『신당서』의 고선지에 대한 기록의 차이가 있다는 이야기다. 즉 『신당서』에서 보듯 모든 상황판단은 고선지가 혼자 하였을 뿐만 아니라 태원창의 관물을 사졸에게 주고, 남는 것을 불사르도록 명령한 것도 바로 그였다.

둘째는 반란군이 동관을 향할 때는 수백 리에 걸쳐서 양식과 무기가 널려 있었다는 사실이다. 이는 앞서 필자가 언급한 것처럼 섬주를 지키고 있던 봉상청이 제대로 작전을 짜지 못하여 관군이 시기를 놓친 상황에서 반란군이 밀려왔던 사실과 관련된 광경이다. 다시 말해 당황한 관군들이 무기와 식량마저 버리고 섬주에서 동관으로 도망하였던 광경을 목도하는 듯싶다. 즉 이는 陝州를 지키고 있던 관군이 무서운 기세로 쳐들어오는 반란군의 위세에 겁을 먹은 나머지 허둥지둥 섬주를 빠져 나와 동관으로 도망쳤던 내용이다. 관군의 황망한 퇴각은 섬주의 지휘자가 고선지든 아니면 봉상청이든 간에 그 책임을 면하기는 어렵다. 그러나 고선지 장군이 의도적으로 반란군으로부터 당의 서울 장안을 보호하기 위하여 섬주를 포기하면서 일어날 수밖에 없는 상황을 염두에 둘 필요가 있다. 그렇다면 섬주에서 관군이 패주하였다는 사실만 가지고 고선지가 반란군의 진압에 실패하였다고 단정할 수 없는 노릇이다. 이를 뒷받침하는 또 다른 사실은, 후일 당 조정에서 고선지 장군을 모함하여 죽일 때도 작전에 실패하였기 때문에 사형에 처한다는 죄목이 없었다는 점이다.

셋째는 동관에서 고선지의 지시에 따라서 군사들이 행동하였다는 사실이다.

---

119) 『新唐書』 권135, 「高仙芝傳」, 4578~4579쪽, "仙芝急, 乃開太原倉, 悉以所有賜士卒, 焚其餘, 引兵趨潼關. 會賊至, 甲仗資糧委於道, 彌數百里. 旣至關, 勒兵繕守具, 士氣稍稍復振. 賊攻關不得入, 乃引還".

그러나 『구당서』에서 고선지는 흩어진 병사를 수습하여 허둥대며 전열을 가다듬는 형편없는 장군인 양 묘사하였다. 그러나 『신당서』에서 고선지는 동관으로 이동한 병사들을 점검하면서 동관을 지키기 위한 방어용 무기를 손질하도록 독려하였다. 고선지의 용의주도한 작전으로 말미암아 군사들의 사기마저 진작되었던 게 틀림없다. 이는 고선지가 위급한 상황을 적절히 대처할 뿐만 아니라 상황을 반전시킬 수 있는 유능한 장군이었다는 사실을 시사한다.

넷째는 고선지가 반란군으로부터 동관을 방어하였다는 사실을 『구당서』나 『신당서』가 똑같게 서술하였다는 사실이다. 동관을 지킬 수 있었던 것이 고선지 때문이었다는 사실을 『구당서』의 찬자도 부인하지 못하였던 것 같다. 『구당서』보다 『신당서』에서는 더욱 강하게 동관에서 반란군이 퇴각하게 되었던 것은 고선지의 역량 때문이라고 명확히 밝혔다.

섬주와 동관에서 관군과 반란군이 조우하였던 광경에 대하여 『구당서』와 『신당서』가 기록상 적지 않은 차이를 보였다. 그런데 『자치통감』에 주를 달았던 胡三省도 이와 관련하여 한 마디 덧붙였다. 호삼성이 註를 달면서 『肅宗實錄』에서 말하길 "仙芝가 대군을 거느리고 陝州에 있을 때, 군사를 거느리고 앞으로 진격하려 하였다. 그 때 반란군에게 패하여 도망을 왔던 봉상청은 적의 세력이 대단한 것을 이용하여 자기의 죄를 희석시키려는 목적으로 선지에게 군대를 철수시키라고 권유하였다. 그런데 선지는 평소 상청의 말을 믿었기 때문에, 그날 밤에 동관으로 달려가서 지켰다. 조정에서는 이를 듣고 크게 놀랐다"[120]라는 내용을 인용하였다. 즉 호삼성도 『구당서』와 마찬가지로 동관으로 철수한 것이 고선지의 독자적인 작전이 아니라 봉상청의 의도했던 바대로 행동하였던 소신 없는 장군으로 몰아붙이는데 동의한 셈이다. 그렇다면 『구당서』의 찬자와 마찬가지로 호삼성도 고구려인 고선지를 비하시키는 일에 앞장섰던 인물 가운데 하나라고 표현하여도 틀릴 것 같지

---

120) 『資治通鑑』 권217, 「唐紀」33, 玄宗 天寶 14載 12月 壬辰조의 胡三省註, 6939쪽, "肅宗實錄云, 仙芝領大軍初至陜, 方欲進師, 會常淸軍敗至, 欲廣其賊勢以雪己罪, 勸仙芝班師. 仙芝素信常淸言, 卽日夜走保潼關, 朝野大駭".

않다.

그러나 호삼성이 인용한 『숙종실록』의 마지막 부분은 고선지가 어떠한 장군이었는가를 설명하는 대목이라 주목하고 싶다. 즉 고선지가 동관으로 철수하자 唐의 조정에서 크게 놀랐다는 사실이다. 이는 당조에서 고선지가 장안 가까운 동관으로 철수하였기 때문에 크게 우려하였다는 뜻이다. 이와 같이 여론이 제기되리라는 사실을 고선지도 미리 예견하였던 게 분명하다. 다시 말하면 고선지는 반란군을 섬주에서 막겠다는 것이 무리라는 판단이 확고하였기 때문에 최선책으로 작전상 후퇴를 단행하였다. 따라서 동관으로 철수하면서까지 반란군을 토벌할 수 없다면 고선지에게 기다리는 것은 죽음밖에 없다는 사실을 모를 리 없다. 고선지가 동관으로 후퇴하였던 것은 그 나름대로의 대단한 용기였다. 이런 정도로 관군의 동관 철수가 더 할 수 없이 심각하였던 문제인데, 봉상청의 권유가 고선지에게 무슨 의미가 있단 말인가! 도리어 위의 이야기는 고선지가 어려운 상황에 대처하는 능력이 탁월하였을 뿐만 아니라 과단성 있는 장군이라는 사실을 설명하였던 증거라고 보고 싶다.

그렇다면 지금까지 무슨 이유로 필자는 『구당서』를 중심으로 고선지를 연구하였는가! 이에 대한 답변은 간단하다. 우리 모두가 기존에 알고 있는 바와 같이 『신당서』보다 『구당서』는 사실에 입각하여 기록되었고 『신당서』의 경우는 문장이나 체제 등을 고르게 하기 위하여 편찬되었다는 사실을 「고선지전」을 통하여 과연 그러한지를 확인하고 싶었다. 그러나 「고선지전」에 관한 필자의 연구결과를 보면 『구당서』보다는 『신당서』가 사실에 입각하여 서술하였다는 사실을 확인하였다. 이는 『구당서』가 잘못된 것이 많아서 『신당서』의 찬자는 『구당서』가 갖고 있는 논리상의 모순되었던 것을 어느 정도는 바로 잡아보겠다는 흔적이 엿보였다. 그렇다고 『신당서』가 모두 옳다는 이야기는 아니다. 아니 「고선지전」 하나만을 놓고 보더라도 고선지의 공적을 다른 한족출신의 인물에다 기록하였던 경우도 있었다. 한 예를 든다면 「이사업전」을 들 수 있다. 또한 똑같이 죽임을 당하였으나 고선지의 최후 진술에 관한 기술은 간략한데 비하여 그의 부하로 한족출신 봉상청의 경우는 장황하였던 것도 『신당서』가 갖는 나름대로의 모순이었다. 이러한 문제의 명쾌한 해답은 「본기」나 「열전」을 가지고 『구당서』와 『신당서』를 비교한 연후에 판가름 날 문제다.

고선지는 반란군의 장안 진입을 좌절시키기 위하여 동관으로 퇴각하였다. 이때 작전상의 동관 후퇴는 죽음을 각오한 행위였다. 그 까닭은 동관에서 반란군을 막지 못한다면 고선지는 황제의 명령을 어기고 철수한 죄목으로 조정에 의해 죽임 당할 가능성을 배제할 수 없기 때문이다. 그러나 『구당서』와 『신당서』의 찬자 모두가 고선지가 동관에서 반란군을 잘 막아서 퇴각시켰던 것을 치하하였다. 그럼에도 불구하고 토번 정벌 때부터 고선지를 감시하였던 환관 변령성과의 의견 불일치가 동관에서 큰 공을 세운 고선지 장군을 죽음으로 몰고 갔다. 물론 고선지 장군과 환관 변령성의 의견 대립은 토번 정벌 때도 있었다. 그때는 험준한 고지 연운보를 고선지 장군이 점령하자, 더 이상 험한 지형에 위치한 토번 진격을 그만두자고 변령성이 주장하였다. 그러나 이와 같은 의견충돌에 대한 것을 변령성이 황제에게 보고하지 않았던 것 같다. 그 이유는 변령성의 생각이 황제의 의도와는 달랐기 때문이다. 이후 한시도 빼놓지 않고 변령성은 고선지를 감시한다는 명목으로 고선지를 규제하려 들었다.

> 고선지가 현종 재임 시 河西절도사였을 때 監軍 邊令誠은 每事 고선지를 간섭하였으나 고선지는 (邊令誠의 말을)따르지 않은 것이 많았다.[121]

이는 고선지가 하서절도사로 재임 시 감군 변령성이 사사건건 고선지 장군에게 사적 요구를 많이 하였다는 내용이다. 그러나 고선지 장군은 변령성의 요구에 무조건 응하지 않았다. 이는 고선지 장군이 황제 대리자 환관 변령성의 불의한 요구에 빈번하게 대립했다는 방증이다. 한마디로 고선지

---

121) 『冊府元龜』 권406, 「將帥部」 '正直' 4833쪽, "高仙芝, 玄宗時, 爲河西節度使, 監軍邊令誠每事于仙芝, (仙)芝多不從".

장군이 토번 연운보 정복을 위한 대원정을 감행할 때부터 변령성은 고선지 장군 행동에 대한 규제자였다. 따라서 황제의 대리자 변령성이 고선지를 죽이려는 모함은 변령성과 고선지 장군간의 대립에서 시작된 문제라 생각할 수 있다. 그러나 그보다 환관 변령성이 황제의 심복으로 고선지 장군이 그의 부하로부터 신망을 쌓는 것이 후일 안녹산처럼 唐朝에 대항하는 사태로 발전되는 것이 두려워 고선지를 죽이려고 모함했다는 것이 더 설득력 있는 해석이다.

고선지 장군에 대한 두려움을 갖고 있던 현종은 감군 변령성의 말을 좇아 동관에서 반란군을 몰아낸 고선지 장군을 모함해 죽일 음모를 꾸몄다. 정확히 표현하면, 고구려인 고선지가 더 이상의 큰 공훈을 세우는 것을 상당수 漢族들이 원하지 않은 것처럼 현종과 환관 변령성의 생각도 같았다. 이때 "監軍邊令誠은 매번 고선지의 작전을 간섭하였으나, 고선지가 거의 그의 말을 듣지 않았다"[122]라는 것은 암시가 크다. 그 이유는 환관 변령성이 고선지의 안녹산 토벌 작전에 대한 지나친 간섭 결과로[123] 고선지가 죽을 수밖에 없다는 것을 암시하기 때문이다. 바꾸어 말하면 황제 측근인 감군은 언제나 황제의 대행자나 다름없을 정도로 막강한 권한의 소유자였는데도 불구하고 고선지 장군이 그의 의견을 따르지 않은 것은 심각한 문제다.[124] 그러나 전투는 장군의 소관사항이지 환관이 판단할 문제가 아니다. 그런데도 감군 변령성이 고선지를 통제하였던 가장 큰 이유는 환관의 속성이 황제 권력에 기생하는 특성과 관련이 깊은 것 같다.[125] 따라서 감군 변령성의 무분별한 간섭은 고선지 장군의 안녹산 토벌 작전에 오히려 어려움만 가중시켰을 뿐이다.

앞에서 언급한 것처럼 동관 방어에 성공한 후의 고선지의 행적에 대하여 『구당서』의 「고선지전」에는 전하는 바가 없다. 그러나 무슨 연유인지 고선지의 부하였던 봉상청의 『구당서』 기록에는 동관 이후의 고선지 장군에 대한

122) 『舊唐書』 권104, 「封常淸傳」, 3209쪽, "監軍邊令誠每事干之, 仙芝多不從" ; 『資治通鑑』 권217, 「唐紀」33 玄宗 天寶 14載 12月 監軍邊令誠數以事干之, 仙芝多不從조, 6942쪽.

123) 『資治通鑑』 권217, 「唐紀」33 玄宗 天寶 14載 12月 監軍邊令誠數以事干之조, 6942쪽.

124) 『資治通鑑』 권217, 「唐紀」33 玄宗 天寶 14載 12月 仙芝多不從조, 6942쪽.

125) 張國剛, 「唐代監軍制度考論」, 132쪽.

기록이 있다. 즉 『구당서』「봉상청전」의 끝 부분이 그것이다.[126] 그러나 위에서 본 것처럼 『신당서』「고선지전」이 『구당서』「고선지전」보다 논리 있게 전개 된 점이 없지 않아서, 동관 방어 성공 이후의 고선지에 관한 사적은 『신당서』의 「고선지전」을 중심으로 고찰하겠다.

변령성은 고선지의 동관 방어 후, 현종에게 고선지가 명령에 불복종할 뿐 아니라 도적질을 자행하는 나쁜 인물이라고 혹평하였다. 더 직설적으로 표현한다면, 변령성은 황제를 격노시켜서 고선지 장군을 죽여야 한다고 애원하였는지 모른다. 또한 변령성이 고선지 장군에 대하여, 그와 같은 터무니없는 보고를 현종은 내심 환영하였을지 모른다. 그 이유는 총애하던 이민족 출신 안녹산 반란을 경험하고 있는 현종이 그와 같은 생각을 갖는게, 어쩌면 무리가 아닐 듯싶다. 아무튼 이와 관련된 사실을 들어보면

> 예전에 令誠은 자주 仙芝에게 사욕을 말하였으나, 仙芝가 응하지 않자, 선지가 적을 보고도 피하여 나가지 않는 사실을 아뢰어, 황제를 격노하게 하였다. 또 아뢰기를 '常淸이 그르쳐서 군심을 동요케 하였으며, 또한 仙芝는 陝州의 수백리 되는 땅을 버렸을 뿐만 아니라 국고 물품마저 훔쳐 나누어주었습니다'고 하였다.[127]

라는 것이 그것이다. 이는 환관 변령성 등이 고선지 장군의 노력으로 동관을 지킴으로 말미암아 唐朝가 한숨을 돌리게 되자 도리어 그를 제거하기 위한 수순을 밟았다는 내용이다. 이를 몇 가지로 분석하자.

첫째는 전부터 환관 변령성은 고선지를 자기 뜻대로 조정하고 싶어 하였다는 사실이다. 그러나 변령성은 환관이라는 특수한 위치에 있었기 때문에 고선지의 생각과 같을 수가 없었다. 이는 앞에서 지적한 것처럼 토번 정벌 때 여실히 증명되었다. 변령성이 늘 唐朝를 위하여 고선지와 뜻을 같이 하려고 시도하였던 것도 아니다. 대개의 환관이 그렇듯이 변령성도 자신의 이익을

126) 『舊唐書』 권104, 「封常淸傳」 常淸旣刑조, 3211쪽.

127) 『新唐書』 권135, 「高仙芝傳」, 4579쪽, "初, 令誠數私於仙芝, 仙芝不應, 因言其逗橈狀以激帝, 且云, '常淸以賊搖衆, 而仙芝棄陝地數百里, 朘盜稟賜'".

추구하기 위하여 고선지와 더불어 음모를 꾸미기를 좋아하였다. 대표적인 예는 현종이 토번 정벌을 고선지에게 명령하였을 때였다. 이때 고선지는 현종의 명령을 충실히 이행하기 위하여 머나먼 장정 끝에 토번 가까이 진격하였다. 그런데 고선지가 토번 정벌을 위한 첫 작전의 성공으로 험준한 연운보를 점령하였을 때 변령성은 더 이상의 진격을 반대하였다. 그런데도 고선지는 변령성을 탓하기는커녕 그에게 남아서 연운보를 지키라고 부탁하면서 계속 토번을 향하여 진군하였다. 이와 같이 고선지가 위험을 무릅쓰고 토번 깊숙이 공격해 들어갔던 것은 현종의 명령을 충실히 수행하기 위함이었다. 그러나 토번 정벌을 성공적으로 끝내고 개선할 때 부몽영찰이 고선지를 죽이려고 몰아붙이자, 이때 자신에게 위협적인 상황이었는데도 불구하고 변령성이 현종에게 주청하여 고선지를 구해주었던 예외적인 경우도 있었다. 아마 토번을 정벌하고 귀환할 때는 변령성과 고선지의 관계는 그다지 나쁘지 않았을지 모른다. 더 정확히 말하면, 이때 환관들의 전횡이 두드러지지 않았던 사실과 연관성이 있을 것 같다. 위의 내용으로 보아 너무나 빈번히 변령성은 고선지 장군에게 많은 것을 요구하였다. 그러나 고선지는 변령성의 요구 사항을 많이 묵살하였던 모양이다. 환관 변령성의 요구대로 군사작전을 전개한다면, 고선지는 자신의 임무를 완수한다는 것 자체가 불가능하였을 것으로 보았다. 이런 이유로 고선지는 변령성의 요구를 들어주지 않았다. 그리고 변령성의 공적인 요구 외에 사적인 물질적 요구마저 고선지가 들어주지 않았던 모양이다. 그 결과 변령성은 反고선지 세력과 결탁하여 고선지를 제거하기 위한 수순을 밟았다. 그런데 고선지 장군을 모함하는 것이 환관 변령성 혼자의 생각만으로 가능할 수 있겠는가? 특히 큰 공훈을 세운 고구려인 고선지가 더 이상 성장하는 것을 원치 않는 계층이, 그 당시에 상당히 많았기 때문에 변령성은 그들과 결탁하여 고선지를 제거하려고 노력하였을 가능성이 매우 농후하다. 다시 말해 고선지를 제거하고 싶었던 것은 이민족 출신 안녹산의 반란으로 당조가 고통을 겪고 있는데다가 고구려인 고선지가 장군으로서 걸출한 인물이었다는 사실과 함수관계가 있을 것 같다. 변령성의 뇌물요구를 거절하였던 것이 화근이 되어 고선지 장군이 죽임을 당하게 되었다는 諏訪義讓의 주장은[128] 옳다. 욕심 많은 환관으로 조직된 현종시대의 監軍제도가 고선지를 죽음으로 몰았다고 표현하여도 결코 지나친 표현이 아니다. 그렇다면 왜 고선지가 많은 재물을 모으려고 노력하였는가를 알 수 있다. 고선지 장군은 자신의 생명을 보존하기 위한 방법으로 많은 재산을 많이 모았던 게 틀림없을 것 같다.

둘째는 고선지를 모함하기 위하여 변령성은 고선지가 당조에 충성하기는커녕 뱃놀이나 즐기는 못된 자라고 아뢰어 현종을 자극하였다는 사실이다. 또한 이때 당조의 존망에 영향을 줄 정도로 안녹산의 변란으로 시달리고 있는 마당인데, 황제로부터 반란 진압의 명령을 받은 고선지가 노는 일에 열중한다고 하니 어느 누구인들 분노하지 않았겠는가! 생각하기에 따라서 안녹산의 반란으로 당조가 멸망하기를 내심으로 바라는 그런 인물로 고선지를 간주할 수 있다는 생각이 든다. 이런 생각을 가지고 변령성은 고선지가 명령을 충실히 이행하지 않는 장군으로 현종에게 보고하였던 모양이다. 현종은 열심히 싸워도 반란을 진압하기 어려운 상황인데, 토적부원수 고선지가 놀고 있다는 보고를 받고 이상한 생각을 하는 것이 당연할지 모른다. 그러나 고선지는 적과 싸울 때, 적의 본영으로 깊숙이 진격해 들어가는 그러한 장군이라는 사실을 깊이 생각할 필요가 있다. 그와 같이 고선지가 깊숙이 진격하여들어갔던 경우는 토번 정벌 시에도 그러했고, 또한 石國 정벌은 물론이고 대식이 안서사진을 공격하려 했을 때도 무려 안으로 칠백여 리나 진격하여 들어갔다. 이는 고선지 장군이 전투에 임하여서 철저하게 몰두하였던 인물이라는 사실을 보여준다. 변령성은 고선지의 실책을 더 열거하고 싶어서 陜州의 수백 리 땅을 버리고 퇴각하였던 사실이 분명 황제의 명령을 어긴 것이라고 보고했던 것 같다. 즉 변령성은 고선지가 황제의 명령을 받들려고 하지 않은 뿐더러 반란군에게 유리하게 섬주의 수백 리 되는 땅을 내어 주는[129] 이적행위를 하였다는 식으로 충성스러운 고선지 장군을 반역자로 부각시켰다. 그러나

128) 諏訪義讓, 앞의 논문, 「高麗出身高仙芝事蹟攷」, 221쪽.

129) 『資治通鑑』 권217, 「唐紀」33 玄宗 天寶 14載 12月 以仙芝棄陜地數百里조, 6942쪽.

고선지 장군이 섬주를 포기하였던 것은 앞서 밝힌 대로 전략적인 후퇴일 뿐이었다. 고선지 장군의 동관 퇴각이란 조치는 전쟁에 남다른 상황 판단 능력이 있음을 보여주는 용단이었다. 그러한 장군이었는데도 변령성의 참언을 들은[130] 현종이 격노하였다. 한편 당시의 상황을 조금이라도 이해할 수 있다면, 현종의 이러한 태도는 지극히 당연한 행동일 듯싶다. 왜냐하면 앞에서 지적한 것처럼 현종은 개원년간 말기부터 양귀비와 사랑에 빠져서 나라의 정사에 대한 흥미를 잃은 지 오래되었기 때문이다. 따라서 高力士를 위시한 환관들의 주청을 현종이 그대로 승인하는 상황이었다. 결국 당의 정치를 현종이 고력사를 위시한 환관들에게 맡기었다고 표현하는 것이 더 적절할 듯싶다.

셋째는 봉상청의 후퇴로 말미암아 군사들의 마음이 흔들리게 되었다는 사실이다. 변령성은 봉상청이 고선지가 있는 섬주로 퇴각하면서, 반란군의 실상을 알렸다는 사실을 문제로 제기하였던 것이다. 정확히 말하면 봉상청은 자신이 패배할 수밖에 없었던 상황을 말함으로써 고선지 휘하의 군사들을 동요하게 만들었다고 주장하였다. 이와 같은 정황을 변령성은 교활하게 하나의 죄목으로 만들어서 봉상청을 옭아매었다. 물론 봉상청이 기세등등한 반란군의 위세에 눌리어 패퇴하였던 것이 그의 잘못이라고 생각할 수도 있다. 그러나 봉상청에 의한 자세한 적정 보고로 말미암아 고선지는 다행히 동관까지 전술상 후퇴를 할 수 있었는데도 이를 완전히 무시한 채, 변령성은 봉상청을 죽여야 한다고 황제에게 보고하였다.

넷째는 고선지가 섬주를 포기한데다가 태원창의 관물을 나누어주었다고 변령성이 비난하였다는 사실이다. 그런데 변령성은 고선지 장군이 관물을 도적질하였다고 황제에게 터무니없는 보고를 하였다.[131] 이는 변령성이 황제를 격노시켜서 고선지를 죽이기 위한 노력의 일환으로 황제의 명령을 어겼다는 사실만 강조하였던 것이다. 그러나 이와 같은 보고는 황제와 환관들이 동관에서 반란군을 막았던 것이 고선지 장군의 전공이었다는 사실은 무시하였던

130) 中國古代戰爭戰例選編室, 1983, 「唐王朝平定安史之亂的戰爭」, 295쪽.

131) 王壽南, 1972, 「唐代宦官得勢的原因及其對當時政局的影響之硏究」, 633쪽.

처사다. 실은 고선지가 기민하고 과단성 있게 陝州 포기를 결정하면서, 그 즉시 먼 太原倉을 불태워 없앴기 때문에 동관 방어가 가능하였다. 이는 한마디로 어떻게 하면 고선지 장군의 죄목을 만들 수 있을까하는 생각에서 변령성과 그의 무리들이 황제에게 무리하게 아뢰었던 것이라고 해석해야 옳을 듯싶다. 아니 고선지의 죄목을 황제마저 만들려고 노력하였는지 모른다. 이 점에 대하여는 뒤에서 다시 언급하겠다.

풍전등화와 같은 위기 상태에서 고선지 장군이 동관을 지킴으로써 唐朝를 구한 것이나 마찬가지였다. 그러나 당 조정은 그런 고선지 장군에게 포상은커녕 죄목을 찾는 데에만 혈안이 되었다. 도리어 이때 고선지 장군의 탁월한 능력이 문제가 되었기 때문에 조정은 그를 견제하기 위한 방책으로 죽이기로 작정하였다고 표현하는 게 적절할 듯싶다. 다시 말해 장군을 모함하려는 세력들은 고선지가 동관을 지킴으로써 서울 장안을 지키게 되었다는 사실을 알면서도 반드시 죽이려고 작정하였으니 정말 어이없는 상황이었다. 이때 당 조정의 분위기는 고선지를 죽이는 것만이 능사라는 생각이 지배적이었던 모양이다. 따라서 안녹산의 반란군을 진압하였던 고선지의 업적을 생각하는 것조차 금기시 되었던 것 같다. 오직 고선지의 실책을 최대한으로 많이 만들어서 그를 죽이는 것이 생각할 수 있는 전부였다. 심지어 史官들마저 고선지는 죽을 수밖에 없었다는 식으로 그의 죽음이 지극히 타당하였던 것으로 만들기 위하여 꽤나 고심하였다. 고선지의 죽음이야말로 억울하였던 것이라고 언급하였던 인물이 하나도 없다. 이런 분위기에서 고선지 장군을 기다리고 있는 것은 죽음뿐이었다. 이와 관련된 일부를 먼저 들어보면,

> 황제가 대노하여 令誠으로 하여금 곧 軍中에서 참수하게 하였다. 令誠은 常淸의 목을 베어, 시체를 거적에 싸서 버리었다.[132)]

라는 것이 그것이다. 물론 이는 현종이 변령성으로부터 고선지와 봉상청이 황제의 명령을 어겼다는 식의 일방적인 보고를 듣고 난 후의 조치였다. 현종의

132) 『新唐書』 권135, 「高仙芝傳」, 4579쪽, "帝大怒, 使令誠卽軍中斬之. 令誠已斬常淸, 陳尸於蘧蒢".

이와 같은 조치는 많은 의문을 남긴다. 그 이유는 현종이 장안을 방어하기 위해 전략적으로 제일 중요한 곳이 동관이었다는 사실과 통하기 때문이다.

위와 같은 상황에 대하여 트윗체는 다음과 같이 언급하였다. 즉,

> 어떻든 가장 중대한 지휘는, 수도 장안을 방어하기 위해 동관에 집결한 군대였다. 현종은 반군을 패배시키는 데 실패한 봉상청과 고선지에 대하여 격노하였다. 그래서 두 사람을 즉석에서 처형하도록 하였다.[133]

라는 것이 그것이다. 물론 위의 주장은 틀림이 없는 사실이다. 그러나 안녹산의 반군을 막아야 하는 상황에서 당의 제일 유능한 장군 고선지를 현종이 죽이도록 명령하였다는 것은 그의 독단적인 결정이 아닌 듯싶다. 그 이유는 이미 상황판단에 대한 능력 상실을 이용한 현종 측근인 환관들에 의해서 고선지 제거와 연관성이 있기 때문이다.

여하간 현종이 고선지가 동관퇴각에 대한 보고를 받고 크게 격노하였다는 것도 납득이 가지 않는 기록이다. 앞에서 지적한 것처럼 이때 현종이 양귀비와 사랑 행각에 빠져있던 때라서 모든 정사를 환관들에게 위임한 시기였다. 게다가 황제가 당의 수도 장안을 방어하기 위하여 潼關에서 반란군을 막았던 훌륭한 장군들을 죽이라고 말할 정도로 바보였을까 하는 의문을 제기하고 싶다. 또 위의 표현대로라면 동관에서 반란군과 대항하여 싸웠던 봉상청을 사졸이 지켜보는 가운데서 죽였다는 기록도 어딘가 석연치 않다. 이와 같이 봉상청이 氾水에서 반란군을 막지 못하고 섬주로 퇴각한 죄로 죽임을 당하자, 많은 사람들이 슬퍼하였다는[134] 기록은 당시 그의 죽음이 억울하였다는 의미일 듯싶다. 고선지 휘하에서 용감하게 싸운 봉상청이 고선지의 군대와 함께 반란군을 막기 위하여 싸웠다는 사실은 시사하는 바가 크다. 게다가 이때 안녹산이 이끄는 반란군이 기세를 올리면서 장안을 향하여 진격해

---

133) Denis Twitchett, *op. cit.*, p.457, The crucial command, however, was that of the forces assembled at T'ung-kuan for the defence of the capital. Hsüan-tsung had been infuriated by the failure of Feng Ch'ang-ch'ing and Kao Hsien-chih to defeated the rebels, and had them both summarily executed.

134) 『新唐書』 권135, 「封常淸傳」 人多哀之조, 4581쪽.

가고 있었던 상황이 아닌가! 그러한 때 동관에서 잘 싸운 봉상청을 사졸이 둘러싸고 있는데서 과연 죽일 수 있었는가는 의문이다. 변령성의 주도로 봉상청은 죽임을 당한 뒤에, 그의 시신은 거친 대자리에 싸져서 나뒹굴어졌다.[135]

위에서 황제의 명령을 받은 변령성이 봉상청을 죽임으로써 당 조정에서 계획하였던 바가 종료된 것은 아니었다. 이는 고선지를 죽이려는 음모로 이어졌다. 바꾸어 말하면 봉상청의 죽음은 고선지를 죽이기 위한 노력의 일환이라 할 수 있다. 전일 범수에서 패배하여 퇴각한 漢族출신 장수 봉상청은 억울하게 죽었다. 이에 관련해서 『신당서』「고선지전」의 사실을 들어보자.

> 仙芝가 다른 곳에서 도착하자, 令誠은 긴 칼을 사용하는 칼잡이 100명에게 자신을 따르도록 지시하면서, 仙芝에게 말하기를 "大夫에게도 역시 명이 있다."고 하였다.[136]

위의 사실보다 『資治通鑑』 기록이 더 자세하여, 이를 옮기면 다음과 같다.

> 邊令誠이 潼關에 이르러, 먼저 封常淸을 끌어내어 널리 칙서를 그에게 알렸고, 封常淸은 표문을 邊令誠에게 맡기어 올리게 하였다. 封常淸이 이미 죽고 나자, 시신을 멍석 위에 늘어놓았다. 고선지가 돌아와, 聽事에 이르렀는데, 邊令誠이 긴 칼을 사용하는 칼잡이 100명을 찾아내 자신을 따르게 하고, 이내 고선지에게 말하길, "大夫에게도 역시 은혜로운 명령이 있소"라고 하자, 고선지가 급히 내려가니 변령성이 칙서를 선포하였다. 고선지가 말하였다. "내가 적을 만나 물러난 것은 죽어 마땅하나 지금 위로는 하늘을 머리에 이고, 아래로는 땅을 밟고 있는데, 내가 황제께서 내려준 식량을 훔쳐 덜어냈다고 말하는 것은 무고요!"[137]

---

135) 『資治通鑑』 권217, 「唐紀」33 玄宗 天寶 14載 12月 常淸旣死, 陳尸蘧蒢조, 6943쪽.

136) 『新唐書』 권135, 「高仙芝傳」, 4579쪽, "仙芝自外至, 令誠以陌刀百人自從, 曰, '大夫亦有命'".

137) 『資治通鑑』 권217, 「唐紀」33 玄宗 天寶 14載 12月조, 6942~6943쪽, "令誠至潼關, 先引常淸, 宣敕示之, 常淸以表附令誠上之. 常淸旣死, 陳尸蘧蒢. 仙芝還, 至聽事, 令誠索陌刀手百餘人自隨, 乃謂仙芝曰 '大夫亦有恩命'. 仙芝遽下, 令誠宣敕. 仙芝曰 '我遇敵而退, 死則宜矣. 今上戴天, 下履地, 謂我盜減糧賜則誣也'".

이는 당에서 고선지를 죽이기 위하여 변령성과 함께 머리에 띠를 두른 긴 칼잡이 100명을 동원시켰던 내용이다.

그런데 고선지 장군의 죄목이란 것이, 고구려 유민 출신의 유능한 장군을 죽이기 위해 당 조정에서 만들어낸 각본에 의해 조작되었다. 즉 고선지 장군이 동관을 지키기 위하여 陝州를 포기한 것과 반란군 수중으로 넘어가지 못하게 태원창 관물을 없앴던 것이 도리어 죄목으로 둔갑했다. 그야말로 어이없는 唐朝史의 한 단면이다. 죄목도 되지 않는 것을 억지로 죄라고 주장하였을 뿐만 아니라, 장안의 안전을 지키기 위하여 동관을 구했던 사실로 고선지 장군을 죽이겠다는 것은 自家撞着이다. 필시 당조 나름대로의 속사정이 있겠구나 하는 것은, 이쯤 되면 누구나 짐작할 수 있다. 당시 중국은 안녹산의 난으로 말미암아 민심이 흉흉하였다. 그런데 안녹산도 이민족 출신인데다가 중국 변방 질서를 확립했던 훌륭한 장군이라는 사실이 고선지와 너무 흡사하다. 그렇다면 고선지 장군을 왜 당이 죽였는가 하는 의문이 해소되리라 믿는다. 고구려 유민 고선지도 이민족 출신인데다가 안녹산 못지않게 용감할 뿐 아니라 전술과 전략이 탁월하였기 때문에 안녹산 반란이 고선지 장군에 의해 진압된다 하더라도 唐朝는 고선지마저 두려울 수밖에 없었다. 왜냐하면 안녹산이 제거되더라도 다시 고선지가 재등장하는 것이 아닌가 하는 우려를 漢族 고관들이 가졌을지 모른다.

또 다른 이유는 고구려가 당조에 의해서 패망하였기 때문에 항상 고구려 유민 출신 고선지에 대하여 한족 고관들이 많이 박대한 사실에 대한 두려움 때문에 조정에서 고선지를 죽이기로 이미 결정한 것 같다. 그도 그럴 것이 현종은 안녹산을 양아들로 삼으면서까지 총애하였다. 그런 안녹산이 반란을 일으켰기 때문에 당 현종의 입장에서 이민족의 유능한 장군에 대해 좋은 감정을 지닐 리 없다. 어쩔 수 없이 현종은 안녹산을 토벌하는 토적부원수로 전쟁경험이 풍부한데다 판단력이 뛰어난 고선지를 임명하였던 것이다. 그렇지만 현종은 때를 보아가면서 고선지를 불용 처분하겠다는 생각을 동시에 했을지 모른다. 환관 변령성도 皇命의 집행관 자격으로 고선지를 죽이려고 할 때 몹시 두려워서 떨었던 것 같다.

변령성이 봉상청을 죽일 때 머리띠를 두른 백여 명이나 되는 많은 칼잡이를 동원했다는 언급이 없다. 그런데 이때 변령성은 고선지 장군을 죽이라는 당 현종의 칙서를 이미 휴대하고 있었다.138) 이런 상황인지라 고선지를 처형하는 것이 무서운 변령성은 칼잡이를 무려 백 명이나 끌고 나타났다는 것도 이해할 수 없다.139) 변령성은 얼마 있다가 안녹산 반군이 장안에 입성하자, 궁중의 창고 열쇠를 반군에게 앞장서 가져다 바치면서 투항한 지조 없는 그런 인물이다.140) 고선지 장군은 망나니와 함께 나타난 변령성을 향해 최후 진술을 하였다. 이를 들어보면

> 仙芝는 곧 급히 내려가 말하기를 "내가 후퇴한 것은, 죄를 진 것이라서, 이 때문에 죽는다면 어찌 할 말이 있겠는가. 그러나 나보고 창고의 식량을 도적질하였다고 하는 것은 모함이다."고 말하고, 다시 令誠에게 이르기를 "위로 하늘이 있고, 아래로 땅이 있고, 三軍이 모두 다 여기 있는데, 어찌 그대가 이 일을 모르겠는가?"고 하였다.141)

라는 것은 죽을 수밖에 없는 상황에 내몰렸다는 것을 알고 난 후, 고선지의 최후 진술이다. 이를 두 가지로 나누어 보고 싶다.

하나는 죽음이 임박한 상황 아래서 고선지는 자신이 황제의 신하로 예의를 다 갖추었다는 사실이다. 즉 고선지가 급히 변령성이 가져온 조서 앞으로 내려갔던 것이 그것이다. 왜냐하면 고선지는 토적부원수였기 때문에 휘하에 많은 군사를 거느리고 있었다. 아니 고선지는 토적원수나 다름이 없었다. 앞서 지적한 것처럼 李琬이 토적원수였던 것은 그저 상징적인 임명이었다. 조금이라도 고선지가 황제의 명령을 거부할 생각이라면 명령서를 가져온

138)『冊府元龜』권412,「將帥部」'得士心' 高仙芝, 玄宗命監軍邊令誠齎勅誅之조, 4901쪽.

139)『資治通鑑』권217,「唐紀」玄宗 天寶 十四載 十二月 仙芝還조, 6943쪽 ;『續通志』권237,「唐列傳」37 '高仙芝' 令誠以陌刀百人自從曰조, 4668쪽.

140) 郭紹林, 1987,「安祿山與唐玄宗時期的政治」, 80쪽.

141)『新唐書』권135,「高仙芝傳」, 4579쪽, "仙芝遽下, 曰, '我退, 罪也, 死不敢辭. 然以我爲盜頡資糧, 誣也.' 謂令誠曰, '上天下地, 三軍皆在, 君豈不知?'".

변령성에게 급히 달려갈 이유가 없었다.

다른 하나는 고선지가 황제의 충직한 신하로서 소임을 다하였다는 것을 천명하였다는 사실이다. 즉 고선지는 토적부원수라는 직함에 걸맞게 용맹한 장군의 기개를 조금도 잃지 않고 섬주에서 동관으로 후퇴한 죄는 인정하였다.[142] 그러나 고선지는 태원의 창고 식량을 도둑질하였다는 죄목으로 나를 죽이려 한다면, 이는 모함이라고 강하게 부정하였다.[143] 이때 고선지가 태원창의 물건을 처리하였던 자신의 행위가 하늘을 향하여 한 점 부끄럼이 없다는 사실을 변령성에게 분명히 이야기하였다. 이는 고선지가 충직한 당조의 신하였음을 밝혀서 자신이 죽은 후라도 죄가 있어서 죽는 것이 아니라는 점을 분명히 밝히고 싶었다.

고선지는 죽음을 각오하고 나서 휘하의 사졸들에게 자신은 어떠한 잘못도 없다는 사실을 천명하였다. 이때 고선지 장군이 휘하 사졸들에게 말하였던 최후 고별사를 들어보자.

> 또 휘하의 사졸을 둘러보며 말하기를 "내가 너희들을 모집하였던 본래 의도는 적을 격파하고 나서 큰 상을 받게 하기 위함이었다. 그러나 적의 기세가 이 순간에도 무성하기 때문에 지금까지 미루어지게 되었다. 이로 인해 어쩔 수 없이 潼關을 고수하고 있게 되었다. 나에게 죄가 있다면, 너희들은 그렇다고 말할 수 있다. 만약 너희들이 그렇지 않다고 생각하면 잘못 되었다고 외쳐라"고 말하자, 軍中에서 모두 "잘못 되었다"고 크게 외쳤는데, 그 소리가 사방을 진동하였다.[144]

라는 것이 그것이다. 이는 고선지 장군이 억울하게 죽게 되면서도 唐朝의 討賊副元帥로서 부하들에게 반란군의 토벌에 대한 대가를 아직 지불하지 못하였던 책임을 통감하고 있다는 사실을 밝히고 있다. 이를 둘로 나누어서

142) 『冊府元龜』 권412, 「將帥部」 '得士心' 仙芝曰我退罪也조, 4901쪽.

143) 『資治通鑑』 권217, 「唐紀」33 玄宗 天寶 14載 12月 謂我盜減糧賜則誣也조, 6943쪽 ; 『續通志』 권237, 「唐列傳」37 '高仙芝' 然以我爲盜資糧, 誣也조, 4668쪽.

144) 『新唐書』 권135, 「高仙芝傳」, 4579쪽, "又顧麾下曰, '我募若輩, 本欲破賊取重賞, 而賊勢方銳, 故遷延至此, 亦以固關也. 我有罪, 若輩可言, 不爾, 當呼枉.' 軍中咸呼曰, '枉!' 其聲殷地".

분석하고 싶다.

하나는 고선지 장군이 부하들에게 적을 격파하고 나서, 그 보상으로 상급을 받는다는 조건으로 너희를 모집하였다는 사실을 밝힌 점이다. 아울러 적의 세력이 너무 강성하여 어쩔 수 없이 지금 潼關을 지키게 되었다는 그 동안의 상황을 부하들에게 설명하였다. 그리고 지금까지 급히 모병한 부하들에게 당연히 주어야할 급료성 대가를 지불하지 못하였음을 시인하였다. 이 순간 고선지 장군은 자신의 명령에 따른 부하들에게 대한 미안함을 말하고 싶었을 것이다. 고선지 장군이 부하들 앞에서 마지막 말을 하자 병사들도 억울한 고선지 장군을 위해 항변하였다.

> 이때 사졸들이 앞에 있었는데, 모두 억울하다고 큰 소리로 부르짖으니, 그 소리가 땅을 흔들었지만 마침내 목을 베었다.[145]

고선지 장군이 자신의 죽음 목전에서도 침착하게 부하들에게 그간의 경위를 설명하였던 것은 그가 아니고는 불가능하다. 아마 이와 같이 훌륭한 장군이었기 때문에 唐朝는 안녹산 난이 진압되면, 고구려 출신 고선지 장군을 죽여야 한다고 미리 각본을 만들었을지 모른다.

고선지 장군은 자신이 죄가 있다면, 이는 부하들이 판단할 문제라 말하였다. 고선지 장군은 반란군을 진압하기 위한 많은 사졸을 모집하였는데, 그들에게 대가를 지불하지 못한 게 죄라고 말했다. 이때 고선지 장군도 인간인지라 자신의 부하들에게 '내가 여기서 꼭 죽어야만 옳은가!'라고 물었다. 그 때 부하 모두가 고선지 장군의 죽음이 원통하다고 지축을 흔들 정도로 외친 사실은 암시하는 바가 크다.[146]

그렇다면 이는 고선지 말처럼 사졸들 모두가 고선지 장군이 군량을 훔치지

---

145) 『資治通鑑』 권217, 「唐紀」33 玄宗 天寶 14載 12月조, 6943쪽, "時士卒在前, 皆大呼稱枉, 其聲振地, 遂斬之".

146) 『舊唐書』 권104, 「封常淸傳」 仙芝呼謂之曰조, 3211쪽 ; 『資治通鑑』 권217, 「唐紀」33 玄宗 天寶 14載 12月 時士卒在前, 皆大呼稱枉조, 6943쪽 ; 『冊府元龜』 권412, 「將帥部」 '得士心' 兵士齊呼曰枉, 其聲動地조, 4901쪽 ; 『續通志』 권237, 「唐列傳」37 '高仙芝' 軍中咸呼曰조, 4668쪽.

않았음을 증명해 준 것이다. 그럼에도 불구하고 고선지 장군은 장군답게 내가 적 앞에서 후퇴한 것은 잘못된 행동이라고 용감하게 시인했다.[147] 사졸들이 고선지 장군의 죽음은 인정할 수 없다고 크게 외친 것이 무엇을 뜻하는지 음미할 필요가 있다. 당의 고관들은 사졸들의 울분에 찬 함성을 듣고서, 그 반대로 고선지 장군을 죽이도록 결정한 것이 잘한 일이라고 생각하였을지 모를 일이다. 당의 고관들은 고선지가 뛰어난 장군이었기 때문에 더욱 무서워하였는데, 그의 부하들마저 모두 고선지를 따른다는 사실에 더욱 경악하였을 것 같다. 당의 관리들이 고선지가 자신의 부하들을 선동하였다면 어떠했을까 하고 가슴을 쓸어내렸을 광경이 눈에 선하다.

여기서 주목해야 할 사실은 고선지 장군의 탁월한 리더십이다. 고선지 장군이 출중한 리더십을 제대로 파악하지 못한 용렬한 현종은 고선지를 죽인 후에야 안녹산 반군을 진압할 인물이 없다는 것을 알았다. 현종은 가서한을 兵馬副元帥로 제수하면서 그에게 추가로 군사 8만을 주어 동관을 사수하도록 하였다. 이때 가서한은 고선지의 예전 병사들과 합해 20만이라고 일컬으며 동관에 진을 쳤다. 가서한 휘하 고구려 유민 출신 王思禮에게 기병을 맡기고 李承光에게 보병을 맡겼으나[148] 안녹산 반군의 기세를 꺾지 못했다.[149] 이는 현종이 고선지 장군이 동관에서 반군을 막는 것을 보고 다른 인물로 교체해 추가 병력을 보내면, 반군을 쉽게 막으리라 생각하고 고선지 장군을 죽였던 것이었음을 짐작케 한다. 그러나 8만이나 되는 추가 병력을 보냈으나 고선지를 대신할 장군을 현종은 발견하지 못했다. 한마디로 고선지 장군만이 안녹산의 반군 토벌을 할 수 있었던 것이다.

고선지 장군에 대한 통솔력에 대해 『책부원구』에서 '得士心'이라는 항목에서 다루었다.[150] 항상 고선지는 부하들과 '한마음 한뜻'으로 행동하였다.

고선지 장군의 사졸들은 고선지의 무고한 죽음이 너무 원통하고 분하여,

147) 『資治通鑑』 권217, 「唐紀」33 玄宗 天寶 14載 12月 我遇敵而退조, 6943쪽.
148) 『新唐書』 권135, 「哥舒翰傳」 李承光主조, 4571쪽.
149) 『資治通鑑』 권217, 「唐紀」33 玄宗 天寶 14載 12月 上籍其威名조, 6943쪽.
150) 『冊府元龜』 권412, 「將帥部」 '得士心' 高仙芝爲副元帥조, 4901쪽.

그들의 외침이 너무 컸던지, 그 이유에 대한 설명인양 『구당서』「봉상청전」에서 고선지의 부하들은 평소에 장군을 너무 사랑하였다고 기록했다.[151] 어떻게 표현하더라도 고선지의 죽음이 억울하였다는 사실은 틀림없다. 그 이유는 고선지 장군을 죽이려는 음모는, 그가 잘못했던 것에 대한 대가 지불이 아니라 정치적 또는 민족적 편견의 제물에서 발생된 것이기 때문이다. 고선지가 죽게 된 가장 큰 이유는 필자가 앞에서 주장하였던 것처럼 명장으로 현종의 총애를 받은 이민족 출신 안녹산 반란과 연장선상에서 그 해답을 찾는 것이 쉬운 일이다. 고선지 장군도 이민족 출신으로 안녹산 못지않게 출중한 장수인데다 漢族이 아닌, 唐朝에 의해 패망한 고구려 유민이었다는 사실이다. 군사력에 의지하여 세계국가를 형성한 당조는 안녹산 반란과 같은 유형의 재발을 사전에 차단하기 위해 유능한 이민족 출신의 장군을 죽일 수밖에 없었다.

게다가 남에 대한 의심이 많은 현종은 안녹산에 대한 악몽이 가시지 않은 상황이라, 반란 진압을 실제로 총지휘하는 인물이 부하들로부터 신망이 매우 두터운 사실로, 고선지 장군을 죽이기로 작정하였던 모양이다. 이런 분위기 속에서 황제 최측근 환관 변령성이 고선지가 지은 죄가 너무 많다는 식으로 자주 되풀이하자, 온통 죽여야 한다는 분위기 조성으로 고선지는 자신을 보호할 방도가 없었다. 그러나 사서를 통해 보건대, 고선지 장군은 唐朝가 내심 우려했던 것처럼 변란을 획책하였던 단서는 어디에도 없다. 만약 고선지가 모반할 생각을 갖고 있었다면, 고선지는 자신의 휘하 사졸들이 호응하여 줄 때, 그들을 동원해 변령성과 그를 따르는 망나니 긴 칼잡이 백 명 정도를 제거하는 일은 간단하였을 것이다.

고선지 장군이 끝까지 당의 토적부원수로 남겠다는 충성심은 시종여일하였다. 마지막으로 고선지 장군은, 변령성이 이끄는 검객에 의해서 이미 죽은 봉상청의 시신을 바라보면서 다음과 같이 말하였다.

仙芝는 常淸의 시체를 보고 말하기를 "그대는, 내가 발탁하였고, 또 나를 대신하여

151) 『舊唐書』 권104, 「封常淸傳」 其召募兵排列在外조, 3211쪽.

> 그대는 절도사가 되었는데, 지금 그대와 함께 죽게 되었으니, 이게 바로 운명이 아니고 무엇이겠소!" 하고 곧 죽음을 받아들였다.[152)]

라는 것은 고선지 장군이 조금 전에 죽은 봉상청의 시신을 보고 독백하였던 장면이다. 봉상청은 고선지 장군에 의해서 발탁되었을 뿐만 아니라 그 후 고선지의 주청대로 고선지의 관직을 그대로 이어받았던 인물이다. 그런 봉상청이 고선지보다 앞서 죽게 되었다는 사실이 고선지 장군으로 하여금 운명을 초연하게 받아들이게 만들었다. 이는 봉상청이 섬주로 패퇴한 죄목으로 죽었지만, 하필이면 고선지를 죽이려는 마당에 왜 봉상청이 죽게 되는가 하는 이유가 저절로 밝혀진 셈이다. 간단히 말하면 조정에서 고선지와 봉상청의 밀접한 관계를 우려하였을 게 틀림없다. 이는 죄가 없는데도 고선지 장군이 왜 자신이 죽어야하는가를 알고 있다는 암시다. 그러나 고선지 장군은 죽음이 임박하여 이를 피할 수 없다는 사실을 확인이라도 하듯이 늘 자신의 뒤를 따르던 봉상청과 함께 죽는구나 하고 자신의 운명의 허무를 깨달았던 것 같다.[153)] 한마디로 고선지 장군은 모함하는 세력들이 자신을 죽이려고 할 때, 의연하고 당당하게 장군으로써 일생을 마쳤다.[154)] 때는 천보 14재 12월 병오였다.[155)] 당시 고선지는 나이 50을 넘기지 못한 48세에 죽임을 당했다.

그런데 『신당서』의 「현종기」와 『자치통감』에서 고선지 장군이 죽임을 당한 날을 병오가 아닌 계묘라고 기록하였다.[156)] 고선지 장군이 토적부원수로 임명되고 나서 불과 한 달이 경과한 후에 죽임을 당한 셈이다. 그런데 고선지 장군을 죽이라고 명령하였던 현종도, 이 일로 말미암아 얼마 있다가 황위를 아들에게 양위하였다. 어쩌면 이는 고선지를 죽임으로써 안녹산의 난을 진압

---

152) 『新唐書』 권135, 「高仙芝傳」, 4579쪽, "仙芝視常淸尸曰, '公, 我所引拔, 又代吾爲節度, 今與公同死, 豈命歟!' 遂就死".

153) 『舊唐書』 권104, 「封常淸傳」 仙芝又目常淸之尸조, 3211쪽.

154) 『新唐書』 권225上, 「安祿山傳」 會高仙芝等死조, 6419쪽 ; 內藤雋輔, 「唐代中國における朝鮮人の活動について」, 484쪽.

155) 『續通志』 권7, 「唐紀」7 玄宗2 (天寶 14載 12月) 丙午斬封常淸高仙芝于潼關조, 3289쪽.

156) 『新唐書』 권5, 「玄宗紀」 天寶 14載 12月 癸卯, 封常淸, 高仙芝伏誅조, 151쪽 ; 『資治通鑑』 권217, 「唐紀」33 玄宗 天寶 14載 12月 癸卯 遣令誠齎敕卽軍中斬仙芝及常淸조, 6942쪽.

할 수 없는 상황을 만든 인과응보라고 표현하고 싶다. 베크위스(Christopher l. Beckwith)는 현종은 자신의 분을 이기지 못하였기 때문에 가장 경험이 풍부하고 유능한 장군 고선지와 봉상청을 죽였다고 평하였다.[157] 고선지 장군의 죽음은 자신의 잘못 때문이 아니라, 당 조정이 고선지를 두려워하였던 결과로 빚어진 참극이다.

만약 고선지 장군이 漢族이었다면, 고선지는 죽임을 당하기는커녕, 潼關에서 반란세력을 막은 큰 공로로 말미암아 상을 받았을 것이다. 고선지 장군이 모함으로 죽은 때를 胡三省은, 봉상청이 죽임을 당하던 같은 날 천보 14재(755) 12월 계묘라고 주장하였다.[158] 『구당서』 본기는 천보 14재 12월 "병오, 동관에서 봉사청과 고선지가 참수를 당하였다."[159]고 기록하고 있다. 물론 이때 고선지나 봉상청이 처형당하였던 죄목은 陝縣에서 퇴각하였다는 죄명이다.[160] 고선지 장군이 죽임을 당하게 되었던 것에 대해 呂思勉, 齊陳駿, 陸慶夫는 邊令誠의 무고한 말을 현종이 좇았기 때문이라고 주장하고[161] 있지만, 기실 그것만은 아닌 듯싶다. 그 이유는 안녹산도 현종의 총애를 받았던 인물인데도 불구하고 반란을 일으켰던 상황에서 고구려인 고선지 장군도 큰 공을 많이 세운 유능한 인물이라 안녹산처럼 모반할 것을 두려워하였기 때문에 죽였다고 표현하는 것이 더 설득력이 있을 성싶다.

한편, 탈라스 전투에서 고선지 장군과 맞붙었던 무슬림 장군 지야드 이븐 살리흐도 고선지 장군처럼 살해되었다.

> 지야드 이븐 살리흐에 대해서는 아직 할 말이 남아 있다. 그의 미래 또한 짧았던 것으로 보인다. 752년 그는 자신이 따르던 아부 무슬림에 대항해 반란을 일으키다가 살해당하였다. 그리고 755년 호라산과 중앙아시아의 총독 아부 무슬림 역시

---

157) Christopher l. Beckwith, "The Late Empire", *The Tibetan Empire in Central Asia*, p.143.

158) 『新唐書』 권5, 「玄宗本紀」 天寶 14載 12月 癸卯조, 151쪽 ; 『資治通鑑』 권217, 「唐紀」33, 玄宗 天寶 14載 12月 庚子조의 胡三省註, 6943쪽.

159) 『舊唐書』 권9, 「玄宗下」 天寶 14載 12月조, 230쪽, "丙午, 斬封常淸·高仙芝于潼關".

160) 황인우(Ray Huang), 2002, 「문관과 무관의 불협화음, 안사의 난」, 286쪽.

161) 呂思勉, 「安史之亂上」, 215쪽 ; 齊陳駿·陸慶夫, 1984, 「唐代宦官述論」, 『中國史硏究』 1, 24~25쪽.

칼리프가 그의 궁전으로 불러들여 간교하게 살해했다. 알-만수르 칼리프는 전직 노예의 영향력이 커지는 것을 두려워했다.[162)]

키르기스스탄 비슈케크에서 출판된 『탈라스 전투』는 V. 플로스키흐가 편집한 것으로 위의 내용은 그 책 끝부분이다. 탈라스 강가에서 고선지 장군을 상대해 싸운 무슬림 장군 지야드 이븐 살리흐가 살해되었다. 지야드 이븐 살리흐는 자신의 상관 부하라(安國) 총독 아부 무슬림에 대항한 반란 실패로 역시 탈라스 전투 이듬해(752년) 죽은 것이다.

또 안서사진을 공격하려는 아랍연합세력을 물리치기 위해 석국으로 향하던 고선지 장군을 대적하기 위해 지야드 이븐 살리흐를 보냈던 호라산과 중앙아시아 총독 아부 무슬림도 살해되었다. 755년 칼리프 알 만수르가 아부 무슬림을 궁전으로 불러들여 간교하게 살해한 것이다. 그런데 아부 무슬림이 죽기 전의 위상은 당의 안서도호 고선지와 필적할 정도의 아랍 총독이었다. 그런데 공교롭게도 고선지가 모함으로 죽었던 같은 해 아부 무슬림이 죽었다는 사실도 역사의 아이러니다. 알 만수르 칼리프는 전직 노예출신 아부 무슬림이 영향력이 커지는 것에 대한 두려움 때문에 죽였다는 것은 역사의 한 흐름이 있는가 하는 생각을 자아내기에 충분하다. 다시 말해 당에 의해 멸망한 고구려 유민 고선지처럼 노예신분이나 다름없었다. 게다가 고선지 장군의 출세 과정과 아부 무슬림의 모든 것이 너무나 같다. 그 뿐만이 아니다. 고선지 장군과 아부 무슬림 두 사람 모두 다 살해된데다 같은 해 죽었다는 사실까지 같다.

고선지 장군을 죽이던,[163)] 그 날(癸卯)[164)] 현종은 哥舒翰을 討賊副元帥가 아닌 皇太子先鋒兵馬元帥로 임명하였다.[165)] 다시 말해 고선지 장군은 명목상으로 부원수였으나 실질적으로 토적원수였던 경우와 달리 가서한의 경우는

---

162) V. 플로스키흐, 김성완 번역, 2005, 『탈라스 전투』 원문, 98쪽.

163) 劉伯驥, 1954, 「唐代社會概觀」, 『唐代政教史』, 26쪽.

164) 『資治通鑑』 권217, 「唐紀」33 玄宗 天寶 14載 12月 軍于潼關조의 胡三省註의 『玄宗實錄』에 의하면 癸卯에 常淸과 仙芝가 참수되었다고 기록되었음, 6943쪽.

165) 『新唐書』 권5, 「玄宗本紀」 天寶 14載 12月 癸卯조, 151쪽 ; 『舊唐書』 권104, 「哥舒翰傳」 及安祿山反조, 3213쪽 ; 章羣, 「羈縻州的性質與管理」, 『唐代蕃將研究』, 141쪽.

명목상으로도 안녹산 반란의 토적원수로 임명하였다. 그런데 이때 고선지 장군의 역할을 가서한이 이어받았던 이유를 언급하면서 안녹산 군대를 동관에서 막지 못하였기 때문이라는 那波利貞의 주장은[166] 터무니없는 소리이다. 그 이유는 동관에서 안녹산이 지휘하는 반군을 고선지 장군이 잘 막았기 때문이다. 이런 까닭에 얼마 동안 가서한은 동관을 지켰다. 그러나 고선지 장군이 없는 동관은 안녹산이 지휘하는 반란군에 의해서 너무 쉽게 함락되었다. 이는 동관에서 반군을 방어할 수 있는 인물은 오직 고선지밖에 없다는 것을 확인한 사건이다. 이런 여러 가지 사실을 종합해 『文獻通考』는 고선지를 賢將으로 평가하였다.[167]

다시 말해 섬주에서 퇴각하여 동관을 방어하였던 고선지 장군의 전략은 매우 정확하였던 것이다. 후일 현종의 명령을 일시 거부하였던 가서한에 의한 동관 방어 전략에서, 고선지 장군의 지략이 얼마나 돋보인 전략·전술이었나를 가늠할 수 있다. 가서한은 고선지가 죽은 다음 그의 직책을 그대로 맡았던 인물이다. 아무튼 이를 휫필드(Susan Whitfield)가 묘사하였던 동관에 관한 기록을 통하여 확인하여 보자. 즉

> 반란군의 세력이 계속 약해지자, 황제는 哥舒翰에게 낙양 탈환을 명령하였다. 그러나 哥舒翰은 이를 거부하였다. 그의 군대는 난공불락의 요새(潼關)를 지키고 있는 상황이기 때문에, 수도 방위의 요충인 이곳에서 병력을 움직이는 것은 항복하는 것과 같은 무모한 행동이라고 주장하였다. 그런데도 황제는 어리석게 고집을 부렸기 때문에, 어쩔 수없이 哥舒翰은 명령을 따랐다. 그 결과 756년 6월에 哥舒翰의 우려가 현실로 대두되었다. 즉 哥舒翰의 군대가 진격하다 적의 매복에 걸려들어 참패를 당하였던 것이다. 이때 哥舒翰은 부하들의 압력에 못 이겨 安祿山에게 투항할 수밖에 없었다.[168]

---

166) 那波利貞, 1964, 「盛唐時代に突如として現れた野戰の布陣用兵法の一變態現象について」, 10쪽.

167) 『文獻通考』 권35, 「選擧」8 賢將如高仙芝조, 333쪽.

168) Susan Whitfield, "The Horseman's Tale", *Life along The Silk Road*, p.81, The rebels were weakening and when the emperor ordered Koso Khan to attack them, he refused, arguing that his troops held an impregnable position defending the capital which it would be foolhardy to surrender. Unwisely the emperor insisted and Koso Khan had no choice but to comply. In the sixth month of 756 the general's fears were borne out : his advancing army was ambushed and destroyed, and Koso Khan

라는 게 그것이다. 위의 내용은 고선지 장군이 명령을 어겨가면서 동관을 왜 사수하였는가를 암시한다. 그렇다면 이는 고선지 장군 대신 가서한이 섬주 방어 명령을 받고 출격하였더라도 반군의 장안 공격을 막기 위해 그도 그곳에서 동관으로 퇴각하는 방책을 강구하였을 것이 뻔하다. 다만 여기서 고선지 장군이 섬주에서 동관으로 군대를 철수하였던 것이 불가항력적인 상황이라는 사실을 부각시키고 싶을 뿐이다. 이는 장안을 방어하기 위해 동관을 방어하였던 고선지 장군의 전략이 최상의 방법이었다는 사실을 일러주는 대목이다.

고선지가 억울하게 죽임을 당한 후인, 756년 6월 辛卯에 蕃將 火拔歸仁이 가서한에게 달려들어 꾸짖었다. 가서한이 關西驛에서 火拔歸仁의 100여 騎에 둘러싸인 채 "공께서는 20만의 무리를 가지고서 한번 싸우고 그들을 버렸으니, 무슨 낯으로 천자를 다시 보겠습니까? 또 공은 高仙芝와 封常淸을 보지 못하셨습니까? 청하니 공은 동쪽으로 출정하십시오"[169]라고 부하에게 질책을 들었다는 사실은 무엇을 말하는가. 이는 이미 죽은 고선지와 봉상청이 동관을 방어하였는데 가서한도 반군에 쫓겨 동관을 지키려 하는 무능한 장군이라고 부하 화발귀인의 질책이다. 이는 가서한이 도리어 그의 부하 화발귀인으로부터 고선지 장군이 동관으로 퇴각한 죄목으로 죽었는데, 가서한 그대도 고작 동관을 지키겠다니 무슨 어이없는 행동이냐는 내용이다.[170] 그렇다면 고선지가 섬주에서 퇴각한 죄목으로 죽임 당한 것이 잘못이 될 수 없다는 사실을 蕃將 화발귀인도 잘 알고 있었다는 이야기다.

여하간 반군이 장안을 향해 밀려오자, 현종과 양귀비 그리고 환관 고력사와 고관들은 허둥대며 장안을 빠져 나오는 치욕을 당하였다. 그 뿐만이 아니다. 현종은 반란군에 밀리는 관군 내부의 불만으로 사랑하는 양귀비를 죽여야 하는 고통도 함께 감수하였다. 그 후 현종은 살아남기 위하여 먼 蜀州로

---

was forced to surrender to Rokhshan by his own men.

169) 『資治通鑑』 권218, 「唐紀」34 肅宗 至德 元載 6月 辛卯조, 6969쪽, "公以二十萬衆一戰棄之, 何面目復見天子! 且公不見高仙芝·封常淸乎? 請公東行".

170) 『新唐書』 권135, 「哥舒翰傳」 公不見高仙芝等事乎조, 4573~4574쪽 ; 『欽定續通志』 권237, 「哥舒翰傳」 火拔歸仁等조(上海人民出版社, 電子版).

피난하였다. 王吉林은 현종의 군사정책 가운데 최대 실수는 변령성 말을 듣고, 고선지 장군과 봉상청을 죽인 일이라고 지적하였다.[171]

한편 고선지 장군의 행적에 대해 『耽羅國王世紀』에 소개되었던 사실을 언급하고 싶다. 즉,

> 때는 당 숙종 乾元 2년이었고, 신라는 경덕왕 18년이었다. 이때 신라사람 金巖이 高仙芝, 高秀岩과 더불어 당나라에 들어갔다. 고선지는 安西節度使가 되고, 고수암은 河東節度使가 되었다. 모두 안녹산에게 가담하였으나 유독 김암만 그에게 가담하지 않았다.[172]

라는 사료가 그것이다. 이는 고선지와 고수암이 濟州 高氏였다는 사실을 알리기 위한 기록인 것 같다. 그런데 위의 기록은 대략 두 가지 점에서 문제가 있다.

하나는 숙종 乾元 2년(759)이 고선지가 당에 의해 처형된 지 4년 후였다는 사실이다. 시기가 잘못 기록된 것이다. 고선지의 행적에 대하여는 이미 앞에서 언급하였던 그대로다. 그렇다면 고선지가 신라사람 김암과 함께 당에 들어갔다는 것도 어불성설이다. 다른 하나는 고선지가 안녹산이 지휘하는 반군에 가담하였다는 사실이다. 고선지는 관군을 이끌고 반란군을 토벌하였던 책임자였다. 그러나 고선지가 한때 안서절도사였다는 사실은 옳다. 위의 사료에서 주목하고 싶은 것은 안녹산 휘하 河東節度使 高秀巖이 고선지처럼 고구려인이었다는 점도, 위의 근거로 믿는 것 자체가 불가능하다. 또 위의 고수암은 한때 안녹산 휘하 大同軍使로 활약하였던 바로 그 인물이다.[173]

고선지가 안녹산과 가서한이 장군으로 발탁되었던 배경과 마찬가지로 당의 대표적인 간신 이임보 때문이었다고 단정하면, 이는 터무니없는 이야기

---

171) 王吉林, 1992, 「唐代馬嵬之變的政治意義及安史亂後宰相制度變化的趨勢」, 『唐代研究論集』 3, 臺北 : 新文豊出版, 490쪽.

172) 『耽羅國王世紀』 38世 「致道王」(1990, 『濟州高氏花田君派大同譜』 권一 所收, 대전 回想社), 89쪽, "唐肅宗乾元二年, 新羅金景德王十八年, 是時新羅人金巖, 與高仙芝高秀岩, 同入唐, 仙芝爲安西節度使, 秀岩爲河東節度使, 皆附祿山, 獨金岩不附".

173) 『資治通鑑』 권217, 「唐紀」33 玄宗 天寶 14載 12月 安祿山大同軍使高秀巖寇振武軍조, 6944쪽.

이다.[174] 왜냐하면 이임보가 특별히 고선지와 친분관계가 있었던 것이 아닐 뿐만 아니라, 단지 이임보는 文士가 대장이 됨으로써 재상이 될 수 있는 발판을 차단하기 위한 목적으로 이민족 출신에게 절도사로 승진하는 길을 열어주었기 때문이다.[175]

위와 관련된 사실은 『신당서』 「이임보전」에 자세히 전한다. 이를 들어보면,

> (李林甫가 황제에게 아뢰길) "최고 대책은 오랑캐 출신 장군들을 임명하는 것입니다. 그들은 천부적으로 용맹한데다, 말 위에서 자랐기 때문에 오랜 기간 행군할 수 있습니다. 이런 점들이 바로 이들의 천성입니다. 폐하께서 이들의 마음을 사로잡은 연후에 임명하시고, 죽음을 두려워하지 않을 만큼 용감하게 행동하도록 자극을 주시면 됩니다. 또 이들은 야만인이라 따로 대처할 필요가 없습니다." 황제는 그의 주장에 찬성하였다. 황제는 李林甫의 주장대로 安思順을 절도로 임명하였으며, 安祿山, 高仙芝, 哥舒翰 등을 선발하여 장군들로 삼았다. 한편 李林甫는 이들의 무지함을 이용하였다. 이들은 재상이 되기 위해 궁정으로 나갈 수 있는 기회를 전혀 갖지 못하였다. 그 결과 안녹산은 세 절도의 강력한 군대를 통솔할 수 있는데다가, 다른 곳으로 전근 없이 14년간 한곳에 머물 수 있었다. 황제는 아무런 의심 없이 李林甫의 방책에 만족하였기 때문에 마침내 安祿山은 군대를 모아 제국을 파괴시켰고, 끝내 황실이 붕괴되었다.[176]

라 되어 있다. 이는 이임보가 고선지와 관계를 맺게 되었던 것이 순전히 그 자신의 정치적인 목적 때문이었다는 내용이다. 다시 말해 이임보가 그 당시 장군출신이 재상으로 나아가는 것을 원천적으로 봉쇄하기 위한 방편으로 무식한 이민족 출신들을 대장군으로 임명할 것을 황제에게 건의하였다는 사실이다.[177] 이러한 이임보의 계책을 황제가 받아들였기 때문에 고선지가

---

174) 李樹桐, 1973, 「天寶之亂的本源及其影響」, 『歷史學報』 1, 臺灣師範大學, 66쪽 ; 『新唐書』 권223上, 「李林甫傳」 以擢安祿山·高仙芝·哥舒翰等專爲大將조, 6348쪽.

175) 金明姬, 1998, 「安定期에서 衰落期(高宗에서 玄宗)」, 107~108쪽 ; 『唐鑑』 권9, 「玄宗中」 李林甫欲杜邊帥入相之路조, 83쪽.

176) 『新唐書』 권223上, 「李林甫傳」, 6348쪽, "'不如用蕃將, 彼生而雄, 養馬上, 長行陣, 天性然也. 若陛下感而用之, 使必死, 夷狄不足圖也.' 帝然之, 因以安思順代林甫領節度, 而擢安祿山, 高仙芝, 哥舒翰等專爲大將. 林甫利其虜也, 無入相之資, 故祿山得專三道勁兵, 處十四年不徙, 天子安林甫策, 不疑也, 卒稱兵蕩天下, 王室遂微".

절도사가 될 수 있는 소요기간이 더 단축되었을 가능성은 충분하다. 그러나 고선지가 무식하였던 것은 그 자신의 의지와 상관없는 문제인 듯싶다. 그 이유는 고선지의 아버지, 또는 할아버지가 당에 패망한 백성으로 당에서 비참한 노예였기 때문이다.

그러나 재상 이임보의 간사한 계책에 의해서 고선지 장군같이 유능한 인물이 학문경력이 없었다는 이유 하나로 왕조정치에 참여하는 길이 봉쇄당한[178] 것은 암시하는 바가 매우 크다. 물론 이때 이임보의 요청으로 漢人들보다 이민족 출신이 장군으로 나아가는 문호가 크게 열렸던 게 사실이다.[179] 그러나 이러한 시대적인 여건으로 말미암아 고선지가 당의 군대를 총괄하는 대장이 되는 것이 더 쉬웠다는 주장은 근거 없는 이야기이다. 이임보는 다만 寒族이나 蕃人이 당나라 군대의 대장이 되는 게 좋겠다는 제안을 했고, 이것을 현종이 수용하였던 것에 불과하다.[180] 고선지 장군이 고구려인으로 당나라 군대의 최고사령관 자리에 오른 것은[181] 자신의 능력이었다고 말해야 옳다. 다만 이임보와 연관된 사실이 문제시되어야 했던 이유는 달리 있다. 다름 아니라 천보년간 재상으로 기억된 이임보가, 그때 당의 정치를 엉망으로 만든 양귀비의 사촌오빠 양국충과 같은 범주의 인물로 평가되었기 때문이다.[182] 이임보에 대한 부정적인 평가에 대하여 류젠카이도 동의하고 있다. 그는 「『新唐書』에 나타난 교활하고, 반항적이고 반역하는 관료들－역사서술에 드러난 유교적 판단의 원칙들－」이라는 논문에서 이임보를 그와 같은 인물로 평가하였다.[183]

탈라스 전투 이후 당과 아랍세력은 오랜 기간 단절된 상태였다. 그러나

---

177) 『舊唐書』 권106, 「李林甫傳」 自是高仙芝, 哥舒翰皆專任大將, 林甫利其不識文字조, 3240쪽.

178) 阿部肇一, 1967, 「唐の南陽慧忠禪師の立場－北宗禪より南宗禪への交替－」, 25~26쪽.

179) 康樂, 1976, 「唐代前期的邊軍」, 55쪽.

180) 『舊唐書』 권106, 「李林甫傳」(天寶 11載) 開元中조, 3239~3240쪽.

181) 『新唐書』 권223上, 「奸臣傳」의 '李林甫傳' 林甫疾儒臣以方略積邊勞조, 6348쪽.

182) 諏訪義讓, 「高麗出身高仙芝事蹟攷」, 212쪽.

183) Liu Jen-kai, "Li Lin-fu", *Die boshaften, unbotmäßigen und rebellischen Beamten in der Neuen offiziellen Dynastiegeschichte der T'ang-Untersuchung der Prinzipien der konfuzianischen Verurteilung in der Geschichtsschreibung*. (Gesellschaft für Natur-und Völkerkunde Ostasiens e. V., Hamburg, 1978), pp.171~197.

代宗 大歷 7년 "迴紇·吐蕃·大食·渤海·室韋·靺鞨·契丹·奚·牂柯·康國·石國 등이 사신을 보내어 조공했다"[184]라는 기록이 있다. 이는 大歷 7년(772)에 석국과 대식이 당에 조공하였다는 내용이다. 탈라스 전투가 일어난 후, 20년이 지나 대식·석국·강국이 당에 조공한 것은 아랍세력이 당의 정세를 파악하기 위한 행위인 것 같다. 대력년간은 고구려 유민 李正己 등의 절도사들이 발호한 시기였기[185] 때문에 당은 변방 경영에 대한 여유가 없었다. 아무튼 대식을 宗主로 그 휘하에 강국과 석국이 존치한 체제였다는 것을 확인할 수 있다.[186]

---

184) 『舊唐書』 권11, 「代宗紀」(大歷 7年)조, 301쪽, "迴紇·吐蕃·大食·渤海·室韋·靺鞨·契丹·奚·牂柯·康國·石國並遣使朝貢".

185) 지배선, 2000, 「고구려인 李正己의 발자취」, 115~201쪽.

186) 『唐會要』 권99, 「石國傳」 至寶歷二年及大歷七年조, 1772쪽, 大歷7년 앞에 寶歷 2년 石國이 당에 조공하였다는 기록이 있지만 大歷 후 연호가 寶歷이라서 이에 대한 언급을 하지 않았다.

제13장 결론

고구려 유민 고선지는 고사계의 아들이다. 고선지의 행적은 장군 고사계를 따라 하서에서 안서로 이주하였던 게 사료상의 첫 기록이다. 그 후 고선지는 나이 20여 세에 당의 유격장군이 되었다.

고선지는 언제인지 정확히 알 수 없으나, 開元년간(713~741) 말 安西副都護·四鎭都知兵馬使로 임명되었다. 이때는 고선지가 장군으로서 최고의 기량을 갖춘 사실을 평가받은 시점인 듯싶다. 그 이유는 당에서 都護를 漢族이 아닌 이민족 출신으로 임명하였던 경우가 거의 없기 때문이다. 그렇다면 고선지가 安西副都護가 되었다는 사실은, 그 당시 당에서 고구려 출신으로 최고 관직에 올랐던 것이나 다름없다.

고선지 장군이 당에서 주목을 받았던 때는 천보 6재(747)이다. 이때는 현종의 명령에 따라 고선지 장군이 토번 정벌 사령관으로 임명된 시기였다. 그런데 고선지가 출정하기 이전 상황은 당의 안서도호 3인이나 토번 정벌을 시도하였으나 연이어 실패했다. 따라서 고선지 장군의 토번 출정은 당의 입장에서 매우 중요한 원정이었다. 이런 이유로 토번 정벌 총사령관 고선지의 직함이 특별하게 行營節度使였다. 다시 말해 행영절도사는 이동하는 어느 지역에서든 절도사직을 자유롭게 수행할 수 있도록 마련된 특수 관직이다. 그 이전의 토번은 서역으로 통하는 길목에 위치한 힌두쿠시 산맥의 소발률국왕과 토번 공주를 정략적으로 결혼시켰다. 이는 토번이 서역으로 통하는 교통로를 장악하기 위해서 혈안이 되었다는 방증이다.

쿠차 부근의 안서도호부의 안서에서 출정한 고선지는, 무려 4개월이나 소요될 정도로 멀고 험한 토번 連雲堡를 향해 원정하였다. 고선지 장군의 토번 정벌 원정군의 첫 전투는 바로길 산령의 토번의 전략적 고지 연운보였다. 이때 연운보 일대는 토번군을 주축으로 많게는 10만이나 되는 대군이 포진한, 그런 요새였다. 그런데 고선지 장군이 이끄는 병력 수는 불과 만여 명에 불과한 적은 군사였다.

이와 같은 수적인 열세를 만회하기 위한 방법으로 고선지 장군은 연운보 전투에서 게릴라 전법을 구사하였던 것 같다. 고선지 장군은 모든 활용 가능한 전략·전술을 총동원해서 토번 병사를 계곡의 강바닥에 거의 다 수장시킬 정도로 대승을 거두었다. 이때 고선지 장군이 사용했던 전략과 전술을 주목하는 까닭은, 아침 辰時(7~9)에 공격을 개시하여 巳時(9~11)에 전투를 마치도록 휘하 사졸들에게 작전 명령을 하달했기 때문이다. 단지 서너 시간 동안에 전투를 끝내도록 군사들에게 특별 명령을 하달하였다는 사실을 주목하고 싶다. 이와 같은 속전속결 전술은 고선지 장군이 적은 수의 군대로 난공불락의 요새에 주둔해 있는 토번군을 궤멸시키기 위한 특별 군사작전이었다. 다시 말해, 고선지 장군은 고산준령의 산악지대에서 적이 눈치채기 어려운 아침 짧은 시간에 공격개시와 동시에 작전 완료를 명령하였다. 그 결과는 고선지 장군이 밤새 긴장하고 있던 적의 허를 찌른 작전이었다. 고선지 장군은 토번을 상대로 예측 불가한 전투에서 대승을 거두었다. 이런 까닭에 세계 역사가들이 고선지 장군의 토번 연운보 함락을 세계 전쟁사에서 어느 전투와 비교할 수 없는 대단한 전투라고 극찬하였다.

당 현종 측근 환관 邊令誠조차 더 이상 토번 연운보 함락에 지쳐서 소발률국 공격을 원치 않은 상황에서 고선지 장군은 계속 진격하였다. 이때 고선지 장군은 토번의 속국 소발률국을 향해 진격하도록 명령하였다. 그런데 해발 4500여m나 되는 坦駒嶺을 넘는 상황에서, 병사들이 고산지대 산소 결핍 등의 고통으로 말미암아 탄구령을 넘어 내려갈 즈음에 동요가 일어났다. 어쩌면 당연한 일이다. 이와 같은 부하들의 불안한 심리 발생을 꿰뚫고 있던 고선지 장군은 미리 부하 마음을 안정시키기 위한 대비책을 강구했다는 사실이 놀랍다. 즉 고선지 장군이 휘하의 일부 사졸을 소발률국 병사로 위장시킨 후, 마치 소발률국에서 사신을 보내 항복하는 것처럼 연극을 꾸몄다. 이는 고선지 장군이 심리전마저 타의 추종을 불허할 정도로 탁월하였다는 것을 알려주는 사실이다.

그런데 소발률국 수령 5·6인이 끝까지 토번에 충성하였기 때문에 고선지 장군은 한 때는 어려움을 겪었지만 소발률국과 싸우지 않고 그 나라 왕성을 함락시키는 개가를 올렸다. 이때 고선지 장군은 소발률국왕과 왕비를 포로로 잡은 후, 다시 탄구령을 넘어 안서도호를 향해 개선하였다. 그런데 고선지 장군의 이런 엄청난 戰果로 말미암아 대식 등 서방 72국이 당에 충성을 약속하였다는 사실은 당과 서방세계와의 관계사에서 암시하는 바가 엄청나다. 그 이유는 고선지 장군의 토번 연운보 정벌에 놀란 나머지 서방국가들이 당에 대한 항복 표시로 조공을 약속했기 때문이다. 이는 고선지 장군에 의한 토번 연운보 함락과 소발률국 정벌의 성공으로 말미암아 토번은 아랍권 연결하는 통로가 차단되었음을 의미한다. 그렇다면 고선지 장군에 의한 토번 연운보 함락에 대하여 동서양 학자들이 왜 그토록 주목하는지 알 수 있다. 또 이는 전에 토번을 공격하다가 安西都護 田仁琬·蓋嘉運·夫蒙靈詧이 연거푸 실패했는데도 불구하고 당 현종이 고선지 장군을 지목해 칙서를 내려 토번 연운보를 공격하게 했던 이유가 무엇인지를 알 수 있다고 본다.

토번 연운보 정벌에 대한 성공으로 고선지 장군은 漢族출신이 아닌데도 불구하고 安西四鎭節度使로 승진하였다. 이때 사진절도사가 되었다는 것은, 고선지 장군이 당의 서방, 즉 서역에서 군사·행정에 관한 업무를 모두 장악하는 그런 관직에 올랐다는 뜻이다. 이런 상황에서 서방 석국이 당에 대하여 조공을 게을리 하는 문제가 발생했다. 그 결과 고선지 장군은 서역의 군사·행정의 총책임자로 天寶 9載(750) 서역의 석국을 공격하여 그 나라의 왕과 왕비 등을 포로로 잡아왔다. 그 무렵 고선지 장군은 석국 주변의 아홉 나라와 突騎施를 평정하였다는 사실을 주목하고 싶다. 이는 고선지 장군의 전공으로 서역에서 당이 종주국으로서의 위상을 확고하게 다졌다는 것을 입증하는 하는 사건이기 때문이다. 이때 서역 평정의 상징으로 고선지 장군은 석국왕 외에 突騎施可汗·

朅師王 등을 볼모로 잡아 당 현종에게 바쳤다.

그런데 위의 천보 9재에 고선지 장군이 걸사국왕 勃特沒과 석국왕을 사로잡아 개선했던 상황은 암시하는 바가 크다. 다시 말해서 이즈음 고선지 장군이 대식을 공격했을 가능성이다. 즉 『太平廣記』에 "고선지가 대식을 정벌하여 訶黎勒을 얻었는데, (그 나무 잎) 크기가 5~6촌이다"[1]는 기록을 주목할 필요가 있다. 이는 고선지 장군이 대식을 토벌하다가 '香藥'인 쌍떡잎식물 訶黎勒을 얻었다는 내용이다. 오늘날 가려륵의 원산지는 인도북부와 미얀마라고 하나 그 당시는 대식에도 분포되었을 가능성은 충분하다. 게다가 고선지 장군은 가려륵을 심히 귀하게 여겼다고 한다. 여기서 간과할 수 없는 사실은 가려륵을 얻었다는 사실보다 그 때 고선지 장군이 대식까지 원정했다는 사실을 주목하고 싶다. 이것이 확고한 사실이라면 안서사진절도사 고선지는 중앙아시아는 물론이고 서아시아까지 그의 영향력 아래 두었다는 놀라운 이야기다.

아무튼 고선지 장군이 장군으로서의 탁월한 기량을 십분 발휘한 결과, 당의 종주권이 중앙아시아를 넘어 서아시아까지 확대되었다. 그런데 어리석은 정치가들이 포로로 잡아왔던 석국왕을 죽임으로써 당과 서방세계 문제가 새로운 방향으로 급선회하였다. 결국 唐朝에서 이렇게 잘못 처리한 국제정치문제는 아랍세계의 상대역인 고선지 장군에게 떨어졌다. 이때 설상가상으로 당 현종은 양귀비와 사랑에 빠지면서 음악과 女色을 즐기면서 政事 모두를 재상 이임보에게 맡겼다. 한 마디로 이런 와중에서 당의 포로로 잡혀온 석국왕 참살극이 장안의 어리석은 정치가들에 의해 자행되었다.

그런데 이와 같이 포로가 된 석국왕을 조정에서 참살시킨 것과 같은 바보스런 행동이 그 뒤에도 계속되었다. 즉 천보 13재(754) 3월에 다음 사료가 있다.

> 程千里가 阿布思를 사로잡아 대궐 아래에서 올렸으므로 목을 베었다. 甲子일에 千里를 金吾대장군으로 삼았는데, 封常淸을 임시로 北庭도호·伊西절도사로 삼았다.[2]

---

1) 『太平廣記』 권414, 「香藥」 '訶黎勒', 116쪽, "高仙芝伐大食, 得訶黎勒, 長五六寸"(1983, 『景印文淵閣四庫全書』 1046冊, 臺灣商務印書館).

당에서 석국왕을 죽이고 탈라스 전투라는 비싼 대가를 치른 이후 北庭都護 程千里가 葛羅祿에게 도움을 청하자, 급박해진 阿布思가 갈라록에게 귀속하였다. 이때 포로로 잡혀서 바친 아포사를[3] 장안에서 죽였다. 753년 9월 아포사는 정천리의 포로가 된[4] 다음 해 3월 장안으로 끌려왔다. 그렇다면 적극적으로 당에 대항한 주변국의 왕을 조정에서 죽였던 것은 당의 보편적 정책이었던 모양이다. 따라서 고선지 장군이 잡아온 석국왕을 조정에서 죽인 것이 아니라 고선지라고 주장한 그런 연구자들의 주장은 당 현종시대에 주변국과의 역사를 제대로 알지 못하는 상황에서 범한 실수라고 본다.

위에서 안서절도사 封常淸을 천보 13재 3월 임시로 北庭도호와 伊西절도사로 삼았던 사실은 고선지 장군의 영향이 크게 작용한 것 같다. 왜냐하면 이 시기 장군 승진은 모두 전임자에 의해 후임자를 상주하는 형식이 주류를 이루었기 때문이다.

아무튼 석국왕이 장안에서 피살된 후, 長安에서 도망쳐 나온 석국 왕자가 이러한 사실을 아랍세계에 알리면서 지원을 요청하였다. 그 결과 아랍의 제국들이 천보 10재(751) 안서공격을 시도하였다. 이때 아랍 제국의 안서사진 공격을 사전에 차단할 목적으로 고선지 장군은 부하를 이끌고 탈라스 강으로 출정하였다. 이른바 동·서간의 최초 전쟁으로 해석된 그런 사건이 터졌다. 정확히 말해, 중국과 서방세계와의 전쟁이었다. 이때 고선지가 이끄는 당군은 탈라스 강가에 있는 탈라스 성안에 있다가 석국을 지원한 서방 연합세력에 의해 포위되었다. 게다가 엎친 데 덮친 격으로 일이 꼬였다. 고선지 휘하에 있으면서 적과 내통한 군대에 의해 고선지 장군마저 포위되는 그런 신세였다. 그런데 제2차 석국 정벌과 관련해서는 고선지 장군을 깎아내리는 사료가 많았던 사실을 주목하고 싶다. 이는 고선지 장군의 출중함을 시기한데서 온, 당의 사가들에 의해 저질러진 역사의 조작이다.

---

2) 『資治通鑑』 권217, 「唐紀」33 玄宗 天寶 13載 3月조, 6926쪽, “程千里執阿布思, 獻於闕下, 斬之. 甲子, 以千里爲金吾大將軍, 以封常淸權北庭都護·伊西節度使”.

3) 『資治通鑑』 권216, 「唐紀」32 玄宗 天寶 12載 9月 北庭都護조, 6919쪽.

4) 『資治通鑑』 권216, 「唐紀」32 玄宗 天寶 12載 9月조, 6919쪽.

물론 고선지 장군이 탈라스 전투에서 참패한 것은 틀림없는 사실이다. 그러나 탈라스 전투에 대한 역사가들의 주장과 달리 고선지 장군의 탈라스 전투 패배 후에도, 당이 서역에서 종주권을 완전히 상실하지 않았다. 다시 말해 탈라스 전투가 끝난 2개월 후, 天寶 10載 9월 波斯·蘇利悉單國·火尋國·康國·安國·俱密國 등이 사자를 당에 보내어 조공했다는 사실[5]이 이를 방증한다. 또 천보 11재 3월에 갈라록마저 장안에 사신을 보내 來朝했다는 사실도 마찬가지다. 같은 해 11월 갈라록과 黑水大食이 당에 來朝, 그 다음 달(12월) 흑수대식과 강국이 사신을 보내어 조공하였다.[6] 천보 12재 12월 정해 護密國이 사신을 보내 당에 조공을 바쳤다[7]는 사실도 같은 의미로 해석할 수 있다. 그렇다고 천보 10재 고선지 장군이 탈라스 전투에서 참패하기 전과 동일하게 당과 서역관계가 지속되었다는 주장이 아니다.

탈라스 전투 이후 서역 제국이 당에 대한 계속적 조공하였던 사실은 되새겨 볼 일이다. 탈라스 전투에서 고선지 장군의 패배는 사실이다. 그렇다고 고선지 장군의 탈라스 전투 패배로 서역에서 당의 영향력 모두를 대식에게 넘겨준 것으로 볼 수 없다. 그 이유는 고선지 장군에 의한 토번 연운보 함락과 소발률국 점령 사실과 이슬람 연합세력의 탈라스 전투 승리를 동일시 할 수 없기 때문이다. 달리 말해 고선지 장군에 의한 토번 연운보 함락과 소발률국 점령이 갖는 의미와 이슬람 연합 세력의 탈라스 전투 승리는 차원이 다르다. 그 까닭은 토번 연운보와 소발률국 점령은 매우 중요한 전략적 고지의 점령인데 비해, 대식이 탈라스 전투에서 승리한 곳은 전략적 고지도 아닐 뿐 아니라 장기적으로 지배가 가능하다고 하더라도 토번 연운보와 소발륙국이 갖은 전략적 의미와는 비교될 수 있는 성질의 것이 못된다. 이를 구체적으로 뒷받침하는 사실은 탈라스 전투 다음해 천보 11재(752) 정월 당이 대식과 인접한 骨咄國王 羅全節을 葉護로 책봉하였다는 사실[8]에서 어느 정도 짐작된다. 고선

5) 『冊府元龜』 권971, 「外臣部」 '朝貢' 天寶 10載 9月 波斯조, 11413쪽.
6) 『冊府元龜』 권971, 「外臣部」 '朝貢' 天寶 11載 3月조 ; 11月 葛邏祿조 ; 12月 黑水大食조, 11413쪽.
7) 『冊府元龜』 권971, 「外臣部」 '褒異' 天寶 12載 12月 丁亥조, 11458쪽.
8) 『冊府元龜』 권965, 「外臣部」 '封冊' 天寶 11載 正月 壬寅조, 11350쪽.

지 장군과 아랍연합세력이 싸운 탈라스 전투 후, 천보 13재 4월 俱位國이 당에 사신을 보내 來朝하였던[9] 것도 천보 11재 당이 골돌국왕을 엽호로 책봉한 것 이상의 의미가 있다. 이는 탈라스 전투 패배가 동서문명사에서 중요하게 다룰 수 있을지언정, 그 전투가 갖는 헤게모니는 토번 연운보와 소발률국 정복처럼 즉각적 효과는 미미하다. 이런 까닭에 고선지 장군의 탈라스 전투 패배는 역사가들에 의해 과대포장된 해석이란 점에서 재조명되어야 할 부분이 많다.

고선지 장군이 지휘하였던 당군이 탈라스 강가에서 아랍연합세력에게 대패한 사실은 동서교섭사에서 커다란 흔적을 남겼다.[10] 즉 이 싸움은 이후 서역 헤게모니가 당에서 아랍세계로 넘어가는 데 결정적 역할을 하였다.[11] 결과론적으로 말해서 당의 세력범위가 타림분지 내로 축소된 사건이라 말해도 크게 틀린 것은 아니다.[12] 이는 타림분지 앞까지 아랍권의 문화, 즉 아랍어는 물론이고 아랍계 인종의 진출과 맞물리는 사건으로 비화되었다. 반대로 이때 아랍연합군에게 잡힌 당군 포로들에 의해서 중국 문화가 아랍권으로 소개되었다. 그 가운데 중국 제지술이 서방세계에 전파되는 계기가 되었다는 사실에 대하여는 동서양사에서 모두 주목하고 있다.

고선지 장군은 석국 정벌 이후, 야전군 사령관 생활을 마감하였다. 그 이유는 당이 절도사에게 휘둘림을 당하는 상황이었기 때문에 고선지 장군이 突騎施可汗등의 포로를 조정에 바친 후, 당조가 고선지 장군에게 내린 河西절도사직을 安思順이 고수했기 때문이다. 天寶 14載 2월경부터 잠시 하서절도사로 있던 고선지 장군을 조정에서 불러들였다. 당이 안녹산 난을 진압하기 위해, 고선지 장군을 다시 싸움터로 내몬 것이다. 즉 당은 고선지 장군을 안녹산 난을 진압하는 실질적인 총사령관으로 임명하였다. 그런데 고선지 장군이 전략적으로 潼關까지 후퇴하였기 때문에 안녹산 반군을 관군이 동관에서

9) 『冊府元龜』 권971, 「外臣部」 '朝貢' 天寶 13載 4月조, 11414쪽.
10) 지배선, 2001, 「고구려인 高仙芝(2)－對아랍전쟁을 중심으로－」, 325쪽.
11) 羽田明 등, 1989, 「唐とサラセン」, 216쪽.
12) 糸賀昌昭, 1980, 「長安とバグダード」, 213쪽.

방어하는 것이 가능하였다. 이와 같은 동관으로의 작전상 후퇴가, 후일 당이 고선지 장군을 죽이려는 구실로 이용되리라는 생각을 그도 하지 못하였던 게 틀림없다. 다시 말해서, 이즈음 현종은 안녹산의 난을 막고 있는 고구려 유민출신의 걸출한 고선지 장군이 안녹산처럼 두려웠던 모양이다. 당 현종은 고선지 장군을 제거하기 위해 監軍장군 邊令誠을 앞세웠다. 이러한 음모를 계획한 당 현종이 한때 이민족 출신 안녹산을 총애한 사실을 회상하면 그 이유를 쉽게 찾아낼 수 있다고 본다. 당은 고선지 장군을 陜州사수 불복종과 太原倉 官庫를 훔쳤다는 터무니없는 죄목을 씌워 각본대로 죽였다. 그러나 고선지 장군이 중국사와 아랍세계에 남긴 발자취는 형언하기 어려울 정도로 많았다. 그 결과 고선지 장군의 발자취가 동서교섭사 상에 빼어놓을 수 없을 정도로 중요한 족적을 남긴 사실을 주목하고 싶다. 그런데 고선지 장군의 행적에 관한 연구가 우리나라에서 이루어졌던 것과 비교가 안 될 정도로, 서양의 많은 연구자들에 의해서 상당한 분량으로 축척되어 있다는 사실을 우리는 되새겨 보아야 한다. 한마디로 이는 문명교류사에 기여한 고선지 장군의 흔적과 그 비중이 세계문명사에서도 무시할 수 없을 정도로 매우 컸다는 이야기이다.

2005년 7월말 타슈켄트에서 중앙일보의 『고선지 루트 1㎞』를 취재할 때 필자가 쓴 기사를 소개하면서 고선지 연구를 마감하고 싶다.

그 때 타슈켄트 고려인이 운영하는 TV방송국에서 나에게 관심을 보였다. 현지 가이드 고려인 예니게프 채로부터 타슈켄트 방문 목적을 전해들은 방송국측이 나에게 인터뷰를 요청하였다. 그런데 인터뷰 첫 질문이 나에게 '고선지를 어떻게 알게 되었느냐'는 것이다. 나는 어안이 벙벙했다. 마치 이제야 한국에서 고선지를 알게 되었느냐는 식이었기 때문이다. 고려인들이 고선지에 대해 대단한 자부심을 가지고 높게 평가하고 있음을 느낄 수 있었다. 그들은 최근 한국드라마가 우즈베키스탄 텔레비전에 방송되며 한류에 관한 붐이 불고 있다고 귀띔했다.[13)]

---

13) 김주영·지배선, 2005, 「고선지 루트 1만㎞」, 『중앙일보』 2005년 11월 8일, 23쪽.

카자흐스탄 박물관에 전시된 화폐. 중국과 서아시아와 유럽의 화폐가 동시에 보인다. 동서 문물의 교류를 설명하는 증거다. 필자 촬영

카자흐스탄 국립동양학연구소에서 만난 아리셰르 아키세프(종교문화학과) 교수는 고선지에 대해 '고선지 장군은 중국인을 탈라스 주위로 이주시켜 새로운 마을을 만들어 중국을 확대시킨 인물'이라고 평가했다. 그는 계속해서 '고선지가 이끄는 군사는 남카자흐스탄주의 탈라스 강 전투에서 4만 5천 명이 전사했고, 고선지의 부대원 가운데 살아남은 포로들은 사마르칸트와 바그다드로 잡혀가서 중국 종이를 만드는 방법을 전수했다'고 말했다.[14]

14) 2005년 7월말 카자흐스탄에서 필자 및 소설가 김주영 씨와 함께 대담하는 과정에서 아리셰르 아키세프 교수가 발표한 내용이다.

참고문헌

1. 사료

『史記』(北京：中華書局, 1995).
『漢書』(北京：中華書局, 1995).
『後漢書』(北京：中華書局, 1995).
『三國志』(北京：中華書局, 1995).
『晉書』(北京：中華書局, 1995).
『魏書』(北京：中華書局, 1995).
『周書』(北京：中華書局, 1995).
『梁書』(北京：中華書局, 1995).
『高僧傳』(北京：中華書局, 1992).
『隋書』(北京：中華書局, 1995).
『北史』(北京：中華書局, 1995).
『舊唐書』(北京：中華書局, 1975).
『新唐書』(北京：中華書局, 1995).
『十六國春秋輯補』(鼎文書局, 1976).
『全唐文』(上海古蹟出版社, 1995).
『全唐詩 上』(北京：中華書局, 1996).
『通典』(欽定四庫全書).
『通志』(上海人民出版社, 電子版).
『大唐西域記』(中華書局, 1990).
『往五天竺國傳』(通文館, 1961).
『元和郡縣志』(臺灣商務印書館, 1983).
『元和郡縣圖志』.
『唐鑑』.
『資治通鑑』(北京：中華書局, 1992).
『文獻通考』(上海：商務印書館, 1936).

『冊府元龜』(北京：中華書局, 1982).
『大唐六典』(臺北：文海出版社, 1976).
『唐會要』(北京：中華書局, 1990).
『太平御覽』(上海：中華書局, 1960).
『太平廣記』(臺灣商務印書館, 1983).
『大唐大慈恩寺三藏法師傳』.
『文苑英華』.
『玉海』(臺灣商務印書館, 1983).
『續通志』(上海:商務印書館, 1935).
『欽定續通志』(上海人民出版社, 電子版).
『陝西通志』(上海人民出版社, 電子版).
『甘肅通志』(臺灣商務印書館, 1983).
『通鑑記事本末』(北京：中華書局, 1994).
『御批資治通鑑綱目』(臺灣商務印書館, 1983).
『文獻通考』(北京：中華書局, 1991).
『欽定四庫全書總目』(『文淵閣四庫全書』 電子版, 上海人民出版社).
『新疆輿風土攷』.
『唐方鎭年表』(北京：中華書局, 1980).
『長安志』(臺灣商務印書館, 1983).
『文苑英華』(臺灣商務印書館, 1983).
『三國史記』(乙酉文化社, 1991).
『三國遺事』(明文堂, 1986).
『壬申誓記石』(보물1141호).
『芝峯類說』.
『海東繹史』(驪江出版社, 1987).
『研經齋全集』(民族文化推進會, 2001).
『林下筆記』(大同文化研究院, 1961).
『欽定大淸一統志』(臺灣商務印書館, 民國72).
『古行記校錄』의 『杜環經行記』(『海寧王靜安先生遺書』 37, 長沙：商務印書館, 1940).
『東堂集』(臺灣商務印書館, 1983).
『山西通志』(上海人民出版社, 電子版).
『新疆輿風土攷』(臺北：成文出版社, 1982).
『讀史方輿紀要』(北京：中華書局, 1957).
『耽羅國 王世紀』(대전：回想社, 1990).

2. 저서

高柄翊, 1982, 『東亞史의 傳統』, 一潮閣.
高柄翊, 1988, 『東亞交涉史의 硏究』, 서울대출판부.
高柄翊, 1988, 『아시아의 歷史像』, 서울대출판부.
권영필·정수일·최광식·지배선, 2008, 『중앙아시아 속의 고구려인 발자취』, 동북아역사재단.
金明姬, 1998, 『中國 隋·唐史 硏究-天子의 나라 天下의 文化-』, 國學資料院.
金定慰, 1981, 『이슬람 文化史』, 서울 : 文學學藝社.
김명섭, 2001, 『대서양문명사』, 서울 : 한길사.
김정위, 2001, 『이란사』, 서울 : 한국외국어대학출판부.
김택민, 1998, 『中國土地經濟史硏究』, 고려대학교출판부.
宋基豪, 1997, 『渤海政治史硏究』, 서울 : 일조각.
梁柱東, 1965, 『古歌硏究』.
이희수, 2001, 『터키史』, 대한교과서주식회사.
任昌淳, 2005, 『唐詩精解』, 서울 : 소나무.
정수일, 2001, 『씰크로드학』, 창작과비평사.
지배선, 1986, 『中世東北亞使硏究-慕容王國史』, 서울 : 一潮閣.
지배선, 1998, 『中世 中國史 硏究-慕容燕과 北燕史』, 연세대학교출판부.
지배선, 2002, 『유럽문명의 아버지 고선지 평전』, 서울 : 청아.
지배선, 2006, 『고구려·백제 유민 이야기』, 서울 : 혜안.
지배선, 2007, 『중국 속 고구려왕국, 齊』, 서울 : 청년정신.
車河淳, 1991, 『西洋史總論』, 探究堂.

堀敏一, 2002, 『唐末五代變革期の政治と經濟』, 東京 : 汲古書院.
宮崎市定, 1994, 『世界の歷史7, 大唐帝國』, 東京 : 河出書房新社.
金子修一, 2001, 『隋唐の國際秩序と東アジア』, 東京 : 名著刊行會.
內田吟風, 1975, 『北アジア史硏究-鮮卑柔然突厥篇』, 京都 : 同朋舍.
白鳥庫吉, 1944, 『西域史硏究 下』, 東京 : 岩波書店.
濱口重國, 1980, 『秦漢隋唐史の硏究』, 東京大學出版會.
山口瑞鳳, 1983, 『吐蕃王國成立史硏究』, 東京 : 岩波書店.
桑山正進 編, 1992, 『慧超往五天竺國傳硏究』, 京都大.
桑原隲藏, 1936, 『東洋文明史論叢』, 東京 : 弘文館書房.
石見清裕, 1998, 『唐の北方問題と國際秩序』, 東京 : 汲古書院.
小玉新次郎, 1990, 『西アジア 歷史』, 東京 : 講談社.
日野開三郎, 1980, 『日野開三郎 東洋史學論集』 第一卷, 東京 : 三一書房.
前嶋信次, 1971, 『東西文化交流の諸相』, 東京 : 誠文堂.
田坂興道, 1964, 『中國における回敎の傳來とその弘通』, 東京 : 東洋文庫.

佐藤長, 1958,『古代 チベット史研究』上卷, 東洋史研究會.
佐藤長, 1959,『古代 チベット史研究』下卷, 東洋史研究會.
佐伯好郎, 1943,『支那基督教の研究 1』, 東京：春秋社松柏館.
貝塚茂樹, 1976,『貝塚茂樹著作集, 中國の歷史 8』, 東京：中央公論社.

康樂, 1979,『唐代前期的邊防』, 臺北：臺灣大.
江應梁, 1990,『中國民族史』, 北京：民族出版社.
孔德,『外族音樂流傳中國史』.
校仲彝, 2002,『和田簡史』, 鄭州：中州古籍出版社.
藍文徵, 1970,『隋唐五代史』, 臺北：商務印書館.
譚其驤 主編, 1989,『中國歷史地圖集－隋·唐五代十國時期』, 上海：中國地圖出版社.
譚其驤 主編, 1996,『中國歷史地圖集』, 北京：中國地圖出版社.
方豪, 1953,『中西交通史』2, 臺北：中華文化出版.
謝海平, 1978,『唐代留華外國人生活考述』1, 臺北：商務印書館.
徐松, 1994,『唐兩京城坊攷』, 愛宕元 譯註, 平凡社.
薛宗正, 1992,『突厥史』, 北京：中國社會科學出版社.
薛宗正, 1995,『安西與北庭－唐代西陲邊政研究』, 黑龍江教育出版社.
蘇慶彬, 1967,『兩漢迄五代入居中國之蕃人氏族研究』, 香港：新亞研究所.
蘇慶彬, 1967,『兩漢迄五代入居中國之蕃人氏族研究』, 香港：新亞研究所.
孫金銘, 1960,『中國兵制史』, 臺北：陽明山莊印.
新疆大學圖書館編輯, 1987,『龜玆史料』, 烏魯木齊市：新疆大學出版社.
楊建新, 1988,『中國西北少數民族史』, 寧夏：人民出版社.
楊鴻年, 1999,『隋唐兩京坊里譜』, 上海古籍出版社.
嚴耕望, 1969,『唐史研究叢稿』, 香港：新亞研究所.
呂思勉, 1961,『隋唐五代史』, 上海：中華書局.
余太山, 1996,『西域通史』, 中州古籍出版社.
餘華靑, 1993,『中國宦官制度史』, 上海人民出版社.
王小甫, 1992,『唐·吐蕃·大食政治關係史』, 北京大學出版社.
王小甫, 1996,『唐朝對突厥的戰爭』, 北京：華夏出版社.
王行先, 2001,『爲趙侍郎論兵表』,『中國古代軍事散文精選：隋唐五代』所收, 解放軍文藝出版社.
姚薇元, 1962,『北朝胡姓考』, 北京：中華書局.
饒宗頤, 1982,『選堂集林史林, 中冊』, 香港：中華書局.
劉伯驥, 1954,『唐代政敎史』, 臺灣：中華書局.
劉錫淦, 1966,『龜玆古國史』, 新疆大學出版社.
劉錫淦, 1996,『龜玆古國史』, 新疆大學出版社.
李潔萍, 1995,『中國歷代都城』, 黑龍江人民出版社.

張廣達, 1995,『西域史地叢稿初編』, 上海古籍出版社.
張其昀, 1956,『中國軍事史略』, 臺北：中華文化出版.
蔣丙英, 1966,『中西文化論』, 臺北：泰山出版社.
張星烺, 1969,『中西交通史料匯編』, 臺北：世界書局.
張平, 2004,『龜玆－歷史文化探秘－』, 烏魯木齊：新疆人民出版社.
章羣, 1986,『唐代蕃將硏究』, 臺北：聯經出版.
祝啓源, 1996,『隋唐民族史』, 四川民族出版社.
向達, 1979,『唐代長安與西域文明』, 北京：三聯書店.
黃文弼, 1981,『西北史地論叢』, 上海：人民出版社.
Ray Huang, 2002,『赫遜河畔談中國歷史』, 권중달 역, 푸른역사.

이븐 바투타, 2001,『이븐 바투타 여행기』, 정수일 역, 창작과 비평사.
Abd al-Malik b. Muhammad al-Tha'âlibî, *Thmir al-qulûb* (Cairo, 543, No.892, 1965).
Annabel Walker, *Aurel Stein : Pioneer of the Silk Road* (Univ., of Washington Press, 1995).
C. E. Bosworth, *The Book of Curious and Entertaining Information : The "Latāif al-ma'arif" of Tha'ālibī* (Edinburgh, 1968).
Charles O. Hucker, *China's Imperial Past* (Stanford University Press, 1975).
Chavannse, E., *Documents sur les Tou-Kiue(Turcs) Occidentaux. Recueillis et commentés* (St. Pétersbourg, 1903)(馮承鈞譯, 1934,『西突厥史料』, 商務印書館).
Christopher l. Beckwith, *The Tibetan Empire in Central Asia* (Princeton Univ., Press, 1987).
Edouard Chavannes, *Documents Sur Tou-Kiue(Turcs) Occidentaux* (Paris : Librairie d' Amérique et d'Orient, 1900).
Edwin G. Pulleyblank, *The Background of The Rebellion of An Lu-Shan* (Oxford Univ, Press, 1955).
Edwin O. Reischauer, *East Asia* (Boston : Houghton Mifflin company, 1973).
Georges de Roerich, *Sur Les Pistes L'asie Centrale* (Paris : Libraie Orientaliste Paul Geuthner, 1933).
Glen Dudbridge, *Religious Experience and Lady Society in T'ang China* (Cambridge University Press, 2002).
Henri Cordier, *Ser Marco Polo* (Dover Publications, Inc., 1992).
Henri Pirenne, *Medieval Cities : Their Origins and the Rivival of Trade*, tr. by Frank D. Halsey (Princeton University Press, 1969).
Jeannette Mirsky, *Sir Aurel Stein : Archaeological Explorer* (The Univ., of Chicago Press, 1977).
Liu Jen-Kai, *Die Boshaften, Unbotmäßigen und Rebellischen Beamten in der Neuen offiziellen Dynastiegeschichte der T'ang* (Hamburg, 1978).

Luc Kwanten, *IMPERIAL NOMADS* (Univ., of Pennsylvania Press, 1979).
M. Aurel Stein, *Ancient Khotan-Detailed report of archaeological explorations in Chinese Turkestan* (Oxford : At the Clarendon Press, 1907).
M. Aurel Stein, *Ruins of Desert Cathay*, Vol. 1 (New York : Dover Publication, Inc., 1911).
Muhammad b. Ahmad al-Dhahabî, *Ta'rîkh al-Isâm wa tabaqât al-ma-šâhir wa al-a'lâm* (Cairo, 1947).
R. A. Stein, *Tibetan Civilization* (Stanford Univ. Press, 1972).
René Grousset, *The Empire of the Steppes a History of Central Asia*, by Trans. Naomi Walford (Rutgers University Press, 1999).
René Grousset, *The Rise and Splendour of the Chinese Empire* (London : Geoffrey Bles, 1952).
Stuart Legg, *The Heartland* (London : Secker & Warburg, 1970).
Susan Whitfield, *Life Along The Silk Road* (University of California Press, 1999).
Tarthang Tulku, *Ancient Tibet* (California : Dharma Publishing, 1986).
V. 플로스키흐, 2005, 『탈라스 전투』, 비슈케크 "샴"(김성완 역, 2010, 『탈라스 전투』, 동북아역사재단).
Victor Cunrui Xiong, *Sui-Tang Chang'an* (Ann Arbor : The University of Michigan, 2000).

3. 논문

金文經, 1986, 「唐代의 高句麗遺民 徙民策」, 『唐 高句麗遺民과 新羅僑民』, 日新社.
金元龍, 1984, 「古代韓國과 西域」, 『美術資料』 84.
김주영·지배선, 2005, 「고선지 루트 1만㎞」, 『중앙일보』 2005년 11월 8일.
閔泳珪, 1965, 「高仙芝－파미르 西쪽에 찍힌 韓國人의 발자국」, 『韓國의 人間像 2』, 신구문화사 (原載, 『新天地』, 1963).
송기호, 1977, 「大祚榮의 出自와 建國 과정」, 『渤海政治史研究』, 일조각.
이범진, 2010, 「도굴된 고구려 벽화 행방은…」, 『주간조선』 2097호.
李龍範, 1965, 「파미르高原의 支配者 高仙芝, 8세기경」, 『人物韓國史 1』, 博友社.
李龍範, 1978, 「海外貿易의 發展」, 『한국사 3』, 탐구당.
李弘稙, 1971, 「高句麗遺民에 관한 一·二의 史料－高句麗僧 丘德과 高麗史 地理志의 '有疾部曲'－」, 『韓國古代史의 研究』, 신구문화사.
지배선, 1977, 「鮮卑族의 初期段階 氏族分裂에 대하여」, 『白山學報』 23, 백산학회.
지배선, 1978, 「鮮卑拓跋氏의 氏族分裂過程에 대하여」, 『白山學報』 24, 백산학회.
지배선, 1989, 「한국과 중국의 교육제도－삼국통일 이전을 중심으로－」, 『學生生活研究』 2, 한성대학교.
지배선, 1992, 「中國 唐代의 基督敎－景敎를 중심으로－」, 『人文科學』 68, 연세대학교.
지배선, 1999, 「楊 貴妃와 唐 玄宗」, 『東方學志』 105, 연세대학교.

지배선, 2000,「고구려인 高仙芝(1)－對 토번 정벌을 중심으로－」,『東方學志』110, 연세대학교.
지배선, 2000,「고구려인 李正己의 발자취」,『東方學志』109, 연세대학교.
지배선, 2001,「고구려인 高仙芝(2)－對 아랍전쟁을 중심으로－」,『東方學志』112, 연세대학교.
지배선, 2001,「신라의 교육제도 연구」,『慶州文化硏究』4, 경주대학.

岡崎敬, 1963,「唐, 張九齡の墳墓とその墓地銘－廣東省韶關市近郊の唐代壁畵墓－」,『史淵』89.
古賀登, 1929,「敦煌戶籍の一男十女について」,『古代學』12-2·3.
菊池英夫, 1982,「隋·唐王朝支配期の河西と敦煌」,『講座敦煌2, 敦煌の歷史』, 東京：大東出版社.
宮崎市定, 1994,「大唐帝國」,『世界の歷史 7, 大唐帝國』, 東京：河出書房新社.
根本誠, 1962,「唐代の主要物資の價格に就いて」,『史觀』65·66·67.
金子修一, 1996,「唐代前期の國制と化」,『中國史 2, 三國～唐』, 東京：山川出版社.
金子修一, 2001,「唐代國際關係における日本の位置」,『隋唐の國際秩序と東アジア』, 東京：名著刊行會.
吉田光男, 1977,「『翰苑』註所引『高麗記』について－特に筆者と作成年次－」,『朝鮮學報』85.
那波利貞, 1952,「唐天寶時代の河西道邊防軍に關する經濟史料」,『京都大學文學部硏究紀要』1.
那波利貞, 1964,「盛唐時代に突如として現れた野戰の布陣用兵法の一變態現象について」,『史窓』22.
那波利貞, 1965,「唐の小太宗宣宗皇帝と其の時勢」,『史窓』24.
內藤雋輔, 1961,「唐代中國における朝鮮人の活動について」,『朝鮮史硏究』, 京都大.
內田吟風, 1975,「西突厥初世史の硏究」,『北アジア史硏究－鮮卑柔然突厥篇』.
內田吟風, 1975,「柔然(蠕蠕)アヴァール論考」,『北アジア史硏究－鮮卑柔然突厥篇』.
內田吟風, 1975,「初期葛邏(Karluk)族史の硏究」,『北アジア史硏究－鮮卑柔然突厥篇』, 京都：同朋舍.
大谷勝眞, 1925,「安西四鎭の建置と其の異同に就いて」,『白鳥博士還曆記念, 東洋史論叢』, 東京：岩波書店.
大庭脩, 1981,「製紙法の西傳」,『シルクロードの文化交流』, 京都：同朋舍.
糸賀昌昭, 1971,「長安とバグダード」,『ペルシアと唐, 東西文明の交流』2, 東京：平凡社.
糸賀昌昭, 1980,「長安とバグダード」,『東西文明の交流 2, ペルシアと唐』, 平凡社.
濱口重國, 1980,「府兵制より新兵制へ」,『秦漢隋唐史の硏究』, 東京大學出版會.
山口瑞鳳, 1983,「文成公主『編年紀』と公主の再婚」,『吐蕃王國成立史硏究』, 東京：岩波書店.
山口瑞鳳, 1983,「吐谷渾の分裂と吐蕃による併合」,『吐蕃王國成立史硏究』, 東京：岩波書店.
山崎宏, 1937,「唐の朔方管內敎授大德辯才について」,『支那佛敎史學』1-1.
山崎宏, 1939,「唐代に於ける僧尼所隷の問題」,『支那佛敎史學』3-1.
山田信夫, 1989,「トルキスタンの成立」,『北アジア遊牧民族史硏究』, 東京大學出版會.
三島一·鈴木俊, 1940,「兵制の推移と藩鎭」,『中世史 二』, 東京：平凡社.
桑山正進編, 1992,『慧超往五天竺國傳硏究』, 京都大.

桑原隙藏, 1936, 「紙の歷史」, 『東洋文明史論叢』, 東京：弘文堂書房.
桑原騭藏, 1926, 「隋唐時代に支那に往來した西域人に就いて」, 『內藤博士還曆祝賀, 支那學論叢』, 東京：弘文堂.
相田洋, 1994, 「鬼市と夜市－沈默交易に關する中國史料」, 『中世中國の民衆文化－呪術·規範·反亂』, 福岡：中國書店.
石見淸裕, 1998, 「導言」, 『唐の北方問題と國際秩序』, 東京：汲古書院.
松田壽男, 1956, 「碎葉と焉耆」, 『古代天山の歷史地理學的研究』, 早稻田大學出版部.
松井秀一, 1962, 「唐代前半期の四川－律令制支配と豪族層との關係を中心として－」, 『史學雜誌』 71-9.
阿部肇一, 1967, 「唐の南陽慧忠禪師の立場－北宗禪より南宗禪への交替－」, 『駒澤史學』 14.
礪波護, 1986, 「唐朝と周邊諸國家」, 『唐代政治社會史研究』, 京都：同朋舍.
羽田明, 1976, 「東西交通」, 『京大東洋史 II, 貴族社會』, 大阪：創元社.
羽田明, 1976, 「イスラム時代」, 『京大東洋史 V, 西アジア·インド史』, 大阪：創元社.
羽田明 等, 1989, 「唐とサラセン」, 『世界の歷史10 西域』, 東京：河出書房新社.
有高巖, 1943, 「隋唐時代の支那」, 『支那民族』, 東京：六盟館.
栗原益男, 임대희 역, 2001, 「수·당전기 통치체제의 파탄」, 『중국의 역사－수당오대－』, 혜안.
伊瀨仙太郞, 1966, 「塞外系內徙民の漢人との接觸交流について(二)－特に唐代を中心として－」, 『東京學藝大學研究報告』 17-10.
伊瀨仙太郞, 1967, 「唐代における異民族系內徙民の起用について」, 『山崎先生退官記念 東洋史學論集』, 東京：大安.
伊瀨仙太郞, 1968, 「唐朝對塞外系內徙民族之基本態度」, 『大陸雜誌』 36-11.
伊瀨仙太郞, 1969, 「安史の亂後における周邊諸民族の中國進出」, 『東京學藝大學紀要』 21.
日野開三郞, 1980, 「唐代藩鎭の跋扈と鎭將」, 『日野開三郞 東洋史學論集』 第一卷, 東京：三一書房.
日野開三郞, 1984, 「小高句麗の建國」, 『東洋史學論集』 8.
前嶋信次, 1971, 「杜環とアル·クーファ－支那古文獻に現れた西アジア事情の研究」, 『東西文化交流の諸相』, 東京：誠文堂.
前嶋信次, 1996, 「バグダードの榮華」, 『世界の歷史 8, イスラム世界』, 東京：河出書房新社.
田村實造, 1969, 「唐諸國の世界性」, 『史林』 52-1.
田坂興道, 1964, 「唐宋時代の中國における回敎徒」, 『中國における回敎の傳來とその弘通』, 東京：東洋文庫.
佐藤長, 1975, 「唐代靑海東邊の諸城塞について－『玉樹縣志稿』の紹介を兼ねて」, 『士林』 58-5.
佐藤長, 1978, 「唐代における靑海·ラサ間の道程」, 『チベット歷史地理研究』, 東京：岩波書店.
佐藤長, 1978, 「吐谷渾における諸根據地」, 『チベット歷史地理研究』, 東京：岩波書店.
佐藤長, 2000, 「隨唐代の西北異民族」, 『中國古代史論考』, 京都：朋友書店.
曾我部靜雄, 1979, 「唐の防秋兵と防冬兵 上」, 『東洋學』 42.

曾我部靜雄, 1980,「唐の防秋兵と防冬兵 下」,『東洋學』43.
曾我部靜雄, 1985,「'唐の防秋兵と防冬兵'の補遺」,『東洋學』54.
池田溫, 1979,「唐朝處遇外族官制略考」,『隋唐帝國と東アジア世界』, 汲古書院.
陳舜臣, 1981,「花におう長安」,『中國の歷史－隋唐の興亡』7, 東京：平凡社.
諏訪義讓, 1942,「高麗出身高仙芝事蹟攷」,『大谷大學研究年報』1.
築山治三郎, 1971,「唐代の後宮と政治について」,『古代學』17-4.
後藤勝, 1954,「唐朝の西域南道經營」,『東洋史學論集』3, 東京：不昧堂書店.

葛承雍, 1998,「唐代綜合國力散論」,『周秦漢唐研究』, 西安：三秦出版社.
康樂, 1976,「版圖定型時期」,『史原』7.
季羨林, 1957,「中國紙和造紙法輸入印度的時間和地點問題」,『中印文化關係史論叢』, 北京：人民出版社.
高永久, 1994,「關于葛羅祿與回鶻的關係問題」,『西北民族研究』2.
郭紹林, 1987,「安祿山與唐玄宗時期的政治」,『河南大學學報』4.
邱添生, 1969,「唐朝起用外族人士的研究」,『大陸雜誌』38-4.
羅香林, 1955,「唐代天可汗制度考」,『新亞學報』1.
蘆葦, 1982,「從唐時中看唐代西北邊疆」,『新疆歷史論文續集』, 新疆：人民出版社.
戴邦森, 1986,「吐蕃王朝衰亡原因的探討」,『大陸雜誌』72-5.
陶冶, 1987,「唐玄宗的忠實家奴－宦官高力士」,『文史知識』3, 北京：中華書局.
馬得志·馬洪路, 1994,「花萼樓·勤政樓記事」,『唐代長安宮廷史話』, 北京：新華出版社.
馬長壽, 1958,「論突厥人和突厥汗國的社會變革」下,『歷史研究』4.
孟廣耀, 1985,「安史之亂中的奚族」,『社會科學戰線』3.
毛漢光, 1994,「唐代軍衛與軍府之關係」,『國立中正大學學報』5-1.
方亞光, 1990,「從中外交往看唐代中國的歷史地位」,『社會科學戰線』1.
方豪, 1953,「賈耽所記通四方之三道」,『中西交通史』2, 臺北：中華文化出版事業.
傅樂成, 1962,「唐代宦官與藩鎭之關係」,『大陸雜誌』27-6.
謝正洋, 1992,「李林甫其人」,『文史知識』1.
孫進己, 1987,「濊貊諸族的源流」,『東北民族源流』, 黑龍江人民出版社.
宋常廉, 1964,「唐代的馬政 下」,『大陸雜誌』29-2.
楊建新·蘆葦, 1982,「唐代的安西, 北庭兩大都護府」,『新疆歷史論文續集』, 新疆：人民出版社.
楊銘, 1987,「唐代吐蕃－勃律道考」,『西北歷史研究』, 西安：三秦出版社.
楊銘, 1990,「吐蕃與南亞中亞各國關係史述略」,『西北民族研究』1.
嚴耕望, 1954,「唐代篇」,『中國歷史地理』2, 臺北：中華文化出版事業.
嚴耕望, 1965,「唐代方鎭使府軍將考」,『李濟先生七十歲論文集 上』, 臺北：清華學報社.
嚴耕望, 1966,「唐代方鎭使府之文職僚佐」,『新亞學報』7-2.
嚴耕望, 1969,「唐代岷山雪嶺地區交通圖考」,『香港中文大學 中國文化研究所學報』2-1.

嚴耕望, 1969,「唐代方鎭使府僚佐考」,『唐史研究叢稿』, 香港：新亞研究所.
王吉林, 1992,「唐代馬嵬之變的政治意義及安史亂後宰相制度變化的趨勢」,『唐代研究論集』3, 臺北：新文豊出版.
王小甫, 1991,「唐初安西四鎭的棄置」,『歷史研究』4.
王壽南, 1968,「論唐代河北三鎭之獨立性在文化上的原因」,『中山學術文化集刊』1.
王壽南, 1972,「唐代宦官得勢的原因及其對當時政局的影響之研究」,『中山學術文化集刊』9.
王永曾, 1991,「唐前期河西經濟開發之不足」,『西北師大學報』6.
饒宗頤, 1982,「李白出生地－碎葉」,『選堂集林史林』中冊, 香港：中華書局.
熊德基, 1982,「唐代民族政策初探」,『歷史研究』6.
李大龍, 1998,「從高句驪縣到安東都護府」,『民族研究』4.
李書華, 1957,「造紙的傳播及古紙的發現」,『學術季刊』6-2.
李樹桐, 1973,「天寶之亂的本源及其影響」,『歷史學報』1, 臺灣師範大學.
林冠群, 1989,「唐代吐蕃政治制度之研究」,『國立政治大學學報』60.
林冠群, 1993,「唐代吐蕃政治制度之研究」,『民族學報』20, 臺北.
張廣達, 1995,「唐滅高昌國後的西州形勢」,『西域史地叢稿初編』.
張廣達, 1995,「碎葉城今地考」,『西域史地叢稿初編』, 上海古籍出版社.
張國剛, 1981,「唐代監軍制度考論」,『中國史研究』2.
張國剛, 1988,「關于唐代兵募制度的几個問題」,『南開學報』1.
張國剛, 1994,「唐代蕃部與鎭蕃兵」,『唐代政治制度研究論集』, 臺北：文津出版社.
張國剛, 1994,「唐代蕃鎭行營制度」,『唐代政治制度研究論集』, 臺北：文津出版社.
張其昀, 1956,「兵源與將才」,『中國軍事史略』, 臺北：中華文化出版事業.
蔣丙英, 1966,「從中國傳入西方的文化」,『中西文化論』, 臺北：泰山出版社.
章羣, 1955,「唐代降胡安置考」,『新亞學報』1.
章羣, 1958,「安史之亂」,『唐史 1』, 臺北：中華文化出版.
章羣, 1986,「客將與蕃將世家」,『唐代蕃將研究』, 臺北：聯經出版.
周偉洲, 1987,「唐代黨項的內徙與分布」,『西北歷史研究』, 西安：三秦出版社.
朱希祖, 1973,「吐蕃國志初稿」,『珠海學報』6.
中國古代戰爭戰例選編室, 1983,「唐王朝平定安史之亂的戰爭」,『中國古代戰爭戰例選編』2, 北京：中華書局.
韓國磐, 1997,「唐朝和邊境各族關係的進一步發展」,『隋唐五代史綱』, 北京：人民出版社.
向達, 1979,「西域傳來之畵派與樂舞」,『唐代長安與西域文明』, 北京：三聯書店.
黃麟書, 1979,「唐代碎葉城考」,『邊塞研究』, 臺北：造陽文學社.
黃輝陽, 1988,「略論唐代熊津都督府及高麗故土」,『中國歷史學會史學集刊』24.
侯家駒, 1991,「唐代每畝稻産量推估之商榷及實況」,『大陸雜誌』83-6.
鈕海燕, 1985,「唐代河西隴右的戰略地位」,『歷史教學』1.

Antonino Forte, *Chinese State Monasteries in the Seventh and Eight Centuries* (京都大, 1992).

Arthur Goldschmidt, Jr., "The Abbasid Revolt", *A Concise History of the Middle East* (The American University in Cairo Press, 1983).

Arthur Waley, "Lo-yang and Its Fall", *The Secret History of the Mogols* (London : Unwin Brothers Ltd., 1963).

Aurel Stein, "Across the Hindukush to the Pamirs and K'un-Lun", *On Ancient Central-Asian Tracks* (London : Macmillan and Co., Limited, 1933).

C. P. Fitzgerald, "Holy and Divine Emperor(690-695)", *The Empress Wu* (Melbourne : Australian National University).

Chu Shih-chia, "The Ch'angan of T'ang Dynasty and the Civilization of the Western Regions by Hsiang Ta", *The Far Eastern Quarterly* 7-1, 1947.

D. M. Dunlop, "A New Source of information on the Battle of Talas or Atlakh", *Ural-Altaische Jahrbücher* 36, 1964.

Denis Twitchett, "Hsüan-tsung (reign 712-56)", *The Cambridge History of China*, Volume 3 (Cambridge University Press, 1979).

Howard J. Wechsler, "The Ancestral Cult and the Cult of Political Ancestors", *Offerings of Jade and Silk* (New Haven : Yale Univ, Press, 1985).

J. K. Rideout, "The Rise of The Eunuchs During The T'ang Dynasty(Part II)", *Asia Major* 3-1 (London, 1952).

J. K. Rideout, "The Rise of The Eunuchs During The T'ang Dynasty(Part One)", *Asia Major* 1 (London, 1949).

Jack A. Dabbs, "Travel in Chinese Turkestan From Ancient Times to1800", *History of The Discovery and Exploration of Chinese Turkestan* (The Netherlands : Mouton and Co., 1963).

James Harvey Robinson, "The Influence of the Mohammedans on European History", *An Introduction to the History of Western Europe* (Boston, Ginn and Company, 1924).

Josep R. straver, "The Decay of the Roman World in the east", *The Middle Ages 395-1500* (New York : D. Appleton-century Company, 1942).

Kazuo Enoki, "Some Remarks on The Country of Ta-Ch'in as known to The Chinese under The Sung", *Asia Major* 4-1 (London, 1954).

Kenneth Scott Latourette, "Reunion and Renewed Advance : The Sui (A.D.589-618) and T'ang (A.D. 618-907) Dynasties", *The Chinese Their History and Culture*, Vol. One (New York : The Macmillan Company, 1934).

L. Carrington Goodrich, "A Reunited China", *A Short History of Chinese People* (New York : Harper Torchbooks, 1959).

Liu Jen-kai, "Li Lin-fu", *Die boshaften, unbotmäßigen und rebellischen Beamten in der Neuen offiziellen Dynastiegeschichte der T'ang-Untersuchung der Prinzipien der konfuzianischen Verurteilung in der Geschichtsschreibung* (Gesellschaft für Natur-und Völkerkunde Ostasiens e. V., Hamburg, 1978).

Lynn White, "The Medieval Roots of Modern Technology and Science", in *Perspectives in Medieval History* a Rice University Semicentennial Publication, edited by Katherine Fischer Drew and Floyed Seyward Lear (박양식역, 1987, 『서양중세사 연구』, 탐구당).

M. Aurel Stein, "The Ruins of Endere", *Sand-Buried Ruins of Khotan* (London : T. Fisher Unwin, 1903).

M. Aurel Stein, *Ancient Khotan-Detailed report of archaeological explorations in Chinese Turkestan* (Oxford : At the Clarendon Press, 1907).

Martin R. Norins, *Gateway to Asia : Sinkiang Frontier of the Chinese Far West* (New York : The John Day Company, 1944).

Pan Yihong, "Early Chinese Settlement Policies towards the Nomads", *Asia Major* 5-2 (Princetion Univ, 1992).

Paul Pelliot, "Des Artisans Chinois à La Capitale Abbasside en 751-752", *T'oung Pao*, 26, 1929.

Paul pelliot, "Notes Sur Quelques Artistes Des Six Dynasties Et Des T'ang", *T'oung Pao*, XXII, 1923.

René Grousset(Translator : Naomi Walford), "The Chinese in The Pamirs, 747-750", *The Empire of the Steppes a History of Central Asia* (Rutgers University Press, 1999).

Robert Des Rotours, "Les Grands Fonctionnaires Des Provinces En Chine Sous La Dynasties Des T'ang", *T'oung Pao*, 25, 1928.

Susan Whitfield, "The Merchant's Tale", *Life Along The Silk Road* (University of California Press, 1999).

Victor Cunrui Xiong, "Residential Quarters", *Sui-Tang Chang'an* (Ann Arbor : The University of Michigan, 2000).

W. B. Henning, "The Date of the Sogdian Ancient Letters", *Bulletin of the School of Oriental and African Studies*, XII (London, 1948).

Warren W. Smith, Jr., "Tibetan Empire", *Tibetan Nation : A History of Tibetan Nationalism and Sino-Tibetan Relations* (Westview Press, 1996).

ABSTRACT

Kao Hsien-chih from Koguryo : His Conquer of Tibet

Ji, Bae-sun

Kao Hsien-chih from Koguryo was Kao She-chi's son. According to first historical records on him, he moved from Ho-hsi to An-hsi with his father general Kao She-chi. Kao Hsien-chih then became Yu-chi-chiang-chun when he was 20 years old.

We don't know exactly when, but in the late Kai-yuan(713~741) when Kao was appointed to An-hsi-fu-tu-hu and Ssu-chen-tu-chih-ping-ma-shih, he seemed to be regarded as a superb general. Tang rarely gave the post of Tu-hu to people other than Han-tsu. The fact that Kao became An-hsi-fu-tu-hu then means that he became the highest ranking person among people from Koguryo in Tang.

He became the center of attention in Tang in the sixth year of T'ien-pao(747). At that time, with the order of hsüan-tsung he was appointed as the supreme commander for the mission of the conquer of Tibet. Before he began the mission, An-hsi-tu-hu of Tang failed to accomplish the mission three times. It was thus an extremely important war for Tang. His position in the mission was Hsing-ying-Chieh-tu-shi. Hsing-ying-Chieh-tu-shi was a specially appointed post as he could act as a Chieh-tu-shi wherever he went. Meanwhile Tibet was strategically so important that even the king of Little Balur in the Hindukush, a gateway to the West, married a princess of Tibet for political reasons.

The mission from Kuei-tzu of An-hsi-tu-hu-fu to the stronghold of Lien-yun had taken about 4 months. His first battle was in the stronghold of Lien-yun in the saddle of the Baroghil. The stronghold of Lien-yun was then packed with about 100,000 soldiers from Tibet and its allies. On the other hand, General Kao had only about 10,000 men under him.

He used guerrilla war tactics to make up for the numerical inferiority. He succeeded in drowning the enemies in the river of the valley by making use of all kinds of tactics and strategies such as blitzkrieg tactic in the modern warfare. He ordered his soldiers to start a battle at Ch'en-shih(7~9) and finish it by SSu-shih(9~11) : the battle would then take only 3~4 hours. Such a blitzkrieg tactic was in order to defeat the Tibet army in the stronghold. In other words, he engaged surprise attack tactic to embarrass the enemy which got nervous during the nights. His mission to Tibet was a great success.

He went on invading Little Balur, a colony of Tibet, in spite of the unwillingness of the close aide to hsüan-tsung, Pien, Ling-Cheng, the eunuch. Problems occurred for the lack of oxygen for the soldiers in the 4000M high mountains. It is surprising to know Kao was prepared for such a problem by boosting up the morale of his soldiers. He made some of his soldiers pretend themselves as solders from Little Balur and express their will to surrender to Kao. It was a good example of splendid psychological warfare.

Kao came across some minor troubles because 5 or 6 chieftains in Little Balur were still loyal to Tibet. However, he could conquer the palace of Little Balur without any battles. He returned with the king and queen of Little Balur as hostages. Such a victory made 72 countries including Ta-shi in the West succumb to Tang. Surprised by Kao's victory, they paid tributes to Tang as a sign of their surrender. Such a result means the plan of disrupting the united actions of Tibet and the Arabs succeeded.

Kao was promoted to SSu-chen-Chieh-tu-shi although he was not a Han-tsu. It means that he was in charge of all military and administrative affairs of the western area of Tang. It was a reward for the person who gave great benefits to Tang. The war against Tibet was not a limited war between Tibet and Tang, but an important one for the monopoly of trade in the West. And it was Kao who led Tang's war against Tibet.

Kao Hsien-chih from Koguryo : His Conquer of Arabs

Although Kao Hsien-chih was a non-Han tsu, his conquer of Tibet made him promote to SSu-chen-Chieh-tu-shih. In other words, Tang appointed him to An-hsi-chieh-tu-shih, the position to take care of all affairs regarding military and administration of the western part of Tang. In such a situation, Shih-kuo did not pay tributes to Tang loyally. As the head of military and administration of the western area of Tang, General Kao attacked Shikuo in the ninth year of T'ien-pao (750) and captured the king of Shih-kuo. About the same time Kao conquered nine countries near Shih-kuo and T'u-ch'i-shih. As a token of the conquer, Kao captured the kings of Shih-kuo, T'u-ch'i-shih, Khan, and Ch'ieh-shih and took them to Emperor Hsüan-tsung of Tang. Tang could recapture its control over the western area thanks to Kao's performances. But foolish politicians of Tang killed the king of Shih-kuo and caused a problem in the relationship between Tang and the western world. Some Western and Eastern scholars have argued incorrectly that Kao killed the king because Kao was a Koguryoian. There is no evidence in any historical sources that Kao killed Shih-kuo king.

The fact that Shih-kuo king was killed in Ch'ang-an by foolish politicians caused anger in the western world. It made an effect on Kao since he was the counterpart of the Arabs as An-hsi-chieh-tu-shih. Emperor Hsüan-tsung was then in love with Yang, Kuei-Fei and we can safely say that he almost entrusted his vassals with political powers.

After the murder of Shi-kuo king, the prince of Shih-kuo reported the news to the Arabs and asked for their help. Saracen as the most powerful in the area formed a union upon the request of the Shih-kuo prince. As a result, the Saracens tried to attack An-hsi in the tenth year of T'ien-pao (751). In order to discourage Arab attack on An-hsi, General Kao and his troop advanced to the Talas river. It was the fist military encounter between the West and the East. The Tang army led by Kao was there surrounded by the allies of Shih-kuo. Kao was also betrayed by Kerluk who was in collusion with the enemy. It should be also noted that Kao's second war of Shih-kuo was wrongly criticized by many prejudiced Tang historians.

Arab allies' victory over Tang in the Talas was a historic event in the East-West relations. Above all the hegemony of the western world was transferred from Tang to the Arab world. The advance of Arabic culture including Arabic language and people up to the area of Tarim basin area thus occurred. The introduction of Chinese culture into the Arabs by the Chinese captives in the war was also noteworthy. It is very well-known that the paper making technique of China was meanwhile known to the West although it is not a historically concrete fact.

After the second Shi-kuo war Kao almost retired as a general in the field. Kao retired to Mi-yün-chün, the northern part of Beijing. But the Tang government summoned Kao to suppress the revolt of An-Lu-shan. It is suspected that it was Fêng, Ch'ang-ch'ing, the former lieutenant of Kao, who recommended Kao. Fêng, Ch'ang-ch'ing then took care of the affairs of Pei-t'ing-tou-hu-fu as I-hsi-chieh-tu-shih. Hsüan-tsung appointed Fêng, Ch'ang-ch'ing to Fan-yang-chieh-tu-shih to suppress the revolt. Fêng, Ch'ang-ch'ing then asked Hsüan-tsung to appoint Kao to the virtual supreme commander in the suppression. I would like to note that Kao strategically retreated to T'ung-kuan in order to curve the advance of the An-Lu-shan army in the area.

The strategic retreat, however, was later used as an excuse to kill Kao. It is a possible conjecture that Hsüan-tsung was then planning to remove Kao who was as a non-Han-tsu trying to suppress the revolt of An-Lu-shan, also a non-Han-tsu. The Tang government killed Kao by falsely accusing him of his refusal to obey the order of the defense of Shan-chou to the last and the robbery of the T'ai-yüan-ts'ang warehouse.

But nobody can deny that the accomplishments of Kao in Chinese history and the Arab world are beyond description. The fact that more scholars in foreign countries have studied Kao than in Korea shows us that he was an important person in the history of East-West relations and world history itself.

찾아보기

_ㄹ

_ㅁ

_ㅂ

_ㅅ

_ㅇ

_ㅊ

_ㅎ

근대 한국학 총서를 내면서

새 천년이 시작된 지도 벌써 몇 해가 지났다. 식민지와 분단국가로 지낸 20세기 한국 역사의 와중에서 근대 민족국가 수립과 민족문화 정립에 애써 온 우리 한국학계는 세계사 속의 근대 한국을 학술적으로 미처 정립하지 못한 채, 세계화와 지방화라는 또 다른 과제를 안게 되었다. 국가보다 개인, 지방, 동아시아가 새로운 한국학의 주요 연구대상이 된 작금의 현실에서 우리가 겪어온 근대성을 다시 한 번 정리하고 21세기에 맞는 새로운 모습으로 탈바꿈시키는 것은 어느 과제보다 앞서 우리 학계가 정리해야 할 숙제이다. 20세기 초 전근대 한국학을 재구성하지 못한 채 맞은 지난 세기 조선학·한국학이 겪은 어려움을 상기해 보면, 새로운 세기를 맞아 한국 역사의 근대성을 정리하는 일의 시급성은 아무리 강조해도 지나치지 않다.

우리 '근대한국학연구소'는 오랜 전통이 있는 연세대학교 조선학·한국학 연구 전통을 원주에서 창조적으로 계승하고자 하는 목표에서 설립되었다. 1928년 위당·동암·용재가 조선 유학과 마르크스주의, 그리고 서학이라는 상이한 학문적 기반에도 불구하고 조선학·한국학 정립을 목표로 힘을 합친 전통은 매우 중요한 경험이었다. 이에 외솔과 한결이 힘을 더함으로써 그 내포가 풍부해졌음은 두말할 나위가 없다. 연세대학교 원주캠퍼스에서 20년의 역사를 지닌 '매지학술연구소'를 모체로 삼아, 여러 학자들이 힘을 합쳐 근대한국학연구소를 탄생시킨 것은 이러한 선배학자들의 노력을 교훈으로 삼은 것이다.

이에 우리 연구소는 한국의 근대성을 밝히는 것을 주 과제로 삼고자 한다. 문학 부문에서는 개항을 전후로 한 근대 계몽기 문학의 특성을 밝히는 데 주력할 것이다. 역사부분에서는 새로운 사회경제사를 재확립하고 지역학 활성화를 위한 원주학 연구에 경진할 것이다. 철학 부문에서는 근대 학문의 체계화를 이끌고 사회과학 분야에서는 학제간 연구를 활성화시키며 근대성 연구에 역량을 축적해 온 국내외 학자들과 학술교류를 추진할 것이다. 이러한 연구들은 일방성보다는 상호 이해와 소통을 중시하는 통합적인 결과물의 산출로 이어질 것이다.

근대한국학총서는 이런 연구 결과물을 집약적으로 정리하기 위해 마련하였다. 여러 한국학 연구 분야 가운데 우리 연구소가 맡아야 할 특성화된 분야의 기초 자료를 수집·출판하고 연구 성과를 기획·발간할 수 있다면, 우리 시대 연구자들뿐만 아니라 학문 후속세대들에게도 편리함과 유용함을 줄 수 있을 것이다. 새롭게 시작한 근대 한국학 총서가 맡은 바 역할을 충분히 할 수 있도록 주변의 관심과 협조를 기대하는 바이다.

연세대학교 원주캠퍼스 근대한국학연구소

지은이 **지 배 선**

연세대학교 사학과와 동 대학원을 졸업하였다. 1986년『모용연의 중국화정책과 대외관계』로 박사학위를 받았다. 한성대학교 사학과 전임강사·조교수·부교수·교수를 거쳐(1980~1992년), 1992년 이후 현재에 이르기까지 연세대학교 인문예술대학 역사문화학과 교수로 있으며 학생들을 가르치고 있다. 동경대학교 동양문화연구소 객원교수(1990~1991년)와 인디애나대학교 동아시아연구소 객원교수(1999~2000년)를 지냈다. 저서로는『중세동북아사연구－모용왕국사』,『중세중국사연구－모용연과 북연사』,『유럽문명의 아버지 고선지 평전』,『고구려·백제 유민 이야기』,『중국속 고구려왕국, 제』가 있으며, 논문으로는「고구려인 이정기의 발자취」,「고구려인 고선지(1)－대토번 정벌을 중심으로」,「고구려인 고선지(2)－대 아랍전쟁을 중심으로」,「사마르칸트(康國)와 고구려 관계에 대하여－고구려 사신의 康國 방문 이유」등이 있다.

연세근대한국학총서 49 (H-009)

고구려 유민 고선지와 토번·서역사

지 배 선 지음

2011년 9월 30일 초판 1쇄 발행

펴낸이 | 오일주
펴낸곳 | 도서출판 혜안

등록번호 | 제22-471호
등록일자 | 1993년 7월 30일

주소 | ㉾ 121-836 서울시 마포구 서교동 326-26번지 102호
전화 | 3141-3711~2 / 팩시밀리 | 3141-3710
E-Mail hyeanpub@hanmail.net

ISBN 978-89-8494-430-5 93910

값 38,000 원